U0916208

中国社会科学院经济学部⊙编

中国社会科学出版社

图书在版编目(CIP)数据

中国经济学年鉴.2008 / 中国社会科学院经济学部/编.—北京：中国社会科学出版社，2008.12

ISBN 978-7-5004-7469-2

Ⅰ.中… Ⅱ.中… Ⅲ.经济学—中国—2008—年鉴 Ⅳ.F12-54

中国版本图书馆CIP数据核字(2008)第196499号

责任编辑 林文曦 苗泓鹏 陈敏
责任校对 郭 娟
封面设计 李 尘
版式设计 木 子

出版发行 中国社会科学出版社
社 址 北京鼓楼西大街甲158号 邮 编 100720
电 话 010—84029450(邮购)
网 址 http://www.csspw.cn
经 销 新华书店
印刷装订 北京一二零一印刷厂
版 次 2008年12月第1版 印 次 2008年12月第1次印刷
开 本 787×1092 1/16
印 张 51.25 插 页 1
字 数 1155千字
定 价 96.00元

目　　录

第一篇　重要文献

第二篇　学科综述

第三篇 论文荟萃

第四篇 著作选介

第五篇 研究课题

第六篇 研究生教育

第七篇 学界动态

第八篇　学术机构介绍

前 言

改革开放以来，伴随着中国经济的高速增长，中国经济学也发展迅速。为了全面及时反映中国经济学的发展，中国社会科学院经济学部决定组织编写《中国经济学年鉴》。《中国经济学年鉴》的定位为面向全国、反映经济学研究与进展的大型文献性、资料性学术年刊，以学术性、前沿性、权威性、代表性为基本编写宗旨，在内容上反映上一年中国经济学学术研究的新进展、新变化和新面貌。该书由中国社会科学院经济学部组织编写，中国社会科学院副院长、经济学部主任陈佳贵担任主编，由中国社会科学出版社出版发行。《中国经济学年鉴（2008）》是年鉴系列的第一卷，主要反映中国经济学2007年的主要进展。以后每年一卷，旨在连续地记录中国经济学的发展。

《中国经济学年鉴（2008）》的基本栏目有8个，包括“重要文献”、“学科综述”、“论文荟萃”、“著作选介”、“研究课题”、“研究生教育”、“学界动态”和“学术机构介绍”。这些年鉴栏目的设置在未来将具有相对的稳定性和连续性，并将不断改进。

——“重要文献”栏目收录了2007年对我国经济发展有重大影响的两篇文献：一是胡锦涛总书记在中国共产党第十七次全国代表大会上的报告，二是温家宝在第十届全国人民代表大会第五次会议上的政府工作报告。

——“学科综述”栏目主要介绍经济学分支学科的发展状况和最新研究进展，因为本年鉴是第一卷，所以收录的分支学科比较全面，共收录了21个。今年又是改革开放30年，所以在每个分支学科综述中，基本上都有一部分关于本学科改革开放30年发展情况的介绍。

——“论文荟萃”栏目主要介绍2007年公开发表的具有一定影响的经济学学术论文的主要观点。这些论文的来源主要有三个方面的途径：一是来自中国社会科学院经济学部各研究所、受邀大学和受邀地方社会科学院的推荐；二是中国社会科学院有关学术刊物编辑部的推荐；三是从《新华文摘》、《中国社会科学文摘》、《高等学校学科学术文摘》所摘登的学术论文中进一步筛选。

——“著作选介”栏目主要评介2007年公开出版的具有一定影响的经济学学术著作的主要观点。这些著作的来源主要有三个方面的途径：一是来自中国社会科学院经济学部各研究所、受邀大学和受邀地方社会科学院的推荐；二是受邀出版社直接推荐；三是从有关学术刊物上评价的著作中进一步筛选。

——“研究课题”栏目主要介绍2007年国家社会科学基金项目、国家自然科学基金项目、教育部哲学社会科学研究重大课题攻关项目、中国社会科学院重大课题项目中关于经济学

（含工商管理、公共管理）课题立项及结项情况一览。

——“研究生教育”栏目提供了2007年全国研究生培养单位经济学学科招生专业、研究生招生及毕业人数情况。

——“学界动态”栏目包括学术会议综述、经济学奖项以及获奖情况介绍、著名经济学家介绍、中国社会科学院经济学部学术活动介绍等内容。其中学术会议综述主要由各个受邀研究单位、大学供稿，另外还从《经济学动态》上刊登的会议综述中选择了一部分；经济学奖项以及获奖情况主要从相关网站上转引；著名经济学家只介绍了2007年逝世的著名经济学家马洪先生。

——“学术机构介绍”栏目旨在对我国从事经济学研究和教学的机构（包括大学和研究机构）进行介绍。本卷介绍了中国社会科学院经济学部及其相关8个研究机构截至2007年底的基本情况。以后每卷都将对一些从事经济学研究和教学的大学和研究机构进行介绍。

本年鉴在组织编写过程中，参阅引证了大量的相关文献和资料，得到了经济学界同仁与有关单位和部门的大力支持，在此我们对这些文献的作者、资料的提供者、经济学界同仁与有关单位的负责同志表示衷心的感谢；中国社会科学院经济学部各个研究所科研处的同志，以及各个受邀大学和地方社会科学院的联系人，担负繁重的组织协调工作，对他们的付出我们表示深切的谢意。我们还对以下合作支持单位表示衷心感谢：北京大学经济学院、中国人民大学经济学院、南开大学经济学院、南开大学商学院、南京大学经济学院、厦门大学管理学院、厦门大学经济学院、中山大学岭南学院、中共中央党校经济学部、上海市社会科学院、四川省社会科学院、广东省社会科学院、中国社会科学院经济研究所、中国社会科学院工业经济研究所、中国社会科学院农村发展研究所、中国社会科学院财政与贸易经济研究所、中国社会科学院金融研究所、中国社会科学院数量经济与技术经济研究所、中国社会科学院人口与劳动经济研究所、中国社会科学院城市发展与环境研究中心、中国社会科学院研究生院、中国社会科学杂志社、经济管理出版社、社会科学文献出版社。

经济学是一个飞速发展的庞大学科，每年都会发表大量的论文、出版大量的著作，开展众多的学术活动，尽管本年鉴力求全面、客观地反映经济学的这些进展，但限于我们的视野、水平有限，加上编辑力量薄弱、组织工作十分困难，因而遗漏和不妥之处在所难免，诚恳欢迎读者批评指正，提出宝贵意见，以供我们在以后的年鉴编写中不断改进，为中国经济学的发展贡献力量。

中国经济学年鉴
2008
重要文献
第一篇

高举中国特色社会主义伟大旗帜 为夺取全面建设小康社会新胜利而奋斗

——在中国共产党第十七次全国代表大会上的报告

（2007 年 10 月 15 日）

胡锦涛

同志们：

现在，我代表第十六届中央委员会向大会作报告。

中国共产党第十七次全国代表大会，是在我国改革发展关键阶段召开的一次十分重要的大会。大会的主题是：高举中国特色社会主义伟大旗帜，以邓小平理论和“三个代表”重要思想为指导，深入贯彻落实科学发展观，继续解放思想，坚持改革开放，推动科学发展，促进社会和谐，为夺取全面建设小康社会新胜利而奋斗。

中国特色社会主义伟大旗帜，是当代中国发展进步的旗帜，是全党全国各族人民团结奋斗的旗帜。解放思想是发展中国特色社会主义的一大法宝，改革开放是发展中国特色社会主义的强大动力，科学发展、社会和谐是发展中国特色社会主义的基本要求，全面建设小康社会是党和国家到二〇二〇年的奋斗目标，是全国各族人民的根本利益所在。

当今世界正在发生广泛而深刻的变化，当代中国正在发生广泛而深刻的变革。机遇前所未有，挑战也前所未有，机遇大于挑战。全党必须坚定不移地高举中国特色社会主义伟大旗帜，带领人民从新的历史起点出发，抓住和用好重要战略机遇期，求真务实，锐意进取，继续全面建设小康社会、加快推进社会主义现代化，完成时代赋予的崇高使命。

一　过去五年的工作

十六大以来的五年是不平凡的五年。面对复杂多变的国际环境和艰巨繁重的改革发展任务，党带领全国各族人民，高举邓小平理论和“三个代表”重要思想伟大旗帜，战胜各种困难和风险，开创了中国特色社会主义事业新局面，开拓了马克思主义中国化新境界。

十六大确立“三个代表”重要思想的指导地位，作出全面建设小康社会的战略决策。为贯彻十六大精神，中央召开七次全会，分别就深化机构改革、完善社会主义市场经济体制、加强党的执政能力建设、制定“十一五”规划、构建社会主义和谐社会等关系全局的重大问题作出决定和部署，提出并贯彻科学发展观等重大战略思想，推动党和国家工作取得新的重大成就。

经济实力大幅提升。经济保持平稳快速发展，国内生产总值年均增长百分之十以上，经济效益明显提高，财政收入连年显著增加，物价基本稳定。社会主义新农村建设扎实推进，区域发展协调性增强。创新型国家建设进展良好，自主创新能力较大提高。能源、交通、通信等基础设施和重点工程建设成效显著。载人航天飞行成功实现。能源资源节约和生态环境保护取得新进展。“十五”计划胜利完成，“十一五”规划进展顺利。

改革开放取得重大突破。农村综合改革逐步深化，农业税、牧业税、特产税全部取消，支农惠农政策不断加强。国有资产管理体制、国有企业和金融、财税、投资、价格、科技等领域改革取得重大进展。非公有制经济进一步发展。市场体系不断健全，宏观调控继续改善，政府职能加快转变。进出口总额大幅增加，实施“走出去”战略迈出坚实步伐，开放型经济进入新阶段。

人民生活显著改善。城乡居民收入较大增加，家庭财产普遍增多。城乡居民最低生活保障制度初步建立，贫困人口基本生活得到保障。居民消费结构优化，衣食住行用水平不断提高，享有的公共服务明显增强。

民主法制建设取得新进步。政治体制改革稳步推进。人民代表大会制度、中国共产党领导的多党合作和政治协商制度、民族区域自治制度不断完善，基层民主活力增强。人权事业健康发展。爱国统一战线发展壮大。中国特色社会主义法律体系基本形成，依法治国基本方略切实贯彻。行政管理体制、司法体制改革不断深化。

文化建设开创新局面。社会主义核心价值体系建设扎实推进，马克思主义理论研究和建设工程成效明显。思想道德建设广泛开展，全社会文明程度进一步提高。文化体制改革取得重要进展，文化事业和文化产业快速发展，人民精神文化生活更加丰富。全民健身和竞技体育取得新成绩。

社会建设全面展开。各级各类教育迅速发展，农村免费义务教育全面实现。就业规模日益扩大。社会保障体系建设进一步加强。抗击非典取得重大胜利，公共卫生体系和基本医疗服务不断健全，人民健康水平不断提高。社会管理逐步完善，社会大局稳定，人民安居乐业。

国防和军队建设取得历史性成就。中国特色军事变革加速推进，裁减军队员额二十万任务顺利完成，军队革命化、现代化、正规化建设全面加强，履行新世纪新阶段历史使命能力显著提高。

港澳工作和对台工作进一步加强。香港、澳门保持繁荣稳定，与内地经贸关系更加紧密。两岸政党交流成功开启，人员往来和经济文化交流达到新水平。制定反分裂国家法，坚决维护国家主权和领土完整。

全方位外交取得重大进展。坚持独立自主的和平外交政策，各项外交工作积极开展，同各国的交流合作广泛加强，在国际事务中发挥重要建设性作用，为全面建设小康社会争取了良好国际环境。

党的建设新的伟大工程扎实推进。党的执政能力建设和先进性建设深入进行。理论创新和理论武装卓有成效。保持共产党员先进性教育活动取得重大成果。党内民主不断扩大。领导班子和干部队伍建设特别是干部教育培训取得重要进展，人才工作进一步加强，干部人事制度改革和组织制度创新不断深入。党风廉政建设和反腐败斗争成效明显。

在看到成绩的同时，也要清醒认识到，我们的工作与人民的期待还有不小差距，前进中还面临不少困难和问题，突出的是：经济增长的资源环境代价过大；城乡、区域、经济社会发展仍然不平衡；农业稳定发展和农民持续增收难度加大；劳动就业、社会保障、收入分配、教育卫生、居民住房、安全生产、司法和社会治安等方面关系群众切身利益的问题仍然较多，部分低收入群众生活比较困难；思想道德建设有待加强；党的执政能力同新形势新任务不完全适应，对改革发展稳定一些重大实际问题的调查研究不够深入；一些基层党组织软弱涣散；少数党员干部作风不正，形式主义、官僚主义问题比较突出，奢侈浪费、消极腐败现象仍然比较严重。我们要高度重视这些问题，继续认真加以解决。

总起来说，这五年，是改革开放和全面建设小康社会取得重大进展的五年，是我国综合国力大幅提升和人民得到更多实惠的五年，是我国国际地位和影响显著提高的五年，是党的创造力、凝聚力、战斗力明显增强和全党全国各族人民团结更加紧密的五年。实践充分证明，十六大和十六大以来中央作出的各项重大决策是完全正确的。

五年来的成就，是全党全国各族人民共同奋斗的结果。我代表中共中央，向全国各族人民，向各民主党派、各人民团体和各界爱国人士，向香港特别行政区同胞、澳门特别行政区同胞和台湾同胞以及广大侨胞，向一切关心和支持中国现代化建设的各国朋友，表示衷心的感谢！

二　改革开放的伟大历史进程

我们即将迎来改革开放三十周年。一九七八年，我们党召开具有重大历史意义的十一届三中全会，开启了改革开放历史新时期。从那时以来，中国共产党人和中国人民以一往无前的进取精神和波澜壮阔的创新实践，谱写了中华民族自强不息、顽强奋进新的壮丽史诗，中国人民的面貌、社会主义中国的面貌、中国共产党的面貌发生了历史性变化。

改革开放是党在新的时代条件下带领人民进行的新的伟大革命，目的就是要解放和发展社会生产力，实现国家现代化，让中国人民富裕起来，振兴伟大的中华民族；就是要推动我国社会主义制度自我完善和发展，赋予社会主义新的生机活力，建设和发展中国特色社会主义；就是要在引领当代中国发展进步中加强和改进党的建设，保持和发展党的先进性，确保党始终走在时代前列。

我们要永远铭记，改革开放伟大事业，是在以毛泽东同志为核心的党的第一代中央领导集体创立毛泽东思想，带领全党全国各族人民建立新中国、取得社会主义革命和建设伟大成就以及艰辛探索社会主义建设规律取得宝贵经验的基础上进行的。新民主主义革命的胜利，社会主义基本制度的建立，为当代中国一切发展进步奠定了根本政治前提和制度基础。

我们要永远铭记，改革开放伟大事业，是以邓小平同志为核心的党的第二代中央领导集体带领全党全国各族人民开创的。面对十年“文化大革命”造成的危难局面，党的第二代中央领导集体坚持解放思想、实事求是，以巨大的政治勇气和理论勇气，科学评价毛泽东同志和毛泽东思想，彻底否定“以阶级斗争为纲”的错误理论和实践，作出把党和国家工作中心转移到经济建设上来、实行改革开放的历史性决策，确立社会主义初级阶段基本路线，吹响走自己的路、建设中国特色社会主义的时代号角，创立邓小平理论，指引全党全国各族人民在改革开放的伟大征程上阔步前进。

我们要永远铭记，改革开放伟大事业，是以江泽民同志为核心的党的第三代中央领导集体带领全党全国各族人民继承、发展并成功推向二十一世纪的。从十三届四中全会到十六大，受命于重大历史关头的党的第三代中央领导集体，高举邓小平理论伟大旗帜，坚持改革开放、与时俱进，在国内外政治风波、经济风险等严峻考验面前，依靠党和人民，捍卫中国特色社会主义，创建社会主义市场经济新体制，开创全面开放新局面，推进党的建设新的伟大工程，创立“三个代表”重要思想，继续引领改革开放的航船沿着正确方向破浪前进。

十六大以来，我们以邓小平理论和“三个代表”重要思想为指导，顺应国内外形势发展变化，抓住重要战略机遇期，发扬求真务实、开拓进取精神，坚持理论创新和实践创新，着力推动科学发展、促进社会和谐，完善社会主义市场经济体制，在全面建设小康社会实践中坚定不移地把改革开放伟大事业继续推向前进。

新时期最鲜明的特点是改革开放。从农村到城市、从经济领域到其他各个领域，全面改革的进程势不可当地展开了；从沿海到沿江沿边，从东部到中西部，对外开放的大门毅然决然地打开了。这场历史上从未有过的大改革大开放，极大地调动了亿万人民的积极性，使我国成功实现了从高度集中的计划经济体制到充满活力的社会主义市场经济体制、从封闭半封闭到全方位开放的伟大历史转折。今天，一个面向现代化、面向世界、面向未来的社会主义中国巍然屹立在世界东方。

新时期最显著的成就是快速发展。我们党实施现代化建设“三步走”战略，带领人民艰苦奋斗，推动我国以世界上少有的速度持续快速发展起来。我国经济从一度濒于崩溃的边缘发展到总量跃至世界第四、进出口总额位居世界第三，人民生活从温饱不足发展到总体小康，农村贫困人口从两亿五千多万减少到两千多万，政治建设、文化建设、社会建设取得举世瞩目的成就。中国的发展，不仅使中国人民稳定地走上了富裕安康的广阔道路，而且为世界经济发展和人类文明进步作出了重大贡献。

新时期最突出的标志是与时俱进。我们党坚持马克思主义的思想路线，不断探索和回答什么是社会主义、怎样建设社会主义，建设什么样的党、怎样建设党，实现什么样的发展、怎样发展等重大理论和实际问题，不断推进马克思主义中国化，坚持并丰富党的基本理论、基本路线、基本纲领、基本经验。社会主义和马克思主义在中国大地上焕发出勃勃生机，给人民带来更多福祉，使中华民族大踏步赶上时代前进潮流、迎来伟大复兴的光明前景。

事实雄辩地证明，改革开放是决定当代中国命运的关键抉择，是发展中国特色社会主义、实现中华民族伟大复兴的必由之路；只有社会主义才能救中国，只有改革开放才能发展中国、发展社会主义、发展马克思主义。

改革开放作为一场新的伟大革命，不可能一帆风顺，也不可能一蹴而就。最根本的是，改革开放符合党心民心、顺应时代潮流，方向和道路是完全正确的，成效和功绩不容否定，停顿和倒退没有出路。

在改革开放的历史进程中，我们党把坚持马克思主义基本原理同推进马克思主义中国化结合起来，把坚持四项基本原则同坚持改革开放结合起来，把尊重人民首创精神同加强和改善党的领导结合起来，把坚持社会主义基本制度同发展市场经济结合起来，把推动经济基础变革同推动上层建筑改革结合起来，把发展社会生产力同提高全民族文明素质结合起来，把提高效率同促进社会公平结合起来，把坚持独立自主同参与经济全球化结合起来，把促进改革发展同保持社会稳定结合起来，把推进中国特色社会主义伟大事业同推进党的建设新的伟大工程结合起来，取得了我们这样一个十几亿人口的发展中大国摆脱贫困、加快实现现代化、巩固和发展社会主义的宝贵经验。

改革开放以来我们取得一切成绩和进步的根本原因，归结起来就是：开辟了中国特色社会主义道路，形成了中国特色社会主义理论体系。高举中国特色社会主义伟大旗帜，最根本的就是要坚持这条道路和这个理论体系。

中国特色社会主义道路，就是在中国共产党领导下，立足基本国情，以经济建设为中心，坚持四项基本原则，坚持改革开放，解放和发展社会生产力，巩固和完善社会主义制度，建设社会主义市场经济、社会主义民主政治、社会主义先进文化、社会主义和谐社会，建设富强民主文明和谐的社会主义现代化国家。中国特色社会主义道路之所以完全正确、之所以能够引领中国发展进步，关键在于我们既坚持了科学社会主义的基本原则，又根据我国实际和时代特征赋予其鲜明的中国特色。在当代中国，坚持中国特色社会主义道路，就是真正坚持社会主义。

中国特色社会主义理论体系，就是包括邓小平理论、“三个代表”重要思想以及科学发展观等重大战略思想在内的科学理论体系。这个理论体系，坚持和发展了马克思列宁主义、毛泽东思想，凝结了几代中国共产党人带领人民不懈探索实践的智慧和心血，是马克思主义中国化最新成果，是党最可宝贵的政治和精神财富，是全国各族人民团结奋斗的共同思想基础。中国特色社会主义理论体系是不断发展的开放的理论体系。《共产党宣言》发表以来近一百六十年的实践证明，马克思主义只有与本国国情相结合、与时代发展同进步、与人民群众共命运，才能焕发出强大的生命力、创造力、感召力。在当代中国，坚持中国特色社会主义理论体系，就是真正坚持马克思主义。

实践永无止境，创新永无止境。全党同志要倍加珍惜、长期坚持和不断发展党历经艰辛开创的中国特色社会主义道路和中国特色社会主义理论体系，坚持解放思想、实事求是、与时俱进，勇于变革、勇于创新，永不僵化、永不停滞，不为任何风险所惧，不被任何干扰所惑，使中国特色社会主义道路越走越宽广，让当代中国马克思主义放射出更加灿烂的真理光芒。

三 深入贯彻落实科学发展观

在新的发展阶段继续全面建设小康社会、发展中国特色社会主义，必须坚持以邓小平理论和“三个代表”重要思想为指导，深入贯彻落实科学发展观。

科学发展观，是对党的三代中央领导集体关于发展的重要思想的继承和发展，是马克思主义关于发展的世界观和方法论的集中体现，是同马克思列宁主义、毛泽东思想、邓小平理论和“三个代表”重要思想既一脉相承又与时俱进的科学理论，是我国经济社会发展的重要指导方针，是发展中国特色社会主义必须坚持和贯彻的重大战略思想。

科学发展观，是立足社会主义初级阶段基本国情，总结我国发展实践，借鉴国外发展经验，适应新的发展要求提出来的。进入新世纪新阶段，我国发展呈现一系列新的阶段性特征，主要是：经济实力显著增强，同时生产力水平总体上还不高，自主创新能力还不强，长期形成的结构性矛盾和粗放型增长方式尚未根本改变；社会主义市场经济体制初步建立，同时影响发展的体制机制障碍依然存在，改革攻坚面临深层次矛盾和问题；人民生活总体上达到小康水平，同时收入分配差距拉大趋势还未根本扭转，城乡贫困人口和低收入人口还有相当数量，统筹兼顾各方面利益难度加大；协调发展取得显著成绩，同时农业基础薄弱、农村发展滞后的局面尚未改变，缩小城乡、区域发展差距和促进经济社会协调发展任务艰巨；社会主义民主政治不断发展、依法治国基本方略扎实贯彻，同时民主法制建设与扩大人民民主和经济社会发展的要求还不完全适应，政治体制改革需要继续深化；社会主义文化更加繁荣，同时人民精神文化需求日趋旺盛，人们思想活动的独立性、选择性、多变性、差异性明显增强，对发展社会主义先进文化提出了更高要求；社会活力显著增强，同时社会结构、社会组织形式、社会利益格局发生深刻变化，社会建设和管理面临诸多新课题；对外开放日益扩大，同时面临的国际竞争日趋激烈，发达国家在经济科技上占优势的压力长期存在，可以预见和难以预见的风险增多，统筹国内发展和对外开放要求更高。

这些情况表明，经过新中国成立以来特别是改革开放以来的不懈努力，我国取得了举世瞩目的发展成就，从生产力到生产关系、从经济基础到上层建筑都发生了意义深远的重大变化，但我国仍处于并将长期处于社会主义初级阶段的基本国情没有变，人民日益增长的物质文化需要同落后的社会生产之间的矛盾这一社会主要矛盾没有变。当前我国发展的阶段性特征，是社会主义初级阶段基本国情在新世纪新阶段的具体表现。强调认清社会主义初级阶段基本国情，不是要妄自菲薄、自甘落后，也不是要脱离实际、急于求成，而是要坚持把它作为推进改革、谋划发展的根本依据。我们必须始终保持清醒头脑，立足社会主义初级阶段这个最大的实际，科学分析我国全面参与经济全球化的新机遇新挑战，全面认识工业化、信息化、城镇化、市场化、国际化深入发展的新形势新任务，深刻把握我国发展面临的新课题新矛盾，更加自觉地走科学发展道路，奋力开拓中国特色社会主义更为广阔的发展前景。

科学发展观，第一要义是发展，核心是以人为本，基本要求是全面协调可持续，根本方法是统筹兼顾。

——必须坚持把发展作为党执政兴国的第一要务。发展，对于全面建设小康社会、加快推进社会主义现代化，具有决定性意义。要牢牢扭住经济建设这个中心，坚持聚精会神搞建设、一心一意谋发展，不断解放和发展社会生产力。更好实施科教兴国战略、人才强国战略、可持续发展战略，着力把握发展规律、创新发展理念、转变发展方式、破解发展难题，提高发展质量和效益，实现又好又快发展，为发展中国特色社会主义打下坚实基础。努力实现以人为本、全面协调可持续的科学发展，实现各方面事业有机统一、社会成员团结和睦的和谐发展，实现既通过维护世界和平发展自己、又通过自身发展维护世界和平的和平发展。

——必须坚持以人为本。全心全意为人民服务是党的根本宗旨，党的一切奋斗和工作都是为了造福人民。要始终把实现好、维护好、发展好最广大人民的根本利益作为党和国家一切工作的出发点和落脚点，尊重人民主体地位，发挥人民首创精神，保障人民各项权益，走共同富裕道路，促进人的全面发展，做到发展为了人民、发展依靠人民、发展成果由人民共享。

——必须坚持全面协调可持续发展。要按照中国特色社会主义事业总体布局，全面推进经济建设、政治建设、文化建设、社会建设，促进现代化建设各个环节、各个方面相协调，促进生产关系与生产力、上层建筑与经济基础相协调。坚持生产发展、生活富裕、生态良好的文明发展道路，建设资源节约型、环境友好型社会，实现速度和结构质量效益相统一、经济发展与人口资源环境相协调，使人民在良好生态环境中生产生活，实现经济社会永续发展。

——必须坚持统筹兼顾。要正确认识和妥善处理中国特色社会主义事业中的重大关系，统筹城乡发展、区域发展、经济社会发展、人与自然和谐发展、国内发展和对外开放，统筹中央和地方关系，统筹个人利益和集体利益、局部利益和整体利益、当前利益和长远利益，充分调动各方面积极性。统筹国内国际两个大局，树立世界眼光，加强战略思维，善于从国际形势发展变化中把握发展机遇、应对风险挑战，营造良好国际环境。既要总揽全局、统筹规划，又要抓住牵动全局的主要工作、事关群众利益的突出问题，着力推进、重点突破。

深入贯彻落实科学发展观，要求我们始终坚持“一个中心、两个基本点”的基本路线。党的基本路线是党和国家的生命线，是实现科学发展的政治保证。以经济建设为中心是兴国之要，是我们党、我们国家兴旺发达和长治久安的根本要求；四项基本原则是立国之本，是我们党、我们国家生存发展的政治基石；改革开放是强国之路，是我们党、我们国家发展进步的活力源泉。要坚持把以经济建设为中心同四项基本原则、改革开放这两个基本点统一于发展中国特色社会主义的伟大实践，任何时候都决不能动摇。

深入贯彻落实科学发展观，要求我们积极构建社会主义和谐社会。社会和谐是中国特色社会主义的本质属性。科学发展和社会和谐是内在统一的。没有科学发展就没有社会和谐，没有社会和谐也难以实现科学发展。构建社会主义和谐社会是贯穿中国特色社会主义事业全过程的长期历史任务，是在发展的基础上正确处理各种社会矛盾的历史过程和社会结果。要通过发展增加社会物质财富、不断改善人民生活，又要通过发展保障社会公平正义、不断促进社会和谐。实现社会公平正义是中国共产党人的一贯主张，是发展中国特色社会主义的重大任务。要按照民主法治、公平正义、诚信友爱、充满活力、安定有序、人与自然和谐相处的总要求和共同建设、共同享有的原则，着力解决人民最关心、最直接、最现实的利益问题，努力形成全体人民各尽其能、各得其所而又和谐相处的局面，为发展提供良好社会环境。

深入贯彻落实科学发展观，要求我们继续深化改革开放。要把改革创新精神贯彻到治国理政各个环节，毫不动摇地坚持改革方向，提高改革决策的科学性，增强改革措施的协调性。要完善社会主义市场经济体制，推进各方面体制改革创新，加快重要领域和关键环节改革步伐，全面提高开放水平，着力构建充满活力、富有效率、更加开放、有利于科学发展的体制机制，为发展中国特色社会主义提供强大动力和体制保障。要坚持把改善人民生活作为正确处理改革发展稳定关系的结合点，使改革始终得到人民拥护和支持。

深入贯彻落实科学发展观，要求我们切实加强和改进党的建设。要站在完成党执政兴国使命的高度，把提高党的执政能力、保持和发展党的先进性，体现到领导科学发展、促进社会和谐上来，落实到引领中国发展进步、更好代表和实现最广大人民的根本利益上来，使党的工作和党的建设更加符合科学发展观的要求，为科学发展提供可靠的政治和组织保障。

全党同志要全面把握科学发展观的科学内涵和精神实质，增强贯彻落实科学发展观的自觉性和坚定性，着力转变不适应不符合科学发展观的思想观念，着力解决影响和制约科学发展的突出问题，把全社会的发展积极性引导到科学发展上来，把科学发展观贯彻落实到经济社会发展各个方面。

四　实现全面建设小康社会奋斗目标的新要求

我们已经朝着十六大确立的全面建设小康社会的目标迈出了坚实步伐，今后要继续努力奋斗，确保到二〇二〇年实现全面建成小康社会的奋斗目标。

我们必须适应国内外形势的新变化，顺应各族人民过上更好生活的新期待，把握经济社会发展趋势和规律，坚持中国特色社会主义经济建设、政治建设、文化建设、社会建设的基本目标和基本政策构成的基本纲领，在十六大确立的全面建设小康社会目标的基础上对我国发展提出新的更高要求。

——增强发展协调性，努力实现经济又好又快发展。转变发展方式取得重大进展，在优化结构、提高效益、降低消耗、保护环境的基础上，实现人均国内生产总值到二〇二〇年比二〇〇〇年翻两番。社会主义市场经济体制更加完善。自主创新能力显著提高，科技进步对经济增长的贡献率大幅上升，进入创新型国家行列。居民消费率稳步提高，形成消费、投资、出口协调拉动的增长格局。城乡、区域协调互动发展机制和主体功能区布局基本形成。社会主义新农村建设取得重大进展。城镇人口比重明显增加。

——扩大社会主义民主，更好保障人民权益和社会公平正义。公民政治参与有序扩大。依法治国基本方略深入落实，全社会法制观念进一步增强，法治政府建设取得新成效。基层民主制度更加完善。政府提供基本公共服务能力显著增强。

——加强文化建设，明显提高全民族文明素质。社会主义核心价值体系深入人心，良好思想道德风尚进一步弘扬。覆盖全社会的公共文化服务体系基本建立，文化产业占国民经济比重明显提高、国际竞争力显著增强，适应人民需要的文化产品更加丰富。

——加快发展社会事业，全面改善人民生活。现代国民教育体系更加完善，终身教育体系基本形成，全民受教育程度和创新人才培养水平明显提高。社会就业更加充分。覆盖城乡居民的社会保障体系基本建立，人人享有基本生活保障。合理有序的收入分配格局基本形成，中等收入者占多数，绝对贫困现象基本消除。人人享有基本医疗卫生服务。社会管理体系更加健全。

——建设生态文明，基本形成节约能源资源和保护生态环境的产业结构、增长方式、消费模式。循环经济形成较大规模，可再生能源比重显著上升。主要污染物排放得到有效控制，生态环境质量明显改善。生态文明观念在全社会牢固树立。

到二〇二〇年全面建设小康社会目标实现之时，我们这个历史悠久的文明古国和发展中社会主义大国，将成为工业化基本实现、综合国力显著增强、国内市场总体规模位居世界前列的国家，成为人民富裕程度普遍提高、生活质量明显改善、生态环境良好的国家，成为人民享有更加充分民主权利、具有更高文明素质和精神追求的国家，成为各方面制度更加完善、社会更加充满活力而又安定团结的国家，成为对外更加开放、更加具有亲和力、为人类文明作出更大贡献的国家。

今后五年是全面建设小康社会的关键时期。我们要坚定信心，埋头苦干，为全面建成惠及十几亿人口的更高水平的小康社会打下更加牢固的基础。

五　促进国民经济又好又快发展

实现未来经济发展目标，关键要在加快转变经济发展方式、完善社会主义市场经济体制方面取得重大进展。要大力推进经济结构战略性调整，更加注重提高自主创新能力、提高节能环保水平、提高经济整体素质和国际竞争力。要深化对社会主义市场经济规律的认识，从制度上更好发挥市场在资源配置中的基础性作用，形成有利于科学发展的宏观调控体系。

（一）提高自主创新能力，建设创新型国家。这是国家发展战略的核心，是提高综合国力的关键。要坚持走中国特色自主创新道路，把增强自主创新能力贯彻到现代化建设各个方面。认真落实国家中长期科学和技术发展规划纲要，加大对自主创新投入，着力突破制约经济社会发展的关键技术。加快建设国家创新体系，支持基础研究、前沿技术研究、社会公益性技术研究。加快建立以企业为主体、市场为导向、产学研相结合的技术创新体系，引导和支持创新要素向企业集聚，促进科技成果向现实生产力转化。深化科技管理体制改革，优化科技资源配置，完善鼓励技术创新和科技成果产业化的法制保障、政策体系、激励机制、市场环境。实施知识产权战略。充分利用国际科技资源。进一步营造鼓励创新的环境，努力造就世界一流科学家和科技领军人才，注重培养一线的创新人才，使全社会创新智慧竞相迸发、各方面创新人才大量涌现。

（二）加快转变经济发展方式，推动产业结构优化升级。这是关系国民经济全局紧迫而重大的战略任务。要坚持走中国特色新型工业化道路，坚持扩大国内需求特别是消费需求的方针，促进经济增长由主要依靠投资、出口拉动向依靠消费、投资、出口协调拉动转变，由主要依靠第二产业带动向依靠第一、第二、第三产业协同带动转变，由主要依靠增加物质资源消耗向主要依靠科技进步、劳动者素质提高、管理创新转变。发展现代产业体系，大力推进信息化与工业化融合，促进工业由大变强，振兴装备制造业，淘汰落后生产能力；提升高新技术产业，发展信息、生物、新材料、航空航天、海洋等产业；发展现代服务业，提高服务业比重和水平；加强基础产业基础设施建设，加快发展现代能源产业和综合运输体系。确保产品质量和安全。鼓励发展具有国际竞争力的大企业集团。

（三）统筹城乡发展，推进社会主义新农村建设。解决好农业、农村、农民问题，事关全面建设小康社会大局，必须始终作为全党工作的重中之重。要加强农业基础地位，走中国特色农业现代化道路，建立以工促农、以城带乡长效机制，形成城乡经济社会发展一体化新格局。坚持把发展现代农业、繁荣农村经济作为首要任务，加强农村基础设施建设，健全农村市场和农业服务体系。加大支农惠农政策力度，严格保护耕地，增加农业投入，促进农业科技进步，增强农业综合生产能力，确保国家粮食安全。加强动植物疫病防控，提高农产品质量安全水平。以促进农民增收为核心，发展乡镇企业，壮大县域经济，多渠道转移农民就业。提高扶贫开发水平。深化农村综合改革，推进农村金融体制改革和创新，改革集体林权制度。坚持农村基本经营制度，稳定和完善土地承包关系，按照依法自愿有偿原则，健全土地承包经营权流转市场，有条件的地方可以发展多种形式的适度规模经营。探索集体经济有效实现形式，发展农民专业合作组织，支持农业产业化经营和龙头企业发展。培育有文化、懂技术、会经营的新型农民，发挥亿万农民建设新农村的主体作用。

（四）加强能源资源节约和生态环境保护，增强可持续发展能力。坚持节约资源和保护环境的基本国策，关系人民群众切身利益和中华民族生存发展。必须把建设资源节约型、环境友好型社会放在工业化、现代化发展战略的突出位置，落实到每个单位、每个家庭。要完善有利于节约能源资源和保护生态环境的法律和政策，加快形成可持续发展体制机制。落实节能减排工作责任制。开发和推广节约、替代、循环利用和治理污染的先进适用技术，发展清洁能源和可再生能源，保护土地和水资源，建设科学合理的能源资源利用体系，提高能源资源利用效率。发展环保产业。加大节能环保投入，重点加强水、大气、土壤等污染防治，改善城乡人居环境。加强水利、林业、草原建设，加强荒漠化石漠化治理，促进生态修复。加强应对气候变化能力建设，为保护全球气候作出新贡献。

（五）推动区域协调发展，优化国土开发格局。缩小区域发展差距，必须注重实现基本公共服务均等化，引导生产要素跨区域合理流动。要继续实施区域发展总体战略，深入推进西部大开发，全面振兴东北地区等老工业基地，大力促进中部地区崛起，积极支持东部地区率先发展。加强国土规划，按照形成主体功能区的要求，完善区域政策，调整经济布局。遵循市场经济规律，突破行政区划界限，形成若干带动力强、联系紧密的经济圈和经济带。重大项目布局要充分考虑支持中西部发展，鼓励东部地区带动和帮助中西部地区发展。加大对革命老区、民族地区、边疆地区、贫困地区发展扶持力度。帮助资源枯竭地区实现经济转型。更好发挥经济特区、上海浦东新区、天津滨海新区在改革开放和自主创新中的重要作用。走中国特色城镇化道路，按照统筹城乡、布局合理、节约土地、功能完善、以大带小的原则，促进大中小城市和小城镇协调发展。以增强综合承载能力为重点，以特大城市为依托，形成辐射作用大的城市群，培育新的经济增长极。

（六）完善基本经济制度，健全现代市场体系。坚持和完善公有制为主体、多种所有制经济共同发展的基本经济制度，毫不动摇地巩固和发展公有制经济，毫不动摇地鼓励、支持、引导非公有制经济发展，坚持平等保护物权，形成各种所有制经济平等竞争、相互促进新格局。深化国有企业公司制股份制改革，健全现代企业制度，优化国有经济布局和结构，增强国有经济活力、控制力、影响力。深化垄断行业改革，引入竞争机制，加强政府监管和社会监督。加快建设国有资本经营预算制度。完善各类国有资产管理体制和制度。推进集体企业改革，发展多种形式的集体经济、合作经济。推进公平准入，改善融资条件，破除体制障碍，促进个体、私营经济和中小企业发展。以现代产权制度为基础，发展混合所有制经济。加快形成统一开放竞争有序的现代市场体系，发展各类生产要素市场，完善反映市场供求关系、资源稀缺程度、环境损害成本的生产要素和资源价格形成机制，规范发展行业协会和市场中介组织，健全社会信用体系。

（七）深化财税、金融等体制改革，完善宏观调控体系。围绕推进基本公共服务均等化和主体功能区建设，完善公共财政体系。深化预算制度改革，强化预算管理和监督，健全中央和地方财力与事权相匹配的体制，加快形成统一规范透明的财政转移支付制度，提高一般性转移支付规模和比例，加大公共服务领域投入。完善省以下财政体制，增强基层政府提供公共服务能力。实行有利于科学发展的财税制度，建立健全资源有偿使用制度和生态环境补偿机制。推进金融体制改革，发展各类金融市场，形成多种所有制和多种经营形式、结构合理、功能完善、高效安全的现代金融体系。提高银行业、证券业、保险业竞争力。优化资本市场结构，多渠道提高直接融资比重。加强和改进金融监管，防范和化解金融风险。完善人民币汇率形成机制，逐步实现资本项目可兑换。深化投资体制改革，健全和严格市场准入制度。完善国家规划体系。发挥国家发展规划、计划、产业政策在宏观调控中的导向作用，综合运用财政、货币政策，提高宏观调控水平。

（八）拓展对外开放广度和深度，提高开放型经济水平。坚持对外开放的基本国策，把“引进来”和“走出去”更好结合起来，扩大开放领域，优化开放结构，提高开放质量，完善内外联动、互利共赢、安全高效的开放型经济体系，形成经济全球化条件下参与国际经济合作和竞争新优势。深化沿海开放，加快内地开放，提升沿边开放，实现对内对外开放相互促进。加快转变外贸增长方式，立足以质取胜，调整进出口结构，促进加工贸易转型升级，大力发展服务贸易。创新利用外资方式，优化利用外资结构，发挥利用外资在推动自主创新、产业升级、区域协调发展等方面的积极作用。创新对外投资和合作方式，支持企业在研发、生产、销售等方面开展国际化经营，加快培育我国的跨国公司和国际知名品牌。积极开展国际能源资源互利合作。实施自由贸易区战略，加强双边多边经贸合作。采取综合措施促进国际收支基本平衡。注重防范国际经济风险。

实现国民经济又好又快发展，必将进一步增强我国经济实力，彰显社会主义市场经济的强大生机活力。

六　坚定不移发展社会主义民主政治

人民民主是社会主义的生命。发展社会主义民主政治是我们党始终不渝的奋斗目标。改革开放以来，我们积极稳妥推进政治体制改革，我国社会主义民主政治展现出更加旺盛的生命力。政治体制改革作为我国全面改革的重要组成部分，必须随着经济社会发展而不断深化，与人民政治参与积极性不断提高相适应。要坚持中国特色社会主义政治发展道路，坚持党的领导、人民当家作主、依法治国有机统一，坚持和完善人民代表大会制度、中国共产党领导的多党合作和政治协商制度、民族区域自治制度以及基层群众自治制度，不断推进社会主义政治制度自我完善和发展。

深化政治体制改革，必须坚持正确政治方向，以保证人民当家作主为根本，以增强党和国家活力、调动人民积极性为目标，扩大社会主义民主，建设社会主义法治国家，发展社会主义政治文明。要坚持党总揽全局、协调各方的领导核心作用，提高党科学执政、民主执政、依法执政水平，保证党领导人民有效治理国家；坚持国家一切权力属于人民，从各个层次、各个领域扩大公民有序政治参与，最广泛地动员和组织人民依法管理国家事务和社会事务、管理经济和文化事业；坚持依法治国基本方略，树立社会主义法治理念，实现国家各项工作法治化，保障公民合法权益；坚持社会主义政治制度的特点和优势，推进社会主义民主政治制度化、规范化、程序化，为党和国家长治久安提供政治和法律制度保障。

（一）扩大人民民主，保证人民当家作主。人民当家作主是社会主义民主政治的本质和核心。要健全民主制度，丰富民主形式，拓宽民主渠道，依法实行民主选举、民主决策、民主管理、民主监督，保障人民的知情权、参与权、表达权、监督权。支持人民代表大会依法履行职能，善于使党的主张通过法定程序成为国家意志；保障人大代表依法行使职权，密切人大代表同人民的联系，建议逐步实行城乡按相同人口比例选举人大代表；加强人大常委会制度建设，优化组成人员知识结构和年龄结构。支持人民政协围绕团结和民主两大主题履行职能，推进政治协商、民主监督、参政议政制度建设；把政治协商纳入决策程序，完善民主监督机制，提高参政议政实效；加强政协自身建设，发挥协调关系、汇聚力量、建言献策、服务大局的重要作用。坚持各民族一律平等，保证民族自治地方依法行使自治权。推进决策科学化、民主化，完善决策信息和智力支持系统，增强决策透明度和公众参与度，制定与群众利益密切相关的法律法规和公共政策原则上要公开听取意见。加强公民意识教育，树立社会主义民主法治、自由平等、公平正义理念。支持工会、共青团、妇联等人民团体依照法律和各自章程开展工作，参与社会管理和公共服务，维护群众合法权益。

（二）发展基层民主，保障人民享有更多更切实的民主权利。人民依法直接行使民主权利，管理基层公共事务和公益事业，实行自我管理、自我服务、自我教育、自我监督，对干部实行民主监督，是人民当家作主最有效、最广泛的途径，必须作为发展社会主义民主政治的基础性工程重点推进。要健全基层党组织领导的充满活力的基层群众自治机制，扩大基层群众自治范围，完善民主管理制度，把城乡社区建设成为管理有序、服务完善、文明祥和的社会生活共同体。全心全意依靠工人阶级，完善以职工代表大会为基本形式的企事业单位民主管理制度，推进厂务公开，支持职工参与管理，维护职工合法权益。深化乡镇机构改革，加强基层政权建设，完善政务公开、村务公开等制度，实现政府行政管理与基层群众自治有效衔接和良性互动。发挥社会组织在扩大群众参与、反映群众诉求方面的积极作用，增强社会自治功能。

（三）全面落实依法治国基本方略，加快建设社会主义法治国家。依法治国是社会主义民主政治的基本要求。要坚持科学立法、民主立法，完善中国特色社会主义法律体系。加强宪法和法律实施，坚持公民在法律面前一律平等，维护社会公平正义，维护社会主义法制的统一、尊严、权威。推进依法行政。深化司法体制改革，优化司法职权配置，规范司法行为，建设公正高效权威的社会主义司法制度，保证审判机关、检察机关依法独立公正地行使审判权、检察权。加强政法队伍建设，做到严格、公正、文明执法。深入开展法制宣传教育，弘扬法治精神，形成自觉学法守法用法的社会氛围。尊重和保障人权，依法保证全体社会成员平等参与、平等发展的权利。各级党组织和全体党员要自觉在宪法和法律范围内活动，带头维护宪法和法律的权威。

（四）壮大爱国统一战线，团结一切可以团结的力量。促进政党关系、民族关系、宗教关系、阶层关系、海内外同胞关系的和谐，对于增进团结、凝聚力量具有不可替代的作用。要贯彻长期共存、互相监督、肝胆相照、荣辱与共的方针，加强同民主党派合作共事，支持民主党派和无党派人士更好履行参政议政、民主监督职能，选拔和推荐更多优秀党外干部担任领导职务。牢牢把握各民族共同团结奋斗、共同繁荣发展的主题，保障少数民族合法权益，巩固和发展平等团结互助和谐的社会主义民族关系。全面贯彻党的宗教工作基本方针，发挥宗教界人士和信教群众在促进经济社会发展中的积极作用。鼓励新的社会阶层人士积极投身中国特色社会主义建设。认真贯彻党的侨务政策，支持海外侨胞、归侨侨眷关心和参与祖国现代化建设与和平统一大业。

（五）加快行政管理体制改革，建设服务型政府。行政管理体制改革是深化改革的重要环节。要抓紧制定行政管理体制改革总体方案，着力转变职能、理顺关系、优化结构、提高效能，形成权责一致、分工合理、决策科学、执行顺畅、监督有力的行政管理体制。健全政府职责体系，完善公共服务体系，推行电子政务，强化社会管理和公共服务。加快推进政企分开、政资分开、政事分开、政府与市场中介组织分开，规范行政行为，加强行政执法部门建设，减少和规范行政审批，减少政府对微观经济运行的干预。规范垂直管理部门和地方政府的关系。

加大机构整合力度，探索实行职能有机统一的大部门体制，健全部门间协调配合机制。精简和规范各类议事协调机构及其办事机构，减少行政层次，降低行政成本，着力解决机构重叠、职责交叉、政出多门问题。统筹党委、政府和人大、政协机构设置，减少领导职数，严格控制编制。加快推进事业单位分类改革。

（六）完善制约和监督机制，保证人民赋予的权力始终用来为人民谋利益。确保权力正确行使，必须让权力在阳光下运行。要坚持用制度管权、管事、管人，建立健全决策权、执行权、监督权既相互制约又相互协调的权力结构和运行机制。健全组织法制和程序规则，保证国家机关按照法定权限和程序行使权力、履行职责。完善各类公开办事制度，提高政府工作透明度和公信力。重点加强对领导干部特别是主要领导干部、人财物管理使用、关键岗位的监督，健全质询、问责、经济责任审计、引咎辞职、罢免等制度。落实党内监督条例，加强民主监督，发挥好舆论监督作用，增强监督合力和实效。

社会主义愈发展，民主也愈发展。在发展中国特色社会主义的历史进程中，中国共产党人和中国人民一定能够不断发展具有强大生命力的社会主义民主政治。

七　推动社会主义文化大发展大繁荣

当今时代，文化越来越成为民族凝聚力和创造力的重要源泉、越来越成为综合国力竞争的重要因素，丰富精神文化生活越来越成为我国人民的热切愿望。要坚持社会主义先进文化前进方向，兴起社会主义文化建设新高潮，激发全民族文化创造活力，提高国家文化软实力，使人民基本文化权益得到更好保障，使社会文化生活更加丰富多彩，使人民精神风貌更加昂扬向上。

（一）建设社会主义核心价值体系，增强社会主义意识形态的吸引力和凝聚力。社会主义核心价值体系是社会主义意识形态的本质体现。要巩固马克思主义指导地位，坚持不懈地用马克思主义中国化最新成果武装全党、教育人民，用中国特色社会主义共同理想凝聚力量，用以爱国主义为核心的民族精神和以改革创新为核心的时代精神鼓舞斗志，用社会主义荣辱观引领风尚，巩固全党全国各族人民团结奋斗的共同思想基础。大力推进理论创新，不断赋予当代中国马克思主义鲜明的实践特色、民族特色、时代特色。开展中国特色社会主义理论体系宣传普及活动，推动当代中国马克思主义大众化。推进马克思主义理论研究和建设工程，深入回答重大理论和实际问题，培养造就一批马克思主义理论家特别是中青年理论家。切实把社会主义核心价值体系融入国民教育和精神文明建设全过程，转化为人民的自觉追求。积极探索用社会主义核心价值体系引领社会思潮的有效途径，主动做好意识形态工作，既尊重差异、包容多样，又有力抵制各种错误和腐朽思想的影响。繁荣发展哲学社会科学，推进学科体系、学术观点、科研方法创新，鼓励哲学社会科学界为党和人民事业发挥思想库作用，推动我国哲学社会科学优秀成果和优秀人才走向世界。

（二）建设和谐文化，培育文明风尚。和谐文化是全体人民团结进步的重要精神支撑。要积极发展新闻出版、广播影视、文学艺术事业，坚持正确导向，弘扬社会正气。重视城乡、区域文化协调发展，着力丰富农村、偏远地区、进城务工人员的精神文化生活。加强网络文化建设和管理，营造良好网络环境。大力弘扬爱国主义、集体主义、社会主义思想，以增强诚信意识为重点，加强社会公德、职业道德、家庭美德、个人品德建设，发挥道德模范榜样作用，引导人们自觉履行法定义务、社会责任、家庭责任。加强和改进思想政治工作，注重人文关怀和心理疏导，用正确方式处理人际关系。动员社会各方面共同做好青少年思想道德教育工作，为青少年健康成长创造良好社会环境。深入开展群众性精神文明创建活动，完善社会志愿服务体系，形成男女平等、尊老爱幼、互爱互助、见义勇为的社会风尚。弘扬科学精神，普及科学知识。广泛开展全民健身运动。办好二〇〇八年奥运会、残奥会和二〇一〇年世博会。

（三）弘扬中华文化，建设中华民族共有精神家园。中华文化是中华民族生生不息、团结奋进的不竭动力。要全面认识祖国传统文化，取其精华，去其糟粕，使之与当代社会相适应、与现代文明相协调，保持民族性，体现时代性。加强中华优秀文化传统教育，运用现代科技手段开发利用民族文化丰厚资源。加强对各民族文化的挖掘和保护，重视文物和非物质文化遗产保护，做好文化典籍整理工作。加强对外文化交流，吸收各国优秀文明成果，增强中华文化国际影响力。

（四）推进文化创新，增强文化发展活力。在时代的高起点上推动文化内容形式、体制机制、传播手段创新，解放和发展文化生产力，是繁荣文化的必由之路。要坚持为人民服务、为社会主义服务的方向和百花齐放、百家争鸣的方针，贴近实际、贴近生活、贴近群众，始终把社会效益放在首位，做到经济效益与社会效益相统一。创作更多反映人民主体地位和现实生活、群众喜闻乐见的优秀精神文化产品。深化文化体制改革，完善扶持公益性文化事业、发展文化产业、鼓励文化创新的政策，营造有利于出精品、出人才、出效益的环境。坚持把发展公益性文化事业作为保障人民基本文化权益的主要途径，加大投入力度，加强社区和乡村文化设施建设。大力发展文化产业，实施重大文化产业项目带动战略，加快文化产业基地和区域性特色文化产业群建设，培育文化产业骨干企业和战略投资者，繁荣文化市场，增强国际竞争力。运用高新技术创新文化生产方式，培育新的文化业态，加快构建传输快捷、覆盖广泛的文化传播体系。设立国家荣誉制度，表彰有杰出贡献的文化工作者。

中华民族伟大复兴必然伴随着中华文化繁荣兴盛。要充分发挥人民在文化建设中的主体作用，调动广大文化工作者的积极性，更加自觉、更加主动地推动文化大发展大繁荣，在中国特色社会主义的伟大实践中进行文化创造，让人民共享文化发展成果。

八　加快推进以改善民生为重点的社会建设

社会建设与人民幸福安康息息相关。必须在经济发展的基础上，更加注重社会建设，着力保障和改善民生，推进社会体制改革，扩大公共服务，完善社会管理，促进社会公平正义，努力使全体人民学有所教、劳有所得、病有所医、老有所养、住有所居，推动建设和谐社会。

（一）优先发展教育，建设人力资源强国。教育是民族振兴的基石，教育公平是社会公平的重要基础。要全面贯彻党的教育方针，坚持育人为本、德育为先，实施素质教育，提高教育现代化水平，培养德智体美全面发展的社会主义建设者和接班人，办好人民满意的教育。优化教育结构，促进义务教育均衡发展，加快普及高中阶段教育，大力发展职业教育，提高高等教育质量。重视学前教育，关心特殊教育。更新教育观念，深化教学内容方式、考试招生制度、质量评价制度等改革，减轻中小学生课业负担，提高学生综合素质。坚持教育公益性质，加大财政对教育投入，规范教育收费，扶持贫困地区、民族地区教育，健全学生资助制度，保障经济困难家庭、进城务工人员子女平等接受义务教育。加强教师队伍建设，重点提高农村教师素质。鼓励和规范社会力量兴办教育。发展远程教育和继续教育，建设全民学习、终身学习的学习型社会。

（二）实施扩大就业的发展战略，促进以创业带动就业。就业是民生之本。要坚持实施积极的就业政策，加强政府引导，完善市场就业机制，扩大就业规模，改善就业结构。完善支持自主创业、自谋职业政策，加强就业观念教育，使更多劳动者成为创业者。健全面向全体劳动者的职业教育培训制度，加强农村富余劳动力转移就业培训。建立统一规范的人力资源市场，形成城乡劳动者平等就业的制度。完善面向所有困难群众的就业援助制度，及时帮助零就业家庭解决就业困难。积极做好高校毕业生就业工作。规范和协调劳动关系，完善和落实国家对农民工的政策，依法维护劳动者权益。

（三）深化收入分配制度改革，增加城乡居民收入。合理的收入分配制度是社会公平的重要体现。要坚持和完善按劳分配为主体、多种分配方式并存的分配制度，健全劳动、资本、技术、管理等生产要素按贡献参与分配的制度，初次分配和再分配都要处理好效率和公平的关系，再分配更加注重公平。逐步提高居民收入在国民收入分配中的比重，提高劳动报酬在初次分配中的比重。着力提高低收入者收入，逐步提高扶贫标准和最低工资标准，建立企业职工工资正常增长机制和支付保障机制。创造条件让更多群众拥有财产性收入。保护合法收入，调节过高收入，取缔非法收入。扩大转移支付，强化税收调节，打破经营垄断，创造机会公平，整顿分配秩序，逐步扭转收入分配差距扩大趋势。

（四）加快建立覆盖城乡居民的社会保障体系，保障人民基本生活。社会保障是社会安定的重要保证。要以社会保险、社会救助、社会福利为基础，以基本养老、基本医疗、最低生活保障制度为重点，以慈善事业、商业保险为补充，加快完善社会保障体系。促进企业、机关、事业单位基本养老保险制度改革，探索建立农村养老保险制度。全面推进城镇职工基本医疗保险、城镇居民基本医疗保险、新型农村合作医疗制度建设。完善城乡居民最低生活保障制度，逐步提高保障水平。完善失业、工伤、生育保险制度。提高统筹层次，制定全国统一的社会保险关系转续办法。采取多种方式充实社会保障基金，加强基金监管，实现保值增值。健全社会救助体系。做好优抚安置工作。发扬人道主义精神，发展残疾人事业。加强老龄工作。强化防灾减灾工作。健全廉租住房制度，加快解决城市低收入家庭住房困难。

（五）建立基本医疗卫生制度，提高全民健康水平。健康是人全面发展的基础，关系千家万户幸福。要坚持公共医疗卫生的公益性质，坚持预防为主、以农村为重点、中西医并重，实行政事分开、管办分开、医药分开、营利性和非营利性分开，强化政府责任和投入，完善国民健康政策，鼓励社会参与，建设覆盖城乡居民的公共卫生服务体系、医疗服务体系、医疗保障体系、药品供应保障体系，为群众提供安全、有效、方便、价廉的医疗卫生服务。完善重大疾病防控体系，提高突发公共卫生事件应急处置能力。加强农村三级卫生服务网络和城市社区卫生服务体系建设，深化公立医院改革。建立国家基本药物制度，保证群众基本用药。扶持中医药和民族医药事业发展。加强医德医风建设，提高医疗服务质量。确保食品药品安全。坚持计划生育的基本国策，稳定低生育水平，提高出生人口素质。开展爱国卫生运动，发展妇幼卫生事业。

（六）完善社会管理，维护社会安定团结。社会稳定是人民群众的共同心愿，是改革发展的重要前提。要健全党委领导、政府负责、社会协同、公众参与的社会管理格局，健全基层社会管理体制。最大限度激发社会创造活力，最大限度增加和谐因素，最大限度减少不和谐因素。妥善处理人民内部矛盾，完善信访制度，健全党和政府主导的维护群众权益机制。重视社会组织建设和管理。加强流动人口服务和管理。坚持安全发展，强化安全生产管理和监督，有效遏制重特大安全事故。完善突发事件应急管理机制。健全社会治安防控体系，加强社会治安综合治理，深入开展平安创建活动，改革和加强城乡社区警务工作，依法防范和打击违法犯罪活动，保障人民生命财产安全。完善国家安全战略，健全国家安全体制，高度警惕和坚决防范各种分裂、渗透、颠覆活动，切实维护国家安全。

和谐社会要靠全社会共同建设。我们要紧紧依靠人民，调动一切积极因素，努力形成社会和谐人人有责、和谐社会人人共享的生动局面。

九　开创国防和军队现代化建设新局面

国防和军队建设，在中国特色社会主义事业总体布局中占有重要地位。必须站在国家安全和发展战略全局的高度，统筹经济建设和国防建设，在全面建设小康社会进程中实现富国和强军的统一。

全面履行党和人民赋予的新世纪新阶段军队历史使命，必须坚持以毛泽东军事思想、邓小平新时期军队建设思想、江泽民国防和军队建设思想为指导，把科学发展观作为国防和军队建设的重要指导方针，贯彻新时期军事战略方针，加快中国特色军事变革，做好军事斗争准备，提高军队应对多种安全威胁、完成多样化军事任务的能力，坚决维护国家主权、安全、领土完整，为维护世界和平贡献力量。

军队革命化、现代化、正规化建设是统一的整体，必须全面加强、协调推进。要始终坚持党对军队绝对领导的根本原则和人民军队的根本宗旨，深入进行军队历史使命、理想信念、战斗精神和社会主义荣辱观教育，大力弘扬听党指挥、服务人民、英勇善战的优良传统。坚持科技强军，按照建设信息化军队、打赢信息化战争的战略目标，加快机械化和信息化复合发展，积极开展信息化条件下军事训练，全面建设现代后勤，加紧培养大批高素质新型军事人才，切实转变战斗力生成模式。坚持依法治军、从严治军，完善军事法规，加强科学管理。

适应世界军事发展新趋势和我国发展新要求，推进军事理论、军事技术、军事组织、军事管理创新。调整改革军队体制编制和政策制度，逐步形成一整套既有中国特色又符合现代军队建设规律的科学的组织模式、制度安排和运作方式。调整改革国防科技工业体制和武器装备采购体制，提高武器装备研制的自主创新能力和质量效益。建立和完善军民结合、寓军于民的武器装备科研生产体系、军队人才培养体系和军队保障体系，坚持勤俭建军，走出一条中国特色军民融合式发展路子。深入研究新的历史条件下建军治军特点规律和人民战争战略战术，繁荣和发展军事科学。

增强全民国防观念，完善国防动员体系，加强国防动员建设，提高预备役部队和民兵建设质量。加强人民武装警察部队建设，更好履行维护国家安全和社会稳定、保障人民安居乐业的职责使命。坚持拥军优属、拥政爱民，积极开展军民共建，巩固军政军民团结。各级党组织、政府和人民群众要一如既往支持国防和军队建设，军队要继续为经济社会发展作贡献。

十　推进“一国两制”实践和祖国和平统一大业

香港、澳门回归祖国以来，“一国两制”实践日益丰富。“一国两制”是完全正确的，具有强大生命力。按照“一国两制”实现祖国和平统一，符合中华民族根本利益。

保持香港、澳门长期繁荣稳定是党在新形势下治国理政面临的重大课题。我们将坚定不移地贯彻“一国两制”、“港人治港”、“澳人治澳”、高度自治的方针，严格按照特别行政区基本法办事；全力支持特别行政区政府依法施政，着力发展经济、改善民生、推进民主；鼓励香港、澳门各界人士在爱国爱港、爱国爱澳旗帜下和衷共济，促进社会和睦；加强内地与香港、澳门交流合作，实现优势互补、共同发展；积极支持香港、澳门开展对外交往，坚决反对外部势力干预香港、澳门事务。香港同胞、澳门同胞完全有智慧有能力管理好、建设好香港、澳门，香港、澳门已经并将继续为国家现代化建设发挥重要作用，伟大祖国永远是香港、澳门繁荣稳定的坚强后盾。

解决台湾问题、实现祖国完全统一，是全体中华儿女的共同心愿。我们将遵循“和平统一、一国两制”的方针和现阶段发展两岸关系、推进祖国和平统一进程的八项主张，坚持一个中国原则决不动摇，争取和平统一的努力决不放弃，贯彻寄希望于台湾人民的方针决不改变，反对“台独”分裂活动决不妥协，牢牢把握两岸关系和平发展的主题，真诚为两岸同胞谋福祉、为台海地区谋和平，维护国家主权和领土完整，维护中华民族根本利益。

坚持一个中国原则，是两岸关系和平发展的政治基础。尽管两岸尚未统一，但大陆和台湾同属一个中国的事实从未改变。中国是两岸同胞的共同家园，两岸同胞理应携手维护好、建设好我们的共同家园。台湾任何政党，只要承认两岸同属一个中国，我们都愿意同他们交流对话、协商谈判，什么问题都可以谈。我们郑重呼吁，在一个中国原则的基础上，协商正式结束两岸敌对状态，达成和平协议，构建两岸关系和平发展框架，开创两岸关系和平发展新局面。

十三亿大陆同胞和两千三百万台湾同胞是血脉相连的命运共同体。凡是对台湾同胞有利的事情，凡是对维护台海和平有利的事情，凡是对促进祖国和平统一有利的事情，我们都会尽最大努力做好。我们理解、信赖、关心台湾同胞，将继续实施和充实惠及广大台湾同胞的政策措施，依法保护台湾同胞的正当权益，支持海峡西岸和其他台商投资相对集中地区经济发展。两岸同胞要加强交往，加强经济文化交流，继续拓展领域、提高层次，推动直接“三通”，使彼此感情更融洽、合作更深化，为实现中华民族伟大复兴而共同努力。

当前，“台独”分裂势力加紧进行分裂活动，严重危害两岸关系和平发展。两岸同胞要共同反对和遏制“台独”分裂活动。中国主权和领土完整不容分割。任何涉及中国主权和领土完整的问题，必须由包括台湾同胞在内的全中国人民共同决定。我们愿以最大诚意、尽最大努力实现两岸和平统一，绝不允许任何人以任何名义任何方式把台湾从祖国分割出去。

两岸统一是中华民族走向伟大复兴的历史必然。海内外中华儿女紧密团结、共同奋斗，祖国完全统一就一定能够实现。

十一　始终不渝走和平发展道路

当今世界正处在大变革大调整之中。和平与发展仍然是时代主题，求和平、谋发展、促合作已经成为不可阻挡的时代潮流。世界多极化不可逆转，经济全球化深入发展，科技革命加速推进，全球和区域合作方兴未艾，国与国相互依存日益紧密，国际力量对比朝着有利于维护世界和平方向发展，国际形势总体稳定。

同时，世界仍然很不安宁。霸权主义和强权政治依然存在，局部冲突和热点问题此起彼伏，全球经济失衡加剧，南北差距拉大，传统安全威胁和非传统安全威胁相互交织，世界和平与发展面临诸多难题和挑战。

共同分享发展机遇，共同应对各种挑战，推进人类和平与发展的崇高事业，事关各国人民的根本利益，也是各国人民的共同心愿。我们主张，各国人民携手努力，推动建设持久和平、共同繁荣的和谐世界。为此，应该遵循联合国宪章宗旨和原则，恪守国际法和公认的国际关系准则，在国际关系中弘扬民主、和睦、协作、共赢精神。政治上相互尊重、平等协商，共同推进国际关系民主化；经济上相互合作、优势互补，共同推动经济全球化朝着均衡、普惠、共赢方向发展；文化上相互借鉴、求同存异，尊重世界多样性，共同促进人类文明繁荣进步；安全上相互信任、加强合作，坚持用和平方式而不是战争手段解决国际争端，共同维护世界和平稳定；环保上相互帮助、协力推进，共同呵护人类赖以生存的地球家园。

当代中国同世界的关系发生了历史性变化，中国的前途命运日益紧密地同世界的前途命运联系在一起。不管国际风云如何变幻，中国政府和人民都将高举和平、发展、合作旗帜，奉行独立自主的和平外交政策，维护国家主权、安全、发展利益，恪守维护世界和平、促进共同发展的外交政策宗旨。

中国将始终不渝走和平发展道路。这是中国政府和人民根据时代发展潮流和自身根本利益作出的战略抉择。中华民族是热爱和平的民族，中国始终是维护世界和平的坚定力量。我们坚持把中国人民的利益同各国人民的共同利益结合起来，秉持公道，伸张正义。我们坚持国家不分大小、强弱、贫富一律平等，尊重各国人民自主选择发展道路的权利，不干涉别国内部事务，不把自己的意志强加于人。中国致力于和平解决国际争端和热点问题，推动国际和地区安全合作，反对一切形式的恐怖主义。中国奉行防御性的国防政策，不搞军备竞赛，不对任何国家构成军事威胁。中国反对各种形式的霸权主义和强权政治，永远不称霸，永远不搞扩张。

中国将始终不渝奉行互利共赢的开放战略。我们将继续以自己的发展促进地区和世界共同发展，扩大同各方利益的汇合点，在实现本国发展的同时兼顾对方特别是发展中国家的正当关切。我们将继续按照通行的国际经贸规则，扩大市场准入，依法保护合作者权益。我们支持国际社会帮助发展中国家增强自主发展能力、改善民生，缩小南北差距。我们支持完善国际贸易和金融体制，推进贸易和投资自由化便利化，通过磋商协作妥善处理经贸摩擦。中国决不做损人利己、以邻为壑的事情。

中国坚持在和平共处五项原则的基础上同所有国家发展友好合作。我们将继续同发达国家加强战略对话，增进互信，深化合作，妥善处理分歧，推动相互关系长期稳定健康发展。我们将继续贯彻与邻为善、以邻为伴的周边外交方针，加强同周边国家的睦邻友好和务实合作，积极开展区域合作，共同营造和平稳定、平等互信、合作共赢的地区环境。我们将继续加强同广大发展中国家的团结合作，深化传统友谊，扩大务实合作，提供力所能及的援助，维护发展中国家的正当要求和共同利益。我们将继续积极参与多边事务，承担相应国际义务，发挥建设性作用，推动国际秩序朝着更加公正合理的方向发展。我们将继续开展同各国政党和政治组织的交流合作，加强人大、政协、军队、地方、民间团体对外交往，增进中国人民和各国人民的相互了解和友谊。

中国发展离不开世界，世界繁荣稳定也离不开中国。中国人民将继续同各国人民一道，为实现人类的美好理想而不懈努力。

十二　以改革创新精神全面推进党的建设新的伟大工程

中国特色社会主义事业是改革创新的事业。党要站在时代前列带领人民不断开创事业发展新局面，必须以改革创新精神加强自身建设，始终成为中国特色社会主义事业的坚强领导核心。

我们党已经成立八十六年，在全国执政五十八年，拥有七千多万党员，党的自身建设任务比过去任何时候都更为繁重。党领导的改革开放既给党注入巨大活力，也使党面临许多前所未有的新课题新考验。世情、国情、党情的发展变化，决定了以改革创新精神加强党的建设既十分重要又十分紧迫。必须把党的执政能力建设和先进性建设作为主线，坚持党要管党、从严治党，贯彻为民、务实、清廉的要求，以坚定理想信念为重点加强思想建设，以造就高素质党员、干部队伍为重点加强组织建设，以保持党同人民群众的血肉联系为重点加强作风建设，以健全民主集中制为重点加强制度建设，以完善惩治和预防腐败体系为重点加强反腐倡廉建设，使党始终成为立党为公、执政为民，求真务实、改革创新，艰苦奋斗、清正廉洁，富有活力、团结和谐的马克思主义执政党。

（一）深入学习贯彻中国特色社会主义理论体系，着力用马克思主义中国化最新成果武装全党。思想理论建设是党的根本建设，党的理论创新引领各方面创新。要按照建设学习型政党的要求，紧密结合改革开放和现代化建设的生动实践，深入学习马克思列宁主义、毛泽东思想、邓小平理论和“三个代表”重要思想，在全党开展深入学习实践科学发展观活动，坚持用发展着的马克思主义指导客观世界和主观世界的改造，进一步把握共产党执政规律、社会主义建设规律、人类社会发展规律，提高运用科学理论分析和解决实际问题能力。加强党员、干部理想信念教育和思想道德建设，使广大党员、干部成为实践社会主义核心价值体系的模范，做共产主义远大理想和中国特色社会主义共同理想的坚定信仰者、科学发展观的忠实执行者、社会主义荣辱观的自觉实践者、社会和谐的积极促进者。

（二）继续加强党的执政能力建设，着力建设高素质领导班子。党的执政能力建设关系党的建设和中国特色社会主义事业的全局，必须把提高领导水平和执政能力作为各级领导班子建设的核心内容抓紧抓好。要按照科学执政、民主执政、依法执政的要求，改进领导班子思想作风，提高领导干部执政本领，改善领导方式和执政方式，健全领导体制，完善地方党委领导班子配备改革后的工作机制，把各级领导班子建设成为坚定贯彻党的理论和路线方针政策、善于领导科学发展的坚强领导集体。以加强领导班子执政能力建设影响和带动全党，使党的全部工作始终符合时代要求和人民期待。

（三）积极推进党内民主建设，着力增强党的团结统一。党内民主是增强党的创新活力、巩固党的团结统一的重要保证。要以扩大党内民主带动人民民主，以增进党内和谐促进社会和谐。尊重党员主体地位，保障党员民主权利，推进党务公开，营造党内民主讨论环境。完善党的代表大会制度，实行党的代表大会代表任期制，选择一些县（市、区）试行党代表大会常任制。完善党的地方各级全委会、常委会工作机制，发挥全委会对重大问题的决策作用。严格实行民主集中制，健全集体领导与个人分工负责相结合的制度，反对和防止个人或少数人专断。推行地方党委讨论决定重大问题和任用重要干部票决制。建立健全中央政治局向中央委员会全体会议、地方各级党委常委会向委员会全体会议定期报告工作并接受监督的制度。改革党内选举制度，改进候选人提名制度和选举方式。推广基层党组织领导班子成员由党员和群众公开推荐与上级党组织推荐相结合的办法，逐步扩大基层党组织领导班子直接选举范围，探索扩大党内基层民主多种实现形式。全党同志要坚决维护党的集中统一，自觉遵守党的政治纪律，始终同党中央保持一致，坚决维护中央权威，切实保证政令畅通。

（四）不断深化干部人事制度改革，着力造就高素质干部队伍和人才队伍。坚持党管干部原则，坚持民主、公开、竞争、择优，形成干部选拔任用科学机制。规范干部任用提名制度，完善体现科学发展观和正确政绩观要求的干部考核评价体系，完善公开选拔、竞争上岗、差额选举办法。扩大干部工作民主，增强民主推荐、民主测评的科学性和真实性。加强干部选拔任用工作全过程监督。健全领导干部职务任期、回避、交流制度，完善公务员制度。健全干部双重管理体制。推进国有企业和事业单位人事制度改革，完善适合国有企业特点的领导人员管理办法。

坚持正确用人导向，按照德才兼备、注重实绩、群众公认原则选拔干部，提高选人用人公信度。加大培养选拔优秀年轻干部力度，鼓励年轻干部到基层和艰苦地区锻炼成长，提高年轻干部马克思主义理论素养和政治素质。重视培养选拔女干部、少数民族干部。格外关注长期在条件艰苦、工作困难地方努力工作的干部，注意从基层和生产一线选拔优秀干部充实各级党政领导机关。继续大规模培训干部，充分发挥党校、行政学院、干部学院作用，大幅度提高干部素质。全面做好离退休干部工作。贯彻尊重劳动、尊重知识、尊重人才、尊重创造的方针，坚持党管人才原则，统筹抓好以高层次人才和高技能人才为重点的各类人才队伍建设。创新人才工作体制机制，激发各类人才创造活力和创业热情，开创人才辈出、人尽其才新局面。

（五）全面巩固和发展先进性教育活动成果，着力加强基层党的建设。先进性是马克思主义政党的生命所系、力量所在，要靠千千万万高素质党员来体现。要扎实抓好党员队伍建设这一基础工程，坚持不懈地提高党员素质。认真学习和遵守党章，增强党员意识，建立党员党性定期分析制度，拓宽党员服务群众渠道，构建党员联系和服务群众工作体系，健全让党员经常受教育、永葆先进性长效机制，使党员真正成为牢记宗旨、心系群众的先进分子。加强和改进流动党员管理，加强进城务工人员中党的工作，建立健全城乡一体党员动态管理机制。提高发展党员质量，优化党员队伍结构，及时处置不合格党员。

党的基层组织是党执政的组织基础。要落实党建工作责任制，全面推进农村、企业、城市社区和机关、学校、新社会组织等的基层党组织建设，优化组织设置，扩大组织覆盖，创新活动方式，充分发挥基层党组织推动发展、服务群众、凝聚人心、促进和谐的作用。以党的基层组织建设带动其他各类基层组织建设。在党的基层组织和党员中深入开展创先争优活动。建立健全城乡党的基层组织互帮互助机制。在全国农村普遍开展党员干部现代远程教育。建立健全党内激励、关怀、帮扶机制，关心和爱护基层干部、老党员、生活困难党员。注重解决基层组织经费保障和活动场所等问题。

（六）切实改进党的作风，着力加强反腐倡廉建设。优良的党风是凝聚党心民心的巨大力量。要坚持人民是历史创造者的历史唯物主义观点，坚持全心全意为人民服务，坚持群众路线，真诚倾听群众呼声，真实反映群众愿望，真情关心群众疾苦，多为群众办好事、办实事，做到权为民所用、情为民所系、利为民所谋。以求真务实作风推进各项工作，多干打基础、利长远的事。加强调查研究，改进学风和文风，精简会议和文件，反对形式主义、官僚主义，反对弄虚作假。倡导勤俭节约、勤俭办一切事业，反对奢侈浪费。全党同志特别是领导干部都要讲党性、重品行、作表率。深入开展党风党纪教育，积极进行批评和自我批评，使领导干部模范遵守党纪国法，继承优良传统，弘扬新风正气，以优良的党风促政风带民风。

中国共产党的性质和宗旨，决定了党同各种消极腐败现象是水火不相容的。坚决惩治和有效预防腐败，关系人心向背和党的生死存亡，是党必须始终抓好的重大政治任务。全党同志一定要充分认识反腐败斗争的长期性、复杂性、艰巨性，把反腐倡廉建设放在更加突出的位置，旗帜鲜明地反对腐败。坚持标本兼治、综合治理、惩防并举、注重预防的方针，扎实推进惩治和预防腐败体系建设，在坚决惩治腐败的同时，更加注重治本，更加注重预防，更加注重制度建设，拓展从源头上防治腐败工作领域。严格执行党风廉政建设责任制。坚持深化改革和创新体制，加强廉政文化建设，形成拒腐防变教育长效机制、反腐倡廉制度体系、权力运行监控机制。健全纪检监察派驻机构统一管理，完善巡视制度。加强领导干部廉洁自律工作，提高党员干部拒腐防变能力。坚决纠正损害群众利益的不正之风，切实解决群众反映强烈的问题。坚决查处违纪违法案件，对任何腐败分子，都必须依法严惩，决不姑息！

同志们！我们党自诞生之日起就勇敢担当起带领中国人民创造幸福生活、实现中华民族伟大复兴的历史使命。为了完成这个历史使命，一代又一代中国共产党人前赴后继，无数革命先烈献出了宝贵生命。当代中国共产党人必须继续承担好这个历史使命。我们党正在带领全国各族人民进行的改革开放和社会主义现代化建设，是新中国成立以后我国社会主义建设伟大事业的继承和发展，是近代以来中国人民争取民族独立、实现国家富强伟大事业的继承和发展。抚今追昔，我们深感肩负的使命神圣而光荣。展望未来，我们对实现推进现代化建设、完成祖国统一、维护世界和平与促进共同发展这三大历史任务充满信心。

全党同志必须清醒认识到，实现全面建设小康社会的目标还需要继续奋斗十几年，基本实现现代化还需要继续奋斗几十年，巩固和发展社会主义制度则需要几代人、十几代人甚至几十代人坚持不懈地努力奋斗。要奋斗就会有困难有风险。我们一定要居安思危、增强忧患意识，始终保持对马克思主义、对中国特色社会主义、对实现中华民族伟大复兴的坚定信念；一定要戒骄戒躁、艰苦奋斗，牢记社会主义初级阶段基本国情，为党和人民事业不懈努力；一定要刻苦学习、埋头苦干，不断创造经得起实践、人民、历史检验的业绩；一定要加强团结、顾全大局，自觉维护全党的团结统一，保持党同人民群众的血肉联系，巩固全国各族人民的大团结，加强海内外中华儿女的大团结，促进中国人民同世界各国人民的大团结，为战胜一切艰难险阻、推动党和人民事业取得新的更大胜利提供强大力量。

让我们高举中国特色社会主义伟大旗帜，更加紧密地团结在党中央周围，万众一心，开拓奋进，为夺取全面建设小康社会新胜利、谱写人民美好生活新篇章而努力奋斗！

政府工作报告

——2007年3月5日在第十届全国人民代表大会第五次会议上

温家宝

各位代表：

现在，我代表国务院，向大会作政府工作报告，请予审议，并请全国政协各位委员提出意见。

一　2006年工作回顾

2006年，是我国实施“十一五”规划并实现良好开局的一年，国民经济和社会发展取得重大成就。

——经济平稳快速增长。国内生产总值20.94万亿元，比上年增长10.7%；居民消费价格总水平上涨1.5%。经济增长连续四年达到或略高于10%，没有出现明显通货膨胀。

——经济效益稳步提高。全国财政收入3.93万亿元，比上年增加7694亿元；规模以上工业企业实现利润增长31%，增加4442亿元。

——改革开放进一步深化。重点领域和关键环节改革取得新进展。进出口贸易总额1.76万亿美元，比上年增长23.8%；实际利用外商直接投资695亿美元。

——社会事业加快发展。科技创新取得重大成果，教育事业继续发展，公共卫生体系建设得到加强，文化、体育事业进一步繁荣。

——人民生活有较大改善。城镇新增就业1184万人。城镇居民人均可支配收入11759元，农村居民人均纯收入3587元，扣除价格因素，分别比上年实际增长10.4%和7.4%。

这些成就，标志着我国综合国力进一步增强，我们朝着全面建设小康社会目标又迈出坚实的一步。

一年来的主要工作是：

（一）加强和改善宏观调控。针对经济运行中投资增长过快、货币信贷投放过多、外贸顺差过大等突出问题，中央及时采取了一系列宏观调控措施。加强土地调控，从紧控制新增建设用地，严肃查处违法违规用地行为；加强货币信贷管理，两次上调人民币贷款基准利率，三次上调金融机构存款准备金率；加强财政、税收对经济运行的调节；加强新上项目市场准入审核和监督检查；加强房地产市场调控和监管，着力调整住房供给结构。宏观调控措施逐步见效，固定资产投资增幅回落，银行信贷投放增速放缓，防止了经济增长由偏快转为过热，避免了经济大起大落。

（二）加大“三农”工作力度。稳步推进社会主义新农村建设。全年中央财政用于“三农”支出3397亿元，比上年增加422亿元。在全国范围内取消了农业税和农业特产税，终结了延续2600多年农民种田交税的历史。继续增加对种粮农民直接补贴、良种补贴和农机具购置补贴，实施农业生产资料综合补贴政策，继续对重点地区的重点粮食品种实行最低收购价政策，增加对财政困难县乡和产粮大县的转移支付。在自然灾害较重的情况下，主要农产品产量稳步增加。全年粮食产量达到49746万吨，实现了连续三年增产。农村道路、水利、电力、通信等基础设施建设得到加强，又有2897万农村人口解决了安全饮水问题，新增450万农村沼气用户，农民的生产生活条件继续改善。农村扶贫开发工作取得新进展，农村贫困人口减少217万人。制定并实施解决农民工问题的政策措施，从解决工资偏低和拖欠、依法规范劳动管理、加强就业培训和社会保障等方面，维护了农民工的合法权益。

（三）加快经济结构调整。制定了加快振兴装备制造业的政策措施，推进关键领域重大技术装备自主制造。开展百万千瓦级核电机组、超超临界火电机组、新型船舶等设备自主化工作，启动高档数控机床和重要基础制造装备等重大专项。制定并实施钢铁、煤炭、水泥等11个行业结构调整的政策措施，部分产能过剩行业投资增幅明显回落，新开工项目计划总投资大幅下降，煤炭、电解铝分别淘汰落后生产能力1.1亿吨和120万吨。一批关系国民经济全局的重大工程建成投产或开工建设。青藏铁路全线通车，三峡左岸电站机组全部建成发电，金沙江向家坝水电站开工建设。这些对增强经济发展后劲将发挥重要作用。

更加重视节能环保工作。完善节能降耗、污染减排政策，普遍建立节能减排目标责任制。积极推进重点行业、重点企业和重点工程的节能工作，开展循环经济试点，加强三峡库区、松花江、南水北调水源及沿线、渤海等重点流域和区域水污染防治工作，实施燃煤电厂脱硫、城市污水处理、垃圾无害化处理等环保重点工程。连续四年在全国开展整治违法排污企业、保障群众健康环保专项行动。扎实推进生态保护和建设。整顿规范矿产资源开发秩序取得阶段性成果。地质勘查工作得到加强。

继续实施区域发展总体战略。西部大开发扎实推进，振兴东北地区等老工业基地工作顺利展开，促进中部地区崛起的政策开始实施，东部地区率先发展取得新成绩。

（四）积极推进改革开放。全面部署农村综合改革。集体林权制度改革稳步进行。国有经济布局调整、国有企业股份制改革和国有资产监管取得新进展。邮政体制实现政企分开，电力体制改革继续推进。国有商业银行股份制改革迈出新的重要步伐，中国银行、中国工商银行在境内外成功上市，农村信用社改革取得阶段性成果；上市公司股权分置改革基本完成，证券市场基础性制度建设得到加强；保险业改革深入推进；外汇管理体制改革逐步深化。财政税收制度继续完善。公务员工资制度改革和规范收入分配秩序顺利进行。整顿和规范市场秩序工作深入开展。

调整对外贸易结构。完善出口退税、关税和加工贸易政策，控制高耗能、高污染产品出口；积极增加进口。优化利用外资结构，扩大银行、分销、电信等服务业对外开放。深化和扩大与各国的经贸往来。支持企业对外投资合作。全面履行加入世界贸易组织承诺，完善涉外经济体制和法规政策。

（五）大力发展社会事业。增加社会事业的投入。全年中央财政用于科技、教育、卫生和文化事业的支出分别为774亿元、536亿元、138亿元和123亿元，比上年增长29.2%、39.4%、65.4%和23.9%。

推进科技创新。历时两年研究制定的国家中长期科学和技术发展规划纲要颁布实施，并制定了相关专项规划和配套政策措施。大型油气田和煤层气开发、新一代宽带无线移动通信网、大型飞机设计与制造、载人航天与探月工程等16个重大专项陆续启动。高性能计算机、超级优质杂交水稻、第三代移动通信、数字电视等一些关键技术取得突破，自主创新能力增强。

优先发展教育事业。全国财政安排农村义务教育经费1840亿元，全部免除了西部地区和部分中部地区农村义务教育阶段5200万名学生的学杂费，为3730万名贫困家庭学生免费提供教科书，对780万名寄宿学生补助了生活费。410个“两基”（基本普及九年义务教育和基本扫除青壮年文盲）攻坚县已有317个县实现目标，西部地区“两基”人口覆盖率由2003年的77%提高到96%。中央财政连续三年累计投入90亿元，用于农村寄宿制学校建设工程，7651所学校受益。农村中小学现代远程教育工程已投入80亿元，覆盖中西部地区80%以上的农村中小学，1亿多中小学生得以共享优质教育资源。中等职业学校招生规模扩大到741万人，在校学生总数1809万人。高等教育在学人数2500万人，毛入学率提高到22%。

加强医疗卫生工作。覆盖城乡、功能比较完善的疾病预防控制体系和突发公共卫生事件医疗救治体系，已经基本建成。启动了农村卫生服务体系建设，中央财政安排27亿元国债资金用于县、乡、村三级医疗卫生基础设施建设。新型农村合作医疗试点范围扩大到1451个县（市、区），占全国总数的50.7%，有4.1亿农民参加；中央财政支出42.7亿元，地方财政也相应增加支出，较大幅度提高参加合作医疗农民的补助标准。以社区为基础的城市医疗服务体系建设加快推进。城乡医疗救助工作有所加强。中央财政安排51亿元，用于支持地方加强公共卫生服务，艾滋病等重大疾病防控取得明显进展。

积极发展文化、体育事业。新闻出版、广播影视、文学艺术、哲学社会科学进一步繁荣。文化基础设施尤其是农村基层文化设施建设得到加强，广播电视村村通工程由行政村向自然村延伸，社区和乡镇综合文化站工程、全国文化信息资源共享工程建设继续推进。文化体制改革进一步深化，文化产业加快发展，对外文化交流更加活跃。全民体育活动广泛开展，竞技体育水平不断提高。社会主义精神文明建设继续加强。

（六）努力做好就业和社会保障工作。进一步完善和落实就业再就业扶持政策，中央财政安排就业再就业资金234亿元。多渠道开发就业岗位，加强职业技能培训工作，开展对“零就业家庭”和就业困难人员的帮扶，505万下岗失业人员实现再就业。2004年我们提出用三年时间基本解决建设领域历史上拖欠工程款和农民工工资的问题，这项工作基本完成，各地已偿还拖欠工程款1834亿元，占历史拖欠的98.6%，其中清付农民工工资330亿元。

加强社会保障体系建设。在东北三省试点的基础上，企业职工基本养老保险做实个人账户试点范围又扩大了8个省份。经过多年努力，国有企业下岗职工基本生活保障向失业保险并轨基本完成。提高了企业离退休人员基本养老金标准。社会保险覆盖面继续扩大，社会保险基金收入不断增加，社保基金使用的监督管理得到加强。城乡社会救助体系框架基本建立，慈善事业不断发展。中央财政用于城市低保的补助资金136亿元，比上年增加24亿元，各地不同程度提高了城市低保补助水平。已有25个省（自治区、直辖市）、2133个县（市、区）初步建立了农村最低生活保障制度，1509万农民享受了农村最低生活保障。基本实现了农村“五保”从农民集体互助共济向财政供养为主的转变。加强了孤儿救助和流浪未成年人保护工作。大幅度提高各类优抚对象的抚恤补助标准，全年中央财政抚恤事业费支出112亿元，比上年增长47%。完善大中型水库征地补偿和移民后期扶持政策，扶持对象达2288万人，这个长期遗留的问题正在逐步解决。

去年，我国部分地区遭受了历史上罕见的超强台风和特大干旱等严重自然灾害。我们及时部署加强抗灾救灾和灾后重建工作。全年中央财政下拨抗灾救灾资金112亿元，提高了部分救灾补助标准，受灾群众生产生活得到妥善安置。

（七）继续加强民主法制建设。基层民主政治建设不断推进。政府立法工作进一步加强。国务院向全国人大常委会提请审议企业所得税法草案、反垄断法草案、突发事件应对法草案和义务教育法修订草案等7件法律议案，颁布了艾滋病防治条例、外资银行管理条例等29个行政法规。加快建设法治政府，认真贯彻行政许可法、公务员法和全面推进依法行政实施纲要。监察、审计监督工作力度加大。司法行政体制和工作机制改革稳步推进。信访工作得到加强。社会治安防控体系不断完善，平安创建活动广泛开展。集中整治治安混乱地区和突出治安问题取得明显成效。廉政建设和反腐败斗争深入推进，开展治理商业贿赂专项工作，严肃查处了一批涉及政府机关及其工作人员的大案要案，依法惩处了一批腐败分子。

民族、宗教、港澳、对台和侨务工作进一步加强。国防和军队现代化建设取得新进展。外交工作成绩显著。

总结我们的实践经验，归结起来就是，只有解放思想、实事求是，与时俱进、开拓创新，坚定不移地走中国特色社会主义道路，坚持改革开放，坚持科学发展、和谐发展、和平发展，才能最终实现现代化的宏伟目标。

我们取得的成就，是以胡锦涛同志为总书记的党中央统揽全局、正确领导的结果，是全国广大干部群众齐心协力、顽强拼搏的结果。我代表国务院，向全国各族人民，向各民主党派、各人民团体和各界人士，表示诚挚的感谢！向香港特别行政区同胞、澳门特别行政区同胞和台湾同胞以及广大侨胞，表示诚挚的感谢！向一切关心和支持中国现代化建设的各国朋友，表示诚挚的感谢！

我们也清醒地看到，我国经济社会发展中仍然存在不少矛盾和问题，政府工作还有一些缺点和不足。

一是经济结构矛盾突出。一二三产业比例不合理，城乡之间、地区之间发展不平衡，投资消费关系不协调。农业基础薄弱状况没有改变，粮食稳定增产和农民持续增收难度加大。固定资产投资总规模依然偏大，银行资金流动性过剩问题突出，引发投资增长过快、信贷投放过多的因素仍然存在。外贸顺差较大，国际收支不平衡矛盾加剧。

二是经济增长方式粗放。突出表现在能源消耗高、环境污染重。“十一五”规划提出了节能降耗和污染减排目标，并作为约束性指标。这对于推动经济增长方式转变、加强节能环保工作具有十分重要的意义。一年来，各地区各部门做了大量工作，取得了积极进展。2006年，单位国内生产总值能耗由前三年分别上升4.9%、5.5%、0.2%，转为下降1.2%；主要污染物排放总量增幅减缓，化学需氧量、二氧化硫排放量由上年分别增长5.6%和13.1%，减为增长1.2%和1.8%。但是，全国没有实现年初确定的单位国内生产总值能耗降低4%左右、主要污染物排放总量减少2%的目标。主要原因是：产业结构调整进展缓慢，重工业特别是高耗能、高污染行业增长仍然偏快，不少应该淘汰的落后生产能力还没有退出市场，一些地方和企业没有严格执行节能环保法规和标准，有关政策措施取得明显成效需要一个过程。“十一五”规划提出这两个约束性指标是一件十分严肃的事情，不能改变，必须坚定不移地去实现，国务院以后每年都要向全国人大报告节能减排的进展情况，并在“十一五”期末报告五年这两个指标的总体完成情况。

三是一些涉及群众利益的突出问题解决得不够好。食品药品安全、医疗服务、教育收费、居民住房、收入分配、社会治安、安全生产等方面还存在群众不满意的问题，土地征收征用、房屋拆迁、企业改制、环境保护等方面损害群众利益的问题仍未能根本解决。不少低收入群众生活比较困难。

四是政府自身建设存在一些问题。政府职能转变滞后，政企不分依然存在，有些部门职责不清，办事效率低；公务消费不规范，奢侈浪费，行政成本高；一些地方、部门和少数工作人员还存在官僚主义、形式主义，脱离群众，失职渎职，甚至滥用权力，贪污腐败。存在这些问题，根本在于制度不健全、监管不到位。

我们必须以对国家和人民高度负责的精神，采取更加有力的措施，切实解决这些问题，决不辜负人民的期望。

二　2007年工作总体部署

今年是本届政府任期的最后一年，我们要以更加昂扬的精神状态，恪尽职守，积极进取，毫不懈怠，努力把各项工作做得更好，向人民交出满意的答卷。

政府工作的基本思路和任务是：以邓小平理论和“三个代表”重要思想为指导，全面落实科学发展观，加快构建社会主义和谐社会，认真贯彻党的十六大以来各项方针政策，加强和改善宏观调控，着力调整经济结构和转变增长方式，着力加强资源节约和环境保护，着力推进改革开放和自主创新，着力促进社会发展和解决民生问题，全面推进社会主义经济建设、政治建设、文化建设、社会建设，为党的十七大召开创造良好的环境和条件。

综合考虑各种因素，今年国民经济和社会发展的主要目标是：在优化结构、提高效益和降低消耗、保护环境的基础上，国内生产总值增长8%左右；城镇新增就业人数不低于900万人，城镇登记失业率控制在4.6%以内；物价总水平基本稳定，居民消费价格总水平涨幅在3%以内；国际收支不平衡状况得到改善。

这里要着重说明，在社会主义市场经济条件下，政府提出国内生产总值增长速度的目标，是一个预期性、指导性指标，是提出财政预算、就业、物价等宏观经济指标的重要依据。由于国内外经济环境和市场变化等影响，最终实现的国内生产总值增长速度与预期目标可能会有一定差距。提出今年国内生产总值增长8%左右的目标，综合考虑了需要和可能等多种因素，更重要的是要引导各方面认真落实科学发展观，把工作重点放到优化结构、提高效益、节能降耗和污染减排上来，防止片面追求和盲目攀比增长速度，实现经济又好又快发展。

实现今年经济社会发展的目标和任务，必须把握好以下政策原则：一是稳定、完善和落实政策。稳定，就是保持宏观经济政策的连续性和稳定性，继续实施稳健的财政政策和货币政策。完善，就是根据经济运行新情况及时完善政策措施，有针对性地解决突出矛盾和问题。落实，就是认真落实中央的各项政策措施，增强执行力，真正把各项决策部署落到实处。二是加强和改善宏观调控。重点是控制固定资产投资和信贷规模，在优化结构中促进经济总量平衡。坚持有保有压，不搞一刀切。更多地运用经济杠杆、法律手段引导和规范经济行为。正确处理中央和地方的关系，充分发挥两个积极性。三是大力提高经济增长质量和效益。把节约能源资源、保护环境、集约用地放在更加突出的位置，注重提高产品质量，增强经济竞争力和可持续发展能力。四是更加重视社会发展和改善民生。坚持以人为本，促进社会事业加快发展，积极解决人民群众最关心、最直接、最现实的利益问题，维护社会公平正义，让全体人民共享改革发展成果。五是以改革开放为动力推进各项工作。坚持社会主义市场经济改革方向，适应经济社会发展要求，推进经济体制、政治体制、文化体制、社会体制改革，加快构筑落实科学发展观和建设和谐社会的体制保障。全面提高对外开放水平。

三　促进经济又好又快发展

通观全局，今年经济发展要着重抓好以下几个方面：

（一）坚持加强和改善宏观调控

继续实行稳健的财政政策。一是适当减少财政赤字和长期建设国债规模。今年中央财政赤字拟安排2450亿元，比去年预算赤字减少500亿元；拟安排长期建设国债500亿元，比去年减少100亿元；拟安排中央预算内经常性建设投资804亿元，比去年预算增加250亿元；中央政府建设投资总规模为1304亿元。二是政府预算支出和政府投资要优化结构、突出重点。政府投资使用要确保“三个高于”，即：用于直接改善农村生产生活条件的投入高于上年，用于基础教育和公共卫生等社会事业的投入高于上年，用于西部大开发的投入高于上年。同时，加大对节能环保和自主创新的支持。三是合理安排中央财政超收收入。近几年，由于实际经济增长高于预期目标，加上一些政策性增收因素，中央财政超收较多。从2003年到2006年年均超收2040亿元，其中去年超收2573亿元。超收收入主要用于解决出口退税和退耕还林等历史欠账，依法增加对地方税收返还和一般转移支付，增加教育、科技等法定支出，增加社会保障基金、企业政策性破产、居民最低生活保障等支出。今年拟从去年超收收入中安排500亿元设立中央预算稳定调节基金。这样做，有利于更加科学合理地编制预算，有利于保持中央预算的稳定性和财政政策的连续性。这个基金的使用纳入预算管理，接受全国人大监督。要加强财政管理，狠抓增收节支，厉行勤俭节约，反对铺张浪费，提高财政资金使用效益。大力推进依法治税，强化税收征管，规范政府非税收入管理。

继续实行稳健的货币政策。综合运用多种货币政策工具，合理调控货币信贷总量，有效缓解银行资金流动性过剩问题。调整和优化信贷结构，引导银行加大对“三农”、中小企业、节能环保和自主创新的信贷支持；继续控制中长期贷款，严格限制对高耗能、高污染企业和产能过剩行业的落后企业贷款。稳步推进利率市场化改革。进一步完善人民币汇率形成机制。加强和改进外汇管理，积极探索和拓展国家外汇储备合理使用的渠道和方式。从多方面采取措施，逐步改善国际收支不平衡状况。

调整投资和消费的关系。坚持扩大内需方针，重点扩大消费需求。深化收入分配制度改革，既可以缓解收入差距扩大的矛盾，又可以有效增加消费需求。要采取多种措施，努力增加城乡居民收入特别是中低收入者的收入。合理调整和严格执行最低工资制度，落实小时最低工资标准，加强企业工资分配调控和指导，建立健全工资正常增长机制和支付机制。今年各地要对最低工资制度和小时最低工资标准的执行情况，普遍进行一次检查。继续落实公务员工资制度改革、规范公务员收入分配秩序及调整相关人员待遇的政策措施。特别要扩大农村消费需求，认真落实促进农民增收减负的政策措施，加强农村商贸流通和市场体系建设，改善农村消费环境和条件。完善消费政策，积极培育旅游、文化、休闲、健身等消费热点，扩大居民消费。

保持固定资产投资适度增长，着力优化投资结构，提高投资效益。继续严把土地、信贷闸门，根据不同行业情况，适当提高并严格执行建设项目用地、环保、节能、技术、安全等市场准入标准。严格控制新上项目，特别要控制城市建设规模。加强关系经济社会全局和长远发展的重大项目建设，加快大型水利、能源基地、铁路干线、国道主干线等重要基础设施建设。积极引导社会资金更多地投向农业农村、社会事业、自主创新、资源节约、环境保护和中西部地区。要深化投资体制改革，完善重大投资项目决策制度和责任追究制度。

房地产业对发展经济、改善人民群众住房条件有着重大作用，必须促进房地产业持续健康发展。一是从我国人多地少的国情和现阶段经济发展水平出发，合理规划、科学建设、适度消费，发展节能省地环保型建筑，形成具有中国特点的住房建设和消费模式。二是房地产业应重点发展面向广大群众的普通商品住房。政府要特别关心和帮助解决低收入家庭住房问题。加大财税等政策支持，建立健全廉租房制度。改进和规范经济适用房制度。三是正确运用政府调控和市场机制两个手段，保持房地产投资合理规模，优化商品房供应结构，加强房价监管和调控，抑制房地产价格过快上涨，保持合理的价格水平。四是深入整顿和规范房地产市场秩序，强化房地产市场监管，依法惩治房地产开发、交易、中介等环节的违法违规行为。地方各级政府要对房地产市场的调控和监管切实负起责任。

（二）发展现代农业和推进社会主义新农村建设

农业、农村和农民问题，是关系全面建设小康社会和现代化事业全局的重大问题。今年的“三农”工作，要以加快发展现代农业为重点，扎实推进社会主义新农村建设。一是稳定发展粮食生产。要保护好基本农田，稳定粮食播种面积，优化粮食品种结构，着力提高粮食单产。加强对粮食生产、消费、库存及进出口的监测和调控，建立和完善粮食安全预警系统，维护粮食市场稳定。二是切实提高农业综合生产能力。加快农业设施建设，改善农业技术装备，加强农业科研和技术推广，健全社会化服务体系，增强农业防灾减灾能力。加强动物疫病防治体系建设。三是大力加强农村基础设施建设。加快农村水利、道路、电网、通信、安全饮水、沼气等设施建设。集中力量用两到三年时间基本完成全国大中型和重点小型病险水库改造。加快安全饮水设施建设，今年再解决3200万人的安全饮水问题。四是多渠道增加农民收入。努力增加种养业、林业收入，积极发展农村二三产业，特别是农产品加工业，大力推进农业产业化经营，支持龙头企业发展，壮大县域经济，拓宽农民就业增收渠道。认真落实解决农民工问题的各项政策措施。加大扶贫开发力度，进一步减少农村贫困人口。五是着力推进农村实用人才队伍建设和农村人力资源开发。加强农村劳动力培训，提高农民科学种养技术水平和转移就业能力，培养造就新型农民。

发展现代农业，推进新农村建设，要靠政策、靠投入、靠科技、靠改革。一要巩固、完善和加强支农惠农政策。增加对种粮农民的直接补贴、良种补贴、农机具购置补贴和农业生产资料综合补贴。继续实行粮食最低收购价政策。进一步加大对财政困难县乡和产粮大县的支持力度。二要加大对农业农村投入力度。切实把国家基础设施建设和社会事业发展的重点转向农村，今年财政支农投入的增量要继续高于上年，国家固定资产投资用于农村的增量要继续高于上年，土地出让收入用于农村建设的增量要继续高于上年。中央财政安排用于“三农”的资金3917亿元，比去年增加520亿元。积极发展农业保险，扩大农业政策性保险试点范围。三要加快农业科技进步。加强农业科技创新能力建设，支持农业科技项目，加快农业科技成果转化，完善基层农业技术推广和服务体系，鼓励农业科技进村入户。四要全面推进农村综合改革。加快乡镇机构改革、农村义务教育改革和县乡财政管理体制改革，逐步建立精干高效的农村行政管理体制、政府保障的农村义务教育体制、覆盖城乡的公共财政制度。同时，推进征地制度、集体林权制度改革，积极发展农民专业合作组织，继续清理和化解乡村债务。

推进社会主义新农村建设，必须把重点放在发展农村经济、增加农民收入上。坚持稳定和完善农村基本经营制度，坚持因地制宜、从实际出发，坚持尊重农民意愿、维护农民权益，反对形式主义和强迫命令。

（三）大力抓好节能降耗、保护环境和节约集约用地

今年要把节能降耗、保护环境和节约集约用地作为转变经济增长方式的突破口和重要抓手。在节能环保方面，重点做好以下工作：一是完善并严格执行能耗和环保标准。新上项目必须进行能源消耗审核和环境影响评价，不符合节能环保标准的不准开工建设，现有企业经整改仍达不到标准的必须依法停产关闭。二是坚决淘汰落后生产能力。“十一五”期间，关停5000万千瓦小火电机组，今年要关停1000万千瓦；五年淘汰落后炼铁产能1亿吨、落后炼钢产能5500万吨，今年力争分别淘汰3000万吨和3500万吨。加大淘汰水泥、电解铝、铁合金、焦炭、电石等行业落后产能的力度。三是突出抓好重点行业和企业。加强钢铁、有色金属、煤炭、化工、建材、建筑等重点行业，以及年耗能万吨标准煤以上重点企业的节能减排工作。全面实施低效燃煤工业锅炉（窑炉）改造、区域热电联产等重点节能工程。坚持优先发展城市公共交通。四是健全节能环保政策体系。注重发挥市场机制作用，综合运用价格、财税、信贷等经济手段，促进节能环保工作。深化重要资源性产品价格和排污收费改革，完善资源税制度，健全矿产资源有偿使用制度，加快建立生态环境补偿机制。保护和合理开发利用海洋资源。五是加快节能环保技术进步。积极推进以节能减排为主要目标的设备更新和技术改造，引导企业采用有利于节能环保的新设备、新工艺、新技术。加强资源综合利用和清洁生产，大力发展循环经济和节能环保产业。六是加大污染治理和环境保护力度。增加国债资金和中央预算内资金，支持城镇生活污水、垃圾处理和危险废物处理设施建设。继续搞好“三河三湖”（淮河海河辽河、太湖巢湖滇池）、渤海、松花江、三峡库区及上游、南水北调水源及沿线等重点流域和区域污染治理。禁止污染企业和城市污染物向农村扩散，控制农村面源污染。七是强化执法监督管理。建立更加有效的节能环保监督管理体系，坚决依法惩处各种违法违规行为。八是认真落实节能环保目标责任制。抓紧建立和完善科学、完整、统一的节能减排指标体系、监测体系和考核体系，实行严格的问责制。

节约集约用地，不仅关系当前经济社会发展，而且关系国家长远利益和民族生存根基。在土地问题上，我们绝不能犯不可改正的历史性错误，遗祸子孙后代。一定要守住全国耕地不少于18亿亩这条红线。坚决实行最严格的土地管理制度：一要认真执行土地利用总体规划和年度计划。坚决控制建设占地规模，加强耕地特别是基本农田保护，禁止擅自将农用地转为建设用地。认真落实新修订的禁止类和限制类项目用地的规定，特别要禁止别墅类房地产开发、高尔夫球场、党政机关和国有企事业单位新建培训中心等项目用地。二要抓紧完善和严格执行节约集约用地标准，包括农村集体建设用地和宅基地，都要控制增量，盘活存量，提高土地利用效率和集约化程度。三要切实控制工业用地，坚决执行工业用地出让最低价标准。四要落实建设用地税费政策，规范土地出让收支管理，切实执行国有土地使用权出让收支全额纳入地方预算的规定。五要严格土地管理责任制。落实土地督察制度。对各类土地违法违规案件都要严肃查处。

要在全社会大力倡导节约、环保、文明的生产方式和消费模式，让节约资源、保护环境成

为每个企业、村庄、单位和每个社会成员的自觉行动，努力建设资源节约型和环境友好型社会。

（四）加快推进产业结构升级和自主创新

坚持走新型工业化道路，着力优化产业结构。重点是大力发展服务业，提升工业层次和水平，继续推进国民经济和社会信息化。要从改革体制、加大投入、完善政策等方面，鼓励和支持服务业加快发展，尤其要发展物流、金融、信息、咨询、旅游、社区服务等现代服务业。我国工业总体规模已经不小，但产业层次和技术水平不高，促进工业由大变强是一项紧迫的任务。要加快发展高新技术产业，振兴装备制造业，积极发展可再生能源，有序发展替代能源，广泛应用先进技术改造提升传统产业。加快产能过剩行业调整。在优化产业结构中，注重运用经济、法律手段，加强产业规划和政策的引导。

要围绕建设创新型国家，认真落实国家中长期科学和技术发展规划纲要提出的目标任务。实施国家重大科技专项，努力攻克一批事关国计民生和国家安全的核心关键技术，依托重点工程推进重大装备自主化建设，力争在重点优势领域取得突破。加强基础研究、前沿技术研究和社会公益研究。深化科技体制改革。加快建立以企业为主体、市场为导向、产学研相结合的技术创新体系。完善自主创新激励机制，落实鼓励和支持自主创新的财税政策、金融政策和政府采购制度。积极发展创业风险投资。抓紧制定并实施国家知识产权战略，切实加强知识产权保护。继续实施全民科学素质行动计划。

（五）进一步推动区域协调发展

坚持统筹兼顾、合理规划、发挥优势、落实政策，促进区域协调发展。认真落实西部大开发“十一五”规划，重点是加强基础设施、生态环境建设和发展科技教育，发展特色优势产业。抓紧制定后续政策，巩固和发展退耕还林、退牧还草成果。继续实施天然林保护、防沙治沙、石漠化治理等重点生态工程。积极推进东北地区等老工业基地振兴，重点是加大产业结构调整力度，搞好重要行业、企业的重组改造，推动装备制造业、原材料加工业、高新技术产业和农产品加工业发展，加强商品粮基地建设。加快资源枯竭型城市经济转型试点和采煤沉陷区治理。加快棚户区改造。中部地区，重点是继续加强粮食主产区生产能力和农产品加工转化能力建设，加强能源、重要原材料基地、综合交通运输体系建设，支持发展先进制造业和高新技术产业。东部地区，重点是推进产业结构优化升级，增强自主创新能力和国际竞争力，在改革开放和科学发展上走在前面。继续发挥经济特区、上海浦东新区作用，推进天津滨海新区等条件较好地区开发开放。

加大国家对欠发达地区支持力度，鼓励发达地区对欠发达地区对口援助，促进革命老区、民族地区、边疆地区、贫困地区经济社会加快发展，积极扶持人口较少民族的发展。做好库区发展和库区移民工作。

四　推进社会主义和谐社会建设

社会和谐稳定，百姓安居乐业，是广大人民的共同愿望，也是政府工作的重要任务。今年要认真贯彻党的十六届六中全会精神，采取更加有力的举措，在构建社会主义和谐社会方面迈出重要步伐。

（一）加快教育、卫生、文化、体育等社会事业发展

教育是国家发展的基石，教育公平是重要的社会公平。要坚持把教育放在优先发展的战略地位，加快各级各类教育发展。总体布局是，普及和巩固义务教育，加快发展职业教育，着力提高高等教育质量。今年，要在全国农村全部免除义务教育阶段的学杂费，这将使农村1.5亿中小学生的家庭普遍减轻经济负担；继续对农村贫困家庭学生免费提供教科书并补助寄宿生活费。要完善农村义务教育经费保障机制，不断提高保障水平。今年全国财政安排农村义务教育经费2235亿元，比去年增加395亿元。“十一五”时期中央财政将投入100亿元，实施农村初中学校改造计划，地方政府也要相应增加这方面的投入。同时，继续解决好城市困难家庭和农民工子女接受义务教育问题。今年还要确保全面完成西部地区“两基”攻坚计划和农村中小学现代远程教育工程。让所有孩子都能上得起学，都能上好学，我们一定能够实现这个目标。要把发展职业教育放在更加突出的位置，使教育真正成为面向全社会的教育，这是一项重大变革和历史任务。重点发展中等职业教育，健全覆盖城乡的职业教育和培训网络。深化职业教育管理体制改革，建立行业、企业、学校共同参与的机制，推行工学结合、校企合作的办学模式。高等教育要以提高质量为核心，加快教育教学改革，相对稳定招生规模，加强高水平学科和大学建设，创新人才培养模式，优化人才培养结构，努力造就大批杰出人才。支持和规范民办教育发展，发挥社会力量办学的积极性。

为了促进教育发展和教育公平，我们将采取两项重大措施：一是从今年新学年开始，在普通本科高校、高等职业学校和中等职业学校建立健全国家奖学金、助学金制度，为此中央财政支出将由上年18亿元增加到95亿元，明年将安排200亿元，地方财政也要相应增加支出；同时，进一步落实国家助学贷款政策，使困难家庭的学生能够上得起大学、接受职业教育。这是继全部免除农村义务教育阶段学杂费之后，促进教育公平的又一件大事。二是在教育部直属师范大学实行师范生免费教育，建立相应的制度，这个具有示范性的举措，就是要进一步形成尊师重教的浓厚氛围，让教育成为全社会最受尊重的事业；就是要培养大批优秀的教师；就是要提倡教育家办学，鼓励更多的优秀青年终身做教育工作者。

继续实施人才强国战略。加快推进以高层次、高技能人才为重点的各类人才队伍建设，大力培养一批自主创新的领军人物和中青年高级专家。加快人事制度改革，促进人才合理流动。鼓励出国留学人员回国工作、为国服务，进一步做好吸引、聘用境外高级专门人才工作。要在全社会弘扬尊重劳动、尊重知识、尊重人才、尊重创造的良好风气。

加快卫生事业改革发展。着眼于建设覆盖城乡居民的基本卫生保健制度，今年重点抓好四件事：一是积极推行新型农村合作医疗制度。试点范围扩大到全国80%以上的县（市、区），有条件的地方还可以搞得更快一些。中央财政安排补助资金101亿元，比去年增加58亿元。落实农村卫生服务体系建设与发展规划，健全县、乡、村三级农村卫生服务网络，每个乡镇由政府办好一所卫生院，采取多种形式支持每个行政村设立一个卫生室，建设农村药品供应网和监督网，加强农村卫生队伍建设，努力让广大农民享有安全、有效、方便、价廉的医疗卫生服务。二是加快建设以社区为基础的新型城市卫生服务体系。优化城市医疗卫生资源配置，重点发展社区卫生服务，落实经费保障措施，方便群众防病治病。中央财政对中西部地区给予适当支持。三是启动以大病统筹为主的城镇居民基本医疗保险试点，政府对困难群众给予必要的资助。四是做好重大传染病防治工作。今年扩大国家免疫规划范围，将甲肝、流脑等15种可以通过接种疫苗有效预防的传染病纳入国家免疫规划。在免费救治艾滋病、血吸虫病等传染病患者的基础上，扩大免费救治病种。为此，中央财政增加支出28亿元。这对于保障人民群众健康、增强国民身体素质，具有重大意义。加强职业病、地方病防治。大力扶持中医药和民族医药发展，充分发挥祖国传统医药在防病治病中的重要作用。为了更好地推进卫生事业改革发展，国务院已经组织力量抓紧制定深化医药卫生体制改革方案，努力解决好广大群众关心的看病就医问题。

统筹解决人口问题，继续落实现行生育政策。稳定低生育水平，提高出生人口质量，综合治理出生人口性别比偏高问题。全面实行农村计划生育家庭奖励扶助等制度。扩大农村“少生快富”工程实施范围。完善流动人口计划生育管理服务体系。

发展老龄事业，积极应对人口老龄化。发展妇女儿童和青少年事业，依法保障妇女和未成年人权益。关心和支持残疾人事业，为他们平等参与经济社会生活创造良好环境。

在全社会树立中国特色社会主义的共同理想，广泛开展社会主义荣辱观教育，培育文明道德风尚，尤其要加强青少年思想道德建设。加快发展文化事业和文化产业。推进文化体制改革，完善文化产业政策。繁荣新闻出版、广播影视、文学艺术。进一步发展哲学社会科学。着眼于满足人民群众文化需求，保障人民文化权益，逐步建立覆盖全社会的公共文化服务体系。突出抓好广播电视村村通工程、社区和乡镇综合文化站建设工程、全国文化信息资源共享工程、农村电影放映工程、农家书屋工程。继续建设一批国家重大文化工程。加强网络文化建设和管理。搞好文化遗产、自然遗产和档案保护。加强文化市场管理，坚持开展扫黄打非。积极发展体育事业和体育产业，加强城乡基层体育设施建设，大力开展全民健身活动，提高竞技体育水平。抓紧做好北京奥运会、残奥会的筹办工作，做好上海世博会筹备工作，办好上海世界特殊奥运会。

（二）加强就业和社会保障工作

坚持把扩大就业放在经济社会发展的突出位置。实施有利于促进就业的财政、税收和金融政策，积极支持自主创业和自谋职业。重点做好下岗失业和关闭破产企业人员再就业工作，积极帮助“零就业家庭”和就业困难人员就业，加强高校毕业生就业指导和服务，推进退役军人安置改革。发展和谐劳动关系，全面推行劳动合同制度，保障劳动者合法权益。

加强社会保障体系建设。今年中央财政安排社会保障支出2019亿元，比去年增加247亿元。继续完善企业职工基本养老保险制度，推进做实个人账户扩大试点工作。健全城镇职工基本医疗保险和失业、工伤、生育保险制度。加快建立适合农民工特点的社会保障制度，重点推进农民工工伤保险和大病医疗保障工作。抓紧研究制定社会保险关系跨地区转移接续办法。进一步扩大社会保险覆盖面，特别要做好外资、私营等非公有制企业和城镇灵活就业人员的参保工作。多渠道筹集和积累社会保障基金。完善社会保险费征管方式，提高基金征缴率。强化社会保障基金、住房公积金等社会公共基金的监督管理，严禁侵占挪用。积极发展社会福利事业。

完善城乡社会救助体系。健全城市居民最低生活保障制度、城乡医疗救助制度、城市生活无着的流浪乞讨人员救助制度。今年要在全国范围建立农村最低生活保障制度，这是加强“三农”工作、构建和谐社会的又一重大举措。各地要根据实际，合理确定低保对象范围和标准，中央财政对困难地区给予适当补助。在全国城乡建立最低生活保障制度，对于促进社会公平、构建和谐社会具有重大而深远的意义。继续落实好优抚政策，妥善解决优抚对象的实际困难。切实抓好防灾减灾救灾工作，妥善安排受灾群众的生产生活。支持慈善事业发展。要让城乡百姓特别是困难群众都能够享受到公共财政的阳光。

（三）强化安全生产工作和整顿规范市场秩序

坚决遏制重特大安全事故发生，实现全国安全生产状况稳定好转。要认真贯彻“安全第一，预防为主，综合治理”的方针，完善安全生产体制，切实落实责任制，加大安全生产投入，加强安全生产教育和培训。要继续打好煤矿瓦斯治理和整顿关闭两个攻坚战。切实搞好重点行业和领域安全专项整治工作，加强学校和人员密集场所安全防范。要依法加强监管，严肃查处安全生产事故。

坚持标本兼治，深入整顿和规范市场秩序。加快社会信用体系建设。完善市场管理制度，强化市场监管。依法打击制假售假、虚假广告、商业欺诈、传销和变相传销、偷逃骗税、走私贩私等违法活动。大力开展食品安全专项整治，全面整顿药品市场秩序，保障人民群众饮食和用药安全。

（四）推进社会主义民主法制建设

发展民主，健全法制，是社会主义制度的内在要求。构建和谐社会，最重要的是加强民主法制建设，促进社会公平正义。要积极稳妥地推进政治体制改革，加快中国特色的民主政治建设。完善人民的民主权利保障制度，保障人民依法管理国家事务、管理经济和文化事业、管理社会事务。加强城乡基层自治组织建设。扩大基层民主，完善政务公开、厂务公开、村务公开等制度，保证人民依法直接行使民主权利。各级政府要坚持科学民主决策，完善重大问题集体决策制度、专家咨询制度、社会公示和听证制度、决策责任制度，依法保障公民的知情权、参与权、表达权、监督权。

全面推进依法行政。加强政府立法工作，重点是发展社会事业、健全社会保障、加强社会管理、节约能源资源、保护生态环境等方面的立法。加强和改善行政执法，落实行政执法责任制。执法部门要严格按照法定权限和程序行使权力、履行职责。进一步加强行政监督。各级政府及其工作人员都要带头遵守宪法和法律，严格依法办事。要自觉接受人民代表大会及其常委会的监督，接受人民政协的民主监督，认真听取民主党派、工商联、无党派人士和各人民团体的意见。接受新闻舆论和社会公众监督。支持监察、审计部门依法独立履行监督职责。通过加强对权力运行的制约和监督，确保人民赋予的权力用于为人民谋利益。深入开展普法教育，做好行政复议、法律服务和法律援助工作。继续推进司法行政体制改革，维护司法公正。

做好民族、宗教和侨务工作。全面贯彻民族区域自治法，巩固和发展平等、团结、互助、和谐的社会主义民族关系。全面贯彻党的宗教工作基本方针，认真落实宗教事务条例。全面贯彻党的侨务政策，发挥海外侨胞和归侨、侨眷在促进祖国统一和民族复兴中的独特作用。

（五）维护社会安定和谐

要把维护人民群众的合法权益，作为正确处理新时期社会矛盾、促进社会安定和谐的出发点和落脚点。健全利益协调机制、诉求表达机制、矛盾排查调处机制和权益保障机制。认真落实涉及群众利益的各项政策，依照法律和政策及时解决群众反映的问题，坚决纠正土地征收征用、房屋拆迁、企业改制、环境保护中损害群众利益的行为。各级政府工作人员特别是领导干部要深入基层，主动为群众排忧解难。加强社区建设，完善基层服务和管理网络。加强信访工作，健全信访工作责任制。加强社会治安防控体系建设，大力整治突出治安问题和治安混乱地区。依法打击刑事犯罪活动，维护国家安全和社会稳定。

五　深化改革和扩大开放

要坚定不移地推进改革开放，在重点领域和关键环节取得新的突破。

深化国有企业改革。一要按照有进有退、合理流动的原则，推动国有资本更多地向关系国家安全和国民经济命脉的重要行业和关键领域集中。推进企业调整重组，支持有条件的企业做强做大。二要推进国有大型企业股份制改革，健全公司法人治理结构、投资风险控制机制和内部监督管理机制，建立适应现代企业制度要求的选人用人和激励约束机制。三要完善国有资产监管体制。建立国有资本经营预算制度，规范国家与企业的分配关系。今年将进行国有资本经营预算编制试点。规范国有企业改制和国有产权转让行为，防止国有资产流失，维护职工合法权益。四要抓紧解决国有企业历史遗留问题。继续对长期亏损、资不抵债企业和资源枯竭矿山实施关闭破产，积极稳妥推进企业政策性破产工作。推进主辅分离、辅业改制和分离企业办社会职能。

加快推进垄断行业改革。进一步放宽市场准入，引入竞争机制，实行投资主体和产权多元化。深化电力、邮政、电信、铁路等行业改革，稳步推进供水、供气、供热等市政公用事业改革。

鼓励、支持和引导个体私营等非公有制经济发展。认真落实中央制定的各项政策措施。鼓励非公有制经济参与国有企业改革，进入公用事业、基础设施、金融服务以及社会事业等领域。完善金融、税收、技术创新等政策，改进对非公有制企业的服务。依法保护非公有制企业合法权益。加强对非公有制企业的引导和管理，促进企业依法经营。

推进财税体制改革。现在统一内外资企业所得税，使内外资企业处于平等竞争地位，时机和条件已经成熟。这项改革涉及制定新的企业所得税法，《中华人民共和国企业所得税法（草案)》将提请本次大会审议。要加快公共财政体系建设，完善财政转移支付制度，改革预算管理制度，制定全面实施增值税转型方案和措施，建立规范的政府非税收入体系。

加快金融体制改革。一要深化国有银行改革。巩固和发展国有商业银行股份制改革成果。推进中国农业银行股份制改革。深化政策性银行改革，重点进行国家开发银行改革。二要加快农村金融改革。构建分工合理、投资多元、功能完善、服务高效的农村金融组织体系。充分发挥中国农业银行、中国农业发展银行在农村金融中的骨干和支柱作用，继续深化农村信用社改革，增强中国邮政储蓄银行为“三农”服务的功能。适当调整和放宽农村地区银行业金融机构准入政策，鼓励各类资本进入农村金融机构。探索发展适合农村特点的新型金融组织，加大农村金融产品和服务创新力度，积极解决农村贷款难问题。三要大力发展资本市场。推进多层次资本市场体系建设，扩大直接融资规模和比重。稳步发展股票市场，加快发展债券市场，积极稳妥地发展期货市场。进一步加强市场基础性制度建设，推进股票、债券发行制度市场化改革，切实提高上市公司质量，加强市场监管。四要深化保险业改革，扩大保险覆盖面，提高保险服务水平和防范风险能力。五要推进金融对外开放，提高开放水平。六要切实加强和改进金融监管，健全监管协调机制，有效防范和化解金融风险，维护国家金融稳定和安全。

发展对外贸易。通过发展对外贸易促进经济发展、增加就业，是我们必须长期坚持的方针。要优化进出口结构，转变外贸增长方式，努力缓解外贸顺差过大的矛盾。支持具有自主品牌和高附加值产品出口，扩大服务产品和农产品出口，控制高耗能、高污染产品出口，促进加工贸易转型升级。要增加能源、原材料以及先进技术装备、关键零部件进口。加强国家口岸管理和检验检疫工作。

做好利用外资工作。注重提高引进外资质量和优化结构，更多地引进先进技术、管理经验和高素质人才。引导跨国公司把高端制造和研发环节转移到我国，吸引外资加快向中西部、东北地区等老工业基地和符合产业政策的领域扩展。大力承接国际服务外包，提高我国服务业发展水平。加强对外资并购的引导和规范。优化投资环境，规范招商引资行为，纠正一些地方违法违规变相给予优惠政策和层层下达分解指标的做法。

引导和规范企业对外投资合作。完善财税、信贷、外汇、保险等政策措施，支持有实力、有信誉、有竞争力的各种所有制企业走出去。加强引导和协调，避免企业在境外盲目投资和恶性竞争。发展对外承包工程与劳务合作。办好境外经济贸易合作区。推动多哈回合谈判进程，积极参与多边贸易规则制定，稳步推进双边和区域自由贸易区建设。

六　加强政府自身改革和建设

做好新形势下的政府工作，必须不断加强政府自身改革和建设。几年来，我们把实行科学民主决策、推进依法行政、加强行政监督作为政府工作的三项基本准则，注重全面履行政府职能，着力加强社会管理和公共服务，建立健全应对突发公共事件管理体制机制，推进行政审批制度改革，制定和贯彻全面推进依法行政实施纲要，加强监察和审计工作，加大反腐倡廉力度。政府自身改革和建设迈出了重要步伐。

加强政府自身改革和建设，必须坚持以人为本、执政为民，把实现好、维护好、发展好最广大人民的根本利益作为出发点和落脚点；必须坚持从国情出发，实现党的领导、人民当家作主和依法治国的有机统一；必须坚持不断完善社会主义市场经济体制，促进经济社会全面协调可持续发展；必须坚持创新政府管理制度和方式，提高政府工作的透明度和人民群众的参与度。我们的目标是，建设一个行为规范、公正透明、勤政高效、清正廉洁的政府，建设一个人民群众满意的政府。

当前和今后一个时期，要以转变政府职能为核心，规范行政权力，调整和优化政府组织结构与职责分工，改进政府管理与服务方式，大力推进政务公开，加快电子政务和政府网站建设，提升公务员队伍素质，全面提高行政效能，增强政府执行力和公信力。今年要集中力量抓好三项工作：一是完善宏观调控体制，坚持政企分开，深入推进行政审批制度改革，减少审批事项，提高办事效率。二是加强社会管理和公共服务，增强基本公共服务能力，着力解决人民群众反映强烈的问题。三是依法规范行政行为，深入开展廉政建设和反腐败斗争，完善教育、制度、监督并重的惩治和预防腐败体系。

大力加强政风建设。当前一个重要任务，就是要解决一些行政机关存在的严重铺张浪费问题。现在，不少地方、部门和单位讲排场、比阔气，花钱大手大脚，奢侈之风盛行，群众反映强烈。这种不良风气必须坚决制止。要严格控制行政机关新建、扩建办公大楼，严禁建设豪华楼堂馆所，切实规范公务接待行为，堵塞管理漏洞，努力降低行政成本，建设节约型政府。

各位代表！

建立巩固的国防，建设强大的人民军队，是社会主义现代化建设的战略任务。要坚持以毛泽东军事思想、邓小平新时期军队建设思想、江泽民国防和军队建设思想为指导，认真贯彻胡锦涛同志关于军队建设的一系列重要论述，全面落实科学发展观，着眼于有效履行新世纪新阶段军队的历史使命，坚持把思想政治建设放在首位，积极推进中国特色军事变革，确保部队高度稳定和集中统一，为维护国家安全统一和现代化建设提供坚强有力的保障。积极推进机械化条件下军事训练向信息化条件下军事训练转变，不断提高部队信息化条件下的防卫作战能力。加强国防科研和武器装备建设。推进后勤建设和改革。坚持依法治军、从严治军，提高军队正规化水平。加强人民武装警察部队全面建设，完成好执勤、处置突发事件、反恐斗争和维护稳定任务。深入开展国防教育，完善国防动员体制。搞好双拥共建活动，巩固和发展军政军民团结。

各位代表！

我们将继续坚定不移地贯彻“一国两制”、“港人治港”、“澳人治澳”、高度自治的方针，严格按照特别行政区基本法办事，全力支持香港、澳门两个特别行政区行政长官和政府依法施政，发展经济，改善民生，促进和谐。加强内地与港澳在经贸、科教、文化、卫生、体育等领域的交流与合作。让我们与港澳各界人士一道，为维护香港、澳门长期繁荣稳定而努力奋斗。

我们坚持“和平统一、一国两制”的基本方针，坚持新形势下发展两岸关系、推动祖国和平统一进程的各项政策。团结广大台湾同胞，坚决反对“台湾法理独立”等任何形式的分裂活动。牢牢把握两岸关系和平发展主题，积极扩大两岸交流与合作，促进直接“三通”，以最大的诚意、尽最大的努力为两岸同胞谋和平、谋发展、谋福祉。我们将继续在一个中国原则基础上，加强同主张发展两岸关系的台湾各党派的对话和交流，争取早日恢复两岸对话与谈判，努力推动两岸关系朝着和平稳定方向发展。我们坚信，在包括台湾同胞在内的全体中华儿女的共同努力下，中国的完全统一一定能够实现！

各位代表！

一年来，我们统筹国际、国内两个大局，积极倡导建设和谐世界，推动对外关系全面发展，为维护世界和平、促进共同发展作出了新贡献。

我们提出推动建设和谐世界，符合当今世界发展潮流和各国人民的共同利益与愿望，体现了中国政府和人民致力于世界和平与进步的坚定信念。建设和谐世界，就是要在政治上平等民主，经济上互利合作，文化上交流共进，通过国与国之间的友好合作，共同应对全球性的传统和非传统安全挑战，实现世界的持久和平与共同繁荣。面对复杂多变的国际形势，我们要高举和平、发展、合作的旗帜，坚定不移地走和平发展道路，坚定不移地奉行独立自主的和平外交政策，坚定不移地在和平共处五项原则基础上同世界各国和睦相处，捍卫国家的主权、安全和利益，维护我国发展的重要战略机遇期，为全面建设小康社会、加快推进社会主义现代化营造良好的外部环境。

我们要大力开展经贸、科技、文化、教育、体育等领域的对外交往与合作，增进同世界各国人民的了解和友谊，树立中国和平、民主、文明、进步的形象，维护我国公民和法人在海外的合法权益，尊重和依法保护其他国家公民在中国的合法权益。

我们愿与各国人民一道，为推动建设一个持久和平、共同繁荣的和谐世界而不懈努力！

各位代表！

展望未来，伟大祖国前程似锦。我们的使命崇高而神圣，我们的责任重大而光荣。让我们紧密团结在以胡锦涛同志为总书记的党中央周围，高举邓小平理论和“三个代表”重要思想伟大旗帜，全面落实科学发展观，加快构建社会主义和谐社会，万众一心，开拓进取，奋力把改革开放和社会主义现代化事业推向前进！

（新华网北京2007年3月17日电）

中国经济学年鉴
2008
第二篇
学科综述

政治经济学

一　学科概述

政治经济学是马克思主义理论体系的重要组成部分，是马克思理论的“最深刻、最全面、最详尽的证明和运用”（列宁，1995：428）。政治经济学的研究对象是生产关系，任务是揭示经济过程的本质联系及其运动的客观必然性，也就是揭示客观的经济规律。随着时代的发展，政治经济学研究重点不断发生变化。马克思时代，政治经济学主要研究资本主义生产关系及其变化的规律，并对未来社会的生产关系进行预测。社会主义诞生以后，探寻完善和建设社会主义的规律，成为政治经济学的主要任务。对资本主义的研究也在不断发展，现代资本主义生产关系的新变化纳入到了政治经济学研究中。我国的改革开放为政治经济学发展提供了难得的机遇。改革开放是一场生产关系和经济利益格局的大变化，许多经济规律的作用机理逐渐显现出来，为政治经济学研究提供新鲜材料。

与自然科学相比，政治经济学在研究方法上很难通过实验室进行，“分析经济形式，既不能用显微镜，也不能用化学试剂”（马克思，2004：8）。政治经济学的基本研究方法有两个：一是历史唯物主义研究方法。马克思所创立的政治经济学“本质上是建立在唯物主义历史观的基础上的”，社会存在决定社会意识，生产力决定生产关系，经济基础决定上层建筑等历史唯物主义基本原理在政治经济学中得到了充分体现；二是建立在唯物辩证法基础上的科学抽象法，它包括相互联系的两个科学思维过程，即从简单、直观的具体到抽象的研究过程，以及从抽象再回到具体的叙述过程。政治经济学的研究方法在当代有了新发展，数学和模型方法在政治经济学研究中得到了越来越多的运用，“一门科学只有在成功地运用数学时，才算达到真正完善的地步”（保尔·拉法格，1973：7）。

政治经济学是一门基础性的理论经济学学科，为应用经济学提供基本原理和基本方法，特别是改革开放30年来，政治经济学对经济制度和经济体制变迁的研究为党和政府政策提供了基本理论支撑，为我国改革开放事业作出了巨大贡献。

二　改革开放30年政治经济学发展

改革开放30年来，我国政治经济学研究取得了重要进展。

第一，提出了社会主义初级阶段理论。社会主义初级阶段理论是改革开放以来政治经济学最重要、最突出的成果之一，是对马克思主义政治经济学关于社会主义发展阶段理论的重大贡献和发展，为经济理论探讨和政府经济政策提供了基本着眼点和参考系。

第二，提出了社会主义市场经济理论，为确立社会主义市场经济改革目标提供了基本理论支持。20世纪70年代末80年代初，政治经济学界就计划与市场的关系问题展开了热烈的讨论，一些学者提出应更多地发挥价值规律的作用，一些学者肯定了市场调节在社会主义经济中的地位，认为市场调节是一种经济调节手段，和资本主义没有必然联系，可以用来为社会主义服务。1982年党的十二大报告正式提出“计划经济为主，市场调节为辅”的改革原则，之后，越来越多的学者开始认同社会主义经济也是商品经济的观点，强调市场调节与计划调节的兼容性。1984年党的十二届三中全会通过的《关于经济体制改革的决定》确认我国社会主义经济是公有制基础上的“有计划的商品经济”。在此基础上，越来越多的学者认为，市场机制是社会主义经济的内在运行机制，社会主义市场经济不能离开市场和价值规律的作用，市场的作用范围是覆盖全社会的，而不仅仅是作为计划机制的补充。1992年邓小平南方讲话提出，“计划多一点还是市场多一点，不是社会主义与资本主义的本质区别”，从根本上破除了计划经济和市场经济属于社会基本制度范畴的陈旧观念，为形成社会主义市场经济理论扫清了障碍。党的十四大确定把社会主义市场经济体制作为经济体制改革的目标模式。社会主义市场经济理论的提出是对政治经济学基本理论的重大发展。

第三，劳动与劳动价值论等政治经济学核心理论问题的研究取得重大进展。改革开放以来，出现过三次有关劳动和劳动价值论讨论高潮，推动了价值理论等基本理论创新。众所周知，马克思基于当时的历史条件，主要把物质生产领域的劳动视为生产劳动，认为价值和剩余价值主要是由这一部分劳动创造的。但是，随着时代的变迁，社会分工、经济结构和消费结构都发生了巨大变化，劳动和价值等基本范畴也会发生相应的变化。目前政治经济学界已基本达成共识，不仅物质生产领域的劳动，管理劳动、科技劳动和服务业领域的大多数劳动也是生产劳动，它们同样是价值的源泉，这就为充分调节各个劳动群体的积极性提供了理论说明。

第四，所有制理论取得长足发展，以公有制为主体、多种所有制共同发展的混合经济思想已经形成。所有制理论研究的进展可以归结为以下三个方面：一是在所有制结构方面，突破了社会主义只能是单一公有制的传统观念，提出要发展多种经济成分，发展非国有制经济特别是非公有制经济。这是对传统所有制理论的重大发展。二是在公有制的含义和实现形式方面，突破了公有制只有国家所有制和集体所有制两种形式，以及公有制的实现形式只有国有企业和集体经济组织的传统观念，提出公有制有多种形式，股份制应成为公有制的主要实现形式。三是在国有经济的地位和作用方面，突破了主要从国有经济的数量比例上去考虑国有经济主导作用的传统观念，主张应从国有经济的控制力与质量上去考虑国有经济的主导作用，认为国有经济应主要控制关系国民经济命脉的重要行业和关键领域，在此基础上提出了从战略上调整国有经济布局。

第五，提出了以按劳分配为主体、多种分配形式并存的收入分配理论，为劳动、资本、技术、管理等生产要素共同参与价值分配奠定了理论基础。改革开放以后，理论界掀起了按劳分配的大讨论，特别是集中讨论了商品经济条件下能否实现按劳分配和按劳分配的特点等问题。党的十三大提出了“以按劳分配为主体，其他分配方式为补充”的分配原则，此后理论界将研究的焦点转向从理论上阐明以按劳分配为主的多种分配形式，特别是研究了非劳动要素参与分配的问题。十六大报告确立了劳动、资本、技术和管理等生产要素参与收益分配的原则，这是收入分配理论的重大突破，打破了长期以来将按生产要素分配与按劳分配对立起来的观点。

第六，经济发展理论取得新进展，对发展目标、发展源泉、发展道路、发展方式的认识不断深化，提出了科学发展观、和谐社会建设等重要战略思想。

第七，引入了新的研究方法。传统政治经济学侧重于定性分析和规范分析。应该承认，这是政治经济学的重要研究方法。但如果仅仅有定性分析和规范分析，就会造成理论脱离实际。改革开放以来，在原有定性分析和规范分析的基础上，定量分析和实证分析逐渐多了起来，从而使政治经济学研究的现实感和针对性得以增强。

三 2007 年政治经济学研究热点

2007 年，我国政治经济学界主要围绕中国特色社会主义和中国经济转型道路、科学发展观和和谐社会建设、产权理论等问题展开讨论，取得了理论进展。

（一）关于中国特色社会主义和中国经济转型问题

对中国特色社会主义的分析论述是 2007 年政治经济学领域的一个理论热点，但不同学者的分析角度和侧重点是不一样的，从中可以看出不同的学术观点。刘国光、杨承训（2007）提出，中国特色社会主义是十一届三中全会以来形成的新东西，不能像有些人污蔑的那样，说我们现在还在搞“斯大林模式”、“毛泽东模式”、“传统社会主义模式”。“有中国特色的社会主义模式”，也吸收了“传统社会主义”中好的东西，排除了它的不好的东西。一些同志不知“转轨国家”一词的内涵，把中国改革和苏东剧变等量齐观，不知中国的改革是社会主义的自我完善，是坚持社会主义的，而苏东转轨是转到资本主义那里去了。

高尚全提出，判断社会主义的标准是“三个有利于”，而不是国有经济在国民经济中的比重。恩格斯早就批判过那种把国有化直接等同于社会主义的观点。中国特色社会主义即人民社会主义，它有五个特征，即以民为本、市场经济、共同富裕、民主政治和中华文化。从以人为本的角度上看，中国特色社会主义就是人民社会主义；从政策取向上看，人民社会主义就是改革开放的社会主义；从根本目标上看，人民社会主义又是给人民带来福祉的社会主义，因而也就是为老百姓所喜欢的社会主义。人民社会主义区别于国家社会主义，人民社会主义是以民为本、以社会为本，国家社会主义则是政府控制和配置全部资源，政府包办所有企业，政府作为创造财富主体。人民社会主义就是老百姓为创造财富的主体，政府为创造环境的主体。①

卫兴华（2007）则指出，中国特色的社会主义经济，不能只包括公有制经济，应同时包括非公有制经济，否则就没有“中国特色”了。但不能就此推论，非公有制经济既然属于中国特色社会主义经济的内容，当然应是社会主义性质的经济。现阶段中国特色社会主义经济的“特色”，就是不搞那种“一大、二公、三纯”的社会主义经济，允许和鼓励非社会主义性质的、符合“三个有利于”标准的私有制经济与社会主义经济共同发展。

时值改革开放30年之际，对中国改革开放道路的分析也是2007年的一个理论热点。靳涛、周冰（2007）认为，从对中国模式的怀疑到提出“北京共识”，西方主流学者肯定中国模式，并认为中国模式具有广泛的借鉴意义。这本身就说明了中国走有自己特色的路子是正确的，是符合科学发展观和唯物历史观以及马克思主义政治经济学理论的。中国模式是一种符合中国国情的经济转型与经济发展相结合的模式，是寻求社会发展和经济增长不断持续推进的有效模式。

刘国光（2007）把改革的正确方向归结为以下几点：一是改革必须是社会主义的自我完善，必须坚持四项基本原则。二是社会主义的本质是解放生产力，发展生产力，消灭剥削，消除两极分化，最终达到共同富裕。其中，“消灭剥削，消除两极分化”是区别于资本主义的本质。三是根据宪法规定，国家在社会主义初级阶段必须坚持公有制为主体、多种成分共同发展的基本经济制度，必须坚持按劳分配为主体、多种分配方式并存的分配制度。四是在经济运行机制上，建立社会主义市场经济体制，也就是在国家宏观调控下市场在资源配置中起基础性作用。五是政府职能在社会主义初级阶段要以经济建设为中心。

王振中（2007）提出，综观俄罗斯及东欧诸国，经济转型直接导致了以下后果：一是长期经济衰退，社会生产力、国家综合实力和人民生活水平急剧下降；二是通货膨胀加剧，失业率居高不下；三是少数人在私有化中暴富，贫富分化加剧；四是大量资金集中于工业集团，形成了金融垄断寡头。与其相反，中国的经济转型却取得了举世瞩目的成就。同一时期的经济转型呈现出冰火两重天的后果，这不能不引起我们的关注。经济转型的研究不能再仅仅停留在改革的模式、路径和速度等问题上，切实需要对一些深层次的理论问题进行分析与解答，特别是以下三个理论问题不容回避：一是改革方向的差异；二是指导思想的差异；三是政策效应的差异。

王永钦等（2007）人认为，中国经济改革的一个特点是政治集权下的经济分权给地方政府提供了发展经济的动力，尤其是完成了地方层面的市场化和竞争性领域的民营化。但是，内生于这种激励结构的相对绩效评估又造成了城乡和地区间收入差距的持续扩大、地区之间的市场分割和

① 参见《搞清楚社会主义究竟是什么——首届全国社会主义论坛追述》，《南方周末》2007年5月19日。

公共事业的公平缺失等问题。中国经济转型已经进入新的阶段，下一步改革方略应该包括地方层面的放松管制、限制地方政府的流动性创造能力与改革地方政府的治理和绩效评估机制。

于金富（2007）提出，中国经济改革过程实质上是生产方式变革的过程，中国经济改革所取得的重大成就归根结底是生产方式变革的结果。今后，我们要进一步解放和发展生产力、完善社会主义生产关系，就必须深化改革，进一步实现生产方式的变革。

孔泾源（2007）认为，必须毫不动摇地坚持社会主义市场经济的改革方向，进一步坚定改革的决心和信心，围绕贯彻落实科学发展观与构建社会主义和谐社会，以转变政府职能和深化企业、财税、金融等改革为重点，加快完善社会主义市场经济体制，形成有利于转变经济增长方式、促进全面协调可持续发展的机制。

（二）科学发展观与构建和谐社会问题

政治经济学是研究经济利益关系和财富增进的科学。近年来，党和政府反复强调，要坚定不移地树立和落实科学发展观，努力构建社会主义和谐社会。2007 年，政治经济学领域对这两个问题进行了比较深入的研究。

刘树成（2007）分析了转变经济发展方式所要求的又好又快发展中的“好”与“快”的关系问题。他认为，中国经济的快速增长举世瞩目，但也积累了不少值得我们高度重视的矛盾和问题。这些矛盾和问题如果不能很好地解决，经济的快速增长将难以为继。这就要求我们在经济发展中不仅要在“快”字上做文章，而且更要在“好”字上狠下工夫。

卫兴华、侯为民（2007）提出，在不同的经济增长阶段，经济增长方式具有不同的技术和制度特点。从现实国情看，我国目前仍处于经济增长的投资驱动阶段，资本密集型产业是主导力量，经济增长仍然是以资本投入作为主要驱动因素，经济效率依然低下。中国经济增长的另一个重要背景是当前正处于重要的经济转型期，适应了要素数量投入型增长的传统计划经济体制和制度安排还在顽强发挥作用，客观上加大了经济增长方式转变的难度。因此，要实现经济增长方式的转变，主要应从科技创新和体制创新两方面入手，在通过科技进步提高效率和优化经济结构的基础上，逐步扭转粗放型增长的局面，引导和推动增长方式向集约型方向的转型。同时，要加快政府职能的转变和体制改革，为科技创新提供制度保证。

张晓强（2007）论述了着力自主创新、发展高新技术对于促进科学发展的重要意义。他指出，随着我国向下一阶段发展目标迈进，粗放式的经济增长已难以为继。一是仅靠投资拉动难以持久。我国这些年的经济快速发展很大程度上依靠投资拉动。但过多依靠投资拉动增长，既影响国内消费，也易造成投资效益下降。从某种意义上看，这条路正越走越窄。二是靠低端产品打天下的局面难以维持，这种状况往往容易引发贸易摩擦。三是劳动力成本优势不可能永远保持。长期以来，丰富的低成本劳动力一直是我国的产业竞争优势之一，但目前这种优势正在逐步削弱。要解决这些深层次矛盾，根本出路还是依靠自主创新和科技进步，大幅提高科技要素对 GDP 增长的贡献率。

卢中原（2007）认为，落实科学发展

观，加快转变经济增长方式，切实把各方面的发展转到全面协调可持续的发展轨道上来，改革财税体制和完善财税政策极为重要。目前，我国财政体制改革尚未到位，仍然存在一些导致政府直接干预经济的体制诱因，不利于政府职能转换，也不利于转变经济增长方式。为了提高发展质量、转变增长方式，迫切需要进一步改革财税体制，健全科学发展的财政体制保障，加强财政杠杆对转变经济增长方式的导向和支持作用。

张宇（2007）研究了更加关注社会公平与促进科学发展的关系。他认为，对于社会公平的新认识与贯彻落实科学发展观密切相连。科学发展观的核心是以人为本，更加关注社会公平就是以人为本思想的集中体现。以人为本，就是要以实现人的全面发展为目标，从人民群众的根本利益出发谋发展、促发展，不断满足人民群众日益增长的物质文化需要，切实保障人民群众的经济、政治、文化权益，让发展成果惠及全体人民。一般来说，公平与效率之间的关系有相互冲突的一面，也有相互促进和互为条件的一面。但在不同的发展阶段、社会制度和不同的领域与环节中，二者的关系各不相同，应当从实际出发具体地加以讨论。在以公有制和按劳分配为主体的社会主义制度中，公平与效率具有高度的内在统一性。我们应当充分发挥社会主义制度的这一优越性，努力实现公平与效率的统一，努力推动公平的经济增长和经济增长基础上的社会公平。

在研究如何促进科学发展问题的同时，很多经济学家也从不同的角度研究了如何构建和谐社会的问题。程恩富（2007）指出，和谐社会具体体现在政治、法律、文化、体制、社会和生态六个方面的文明状态。当前不仅要看到社会不和谐的种种现象，而且要找到其深层根源，更要寻求缓解它的机制和制度，以便塑造社会主义“制度和谐”或“本质和谐”。就奠定和谐社会的经济基础来说，当前迫切需要构建社会主义的“四主型经济制度”，即公有主体型的多种类产权制度、劳动主体型的多要素分配制度、国家主导型的多结构市场制度以及自立主导型的多方位开放制度。

顾海良（2007）指出，社会主义和谐社会，既不应是一个物质贫穷的社会，更不应是一个贫富分化严重的社会。社会主义和谐社会，既应该是一个充满进取活力的健康发展中的社会，又应该是一个人民生活日益富足的社会。构建社会主义和谐社会的经济基础，就是要建立科学合理、公平公正的社会收入分配体系，促进经济社会持续发展，财力物力日益雄厚，为进一步理顺收入分配关系创造条件。因此，要努力缩小地区之间和部分社会成员之间的收入分配差距；坚持和完善按劳分配为主体、多种分配方式并存的分配制度，坚持各种生产要素按贡献参与分配；要在经济发展的基础上更加注重社会公平，调整二次分配比例，加大转移支付力度，使全体人民都能享受到改革开放和社会主义现代化建设的成果。

裴小革（2007）指出，我们在构建社会主义和谐社会中所追求的“共同富裕”，不应是只有单一、片面的国家财产和集体财产的共同富裕，而应是融进个人财产，实现了国家、集体和个人利益兼顾结合的共同富裕。即我们所追求的共同富裕，是国家富裕、集体富裕和个人富裕并存的共同富裕。或者说，为了实现共同富裕，我们对所有三种财产都不能舍弃，而是要同时追求，以创造、实现国家、集体和个人财产的共同繁荣。改革开放以来，正因为我们比较科学地处理了这三种财产的关系，才有效激励了全国人民的财富创造活动，使广大人民有了为民族的世纪性复兴奋斗的强大动力和能力。

田国强（2007）指出，和谐社会构建和现代市场经济体系的建立与完善是高度一致的。现代市场经济本质上是法治经济，如果没有完善的法治保障，市场制度是不可能运行良好的。当前市场化改革暴露出来的许多问题一方面是改革过程中不可完全避免的，但另外一方面，不少问题是可以避免的，至少我们可以减轻问题的严重程度。社会不公和结果不平等在很大的程度上是由于机会不均等问题造成的。许多人所反对的并不是结果不均，而是对机会不均、政府官员“寻租”行为泛滥的不满。机会不均与现代市场经济体系的运作根本背离，而市场经济体系的发展恰恰要求机会均等。同时，现代市场经济体系的经济活动必须以诚信为本，否则不可能长期生存下去。在市场经济体制下，人们为了追求利益，相互竞争，使得经济充满活力，能很好地解决效率问题。中产阶级占主体是现代市场经济制度的一个基本特征，它能较好地解决社会安定有序问题。

（三）产权理论问题

2007 年 3 月 16 日，十届全国人大第五次会议高票通过了《中华人民共和国物权法》。与此相关，产权理论研究是 2007 年政治经济学领域的一个热点。

吴易风（2007）指出，在我国，近十多年来流行着一个说法：科斯有产权理论而马克思没有产权理论，甚至认为，在马克思著作中，连产权这一用语也没有。这一断语，只能被证伪，不能被证实。马克思既是马克思主义政治经济学的创始人，又是马克思主义法学的创始人，同时也是马克思主义法经济学的创始人。一个多世纪以来，马克思的产权理论经受住了逻辑检验、历史检验和实践检验，已经被证明并将继续被证明是社会科学史上第一个系统的产权理论，而且是迄今为止社会科学史上真正科学的产权理论。

陆南泉（2007）研究了国有企业产权改革方向问题。他认为，对于改革的方法和途径，各国都有自己的选择。但不能回避的一个重要问题是，国有企业产权改革的方向是什么？他认为，不论采取何种形式，只有做到马克思所说的，劳动者有个人财产权，实现社会个人的所有制，才能真正体现社会主义的经济性质。在资本主义条件下，劳动者被资本家剥夺了个人财产权，只是雇佣劳动者。社会主义革命取得胜利后，搞了几十年的经济建设，劳动者仍是无产者，仍然没有个人财产权，只能领取工资，没有权力参与利润的分配。作为生产者主体的劳动者，在这种情况下，不可能有生产的积极性，不可能出现生机勃勃的创造性，而是疏远生产资料，所以必然出现人和劳动之间的异化、人和劳动成果之间的异化，最终导致人和人之间关系的异化。因此，改革产权必须解决劳动者个人拥有产权问题，这是大方向。也就是要让企业职工从单纯的劳动者向既是劳动者又是投资者方向转变，从无产者变为有产者，这样才能实现邓小平提出的真正的共同富裕，也才符合马克思对“联合起来的社会个人所有制”的设想。

钱颖一（2007）则论述了对公私财产平

等保护的重要性。他指出，《物权法》确认的基本原则是平等保护各种财产。平等保护，就意味着私人财产免于其他私人的掠夺，也免于政府的掠夺；同时，公有财产免于私人的掠夺，也免于其他公有单位的掠夺。尽管不太可能一步到位，但从过去的公有权利优先到现在的平等保护，这已经是建立“好的市场经济”的法治基础中的一个显著进步。在中国，财产平等保护还有其特殊意义。中国改革的起点是计划经济，政府决定一切经济活动，没有私人财产可言。改革后虽然逐渐有了私有产权，但没有法律来保障它的安全。政府权力天然地大于个人权利，几十年的思维惯性也导致人们对私有产权的歧视。对尚未完成向市场经济体制转轨的中国来说，财产平等保护原则的意义也就更为重要。

左大培（2007）主张，物权法必须限制从占有到所有权的推定。他指出，如果把保护占有的现状、由占有的现状推定所有权视为死板的教条，而对其不加任何限制，虽然可以在当时当地暂时性地起到维护社会安定、提高经济效率的作用，但从长远看，恰恰是这种教条破坏社会的安宁与和平，降低经济效率。

除了以上理论探讨之外，2007 年在政治经济学学科体系、政府转型、“三农”问题等方面，也有比较深入的探讨。总之，2007 年是政治经济学领域学术争论比较活跃的一年，其中的许多争论将延续到 2008 年。

四　未来几年政治经济学重点研究的问题

经过 30 年的改革开放，我国已经迈入社会主义市场经济体制和经济社会发展新阶段，今后的任务是进一步完善社会主义市场经济体制、促进科学发展和社会和谐，这就需要基本经济理论的创新。政治经济学作为一门基础理论学科，面临新的发展机遇和挑战。今后几年，以下三个理论问题将会成为政治经济学研究的重点领域：第一，政治经济学基本范畴。劳动、价值、剩余价值、资本、按生产要素分配、公平与效率、经济发展等政治经济学基本范畴的研究将得到深入。经过 30 年的经济体制改革和经济社会发展，一些政治经济学基本范畴的内涵已逐渐清晰地表现出来，有些范畴原以为是资本主义的特有范畴，但实践证明它们是市场经济的一般范畴，完全可以引入到对社会主义市场经济的分析。随着政治经济学基本范畴研究的深入，新的政治经济学概念体系和逻辑框架将逐步形成。第二，经济发展理论。经济体制改革和经济发展是我国面临的两个基本问题，随着社会主义市场经济体制的初步建立和完善，发展问题的重要性将日益凸现，经济发展方式、社会公平正义和和谐社会建设将成为政治经济学研究的热点。第三，有效政府理论研究。目前，理论界已达成共识，政府转型和有效政府建设是深化经济体制改革的关键，如何科学界定社会主义市场经济条件下的政府职能，构建有效的权力制衡机制，如何公平、高效地提供公共服务，如何在矫正市场失灵的同时避免政府失灵，都是政治经济学必须深入研究的问题。

参考文献与学科年度重要文献

列宁：《列宁选集》第2卷，人民出版社1995年版。

马克思：《资本论》第1卷，人民出版社2004年版。

保尔·拉法格：《回忆马克思、恩格斯》，人民出版社1973年版。

刘国光、杨承训：《坚持基本路线必须澄清错误思潮——著名经济学家刘国光与杨承训对话》，《经济学动态》2007年第5期。

卫兴华：《社会主义经济制度若干理论问题的认识》，《新视野》2007年第1期。

靳涛、周冰：《经济转型研究的政治经济学回归》，《经济学动态》2007年第8期。

王振中：《关于转型经济理论研究的若干问题》，《重庆工商大学学报》2007年第1期。

王永钦、张晏、章元、陈钊、陆铭：《中国的大国发展道路》，《经济研究》2007年第1期。

于金富：《当代中国经济改革的实质在于生产方式的变革》，《河南大学学报》2007年第1期。

孔泾源：《坚持社会主义市场经济的改革方向 扎实推进"十一五"时期的经济改革》，《财经界》2007年第3期。

刘树成：《论又好又快发展》，《经济研究》2007年第6期。

卫兴华、侯为民：《中国经济增长方式的选择与转换途径》，《经济研究》2007年第7期。

张晓强：《实施"十一五"规划 全面开创高技术产业工作新局面》，《宏观经济管理》2007年第2期。

卢中原：《完善财税体制和政策促进经济增长方式转变》，《经济学动态》2007年第3期。

张宇：《全面深入地理解更加关注社会公平的方针》，《社会主义经济理论与实践》2007年第7期。

程恩富：《和谐社会需要"四主型经济制度"》，《江汉论坛》2007年第1期。

顾海良：《构建社会主义和谐社会的经济基础》，《马克思主义与现实》2007年第1期。

裴小革：《论社会主义和谐社会的财产形式及其相互关系》，《经济经纬》2007年第2期。

田国强：《和谐社会构建与现代市场体系完善》，《经济研究》2007年第3期。

吴易风：《产权理论：马克思和科斯的比较》，《中国社会科学》2007年第2期。

陆南泉：《转轨国家改革值得研究的几个问题》，《科学社会主义》2007年第2期。

钱颖一：《〈物权法〉的经济逻辑》，《财经》2007年第7期。

左大培：《必须限制从占有到所有权的推定》，载刘贻清、张德勤主编《"巩献田旋风"实录——关于〈物权法（草案）〉的大讨论》，中国财政经济出版社2007年版。

（胡家勇　裴小革）

宏观经济学

一　学科概述

宏观经济学以整个国民经济作为研究对象，研究经济总量的决定及其变化规律。具体来说，就是研究国民收入决定和变动，长期的经济增长和短期的经济波动，以及相关的通货膨胀、失业和国际收支等问题。宏观经济学通过经济总量的分析以期为政府制定宏观经济政策提供理论依据。

宏观经济学的基本研究方法是总量分析方法。宏观经济学在其形成之初就强调，它不是研究特定企业、特定个人的经济行为，以及特定市场的供求对比情况，而是研究所有企业、所有个人所形成的总需求与总供给的对比情况。但近年来，在宏观经济学领域出现了一种寻求宏观经济学微观基础的趋势，推崇的方法是将宏观分析建立在微观个体的基础上，来研究宏观总量的决定及其变动。在总量分析的基础上，宏观经济学还采用了其他分析方法，比如，静态分析方法、比较静态分析方法以及动态分析方法；均衡分析方法和边际分析方法；流量分析方法和存量分析方法；实证分析方法和规范分析方法；短期分析方法和长期分析方法。总之，从分析方法来看，宏观经济学的发展趋势已越来越“动态化”和“长期化”。

宏观经济学的内容包括理论分析和政策研究两部分。理论分析就是研究各经济总量的特点、影响因素及其变化规律。政策研究则是要研究宏观经济政策的内容、适用条件及作用特点。理论分析是政策研究的基础与前提，政策研究则是理论分析成果的具体运用。宏观经济学一般包括国民收入核算理论、国民收入均衡理论、经济增长理论、就业理论、通货膨胀理论、经济周期理论、经济政策理论等。

二　改革开放以来我国宏观经济学的发展

改革开放以来，我国宏观经济学取得了长足进步。一方面，努力把握转轨过程中增长与波动的现实，丰富了宏观经济学的经验基础；另一方面，借鉴和运用现代经济学的分析框架研究中国问题，在工具能力与理论创新方面都取得了较大进展。而其中，宏观经济学研究范式的转换有着特别重要的意义。这种研究范式的转换，不能简单地理解成西方主流经济学的一统天下，而应理解成在坚持马克思主义经济学中国化的前提下对于现代经济学成就的认同、理解和运用。

（一）西方主流宏观经济理论及其在我国的传播

论及西方主流宏观经济理论在我国的传播，“巴山轮会议”① 是一个标志性事件。这次会议除了对我国的经济体制改革产生了重大影响外，也加速了西方理论在我国的传播。通过对宏观经济管理、货币政策等问题进行了深入讨论，我国理论界和决策层对市场经济条件下宏观经济管理的基本框架、政策目标以及实现途径有了比较清晰的理解，也逐步开始明白宏观经济和宏观经济学的确切含义。

改革开放初期，许多学者开始将研究的重心转向西方主流宏观经济理论。除了此前已有的一些经典译著外，萨缪尔森的经典教科书《经济学》值得一提。该书在国内最早由高鸿业翻译，商务印书馆 1981 年出版，成为许多经济理论工作者的启蒙读物。此后，从教科书到专著再到论文集，我国理论界对西方主流宏观经济理论的介绍和翻译逐渐增多，20 世纪 90 年代后期这一过程有加速的趋势，最近几年更是达到了“同步性”（即中英文版本的同时推出）。这种形势和国内迅速增长的教学和科研需求直接联系，也和科学研究的国际化、全球化趋势相关。在这个过程中，除了研读和参考译著外，许多学者逐步开始直接利用外文资料进行相关研究。同时，随着每年有大量学者和学生出国访问和深造，又有很多国外学者来华访问和讲学，我国理论界和国外的联系越来越紧密，我国的宏观经济学研究也逐步开始和国际接轨。

由于我国的特殊经济现实，20 世纪 80 年代后期有两本“非主流”的西方宏观经济理论著作流行一时，影响了一大批理论工作者。一是科尔内的《短缺经济学》，二是贝纳西的《市场非均衡经济学》。很长一段时间，“预算软约束”和“非瓦尔拉斯均衡”等术语成为我国宏观经济讨论中的高频词汇。随着我国市场化程度的逐步提高，和我国学者对西方理论的更深入理解，这两本著作的影响力迅速下降。然而，在当时我国体制转轨的特殊阶段，这两本著作无疑为我国学者研究和分析问题提供了一个很好的理论框架。

（二）改革开放以来我国宏观经济研究的发展

改革开放至今，我国的宏观经济研究大致是利用现代经济学理论来分析和解决中国问题。从纯粹经济学理论的意义上来讲，我国还没有形成自身的理论宏观经济学，或者至少可以说已有的一些成果还很不成熟，不是不成体系就是没有得到广泛认可和应用，我国已有的许多优秀研究成果大体属于应用宏观经济学的范畴。

张曙光（2002）全面回顾了我国宏观经济学 50 年②的发展和论争。在详细论述了 20 世纪 80 年代从马克思社会再生产理论转向现代宏观经济学的范式转换之后，他指出，戴

---

① 指 1985 年 9 月 2—7 日召开的“宏观经济管理国际讨论会”，是经国务院批准，由中国社会科学院、中国经济体制改革研究会和世界银行共同组织，在从重庆到武汉的“巴山号”长江游轮上召开的，因此后来通常被称为“巴山轮会议”。参会的外国经济学家有美国的托宾（James Tobin）、英国的凯恩克劳斯（Alexander K. Cairncross）、匈牙利的科尔内（Janos Kornai）、波兰的布鲁斯（Wlodzimierz Brus）以及德国的埃明格尔（Otmar Emminger），中方的参加者有薛暮桥、马洪、刘国光、戴园晨、吴敬琏、赵人伟、楼继伟、郭树清、田源等。

② 即 1952—2002 年。

园晨（1986）的《社会主义宏观经济学》虽然对中国宏观经济运行现实的分析和把握比较准确，但其理论框架还是社会再生产理论，有不足之处；符钢战、史正富和金重仁（1986）的《社会主义宏观经济分析》是国内第一部用西方主流宏观经济学的方法研究我国宏观经济运行的著作，但由于我国经济各方面的内在矛盾尚未充分展开和暴露，加之作者对中国宏观经济现实的认识不够充分，在一些问题上显露出照搬西方宏观经济分析的痕迹；樊纲、张曙光主笔（1990）的《公有制宏观经济理论大纲》是我国宏观经济研究基本完成范式转换的标志，相对成功地实现了西方理论和我国现实的结合，但也有不足之处：一是许多问题没有展开，二是没有引入非公有制经济。张曙光的上述比较展现了范式转换时期研究者普遍面临的矛盾和困惑：如何在理论的普适性和现实的独特性之间寻求合理折中和有效结合。这一矛盾是经济学家需要解决的一个基本问题，对于发展中的中国宏观经济学研究来说尤其如此。

陈东琪、张亚斌（2002）从研究对象与分析角度的确立、非均衡概念的引入与宏观经济的微观分析、制度分析的引入、预期与博弈分析的引入等8个方面讨论了改革开放以来我国宏观经济学的创新和发展，并且指出我国急需构建一致的宏观经济分析框架。该文提供了大量我国学者的研究成果，较好地综述了这一时期的发展。

杜辉（2005）以标题出现“波动”和“周期”为条件检索1978—2005年的《经济研究》，查询到41篇论文，通过综述这些论文，他指出这一时期我国的经济周期波动研究可以划分为三个阶段：一是“说明性”研究与禁区的突破（1985年至1991年）；二是“应对性”研究与平抑经济波动（1992年至2002年）；三是“能动性”研究与延长经济周期上升阶段（2003年之后）。

通过上述三篇综述性文章应该可以大致窥见这一时期我国宏观经济研究的发展。从研究内容上看，在20世纪经济周期波动相当剧烈的时期，出现了很多关于经济周期波动的优秀研究成果，例如刘树成（1986）、樊明太（1992）、张守一（1995）和樊纲（1996）等；而在21世纪初有很多研究对我国的经济增长作出了深刻分析，例如张军（2002），舒元、徐现祥（2002），李扬、殷剑峰（2005），张平、刘霞辉（2007）等。此外，也有对于中国总供给、总需求曲线的探讨，如郑超愚（1998、1999），余永定（2002）等。另外，从研究方法的角度看，也逐步与国际接轨。首先是历史性和因果性的分析；然后是简单的经济模型和计量分析；再到大型联立方程组模型（例如，沈利生，1995；汪同三、沈利生，2001）；以至动态随机一般均衡方法（例如，卜永祥、靳炎，2002；陈昆亭、龚六堂，2004；黄赜琳，2005；胡永刚、刘方，2007）。

三　2007年我国宏观经济研究的新进展

2007年，我国经济继续保持快速增长的态势，同时也出现了一些值得关注的新情况。一是人民币升值问题继续升温，出现了许多研究和争论；二是房地产市场和股票市场持续走高，在年末股市出现较大震荡；三是下半年通货膨胀有抬头的趋势。这些问题都与全球化和经济开放的背景相联系，许多学者都认识到，要理解我国当前和今后的宏观经济运行，必须在开放经济的框架内进行。在关注现实热点问题的同时，一些学者还进行了一些基础性的理论探索和思考。

（一）对当前宏观经济现实的表述和思考

郭树清（2007）从全球的角度历史地分析了我国经济的内部失衡和对外失衡，认为我国目前的贸易顺差和储蓄剩余反映了我国独特的经济结构和增长方式，暴露了收入分配、要素价格和资源配置方面存在的深层矛盾。同时，我国经济的外部失衡又和世界经济的长期不平衡紧密相连，具有一定的必然性和合理性。然而，由于我国的内部失衡一定程度上缘于自身在体制和政策方面的欠缺，发展下去可能会对本国经济和全球经济产生负面影响。

2007 年出现了很多有关流动性过剩问题的探讨，在这当中彭兴韵（2007）的研究提供了一个有吸引力的定义。他认为，流动性过剩不在于货币供应和信贷的较快增长，而应该从金融资产的到期日曲线入手进行界定，即人们持有的短期资产超过了合意水平而长期资产不足。这种理解可以解释流动性过剩情况下资产价格上涨和收益曲线平坦两个典型事实。从这种定义入手，他还提出了我国央行进行流动性管理的政策建议。唐双宁（2007）则从流动性的内涵和外延入手，分析了我国流动性过剩的全球背景、表现形式及结构性特点，提出了“市场为主、各方联动、化多为少、化少为多、标本兼治、综合解决”的治理思路。

张平、王宏淼（2007）刻画了 2007 年我国宏观经济运行面临的资产价格上涨和通货膨胀抬头的“双膨胀格局”。他们认为，汇率升值预期和汇率体制改革启动了国际资本对中国资产价格的重估，而高增长背景下资本市场的一系列体制改革吸引了早期“迷失货币”的海归，从而进一步推高了资产价格。这种“双膨胀”使得实体部门和金融部门发展的缺口不断拉大，而且还加剧了收入和财富分配的不均，导致经济和社会失衡。

（二）增长问题研究

增长研究是宏观经济学的重要内容。刘树成、张晓晶（2007）对第二次世界大战后曾经持续高增长的 11 个发展中经济体进行了比较，发现中国的增长有两大特点：一是增长速度位势较高，而波幅最小，呈现出“高位—平稳”型增长。二是在持续增长中地区间的速度差异呈现出明显的缩小趋势。通过进一步研究第二个特点，他们认为我国地区间人均 GDP 总体差异的缩小才刚刚开始，巩固和发展这一趋势尚任重道远。

关于我国的经济增长模式一直是理论界讨论的热点问题。一些依据全要素生产率（TFP）方法分析我国经济增长的研究发现，我国的经济增长更多地可以用要素投入来解释，而不是全要素生产率，这和此前一些经济学家对亚洲“四小龙”的经验研究一致，由于没有技术进步，这种增长的可持续性值得怀疑。林毅夫、任若恩（2007）通过全面整理和综述国内外的相关文献，指出上述研究在概念理解和理论方法上存有缺陷，并且进一步提出，对于一个国家经济的长期可持续发展来说，重要的是技术的不断创新，而不在于全要素生产率的高低。

赵志耘等（2007）通过构建一个区分

设备投资和建筑成本的内生增长模型，提出了判断资本体现式技术进步的三个基本命题。结合这三个命题的经验研究发现，中国经济增长中一直都存在明显的体现在设备投资中的技术进步，因此，物质资本积累与技术进步的动态融合是我国经济增长的一个典型化事实，高投入并非一定意味着低效率。

（三）关于人民币汇率问题的讨论和对开放因素的重视

姚斌（2007）利用新开放经济宏观经济学框架分析我国汇率制度的选择问题，虽然前提假设还有值得商榷的地方，研究结论也没有多少新意，但是，利用这种方法讨论中国问题的研究还不多见，无疑值得提倡。从不同角度利用不同方法对人民币汇率问题的研究还有王爱俭、林楠（2007）等。

2007 年国际经济中的最重大事件是美国爆发了“次贷危机”。虽然媒体报道和一般性的评论很多，但是由于事出仓促，最终结果还不明朗，因此严肃的理论探讨相对较少。李翀（2007）较早对相关事实进行了详细介绍，并且简单分析和预测了其将会对世界经济和我国经济造成的影响。孙立坚等（2007）人则讨论了“次贷危机”对我国金融风险防范和管理的借鉴和警示。

喻旭兰（2007）研究了东亚国家（地区）之间经济周期的同步性，发现 GDP 季度时间序列在短期内有共同周期，在长期存在共同发展趋势，这满足金融合作的最重要前提条件，因此认为东亚国家（地区）之间应该进一步强化彼此间的经贸交流和经济金融合作。

（四）关于方法论的探讨和宏观经济理论创新

从自身一贯的研究思路出发，林毅夫（2007）认为，由于存在后发优势，发展中国家的企业能比较准确地预见下一个有前景的产业，从而在投资上出现“潮涌现象”，即许多企业的大量投资共同投向某一产业，这就会造成产能过剩等一系列的相关问题。针对这一发展中经济特有的现象，有必要放松西方主流宏观经济理论的暗含前提，重新构建新的宏观经济理论体系，探讨投资的“潮涌现象”对发展中国家的物价、就业、经济增长和经济周期波动的影响，为政府制定财政、货币、金融、外贸、产业发展等宏观经济管理政策提供参考。

作为马克思主义经济学的坚守者，吴易风（2007）探讨了马克思主义经济学对经济增长理论的独特贡献。他通过介绍苏联经济学家费里德曼建立的一个马克思主义数理增长模型，以及一些西方学者对该模型的高度评价，吴易风试图纠正长期以来国内外理论界对马克思主义经济学的一些偏见和错误认识。目前国内类似的研究很少，这种探讨有利于我国宏观经济学的多元化发展。

王诚（2007）从科学哲学的角度探讨了经济学研究从零散事实到典型化事实，再到一般理论模型的研究环节，认为我国经济研究对典型化事实的挖掘和确认还是一个未完成的任务，需要在今后的研究中继续努力。这对我国宏观经济学的进一步发展具有基础性的指导意义。

四 宏观经济学的未来

过去30年，宏观经济学有了很大的发展。从传统的IS－LM模型，到新古典模型，再到现在的新凯恩斯主义与实际经济周期理论（RBC）的分野，以至新的开放经济宏观经济学里，凯恩斯主义与实际经济周期理论的“牵手”，宏观经济学分分合合，有了很大的变化。此外，宏观经济学中的工具与方法也有了很大进展，如现在流行的贝叶斯估计、理性预期求解方法、动态随机一般均衡模型（DSGM）的模拟等。不过，这些都还是在主流框架内向前推进的，换言之，方法基本上还是新古典的，即遵循理性经济人假设、效用最大化等。

对此，阿克洛夫（Akerlof，2007）提出批评，指出“宏观经济学中消失的动机”。他认为，新古典经济学所赖以存在的对于人类行为的基本理论是不完全的，而这种不完全导致了一系列理论错误。所谓“宏观经济学中消失的动机”指的是社会规范（social norms），即人们关于自己和他人应该如何行为的理念，如投资行为、消费行为等。在凯恩斯主义者那里，这些行为是从直觉中得来、从经验中观察到的。而在新古典主义那里，这些行为是抽象出来的，诸如企业的利润最大化、消费者的效用最大化之类。因此，一旦实际行为与利用抽象偏好推导出的行为有差异，新古典经济学就显得无能为力；相反，那些根据观察到的行为规范所建立的模型却可以系统性地整合这些行为。关于宏观经济学的未来，阿克洛夫认为，就是要把这些“消失的动机”整合进经济模型。这种整合，《纽约时报》评论认为，“会导致当前理论偏离人们在过去40年中所持有的自由市场方法”。

参考文献与学科年度重要文献

［法］让－帕斯卡尔·贝纳西：《市场非均衡经济学》，上海译文出版社1989年版。

［美］保罗·A. 萨缪尔森、威廉·D. 诺德豪斯：《经济学》（第12版），中国发展出版社1992年版。

［匈］亚诺什·科尔内：《短缺经济学》，张晓光等译，经济科学出版社1986年版。

Akerlof，George A.，2007，“The Missing Motivation in Macroeconomics”，*American Economic Review*，Vol. 97，Issue 1，pp. 5—36。

卜永祥、靳炎：《中国实际经济周期：一个基本解释和理论扩展》，《世界经济》2002年第7期。

陈东琪、张亚斌：《中国宏观经济学的理论构架与创新发展》，《社会科学战线》2002年第4期。

陈昆亭、龚六堂：《中国经济增长的周期与波动的研究——引入人力资本后的RBC模型》，《经济学（季刊）》2004年第3卷第4期。

戴园晨：《社会主义宏观经济学》，中国财政经济出版社1986年版。

杜辉：《见证中国经济周期波动研究历程——纪念〈经济研究〉创刊50周年》2005年第7期。

樊纲：《企业间债务与宏观经济波动》（上、下），《经济研究》1996年第3、4期。

樊纲：《宏观经济学与开放的中国（序）》（1997），载［美］杰弗里·萨克斯、费利普·拉雷恩《全球视角的宏观经济学》，上海三联书店、上海人民出版社2004年版。

樊纲、张曙光（主笔）：《公有制宏观经济理论大纲》，上海三联书店、上海人民出版社1990年版。

樊明太：《中国经济波动的形成机制和模式》，《经济研究》1992年第5期。

符钢战、史正富、金重仁：《社会主义宏观经济分析》，学林出版社1986年版。

郭树清：《中国经济的内部平衡与外部平衡问题》，《经济研究》2007年第12期。

胡永刚、刘方：《劳动调整成本、流动性约束与中国经济波动》，《经济研究》2007年第10期。

黄赜琳：《中国经济周期特征与财政政策效应——一个基于三部门RBC模型的实证分析》，《经济研究》2005年第6期。

李翀：《论美国次级抵押贷款危机的原因和影响》，《经济学动态》2007年第9期。

李扬、殷剑峰：《劳动力转移过程中的高储蓄、高投资和中国经济增长》，《经济研究》2005年第2期。

林毅夫：《“潮涌现象”与发展中国家宏观经济理论的重新构建》，《经济研究》2007年第1期。

林毅夫、任若恩：《东亚经济增长模式相关争论的再探讨》，《经济研究》2007年第8期。

刘树成：《我国固定资产投资周期性初探》，《经济研究》1986年第2期。

刘树成：《中国五次宏观调控比较分析》，《经济学动态》2004年第9期。

刘树成：《经济周期与宏观调控》，社会科学文献出版社2005年版。

刘树成、张晓晶：《中国经济持续高增长的特点和地区间经济差异的缩小》，《经济研究》2007年第10期。

刘树成、张晓晶、张平：《实现经济周期波动在适度高位的平滑化》，《经济研究》2005年第11期。

刘树成主编：《中国经济周期研究报告》，社会科学文献出版社2006年版。

彭兴韵：《流动性、流动性过剩与货币政策》，《经济研究》2007年第11期。

沈利生：《中国宏观经济波动和宏观调控研究》，社会科学文献出版社1995年版。

舒元、徐现祥：《中国经济增长模型的设定：1952—1998年》，《经济研究》2002年第11期。

孙立坚、周赟、彭述涛：《“次级债风波”对金融风险管理的警示》，《世界经济》2007年第12期。

唐双宁：《关于解决流动性过剩问题的初步思考》，《经济研究》2007年第9期。

汪同三、沈利生：《中国社会科学院数量经济与技术经济研究所经济模型集》，社会科学文献出版社2001年版。

王爱俭、林楠：《人民币名义汇率与利率的互动关系研究》，《经济研究》2007年第10期。

王诚：《从零散事实到典型化事实再到规律发现——兼论经济研究的层次划分》，《经济研究》2007年第3期。

吴易风：《马克思的经济增长理论模型》，《经济研究》2007年第9期。

姚斌：《人民币汇率制度选择的研究——基于福利的数量分析》，《经济研究》2007年第11期。

余永定：《通过加总推出的总供给曲线》，《经济研究》2002年第9期。

喻旭兰：《经济周期同步性与东亚金融合作的可行性研究》，《经济研究》2007年第10期。

张军：《资本形成、工业化与经济增长：中国转轨的特征》，《经济研究》2002年第6期。

张平、刘霞辉主编：《中国经济增长前沿》，社会科学文献出版社2007年版。

张平、王宏淼：《“双膨胀”的挑战与宏观政策选择》，《经济学动态》2007年第12期。

张守一：《我国经济周期的特殊原因与波动格局分析》，《经济研究》1995年第4期。

张曙光：《宏观经济学50年的发展与论争》，南京大学“斯密论坛”2002年。

赵志耘、吕冰洋、郭庆旺、贾俊雪：《资本积累与技术进步的动态融合：中国经济增长的一个典型事实》，《经济研究》2007年第11期。

郑超愚：《中国宏观经济分析的理论构架》，中国人民大学出版社1998年版。

郑超愚：《论中国附加预期和需求的总供给函数》，《经济研究》1999年第4期。

（张晓晶　汤铎铎）

微观经济学

一 学科概述

微观经济学是现代经济学理论的基本组成部分之一。微观经济学具有高度的理论抽象性，它是现代经济学体系的认识基础。就经济学理论的历史来看，微观经济学的历史最为悠久，可以说，人类历史上最初形成的经济学本质上都是微观经济学，而当代经济学的其他分支都是从微观经济学的基础上衍生出来的。

微观经济学的研究方法注重研究经济主体的行为模式及其决定因素。这些经济主体包括个人、企业、机构、经济体等。微观经济学研究这些主体为什么和怎样做出自己的经济决策。如微观经济学研究消费者怎样做出购买决策，厂商如何决定自己的产量和价格等。

微观经济学的另一个研究重点是经济主体之间的相互作用，以及由这些相互作用形成的经济系统，如市场、行业、产业集群、经济区域等。例如，微观经济学分析一个国家的某个制造业行业是如何形成的，厂商和客户是怎样在该行业的市场中相互作用。通过这些经济主体的相互作用，微观经济学对价格的形成和变化、市场结构的特点及其转换、产业体系的升级和演变、基本社会制度的变迁等提供着基础性的解释框架。

在方法上与微观经济学相对应的是宏观经济学，它以研究经济总量为主。如总需求、总供给、一般失业水平、通货膨胀趋势等。但是，近年来宏观经济学与微观经济学的相互交融越来越多。因为，深入解析宏观经济现象需要微观经济理论的支持，而微观经济学家也越来越多地介入对宏观经济现象的分析，这使得这两个学术分支之间的界线变得模糊起来。

微观经济学既研究实证问题，也研究规范问题。实证分析涉及对经济现象的确认、解释和预测，而规范分析则注重探讨经济现象的价值含义，以及社会在经济问题上的应取态度，即回答社会经济应该如何。以政府管制价格为例。实证分析关心政府是否管制了价格、如何管制着价格以及政府管制或不管制价格的实际经济效应，而规范分析则注重探讨政府是否应该管制价格，以及应该如何管制价格，最佳的管制方法应是怎样的，等等。

二 改革开放30年来中国微观经济学发展、演进的概况

改革开放的30年也是中国的经济学发生根本变化的30年。在改革开放之前，中国经济学中占主流地位的是传统的社会主义政治经济学。这一理论体系没有微观经济学和宏

观经济学的区分。改革开放以来，通过引进国外现代经济学的理论和方法，中国的微观经济学开始从无到有地发展起来。在改革开放的最初几年里，主要是引进理论，但随着国内经济体制改革的不断展开，各类微观经济问题不断涌现，对理论界提出了尖锐的挑战，这也促使国内学术界在应对改革现实需要的过程中，发展起了中国的微观经济学。

总体上来看，中国的微观经济研究还处于应对实际问题的阶段，还没有到达从具体到一般、使经验上升为理论的层面。中国还不具备扎根于中国社会经济现实土壤之中的微观经济学体系。在基本理论上，中国的微观经济研究基本上还处于借鉴国外理论以支持自己的实际问题研究这样一种状态之中。因此，关于改革开放30年以来中国微观经济研究的发展，可总结的主要是围绕各种实际问题的认识演变和政策思路研究，而不是真正意义上的微观经济学的理论研究。在这方面，中国自改革开放以来的30年中，经历了多次重大的理论争论，获得了积极的理论进展。

（一）改革之初关于社会主义经济基本特征的争论

中国的经济体制改革始于对传统计划经济体制弊病的正视，以及如何用计划管理以外的市场手段来发展经济的探讨。

坚持传统理论立场的学者坚持计划体制，反对在社会主义条件下接纳商品经济的概念。① 但更多的具有前瞻性的学者开始冲破这类习惯思维模式。他们强调，传统的计划管理体制的最大弊病是集权过多，使得企业和基层政府缺乏决策自主权，这种状况严重地束缚了社会生产力的发展。因而，基于这类理论的政策主张是经济决策权的分散化。它要求给地方和企业以更多的经济决策自由。② 与此相关，一部分经济学家在理论上论证，社会主义经济不能排斥商品关系和市场机制，并由此提出了社会主义商品经济的理论概念。③ 1984年10月，中共十二届三中全会通过的《关于经济体制改革的决定》，肯定了社会主义经济是在公有制基础上的有计划的商品经济。这就以中央政治文件的方式肯定了这一重大的理论突破。

随着改革开放的深入，一部分学者提出了社会主义与市场经济的关系问题。这方面的争论中出现了多种相互竞争的假说，如关于计划与市场的结合方式问题上，曾出现过所谓的“板块结合说”、“渗透结合说”、“胶体结合说”、“宏观微观结合说”、“板块—渗透多层次结合说”、“两次调节说”、“重叠立体结合说”等，④ 并展开了热烈的争论。1992年邓小平南方讲话和同年10月中共十

---

① 比如，有学者认为社会主义经济的落脚点应放在计划经济上，而不应放在商品经济上。参见姚耐《也谈计划经济和商品经济》，《光明日报》1982年7月18日。

② 刘国光：《对经济体制改革中几个重要问题的看法》，《经济研究》1979年第11期。

③ 马洪：《改革经济管理与扩大企业自主权》，《红旗》1979年第10期；蒋一苇：《企业本位论》，《中国社会科学》1980年第1期；陈吉元：《经济体制改革》，载《经济研究》编辑部编《建国以来社会主义经济理论问题争鸣（1949—1984）》上册，中国财政经济出版社1985年版；孙冶方：《社会主义经济的若干理论问题》，人民出版社1979年版，等等。

④ 赵人伟：《社会主义经济中的计划和市场》，载《经济研究》编辑部编《建国以来社会主义经济理论问题争鸣（1949—1984）》上册，中国财政经济出版社1985年版；董玉昇：《社会主义经济中计划与市场的关系》，载《经济研究》编辑部编《中国社会主义经济理论问题争鸣（1985—1989）》，中国财政经济出版社1991年版，等等。

四大正式宣布“我国经济体制改革的目标是建立社会主义市场经济体制”。这是我国政治领导层对学术创新成果的吸收，也为学术界的争论作出了阶段性的定论。

（二）关于企业制度和公有企业改革的研究

关于企业制度和所有制改革问题的理论研究可算是改革开放以来中国微观经济研究领域中最重要的研究问题了。计划经济体制下，排斥一切非公有制经济，一味追求一大二公。改革开放之后，政府逐步放松了对非公有制经济的限制，民营企业、个体经济和外资经济迅速发展起来，原来的公有制企业也逐步开始进行产权重组，转为产权多元化或非公有制企业。微观经济层面这种深刻的制度转型也引发了理论界持续和深入的研究。

其中首先引发争论的是，中国是否应该允许和鼓励非公有制经济的发展，以及非公有制经济应该在中国经济中占有怎样的地位，它们与公有制经济应有怎样的关系。这方面的代表性创新观点主张，中国应该允许和鼓励非公有制经济，中国的企业制度应该是多种所有制并存。① 党的十六大首次提出，公有经济与非公有经济不是相对立的。这一观点，对于大力发展非公有经济和确立非公有经济的完整法律地位，具有非常重要的作用和意义。② 除此之外，学术界对非公有经济地位的讨论热点还包括多种所有制经济的发展、投资主体的多元化等。③

关于公有制企业的制度改革，尤其是国有企业的制度改革，是一个长期引发广泛关注的热点问题，也是改革开放时期中国微观经济研究上的核心问题。1984 年中共中央在《关于经济体制改革的决定》中指出：“过去国家对企业管得太多太死的一个重要原因，就是把全民所有同国家机构直接经营企业混为一谈。根据马克思主义的理论和社会主义实践，所有权和经营权是可以适当分开的。”在此背景下，有的学者提出，国有企业的问题在于所有者缺位，需要其通过制度创新，改变这种状况。在借鉴西方产权理论的基础上，国内学者从不同角度进行了广泛的探讨和争论。被提出来的主要改革思路有：确立企业法人所有权、建立国有资产投资和经营公司、建立企业产权交易市场、由全国人大行使所有权以及发展职工持股，等等。

党的十五大从理论上冲破了公有制实现形式只能有国有企业和集体企业两种形式的传统认识，肯定了发展多种所有制形式的必要性和正当性。党的十六大报告又进一步指出：要进一步探索公有制特别是国有制的多种有效实现形式。

国企改革一直是推动中国微观经济学中关于企业理论研究的主要动力之一。与国企改革相关的理论认识经历了“放权让利”、“利改税”、“承包制”等摸索，到 20 世纪 90 年代获得共识——建立现代企业制度。所谓建立现代企业制度，实质上是在鼓励国有企

---

① 韩志国：《社会主义生产资料所有制及其结构》，载《经济研究》编辑部编《中国社会主义经济理论问题争鸣（1985—1989）》，中国财政经济出版社 1991 年版；薛暮桥：《我国生产资料所有制的演变》，《经济研究》1987 年第 2 期；陈宗胜：《论所有制改革的目标模式》，《南开经济研究》1987 年第 3 期；董辅礽：《经济体制改革研究》上卷，经济科学出版社 1994 年版，等等。

② 魏杰：《非公经济不是一只羊》，《经济日报》2002 年 12 月 10 日。

③ 高尚全：《调整和完善所有制结构是经济体制改革的重大任务》，《经济体制改革》1997 年第 5 期。

业实现产权多元化的基础上，把传统的国有企业转变为符合现代市场制度规范的公司制企业。1993 年 11 月，党的十四届三中全会通过了《中共中央关于建立社会主义市场经济体制若干问题的决定》。其中明确提出，要进一步转换国有企业经营机制，建立适应市场经济要求，产权清晰、权责明确、政企分开、管理科学的现代企业制度。与此相关，关于公司治理的研究成为新的热点。

（三）关于产业经济问题的研究

产业问题的研究是当代微观经济学研究的重要领域之一。近 30 年来，国内学术界关于产业问题的研究也获得了长足的进展。如产业组织研究、反垄断研究、产业集群问题、技术创新和技术扩散等，都引起了学术界的广泛关注。

从研究方法来看，微观经济研究高度注重实证分析，这一点也在国内研究中逐步体现出来。企业调查、行业分析、案例研究等，都从不同的角度和经济层面提供了大量有深度的实证分析资料。计量经济学分析技术的迅速普及，使得国内微观经济实证分析的水平在迅速地向国际水平接近，并受到国际学术界的重视。

三　2007 年微观经济学的理论前沿和重大热点问题

（一）公司治理问题研究

总体而言，近几年来这方面的研究文献有如下几个重点：第一，公司股权结构与企业经营绩效间的关系；第二，投资者特别是中小投资者保护与公司治理效率的关系；第三，对经营控制权和控制权收益的配置；第四，不同利益相关者参与公司治理。

胡少华（2007）将我国现阶段的企业分为三类：国家控股，但企业家和员工无股份或债权的公司；国家控股，企业家和员工持有股份或债权的公司；企业家创业并控股，企业家和员工持有股份或债权的公司。他在此基础上建立模型并对不同类型公司的治理结构进行了分析。

剧锦文（2007）通过研究债权人参与下的公司治理均衡问题，指出由于债权人与股东一样，通常是公司重要的出资人，也是公司治理不可或缺的参与者。债权人参与公司治理必然要与股东、经营者形成委托—代理关系，并总在进行着相互的博弈。债权人与股东都是在权衡成本和收益的前提下，选择参与公司治理的策略。

许晓明、李金早（2007）讨论了 CEO 任期与企业绩效之间的关系。他们指出，企业与环境匹配度、CEO 的精神等对企业绩效有直接的影响。

刘少波（2007）针对学术界对控制权收益的曲解，通过数理模型进行严格分析后发现，控制权收益是控制权成本的补偿及其风险溢价，与大股东侵权无关，大股东侵权的实质是攫取超控制权收益。

战勇和严台华（2007）指出，股权集中的公司既要保障股东对经营者的监督效率，又要兼顾中小投资者的利益保护，因而单纯的内部治理机制无法兼顾这两方面的目标，只有通过建立政府代理声誉、国家执法声誉和企业信息披露声誉，以及中小股东与大股东之间的良性信息传递机制，才能使治理目标协调起来。

曹廷求、杨秀丽和孙宇光（2007）利用2004—2006年共3217个样本数据，从中间所有权和终极所有权这样两种角度，分析了股权结构的不同特征、终极控制人的不同性质和级别及其对公司绩效所可能产生的不同影响，并进行了内生性检验。他们的结论是，无论是采用中间所有权还是终极所有权，股权结构集中度都与公司绩效呈左低右高的U型曲线，其结果也支持了股权结构内生的假说。

于鹏（2007）从财务重述视角入手，利用CCER数据库的数据研究了存在绝对控股股东和没有绝对控股股东两种情况下，财务重述发生的比率。结果表明，分散化的股权和国有股权对公司管理层的制约效果较差，公司盈余被操纵的可能性更高。

肖作平等（2007）人选取2002年沪、深两市1070家上市公司的数据进行了实证分析，发现大股东确实影响公司债务期限结构的选择，而且与大股东的性质有直接关系。

王克敏、王智超（2007）选取2001—2004年我国沪、深两市的全部上市公司为研究样本，研究了当公司高管拥有了控制权时的报酬与公司盈余管理之间的关系，发现高管控制权的增加提高了高管的报酬水平，但却降低了高管报酬诱发盈余管理的程度。

刘峰、钟瑞庆和金天（2007）以三利化工掏空通化金马为案例，研究了我国资本市场制度环境下，公司控制权转移的内在动因及其后果。他们发现，我国资本市场不存在约束、惩罚掏空者和相关责任人的法律制度。

韩立岩、陈庆勇（2007）选取2001—2003年间发生的上市公司并购事件进行实证分析，结果发现，我国上市公司的并购绩效与并购次数之间是一个倒“U”关系；而且，高管的薪酬与并购并未直接挂钩，甚至在并购后公司绩效未见提高的情况下却明显提高了。

叶康涛、路政费和张志华（2007）利用2000—2003年上海证券交易所所有制造业上市公司的数据，通过回归分析发现，独立董事比例与大股东资金占用之间存在显著的负相关。

戴璐、汤谷良（2007）以上海科技和东盛科技两公司为案例，研究了外国上市公司存在的短期借款与现金存量占总资产的比重过高这一特殊现象。他们的结论是，我国公司长期借助债务再融资来维系低效率的投资扩张及满足大股东的私有利益。

魏刚等（2007）人从独立董事背景的角度检验其对公司经营绩效的影响。他们发现，独立董事的教育背景对公司业绩并没有正面影响，而政府背景和银行背景的独立董事比例越高，公司的绩效越好。

（二）产权与公有企业改革

企业产权制度类型与企业绩效的关系依然是研究这些关注的重点问题之一。李寿喜（2007）以竞争领域的电子电器行业作为研究对象，考虑了产权制度与代理成本和代理效率之间的关系。他发现，不同产权制度的企业，在代理成本上存在显著差异，国有产权的企业高于混合产权企业，而混合产权企业又高于个人产权企业；另外，随着市场竞争程度的提高，各类产权企业的代理成本都呈下降趋势，代理效率呈上升趋势。这意味着，产权安排和市场竞争对于企业的效率都具有重要的作用。

黄玲文、姚洋（2007）则研究了国有企业的改制对就业的影响，他们通过对11个城市386家企业从1995—2001年的面板数据进行分析，发现改制显著减缓了就业的下降趋势。研究发现，改制对企业的就业增长有持续的和递增的积极作用。这个研究表明，改制或许在当时会解雇一些企业员工，但是从一个比较长期的时间来看，改制通过提高企业的生产效率，从而增加了对劳动力的需求，间接增加了就业。

杨冶、路江涌、陶志刚（2007）研究了政府行为与集体企业改制之间的关系。他们发现，当集体企业为政府或政府代理人贡献的政治收益越高、集体企业在生产投入和产品销售上越依赖于政府、集体企业相对于地方经济越重要时，集体企业越不容易发生改制。这个研究结论与理论和直觉都是一致的。当然，除了上述政治利益考虑之外，市场竞争导致的经济利益变化也是决定政府是否改制的重要因素。

赵世勇、陈其广（2007）利用独自调查的中国五城市的制造业改制企业数据，研究了公有制企业的产权改革模式与企业技术效率之间的关系。在控制了地区、规模、企业改制年份、投产年份以及产权改革发起者等变量之后，研究发现，并不是所有的产权改革模式对企业效率都有显著的正效应。只有三种产权改革模式对企业技术效率具有显著的正效应，它们是：经营者（一把手）个人控股或收购；管理层集体持股或收购；与外商合资或被外商收购。这表明，只有将公有企业的产权转移到私人企业家手中，才能产生明显的效率提升。研究还发现，企业规模越大、市场环境和政府环境越好、企业越年轻，其技术效率越高。

韩朝华（2008）采用调查数据分析了中国公有企业民营化的财政动因，发现政府追求财政效益最大化是其在20世纪90年代中积极推行公有企业产权改制的主要原因之一。

（三）产业集聚与工业增长

产业集聚和工业增长问题长期受到产业问题研究者的关注。在2007年，这方面出现了一些新的成果。路江涌、陶志刚（2007）利用1998—2003年我国制造业行业集聚的数据，研究了我国制造业区域集聚程度的趋势及其决定因素。他们发现，中国制造业的行业集聚上升趋势。而且，地方保护主义在很大程度上限制了中国制造业的区域集聚。同时，溢出效应、运输成本和自然禀赋也是影响行业集聚的重要因素。

马国霞等（2007）人则通过研究产业间集聚机制发现，我国制造业产业间集聚呈上升趋势，纵向的投入产出关联和规模外部经济是驱动我国制造业产业间集聚的主要机制。

何雄浪、李国平（2007）从国际贸易的角度，研究了国际范围内专业化产业集聚的问题。他们指出，要实现专业化的产业集聚，必须促成生产要素的流动，我国阻碍产业集聚的因素是行政垄断、强制交易以及市场封锁的地方保护主义行为。

王业强、魏后凯（2007）研究了1995—2003年间中国28个两位数制造业的面板数据，他们发现：第一，传统的劳动力比较优势逐渐成为抑制中国制造业地理集中的主要因素；第二，我国制造业地理集中主要由产业的技术偏好、市场规模和产业关联等因素推动，制造业地理集中表现出较为明显的区域技术外溢，临近区域之间的后相关联效应较强；第三，产业的规模经济特征的作用效果不明显。

涂正革、肖耿（2007）通过创建面板数据下的非参数成本前沿模型框架，对转轨期间中国大中型工业的成本变化进行分解和分析。研究发现，经济全球化、FDI、产权变革和有序竞争促进了中国工业的前沿技术进步和资源配置效率的提高，推动了中国工业增长由粗放型向集约型转化。同时，行业间日益加大的技术效率差距对增长模式转变构成了挑战。

（四）民营企业成长与发展

政府和企业的关系是转轨经济中的重要课题。赵世勇（2007）运用博弈论的分析工具，研究了我国转轨时期政府的机会主义行为与民营企业成长的关系。他发现，政府的机会主义行为不仅使大量的投资机会难以实现，而且内生企业的腐败行为（行贿）。只有建立有效的法治，才能从根本上改善民营企业的生存和发展环境。由于法治的建立是一个长期的过程，政府机会主义以及腐败等行为还将在我国转轨时期长期存在，从而民营企业成长环境的根本改善也将是一个长期的过程。

刘迎秋、徐现祥主编的《中国民营企业竞争力报告 No.4——人力资本与竞争力指数》关注的是民营企业人力资本和竞争力的关系。他们发现，在中国现阶段，民营企业家的人力资本越高，其创立的企业越有可能改制成为现代企业；民营企业创业者和经营者的文化程度与企业绩效正相关。报告还指出，随着中国市场经济的发展与国民经济的日益现代化和国际化，人力资本的提升对于提升民营企业竞争力的作用也越来越大。

（五）产业组织演变研究

产业组织论是一个政策性很强的微观经济学分支，自 20 世纪 80 年代芝加哥学派成为微观经济学主流以来，放松政府管制成为潮流，产业组织论的影响力大不如前。但对处于制度转型和开放过程中的中国来讲，研究产业组织问题以及与此相关的政府管制问题具有重要的现实意义和理论意义。因此，近年来，国内学术界一直有一部分研究者在坚持这方面的研究。

赵农和刘小鲁在2006 年出版的《进入与退出的壁垒：理论及其应用》① 一书系统地研究了产业组织理论中的进入壁垒和退出壁垒，涉及了进入壁垒与垄断的形成、进入阻挠策略行为、厂商的掠夺性行为、消耗战、进入管制与产品质量等专题，他们还结合中国部分自然垄断行业的实际问题提出了很多有理论价值和现实意义的命题。

产业组织论研究的另一重要课题是市场中企业与企业之间的关系。李长英等人（2006）② 研究了市场中企业间的技术转让问题。他们根据一个生产高质量产品的企业与一个生产低质量产品的企业进行古诺竞争的双寡头模型，分析了提高产品质量的技术是如何被转让以及这种技术转让与企业兼并之间的关系。他们的结论是：就技术转让而言，拥有技术的企业总是偏好特许权收费方式；在固定收费方式下，技术转让不会发生；但

① 赵农、刘小鲁：《进入与退出的壁垒：理论及其应用》，中国市场出版社 2006 年版。
② 李长英、宋娟：《古诺竞争条件下异质品企业之间的兼并与技术转让》，《世界经济》2006 年第 7 期。

如果发生了技术转让，将使社会福利达到最大。而技术转让与企业兼并相比，拥有技术的企业更偏好企业兼并，但是从社会福利的角度来看，兼并有损社会福利。

林仁方等（2006）① 人研究了寡头市场中企业的竞争和合作行为。他们的研究结果显示，当面临潜在进入者时，寡头们有可能从竞争对手变成合作伙伴，结成联盟共同对付入侵者。这种结盟关系使进入者处于不利地位，并导致进入者的策略反制。当寡头联盟内部存在交易费用时，如果进入者使用分而治之的反击策略，会使联盟内部的利益冲突被放大，并可能导致联盟的失败。这一结论较好地解释了现实中导致寡头联盟的形成与解体的外部原因。

（六）技术创新和竞争优势

近年来，中国企业的技术创新行为受到不少研究者的关注。在这类研究中，争论的重点问题是产权因素对企业创新有无重要影响。胡（Hu，2001）② 利用北京中关村高科技企业的样本，分析了企业产权对创新投入的影响，结果发现，不同产权性质的企业在创新投入上没有显著的差异。但是，杰斐逊（Jefferson，2006）③、周黎安和罗凯（2006）④、安同良等（2006）⑤ 人通过不同的样本分析发现，国有和集体企业的技术创新投入水平明显较低。

同时，另一些学者还注意了外资进入对中国企业创新行为的影响。Cheung Kuiyin 和 Lin Ping（2004）⑥ 利用1995—2000 年期间中国各省的数据，研究了外国直接投资对地区技术创新的影响。研究结果显示，FDI 对我国东、中、西部地区的创新能力都有显著影响，尤其是对中西部地区的影响更为显著。王红领、李稻葵、冯俊新（2006）⑦ 以内资企业科技活动经费占销售收入比重、内资企业科技活动人员占全部从业人员比重等变量作为反映企业创新投入的指标，运用1998—2003 年期间 37 个工业行业的面板数据，以三资企业销售收入的行业比重表示行业的 FDI 水平，考察了外国直接投资水平对中国企业创新投入的影响。研究结果显示，FDI 对内资企业的技术创新投入有显著的促进作用。

（七）劳资关系

中央提出的建立和谐社会主张引起社会广泛共鸣，这使得我国劳资关系问题成为2007 年理论研究和政策研究方面的一大热点。

张逸（2007）认为，“有利原则”应成

① 林仁方、陈志俊：《寡头联盟、外部效应与最优进入策略》，《世界经济》2006 年第 8 期。

② Hu, Albert, G. Z., 2001. “Ownership, Government R&D, Private R&D, and Productivity in Chinese Industry”, *Journal of Comparative Economics*, 29, 136—157.

③ Jefferson, G. H., Bai Huamao, Guan Xiaojing, Yu Xiaoyun, 2006, “R&D Performance in Chinese Industry”, *Economics of Innovation and New Technology*, Vol. 15, pp. 345—366.

④ 周黎安、罗凯：《企业规模与创新：来自中国省级水平的经验数据》，《经济学（季刊）》2006 年第 4 卷第 3 期。

⑤ 安同良、施浩：《中国制造业企业 R&D 行为模式的观测与实证》，《经济研究》2006 年第 2 期。

⑥ Cheung Kuiyin, and Lin Ping, 2004, “Spillover Effects of FDI on Innovation in China: Evidence from the Provincial Data”, *China Economic Review*, 15, 25—44.

⑦ 王红领、李稻葵、冯俊新：《FDI 与自主研发：基于行业数据的经验研究》，《经济研究》2006 年第 2 期。

为建立新制度的关注点。所谓“有利原则”是指，若劳动关系双方当事人的约定（包括劳动合同或者集体合同的约定）、用人单位内部劳动规则的规定、用人单位的单方承诺与国家劳动基准或者法律规定不一致的，应当适用对于劳动者有利的约定或者规定；若这些约定或者规定的含义不明确的，应当作出对劳动者有利的解释。

2007 年 6 月 29 日全国人大常委会通过了新的《劳动合同法》（简称《新劳动法》，可以看出该法集中体现了上述有利原则）。宋杰（2007）认为，这部新法新在鼓励签订无固定期限劳动合同、强制订立书面劳动合同、严格限定由劳动者承担违约金的约定条款的适用、扩大了经济补偿的适用范围、明确了用人单位违法解除劳动合同时的责任形式和赔偿标准，此外，《劳动合同法》还在劳动规章制度的制定程序、试用期间的用工、特殊人员的解雇保护、集体劳动合同、劳务派遣、非全日制用工等方面对我国的劳动制度进行了完善。刘金祥（2007）指出，新劳动合同法中的制度安排更容易实现劳资关系的平衡，从而切实保护劳动者权益。

黄汉章（2007）认为，我国劳资关系的总体状况是，劳资关系开始从计划经济的垂直隶属型向市场经济的平等协商型过渡，劳资冲突的协商机制短缺，企业主导劳资关系，工人的权益时而受到侵犯，政府在劳资关系中持双重性态度。相对国有企业和外资企业，占全国法人企业 80% 以上的民营企业的劳资关系仍是重点和难点，民营企业的劳资矛盾主要体现在：（1）劳动合同签订率低（只有 4%）、流于形式且质量不高；（2）超时劳动现象普遍存在；（3）劳动者工资偏低且拖欠和克扣工资问题严重；（4）劳动条件差，工伤事故频发；（5）缺乏基本社会保险，据调查，社会五大保险中，非国有企业未参加任何保险的高达 80% 以上。为此，应采取政策缩小劳资双方在力量对比上的差距，政府应该站在平衡劳资双方利益的中间人的角度上，成为利益协调的一个第三方主体，做好制度保障工作。

齐平（2007）认为，私营企业中劳资关系不和谐的原因在于劳动力资源过剩，双方博弈力量严重失衡；相应体制不成熟，缺乏规范性制度资源的有效供给；企业人力资源管理落后，诚信经营意识淡薄；企业员工主体地位边缘化，博弈能力薄弱；企业组织结构单一，缺乏有效协商机制；法律法规不健全，政府履行管理与监督职能不到位。

杨正春（2007）为民营企业劳资关系提出了一个理论范式。他认为，劳资关系实质上是工会劳方、雇主、政府三者之间的博弈关系。虽然我国工会化密度在全世界都是比较高的，但工会的力量尤其是企业工会的力量相对弱小，行政部门往往对劳资关系进行高度介入、管制。使劳资关系模式在从计划经济时代政府单边主义模式过渡到市场经济下的二方机制模式的进程中，政府雇主双边主义模式占有主导性地位，在民营企业中多表现为雇主单边主义。由于这类企业多是劳动密集型企业，公司治理结构并不完善，为获取更多利润，往往违背国家法律和相关规定，单方面地压低工人工资和其他福利甚至是侵犯员工合法权益，从而引发劳资冲突。

陈伯庚（2007）认为，当前应抓的主要环节是落实《新劳动法》，完善劳动合同、提高签约率，尊重劳动者的平等权利、维护地位平等，公平分配、实现劳资两利，健全社会保障、共享发展成果，建立劳动争议调解机制、化解劳动纠纷，完善劳动法律法规、加强执法力度。

（八）企业社会责任

随着建设和谐社会理念的提出，要求企业履行社会责任的呼声愈加高涨，企业社会责任实践也在不断发展，相应的，企业社会责任研究也开始发生阶段性转变，相关研究成果大量涌现。在2007年一年中，全国共发表了2583篇文章，50篇硕博论文，分别是2006年的1.45倍和1.31倍。与此同时，国内在这方面的研究日益具有了本土化特色，像“中国企业社会责任与和谐社会”、“企业社会责任与科学发展观”、“企业社会责任与国际竞争力的关系”等紧贴中国现实问题的研究在整个研究文献中的占比不断提高，从2004年的10%迅速增长到2007年的30%。

中国企业家调查系统公布的《2007年中国企业家成长与发展报告》的主题即为企业家和社会责任。陈淑妮（2007）从广东省的“民工荒”问题和“SA8000”入手，分析了企业社会责任对劳动力成本和企业人力资源管理所带来的影响。钟宏武（2007）研究了海外中资企业社会责任的缺失及治理。黎友焕（2007）对中国企业社会责任尤其是广东省企业社会责任进行了详细的考证。

同时，这方面的理论研究也开始向纵深发展，从以前的解释问题向解决问题转变，政府主管部门、政策研究机构、高校、经济组织以及其他组织出版了一批有关企业社会责任的案例研究成果以及提升社会责任管理水平的指导方针，为企业的社会责任实践提供了理论支撑和方法指导。目前，企业界，尤其是大中型国有企业对企业社会责任的高度关注和理论界的活跃探讨，正在使企业社会责任研究成为一种新的学术热点。

四　中国微观经济研究今后发展方向估计

中国微观经济研究的发展与中国的体制改革和经济发展密切相关，这方面的研究走向直接受中国在改革和开放中所遇到的微观经济问题的左右。从这个角度来看，今后一个时期内，中国的微观经济研究的热点将继续集中于企业制度、公司治理、技术创新、企业社会责任、劳资关系等方面。同时，政府行为将受到越来越广泛的关注。这主要是因为，中国的社会经济转型已经开始面临着政府体制转型的现实需要，政府行为和政府职能转换正在成为当前制约我国体制改革和经济发展的主要因素。这方面，国内学术界自20世纪80年代以来兴起的新政治经济学、公共选择理论等微观经济学新分支正在受到国内学术界越来越多的重视。经济学与政治学的交叉研究是这方面的一个新趋势。如周黎安的研究发现，中国自80年代以来的分权化诱发了地方官员之间围绕经济增长绩效展开了“晋升竞争”，这成为推动中国经济增长的主要动力机制。①

与此相应，中国微观经济研究的方法也在面临重大的转型，呈现出进一步多样化和实证化的趋势。同时，微观经济研究方法的革新也在对整个中国经济的发展走向产生深

① 周黎安：《中国地方官员的晋升锦标赛模式研究》，《经济研究》2007年第7期。

远的影响。这方面，诸如行为经济学、集体行动经济学、宪政经济学、法经济学、寻租理论、博弈论、信息经济学等方法的系统引进成为推动中国微观经济研究更上层楼的重要动力来源。这类研究在方法上强调研究主体行为、公共选择及其约束条件等。它们将经济学研究的重心从资源优化配置转移到行为选择，强化了经济学研究的个体基础，开拓了经济学研究的新思路和新空间，激发了经济学与其他社会科学领域的交融。

参考文献与学科年度重要文献

陈伯庚：《论构建民营经济的新型劳资关系》，《华东师范大学学报（哲学社会科学版）》2007 年第 39 卷第 3 期。

陈淑妮：《企业社会责任与人力资源管理研究》，人民出版社 2007 年版。

黄汉章：《中国劳资关系利益协调机制研究》，《消费导刊》2007 年第 3 期。

黎友焕：《企业社会责任在中国》，华南理工大学出版社 2007 年版。

刘金祥：《〈劳动合同法〉是平衡劳资关系的“利器”》，《上海企业》2007 年第 8 期。

齐平：《私营企业劳资利益博弈与和谐关系构建》，《马克思主义研究》2007 年第 12 期。

宋杰：《劳动合同法能实现劳资“双赢”吗》，《中国社会导刊》2007 年第 1 期。

张逸：《劳资利益关系协调机制探究》，《法制与社会》2007 年第 1 期。

中国企业家调查系统：《企业家看社会责任——2007 中国企业家成长与发展报告》，机械工业出版社 2007 年版。

钟宏武：《海外中资企业的社会责任缺失问题及其治理》，《对外援助工作通讯》2007 年第 9 期。

何雄浪、李国平：《专业化产业集聚、空间成本与区域工业化》，《经济学（季刊）》2007 年第 6 卷第 4 期。

黄玲文、姚洋：《国有企业改制对就业的影响——来自 11 个城市的证据》，《经济研究》2007 年第 3 期。

李寿喜：《产权、代理成本和代理效率》，《经济研究》2007 年第 1 期。

刘迎秋、徐现祥主编：《中国民营企业竞争力报告 No. 4——人力资本与竞争力指数》，社会科学文献出版社 2007 年版。

路江涌、陶志刚：《我国制造业区域集聚程度决定因素的研究》，《经济学（季刊）》2007 年第 6 卷第 3 期。

马国霞、石敏俊、李娜：《中国制造业产业间集聚度及产业间集聚机制》，《管理世界》2007 年第 8 期。

涂正革、肖耿：《非参数成本前沿模型与中国工业增长模式研究》，《经济学（季刊）》2007 年第 7 卷第 1 期。

王业强、魏后凯：《产业特征、空间竞争与制造业地理集中——来自中国的经验证据》，《管理世界》2007 年第 4 期。

杨治、路江涌、陶志刚：《政治庇护与改制：中国集体企业改制研究》，《经济研究》2007 年第 5 期。

赵世勇：《政府机会主义与民营企业成长——中国转型期民营企业成长的政治经济学分析》，《河北经贸大学学报》2007 年第 3 期。

赵世勇、陈其广：《产权改革模式与企业技术效率》，《经济研究》2007 年第 11 期。

战勇、严台华：《公司治理中多重委托代理悖论与制度辅助》，《财经科学》2007 年第 3 期。

剧锦文：《债权人参与下的公司治理均衡分析》，《湖南社会科学》2007 年第 4 期。

胡少华：《公司治理的经济学分析》，《财经科学》2007 年第 10 期。

刘少波：《控制权收益悖论与超控制权收益》，《经济研究》2007 年第 2 期。

魏刚、肖泽种、Nick Travlos 和邹洪：《独立董事背景与公司经营绩效》，《经济研究》2007 年第 3 期。

叶康涛、路政费和张志华：《独立董事能否抑制大股东的“掏空”?》，《经济研究》2007 年第 4 期。

于鹏：《股权结构与财务重述：来自上市公司的证据》，《经济研究》2007 年第 9 期。

曹廷求、杨秀丽、孙宇光：《股权结构与公司绩效：度量方法和内生性》，《经济研究》2007 年第 10 期。

王克敏、王智超：《高管控制权、报酬与盈余管理》，《管理世界》2007 年第 7 期。

戴璐、汤谷良：《长期“霜膏”现象之谜：债务融资、制度环境与大股东特征的影响》，《管理世界》2007 年第 8 期。

肖作平、廖理：《大股东、债权人保护和公司债务期限结构选择》，《管理世界》2007 年第 10 期。

刘峰、钟瑞庆、金天：《弱法律风险下的上市公司控制权转移与“抢劫”——三利化工掏空通化金马案例分析》，《管理世界》2007 年第 12 期。

许晓明、李金早：《CEO 任期与企业绩效关系模型探讨》，《外国经济与管理》2007 年第 8 期。

韩立岩、陈庆勇：《并购的频繁程度意味着什么——来自外国上市公司并购绩效的证据》，《经济学（季刊）》2007 年第 4 期。

刘国光：《对经济体制改革中几个重要问题的看法》，《经济研究》1979 年第 11 期。

马洪：《改革经济管理与扩大企业自主权》，《红旗》1979 年第 10 期。

蒋一苇：《企业本位论》，《中国社会科学》1980 年第 1 期。

陈吉元：《经济体制改革》，载《经济研究》编辑部编《建国以来社会主义经济理论问题争鸣（1949—1984）》上册，中国财政经济出版社 1985 年版。

孙冶方：《社会主义经济的若干理论问题》，人民出版社 1979 年版。

赵人伟：《社会主义经济中的计划和市场》，载《经济研究》编辑部编《建国以来社会主义经济理论问题争鸣（1949—1984）》上册，中国财政经济出版社 1985 年版。

董玉昇：《社会主义经济中计划与市场的关系》，载《经济研究》编辑部编《中国社会主义经济理论问题争鸣（1985—1989）》，中国财政经济出版社 1991 年版。

韩志国：《社会主义生产资料所有制及其结构》，载《经济研究》编辑部编《中国社会主义经济理论问题争鸣（1985—1989）》，中国财政经济出版社 1991 年版。

薛暮桥：《我国生产资料所有制的演变》，《经济研究》1987 年第 2 期。

陈宗胜：《论所有制改革的目标模式》，《南开经济研究》1987 年第 3 期。

董辅礽：《经济体制改革研究》上卷，经济科学出版社 1994 年版。

高尚全：《调整和完善所有制结构是经济体制改革的重大任务》，《经济体制改革》1997 年第 5 期。

赵农、刘小鲁：《进入与退出的壁垒：理论及其应用》，中国市场出版社 2006 年版。

李长英、宋娟：《古诺竞争条件下异质品企业之间的兼并与技术转让》，《世界经济》2006 年第 7 期。

林仁方、陈志俊：《寡头联盟、外部效应与最优进入策略》，《世界经济》2006 年第 8 期。

Hu, Albert, G. Z., 2001. “Ownership, Government R&D, Private R&D, and Productivity in Chinese Industry”, *Journal of Comparative Economics*, 29, 136—157.

Jefferson, G. H., Bai Huamao, Guan Xiaojing, Yu Xiaoyun, 2006, “R&D Performance in Chinese Industry”, *Economics of Innovation and New Technology*, 13, (1/2).

周黎安、罗凯：《企业规模与创新：来自中国省级水平的经验数据》，《经济学（季刊）》2006 年第 4 卷第 3 期。

安同良、施浩：《中国制造业企业 R&D 行为模式的观测与实证》，《经济研究》2006 年第 2 期。

Cheung Kuiyin, and Lin Ping, 2004, "Spillover Effects of FDI on Innovation in China: Evidence from the Provincial Data", *China Economic Review*, 15, 25—44.

王红领、李稻葵、冯俊新：《FDI与自主研发：基于行业数据的经验研究》，《经济研究》2006年第2期。

周黎安：《中国地方官员的晋升锦标赛模式研究》，《经济研究》2007年第7期。

（韩朝华）

发展经济学

一　学科概述

发展经济学是以发展中国家为研究对象的学科。作为经济发展的度量指标之一以及物质条件，经济增长自然成为发展经济学所关注的重要对象。发展中国家如何摆脱贫穷落后状态，实现经济的持续快速增长是发展经济学研究的重要课题。然而，经济增长并不意味着经济发展，经济发展还有着比经济增长更深的内涵。除经济增长之外，经济发展还涵盖了经济结构的转换、收入分配与贫困、健康与教育等方面内容。对经济发展各个方面的研究，构成了发展经济学的整个体系。

发展经济学的基本研究方法是，借助经济学的分析工具，以逻辑与历史相统一为原则，通过构建理论模型与进行经验分析，研究发展中国家经济发展过程中所出现的各种现象与问题，并提出可行的应对方案与解决办法。发展经济学研究与实践的结合非常密切，通过在实践中提炼理论，并将理论应用于实践，进而达到指导经济发展的实践的目的。具体而言，发展经济学的研究方法大致可以分为结构主义、新马克思主义和新古典主义三大类。结构主义的方法力图从经济结构的协调和合理性这一角度，考察发展中国家经济发展过程中所出现的问题，根据结构主义的思路，发展中国家的发展滞后主要是由其经济结构的不完善造成的，而经济结构的转变在很大程度上有赖于政府的努力。新马克思主义则以生产关系、阶级为主要研究对象，认为不平等的国际经济秩序导致了发达国家对发展中国家的剥削，进而导致了发展中国家经济发展的滞后。而新古典主义承认市场和价格的作用，认为发展中国家的经济主体也是理性的，重视资源配置效率在经济发展中的重要作用。结构主义和新马克思主义曾经是发展经济学的重要研究方法，但由于缺乏微观基础，而且依据其所制定的政策在实践中往往并不成功，从而导致了新古典主义在发展经济学的复归。

作为经济学的一个分支，发展经济学也是与经济学的其他学科密切相关的。由于发展中国家处于发展的初级阶段，发展中国家的宏观调控能力也比较薄弱，因此，宏观经济学对发展中国家具有重要意义。发展中国家居民的行为同样也是理性的，政府政策要发挥应有的效力，必须首先考量人们对政策的理性反应。因此，微观经济学也是发展经济学的重要组成部分。而计量经济学对理论模型在发展中国家的验证与扩展，也具有不可或缺的作用。同样，公共经济学、国际经济学、金融学等学科也是与发展经济学密切相关的。当然，由于研究问题的特殊性，发展经济学也具有一些独特之处，能够对主流经济学作出独到的理论贡献。

二 改革开放30年来发展经济学的发展与演进

改革开放30年来，中国的经济发展取得了巨大成就。尽管如此，中国仍是一个发展中国家。中国经济发展的现状无疑给发展经济学研究提供了合适的土壤，在这一背景下，发展经济学在中国得到了迅速发展。改革开放以来，一批发展经济学的国外著作被介绍到中国。与此同时，国内学者也致力于编译发展经济学教材，促进了发展经济学在中国的传播。此外，国内经济学家基于本土经济问题，应用科学的分析方法，针对中国经济发展过程中所出现的紧要问题，结合中国实际提出相应的解决方案，从而形成了一些优秀的成果，深化了人们对经济发展过程的认识。改革开放以来发展经济学的发展与演进，不仅繁荣了中国的发展经济学，而且也为中国的经济发展提供了理论支持和决策参考。

改革开放以来发展经济学的发展与演进植根于中国经济发展的伟大实践之中。总结新中国成立以来经济发展的经验教训，探寻中国特色的经济发展道路，成为改革开放以来发展经济学的重要研究领域。尽管以经济建设为中心很容易地成为人们的共识，但究竟选择计划还是市场来实现经济增长，则经历了不少争论。争论的结果是，市场取代计划成为基础性的资源配置方式，而社会主义市场经济体制也得以最终确立。二元经济结构是发展中国家的一个重要特点，中国也毫不例外。随着农村居民进城务工的藩篱在改革开放以后逐渐被打破，农村剩余劳动力得以流入城市务工。经济学家研究了进城务工者的特征、流动方式以及在城市劳动力市场上的表现。相关文献普遍认为，进城务工是农村居民面对城市经济机会的理性选择。然而，农民流入城镇后，往往并不能与城镇居民在就业、工资、福利方面享有同等的待遇。农村到城市的劳动力流动是中国经济增长的重要原因之一，而农村剩余劳动力的规模直接关系到劳动密集型产业能否保持竞争优势。一些学者估计了中国农村的剩余劳动力规模，并据此推测中国的刘易斯拐点即将到来，而劳动力成本也会因此大幅上升。为了扭转这一局面，有必要扩大人力资本投资规模。教育是人力资本的重要表现形式。研究表明，中国的教育收益率存在着逐渐提高的趋势，这反映了劳动力市场配置效率的逐渐提高。教育收益率的估计结果通常是由明瑟方程得到的，可能会因测量误差以及能力偏误等问题产生偏差。近年来，一些新的教育收益率估计方法不断涌现，并被应用到对中国教育收益率的估计中来。与经济增长相比，经济发展具有更为丰富的内涵。除了经济总量的增长以外，收入分配、贫困与社会和谐问题都是发展经济学的重要研究对象。在收入分配领域，国内学者及时跟进国际上的最新进展，利用比较先进的分析方法和分析工具，在可靠的全国性大样本数据的基础上，追踪并试图解释中国国内的收入差距变化。

三　2007年发展经济学研究的理论前沿和重大热点问题

2007年，发展经济学领域主要围绕经济增长、劳动力市场、收入分配与贫困、人力资本等论题进行了理论探索，取得了重要进展。

（一）经济增长

改革开放以来，中国经济一直保持着高速增长的态势。总结中国经济增长道路、探究中国经济增长的内在机制以及对中国经济增长可持续性的探讨，成为众多学者所关心的问题。

1. 转变经济增长方式研究

刘树成（2007）回顾了新中国成立以来经济增长模式的逐步变化，分析了当前又好又快发展模式的必要性、可行性以及操作方案。刘树成（2007）指出，新中国成立初期所倡导的“多快好省”模式，是对符合中国国情的社会主义建设道路的早期艰辛探索。然而，在实践中，“多快好省”逐渐演变为单纯强调速度的增长模式。改革开放以后，增长的质量和效益重新得到重视，又好又快发展模式得以最终确立。又好又快发展不仅具有迫切必要性，而且也具备了较好的基础性条件。在经济快速增长中防止“大起大落”，有利于保持经济运行的平稳。改革开放以来经济建设所取得的巨大成就，如从高度集中的计划经济体制向社会主义市场经济体制的成功转型；长期短缺向一定程度的相对过剩的转变；经济运行从大起大落向快速平稳的转变；经济总量、外贸总额、人均GDP的大幅提高等，为实现又快又好发展提供了坚实的基础条件。

卫兴华和侯为民（2007）也认为，从现代经济增长的规律和中国经济发展的长远目标来看，增长方式必须从粗放型转变为集约型。在实现经济增长方式转变的过程中，必须协调投资、分配和消费结构，实现产业结构优化与劳动力就业的平衡，结合政府管制与市场机制实现资源的有效利用，转变政府职能并改革科技创新机制。而科技创新和体制创新是转变经济增长方式的中心环节。

2. 中国经济增长内在机理研究

中国经济增长与宏观稳定课题组（2007a）分析了金融发展与经济增长的关系。认为在经济发展的一定阶段，宽松的货币政策以及国家对存款和银行的隐形担保，通过全民储蓄的动员机制进行信用扩张，激励了国内产出规模的扩大，保持了经济的高速增长，使得国家得以迅速从“贫困陷阱”中摆脱出来。然而，这种特殊的金融安排，也会恶化金融环境，在信息不对称的情况下出现坏账等问题，从而会导致银行不良信贷资产不断累积和宏观经济的潜在不稳定。在开放经济条件下，外部冲击效应会由于金融制度的不合理而得以放大，从而影响到中国经济的长期增长。

中国经济增长与宏观稳定课题组（2007b）对中国人口和劳动力供给推进经济增长进行了实证和机制性分析，论证了不同的劳动力供给效应的递增或递减效应，并分析了其对经济增长路径的影响。文章认为，中国经济增长过程中劳动力供给的“水平效应”递减，“垂直效应”逐渐显现。因此，以吸收低素质劳动力为主的粗放式投资及相应经济结果必须转型。而提高劳动力素质，将是中国未来经济持续增长的重要保证。

王永钦等（2007）人对中国改革开放以来的发展道路进行了总结，认为分权式改革使得地方政府获得了发展经济的激励，从而促进了中国经济的迅速增长。然而，分权式改革在促进了中国经济增长的同时，也存在负面影响。为了尽可能地减少分权式改革的负面影响，发挥分权式改革对经济增长的促进作用，应该在地方层面上放松管制，减少地方政府所掌握的社会经济资源，从而促进全国性市场的融合，这会极大地促进专业化、内生的技术进步和经济增长。为了提高经济增长的质量，需要改进地方政府的治理和绩效评估机制，以使得地方政府从单纯的 GDP 崇拜中摆脱出来。同时要限制地方政府的流动性创造功能，以硬化地方政府的约束。

史宇鹏和周黎安（2007）的研究在一定程度上证实了王永钦等（2007）人的研究。史宇鹏和周黎安以计划单列市为例，分析了地区放权对经济效率的影响。通过使用双重差分法，比较计划单列市以及对比城市的人均 GDP 在计划单列前后的双重差异，以排除不可观测因素的干扰，史宇鹏和周黎安认为，计划单列市的人均 GDP 要显著高于控制城市。这一关系即使在控制了其他相关变量以后仍然成立。

从政治经济学的角度探讨中国经济增长的内在机理成为最新的发展趋势。张军等（2007）人从政治体制、财政分权和政府治理转型的角度，分析了基础设施在改革开放以来的存量变化以及地区差异。研究表明，分权式改革对地方政府产生了较强的激励，地方政府在基础设施的投资方面扮演了非常重要的角色。在控制了经济发展水平、金融深化等因素之后，地方政府在招商引资方面的标尺竞争以及政府管理的转型是解释中国基础设施投资的重要因素。然而，中国基础设施的水平存在着沿海与内地之间的差异。

徐现祥等（2007）人构建了 1978—2005 年间省长（书记）交流的面板数据，估计了地方官员在经济增长中的作用，并利用双重差分法识别了地方官员的地域流动对流入省区经济增长的影响。估计结果表明，省长交流通过调整产业发展取向，能够使流入地的经济增长速度提高 1 个百分点左右。

同样，张军和高远（2007）利用 1978—2004 年间的省级层面面板数据，发现官员的任期限制和异地交流制度促进了地方的经济增长，而且官员任期与经济增长的关系呈现出倒 U 型的特征。研究还发现，官员的异地交流对经济增长也有积极的影响，但其影响幅度存在着地区差异。

（二）劳动力市场

劳动力资源作为经济活动中的重要生产要素，其配置效率对经济增长和发展具有极为重要的意义。当前，中国的劳动力市场正处于发育和整合过程之中，出现了许多新现象和新问题，从而也引发了该领域的众多研究。

1. 劳动力市场总体态势的把握

相对于中国劳动力市场的快速发育和变迁，统计制度目前还难以捕捉劳动力市场发展的所有细节。蔡昉（2007）认为，这恰恰体现了中国特殊的体制转轨的特点。对这一特点的忽略，导致了国际学者错误地解读了中国劳动力市场。蔡昉（2007）利用劳动力市场发育和就业状况的现有统计数据，结合其他调查信息，描述了劳动力市场的现状和变化趋势，批评了传统的关于“就业零增长”、“农村剩余劳动力一成不变”等观点。蔡昉（2007）认为刘易斯转折点即将到来，并分析了这一转折点对中国经济持续增长提出的挑战。蔡昉和王美艳（2007）进一步证实了“农村剩余劳动力一成不变”这一观点的错误，他们以中国农村存在大量剩余劳动力这一假设为逻辑起点，在各种数据来源的基础上进行了逻辑推演和经验论证。分析表明，中国农村已经不存在大规模和高比例的剩余劳动力。在农村剩余劳动力剩余程度逐渐降低的背景下，农业技术变迁也越来越具有提高劳动生产率的倾向。

2. *劳动力流动问题研究*

农村到城市的流动人口能否在城镇地区具有较好的劳动力市场表现？他们是否受到了一视同仁的对待？这些都是劳动经济学所关心的问题。邓曲恒（2007）利用中国社会科学院经济研究所收入分配课题组2002年的城镇住户和暂住户调查数据，采用Oaxaca-Blinder和Quantile分解方法对城镇居民与流动人口的工资收入差异进行了分解。Oaxaca-Blinder分解结果表明，城镇居民和流动人口收入差异的60%应该归结于歧视，而教育能够解释两者收入差异的33%。但Oaxaca-Blinder方法只对条件均值的差距进行了分解，而Quantile分解则能对不同分位点上的收入差距进行分解。Quantile分解结果显示，在低收入和中等收入人群中，歧视是造成城镇居民和流动人口收入差距的主要原因。但对处于收入的条件分布最高端的10%的人群而言，流动人口与城镇居民之间的收入差距主要是特征效应所致。而教育对城镇居民和流动人口的收入差异的贡献随着收入排序的提高而上升，而且这一趋势在收入的条件分布的高端表现得更为明显。

以往对劳动力流动的研究大多关注于未转换户口的农民工，对同样来自农村，但获取城市户口的永久移民却很少研究。邓曲恒和古斯塔夫森（2007）的文章在这一方面进行了努力。他们使用中国社会科学院经济研究所2002年的收入分配调查数据，估计了永久移民的规模。研究表明，与留在农村的农民相比，永久移民的经济状况得到了很大的改善。成为永久移民的概率与父母教育水平、汉族身份、父母党员身份等正相关。永久移民的经济状况与获得户口时的年龄有关。较年轻时就获得户口的永久移民的收入要高于城市原住民，较晚获得户口的永久移民的收入则要低于城市原住民。尽管大部分永久移民成功地融入了城市生活，但通过非职业途径获得户口的永久移民，却远非如此。

（三）收入分配与贫困

收入分配与贫困是发展经济学的永恒主题。收入差距过大已经构成当前的主要社会问题之一，收入差距、贫困以及和谐社会的构建也一直是学界与决策层所高度关注的重要对象。

1. *城镇贫困与低保制度*

夏庆杰等（2007）人利用中国社会科学院经济研究所的收入分配调查数据，估计了1988—2002年期间中国城镇绝对贫困的变化趋势。其研究表明，中国城镇的贫困状况呈现出迅速缓解的趋势。对城镇贫困的分解结果显示，经济增长对减少贫困起到了巨大作用。然而，由于收入差距在此期间有所扩大，因而收入分配状况的恶化导致了贫困状况的加深。

都阳和帕克（Park，2007）利用中国社会科学院人口和劳动经济研究所2001年和2005年城市劳动力市场调查数据，采用倾向得分匹配法（PSM），分析了城市低保制度的瞄准及其救助效率问题。研究表明，和国际上的类似项目相比较，中国的救助体系具有较高的救助效率。然而，低保也减少了低保家庭的劳动供给。

2. 城乡收入差距的估计

城乡居民之间的巨大收入差距也是一个不争的事实，但对城乡收入差距的以往估计却存在较大的偏差。李实和罗楚亮（2007）通过调整城乡之间的生活费用水平，估算城镇居民的隐性补贴，对城乡居民收入差距进行了重新估计。估计结果表明，对城乡以及地区价格指数进行调整后，城乡差距会有所缩小，但若考虑到城镇居民的隐性补贴，城乡差距仍然维持在一个较高的水平。

3. 收入流动性研究

对收入流动性的研究可以更好地研判当前的收入分配状况。孙文凯等（2007）利用农业部的六省农村固定观察点数据，分析了农村居民的收入流动性，发现1986—2001年间农户的收入流动性呈现出先增大后逐渐稳定的趋势，这使得持久收入的不均等程度显著小于年度不均等。章奇等（2007）则利用了1987—2002年间10个省份的农村固定观察点数据，发现最穷的25%的农村居民具有较强的向上流动性，最富的10%人口能够较为容易地保持相对收入地位，而中等收入人群的向上流动性较差。

（四）人力资本：健康与教育

人力资本能够提高劳动力的质量，从而促进经济增长。随着中国经济增长模式逐渐从粗放型转向集约型，人力资本显得更加重要。作为人力资本的两大组成部分，健康与教育得到了学者们的特别关注。

1. 健康的影响因素

封进和余央央（2007）利用中国健康与营养调查（CHNS）1997年和2000年的数据，分析了中国农村的收入差距对健康的影响。研究表明，个人收入、社会平均收入以及收入差距都影响到个人的健康状况。具体而言，收入差距对健康的影响呈现倒U型。她们的研究还表明，收入差距对低收入人群的健康更为不利，而教育水平的提高会改善健康状况。因此，作为人力资本的两个重要组成部分，教育和健康是相互作用的。如果政府加大对农村教育、医疗等基础设施的投入，人力资本的积累可以得到进一步的改善。

2. 教育收益率的估计以及受教育水平的影响因素

在教育收益率的估计方面，王海港等（2007）人利用中国社会科学院经济研究所收入分配课题组1995年和2002年的城镇数据，使用分层线性模型估计了教育收益率。其研究表明，城镇居民的教育收益率存在着较大的地区差异，而这一差异可以在一定程度上由劳动力市场化程度的地区差异得到解释。

在研究农村居民受教育水平的影响因素时，往往会因数据截取问题而出现估计误差，刘泽云（2007）运用Cox比例风险模型对此进行了处理。结果发现，有兄弟姐妹、出生在少数民族家庭、母亲文化程度较低、母亲不曾加入过共青团及家庭经济条件较差的儿童所得到的受教育机会更少，而一些社区层面的变量也影响着儿童的入学状况。

四 学科展望

经过几十年的发展，中国的发展经济学已经取得了很大进步。结合中国发展实际，总结中国式发展道路，形成中国特色和风格的发展经济学，是发展经济学进一步的发展趋势和方向。对经济增长、劳动力流动、收入分配与贫困等重大问题的研究，不仅具有较高的理论价值，而且也有着较强的现实意义。在研究方法上，发展经济学将更多地使用主流经济学的研究模式，在发展中国家国情的基础上设定合乎实际的假定，进而进行理论模型的推演。与此同时，更多的高质量调查数据将被用于发展经济学的研究，通过对理论模型进行检验和扩展，达到理论和经验的统一。为了配合经济计量方法的使用，一些极具特色的数据将会得到更广范围的搜集。例如，双胞胎数据将会越来越多地应用到教育收益率的估计等研究中来，而从随机实验得到的数据将更多地应用到政策评估上。在发展经济学的微观领域，一些先进的微观计量经济学方法将被引入，以尽可能消除各种估计误差，得到逼近真实系数的估计值。

参考文献与学科年度重要文献

蔡昉：《中国劳动力市场发育与就业变化》，《经济研究》2007 年第 7 期。

蔡昉、王美艳：《农村劳动力剩余及其相关事实的重新考察——一个反设事实法的应用》，《中国农村经济》2007 年第 10 期。

邓曲恒：《城镇居民与流动人口的收入差异——基于 Oaxaca-Blinder 和 Quantile 方法的分解》，《中国人口科学》2007 年第 2 期。

邓曲恒、古斯塔夫森：《中国的永久移民》，《经济研究》2007 年第 4 期。

都阳、Albert Park：《中国的城市贫困：社会救助及其效应》，《经济研究》2007 年第 12 期。

封进、余央央：《中国农村的收入差距与健康》，《经济研究》2007 年第 1 期。

李实、罗楚亮：《中国城乡居民收入差距的重新估计》，《北京大学学报（哲学社会科学版）》2007 年第 2 期。

刘树成：《论又好又快发展》，《经济研究》2007 年第 6 期。

史宇鹏、周黎安：《地区放权与经济效率：以计划单列为例》，《经济研究》2007 年第 1 期。

孙文凯、路江涌、白重恩：《中国农村收入流动分析》，《经济研究》2007 年第 8 期。

王海港、李实、刘京军：《城镇居民教育收益率的地区差异及其解释》，《经济研究》2007 年第 8 期。

王永钦、张晏、章元、陈钊、陆铭：《中国的大国发展道路——论分权式改革的得失》，《经济研究》2007 年第 1 期。

卫兴华、侯为民：《中国经济增长方式的选择与转换途径》，《经济研究》2007 年第 7 期。

夏庆杰、宋丽娜、Simon Appleton：《中国城镇贫困的变化趋势和模式：1988—2002》，《经济研究》2007 年第 9 期。

徐现祥、王贤彬、舒元：《地方官员与经济增长——来自中国省长、省委书记交流的证据》，《经济研究》2007 年第 9 期。

张军、高远：《官员任期、异地交流与经济增长——来自省级经验的证据》，《经济研究》2007 年第 11 期。

张军、高远、傅勇、张弘：《中国为什么拥有了良好的基础设施》，《经济研究》2007 年第 3 期。

章奇、米建伟、黄季焜：《收入流动性和收入分配：来自中国农村的经验证据》，《经济研究》2007年第11期。

中国经济增长与宏观稳定课题组：《金融发展与经济增长：从动员性扩张向市场配置的转变》，《经济研究》2007年第4期。

中国经济增长与宏观稳定课题组：《劳动力供给效应与中国经济增长路径转换》，《经济研究》2007年第10期。

（邓曲恒）

中国近代经济史学

一　经济史学科概述

经济史学是一门介乎经济学与历史学之间的边缘学科，它的源头应追溯至两千年前“食货之学”。《史记》中的《平准书》、《货殖列传》以及稍后的《汉书》中的《食货志》，是“食货之学”的开始。近代中国，受到西方近代社会科学传入的影响，梁启超于1904年写成《中国国债史》一书，中国的经济史学作为现代社会科学开始产生。1932年，中国社会科学院经济研究所的前身——中央研究院社会科学研究所创办了《中国近代经济史研究集刊》，这是中国第一份以经济史命名的学术刊物。在学科的百年历程中，历经初创、转型和受挫几个阶段，近30年来也就是改革开放以来，进入了前所未有的较为全面的发展繁荣时期。

在学科体系中，从经济学方面进行界定，经济史学是理论经济学，属基础理论学科。作为一门边缘学科，经济史与历史学、社会学等学科有着密切的交叉关系。在我国社会科学界，“经济史”不仅指严格意义上的经济史，而且也包括历史学中的社会史研究，乃至于经济史被普遍用作社会经济史的简称；经济史学者不仅来自经济学领域，也来自历史学领域。这种情况由来已久并将合理延续。经济史学的研究对象，有学者认定为：“过去的、我们还不认识或认识不清楚的经济实践”（吴承明）和“社会经济状况”（李伯重），即过去的社会经济状况及其变化。

经济史学的研究方法，是以马克思主义理论为指导，就具体研究领域来采用适合的一种或多种理论方法。这就是学界普遍赞同的“史无定法”。其中经济学方法和历史学方法如“经”与“纬”般各具所长、相得益彰。近30年来，学界又引进西方经济学、社会学、人类学、法学、考古学、民族学、人口学、经济地理学等学科的理论方法，推动了经济史研究方法向“多元化”发展。同时也促进了相应的不同学术流派的产生。

二　改革开放30年来中国经济史学科的发展演进

1978年至今，中国经济史学的发展主要表现在以下几个方面：

第一，学术论著大量问世，史料的收集整理和出版取得重大进展。据多项论著目录与索引的统计，自1978年至今30年内发表的中国经济史论著的数量，远远超过20世纪前80年有关论著的总和。其中，《中国资本主义发展史》三卷本（许涤新、吴承明主编）和《中国近代经济史（1840—1894）》、《中国近代经济史（1895—1927）》（严中平、汪敬虞主编）相继完成并出版，是新时期里程碑性的成果。由诸多学者合作撰写的《中国经济通史》、《中国经济发展史》也先后分卷出版，显示了通史类著作的集成性质与盛况。在各种专史研究成果中，胡如雷《中国封建社会形态研究》，林甘泉主编《中国封建土地制度史》，赵俪生《中国土地制度史论要》，朱绍侯《秦汉土地制度与阶级关系》、《魏晋南北朝土地制度与阶级关系》，张泽咸《唐代阶级结构研究》，王曾瑜《宋代阶级结构》，傅衣凌《明清封建土地所有制论纲》，李文治《明清封建土地关系的松解》，章有义《明清徽州土地关系研究》，杨国桢《明清土地契约文书研究》，郭正忠主编《中国盐业史·古代篇》等均为卓越代表。

大批经济史的文献档案资料得以出版公布。其中，由中国社会科学院经济研究所与中央档案馆合编的《中华人民共和国经济档案资料选编》和中国第二历史档案馆的《中华民国档案资料汇编》都规模巨大。中国社会科学院经济研究所与台湾“中央研究院经济研究所”等单位合作，建成有关清朝大内档案中的粮价资料数据库；中国社会科学院经济研究所继续编辑出版了《中国近代经济史参考资料丛刊》中的《中国近代航运史资料》第二辑和《中国近代铁路史资料》第二辑，并开始了对满铁资料的整理和出版。30年间，航运、盐务、商务等部门和行业史资料书，英美烟草公司、满铁、鞍钢、伪满中央银行、金城银行、上海商业储蓄银行、中国银行、聚兴诚银行、汉冶萍、裕大华、大生、刘鸿生企业、吴蕴初企业等大型企业史料书，关于旧中国海关、海关税收和分配统计、清代外债、民国外债、华侨投资国内企业、江苏省工业调查统计、天津商会、苏州商会、南开经济指数资料、自贡盐业契约、张謇档案、盛宣怀档案、自然灾害档案资料等专题资料书，抗战时期主要革命根据地等根据地财经史料书相继出版；各地政府、各经济部门广泛开展方志和专业史志的编纂和出版，地方工商史、农林史、金融史、财政史、港史、公路史、邮政史等资料书更是不胜枚举。同时，气象、水文、地理变迁等资料以及各种考古材料、民间资料不断出版公布。经济史资料的大量面世为经济史研究的持续发展繁荣提供了深厚的基础。

第二，研究机构和队伍迅速恢复并发展壮大。改革开放之后，自20世纪三四十年代即已开始从事研究工作的学者迎来科研的春天，取得了前所未有的研究成果；新培养出来的经济史学者，迅速成长为研究骨干。由厦门大学主办的《中国社会经济史研究》和中国社会科学院经济研究所主办的《中国经济史研究》分别于1982年和1986年创刊。各地高校和社科院所纷纷成立经济史研究的学术团体，全国性的中国经济史学会于1986年正式成立，20余年来积极组织学术活动、促进同行间的联络交流，为学科建设不断努力。2000年李根蟠等建立了“中国经济史论坛”网站，成为网络时代中国经济史学的重要学术阵地。2002年，中国经济史学会加入了国际经济史学会；2006年李伯重当选为国际经济史学会执行委员会委员。

目前，较为集中地从事中国经济史研究的教学与科研机构，主要有中国社会科学院经济研究所经济史研究室、现代经济史研究室，中国社会科学院近代史研究所经济史研究室，上海社会科学院经济研究所，天津社会科学院历史研究所，厦门大学中国社会经济史研究中心，清华大学中国经济史研究中心，南开大学经济学研究所，社会史研究中心，中山大学历史人类学中心，华中师范大学近代史研究中心，云南大学中国经济史研究所，中南财经政法大学中国经济史研究所，等等，一些财经类、师范类院校也有专门从事中国经济史研究的专家学者。研究队伍的星罗棋布，促进了研究成果呈现遍地开花之势。

第三，研究领域大为扩展。20 世纪 50 年代到 70 年代，中国经济史研究主要围绕原历史学界“五朵金花”中的古史分期、封建土地所有制和中国资本主义萌芽等专题展开，而近代经济史则主要以揭露和批判帝国主义经济侵略、批判封建主义、资本主义剥削为己任。80 年代后，一些新观念的陆续引入和产生，改变了原来的研究视角，也拓宽了研究领域。譬如，生产力决定论受到质疑，一些学者认为流通或市场需求也是经济的发展动力之一，因此经济史研究范围逐渐扩大到生产、流通、分配、消费诸领域；又如，计量史学和新制度经济学的兴起和影响，又使得计量分析法和企业制度史研究走到中国经济史研究的前沿。30 年间，中国经济史的研究领域有了很大拓展，市场、交通、金融、财政、消费等受到学界的重视，经济结构、经济运行机制、非经济因素对经济发展的影响等也引起学者的关注；部门经济史、专题经济史、区域经济史、民族经济史、海洋社会经济史勃兴，并有不同程度的发展；中华人民共和国经济史的系统研究始于 20 世纪 80 年代中期，虽然起步较晚，但很快就成为新的研究热点，出版了赵德馨主编《中华人民共和国经济史（1949—1984）》、孙健《中华人民共和国经济史》、汪海波《新中国工业经济史》、商业部商业经济研究所《新中国商业史稿》、左春台等《中国社会主义财政简史》、赵梦涵《中华人民共和国财政税收史论纲（1949—1991）》、曹尔阶等《新中国投资史纲》、庄启东等《新中国工资史稿》、叶善蓬《新中国价格简史》、李子超《当代中国价格简史》、董志凯《跻身国际市场的艰辛起步》、袁伦渠《新中国劳动经济史》、路建祥《新中国信用合作发展简史》、迟孝《中国供销合作社史》、宫成喜《中国财政支援农业简史》等著作，在研究和史料等方面都取得了可观的成果。

第四，理论方法向“多元化”方向发展，学术流派逐步形成。改革开放以来，中国经济史研究工作者解放思想，在坚持马克思主义理论指导的同时，引进西方经济学、社会学、人类学、法学、考古学、民族学、人口学、经济地理学等学科的理论方法，从事中国经济史研究，推动经济史研究方法向“多元化”发展，促进了中国经济史学的繁荣，也凸显了经济史作为边缘学科的特色。吴承明在中国经济史研究的方法论方面高屋建瓴、贡献突出，他主张“史无定法”，强调“各有独具匠心之长”与交流并重，为学界所普遍赞同。

在中国经济史学的长期发展中，国内的经济史研究，因理论方法不同，逐渐形成了不同的研究风格或流派，正如吴承明指出的：经济史学“在我国，大体上说有三大学派。一派偏重从历史本身来研究经济发展，包括历史学原有的政治和典章制度研究。一派偏重从经济理论上来解释经济的发展。有的并重视计量分析。一派兼重社会变迁，可称为社会经济史学派”。李伯重则认为：“因理论与方法不同，中国经济史学逐渐形成了三个主要的学派，即原先的社会经济史学派，新兴的社会史学派和经济史学派。”20 世纪 80 年代，作为中国经济史学主流的社会经济史学派发生向偏重于社会史层面和经济史层面的分化，形成以傅衣凌为奠基人的新社会史学派和以吴承明为代表的新经济史学派；这种分化与国际潮流不谋而合。① 同时，众多经济史教研机构正在形成各自的特色，或者因为倡行“从下往上看”而具有了更为细致、广阔的视野，或者因重视对方法论的系统构建而使其研究更为专业化。

三 2007 年中国近代经济史研究理论前沿与热点问题

综观 2007 年中国近代经济史研究成果，“三农”问题研究持续深入，工商、企业、财政金融的研究成果较为丰盛，区域经济史研究作为宏观研究和理论探讨的基础，涉及经济领域从生产、分配、流通到消费的各个环节，呈现遍地开花的繁荣态势。特点有：(1) 研究方法上以经济学、社会学或历史学方法为主的各流派众家纷呈；(2) 企业史研究从个案到制度、网络全面展开；(3) 民间组织、政府职能、金融制度、城镇经济等研究方兴未艾；(4) 以世界为背景来研究中国近代经济史的成果增多。具体看，在“三农”问题、企业史、银行监管、经济社团、近代需求与消费等方面都有所进展，反映了中国近代经济史研究的前沿态势。

（一）近代“三农”问题

对近代农业的研究，扩展到探讨租佃制、雇佣劳动、农村凋敝、农业改良、乡村建设等方面，对乡村手工业的研究尤为集中。

有学者通过对 20 世纪 30 年代成都平原佃农地主结构的分析，揭示了该地区复杂的租佃关系，探讨了该地区佃农比例高于其他地区的原因。她还通过对一些县级档案资料和土改档案资料的分析研究，指出近代成都平原的押租与押扣，是该地区自然生态和社会生态环境的产物。从制度上看，租佃双方的经济关系比清代以前更趋平等。② 有学者结合 1927 年后浙江省推行二五减租的过程，指出存在欠租撤佃的“相对的田面田”和欠租也不可撤佃的“公认的田面田”两种“田面田”，由于两种田地租率不同和“公认的田面田”主反对减租，使得浙江的“二五减租”无法推行。因此，土地产权中不同性质的永佃权问题需要做具体研究。有学者认为，近代中国农业雇佣劳动的性质兼有非商品生产性和小商品生产性，受土地制度和社会商品经济发展程度的制约，它不可能达到商品生产阶段。③

近代的农业改良从清末民初就已开始，

---

① 吴承明：《经济史学的理论与方法》，《中国经济史研究》1999 年第 1 期；李伯重：《回顾与展望：中国社会经济史学百年沧桑》，《文史哲》2008 年第 1 期。

② 李德英：《20 世纪 30 年代成都平原佃农地主结构分析》，《中国经济史研究》2007 年第 4 期；《民国时期成都平原的押租与押扣》，《近代史研究》2007 年第 1 期。

③ 曹树基：《两种“田面田”与浙江的“二五减租”》，《历史研究》2007 年第 2 期；赵入坤：《雇佣劳动与中国近代农业的发展》，《江海学刊》2007 年第 5 期。

清末山东即有农业科学试验，不仅张之洞在推动湖北近代农业产业化的进程中发挥了重要作用，袁世凯也对清末民初的农业发展作出了一定贡献。① 甲午战争后，西方近代化农业技术，通过基层农业教育部门、农业试验场，以讲座、发送良种等方式传授给农民；其后近代各类与农业有关的公司兴起并对农业改良有所贡献。② 传教士、教会学校把西红柿、奶牛、新鸡种和高产优质的玉米、小麦等农作物新品种传入山西，并引进了农业技术、工具，使山西种植业开始向现代转变。③ "中华农学会"成为民国时期规模最大、影响最广的学术团体，就是源于对农业改良和发展问题的重视。④ 抗战爆发后，不仅伪蒙疆政权进行绵羊改良活动，国民政府更是对大后方的农业进行了大规模的改良，既确定农业改良为基本国策又着力解决粮食问题和发展经济作物。近代农业生产技术首次在甘宁青地区得以推广和实践，甘肃农业的种植业、生产关系和生产技术都发生了结构性变化。这些农业改良政策措施，对夺取抗日战争的最后胜利具有重大意义。⑤

研究表明，西部省区在清末民初之际，或因生态环境的严重制约，或受交通状况阻隔，与国内外商品运销市场网络联系稀疏，阻滞了农产品商品化的进程，其间出现的大面积的罂粟种植，则成为农产品商品化的一种畸形现象。中外工商资本的介入，是当时农产品改良、生产技术和经营方式改进的主要动因，而这也是西部地区所缺乏的；西部地区较之东部更多地承受着天灾人祸的打击，这就更使西部农业长期滞处于简单粗放乃至原始的耕作状态。⑥ 随着近代西北地区皮毛贸易规模的变化，挖掘甘草和苁蓉对西北地区土地资源造成巨大破坏，不合理的农牧业开发又反而扼杀了农牧业的生机，⑦ 也是导致近代西部农村凋敝的原因之一。

近年来民国时期的乡村建设运动成为研究热点。20世纪二三十年代的乡村建设组织约有600多个，实验区（点）约有1000多个。其中以定县、邹平、昆山徐公桥和无锡实验区为典型。⑧ 以梁漱溟、晏阳初、陶行知、黄炎培等为代表的乡村建设各流派，自觉体认到农村问题的重要性，主要从乡村社会重构、知识下乡、乡村工业化等方面进行了思考和实践。这些认识和做法，显示了一种比较系统的具有一定现代化意义的农村建

① 苑朋欣：《清末山东的农业科学试验》，《历史教学》2007年第12期；刘亚玲：《张之洞与湖北近代农业产业化》，《农业考古》2007年第3期；苏全有：《袁世凯与清末民初的农业发展》，《青岛农业大学学报》2007年第4期。

② 魏露苓：《晚清西方近代农业科技在基层的推广活动》，《学术研究》2007年第4期；魏露苓、饶汕贤：《晚清的农业公司及其对近代化农业科技的实践》，《古今农业》2007年第2期。

③ 刘安荣：《基督教与近代山西种植业、养殖业和林果业发展初探》，《山西农业大学学报》2007年第4期。

④ 王思明：《中华农学会与中国近代农业》，《中国农史》2007年第4期。

⑤ 丁晓杰：《伪蒙疆政权的绵羊改良活动》，《史学月刊》2007年第10期；郑起东：《抗战时期大后方的农业改良》，《古今农业》2006年第1期；戴巍：《南京国民政府时期近代农业生产技术在甘宁青地区的初步推广》，《青海民族学院学报》2007年第3期；喻泽文：《试论二十世纪三、四十年代甘肃国统区农业结构的转变》，《内蒙古农业科技》2007年第6期。

⑥ 戴鞍钢：《清末民初西部农业困顿探析》，《云南大学学报（社会科学版）》2006年第3期。

⑦ 阚耀平、樊如森：《近代西北地区农牧业开发对土地资源的影响》，《干旱区研究》2007年第6期。

⑧ 周逸先、宋恩荣：《中国乡村建设运动及其历史启示》，《河北师范大学学报（教育科学版）》2006年第2期。

设模式。① 有学者对梁漱溟的乡村改良思想作了专门研究。②

对乡村手工业的研究，是剖析近代农村经济问题的关键。王亚南在《中国经济原论》（1950 年版）中，开始从农家经营模式角度分析近代乡村手工业，并提出其三种模式。近年来，有学者将近代农家的“经营模式”定义为：在农户这个微观经济单位中生产的组织经营状况，具体表现为资本、劳动力等生产要素在生产领域中的配置以及产品在家庭消费与市场销售中的状况。其研究表明，“耕织结合”的传统模式在近代主要呈现出四种变化，其中“农工结合”始终是近代农家最主要的经营模式，而谋利型的“农工结合”的经营模式是符合经济发展趋势的。但是，近代中国的农情决定了维生型的“农工结合”的经营模式始终占据主导地位，这在一定程度上制约了中国近代农村工业化的发展进程。③

家庭棉织业是近代中国最主要的乡村手工业。以往研究以现代工业兴起后的“瓦解说”、“破产说”为主，近年来出现“并存说”。对山东、河北、长江三角洲、江南等地域手工业状况的实证考论，居于此项研究的前沿。有学者对近代手工业与现代工业长期共存的典型地区之一江苏，进行了长时间考察，指出因传统经济形态不同，现代工业对传统经济的作用也不同：商品经济发达的苏南乡村率先进入工业主业化时代，农家手织业与农业均呈萎缩状态，并转向以自给性为主的生产；典型的耕织结合的苏中乡村过渡到织布主业化、农业副业化时代，家庭手织业与商品市场获得了共同发展；以残缺性商品经济为主的苏北乡村则较普遍地出现织布副业，形成了较完整的自给型农家经济，同时劳动力资源与自然资源的配置显得较前优化。④

近代乡村手工业研究的持续深入和最新进展表现在以下几个方面：有学者指出：甲午战争后中国传统手工业的演化有不同的路径：或在机制工业品竞争下衰落，或向机器工业转化，或仍运行于传统轨道。除研究集中的高阳、定县外，冀南棉纺织手工业的蜕变与延续得以展示；⑤ 景德镇陶瓷业在近代所面临的挑战及其衰落的原因得以探讨；民初至抗战前长江三角洲洋布与土布之争主导了土布业的日益萎缩；广西的圩镇发展则得益于手工业的兴革；⑥ 20 世纪前期长江中下游地区手工业的兴盛与来自传统金融界的强

① 吴星云：《民国乡村建设与中国农村现代化路径》，《广东社会科学》2006 年第 6 期；徐秀丽：《民国时期的乡村建设运动》，《安徽史学》2006 年第 4 期；虞和平：《民国时期乡村建设运动的农村改造模式》，《近代史研究》2006 年第 4 期；郑大华：《关于民国乡村建设运动的几个问题》，《史学月刊》2006 年第 2 期。

② 彭南生、金东：《梁漱溟的早期工业化思想述论》，《徐州师范大学学报（哲学社会科学版）》2007 年第 9 期；盛邦和：《梁漱溟“乡村建设”思想及其发展观叙论》，《江苏社会科学》2007 年第 3 期。

③ 彭南生：《论近代中国农家经营模式的变动》，《学术月刊》2005 年第 12 期。

④ 马俊亚：《工业化与土布业：江苏近代农家经济结构的地区性演变》，《历史研究》2006 年第 3 期。

⑤ 王翔：《甲午战争后中国传统手工业演化的不同路径》，《江西师范大学学报》2006 年第 4 期；《近代冀南棉纺织手工业的蜕变与延续》，《历史档案》2007 年第 2 期。

⑥ 范瑛：《近代中国传统手工业城市衰落略论》，《四川师范大学学报》2007 年第 4 期；于新娟、郭瑾：《民初至抗战前长江三角洲洋布与土布之争》，《历史教学问题》2007 年第 4 期；刘文俊：《近代广西手工业的兴革对圩镇发展的作用》，《中国社会经济史研究》2007 年第 2 期。

大支持密切相关。① 还有学者对手工业中的“包买商”制度进行研究。② 有学者提出近代农村手工业有三种形态，其中家庭手工业占主导地位，工场手工业获得了一定程度的发展，工匠手工业发挥着拾遗补阙的作用；“九一八”事变前，以织布业、缫丝丝织业为代表的乡村手工业显示出良好的发展势头，是日本全面侵华战争的爆发中断了这一发展进程。③

（二）企业制度与企业发展

新制度经济学的引进及中国建立现代企业制度的现实，激发了学界对近代企业制度演进的兴趣。有学者着重分析外商进入后对企业制度的影响，将近代中国公司制度的建立，追溯到1862年美国旗昌洋行在华商中募股组建上海轮船公司。指出在航运领域之后，金融、制造以及公用事业等行业相继出现外商洋行组建的股份公司，其中有大量的华商附股；而洋行在组建和调整股份公司的过程中，因受到中国当时的经济发展水平和传统经营习惯的制约，使早期股份公司制度发生了变异，产生了诸如股银分期缴纳制、官利制和有业务股东优惠分红制等外生制度。直到19世纪70年代，中国人自主创办的股份公司才正式成立。可见，近代中国的股份公司制度是在外国资本的刺激和促动下产生的。股份公司在近代中国的出现，与19世纪中叶世界范围的科技革命以及中外贸易方式的改变有关，也与这种形势下外商在华洋行面临着资金短缺等严重的生存压力有关。④

近代公司制度建立过程中传统因素与现代因素纠结不断。股份制企业本质上是一种资本组织和运行的新型方式，它在近代中国出现后，除具有西方企业组织运行的一般特点外，还带有浓厚的中国特点和传统经济要素的痕迹。有学者认为，企业需要向政府报效、分配中实行“官利”制、面向社会直接吸收储蓄和企业内部资金的调拨等，就是中国近代股份制企业资金运行中的本土特点。⑤ 本土因素对近代公司制企业的具体影响还表现在：周学熙是最早在中国北方采取公司制的，但他采取的并不是严格意义上的现代公司制；上海永安公司采取家族控制、货币激励的治理方式；⑥ 大生纱厂虽然建立起了以股东大会、董事会、查账员为基本特征的治理结构，但张謇个人在企业内部的集权特性始终非常明显；也有学者认为大生公司在1920年以后已经超越家族企业的局限，其产权制度和组织管理制度，谋求出资人与公司法人在所有权、控制权、剩余分配权上的均衡，实现多元投资前提下公司激励、约束和

① 马俊亚：《20世纪前期长江中下游地区传统金融与乡村手工业的关系》，《江汉论坛》2006年第10期。

② 高宝华：《我国近代手工业中包买制的兴衰探微——以高阳手织布区兴衰历程为例》，《山东社会科学》2007年第7期；张玮：《近代化进程中传统手工业的再透视：包买商制度和手工工场》，《甘肃社会科学》2007年第2期。

③ 彭南生：《论近代中国乡村手工业的三种形态》，《华中师范大学学报》2007年第1期；《日本侵华战争与近代乡村手工业发展进程的中断》，《江汉论坛》2007年第9期。

④ 李志英：《外商在华股份公司的最初发展——关于近代中国股份公司制度起源的研究》，《北京师范大学学报（社会科学版）》2006年第1期。

⑤ 朱荫贵：《中国近代股份制企业的特点》，《中国社会科学》2006年第5期。

⑥ 程莉：《周学熙采取公司制组织企业的特点及启示》，《池州师专学报》2007年第4期；杨在军：《家族企业治理个案研究》，《商业研究》2007年第4期。

控制的创新，是在实践中探索规范的股份公司制度的确立。① 又有学者指出，在近代中国无限责任的企业制度并不完全等同于落后，而是一种降低金融风险的、有利于企业盈利的生产性积累的制度安排；而政府权力大于私人产权的国情，使得公司法规中对大股东表决权和选举权的限制失效，政府可以随意介入某个企业。②

在近代中国的股份制企业中，由于存在时段、筹资形式、资本来源、资本性质和经营主体等的不同，至少出现过“官督商办”、民族资本以及国家资本股份制等三大类型。有学者指出，在南京国民政府时期（1927—1949），以国家资本形式出现的股份制企业构成近代中国股份制企业的重要类型之一。近年来，南京国民政府时期的国有企业成为企业史研究的热点，有学者认为，南京政府的国家资本股份制企业，主要是通过强行参股、原生和减持出售国有企业股份等三种途径形成。其数量不多但是在企业实力和控制国计民生方面的能力强大；它们在形成方式及在经营管理方面，距离规范的股份制企业的目标都颇有距离，反而与传统中的“合股”企业更为相似。③ 有学者通过考察企业经营预算中的制度规定、资本形成以及国有资本的收益及其分配，论述了南京政府国有企业的资本经营预算制度。还有学者提出对国有企业与国有资本的规模进行估计的方法。④

（三）银行监理制度

自 1908 年清政府在大清银行设置监理官，近代中国开始有了银行监理、监理官制度。有学者对从清末到抗战时期银行监理官制度的形成与演变进行了细致梳理、分析，认为近代推行的这种银行监理官制度有现实借鉴意义。有学者则从政府、银行公会和银行个体自身的监管制度三方面入手，指出：政府的金融监管制度对于健全银行制度、规范银行经营行为和维护金融市场秩序起了积极作用；银行公会的自我监管制度，促进了银行间的协作、交流和相互制约，增强了银行界抵御风险的能力；银行个体的内部监控制度，使银行经营风险得到最大程度的防范和化解。⑤ 与此项研究密切相关的银行业防弊与信用保证制度、保人制度的研究也较为集中。20 世纪 30 年代银行业舞弊案高发，凸显了传统的保人制度的缺陷；上海银行业界对信用保证制度的改良主要采取信用保险和保证金办法。1932 年，创办了公共信用调查机构中国征信所，1930 年后陆续成立中国

① 卢征良：《早期大生纱厂内部治理结构的发展及其特征研究》，《山东科技大学学报》2007 年第 2 期；汤可可：《张謇与近代公司制度创新》，《江南大学学报（人文社会科学版）》2007 年第 1 期；陈争平：《近代张謇的企业制度创新及其现实意义》，《清华大学学报》2007 年第 1 期。

② 杜恂诚：《近代中国无限责任企业的历史地位》，《社会科学》2006 年第 1 期；《近代中国股份有限公司治理结构中的大股东权利》，《财经研究》2007 年第 12 期。

③ 朱荫贵：《试论南京国民政府时期国家资本股份制企业形成的途径》，《近代史研究》2005 年第 5 期。

④ 张忠民：《略论南京国民政府时期国有企业的经营预算制度》，《上海经济研究》2007 年第 12 期；朱婷：《南京国民政府时期国有企业与国有资本规模估计的问题与方法》，载《近代中国社会环境与企业发展》，上海社会科学院出版社 2008 年版。

⑤ 万立明：《中国近代银行监理官制度的发展轨迹及其启示》，《上海经济研究》2005 年第 6 期；刘平：《近代中国银行业监理官制度述论》，《上海金融》2007 年第 6 期。

第一信用保险股份有限公司和中国人事保险股份有限公司，1937年开始实施“特种现金保证办法”；这些改良努力的经验和教训对当代社会不无借鉴意义。①

（四）民间经济社团

近年来民间经济组织的研究成果斐然。上海是近代社团组织的集中地，有学者详述了近代上海不同时期经济社团组织的数量，发展演变的大致过程。这些作为上海非政府组织主干的经济群体，发挥和执行着民间经济社会的均衡协调和社会控制作用。② 在其他地区，广西近代工商同业公会的规模数量，以及对广西乃至西南民族地区城镇市场经济发展的作用得到研究。有学者展示了近代云南商人组织从会馆、行帮到商会的发展过程。③ 有学者开展商会选举制度的专项研究，实证考察了民国初年上海总商会、天津商会和无锡商会的选举，展示其由“推选”走向“选举”的曲折演进。④

同业公会是商人组织形态之一，是近世商人同业组织的进步形态；无论是政府还是民间，许多因素促使同业公会有了极大的发展，而传统的同乡、同业组织即会馆、公所则普遍衰落。有学者提出民国时期是同业公会、会馆、公所同步发展的时期。不少会馆、公所改进了组织制度，部分地起着同业公会的作用；同业公会尽管进行了一些制度创新，但也带有传统的印记，延续着会馆的某些职能，二者相互渗透和依存。⑤ 有学者以上海钱业公会习惯法为个案，研究习惯法在规范市场秩序中的作用，认为钱业习惯法主要体现为各种行业规则，并通过各种途径向外界扩散，成为公认的规范市场秩序的有机环节。至20世纪30年代上海各同业公会已普遍订立“业规”。上海钱业公会作为以习惯法进行自我治理的同业组织，体现出一些西方学者所谓“第三方实施机制”的制度特征，可视为新制度经济学的一个案例。有学者指出，从清代行会到民国的同业公会，以行规为主的商事习惯法的重要作用，因近代商事法规的出台而呈减弱之势。⑥ 民国时期杭州丝绸业同业公会也具有内控机制与外联效应，上海绸缎业商人行业组织则被视

① 孙建国：《论民国时期上海银行业防弊与信用保证制度变革》，《中国经济史研究》2007年第1期；郑成林：《上海银行公会与近代中国银行信用制度的演进》，《浙江学刊》2007年第4期；刘平：《上海银行业保人制度改良述略》，《史林》2007年第4期。

② 陆兴龙：《近代上海社团组织及其社会功能的变化》，《上海经济研究》2005年第1期；艾萍：《现代化进程中的上海近代社团组织》，《探索与争鸣》2006年第3期；樊卫国：《近代上海非政府组织的社会经济协调作用——以近代经济群体为中心》，载《近代中国社会环境与企业发展》，上海社会科学院出版社2008年版。

③ 侯宣杰：《工商同业公会与近代广西城镇市场经济的发育——基于原始档案之实证研究》，《广西民族研究》2006年第3期；陈炜：《商人组织与近代西南民族地区城镇市场经济的发展——以广西为释例》，《湖北民族学院学报（哲学社会科学版）》2006年第3期；罗群：《从会馆、行帮到商会》，《思想战线》2007年第6期。

④ 朱英：《近代中国商会选举制度之再考察》，《中国社会科学》2007年第1期；《从“公推”到“票举”：近代天津商会职员推选制度的曲折演进》，《近代史研究》2007年第3期；《五四时期无锡商会选举风波》，《江苏社会科学》2007年第1期。

⑤ 高红霞：《同乡与同业、传统与现代》，《中国经济史研究》2006年第1期。

⑥ 张忠民：《从同业公会“业规”看近代上海同业公会的功能、作用与地位——以20世纪30年代为中心》，《江汉论坛》2007年第3期；杜恂诚：《近代上海钱业习惯法初探》，《历史研究》2006年第1期；王雪梅：《从清代行会到民国同业公会行规的变化：以习惯法的视角》，《历史教学（高校版）》2007年第5期。

为支持行业运行的关系系统（政府、私人关系网络、组织关系网络）中的一个节点。还有学者运用现代企业管理理论中的SWOT分析法，即对企业的优势与劣势、机遇与威胁的分析模式，尝试更加系统化地研究和认识近代工商社团的行业管理功能。①

（五）近代需求与消费

近代需求与消费研究是近年来新兴的研究领域。有学者比较了中日两国在政府消费支出总量和结构上的差异，认为近代中国和日本政府消费支出的总体发展趋势是在较低水平基础上，保持了稳定和快速的增长态势，两国的差异对两国经济发展的贡献力也有不同。总的来说，1887年至1936年的49年间，近代中国总需求呈现不断上升的态势，但其上涨并非直线运动，而是呈波动不居的逐步上升趋势。个人消费需求、民间投资需求、政府支出和净出口需求是影响总需求变动的决定性因素。该学者还考察了近代中国国民的食品和营养水平及其结构状况，进而从一个侧面测度近代中国国民生活水平和质量。②具体的研究，有对1912—1937年北京居民的工资收入与生活状况的研究；③ 还有对20世纪二三十年代中国农民的消费结构的研究，着重于农民生活消费的分析，同时涉及消费的来源、消费的营养结构、消费与收入的关系、不同耕种权的农民的消费差异等问题。④

四　经济史学科进一步发展的趋势

中国的经济史学正随着中国经济的发展而受到国内外的重视，它将克服一些已有不足和问题以实现进一步的发展。首先，理论方法的改进。与经济史学的任务相比，与大量实证研究对理论的需求相比，国内经济史学的理论方法仍显滞后。其次，综合性、贯通性研究的加强。国内的经济史工作者大多将历史过程中某一时段的经济状态当作自己的研究对象，以求研究的深入细致。这种做法本身无可厚非，却难以把握中国经济发展的基本脉络。再次，研究方法中不良倾向的纠正。经济史研究方法多元化的同时，也出现了“拿来主义”和“跟风热”等不良倾向，以致在研究中出现食洋不化、削足适履的现象。在这方面，要着重警惕来自经济学方向的非历史观念，以及来自统计学方向的枯燥化、来自历史学方向的历史假设。最后，经济史学术传统的去芜取菁和学术流派的相互促进。这样，21世纪的中国经济史学有望成为带着中国特色与国际学界互动交汇的常青学科。

---

① 陶水木、林素萍：《民国时期杭州丝绸业同业公会的近代化》，《民国档案》2007年第4期；王玉茹、张玮：《流通市场分级与关系网络的构建——近代上海绸缎业商人行业组织研究》；陈争平：《近代工商社团行业管理功能的SWOT分析》，载《近代中国社会环境与企业发展》，上海社会科学院出版社2008年版。

② 张东刚：《近代中国与日本政府消费支出变动的宏观分析》，《厦门大学学报》2007年第4期；《近代中国总需求变动的宏观分析》，《浙江大学学报》2007年第6期；《食品结构和营养结构：20世纪二、三十年代一个中国国民社会生活的实证分析》，《中国经济史研究》2007年第4期。

③ 李小尉：《1912—1937年北京居民的工资收入与生活状况》，《史学月刊》2007年第4期。

④ 王玉茹、李进霞：《20世纪二三十年代中国农民的消费结构分析》，《中国经济史研究》2007年第3期。

参考文献与学科年度重要文献

李德英：《民国时期成都平原的押租与押扣》，《近代史研究》2007年第1期。

曹树基：《两种"田面田"与浙江的"二五减租"》，《历史研究》2007年第2期。

王翔：《近代冀南棉纺织手工业的蜕变与延续》，《历史档案》2007年第2期。

刘文俊：《近代广西手工业的兴革对圩镇发展的作用》，《中国社会经济史研究》2007年第2期。

彭南生：《论近代中国乡村手工业的三种形态》，《华中师范大学学报》2007年第1期。

彭南生、金东：《梁漱溟的早期工业化思想述论》，《徐州师范大学学报（哲学社会科学版）》2007年第9期。

高宝华：《我国近代手工业中包买制的兴衰探微——以高阳手织布区兴衰历程为例》，《山东社会科学》2007年第7期。

陈争平：《近代张謇的企业制度创新及其现实意义》，《清华大学学报》2007年第1期。

杜恂诚：《近代中国股份有限公司治理结构中的大股东权利》，《财经研究》2007年第12期。

张忠民：《略论南京国民政府时期国有企业的经营预算制度》，《上海经济研究》2007年第12期。

朱婷：《南京国民政府时期国有企业与国有资本规模估计的问题与方法》，《近代中国社会环境与企业发展》，上海社会科学院出版社2008年版。

孙建国：《论民国时期上海银行业防弊与信用保证制度变革》，《中国经济史研究》2007年第1期。

张忠民：《从同业公会"业规"看近代上海同业公会的功能、作用与地位——以20世纪30年代为中心》，《江汉论坛》2007年第3期。

朱英：《近代中国商会选举制度之再考察》，《中国社会科学》2007年第1期。

王玉茹、李进霞：《20世纪二三十年代中国农民的消费结构分析》，《中国经济史研究》2007年第3期。

张东刚：《近代中国总需求变动的宏观分析》，《浙江大学学报》2007年第6期。

李伯重：《回顾与展望：中国社会经济史学百年沧桑》，《文史哲》2008年第1期。

郑起东：《20世纪90年代以来中国近代经济史研究述评》，《教学与研究》2006年第2期。

李根蟠：《中国经济史学百年历程与走向》，《经济学动态》2001年第5期。

刘兰兮：《中国经济史研究前沿扫描》，《中国社会科学院院报》2007年5月8日。

《纪念〈中国经济史研究〉创刊20周年笔谈》（上）（下），《中国经济史研究》2006年第1期、第2期。

桑兵：《近代中国的新史学及其流变》，《史学月刊》2007年第11期。

高超群：《2007年近代经济史研究综述》，《中国经济史研究》2008年第2期。

（徐建生）

中国现代经济史学

一 学科概述

中国现代经济史研究是一门历史学与经济学相交叉的学科，主要是从发展和繁荣经济学的目的出发，从经济学角度来发现问题、观察问题和总结经验，换句话说，中国现代经济史属于理论经济学的分支而不是历史学的分支。

中国现代经济史属于理论经济学中经济史学科里的分支，它的研究对象为1949年中华人民共和国建立以来中国经济发展与制度变迁的历史，它不仅包括1949年中华人民共和国建立以前中国共产党领导的革命根据地的新民主主义经济，也包括1949年以来的香港、澳门和台湾地区的经济发展与制度变迁。应该说，中国现代经济史还是一门新兴的学科。

由于中国现代经济史学科处于经济史研究与现实经济问题研究、实证研究与规范研究、理论研究与对策研究三对范畴的交汇点，因此它的学科地位在经济学中就更加突出了。众所周知，现在经济学界所出现的许多肤浅观点和谬误，是来自对中国经济史和世界经济史的无知或一知半解。尤其是在今天，当我们大量地、主要地、如饥似渴地从国外的经济学中吸取知识和理论时，怎样将其应用于中国并有所创新时，就愈加需要中国经济史这块基石了。

首先，应该明确经济史的定位：它是经济学的“源泉”之一，而不是经济学的“支流”之一。由于中国的文化传统、资源禀赋、国家统一、近代以来经济发展的历史、环境以及目前所处阶段等条件与西方发达国家的差异，始终存在一个西方经济学如何“中国化”的任务，即存在一个如何将经济学的基本原理与中国实际相结合，为中国的经济建设和社会发展服务，并进而总结中国的经验，为发展经济学科作出贡献。基于这个长期的、基本的任务，深入研究中国经济和社会发展的历史过程，从中把握中国的国情和特点，就自然成为经济学研究不可缺少的重要组成部分，甚至可以说是基础部分。

其次，由于中国现代经济史的研究对象是当代中国的经济发展与制度变迁，这就使得它能够大量地吸收理论经济学和应用经济学的许多新的理论和分析工具。事实上，近10年来，不仅有越来越多的学者运用发展经济学理论、新制度经济学理论、新古典主义理论、产权理论以及演化经济学理论来研究当代中国，尤其是1978年以来的经济发展与制度变化，而且已经有越来越多的经济学研究者试图运用计量方法和多种经济模型来研究当代中国经济发展历史。但是就目前来看，中国现代经济史研究的主要方法还是历史学的方法居多，即主要通过收集整理历史资料、还原历史面貌，寻找现象背后的制约因素和规律。因此实证性的研究仍然是目前中国现代经济史研究的主流。

二　改革开放以来的学科发展

中国现代经济史研究的真正起步应该说还是在1978年改革开放以后。在此之前，虽然已经有一些研究当代中国经济发展与制度变迁的经济史论著，如薛暮桥的《中国国民经济的社会主义改造》（人民出版社1977年4月修订版）、苏星的《我国农业的社会主义道路》（人民出版社1975年版）、国家工商管理局对资改造研究课题组的《我国私营资本主义工商业的社会主义改造》（人民出版社1975年修订版）等，但是由于整个经济体制和国民经济长期处于“左”的思想笼罩下，既没有要求也没有条件真正总结1949年以来中国经济发展和制度变迁的历史经验和教训。

1978年三中全会以后，随着拨乱反正的深入、调整国民经济和改革开放的需要，总结新中国成立以来经济工作的历史经验和教训就成为经济学界的热点问题和重要任务。此时的中国现代经济史研究借助于以下两个大事的推动，开始浮出水面，引起重视。第一，1979年至1981年中共中央为总结历史经验而决定形成一个关于新中国成立以来中国共产党的历史决议，这就需要对新中国成立以来历次重大的问题作出判断，提出看法，而经济发展和经济体制变革往往是这段历史中许多问题的核心和关键所在。第二，改革开放以后，邓小平倡导的取消干部终身制、实行退休制度以后，大批老干部退出领导岗位或者退居“二线”，他们愿意为党和国家总结历史经验，为后世留下宝贵的精神财富。因此，在80年代，除了中共党史研究部门成立的地方党史研究室和党史资料征集部门外，许多经济部门和地方还成立了研究革命根据地经济史和部门经济史的机构，这对于中国现代经济史研究起到了很大的推动作用。第三，是80年代初由中央牵头开展的《当代中国》丛书编写出版工程。这个新中国成立以来第一个巨大的社会科学工程，不仅集全国之力，而且充分发挥了部门、地方领导机关和大量老干部的力量。它的部门、行业卷和专题卷实际上就是当代中国经济史研究的专题，这批成果虽然是陆续推出（第一批在1984年出版，其中就有周太和主编的《当代中国的经济体制改革》），但是其水平之高、创新之多，都将中国现代经济史研究推到了一个新的高度，使得中国现代经济史成为一门独立的学科，因此在1986年中国经济史学会成立时，中国现代经济史就单独成立了中国现代经济史分会。

30年来，中国现代经济史学科是伴随着中国经济高速发展、经济体制改革不断深入、对外开放不断扩大的良好环境和需求背景下繁荣昌盛的。几乎每个时期，当我国要解决旧的经济矛盾或面临新的经济问题时，都需要回过头来看看自己走过的道路，总结自己的历史经验和教训。因此，80年代，围绕农村生产经营体制、城市国有企业改革以及宏观经济中的物价改革，中国现代经济史研究主要侧重于30年来微观经济基础的形成和改革经验、价格体系的建立和扭曲过程以及过去控制物价和通货膨胀的经验展开。到了90年代，中国现代经济史研究则开始形成两个重点：一是继续研究1978年以前的30年，例如工业化问题、发展战略问题、社会主义改造问题、计划经济问题、城乡关系问题、“三线建设”问题等；二是开辟了以研究改革开放为重点的新领域，这方面的研究在1998年达到了一个高潮。在此期间，影响最大的有关中国现代经济史的论著当属薄一波的《若干重大决策与事件的回顾》。

1999年中华人民共和国成立50周年，许多研究机构和部门都开始总结50年来中国经济发展和社会变革的风风雨雨与历史经验。这一年出版了一大批有关中华人民共和国经济史研究的论著。例如曾培炎主编的《新中国经济50年》和《中国投资建设50年》、刘仲黎主编的《奠基——新中国经济五十年》、苏星撰写的《新中国经济史》、董辅礽主编的《中华人民共和国经济史》、武力主编的《中华人民共和国经济史》、项怀诚主编的《中国财政50年》等。此后，中国现代经济史随着中华人民共和国的历史越来越长，积淀越来越厚，社会需求越来越多，研究的领域和深度也不断拓展。一方面，随着毛泽东、刘少奇、周恩来、邓小平、陈云、邓子恢、李富春等第一代领导集体的史料和研究成果大批问世，为研究中华人民共和国经济史提供了丰富的材料和视角；另一方面，在改革开放以来处于党和国家经济决策和领导岗位的领导人、专家、学者也开始研究改革开放历史，进一步推动了对改革开放30年来经济史研究的深入，例如《李鹏日记》、《姚依林百夕谈》、陈锦华的《国事忆述》、《薛暮桥回忆录》、高扬文的《风雨历程》、《杜润生自述》、吴敬琏的《当代中国经济改革：战略与实施》等。

从1999年到2008年的9年里，中国现代经济史研究不仅伴随着研究对象的时段加长而研究内容更加丰富，而且随着历史的沉淀和思考的深入，对一些问题的认识也在不断深化。目前，由于2008年是改革开放30年，2009年是中华人民共和国成立60年，研究中国现代经济史的新一轮高潮正在到来。

三　2007年学科热点问题研究进展

2007年中国现代经济史研究总的来说比较活跃，在继续近年来的热点和焦点问题同时，呈现出总体平稳地向纵深推进的局面。

由于中国现代经济史研究与经济学理论和对策研究所关注的现实问题有相当大的重合，这个特殊性一方面决定了国内外凡是关注中国经济的专家学者多少要涉及当代经济史，特别是改革开放或者近10年以来的经济发展与制度变迁；另一方面，使得从来就有“经世致用”使命的中国现代经济史研究人员去关注当前的热点和难点问题。

2007年的中国现代经济史研究，除了过去的四个热点问题（改革评价、“三农”问题、金融、收入分配）外，经济增长、区域经济、政府行为、能源和环保等也都有不少成果，可以说成果呈现出多样化。

一是对改革开放以来经济发展和制度变迁的认识和总结。围绕即将召开的十七大和改革开放30年，中国的经济发展和体制变迁都正在进入一个新阶段。因此，总结这30年中国经济发展和制度变迁就成为许多学者关注和研究的重要问题。2007 年 4 月，中国经济史学会现代专业委员会与厦门大学联合举办了“当代中国经济社会协调发展的历史经验”研讨会；6 月，当代中国研究所与国史学会联合举办了“陈云与当代中国”研讨会；11 月，中国改革研究院（海南）召开了大型“中国改革步入 30 年——回顾与展望”国际研讨会。

这方面的研究论著有：江小娟等《中国经济的开放与增长（1980—2005)》（人民出版社 2007 年 4 月版)；吴晓波《激荡三十年——中国企业 1978—2008（上)》（浙江人民出版社 2007 年 1 月版)；凌志军《中国的新革命》（新华出版社 2007 年版)。这方面的研究论文有：金碚《1978 年以来中国发展的轨迹与启示》（《中国工业经济》2007 年第 5 期)、高尚全《只有改革开放才能发展中国》（《中国经济时报》2007 年 11 月 30 日)、萧冬连《中国对外开放的决策过程》（《中共党史研究》2007 年第 2 期)、陈甬军《国际经济转轨理论与中国改革实践》（《政治经济学评论》2006 年第 2 期)、赵志耘等《资本积累与技术进步的动态融合：中国经济增长的一个典型事实》（《经济研究》2007 年第 11 期)。

二是围绕建设社会主义新农村而开展的对新中国成立以来“三农”问题和城乡关系的探讨。2007 年 9 月中共中央党史研究室与安徽省委党史研究室联合召开了“一九七八年至一九九二年农村改革”学术研讨会；10 月底，江西财经大学、中国社会科学院农村发展研究所和中国经济史学会联合召开了“八十年探索与新农村建设”学术讨论会。这方面的论著有：许建文《中国当代农业政策史稿》（中国农业出版社 2007 年版)、常明明《中国农村私人借贷关系研究——以 20 世纪 50 年代前期中南区为中心》（中国经济出版社 2007 年版)。这方面的研究论文和述评有：苏少之《新中国土地改革后新富农产生的规模与分布研究》（《当代中国史研究》2007 年第 1 期)，罗平汉《1961 年的全党农村调查与“农业六十条”的制定》（《当代中国史研究》2007 年第 1 期)，武力《1949—2006 年城乡关系演变的历史分析》（《中国经济史研究》2007 年第 1 期)、《试论中国工业反哺农业的宏观经济条件》（《湖南社会科学》2007 年第 2 期)，苏东、万其刚《新中国农业税制的历史沿革》（《当代中国史研究》2007 年第 1 期)，温锐等《近年以来新中国“三农”经济史研究述评》（《中共党史研究》2007 年第 6 期)，刘广栋、程久苗《1949 年以来中国农村土地制度变迁的理论和实践》（《中国农村观察》2007 年第 2 期)，张学兵《粮食统购统销制度解体过程的历史考察》（《中共党史研究》2007 年第 3 期)，黄宗智、彭玉生《三大历史性变迁的交汇与中国小规模农业的前景》（《中国社会科学》2007 年第 4 期)，郑有贵《“三农”政策突破与理论创新——9 个中央一号文件的重大意义》（《教学与研究》2007 年第 9 期)。

三是收入分配问题。近年来，收入分配问题成为经济学界讨论的热点问题，这自然也波及到中国现代经济史研究，由于居民收入差距的拉大是一个渐进的过程，因此不少研究收入分配的论著往往是从一个较长的时段来探讨收入差距是怎样扩大以及原因。这方面的研究论文有：杨奎松《从供给制到职务等级工资制——新中国建立前后党政人员收入分配制度的演变》(《历史研究》2007年第4期),程永宏《改革以来全国总体基尼系数的演变及其城乡分解》(《中国社会科学》2007年第4期),张启春《我国城乡居民消费差距实证分析(1985—2005)》(《学术界》2007年第4期),葛玉好《部门选择对工资性别差距的影响:1988—2001年》(《经济学(季刊)》第6卷第2期)、CCER"中国经济观察"研究组《我国资本回报率估测(1978—2006)——新一轮投资增长和经济景气微观基础》,杨涛、盛柳刚《中国劳动力市场的一体化进程》(《经济学(季刊)》第6卷第3期),赵德馨《1949—2002年:走向共同富裕的两条思路及其实践经验》(《当代中国史研究》2007年第2期),宋士云《1992—2001年中国居民收入的实证分析》(《中国经济史研究》2007年第1期),巩前文、张俊飚《影响城乡差距的因素检验与路径选择》(《改革》2007年第3期),夏庆杰、宋丽娜《中国城镇贫困变化的趋势和模式:1988—2002》(《经济研究》2007年第9期)。

四是改革开放以来的金融问题。金融改革和资本市场一直是近年来现代经济史研究的热点,今年这方面的研究也很引人注目,复旦大学历史系还专门为此召开研讨会。

这方面的研究成果有:李利明、曾人雄《1979—2006:中国金融大变革》(上海人民出版社2007年版),刘少波、贺庆春《中国货币错配引致原因的实证分析:1986—2005》(《财经研究》2007年第6期),王广谦、郭田勇《中国金融改革历程:1978—2007》(《改革》2007年第3期),匡家在《1978年以来的农村金融体制改革:政策演变与路径分析》(《中国经济史研究》2007年第1期),彭克强、陈池波《农村信用社改革进程演进:1996—2005》(《改革》2007年第8期),周波《金融发展和经济增长:来自中国的实证检验》(《财经问题研究》2007年第2期),刘骏民、刘忠江《中国银行体系流动性过剩测度与股票价格波动:1997—2007》(《改革》2007年第10期),薛斐、李天栋《中国金融结构的变迁及其原因分析》(《当代银行家》2007年第2期),孔德刚《对我国利率市场化改革的进程、模式及风险评析》(《财经政法资讯》2007年第2期),常远《中国期货市场的发展历程与背景分析》(《中国经济史研究》2007年第4期)。

五是改革开放以前的经济发展与制度变迁仍然受到关注。这方面的研究从目前来看,仍然是许多从历史学角度研究中国现代经济史的主要领域。这方面的研究论文有:朱佳木《毛泽东对计划经济的探索及其对社会主义市场经济的意义》(《中共党史研究》2007年第2期),张占斌《中国优先发展重工业战略的政治经济学解析》(《中共党史研究》2007年第4期),李彩华、苏少之《国民经济恢复时期劳资关系的调整与经验教训》(《中共党史研究》2007年第4期),毛传清《中国共产党对苏联经济模式认识过程的考察》(《党史研究与教学》2007年第5期),王立诚《1958年农业经济学界"拔白旗"运动始末》(《百年潮》2007年第8期),董志凯《建国初期的城市规划》(《中国投资》2007年第12期),杨文利、张蒙《新中国第一个科技发展规划的制定、实施及历史经验》(《中共党史研究》2007年第6期),张侃《新中国成立初期上海外资企业改造中的转让》(《中共党史研究》2007年第6期),武力《社会主义改造完成后引入市场机制的先声——陈云与1956年农村自由市场的开放》（《当代中国史研究》2007年第5期），赵学军《陈云对我国货币制度建设的贡献》（《当代中国史研究》2007年第5期），钟瑛《新中国成立初期选择计划经济体制的原因与评价研究述评》（《中共党史资料》2007年第4期），赵士刚《新民主主义向社会主义提前过渡原因研究述评》（《中共党史资料》2007年第4期），储峰《苏联对中国国防科技工业的援建（1949—1960）》（载华东师范大学国际冷战史研究中心编《冷战国际史研究》（4），世界知识出版社2007年10月版）。

2007年在这方面的研究中还发生了一个小小的商榷，就是针对《炎黄春秋》2006年第8期发表的何之光的《土地改革法的夭折》，叶明勇和喻权域提出了截然不同的看法，认为新中国成立以后的土地改革并不是违背了土地改革法而成为血腥暴力的变革，完全是有法律、有组织、有秩序进行的。① 此外，还有关于外资经济是不是"新民主主义经济理论的重要组成部分"的讨论，也值得关注。②

六是中外经济史的比较研究。随着经济全球化的加速，中国经济逐步融入世界经济中，加上中国经济的转型和发展需要借鉴国外的历史经验，比较研究也逐渐引起学者的兴趣。

这方面的研究论文有：黄英君、江先学《中外保险制度比较研究：基于制度变迁的视角》（《经济体制比较》2007年第5期），章玉贵《比较经济学对中国经济理论发展的影响（1978—2005）》（《财经研究》2007年第2期），卢锋、刘鎏《我国两部门劳动生产率增长及国际比较（1978—2005）——巴拉萨—萨缪尔森效应与人民币实际汇率关系的重新考察》（《经济学（季刊）》第6卷2007年第2期），王聪、王正斌《中、英利率与证券价格关系的比较：基于1993—2005年数据的实证研究》（《当代经济科学》2007年第2期），赵建军《当代中印经济改革比较》（《四川大学学报》2007年第1期），周佰成、方炬《中美宏观经济波动周期比较分析》（《社会科学战线》2007年第3期），刘鸿《中俄经济转型起点的比较》（《黑龙江社会主义学院学报》2007年第2期），傅勇《从经济史的视角考量中国当前的宏观经济问题》（《中国经济时报》2007年11月9日）。

四　学科未来的发展

纵观中国现代经济史的58年，政府在经济发展和制度变迁中都发挥着积极的主导作用，横看各国的经济史，政府的作用和职能也呈现出不断增加的趋势，即使是市场经济比较

---

① 叶明勇：《土地改革政策与"和平土改"问题评析》，《当代中国史研究》2007年第4期；喻权域：《〈土地改革法〉何曾"夭折"——四川土地改革亲历记》，《中华魂》2007年第1期。

② 任晓伟：《外资经济：新民主主义经济理论的重要组成部分》，《中共党史研究》2007年第2期；曾耀荣、卿定文：《外资经济是新民主主义经济理论的重要组成部分吗?》，《中共党史研究》2007年第6期。

成熟的发达国家，政府的经济职能也是与时俱进，扮演着许多不可替代的角色。而从我国的社会主义经济性质以及人与资源的紧张关系等多个特点出发，中国共产党不仅在过去发挥了主导作用，可能在未来仍然会发挥主导作用，经济和社会都会在越来越多的方面对政府提出要求，比如工业“反哺”农业问题、收入分配问题、环境保护问题、提供社会保障、管理劳动力市场、保证国家经济安全、维护市场秩序、降低单位能耗问题等。因此，估计在今后一个长时间段内，从多个方面研究政府在社会经济中的作用及职能演变都将是经济史的重要内容。

2008 年是我国经济改革开放 30 年，2009 年是中华人民共和国建立 60 年，因此，系统总结我国经济发展和制度变迁的经验将成为经济史的热点，而这个方面还有不少的研究薄弱环节有待充实和加强。

加强对外经济关系史和国际比较研究将成为经济史研究的重要组成部分。随着我国的对外开放即将走过 30 年的历程和经济全球化的加速，我国的经济与世界经济的关系越来越密切，我国有将近一半的石油要靠进口，对外贸易依存度达到 60% 以上。实际上，即使在 1978 年改革开放以前，我国的经济发展与制度变迁中也蕴涵着相当大的国际因素影响。中国的发展离不开世界，中国通过改变自己来影响世界，已经成为人们的共识。因此，经济的发展和学术的发展，都要求中国现代经济史扩大视野，从全球经济的角度、从对比的角度来研究中国自己的发展轨迹和特色。

参考文献与学科年度重要文献

朱佳木：《从改革开放前后的历史联系上认识中国特色社会主义道路》，《国史研究参阅资料》2007 年第 11 期。

迟爱萍：《新中国第一年的中财委研究》，复旦大学出版社 2007 年版。

宋士云：《中国农村社会保障制度结构与变迁（1949—2002）》，人民出版社 2006 年版。

胡鞍钢：《中国政治经济史论（1949—1976）》，清华大学出版社 2007 年版。

董志凯：《工业化初期的固定资产投资与城乡关系——对 1950—1980 年代工业建设的反思》，《中国经济史研究》2007 年第 1 期。

冒天启：《转型国家不同制度安排与价值取向——中俄转型理论与实践比较》，《经济研究》2007 年第 11 期。

张连辉、赵凌云：《1953—2003 年间中国环境保护政策的历史演变》，《中国经济史研究》2007 年第 4 期。

张恒龙、孟添：《中国财政体制（1949—2004）变迁的实证研究——基于财政压力与竞争的视角》，《经济体制改革》2007 年第 4 期。

赵娜：《我国宏观消费率的变动过程：1952—2005》，《改革》2007 年第 10 期。

（武　力）

技术经济学

一　技术经济学概述

技术经济学是一门由中国学者倡导建立的、具有中国特色的应用经济学。同时，也是一门跨技术学和经济学的交叉学科。

技术经济学是一门处于发展过程中的学科。由于在经济建设各时期所面临的任务和问题不同，技术经济学的研究对象和范围也在发展和变动，对技术经济学内涵与外延的认识和讨论也在持续。概括说来，技术经济学是研究经济建设过程中存在的技术经济现象与技术经济问题的应用经济学科。技术经济学探索技术发展的经济规律，经济发展的技术规律，技术与经济相互作用、相互影响、协调发展的规律，以取得更好的经济效益、环境效益和社会效益。

技术经济学的研究领域，按其研究的层面可包括：建设项目的技术经济问题、企业层面的技术经济问题、产业/地区层面的技术经济问题和宏观经济层面的技术经济问题；按其研究的内容包括项目评价、各层面的技术经济问题、技术进步理论、生产率分析、产业政策/科技政策的技术经济分析等。按其研究内容的性质又可分为技术经济理论方法研究和应用问题研究。

马克思主义是技术经济学的指导理论和基本方法。逻辑方法和数学方法是技术经济学的一般方法。在不同领域和问题的研究中，技术经济学还调用各种理论工具和分析方法。如在项目评价研究中，使用优化、会计、统计、预测、福利经济学等理论和方法。在生产率研究中，使用经济学中的生产函数理论和计量经济方法等。在技术进步研究中，借鉴技术学、经济学、系统论等理论和方法，等等。

国外采用相同名称的学科比较少见。但是技术经济学所研究的问题和领域在国外大都存在，所涉及的国外相关学科及分支有：工程经济、经济性工学、技术进步经济学、经济增长理论、生产率分析、价值工程、可行性研究、成本效益分析等。中国技术经济学的研究和发展，受到国外相关学者的关注。

中国技术经济学的根本任务，是为中国经济建设实践服务，并在此基础上丰富和完善技术经济学的理论和方法体系。

二　技术经济学的发展历程

中国技术经济学酝酿于20世纪50年代第一个五年计划大规模经济建设期间。20世纪60年代初期，为适应研究解决经济建设中出现的大量技术经济问题的需要，我国学者倡导建立技术经济学。1963年中共中央、国务院批准全国《1963～1972年科学技术发展规划纲要》，把技术经济与自然条件和资源调查研究、技术科学、基础科学、工业科学技术、农业科学技术以及医学科学技术六大科学技术并列，列为第七大科学技术，标志着中国技术经济学的正式诞生。1992年11月国家技术监督局发布国家标准（GB/T13745—92）学科分类代码，将技术经济学列为经济学的二级学科（790.41），下设13个三级学科，分别是：工程经济学、工业技术经济学、农业技术经济学、能源技术经济学、交通运输技术经济学、建筑技术经济学、商业与物流技术经济学、技术进步经济学、资源开发利用技术经济学、环境保护技术经济学、生产力布局技术经济学、消费技术经济学、技术经济学其他学科。

中国的技术经济研究，从20世纪50年代大规模经济建设中的技术经济实践和研究算起，已经有50余年的历史了。我们认为，这50余年的历史，从技术经济学面临的经济环境、主要任务/课题、主要实践/事件、主要成果和重要学者群的角度综合考虑，粗略地可以划分为三个时期：初创期、复兴与繁荣期和调整发展期。

1. 技术经济学的初创期：20世纪50年代中期至“文化大革命”

“一五”计划期间，我国在“一穷二白”的基础上开始大规模经济建设。苏联专家带来了全套经济计划方法，也带来了技术经济分析/工程经济理论和方法。我国相关部门的干部和苏联专家一道，把这些理论方法用于“一五”重点建设项目的规划、论证和评估。“156项”为重点的共694个建设项目奠定了新中国现代工业的基础。尽管这些项目建设也有其利弊得失，并且由于中苏关系的恶化未能全部完成，但技术经济分析的理论与方法应用和研究却由此发端，并在其后的经济建设实践中不同程度地延续了下来。“文化大革命”前的经济建设，也有着政治干扰经济，“左”的指导思想下不按技术经济规律办事的惨痛教训，如“大跃进”、三线建设等。同时，一些学者关注、研究日常生产领域的技术经济问题。这一时期可以查到的公开发表相关文献有数百篇。我国第一代技术经济专家和学者，也产生于这一时期。

“文化大革命”中，技术经济学建设中断并遭到严重破坏，技术经济研究完全停滞。一些重大项目建设出现严重失误，如大小三线建设等。

2. 技术经济学的复兴与繁荣期：1978年至90年代初期

党的十一届三中全会以后，中国经济从百废待兴中调整恢复，在波动中快速增长。各方面改革陆续推开，探索着改革的目标模式。这期间，经过两代技术经济学家共同努力，技术经济学得到迅速复兴和蓬勃发展。

第一批技术经济研究机构和学术机构相继成立。联合国将可行性研究介绍到中国并得到推广。中国技术经济研究会成立（1978，总干事徐寿波）。中国社会科学院数量经济与技术经济研究所建立（1980，负责人李德仁、徐寿波）。国务院技术经济研究中心成立（1981，总干事马洪）。“全国可行性研究与项目评价大会”召开，主持编制《建设项目经济评价方法与参数》。中国国际工程咨询公司成立（1982，理事长薛葆鼎，总经理李云洁），后承担国家计委大型项目评价工作。各地陆续建立了技术经济与管理现代化研究会。各行业的技术经济分会相继成立。技术经济学教学在全国高校经济、管理和工程专业普及，并开始培养技术经济专业硕士和博士研究生，技术经济的研究和教学体系基本形成。全国技术经济方面的杂志有50多种。

一批标志性的重要著作问世，并涌现出一批学科带头人。如：《技术经济和管理现代化文集》（1978）、《技术经济学概论》（徐寿波，1980）、《矿山设计经济评价方法》（陶树人，1981）、《工业技术经济学》（傅家骥，1986）、《技术进步与产业结构》四卷（李京文、郑友敬，1986—1987）、《建设项目经济评价方法与参数》（国家计委，1987）、《基本建设经济效果研究》（薛葆鼎、林森木、丁华等，1987）、《技术经济手册（理论方法卷）》（李京文、郑友敬等，1990）、《开发大西南》6卷（1991）、《生产率与中美日经济增长》（李京文、乔根森、郑友敬、黑田昌裕等，1993）、《宏观技术经济论》（田江海，1993），等等。主要译著有：《经济学与技术进步》（库姆斯等，1989），《技术进步与经济理论》（多西等，1992），等等。

这一时期技术经济工作者积极参与的主要实践包括：宝山钢铁工程项目的技术经济论证（1980）；山西省能源重化工基地建设论证（1981—1983）；三峡水利工程项目的技术经济论证（20世纪90年代初）；京沪高速铁路项目的技术经济论证（1993—1994）；各地方各行业大中型建设项目的技术经济论证；一些省市的发展规划、发展战略研究与制定等。这些研究和建议在全国经济建设中发挥了重要作用。

3. 技术经济学的调整发展期：1990年初期至今

1992年十四大确定改革目标模式是社会主义市场经济，其后我国经济进入一个持续增长的新时期。为适应这一新时期经济技术发展的需要，技术经济学的研究领域不断深化和扩展。如新型工业化及与技术创新的关系的理论研究、知识经济研究、循环经济研究、环境技术经济研究、能源技术经济研究、可持续发展研究、人力资源研究、区域经济研究、信息化理论和应用研究、高技术发展及产业化研究、建设项目的社会经济评价、科学发展观与创新型国家研究等。

各种技术经济学专著和论文大量出现，在数量上远超过前一时期。其中不乏重要的著述和真知灼见。如《建设项目经济评价方法与参数》（第三版）修订出版；光是以《技术经济学》为名的专著累计就达到100余种；全国科技大会召开后，有关技术创新的论文数以千计。同时，技术经济学研究队伍经历更新换代，一批学术新秀开始涌现。

国家自然科学基金、国家社会科学基金和国家软科学基金对技术经济类的课题资助增加。各地技术经济学者继续参加经济建设实践。如南水北调工程的技术经济论证、磁悬浮列车项目论证以及各行业各地区的建设项目论证工作。其中一些建议受到中央和各地主管部门的重视。

由研究机构和高校共同发起的《技术经济论坛》于2002年在重庆大学召开，并形成年度论坛。“非典”之后，又相继举办了《技术经济论坛2006·重庆》和《技术经济论坛2007·徐州》全国性的技术经济学研讨会。

三 技术经济学的重大热点问题

（一）自主创新、建设创新型国家研究形成热潮

2006 年 1 月，胡锦涛总书记在全国科学技术大会上提出坚持中国特色自主创新道路，建设创新型国家的奋斗目标。其后，国务院发布了《国家中长期科学和技术发展规划纲要(2006—2020)》，对我国技术创新作出全面部署，由此形成自主创新和创新型国家研究热潮，涉及的主要问题有：自主创新的概念和创新型国家度量，自主创新体制和机制、创新模式、创新战略、国家/地区/行业/企业创新、创新政策、创新管理、创新环境等问题。

“自主创新”是我国学者 20 世纪 90 年代末期提出的术语，国外没有等同的概念。在正式文件的译文中，自主创新译为“independent innovation”，但是在期刊文献中，也有“self-determined innovation”、“self-driven innovation”等多种译法。可见学界对这一概念没有形成统一明确的看法，在社会广泛流传以后其含义就更宽泛、模糊了。

关于“自主”的含义，有观点认为是我方“主导”的创新，可以是“产学研”联合攻关，也可以进行技术引进和国际合作。① 还有观点认为在次发达地区，大学和科技人员是创新的主体；在企业能力不足的情况下，政府可以主导创新；模仿也是创新，等等。那么，何为“自主”，如何“主导”，“自主”中的“自己”是否包括合资企业，如何处理自主研发与技术引进、技术模仿的关系，各主体在创新过程中的地位和作用可否交叉、换位等问题，都引起了广泛讨论。

刘满强认为，国内外技术进步理论界对这一问题早已取得基本共识。技术创新是新技术的首次商业应用。技术创新的主体是企业。技术发明、技术创新、创新扩散是技术进步的连续过程。② 弗里曼教授指出，区分发明、创新和创新扩散是熊彼特的重要贡献。③ 这些概念是明确的、清晰的。社会上对“自主创新”的某些随意解释混淆了技术发明、创新与创新扩散的概念和过程，混淆了这一过程中各个主体的不同作用和功能，不利于人们对这一过程的正确理解，也容易产生主体错位和政策指导上的偏差。提出“自主创新”的出发点旨在强调“自主”，强调我方研发、掌握核心技术并拥有知识产权，提高自己的研发能力，逐步改变长期以来关键技术依靠他人的被动局面。④ 对这一点应该保持清醒的认识，不该模糊。

党中央提出建设创新型国家，为理论界提出了新的研究课题。一般认为，创新型国家的主要特征是：创新综合指数高，科技进步贡献率高，研发投入大，对外技术依存度低，拥有的三方专利多等。那么，该如何定量地标识创新型国家？度量的指标体系如何

① 梁三来：《关于自主创新问题研究观点综述》，《经济纵横》2006 年第 11 期。

② 刘满强：《技术进步系统论》，社会科学文献出版社 1993 年版。

③ 多西等：《技术进步与经济理论》，经济科学出版社 1992 年版，第 6 页。

④ 刘满强、陈平、王宏伟：《技术经济学前沿扫描》，《中国社会科学院院报》2007 年第 1 期。

设定？综合各指标的权数如何确定？测算技术进步贡献率采用何种生产函数？如何处理相应数据？这些都要详细研究。李平认为，“创新型国家”的思想目前还缺乏系统的理论阐述，概念和内容还缺乏清晰的逻辑梳理，对创新型国家的理论，从基本概念、内容、作用到测度方法，进行全面系统的分析和探讨。① 现在这方面的课题也在部署研究过程中，重要成果的产出还要时日。

关于自主创新能力的讨论看法比较一致。企业自主创新能力存在的主要问题是：研发机构不健全，水平较低；研发人员和研发投入不足；缺少自主核心技术和品牌；科研成果转化率低等。造成这种情况的原因主要有：现有科技体制和经济体制与自主创新的要求还不完全适应；财税政策支持力度较弱；融资机制尚未形成，特别是中小企业、民营企业融资困难；创新的市场环境有待改善；企业创新内在机制有待建立，创新管理水平有待提高等。提高企业自主创新能力的出路是：深化科技和经济体制改革；进一步确立企业自主创新的主体地位；鼓励企业特别是大中企业建立研发机构；鼓励企业研制具有自主知识产权的技术，掌握核心技术；提高企业引进技术的消化吸收和再创新能力；完善鼓励自主创新的政策体系；完善企业自主创新的金融支持机制；进一步保护产权等。

中国是个地域辽阔的大国，中国经济是由处在不同地区、不同所有制、不同规模、不同行业、不同水平的数以千万计的企业组成，各企业的情况千变万化。各类企业的技术进步体制环境和运行机制具有哪些特点、存在什么问题，各个行业的自主创新之路该怎样走，科研机构的改革是否到位，科技、经济两张皮的问题是否真正解决等问题，都需要进行持续、深入的研究。目前这方面研究有深度、有分量的成果还不多见，距实践的要求还有很大差距，需要技术经济界同人共同努力，把这一领域的研究推向深入。

（二）技术经济分析与项目评价研究正在深入

技术经济分析和项目评价是技术经济学研究与应用的基本领域。我国是世界上最大的发展中国家，经济持续快速发展，每年各种投资项目成千上万，其中涉及的利益关系日益复杂，经济发展与资源、环境的矛盾也日益突出。在全社会落实科学发展观、建设和谐社会、实现可持续发展的进程中，加强项目评价理论和方法研究具有十分重要的意义，这方面的研究是技术经济学研究的热点之一。

当代项目评价研究的突出特点，是从单纯的财务评价向技术、财务、经济、环境、社会综合评价转变。20 世纪 30 年代以前，西方经济理论强调自由竞争，企业追求利润最大化，项目评价仅考虑投资的财务效果。第二次世界大战之后，西方国家广泛采纳了凯恩斯理论和福利经济学思想，加强了国家的经济功能，大量增加公共开支，进行公共设施建设，并实行福利政策。由于公共工程与社会福利项目是以社会效益与宏观经济效益为主要目标的，评价的重点也从微观财务评价转向宏观的经济和社会评价。20 世纪 70 年代以后，全球环境与生态问题凸显，协调发展观逐步建立，环境影响评价引入项目评

① 陈平：《中国技术经济论坛 2006 综述》，《数量经济技术经济研究》2006 年第 12 期。

价体系。到20世纪80年代后期，尤其是到了90年代中期，可持续发展观以及以人为本发展观的确立，促成了在项目评价中，除了要保证经济、环境可行性外，也应保证社会的可行性。基于这样的认识，世界银行、亚洲开发银行等一些国际金融机构近年率先在一些投资项目中引入社会影响分析，项目评价已从单一的财务分析和经济分析，发展到技术、财务、经济、环境和社会等方面的综合评价，其中社会评价在项目评价体系中扮演着越来越重要的角色。

中国经过30年的改革开放，目前正处于社会经济体系深刻变革和社会经济转型的关键时期。大量农村剩余劳动力流向城市，加速了城市化进程，同时也造成城市失业压力的持续增加。加入WTO也对中国社会经济各方面产生重要影响，使得人们对减贫、参与、性别、公平、机构发展、少数民族、移民等一系列社会问题更加关注和敏感。在这种环境下，社会评价在投资项目的建设和实施中将显得更加重要。在项目前期准备及监测实施过程中引入社会评价，是解决项目投资活动中可能出现的各种社会问题、规避社会风险的客观需要。

在过去的投融资体制及资源的配置方式下，不少可行性研究变成了“可批性研究”。为此有的项目不惜使用虚假数据，编造“理想”的财务指标，欺骗监管部门。在项目财务效益指标实在太差的情况下，就拼凑“社会效益”等，以增加项目的可批性。这种所谓“社会评价”，只是扭曲、虚假的社会评价。在新的投资体制下，投资管理部门的项目监管，将从过去仅关注项目微观评价，转移到重点关注项目的公共性、外部性等问题，重视维护公众利益、协调社会发展，社会评价在投资项目评估论证中的作用更加重要。

政府投资项目的评价理论与方法研究是近年的一个研究热点。国务院出台关于投资体制改革的决定后，政府投资的建设项目的目标发生了变化，对于政府投资的建设项目的评价方法也必然要发生变化，原有的评价方法有些已不适应投资体制改革新形势的需要，特别是对政府投资的公共项目。在投资体制改革实施的新背景下，政府投资的建设项目的项目评价如何进行改进，引起学者的关注。

投资项目对区域经济的影响评价也是技术经济学研究的重要课题。投资建设项目特别是特大型投资项目，会对所在地和周边地区经济产生重要影响，这就需要分析地方经济发展对投资建设项目的可接受程度，如城市道路项目对所在地及周边地区经济的影响。这些影响仅用财务分析和经济分析的手段不足以说明问题，需要从较高层次进行分析与论证。中国社会科学院数量经济与技术经济研究所在这个领域的工作取得进展，界定了特大型项目对区域经济和宏观经济影响分析的有关基本概念，区分了特大型投资项目区域和宏观经济影响分析与一般项目国民经济评价的异同，初步识别了特大型投资项目对区域和宏观经济的影响要素，设定了特大型项目的评价指标和分析方法。该所专家组进行了《南水北调一期工程对调出区社会经济影响评价》的调研和研究工作，对此类特大型公共工程项目的评价理论和实践进行积极的探索。

（三）生产率研究的新进展

生产率分析是探求增长源泉的主要工具，同时也是确定增长质量的主要方法。二战以后，国际上生产率研究的重点从偏要素生产率转向全要素生产率（TFP）。

当前国际生产率测算理论与方法方面具有突出成就的是美国著名经济学家乔根森（Jorgenson），他采用超越对数生产函数在部门和总量两个层次上进行生产率的度量，已经成为测算全要素生产率最具代表性的方法。20世纪90年代初，中国社会科学院的学者与乔根森教授合作，使用该方法测算了中国改革开放以来的生产率变动，并与美国和日本的相应测算结果进行了比较。①

目前国外的TFP研究不断细化，我国学者也做了一些有益的尝试。现有的研究多是针对全国若干行业，采用的方法多使用随机前沿生产函数法。也有部分学者进行单个地区的TFP研究，并对各省TFP发展状况进行横向比较。

改革以前中国TFP缺乏，意见比较一致。主要的争论是：中国改革以后TFP的作用有多大？TFP近年来是否下降？国内外学者对以上两个问题的研究结论差异较大。乐观的观点认为中国改革开放之后TFP对中国的增长作用显著，并呈现加速发展的态势。怀疑的观点认为TFP对中国的增长作用是暂时的，而且处于下降趋势。

Nazrul Islam、Erbiao Dai和Hiroshi Sakamoto应用双重方法计算中国全要素生产率，结论是：中国的TFP增长率依然比较高；近年来中国的TFP增长率略有下降。但是由于资本回报率的指标不确定，结果的可信度还要慎重看待。②

孙琳琳、任若恩对中国1981—2000年经济增长的源泉进行了分析。他们测算的结果表明，在1981—2000年间资本投入的贡献是增加值增长中最重要的来源。资本投入对中国经济增长的贡献为49%，劳动投入的贡献为16%，TFP的贡献为35%。同时，资本的贡献主要来自资本数量的增加，资本投入质量改善对经济增长的贡献不大。

国内外多数研究集中在中国经济总量的生产率，但乔根森教授的研究小组将TFP分解成经济增长和再配置效应进行研究。Jing Cao、Mun S、Ho Dale、W. Jorgenson、Ren Ruoen、Sun Linlin根据时间序列的投入产出表和微观水平上的调查数据系列，估计中国1982—2000年的部门和总量的TFP。他们发现，GDP总量主要是由资本投入的积累和适度的总量TFP增长驱动的。但是TFP的作用最近有些下降，总量TFP增长率已经快速下降。特别是1994—2000年，大约80%的GDP增长是由资本积累驱动的，总量TFP甚至是负的。

国内外学者对中国全要素生产率研究所得出的结论总体趋势上大体近似，但具体比例上有所差异，其原因主要是：数据采集和参数选取不同；投入和产出的计量方法的差异；价值的计算依据不同等。

龚飞鸿教授等③使用总量生产函数和国

① 李京文、[美]乔根森、郑友敬、[日]黑田昌裕等：《生产率与中美日经济增长研究》，中国社会科学出版社1993年版。

② Nazrul Islam, Erbiao Dai and Hiroshi Sakamoto, "Role of TFP in China's Growth", *Asian Economic Journal* 2006, Vol. 20, No. 2, pp. 127—159.

③ 龚飞鸿、刘满强、陈平、刘建翠：《中国的经济增长与生产率发展报告》，《中国社会科学院数量经济与技术经济研究所发展报告（2008）》，社会科学文献出版社2008年版。

家统计局2006年发布的更新后的数据，测算了1980—2005年间的中国经济增长与生产率。测试表明，在五个五年计划期间，“八五”期间的生产率贡献最高，其后大幅度下降。“十五”期间降到全周期的最低点，而资本投入的贡献率达到全周期最高的63.9%，反映此期间的经济增长过度依赖资本投入，经济增长质量大幅度降低。

应该指出，研究TFP的变动趋势，对于理解经济发展中存在的问题，提高经济增长的质量，促使经济健康持续发展，具有一定的现实意义。但是同时也应看到，TFP的估计是通过计算增长余值得到的，而余值中包括的因素非常复杂，除了技术进步外，制度的变动、宏观调控政策的变化、体制变动、分析期的差异等也都会影响到“余值”。另外，中国的城乡差别、地区差别、收入差别也比较大，仅靠一个平均化的TFP指标也难以很好地描述经济的绩效。因此，TFP指标的重要性不应过度夸大，在使用全要素生产率用作经济分析、政策分析时应有清醒的认识。

四 技术经济学发展展望

第一，中国技术经济学具有广阔的发展前景和强大的生命力。技术经济学在中国的诞生和发展不是偶然的，有其深厚的理论根源和现实基础。技术经济学生命力的最深厚的根源在于中国经济发展现实涌现的大量技术经济问题，及其对解决这些问题所需要的技术经济理论方法的需要。20世纪“一五”期间大规模经济建设期间如此，改革开放以后中国经济持续快速增长时期更是如此。《“十一五”规划纲要》颁布实施，党中央提出落实科学发展观、转变经济增长方式、提高自主创新能力、建设创新性国家、建设和谐社会等战略任务和目标，其中有大量技术经济问题需要认真研究。紧密结合中国经济发展的现实，在研究和解决中国技术经济问题的过程中，不断完善和发展技术经济学理论和方法，是中国技术经济界面临的光荣使命。

第二，这一波的技术创新理论研究还处于起步阶段。如前所述，随着建设创新性国家目标的提出，技术进步、技术创新理论研究出现了新的热潮。但是，由于时间还短，各级相关的大型研究项目刚刚开始部署，相关的研究还处于起步阶段，有分量有深度的成果还有待出现。相信随着实践的发展和研究的深入，这方面的成果会陆续涌现。

第三，其他领域的技术经济研究将继续向纵深发展。相对项目评价理论，财务评价的理论方法比较成熟，研究的重点将集中在项目的宏观评价、区域经济评价、环境评价和社会评价的理论和方法上。特别是大型公共工程项目的社会评价，具有极强的现实紧迫性，理论方法尚不完善，亟待加强研究。

值得注意的是，项目评价的适应范围应该拓展，评价决策程序科学化、民主化研究也应加强。20多年以来，各种有形的工程项目大都开展了可行性研究和审查评估。但是近年来又出现了大量有形物质工程不多的“软项目”，如各种博览会、展览会，各种大型招商会、庆祝会，综合或单项的运动会，等等。这些项目很多规模不小，但决策程序极不规范，不计投入产出，投入不小，浪费很大，效益、效果欠佳。一般说来，凡动用公共资金的项目，都应进行事前和事后的评价。此类问题，应该纳入项目评价的范围。

在生产率研究方面，人们的认识在不断深入，总量、产业、部门层次的生产率研究陆续出现，对生产率测算的现实需求也在增长。如上所述，生产率测算是一种理论探索，尽管取得了相当进展，由于客观情况的复杂，还难以精确到可以作为考核、评价指标的程度。这一点应该引起注意。

值得注意的是，钟学义教授提出了纯要素生产率的新概念。纯要素生产率增长率是单要素生产率增长率的加权和，纯要素生产率的计算过程中没有规模报酬不变和希克斯中性等一些限制条件，只需要生产者均衡条件中的成本均衡，不需要具体的生产函数形式，而且可以直接计算。这是对全要素生产率概念的改进和探索。①

第四，中国的技术经济学正处于调整期。技术经济学在中国的发展，经历了20世纪50—60年代的初创期，80年代以后的快速发展期，目前正处于一个调整期。这一时期的主要特征是：研究领域不断扩展，关注的问题比较分散，与其他学科交叉重叠较多，有分量的成果不多，学科的理论方法体系不完善，研究队伍的组织交流不足，缺少新的学科领军人物等。需要解决的主要问题是：扩大同行之间的交流协作，整合研究领域，归纳研究方法，重构和完善理论体系，组织重大现实和理论问题的研究，推出有分量的研究成果，加强国际交流，在学术实践中涌现学科带头人，促进学科更大发展。调整期的出现是学科发展过程中一个不可避免的阶段。相信通过技术经济界全体同仁的共同努力，中国技术经济学将迎来繁荣发展的新局面。

参考文献与学科年度重要文献

李京文、钟学义主编：《中国生产率分析前沿》（第2版），社会科学文献出版社2007年版。

钟学义主编：《技术进步规律性研究》，方志出版社2008年版。

龚飞鸿、刘满强、陈平、刘建翠：《中国的经济增长与生产率发展报告》，《中国社会科学院数量经济与技术经济研究所发展报告（2008）》，社会科学文献出版社2008年版。

刘满强、陈平、王宏伟：《技术经济学前沿扫描》，《中国社会科学院院报》2007年第1期。

郑玉歆：《全要素生产率的再认识——用TFP分析经济增长质量存在的若干局限》，《数量经济与技术经济研究》2007年第9期。

孙毅：《新时期技术经济学的理论体系》，《东北财经大学学报》2007年第6期。

陈琳：《企业技术创新的制度环境分析》，中国经济出版社2007年版。

成其谦编著：《投资项目评价》（第2版），中国人民大学出版社2007年版。

袁明鹏、胡艳、庄越编著：《新编技术经济学》，清华大学出版社2007年版。

黄孟复主编：《中国民营企业自主创新调查》，中华工商联合出版社2007年版。

（刘满强　陈平　王宏伟）

① 李京文、钟学义主编：《中国生产率分析前沿》（第2版），社会科学文献出版社2007年版。

商业经济学

一 学科概述

商业经济学，也叫做流通经济学，是一门应用经济学学科，其研究对象主要是经济中的商品流通现象。狭义的商业经济学，主要是指传统的零售、批发等行业；广义的商业经济学，除零售、批发外，还包括餐饮、物流、会展等行业。

商业经济学，是从产业角度来划分的，与之对应的有“农业经济学”、“工业经济学”；流通经济学，是从产品属性的角度来划分的，一般认为，不直接生产物质产品、而是提供某种劳务或服务的经济活动，大体上可归入流通经济学范畴。但这样一来，流通经济学的范畴似乎过大了，因为现代经济中，金融业、中介服务业、医疗服务业、教育业等许多产业都是不直接生产物质产品的，都是提供某种形式的劳务或服务，但把这些产业都归入流通业，显然是不合适的。

从产业角度来讲，第一产业一般指农业；第二产业一般指工业；第三产业，过去一般指商业，但现在多指服务业。商业属于服务业的一部分，流通业的范围比商业要大，但仍比服务业小，也属于服务业的一部分。因此，商业、流通业、服务业三者的关系为：

商业 < 流通业 < 服务业

但是，学术界对是否存在“商业经济学”存在较大争议。主张存在的一派认为，商业经济学是存在自身的理论基础的，只不过目前的研究工作还没有深入，总体上尚未建立起商业经济学的理论体系。认为不存在商业经济学的一派认为，“商业经济学”是由产业划分来确定的，但产业划分并不意味着学科划分，在某一产业名称后加上“经济学”的提法，并不科学。在主流经济学中，只有经济学，没有农业经济学、工业经济学、商业经济学之说。如果说，把“商业经济学”理解为经济学在商业活动中的具体应用，这样的说法也是似是而非的。因为，在经济学当中，生产活动，不论是生产有形的物质产品，还是生产无形的劳务或服务，都是没有区别的；无论是农业企业、工业企业还是商业企业，在经济学当中都是不加区分的。因此，在主流经济学当中，并无专门针对“商业”进行研究的经济学分支学科。

在西方国家，对商业活动的研究总体上属于管理学范畴，企业管理、市场营销、物流等学科都属于管理学，并不属于经济学。

但是另一方面，我国确实是有“商业经济学”这一学科的，这在很大程度上是由中国的特殊发展历程造成的。

新中国成立之后，很快就过渡到了计划经济体制。在计划经济条件下，农业、工业、商业的分类管理体制，导致了所谓“农业经济（学）”、“工业经济（学）”、“商业经济（学）”的分类设置。这种学科分类方法一直延续至今，虽有弱化，但依然存在，这便是我国存在“商业经济学”的主要原因。在计划经济时期，这些所谓的“经济学”实际上就是“政策解释学”，即对国家的各项产业政策进行解释、宣传，在理论上并无多大进展和贡献。

直到目前，关于“商业经济学”这个提法，目前尚无一个大家普遍接受的、精确的概念。而所谓的“商业经济学”，有以下两个突出的特点：

一是研究对象“杂”。从批发、零售、物流，到餐饮、会展、电子商务、拍卖、租赁等等，林林总总，很难合并归类。

二是研究方法“乱”。由于该学科目前尚不具备坚实的、明确的理论基础，因此并无统一、规范的研究方法。一般主要以定性分析为主，近来定量分析方法的运用逐渐增多，计量经济学、博弈论等分析工具越来越多地被引入研究当中。但由于学科的理论基础不明确（究竟是经济学还是管理学），盲目引入各种技术性研究方法不免给人以“为技术而技术”的感觉。

总之，关于商业经济学（或流通经济学）这一学科，当务之急是确立坚实的理论基础，明确其研究对象，在此基础上，研究方法才能得以明确。

二　改革开放30年来我国商业经济学的发展

实行改革开放政策之后，我国“商业经济学”、“流通经济学”的发展大体上经历了两个阶段，即20世纪80年代到90年代中后期、20世纪90年代中后期至今。

第一阶段大体上是20世纪80年代到90年代中后期，这一时期流通经济理论的表现是：计划经济体制下“重生产、轻流通”，“重工农业、轻商业”的局面开始转变，学界和政府都认识到了流通问题、商业问题的重要性。就这一时期的流通经济理论而言，主要以马克思《资本论》以及其他著作中的经济思想为指导，重新采取生产、交换、分配、消费四要素理论来研究流通问题。这一时期的流通经济理论，以孙冶方的《社会主义经济论——流通篇》为发轫之作，随后涌现出一批在流通理论上多所创见的专家学者，他们撰写了大量的论文和专著，为我国从计划经济向市场经济转变提供了理论上的论证。这一时期的流通理论，总体上说来是“破”大于“立”。之所以说“破”，是因为改革开放前我国长期实行计划经济体制，当时盛行的是“无流通论”；而改革开放伊始，首先进行的就是对“无流通论”的批判和破除，重新确立“社会主义经济是有计划的商品经济”的理论判断。

从研究方法上来看，这一时期的流通经济理论主要以马克思的经济学说为指导，并未引入西方经济学研究方法。

第二阶段即20世纪90年代中后期至今，这一时期我国经济学界的重大转变是西方主流经济学说的大规模引进。大规模引进表现为大量西方经济学著作的译介、高校经济学教育中西方经济学的比重越来越大、学术研究当中运用西方经济学方法日益增多。具体到这一时期我国流通经济理论，出现了两种趋势：一方面是理论研究不断专门化、技术化，努力跳出“政策解释学”的窠臼并大量引入新的研究方法和新的理论，开辟新的研究领域；另一方面是出现了某种程度的“迷失”，即无法为流通经济学或商业经济学找到一个坚实的理论基础。

我国流通经济学或商业经济学之所以无法找到一个坚实的理论基础，其原因前面已经说过，这便是当代主流经济学当中并没有专门研究流通问题和商业问题的理论分支。

如此，自20世纪90年代中后期以来，我国商业经济学的研究领域便向专门化的方向发展，企业管理、市场营销、零售、物流、电子商务等领域的研究都获得了长足的进步。但这些领域的理论基础都属于管理学范畴，不属于经济学范畴。同时，研究方法也不断向技术化方向发展，即计量经济学、博弈论等研究工具被用来研究商业问题和流通问题。

三　2007—2008年中国商业经济学理论前沿及重大热点问题

前面说过，当前我国商业经济学或流通经济学的特点是：研究对象“杂”，研究方法“乱”；研究对象“杂”表现为研究领域日趋“专门化”，研究方法“乱”表现为研究方法日趋技术化。2007—2008年度，商业经济学在“专门化”和“技术化”两个方面都有所发展。由于这门学科包罗甚广，因此很难概括、提炼出一条或若干条“主线”来，我们只能采取列举的办法，在众多科研成果中选取一些有代表性的成果，分别加以介绍。实际上，该年度的科研成果，也就反映了该年度的理论前沿。

（一）商业经济学或流通经济学领域有多部教材问世

2007—2008年度，共有三部流通经济学教材面世，分别是《流通产业经济学》（洪涛编著）、《现代流通经济学教程》（吴宪和主编）、《流通经济理论与政策》（李薇辉、茆训诚编著）。

《流通产业经济学》是一本全面、系统的流通经济学专著。该书既介绍了基本概念、基本理论，也介绍了流通产业的各种具体组织形式及运营模式；既有纵向的理论梳理，也有横向的理论比较；既有对流通企业的微观分析，也有流通产业政策和产业环境的宏观介绍与分析。并且，介绍了大量的新原理，如流通基础产业原理、商业劳动创造价值原理、零售业态创新原理、长尾理论、商业网络布局规划原理、城市流通力原理等。主流经济学的许多理论，在该书中也有所反映。本书最后还对21世纪流通发展趋势作出了分析和展望。

《现代流通经济学教程》从流通机制、流通过程、流通方式、流通组织、流通战略各个方面，对流通经济学进行了全面、系统的介绍和分析。从学科属性上来讲，既有经济学的内涵，也有管理学的内涵。从全书的组织结构上来讲，本书的特点十分明显，将商流、物流、信息流、资金流归入流通过程，将各种流通业态归入流通方式，并且突出“现代”性。

《流通经济理论与政策》也是一部经济管理类教材，从组织结构上看，与《现代流通经济学教程》一书有相似之处，但在内容上有所变化。除了介绍流通理论之外，本书还介绍了流通规制、流通管理、流通政策等内容，并且对中外流通进行了深入的比较研究。

（二）关于流通产业的管制研究

2007年下半年，有两部研究流通产业管制问题的著作面世，一为《流通产业政府管制研究》（田旭著），一为《流通产业的竞争与规制》（裴艳丽著）。

在《流通产业政府管制研究》一书中，作者阐述了流通产业政府管制的一般理论，全面总结评价了我国流通产业政府管制的发展、现状及存在的问题，并对中国流通产业政府管制制度及其改革作了专门研究。

作者采取规范分析与实证分析相结合、定性分析与定量分析相结合、历史归纳与国际比较相结合的研究方法，综合运用管制经济学理论及相关法学理论，探讨了流通产业政府管制体制、管制政策方面的现实问题。主要特点有：第一，在选题上具有一定的开拓性，一方面，在政府管制的研究领域十分匮乏针对流通产业管制的研究；另一方面，在流通经济研究领域鲜有学者从政府管制的角度进行专门研究，本书试图在管制经济学和流通经济学相结合的领域有所创新。第二，分析了流通产业实施政府管制的必要性及其与其他产业管制的不同之处，提出根据流通产业的市场特征及其发展规律，实施适时适度管制的观点。第三，比较系统地研究了发达市场经济国家实施流通产业管制的特点与经验，对我国流通产业的政府管制改革提供借鉴。第四，全面总结评价了我国流通产业政府管制的发展历程与现状，并将其置于经济全球化的背景下提出了改革路径。

应当说，该书将主流经济学中的产业组织理论、规制理论引入流通产业的研究，这是对流通问题研究的一大突破。无论在理论贡献上还是在实践应用上，该书都是一部优秀的学术著作。

《流通产业的竞争与规制》也是一部研究流通产业规制与竞争的著作。其最大特色在于，作者大量运用马克思主义经济学、西方主流经济学的理论，综合运用规范研究与实证研究、静态分析与动态分析、结构分析与博弈论分析等多种研究方法，对流通产业进行了全面、深入、细致的分析和研究。从学术角度来讲，作者的研究是十分规范的，既运用了一般经济学理论和先进的分析工具如博弈论，又有对流通产业特殊性的分析，同时避免了对流通产业的简单描述，是一部不可多得的优秀学术著作。

（三）运用博弈论对流通产业问题进行研究

《财贸经济》2007年第12期刊登了一篇题为《零售商抗衡力量对市场绩效的影响及其政策涵义》的学术论文，作者张赞。这篇论文是国家自然科学基金项目“我国商品流通渠道中工商关系的机理与协调机制研究”的研究成果。文章通过构建有边缘零售竞争者的主导零售商模型，考察了零售商抗衡力量对市场绩效的影响，从理论上证明了“加尔布雷斯假说”在一定条件下成立。研究结果表明：零售商适度的抗衡力量对社会是有利的，但前提是零售层面存在竞争。根据这一研究结果，结合我国零售业的现状，提出了抗衡力量的反垄断政策含义。

在建立模型方面，本文主要运用了主流经济学的社会福利理论和博弈论为分析工具，在流通经济学研究“技术化”方面提供了一个很好的范例，对流通问题采用了规范的经济学研究方法。

同样是《财贸经济》，2008 年第 2 期刊登了一篇题为《“农户——龙头企业”的农产品渠道关系稳定性——基于演化博弈视角的分析》的学术论文，作者为赵晓飞、李崇光。这篇论文是国家自然科学基金“农产品销售渠道变革与模式选择研究”的研究成果之一。文中，作者主要运用演化博弈理论，分析了基于“农户——龙头企业”的农产品渠道关系演化均衡的影响因素。研究表明，渠道关系演化结果将受到合作创造的额外收益、为合作而付出的合作成本、合作收益与合作成本的比值、农户与龙头企业之间的相对收益与相对成本比值以及农户与龙头企业各自的贴现因子等因素的影响。研究结论是：提高渠道合作收益、降低合作成本、建立公平的利益分配机制和利益补偿机制、建立良好的信任机制将有助于渠道关系的稳定。

应当说，本文得出的结论并不新颖，但得出结论的分析方法新颖、规范，运用演化博弈理论这一主流经济学的前沿理论构建模型，最终得出结论，是本文的最大贡献。因此，这是一篇商业经济学或曰流通经济学“技术化”的范文。

（四）运用计量经济模型对流通经济问题进行研究

《财贸经济》2007 年第 10 期刊登了一篇题为《流通业促进城市经济发展的实证分析》的学术论文，作者为王德章、宋德军。这篇论文是科技部软科学项目的阶段性研究成果。文章的贡献在于，运用 1990—2005 年的数据，通过建立计量经济模型，对流通业发展与城市发展的关系作出了实证研究。研究结果表明：流通业发展水平每增长 1 个百分点，可带动城市 GDP、消费和就业有较大幅度的增长，但地区之间的差异还比较大。该文的政策建议是：以流通业为先导，促进流通业与城市经济发展。

本文的贡献在于，运用计量经济模型对流通业发展与城市发展之间的关系作了定量分析，避免了简单空泛的定性描述，同样是流通经济学“技术化”的典型范例。

（五）关于日本流通经济著作的译介与日本流通问题的研究

2007 年出版了一部流通经济学译著，即《流通原理》（［日］田村正纪著，吴小丁、王丽译），本书是一本面向初学者的教材，内容十分规范，理论性很强。对流通市场的作用、市场形成的原理、商业中介原理，以及批发、零售、市场营销等方面都有所论述。

同年，有一部专门研究日本流通问题的著作面世，即《日本流通体制变革研究》（张岩著）。该书是一部研究日本流通体制变革的专著，其最大的理论贡献是提出了“流通环境—流通变革—流通绩效”的理论框架。在基础理论方面，本书主要运用了马克思的商品流通理论、西方的交易费用理论以及日本的流通变革理论。运用这些理论，作者对日本的两次“流通革命”进行了分析和研究。最后，在总结日本流通产业发展经验教训的基础上，提出了促进我国流通体制改革和流通产业发展的若干建议。应当指出，该书在流通理论的探索方面作出了有益的尝试，是一部理论水平较高的学术著作。

（六）流通经济学的研究范围不断拓展、研究角度日趋多样化

2007 年上半年，一部名为《新兴流通产业发展研究》（柳思维、黄福华等著）的学

术著作出版，该书对“新兴的”流通产业领域进行了介绍，起到了抛砖引玉的作用，拓宽了流通经济学的研究范围。该书系湖南省软科学立项课题的最终成果，主要对新兴流通产业中一些有代表性的行业进行了专题研究。具体来讲，对期货、超市、连锁、电子商务、中式快餐、物流、会展、拍卖、租赁等新兴流通产业进行了介绍和分析，并且针对我国的现状提出了一些建议和意见。这是一部流通经济学研究“专门化”的代表著作。

同年稍晚些时候，另一部名为《现代流通业：资本与技术的融合》（荆林波、甄宇鹏主编）的学术著作出版。该书是多项研究课题的成果综合，主要抓住资本与技术两条主线，并从二者融合的角度对我国的流通产业进行了实证研究和分析。首先，对美、日、德、法等国的流通产业发展状况进行了介绍；其次，从资本的角度对中国的流通业进行了分析，并着重分析了外资进入中国流通业引发的问题；再次，分析了中国流通业当中引进信息技术的情况；最后，对流通业的规制与竞争进行了介绍和分析。

四　商业经济学(流通经济学)的发展趋势

可以预见，将来一段时期，我国商业经济学或流通经济学这门学科，将继续向两个方向发展，一是专门化，二是技术化。应当说，近年来，在这两个方面，商业领域或流通领域的研究进展是很迅速的，这说明国内学者对经济学理论、经济学分析工具的掌握还是十分扎实、十分及时的。但另一方面，对流通经济学的理论基础，还没有系统、深入的探讨和研究，当然，在这方面许多专家学者都作出了有益的探索，但是远远不够。

同时，商业经济学或流通经济学的发展也面临着巨大的挑战。如果我们无法在经济学理论中为该学科找到一个坚实的理论基础，单靠借鉴、借用一些观点、研究方法，是不能使商业经济学得到长足发展的。学术界已经有这样的疑问：商业经济学或曰流通经济学究竟算不算是一门经济学分支学科？如果不算，那么其理论基础何在？在这一方面，我们是不是也应该与西方发达国家“接轨”，把商业领域、流通领域的问题归入管理学范畴，从而在管理学的理论基础上对商业问题、流通问题展开研究呢？

这些重大的理论问题是不能回避的。可以预见，商业经济学这一学科在未来的发展，将极大地取决于其理论基础是否能够得到明确和夯实，如果能，我国的商业经济学、流通经济学研究必将发生质的飞跃，整体跃上一个较高的层次；如果不能，则该学科很可能进一步走向“杂”、“散”、“乱”，从而愈加“迷失”。

参考文献与学科年度重要文献

洪涛编：《流通产业经济学》，经济管理出版社2007年版。

柳思维、黄福华等：《新兴流通产业发展研究》，中国市场出版社2007年版。

荆林波、甄宇鹏主编：《现代流通业：资本与技术的融合》，经济科学出版社2007年版。

张岩：《日本流通体制变革研究》，经济管理出版社 2007 年版。

田旭：《流通产业政府管制研究》，经济科学出版社 2007 年版。

裴艳丽：《流通产业的竞争与规制》，外语教学与研究出版社 2007 年版。

吴宪和主编：《现代流通经济学教程》，复旦大学出版社 2008 年版。

李薇辉、茆训诚编著：《流通经济理论与政策》，华东理工大学出版社 2008 年版。

[日] 田村正纪：《流通原理》，吴小丁、王丽译，机械工业出版社 2007 年版。

张赞：《零售商抗衡力量对市场绩效的影响及其政策涵义》，《财贸经济》2007 年第 12 期。

赵晓飞、李崇光：《“农户——龙头企业”的农产品渠道关系稳定性——基于演化博弈视角的分析》，《财贸经济》2008 年第 2 期。

王德章、宋德军：《流通业促进城市经济发展的实证分析》，《财贸经济》2007 年第 10 期。

（张 琦）

旅游经济学

一　学科概述

第二次世界大战以来，随着现代旅游活动的发展，作为专门学科的旅游学应运而生。它以从事旅游活动的旅游者、为旅游者提供服务的旅游业以及双方的活动为对象，探究其特有的运行规律及其经济、社会和环境等综合方面的影响。旅游活动是一项综合活动，其研究必然涉及经济学、地理学、心理学、行为学、社会学、历史学、文化学和生态学等学科，并以之作为理论平台和方法库。尽管有学者由此对旅游学科的独立性产生质疑，但是客观地说，旅游学科与其他相关学科在研究内容和方法上，不是“非此即彼”、唯我独有，而是“亦此亦彼”、互相融合的。而旅游学科理论体系的形成，则是以归纳法为主，借鉴相关学科的理论方法，在大量的专题性、实证性研究基础上逐步完成的。

纵观世界各国的旅游研究，普遍存在着偏重研究对象之经济属性的倾向，即从宏观和中观层面探讨旅游活动的经济规律和经济影响，从微观层面研究旅游的产业组织问题，总体而言，旅游经济学是旅游学研究的主干。

旅游经济学主要是从政治经济学、西方古典经济学或新古典经济学移植而来，微观经济学中的供求理论、厂商理论、消费者选择理论、产业组织理论，宏观经济学中的国民收入衡量、经济政策的宏观影响以及国际经济学中国际贸易和国际货币的有关理论在旅游研究中的应用较多，而新制度经济学中的一些最新研究成果和前沿探索（如博弈论、制度变迁理论、公共选择理论等）则应用较少。除传统经济学外，实验经济学、行为经济学、体验经济学等的发展也为旅游经济学提供了新的思路，而对旅游者心理和行为的经济学研究也推动着这些新的经济学分支的发展。

旅游经济学之所以在整个旅游学科中占据主要位置，根据英国学者弗朗茜丝·布朗（Frances Brown）的分析，这与最初研究者的学科背景密切相关——旅游因其经济作用而最早被经济学界所关注，从而形成了整个研究界的偏向。而在我国，其主干地位还受最初旅游发展目标的影响——我国旅游业的发展之初就是在自上而下的制度框架中寻求经济利益的最大化。时至今日，随着社会的发展以及旅游研究的推进，在国际上，社会学、人类学、心理学、生态学等在旅游研究中的应用已较为普遍，我国旅游学界也在发生着相应的转变。令人遗憾的是，与这种潮流相悖，在我国，目前的旅游学科被置于工商管理项目下。这显然是十分不科学的，既违背了国际发展趋势，也不能真正反映旅游学的学科性质。

二　30 年来旅游经济学的演进轨迹

作为旅游学科体系中最受关注、相对最为成熟的一个，旅游经济学的发展是沿着两条线索进行的：其一是研究问题的本土化；其二是研究方法的数量化。在研究问题上，除了与国外学者一样，对旅游的产业性质、产业范围、产业组织、经济影响、运行规律等问题加以分析外，国内研究者还特别关注对中国旅游发展模式的研究，例如政府主导模式、黄金周制度、旅游与地方经济发展等；在研究方法上，除了规范性研究、描述性研究、文献性研究、概念性研究外，案例研究（包括定性式的和定量式的）、数量经济分析和数量模型研究在旅游经济研究中的应用也越来越普遍。这在一定程度上说明，国内旅游经济学界在研究动机和研究方法上正在向国际靠拢，在学术范式上也与其他学科更为接近。

从发展历程来看，我国旅游经济学的研究大致经历以下三个阶段：

从 1981 年至 1990 年，为第一阶段。我国是在 1981 年才开始独立设置旅游专业的。此间的研究，侧重于引进国外部分研究成果以及介绍世界旅游情况，主要关注入境旅游背景下旅游对目的地的经济贡献以及旅游产业组织的微观问题等。1980 年《社会科学》刊登了沈文飞、吴志宏的文章《建立适合我国实际的旅游经济学科》，探讨了旅游经济学的逻辑始点，并对旅游经济学的研究对象、内容等进行了初步界定；1980—1981 年，中国社会科学院财贸物资经济研究所和中国旅行游览事业管理总局先后召开了两次旅游经济研究座谈会，会议认为，随着我国旅游业的发展，迫切需要建立中国旅游经济学，并就进行旅游经济学研究取得了共识；1982 年，我国第一本旅游经济专著《中国旅游经济学》问世，由王立纲等人撰写，在书中将旅游业作为经济产业对待，并初步建立了旅游经济学的研究体系；1986 年旅游业正式纳入国民经济序列，在此背景下，旅游经济研究体系开始加速构建，这一时期我国先后出现了《旅游学刊》、《旅游调研》、《旅游科学》、《旅游管理》、《饭店世界》、《中外饭店》、《桂林旅游高等专科学校学报》等一批学术性或准学术性旅游刊物，成为旅游经济研究的重要阵地，同时，大量的旅游经济学教材、专著开始涌现，例如潘泰封主编《旅游经济导论》，伍宇峰主编《旅游经济》，黄辉实主编《旅游经济学》，林南枝、陶汉军主编《旅游经济学》，徐秉文主编《旅游经济管理》，陈世红、魏小安主编《起步·实践·探索——旅游经济论文集》等，都在业内具有一定的影响。

20 世纪 90 年代，为第二阶段。随着我国旅游产业体系的发展以及国内旅游需求和出境旅游需求的发展，旅游学科研究开始从点向面扩展，旅游经济学的研究以经济学为主体，结合管理学、社会学、市场学、地理学、环境学、人类学等多学科多向发展。这既是旅游学科综合性的必然反映，也是我国高等院校院系和学科调整的客观结果。

1992 年中共中央、国务院《关于加快第三产业的决定》明确把旅游业列在第三产业中重点发展的第一位，其后，在 1998 年，中央经济工作会议把房地产、信息和旅游业确定为国民经济新的增长点，在此背景下，旅游经济研究转向宏观战略研究。这一期间，国务院发展中心主持完成了国家重点课题《面对21世纪的选择——中国旅游经济发展战略》，对1978年以来我国旅游经济运行的诸问题进行了比较透彻的分析和总结，并就20世纪90年代我国旅游业的发展战略作了深入的探讨；1993年魏小安与冯宗苏主编的《中国旅游业：产业政策与协调发展》，从制定科学的旅游产业政策角度论述了我国旅游经济的诸多问题；1998年中央经济会议对旅游业的定位掀起了旅游经济研究和出版的高潮，当年就出版了周洁如主编的《旅游经济学》，王大悟、魏小安主编的《新编旅游经济学》，邹树梅主编的《现代旅游经济学》，罗明义主编的《旅游经济学》，迟景才主编的《改革开放20年旅游经济探索》等多部旅游经济学著作；到1999年，时任国家旅游局局长的何光暐主编的《新世纪、新产业、新增长——旅游业成为新的经济增长点研究》从官方的角度对旅游业在我国国民经济中的地位进行了明确定位。

2000年至今，为第三阶段。中国旅游经济体系的日趋完整以及中国旅游产业国际化程度的提高，特别是国内旅游和国际出境旅游的兴起，推动了旅游学科的发展，一方面，旅游经济学本身与主流经济学的结合更加紧密，新的理论被迅速地引入到旅游学的研究中来；另一方面，大量新生力量的介入，多学科研究方法的融合，为旅游学科的理论突破创造了基础条件，研究者致力于旅游学科研究范式的讨论和研究体系的建立。在此阶段，旅游经济学的发展与主流经济学的演进越来越紧密，国内的旅游经济学研究也开始逐步将区域经济学、经济地理学、制度经济学、信息经济学、行为经济学的理论和方法纳入其研究体系中来。尽管这样的尝试尚在起步阶段，但毫无疑问，旅游经济学的研究正在逐渐得到完善。

此间比较有代表性的成果有：2001年赵小燕的《旅游经济学》，罗明义的《旅游经济分析：理论·方法·案例》，李亚非的《旅游经济》，张建春、金世胜的《旅游经济学》，罗明义的《现代旅游经济学》；2002年田孝蓉、李峰的《旅游经济学》，田里的《旅游经济学》；2003年齐子鹏的《旅游经济学》，孙厚琴的《旅游经济学》；2004年罗明义的《旅游经济学原理》，张辉、厉新建的《旅游经济学原理》等。

三 当前旅游经济学发展前沿及热点问题

纵观过往，在其20多年的发展过程中，对中国问题的现实关注和对旅游本质的学术解释是我国旅游经济学研究和学科建设的两条鲜明主线。参看近年的发展历程，旅游经济学沿着原有的发展脉络取得了新的进展。在此分别从产业研究、区域发展两个方面对其过去一年的发展予以考察。

（一）产业研究

1. 产业统计

就经济学角度的研究而言，旅游业的产业范围、产业统计、产业贡献、产业关联等是必须回答的核心问题，也是确立旅游业产业地位的重要前提。

传统产业从生产角度出发，将生产相同产品或者提供相同服务的企业定义为一个产业。显然，这种方法不适用于旅游产业，后者只能从消费的角度出发，将与旅游消费有关的企业归于其中。为了解决旅游业的统计难题，世界旅游组织（WTO）、世界旅游理事会（WTTC）等倡导建立了一个虚拟的统计账户——旅游卫星账户（TSA），并于2000年得到联合国统计委员会（UNSTAT）批准。目前旅游卫星账户已在世界范围内得以推广，我国的厦门、浙江、广西、江苏等省市都进行了尝试，而国家旅游局和国家统计局也将开发国家级旅游卫星账户列为近期工作的重点。

研究者在介绍旅游卫星账户的基本框架、方法属性的基础上，分析了建立全国或区域性旅游卫星账户所面临的一些问题。杨仲山、屈超（2007）从统计方法角度分析指出，旅游卫星账户从需求与供给角度构建了一个核算平台，是对旅游经济活动及其影响的核算，确立了“具有统计意义”的旅游产业；它是国民经济核算体系（SNA）附属账户在“旅游问题”上的应用扩展。常莉（2007）从旅游卫星账户的概念界定和核算方法出发，探讨了我国旅游产业增加值和旅游业增加值的具体计算方法，并指出，旅游产业增加值反映旅游特征生产活动的价值增加，而旅游业增加值可视为旅游产业和对境内旅游需求作出反应的其他产业的价值增加，代表着旅游业对经济的全部影响。

2. 产业关联

旅游业与国民经济其他产业之间在经济技术上的数量关系，反映了它对相关产业的带动程度。张华初、李永杰（2007）利用《2002年中国投入产出表》，采用量化模型，测度了旅游业在国民经济发展中的地位与作用，并得出以下结论：（1）比较旅游业的影响力和感应度可以看出，旅游业对国民经济的推动作用明显大于受到国民经济发展后的拉动作用，因此我国旅游业应该采取主动发展的模式；（2）旅游业对交通运输、住宿业和餐饮业的直接拉动能力最强，“游、购、娱”等非基本旅游消费所占比例较低，说明我国旅游消费还有较大增长空间；（3）分析旅游业最终需求的生产诱发额和旅游的生产依存度，可见旅游业是典型的消费依赖型行业；（4）从不同市场的贡献度来看，我国旅游业发展重点应该放在国内旅游上。

3. 产业景气

作为一个综合性的产业，旅游业较易受到外部环境特别是突发事件的影响，因此对旅游业进行监测和预测具有重要意义。倪晓宁、戴斌（2007）提出建立我国旅游产业景气指数的具体设想，利用所搜集的指标筛选出先行指标、一致指标和滞后指标，并利用1985年至2005年的数据，以合成指数方法估算了中国旅游市场景气指数。根据作者的计算，我国旅游产业景气指标明显以GDP指数为核心发生波动，且其波幅大于GDP指数波幅，进一步验证了旅游发展受整个国民经济发展的制约，且更易受到突发事件影响的论断。

4. 产业组织

目前，对旅游产业组织的研究，除了关注旅游产业的构成外，还包括其内部不同行业的组织结构、企业的行为及其绩效等问题。

（1）旅游企业的多元化与集中化发展

依绍华（2007）指出，旅游企业在多元化经营的行业选择上，要考虑行业的进入成本、行业的发展潜力和可能发生的各种风险等三个因素；旅游企业的多元化经营可以采取横向联合、纵向联合以及混合型联合等三种方式；在实施路径上，可选择自我发展的内部拓展模式和外部并购方式。刘海英、王素洁（2007）利用旅游行业上市公司2001—2004年的数据，运用EVIEWS 5.0，选择面板数据固定效应模型进行回归分析，检验了旅游上市公司多元化经营战略与公司价值之间的关系，结果表明：旅游上市公司的投资多元化显著提高了公司的价值。尽管在我国旅游企业的成长过程中，追求多元化发展似乎成为诸多企业的选择，但是不少旅游企业陷入了“主业做不强，辅业做不大”的尴尬境地。对此，秦宇（2007）撰文指出，旅游企业集中化发展战略有一定的适应条件，如企业处于初级发展阶段，企业发展所需的资源和能力可以低成本复制，企业所处市场具有可增长性等。

（2）旅游企业的联合发展

企业发展无外乎三种方式：内部发展、外部并购与联合发展。与内部发展和外部并购相比，联合发展是一种资源互补、利益共享的发展方式，旅游企业可以借此灵活、快速地进入新的市场，提升竞争能力。近年来，合资企业、合作协议、自愿营销联盟等新的联合发展模式在旅游业得到了普遍的应用。秦宇（2007）指出，出现这种趋势的原因在于：旅游产业本身的特性——行业间存在高度依赖性；随着市场规模的扩大和新兴技术的发展，行业分工日趋深化，从而使各企业间的相互依赖性大大加强；竞争程度的加深以及竞争观念的更新也促使旅游企业通过联合实现更大的效益。作者还通过实例，分析了合资企业、管理合同及特许经营、非产权合作协议、自愿营销联盟等联合发展方式在旅游企业的具体应用。

（二）区域发展

在区域旅游发展实践中，合作与竞争始终是两个交织在一起的主题。研究者从不同角度对其进行了探索。

1. 区域旅游合作

区域旅游合作是近年来一大趋势，不同区域，其内部的要素构成、结构、功能不尽相同，因而区域旅游合作的进展和特征也有所差别。吴军（2007）搜集了153个以政府为主导的区域旅游合作案例，按照内容、空间、地域和组织划分了不同的合作类型，并对其合作内容、地域类型和空间类型的演化特征进行了详细分析。他认为，目前我国区域合作内容涵盖了客源互换、资源共享、开发市场、产品开发、共同营销、管理协调、基础交通设施共建、信息交流、人员交流等，总体来说还处于较浅层次；东部沿海内部、东部与中部之间的旅游合作十分活跃，而中西部、中部内部、东中西部合作较少，说明旅游合作的内在需求与地区经济发展水平和经济开放程度存在一致性；在组织类型方面，区域旅游合作大多缺少组织保障，缺少磋商、对话、监督机制。长三角是我国区域旅游合作的先行地区和典型地区，张正国、吴光伟（2007）从系统论的角度出发，从需求识别、系统分析与设计、系统实施以及系统目标测评等四个过程子系统方面构建了长三角区域旅游合作的过程系统。

2. 区域旅游竞争力

区域旅游竞争力评价成为近年旅游研究的一大热点。温碧燕、梁明珠（2007）将国内区域旅游竞争力评价方法归纳为业绩观、能力观、资源观等不同类型，并在听取来自旅游业界、旅游政府部门和旅游院校等各方专家意见的基础上，从旅游资源、客源市场、旅游产品开发、区位与交通、旅游六要素、基础设施与接待能力、城区景观环境、政治经济环境等8个方面构建了一个由22个指标构成的区域旅游竞争力综合评价体系。张梦（2007）结合区域旅游业发展的实践，建立了一套包含市场竞争力、核心竞争力、基础竞争力、制度竞争力等四大类55个评价指标在内的指标体系。盛见（2007）把区域旅游产业竞争力分解为潜在竞争力、外生和内生资源禀赋竞争力和市场竞争力。根据他的分析，潜在竞争力会随着基础设施改善、国内居民消费结构提高、旅游促销加强等转化为现实的外生资源禀赋竞争力；区域外生资源禀赋竞争力在一定条件下接近常数，而内生资源禀赋竞争力会随着旅游要素的不断投入而增强；区域产业市场竞争力是构成要素投入数量的函数。

四 未来趋势与有待研究的一些问题

就学科发展而言，尽管我国的旅游经济研究在基础理论和学科框架方面还不甚成熟，然而作为一门应用性学科，它始终沿着“是何—为何—如何”的研究逻辑，在解释和解答现实问题的过程中一步步迈向深入。展望未来，旅游经济研究及学科建设将呈现以下两种趋势：（1）国际化与本土化的结合。如果说，在其初期，我国的旅游经济研究和学科建设是以介绍和借鉴国外为主，中国以向国外学者提供研究素材为主的话，那么未来，国内研究者将会更多地对我国旅游发展中的实际问题作出学术解释和理论解答，中国道路、中国模式的理论分析将越来越深入，旅游研究的国际舞台上也会有更多中国研究者的声音。（2）专业性与交叉性的结合。研究对象的综合性，决定了旅游学科必须是多视角、多专业、多维度的，未来的旅游经济研究专业性会更强，同时交叉性也将更加突出。一方面，旅游经济学的学者，会广泛地嵌入到具体的社会背景中去，吸取管理学、社会学、地理学、生态学、人类学等不同专业的理论、方法和观点，围绕人类旅游活动，探究其特定规律；另一方面，不同学科之间，在话语体系、研究方法、思考路径等方面的交流与融合也会日益加强，旅游经济学作为一个实践性的研究方向，将在经济学研究的大范畴内逐步凸显其独特的视角。

就研究命题而言，当前乃至未来一段时间里，旅游经济研究应对以下问题加以关注：旅游产业升级与转型；旅游业与金融、保险等产业的结合；休闲与旅游的产业关联和互动；新市场、新业态（如会展旅游、奖励旅游、节庆活动、自助游、互助游、分时度假、经济型酒店等）的发展；旅游景区及世界遗产管理体制；旅游产业可持续发展的制度支持；我国旅游产业的国际竞争力及旅游企业的市场竞争力等。

正如德国哲学家康德所言，“每一种学问，只要其任务是按照一定的原则建立一个完整的知识系统的话，都可被称为科学”。值得期待的是，在与产业互动的进程中，我国旅游经济学的学术演化将更加理性，学术积淀将日趋丰富，学术体系将逐步完善。

参考文献与学科年度重要文献

安艳艳、张文：《基于居民感知与态度的旅游地社区主导旅游业发展机制研究》，《北京第二外国语学院学报（旅游版）》2007年第7期。

常莉：《基于旅游卫星账户的旅游相关增加值计算方法》，《长安大学学报（社会科学版）》2007年第1期。

陈肖静：《我国旅游经济学研究的回顾与思考》，《生产力研究》2006年第4期。

戴学锋、巫宁：《新理念下的“十一五”区域旅游规划转型》，《北京第二外国语学院学报（旅游版）》2007年第1期。

杜江、张凌云：《解构与重构：旅游学学科发展的新思维》，《旅游学刊》2004年第3期。

高静、章勇刚：《旅游目的地品牌化若干基本问题的探讨》，《北京第二外国语学院学报（旅游版）》2007年第3期。

李凡、蔡桢燕：《古村落旅游开发中的利益主体研究——以大旗头古村为例》，《旅游学刊》2007年第1期。

刘海英、王素洁：《旅游行业上市公司多元化经营与公司价值实证检验》，《北京第二外国语学院学报（旅游版）》2007年第5期。

罗明义、毛剑梅：《旅游服务贸易——理论、政策、实务》，云南大学出版社2007年版。

倪晓宁、戴斌：《中国旅游市场景气指数计算与分析》，《北京第二外国语学院学报（旅游版）》2007年第11期。

秦宇：《试论旅游企业集中化成长战略的类型和应用》，《旅游科学》2007年第5期。

秦宇：《试论旅游企业联合发展的成因及分类》，《北京第二外国语学院学报（旅游版）》2007年第5期。

宋瑞：《经济学视野下的休闲》，《财贸经济》2007年第11期。

盛见：《区域旅游产业竞争力构成：基于竞争力性质的研究》，《旅游学刊》2007年第8期。

温碧燕、梁明珠：《基于因素分析的区域旅游竞争力评价模型研究》，《旅游学刊》2007年第2期。

熊元斌、龚箭：《旅游产业利益相关者分析》，《中南财经政法大学学报》2007年第1期。

杨永德、白丽明、苏振：《旅游目的地形象的结构化与非结构化比较研究——以阳朔旅游形象测量分析为例》，《旅游学刊》2007年第4期。

杨仲山、屈超：《从方法论角度看旅游卫星账户TSA（2001）的方法属性》，《财经问题研究》2007年第11期。

依绍华：《旅游企业多元化经营的实施策略》，《经济管理》2007年第15期。

吴军：《中国区域旅游合作时空演化特征分析》，《旅游学刊》2007年第8期。

吴其付：《从普通村民到社区精英：中国旅游经营的典型个案——以阳朔“月亮妈妈”为例》，《旅游学刊》2007年第7期。

张华初、李永杰：《中国旅游业产业关联的定量分析》，《旅游学刊》2007年第4期。

张广瑞、刘德谦：《2007年：中国旅游发展分析与预测》，社会科学文献出版社2007年版。

张梦：《区域旅游业竞争力评价：指标构建与方法选择》，《旅游学刊》2007年第2期。

张文：《旅游影响：理论与实践》，社会科学文献出版社2007年版。

张正国、吴光伟：《长三角区域旅游合作的过程系统分析》，《改革与战略》2007年第1期。

邹统钎、李飞：《社区主导的古村落遗产旅游发展模式研究——以北京市门头沟爨底下古村为例》，《北京第二外国语学院学报（旅游版）》2007年第5期。

J. R. Brent Ritchie、Geoffrey I. Crouch 著：《旅游目的地竞争力管理》，李天元等译，南开大学出版社2007年版。

Stephen Smith 著：《旅游决策分析方法》，李天元、徐虹、黄晶译，南开大学出版社2007年版。

Walle, Alf., 1995, “Business Ethics and Tourism: from Micro to Macro Perspectives”, *Tourism Management*, Vol. 18, No. 4.

（宋 瑞）

服务经济学

一 学科概述

服务是特定生产的异质产出，它不是能够确定所有权的独立实体，也不能脱离生产单独地进行交易，一般是由生产者按照消费者的需要进行的活动，从而实现消费单位的状况的变化到生产完成时已经提供给消费者。服务业为社会生产、流通和消费服务，它的产品是当作生产资料和消费资料进入生产、流通和消费领域，主要包括批发零售、修理、饭店、餐饮、运输、邮电、电信、金融、保险、房地产、房地产租赁、专业销售、商业支持活动、政府、教育、保健、社会卫生、社区、音像、娱乐文化、个人和家政等。与制造产品相比，服务具有无形性、不可储存性、消费与生产的同步性、异质性等。

服务经济学是一门兼具理论性和实践应用性的学科，属运用经济学范畴，是研究服务产品的经济学性质和服务经济发展的一门学科。服务经济学不是孤立地考察服务业的经济活动，而是在它同国民经济各个部门的相互联系中，考察它的生产和再生产的全过程，考察它发生、发展的客观必然性。服务经济学是一门部门经济学。它既研究服务经济活动中各种基本理论，也研究服务业经营过程中的实际问题，从理论探讨中找出促进服务产品生产和交换发展的规律。服务经济学只是研究各个行业中的一些普遍性的、共同性的经济问题，各个服务业行业根据自己的特点进行研究，形成各自的经济学，如旅游经济学、广告经济学等。当然，服务经济学作为一门新兴的学科，其研究对象和研究领域会随着经济发展和服务内容的丰富而不断扩大，一些新问题、新现象会逐步被纳入到服务经济学研究范畴。

作为一门相对独立的学科，不仅有自己独有的研究对象和研究内容，而且还应有一套比较完备的研究方法。就服务经济学而言，由于是用经济学观点来研究服务和服务业发展，因此其研究方法也基本是以现代经济学的规范分析和实证分析为主。当服务经济学的研究把因果分析与价值判断结合在一起时，这种分析研究方法就是规范分析。当服务经济学研究表述了经济活动的原因与结果以及各经济变量之间的相互关系时，所采用的研究方法就是实证分析。在具体研究过程中，实证分析又可以采用不同的方法，或者说采用不同的分析工具。比如定性分析与定量分析；逻辑演绎与经验归纳；个体分析与总体分析；均衡分析与非均衡分析；静态分析、比较静态分析与动态分析；建立经济模型等。

在研究工具和方法选择上，可以利用成熟的制造业的研究方法和研究工具，也可以创建新的服务领域的研究方法。

尽管服务经济学是在近十多年来才引起人们的关注，但其所涉及的领域和研究内容却十分广泛。根据对服务经济学研究对象的界定，结合我国当前服务经济发展实践的需要，服务经济学的研究内容主要包括服务业核算、服务产品微观经济分析、服务业的增长与结构、服务创新与服务业竞争力、服务业产业组织、服务业与制造业关系演进、服务业对外开放与服务外包、服务业规制与公共政策等。

二　改革开放以来服务经济学的演进

改革开放以来，随着服务业在国民经济中作用的增强，我国的学者也逐步开始对服务经济进行了深入研究。

20世纪80年代初期，陶桓祥在《尽快建立服务经济学》（《财贸经济》1982第4期）一文中构想了服务经济学的主要研究内容和体系结构，包括劳务价值论、劳务的社会形式和性质、服务业在社会生产总过程中的地位和作用、服务业的组织形式与结构、劳务价格、劳务市场、服务业职工的报酬、服务业的经济效果、服务业的现代化等问题。白仲尧在《谈谈服务经济学的研究对象》一文中指出，服务和劳务是性质不同的两个经济范畴，服务经济学是研究服务产品的生产和交换过程中的经济关系及其规律的科学。80年代后期，关于服务经济学方面的译著和著作逐渐多了起来。翻译的著作主要有：［美］丹尼尔·贝尔《后工业社会的来临》（商务印书馆1984年版）、［日］饭盛信男《第三产业》（辽宁人民出版社1985年版）、［苏］M. B. 沙洛特科夫《非生产领域经济学》（上海译文出版社1985年版）、［日］井原哲夫《服务经济学》（中国展望出版社1986年版）、［美］维克托·R. 富克斯《服务经济学》（商务印书馆1987年版）、［苏］B. I. 巴拉洛夫等《生活服务经济学》（世界图书出版公司1988年版）等。同时，我国学者也开始逐渐构建了服务经济学的研究体系，如王晓鲁《第三产业与生产劳动》（四川人民出版社1986年版）、杨玉川主编《第三产业概说》（天津人民出版社1988年版）、陶永宽等《服务经济学》（上海社会科学院出版社1988年版），这是我国第一个以“服务经济学”来命名的著作，认为服务经济学是一门属于应用理论性的部门经济学，其研究对象是：社会主义社会的服务关系及其运动发展的规律性。作为社会主义服务经济学研究对象的服务关系，应该从两个方面来分析。既要把服务放在生产、分配、交换和消费这四个社会再生产环节的总体联系中考察，研究服务关系在社会主义生产关系体系中的地位和作用；又要把它放在一定的社会生产基础上，以一定的生产、分配、交换和消费各环节中的社会关系为前提，研究服务本身内部各方面的联系，揭示社会主义服务关系自身发展变化的规律性。

20世纪90年代后，又出版了一系列优秀专著和教材。如李江帆《第三产业经济学》（广东人民出版社1990年版），该书将政治经济学应用于第三产业领域，分析和解释以服务业为中心的一系列新问题，补充、丰富了传统政治经济学的基本原理；从共有经济规律和特有经济规律两个角度，系统地揭示了第三产业形成规律、第三产业价格变动规律、第三产业供求规律、第三产业比重增大规律、第三产业分配规律和消费规律等第三产业经济规律。周长军《中国服务经济》（广西人民出版社1990年版），高涤陈、白景明《服务经济学》（河南人民出版社1990年版），白仲尧《服务经济论》（东方出版社1991年版），杨李炼、黄克安编著《国际服务贸易与中国第三产业》（厦门大学出版社1996年版），张健仁《中国第三产业经济学》（中国人民大学出版社1998年版）等。

进入新世纪后，服务经济的研究更加细化和深入，针对服务业发展的不同方面出现了许多服务经济学专著。如黄少军《服务业与经济增长》（经济科学出版社2000年版），李冠霖《第三产业投入产出分析：从投入产出角度看服务经济的产业关联及产业涉及特性》（中国物价出版社2002年版），黄维兵《现代服务经济理论与现代服务业发展》（西南财经大学出版社2003年版），李江帆《第三产业经济分析》（广东人民出版社2004年版）和《中国第三产业发展研究》（人民出版社2005年版），李美云《服务业的产业融合与发展》（经济科学出版社2007年版），孙海鸣、孙海刚编著的《现代服务业产业组织研究》（上海财经大学出版社2007年版）等。中国社会科学院财贸研究所2003年出版的《中国经济运行与政策报告No. 1——迈向全面小康社会的中国经济》指出，发展服务业是构建全面小康社会的关键，是促进就业和提高我国工业效率和竞争力的重要条件；2004年发布了《中国经济运行与政策报告No. 2——中国服务业的增长与结构》，分析了中国服务业的发展历程与现状、存在的问题与差距、加快增长的潜力与前景等问题，提出了促进中国服务业发展的政策建议思路；2005年将《中国经济运行与政策报告》更名为《中国服务业发展报告》，并推出《中国服务业发展报告No. 3——“十一五”时期中国服务业发展的思路、目标和体制政策保障》，从宏观上研究服务业与中国经济发展、服务业发展与扩大就业、服务价格及服务业核算等问题。2006年、2007年推出《中国服务业发展报告No. 4——中国服务业的对外开放与发展》、《中国服务业发展报告No. 5——中国服务业体制改革与创新》分别就服务业的对外开放和体制改革进行了深入分析。[①] 郑吉昌《服务经济论》（中国对外经济贸易出版社2006年版），该书基于全球服务经济的背景和中国服务经济发展的趋势，对服务业发展与分工的演进、服务业与产业关联、服务业国际化与产业整合、服务贸易与市场整合、服务贸易与竞争优势、服务增值与价值创新进行了分析。夏杰长《高技术与现代服务业融和发展研究》（经济管理出版社2007年版），该书分析了高新技术对服务业的渗透以及这种渗透可能产生的新的现代服务业行业或业态，以及高新技术对传统服务业的改造与提升，重点研究了高新技术渗透力度较大的行业如研究产业、信息服务业、创意产业、金融服务业等。

① 《中国服务业发展报告No. 6——加快发展生产性服务业》已于2008年2月出版。

三　2007年服务业研究理论动态综述

（一）服务经济一般问题

陶纪明认为服务满足的是消费者的个性化需求，而商品满足的是消费者的标准化需求，因此服务必然要求生产者和消费者共同参与，服务的结果使得生产者和消费者的状态发生了改变：生产者获得了收入而消费者得到了效用。由商品范畴向服务范畴的转变是生产过程的人性化和个性化；而由服务范畴向商品范畴的转变则是技术进步促使服务标准化从而改变了服务的性质。他进一步分析了服务的五个特征：一是服务要求供求双方共同参与；二是在满足消费者特定需求方面，服务与商品并没有什么差别，二者都是提供效用的一种手段；三是服务的效用需要“事后检验”；四是服务集合的边界是动态的，技术进步可以使得某些个性化服务的生产标准化和批量化，并逐渐演化为一种商品；五是服务并没有同工作性质建立单一的对应关系。

冯华、司光禄认为大多数制造商和服务提供商是提供一系列包括核心产品和对客户各种各样的服务在内的附加产品，因此可以对属性特别是对附加产品进行分割，通过承接所分割的属性来发展现代服务业，具体表现为对目标市场的细分和对产业链的主动延长。商品生产者与服务提供者可以通过属性的组合满足消费者的个性化需求，开发专属个人的目标市场，发展相关的现代服务业。而利用商品的分割、组合属性发展现代服务业的关键点包括突出消费者的参与意识、注重消费者的体验和感受、增加商品的文化内涵等。

（二）服务增长的原因与贡献

雷小清利用投入产出分析方法对中国服务业增长的影响因素进行分析。分析发现，1995—2000年间我国服务业的增长主要归功于最终需求变化和技术变化，国内居民消费和最终需求总量是服务最终需求扩张的主导力量，工业发展引致的生产性服务需求和公用事业与居民服务业对于我国服务业增长起到重要作用，并提出了要适应新型工业化的要求，重点发展为工业服务的生产服务业；要适应社会发展的要求，大力推进社会公共服务业的发展来促进我国服务业的进一步增长。

郭文杰利用1978—2004年的数据分析了城市化进程对我国服务业增长的贡献。认为城市化是推动服务业发展的重要动力。城市化引致人口的流动，产业集聚的邻近效应节省了交易费用，提高了交易效率，城市化为服务业增长提供了劳动力供给。

汪德华、张再金、白重恩认为以一国法治水平来衡量契约维护制度的质量，与其服务业比重显著正相关；政府规模与其服务业比重显著负相关；其中法治水平对服务业比重的影响在中低收入国家更重要，而私人财产保护制度并没有对服务业比重有显著影响，而政府支出规模和政府投资规模对服务业比重都有负向的影响。

郑吉昌等认为现代服务业对就业的促进不仅在于产业本身吸纳劳动力，而且能够通过乘数效应、产业关联、技术进步、劳动力供需配对等四个方面促进其他产业的就业。

（三）服务业开放

服务业的开放问题主要包括服务业外商直接投资（产业转移）和服务贸易（包括服务外包）两大方面。

服务业外商投资问题越来越受到学术界的关注。刘庆林等认为服务业国际转移除了具有技术效应（优化效应）、扩大效应、资本效应外，还具有产业效应，主要包括产业结构优化效应和产业集群效应，同时指出我国应控制服务业转移的规模和结构、注重优化服务业的承接模式等。吴静认为长三角地区服务业外商直接投资对经济增长具有较强的促进作用，但仅凭经济总量的增加不足以进一步吸引服务业外商直接投资，制度的建设与完善才是吸引的关键。刘星等认为外商直接投资与中国服务业技术进步存在长期稳定关系，但外商直接投资与中国服务业技术进步显著性较弱。在引进服务业外资时，要加强技术含量的要求，优化内部结构、促进技术环境升级，注重构建人才培养体系。

杨春妮认为当前中国承接服务业国际转移最大的优势来源于较大的市场规模，绝大多数到中国进行投资的跨国公司以获得中国市场为主要目的，而附加值较高的以寻求效率为目的的服务业直接投资还很少。另一方面，政策壁垒、国内某些服务部门的行业垄断和较低的劳动力素质构成了阻碍中国进一步承接服务业国际转移，特别是高科技含量、高附加值服务业的国际转移。王建华、朱昀认为，市场开放度、服务业外国直接投资集聚效应对我国服务业外国直接投资影响最大，而市场规模、市场增长潜力、劳动力成本等，虽然与服务业外国直接投资也存在着一定的相关关系，但其线性关系并不显著。

服务贸易在国际贸易中的比重不断上升，国内学者也开始重视服务贸易问题的研究。邵学言、谭建芬分析了我国服务贸易的国际竞争力，指出无论从国际市场占有率、显示性比较优势指数来看，我国服务贸易的国际竞争力均比较弱。姜颖认为我国服务部门的规模和服务贸易的自由度是影响服务业产业内贸易发展的主要因素，在长期内，产业内贸易指数、服务贸易依存度、服务部门规模具有稳定的均衡关系，服务贸易依存度和服务部门规模对产业内贸易指数都有正向的影响；在短期内，贸易依存度水平和服务部门规模与长期内的均衡水平相比有所偏离，服务贸易依存度和服务部门的规模均是引起服务业产业内贸易变化的原因。刘志彪指出高端生产者服务业（也有不少学者叫生产性服务业）出现了大规模的外包趋势，这意味着高附加值的知识产业在全球的扩散效应正在加强，意味着中国有机会、有条件实现产业链向高端攀升。卢锋指出经济全球化新浪潮，对后起国家经济发展政策选择提供了新的机遇，他从发展路径选择、硬件和人才基础条件、政策调整滞后等方面分析我国在这一领域相对落后的根源，并提出要放宽市场准入、改进相关法律等措施，来促进服务外包的发展。

（四）服务业集聚与区位

秦远建、代文指出在现代服务业集群中，现代服务企业是关键企业，在集群中处于核心地位，直接给消费者提供服务产品或服务过程，并接收消费者的反馈信息；供应者是指为服务企业提供原材料或者半成品的企业；相关机构主要指行业协会、研究机构和政府相关机构等；人文环境指服务企业聚集地的历史、文化和社会氛围；产业区的基础设施是某一区域的道路、通信和安全；政策环境是指政府关于特定产业及区域的政策和法律规定。发展现代服务业集群，首先要制定规划和目标，注重政府导向角色的平衡，同时要强化政府规制，倡导和谐的现代服务业集群的文化氛围；并要多渠道加大投入，培养人才以及加快标准化建设。张树林指出现在服务业产业集群的本质是服务业供应链的集群，而影响现代服务业集群的因素主要是：一是信息、高素质的人力资源、便捷的交通和完善的市政设施，这决定了现代服务业集群一般出现在大都市的商务中心区；二是大量的客户资源。

申玉铭等人指出中国服务业区域发展差异不断扩大，进而指出经济发展水平、城市发展程度、市场发育程度、交通通信水平、经济全球化水平、人力资源丰富程度的不同是导致我国服务业发展空间差异的主要因素。胡霞研究了集聚效应对城市服务业发展差异的影响，她通过城市人口集聚、产业集聚和城市区位因素计量模型研究，表明：经济的集聚程度对服务业的生产效率有显著的正向促进作用，企业越密集，经济活动越密集，服务业的生产效率就越高，当地的服务业发展水平就越高。

（五）服务业的产业互动与融合

夏杰长等人在《高新技术与现代服务业融合发展研究》一书中提出了服务业知识化和制造业服务化是现代服务业发展的两大趋势的观点。他们认为，高技术与服务业耦合的动因主要是完善价值链的需要，而耦合的结果则是服务业信息化、产业融合和经营模式创新。该书还对我国转型期生产性服务业和制造业竞争力的关系进行了实证检验，研究表明发展生产性服务业有利于制造业提升竞争力，市场化程度越高的地区，生产性服务业和制造业之间的互动关系越明显，在我国当前，制造企业外包生产性服务环节的动机并不强烈。同时，他们还以北京市为例，实证检验了高技术制造业和生产性服务业之间的互动，并提出了要扭转“重制造、轻服务”的观念，加快生产性服务业市场化改革步伐，加强统计等对促进高技术制造业和生产性服务业融合发展的建议。李美云在《服务业的产业融合与发展》一书中将服务业的产业融合定义为服务业与工业、农业及服务业内部不同行业之间边界模糊化，并在各自的边界处融合成不同于原有各产业的新型产业业态的过程。认为价值链重构是产业融合的实现机制，而技术和制度创新是产业融合的外部激活因素，并提出推动我国服务业产业融合发展的策略，包括推动形成产业融合发展的共识，创造有利的制度环境等。

（六）服务业产业组织

孙海刚指出，从国际产业组织研究的视角看，国际产业组织理论的研究逐渐由制造业转向服务业。并且分析了服务业产业组织研究的特殊性：服务业各产业在性质上有很大的区别，因此很难像制造业产业组织研究的那样建立一整套完整的理论体系，而且现代服务业产业组织的实证研究也比较困难。陈启杰、倪娜认为我国展览组织企业数量多、规模小；展览会规模小，相同主题展览会重复严重；展览馆数量多、规模小；政府办展现象突出，提出政府在优化展览业产业组织的定位：一是政府应该退出对展览业的直接经营；二是推进国有企业改革，以资本为纽带，转行政隶属关系为产权约束关系；三是取消审批制，通过行政法规、经济杠杆、中介组织等各类间接方式鼓励和促进大型展览企业集团的建立；四是通过公开招标、出卖主办权的方式将原政府主办或组织的展览会市场化；五是投资建造大型展览馆，促进大型展览会的举办。

（七）服务业体制与创新

中国社会科学院发布的《中国服务业发展报告 No. 5——中国服务业体制改革与创新》全面分析了服务业体制改革的建议：(1) 加快服务业市场化取向的改革步伐，充分发挥市场竞争机制的作用，分步骤放松对现代服务业中投资项目的行政审批，推进投融资体制改革，以此打破市场壁垒，按市场主体资质和服务标准，逐步形成公开透明、管理规范和全行业统一的市场准入制度；(2) 优化和完善法规制度与政策措施构成的软环境；(3) 创新服务业引导资金的使用，充分发挥其弥补服务业领域“市场失灵”的作用；(4) 逐步消除城市化的制度障碍，加快城市化进程，以此推动服务业的快速发展；(5) 依据不同服务行业的特征制定合理的市场准入门槛；(6) 转变政府职能，发挥行业协会在服务业发展中的积极作用；(7) 完善服务业开放体制与政策，提高服务业的对外开放水平；(8) 改革与创新职业教育体制，为服务业的快速高质发展提供合格人才。

夏杰长、霍景东分析了现代服务业研究开发的特点以及我国现代服务业研究开发的现状，认为无论是研发投入比重、研发绩效、研发强度等，服务业均比制造业低，在分析阻碍我国现代服务业研究开发的因素的基础上，提出促进现代服务业研究开发的政策体系：(1) 科学界定现代服务业研究开发活动和关键技术；(2) 重视现代服务业研究开发，把高技术现代服务业和高技术制造业全部纳入高新技术产业的范畴，给这些产业研究开发给予支持；(3) 加大现代服务业关键技术的研究开发投入，对于那些企业的关键技术给予补贴和其他政策支持；(4) 重视产品（技术）支持的同时，加大产业链其他环节的支持力度；(5) 制定行业准入和现代服务业技术标准；(6) 推动研发合作联盟，大力发展研发服务业；(7) 加大消费者权利保护，提升客户在创新中的作用。

四　需要进一步研究的问题

改革开放 30 年来，我国的服务经济学从无到有，逐步形成了一个比较科学完整的体系，学术研究和服务业发展实践都取得了非凡的成就。结合服务业经济学科建设和我国服务业发展的需要，要加强以下几个方面的研究：

一是构建服务经济学独立的研究方法。由于服务业的快速发展是从 20 世纪 60 年代以后开始的，人们对于服务业的认识还不够清晰，尤其是服务经济学的研究方法，大部分还是在借用制造业的研究方法，来展开对服务业的研究。然而，服务业的生产和消费属性与制造业有很大的不同，因此必须要有自己独立的研究方法。

二是要加强对服务业发展的原因和条件的研究。目前，我国的服务业发展非常快，但是各地服务业发展比较盲目，在时序推进上，心态较急；在内容选择上，差异化不够。因此，今后要加强对服务业发展原因和条件的研究，以便更好地指导实践。

三是加强对服务业开放的研究，特别是要研究如何鼓励服务业走出去。

四是加强对服务业的技术创新和研发研究不够，服务业创新和研究开发与制造业有很大的不同，目前还没有服务业研究开发的专门统计，如何界定服务业研发，如何鼓励服务业研究开发，都是今后应该关注的问题。

五是对于加强对服务业的宏观的职能和发展手段的研究。政府在服务业发展的职能是什么，如何促进服务业的发展，发展制造业的手段能否应用于服务业的发展，也是今后要关注的问题。

六是加强对服务业统计和核算工作的研究。服务业家底不清已经困扰理论和实际部门好多年了，尽管每隔几年就有一次经济普查。即便如此，也很难真正弄清楚服务业的规模与结构。其原因，一方面是由于服务业本身的复杂性，另一方面则是服务业统计和核算的理论研究非常薄弱。现在一般的服务业政策研究不少了，但专门的服务业核算和统计指标体系的论著非常罕见。

参考文献与学科年度重要文献

陶纪明：《服务业的内涵及其经济学特征分析》，《社会科学》2007 年第 1 期。

李朝鲜、李宝仁：《现代服务业指标体系与方法研究》，中国经济出版社 2007 年版。

雷小清：《中国服务业增长因素分析——基于 SDA 的实证研究》，《财贸经济》2007 年第 6 期。

夏杰长等：《高新技术与现代服务业融合发展研究》，经济管理出版社 2007 年版。

李美云：《服务业的产业融合与发展》，经济科学出版社 2007 年版。

何德旭主编：《中国服务业发展报告 No. 5——中国服务业体制改革与创新》，社会科学文献出版社 2007 年版。

郑吉昌、何万里、夏晴：《论现代服务业的隐性就业增长机制》，《财贸经济》2007 年第 8 期。

孙海鸣、孙海刚：《现代服务业产业组织研究》，上海财经大学出版社 2007 年版。

《2007—2008 世界服务业重点行业发展动态》，上海科技文献出版社 2007 年版。

卢锋：《我国承接国际服务外包问题研究》，《经济研究》2007 年第 9 期。

汪德华、张再金、白重恩：《政府规模、法治水平与服务业发展》，《经济研究》2007 年第 7 期。

（夏杰长　霍景东）

企业管理学

企业管理学是研究企业管理活动、过程及其基本规律和一般方法，解决企业管理问题、指导管理实践的应用性学科。所谓管理，则是指在一定组织中通过计划、组织、控制、指挥、协调等职能充分调动利用各种资源、协调组织成员的行为，从而以尽量少的投入实现组织目标的活动或过程。在企业管理学的研究方法上，迄今为止还没有形成一个统一的研究方法，一般认为企业管理学具有多学科的移植交叉性，综合借鉴数学、经济学、社会学、心理学、工程学、系统论等学科的方法，而对多学科方法借鉴的目的是以认识和解决管理问题为中心。孔茨和韦里克在其著名的《管理学》中曾归纳出12类管理分析模式或学派，包括经验或案例学派、人类行为学派、群体行为学派、协作社会系统学派、社会技术学派、决策理论学派、系统学派、管理科学学派、权变和情景学派、经理角色学派和经营理论学派、麦肯锡7S模式。实际上，在这些学派发展背后都体现了对多种学科方法的综合借鉴。

改革开放以来，我国企业管理学科发展以市场化、国际化和信息化为导向的特征十分明显。企业管理学科发展本质上是对企业经营环境变化过程的适应，并伴随着企业实践的发展而发展的。从计划经济走向社会主义市场经济，从封闭经济走向开放经济，再到信息技术在生产经营活动中的广泛应用，面对企业经营环境的变化，企业管理实践不断创新，并表现出了特定的阶段的特征，而我国企业的管理学发展正是以满足管理实践的需要不断发展前行的。

一　改革开放30年企业管理学发展的概况

改革开放以来，我国企业管理学发展基本上可以划分为两个阶段。第一阶段是“过渡阶段”（1978—1992），企业管理学本身也就表现出“计划”与“市场”并存的特点；第二阶段是“市场化阶段”，企业管理学也就表现出“市场导向”的特点。

在第一阶段，企业管理学发展表现出计划与市场并存的“过渡性”特点。十一届三中全会不仅在我国政治经济生活中具有深远意义，同时也是我国企业管理学发展的一座里程碑，它意味着中国的企业管理将进行转轨变型，朝着管理科学化、现代化的方向发展。在这一大的经济体制背景下，增强企业活力，转换企业经营机制，使企业成为自主经营、自负盈亏、自我约束的市场主体成为这一阶段企业改革和发展的中心任务。同时，企业管理发展的焦点是除了关注企业内部生产要素的配置之外，更加关注企业内部资源与市场、用户等外部资源的有效整合，初步显现出以“市场为中心”的创新特点。“企业本位论”、“两制四全”① 等具有中国特色的管理理论相继诞生，并成为指导中国企业改革和管理实践的重要理论工具。

同时也应该看到，在这一阶段由于政企分开、政资分开、官商分开的制度环境正在建设过程之中，企业制度的双轨制，即行政干预企业决策与制衡机制下的自主经营这两种企业体制并存，且处于胶着状态；另外，通过市场价格配置资源的力量较弱，行政权力分配资源仍然是一种重要方式和手段。因此，正如这一阶段经济体制具有“双轨性”和“过渡性”的特征一样，企业管理学发展同样也具有“过渡性”这一明显特征，并逐步将创新重心向“市场性”移动。

从1992年以来，伴随着改革目标的进一步明确，中国企业改革也进入了建立现代企业制度的新阶段，企业管理学发展也体现出以市场为中心的特点。十四届三中全会报告将现代企业制度的基本特点描述为“产权清晰、权责明确、政企分开、管理科学”。这一描述本身体现出深化企业改革同加强和改进企业管理，是相辅相成的，企业管理改革是企业改革的重要组成部分。这也就进一步明确要求广大企业要不断进行管理创新，树立企业管理新观念、丰富新内容、采用现代管理方法和手段，不断推进企业管理的现代化、科学化。

建立社会主义市场经济体制方向已经明确，自然也要求企业建立新的机制，即以市场为中心，适应外部环境变化，制定企业发展战略，形成追求效益最大化的科学决策机制；营销策略灵活，以客户满意为中心的市场反应机制；及时调整产品结构、人才结构、资本结构，不断优化生产要素配置的机制；既调动经营者积极性，又规范其行为的激励和约束机制。按照这一要求，一批优秀企业管理实践涌现出来，例如，邯钢的“模拟市场核算，实行成本否决”的经验；小天鹅的“末日管理”；海尔集团的“日事日清、日清日高”，“斜坡球”，“市场链”；嘉陵集团的“三元动态平衡法”等，极大地丰富了企业管理学理论的内容。同时，一些国外的企业管理理论也大量引进，无论在学术研究方面，还是在企业实践方面。事实上，这一阶段的企业管理学发展充分体现出以市场为中心的特点，学科发展的范围更加广泛，并具有非常明显的动态演进特征。

二　当前企业管理学的新发展和重大热点问题

以下我们分别对企业管理学的战略管理、组织管理、人力资源管理、营销管理和创新管理子学科的新进展和重大热点问题进行介绍。

---

① “企业本位论”是蒋一苇先生提出的，在1979年初，人们对城市改革从哪里开始展开了激烈争论，他提出，整个经济体制改革的立足点应该是企业，经济体制改革归根到底是解放生产力，生产力不在中央，也不在地方，而在企业。“两制四全”也是蒋一苇先生提出的，“两制”是既有民主，又有集中的企业领导体制和经济责任制；“四全”是指“全面计划管理”、“全面质量管理”、“全面经济核算”和“全面人事劳动管理”。

（一）战略管理：基于复杂理论的“共同演进”分析视角

复杂理论引入战略管理领域，不仅是在种群生态观点和战略选择观点两个极端之间导入了一种新的选择，而且成为战略管理研究的重要思想，为在复杂环境条件下，认识企业战略与环境之间的关系提供了新视角。复杂理论认为，构成组织的行为主体既相对独立又相互联系和依赖，能够根据各自所处的环境条件进行内部变革和相互关系调整，以适应复杂变化的环境和条件。

对于复杂理论的研究最早可以追溯到普里高津的耗散结构研究、20 世纪 70 年代的非线性研究、混沌理论研究，以及 80 年代的人工神经网络研究，这一阶段的研究已经提出了复杂系统行为的非线性特征和自组织特性。但是，真正将复杂系统作为专门的研究对象，则始于 20 世纪 80 年代中后期的圣塔菲研究所（Santafe）。它们的研究发现，有很多复杂系统，在特定的外部条件下，可以通过自组织形成特定时空结构的有序状态，在环境的影响下能够自组织、自学习、自适应，不断演化形态而生存、繁衍和发展。如果适应能力赶不上环境的变化，就会衰亡下去。对于复杂系统的研究还得出了一些共性特征：一是所有复杂系统的共性是涌现；二是这些涌现现象是由混沌边缘来完成；三是复杂系统一般具有非均匀性、非线性性、自适应性和网络性的特征。

复杂理论在战略管理中的应用，最主要体现在“共生的商业生态系统”和“共同演进”这两个概念的导入上。该理论应用的核心思想是，企业战略在动态非线性的复杂环境下，要以创建一个共生的商业生态系统为重点，关注嵌入系统的不同参与者和过程的动态张力，以及他们之间的相互关系，同时，在自适应机理的作用下，这种“共同演进”不仅体现在系统内各企业组织之间的共同演进，还体现为环境和企业战略的共同演进，体现为企业核心能力的动态演进（王毅、吴贵生，2007）。

（二）组织管理：基于“组织学习”的视角

自 1958 年马奇（March）和西蒙（Simon）提出组织学习的概念以来，1965 年卡吉洛西（Cangelosi）和迪尔（Dill）则开展了组织学习实证研究的先河，到 1978 年阿吉里斯（Argris）和舍恩（Schon）《组织学习》一书的出版，则标志着国外学者对组织学习系统化研究的开始。国外对组织学习理论的研究大体上可以分为四个方面：一是关于组织学习的类型；二是组织学习的过程；三是组织学习的度量；四是组织学习的工具（杨智等，2004）。

就组织学习的类型而言，大致可以分为三类。第一类是“适应性学习”，即遵守组织既定的假设，通常也被称为单回路学习、维持学习、日常学习和线性学习等。第二类是“创造性学习”或者称为“双回路学习”，是组织对既有假设进行质疑，进而进行修正，最终达到应对环境变化的目的。第三类是“再学习”或者称为“三回路学习”，主要是通过组织学习，不仅发现阻碍和促进组织提高效率的因素，同时提出有效的组织策略，并通过建立新的心智模式，提高组织学习的效率，提升组织的绩效成果（Snell 等，1998）。

近年来，我国学者在组织学习的理论研究和实践应用方面也做了许多工作，并取得了一些重要的研究成果。但是，就目前的研究成果而言，除了在概念模型构建和解释性研究方面的研究之外，相关的实证研究也在逐步展开。有的学者提出了一种整合的组织学习模型，并以IT企业的实地调研，总结了其在组织学习方面的成功经验（贾建锋等，2006）。还有的学者构建了组织学习能力的评价指标体系，并建立了组织学习能力的综合评价模型，使定性问题能够定量化处理（高俊山等，2008）。

（三）人力资源管理：从“心理契约”视角展开

在复杂多变的竞争环境下，人力资源作为一种集中体现企业核心能力的稀缺资源，为企业获得和保持持续的竞争优势起到了决定性的作用。在人力资源高速流动、人力资源专有资本特征更加显著的条件下，单纯依靠市场交易手段已很难承担起这项使命。因此，对从心理、情感、关系层面切入，发展组织和员工承诺，培育组织和员工忠诚就有着特殊的理论和现实意义。心理契约概念的引入恰恰为此提供了一个全新的视角。

从构成上看，心理契约本身是一个综合体，包括交易型和关系型两个维度，不同的组合就形成了不同的心理契约。交易型维度关注经济的、货币化的关系，个人投入水平有限，契约内容明确，责任公开、可观察，交易的经济条件（已有的技能、竞争性的工资率和绩效导向的报酬）是主要诱因。相比而言，关系型维度关注情感化、非货币化的关系，个人投入水平深入，契约内容隐含、主观性强，并具有动态灵活性，长期性的、情感化的因素（培训和发展机会、长期职业生涯、长期承诺）是主要诱因（秦仪、刘新华，2003）。从作用机理上看，心里契约是以承诺为基础的责任观，违反契约对个人和组织都会产生相当大的影响，会影响到员工工作的绩效、工作的满意度、对组织情感的投入以及员工的流动率，甚至会产生愤怒的情绪，并重新评价个人与组织的关系（李源、郭德俊，2003）。

心理契约作为维系组织和成员关系的心理纽带，是维持和发展成员与组织间关系的内在力量。具体的人力资源管理活动、高组织支持的提供以及员工对于组织（而非组织中的某些个体）的忠诚，都应从心理契约的建立、履行、更新的角度加以思考，培育出高组织忠诚度的员工（许小东、孟晓斌，2003）。其中，初始理念和组织诱引都会对员工心理契约变化产生影响（刘小禹等，2008）。另外，基于我国传统文化背景，知识型员工的心理契约结构还表现出特殊性（王黎萤、陈劲，2008）。

（四）营销管理：关系营销范式下的发展

营销学中关系范式的出现，掀起了市场营销学界一场革命，被称为“营销学研究范式的转变”。交易营销范式同关系营销范式的本质区别在于，前者强调以产品为中心，采用4Ps营销组合为手段，将交易视为一个离散的状态，关注单次交易活动收益的最大化；而后者以同顾客保持长期关系为导向，注重新价值的创造和交易关系双方的互动作用，将交易视为一个连续的状态，最终目标是通过维持与顾客的长期关系来获得顾客的终身价值。从上面简单的对比可以看出，营销学研究范式的变化，直接带来研究中心的转移，“顾客价值”成为关系范式下营销研究的中心。

顾客价值作为一个动态的概念，具有抽象性、主观性以及构成与驱动因素的多维性、评价的情景差异性等特点（蔡翔、陶学禹，2003）。对顾客价值的理解包括两个维度（楼天阳、何佳讯，2003）：一是经济维度，也称关系价值维度，以顾客盈利率（Customer Profitability）为中心，关注顾客终身价值（Customer Lifetime Value，CLV）、RMF（Recency：最近购买期；Monetary Amount：货币价值；Frequency：购买频率）、交叉销售（Cross-Selling）、增量销售等，例如，有学者以汽车行业为实例，采用DEA方法中的CCR模型和SE模型对竞争产品的顾客价值要素的相对有效性进行评价（成海清，2008）；二是情感维度，也称关系质量维度，以顾客忠诚度（Customer Loyalty）为中心，关注顾客满意度（Customer Satisfaction）、顾客保留率（Customer Retention）、顾客推荐（Customer Referral）等。

顾客价值管理主要有两条研究路径：一是研究的纵向延伸，即在沿着顾客价值经济维度研究和情感维度研究纵深化的同时，进行两个维度的综合研究，进而在经营哲学（企业战略逻辑）层面得到全面体现；二是研究的横向扩展，即与服务营销、体验营销等领域链接。

（五）创新管理："技术能力"和"互补性资产"的分析视角

1. 基于技术能力的研究视角

目前，对于企业自主创新战略问题的研究主要是以"传统的技术追赶论"作为理论基础，即发展中国家作为"追随者"，所以需要走通过引进、消化、吸收，然后再创新这一战略路径，日本和韩国都是比较典型的例子（Kim，1998；Amsden和Chu，2003）。中国企业是否还能够复制这一模式呢？答案是否定的。因为，中国企业的竞争环境、企业资源条件，现在都不同于当时的日本和韩国。日韩企业基本上都经过了先"国内竞争"具备了一定实力，再直接同"跨国公司"直接竞争的过渡，可以说，"封闭经济"的基础和较为"充裕的"时间准备是日韩企业实现技术赶超的基本前提。而中国企业一开始就步入了更加"开放的"和"直接的"竞争环境，一方面很难有充分的时间走完引进、消化、吸收再创新的全过程（高旭东，2006），另一方面基于"合资方式"充分发挥"比较优势"的中国企业是永远不会真正获得"国际竞争优势"的，并且丧失了"技术赶超"所必要的能力，而"技术能力"是组织层次长期、持续学习的结果，因此自主创新对技术赶超是非常重要的（路风，2006）。

2. 基于互补性资产的研究视角

互补性资产可以分为三类，即通用性资产（generic assets）、专用性资产（specialized assets）和互为专用性资产（cospecialized assets），后两类资产的区别在于它们与技术的关系是单边依赖（unilateral dependence）还是双边依赖（bilateral dependence）的。创新者通过一体化互补性资产提高可收益性的充分条件包括：（1）政策性收益机制提供的保护作用是弱的；（2）互补性资产是专用性的；（3）互补性资产是重要的。蒂斯（Teece）早期的分析主要适用于独立技术创新（autonomous innovation），当技术性质属于系统性技术创新（systemic innovation）（技术创新的价值必须通过其他互补性的技术才能实现）时，技术标准变得重要，在这种情况下，一体化的大企业是一种更有效的组织形式，因为通过“权威”进行资源配置的企业内部更容易对复杂的技术系统进行协调（Teece，1997）。雅各比德斯（Jacobides）等对蒂斯的研究进行了扩展，他们将互为专用性重新定义为“互补性”（complementarity）和“流动性”（mobility），其互补性影响新创造价值的规模，而流动性影响各类资产的议价能力，企业选择非一体化的一个充分条件是企业可以同时加强互补性资产的互补性和流动性，同时，他们的分析层次也从蒂斯的互补性资产（企业内的分工）拓展到“产业架构”（industry architecture）（产业内的分工或价值链）的层次（Jacobides etc，2006）。

三　企业管理学科进一步发展的趋势

面对全球化、信息化和技术的快速发展，企业管理学科的发展既处于这一环境变革当中，同时又是环境变革的产物。就战略管理而言，在中国转型经济的背景下，企业发展环境具有高度的复杂性和不确定性，在“环境—战略—绩效”的内在关系研究中，环境和战略共同演进过程及其对绩效影响的过程必将成为一个重要的研究主题。就组织管理而言，企业如何通过组织学习，在变革的环境下保持持续竞争能力就成为一个不容忽视的问题。就人力资源管理而言，如何在组织和个人之间，其中尤其是在知识型员工和组织之间，如何形成共同的认知，达成更高层次的信任和承诺，就成为理论界和实践界都关注的问题。就营销管理而言，突破传统范式建立长期、持续的交易关系，将成为未来研究的一个重要视角。就创新管理而言，中国企业自主创新问题的提出有其特殊的国情背景，那就是中国如何尽快实现从工业大国向工业强国转变，如何尽快实现从要素驱动和投资驱动阶段尽快向创新驱动阶段转变。因此，在“开放经济”基础上，直接同跨国公司竞争，培育企业“竞争优势”，提升“国际竞争力”，打破“技术依赖”和“封锁”，实现“技术赶超”，从“追随者”（follower）转变为“进攻者”（attacker）就成为中国企业自主创新战略问题研究的基本前提和题中应有之义。

总体而言，企业管理理论与方法的发展，更加呈现出多学科综合性的特点，心理学、社会学、运筹学、计算机等学科的研究成果不断融入到企业管理学的发展中。同时，企业管理的研究对象也日益丰富，社会资本、组织学习、顾客价值、心理契约等不断进入研究视野。多学科的名词和概念不断移植其中，并具有了特定的含义，例如，能力、感知、信任、承诺、忠诚、嵌入等。这些新进展正构筑起企业管理学科发展中一道道亮丽的风景线，体现出企业管理学科发展全球化、信息化、人性化、知识化、顾客至上等特点。

主要参考文献与学科年度重要文献

Amsden, A. and W. Chu, 2003, *Beyond Late Development: Taiwan's Upgrading Policies*, Cambridge, MA: MIT Press.

Jacobides, M. and S. Billinger, 2006, “Designing the Boundaries of the Firm: From ‘Make, Buy, or Ally’ to the Dynamic Benefits of Vertical Architecture”, *Or-*

ganization Science, 17 (2): 249—262.

Karthik, N., 2002, "Learning in Strategic Alliances: An Evolutionary Perspective", *Academy of Marketing Science Review*, 10: 1—16.

Kim, L., 1998, "Technology Policy and Strategies for Developing Country: Lessons from the Korean Experience", *Technological Analysis and Strategy Management*, 10 (3): 311—323.

Snell, R. and A. Chak, 1998, "The Learning Organization: Learning and Empowerment for Whom?" *Management learning*, 29 (3): 337—364.

Teece, D., etc, 1997, "Dynamic Capabilities and Strategic Management", *Strategic Management Journal*, 18: 7 (August), 509—533.

成海清:《基于超效率 DEA 模型的顾客价值评价》,《软科学》2008 年第 3 期。

高俊山、毛建军、谷冬元:《组织学习能力综合评价模型研究》,《管理学报》2008 年第 2 期。

高旭东:《自主技术创新的理论基础》,载《创新与创业管理》(第二辑),清华大学出版社 2006 年版。

贾建锋、赵希男:《组织学习模型及其应用研究》,《中国软科学》2006 年第 3 期。

刘小禹、刘军、于广涛:《初始信念、组织诱引对员工心理契约变化的影响》,《心理学报》2008 年第 1 期。

路风:《走向自主创新》,广西师范大学出版社 2006 年版。

王黎萤、陈劲:《知识型员工心理契约结构和激励机制》,《经济管理》2008 年第 1 期。

王毅、吴贵生:《基于复杂理论的企业动态核心能力研究》,《管理科学学报》2007 年第 1 期。

(王 钦)

工业经济学

一　学科概述

工业经济学是就工业方面研究人类物质生活的科学，亦即利用经济学的基本原理来研究工业生产领域有限资源的有效利用和配置，以及由此产生的社会生产关系和人类福利问题的应用经济学。工业经济学的研究对象是：计划或市场体制下工业生产以及同工业生产直接相关的经济行为、经济关系和经济规律，包括工业品生产、交换、消费过程中的一切经济现象。工业经济学不研究具体的工业生产技术和通过工业生产过程进行物质形态转换的具体物质过程，但以工业生产的基本技术过程为基础，并充分考虑到工业生产技术工艺的基本特征及其对工业生产过程经济行为和经济关系的影响。换言之，工业经济学将工业生产过程所实现的物质形态转换的实际过程作为经济活动和经济关系的必要前提。因此，与其他应用经济学相比，工业经济学引入了特定领域中的实际生产过程的基本性质和特征所产生的经济现象，并以此为基础深入到具有特定物质技术特征和工艺特征的生产领域，即深入到不同行业（或产业），研究其特有的经济行为、经济关系和经济规律。同时，工业经济学还研究与工业生产直接相关的一些经济现象，如工业生产赖以正常进行的自然资源（原料、能源、水、土地），工业产品实现过程的经济行为和经济关系，工业与农业和生产性服务业的关系，工业生产对生态、环境和社会福利的影响，等等。因此，与经济学其他学科相比，工业经济学的研究对象更为具体，也更为复杂。例如，微观经济学抽象地研究微观经济主体——企业和居民如何解决生产什么、生产多少、如何生产最有效率的机制问题。产业组织经济学主要研究同一产业内的企业之间的关系问题。而工业经济学不仅研究同一产业（行业或部门）内企业之间的关系，而且着重研究不同产业（行业或部门）内企业之间的关系以及产业（行业或部门）之间的关系，研究产业（行业或部门）的总体经济表现。

在研究方法上，工业经济学的研究方法与一般经济学既有共同性（如它们都大量采用演绎法、归纳法、数理法、统计法、个案分析、总体分析以及计量分析方法），又有自己的特殊性（如工业经济学引入同工业生产的物质技术特征相关的概念和分析工具），因此，工业经济学的推理过程不单单是纯抽象的逻辑演绎，更是反映了工业生产的物质技术过程的客观因果关系。再如，工业经济学的研究方法更多地引入了空间、时间因素，而且，“空间”和“时间”因素在工业经济学中更为具体现实。

工业经济学作为一门独立的学科，最初创立于1917年十月革命后的苏联。中华人民共和国成立以后，为了适应社会主义经济建设的需要，20世纪50年代我国从苏联引进了这门学科，并根据我国工业生产和建设的具体经验，从理论上加以概括，形成了我国的工业经济学。历史地看，工业经济学这门学科在指导社会主义工业生产和建设、培养工业经济管理人才方面曾发挥了重要的积极作用。但是，由于历史的原因，我国传统计划体制下的工业经济学在理论体系和内容上存在着许多缺陷，如：（1）把社会主义经济看成为有计划的产品经济，对商品生产、价值规律重视不够；（2）重视研究工业生产的基本要素、工业生产能力的形成、工业生产的组织和管理方式等问题，而忽视工业品的市场实现的体制和机制问题；（3）主要依靠计划机制、行政手段，而忽视市场机制、经济手段，管理方法单一；（4）没有把经济绩效作为一条主要红线贯彻始终。由于存在这些缺陷，传统的工业经济学已经不能适应改革开放后我国工业经济的实际情况了。因此，改革开放以来，随着我国工业化的不断推进和经济体制市场化改革的不断深入，工业经济学的研究方法和理论范式逐步从传统向现代转型，研究内容和研究对象逐步拓展和延伸。

二　改革开放30年我国工业经济学的发展

从总体上看，改革开放30年来，我国工业经济学研究经历了三个发展阶段，即双重研究方法和理论范式并存的阶段（1978—1991）、研究方法和理论范式的初步转型阶段（1992—2000）和新范式下的重新复兴和繁荣阶段（2000年以来）。

在双重研究方法和理论范式并存的阶段（1978—1991），我国工业经济学研究既受以往学术传统的影响，又受从西方传入的理论范式和研究方法的影响。在这个时期，工业经济学关注和研究的主要问题有：（1）在两大部类框架内对生产资料优先增长规律进行反思和再认识；（2）针对当时我国国民经济比例严重失调状况，对我国工业结构和经济结构失衡的现象进行理论分析，对以往片面强调重工业、忽视消费品生产的问题进行反思；（3）引进西方经济学的一些理论范式和研究方法。在这个时期，西方产业经济理论中新的产业结构分类法——三次产业分类法开始被我国学者所了解，一些西方学者的著作如库兹涅茨的《各国的经济增长》、罗斯托的《经济成长的阶段》、H. 钱纳里等的《工业化和经济增长的比较研究》等，以及介绍西方产业经济学的著作如杨治的《产业经济学导论》等开始为我国学者所熟知。一些学者开始运用新方法研究我国的产业结构演变规律、主导产业的选择和产业政策等问题。

1992年党的十四大提出建立社会主义市场经济体制以后，我国工业经济学研究开始进入研究方法和理论范式的初步转型阶段。在这一时期，工业经济学的研究摆脱了传统研究方法和内容体系的影响，与现代市场经济体制相适应的研究方法和理论范式已经成为主流的研究话语体系，其关注和研究的主要问题有：（1）改革开放以来我国产业结构问题的变动趋势和特点；（2）产业结构变动对资源配置效率的影响；（3）传统衰退的产业调整和产业援助；（4）20世纪90年代我国产业组织变化的主要趋势；（5）告别短缺之后我国工业领域的过度竞争及价格战问题。

进入21世纪后，伴随着我国社会主义市场经济体制的初步建立和从农业大国转变为工业大国，我国工业经济学的研究在经历一个短暂的低潮之后进入了重新复兴和繁荣的新阶段。在这一阶段，我国学者系统应用现代工业经济学的理论范式和理论体系，紧密结合我国国情，对市场经济条件下我国工业经济发展和工业运行中一些重要的理论和现实问题进行研究，取得了丰硕的成果。

三　2007年工业经济学前沿问题综述

（一）我国工业结构调整和优化问题

关于工业结构调整与升级究竟以企业还是以政府为主体，吕政等认为，由于我国是一个发展中大国，政府在产业结构调整中需要在加强产业结构中的薄弱环节、支持产业结构升级中的重点环节、促进产业国际竞争力的增强和解决不合理重复建设等方面起推动和促进作用。张春霖认为，结构调整应该是市场参与者在市场机制的作用下实现的，政府的作用是推动体制改革，为结构调整构建起良好的微观基础——追求利润最大化的企业和追求收益最大化的投资者。如果政府继续沿用计划经济的数量（技术）标准和行政手段，结构调整很难成功。只有在企业微观层次自主调整基础上的宏观层次结构调整，才可能实现工业结构优化。

关于市场经济体制基本建立后我国工业结构调整与升级的新特点，吕政认为，随着我国社会主义市场经济体制的建立和经济环境的变化，我国工业结构调整与升级发生了一系列新变化：工业结构调整的着眼点要由过去短期的适应性调整转向长期的战略性调整；调整的主体将由政府逐步过渡到企业，优胜劣汰的竞争机制成为结构变化的决定性力量；调整的内容要从单一的产业、产品结构调整转向行业结构、企业组织结构、技术及产品结构、区域结构和劳动力结构等综合性调整；调整的重点也要由增量调整为主转向增量与存量调整有机结合、以存量调整为主，而工业结构的战略性调整则必须更多地依靠科技进步与体制创新来实现。张玉春等认为，近年来我国工业结构升级出现了如下特点：（1）重化工业加速发展，进入加工工业为主的重化工业发展时期；（2）主导产业交替出现，形成了结构变化推动经济增长的格局；（3）工业产出结构向高度化方向发展。

关于工业结构调整与升级面临的主要问题和任务，李寿生等认为，当前我国工业结构方面存在的突出问题是：企业组织规模小而散，国际竞争力不强；产品结构层次低，高附加值产品少；技术水平低，创新能力不足；区域结构趋同，地区发展差距仍在拉大；所有制结构不合理，国有经济分布过宽，战线过长；工业发展日益受到资源、环境等客观条件的制约，可持续发展能力不足。张玉春等认为，我国工业结构升级的主要问题是：工业结构的实际高度化水平偏低；工业生产技术结构低下，产业技术创新能力差，资源利用率低；产业组织结构不合理，产业集中度低；出口结构不合理，工业产品国际竞争力低下。吕政认为，当前我国工业结构调整与升级需要解决三大矛盾，即工业不断增长与农业滞后的矛盾、工业品相对过剩与局部短缺的矛盾、工业生产能力大与规模不经济并存的矛盾。

关于促进工业结构调整与升级的对策思路，吕政认为，结构调整和产业升级的主要途径在于：抑制部分行业的低水平重复建设；优化产业组织结构，形成大企业为主导的产业结构组织；促进技术密集型产业和现代服务业的发展；大力发展循环经济；增强自主创新能力。王岳平认为，进入新的历史阶段，我国工业结构调整与升级战略应该是多层次发展、多种模式并存。对于具有比较优势的产业，需要采取跨国化经营战略并形成自己的全球生产体系；对于边际部门，要使潜在竞争优势成为现实竞争优势，需要采取局部突破的战略，对于具有高成长性而缺乏技术优势的部门，需要实施“请进来”的战略，并对“战略性行业”进行扶持。

（二）关于中国工业化问题

关于我国当前所处的工业化发展阶段问题，郭克莎认为，从人均收入水平为主、三次产业结构和工业内部结构为辅来看，当前我国的工业化只处于中期阶段的上半期。吕政等认为，由人均 GDP 水平、非农产业产值比重和工业结构水平这 3 个指标判断，我国工业化处于中期第二阶段或重化工业化阶段中的高加工度化时期，而从非农产业就业比重指标来判断，我国工业化进程则处于初期阶段。以人均 GDP 指标为基础，同时参考其他 3 个指标综合判断，我国的工业化处于中期第二阶段或重化工业化阶段中的高加工度化时期。陈佳贵等从人均国民生产总值、三次产业产值比例、制造业增加值占总商品增加值比重、三次产业就业比例、人口城市化率等 5 个指标对我国工业化水平进行评价后认为，我国整体进入工业化后期的后半阶段。

关于当前我国是否出现了重化工业化问题，刘世锦、樊纲、刘昌黎等认为，我国经济正进入重化工业化阶段，我国工业经济正进入新的增长平台，并分析了“中国经济进入重化工时代”的理论依据、重化工时代的特征、动因、影响及面临的挑战。吕铁进而认为，重化工业是我国经济发展各方面需求的集中体现，是工业化推进过程中不可逾越的阶段，推行重化工业化与增长方式转变并不矛盾。与上述观点相反，吴敬琏认为，在各国工业化的过程中，并不存在“重化工业化”的“必经阶段”。我国经济近年来加速重工业化，并不是我国经济发展到了某个阶段，产业升级自然带来的结果，而是市场化改革还没有完全到位，各级政府在现行政绩考核体系下运用手中掌握的重要资源对价高税大的重化工业进行优先扶植的结果。这种传统的工业化道路，“扬短避长”地把高资源和资本投入的重化工业当作支柱产业，希图通过这类产业的超常发展带动国民经济的高速增长，违背了我国“人力资源丰富、自然资源紧缺、资本资源紧俏、生态环境脆弱”的基本国情，结果只能降低整体经济效率，破坏持续较快增长的基础。

关于新型工业化和转变工业发展方式问题，王新天、周振国认为，新型工业化道路的内涵有三：一是经济发展既有较快速度又有较高质量；二是把信息化和工业化结合起来，以信息化带动工业化，以工业化促进信息化；三是坚持人与自然和谐统一的可持续发展。金碚认为，传统的工业化技术线路是以占有全球大部分资源而形成的。我国的工业化要减少发展的代价，就需寻求新型工业化道路，就必须充分发挥市场机制的作用，同时遵循合理的竞争原则，遵循更加人道、兼顾各方利益的竞争规则。刘世锦认为，与传统工业化相比较，新型工业化具有一些重要特点，如高新技术对传统产业的渗入、融合或改造，产出结构和资源配置的国际化程度显著提高，发展理念和发展战略的转变，工业化步伐加快等。吕政等认为，新型工业化的道路在所有制结构安排上，在经济运行方式上，在处理各次产业的关系上，在要素利用方式和效率上，在处理工业与农业、城市与乡村的关系上，以及在对外开放问题上，均与传统工业化道路有着明显的区别。周叔莲、刘戒骄认为，转变发展方式，需要处理好政府和市场、中央和地方关系，优化利用资源和环境的制度环境；完善市场准入和退出制度，解决好布局和结构造成的资源和环境问题；硬化资源和环境产权，加大生态补偿力度，健全地区之间竞争的约束机制；引导企业采取环境友好的生产方式，形成生产与消费间的良性互动。

（三）关于产能过剩问题

关于当前我国是否存在产能过剩问题，陈东琪认为，2002 年以来我国经济运行中投资增长过快，部分行业存在着大量的重复建设和盲目建设，导致产能释放规模持续放大，部分行业产能过剩问题开始显现。目前，钢铁、铁合金、水泥、电石、电解铝、汽车等 11 个行业产能过剩突出；而化纤、平板玻璃、通用设备制造、食品饮料、印刷业中的部分行业存在潜在的产能过剩问题。对于上述观点，巴曙松并不认同。他认为，产能与实际产量、实际消费量相比存在一定的富余，但这并不能简单地认为就是“过剩”。因为对于我国这样一个刚开始进入快速工业化阶段的发展中大国来说，保持一定程度的产能储备，有利于厂商应对需求的爆发式增长。此外，在我国现行体制下，生产厂商、地方政府和项目审批部门之间存在着博弈关系，生产厂商和地方政府存在高报产能的激励，这就使得这次产能过剩行业调查中获得的数据存在很大的“水分”。

关于产能过剩的原因，周其仁认为，全部由国有垄断的行业，产能过剩一般不严重；在全部或大部由民营公司当家的领域，市场进出自由、价格开放的，也不存在严重的产能过剩。产能过剩最严重的，是多种所有制一起上，市场准入门槛低而退出门槛高，政府干预频繁的行业。在这些行业内，大量低效率企业难以退出，而新企业又很容易进入，于是出现了严重的产能过剩。曹建海认为，形成我国产能过剩的原因有：企业对市场的预期出现了偏差；储蓄率过高；生产要素定价机制不合理；投资体制不合理。王小广认为，导致产能过剩技术层面上的原因是供给能力的增长明显快于需求能力的增长，深层原因在于经济增长方式不合理。周炼石认为，产能过剩的直接原因是多种经济成分大举投资局部行业和地方政府的竭力推动。但深层原因在于宏观调控体系存在重大缺陷，具体包括：政策目标与工具不协调，依赖于公布限产目标，缺乏调控各种经济成分的公共政策工具；集分权政策使用不当，产业结构政策过度分权化等。

关于治理产能过剩的对策，曹玉书认为，

解决产能过剩需要以经济手段和法律手段为主，辅之以必要的行政手段。一是严格市场准入，控制新上项目。制定严格的环境、能耗、水耗、资源综合利用和安全、质量、技术、规模等标准，提高准入门槛。二是促使审批公开化、技术化、法制化，最大限度地限制审批人员的弹性权力，堵塞“条子”和“人情关系”的口子，做好事前控制。三是完善行业规划和产业政策，加强金融、土地、环保、安全监管等部门的协调配合，形成合力。四是要加快推进改革，消除制约结构调整的体制性、机制性障碍。五是要健全行业信息发布制度，引导市场投向。陈东琪则认为，调控过剩产能要注意针对性，掌握好措施力度，不要全面开花，防止紧缩过度。在具体措施上，要注意三个“结合”：一是总量平衡和结构调整相结合，通过促进结构升级来缓解产能供大于求的矛盾。二是存量调节和增量调节相结合。存量方面，要逐步淘汰落后产能，通过并购重组提高产业集中度，在细化分工基础上延长产业链，实现部分产能的转换和替代；增量方面，主要措施是严格行业和市场准入，利用合理的规模标准、技术标准、环保标准控制新产能的形成。三是供给调节与需求调节相结合，加强需求引导，通过扩大需求渠道消化产能，提高产能利用率。

（四）关于自然垄断性产业放松管制的探讨

随着我国市场化改革的不断深入，自然垄断行业管制的问题近年来开始进入研究的视野。迟福林等在分析国外对自然垄断行业放松管制改革经验的基础上，对我国自然垄断行业放松管制、引入竞争和竞争机制的可行性进行了研究，并提出一些政策建议。刘戒骄分析了日本和英国自然垄断行业放松管制和管制改革的经验及其对我国相关行业的管制改革的借鉴意义。于良春等对我国电力定价问题进行了分析，认为管制者应对不同效率的厂商设计不同激励强度的合约，同时根据消费者需求弹性和购买数量设计不同的价格。干春晖等认为，以电信为代表的自然垄断产业不仅具有规模经济性、范围经济性及成本次可加性，而且具有网络效应。对待这些自然垄断产业的分拆改革应慎行。改革的关键在于引入替代品竞争和企业改制。王俊豪认为，我国垄断性产业现存管制机构法律地位不明，缺乏专业管制职能，也缺乏相对独立性和必要的权威性，改革的方向是借鉴美英等发达国家经验，在垄断性产业单独设立行业管理专家、技术专家、经济学家、法学家等组成的专门管制机构，并通过立法方式授权其拥有准立法权、行政权和准司法权。黄新华认为，从反垄断与管制经济学的角度上看，政府治理自然垄断可供选择的政策如政府管制、特许经营权竞标等各有利弊，在实践中对各种可选择性方案提供一个优先顺序很困难。但是，从理论的角度看，如果要选择一个潜力最大的方案，那就是特许经营权竞标。石涛认为，自然垄断行业可分为有形要素主导型和无形要素主导型。对于有形要素主导型自然垄断产业，应以限制性管制为主，避免因无序竞争而带来资源浪费、负外部性扩大；同时，针对管制过程中出现的风险，要建立管制风险预警机制来加以防范。对于无形要素主导型自然垄断产业，应以激励型管制为主，放大其本身具有的外部性；同时，引入竞争机制推动无形要素自身向高级化演进。石智刚等对我国自然垄断产业政府管制制度变迁路径进行了分析，发现制度环境、制度变迁主体力量对比、制度变迁主体的知识积累都影响或决定着我国自然垄断产业政府管制制度变迁的方向、演进轨迹以及目标内容选择。王俊豪、王建明认为，在现行体制下，我国垄断性产业除存在自然垄断外，还存在行政垄断。为从根本上打破行政垄断，需要根据垄断性产业垄断的二元性和行政垄断的两重性特征，制定有效的分类管制政策。

展望未来，随着我国社会主义市场经济的深入发展和我国从工业大国向工业强国的迈进，以及我国工业经济在以更大的程度、更宽的领域和更为多样的形式日益融入世界经济，我国工业经济学领域将出现一系列的新情况、新现象、新问题，需要进行探索研究。同时，一些老生常谈的问题也会因环境变化而出现新的变化和新的特点，需要以新的视角和方法来进行分析和研究。概括来说，未来我国的工业经济学研究需要探讨和回答以下这些重大的理论和现实问题：（1）开放经济条件下我国工业产业政策的作用和功能定位问题。在日益开放的市场经济条件下，一方面，工业经济运行将更为错综复杂，制定科学的产业政策所需要掌握的信息量和成本将呈几何级数增加；另一方面，经济的开放意味着我国的产业政策需要与世界惯例和主流做法相符合，产业政策的施展空间将大大压缩，在这种背景下，如何准确界定新形势下我国工业产业政策的作用和功能，需要有深入的分析和研究。（2）资源环境约束下我国工业的长期可持续发展问题。（3）我国重化工业的结构优化与调整和工业发展方式转变的关系问题。（4）当前的宏观调控政策对我国工业发展的影响问题，包括宏观调控对我国工业经济的发展方式、对我国工业结构的升级和调整、对防止我国部分行业的重复建设和产能过剩、对我国工业的国际竞争力等是否有影响、有何影响等这样一些重大问题上进行定性与定量相结合的深入研究，等等。

参考文献与学科年度重要文献

吕政：《中国工业结构的调整与产业升级》，《开发研究》2007 年第 1 期。

石涛：《自然垄断产业规制重构：基于要素演化的视角》，《中国工业经济》2007 年第 10 期。

石智刚、周莉莉：《中国自然垄断产业政府管制制度变迁的路径分析》，《武汉经济学院学报》2007 年第 8 期。

陈佳贵、黄群慧等：《中国工业化进程报告》，社会科学文献出版社 2007 年版。

吕铁：《对工业结构变化及重化工业化现象的分析与思考》，《学习与探索》2007 年第 5 期。

周叔莲、刘戒骄：《工业发展中的资源和环境问题研究》，《中国社会科学院学术咨询委员会集刊》2007 年第 3 期。

王俊豪、王建明：《中国垄断性产业的行政垄断及其管制政策》，《中国工业经济》2007 年第 12 期。

周炼石：《中国产能过剩的政策因素与完善》，《上海经济研究》2007 年第 2 期。

（周维富）

国际贸易学

一 学科概述

国际贸易的研究对象。国际贸易是研究国际贸易产生、发展和贸易利益，揭示其特点与运动规律的学科。国际贸易学科的研究对象涵盖了不同发展阶段国际商品流通的一般规律、各国的贸易政策及贸易活动的特点。

国际贸易研究的范围包括商品与服务的国际流动、生产要素和技术知识的国际传递及其原因、方向和结果，以及这些结果对不同贸易伙伴的生产、消费、价格和社会集团利益的影响。对外贸易理论研究的范围可以形象地概括为“五外”，即外贸、外资、外汇、外债和外援，其内容涵盖了一国对外经济交流的各个侧面。在贸易政策、产业发展与企业经营三个层面上与我国的改革开放实践紧密结合，获得了长足的发展。全国已形成了以科研院所和教学单位为主的教学科研体系。中国社会科学院财政与贸易经济研究所对外贸易学科长期追踪我国对外经贸的发展实践，为我国对外开放的外经贸理论准备和发展作出了重要的贡献，已经连续出版了5本外经贸理论前沿，系统介绍了相关的理论探索成果，是国内两个最早获得国际贸易专业博士学位授予点的科研教学单位之一。

国际贸易学科的主要研究方法。国际贸易学科的研究以马克思主义为指导，综合了经济学科研究的多种方法。国际贸易学科的研究方法正处于转型过程中。定性研究与案例研究适应了我国经济体制改革与开放的需要，通过为改革开放建言建策，得到了有效的应用与发挥。随着社会主义市场经济体制的建立，各项规章制度的逐渐完善，国际贸易行为开始呈现出较为明显的规律性变化，积累起了较为稳定的数据资料，为定量分析方法的应用提供了条件，各种计量分析方法开始逐渐进入国际贸易研究的主流阵地。

国际贸易学科在相关学科系统中的地位。国际贸易学科属于应用经济学的一个分支。在政治经济学、宏观经济学、微观经济学和管理学诸多学科对客观经济规律的基础性认识前提下，涵盖了国际贸易、国际投资、国际金融、国际经济合作和国际市场营销等多个研究领域。近两年来，外经贸领域关注的焦点问题集中在贸易失衡、“引进来”与“走出去”战略、从贸易大国向贸易强国的转变和以多边贸易体制为中心的对外经贸关系和区域经贸战略等方面。

二　改革开放30年来学科发展、演进的概况

改革开放30年来，国际贸易学科的发展经历了几个阶段：

第一，对外贸易阶段。所谓对外贸易阶段是指本学科研究的重点在于以我国对外经贸的发展为主体内容，所依据的理论框架也是以对外贸易学为主。这一阶段的学科发展集中关注于我国计划经济体制下的对外贸易管理体制改革问题，包括国有外贸企业改革、地方外贸体制改革等，并围绕着国民经济发展对外汇的倚重，千方百计地为发展外向型经济、扩大出口、开拓国际市场提供政策建议。

第二，多边贸易体制阶段。所谓多边贸易体制阶段是指本学科研究的重点在于介绍、认识、应对我国加入多边贸易体制包括关税与贸易总协定和世界贸易组织为主体内容，这一时期随着“复关”和“入世”而一波三折，对多边贸易体制包括关税与贸易总协定和世界贸易组织的制度性研究、对策性研究异常活跃，成为我国在思维、理论、法规、实践等多个层面上融入全球经济的重要时期。实践中遇到的一系列问题诸如多边体制对产业的冲击、贸易政策工具的约束、出口增长与贸易摩擦加剧的协调等都得到了广泛的探讨。

在理论层面上，对外贸易学科逐渐为通行的国际贸易理论体系所替代，越来越多的新贸易理论被介绍进来，在教研领域为人们所广泛讨论。古典、新古典和当代贸易理论构成了对现代国际贸易现象的基础性解释框架。

在这一阶段，人们关注自由贸易与保护贸易、关税壁垒与非关税壁垒等贸易要素的思维模式完成了从双边向多边的转换，作为世界贸易组织的成员，许多新的贸易议题开始进入理论与实践的视野。多边平台的话语权、农产品贸易的特殊性、多种纤维协议的10年过渡安排、争端解决机制的程序空间、区域贸易集团的参与、知识产权的保护、比较优势与竞争优势的权衡等一系列与多边体制相关的议题吸引着众多的研究选题。

第三，国际贸易阶段。所谓国际贸易阶段是指本学科的研究重点在于根据中国的实践，以马克思主义为指导，在全球化的背景下，集中于具有普遍意义的国际贸易现象。

马克思主义国际贸易理论得到了深入的发掘。越来越多的国际贸易现象，在为人们逐渐习惯了的贸易理论难于解释的情况下，在马克思主义的国际贸易理论、国际市场理论和国际价值规律的框架下得到了更为深刻的阐释。当今国际资本流动的规律充分显示出资本的本质与基本特征，以及由此引起的各种国际经济现象也都得到了必然的展现。这大大提高了我们对国际经济现象发生与发展轨迹的预见性。

国际贸易学科中计量手段在我国的兴起与应用，虽然还显得有些生涩，一方面是由于计量思维的前期准备略显不足，与现实的连接还有点滞后，另一方面也是由于稳定而系统的贸易数据尚不充分，这些都在一定程度上降低了计量分析方法的解释力。但这种尝试无疑代表着学科发展的一个重要方向，以计量方法揭示规律性的现象，与案例方法揭示规律性的现象互为补充，提高了学者们

为我国改革开放所提政策建议的可信性与可行性。

这一阶段关注的议题有了更为广泛的视角，探讨着国际范围内的贸易失衡、国际资本的双向流动、FDI 的技术溢出效应、贸易增长方式的转变、从贸易大国走向贸易强国的路径与战略、多边贸易体制的话语权与对国际经贸规则的充分利用、动态竞争力的培育与区域经贸集团战略的实施等一系列既密切联系我国改革开放实际又与全球经贸发展息息相关的具有制度、经验和计量特征的各种课题。

如果说前两个阶段，理论的发展有滞后于实践的倾向，那么，本学科发展到今天，其理论的预见性得到了加强，对各种贸易现象的认识得到了提升，对新的贸易理论，超越了单纯介绍的阶段，逐步加入到了解释国际贸易现象、发展贸易理论的行列中。

三　学科发展理论前沿及重大热点问题

（一）贸易失衡问题研究

对全球贸易失衡的状况进行判断，已经成为研究当今国际经贸关系的一个重点。

杨圣明（2007）认为，国际贸易失衡可以归结为两个方面，一是发达国家之间的贸易失衡，一是发达国家与发展中国家之间的贸易失衡。对中国而言，中美和中欧之间的贸易失衡问题是中国融入国际经济秩序中需要解决的两个重要的问题。

中美贸易失衡是人们普遍关注的焦点。宋泓（2007）认为，中美之间贸易的不平衡在很大的程度上是由美元及国际货币体系造成的。何伟文（2007）提出，贸易的不平衡不应该成为中美经济关系中的重大问题，这种状况主要是由美方造成的。在寻求解决贸易失衡的方案时，杨圣明（2007）认为，美国要着手解决其三大经济政策的调整，即赤字财政政策、高消费政策和出口管制政策。德国和日本也需要相应地进行政策调整，才能解决国际贸易中发达国家间及其与发展中国家之间的问题。

中欧贸易失衡的重要性正在日益增长。冯雷等（2006）人在分析中欧贸易失衡的原因时认为，双方的经济特征不同导致了双方对贸易平衡状况的敏感程度不同，中国的贸易增长率与 GDP 增长率之间差异十分明显，而欧盟的主要成员国则具有极高的相关性，即贸易平衡状况传递给国内经济的相关影响更为直接、更为强烈。从这个角度来看，欧盟对贸易平衡状况的依赖性要高于中国对贸易平衡状况的依赖性。1990—2004 年间，在低技术制造业中，中国对欧盟 6 个主要贸易伙伴的显示比较优势指数均呈现出逐年下降的趋势，中低技术制造业的显示比较优势指数变化起伏不定，中高技术制造业的指数均小于 1，但保持了上升的趋势，高技术制造业的指数有所改进，但不明显。中国与欧盟在高科技产业及贸易关系上以垂直分工为主；在以资本和规模密集型为主的中高技术产业，中国更依赖像欧盟主要贸易伙伴国那样的发达国家；在以资源密集型为主的中低技术产业，中国相对于欧盟已失去了竞争力。产业国际转移对中欧贸易顺差的影响十分显著，来自东亚经济体以垂直投资为主的和来自欧美以水平投资为主的对华直接投资都转移了贸易及顺差。在对中欧贸易顺差的发展趋势进行计量预测后指出，在既定的贸易政策框架下，未来2010年和2020年的顺差规模是难以让人接受的，必须调整现行的贸易政策，才能使双边贸易持续健康的发展。

加工贸易是我国对外贸易中的一个重要组成部分，但也存在着各种不同的认识。我国的加工贸易在国际产业链条中处于低端，对国内产业结构升级的带动作用不尽如人意，且积累了大量贸易顺差，于是在贸易失衡中备受责难。加工贸易发展中存在着一种悖论，即政策努力追求的目标是通过转型升级延长国内加工链条或提高其增值比率，但负面效果却是提高了对贸易顺差及其由此引发的贸易摩擦的“贡献”程度。从发展的角度来看，加工贸易是21世纪国际贸易的主流方式，是经济全球化在生产领域中的重要表现。如何在贸易顺差迅速增长的背景下看待加工贸易还有待于理论及政策的探索与论证。

（二）“引进来”与“走出去”战略研究

利用外资是我国改革开放与国民经济高速发展的一条重要经验。利用外商直接投资与对外直接投资成为国际资本流动的两个基本表现形式，我们已经可以清晰地看到前者的效果，而后者则是需要深入探索的一个问题。

对外商直接投资与产业国际转移的联动关系已经为理论界广泛认知（裴长洪，2006）。独资化倾向与跨国并购引起的产业安全考虑引发了对跨国并购的新一轮探讨。商务部研究院（2005）调研结果显示跨国公司在生产投资中已有明显的独资化倾向，陈琳（2005）的研究通过东道国与投资方两个角度揭示了外商投资的独资化趋势。外资并购的积极效果在于为并购对象提供了新的投入，有助于提高其经济效率，迅速形成新的产业生产力（肖沪卫，2006）。但另一方面也有可能产生强烈的“挤出效应”，危及产业安全。但是，人们普遍认为外资并购已经成为我国利用外资的一种全新模式（裴长洪、林江，2007）。

贸易摩擦的增长赋予了“走出去”新的生命力。项本武（2005）从正反两个方面研究了对外直接投资的贸易效应，分别指出我国出口创造型和进口替代型的对外直接投资都会在一定程度上带动贸易流量的相应增减。为以往对我国对外直接投资的目的即避开贸易壁垒、增强企业实力、获取高新技术和接近国际资源等提供了新的注脚（章海源、王海燕，2006）。欧阳峣（2006）认为，我国对外直接投资存在着优势、动机、产业和区域的多元化特点，对多元化的整合形成了所谓的“大国综合优势”，蕴含着发展中国家的比较优势和发达国家的竞争优势，应积极发展我国“资源整合型”的对外直接投资。

（三）走向贸易强国与贸易增长方式转变研究

我国正处于由贸易大国迈向贸易强国的发展阶段，将在贸易模式、产业模式、相关的政策调整与观念创新等方面引起重要的变化。

对外贸易的产业内贸易指数提升、显示性比较优势指数提高和出口的收入贸易条件指数不断改善，显示我国正在逐步纳入由贸易大国向贸易强国转化的运行通道。大国与强国面临的问题有着本质的不同。经常项目顺差的持续积累是外贸保持稳定增长的最大隐患，与主要贸易伙伴的双边贸易规模急剧扩张导致贸易不平衡的来源集中程度大幅提升，贸易依存度的节节攀升，成为我国近期要面临的重要问题（冯雷、李玉举，2007）。

对外贸易战略调整是这一过程不可回避的问题，也是我国加入世界贸易组织以来长期关注的问题（张志敏，2007）。随着“过渡期”的结束，我国受到能源资源匮乏、增长方式粗放、产业竞争力不强和进出口不平衡四大因素的困扰而面临着巨大的挑战（魏建国，2006）。围绕着对外贸易战略的调整，形成了“适合派”、“不适合派”和“中间派”等不同的观点。“适合派”认为，劳动密集型行业在我国仍有明显的比较优势，现有的对外贸易战略有助于我国大量人口就业这一最主要的问题（龙永图，2005；胡鞍钢，2002）。“不适应派”认为，继续发展劳动密集型产业会引发贫困化增长，可能会陷入“比较优势陷阱”，后WTO时代多种因素限制了比较优势的发挥，还有可能造成国家的结构性风险（王佃凯，2002；张幼文，2006）。“中间派”认为，国际贸易的模式很难用传统贸易理论或现代贸易理论单独解释，贸易不平衡可以用各种贸易理论加以阐述（林毅夫，2003；张汉林、李计广，2005）。

（四）对外经贸关系研究

我国自2001年加入世界贸易组织，国内市场逐渐开放，融入全球经济的步伐明显加快，多边与双边贸易关系开始发生着微妙的变化。中美、中欧和中日经贸关系构成了我国在经济全球化背景下的对外经贸关系重要方面。我国长期以来的进出口市场有50%—60%左右都是在这三个市场中实现的，虽然市场多元化战略提出多年，但这一格局仍然没有大的改变，这也是学界关注的一个重要问题。

中美经贸关系构成了我国对外经贸关系的核心。中美在贸易与投资之间存在的复杂关系分别从产业和金融层面触及美国的核心利益，政治服务于经济还是经济服务于政治，二者的关系直接决定了中美之间关系的阶段性特征（张燕生，2007）。王缉思（2007）认为，中美之间主要是多边关系问题，其间国内与国际并重，合作与摩擦并存。王逸舟（2007）认为，中美关系是新世纪全球最重要的经贸关系之一，中美贸易平衡问题成为突出的焦点。从中长期观察，中美关系中的结构性和深层次的矛盾可能会逐渐加强，受制于国际环境，决定于两国高层的战略取向与意志。

中欧经贸关系成为我国对外经贸关系的新热点，中欧之间的战略经济对话机制已经启动，中方迅速扩大的贸易顺差成为双方关注的焦点问题之一。中欧经贸关系的复杂性主要来自欧盟成员国对贸易顺差的立场和敏感程度不同，很难用一种策略达到普遍满意的效果。处理中欧贸易关系的关键是要把握对欧盟贸易的整体与结构性平衡，从国别贸易平衡的角度出发，合理使用进口资源，适当调整我国与之存在大量贸易顺差的成员国的市场开发活动，促使那些与我国存在小额贸易逆差的成员国向顺差转变，避免可能在短期内由与我国存在顺差迅速转为逆差的成员国出现，有针对性地扩大从所谓处于临界状态的成员国的进口规模（冯雷等，2006）。

中日经贸关系形成了多层次、多领域、多形式的互利合作格局。中国是日本的第一大贸易伙伴，日本是中国的第三大贸易伙伴，同时又是第二大外资来源国，经贸合作是两国之间经贸发展中具有举足轻重的地位。中日产业间的关系是互补还是竞争，学界有不同的说法。郑宝银（2006）利用贸易依存度和投资依存度等指标分析，发现两国产业结构间以垂直分工为主，具有很强的互补性。孙丽（2004）和李光辉（2007）则认为两国生产技术出现趋同性，开始由垂直分工向水平分工转变，产业间开始出现竞争关系。近年来，中日贸易收支开始向中方逆差方向转变，其原因在于我国“入世”开放市场承诺的兑现和双方经济增长差异引起的进口扩展能力的差异。中日贸易摩擦不断扩大，其中农产品更是引人注目。

（五）区域贸易安排方面理论与实践的探索

各种形式的区域贸易安排已经成为多边贸易体制发展过程中的一个重要现象，世纪之交前后全球范围内大量区域贸易安排的实践，成为推进贸易自由化的一条重要途径。

加入世界贸易组织以来，我国积极参与了区域贸易安排，取得了喜人的阶段性成绩，但是，应该说还处于参与及发展的初期阶段。在理论与政策实践上如何提升，以便更有针对性地选择成员、确定安排涵盖范围的策略以及长期或现实的贸易与投资目标、在诸如原产地规则、贸易协调机制等具体问题上与多边体制的协调、区域贸易安排规模的确定等诸多方面都还需要作进一步的研究。

服务贸易自由化较货物贸易更为复杂、难度更高，即使是对同一服务部门，各国的管制方式也有很大差异，需要就各国的国内政策进行更为广泛和深入的国际间协调。为此，服务贸易自由化的发展正在成为区域层面上的重要内容。北美自由贸易区、欧盟以及其他一些规模范围较小的区域贸易安排如“澳新更紧密的关系安排”中就服务贸易自由化进行了大量细致的规定，目前向世界贸易组织通报的服务贸易区域优惠协定大多形成于新的世纪。国民待遇和市场准入在服务贸易区域优惠协定中一般都采取“否定”清单，达到了比多边体制更高的层次。

参与区域贸易安排已经成为我国加入世界贸易组织后的重要战略选择，采取多边主义还是区域主义（黄建忠、刘莉，2008）来推动服务贸易自由化成为发展中国家必须考虑的问题。一般说来，多边体制的推进，在服务贸易自由化的规则与效率方面具有不可替代的作用，但服务贸易自由化的实践更多地发生在区域贸易安排的层面上。

四　发展趋势

国际贸易学科的发展可以分为三个层面：第一，国际贸易学科本身的发展，在学科理论体系的规范化方面进一步努力，这种努力以相对稳定的经济体制与贸易体制以及由此形成的具有规律性的贸易行为为基础，通过对我国对外贸易的基本模式、贸易品种、贸易流向和贸易条件等的动态变化，提升理论对现实的解释力。第二，解决我国现实经济中涉及外经贸的问题：对贸易政策在国民经济中的地位与作用，涉及对外贸依存度、贸易平衡状态的理解；对实现从贸易大国向贸易强国转化的认识，涉及转变贸易增长方式、在资源与能源约束下的产业结构调整；对加工贸易方式的认识，涉及延长国内产业链、提高增值比率与贸易顺差增长的关系；对多边贸易体制的认识，涉及如何在国际经贸事务中掌握与运用话语权的艺术、如何积极主动地开展区域经济合作；在制造业与贸易高速增长条件下，涉及如何应对加剧的贸易摩擦以及“走出去”与外包战略的选择；在提升我国动态竞争优势方面，涉及如何继续发挥比较优势但同时培育以资本技术管理为依托的竞争优势的问题。第三，规范、协调理论思维模式，在多种国际贸易体制体系中，既要讲究研究的规范性，把握研究的假设条件，拓宽理论思维的延展性，又要提升方法的科学性、可读性和现实意义。

参考文献与学科年度重要论文

裴长洪主编：《国际贸易学》，中国社会科学出版社 2007 年版。

裴长洪：《我国对外贸易发展：挑战、机遇与对策》，《经济研究》2005 年第 9 期。

杨圣明主编：《中国对外经贸理论前沿Ⅰ》，社会科学文献出版社 1999 年版。

江小涓、杨圣明、冯雷主编：《中国对外经贸理论前沿Ⅱ》，社会科学文献出版社 2001 年版。

江小涓、杨圣明、冯雷主编：《中国对外经贸理论前沿Ⅲ》，社会科学文献出版社 2003 年版。

裴长洪主编：《中国对外经贸理论前沿Ⅳ》，社会科学文献出版社 2006 年版。

杨圣明、江小涓、裴长洪、陈家勤、冯雷主编：《中国对外经贸理论前沿Ⅴ》，社会科学文献出版社 2008 年版。

江小涓等：《中国经济的开放与增长：1980—2005》，人民出版社 2007 年版。

杨圣明主编：《马克思主义国际贸易理论新探》，经济管理出版社 2002 年版。

裴长洪、冯雷主编：《开放经济新问题研究》，社会科学文献出版社 2006 年版。

江小涓：《全球化中的科技资源重组与中国产业技术竞争力提升》，中国社会科学出版社 2004 年版。

冯雷：《国际贸易前沿问题》（译著），中国税务出版社 2000 年版。

冯雷等：《经济全球化与中国贸易政策》，经济管理出版社 2004 年版。

赵瑾：《全球化与经济摩擦——日美经济摩擦的理论与实证研究》，商务印书馆 2002 年版。

冯雷、王迎新、毛日升、杨锦权：《中国对欧盟贸易顺差研究》，《宏观经济研究》2006 年第 12 期。

冯雷、李玉举：《2 万亿美元大关的期待——盘点我国外贸增长的显著变化》，《国际贸易》2007 年第 9 期。

张志敏：《中国对外贸易战略调整及其转换路径：一个文献综述》，《改革》（重庆）2007 年第 8 期。

龙永图：《制造业仍是中国的优势》，《中国经济周刊》2005 年第 45 期。

胡鞍钢：《中国就业形势分析》，《经济研究参考》2002 年第 59 期。

王佃凯：《比较优势陷阱与中国贸易战略选择》，《经济评论》2002 年第 2 期。

张幼文：《开放经济发展目标的动态演进》，《国际经济评论》2006 年第 1 期。

林毅夫、孙希芳：《经济发展的比较优势与战略理论——兼评〈对中国贸易战略和政策的评价〉》，《国际经济评论》2003 年第 11 期。

张汉林、李计广：《中国外经贸政策的调整与完善——中国经济的崛起与有管理的贸易—投资自由化政策》，《国际贸易》2005 年第 7 期。

张燕生、张岸元：《从新的角度考虑中美经济战略对话》，《国际经济评论》2007 年第 4 期。

王缉思：《中美利益交汇于战略互动》，《国际经济评论》2007 年第 4 期。

王逸舟：《展望新阶段的中美战略关系》，《国际经济评论》2007 年第 4 期。

宋泓：《关于中美经贸关系的几个不同解读》，《国际经济评论》2007 年第 4 期。

何伟文：《贸易不平衡不应成为中美经济关系中

的重大问题》,《国际经济评论》2007 年第 3 期。

裴长洪:《吸收外商直接投资与产业结构优化升级——“十一五”时期利用外资政策目标的思考》,《中国工业经济》2006 年第 1 期。

商务部研究院:《跨国公司对华产业投资趋势调研结果》,2005 年。

陈琳:《警惕独资化》,《国际贸易》2005 年第 6 期。

肖沪卫:《新世纪全球企业并购特点及国有企业的对策分析》,上海市科技情报研究所网站 2006 年 7 月。

裴长洪、林江:《跨境并购是中国利用外资的新形式》,《中国工业经济》2007 年第 1 期。

项本武:《中国对外直接投资的贸易效应》,《统计与决策》2005 年第 12 期。

章海源、王海燕:《中国对外直接投资战略选择——〈对外直接投资公司调查问卷〉分析报告》,《国际贸易》2006 年第 7 期。

欧阳峣:《基于“大国综合优势”的中国对外直接投资战略》,《财贸经济》2006 年第 5 期。

李光辉:《中日经贸关系发展的特点与展望》,《日本学论坛》2007 年第 2 期。

孙丽:《中日互补性国际分工合作》,《日本研究》2004 年第 4 期。

郑宝银:《中日经贸关系的战略思考》,《国际贸易问题》2006 年第 2 期。

（冯　雷）

环境经济学

一 学科概述

环境经济学是环境科学和经济科学交叉渗透而形成的应用性科学。它虽然涉及环境科学的内容，但主要应用现代经济学的研究方法，是经济学的一个分支。环境经济学的研究对象是客观存在的环境经济系统。研究的核心问题是环境对社会福利的影响，注重环境与经济的协调关系。在《国家社会科学基金学科分类目录》体系下，环境经济学被列为应用经济学一级学科下的二级学科。

环境经济学主要以微观经济分析中的均衡理论、福利经济学、信息经济学、公共选择理论和新制度经济学的理论和方法为基础，并在相关研究中引入生态学、环境理论、系统论、控制论和资源学的相关理论与方法。自从20世纪60年代环境经济学成为一门相对独立的经济学分支学科，环境经济学理论的发展轨迹实际上沿着微观环境经济分析和宏观环境经济分析两个方向同时抑或交替地向前推进（穆贤清等，2004）。

微观环境经济分析主要是在新古典框架内探讨环境问题的经济根源、治理途径以及与环境治理相关的费用效益分析方法与环境价值评估技术等内容。按照新古典经济学的观点，环境问题的经济根源在于环境资源配置上的市场失灵以及政府干预产生的政府失策。最初对市场失灵的分析主要集中在外部性理论上。环境经济学家们运用外部性理论为解决环境污染问题开出的最早的经济药方就是庇古税。后来，由科斯等人创立的产权理论为人们对环境问题的经济分析提供了新的工具。在产权理论和外部性理论两种理论的指导下，经济学家们提出了以直接管制、征税、排污权交易等各种途径来解决环境问题的政策。

环境经济学家们进一步发现，不同环境政策手段的效率与成本是不一样的，如何以最小的成本来实现既定环境目标也是环境经济学要研究的重要内容。与费用效益分析密切相关的是对环境资源的价值评估问题。为了给环境资源这些本身是非市场交易的产品“定价”，一系列环境价值评估方法如意愿调查法、旅行成本法、怡值定价法、生产函数法等也成了环境经济学方法论创新不断探索的新领域。

随着公共选择学派的兴起，政府失策被认为也是环境问题产生的根源之一。一是政府政策没有纠正现行环境市场价格与实际价格的偏离，二是一部分经济政策甚至人为地扭曲了市场价格，如不适当的资源补贴价格政策。当然，指出政府失策也并不是完全否认政府在环境管理中的作用，甚至排除政府对环境问题的干预。解决政府失策的关键还是在于提高决策者对环境问题的正确和全面理解，以及制定出可操作性强的政策措施。

随着与经济增长相伴随的环境问题的越来越严重，宏观经济理论对环境与经济之间的相互影响开始给予了越来越多的关注。无论是宏观理论模型还是应用模型的研究都试图表明宏观经济发展与环境是怎样相互影响的以及环境与能源政策是怎样影响宏观经济运行的等问题。无论在国家范围内还是国际维度上，宏观环境经济分析在预测未来可能发生的环境问题，对环境政策的宏观经济影响进行评估，分析能源战略及其对环境与经济的影响，以及分析国际环境问题中的合作与冲突等方面都有着重大意义。

近几十年来的发展历史表明，环境经济分析已经呈现出了各种令人鼓舞的前景。一方面，随着主流经济学的发展，环境经济学不断从中汲取营养，借鉴其新的理论工具和分析方法，促进自身学科体系的不断完善与发展。如应用新增长理论分析可持续发展的途径，新贸易理论解释环境对产品国际竞争力的影响，博弈论分析全球环境问题中的合作与冲突，以及应用产业组织理论对不完全竞争市场中的环境政策工具的有效性问题研究等方面都取得了很大的进展。另一方面，随着环境管理和各国可持续发展战略的制定和实施，现实需求中的政策问题为环境经济学的不断发展提供持久的推动力，使环境经济学的研究内容随着现实经济的发展而不断丰富。

二　改革开放30年来学科发展、演进的概况

环境经济学在20世纪70年代末期被介绍到中国。改革开放30年来，环境经济学在中国的发展非常迅速，不但其一般理论和前沿成果得到及时引入和传播，而且结合中国实际所进行的环境经济学研究也取得了很大成果。比较正式地提出在中国开展环境经济学研究和应用，是在1978年的全国哲学社会科学发展规划会议上，当时几位著名经济学家和环境理论工作者提出必须运用经济理论等社会科学方法分析研究环境问题。1978年，中国制定了环境经济学和环境保护技术经济八年发展规划（1978—1985），开始组织人力研究。1980年，中国环境管理、经济与法学学会的成立。1981年中国召开“环境经济学学术讨论会”，并出版了《论环境经济》（中国环境管理、经济与法学学会，1983）一书。中国环境经济学研究从此正式起步，开始了欣欣向荣的发展时期。

20世纪80年代中期以后，中国涌现出一批环境经济学专家，并应用环境经济学的理论与方法，在环境价值核算、环境污染损失计量、环境经济模型建立等领域取得重大研究成果并有很多专著问世，例如：《生态经济学概论》（姜学民等，1985）、《资源核算论》（李金昌，1991）、《实用环境经济学》（张兰生等，1992）、《环境经济学：理论·方法·政策》（王金南，1994）、《环境经济学》（厉以宁、章铮，1995）、《持续发展途径的经济学分析》（潘家华，1997）、《环境与自然资源经济学》（张帆，1998）、《环境与资源经济学概论》（马中，1999）、《环境经济学》（王玉庆，2002）、《环境经济学》

（左玉辉，2003）、《环境影响的经济分析：理论、方法与实践》（郑玉歆，2003）、《环境经济学与政策丛书》（马中，2005）等。

在这一发展过程中，国外一些经典的环境经济学著作被介绍到中国，如《世界无末日：经济学·环境与可持续发展》（张世秋等译，1996）、《我们共同的未来》（王之佳译，1997）、《寂静的春天》（吕瑞兰译，1997）、《环境与资源价值评估——理论与方法》（曾贤刚译，2002）、《环境经济理论与政策设计》（严旭阳等译，2003）、《增长的极限（罗马俱乐部关于人类困境的报告）》（李宝恒译，2006）等。

目前，国内有很多科研院校作为一个群体，专门从事环境经济学的研究工作，并主持了许多环境经济领域的国家科研项目。中国环境规划院、国家环保总局环境政策研究中心、中国人民大学、中国社会科学院等一批专家已多年从事环境经济学研究工作，在环境经济政策、环境价值核算、环境投融资、环境与贸易、环境经济分析等方面取得了许多成果，为国家宏观经济决策提供了强有力的支持。

从整体上来看，我国环境经济学研究与实践同发达国家有相当大的差距。举例来说，排污收费制度从 1991 年开始研究，直到 2003 年才在全国全面实施。生态补偿政策的研究始于 2000 年左右，环境税研究始于 1996 年，现在还没有进行试点实施。二氧化硫排污权交易试点工作从 20 世纪 90 年代初就开始了，到现在也没有在全国全面实施。在全球气候变化社会经济影响分析方面，我国社会科学界介入较晚。在 IPCC 第二次评估报告撰写过程中只有个别中国学者参与。然而到第四次评估报告撰写时，中国学者已经占有相应的比例。这表明中国学者已开始自觉的追赶，并在某些领域处于国际研究前沿。

三　2007 年学科发展理论前沿以及重大的热点问题

国内外的环境经济学的研究和发展阶段大致可概括为五个方面：经济发展与环境资源之间的关系、环境资源的价值评估、针对工业化国家和发展中国家的环境问题、从可耗竭资源到可再生资源的研究、越境环境问题（从区域到对全球的关注）。发达国家引领环境经济学研究的发展方向，表现出制度分析透彻、案例分析翔实、模型工具丰富、专题领域具体四个特点（穆贤清等，2004）。然而，环境经济学是一门新兴的学科，完整的理论体系和研究方法尚有待建立和充实，新的研究热点又不断涌现。综观 2007 年国内外环境经济学及相关领域研究，其前沿和热点主要在以下几个方面：

1. 环境价值评估。在环境保护实践中，常常需要对环境政策的成本、效益及其影响进行评价。在环境政策的影响中，有些具有实物性，可以用货币价值来衡量，例如行业收益、消费者剩余、管理成本等，但有些环境方面影响，如健康、舒适度、景观价值等，很难利用货币来衡量。因此，环境价值评估的主要方法包括意愿调查法、怡值定价法、旅行成本法、生产函数法等。环境价值评估在现实中的应用前景非常广泛，不仅是实现国民经济绿色核算体系的理论前提和方法基础，是制定合理的公共财政支出政策的重要依据，也是进行土地利用规划（唐弢等，2007）和改进企业价值链管理及改善产业结构（吕君，2007）的重要前提。尽管其中一些评价方法在理论假设和应用过程中也存在一些问题，但是作为评价生态环境和自然资源的重要方法仍然发挥了积极的作用，需要进一步加强理论、方法研究和具体应用的研究工作。2007年厦门大学裴辉儒的博士论文《资源环境价值评估与核算问题研究》，以及西北农林科技大学谭亚荣的博士论文《环境污染核算体系研究》在这些方面都做了一些有益的探索。在宏观层面，中国绿色GDP核算工作开始起步，围绕相关方面的争议和未来走向，高敏雪（2007）和侯元兆（2007）进行了较为深入的分析。

2. 生态补偿问题。“完善生态补偿政策，尽快建立生态补偿机制”是2007年《国务院工作要点》提出的重要任务。生态补偿的目的，在于提供一个制度性框架，给生态保护的利益相关方提供相应的刺激、合理分担生态保护的成本、调整生态保护的利益分配。在对生态补偿概念的理解和研究路径上，国内和国外存在着较大的差异（秦艳红、康慕谊，2007）。国外研究主要集中在生态服务支付方面。而目前国内的研究包括生态赔偿和生态服务支付两个方面，主要集中在对生态补偿概念的辨析、国外生态补偿模式的介绍、生态服务价值的评估方法、对中国生态补偿制度的宏观设计、对生态补偿基本理论的介绍以及相关补偿案例分析等（中国21世纪议程管理中心和中科院可持续发展战略研究组，2007；李小云等，2007；中国生态补偿机制与政策研究课题组，2007），主要侧重于生态补偿制度的政策设计和操作层面，缺乏对生态补偿相关理论本身的探讨以及补偿制度效率和公平性方面的讨论，特别是忽略了产权、交易费用等因素对生态补偿制度的影响。进一步开展研究应从辨析概念入手，加强交易费用、产权制度对生态补偿的影响，不对称信息对生态服务购买合约的影响，以及生态补偿制度与可持续发展的关系等问题的深入研究，为在中国建立和健全生态补偿机制提出切实可行的政策建议。

3. 解决环境问题的政策手段。从各国的环境管理实践看，目前普遍倾向于采用经济激励手段，即一种以市场为导向的环境管理政策。运用经济手段，从一定意义上说，就是在国家宏观指导下，通过各种具体的经济措施（价格、成本、利润、信贷、税收、收费和罚款）不断调整各行为主体的经济利益关系，限制损害环境的经济行为，奖励保护环境的经济活动，把企业的局部利益、短期利益同全社会的共同利益、长期利益有机结合起来。实际上是针对各行为主体，建立经济与环境协调发展的激励和约束机制。排污权交易制度是近30年发展起来的保护环境资源、促进可持续发展的经济法律制度。美国率先成功地开展了二氧化硫排污权交易，欧盟开展的二氧化碳排放权交易也稳步实施，其他国家也在仿效建立相应的排污权交易制度（胡迟，2007）。为了保护环境与气候，欧洲国家开始普遍推行所谓“生态税”改革的政策，就是将征税的基础逐步从劳动力转向能源利用和环境污染治理。有关这两方面的理论与实践研究成为环境经济学的重要研究主题之一，而探索适合在我国实施的相关政策就成为学者们关注的重要问题（丁丁等，2007；金三林，2007）。

4. 企业的环境责任与环境信息披露。长

久以来，环境经济学领域的研究重点是政府如何制定环境政策，但环境保护单纯依靠政府的努力是远远不够的。企业承担社会环境责任已经成为一种不可阻挡的国际趋势，引起了学术界的广泛关注。企业环境信息披露是企业承担环境责任的重要标志和具体行动。随着企业环境意识的增强，企业环境信息披露越来越普遍，企业如何更好承担环境责任的问题受到广泛的关注，也成为环境经济学的重要研究课题。企业环境信息披露的必要性在于：第一，它是政府部门为制订环境保护相关公共政策所需要的基础信息；第二，它是环境利益相关者了解企业环境行为，进而监督和促进企业加强环境管理的重要信息；第三，它也是企业完整地进行信息披露的要求，因为环境信息是企业信息的一个必要组成部分。从 20 世纪 80 年代初以来，企业环境信息披露在数量及规范化方面获得了迅速发展。国外关于企业层次环境信息披露的理论研究相对集中于环境信息披露的理论框架构建，环境信息披露对公司价值、公司竞争力的影响以及企业环境信息披露行为研究三个方面。2007 年中国学者的相关研究主要集中在信息披露制度的构建（潘书宏，2007；刘武朝、张俊桥，2007）、各种行业企业尤其是上市公司信息披露的现状与问题分析（甄国红、成晨，2007；周洁、王建明，2007）等方面。从总体上看，我国企业环境信息披露现状仍存在披露的企业数量少、内容不完整、缺少实用性等问题。

5. 环境问题的实证研究。随着环境经济学研究的不断深化，研究广度的不断扩展，研究领域的不断拓展，人们深感环境经济学研究越来越借助于“数据说话”，数据诠释的说服力和真理度在环境经济学研究中的地位和作用明显增强。计量分析和模型工具在环境资产价值评估、发展趋势预测、情景分析等方面广为应用，而且其作用日益提升。2007 年出版的由石家庄经济学院经济系李国柱所著《经济增长与环境协调发展的计量分析》一书，对计量分析方法在该领域的应用有较好的总结。计量方法大量应用于环境库兹涅茨曲线（EKC）的研究。EKC 所反映环境变迁与经济增长之间的替代关系一直是近年来国内外环境经济学界久盛不衰的热点议题（宋涛等，2007；韩贵峰等，2007；王志华等，2007）。

自 20 世纪 80 年代后期以来，可计算的一般均衡模型（CGE 方法）开始应用于环境问题的分析，已日益显示出其在环境政策模拟分析上所具备的优势（郑玉歆，2003）。国外学者利用自己掌握的模型工具研究中国问题，往往由于在参数选择上与实际情况相去甚远，导致分析结果严重失实。目前清华大学、国务院发展研究中心、国家发改委能源研究所和中国社会科学院等国内多家高校和机构纷纷开发掌握了自己模型工具，可为我国制定环境经济政策提供必要的决策依据。目前 CGE 模型分析已在各个领域的定量分析与模拟中广泛应用，如环境政策效果模拟（金艳鸣、雷明、黄涛，2007；于娟、彭希哲，2007）、环境问题的经济社会影响分析（谢杰、朱立志、浦华，2007）等。

6. 全球背景下的环境经济分析。经济全球化趋势使全球环境问题开始备受关注，一些经济模型如博弈论模型已用来解释合作与非合作情况下的全球环境决策行为。费用效益分析也被应用于全球环境政策。除了越境环境问题流域（如水资源与环境管理）（曾文慧，2007）继续作为全球环境问题研究的热点之外，全球环境变化（如土地变化、水资源短缺、生物多样性减少等）的经济分析与国际合作制度构建问题成为中心议题。气候变化是当前国际社会高度关注的全球环境问题。国际社会和各国政府制定和实施气候变化政策，一方面迫切需要将环境经济学的理论、方法和政策分析工具应用于气候变化领域，对气候变化的成本、效益、政策措施等重要问题提供科学依据和政策建议，但另一方面，传统环境经济学面对气候变化的独特性，也往往显得力不从心，需要理论、方法和政策工具等方面的全面创新。

2007年，政府间气候变化专门委员会（IPCC）的第四次科学评估报告（IPCC，2007）和英国政府推出的《斯特恩报告：气候变化经济学》（Stern，2007）是在全球范围内最具影响力的研究成果。国际气候谈判中关于发展权与排放权的争论促进了温室气体排放与经济增长关系的实证研究。国内文献主要是在表面层次上分析中国的碳排放EKC曲线或进行了国别对比，较少采用专门的技术分析手段深入探究EKC曲线变动的内在推动因素。同时，现有研究局限于数据来源，时间序列往往较短。局部的分析难以真正揭示一国EKC曲线的历史变动趋势。此外，现有相关研究较少从气候变化外交谈判的视角分析CO_2排放与经济增长之间的关系。中国社会科学院可持续发展研究中心庄贵阳2007年的专著《低碳经济：气候变化背景下中国的发展之路》一书正是从分析CO_2排放与经济增长之间的长期关系入手，探索中国参与后京都制度以及国内经济发展等重大问题。

7. 贸易与环境问题。随着人们对世界贸易组织中的环境争端的关注，如何在自由贸易的大趋势下获得资源与环境的持续利用成为新的研究热点。理论层面的研究侧重贸易和环境的三个方面的关系，即贸易自由化对环境的影响、环境管制对国际竞争力和外商直接投资的影响以及国际贸易全球环境合作与搭便车的关系（王军，2004）。国际学术界对这一问题的研究重点，一方面在于揭示环境与贸易的相互影响，另一方面在于探讨如何通过适当的国际制度和政策促进二者协调发展。

2007年国内学者对国际贸易的环境影响进行了大量的关注。比如复旦大学马涛2007年的专著《中国对外贸易中的生态要素流分析——从生态经济学视角看贸易与环境问题》深入探讨了国际贸易流动背后的物质流动，并以此为环境外交提供了丰富的内容。相应的，学术界对中国对外贸易的实证分析（黄蕙萍、肖俊，2007）和政策分析（李秀香、潘晓倩，2007）也得到了更多的关注，开展了对出口贸易可持续性的衡量与评价（周念利，2007）。另外，在2007年，气候变化与贸易的关系问题正在成为研究热点。中国社会科学院可持续发展研究中心潘家华带领的课题组对中国进出口贸易中的内涵能源的研究，揭示出中国在国际分工中承担大量内涵能源贸易赤字的事实，对于中国开展气候外交富有启示（潘家华等，2007）。谢来辉和陈迎（2007）对进出口贸易中的转移排放问题加强研究，对发达国家的减排政策带来对发展中国家的贸易和环境影响也进行了较为详尽的分析。

四 环境经济学科进一步发展的趋势

展望未来一段时间内，中国的环境经济学研究将重点关注以下领域：（1）开展更加实用的环境经济评价方法与更加全面的环境经济评价研究，提高环境经济评价的实用性与准确性。（2）开展绿色国民经济核算研究，加快建立体现全面、协调和可持续的科学发展观的绿色国民经济核算体系。（3）研究制定更加有效的环境经济政策，重点将集中在环境税以及生态补偿政策方面。（4）研究面向环境基础设施的环境投融资工具。需要进一步研究经济发展与环境保护投入比例关系，提高环境保护投资的资金效率，拓宽融资渠道。（5）加强经济全球化对中国环境的影响与环境对中国对外贸易的影响研究（王金南，2005）。

改革开放近30年以来，我国取得了西方国家100多年的经济成果，而西方100多年发生的环境问题在中国20多年里集中出现。生态环境的破坏与恶化，资源的浪费与枯竭，使得生态、资源、环境和可持续发展问题成为中国经济社会发展过程中的最大困惑。在经济全球化的大背景下，在资源和环境约束下，中国必须利用“两种资源、两种市场”，以和平方式突破资源约束，为发展创造空间。中国的和平发展（崛起）必须直面全球变化及有关环境资源与可持续发展方面的重大理论与实践问题，迫切需要自然科学与社会科学的联手。自然科学与社会科学在全球变化科学的研究中，不仅有合作的愿望、合作的必要与压力，而且也有合作的基础。社会科学研究人员的参与，有助于将经济与社会科学研究落到实处，促进研究的规范与提高学术质量。更重要的，是为国家的长远发展和重大全球变化问题的国家立场提供翔实的、经得住推敲的、符合国家长远利益的、为国际学术界和国际谈判对手所认可的研究结论，揭示并捍卫国家利益。此外，学科交叉也有助于自然科学研究的选题和方法的改进，使有关全球变化研究的问题更加明确地定位于国计民生的重大问题和国际经济关系的焦点问题，将自然科学研究的结论更加明确地转化为国家的宏观经济、社会和发展政策。

参考文献与学科年度重要文献

［美］丹尼斯·米都斯：《增长的极限——罗马俱乐部关于人类困境的报告》，李宝恒译，吉林人民出版社2006年版。

［美］蕾切尔·卡逊：《寂静的春天》，吕瑞兰译，吉林人民出版社1997年版。

A. 迈里克·弗里曼：《环境与资源价值评估——理论与方法》，曾贤刚译，中国人民大学出版社2002年版。

IPCC，2007. *Climate Change 2007*：*Mitigation*. Cambridge University Press，Cambridge，United Kingdom.

Stern，Nicolars，2007. *Stern Review on Economics of Climate Change*，Cambridge University Press，Cambridge，United Kingdom.

戴维·皮尔斯等：《世界无末日：经济学·环境与可持续发展》，张世秋等译，中国财政经济出版社1996年版。

丁丁、罗祺姗、严岩、陈绍波、宋敏：《生态税的经济学基础分析》，《经济研究参考》2007年第22期。

高敏雪：《绿色GDP核算：争议和未来走向》，载中国社科院环境与发展研究中心编著：《中国环境与发展评论（第三卷）》，社会科学文献出版社2007年版，第89—100页。

韩贵锋、徐建华、马军杰、张治华：《基于高程的环境库兹涅茨曲线实证分析》，《中国人口、资源与环境》2007年第2期。

侯元兆：《中国的绿色GDP核算研究：未来的方向和策略》，载中国社会科学院环境与发展研究中心编著：《中国环境与发展评论（第三卷）》，社会科学文献出版社2007年版，第101—112页。

胡迟：《排污权交易的最新发展及对我国的影响》，《经济纵横》2007年4月刊。

黄蕙萍、肖俊：《国际贸易中跨境污染转移的一种实证检验分析》，《武汉理工大学学报（社会科学版）》2007年第12期。

姜学民等：《生态经济学概论》，湖北人民出版社1985年版。

金三林：《环境税收的国际经验与我国环境税的基本构想》，《经济研究参考》2007年第58期。

金艳鸣、雷明、黄涛：《环境税收对区域经济环境影响的差异性分析》，《经济科学》2007年第3期。

李国柱：《经济增长与环境协调发展的计量分析》，中国经济出版社2007年版。

李金昌：《资源核算论》，海洋出版社1991年版。

李小云、靳乐山、左停、［英］伊凡·邦德等：《生态补偿机制：市场与政府的作用》，社会科学文献出版社2007年版。

李秀香、潘晓倩：《影响我国环境库兹涅茨曲线的外贸与环境政策分析》，《当代财经》2007年第11期。

厉以宁、章铮：《环境经济学》，中国计划出版社1995年版。

刘武朝、张俊桥：《论建立上市公司环境信息披露制度》，《河北师范大学学报（哲学社会科学版）》2007年第1期。

吕君：《基于环境价值链的闭环供应链模式及其应用中国工业经济》，《中国人口、资源与环境》2007年第6期。

马涛：《中国对外贸易中的生态要素流分析——从生态经济学视角看贸易与环境问题》，复旦大学出版社2007年版。

马中：《环境与资源经济学概论》，高等教育出版社1999年版。

马中主编：《环境经济学与政策丛书》，中国人民大学出版社2005年版。

穆贤清、黄祖辉、张小蒂：《国外环境经济理论研究综述》，《国外社会科学》2004年第2期。

潘家华、陈迎、谢来辉和郑艳：《中国进出口产品中的内涵能源及其政策含义研究》，载《气候变化国际制度：中国热点议题研究》第三章，中国环境科学出版社2007年版，第25—45页。

潘家华：《持续发展途径的经济学分析》，中国人民大学出版社1997年初版，2007年社会科学文献出版社再版。

潘书宏：《我国企业环境信息强制公开制度的构建》，《发展研究》2007年第8期。

秦艳红、康慕谊：《国内外生态补偿现状及其完善措施》，《自然资源学报》2007年第4期。

世界环境与发展委员会：《我们共同的未来》，王之佳译，吉林人民出版社1997年版。

宋涛、郑挺国、佟连军：《基于面板协整的环境库茨涅兹曲线的检验与分析》，《中国环境科学》2007年第8期。

唐弢、朱坦、徐鹤、王喆、郭亮、杨帆：《基于生态系统服务功能价值评估的土地利用总体规划环境影响评价研究》，《中国人口、资源与环境》2007年第6期。

王建明、印丹榕、陈红喜：《国外上市公司的环境信息披露比较分析及启示》，《生态经济（学术版）》2007年第5期。

王金南、逯元堂、曹东：《中国环境经济学回顾与展望》，《环境经济》2005年第1期。

王金南：《环境经济学：理论·方法·政策》，

清华大学出版社 1994 年版。

王军：《贸易和环境研究的现状与进展》，《世界经济》2004 年第 7 期。

王志华、温宗国、闫芳、陈吉宁：《北京环境库兹涅茨曲线假设的验证》，《中国人口、资源与环境》2007 年第 2 期。

威廉·E. 鲍莫尔、华莱士·E. 奥茨：《环境经济理论与政策设计》，严旭阳等译，经济科学出版社 2003 年版。

吴健：《环境和自然资源的价值评估与价值实现》，《中国人口、资源与环境》2007 年第 6 期。

谢杰、朱立志、浦华：《温室效应对世界农业贸易的影响》，《财贸研究》2007 年第 2 期。

谢来辉、陈迎：《碳泄漏问题评析》，《气候变化研究进展》第 3 卷，2007 年第 4 期。

于娟、彭希哲：《碳税循环政策对中国农村能源结构调整的作用——基于 CGE 模型的政策讨论》，《世界经济文汇》2007 年第 12 期。

曾文慧：《越界水污染规制》，复旦大学出版社 2007 年版。

张帆：《环境与自然资源经济学》，上海人民出版社 1998 年版。

张兰生等编：《实用环境经济学》，清华大学出版社 1992 年版。

甄国红、成晨：《东北三省上市公司环境信息披露的实证研究》，《学术交流》2007 年第 9 期。

郑玉歆主编：《环境影响的经济分析：理论、方法与实践》，中国社会科学出版社 2003 年版。

中国 21 世纪议程管理中心、可持续发展战略研究组编著：《生态补偿：国际经验与中国实践》，社会科学文献出版社 2007 年版。

中国环境管理、经济与法学学会编：《论环境经济》，江苏科学技术出版社 1983 年版。

中国环境与发展国际合作委员会中国生态补偿机制与政策研究课题组：《中国生态补偿机制与政策研究》，科学出版社 2007 年版。

周洁、王建明：《上海市上市公司环境信息披露的分析》，《生态经济》2007 年第 6 期。

周念利：《出口贸易可持续发展：理论内涵、评价模型及经验研究》，《中国人口、资源与环境》2007 年第 6 期。

庄贵阳：《低碳经济：气候变化背景下中国的发展之路》，气象出版社 2007 年版。

左玉辉：《环境经济学》，高等教育出版社 2003 年版。

（庄贵阳）

区域经济学

一 学科概述

区域经济学作为一门年轻的应用经济学学科，在中国的发展也不过是近一二十年的事情。同任何学科的幼年时期一样，区域经济学也面临着一些问题。特别是对于学科的一些基本概念和研究对象尚未形成统一的认识；并且还没有形成具有自身学科特征的理论体系和研究方法。目前，关于区域经济学的研究对象有各种不同的看法和定义。这主要是因为，作为一门新兴学科，区域经济学的研究范围不断扩展，研究领域也在不断变化之中。其次，区域经济学是一门实践性、应用性很强的交叉边缘学科。由于不同学者研究的视角不同，因此对区域经济学研究对象的内涵有着不同的理解。一般来说，区域经济学是运用经济学的观点，研究国内不同区域经济的发展变化、空间组织及其相互关系的综合性运用科学。它具有区域性、综合性和应用性三个最基本的特征。（魏后凯，2006）。

从系统观的角度来看，区域经济所研究的并不是孤立的某一区域经济现象和问题，而是整个的区域经济系统。区域经济学研究的根本任务主要包括这样几个方面，即经济活动的空间分布（结构和功能）、经济要素的空间流动（相互作用）、区域经济的发展动力（过程）以及区域经济的组织和运行机制。区域经济学所涉及的领域和研究内容十分广泛。根据中国区域经济建设实践的需要，区域经济学的研究内容大体包括五个方面，即经济活动区位、区域供给与需求、区域经济发展、区际经济关系、区域经济政策与管理。近几十年来，各国区域经济学者在研究和探索的过程中，已经建立了一套相对完整的区域经济研究方法。这些方法主要来源于四个领域，即经济学方法、区位分析方法、区域分析方法和数学分析方法。

除区域经济学以外，与经济科学与地理科学关系都较为密切的学科有区域科学、经济地理学、空间经济学等。这些学科还有一个共性，就是对“传统理论长时间忽视了经济行为的空间问题”（西伯特，1969）的关注。在西方经济学体系中，区域经济学和空间经济学是作为两个独立学科而存在，它们有着各自的研究对象。根据《新帕尔格雷夫经济学大辞典》，区域经济学的主要问题是解释在一国国民经济范围内生产和人口的分布状况；而空间经济学是关于资源在空间的配置以及经济活动区位问题的学科。按照上述定义，前者可归于经济学中的应用研究，后者应属于经济学科中的基础理论和方法研究。因此，空间经济学并不等同于区域经济学，它有着自己独特的研究对象和研究领域。

而经济地理学是地理学的主要组成部分，在我国它是指研究各国各地区生产力布局及其发展的条件和特点的一门学科。同样是以区域为研究对象的科学，区域经济学也不同于区域科学。根据艾萨德《区域科学导论》的定义，区域科学是用各种近代计量分析和传统区位分析相结合的方法，由区域或空间的诸要素及其组合所形成的差异和变化的分析入手，对不同等级和类型区域的社会、经济发展等问题进行研究的一门应用学科。

二　改革开放30年以来中国区域经济学的发展

中国区域经济研究是在改革开放以后才真正发展起来的。30年来，学科发展十分迅速，理论研究取得了突破性的进展，研究方法也在不断地完善；随着改革开放的不断深入，学科研究领域也在不断拓展。特别是近年来随着各种区域问题的增多以及一系列国家区域政策的实施，区域经济学的研究队伍正在日益壮大。可以说，当前中国区域经济学已开始进入到一个繁荣发展期。

1978年以前，在高度集中的指定性计划经济体制下，中国基本上不存在相对独立的区域经济。与大一统的体制相适应，当时研究的重点集中在“全国一盘棋”的生产力布局方面。1979年以来，随着改革开放的不断深入，中国区域经济发生了根本性变化，区域经济实践和理论探索蓬勃开展，区域经济学发展迅速。首先，在党的十一届三中全会精神指引下，理论界对1978年以前中国生产力布局的经验教训进行了理论总结。通过对沿海与内地问题、“三线”问题、集中与分散问题以及均衡布局问题等重点进行广泛深入的讨论，重构了中国社会主义生产布局原则体系。其次，在此基础上，根据改革开放和国民经济发展的需要，学术界逐步拓展了区域经济研究的领域，包括经济活动区位、区域经济结构、区域经济发展战略、区域经济增长、区际分工与区际贸易、区域发展差异、区际要素流动、区域创新、区域政策、区域经济体制与管理等诸多方面。与此同时，我国的区域经济理论与方法的学科建设也取得了很大的进展。20世纪80年代以来出版的区域经济研究和理论方法方面的专著，远远超过前30年的总和（魏后凯，2006）。

20世纪80年代，随着国家简政放权政策的实施，各地区经济十分活跃，特别是以财政包干为代表的一系列改革措施的出台，强化了地区经济的利益与自主机制，各地区发展经济的积极性空前高涨。可以说，区域经济已成为我国国民经济中最为活跃的因素，其发展深度和广度都远远超过了新中国成立以来的任何时期。这个时期，我国区域经济学界对区域发展战略进行了深入的研究。这些研究主要集中在两个方面：一是对中国宏观区域发展战略或生产布局战略的探讨。许多学者从不同的角度对中国宏观区域发展战略提出了各种理论模式，如梯度推移模式、点轴开发模式、优区位开发模式等。二是对国内某一类型或某一具体区域发展战略的研究。根据党的十二大提出的中国到20世纪末经济社会的发展战略构想，几乎所有的省、市以至有些县、乡镇都相继开展了发展战略研究，制定了地区发展战略（魏后凯，2006）。这个时期，学术界还讨论了我国大范围的地域划分问题。从“六五”计划中采用传统的沿海与内地“两分法”，到“七五”计划时期，按照地理位置和经济发展水平的差异，将全国划分为东中西三大经济地带，并以此作为国家确定经济开发重点和生产力布局优先次序的依据。

进入20世纪90年代，随着我国经济的高速发展，区域经济发展不平衡问题越来越严重。非均衡发展战略在促进东部地区高速发展的同时，却使得广大中西部地区经济发展受到了抑制。为了促进地区经济协调发展，党中央提出了加快中西部地区经济发展步伐、逐步缩小地区差距的战略任务。学术界也对区域非均衡协调发展理论进行了深入研究，并针对改革与发展过程中出现的各种区域问题，如区域经济合作、区域经济一体化、区域发展差距、老工业基地改造以及区域政策等，进行了广泛地探讨。“九五”时期，中央明确提出要实施可持续发展战略，由此在全国掀起了一股开展城市与区域可持续发展研究的热潮。近年来，随着中国西部大开发战略、东北地区等老工业基地振兴战略以及中部崛起战略的实施，许多学者都加入了中央区域政策和区域发展研究的行列（魏后凯，2006）。

三　当前中国区域经济学的理论前沿以及重大的热点问题

（一）理论前沿

目前，我国区域经济发展面临着许多新的问题，区域经济的研究内容也在不断地扩展。从区域产业研究角度来看，当前我国区域经济的理论前沿，主要集中在以下几个方面：

1. 区域产业集群理论。在追踪国外研究的基础上，近年来，国内的学者也对产业集群作了大量的研究。较早系统研究产业集群的学者是北京大学的王缉慈教授，她最先较为系统地概括了产业集聚、产业集群及新产业区理论，并且用十多个国内外的产业集群案例分析了高新技术产业和传统产业不同的集群现象和机理。此外，浙江省的一些学者如颜春友、史晋川、金祥荣、仇保兴等人，对以温州模式为代表的小企业集群进行了卓有成效的研究。除此之外，许多学者分别从地理学、经济学、管理学和社会学等角度对集群现象进行了有益的探讨。

目前，国内有关集群研究的文献很多，在借鉴国外相关理论的基础上，主要的研究集中在集群的类型和特征、形成机制、竞争优势以及我国区域集群战略和政策等方面。我国很多学者对集群的研究是建立在集聚经济和新产业区的基础上的。经济学者侧重于从外部性、报酬递增、专业化分工、交易费用等理论的角度来阐述集群的形成和发展机制，地理学者更突出产业的弹性专业化基础上的空间聚集对于区域经济发展的影响，重视地理空间对于产业集群形成和发展过程的影响；而社会学者则强调非正式的社会关系网络和人际关系网络以及本地的社会文化环境等社会因素的影响。目前，国内学者也开始关注集群的风险问题。随着集群理论的不断深入，今后还应当加强集群政策和实证方面的研究。

2. 新型区域产业分工理论。目前，国内外有关新型区域分工的研究相对较少，且主要集中在国际贸易研究领域。我国国际贸易领域的学者将这种新型分工称为“产品内分工”，以区别传统的行业间和行业内分工。虽然，目前国内学术界对这种新型分工概念还没有明确的界定。但对它的特征，尤其是与传统分工的不同之处有较多的探讨。在对传统分工的研究基础上，一些学者还对这种新型产业分工的影响因素进行了探讨。从现有的文献来看，国际贸易领域对分工的研究更多的是侧重其产业特性，而区域经济领域则重视空间特征的分析。尽管近年来，对这种新型区域产业分工现象的研究，取得了一些成果，但尚未形成完整的理论体系。随着我国区域经济实践的发展，对新型区域产业分工的研究，还显得十分薄弱。尤其是对于这种新型分工的度量、适用范围、影响因素、动力机制以及对我国区域经济的影响等问题还需要进一步深入探讨。对新型区域产业分工的研究，必须要融合当代国际经济学、管理学等其他相关学科的理论和研究方法，才能使研究的结论更具有理论和现实意义。

3. 区域产业转移理论。目前，我国学者对于区域产业转移的研究，还处于初始阶段。国外学者对于产业转移的研究大多是基于国家之间的，而且对于产业转移的动因研究较多，他们主要是从生产力成本、产品生命周期、比较优势、产业链等视角出发，但较少从微观角度，即企业的角度出发。而我国的学者则对区域产业转移的模式、产业转移的效应、产业转移的战略与对策研究较多。总体说来，随着国际产业转移出现的新趋势以及我国产业结构的不断调整，目前国内对于产业转移的研究还比较薄弱，有待于进一步的发展和深化。特别是，进入知识经济时代，我国区域产业转移出现哪些新的特点、我国的区域产业转移如何与国际产业转移接轨、如何正确处理区域产业集群战略与区域转移的关系，以及促进我国地区经济协调发展的产业转移模式及其相关的区域政策问题至今还没有引起足够的重视，有关这方面的理论研究也十分缺乏。

4. 区域竞争力理论。我国学者对区域竞争力的研究开始于20世纪90年代，从现有的文献来看，主要涉及区域竞争力的内涵、理论基础、决定因素、评价指标体系及措施等方面。总体来说，目前国内区域竞争力的研究还没有形成系统的理论体系和研究框架，对于区域竞争力的概念、评价指标、形成机制等一些基本问题认识不清，与现实发展的结合还有待于进一步深入。

在现有的文献中，对区域竞争力指标体系的研究较多。基于形成区域竞争力诸要素的多重性和复杂性，国内学者大都主张构建诸如“总指标—准则—分准则—指标”的多层综合评价指标体系。在理论研究的基础上，许多学者对我国区域产业竞争力进行了实证研究。目前研究主要集中在：对地区整体产业竞争力的评价、对地区内的具体产业竞争力的评价、对技术创新与地区产业竞争力的研究、对外商直接投资与地区产业竞争力的研究、对地区内产业组织竞争力的研究、对制度创新与地区产业竞争力的研究等方面。近年来，区域竞争力的主要热点问题集中在区域核心竞争力、区域竞争力基础的多元化、产业集群与区域竞争力的关系、区域竞争力的形成机制、增强区域竞争力途径等方面。随着区域实践的不断发展，区域竞争力问题可能仍是今后国内区域经济研究的热点问题，因此还需要加强这方面的理论和实证研究。同时，要注重对区域竞争力的动态研究。

（二）热点问题

当前，促进区域协调发展，已成为我国区域经济研究中一个重大的理论和实践问题，也是落实科学发展观、构建和谐社会的必然要求。围绕着这一重大主题，我国区域经济研究的热点问题主要集中在以下几个方面。

1. 主体功能区的规划与政策。国家“十一五”规划纲要明确提出将国土空间划分为优化开放、重点开发、限制开发和禁止开发四类主体功能区。这对于落实科学发展观，促进人与自然的和谐发展以及协调经济、社会、人口、资源和环境之间的关系具有重要的意义。目前，有关部门正组织力量开展国家主体功能区区划的研究工作，国家主体功能区规划工作也在逐步展开。主体功能区建设是区划、规划、政策和考核“四位一体”。推进形成主体功能区，区划和规划工作仅仅是一个开始，如果没有相应的配套政策和考核办法，主体功能区建设将成为一句空话。目前，有关部门已经提出了财政、投资、产业、土地、人口管理、环境政策和绩效评价等方面的基本思路，今后关键是如何细化并提出可操作的具体方案。推进形成主体功能区是一项长期的艰巨任务，也是一项复杂的系统工程。学术界关于这方面的现有研究成果还较少，亟待从理论和操作层面展开深入系统的研究。

2. 国家综合配套改革试验区。继上海浦东新区、天津滨海新区、深圳特区之后，国务院又先后批准了成都和重庆为城乡统筹综合配套改革试验区、武汉城市圈和长株潭城市群为全国资源节约型和环境友好型社会建设综合配套改革试验区。至此，我国已形成东（上海浦东）中（武汉和长株潭）西（成渝）、南（深圳）北（天津滨海）兼顾的改革试点格局。通过选择一批有特点和有代表性的区域进行综合配套改革，以期为全国的经济体制改革、政治体制改革、文化体制改革和社会各方面的改革提供新的经验和思路。国家综合配套改革试验区是我国改革进入攻坚阶段的必然选择，对探索新的区域发展模式、提升区域乃至国家竞争力具有重要意义。目前，对于“国家综合配套改革试验区”还没有一个明确的概念。理论界对综合配套改革试验区的研究还十分薄弱，有许多问题还有待于进一步深入研究和探讨。

3. 区域经济合作和一体化。区域一体化是当今世界经济的主流。中国加入 WTO 以后，在加快与国际接轨、尽快融入全球化世界的同时，如何加强国内各区域间的经济合作以实现区域经济一体化，是中国政府和学术界面临的一个重大课题。中央政府高度重视地区差距及其带来的经济、社会影响，提出积极开展区域合作，强调东西互动优势互补。过去5年，中国关于区域合作的重大举措不断出台，并取得明显进展，区域合作和一体化的进程正在不断地加快。国家“十一五”规划还首次把以经济区发展为内容的区域规划放在了重要的位置，其目的就是破除行政壁垒，促使行政区经济走向真正意义上的区域经济。区域合作已经成为我国统筹区域发展、解决区域差距、协调区域发展的重要方式之一。不过，在目前体制背景下，区域合作由“虚”变“实”还需一个过程，区域经济发展的格局短期内也不会发生大的变化。要想真正实现中央提出的和谐发展，尚需在大的战略背景下细化相关政策措施、深化各方面体制改革。

4. 区域公共服务均等化。党的十七大报

告提出，缩小区域发展差距必须注重实现基本公共服务均等化。而"建立覆盖城乡居民的社会保障体系"、"建设覆盖城乡居民的公共卫生服务体系、医疗服务体系、医疗保障体系、药品供应保障体系"、"加强农村基础设施建设"以及公共教育服务均等化等，作为国家基本公共服务职能的重要组成部分，是这届政府的重要任务。目前，我国正由生存型向发展型社会过渡，实现基本公共服务均等化的压力逐步增大。我国的多项经济社会发展指标相继超越生存型社会的临界值。在这一进程中，广大社会成员的公共需求全面、快速增长同公共产品短缺、基本公共服务不到位的问题成为日益突出的阶段性矛盾。因此，今后一个时期，推进区域公共服务均等化将是我国区域发展战略的一个重要内容，也是缩小我国区域发展差距、促进区域协调发展的基本途径。

5. 区域生态补偿机制。近年来，资源枯竭、环境污染和生态危机严重威胁着我国生态安全与经济和社会发展的可持续性。我国在区域生态环境保护和自然生态保护方面，面临着政策结构性缺位的挑战，特别是相关的环境经济手段严重短缺，无法解决诸如国家重要生态功能区、流域和矿产资源开发等领域的生态环境保护问题。因此，建立资源开发利用补偿机制和生态环境补偿机制对于实现区域协调发展和构建和谐社会具有重大理论和现实意义。目前，我国的生态补偿工作才刚刚开始，针对生态环境补偿，也展开了探索性的尝试。但是，由于机制不完善，生态补偿真正付诸实施还面临不少问题，如生态补偿机制的具体内容、各地区生态保护的标志、生态补偿的立法等。生态补偿涉及公共管理的许多层面和领域，许多重大问题都需要进行深入的研究。

四　中国区域经济学的发展趋势

近年来，随着我国区域经济实践的不断深入，区域经济问题变得更加具体化，区域经济研究也开始向不同领域的纵深方向拓展。结合国外区域经济研究的发展趋势，以及我国目前区域经济发展的现状，今后一段时期，我国区域研究将会出现以下几个方面的趋势。一是从中国区域经济发展的实践出发，不断创新区域经济学的理论和方法，进一步完善中国特色的区域经济理论体系。二是更多地注重微观行为的分析。如对微观层次的具体厂商的区位选择问题、区域要素市场等问题的研究将会日益成为区域经济学研究的主流。三是更加重视使用定量和经济计量的分析方法。定量和经济计量方法是推动区域经济研究向纵深发展的主要手段。目前，在我国区域经济研究中运用的计量方法还比较少。四是加强对区域政策的研究。对于区域政策效应评价、区域政策与产业政策的协调、地方经济政策、产业集群政策等要进一步深入研究。五是继续加强对问题区域的研究。

参考文献与学科年度重要文献

安虎森主编：《区域经济学通论》，经济科学出版社 2004 年版。

鲍永安：《区域核心竞争力研究综述》，《江海学刊》2005 年第 4 期。

陈刚、刘姗姗：《产业转移理论研究：现状与展望》，《当代财经》2006年第10期。

李仁安、徐丰：《区域核心竞争力评价指标体系研究》，《武汉理工大学学报》2005年第2期。

卢峰：《产品内分工：一个分析框架》，北京大学中国经济研究中心讨论稿系列，No. C2004005。

芦岩、陈柳钦：《国内区域竞争力研究综述》，《上海财经大学学报》2006年第8期。

王缉慈等：《创新的空间：企业集群与区域发展》，北京大学出版社2001年版。

沃尔特·艾萨德：《区域科学导论》，高等教育出版社1991年版。

伊特韦尔、米尔盖特、纽曼编：《新帕尔格雷夫经济学大辞典》（第四卷），经济科学出版社1992年版。

魏后凯主编：《现代区域经济学》，经济管理出版社2006年版。

魏后凯：《大都市区新型产业分工与冲突管理——基于产业链分工的视角》，《中国工业经济》2007年第2期。

曾菊新：《空间经济：系统与结构》，武汉出版社1996年版。

赵修卫：《关于发展区域核心竞争力的探讨》，《中国软科学》2001年第10期。

埃德加·M. 胡佛：《区域经济学导论》，商务印书馆1990年版。

陈秀山、张可云：《区域经济理论》，商务印书馆2003年版。

保罗·克鲁格曼：《地理和贸易》，北京大学出版社、中国人民大学出版社2000年版。

彼得·尼茨坎普主编：《区域经济学》，经济科学出版社2001年版。

蔡昉等：《制度、趋同与人文发展》，中国人民大学出版社2002年版。

李小建等：《经济地理学》，高等教育出版社2001年版。

陆大道等：《中国区域发展的理论与实践》，科学出版社2003年版。

魏后凯：《走向可持续协调发展》，广东经济出版社2001年版。

张可云：《区域经济政策》，中国轻工业出版社2001年版。

（石碧华）

财 政 学

一 财政学科概述

财政学是一门以公共部门经济活动（特别是政府经济活动）及其对资源配置、收入分配和经济稳定的影响为研究对象的学科。公共经济活动包括公共支出活动、公共收入活动和公共规制（regulation）。财政学需要研究公共部门生产什么、为谁生产、怎样生产、生产决策是如何作出的等问题。财政学的中心问题是效率、公平和稳定问题。现代财政学研究的基本框架可概括如下：市场失效→政府干预→公共支出（或公共规制）→公共收入→财政政策→政府间财政关系理论。

财政学与经济学关系最为密切，可以视为应用经济学的一个分支。同时，它与经济学、政治学、公共管理学、工商管理学、法学等多个学科关系密切，可以说是这些学科间的交叉学科。

微观经济学和宏观经济学为财政学的发展提供经济理论基础。财政学与公共经济学有着非常密切的关系。公共经济学是在财政学的基础之上形成的。至今仍有许多学者认为二者无根本性的区别。如果说，公共经济学不同于传统的财政学，那么它表现在以下几个方面：（1）传统财政学主要研究税收问题，而很少对公共支出进行经济分析；（2）公共选择理论的发展对公共经济学的形成和发展起到了重要作用；（3）公共经济学的研究范围不仅包括传统的财政收支，还包括公共规制，这样，中央银行、非营利性经济组织等经济主体的活动都纳入了公共经济学的研究范畴；（4）财政学所包括的一些内容如财政管理学、财政法学等一些内容是公共经济学所难以涵盖的。

财政问题既是经济问题，又是政治问题。因此，财政学与政治学有着密切的关系，甚至可以说，财政学是一门经济学和政治学的交叉学科。

公共管理学是近年来发展起来的一门介于传统的行政管理学、政治学和经济学之间的交叉学科。由于公共管理学的研究对象是公共管理问题，它牵涉许多公共经济问题，公共经济学与其联系可见一斑。特别是近年来兴起的新公共管理学更是突出经济学方法的运用，使得公共经济学在公共管理研究中的地位变得更加重要。

财政学研究大量涉及税制问题，而企业的税务决策是工商管理学关注的一个重要问题。同时，公共部门经济活动对企业的经营环境往往产生直接或间接的影响，因此，财政学研究与工商管理学有着密切的联系。

法学涉及大量的公共秩序的规范问题，

这与财政学所关注的公共经济问题有着众多共同之处。财政学对于税收和政府预算等各种问题的研究，也都离不开与法律的联系。

财政学的研究方法包括：1. 实证研究与规范研究。财政学研究的目的是对公共部门经济活动进行解释和预测，为公共部门决策以及相关经济主体决策提供基础信息。财政学研究中经常采用实证研究方法和规范研究方法。实证研究方法旨在反映公共部门经济活动的事实，对相关决策进行权衡取舍。实证分析和规范分析有时很难分开，特别是涉及效率和公平问题的权衡取舍时，就更是如此。2. 理论分析与计量研究。财政学研究也经常进行理论分析，或借助于比较研究和逻辑演绎，或借助于数理方法。理论研究方法不局限于数理方法。理论研究得出的模型是否成立，往往要通过计量经济学方法的检验。随着计量经济学理论的发展、数据处理水平的提高，财政学家可以获得比以往更多的经济数据，计量研究方法在财政学研究中得到了广泛的运用。3. 案例研究。案例研究方法也是财政学研究中经常采用的方法。特别是当总体数据的获取难度大，而案例本身又具有典型性的时候，案例研究就显得更有必要。①

二　改革开放以来中国财政学科的发展

改革开放30年以来，中国财政学科得到了迅速的发展，无论在理论研究，还是在人才培养上都取得了重大的进展。一批与财政学科密切相关的学术刊物如《财贸经济》、《管理世界》、《财政研究》、《税务研究》、《涉外税务》等得到了较好的发展，发表了大量财政学研究成果。一些与财政学科相关的学术团体如中国财政学会、中国税务学会、中国国际税收研究会、中国国有资产学会等的成立，推动了财政学科的繁荣。从事财政学专业博士生的培养工作在20世纪80年代中期只有中国社会科学院财贸所、财政部财政科学研究所、厦门大学、中国人民大学、上海财经大学等少数几个博士点，如今更多的高校科研单位开始培养财政学专业的博士，全国已经有较为完整的大学本科、硕士生、博士生等财政学人才培养体系。

改革开放以来，特别是20世纪80年代初期，财政本质问题是财政学的一个焦点问题。关于财政本质的不同看法往往形成了不同的学派。财政基础理论在这个时期得到了较快的发展，出现了“百花齐放、百家争鸣”的局面。以许毅、许廷星、邓子基等为代表的“国家分配论”、以王绍飞为代表的“剩余产品决定论”、以何振一为代表的“社会共同需要论”等学派进行了热烈的争论。改革开放初期，财政学研究更多的是从经典作家的论述中寻找理论支持，财政理论研究有一定的局限性。改革开放的实践推动了财政理论的创新。中国财政学者面对现实中的财政问题，解放思想，放宽视野，在坚持马克思主义的立场、观点和方法的前提下，积极借鉴来自西方

① 关于财政学科属性与财政学研究方法的有关论述，参见杨志勇和张馨（2008）。

的人类文明的共同财富，同时，立足国情，进行调查研究，财政理论得到了较快的发展。财政学各分支学科如税收经济学①、公债经济学②、财政支出经济学③、比较财政学④等的出现和发展，使得财政理论研究进一步深化。

在20世纪80年代，西方较有影响的财政学教科书陆续以不同方式引进中国，其中影响较大的有邓子基和邓力平编译的《美国财政理论与实践》（R. A. Musgrave and P. B. Musgrave 合著，中国财政经济出版社1987年版）、薛天栋编著的《现代西方财政学》（上海人民出版社1983年版）等。财政学科的发展明显地受到西方财政学的影响。一些在国内具有较大影响的财政学教科书开始吸收西方财政学的内容。作为高等学校文科教材的邓子基的《财政学原理》（1989）虽然是一本以"国家分配论"为立论基础的专著教科书，但其中也包含了许多西方财政学的内容，如税收原则的分析、税收弹性的分析、公共支出分析、公债的分析、财政政策研究等。特别是其中的财政政策部分对社会总供给和总需求的分析，更是直接引入凯恩斯主义经济学的有关论述。陈共主编的国家教委核心教材《财政学》（1991）及其以后的多个版本也表现出类似特征。社会主义市场经济体制改革目标提出之后，引入和吸收西方财政学最新成果的趋势得到进一步加强。蒋洪等的《财政学教程》（1996）不再区分西方财政学与中国财政学，而直接对传统上视为"西方财政学"的内容加以介绍。王传纶和高培勇合著的《当代西方财政经济理论》（1995）介绍了当代西方财政学的主要内容。在他们看来，未来的财政学的发展走向还需要得到市场经济体制改革实践的检验。杨之刚所著的《公共财政学：理论与实践》对中国公共财政改革的内容进行了全景式的展示和论证。

自从社会主义市场经济体制改革目标确定之后，关于公共财政建设的问题一直是中国财政学界的一个热点问题。高培勇主编的《公共财政：经济学界如是说》（经济科学出版社2000年版）系统收集了中国财政学界关于公共财政的代表性论述。一般认为，中国财政改革的走向是建立与市场经济相适应的公共财政。对于西方的公共财政理论，叶振鹏和张馨（1995）认为，应立足国情，在借鉴西方公共财政理论的基础之上，他们系统论证了"双元结构财政模式"，认为与社会主义市场经济的财政模式应该是公共财政与国有资产财政（国有资本财政）的混合体。

结合中国财政改革开放的现实，对重大财政问题进行相关对策研究，也是30年财政理论发展的重要内容。例如贾康等的《地方

① 例如侯梦蟾的《税收经济学导论》（中国财政经济出版社1990年版），马国强的《税收学原理》（中国财政经济出版社1991年版），袁振宇、朱青、何乘才和高培勇的《税收经济学》（中国人民大学出版社1995年版）等。

② 例如邓子基、张馨、王开国的《公债经济学》（中国财政经济出版社1990年版），高培勇的《国债运行机制研究》（商务印书馆1995年版），李俊生的《公债管理》（中国财政经济出版社1994年版），高培勇和宋永明的《公共债务管理》等。

③ 例如邓子基、王开国、张馨的《财政支出经济学》（经济科学出版社1993年版）、陈工的《公共支出管理研究》（中国金融出版社2001年版）等。

④ 例如邓子基、巫克飞、葛南翔、董大胜的《比较财政学》（中国财政经济出版社1987年版），张馨的《比较财政学教程》（中国人民大学出版社1997年版和2004年版），杨志勇的《比较财政学》（复旦大学出版社2005年版）等。

财政问题研究》（经济科学出版社 2004 年）就是对中国基层财政所面对的迫切问题进行的一个系统研究。

三　2007 年财政学科发展理论前沿以及重大的热点问题

（一）财政学科建设

财政学与公共经济学的区别和联系是关系到未来财政学科发展走势的一个重要问题。张文春（2007）通过对国外著名财政学者和公共经济学家的调查，得出这样的结论：尽管在学术界对两个学科的认识有所不同，但“财政学”和“公共经济学”都是兼容并蓄的，融合了经济学和其他学科的研究成果。杨志勇（2007a）认为财政学是介于经济学、政治学、公共管理学等多个学科之间的一门学科，财政学科建设首先需要建立在准确界定财政学学科属性的基础之上。财政学包含了大量公共经济学所无法包括的内容。财政学学科建设的当务之急是加强中国财政改革与发展现实的理论研究。张馨（2007）认为，传统财政学尽管以马克思主义为指导，但服务于计划经济，在市场化改革中必须被否定。市场化改革和公共化改革否定了“阶级财政论”，和谐社会的提出对“阶级财政论”作了最后一击。“公共财政”是为市场提供公共服务的财政、是社会公众的财政、是与市场经济相适应的财政制度。

（二）公共财政建设

自从 1998 年政府明确提出构建公共财政框架目标之后，公共财政建设问题就成为财政学界关注的一个重要问题。公共财政建设蓝图的概括就是重点之一。高培勇（2007a，2007b）立足于重要战略机遇期的特殊背景，论证加快公共财政建设对于推进公共服务型政府建设以及整个经济社会体制改革的重要意义。在全面而系统地梳理有关公共财政的理论与实践成果的基础上，以制度建设为主要着眼点，以公共性为基本线索，构建了一个称之为“一条主线、三项职能、四个层面、十大指标”的中国公共财政建设指标体系总体框架。一条主线，即指中国公共财政建设指标体系是以公共性（满足社会公共需要）为灵魂并以此作为贯穿始终的基本线索。三项职能，即指中国公共财政建设指标体系是按照资源配置、收入分配和经济稳定三项职能作为基本定位。四个层面，即指中国公共财政指标体系覆盖了基础环境建设、制度框架建设、运行绩效建设和开放条件下的公共财政建设四个层面的内容。十大指标，即指中国公共财政建设指标体系由十大一级指标构成：政府干预度、非营利化、收支集中度、财政法治化、财政民主化、分权规范度、均等化、可持续性、绩效改善度和财政国际化。张德勇、杨之刚（2007）从政府职能、非营利化、政府收支集中管理、财政法治化、财政民主化、财政分权、公共服务均等化、可持续发展和财政国际化九个方面阐述了加快公共财政建设的一些设想。

（三）财政体制改革

政府间财政关系是财政学研究的重要内容之一。1994 年，中国进行了分税制财政体制改革，但这次改革还不彻底，还有许多需要进一步完善之处。财政集权与分权问题就是其中之一。一般认为，我国财权较为集中，但白景明（2007）提出了不同的看法。他认为我国属于财权相对分散的国家。其具体表现是财政收入中央集中率偏低和非税收入高度分散。造成这种状况的原因主要是新旧财政体制并存、预算不完整、公共产品供求矛盾尖锐。综合考虑基本公共服务均等化、中央政府支出责任扩大趋势、控制财政风险等因素，我国理应提高中央财权集中度，逐步实现中央财政收入占全部财政收入60%的目标值。

财政级次的多少问题也是财政学界关注的一个重点。有不少学者认为，中国省以下分税制难以推行，是因为财政级次过多。财政级次的调整事关财政体制改革的未来走向。贾康（2007）研究了我国财政体制未来走向问题。他认为，应在坚持1994年改革基本制度成果的基础上，推行减少财政层级的扁平化改革（重点是乡财县管和省直管县），在省以下实质性地推进和贯彻分税制，并进一步以投资权的合理化为关键，理清政府间事权，形成扁平化后“一级政权、一级事权、一级财权、一级税基、一级预算”再加自上而下转移支付的制度安排。杨志勇（2007b）则从公共选择视角对省以下财政体制改革问题进行了研究，认为无论是“省直管县”，还是“乡财县管”改革，都应该因地制宜，以建立激励性财政体制和有效提供公共产品和公共服务为目标。

近年来，关于财政转移支付制度建设的研究已有许多。2007年，财政学界在实证研究上也取得了一定的进展。尹恒、康琳琳、王丽娟（2007）运用中国2000多个县级地区1993—2003年的财政数据，借鉴收入分配文献中发展出来的收入来源不平等分解法，对转移支付的财力均等化效应进行了分析。江新昶（2007）基于中国分省面板数据，对政府间转移支付与地区发展差距和经济增长之间的关系进行实证研究。结果显示转移支付在地区间的分布具有“马太效应”，越是富裕的地区，得到的转移支付量越多，转移支付没有发挥缩小地区间发展差距的作用。在转移支付的三个组成部分中，专项转移支付和税收返还扩大了地区发展差距；财力性转移支付有助于缩小地区发展差距，并且推动最高经济增长的效率。财政竞争是一个与财政体制改革密切相关的问题。傅勇、张晏（2007）讨论了地方政府支出结构偏向的激励根源，并通过构造财政分权指标和政府竞争指标、利用1994—2004年的省级面板数据进行实证检验。

（四）财政支出

财政支出研究是传统财政学较为忽略的一个领域。2007年，财政学界运用新的研究方法和研究数据，对财政支出问题进行了深入的研究。董志强（2007）运用博弈论工具研究财政支出问题。他构造了一个上级政府和下级政府之间的拨款博弈模型来解释观察到的拨款博弈现象。陈工、陈健（2007）也运用博弈论工具，结合我国现状，分析了优化财政监督制度的思路。家庭数据的缺乏是研究公共支出收益归宿点一大难题。刘穷志（2007）通过转换变量，构建了可利用中观数据进行分析的公共服务归宿评测模型，以解释公共支出惠及富人与穷人的公共产品非均等化。他认为，公共服务归宿差异原因主要有经济实力、经济缺陷、公民偏好显示以及政府财政转移支付体制。赵志耘、吕冰洋

（2007）在界定了财政投资外溢效应及其影响因素的基础上，建立了分析财政投资外溢效应的生产函数和计量模型。公共支出是否有效，首先需要界定公共部门的边界问题。

财政学界还结合政府转型对财政支出进行了研究。吴俊培、张青（2007）从政府职能部门和事业组织之间的效率边界问题、事业组织的效率问题和政府职能部门对事业组织效率资助问题三个方面展开讨论。张馨（2007）回顾了20世纪70、80年代以来席卷了西方几乎所有发达国家及部分发展中国家的“新公共管理”的政府变革浪潮，指出了其对财政制度设计、运作方式、理财模式及思维理念等的影响和对我国财政公共化改革的启示意义。

（五）税收理论与税制改革研究

税收是财政收入的主要形式。2007年，财政学界在引进新的研究方法上有一定的突破，这特别表现在行为经济学研究方法的运用上。陈平路（2007）弃传统的期望效用分析工具，采用行为经济理论中Kahneman和Tversky的前景理论，对个人的偷逃税行为进行了分析。潘雷驰（2007）通过“设计我国税务人员税收征管努力程度影响因素”心理评价量表和环境评价量表，并进行抽样调查，来测量各影响因素及其差异，以及不同的影响因素存在的客观税收征管环境。樊丽明、郭琪（2007）认为促进全社会的节能进程就要通过影响公众的节能行为动机来决定能源消费模式的选择，税收政策可以通过税收差别向能源消费者明示政府的政策导向，形成全社会统一的社会规则和主观规范；征税与税收优惠可以通过影响行为成本，使公众由自利的“理性经济人”向兼顾代际利益的“理性生态经济人”转变。她们深入剖析税收政策对公众节能行为的作用机制，在此基础上构建我国促进节能的税收政策体系。

在税制改革问题上，财政学界对问题的探讨更为深入。刘尚希（2007）认为，财产税与地方财政有着紧密的联系，多数划归为地方税。从财产税的性质来看，也适宜做地方税。这表明财产税的功能设计只能是以筹集收入为主，调节为辅，财产税改革就应注重从宽税基、简税制和易征管，以及结合我国地方财政体制改革的要求来设计。杨斌（2007a）则认为：房地产税要成为地方税的主体税种，使其收入与向居民提供的公共产品相对应，并且不会造成福利损失，需要许多严格的前提条件，包括适用区域范围足够小并且区域发展较为平衡、存在民主决策机制和“用脚投票”自由迁移的条件、特殊的地方政府体系和治理结构。在我国目前还不具备上述条件的情况下，要十分谨慎地对待将房地产税列为地方财政主体税的说法和做法。

杨斌（2007b）研究了1949年到目前中国农民广义税收负担演进历程。他认为：狭义的农业税负担总体呈下降趋势，但广义税收负担（包括“暗税”、杂项负担、间接税负担）不轻，而且总体呈上升趋势。

税源与纳税地点不统一是现实税制运行中经常碰到的问题。王道树（2007）认为，1994—2005年我国省际人均内外资企业所得税收入分布差异既超过其对应税源分布差异，也超过全部税收收入分布差异。在我国现行财税体制下，尤其在“两法合并”实行法人所得税制之后，应当坚持税收归属与税收来源一致性原则，以“分支机构全面预缴、总机构汇算清缴”为基本模式，以“总机构统算应税所得、按比例进行分配、总分机构分别申报纳税”为补充模式，建立科学的地区间企业所得税收入归属机制。贾康、阎坤、鄢晓发（2007）从总部企业的关联交易、税收监管的困难、各地区发展总部经济的财税优惠政策比较等方面，结合苏州案例，对总部经济加剧地区间税收竞争的状况进行了分析，最后提出相应的对策建议：应引导地方政府正确对待总部经济并树立科学的政绩观和改进政绩考核标准；推进省以下分税制改革，进一步完善地区间财税关系；健全税收法治、规范税收竞争秩序以创造公平的税收环境；加强公众监督和税收征管。

（六）财政政策研究

财政政策是财政学研究的重要内容。财政学界在财政政策理论与实证研究上均作了探讨。康锋莉（2007）构造了税收和政府支出政策时间一致性问题的动态博弈模型，研究了有约束和没有约束两种不同博弈顺序下的政策均衡。靳春平（2007）分析了财政政策效应的空间差异性，根据我国经济发展的经验数据运用VAR模型分别考察了东、西部地区的政府公共资本支出与地区经济增长的长期均衡关系和动态响应关系，并对东、西部的财政政策效应进行了比较。李永友、周达军（2007）认为，由于内生的制度缺陷，自动稳定器无法单独胜任稳定经济的角色；而缺乏约束的自由裁量行为又使得相机抉择具有较大的赤字和政治周期风险，尽管一些经济体采取了一些财政规则，但经验证据并没有表明规则约束达到了预期的目标，相反，在一些经济体，财政规则反而引致了更大的隐性财政风险。

武彦民（2007）通过构建指标体系从财政风险变化角度解释财政政策转型的依据。郭庆旺、贾俊雪、刘晓路（2007）利用马尔可夫情势转变向量自回归模型，考察了20世纪90年代以来，我国宏观经济运行与财政政策的情势转变特征、财政政策对宏观经济稳定的影响以及财政政策的非线性效应。

四　财政学进一步发展的趋势

中国改革开放已走过了30年。30年中，财政制度改革一方面构成了改革的重要内容之一，另一方面财政改革对其他改革有着重要的影响。因此，对改革开放以来中国财政经验进行系统的总结，特别是其中一些和西方主流财政学界看法差异较大的“财政悖论”将成为未来中国财政学界关注的重点内容之一。

公共服务问题特别是其中的资金保障和私人部门在公共服务提供和生产中的作用将成为财政学研究的重点问题之一。这是一个如何进一步完善公共产品的私人提供理论问题，同时也涉及中国公共财政的现实相关体制机制构建问题。中国经济转型的现实决定了中国的公共服务体制与发达市场经济国家有很大的不同。其中的主要问题包括税制的进一步改革问题、非税收收入管理问题、政府预算管理问题、政府如何对私人提供和生产公共产品和公共服务进行支持等。

未来财政学科发展中将更加重视基础数据库的建设问题。一方面，随着政府信息公开透明度的提高，财政学者将更容易地获取越来越多的财政信息，对这些信息的加工处理使财政学科建设的基础工程自然而然地成为一项重要的工作；另一方面，财政学者还需要通过调研，形成一系列数据库，为财政学研究特别是实证研究提供必要的数据支持。

参考文献与学科年度重要文献

白景明：《客观认识我国的中央政府财权集中度》，《财贸经济》2007年第8期。

陈工、陈健：《财政监督的博弈分析及其优化》，2007年第4期。

陈平路：《基于行为经济理论的个人偷逃税模型》，《财贸经济》2007年第11期。

邓子基：《财政学原理》，经济科学出版社1989年版。

董志强：《政府拨款博弈中拖延和等靠行为：一个模型分析》，《财贸经济》2007年第2期。

樊丽明、郭琪：《公众节能行为的税收调节研究》，《财贸经济》2007年第7期。

傅勇、张晏：《中国式分权与财政支出结构偏向：为增长而竞争的代价》，《管理世界》2007年第3期。

高培勇主编：《为中国公共财政建设勾画“路线图”（中国财政政策报告2006/2007）》，中国财政经济出版社2007年版。

高培勇：《中国公共财政建设指标体系：定位、思路及框架构建》，《经济理论与经济管理》2007年第8期。

郭庆旺、贾俊雪、刘晓路：《财政政策与宏观经济稳定：情势转变视角》，《管理世界》第5期。

贾康：《财政的扁平化改革和政府间事权划分》，《中共中央党校学报》2007年第6期。

贾康、阎坤、鄢晓发：《总部经济、地区间税收竞争与税收转移》，《税务研究》第2期。

江新昶：《转移支付、地区发展差距与经济增长——基于面板数据的实证检验》，《财贸经济》2007年第6期。

靳春平：《财政政策效应的空间差异性与地区经济增长》，《管理世界》2007年第7期。

康锋莉：《财政政策时间一致性问题的动态博弈分析》，《财贸经济》第9期。

李永友、周达军：《自动稳定器与相机抉择：财政政策宏观调控机制的权衡与完善》，《财贸经济》2007年第2期。

刘穷志：《公共支出归宿：中国政府公共服务落实到贫困人口手中了吗?》，《管理世界》2007年第4期。

刘尚希：《财产税改革的逻辑》，《涉外税务》2007年第7期。

潘雷驰：《我国税务人员行为目标探索——来自安徽省的实证分析》，《管理世界》2007年第2期。

王道树：《企业所得税收入归属机制研究》，《财贸经济》2007年第4期。

吴俊培、张青：《政府职能部门与事业组织的效率边界和预算资助问题》，《当代财经》2007年第7期。

武彦民：《我国积极财政政策实施前后财政风险的变动分析——兼议财政政策转型依据》，《财贸经济》2007年第12期。

杨斌：《关于房地产税费改革方向和地方财政收入模式的论辩》，《税务研究》2007年第3期。

杨斌：《中国农民广义税收负担走向》，《税务研究》2007年第10期。

杨之刚：《公共财政学：理论与实践》，上海人民出版社1999年版。

杨志勇：《财政学科建设刍议：结合中国现实的研究》，《财贸经济》2007年第12期。

杨志勇：《中国县乡财政体制：公共选择视角的分析》，《财政与发展》2007年第1期。

杨志勇、张馨：《公共经济学》，清华大学出版社2008年版。

尹恒、康琳琳、王丽娟：《政府间转移支付的财力均等化效应——基于中国县级数据的研究》，《管理世界》2007 年第 1 期。

张德勇、杨之刚：《加快公共财政建设的九大任务》，《财贸经济》2007 年第 11 期。

张文春：《财政学与公共经济学的关系及其发展趋势——对部分世界著名经济学家的调查》，《财贸经济》2007 年第 3 期。

张馨：《财政公共化变革：新公共管理的启迪》，《财政研究》2007 年第 4 期。

张馨：《马克思主义财政学的“创新”与“阶级财政论”的否定》，《财贸经济》2007 年第 11 期。

赵志耘、吕冰洋：《财政投资的外溢效应分析》，《财贸经济》2007 年第 10 期。

陈共主编：《财政学》，四川人民出版社 1991 年版。

蒋洪等：《财政学教程》，上海三联书店 1996 年版。

王传纶、高培勇：《当代西方财政经济理论》，商务印书馆 1995 年版。

叶振鹏、张馨：《双元结构财政——中国财政模式研究》，经济科学出版社 1995 年版。

（杨志勇）

金　融　学

一　学科概述

金融学无疑是现代经济学体系中的“显学”之一；它已经从20年前的一门“部门性”和“技术性”的学科，成长为以国民经济全体为研究对象的综合性学科体系。不仅如此，金融学已经而且还将进一步大规模地向经济学的许多领域甚至其他社会科学和自然科学领域渗透。有人认为，现代金融学是经济学“皇冠上的明珠”。更有人预言，现代金融学有逐渐取代经济学的趋势。这种说法可能有“泛金融”之嫌，但是，金融学极为重要，其体系已经十分庞大，涉及面极其广泛，则已是不争的事实。

金融学之所以重要，是因为，在市场经济条件下，几乎所有的社会经济活动都是通过交易而展开的；凡交易就需要货币为中介，就需要有资金的融通。这一基本事实，使得金融活动深深地渗透到我们社会经济生活的各个领域和各个层面。

金融学是主要研究货币运动规律与特征的应用经济学科。它以货币为主要研究对象，不断发展的金融国际化和金融创新为其提供了新的研究内容。从学科体系来看，金融学分为微观金融学（金融经济学）、宏观金融学（货币经济学）、金融交叉学科和其他金融学科四大学科支系。微观金融学主要涵盖公司金融、投资学和金融市场微观结构（金融市场）三个学科方向。公司金融研究企业融资、投资、分红和治理结构安排方面的决策。投资学研究金融资产的定价和风险管理。金融市场微观结构研究微观金融市场制度安排对金融交易、金融价格形成的影响。宏观金融学主要涵盖货币理论、国际金融、金融发展与稳定三个学科方向。货币理论研究实际产出、实际利率、就业率、实际汇率等实际宏观变量与通货膨胀、名义利率、名义汇率、货币供应量等名义宏观变量之间的关系，以及货币政策对这些变量的影响。国际金融是从金融视角研究开放经济条件下的宏观经济运行，以及汇率、资本项目管理、国际储备管理等对外宏观金融政策的经济影响。金融发展与稳定是从金融结构和金融制度视角研究经济增长和金融稳定。金融交叉学科主要涵盖金融工程学（结构金融学）和法与金融学。金融工程学将数理思维和工程思维引入金融领域，综合采用各种数学和工程技术方法设计、开发、组合新型金融产品和交易方式，开展金融资产定价、金融风险管理、投资与现金管理、公司理财等方面的研究。法与金融学是自20世纪70年代兴起的法和经济学的延伸，其研究范畴一是结合法律制度来研究金融学问题，即强调法律对金融主体行为的影响，二是利用金融学的研究方法来研究法学问题。其他金融学科当前初步拟定保险、银行、房地产金融三个学科方向，设立这些学科是为了解决当前中国金融机构与业务改革面临的突出矛盾。

在研究方法上，金融学的研究越来越注重统计与计量的研究，国内外公开发表的文章中，利用统计与计量的定量分析方法所占的比重日益增多，因此，对数据资料占有的多少及其结构，都在一定程度上影响了金融学研究成果。同时，许多研究在努力淡化金融活动和研究的“艺术”成分，试图使其变成一门“科学”的研究，所以又被冠之以“工程”之谓，因而是可以通过模拟和试验来加以演绎和推论的科学。当然，从本质上说，金融学仍然是属于思想的科学，因而，传统的分析和研究方法，例如，历史与比较的定性方法，仍然占有相当重要的地位。

二 改革开放30年金融学科发展、演进概况

成体系的货币金融学是与资本主义生产方式相伴生的。一系列的社会经济条件促成了这一发展。以蒸汽机的发明为代表的第一次科技革命，推动了工业革命在全球突飞猛进。以此为基础，资本主义生产方式在全世界取得了统治地位。尤为重要的是，作为商品经济最高形态的资本主义市场经济，将交换原则贯彻到社会经济生活的所有领域，而且使之成为一种世界现象，致使追求货币财富成为人们从事一切社会经济活动的出发点和最终归宿。

（一）货币银行学

从19世纪开始，由于黄金的总体短缺及其供应的波动性，纸币被各国广泛使用，银行作用也不断提高，人类的行为开始对货币的供应产生较大影响。同时，由于商品经济迅速发展，人们对货币的需求也日趋多样化。此时，货币的功能也大大扩展。它首先成为社会公认的交易媒介。在媒介功能之上，又产生了货币的“价值储藏”功能。凭借货币的价值储藏作用，储蓄向投资的转化，得以超越经济主体的约束，跨期、跨主体、跨地区（国界）进行，等等。在机构方面，主要依靠吸收存款和发放贷款赚取息差、以“部分准备制”为其运营基础的现代银行业也发展起来。如此等等，使得货币和银行问题进入人们的研究视野。

同样十分重要的是，作为对社会经济现象进行理论概括的资产阶级政治经济学在此期间形成了其完整的体系。其中，具有奠基意义的，是以斯密、李嘉图为主要代表的古典经济学说，以及以杰文斯、门格尔、瓦尔拉斯为主要代表的边际分析方法和供求均衡分析方法。在以上基础上，货币和银行问题开始作为独立的经济现象，成为经济学家的研究对象。

在相当长的时期中，货币银行理论事实上只是古典经济学的一个部分。在古典经济学框架内发展起来的货币银行理论有两大基本出发点：其一，货币无非是罩在实体经济之上的一层“面纱”。就是说，经济的货币面和经济的实体面虽然如影随形，但在本质上，货币的多寡，利率的高低，并不对实体经济的运行产生实质性影响；它只能影响各种商品和劳务的价格水平。其二，由于金银

等贵金属本位占据统治地位，所以，尽管银行券、纸币、银行存款等货币替代品已经在流通中占据主导地位，尽管银行业已经逐渐在全社会的商品交易和支付清算中发挥了越来越重要的作用，尽管对后世产生重大影响的“信用媒介说”和“信用创造说”在那时已经形成系统的体系，尽管发生于19世纪中叶的“通货学派”和“银行学派”的论争已经基本上覆盖了货币调控的所有基本问题，但是，货币银行理论仍然着力于探讨如何复制金融流通机制，或者使得“人为”的货币流通机制与金属货币流通机制相符合。

（二）货币经济学

在经济学领域，“凯恩斯革命”大大拓展了人们的分析视野。随着新的理论、新的分析方法和新的实践材料的发现和累积，经济学逐渐获得了其现代形式。货币金融学作为经济学的一个组成部分，同样也获得了长足的发展。这些发展，在其最初的阶段，主要归诸瑞典经济学家维克塞尔、英国经济学家凯恩斯、美国经济学家希克斯、汉森和托宾等人的开创性研究。维克塞尔创立的“累积过程学说”，凯恩斯创立的以收入—支出分析为核心的宏观经济分析框架，希克斯系统阐述的货币经济学的分析方法，希克斯与汉森共同建立的IS－LM分析框架，托宾在资产选择理论基础上建立的一般均衡货币经济学体系，等等，为现代货币金融学的形成和发展奠定了全面的理论基础。在托宾之后，一些经济学家，如弗里德曼、萨莫斯、曼库、卢卡斯、帕廷金、格利、萧等，根据其对经济系统的理解不同，对相关的假设前提进行了修改，并由此衍生出了若干不同的经济学流派，从而对货币经济学的发展作出了贡献。

从历史上看，“货币经济学”一词开始频繁出现在国外文献的时间约在20世纪50—60年代。弗里德曼和哈恩这样定义货币经济学：“在效用最大化及经济均衡的一般结构中，加入了货币（同时可能还有其他金融工具）的经济系统的理论模型。”沃什在其著名的教材《货币理论与政策》里这样解释，“货币经济学探讨实际产出、实际利率、就业、实际汇率等宏观层面的实际变量与通货膨胀率、名义利率、名义汇率、货币供给等名义变量之间的关系”。简单地说，货币经济学是一门研究货币以及货币与宏观经济运行之关系的学问。产出、利率、通货膨胀、经济波动、经济周期等，是货币经济学的主要研究对象。

在主流的货币金融学中，讨论的主要问题都是金融机构、金融市场和金融产品问题。然而，作为一个关系国计民生的行业，听任它无政府地自由发展肯定是不妥当的。这就产生了一个对货币金融业进行监管的问题。基于这一要求和各国实践，一门新的货币金融学科——金融监管——发展起来。金融监管理论最初是基于“市场失灵”理论而产生的。其后，随着信息经济学的产生，它又增添了新的内容。这种理论认为，为了克服由信息不对称所带来的不良后果，经济社会便有了及时、充分、准确地“生产”和“销售”信息的必要。解决这一问题，可以有私人生产和公共生产两种方案，但这些都存在缺陷，于是，政府的参与便趋向另一个方向，就是由政府对金融市场施以管理，规定各种准则，要求在公开市场上销售证券的公司按照这些准则，诚实、完整、全面、及时披露有关它们销售、资产和收益方面的信息，并对各种违规的公司施以惩罚，从而使投资者得以识别公司的优劣。基于上述认识，世界各国普遍设立了诸如证券交易委员会、银行业监督管理委员会之类的政府管理机构（或自律组织），而且，以世界银行、国际货币基金组织、国际清算银行等为代表的国际经济组织，也公布了以“巴塞尔协议”为总题目的各类有效监管框架。以此为基础，现代金融监管理论获得了突飞猛进的发展，并成为货币经济学的一个重要分支。

（三）金融经济学

在相当长的时期中，银行在金融体系中占据着主导地位。对于银行和信贷问题的研究几乎构成早期金融学的主要内容。直到20世纪50年代前后，以直接融资市场大发展为物质基础，以托宾和马柯维茨（Markowitz）（1952）创立资产组合理论为标志，以金融市场为主要研究对象的现代金融经济学才开始真正发展起来。

根据默顿的定义，金融经济学“是研究人们在不确定的环境中如何进行资源的时间配置的学科……金融学的分析方法有三个‘支柱’：跨时期的最优化（不同时期的权益权衡）、资产估值、风险管理（包括投资组合理论）。”从这个定义可以看出，不同于那些讨论货币供应、信贷、利率、通货膨胀和汇率的传统货币金融学，金融经济学的重点在于讨论诸如企业和居民的投资、融资和理财活动。正是在这个意义上，很多学者将金融经济学称作为“微观金融”；相应的，将那些讨论货币供应、信贷、利率、通货膨胀和汇率问题的金融学称作为“宏观金融”或者“货币经济学”。

与微观经济学关注商品和商品价格的形成机制类似，金融经济学所研究的核心问题是金融资产及其价格的形成。不过，金融经济学与微观经济学存在一个关键的不同点：它研究的是不确定环境中的价格形成和资源配置，因此，风险是必须考虑的因素。而在考虑风险之后，资产定价事实上也就成为对风险的评估。

在金融经济学中，“有效市场假说”以及基于此的“MM定理”是两个关键性假说。金融经济学的发展，基本上都是在撤销或修正这些假说的基础上发展起来的。就目前而言，金融经济学体系中主要包括资产定价理论、公司金融理论、结构金融理论、微观市场结构理论及保险理论等。

（四）中国金融学的发展

30年来，中国金融学得到了相当发展。改革开放初期，受各方面环境的影响，中国金融学研究的视野并不开阔，研究方法单一，研究结论简单，那时中国金融学的研究，实际上也只是单纯地，有时甚至是教条地运用马克思主义的基本原理，来研究货币与信贷的问题。在当今看来，货币与信贷，只是金融学研究的一个方面。随着中国改革开放的深入，西学东进对中国金融学研究工作者产生了深远的影响，另外，中国金融结构的变化和调整，也为中国金融学的研究提供了更加切合实际的研究素材。金融学的研究也从单纯的货币与信贷的主题，逐步转变到中国金融体制改革的设计和方向的方面，包括货币与银行，也包括资本市场、保险、各种金融工具与金融机构、金融市场化、货币政策、金融危机和金融工程等方方面面。可以说，现在发达国家的学者们在研究的金融学的范畴，中国的金融学者们也在研究。30年来，中国金融学的研究，也经历了一个从学习到借鉴、再到自我创新的过程，许多的研究不再是照猫画虎，而是基于中国的实践带有一定程度的理论创新。

三　金融学科发展理论前沿

（一）国际金融学

2007年全球经济仍然处于“失衡”状态，美国继续通过贸易逆差来吸收世界其他地区的储蓄流入。主要发达国家经济增速放缓，从而拖累了全球经济增长，但新兴市场和发展中经济体的强劲增长，为全球经济总体稳定提供了有力支撑。

2007年国际金融状况可以通过三个重要事件来理出一些头绪，分别是，美国次贷危机、美元持续疲软和全球大宗商品价格的疯涨。

2006年第4季度美国贷款违约数据出炉，发行次级抵押贷款的专业贷款机构开始报告当季发生亏损。2007年3月13日，全美第二大次级抵押贷款机构——新世纪金融公司宣布濒临破产，4月2日，新世纪金融公司申请破产保护。随后坏消息接二连三地传出，以至于8月份开始，为了防止美国次级抵押贷款市场危机引发严重的金融市场动荡，美联储、欧洲央行、日本央行和澳大利亚央行等货币当局开始向市场紧急注入资金。美联储甚至针对此次危机还于2007年底创设了一个新的货币政策工具——定期信贷拍卖（Term Auction Facilitv，TAF），以向市场注入必要的流动性。

美国次级抵押贷款发放从2001年开始快速增加，随后得以迅速扩张。但美国2005年的持续加息使得美国的房地产市场增速开始出现放缓，新房销售价格增幅开始回落。到2006年9月，美国的新房销售价格首次出现同比负增长，并且整个2007年的美国房价一直呈逐步下跌的趋势。房价的回落，加上美国经济增速的放缓，使得次级抵押贷款的违约率迅速上升，以次级抵押贷款为基础的次级抵押贷款债券危机自然就相应浮出水面，并且开始对整个信贷体系形成冲击。

美国次级债危机爆发的原因可以集中归纳到一点：对金融衍生产品的风险管理不足。这种不足体现在政府对于次级抵押贷款的过度支持，体现在信贷机构对于次级抵押贷款风险评估的不足，体现在金融机构将次级抵押贷款衍生化的风险过度放大。

疲软的经济加上次贷危机的冲击，使得之前持续贬值的美元在整个2007年仍然尽现颓势。美元对其他主要货币和美元有效汇率指数均出现了持续下跌。并且，这种持续下跌的趋势已经开始对其他经济体形成一定的压力，各方开始对美国放任美元贬值颇有微词。但决定美元走势的根本因素还是在于美国经济增长是否能够重整旗鼓，而美国在整个2007年都没有表现出任何有关的迹象。

经济疲软、金融危机所导致的美元贬值却为投机资本提供了表演的舞台。2007年，石油、黄金、粮食、金属等大宗商品迎来了“风光”的一年。石油期货价格于2007年底离100美元1桶仅一步之遥，其他大宗商品也是频频创出历史新高。随着国际期货市场成为了各种大宗商品的核心定价场所，这些价格的制定已经早已不再只是供需者之间的谈判。各种套保和投机资金的进入，已经使得大宗商品价格呈现了类金融的特征。即使面临全球增速放缓，但市场却将目光集中在快速增长的发展中国家身上，将资源的矛盾和责任推卸给发展中国家，既是为市场的炒作寻找由头，同时也是为维系旧的国际经济秩序而制造借口。再配合低成本的流动性，各类炒作资金最终将大宗商品的价格推向一个又一个新高。

（二）货币理论与货币政策

流动性过剩是2007年理论界研究的一个热点问题。但理论界对流动性及流动性过剩的理解各执一词。彭兴韵（2007）认为，应当从金融资产的到期日曲线界定流动性更为准确，流动性过剩不在于货币供应与信贷的较快增长，而应当从资产组合理论出发，将流动性过剩理解为，人们持有的短期资产超过了合意的均衡水平，而长期资产不足。根据这样的定义，就可以理解为什么流动性过剩下会相伴随资产价格大幅上涨和收益曲线平坦化两个典型现象了。

在国内，很多人一谈到流动性过剩时，大抵都是将流动性通俗地理解为不同统计口径的货币和资金总量，卜永祥（2007）和张明（2007）等都是以这个口径来度量流动性的。同时，流动性也可以进行分类，如宏观流动性、银行体系的流动性。国内论及流动性过剩的文章，大都自觉或不自觉得归结到了银行体系的流动性，陆磊（2007）和刘锡良等（2007）人都是这样处理的。彭兴韵则区分了内部流动性和外部流动性，认为流动性过剩也可以是这样一种状态：经济体系中各个经济主体的大部分都出现了过多的内部流动性，而对外部流动性的需求相对不足，从而导致整个经济体系中的中长期金融资产配置的比重相对地下降，短期金融资产配置大幅上升而偏离稳态均衡资产期限结构。

张明（2007）利用狭义货币、广义货币、国内信贷与GDP的比率衡量了流动性过剩程度，并发现在美日等发达国家以及中国大陆与台湾和香港地区、韩国等东亚新兴市场经济体，均存在一定程度的流动性过剩。发达国家流动性过剩的原因是实施了以低利率为特征的宽松货币政策，而新兴市场经济体流动性过剩的原因是外汇储备增加导致基础货币发行增加。流动性的国际传导刻画了当前中心—外围国际货币体系的特征。流动性过剩已经造成全球范围内的资产价格泡沫，并可能引发未来的全面通货膨胀。一旦流动性过剩发生逆转，将会给世界经济和全球金融体系造成严重负面冲击。

唐双宁（2007）从流动性的内涵和外延入手，分析了我国流动性过剩的全球背景和我国流动性过剩的表现及结构性特点，认为要解决流动性过剩，应当坚持“市场为主、各方联动、化多为少、化少为多、标本兼治、综合解决”的思路，解决流动性过剩的来源，其重点是解决经常账户顺差过大，同时应当注意到在流动性过剩的同时，农村地区还存在资金匮乏和资金配置结构性失衡的问题。彭兴韵（2007）则认为，由于流动性的变化会影响到收益率曲线，因此，流动性的变化就可能改变货币政策中介（操作）目标与最终目标之间的相关性，因此，流动性的变化（过剩）可能促使货币政策范式的调整。彭兴韵还认为，中国现阶段的流动性管理是非常狭窄的，应当从资产的期限结构来加强流动性管理。首先是从银行体系的流动性控制转向全社会的流动性控制；其次是建立流动性监测指标，中央银行不仅应当公布传统的货币供应量、金融机构信贷的变化，还应当按照剩余期限，从低到高地统计全社会的金融资产期限结构的变化；再次，有效的流动性管理还需要进一步改革中国的汇率机制与外汇管理体制；最后，发展资本市场，增加长期资产供给也是解决流动性过剩的一个必要办法。

（三）保险学

在监管层面，关于 Solvency II 的相关问题是研究的重点。欧盟考虑的 Solvency II 时间表安排，是在 2008 年之后时机成熟时进入实施阶段。Solvency II 在很大程度上和银行监管的“新巴塞尔资本协定”有异曲同工之效，都是由“三大支柱”构成，核心思想都是基于风险的资本充足率监管。Solvency II 需要继续深入的核心问题包括：保险公司失败预警模型的建立，如何建设与国际会计准则接轨的高质量的数据库，如何提高保险公司信息披露的透明度。关于监管体系，目前十分需要几类典型监管体系（主要包括美国的基于风险的资本监管体系、瑞士的体系、荷兰以及英国的体系、德国建议的体系）效率与效果的比较。关于此问题的基本认识是，至少美国体系不是特别成功。

在产品层面，最受关注的是与巨灾以及恐怖活动有关的保险与再保险。这与近年来美国及世界各地巨灾和恐怖活动频仍的实际情况有关。有关的研究提出，价格管制是影响巨灾保险与再保险市场效率的关键因素，要提高这个市场的效率，须实行价格管制的放松。而恐怖活动保险市场的关键问题是，商业公司的介入还没有形成规模，起主要作用的还是政府，这个局面至少要等好几年才可能会改变。

在公司层面，动态财务分析（dynamic financial analysis）方法的采用，以及国际财务报告准则（IFRS）的采用对保险企业的影响备受关注。动态财务分析方法的基本思想在不同情景设置下，对保险公司的现金流建模，以预测保险公司的资产价值、负债的价值和损失概率以及整体盈亏情况。在过去几年中，越来越多的保险公司采用 DFA 作为分析自身财务状况的强有力的工具。其关键原因是，DFA 还是一种有效的偿付能力控制工具。在目前监管者鼓励保险公司利用内部模型确定风险资本的背景下，DFA 得到很多一流保险公司的青睐。可以预见的是，随着基于风险的资本监管逐渐得到世界各国监管当局的认同，并逐步付诸实践，保险公司在不久的将来将会更多地倚重于基于 DFA 等分析方法的内部模型。关于国际财务报告准则的采用，其主要目的是服务于对保险合同进行基于市场的评价。IFRS 的采用会对保险公司产生什么样的影响？这个问题十分重要，但目前的深入研究比较少。有学者采用基于资本市场效率的方法研究了欧盟国家自 2005 年以来要求保险公司采用 IFRS 的影响，总的结论认为 IFRS 的采用恶化了欧盟保险公司的经营，影响最大的方面体现在产品设计上。

在理论层面，目前备受关注的是主观概率对保险决策或不确定条件下的决策的影响。受近年来行为金融思潮的影响，作为现代金融学发祥点之一的保险领域也正在发生着一些思想方法上的深刻变化。在古典的风险管理与决策理论中，只关心风险的客观概率，但是，人们在真实世界中进行不确定条件下的决策时，会受到个人的主观风险认知和个人偏见的影响。主观风险认知及个人偏见造成的偏差如何表示？不确定决策会如何变化？在保险决策和风险管理中如何应对和处理这些偏差？这些都是目前理论层面研究的热点。

特别值得指出的是，美国风险与保险协会上任（2006—2007）主席盖文（J. R. Garven）教授在其就职演讲①中，深刻地指出：保险的研究不能狭窄地限制在保险市场和保险公司，而需要从更宽泛的经济学和金融学的视角进行研究。这提示了保险学研究未来的一个重要的发展趋势。

（四）结构金融

结构金融（Structured Finance）是一种区别于传统“直接金融”、“间接金融”的新型金融活动形式。虽然其历史甚至可以追溯到19世纪50年代，当时，美国的一家铁路公司首次发行了一种结构金融产品——嵌入股票期权的债券，即可转换债券，但是，结构金融的真正兴起乃至其名称的由来都迟至20世纪的90年代中后期。

随着金融全球化和金融自由化的推进，对量身订制的复杂金融产品的需求不断增加。同时，在信息、计算机技术和金融工程技术的帮助下，金融机构从事复杂金融产品的设计能力也不断提高。供求两方面的力量推动了结构金融的兴起，而最近爆发的美国次贷危机更是使得结构金融成为关注的焦点。事实上，即使在国内，甚至连那些不知“结构金融”为何物的企业、居民和金融机构都已经深深地受到它的影响。例如，在2007年发行规模达万亿左右的银行理财产品中，就有很多是结构金融产品。

目前，在国际金融实务界，“结构金融”已经成为一个外延与内涵都相当清晰的词汇。不过，由于其兴起的历史过短，在国际学术界尚无一个统一的定义。根据国际监管机构（如巴塞尔委员会）和不同学者的观点，我们倾向于一种综合性的定义：结构金融一种金融活动，其中，金融中介机构根据客户（资金盈余者、资金短缺者或其他金融中介机构）在期限、风险、流动性等方面的需求，并根据自身业务发展的特点和要求，利用市场中现有的基础资产（股票、债券、信贷、外汇资产等）和衍生证券（远期、互换、期权等），经过重新的组合，形成新的产品，即结构金融产品（或称“结构化产品”）。

结构金融产品的种类和结构都复杂多样，对其分类的方法主要包括两种：第一，依据基础资产类型进行分类，包括利率联接、信用联接、股票联接、汇率联接、商品联接、保险联接、混合联接等；第二，依据结构进行分类，包括方向型产品、波动率产品、相关性产品等。

从其本质上看，结构金融是一种设计金融产品的活动。这种金融活动具有两个鲜明的特点：第一，金融中介的功能集中体现在产品设计上；第二，金融中介的收益主要来自于产品设计，而不是通过获得相应的金融头寸来取得收益，因此，回避产品设计过程中的风险至关重要。结构金融的两个特点使得其与传统的金融活动存在很大的差异。

在传统的间接金融活动中，金融中介（如商业银行）的功能主要体现在媒介资金盈余者和资金短缺者，其发行的金融产品

① Garven, J. R., Risk Management: The Unfying Framework for Business Scholarship and Pedagogy. *Risk Management and Insurance Review*, 2007, 10 (1): 1—12.

（存款和贷款）非常简单，无需复杂的设计。而金融中介的收益主要依靠存贷息差，并因此而承担了信用风险、流动性风险和市场风险。

在传统的直接金融活动中，金融中介（如证券公司、基金）的功能主要表现为在一级市场上帮助企业发行标准化的金融产品（股票、债券等），或在二级市场对这些产品进行交易。在这种活动中，同样无须复杂的产品设计，金融中介承担的风险程度也依活动的具体形式而各有不同。

实际上，随着结构金融的兴起，传统意义上的直接金融和间接金融早已经不可区分。例如，以美国次贷为例，美国的银行在发放一笔次级按揭贷款之后，通过设计，将这笔贷款变成风险和收益不同的几种新的结构金融产品，卖给欧洲、日本和中国的客户。在这种结构金融活动中，穿插了传统的间接金融（贷款）和直接金融（发行证券），我们很难定义整个活动的“直接”或“间接”金融的属性。

此外，结构金融活动的兴起还打破了观念上对金融机构业务经营范围的限制和对金融投资者投资领域的限制。例如，在国内银行理财产品市场中，经常会有一些银行发行本息收益联接境内外股票、商品、贷款的结构金融产品。从这种产品看，银行事实上已经打破了分业经营的现状；而国内居民也可以通过这种产品投资于国外的资产市场，从而在事实上突破了资本项目管制的限制。

可以预计，随着金融全球化和金融自由化的推进，结构金融还将会继续快速发展。这样的发展无法回避，然如善加利用，在微观上将极大地拓展国内居民、企业和金融机构的投资和发展机遇，在宏观上则非常有利于金融稳定和金融体系的现代化。不过，正如美国次贷危机所揭示的那样，结构金融也蕴涵着新的金融风险。如何顺势而为、趋利避害、为我所用，需要学术界、实务界的共同努力。

四　金融学进一步发展的趋势

（一）研究体系的工程化

20 世纪 80 年代末期，金融作为一门科学，开始经历其向工程科学方向的变革。对金融工程的发展起关键推动作用的，除了金融理论的发展之外，最关键的因素是信息技术的飞速发展。金融工程的诞生和成长与信息技术的发展并行并非偶然。信息的获取、加工和利用，通常是在金融市场中获胜的关键。起初，信息技术只限于在交易过程和交易跟踪中使用，至多只是发挥对交易给予“后台”支持的作用。在其后的 20 年间，有远见的信息技术工作者通过和金融市场交易员的密切工作配合，开始意识到信息技术应用于新金融科学的真正范畴。适当编程操作的计算机，可以分析数据并快速进行复杂运算，因此使应用这些工具的交易员能够比过去快得多的速度发现定价失衡并利用其进行套利。信息产业和金融产业相互结合，以新的方式提供信息，迅速地进入了提供实时数据的领域。

信息技术的发展反过来又推动了金融理论的研究。在一系列高新技术的支持下，实证金融学已经成为目前国际上金融学术和应用研究的一个非常重要的方面。在这里，人们可以人为地构造金融环境来试验各种新型金融产品和金融技术，从而为日益多样化和全球化的金融领域提供花样翻新的新产品。

（二）学科的交叉与拓展

很长一段时间以来，经济学家的大量研究表明，健全的金融机构和良好的金融市场是影响经济长期增长的重要因素乃至首要因素。这一研究发现对于各国，尤其是对以促进经济发展为己任的后发展国家来说，促进金融发展就成为促进经济发展的重要手段。在此情况下，如何促进金融发展就成为人们所关注的问题。要促进金融发展，自然要寻找出影响金融发展的因素。在这方面，法与金融学进行了积极的探索。

法与金融学研究的重点是法律制度与金融发展之间的关系。传统的 MM 金融理论认为，证券的本质在于它所代表的现金流，因此证券发行交易的外部法律制度环境并非该理论所要考虑的范畴。然而，根据该理论却无法回答为什么在很多国家，存在同样类型的股票、债券等证券，但金融发展程度却不同。法与金融理论渐渐引起了越来越多的法律学者、经济学者、金融学者、管理学者甚至历史学者的研究兴趣，他们围绕着法律与金融发表了大量的研究文献，促进了法学与金融学的深入交叉和融合，并推动法与金融学逐渐成为法与经济学的一个重要分支。

参考文献与学科年度重要文献

1. 李扬：《中国金融发展报告 2007》，社会科学文献出版社 2007 年版。

2. 王国刚：《中国金融改革与发展热点》，社会科学文献出版社 2007 年版。

3. 殷剑峰：《中国金融产品与服务报告 2007》，社会科学文献出版社 2007 年版。

4. 胡滨、全先银：《中国金融法治报告》，社会科学文献出版社 2007 年版。

5. 李扬、殷剑峰：《中国高储蓄率问题探究——1992—2003 年中国资金流量表的分析》，《经济研究》2007 年第 6 期。

6. 王国刚、何旭强：《中国股市：迈上高位平台后的新征程》，《财贸经济》2007 年第 3 期。

7. 王松奇、史文胜：《论汇率的决定机制、波动区间与政策搭配》，《财贸经济》2007 年第 4 期。

8. 曹红辉：《日本的通货紧缩困境：日元持续贬值综合症》，《国际金融研究》2007 年第 7 期。

9. 彭兴韵：《流动性、流动性过剩与货币政策》，《经济研究》2007 年第 11 期。

10. 李扬、余维彬、曾刚：《经济全球化背景下的外汇储备管理》，《改革》2007 年第 3 期。

11. 陆磊：《论银行体系的流动性过剩》，《金融研究》2007 年第 1 期。

12. 刘锡良、董青马、王丽娅：《商业银行流动性过剩问题的再认识》，《财经科学》2007 年第 2 期。

13. 卜永祥：《流动性过剩的特征、成因及调控》，《经济学动态》2007 年第 3 期。

14. 让·梯诺尔：《金融危机、流动性与国际货币体制》（中译本），中国人民大学出版社 2003 年版。

15. 唐双宁：《关于解决流动性过剩的初步思考》，《经济研究》2007 年第 9 期。

16. 张明：《流动性过剩的测量、根源和风险含义》，《世界经济》2007 年第 11 期。

（彭兴韵）

城市经济学

一 学科概述

城市经济学是经济学与城市科学的交叉学科。正如商品经济发展和工业化促使现代经济学形成和发展一样，全球城市化快速推进与城市发展是城市经济研究产生和发展的客观基础。从多年的发展来看，国外城市经济学大多侧重于城市问题的经济分析，而我国城市经济学既包括对城市问题进行经济分析，也包括对城市经济发展问题进行研究。

近些年来，国内外学者更强调城市经济学是对城市经济有机体的系统研究，更侧重于研究城市经济形成与发展、城市内部各经济部门之间的比例关系和结构、城市经济运行规律与机制等方面，逐步形成了城市经济学的特有的基本理论，并运用这些理论与一般经济学原理来研究某些城市问题，形成了理论与应用并重的城市经济学，确立了城市经济学特有的研究对象——城市经济系统。

城市经济学的研究对象决定了城市经济学的学科性质。概括起来主要有以下几方面：

1. 中观经济学性质。与宏观的国民经济和微观的企业经济不同，城市经济作为联结国民经济与企业经济的中间实体，具有中观经济（Meso-economy）特征，它既是国民经济的有机组成部分和实体，又是微观经济主体的聚集体和载体，是宏观经济与微观经济的传导体与连接体。因此，有的经济学者将它与区域经济学、产业组织经济学等统称为以中观经济为研究对象的中观经济学。中观经济学与宏观经济学、微观经济学共同构成经济学的三大组成部分。

2. 空间经济学性质。与区域经济学一样，城市经济学不仅从时间维角度研究经济问题，而且从空间分布视角来分析经济活动的规律。特别是城市用地与功能分区是城市空间经济学的主要内容。宏观经济学与微观经济学忽视了经济活动发生在“何地”的问题，而城市经济学弥补了这种不足。

3. 系统经济学性质。以城市建成区为核心、市辖区域为依托的城市经济系统，是具有经济系统绝大部分信息的最小经济系统单元。与微观经济系统不同，城市经济系统具有相对稳定的空间地域单元，其正常运行需要大量的能量流、物质流（包括食品流）、信息流等，具有耗散结构与自组织特点。

4. 综合经济学性质。由于城市经济学研究对象是完整的地域经济单元，涉及经济发展的各个方面，特别是强调城市有机体的结构与比例关系，强调区域资源环境对城市发展的支撑作用，强调城市经济、社会与环境综合效益的统一，强调结构协调、整体发展与可持续性，这有别于以个体经济收益最大化为核心的微观经济主体，也有别于以部门发展为核心的各部门经济学，因而城市经济学具有综合经济学的性质。

在20世纪80年代美国经济学学科分类体系中，将经济学分成十大类，其中第十大类是福利计划、消费者经济学、城市与区域经济学，城市经济学中具体包括城市经济学与公共政策、住宅建筑经济学、城市运输经济学等分支学科。可见，城市经济学在美国已经是经济学的重要组成部分。

由于城市是区域的核心，产业组织也以城市为依托，因此城市经济学是中观经济学的核心部分。以城市经济学为主的中观经济学的出现，完善了经济学的学科体系，使经济学对人类经济活动的研究从时间维扩展到空间维，从分散的单项研究扩展到整体系统分析，是经济学发展的第三个里程碑。

二 城市经济学的发展脉络

在经历百余年的工业化之后，20世纪初叶，欧美城市化达到了较高水平，城市问题随之出现。起初把这些问题归结为城市规划的工程技术原因，后来发现城市问题出现不仅是工程技术问题，而且还涉及经济、社会、体制等社会科学领域。这使得一些经济学家从经济学角度来研究城市问题，如针对城市用地、城市住宅、城市交通、城市环境污染、城市就业与社会保障等问题进行经济分析，城市经济研究应运而生。在城市经济学发展的早期阶段，城市土地利用与空间结构研究得到较快发展，美国学者伯吉斯、霍伊特、哈里斯和乌尔曼等人提出了一系列有关城市空间结构的理论。1965年，美国学者威尔伯·汤普森（Wilbur Thompson）编著的《城市经济学导论》问世，成为第一部城市经济学专著，标志着城市经济学作为一门独立的经济学科正式成立。此后，许多城市经济学专著相继出版，如K. J. 巴顿和沃纳·赫希分别撰写了《城市经济学》教科书。1977年日本学者山田浩之等也出版了日文版的《城市经济学》。后来许多国际性的城市经济学杂志也相继问世，如《城市经济杂志》、《城市研究》、《区域科学与城市经济》等，国外一些大学也先后设立了城市经济学专业。

我国城市经济研究始于改革开放初期的20世纪80年代。中央提出了城市经济的重要性，要求在中国社会科学院开展城市经济研究。中国社会科学院率先成立城市经济研究室，当时设在中国社会科学院财政与贸易经济研究所，后成建制转入中国社会科学院城市发展与环境研究中心。从1982年开始，城市经济研究室学者通过资料收集和团队调研，了解国外城市经济学发展状况，研究城市经济的运行机制；在大连、天津、武汉、重庆等地召开了若干次全国性会议，讨论中心城市的作用；编写了《社会主义城市经济学》；筹建了中国城市经济学会，汪道涵先生为首任会长。这是我国城市经济学的初创阶段。

1986年，我国建立了商品经济体制，以企业为核心，开展了企业体制改革。企业改革和发展是城市经济的主要内容，一些学者积极参与中国城市经济体制改革，研究城市作为流通中心和消费中心的功能规律，出版专著《城市流通中心论》等。

20世纪80年代末至90年代初，城市经济研究不断向深入方向迈进，以城市建设为中心内容，城市土地体制改革和住房体制改革提上议事日程。受世界银行委托，中国社会科学院城市经济研究室开展了城市土地有偿使用研究，为后来国家土地局发出土地有偿使用的决定奠定了理论基础。随后又与美国公共政策研究所合作，得到了福特基金会支持，出版了《中国城市土地使用与管理》（中英文）一书，1990年中央发布了城市土地有偿使用的有关文件。此外，一些专家在国内较早开展了住房体制改革研究（杨重光，2003年）。

20世纪90年代，随着社会主义市场经济体制建立，许多城市开展经济社会发展战略研究。国内城市经济学者完成了包括广州、南宁、大庆、唐山等在内的一系列城市经济发展战略规划，有力地促进了我国城市经济高效、持续发展。这一时期，城市经济理论研究也得到逐步发展，国内外出版了一大批城市经济学教材。

进入21世纪，经济全球化势不可当，知识经济迅猛崛起，可持续发展理念逐步树立，城市化浪潮波澜壮阔，城市发展日新月异。城市是创新源泉，是国民经济发展的主体，在新形势下城市经济学研究主要是对信息化时代城市经济圈与城市群发展战略、城市经济结构优化与转型、城市化与城市房地产、城市建设与发展投融资、城市现代化、城市竞争力、城市经济社会可持续发展等问题展开深入研究，构成了城市经济学研究的前沿领域。

三　城市经济研究的进展

城市是人口和非农产业、建筑和基础设施等在一定地域上大规模聚集而成的社会有机体，因此聚集效应与规模经济是城市经济的两大基本特征，城市聚集经济与规模经济原理决定了城市经济系统结构演化与空间布局。

城市经济结构理论认为，城市经济系统是一个有机体，存在着主导产业及支柱产业、相关辅助产业与基础产业部门间的比例关系，主导产业及支柱产业是商品输出型产业，对城市经济增长具有根本性的拉动作用，因地制宜培育、适时转换更迭主导及支柱产业是城市经济保持持续增长的关键。城市经济空间结构的经典理论有“杜能环”理论、韦伯的“工业区位论”、克里斯·泰勒的“中心地”学说、廖什等人的市场区与市场“网理论”、伯吉斯城市模式、霍伊特城市模式、佩鲁的增长极理论、戈特曼的大都市带理论等。新的城市经济空间理论主要按城市经济功能来划区，如工业区、科教区、文体休闲区、商业商务区、居住区等。从单个城市来看，也可以划分为主城区、城市郊区及卫星城等。对于多个城市组成的城市体系，又可划分为城市密集区和稀疏区。近些年来有关城市经济空间的新理论不断涌现，1993年，美国学者尼尔·R. 佩尔斯（Neal. R. Peirce）撰写的CITISTATES（意为city-state，中文可译为“城邦”或城市区域，是指城乡结合、经济政治一体化的高级形态的城市区域）一书出版，标志城市发展空间区域化理论的诞生。1996年，保罗·克鲁格曼（Paul Krugman）提出了有关城市经济空间自组织的新经济地理学理论等。可见，城市经济空间理论是极具活力的研究领域。

现仅就过去一年我国城市经济研究的一些主要观点予以综述。

（一）城市经济发展研究

1. 资源型城市经济转型和城市经济运行研究

针对我国资源型城市面临资源枯竭、经济衰退的压力，一些研究者借鉴德国鲁尔、美国休斯敦等城市转型经验，分析我国资源型城市经济发展存在的问题，提出了产业转型是核心、主导产业选择是关键的观点。采用经典的主导产业选择基准的理论，如产业关联、比较优势、双基准、环境标准和劳动内容标准、增长后劲最大化基准、产业协调状态最佳基准、瓶颈基准、短缺替代弹性基准等，进行城市转型过程中主导产业的选择。有的研究者还运用配第—克拉克定理、H. 钱纳里工业化阶段理论等，把城市主导产业与相关产业所形成的产业结构，与所处区域发展条件的匹配程度，与经济发展阶段的适应程度进行分析，从而判定产业结构的合理化程度。同时，这些研究者还提出了一系列政府政策促进城市转型的措施。

我国学者在研究中外城市经济发展理论和大量案例城市基础上，提出了城市经济发展的三个基本规律，即“匹配耦合律”、“阶段阈限律”和“高效活化律”，为城市主导产业选择和判定城市产业结构合理性提供了依据。此外，有的研究者通过对我国200余座地级以上城市经济运行分析，指出“2000年以来影响中国城市经济增长的因子强度依次为：地理位置因子、产业结构与市场化水平因子和要素投入因子”。

2. 产业集群与产业园区研究

产业集群是近些年城市产业经济研究较多的领域，它是城市聚集经济、规模经济在产业空间布局中的具体表现。它是由一群具有分工性质的企业，为了完成某种产品的生产联合而成的群体。一些研究者介绍了意大利产业集群的成功经验，认为产业集群已经“成为一种普遍性的广泛分布的工业组织形式”，“既有低端道路的以劳动力密集型为代表的传统产业集群，也有高端道路的技术和知识密集型产业集群，前者如我国沿海的纺织和服装产业集群，后者有中关村信息产业集群等，在一个国家和地区，可能存在着各种类型的产业集群，表现出明显的层次和结构”。一些研究还对产业集群的研究划分了几个阶段，认为“20世纪30至60年代，以Hoover（1937）为代表的研究者首次将集聚经济分解为内部规模经济、地方化经济和城市化经济，从而推动了对产业集群研究的高潮。20世纪70到80年代，以斯科特（Scoff，1983/1988）为代表的研究者对产业集群的研究主要集中在‘产业区’或‘产业空间’方面。20世纪80至90年代，主要是应用创新理论将创新、技术变化与经济发展联系在一起”。

此外，一些研究还评述了国外在产业集群研究领域的一些新理论与新进展。如对经济学家保罗·克鲁格曼（P. Krugman）的新经济地理理论，即“产业在空间上的分布不均匀性是报酬递增的结果，在经济全球化过程中，规模收益递增、可流动的生产要素、较低的运输成本是产业聚集发生的三大命脉”等核心观点进行了分析。

除对产业集群及其作用下形成的产业园区关注外，随着资源环境问题出现，我国城市经济学者对循环经济进行了广泛研究，分析了循环经济概念的由来、内涵以及循环经济的主要运行规律。研究指出，美国经济学家K. 鲍尔丁（K. E. Boulding）1966年提出的“用能循环使用各种资源的循环式经济代替过去的单程式经济”的观点，是循环经济的理论萌芽。循环式经济是指把废弃物经过加工处理变为再生资源，再回到生产过程中使用的经济模式。认为城市区域单元是较为完整的循环经济运行单元，产业园区是基本的循环经济运行单元，循环经济运行在于实现生产、生活与生态的有机统一。

在规模经济、聚集经济、产业关联和循环经济的引导下，产业集群得以发展和形成，在城市一定空间地域上形成产业园区，构成特定的城市功能区。

3. 城市新兴产业研究

（1）高新技术产业与创意产业研究

随着新技术革命、尤其是信息技术的发展，全球经济正在从工业经济向知识经济转变，知识经济时代出现一些新兴城市产业。国内城市经济学者认为从20世纪80年代开始，高新技术产品（知识产品）构成了信息化和后工业化时代最终产品价值的主要部分。一些研究认为，“知识溢出和技术创新能力的对比决定着城市的发展命运”。创意产业是一种新型城市产业形态，被界定为与文化商品生产、流通、消费有关的产业，具体的行业种类有：影视、广播、音像、游戏、动画、卡通形象、演出、文物、出版印刷、美术、广告、创意性设计、传统工艺品、传统服装、传统食品、多媒体影像软件、网络以及与其相关的产业。一些研究者认为，创意经济是符合城市经济形态演进内在规律的高级形态；分析了创意经济在空间资源、产业结构、城市功能、创意人才、资源环境等方面对城市经济发展的贡献；提出了现代城市发展创意经济的途径。

（2）物流业研究

物流是为满足消费者需求而进行的对原材料、中间库存和最终产品及其相关信息从起始地到消费地的有效流动与存储的计划、实施与控制过程。物流的概念产生于20世纪五六十年代的“PD”概念（Physical Distribution），十多年来，西方物流理论发展很快，物流产业被认为是城市经济发展的动脉和基础产业，其发展程度成为衡量一个国家现代化程度和综合国力的重要标志之一。

我国学者就物流业与城市经济增长的互动关系进行了研究，认为“物流产业对城市经济增长、产业布局、市场发展等具有明显的拉动作用，主要表现在：降低社会交易成本，促进城市经济增长；完善产业形态，优化城市产业结构；改善经济结构，强化城市市场的发展”。同时，“城市经济是物流产业存在的基础，决定着物流的需求结构和城市物流能力，对物流产业的发展具有推动作用。经济水平较高的城市，物流产业的发展也较快。城市是商品集散和加工中心，基础设施较齐全，交通与信息发达，为形成以城市为中心的物流网络提供了坚实的基础”。

（3）旅游、会展等产业研究

旅游业被称为“无烟工业”和“永远的朝阳产业”，是投入少、效益好、创汇多、可带动关联产业发展和增加就业、促进国际经济交往的现代城市产业，是转型城市的一种“经济催化剂”。我国旅游业总体上已走向快速推进阶段，并将成为城市经济的强势产业和促进整个城市经济协调发展的动力产业，对扩大城市知名度和美誉度、塑造城市形象具有重要意义。特别是“城市休闲旅游是目前世界旅游发展的最新动向，休闲旅游已成为城市经济结构转换和持续发展的新型产业之一。中国要实现旅游业的持续发展，就必须推动城市休闲旅游产业的发展。城市休闲旅游的发展依赖于休闲旅游资源的优化组合程度、休闲旅游服务体系的健全程度，以及城市整体硬件环境的支撑，还需要政府的政策引导和支持。休闲旅游四大要素构成体系相互作用的结果将极大地提升旅游整体竞争能力”。

此外，会展业、娱乐业、传媒业、金融证券保险业等也是成长较快的城市新兴产业。研究者认为，“会展经济是第三产业发展成熟后出现的一种新型经济形态，它已成为世界上许多发达国家国民经济新的增长点，受到了各国政府和社会各方面的广泛关注。它不仅可以促进城市经营，而且能够提升城市功能和城市形象，是城市第三产业发展的重要方向”。

（二）城市土地与住宅经济研究

房地产是产业与人口的载体，由于土地及其建筑物位置的固定性，房地产业也称为不动产业。当前我国正处于城市化快速推进时期，城市土地与住宅问题成为城市经济热点研究领域。主要围绕以下研究领域展开研究。

1. 城市房地产价格研究

一些研究者分析了房地产业特有的市场垄断性，产品的投资品属性和必需品属性、增值属性和信息不对称性等，剖析了中央政府、地方政府、商业银行、开发商与购房者五大利益主体在房地产价格形成中的价值取向，以及它们在房地产价格持续上涨过程中的内生循环机制，指出切断地方政府与开发商利益联系、打破价格垄断、完善宏观调控政策等是促进房地产业健康发展的关键。针对房地产泡沫问题，一些学者开展了房地产价格预警研究，介绍了收益还原法、市场修正法和综合指标评价法等房地产泡沫评价方法，提出了房地产泡沫预警方法。有的学者还将全国大城市房地产价格进行关联分析，“结果显示不同城市间房地产泡沫的演化过程相互影响”，并指出“中国不同城市间房地产价格不仅存在联动性，而且可以证明消费者的适应性预期是其中重要的传导机制之一”。

2. 住房保障问题研究

与当前房地产价格急剧上涨相关的问题是城市中低收入者住房保障问题。由于住房兼有投资品与生活必需品的双重属性，使得市场机制在住房资源配置方面存在客观缺陷和失灵问题。因为信息不对称，容易形成土地与住房市场严重的垄断囤积从而导致住房价格泡沫和市场波动。为此，学者们提出了多元化住房保障方案，并指出政府在住房保障和调控房地产市场方面具有不可推卸的责任。根据住房政策对市场干预的程度和手段差异，学者们提出了住房保障的四种基本形式：一是政府直接生产供给。政府以住宅生产者的身份直接从事住宅生产，销售或出租给低收入人群。二是政府对开发商补贴。由开发商为特殊群体供应住宅，政府对开发商补贴，有效回避公共部门在住房微观建造管理领域的低效率，但对开发商的监管困难也可能助长公共住房补贴领域的腐败。三是政府对市场租金实行管制。这有可能造成住房投资人收益下降，导致住房供给短缺，也可能导致住房建筑和服务质量下降。四是政府对特定人群发放补贴。发放货币或购物券，由受补人自行到市场租房或买房，回避了政府对住房市场直接干预所可能导致的政府干预失灵，但需求补贴政策存在人群瞄准和鉴定困难，补贴收入也不一定能保证被用于住房消费，受补贴人群的居住条件可能仍得不到改善。

（三）城市基础设施发展研究

城市基础设施是城市产业、人口和房地产的载体，是城市的重要组成部分，是城市产生聚集效应的先决条件。关于城市基础设施发展研究主要有以下两个方面：

1. 城市基础设施与城市经济增长关系研究

一些学者从生产性、生活性、社会性基础设施来界定我国的基础设施指标，运用定量分析的方法分析城市经济增长与城市基础设施之间的关系。结果表明，“城市经济增长与生产性、生活性基础设施具有明显的正向协整关系，但与社会性基础设施具有负协整关系。但从方差分解中也发现，社会性基础设施对经济的作用日益强大，成为未来城市经济发展与培育城市竞争力的关键。”

有的学者在综合分析城市基础设施建设与运行特点以及绩效评价内涵的基础上，构建了较为全面的城市基础设施综合绩效评价指标体系。“指标体系由基础设施配置效应、经济效应、公平效应三大综合效应目标、7个专项系统目标和19个基础指标组成，采取主成分分析法和特尔菲法相结合的方法对指标进行数据处理，并对案例城市进行了实证分析。”

2. 城市基础设施建设与经营体制研究

一些研究者认为，20世纪70年代之前，大多数国家都把城市基础设施视为自然垄断的社会福利品，都侧重于对城市基础设施实行国有化经营，到70年代末期西方国家的国有化达到最高峰。但随后各国逐渐发现，政府对城市基础设施建设并运营管理的单一模式存在较大问题，一方面，这种模式要求政府投入巨额资金，另一方面也造成运行的低效率，因此开始探索城市基础设施经营的市场化模式。随着我国市场经济体制的不断深入，城市基础设施经营的市场化将提高运行效率。

（四）城市发展投融资研究

资金是城市发展与建设的最重要保证，城市发展与建设投融资是一个问题的两个方面，是从资金供需双方两个角度展开的研究。而资金来源无非来自两个渠道：一是公共财政，二是民间投资。关于这一领域研究主要有以下内容：

1. 城市公共经济研究

学者们研究认为，城市政府的经济职能（公共经济）在于通过公共财政引导城市发展与建设资金的流向，这导致了公共财政理论进一步向公共经济学扩展。城市公共经济理论是在借鉴公共经济学理论基础上发展起来的。从现实情况来看，尽管政府干预存在一定的缺陷，但是由于市场缺陷的存在，经济运行仍然离不开政府的干预。现代城市区域经济运行是在政府干预与市场调节的协调配合下进行的。

2. 公私合作制研究

一些学者介绍了城市发展融资的主要方式，主要包括：PFI（Private Finance Initiative 私人主动融资）、PPP（Public-Private Partnerships 公私合伙制）等，对各种融资形式进行了比较研究，为拓宽基础设施投融资渠道提供参考。

公私合伙制是指公共部门与私人部门发挥各自的优势来提供公共服务，共同分担风险、分享收益。伙伴关系的形式非常灵活广泛，包括特许经营、设立合资企业、合同承包、管理者收购、管理合同、国有企业的股权转让或者对私人开发项目提供政府补贴等。公私合作制理论的出现使原来一些由公共部门承担的工作转移到了私人部门，但公共部门始终承担着提供公共产品和服务的责任，包括确定公共服务应达到的水平以及可以支出的公共资源，制定和监督提供服务的价格、安全、质量和绩效标准，执行这些标准并对违反的情况实施裁决和处罚。

3. 项目区分研究

一些研究者将项目区分成经营性项目和非经营性项目，根据项目属性，确立投资主体、资金渠道、运作方式及权益归属等。

非经营性项目是指无收费机制、无资金流入，市场失效而政府有效的部分，其目的是为了获得社会效益和环境效益。这类项目的投资主体应由政府担任，按政府投资的运作模式进行，资金来源以政府财政投入为主，并以固定的税种或费种作为保障，其权益归政府所有。

经营性项目包括两类：一是纯经营性项目，其投资形成是价值增值过程，可通过全社会投资加以实现，包括收费的高速公路和桥梁等。二是准经营性项目，即有收费机制和资金流入，具有潜在的利润，但因其政策及收费价格没有到位等客观因素，无法收回成本的项目，附带部分公益性，是市场无效或低效部分。政府可提供适当补贴，主要是吸纳社会各方投资，包括煤气厂、地铁、轻轨等。在价格制定上要采取“企业报价、政府核价、公众议价”的方法，协调社会利益与投资者的利益。对于经营性项目的融资方式，主要有 BOT、TOT、ABS，以及衍生出的 BOOT、BOO、BLT、BTO 等。

（五）城市发展能力评价研究

这是城市制定经济社会发展战略规划以及改进城市发展策略所依据的重要理论，具体包括：城市发展的动力机制理论、城市综合发展水平评价理论、城市投资环境评价理论、城市竞争力评价理论、城市现代化水平评价理论等。这些理论正处于研究和探讨过程中，尚需进一步发展。但共同认为城市发展是以“人本主义”为核心的发展，文化与自然环境是城市发展的根基，以满足人类需求的产业发展，即经济发展是城市发展的体现，制度与技术创新是城市发展的关键。依此，建立各种评价指标体系和形成各种评价方法。

以上是关于城市经济研究主要成果的综述，受资料和有关条件所限，尚未完全反映城市经济学科发展的全貌，特别是城市化与城市群发展等领域的许多研究成果未能予以介绍，有待今后进行总结和分析。

关于学科研究方法目前同样还不是很成熟。从文献来看，主要研究方法是传统的城市调查法、数量相关分析法、投入产出分析法、时间序列分析法、横向对比分析法、主成分分析法等。

随着信息技术的发展与运用，研究手段电子化、网络化、数据化、信息化方面有了较大进展，新的城市经济学研究方法与手段也在不断涌现，如系统动态模拟分析法、结构分析法、过程分析法、生态足迹与承载能力分析法、GIS 分析法等，期望在今后研究中逐步得到运用。

参考文献与学科年度重要文献

R. E. Park, E. W. Burgess and R. D. McKengie, 1967, *The City*, Press of Chicago University.

H. Hoyt, 1939, *The Structure and Growth of Residential Neighborhoods in American Cities*, Washington D. C., Federal Housing Administration.

C. D. Harris and E. L. Ullman, 1945, *The Nature of Cities*, Annals of the American Academy of Political Science.

[英] K. J. 巴顿:《城市经济学》,商务印书馆1986年版。

沃纳·赫希:《城市经济学》,刘世庆等译,中国社会科学出版社1987年版。

[日] 山田浩之:《城市经济学》,魏浩光等译,东北财经大学出版社1991年版。

杨重光、刘维新编著:《社会主义城市经济学》,中国财政经济出版社1986年版。

谢文蕙、邓卫:《城市经济学》,清华大学出版社1996年版。

蔡孝箴:《城市经济学》,南开大学出版社1998年版。

饶会林:《城市经济学》,东北财经大学出版社1999年版。

饶会林等主编:《城市经济理论与前沿课题研究》,东北财经大学出版社2001年版。

彼得·尼茨坎普主编:《区域和城市经济学手册》,经济科学出版社2001年版。

[美] 阿瑟·奥沙利文:《城市经济学》,中信出版社2003年版。

Masahisa Fujita, 1997, Paul Krugman, and Anthony J. Venables, *The Spatial Economy*, The MIT Press.

Paul Krugman, 1991, *Geography and Trade*, The MIT Press.

Paul Krugman, 1996, *The Self-Organizing Economy*, Blackwell Pub.

张敦富、叶裕民、刘治彦主编:《城市经济学原理》,中国轻工业出版社2005年版。

刘治彦主编:《城市经济学》,城市出版社2005年版。

刘治彦:《城市区域经济运行分析》,航空工业出版社2006年版。

[德] J. 杜能:《孤立国同农业和国民经济的关系》,商务印书馆1986年版。

李晟晖:《德国鲁尔区产业结构调整对我国矿业城市的启示》,《国土经济》2002年第9期。

王黎昕:《资源型城市经济转型中主导产业选择研究》,郑州大学2007年硕士论文。

黄溶冰、王跃堂:《我国资源型城市经济转型模式的选择》,《经济纵横》2008年第2期。

李培:《中国城市经济运行的特征分析》,《财经研究》2007年第5期。

王恩才:《基于产业集群的城市与区域经济发展》,兰州大学2007年博士论文。

刘治彦:《关于循环经济基本问题的思考》,《国土资源》2007年第8期。

厉无畏、王振:《开发区的理论与实践》,上海财经大学出版社2004年版。

朱军浩、高汝熹等:《产业集聚、企业集群与开发区建设》,《生产力研究》2004年第9期。

李京文:《知识经济——21世纪的新经济形态》,社会科学文献出版社1998年版。

尹宏:《现代城市创意经济简论》,《城市问题》2007年第8期。

易英霞、郑循刚:《物流产业与城市经济增长的互动性——以四川省成都市为例》,《统计与决策》2005年第7期。

王琳、杜小平:《论城市休闲旅游的理论要素及运行机制》,《天津行政学院学报》2007年第3期。

李子蓉:《会展经济与城市发展的实证研究——以厦门市为例》,《特区经济》2007年第5期。

余凯:《中国房地产价格上涨的内生机制研究》,《云南财经大学学报》2007年第4期。

张立君、冯东梅、寇莉松:《房地产泡沫评价方法与预警分析》，《科技和产业》2007 年第 5 期。

洪涛、西宝、高波：《房地产价格区域间联动与泡沫的空间扩散》，《统计研究》2007 年第 8 期。

张永岳：《调整转型时期的中国房地产业发展》，《当代财经》2007 年第 8 期。

牛凤瑞主编：《中国房地产发展报告》，社会科学文献出版社 2007 年版。

文林峰：《城镇住房保障》，中国发展出版社 2007 年版。

徐平华：《住房双重属性与二元住房制度构想》，《光明日报》2007 年 8 月 14 日。

宋丁：《中国房地产面临的八大战略性纠偏》，《特区经济》2007 年第 4 期。

贾康、刘军民：《中国住房制度改革问题研究——经济社会转轨中“居者有其屋”的求解》，经济科学出版社 2007 年版。

廖海亚：《关于经济适用房与廉租房问题的政策建议》，《宜宾学院学报》2007 年第 1 期。

张望：《城市基础设施与城市经济增长》，《兰州商学院学报》2006 年第 3 期。

邢海峰、李倩、张晓军、刘佳福：《城市基础设施综合绩效评价指标体系构建研究》，《城市发展研究》2007 年第 4 期。

王秀云：《论政府在城市基础设施投融资市场化过程中的职能转换》，《中国城市经济》2007 年第 7 期。

郑长德、钟海燕：《现代西方城市经济学》，经济日报出版社 2007 年版。

印成玲：《城市基础设施投融资模式比较研究》，《四川教育学院学报》2007 年第 9 期。

秦虹：《城市建设融资》，中国发展出版社 2007 年版。

倪鹏飞主编：《中国城市竞争力报告》，社会科学文献出版社 2007 年版。

牛凤瑞、潘家华主编：《中国城市发展报告》，社会科学文献出版社 2007 年版。

（刘治彦执笔，李恩平、李庆、黄育华协助）

价格经济学

一　学科概述

价格经济学是研究商品价格的形成及其变化规律的经济学分支学科，属于应用经济学科。其研究对象包括价格形成规律、价格变化规律、比价和差价以及怎样运用价格杠杆为生产经营服务等。

价值是价格的基础，价格是价值的货币表现。价格经济学要从理论上阐明价格形成的客观基础及其历史演变。商品价值虽然创造于生产过程，却要通过交换在流通过程中实现，它不可避免地要承受市场供求各项因素的制约，因而商品价格很难同价值完全一致，总会有不同程度的偏离。因此需要认识价值决定与价值实现之间的矛盾，阐明在交换中价格与价值相一致与相偏离的运动的规律性。

在现实经济生活中，各种商品价格相互之间具有系列衔接关系，既有纵向联系的差价关系，又有横向联系的比价关系。价格运动不仅会发生水平的变化，还将引起种种连锁反应。要认识这种关系，须研究适合于计划商品经济的合理的价格体系。探索价格运动的目的，是为了把握价格运动的规律性，以便发挥价格的杠杆作用，为生产经营服务，从而使价格经济学研究对象同研究目的统一起来。

按照学科分类国家标准，价格经济学的学科组成主要有：

综合价格学：专门探索价格理论的共同性问题的学科，如价格学原理。

部门价格学：研究国民经济各部门、各行业价格问题的学科。它还可分为若干层次，按大的经济部门可划分为工业品价格学、农产品价格学、商业价格学、外贸价格学、建筑产品价格学、交通运输价格学等；若把部门划分得更细些，又可研究更为专门的价格问题，如工业品价格学又可划分为采掘部门产品价格学、加工工业产品价格学，以至进一步划分为能源价格学、矿产品价格学、冶金产品价格学、机械产品价格学、纺织品价格学，等等。

广义价格学：在市场经济条件下，价格不仅限于商品和服务的价格，而是包括了资金的价格、劳动力价格、土地价格等要素价格在内的广义价格，广义价格是商品和服务价格等狭义价格的基础，在很大程度上决定和制约着狭义价格的形成和运行。

成本管理学：成本管理学是价格经济学的重要分支，属于管理学、会计学、价格学的交叉领域。在市场经济条件下，成本管理和成本核定对于价格的形成，尤其是公共定价具有重要的基础性作用。

价格史：是从历史发展的角度探讨各个

历史时期价格问题的学科。它包括两类：一类是从价格制度的角度来考虑的，如中华人民共和国物价史、中国近代物价史、中国现代物价史等；另一类是从学说发展角度来研究的，如中国价格学说史，外国价格学说史。

比较价格学：是对各国价格理论与实践进行比较研究的学科。

价格学其他学科，如工具价格学，是把价格经济学渗透到一些工具性学科中而形成的学科，如价格统计学等。

二 价格经济学科发展与演进概况

只要存在商品经济，就有必要研究价格机制在经济运行和政府调控中的作用，价格学的历史由来已久。在中国长期的封建社会中，商品经济不发达，中国古代思想家关于价格理论和价格政策的理论集中体现于政府如何稳定物价的平粜、平准理论的探讨。

在西方国家，随着资本主义经济的发展，商品关系渗入社会经济生活的每一角落，探求价格形成基础的价值论成了古典经济学的重要组成部分，经济学中的不同流派通常是以对价值的不同认识来区分的。

新古典经济学的形成与发展使西方经济学在一般均衡基础上构建了较为完整的经济学体系，其中对于完全竞争条件下以及不完全竞争条件下供求对价格的不同影响，也基于不同的价值理论而有着不同的价格理论。近代西方的价格理论已逐步向计量化发展。

在计划经济体制下，价格体系由国家确定，价格机制丧失了引导资源配置的功能，仅仅作为计划体系内部结算和国家控制国民收入分配的工具。

1978 年中国实行改革开放后，最基本的政策措施是逐步放开计划价格，发挥价格机制在资源配置中的作用。计划经济向市场经济转轨的过程，在很大程度上可以视为逐步放开计划价格，通过市场竞争充分发挥价格机制作用的过程。在这一时期，如何进行价格改革是改革最核心的问题，也是价格经济学研究受到社会各界普遍重视的繁荣时期。采取怎样的措施逐步放开管制的价格，发挥市场机制的作用，在价格改革过程中，如何维持物价的稳定等一系列问题成为当时价格经济学研究的重要课题。

党的十四大正式提出中国经济体制改革的目标是建立社会主义市场经济后，价格改革的步伐显著加快。随着社会主义市场经济体制的逐步确立，市场在资源配置中的基础性作用得到越来越大的发挥。目前，从价格形成机制上看，除了少数关系国计民生的工农业产品实行政府指导价外，在社会商品零售总额、农副产品收购总额和生产资料销售总额中，市场调节价比重分别达到 95.6%、97.7% 和 91.9%。①

然而，从 20 世纪 90 年代中期开始，随着多数商品价格放开由市场形成，许多人认为计划经济向市场经济转轨过程中具有关键意义的价格改革已基本完成，与价格改革作为改革核心问题的时期相比，价格学研究也随之陷入低谷。

价格经济学在许多方面与其他学科有较

① 新华社：《从制度上更好的发挥市场在资源配置中的基础性作用》，《人民日报》2007 年 11 月 28 日。

大的交叉领域，如市场竞争中的定价机制问题同时也是工商管理学研究的重要问题；自然垄断行业的公共定价及其管制则与产业经济学和公共经济学的研究有交叉；成本管理则同时也是会计学和管理学研究的重要问题；利率、汇率、工资等要素价格同时也是金融学和宏观经济学研究的重要问题。价格经济学缺乏相对独立的研究对象，难以发展出核心的概念和理论体系是价格经济学研究陷入低谷的内在原因。

然而，从应用经济学研究的角度来看，上述价格经济学的研究领域仍然具有内在一致的逻辑关联，具有基本一致的理论基础，如果将价格经济学的研究定义为包括要素价格在内的广义价格体系，将其研究的核心问题定位于不同价格形成机制的内在关联及其理论基础，并从政策应用的角度着力深化定价机制及其经济社会效应的研究，价格经济学完全有可能发展出独立的学科概念和理论体系。

从价格经济学发展的外部条件来看，在社会主义市场经济条件下，价格是包括物品价格、服务价格和要素价格在内的广义价格，它们相互联系、相互作用，共同对社会资源的配置起作用。近年来，随着中国改革开放的进一步深入，要素与资源价格改革、公共产品定价、国内外商品比价关系与价格管理等领域出现了许多亟待研究的新情况、新问题。党的十七大报告在论述完善社会主义市场经济体制时强调，要“从制度上更好发挥市场在资源配置中的基础性作用”，而价格机制是市场配置资源最基本的方式，在社会主义市场体制下，需要我们始终高度重视对价格机制的研究。报告更明确提出要“发展各类生产要素市场，完善反映市场供求关系、资源稀缺程度、环境损害成本的生产要素和资源价格形成机制”。这说明，以要素与资源价格形成机制改革为中心的新一轮价格研究的高潮即将到来。

三　2007年学科发展理论前沿以及重大的热点问题

（一）价格基础理论领域的研究

2007年价格基础理论领域的研究主要集中在马克思价格理论、西方价格理论、价格发现机制、价格运行机制及价格指数研究等方面。

1. 马克思价格理论

王冰等（2007）人梳理了马克思关于价格的相关论述，指出马克思价格理论包括价格本质、价格形成决定因素、价格变动内部决定因素、价格构成及其运动、价格形成与价格变动等方面，并认为这些理论是市场经济条件下价格理论体系的最基本理论组成部分。

唐斯文（2007）则认为马克思的价格理论是片面和错误的，表现在其没有区分卖方价格、买方价格和成交价格。

李翀（2007）研究了马克思主义国际生产价格理论，并从国际生产价格的角度分析商品交换的平等与不平等关系，力图按照马克思和恩格斯的基本思想构建马克思主义的国际生产价格理论。

2. 西方价格理论

赵燕菁（2007）基于科斯定理提出了对

完全竞争价格理论的修正，认为对传统价格理论的改进，可以通过以下几个方面来进行。第一，用消费人取代自然人作为研究对象，市场的规模由具有正的效用和预算两个集合的交集界定；第二，引入哈耶克产品概念取代无差异产品假设；第三，根据科斯—威克瑞定价基准，用熊彼特竞争取代完全竞争。据此建立起一个可以同时解释产品价格、市场规模和新产品出现的定价理论。

肖正再（2007）则从分析古典经济学的分析范式入手，结合交易成本分析范式，探讨了新古典经济学的均衡价格理论和分配论所存在的缺陷，认为分配机制有市场价格机制和权威分配机制之分，市场价格机制实现资源的生产效率，权威分配机制实现资源的配置效率，两者结合实现资源的生产效率和配置效率之和最大化。

3. 价格理论中的具体问题

黄方亮、孟祥仲（2007）对价格发现机理进行了理论史分析，认为价格发现是市场普遍的、重要的功能之一。价格决定与价格形成是与价格发现紧密相关的两个概念，可以从中提出价格发现的三种主要机理：市场供求机理、市场参与者调整机理和信息搜寻机理。

王振霞（2007）对价格理论体系的研究内容进行了研究，指出价格理论体系研究应包含价格本质的研究、价格运行机制研究和价格政策制定三个组成部分，并应用行为经济学的基本理论和方法分析了我国现阶段价格运行机制研究和价格政策制定中出现的问题。

雷怀英等（2007）人研究了基于质量调整的 Hedonic 价格指数，将国外有关 Hedonic 价格指数的经济理论基础、具体构建方法及应用等加以整合，进行了系统的介绍。

温桂芳（2007）对服务业定价理论及我国服务业价格改革进行了系统研究。认为服务产品的特性，决定了服务定价具有隐性、引导性、定价过程和结果的统一性等特点。中国的服务业改革主要从以下几方面展开：一是放开竞争性服务价格和收费；二是放松对垄断行业的服务价格的管制；三是改革公用事业和重要服务价格管理体制；四是改革政府对服务价格的管理方式，规范政府价格行为，提高价格决策科学化、民主化程度；五是理顺服务价格关系和价格体系。

（二）公共定价研究

1. 混合公共部门的价格形成机制

刘小玄、赵农（2007）从中国公共部门（主要是提供私人品的公共部门）实际存在的问题出发，从理论上提出了社会效益目标最优化所决定的公共部门边界的基本命题，以此作为评价政府行为是否合理的依据。

2. 公共定价机制与方法

叶明海、胡志莹（2007）研究了公共定价政策的风险与控制问题，指出公共定价政策必须在社会福利最大化和公共产品经营成本补偿间取得平衡，这种矛盾性使得公共产品价格政策不可避免地面临着一定的风险。两难选择特性、信息的不对称、制定者和公众媒体因素是引起公共产品价格政策风险的主要成因。

卞彬（2007）研究了中国公用事业行业垄断价格的特征与规制问题，认为中国公用事业垄断兼具行业垄断与行政垄断的双重特性，应采用“市民社会—团体社会—政治国家”三元结构来分析。

王建明等（2007）人则具体研究了垄断

性产品的价格管制中的价格上限管理问题，指出多数学者大致认同价格上限管制“不劣于”（“优于”或“类似于”）投资回报率管制，但实践表明价格上限管制也可能潜在问题，应用不当也不会产生有利的效果。

3. 自然垄断行业定价问题

对自然垄断行业，如自来水、电力、供热等产品的定价问题是公共定价研究的重要领域。

龚代华（2007）分析了安全成本、正负外部性和机会成本的内涵，分别确定了基本水价、企业水价和阶梯式计量水价的计算方法，建立了基于供水安全机制的供水定价方法。

邹小燕（2007）对电力市场中两种主要价格机制：统一出清与按报价支付进行了实证比较分析，实证数据结论显示这两种机制都不具有激励相容性，提出需要设计一种新的价格机制来解决电力市场的现实问题。

温晓帆（2007）对集中供热价格监管机制进行了分析，探讨了价格调整机制、定价成本监审机制、补偿机制以及价格管理机制的建立方法。

4. 资源价格形成机制研究

路卓铭（2007）从资源开发补充机制研究了资源价格改革的问题，指出资源价格改革的科学内涵，应是其基本目标（市场能合理配置资源）与两大基本条件（资源价值能充分实现和资源价值能合理补偿）的有机统一。

郝瑞彬等（2007）人对我国当前矿产资源价格扭曲的成因、影响进行了理论分析，指出长期的矿产资源价格扭曲（低价）导致了资源破坏、浪费、环境污染、矿业经济秩序混乱等诸多问题，严重影响了国家经济的可持续发展，并在此基础上提出了矿产资源价格改革的建议。

霍小丽（2007）对我国天然气定价机制进行了研究，指出与国际相比，我国天然气价格变动还不能及时地反映市场的变化，改革天然气价格管制制度应成为我国现阶段天然气价格管理工作的重点。

张莹等（2007）人运用格兰杰因果关系对2002—2006年石油与黄金产业价格变动之间的联动关系进行了研究，并根据格兰杰表示定理建立石油与黄金价格联动之间的误差修正模型来考察二者之间的长期关系和动态关系。研究认为石油价格和黄金价格上涨之间是单向的从石油价格上涨到黄金价格上涨的因果关系，而且这种关系是长期稳定的，并没有随时间而发生结构性变化。

李海英等（2007）人则选择相关系数、协整检验、误差修正模型、Granger因果检验、Garbade-Silber模型对上海燃料油期货市场价格发现功能发挥和价格引导情况进行了研究，实证结果显示：上海燃料油期货价格与国内现货价格之间存在协整关系，燃料油期货价格发现功能得到一定程度发挥，但仅存在现货价格对期货价格的单向引导关系，且在价格发现功能中，现货价格起着决定性作用。

5. 土地价格研究

2007年土地价格研究涉及城市土地供应与估价、农地流转价格与生态补充等方面。

张娟锋、贾生华（2007）检验了政府干预对城市住宅土地出让价格的影响。研究利用1999—2005年杭州市出让的146宗住宅土地数据对假设进行了检验，实证结果表明，容积率增加1%，将会导致出让单位价格增加0.611%；出让地块面积增加1%，将会引起出让单位价格下降0.138%。因此，政府干预对住宅土地市场上的出让价格影响显著。

罗书光、唐焱（2007）对美国、英国及中国大陆土地的管理模式、估价人员和机构管理等几方面对估价制度进行了比较研究，提出应从行业统一、完善法律法规、建立保险制度、加强对估价人员和机构的管理以及行业市场信息化建设几个方面规范我国城市土地估价行业的发展。

邓大才（2007）研究了农地流转过程中交易成本与流转价格关系。李秀霞、刘金国（2007）以吉林省四平市为例，从完全资源价格角度出发，探讨了农用地生态价值构成，并利用资源环境经济学的影子价格法、市场替代法、碳税法对其生态价值进行评估。

（三）市场定价机制研究

市场定价机制研究主要涉及与价格有关的微观机制设计和选择，其中心是价格工具在微观领域中的应用，这主要包括价格因素对微观个体行为的影响、价格在企业战略中的应用、企业经营中的价格策略研究等。

1. 价格因素对微观个体行为的影响

陈文泽等（2007）人的研究认为微观个体的价格失信行为和机会主义行为泛滥的主要原因来源于信息不对称导致的价格信用信息传递机制缺乏和价格信用激励机制不当造成的逆向选择。马旭军等（2007）人则从价格角度对消费者购买决策进行了分析，经过逻辑推理提出了基于价格信息的消费者决策模型，将价格信息区分为认知价值、参考价格和目标价格三个方面，并分析了这三种价格信息对于消费者决策的影响。

2. 价格在企业战略中的应用

企业价格战略的研究主要集中在对价格战和价格合谋的战略选择的分析上，魏农建（2007）的研究认为，价格竞争是企业竞争战略的初级手段，企业应充分运用差异化策略，跳出价格竞争的“伯川德悖论”，建立一个差异化的竞争体系，以赢得最终的市场份额。白让让（2007）、王皓等（2007）人则分别以航空行业和汽车行业为例讨论价格竞争与价格合谋行为。

3. 企业经营中的价格策略

唐小飞等（2007）人对酒店业的调查研究发现企业的价格促销策略的效果与关系投资策略具有相关性，而这种相关性受到顾客价格敏感度的影响，并影响到酒店的经营绩效。岳贤平等（2007）人则运用委托代理理论探讨了一类逆向选择条件下的技术许可中非排他性价格契约理论的内在机理。

（四）与价格有关的宏观政策选择

与价格有关的宏观政策选择主要从两个方面展开研究，一方面主要探讨价格工具在宏观经济政策中的应用问题，例如资产价格和消费价格指数等价格工具在通货膨胀治理中的应用等（王晓芳等，2007；汪恒，2007；栾惠德，2007；崔畅，2007）；另一方面则主要探讨宏观经济因素或宏观政策选择对部门价格的影响，例如汇率波动的价格传导机制等。由于近期人民币汇率波动对经济运行的显著作用，大量文献探讨了人民币汇率对进出口价格和国内消费品与资产价格的影响机制和影响作用。如陈六傅等（2007）人利用VAR模型对人民币有效汇率的价格传递效应进行了分析。毕玉江等（2007）人在不完全竞争市场结构下构建了适合中国汇率传递研究的分析框架。马宇（2007）则运用混合回归的方法，研究了1999—2005年人民币实际有效汇率变化对家电行业出口商品价格的传递效应。王爱俭等（2007）人的研究则探讨了人民币汇率对房地产价格的影响。

除了汇率波动的价格影响外，还有大量研究集中于国际贸易政策、国际价格走势、通货膨胀预期等宏观因素对价格的影响作用。如杨悦等（2007）人构建了反倾销行为对产业价格指数变化影响的研究框架；李茹兰（2007）探讨了技术壁垒对进口产品的价格调整作用；任泽平等（2007）人以中国122个部门投入产出表为数据基础，采用投入产出价格影响模型测算了原油价格变动对中国物价总体水平和各部门产品价格的影响程度；赵留彦（2007）的研究则使用中国1988—2006年的粮食价格和工业品价格数据讨论了通货膨胀预期对短期粮价和工业品价格变动的不同影响。

四　价格经济学进一步发展展望

如前所述，价格经济学作为应用经济学的一个分支，在广义价格的研究框架下，目前在理论上亟待解决与其他学科研究领域交叉的问题。而要解决这一问题的关键在于能否构建价格经济学相对独立的学科概念体系与理论框架，这是价格经济学下一步发展必须解决的理论基础问题。笔者认为，构建一个能够解释市场定价、公共定价及其相关关系的内在逻辑一致的理论框架有可能是价格经济学理论探索的重点问题。

从现实中看，2008年中国仍然面临着稳定物价的重要任务，而人民币汇率问题，能源价格和基础性矿产品价格的国内外比价关系及其传导机制问题，中国价格管制体制改革和管制政策调整，对市场价格的干预体制改革及政策调整等都是未来一段时期价格经济学研究的重要现实问题。

参考文献与学科年度重要文献

王冰、薛才琳、陈刚：《马克思关于价格的相关理论及其市场经济意义》，《经济评论》2007年第4期。

李翀：《马克思主义国际生产价格理论的构建》，《马克思主义研究》2007年第7期。

温桂芳：《服务业定价机制的改革与创新》，载《中国服务业体制改革与创新》，社会科学文献出版社2007年版。

刘小玄、赵农：《论公共部门合理边界的决定——兼论混合公共部门的价格形成机制》，《经济研究》2007年第3期。

叶明海、胡志莹：《公共产品价格政策的风险与控制》，《价格理论与实践》2007年第7期。

白让让：《国有企业主导与行政性垄断下的价格合谋——“京沪空中快线”引发的若干思考》，《中国工业经济》2007年第12期。

唐小飞、贾建民、周庭锐：《关系投资和价格促销的价值比较研究》，《管理世界》2007年第5期。

马旭军、王丽娟：《对价格因素影响消费者决策行为的研究——基于价格信息的消费者决策模型》，《价格理论与实践》2007年第6期。

王皓、周黎安：《中国轿车行业的合谋和价格战》，《金融研究》2007年第2期。

汪恒：《资产价格对核心通货膨胀指数的修正》，《数量经济技术经济研究》2007年第2期。

（张　斌）

劳动经济学

一 学科概述

通常，经济学可以被划分为不同的分支学科，如劳动经济学、金融经济学、农业经济学、地理经济学等。劳动经济学是经济学的一门分支学科。劳动经济学因其研究的对象直接涉及人本身，而在经济学的各个分支学科中具有特别突出的地位。此外，该学科也因其计量方法处于前沿地位，而在经济学家族中引领风骚。例如，有人根据一门学科的研究经费、在权威期刊发表论文总量、研究人员规模等指标，为 14 个经济学分支排位，劳动经济学位于金融经济学之后排在第二位。劳动经济学属于应用经济学的范畴。

劳动经济学研究的直接对象，是劳动力市场的运行和结果。劳动力市场是这样一种机制：这种机制通过合同的形式，将劳动力的买方和卖方对劳动力的需求和供给匹配起来（Horton，Kanbur and Mazumbar，1994）。尽管从个体出发，正像微观经济学一样，劳动经济学研究的是群体的行为，即研究当事人的平均行为，而不是每一个个体有别于其他个体的特殊行为。

由于人们之间的这个互动性和相关性，劳动力市场不是简单的劳动力的供给和需求曲线，以及两者之间的相交，还有各种制度因素，比如说计划经济也可以有劳动经济学的分析，但是我们看不到计划经济条件下，劳动力市场上有这样的供给和需求曲线，劳动者的供给不是在市场上表现出来的，企业对劳动力的需求也没有反映在劳动力市场上。他们是在计划的大盘子里，在计划书上完成的，采用的完全是另一种供给和需求的协调方式。与劳动力市场为主体的劳动力配置方式相关的制度形式，包括工会的作用、政府的劳动立法，以及其他提高或减弱劳动力市场效率的制度安排。

劳动经济学教科书常常引用马歇尔的一段话，砖头用于建筑下水道，还是用于建筑宫殿，对于砖头的供给者而言，是不重要的。但是劳动力的卖方即劳动者，一定关心劳动力卖出以后被如何使用。有的经济学家说，劳动力市场的一个特点就是，劳动力不是卖出去的，而是租出去的。也就是说，在租用的期间内，我出卖了劳动力的使用权。因此在所有商品中，劳动力是我们最关心它在出售以后如何使用的。出售价格或租用价格已经决定了，怎么使用是指，我在什么样的条件下工作，什么样的保障制度，以及工作之外的其他的福利，这些都会影响劳动态度、工作热情和生产力。

除此之外，劳动力的使用还有一个社会的道德的规范。也就是说，在普通商品的交易中，人们只需要把握愿买愿卖这个交易原则即可，而在劳动力的交易中，则不能仅仅考虑成交双方的一时意愿。由于劳动力的拥有者是人本身，用纯粹市场的办法衡量人的生命价值，是有悖于社会规范的。

虽然劳动经济学通常研究比较微观的劳动力市场行为，但是，当这些微观的市场行为汇成一个宏观总体的劳动力市场状态，如劳动力市场的总供给和总需求，并且以加总的形式表现为就业、失业和退出劳动力等状况，以及这些现象与经济增长、经济周期的关系的时候，它同时也是宏观经济学的研究对象。

同时，无论是微观层面的个体的劳动者行为，还是汇总成的宏观层面的劳动力供给和需求状态，都不是一成不变的。在不同的制度条件下，或者在不同的市场发育条件下，都会有不同的表现形式。从另一个角度说，从一种劳动力市场形态向另一种劳动力市场形态转变的过程，是不断进行的，是无穷无尽的。具体来说，劳动经济学的研究内容包括劳动力供给、劳动力需求、就业与失业、工资、收入分配与工资、劳动力迁移、劳动力市场歧视、劳动力市场制度等。

二　改革开放30年来学科发展、演进的概况

劳动经济学是一个包含了丰富研究内容的学科。在经济学的诸多研究领域中，劳动经济学的研究对象可以说最贴近民生：青少年时期的教育、成年之后的就业、老龄时期的养老等无不是劳动经济学关心的话题。时下，许多有关老百姓日常生活的热门话题，和普通大众利益休戚相关的事件，也正是劳动经济学家们着力研究的课题。而由于中国特殊的国情和特定的发展阶段，劳动经济学各个领域对现时的中国极其重要。

首先，中国是一个人口大国，丰富的劳动力资源既是中国参与国际竞争的比较优势所在，又是中国发展过程中面临的一大难题。如果我们能够成功地应对这个难题，我们将赢得今后数十年的发展机遇；反之，如果我们对人口压力处理不当，则有可能使未来的发展陷于“均衡陷阱”之中。如何将人口压力转变为资源优势，恐怕是每一个关心中国劳动经济的人士所不得不思考的问题。

其次，中国是一个正在高速发展的国家。然而，经济总量的增加只是发展的一个方面。我们所希望的发展模式是，更多的人可以享受发展所带来的成果，与整个社会一同进步；相反，如果伴随经济增长的是地区差距、城乡差距和个人之间差距的持续扩大，是相对贫困，甚至绝对贫困的增加，那么这种发展模式肯定有悖于我们的初衷。

另外，中国是一个经济转型的国家，从计划经济体制中脱胎换骨并非一朝一夕之功，改革的过程也往往是一个痛苦的过程。劳动力市场制度建设当然也不例外，而在一个劳动力无限供给的国家建立适合自己国情的新体制尤其如此。于是，致力于中国劳动经济学研究的学者们将肩负更重要的使命。因为，中国劳动力市场的转型过程不仅可能孕育着新的理论创新，更重要的是，其制度设计将关乎世界上最庞大人群的福利。

随着社会主义市场经济体制在中国的建立和完善，对劳动力市场和就业、失业问题的研究在中国越来越迫切。就业作为民生之本，在和谐社会建设中的重要作用一直受到党中央、国务院的重视。然而，劳动经济学

研究在中国却相对滞后于现实的需要，因而，劳动力市场建设以及劳动力资源配置过程中出现的很多问题都缺乏相应的理论指导。国外劳动经济学的发展虽然已经比较成熟，但一方面这些理论大多是根据其他国家的实践总结出来的，直接照搬照抄显然难以适应中国的实际情况；另一方面，中国从计划经济向市场经济的转轨也是一个鲜有先例的伟大实践，需要及时对其进行理论上的总结。

在中国部分高校中虽然也设有劳动经济学学科，但由于学科设置基础和研究对象大多确立于计划经济时期，与现代劳动经济学的最新发展差距较大，因此，其研究的方法和内容也难以适应社会主义市场经济的新需求。近些年来，一些高校的劳动经济学科，正在向着现代劳动经济学的方向转变，在学科建设上取得了很大进步。

中国社会科学院虽然是国内社会科学研究学科门类最齐全的国家级哲学社会科学研究单位，但劳动经济学却一直没有作为一个独立的学科单独设立。为了解决劳动经济学领域理论研究的不足，原中国社会科学院的人口研究所在20世纪90年代就开始酝酿筹建劳动经济学学科。由于人口研究所在人口统计、劳动力市场发育、劳动力流动和农村发展等领域具有较好的学科基础，结合劳动经济学的研究不仅能充分发挥原有的学科优势，也有利于拓展研究领域，因此，经中国社会科学院和中央编制委员会批准，人口研究所于2002年正式更名为人口与劳动经济研究所，同时，对原有的学科进行调整，增设了人力资本与劳动经济研究室，专门从事劳动经济学研究。2003年，劳动经济学科被列为中国社会科学院首批重点学科之一，该学科也走上了良性发展的轨道。

中国进行真正的劳动经济学研究的时间虽然不长，但由于该领域与社会经济发展中出现的诸多重大现实问题有紧密的联系，加之本学科研究人员的辛勤努力，不仅在理论研究和学科建设上已经有所突破，也充分发挥了社会科学研究对经济现实的指导作用。

三　学科发展理论前沿以及重大的热点问题

中国正在经历的从行政性配置劳动力向劳动力市场的体制转轨，这个转轨是不同寻常的，不仅因为它是世界上最大规模的劳动力市场转轨，也由于它走了一条中国特有的渐进式道路（蔡昉等，2005）。正如劳动力市场模式允许多样化，其形成和发育的方式选择也没有一定之规，取决于整体改革的方式和劳动力制度和社会保障制度的历史特征。我们可以把中国渐进式的劳动力市场转轨方式的特点归纳为以下几方面。

第一，中国的劳动力市场转轨综合采用了增量改革和存量改革的方式，以增量改革方式为主。在大多数前苏联和中东欧国家，经济转轨采取的休克疗法，使得它们劳动力市场的发育也采取了存量改革的方式，对在转轨前企业就业的职工冲击相对剧烈（Knight & Song，2005）。在中国改革的早期和大部分时间，劳动力市场的改革是通过新生的部门的扩大进行。以非国有制为主体的新生部门，从一开始就最大限度地采用市场的办法配置劳动力资源和支付劳动报酬。在以接近市场均衡的工资水平吸纳了大量就业的基础上，在某些时期特别是20世纪90年代后期以来，劳动力市场发育也经历了存量改革的激进方式。虽然这一时期出现了大规模的下岗失业现象，也由于就业冲击而造成了城市贫困，但是，总体而言，增量改革时期形成的非国有经济发挥了吸纳下岗和失业职工再就业的重要作用。

第二，与第一个特点相关，中国的劳动力市场转轨既采取了工资调整的方式，也采取了就业调整的方式。在中东欧转轨国家，社会保障水平较高，转轨冲击采取了减少就业的形式，而失业的前职工由于能够得到保障而得以生存；在独联体国家，国家为了保护职工的就业则主要以降低工资的方式来应对转轨冲击。在中国，由于体制转轨是以增量的方式进行的，新生部门的工资水平比较接近于按照劳动力丰富的资源相对稀缺性决定的市场水平，而从宏观层面上，新生部门的扩大就意味着劳动力市场以工资调整的方式进行。而在某些冲击规模较大、冲击时间较长的情况下，形成严重的就业和下岗局面。

第三，它把计划经济向市场经济的劳动力配置机制的转变，与二元经济向一元经济的转变合并在一起。中国城乡分割的二元经济格局，不仅与其他转轨中国家相比要典型得多，也比许多发展中国家严重。因此，在劳动力市场转轨发生的同时，也进行着农村劳动力向城市的大规模转移。由于计划经济时期的长期积累，这个劳动力转移成为世界历史上最大的流动过程。

至少以上三个特点构成了中国渐进式劳动力市场形成和发育的道路。一方面，这种方式延缓了转轨冲击的来临，减轻了冲击的力度和给职工带来的痛苦，并且其自身的逻辑也给最终转轨的成功带来信心。另一方面，这种转轨也充满了艰难和困惑，经常表现出反反复复、欲进又止的特点。例如，在城乡之间的壁垒逐渐被打破，劳动力流动终于开始了劳动力市场一体化的过程的同时，城乡之间的二元经济反差却演变为城市劳动力市场的二元性，以及农民工和本地工人之间的分割。研究中国劳动力市场这种特殊的转轨，描述和分析它的过程和进展，展望它的未来，是转轨经济学家和发展经济学家面临的任务和挑战。

经济转轨是当前中国经济体制的重要特征，体现在劳动力市场方面，就是中国正在从一个计划配置劳动力的阶段，逐步向劳动力市场过渡。20世纪90年代末期，国有企业进行了激进的劳动就业制度改革，大量人员下岗或失业。为了保障下岗和失业人员的生活和再就业，实行了下岗人员基本生活保障制度。与此同时，失业保险制度和最低生活保障制度也得到不断完善。随着家庭承包制的实行和城市福利体制的改革，农村释放出的大量剩余劳动力转移到城市，中国正在经历世界上最大规模的劳动力转移。但是，转移到城市的劳动力由于不具有城市本地户口，在就业、工资和社会保障等诸多方面都处于弱势地位。随着中国人口年龄结构的变化，老龄化水平越来越高，中国的劳动力供给正在从无限供给向有限剩余转变，刘易斯转折点正在到来，劳动力的局部短缺和结构性短缺现象开始出现。这为更好地保护劳动者的利益，创造了客观条件。在这种状况下，一系列新的劳动力市场法律出台，包括《劳动合同法》、《就业促进法》和《劳动争议调解仲裁法》等。所有这些，都是当前研究关注的重点和热点问题。

（一）下岗和失业

20世纪90年代后期以来，由于宏观经济持续处于总需求不足状态，对外开放程度的加深加速了产业结构调整步伐，国有企业陷入极其困难的处境。在这种情况下，国有企业进行了激进的劳动制度改革，造成数千万城镇职工下岗。其中很大一部分成为持续的失业者。城镇失业率持续上升，中国面临劳动力市场的严峻局面。

由于中国的失业问题与体制转轨和产业结构调整相关，也由于失业保险制度不健全，为了减缓其对社会的震荡，失业保险在很长时间里，是由国家和企业以在国有企业建立下岗职工再就业服务中心来解决的。为切实保障国有企业下岗职工的基本生活和再就业，“再就业服务中心”是一个专门针对国有企业职工的制度设计。1996 年上海市首先建立“再就业服务中心”，对国有企业下岗职工实行托管。1998 年中共中央、国务院发布《中共中央、国务院关于切实做好国有企业下岗职工基本生活保障和再就业工作的通知》后，再就业服务中心开始在全国建立，标志着国家正式对下岗职工的基本生活进行保障。

“再就业服务中心”主要有三项职能：一是负责为下岗职工发放基本生活费；二是代下岗职工缴纳养老、医疗、失业等社会保险费用；三是组织下岗职工参加职业指导和再就业培训，引导和帮助他们实现再就业。提供这种再就业服务所需的资金，由政府财政、企业和社会（主要是失业保险基金）三方面共同筹集。比较常见的说法是政府财政、企业和社会按照各自三分之一的比例分摊。其实这种分摊比例主要是指再就业中心用来支付基本生活费部分，而加上社会保险缴费部分，财政安排的部分占很大的份额。

（二）失业保险制度

由于作出下岗这种特殊的安排，可以减少国有企业由于严重亏损而大量解雇职工造成的失业，即大幅度压低了城镇登记失业率。因此，实际上处于下岗和城镇登记失业两类劳动力市场状态的劳动者，在数量上具有此消彼长的关系。1999 年中国政府颁布了《失业保险条例》，为将下岗补贴制度转化为失业保险制度，创造了必要的制度环境。从 21 世纪开始，劳动力市场由下岗安排到公开失业的并轨过程加快。但目前为止，并轨过程已经基本完成。

（三）城镇最低生活保障制度

在下岗生活费和失业保险金之外，城市中那些不具有下岗或登记失业身份，以及虽然享受有关保险，但家庭人均生活费用低于当地政府制定的最低生活标准的劳动者，由最低生活保障制度予以保障。实际上，最低生活保障制度就是一种城市贫困救助制度，最低生活标准就是官方承认的贫困线。

1999 年，国务院发布施行了《城市居民最低生活保障条例》，在全国普遍建立了城市居民最低生活保障制度。城市居民最低生活保障资金由地方人民政府列入财政预算。地方政府根据当地维持城市居民基本生活所必需的费用，来确定最低生活保障标准。家庭人均收入低于最低生活保障标准的城市居民，均可申请领取最低生活保障待遇。城市居民领取最低生活保障待遇需要经过家庭收入调查，领取的待遇水平为家庭人均收入与最低生活保障标准的差额部分。

（四）农村劳动力转移

20 世纪 80 年代以来，旨在分割中国城乡劳动力市场的若干制度，都不同程度地进行了改革，户籍制度有所放松，城市福利体制开始改革，劳动就业也逐渐市场化，劳动力的流动性愈益加强，原来主要集中在农业的劳动力，开始向农村非农产业、小城镇甚至大中城市流动。但是，户籍制度并没有能从根本上得到改革，它仍然像一道无形的“墙”，决定着城市居民和农村劳动力的不同身份。农村劳动力在城市并不能享受到与城市居民同等的对待（Solinger，1999；Wang and Zuo，1999；王美艳，2005，等等）。这种不平等对待主要表现在，外来劳动力和城市劳动力的就业岗位和工资存在差异。

在城市劳动力市场上，外来劳动力一般并不能进入比较正规的部门就业，大多数受雇于非国有经济部门，或城市的一些非正规部门，从事非熟练性的劳动。即使干的是完全相同的工作，与城市劳动力相比，外来劳动力得到的工资和其他待遇相对也会较低（Solinger，1999；Du，Cai and Wang，2006）。就业岗位和工资给付的差别对待，并不是城市外来劳动力受到的唯一不公平待遇。在社会保障、社会保护和公共服务等方面，农民工全面受到与城市居民不一样的待遇。因此，可以说，他们在城市的就业和生存被边缘化了。

（五）刘易斯转折点

自2004年开始，“缺工”或者“民工荒”这样一些词汇频繁见诸报端，也成为沿海地区用工企业、劳动力市场中介和政府的热门话题。据不同地区的调查，企业缺工最初主要发生在珠三角、闽东南、浙东南等加工制造业聚集地区。进而，不仅长江三角洲和京津唐地区，接连出现了“民工荒”，甚至在劳动力输出的中西部省份，也广泛存在着普通劳动力短缺的现象。

我们不否认，存在着一些减少农村劳动力外出动机和劳动力供求出现短期不平衡的周期性因素。例如，国家扶持“三农”政策如取消农业税和给予种粮补贴等措施，促进了农民收入增长，提高了农村劳动力流动的机会成本。如果外出打工收益不能补偿外出机会成本上升的部分，那么，农村劳动力的意愿供给数量就会出现下降。但是，直接观察农村劳动力的配置格局，也可以清晰地发现劳动力短缺的原因。

从农村可供转移的劳动力数量看，如果非农部门的需求和劳动力市场的制度因素不出现大的变化，农业中可供转移的劳动力数量已经非常有限。2005年可供转移的农业劳动力总量约为4357万人（蔡昉等，2008）。那就是说：农业劳动力剩余规模和比例远不像人们认为的那么严重。如果中国的经济发展保持最近几年的发展速度和就业弹性，则每年新增就业的数量约为1000万人，这也就意味着，到“十一五”末期，业已出现的劳动力短缺形势将更加严峻。

在中国多年以来就业压力一直很大的情况下，出现上述现象并非偶然，而是反映了劳动力供给和需求相对数量的变化。中国已经开始从劳动力“无限供给”转向劳动力“有限剩余”。虽然劳动力市场状况并不取决于劳动力总量的多寡，但是，劳动力从无限供给到开始出现短缺现象这样的特征性变化，却是劳动力总量即人口结构变化的结果。有限剩余并不意味着劳动力丰富的资源禀赋特征完全消失。但是，由于中国的人口转变是在比以往的发达国家短得多的时间里实现的，即从高生育率到低生育率的转变仅仅用了20余年的时间，因此，在经济高速增长的前提下，二元经济结构特征的转变，从而劳动力从无限供给到出现短缺的特征变化也比其他国家要快得多。

作为劳动力短缺的一个必然后果，20世纪90年代末以来，城市正规劳动力市场每年都经历两位数的工资上涨，不仅发生在垄断行业，也发生在那些主要吸收普通劳动者就业的制造业等行业。从2001年到2007年，城镇单位就业人员的平均工资从903元，提高到2007年的2078元，增长了130%，年均增长率为15%。根据国家统计局的数据，农民工的工资在此期间也有了大幅度提高。2002年和2003年，农民工的工资增长率分别为2.3%和6.5%。自2004年起，农民工的工资开始迅速增长。2004年增长了11.1%，2005年增长了10.4%。2006年和2007年的增长速度略微放缓，分别为9.9%和7.3%，但增长的绝对速度仍然很高（都阳，2008）。把农民工工资在最近几年的迅速上涨趋势，与以往十几年的停滞进行比较，更反映出目前的变化是一个根本性的。

（六）劳动力市场制度建设

在很长时间里，中国的劳动力市场供大于求，劳动力非常丰富。这使得劳动力在与资本的博弈中处于弱势地位。随着劳动力短缺现象的出现和刘易斯转折点的到来，劳动者在劳资谈判中的发言权大大提高。雇主不得不重视劳动者工作状况的改善，提高薪酬水平，改善劳动保护条件。在这种情况下，劳动保护成为完善劳动力市场制度过程中越来越重要的问题。在劳动力市场基本制度逐步确立的情况下，通过加强劳动力市场规制，提高对劳动者保护的水平，是经济发展和劳动力市场制度演进的必然结果。同时，避免劳动力市场的过度规制、保持劳动力市场的灵活性、寻求符合中国国情的劳动力市场目标模式，也将是未来劳动力市场制度建设的重要内容。

四　该学科进一步发展的趋势

未来中国劳动经济学学科的发展，将逐步向现代劳动经济学的方向演变。中国正处于劳动力市场不断发育的过程中，众多与劳动经济学有关的现实问题需要研究。随着中国人口年龄结构的变化，刘易斯转折点正在到来，也为劳动经济学带来了很多新的研究课题。刘易斯转折点的到来，带来了工资水平的上升。2008年以来，沿海地区一些劳动密集型企业经营陷入困难，甚至有相当数量的中小企业倒闭。相对于中小企业以往支付给农民工的工资水平，近年来农民工工资上涨幅度较大，甚至可以说是前所未有的。如何正确认识这种现象，是劳动经济学家面临的任务。

近年来，中国的劳动力供求形势发生了根本的转变。随着经济的持续快速发展和人口年龄结构的变化，劳动力由无限供给转为有限剩余，劳动力的局部短缺和结构性短缺现象开始出现。这为更好地保护劳动者的利益，创造了客观条件。在这种状况下，为了更好地保护劳动者的合法权益，一系列新的劳动力市场法律出台，包括《劳动合同法》、《就业促进法》和《劳动争议调解仲裁法》等。其中，《劳动合同法》引起的争议最大。在新的劳动力供求形势和劳动力市场状况下，如何正确地引导认识这些新的劳动力市场规制，也是劳动经济学面临的重要任务。

中国正在经历着世界上最大规模的劳动力转移，户籍制度是劳动力转移的最大障碍。

近些年来，户籍制度已经进行了很多改革，但并未取得实质性进展。不同规模和发展水平的城镇和城市，在户籍制度改革的难度和进展上有很大差异。进一步改革户籍制度，创造劳动力自由流动的制度条件，需要在相关领域进行充分的改革，户籍制度改革要从多方面着手。如何进一步改革户籍制度，是值得加以密切关注的问题。此外，中国的收入分配状况究竟如何、如何解决收入差距问题、如何解决城市贫困和农村贫困以及如何减少劳动力市场上的歧视等，都是劳动经济学在未来要继续关注的问题。

参考文献与学科年度重要文献

蔡昉、都阳、王美艳：《中国劳动力市场转型与发育》，商务印书馆2005年版。

王美艳：《城市劳动力市场上的就业机会与工资差异——外来劳动力就业与报酬研究》，《中国社会科学》2005年第5期。

都阳：《工资水平、工资差异与劳动力成本》，载《中国人口与劳动问题报告No. 9——刘易斯转折点如何与库兹涅茨转折点会合》，社会科学文献出版社2008年版。

蔡昉、都阳、王美艳：《农村剩余劳动力的新估计及其含义》，载《中国人口与劳动问题报告No. 9——刘易斯转折点如何与库兹涅茨转折点会合》，社会科学文献出版社2008年版。

Horton, Susan, Ravi Kanbur and Dipak Mazumbar (1994), Labor Markets in An Era of Adjustment: An Overview, in Horton, Susan, Ravi Kanbur and Dipak Mazumbar (eds.) *Labor Markets in An Era of Adjustment*, Vol. 1, Washington DC: The World Bank.

Knight, John and Lina Song (2005), *Towards A Labor Market*, Oxford University Press.

Solinger, Dorothy J. (1999), Citizenship Issues in China's Internal Migration: Comparisons with Germany and Japan, *Political Science Quarterly*, Vol. 114, No. 3, pp. 455—478.

Wang, Feng and Xuejin Zuo (1999), History's Largest Labor Flow: Understanding China's Rural Migration Inside China's Cities: Institutional Barriers and Opportunities for Urban Migrants, *AEA Papers and Proceedings*, Vol. 89, No. 2, pp. 276—280.

Yang Du, Fang Cai and Meiyan Wang (2006), *Marketization and/or Informalization? New Trend of China's Employment in Transition*, Report for World Bank.

蔡昉：《刘易斯转折点——中国经济发展新阶段》，社会科学文献出版社2008年版。

蔡昉、都阳、王美艳：《经济发展方式转变与节能减排内在动力》，《经济研究》2008年第6期。

Philip H. Brown, Alan de Brauw and Yang Du, Understanding Variation in the Design of China's New Cooperative Medical System, *China Quarterly*, forthcoming.

蔡昉主编：《中国人口与劳动问题报告No. 9——刘易斯转折点如何与库兹涅茨转折点会合》，社会科学文献出版社2008年版。

姚先国、张海峰：《教育、人力资本与地区经济差异》，《经济研究》2008年第5期。

张车伟、薛欣欣：《国有部门与非国有部门工资差异及人力资本贡献》，《经济研究》2008年第4期。

刘生龙：《教育和经验对中国居民收入的影响——基于分位数回归和审查分位数回归的实证研究》，《数量经济技术经济研究》2008年第4期。

王德文：《经济走势和政策调整的就业效应分析》，《开放导报》2008年第2期。

（蔡昉　都阳　王美艳）

生态经济学

一 学科概述

早期的生态经济学家在宏观上把生态危机归于人类中心主义的哲学理念，在微观上把生态危机归于人的贪婪品行。早期的生态经济学家主要研究生态学与经济学之间的联系，揭示生态问题所蕴涵的社会意义和经济意义，提出合乎自然和生态要求的行为规范，告诫人们不能只看到生产活动创造的社会财富，而忽视其造成的生态破坏。早期的生态经济学家主张通过抑制增长来解决生态危机，达到人与自然的和谐相处。然而，现实中对生态造成重大冲击的生产大多是贫困人口为了维持温饱而作出的迫不得已的选择，抑制这些行为有碍于贫困人口的温饱，所以这种主张往往难以付诸实践。早期的生态经济学作为批判现实中忽视生态限制的经济行为的武器，主要采取案例研究的方法，通过剖析现实中忽视生态系统价值、自然资源价值的掠夺性生产对生态、资源和环境造成的严重恶果，论述单一追求经济利益、短期利益和个人利益的危害性和危险性。

20 世纪 90 年代以来，生态经济学家开始赞同适度增长，研究重点转向探索生产活动更有效、生活方式更合理、生态循环更流畅的经济增长模式，如生态农业模式、生态工业模式和生态服务业模式；转向探索生态社区（生态村、生态乡、生态县、生态市、生态省）的发展模式，转向探索社会可持续发展的方法和途径，逐步完成了由宣传的生态经济学到实践的生态经济学的转换。

生态经济学是最早揭示现实中人与自然关系存在不和谐问题的学科之一，是最早探索人与自然和谐关系的学科之一，也是最早认识到经济理性必须与生态理性结合起来，生产、生活必须与生态结合起来，利润最大化目标必须与社会可持续目标结合起来的学科之一。

生态经济学倡导并追求企业最优解与社会最优解的有机结合，个体理性与集体理性的有机结合，经济理性与生态理性的有机结合，这个理论内核，是生态经济学区别于其他经济学分支的一个极为重要的特征。

生态经济研究主要有三个切入点，其一是以生态系统作为研究的主体，利用数学方法和生态模型，研究人类活动对生态环境的影响，包括生态系统顺向演替带来的价值增值和逆向演替造成的价值损失，在此基础上引申出必须保护、改善生态环境的政策含义。其二是从制度、组织创新入手，规范企业和人的行为，协调人与人之间的关系，将企业和个人的自利目标与利他目标统一起来，实现经济与生态协调、人与自然和谐。三是从利益相关者的协商、谈判入手，在全面界定利益相关者的基础上，通过利益相关者的学习、协商和合作，形成并实践共同认可，即具有双赢乃至多赢性质的解决生态问题的方案。

二　改革开放以来学科发展概况

我国的生态经济学研究始于1980年。20世纪80年代初，中国生态经济学的倡导者、奠基者，已故著名经济学家许涤新同志多次提出要认真总结和对待新中国成立以来在现代化建设过程中出现的新情况和新问题。他指出："在生态平衡与经济平衡之间，主导的一面，一般说，应该是前者，因为生态平衡如果受到破坏，这种破坏的损失，就要落在经济的身上。"许涤新指出："人类为了生存，为了发展，是不可能离开一定的自然条件，是不可能离开一定的环境体系的。马克思《资本论》多次提出的人与自然之间的物质变换指出的正是这一个问题。"受马克思主义的启发，特别是对中国社会主义现代化建设实践的深入研究，许涤新同志以其科学的敏锐性和前瞻性，于1980年8月首次提出"要研究我国生态经济问题，逐步建立我国生态经济学"的目标。同年9月，许涤新主持了我国首次生态经济问题座谈会，拉开了我国创建生态经济学的序幕。这次座谈会上，许涤新、马世骏、侯学煜、阳含熙、王耕今等经济学家、生态学家在一起共同研究我国生态经济学问题，这是两大科学领域在生态经济学上的第一次密切合作。会后，出版了我国第一部生态经济学论文集《论生态平衡》。我国20多年来生态经济学发展历程，大致可以分为三个阶段。

（一）以维护生态平衡为核心的研究阶段

1978年，党的十一届三中全会作出的《中共中央关于加快农业发展若干问题的决定》明确指出："过去我们狠抓粮食生产是对的，但是忽视和损害了经济作物、林业、畜牧业、渔业，没有注意保持生态平衡，这是一个很大的教训。"1983年1月，在《当前农村经济政策的若干问题》中指出："实现农业发展目标，必须注意严格控制人口增长，合理利用自然资源，保持良好的生态环境。"要在这三大前提下，走出一条具有中国特色的社会主义的农业发展道路。我国生态经济学研究正是在中央提出的三大前提的指引下开展起来的。

在党的解放思想、实事求是的政治思想路线的指引下，一大批科学工作者对新中国成立以来，由于政策、工作上的失误而带来的一系列严重的生态环境问题进行了深入广泛的研究。他们对我国生态遭受破坏的严峻现实忧心忡忡，大声疾呼，其中，"小兴安岭林海面临危机"和"长江有变成第二黄河的危险"等，在社会上产生了巨大的影响。

这个时期是生态经济学的初创阶段，其研究核心是发展经济必须遵循经济规律和生态规律。许涤新反复强调的"生态经济学的要求，是客观存在的，只有遵守这个规律，才能在发展我国的社会主义现代化建设中，保持生态平衡的相对稳定，才能把局部利益同整体利益结合起来，而以整体利益为主导；才能把眼前利益同长远利益结合起来，而以长远利益为主导"，体现了生态经济学最初的主要思想。

（二）以生态经济协调发展为核心的研究阶段

在1984年召开的“全国生态经济科学讨论会暨中国生态经济学会成立大会”上，我国经济学家、生态学家、环境科学家、农学家、林学家等，从不同角度论述了社会经济必须同生态环境相互协调的重要性，并在以生态与经济协调发展的思想指导我国经济建设这一点上取得了共识。

1987年9月，许涤新主编、一批生态经济学专家撰写的《生态经济学》的出版，是以生态经济协调发展理论为核心的生态经济学初步形成的标志。这一时期，自然与社会科学的许多学科的学者，在实践中总结和发展了生态经济协调发展理论，提出了社会经济与自然生态协调发展的新原理。从基础理论、人口、自然资源、生态环境到农业、森林、草原、渔业、城市、区域、乡镇企业等各个方面均有专著问世，达150多部。这些丰硕的理论成果，不仅为中国生态经济协调可持续发展理论的最终形成奠定了坚实的理论基础，而且为我国实施生态环境与社会经济可持续发展战略提供了科学依据。

（三）以生态环境与社会经济可持续发展为核心的研究阶段

1992年，联合国在巴西里约热内卢召开环境与发展大会，提出可持续发展应作为全球的共同战略，得到了世界各国的积极响应。1994年我国在世界上率先提出了《中国21世纪议程——中国21世纪人口、环境与发展白皮书》，明确了“走可持续发展之路，是中国在未来和下一世纪发展的自身需要和必然选择”。同年，中国生态经济学会在山西召开了“全国资源、环境与经济发展学术讨论会”，理事长刘国光同志在其报告中指出：“新的形势，给我们学会带来了义不容辞的新任务，要求我们对生态经济的理论与实践都要进一步深化，要从理论概念的研究向参加实践工作转变；要从生态经济向可持续发展，将生态、经济、社会统一起来研究，拓展研究面。”

20世纪90年代中期以来，我国生态经济研究最显著的特点就是向可持续发展领域渗透与融合。由理论与发展专业委员会组织、王松霈主编的《走向21世纪的生态经济管理》和由生态经济教育专业委员会组织、刘思华主编的《可持续发展经济学》可谓这一时期的代表作。

生态经济学理论体系的又一次深化，进一步丰富和完善了我国生态经济学的理论体系，并为用生态经济学理论指导实践提供了更有力的基础。

三　学科发展中的理论进展和重大热点问题

（一）生态经济理论研究的进展

1. 提出了新的物质分类方法

人们通常把物质分为可再生资源和不可再生资源两大类。其中生物资源属于可再生资源，非生物资源属于不可再生资源。这是人们普遍接受的分类方法。然而，物质也可以分为资源和能源两大类。按照物质不灭定律，只要投入足够的能源，所有资源都是可再生（可复原）的（过程不可逆从而不可复原的资源除外）。这个分类方法的理论意义是把工业和农业统一起来了，即它们都是利用能源生产产品的过程，它们的差异仅仅表现在农业借助于流量性能源（太阳能）进行生产，工业借助于存量性能源（太阳能转化形式，如薪柴、煤炭、石油、天然气）进行生产；其现实意义是把提高太阳能的能级作为科学研究最重大的方向。太阳能在总量上足以持续地满足人类的能源需求，但它的能级太低，无法直接替代存量性能源。所以，能源可持续利用的关键是通过光电、光磁和光热转换，提高太阳能的能级，使其能够替代存量性能源。近10年来，可再生能源的成本明显下降。有关研究估计，在2020年前后，太阳能电力在太阳能高析出地区可与矿物燃料竞争。如果太阳能利用的创新能达到这样的水平，能源短缺的危机就被克服了，资源可持续利用的目标也将得以实现。

随着太阳能开发和资源利用技术的不断进步，原先以为不可再生资源将会越来越多地都能再生（复原）出来，而可再生资源一旦灭绝就无法再生出来了。因此，保护生物多样性要比保护非再生资源更为重要。

2. 完善了成本核算公式

C_T（总成本）$= C_V$（活劳动成本）$+ C_C$（物化劳动成本）$+ C_R$（资源成本）$+ C_E$（环境成本）$+ C_U$（使用者成本）

其中，C_V 和 C_C 分别反映生产产品和提供劳务过程中的活劳动和物化劳动消耗，这两项构成生产成本，它是适应市场竞争的成本概念，一个企业要想占有市场份额，就必须在降低生产成本上下工夫。C_R 反映的是生产产品和提供劳务过程中的资源消耗，资源稀缺性的变化会通过资源价格的变化反映出来，所以将资源被纳入成本核算体系，企业就会采用减少稀缺资源消耗或用相对丰富的资源替代相对稀缺的资源的办法来降低它的产品成本，从而诱发资源节约和资源替代的创新。C_E 是环境成本，将环境纳入成本核算体系，生产者就无法采用损害他人利益的做法来谋利，这样就解决了代内公平的问题。C_U 是使用者成本，当代人和后代人都需要用资源，他们之间利用资源的效率差异便是使用者成本，把使用者成本纳入成本核算，就解决了代际公平的问题。

3. 廓清了生态经济与清洁生产、生态工业园区、循环经济的关系

人们早就认识到生产中排放出的污染物的危害性，最初采取的是“末端治理”的方式。这种做法存在四点不足：一是影响企业的经济效益和竞争力，二是治理难度大，三是不能消除生产过程中的资源浪费，四是政府监督管理的成本过高。鉴于30%—40%的工业污染可以通过优化生产工艺加以解决，于是出现了以过程治理替代末端治理为内涵的清洁生产。生态工业园区是模拟自然生态系统的人工生态系统，它根据企业资源利用上的相互关联，组成一个结构与功能协调的共生网络系统，实现污染物的“零排放”。例如，将火力发电企业产生的粉煤灰作为建筑企业的原料，建筑企业产生的废料作为其他工业企业的原料，由此形成良性循环。生态工业园区旨在解决无法通过优化生产工艺解决的60%—70%的工业污染。循环经济旨在实现生产领域与消费领域的连接，使生活中废弃的各种资源或废旧物资通过回收加工实现再利用。清洁生产、工业生态学和循环经济具有内在的逻辑联系，其中，清洁生产是生产设计和环境管理理念的

质的飞跃，工业生态学和循环经济是清洁生产的两次扩展，是实现清洁生产的新方法和新途径，即生态工业园区是清洁生产从企业走向企业群，循环经济是清洁生产从生产领域拓展到消费领域。

4. 生态经济与社会和谐的关系

第一，从自然方面看，自然生态系统具有对应外来冲击的能力。只要对自然生态系统的利用不超过它的自调节能力的阈值，自然生态系统的再生性是可持续的。自然生态系统具有可修复性，如果对自然生态系统的过度利用不超过它的可修复的阈值，只要尽快采取有效的生态修复措施，过度利用自然生态系统的行为造成的偏差是能够纠正的。自然生态系统的承载力具有递增性。只要采取有效的措施，包括提升生态系统承载力的技术措施以及与之配套的激励机制，自然生态系统的承载力会越来越高，人与自然的协调性会越来越好，人与自然的关系会越来越和谐。第二，从社会方面看，人类对资源和环境的影响都会随着经济发展由趋于恶化转向不断改善。这个假设可以采用库兹涅茨曲线分析方法进行实证研究。库兹涅茨曲线最初探讨的是收入分配与经济发展之间的关系。库兹涅茨利用许多国家的时间序列资料分析收入分配与经济发展之间的关系，得出的结论是，在发展的初期，收入分配趋于恶化，人与人之间的关系趋于紧张；随着经济的继续发展，这种趋势先得到遏制，尔后得以扭转，随着收入差异的不断缩小，人与人的关系会变得越来越和谐。人与人的关系越来越和谐的社会显然是可持续性趋于增强的社会。采用这个方法所做的实证研究结果表明，人口、污染总量和资源（土地、能源、淡水）需求量也会随着经济发展出现负增长，说明人口、环境、资源与经济发展的关系也具有这样的特征，即社会经济发展越过某个阶段以后，对资源、生态环境的压力会越来越小。第三，从公众意识看，实现企业最优解与社会最优解的统一，人的需求与自然需求的统一，自利和利他的统一，是能被普遍接受的理念。上述理念的实现可以从两方面入手，一是通过政府的法律、法规、政策和企业自律，使对应于社会最优解目标的可行域边界与对应于利润最大化目标的可行域边界相一致；二是利用利益相关者参与平台，廓清对应于社会最优解目标的可行域边界。随着经济发展和居民收入水平的不断提升，自然资源、生态资源的利用效率会越来越高，参与生态保护行动的人群会越来越大，可用于生态保护的资金投入会越来越多，人类社会必将逐步进入可持续性趋于增强的和谐社会形态。

（二）学科发展中的重大热点问题

1. 旨在实施可持续发展战略的制度研究

中国能否沿着经济与生态相协调的可持续发展道路前进，取决于实践而不是话语。然而，我们最大的问题就是说一套、做一套，说得多、做得少，甚至只说不做。例如，在许多地方政府和企业的报告中，都有协调经济与生态关系、实施可持续发展战略的话语，搞的却是以牺牲资源和环境为代价的政绩工程、形象工程。因此，要真正地、全面地实施可持续发展战略，还要做许多工作。其中较为重要的事宜是：在决策机制上要以核规制度替代核定制度，使所有不合乎有关法律、法规规定的决策都无法付诸实施，消除核定过程中的主观随意性，实现依法决策的目标；在考核机制上要以自下而上的方式替代自上而下的方式，实现民主监督的目标；在问责机制上，要以终身问责制和评审专家连带问责制替代首长问责制，以制止各种不负责任的行为，实现权责对称的目标；在评价机制上，要完善评价的标准和评价的指标体系，以制止各种钻评价盲区的空子的行为，确保制度面前的人人平等，实现科学评价的目标。

2. 区域层面上的生态省建设研究

近些年来，生态建设已列入各级政府工作的议事日程。1999 年 3 月以来，国家环保总局先后批准海南、吉林、黑龙江、福建、浙江、山东、安徽、广东 8 省为生态省建设试点。江苏、陕西等省也在开展生态省建设的试点工作。9 年来，我国生态省建设的发展势头良好，生态建设重点工程进展顺利，生态产业有了新的发展，生态环境保护取得新的进展。例如山东省，在 2001 年至 2010 年的 10 年时间里将投资 3600 亿元用于生态省建设。

生态省建设本着以人为本的宗旨，立足于区域内独特的资源优势和生态环境优势，以提高人民收入水平和生活质量为出发点，以生态环境现状调查为基础，以适用技术和高新技术为支撑，以制度创新和组织创新为动力，运用生态学与生态经济学原理，对核心产业、重点工程、结构调整和生态环境保护、恢复、建设进行统筹规划，形成经济布局合理、环境承载能力不断提高的产业体系，把生态优势转变为生产力，促进区域内的经济与生态的协调发展，逐渐走向生态文明。

各省的经验表明，生态省建设通常分为层次逐渐递进的三个阶段。其中，启动阶段（2001—2010）的目标是遏制生态环境恶化的趋势，初步形成生态产业的框架和生态建设的科技支持体系。推进阶段（2011—2020）的目标是经济与生态复合系统步入良性循环，资源利用和更新达到国内外先进水平，城市生态化进程明显加快，公众素质和生态意识明显提高。完善阶段（2021—2050）的目标是形成以高新技术和适用技术为支撑、以生态产业为主体的高效生态经济体系，实现生态与经济的协调发展，实现物质文明、精神文明、制度文明和生态文明。

3. 产业集群层面上的循环经济实践研究

中国提出的循环经济，是一种以资源的高效利用和循环利用为核心，以减量化，再利用，资源化为原则，以低消耗、低排放、高效率为基本特征，符合可持续发展理念的经济增长模式，是对大量生产、大量消费、大量废弃的传统增长模式的根本变革。强调的是以资源利用为核心，从产业而非主要从产品方面来实施循环经济，这是中国的理论与德国和日本等西方国家的理论的根本不同之处。

现在亟待要做的事情是，利用资源与产品相互派生、相互依存、相互支撑的关系和减量化、再利用、再循环三类途径，尽快完成从“资源—产品—废弃物”的开环流程到“资源—产品—资源”的闭环流程的转换，使最终排放的“废弃物”控制在环境自净能力的阈值之内，扭转稀缺资源难以为继、生态环境不堪重负的局面。具体地说，就是以企业为单元，推行清洁生产，建立“点”上的小循环；以行业或企业群为单元，延长产业链，建立“线”上的中循环；以产业群为单元，建立工业生态学意义上的共生互动的生态产业体系，建立“面”上的大循环，形成共生互动的生态产业体系。

为什么确立的目标不是零排放，而是将“废弃物”的排放量控制在环境自净能力的阈值内，主要出于两方面的考虑：第一，使环境所具有的自净能力得到较为充分的利用，第二，避免以损害人类自身的健康为代价的资源化。例如，地沟油、一次性医疗注射器、输液管等医疗垃圾的资源化，与我们倡导的循环经济是大相径庭的。

四 生态经济学进一步发展的趋势

在人类社会发展的历史进程中，最初出现的是农业经济形态，它是农业革命的产物；随着力学、物理学的发展，工业经济形态逐渐占据了主导地位，它是工业革命的产物。目前，生态经济能否成为人类社会中居于主导地位的经济形态，已成为人们关注的问题。关注该问题的理由是：第一，构建生态经济形态是实现社会可持续发展的迫切需要。在现实中，往往以有用的产品衡量生产效率，问题是被利用的资源只有一部分转化成有用的物品，其余则成为废弃物累积在生态系统中，威胁着经济社会的可持续发展。要解决这些问题，客观上需要构建生态经济形态。第二，构建生态经济形态具有客观可能性。20 世纪 60 年代以来，世界上的环境与发展政策已经提升了三次。第一次是基于政府主导的命令与控制方法，主要通过行政手段进行污染控制；第二次是基于市场的经济激励手段，强调企业在废弃物产生方面的源头作用；第三次是在进一步完善政府和企业职能的基础上，实现政府法律、企业自律和公众认同的他律的有机统一，其实质是实现公众监督下的生态文明。第三，构建生态经济形态正在得到全社会的支持。生态经济是 20 世纪 60 年代初期一些哲人提出的旨在摆脱现实社会面临的诸多困境的一种理念、一个目标和一条路径，现在已经上升为一种被越来越多的人所理解和接受理论体系；伴随着生态运动的全球化，追求生态环境与社会经济协调发展、人与自然和谐共处的生态经济形态，正在逐渐成为全人类的共识。伴随着实业家和政治家的介入，现实经济也在朝着生态经济形态的方向发展。

主要参考文献与学科年度重要文献

李周：《中国生态经济理论与实践的进展》，《江西社会科学》2008 年第 6 期。

钟方雷、徐中民、张志强：《生态经济学与传统经济学差异辨析》，《地球科学进展》第 23 卷 2008 年第 4 期。

沈满洪主编：《生态经济学》，中国环境科学出版社 2008 年版。

王书华：《区域生态经济——理论、方法与实践》，中国发展出版社 2008 年版。

李怀政：《生态经济学变迁及其理论演进述评》，《江汉论坛》2007 年第 2 期。

刘思华：《生态马克思主义经济学原理》，人民出版社 2006 年版。

唐建荣主编：《生态经济学》，化学工业出版社 2005 年版。

弗里德希·亨特布尔格等：《生态经济政策——在生态专制和环境灾难之间》，葛竞天等译，东北财经大学出版社 2005 年版。

Soderbaum, Peter, *Ecological Economics: A Political Economics Approach to Environment and Development*, Earthscan Publications, 2000.

（李 周）

中国经济学年鉴
2008
第三篇
论文荟萃

《从高速增长走向和谐发展的中国经济》

陈佳贵　黄群慧　张涛　著

《中国工业经济》2007 年第 6 期

14 千字

改革开放年以来，中国的经济“奇迹”为世人所瞩目。自 2001 年我国加入世贸组织以来，中国经济增长对世界经济增长的平均贡献率达到 13%，使中国经济成为全球经济的领跑者。在中国经济高速增长的同时也产生了许多方面的矛盾和冲突：收入差距、城乡差距、地区差距不断扩大，环境和资源对经济发展的制约日益严重，不断增长的劳动力就业需求与单位资本所提供的劳动就业量日趋减少的矛盾日益突出，腐败行为也在一定程度上对经济增长形成了阻碍。为此，有不少经济学家对中国“经济奇迹”的持久性表示怀疑。1997 年，诺贝尔经济学奖获得者劳伦斯·克莱茵问道：“中国经济在 19 年中的惊人表现还能再持续 10 年、20 年或 30 年吗?”在继续高增长 10 年后的今天，我们仍面临着对这个问题的回答，在未来 15 年甚至更长时间内，中国能否继续创造经济奇迹?该文试图回答这些问题。

该文将中国经济快速增长的影响因素归结为 7 个方面：工业化和城市化的快速推进为中国经济长期高速增长提供了充足动力；大众消费时代来临，消费需求成为支撑中国经济持续高速增长最稳定的因素；对外开放的深化，对中国经济具有重要推动作用；高储蓄为中国经济持续高速增长提供了充足的资金保证；丰富的劳动力供给和日益提高的劳动力素质成为中国经济持续高速增长的基本要素；技术进步是中国经济持续高速增长的重要因素；“中国模式”的经济体制改革成就了中国经济的奇迹。同时，该文认为中国经济发展面临着结构失衡的压力、来自分配差距扩大的压力、资源和环境方面的压力和人口快速老龄化的压力。该文认为，综观中国经济的全局，支撑中国经济快速增长的因素还没有改变，只要我们认真贯彻落实科学发展观，坚持以人为本，坚持全面协调和可持续发展，认真对待、妥善处理好发展中的各种矛盾和问题，在未来的 10—15 年时期里，中国经济继续保持在 7% 以上的增长速度是完全可以做到的。但是，从我们现在所处的发展阶段和面临的问题看，今后中国最为重要、最为迫切的是要在科学发展观的统领下保持和谐发展，更加重视协调发展，更加重视经济增长的质量和效益，更加重视结构优化，更加重视深层次的改革。

（黄群慧）

《气候变化挑战与中国经济低碳发展》

庄贵阳　著

《国际经济评论》2007 年第 9—10 期

7 千字

气候变化问题成为国际社会当前面临的最大挑战。未来 20 年是中国社会经济发展的重要机遇期，也是控制全球温室气体排放的关键时期。中国目前正处于资本密集型工业化和城市化阶段，大规模的能源基础设施建设，如果只是对常规技术的简单复制，一经投入，便有一个投资回报期技术和资金的锁定效应（Locked-in effect），将来大规模的二氧化碳排放不可避免。中国未来发展路径的选择，对国家、地区和全球能源利用和环境保护具有重要含义。

从全球层面来看，如果没有足够的政策干预，人均收入增长和人均排放之间的正相关关系将长期存在。必须通过适当的政策措施，才能打破这种联系。在“共同但有区别的责任”原则下，把气候政策与国家发展目标结合起来，在发展中寻求减排，走低碳经济发展道路，是中国应对气候变化挑战的必然选择。许多发展中国家都希望快速发展的中国能够探寻低碳经济发展之路。

低碳经济的实质是高能源效率和清洁能源结构问题，核心是能源技术创新和制度创新。向低碳经济转型已经成为世界经济发展的大趋势。低碳经济与目前国内落实科学发展观、建设资源节约型和环境友好型社会、转变经济增长方式的本质是一致的。减缓气候变化，在一定程度上可以保障我国能源供给安全，保护资源环境，促进经济“又好又快”发展。

中国“十一五”规划中提出控制温室气体排放，降低单位GDP能耗20%的目标就是一项重要的低碳经济发展行动。然而研究表明，由于中国正处于经济扩张期，即便实现能源强度下降20%的目标，也只能做到相对的低碳发展。全球向低碳经济转型的阶段性特征表明，在现阶段对发展中国家提出强制性减排要求是不合适的。但发展中国家也应该在力所能及的范围内，根据自身情况采取措施，为促进全球可持续发展作出积极贡献。

中国向低碳经济转型必须在后京都国际制度框架中统筹考虑。发展中国家能否利用后发优势在工业化进程中实现低碳经济发展，在很大程度上取决于资金和技术能力。虽然《联合国气候变化框架公约》规定发达国家有义务向发展中国家提供技术转让，然而实际进展与预期相去甚远，清洁发展机制（CDM）项目对发展中国家的技术转让也十分有限。因此未来国际气候制度的发展，非常有必要寻求通过制度化的手段，解决好知识产权保护和技术转让的关系问题。中国应该积极利用公约框架内外的各种途径促进发达国家向中国的技术转让。　（庄贵阳）

《减缓气候变化经济评估结论的科学争议与政治解读》

潘家华　孙翠华　孙国顺　著

《国际经济评论》2007 年第 9 期

7 千字

IPCC 第四次评估报告的第三工作组报告，主题是全球温室气体减排的经济问题。报告认为：未来温室气体排放取决于发展路径选择，现有各种技术手段和许多在 2030 年以前具有市场可行的低碳和减排技术，通过国际合作，可以较低的成本实现有效减排。特别是如果考虑到减排的经济潜力，不论是宏观经济分析还是部门技术经济分析评估报告所得出的结论表明，到 2030 年减排的经济潜力十分可观，成本并不高。若考虑节能及包括健康安全等社会收益，有 50 亿—70 亿吨 CO_2 - eq（二氧化碳当量）减排潜力的经济成本为负，即减排会带来社会收益。到 2030 年，使温室气体浓度稳定在 535—590ppm 的成本只造成当年 GDP 0.6% 的损失，几乎微不足道。《决策者摘要》（SPM）进一步表明，尽管有不确定性，但只要给碳一个大于零的价格，只要排放大国参与减排承诺，通过各种政策手段，完全可能将大气温室气体浓度控制在 550ppm 以下，而且还可促进可持续发展。

但是，在 IPCC 全会上各国代表对报告中信息的科学性和对减排前景的乐观预期提出了质疑，主要包括以下三个方面：（1）关于温室气体的历史与未来排放。发展中国家认为，报告似乎弱化发达国家的历史排放责任和当前提高人均排放责任，过分强调发展中国家参与减排承诺的责任；（2）由于SPM提出的较低减排经济成本与排放水平和事实不符，一些代表由此提出质疑，促使SPM对“减排的经济成本”的含义进行了明确的界定；（3）根据主报告的内容对SPM提出修改建议，并得以采纳。如列出全部六种排放情景有关的信息供人参考、对一些信息进行了可信度的修改、对超出IPCC职权范围的授权进行了调整。总体上说，这些质疑和建议是具有建设性作用的，有些虽有政治考虑因素，但从科学和技术的角度看还是合理的。但关于温室气体减排与低成本稳定较低水平大气温室气体浓度的乐观基调基本保留。

虽然各国代表赋予报告一定的政治影响，但经过各国专家代表质疑并修改后的SPM的内容，更具科学客观性。《决策者摘要》（SPM）的政府通过是对科学事实的政治解读。由于这些解读必须忠实于文献资料来源，政府解读又受到较大限制。因此，SPM的通过是政治谈判，但又是有限的政治谈判。作为发展中国家，应遵守“共同但有区别责任原则”，尊重科学事实，在国际合作中需要强调通过发展来实施减排，而不可简单承诺绝对的量化减排义务。（潘家华）

《动态购买力平价理论：概念、证据与运用》

郑超愚　朱南松　张瑶　著

《经济研究》2007年第6期

18千字

该文探索性地建立面向发展中国家的动态购买力平价（PPP）理论分析框架，通过模型化国民经济与国际经济的结构性因素，描述经济发展过程中实际汇率对传统PPP理论的系统偏离及其动态演化特征。论文依据国际横截面数据进行动态PPP理论的计量分析而取得其结构方程与可计算形式，进而情景预测2006—2010年间人民币实际汇率升值趋势，为人民币实际汇率调整以及相关政策目标提供数值参考。

一　主要研究内容

1. 动态PPP理论的概念框架：定义由开放部门与封闭部门组成而包括发达国家与发展中国家的国际经济体系，构造发展中国家实际汇率指数的完全参数化表达公式，进而解析其反应发展中国家市场化进程、开放化进程与（生产率进步）后发优势以及全球经济一体化进程的比较静态与动态性质。

2. 动态PPP理论的计量模型：基于世界银行世界发展指标（WDI）数据库的国际横截面数据，以人均国民收入与购买力平价人均国民收入比率度量实际汇率对传统PPP理论的相对偏离，计量检验动态PPP理论并且估计其结构方程，取得实际汇率指数依据动态PPP理论的复合自然增长模式。

3. 人民币汇率升值趋势的情景预测：同时核算实际汇率对传统PPP理论偏离的国际趋势以及人民币实际汇率对传统PPP理论偏离与国际偏离趋势的特殊差异，组合中国经济增长与人民币汇率均衡化的分布空间，情景预测2006—2010年间人民币实际汇率升值的年均速度与累计幅度。

二　理论创新与实际意义

1. 结构化与参数化的动态PPP理论：论文在借鉴现代PPP理论的长期视角研究成果基础上，拓展现代PPP理论而模型化国民经济与国际经济的结构性因素，初步建立面向发展中国家的动态PPP理论概念框架，能够描述实际汇率对传统PPP理论的系统偏离倾向及其在经济发展过程中的动态演化特征。

2. 动态 PPP 理论的可计算形式：基于经济发展、经济开放与国际经济自由化协同运动的历史经验，动态 PPP 理论简约发展中国家实际汇率指数的完全参数化表达公式，将其动态最终退化为在经济增长推动下趋近传统 PPP 理论的（非线性）连续升值过程，从而能够使用 WDI 数据库进行计量检验与估计而取得其可计算形式。

3. 实际汇率升值趋势的情景预测方法：动态 PPP 理论揭示人民币实际汇率升值的经济增长与汇率均衡化双重驱动力量，设计人民币实际汇率升值趋势的可行情景预测方法，主要通过界定经济增长与实际汇率均衡化调整的极端情形而刻画其空间分布，并且通过倾斜分配各极端情形的发生概率而析取其发生空间的重心。

4. CMAFM 模型的跟踪研究应用：在人民币升值趋势预测的基础上，动态 PPP 理论尝试给出中国需求管理中性取向的工资、价格与汇率的一致性动态调整政策目标算术，相关数值指标直接支持 2007 年与 2008 年中国人民大学中国宏观经济分析与预测中心中国宏观经济形势与政策研究项目。

（郑超愚）

《财政公共化变革：新公共管理的启迪》

张馨　著

《财政研究》2007 年第 4 期

12 千字

西方的“新公共管理”变革对我国深化财政改革的启迪主要有：

1. “顾客导向”：财政公共性的形象表述。社会公众作为纳税人，是享受政府服务作为回报的“顾客”或“客户”。公共财政就是一种具有“顾客导向”本性的制度。但我国的财政制度目前还不具备这一性质。为此，首先应解决财政制度的公共化根本转型问题。

2. “市场导向”：财政公共性的市场反照。它要求政府及其财政更多采用企业管理方法，更多运用市场竞争机制，以提高政府效率。我国市场化改革决定了财政改革必然包含这方面内容。这类改革取得了一定成效，但负作用也同样明显。我国财政的根本问题不是缺乏“市场导向”，而是应当完成财政制度的公共化变革任务。

3. “结果导向”：财政公共性的具体落实。对于政府考核，应从原来关注运作过程的控制与监督，转到更多或主要关注活动结果，以提高政府效率，压缩政府支出。我国一直存在的“只讲投入、不讲产出”的弊病，我国财政不能片面提倡“结果导向”原则，还必须加强财政活动过程的控制。

4. “多方参与”：财政公共性的辐射扩散。除了政府之外，非政府公共机构、企业和私人都应以适度方式参与进来，以竞争提高政府效率，压缩支出规模。我国这类机构还不具有独立地位，财政既难以公共化，事业管理体制改革也难以推开。为此，我国应当赋予非政府公共机构应有的独立性。

5. “财权下放”：财政公共性的多级分解。财政体制下放财权即“分权化”变革，我国也进行了分权性质的财政体制改革，财政体制的分权化实质是各级财政成为一级真正的财政，但我国的分税制缺乏这一基本点。

6. “契约合作”：财政公共性的市场运

用。这是除了加强宪法和其他法律的约束与规范外，各个政府更多使用合同协议方式，按市场方式处理相互间的协作配合问题。这点，是值得我国大力提倡和推行的。

7. “更小更好”：财政公共性的决定作用。其主要内容是压缩规模、精简机构、改善服务、控制支出、提高效率等。我国类似的政府及财政改革也在进行，但未解决根本问题，根源还在于财政是否公共化。

8. “化解危机”：财政公共性的减压机能。许多国家推行新公共管理的直接原因，就是危机的压力。我国也许还不能说财政危机、管理危机和信任危机已存在，但类似的现象和问题不容忽视。财政公共化对化解这些危机是必不可少的。

应进行新一轮财政制度公共化改革，进行制度的根本创新。（张　馨）

《中国公共财政建设指标体系：定位、思路及框架构建》

高培勇　著

《经济理论与经济管理》2007 年第 8 期

12 千字

该文将公共财政建设放在全面落实科学发展观的背景下加以重新定位。亟待向纵深挺进的中国公共财政建设进程，始终面临着如下两个方面的“瓶颈”制约：作为一种全新的制度安排，我们还不能完整而系统地描述公共财政的制度体系，我们还不能适时而动态地刻画公共财政的建设进程。

标识公共财政建设方向的“路线图”和刻画公共财政建设进程的“考评卷”需要借助一定的形式。该文认为，以制度设计为主要线索，运用综合评价技术，构建公共财政建设指标体系。该文提出了三大命题：第一，中国公共财政建设指标体系的构建，应当立足于中国的社会主义市场经济这一“非典型市场经济”背景，应当也必须是根植于中国国情，以海纳百川的气魄汲取一切人类社会文明成果并将两者有机融合的产物。第二，将公共财政的本质特征归纳为“公共性”。第三，中国公共财政建设指标体系的思想基础除了处于指导地位的马克思主义经济学之外，还包括福利经济学、制度经济学以及其他相关流派的观点和方法，还包括了中国财政经济学界 20 多年来围绕公共财政建设问题展开的探索。

该文认为，一个以公共性为基本线索的中国公共财政建设指标体系的总体框架是：“一条主线、三项职能、四个层面、十大指标”，即“1 + 3 + 4 + 10”体系。一条主线，即指中国公共财政建设指标体系是以公共性（满足社会公共需要）为灵魂并以此作为贯穿始终的基本线索。三项职能，即指中国公共财政建设指标体系是按照资源配置、收入分配和经济稳定三项职能作为基本定位。四个层面，即指中国公共财政指标体系覆盖了基础环境建设、制度框架建设、运行绩效建设和开放条件下的公共财政建设四个层面的内容。十大指标，即指中国公共财政建设指标体系由十大一级指标构成：政府干预度、非营利化、收支集中度、财政法治化、财政民主化、分权规范度、均等化、可持续性、绩效改善度和财政国际化。（杨志勇）

《财政学科建设刍议：结合中国现实的研究》

杨志勇　著

《财贸经济》2007 年第 12 期

10 千字

财政学是介于经济学、政治学、公共管理学、工商管理学等多个学科之间的一门学科。财政学科建设首先需要建立在准确界定财政学学科属性的基础之上。该文结合财政学教科书的演变对财政学学科属性进行了探讨。财政学科建设的当务之急是加强中国财政改革与发展现实的理论研究。该文还对“公共财政”提法的合理性进行了论证。

关于财政学的跨学科属性问题，该文认为：近年来，国内许多财政学教科书越来越多地受到英美财政学的影响，在框架上出现了一定程度的趋同。财政学的公共经济学化或财政经济学化的趋势越发明显。这种趋势反映了从经济学视角研究财政问题的深入。但是，与早期相比，财政学的纯粹经济学化忽略了财政学研究的多个视角。财政学不纯粹属于经济学的一个分支学科，应能综合运用多学科的研究方法进行研究。当前将财政学视为应用经济学的一个分支学科，显然不能充分地概括财政学的学科属性。该文认为，财政学与公共经济学存在交叉，但还包括了一些公共经济学所无法涵盖的内容，如财政管理学、财政社会学以及财税制度等。

该文认为，财政学科建设的当务之急是研究中国财政改革与发展的现实。有必要分阶段回顾 30 年财税改革历程，对历次改革的背景、推动改革的各种力量对比、改革的成就与教训进行总结与整理，如中国财政改革中的一些悖论的解释、财政支出改革问题研究、税制改革问题研究、国有经济改革问题研究、政府间财政关系问题研究、国有资源管理体系的变化研究和政府预算制度改革问题研究等。

该文还对中国财政改革中所提出的“公共财政”目标的合理性进行了论证。该文从“finance”和“public finance”的英文用法入手，指出在中文语境下，公共财政可以看作是“public finance”的直译，还可以视为中国财政改革的目标，可以看作财政的一种类型、一种模式，从而有其独立的存在空间。

（马　珺）

《跨国公司在华设立研发中心类型的决策模型》

崔新健　著

《经济管理》2007 年第 16 期

5.6 千字

跨国研发中心在华数量迅速增加，对中国经济和科技产生越来越重要的影响，跨国公司设立研发中心的类型直接影响其对我国的效应。跨国研发中心的分类一直是跨国化研发领域研究的热点，但是对决策模型的研究仍十分有限。本文基于 OL 理论与模型、已有实证分析和课题组对现状的调查，构建跨国公司在华设立研发中心的类型与动机、企业变量和区位变量之间的内在关系模式。

跨国公司在华设立研发中心的企业决定因素突出集中于：一是跨国公司的产业特点；二是跨国公司的规模；三是跨国公司的国际化程度。

影响跨国化研发投资的区位变量分为三类：一是基础性变量，这些变量包括东道国的国家创新体系、相关政策法规及激励、基础设施和文化距离，对于设立各种类型的跨国化研发机构都会产生重要影响；二是知识利用性变量，这些变量包括FDI规模、市场规模和市场结构，对基于生产和营销支持而设立适应性跨国化研发机构有更大的影响；三是知识生产性变量，这些变量包括东道国科技发展水平、科技人员资源（数量和质量）和知识产权保护，对设立创新性尤其是全球创新性研发机构产生更突出的影响。跨国公司在华设立研发中心的区位决定因素主要为基础决定因素和知识利用决定因素。

跨国公司在华设立研发中心类型的决策模型是一个动态的作用过程。设立的类型主要由其研发动机所决定，研发动机则是基于跨国公司的企业变量和中国的区位变量所形成的期望。跨国公司在华设立研发中心的类型是基于企业变量和区位变量，以及企业全球经营目标和FDI目标对二维变量的策略反应之间的连续的相互作用所渴望实现的跨国化研发动机或目标而决定的。

跨国公司在华设立研发中心的类型与动机对应主要类型为适应性研发。基础性变量和知识生产性变量的相对滞后影响了跨国公司在华设立全球创新性研发中心。为了吸收更多的全球性研发中心，以提高中国相应的产业研发和技术水平，就必须致力于改善区位基础性变量和知识生产性变量。在创建创新型国家的战略下，随着中国经济的持续增长和国家创新体系的不断完善，跨国公司在华设立的全球创新性研发中心所占比重会持续增加。

该文研究不仅有助于认识跨国公司设立跨国研发中心类型的决策影响变量和机制，以便采取相应举措实现我国吸引外资的目标；而且可有效阐释跨国公司在华设立研发中心类型的变化轨迹及其特点，同时也有助于预测跨国研发中心类型的变化趋势。

（崔新健）

《基于GCAPM的羊群行为检验方法及中国股市中的实证研究》

董志勇　韩旭　著

《金融研究》2007年第5期

12千字

该文回顾了检验羊群行为的实证模型，以一般化的资本资产定价模型为基础，指出已有的模型不能有效侦测投资者对于某一特定资产组合是否存在羊群行为的缺陷，然后根据GCAPM提出了一个新的测度羊群行为的模型，并得出了不同于传统CAPM的结论：如果投资者对某一资产组合存在羊群行为，那么该组合的预期收益率将与市场上的平均预期收益率呈现非线性关系。该文以中国深沪两市的主要板块作为研究对象进行了实证分析。结果发现，对于深沪两市被检验的25个资产组合中，有17个存在显著的羊群行为。这一结论一方面反映了国内投资者的投资行为呈现出一定的非理性特征，另一方面则显示出国内资本市场中信息有效性较低，导致资产组合的价格偏离了传统CAPM中预测的均衡水平，从而降低了资本市场调节资源配置的效率。所以，相关监管部门应该在一定程度上重视提高市场中信息有效性，保证信息能准确而有效地扩散使股票价格回到更有效的均衡水平上，从而提高资本市场的运行效率。通过利用国内深沪两市的板块数据，该文发现两大市场中有相当比例的资产组合存在着显著的羊群行为。

（董志勇　韩旭）

《服务密度的地区差异及其影响因素的分析——以中国地级及地级以上城市和省际数据为例》

李蕊　荆林波　著

《财贸经济》2007 年第 6 期

13.6 千字

该文以服务密度这一指标来描述并比较不同地区服务业的发展水平，服务密度以某地区的服务业增加值与该地区的面积之比表示，即单位面积的服务业增加值。该文分别以我国现有的 287 个地级及地级以上城市和 31 个省（直辖市）为研究对象，比较不同地区的服务密度，分析影响不同地区的服务密度的因素，以期为各地提高服务业发展水平提供合理的政策建议。

实证分析的结果表明，总体而言，一个地区的人均 GDP、人口密度与当地的服务业发展水平之间存在显著的正相关关系，一个地区的人口总量和城市化水平对当地的服务业发展水平的影响并不显著，服务业增加值占 GDP 的比重与服务密度之间呈现微弱的正相关关系，服务业就业占总就业的比重与服务密度之间几乎不存在线性关系。其中，人口总量、城市化水平、服务业增加值占 GDP 的比重、服务业就业占总就业的比重对服务密度的影响呈现阶段性、区间性的特征。

因此，各地区如果要提高本地区以服务密度表示的服务业发展水平，可以分别从以下几个方面入手：促进当地的经济发展，提高经济总量对于提高本地区以服务密度表示的服务业发展水平至关重要，在人口总量短期内不会有显著提升的情况下，经济总量的上升意味着人均 GDP 的相应上升，服务密度也相应上升；提高一些城市的人口密度，形成合理的人口空间分布格局，在资源环境承载能力强、聚集经济和人口条件好的地区发展若干新的城市群，在资源环境承载能力较弱、聚集经济和人口条件不够好的地区重点发展现有的城市，不可以盲目地单纯扩大规模；促进服务业的产业结构优化升级，提高服务业增加值占当地 GDP 的比重，服务业的发展重点应在巩固和提高商贸流通业、交通运输业、金融业、房地产业等传统服务业的基础上，培育新的增长点，着力发展旅游业、社区服务业、信息服务业、文化、社会保障等新兴服务业；优化服务业内部的就业结构，提高服务业就业占总就业的比重，应大力发展适应新兴服务需求的知识密集型服务业的就业，优化服务业内部的就业结构，改善传统服务业就业为主、知识密集型服务业就业比重偏低的局面。　　（孔繁来）

《完善中小企业创业创新政策的战略思考》

辜胜阻　肖鼎光　著

《经济管理》2007 年第 7 期

8.1 千字

中小企业已经成为我国国民经济中最具活力的组成部分。我国现有广义的中小企业数已达 4200 多万家，占全国企业总数的 99.8%。中小企业创造的最终产品与服务价值占全国的 58%、出口总额占 68%、上缴税收占 50%，提供了城镇 75% 以上的就业机会。在创业创新方面，中小企业更发挥着十分重要的作用，其发明专利占全国的 60% 以上、研发新产品超过 80%。

我国中小企业的创业创新活动表现出以下六个特点：一是创业模式正从“生存型”创业向“机会型”创业转变。我国“生存型”创业比重由 21 世纪初的 60% 以上下降到40%以下，而机会型创业约上升到60%。二是以基层群体实施的“草根”微型创业为主。三是“家族”企业是创业的主要组织形式。四是创业水平相对较低。我国每千人所拥有的中小企业数为32.7，不到美国的1/3。五是政府对科技人员的创新创业特别重视。我国政府建立了53个国家级高新区，出台了一系列支持科技创业和创新的政策。六是大量中小企业在融资时不仅受到“重大轻小”的“规模歧视”，还受到“重公轻私”的“所有制歧视”。

在作出巨大经济贡献的同时，我国中小企业的创业与创新发展也面临着一些亟待解决的问题，主要是创业创新融资难，融资缺口大；有效规避技术创新风险的机制不健全；技术基础薄弱，创新人才短缺；支持中小企业创业创新的社会化服务体系还不完善；政策扶持力度不够，竞争环境有待优化；创业成本较高，创业环境不宽松等。

当前，我国政府虽然在财政扶持、金融支持、税收激励、创新集群战略、科技创业孵化、创新中介服务等方面对创新型中小企业采取了一些支持政策，但针对我国中小企业创业创新所遇到的问题，我们认为有必要在以下五个方面进一步完善中小企业创业创新扶持政策。第一，要建立面向中小企业的政策性金融机构，发展社区银行，完善金融服务，提高中小企业创业创新的外源性融资水平；第二，要大力发展风险投资事业，积极构建多层次的资本市场，拓展中小企业的股权融资渠道；第三，要加强中小企业共性技术支撑服务平台建设，推进中小企业的产学研合作，完善中小企业技术创新的社会服务体系，强化行业协会等中介组织在中小企业技术创新中的作用；第四，要推进家族企业治理机制转型，提高“家人”与“外人”的互信度，引进和凝聚创新，同时努力培育创业创新文化，提升中小企业在创业创新方面的“软实力”；第五，要着力推进产业集群建设，进一步提升各类开发区的产业层次，提高中小企业在创业创新方面的群体竞争力。

（辜胜阻　肖鼎光）

《关于在财务会计中采用公允价值的探讨》

葛家澍　著

《会计研究》2007 年第 11 期

7.6 千字

该文首先对公允价值的发展进行了系统的阐述，发掘了国外经典文献如 ARS No. 1、No. 3 中初露端倪的公允价值的思想和论述。其次，该文立足于国际会计准则理事会（IASB）、美国会计准则委员会（FASB）和我国企业会计准则中关于公允价值概念的定义的比较，对公允价值概念的内涵进行了系统的探讨，并深度剖析了 FASB 关于公允价值的表述，比较了 IASB 和 FASB 定义的区别。在此基础上，该文探讨了公允价值自身的特点及其局限性，列举了公允价值应用的条件。

该文的创新性观点包括：

1. 提出了公允价值的应用需要四项条件：第一，资产和负债存在活跃的交易市场；第二，存在同类或相似资产活跃的市场；第三，提高财会人员的整体素质、估价和判断水平；第四，大力提高注册会计师的素质和独立性。

2. 对公允价值的特点进行了系统的概括，包括：第一，以市场而非特定的主体为计量基础；第二，以基于确定承诺的设想交易而非现实的交易为基础；第三，计量日并非交易日，而是确定承诺和清算交割期以前的每个报告日；第四，由于公允价值主要参照市场的估计价格，所以能够反映市场的风险和不确定性。

3. 对 IASB 和 FASB 关于公允价值的概念进行了系统的比较，指出了五点差异：第一，FASB 的公允价值指脱手价格，而 IASB 的公允价值既非脱手价格也非入账价格；第二，IASB 称负债的公允价值是清偿一项负债的支付价格，而 FASB 指转移一项负债应付的价格；第三，IASB 要求市场的参与者是熟悉情况的双方，FASB 则只用市场参与者来概括；第四，FASB 指出计量日并不存在真实的交易而只是设想的交易；第五，FASB 明确提出公允价值计量的目标是确定资产销售或负债转移的脱手价格，与 IASB 并不一致。

4. 对国外经典文献关于公允价值的观点进行了系统概括，认为 Monitz 在 ARS No. 1 中的市场价格概念基本与目前公允价值的概念一脉相承，且具有一定的继承性。

（葛家澍）

《建立可持续性发展的农村普惠性金融体系》

杜晓山　著

《金融与经济》2007 年第 2 期

5 千字

农村金融体系应该是适应和满足农村多层次金融需求、功能完备、分工合理、产权明晰、管理科学、监管有效、竞争适度、优势互补、可持续发展的普惠性的完整金融体系。农村金融的改革和发展应该与整个目标要求相统一。银监会日前颁布的政策对实现这个目标有很大的帮助。该文就相关问题提出一些观点。

首先，普惠性金融体系的含义。普惠性金融体系的理念是满足所有需要金融服务的人，无论什么地区的人，也无论穷人和富人，所有有金融服务需求的人都可以平等享受金融服务。普惠金融体系的实质是信贷的机会公平、金融融资享用权的公平。弱势客户应该和其他人一样得到共同的、公平的金融服务权利。

其次，农村金融目前存在的一些问题。一是金融网点覆盖率低，甚至有大量空白。二是农村人口尤其是中西部地区弱势群体的金融需求得不到满足，供给远远不能满足需求。三是农村尤其是中西部地区的农村，金融领域的竞争极度弱化。从金融业的角度说，金融服务有银行、证券、保险，也包括期货、租赁等，这些金融供给各自占金融供给总量的份额是失调的；从银行内部来讲，有政策性、商业性、合作性机构，它们之间也不协调，或者是功能不完善和错位。也就是说，整个金融机构和市场的结构是不平衡的。

最后，体制内和体制外关系问题。即正规金融体制和体制外非正规金融体制，后者也包括那些只放贷不吸储的小额信贷。中央明确提出应该探索农村资金互助组织，还应该引导规范民间金融，遏制民间高利贷。目前，农村信贷机构还存在管理上的问题，资产质量不高，资金充足率不足，操作风险、信用风险都比较高。因此，在农村存在贷款难、难贷款的两难问题。

就小额信贷，该文认为，中西部一些地区既有农村信用社，又有小额信贷机构，实践证明，它们之间不是恶性竞争，而是互补。它们各自都有自己的市场，因为农村的市场是可以细分的。

在中国现有的小额信贷机构中，有100多个既属于公益性即扶贫的，又追求可持续发展的小额信贷机构。它们存在了十多年，帮助了很多弱势群体，没有发生违规行为，但是，它们仍然面临地位不合法的问题，没有融资渠道，机构做不大。为什么不能有一个有效的政策和制度安排来使所有符合条件的机构都得到支持？中央银行开展的5个省7个公司的试点，也需要中央有关部门之间更好地协调与配合，有整体性的考虑。

（刘燕生）

《商业模式体系重构》

原磊 著

《中国工业经济》2007年第6期

15千字

商业模式从根本上讲是企业价值创造的逻辑。基于此种认识，笔者提出了商业模式的“3—4—8”的构成体系。其中：“3”代表联系界面，包括顾客价值、伙伴价值、企业价值；“4”代表构成单元，包括价值主张、价值网络、价值维护、价值实现；“8”代表组成因素，包括目标顾客、价值内容、网络形态、业务定位、伙伴关系、隔绝机制、收入模式、成本管理。“3—4—8”构成体系实质是一种从“远—中—近”三个层次对商业模式进行全面考察的立体架构。

为提高“3—4—8”商业模式构成体系的实用性，笔者引入了模块化思想，将其分为功能模块、结构模块、单元模块三个层次的价值模块和结构性界面规则、功能性界面规则两种类型的界面规则。商业模式变革可以遵循的三种基本路径：基于价值模块的商业模式变革路径、基于界面规则的商业模式变革路径、基于二者混合的商业模式变革路径。如果用一个函数表示商业模式，那么：基于价值子模块的变革路径的商业模式变革相当于在不改变商业模式函数关系的条件下改变函数的自变量，从而实现在同一曲线上追求最优化；基于界面规则的商业模式变革相当于改变商业模式函数关系，从而从原有函数曲线上移动到新函数曲线上；基于二者混合的商业模式变革相当于同时改变原有的商业模式函数关系和函数的自变量，从而从一个较低位置的曲线上升到一个较高位置的曲线，并且在较高位置曲线上追求最优化。

在三种基本路径的基础上，商业模式变革可以进一步分为四种类型：完善型商业模式变革、调整型商业模式变革、改变型商业模式变革、重构型商业模式变革。完善型商业模式变革没有改变商业模式的核心逻辑，而是通过发掘现有商业模式的潜力，实现最大化赢利，因此，一般更适合于相对稳定的经营环境，并且更多发生于产业的成熟期和衰退期。调整型商业模式变革改变了商业模式的核心逻辑，但改变的幅度不大，基本上是属于对原有核心逻辑的完善和发展，因此，更适合于具有一定动态性但变动不是很剧烈的经营环境，并且更多发生于产业的成长期和成熟期。改变型商业模式变革虽然改变商业模式的核心逻辑的某些关键部分，但是同时也保留了原有核心逻辑的其他部分，能够发挥替代经济的作用，因此，一般更适用于变动较为剧烈的经营环境，并且更多发生于产业的初创期和成长期。重构型商业模式变革要对原有商业模式核心逻辑进行彻底的颠覆，因此，一般更适用于激烈动荡、非线性变化的经营环境，并且更多发生于产业的衰退期和初创期。

（原　磊）

《金融控制政策下的金融发展与经济增长》

王晋斌　著

《经济研究》2007 年第 10 期

15 千字

在过去的几十年中，金融发展与经济增长之间的关系备受人们关注，其结论充满争议。归纳起来，金融发展与经济增长关系迄今为止的研究大概有三种观点：第一种观点认为，金融发展能够有效促进经济增长；第二种观点认为金融发展对于经济增长来说是不重要的，金融的发展只是被动地对经济发展做出反应；第三种观点认为金融发展与经济增长之间的关系可能是双向互动的，且在不同制度背景下可能会表现出不同的结果。金融发展可能促进经济增长，而经济增长也可能促进金融发展。该文主要是检测金融控制政策强弱条件下的中国金融发展（银行中介发展）与经济增长之间的关系，即讨论中国金融制度背景下的金融发展能否促进经济增长。目标在于验证两个假说：假说 1：对于金融控制强的区域，金融发展不是经济增长的解释因素；假说 2：相对于金融控制强的区域，中国金融控制弱的区域的金融发展对经济增长的解释作用可能是中性的。因为即使是金融控制弱的区域，仍存在一定程度的金融控制和资金分割，这会导致资金配置的低效率；同时由于这些区域存在相当程度的市场配置金融资源的方式，按照既有的大多数经验研究可以得出这样的资源配置方式是有利于经济增长的。因此，在总体水平上给出了假说 2。

使用 1978—2002 年期间的面板数据，作者首先划分了金融控制程度强弱的不同区域，然后采用动态的 GMM 方法对不同金融控制程度的区域分别进行计量检验，得出了不同金融控制强度下金融发展与经济增长之间存在不同的关系：在金融控制强的区域，金融发展对经济增长之间没有显著的促进作用，金融发展不是经济增长的解释因素，而是一种负面的作用；在金融控制弱的区域，金融发展与经济增长之间可能表现出一种“中性”的作用。这些结论隐含表明了降低金融控制程度能够降低金融发展对经济增长的负面影响。这一结论的意义还在于给出了在研究中国金融发展与经济增长关系时，注意金融控制政策导致不同区域市场分割程度的不同以及由此导致的资源配置效率的不同是至关重要的，仅从整体上得出中国的金融发展对经济增长是负面作用结论的经验研究就忽视了中国的金融政策导致的金融发展与经济增长之间关系的区域性特征。（王晋斌）

《金融发展与经济增长：从动员到配置》

刘霞辉　张磊　张平　王宏淼　著

《经济研究》2007 年第 4 期

16 千字

该文基于经济增长的角度，分析中国特殊的金融安排如何促进经济增长，其约束条件怎样，今后的发展方向是什么。文章的结论是，在经济发展的一定阶段，中国特殊的金融安排（通过金融扭曲实现）有其内在合理性。通过宽松的货币政策，以及存款、银行免于破产的国家隐性担保，通过全民储蓄的动员机制进行信用扩张（本报告称其为动员性金融），激励了国内产出规模的扩大，保持经济高速增长，使国家迅速摆脱所谓“贫困陷阱”的约束。同时，基于资本管制的固定汇率制有效形成了银行信用扩张的约束条件，获得了通货膨胀控制机制。特别是自1994年人民币大幅度贬值和外汇管理体制改革后，货币扩张激励下的大量产能向外出口，有效缓解了通货膨胀控制难题。但这种特殊的金融安排，也会恶化金融环境，在逆向选择和道德风险机制的作用下出现坏账等问题，为此付出银行不良信贷资产不断累积和宏观经济潜在不稳定的成本。特别是在开放经济条件下，可能放大外部冲击效应，从而影响中国经济的长期增长。所以，动员性金融不应是中国未来可长期实行的政策。在市场不断完善和更加开放的条件下，应逐步消除中国动员性金融导致的过度规模扩张效应，同时要逐步卸掉M2/GDP高比例的潜在通胀风险，促进金融市场机制更好地发挥作用，使未来中国经济增长更稳定。

（经　科）

《良性互动与恶性循环——关于中国城乡关系历史变动的一点思考》

林刚　著

《中国乡村研究》第五辑，福建教育出版社2007年版

36千字

对任何国家而言，保障该国人民的基本生存条件即解决好吃饭和就业问题，应是第一位的经济目标，无论生产方式的“现代化”程度到达何种水平，都不能脱离这个基础。中国的特点是人口众多；人均资源和生存资料相对紧张；同时“走向世界”、利用国际资源发展经济的条件又相当不利。这个基本国情在中国统一为一个国家整体后，历经两千多年至今，仍未发生根本变化。这使得中国经济的长期运行具有鲜明的“中国特色”：至少直至目前，它只能主要依赖国内资源，立足于国内力量来解决“国民”的吃饭和工作（就业）问题，即中国不能依赖从国外进口粮食满足数量庞大人口的基本生存，也不能依靠向国外大规模出口劳动力来解决人口的谋生即就业问题。这是中国从历史至今都必须处理好工农—城乡关系的根本原因。

中国近代历史上，城乡关系出现了工农城乡关系良性互动与恶性循环这两种趋势。良性互动关系是指：新型工业部门与传统产业部门——农业与农村手工业——之间，在原料、市场、生产组织和技术关联等方面，存在着相互促进、相互补充的经济关系，其后果是既有利于新式工业的发展，也有利于农民生计和农村的发展。棉纺工业与农民家庭手工织布业的相互关系是良性互动的典型。前者是中国近代主要支柱工业。轻纺工业的发展又直接推动了民用重工业部门——机械制造业的形成，由此形成了中国现代经济的初期基础。但近代中国的市场机制，只能使某些企业、行业从自己的直接利益出发去帮助农村经济，却不可能去帮助与己无关的全国农村地区。在整体上，经常出现双方互损的恶性循环。新中国建立初期，不能不将建设重点放在重工军工方面，这确实为新中国的工业发展作出了重要贡献，但也存在诸多矛盾。20世纪80年代改革开放以来，曾有一段时期是新中国成立以来工农城乡关系发展最好时期。但“三农问题”很快出现。三农问题的根源之一，是以牺牲三农利益发展城市和工业，这与片面强调城市化为现代化唯一途径的理论误导分不开。

回顾中国近代以来的工农城乡之间的关系，似可归纳出三条向现代化努力的道路。第一条：走西方老牌资本主义国家道路，以

单纯发展城市工业和商业带动传统农业步入现代化。第二条：剥夺农业农民来发展现代化。第三条：工农业互动，首先是工业支持农业，共同发展。在解决好农业、吃饭、农村经济发展的基础上，也就为工业发展、城市发展和全国性就业（包括农村就业）创造了条件。该文发现，以上三条道路中，只有第三条道路是正确的。单方面强调工业的反哺或许也不能根本解决问题，中国的现代化，在相当长时期中，只能在“城市化和工业化难以吸收完大量农村剩余劳动力”的前提下进行。也正是在这个前提下，解决中国三农问题才具有真正的战略意义。需要在指导思想上，破除农业和农户经济是一种落后的最终被取代的“现代化”观念，需要在实践中形成工农业利益互补互动的产业结构和发展战略。（林　刚）

《跨国公司并购中国装备制造业企业的公共政策选择》

王钦　著

《北京师范大学学报（社会科学版）》2007年第1期

18千字

近期，跨国公司并购中国装备制造业骨干企业的活动明显增多。西门子收购锦西化机，英国伯顿间接收购大连电机、增资收购大连二机，德国FAG公司增资控股西北轴承，约翰迪尔增资收购佳木斯联合收割机厂，等等。根据1995—2005年跨国公司并购中国装备制造业企业活动的分析，现阶段跨国公司并购中国装备制造业企业表现出以下六个方面的新动向。从并购所处的阶段来看，跨国公司并购中国装备制造业企业正由萌芽阶段过渡到快速发展阶段；从对公司控制权的要求上看，跨国公司对控制权的要求更加强烈，独资化的倾向非常明显；从并购的参与者来看，主体多为相关行业的世界领导者，而并购客体多为骨干企业和行业排头兵；从并购的方式来看，多采用合资并购、增资并购、定向增发式并购和重组式并购；从并购活动之间的关系看，并购的系统性增强，行业整合的目的非常明显；从并购行为过程来看，并购活动中“非市场化”、“政治经营”的色彩浓厚。

该文针对跨国公司并购中国装备制造业企业表现出来的新动向，重点对跨国公司并购中国装备制造业企业的动因和效应进行了分析。基于此，该文从产业政策、竞争政策和并购监管三个层面提出了相关的政策建议。

对于跨国公司并购中国装备工业骨干企业动因的分析，该文采取了跨国公司在华战略选择内在一致性的分析框架。即跨国公司战略目标决定了跨国公司全球战略变革，在全球战略的统一部署下跨国公司将进行在华战略调整，而此时并购行为与跨国公司战略选择具有高度的一致性，最终表现为跨国并购行为的发生。具体而言，跨国公司并购的动因来源于三个方面：全球战略协同的驱动、市场竞争优势的驱动、技术溢价的驱动。

该文指出跨国公司在华并购活动通常会产生正负两方面的效应。就正面效应而言，通常表现为有利于促进企业产权多元化，优化治理结构；有利于引入竞争机制；有利于先进技术和管理经验的转移；有利于加强对经营者的激励约束，等等。但从目前中国装备工业企业的现实出发，从目前国内跨国并购市场的“非正常”环境因素出发，跨国公司并购活动所产生的负面影响更应该引起大家的注意，例如，跨国公司并购所产生的

"挤出效应"、"虚入效应" 和 "扩散效应"。

针对跨国公司并购动因和效应的分析，论文提出了三方面对策：一是在产业政策上，明确中国装备工业发展"以需求为导向的技术赶超战略"，创造有利于本土企业成长的技术创新环境；二是在竞争政策导向上，实现从控制外资向控制竞争的转变；三是在并购监管上，按照分类指导的原则，对进入行业进行限制。（王 钦）

《资本充足率与最优货币政策》

李连发 著

《金融研究》2007 年第 10 期

8 千字

在包括中国在内的许多国家，中央银行和银行监管机构的功能发生专业化分工和分离的趋势。如何理解央行和银监当局之间的功能分工和政策之间可能的矛盾性和协调性，既是具有理论意义，更是具有实践指导意义的重大问题。Blum—Hellwig（1995）最先指出货币政策和资本充足监管之间可能会发生冲突，他们研究了资本充足监管对经济周期的负面影响：当经济处于下降周期之中，资本充足监管的实施通过银行信贷收缩进一步降低经济活动水平（"顺周期效应"）。他们的研究仅仅考虑了中央银行面对资本充足率的顺周期效应不做任何相应调整的情况。从国内外既有的研究文献来看，鲜见考虑中央银行面对上述顺周期效做出积极调整的理论与实证研究。

该文从央行的通货膨胀管理职能和银监会的银行资本充足率管理功能出发，通过细化银行部门和信贷市场扩展了 Bernanke—Blinder（1988）所使用的宏观经济模型，考虑了银行资本充足状况对信贷进而对宏观经济的影响；同时，通过建立利率与银行资产负债之间的关系，分析了最优货币政策与银行资本充足状况的关系。为了更好地实现价格稳定的调控目标，中央银行应该将基准利率设定在对实现价格稳定最有利的水平，中央银行需要关注银行资本充足监管对经济周期的影响。货币政策根据银行资本充足状况进行适度调整，不仅可抵消资本充足监管带来的"顺周期效应"，而且可以显著地降低经济波动和通胀水平。作者论证了最优的货币政策规则根据银行系统资本充足状况的不同而不同。在通常情况下，面对一个资本不足的银行体系，央行要对外部扰动做出更强的反应。只有这样，货币政策才可中和资本充足监管带来的顺周期效应。最优的货币政策一方面抵消了外部扰动的影响，一方面完全中和了资本充足率对均衡产出和通货膨胀水平的影响。

该文在一个稳定的经济周期模型框架内展开分析，为进一步分析复杂经济波动环境下的资本充足监管和货币政策的矛盾性和协调性做了一些初步的探索。鉴于经济周期不稳定或者不可预测条件下的政策问题具有现实意义，对这种宏观经济背景下如何协调货币政策和资产充足监管进行深入研究十分有意义。（李连发）

《两岸农业合作的目标和机制》

李周 著

《中国农业大学学报》2007 年第 2 期

7 千字

该文认为，两岸农业在资金、技术、劳动力、自然资源、管理经验等方面高度互补，开展合作，有助于实现生产要素的优化组合，有助于农业比较优势的发挥，有助于提高两岸农产品的国际竞争力。20世纪80年代以来，两岸农业交往越来越多，但农产品贸易的规模还不够大，两岸农民在相互经贸往来中的获利还很有限，两岸农业合作的潜力还亟待进一步开发。随着农业合作气氛越来越浓，合作形式越来越多，合作领域越来越宽，合作范围越来越大，合作层次越来越深，两岸农业合作的前景会越来越好。

两岸农业合作的初级目标是相互帮助，互利、互惠。大陆要对台湾具有竞争优势的农产品实施开放政策，台湾要对大陆具有竞争优势的农产品实施开放政策。中级目标是公平竞争，各自发展。两岸农业的竞争，包括大陆农产品与台湾农产品的竞争、台资企业农产品与台湾岛内农产品的竞争，以及台资企业农产品与大陆本土农产品的竞争。只有开展充分竞争，才会形成技术创新、制度创新和组织创新的激励，才会形成充分发挥比较优势的激励，才会形成各自都把自己做强、共同把蛋糕做大的激励。高级目标是更加有效地整合两岸农业比较优势，共同打造一个强势的农业主体，共同提高优势农产品的国际竞争力，共同“挣世界的钱”。

为了做好合作，双方必须要有共同确认的协调机制，使两岸农业合作框架具有基本完整、不断充实和不断改进三个特征。为了有效地推进两岸农产品与服务贸易的自由化，有效地应对可能发生的各种变化，有效地实现农业合作的双赢，两岸要共同制订农业合作的近期、中期与长期规划，确立定期与不定期相结合的协调机制，在农业资源共同保护与开发规则、农产品贸易纠纷处理程序、农产品外销合作等方面尽快地达成协议。

为了适应加入世界贸易组织后的新规则和新环境，两岸农业都要推进农产品贸易自由化，使农业结构与资源禀赋相适应，使农业具有市场竞争力，使市场充分发挥配置资源的基础作用。此外，两岸都要以平等、平和、平静的心态来对待农业合作，把得到什么和贡献什么有机地结合起来，把促进各自的短期发展和实现中华民族伟大复兴有机地结合起来。（刘燕生）

《未来企业的组织边界会消失吗?》

林志扬　林泉　著

《经济管理》2007年第3期

9.2千字

组织边界包括把组织与组织从空间上分割开的物理边界；决定组织如何与外部环境进行各种要素交换的管理边界，如制度、标准、程序、方法等；以及反映组织成员对自己所处组织的归属与认可程度的社会边界。组织边界的形成，它起到对内维持秩序、对外发挥保护的作用。但组织边界的形成是一把“双刃剑”，它在给组织成员一个相对稳定的活动空间的同时，又会限制了组织成员活动的自由，从而影响了组织的有效发展。组织边界如一堵会渗透的墙，它使组织既能与外部进行各种要素的交换，同时又能圈起一个“我们自己”的共同领地。

经济发展的全球化与一体化使得很多管理者认为组织边界的存在是妨碍组织发展的一种障碍和桎梏。他们认为组织内部由等级、头衔等形成的垂直边界造成了组织内部的官僚主义作风，造成了企业内部的办事效率低下。而由不同职能活动或业务单元形成的水平边界则割断了组织内部各部门之间的横向联系，造成企业内部的信息沟通不畅。而组织之间的外部边界的存在，把企业与供应商、经销商分裂成不同的利益主体，使他们之间的目标无法达成一致。因此，人们提出要建立“无边界组织”。

从大量的组织结构变革的实践看，未来企业的组织边界并没有被消除。从企业内部来看，由于团队的形成，消除或改变了原来存在的管理边界和社会边界。但由于团队的建立与形成，又会在团队与团队之间形成新的组织边界。从企业的外部组织边界看，组织边界也并没有消失，虚拟生产方式的采用使原来统一的、明确的物理边界变成了多个独立的、动态变化的物理边界。原来统一的、以行政手段为特征的管理边界被渗进了市场机制与心理契约，它们共同发挥着作用来处理虚拟企业的组织者与参与者之间各种要素的交换关系。在社会边界方面，人们不一定会强调忠诚于某个企业组织，未来的企业组织不再是对某个组织的认同。取而代之的是相互之间的信任与合作的态度。而这种信任与不信任、合作与不合作之间也就形成了新的社会边界。

组织边界是一种客观存在，过去的企业存在着组织边界，未来企业的组织边界也不会消失，但是会发生变化。组织边界是一种人为的结果。既然是一堵墙，就是可以垒砌起来的。但问题在于应如何垒这堵墙？如何才能使这堵墙既能堵又能疏？这就是人们必须要思考的问题。（林志扬　林泉）

《供给管理与我国现阶段的宏观调控》

刘伟　苏剑　著
《经济研究》2007 年 2 期
17 千字

我国经济已接近中等收入发展中国家的水平，同时仍然处于转轨过程之中，这使我国宏观经济失衡产生了一系列特殊性，比如投资增长过快，消费增长乏力；物价水平低，通货膨胀预期高；经济增长速度显著回升，但失业率继续攀升；经济增长势头强劲，但产能过剩矛盾尖锐；经济开放度超常提高，但内需不足日益加剧等。

这些特殊性又使得从需求管理入手的宏观经济政策产生了若干局限性：需求政策的总量效应降低；货币政策与财政政策的同步性降低，甚至互相抵消；中央政府与地方政府的宏观调控行为产生了周期性差异，使得政府的总量需求管理政策的效果受到深刻影响。随着需求管理政策的局限性越来越明显，就需要加强供给管理政策在调节短期经济波动方面的应用。

供给管理政策之所以能够对经济进行短期调节，就在于它能够改变包括企业和劳动者在内的生产者所面临的激励。一个经济的可用资源在短期内可能无法发生变化，但生产者的激励却是可以随时变化的。因此，调节生产者面临的激励是短期供给管理的核心。

与需求管理政策一样，供给管理政策也包括货币政策和财政政策。货币政策之所以具有总供给效应，因为货币政策的主要目的是调节利率，而利率是资本的价格，因此，利率同时也影响资本的使用成本，从而影响总供给。

针对生产者的财政政策能够影响企业的生产成本和税后收入，因此就能够调节生产者的激励，从而调节总供给。作为供给管理的财政政策工具有税收政策、工资政策、利息政策、原材料价格政策等。

当经济发生失衡时，不论这种失衡是来自需求还是供给一方，其对策都可以是需求管理政策，也可以是供给管理政策。然而，这两种政策对经济的意义是不一样的。在稳定增长和就业的同时，需求管理使价格同向变动，而供给管理使价格反向变动。在需求变动引起失衡的情况下，供给管理可以稳定产出和就业，但会导致更大的物价波动，而需求管理政策却可以同时稳定产出、就业和物价三者。在经济遇到供给冲击时情况恰好相反。因此，在短期调节中，应该尽量用需求管理对付需求冲击，用供给管理对付供给冲击。

在目前的政策理论界，人们普遍认为供给管理不能被用于短期调控。通过把供给管理重新引入宏观经济学，本文跳出了传统的宏观经济政策体系着重需求管理的框架，把宏观调控提高到了一个更高的层次，使得宏观调控体系更为丰富、全面、灵活，适应性也更广。因此，该文不仅丰富了宏观经济学政策理论体系，在指导宏观调控方面也有着很强的现实意义。（刘　伟）

《流通企业影响力的制度分析》

张琦　著

《北京工商大学学报（社会科学版）》2007年第6期

11千字

整个流通产业是否有影响力，在一定程度上取决于各个流通企业是否有影响力。作为企业，首先要有效率，才可能有影响力。有效率是有影响力的必要条件。与生产企业相比，流通企业在技术上所受的约束较小，如果说生产企业主要面临资金、技术、管理（包括人才）的约束的话，那么流通企业主要面临资金和管理（包括人才）的约束。所以，作者的一个初步判断是：流通企业的发展主要取决于资本和劳动投入（包括人才），以及外部制度环境。而在资本、劳动投入和外部制度环境这三个方面，中资公有制企业、中资私有制企业和外资企业之间是有很大差异的，这一差异又在很大程度上决定了三者在效益、规模、发展前景等方面的差距。

该文主要关注了各种所有制流通企业在外部制度环境上面临的不平等待遇。外资企业、中资公有制企业、中资私有制企业在制度环境方面面临的不平等条件主要有：

（1）中资和外资企业长期面临的是两套税制，这种不平等主要体现在所得税方面。中外资企业面临两套税制的做法已经持续了多年，不仅使得中资企业在与外资企业的竞争中处于不利的地位，而且对外资企业的优惠政策也使得政府税收受到影响，本应由中国享有的税收收入却让给了外资企业和境外消费者。据估算，每年这种出让的税源高达3000亿元。从最根本的意义上来说，两套税制的做法违反最起码的“税负公平”原则，它给予外资企业以“超国民待遇”，从而对中资企业实行了“逆向歧视”。

（2）政府利用制度漏洞给予外资流通企业以优惠待遇。如果说上述两套税制制度是对中资企业“合法的”歧视的话，那么其余并非“合法”却也不“违法”的歧视就更加五花八门。

（3）地方保护主义不利于流通企业发展。我国目前统一的国内市场仍然没有建立起来，地区之间互设壁垒、条块分割的状况依然很严重。一方面地方政府对本国外地资本的进入想方设法进行阻挠，另一方面却对外国资本的进入大开绿灯，有研究表明，改革开放以来，地方保护主义的盛行与对外开放力度的加大同步进行。

(4) 长期以来对私有制企业的歧视不利于流通企业的发展。与公有制企业相比，我国的私有制企业面临的最大困难就是融资。我国一方面限制非国有金融部门的发展，即国有银行垄断金融系统，限制非国有企业进入资本市场，另一方面对国有企业与非国有企业实行两种不同的外源资金供给方式，限制非国有企业从国有金融系统中获取资金。

该文最后的基本结论是：要想提升我国流通企业的竞争力与影响力，政府首先要做的就是给各种所有制企业创造一个公平竞争的外部环境。政府对企业不应过多干预，不管是出于好心的“扶植”还是恶意的歧视，也不管是采取立法、行政手段还是经济手段。（孔繁来）

《经济学视野下的休闲》

宋瑞　著

《财贸经济》2007 年第 11 期

8 千字

正如学者凯利·约翰（Kelly John）所言，“任何事物都有它的经济纬度，休闲也不例外。休闲资源通过经济体系来分配。休闲商品和休闲服务是经济的组成部分”。然而长期以来，以资源配置为主要研究内容的经济学对休闲却未给予应有的关注。在对国内外有关休闲需求和休闲供给的经济学研究进行全面梳理的基础上，文章指出，休闲最初是作为配角进入经济学视野的，而今这种状况依然没有得到改善，最突出地表现为其分析框架的不完善：（1）在休闲需求和休闲消费方面，以往研究仅把休闲作为一种时间的使用方式来看待，未能分析其自身的经济价值；即使把休闲作为时间这种稀缺资源来看待，也未受到和其他资源（如土地、原料等）同等的重视；把休闲等同于一般消费品，对休闲消费的特性缺少理论分析；诸如影响个体/家庭休闲需求的因素、休闲消费的特征与规律、休闲消费与经济增长、经济发展的相关性等问题还有待深入研究。（2）在休闲供给和生产方面，以往经济学关注得更少；休闲的不同供给类型、不同供给类型的决定方式和影响因素、针对不同人群的休闲供给及其管理、休闲产业范围与标准、休闲产业链条与产业组织等方面的研究还极为欠缺。（3）在将休闲作为经济现象方面，以往的研究未能将休闲纳入宏观经济的分析框架，研究其对宏观经济变量的影响度和作用机制。

作者认为，作为一种经济活动，休闲有其独特的经济特征和深远的经济影响。随着我国社会经济的发展和人们生活方式的转变，休闲活动在现代人的日常生活中扮演越来越重要的角色，而由此引发的经济特征也愈发显著。因此，利用经济学基本原理、方法对休闲中所蕴涵的经济关系、经济规律进行系统研究，具有重大的现实意义。当前，迫切需要对以下几个问题进行重点研究：休闲产业边界的确定，休闲经济贡献度的测算，相关统计、调查指标与体系的建立以及从公共政策角度对休闲经济的研究等。

（戴学锋）

《工业和城市反哺农业、农村的路径研究——长三角地区实践的理论思考》

洪银兴　著

《经济研究》2007 年第 8 期

11 千字

中国的工业化历史表明，20 世纪 50 年代中国的城市工业化发展主要是农业哺育工业。但农业反哺工业化也是农业自身发展的要求，因为没有三农之外的工业部门发展，无限供给的农村剩余劳动力将无法转移，农业部门也最终难以得到发展。

长三角地区发展的实践证明，农村推进工业化可以和工业反哺农业同时进行。这一方面表现为家庭成员间的收入转移，另一方面是乡镇工业企业对农业的收入转移。而当长三角地区工业化达到一定水平之后，工业部门对农业的反哺也会出现新的趋势：一是反哺的内容由收入反哺转向要素反哺；二是反哺的范围从就地反哺转向跨地区反哺。

虽然工业和农业之间的哺育和反哺是互动的，但在实践中两者之间的力度并不均衡，尽管农业部门在工业化和城市化中得到了一定收益，但其收益和贡献存在着明显的不对称性，因而差距日益扩大。

尽管从地区间横向比较，工业化水平越高的地区反哺力度越强，三农发展水平越高，但就本地区的纵向比较看，目前城乡差距依然在拉大。造成这种现象的根本原因在于工业和城市的回流效应强于开展效应。其突出表现是：农业和农村对工业和城市贡献的是要素，而工业和城市对农业和农村的反哺主要还只是收入。

农业成为弱质产业，农民称为弱势群体，农村成为落后地区，其原因既有农村和农业原有发展基础薄弱的问题，也有哺育和反哺严重不对称导致的农业和农村生产要素的严重流失问题。

达到全面小康社会水平的长三角地区，已经进入了对农业和农村的全面反哺阶段，也即进入了刘易斯转折点。从工业和农业的反哺关系看，需要由反哺收入为主转向反哺要素为主，特别是先进生产要素，也即通过建立人力资本的反哺机制，形成对人才的持久吸引力，改造传统农业繁荣农村经济。在保持城与乡各自特色的同时，从经济、社会、空间等方面融合城乡发展。

反哺农村和农业的初级阶段是工业起主导作用，进入全面反哺农业和农村阶段则需要城市起主导作用。也就是说随着工业化和城市化达到一定阶段后，工业和城市反哺农业和农村会突破乡镇范围，反哺的实施中心需要转到县级政府。政府实施反哺的主要途径是扩大公共财政在农村的覆盖面和增加农村公共产品的供给。一方面吸引要素向农业部门流动，另一方面有利于集中筹集财政支农资金。重点是改善农村环境，加强农村公共实施建设，扩大公共财政在农村的覆盖面和增加农村改革产品的供给，将提供给市民的机会和实施安排到农村城镇，最终实现农民的市民化。 （付文林）

《中国农村公共支出及其绩效分析——基于农民收入增长和城乡收入差距的经验研究》

沈坤荣　张璟　著

《管理世界》2007 年第 1 期

22 千字

改革开放以来，我国农业和农村发展迅速，但农业和农村发展仍存在诸多问题。农民增收难和城乡收入差距扩大问题已严重影响我国经济增长的公平性以及社会的和谐与稳定，而资金不足是限制农业和农村发展的重要原因之一。

尽管农村经济的资本收益率高于城镇经济，但金融部门还是倾向于将资源从农村地区转移到城镇地区，农村能够获取的融资渠道变得非常有限，农业发展受到很大的限制。考虑到金融资源具有逐利性质，我们认为，在发展农村金融、规范和引导私人部门资金流入农村的同时，讨论农村公共支出对农民收入水平以及城乡收入差距的影响，并在此基础上进一步考虑如何改变公共支出的城乡“二元结构”，提高公共支出的绩效，确定政府公共支出内部结构，以及使公共支出政策与农村金融政策相互协调十分必要。

该文运用1978—2004年的数据，采用多变量回归和Granger因果检验方法对农村公共支出、农民收入增长以及城乡收入差距之间的关系进行实证研究。研究指出：

首先，我国国家财政对农业的公共支出从总量上而言，对农村经济的发展和农民收入水平的提高起到了一定的促进作用。但是，由于公共支出监督管理的体制不完善，运用效率低下，这种促进作用有待进一步的发挥。

其次，从结构方面看，我国公共支出的结构存在一定的扭曲——农村公共支出投入规模相对较小，城乡资源配置不公，生产性支出和基础设施建设支出占比过高，科研和社会福利等支出占比较小。政府进行投资支出的信息透明化程度和市场化程度还相对低下，因而影响了农村公共支出促进农民收入增长、降低贫困和缩小城乡差距的整体绩效。

最后，政府对除经济增长指标之外的社会福利指标缺乏关注也在一定程度上降低了公共支出运用的社会效果，进而不利于公平增长的实现。

基于此，该文认为，政府应该考虑对公共支出的结构进行调整，并且采取有效措施将农村公共支出政策与金融政策相结合，提高资金的运用效率。第一，从支出总量而言，在改变城乡二元支出结构、扩大农村公共支出规模的同时，应积极引导私人资金和金融机构资金进入农业生产性支出和农村基础设施建设的领域，并以此为契机改善公共支出的管理和运用效率。第二，应在增加农村公共支出总量的同时，提高在科技和农村救济等方面的支出比例。第三，鉴于人均灌溉面积和土地肥力等环境因素对农村经济发展和农村收入提高具有正面影响，应考虑将更多公共支出资金用于农业生产的环境保护。 （付文林）

《汇率变化如何影响外商直接投资》

于津平　著

《世界经济》2007年第4期

15千字

我国的汇率制度正处于变革和摸索阶段。2005年7月，我国实施了汇率制度的调整：人民币汇率由钉住美元的汇率制度转变为参考一篮子货币进行调节的有管理浮动汇率制，并使人民币相对于美元升值2%。新的汇率制度增加了人民币汇率的浮动性。对于外商直接投资的利用大国而言，外商直接投资对中国经济具有重要的作用。在人民币相对于美元的升值和人民币汇率波动性的增加的现实背景下，探讨汇率变化对外商直接投资利用产生的影响具有现实意义。

该文从跨国公司对外直接投资行为的微观分析出发，通过构建理论分析模型，探讨了汇率变化对外商直接投资规模和结构的影响。本文得出的主要结论如下：

第一，东道国货币的升值一方面会导致资源导向型外商直接投资减少，但另一方面也会导致市场导向型直接投资增加。因此，汇率升值对东道国直接投资利用量的影响与东道国两种类型的投资构成比例有关。在资源导向型直接投资为主的外资结构下，东道国货币的升值短期内会使东道国外商直接投资规模下降。

第二，资本密集型项目的直接投资对汇率变化的敏感度低于劳动密集型项目直接投资对汇率变化的反应。对于资源导向型直接投资而言，东道国货币升值后，劳动密集型项目直接投资的下降率高于资本密集项目；而对于市场导向型直接投资而言，东道国货币升值后，劳动密集型项目直接投资的上升率则高于资本密集型项目。此外，东道国货币升值还具有使资源导向型投资项目种类减少、市场导向型直接投资项目种类增加的作用。由于汇率水平的变化不仅会改变市场导向型直接投资与资源导向型直接投资的比例，而且会改变外商直接投资项目的选择，因此，汇率水平的变化对外商直接投资的结构产生重要影响。

第三，汇率变化对直接投资的影响程度与东道国的预期经济增长率和预期工资增长率等宏观经济指标有关。较高的预期经济增长率和较低的预期工资增长率可以削弱汇率升值对资源导向型直接投资的负面影响。因此，在经济处于高速稳定增长的时期进行汇率制度的改革可以减少汇率升值对资源导向型直接投资的负面影响。

第四，汇率波动程度的增加会使两种类型的直接投资同时减少，但在汇率平均水平维持不变情况下，汇率波动的大小不改变东道国的外商直接投资结构。

根据研究的结论，该文提出了有关启示和政策建议。该文认为，人民币升值所形成的由资源导向型直接投资向市场导向型直接投资的模式转变将会使我国的贸易顺差减少。

（吴福象）

《经济转型条件下银行信贷与房地产价格泡沫化互动机理分析》

葛扬　陈孝强　著

《金融研究》2007年第9期

12千字

该文从中国房地产业发展所具有的转型和成长型双重特征出发，采取从抽象到具体的研究方法，从静态到动态再到流动性过剩条件下，对中国银行信贷与房地产价格泡沫化的机制进行了分析。

房地产业与金融业存在千丝万缕的联系，房地产泡沫和金融资本流动也存在密切的关系。银行信贷与房地产价格泡沫化是互为推动的。中国房地产业发展过程中，银行信贷与房地产价格泡沫化，不仅表现出二者的一般性，而且表现出二者的特殊性。对于金融体系尚不健全的经济转型的中国而言，宽松的信贷环境对房地产价格泡沫化的推动就表现得更为突出。从资金需求的角度看，中国房地产金融的超常规增长是住房问题市场化的结果；从资金供给的角度看，银行改革使银行更加注重住房抵押贷款业务，这也是房地产市场出现超常规增长的重要原因。此外，我国的购房按揭贷款与开发贷款的利率基本相同，是房地产金融快速扩张的制度性原因。

从供给曲线的角度对银行信贷与房地产价格泡沫化静态机制进行分析。供给曲线的形成机制主要来自于商业银行的贷款业务。通过银行贷款时，银行一般会要求以房地产作为抵押。房地产价格越高，银行的资产负债表中资产项目越大，银行就有了更大的动力进行放款。因此，房地产价格和银行的信贷规模之间存在正相关关系，表现为一条向右上方倾斜的直线。

采用蛛网模型分析银行信贷与房地产价格泡沫化动态机理。房地产市场具有非均衡性质。根据蛛网模型的思路，房地产市场信贷市场导致房地产价格的发散型波动。在下一个周期中，房地产价格将上升到比上一个周期更高的水平。在随后的调整中，信贷规模和房地产价格将会经历更加剧烈的波动，出现更大规模的泡沫化。而一旦严重到泡沫破裂，最终就会形成足以危害整个宏观经济的泡沫。

在流动性过剩的背景下，国内银行贷款以及赌人民币升值的国际游资等资金众多。衡量流动性过剩常用的指标马歇尔 K 值（Marshallian k）系数越大，货币在整个社会财富中的比重越大，追逐金融泡沫载体的货币就越多，越容易引发泡沫。在寻找投资方向的时候，很大一部分都不约而同地选择了房地产。而大量资金为追求高利润会涌入房地产市场，致使房地产市场泡沫化程度加深，甚至有可能陷入"流动性陷阱"。目前过剩资金主要是流入发达地区的房地产行业，这些地区过度依赖房地产发展，制约着产业升级。因此，流动性过剩不单单是金融体系内部的问题，而是我国经济结构深层次内部失衡与国际经济外部失衡的矛盾在金融领域的具体反映。（吴福象）

《政府行为、系统性风险与金融稳定性》

于润　孙武军　著

《经济理论与经济管理》2007 年第 7 期

10 千字

改革开放以来，尤其是 20 世纪 90 年代至今，我国的 GDP 年均增长率达到 9.1% 以上，这充分显示了政府主导型经济的优势所在。但是不可否认，政府主导型经济在推动经济高速增长的同时，也伴生了资源高耗费和环境高污染等问题，并为此付出了惨重的代价。

令人担忧的是，政府主导型经济下的政府行为还有可能伴生金融体系高风险，这个问题迄今为止还没有引起足够的重视。显然，如同资源耗费和环境污染问题一样，这种滞后的忽略是很危险的。该文的研究表明，政府主导型经济很有可能频繁出现过热的地方政府行为，随之放大银行体系的系统性风险，弱化银行业抵御风险的能力，并危及金融体系的稳定。

为验证上述观点，该文以 2000 年以来影响我国银行业信贷规模变化的背景分析为起点，透过 2004 年江苏的"铁本事件"和 2006 年内蒙古的"新丰事件"，从制度层面剖析这两个事件的形成过程和商业银行由此增加的风险（共同特征），并通过企业、银行、地方政府和中央政府四方目标函数的分析，以此为基础构建一个中央政府和地方政府的博弈模型，阐释地方政府"过热"（积极干预经济）的必然性和中央政府使用"惩罚"（直接干预）的被迫性，以揭示政府行为导致的银行系统性风险的成因。

需要注意的是，这种特殊的系统性金融风险是商业银行和金融监管当局不能掌控的系统性风险，也是巴塞尔委员会倡导的风险管理与监管规则所不能及的系统性风险，是一种只有在我国经济转型阶段才会出现的系统性风险。

由此将凸显一个必须高度重视的新问题：在现行制度安排下，中央政府有可能频繁陷入"经济增长与宏观调控两难"的窘境：一方面，中央政府需要通过政绩考核制度，激励地方政府发展地方经济的积极性，推动经济高增长；另一方面，中央政府的激励制度往往导致地方政府干预经济的行为"过热"乃至宏观经济过热，甚至导致宏观经济调控（间接的）失灵，最后不得不采取直接调控手段抑制过热的经济，其代价则是商业银行体系不良贷款激增和系统性风险的放大。

最后形成的观点是："以GDP等数量指标为导向的政绩考核制度"和"中央与地方之间存在严重的信息不对称"，是近年来中央政府时常陷入"经济增长与宏观调控两难"窘境的主要原因。为此，必须尽快改革政绩考核制度，创建银行信贷监测系统，提高中央对地方经济相关信息的可获性和及时性，有效地导向地方政府行为，在制度上提高金融稳定性和管理的科学性，以确保宏观经济和金融的稳定性。（吴福象）

《固定汇率制度下的独立货币政策——
未来中国货币政策管理机制之探讨》

龚刚　高坚　著

《金融研究》2007年第12期

16千字

中央银行通常具有维护本国货币币值的任务。这事实上意味着两种稳定，即国内物价水平的稳定和相对于其他货币币值的稳定（即汇率稳定）。固定汇率制度显然是达到第二种稳定的最好制度设计。然而，按照开放经济下的"三元悖论"，在资本市场开放条件下，此两种稳定却可能无法同时获得。

该文研究资本市场对外开放条件下货币政策的管理机制问题。我们假定汇率稳定仍然是政府所追求的目标，于是货币政策有没有可能在稳定汇率的同时也能稳定国内经济？即使资本市场是对外开放的？

众所周知，在推导"三元悖论"的Mundell-Fleming模型和Obstfeld-Rogoff的Redux模型中，暗藏着可以使所有金融资产之间能完全相互替代的一些制度假设。这样，就利率的波动而言，各种不同的利率本质上可以合而为一。由于其中的一项利率，如债券利率，在资本市场开放和汇率固定条件下必然与世界市场的利率相等，其他利率（如贷款利率等）就很难受货币政策的影响。因此，货币政策不仅不能独立和完全地被用于稳定国内经济（它还必须被用于稳定汇率），事实上，它已不能通过利率机制来稳定国内经济。

然而，如果我们能够在制度上做一些安排（或约束），使得各金融资产间不能完全替代，那么即使资本市场完全开放，汇率完全固定，各金融资产的利率波动也有可能不完全一致，从而货币政策仍然在稳定国内经济方面行之有效。该文中，我们建议如下三种制度约束：制度1：企业和个人从商业银行获得的贷款不能被用于金融投资，如购买债券等；制度2：商业银行不容许使用其超额储备金进行金融投资，如购买债券等；制度3：商业银行（也只有商业银行），当它们需要时，可以在贴现窗口按中央银行所规定的贴现率筹借储备金或存储它们的过分储备金。

给定上述三个制度约束，我们在一个经过计量检验的宏观动态模型中，研究中国未来的货币政策。该研究为我们得到如下三个结论：结论1："三元悖论"只有在某些特定的制度下才能成立。给定该文随后所建议的制度安排，即使汇率固定、资本市场开放，货币政策也能独立和有效。结论2：就经济的稳定性而言，中国的固定汇率制度将使中国和它的贸易合作伙伴国同时受益。结论3：为了使固定汇率制度下的目标汇率具有可持续性，一定程度的人民币低估是必要的。（龚 刚）

《大都市区新型产业分工与冲突管理——基于产业链分工的视角》

魏后凯 著
《中国工业经济》2007 年第 2 期
12 千字

该文考察了当前我国大都市区面临的种种冲突尤其是产业冲突问题，揭示了新型区域产业分工的基本特征和发展模式，在此基础上提出了一个基于产业链分工的大都市区冲突管理思路。其主要观点是：

1. 冲突是指一方的决策和行动已经或者将要对另一方产生消极影响。但从整个系统来看，这种冲突既有可能会产生消极影响，也有可能会产生积极影响。前者称之为恶性冲突，后者则称之为良性冲突。因此，区域冲突是一个中性的概念。它具有两面性，既可能会产生破坏性，也可能会激发竞争。从竞争与合作的角度看，区域冲突可分为四种类型，即竞争性冲突、合作性冲突、竞合性冲突和非竞合冲突。

2. 在大都市区的经济冲突中，当前较为突出的是各地均竞相发展同一产业甚至同一产品而出现的产业结构雷同和基础设施重复建设问题。这种区域产业结构趋同可以看作是区域产业竞争和冲突的结果，既可能会产生消极的负面影响，也可能会产生积极的正面影响，是一个中性的概念。国内外经验表明，产业结构的趋同并非意味着地区间分工和专业化的弱化。恰恰相反，产业结构趋同与区域分工深化可以并存。

3. 从发展过程来看，国内区域产业分工的演变大体经历了部门间或产业间分工、部门内或产业内分工、产业链分工三个阶段。作者把部门间分工称为传统分工，而把部门内分工和产业链分工称为新型分工。相对于传统的部门间分工，新型分工在专业化形式、分工特点、产业边界、分工模式、空间分异和形成机理等方面，都具有较大的差异。

4. 目前珠三角、长三角和京津冀等地区已经或即将出现按产业链的不同环节、工序甚至模块进行分工的新态势。在这些大都市区内，大都市中心区着重发展公司总部、研发、设计、培训以及营销、批发零售、商标广告管理、技术服务等环节，由此形成两头粗、中间细的“哑铃形”结构；大都市郊区（工业园区）和其他大中城市侧重发展高新技术产业和先进制造业，由此形成中间大、两头小的“菱形”结构；周边其他城市和小城镇则专门发展一般制造业和零部件生产，由此形成中间粗、两头细的“棒形”结构。

5. 运用冲突管理手段，在大都市区范围内引导形成一体化的产业链分工体系，是消除和缓解大都市区产业发展恶性冲突的有效途径，它可以较好地解决（行业）结构趋同与分工深化之间的矛盾。作者把这种发展思路称之为基于产业链的大都市区冲突管理战略。它既可以充分发挥市场机制在资源配置中的基础作用，又有利于推进区域经济一体化，最终形成整体竞争优势和良性互动、互惠多赢的产业发展格局。（魏后凯）

《地方官员与经济增长——来自中国省长、省委书记交流的证据》

徐现祥　王贤彬　舒元　著

《经济研究》2007年第9期

20千字

在我国经济增长过程中，有许多迹象表明，地方官员扮演着积极角色。目前，关注我国经济增长的文献大都是从生产要素以及制度安排等视角展开的，恰恰忽视了地方官员可能具有的影响。但是，直接定量识别地方官员对辖区经济发展的影响程度，并不是一件容易的事。因为，官员的影响通常与辖区固定效应混合在一起，从计量经济学的角度看，二者可能是完全共线的，很难把官员的影响从其辖区固定效应中识别出来。官员交流却提供了一个考察地方官员影响的自然观测平台。因为，基于官员交流样本，我们可以追溯同一省长、省委书记服务过的不同省区，构造省长、省委书记与省区相匹配的数据，在这种新的数据结构下，显然官员的影响与辖区的固定效应不再是共线的，从而可以把官员的影响识别出来。

我国重视干部交流工作。早在1942年，中央军委就提出了《关于干部交流的建议》，改革开放后，中央采取了一系列措施推进干部交流，特别是20世纪90年代以来，加大了干部交流制度化步伐。不可否认，官员交流并非完全出自经济管理等方面的考虑，但确实是中央政府统筹区域协调发展、落实区域发展战略意图的一个重要举措，正在成为一种常态。在1978—2005年间，共有326人次担任省长省委书记职务，其中交流的占14%。因此，我国不仅存在干部交流样本，而且如何科学地评价干部交流对流入省区经济发展的影响及其机制，本身就是我国经济管理实践所提出的值得人们关注的问题。

基于此，作为系统定量识别地方官员经济行为的第一步，该文收集整理了1978—2005年间我国省长、省委书记交流样本，构造了省区与省长相匹配的面板数据，采用倍差法（Difference in Difference）系统识别省长交流对流入省区经济增长的影响，该文把这种影响称为省长交流效应。结果发现，我国存在正的省长交流效应，整体而言，省长交流使流入地的经济增长速度显著地提高1个百分点左右；省长交流效应似乎因时间、空间而异；从产业发展取向看，官员交流效应是通过在流入地采取大力发展二产、重视一产、忽视三产的产业发展取向实现的。本文的发现是相当稳健的，不仅验证了我国干部交流政策对经济增长的促进作用，而且首次定量识别了地方官员对地区经济增长的影响程度，有助于增进对加强干部交流破解省区发展不平衡问题的理解。

（徐现祥　王贤彬）

《外汇市场复杂性与人工外汇市场研究》

陈平　梅琳　鲜于波　著

《国际金融研究》2007年第9期

9千字

浮动汇率制度下，外汇市场上汇率的持续波动是最让人困惑和难以给予理论解释的经济现象之一。从20世纪70年代的宏观汇率模型到90年代末以来日益盛行的汇率市场微观结构的理论研究，都在此方面都进行了大量的工作，虽然取得了很多令人鼓舞的进展，但迄今还不能说汇率过度波动及其内在机制已经得到了很好的解释。与此相联系，汇率理论中微观基础和宏观规律之间的联系也一直没有得到合理的说明。

近年来，随着复杂性理论在经济和金融研究中的应用，一种崭新的研究外汇市场汇率决定和波动的研究方法——计算经济学开始形成并取得了诸多的进展。计算经济学将汇率市场理解为市场上交易主体之间以及交易主体和周围制度环境之间交互作用的产物，并将交易主体视为具有学习能力和有限理性的异质性主体。计算经济学使用计算智能，通过在计算机上进行程序设计来构造人工汇率市场模型，以此对外汇市场中汇率的决定机制和汇率的不间断波动及波动特点作出分析和说明。从现有的研究成果看来，应该说人工汇率市场模型在解释汇率的波动方面已经取得了一定的成功，并且使得人工金融市场成为目前理论界非常活跃的研究领域。

该文在分析现有主流研究理论在汇率波动研究方面取得的成果后，主要介绍复杂性理论在汇率研究中的应用，对人工汇率市场模型的发展和有关成果进行较全面的分析和评述；指出在对汇率波动的研究方面，基于复杂性理论和计算建模的人工汇率市场无疑更加符合外汇市场的实际情况。

该文同时还指出，作为一个新兴的研究方法和领域，人工外汇市场目前还处于起步阶段，其研究还有很多不成熟之处。理论界对其与新古典相异的研究方法存在一些异议。就人工外汇市场的研究本身来说，其研究方法的规范性、仿真结果的稳健性、研究成果的积累性以及和经验数据更加精确的拟合等方面，尤其是在 agent 学习算法的设计上，都还有很多艰巨的工作有待进一步展开和深化。无可置疑的是，人工外汇市场的研究，不仅给汇率理论研究注入了新的分析方法，而且将深化经济学对汇率决定机制以及汇率持续波动的理解和研究。就此而言，该领域的研究有深远的理论意义和光明的发展前景。

（陈平　梅琳）

《我国省际技术进步及其空间扩散分析》

舒元　才国伟　著

《经济研究》2007 年第 6 期

12 千字

改革开放初期，我国省区之间的贸易壁垒、地方保护主义、市场分割现象普遍存在，使得这一期间不同地区的要素价格差异较大。因此，如果采用历史不变价，将会影响全要素生产率（TFP）核算的结果及其横向可比性。另外，国有企业和非国有企业就业之间存在着异质性，并且对经济增长的贡献明显不同，所以两者混同使用会带来一定的测量误差。基于以上考虑，该文采用 2000 年不变价，将国有企业和非国有企业就业当作两种不同的投入要素，应用 DEA 方法重新测算了我国各省区的全要素生产率、技术效率和技术进步指数。

我们发现，1980—2004 年间，我国的 TFP 总体上是增长的；无论从数量还是从变动趋势上来看，我国全要素生产率的增长主要来源于技术进步。东部地区的技术进步明显快于中、西部地区；而中、西部地区的技术效率增长要快于东部地区。北京、上海和广东等地的全要素生产率和技术进步的增长率最快；距离这三地最近的浙江、江苏、山东、福建等省区的技术进步也相当迅速；而距离这三地较远的中、西部各省区，技术进步速度较慢，有的甚至出现了负增长。可见，我国技术进步的区域特征明显。

随着我国市场化进程的加速发展，地区之间的人员流动、经贸往来、技术引进等活动日益频繁，很可能存在着从技术发达地区向落后地区的技术扩散。对此，本文借鉴并修正了 Keller（2002）的实证模型，分别从整体相关性和影响因素两个角度对我国省际之间的技术扩散进行了实证检验。结果发现，我国确实存在着从北京、上海、广东等技术发达省区向其他省区的技术扩散，而且这种扩散依赖于空间距离。距离技术发达地区越近，受其影响越大，技术扩散越明显；反之，距离越远，技术扩散越不明显。技术扩散不会瞬时完成，但时滞一般不会超过 5 年。北京、上海、广东的人力资本投资、产业结构调整和专业化不仅能够带动自身的技术进步，而且能够促进其他省区的技术进步。

该文的价值在于：进一步精确核算了我国的省际技术进步，进而验证了我国省际技术进步空间扩散机制的存在性。

（舒元　才国伟）

《协整检验的 DGP 识别》

王美今　余壮雄　著

《统计研究》2007 年第 7 期

8.5 千字

Granger 提出的协整理论提供了对非平稳时间序列建模的有效手段，因而获得 2003 年的诺贝尔经济学奖。“协整”的概念与宏观经济学中的“均衡”有着本质的联系，经济变量之间是否具有协整关系，成了它们之间是否达到均衡的证据，“协整”也成了宏观经济研究出现频率最高的名词之一。由于应用的广泛性，协整建模的科学性也就显得特别重要。协整分析中，Johansen 和 Juselius（1990）提出的 MLE 估计和检验方法（即 JJ 检验）是建模的基本方法。但是，这一检验的结果对 DGP（Data Generating Process）的设定具有很强的依赖性，不同 DGP 设定下利用 JJ 检验得到的协整个数可能不同，协整系数估计值也有很大的差别。要正确判定协整关系，还须对真实 DGP 进行识别检验。然而，多数有关协整分析的实证论文，往往忽略对真实 DGP 的识别检验，DGP 的误设将导致协整建模的错误。

该文针对这一问题展开研究。首先解决检验的方法论问题，根据泛函中心极限定理，我们提出 Johansen（1994）5 种 DGP 设定下协整迹检验的渐近分布并进行蒙特卡罗模拟；结果发现，DGP 误设可能导致协整检验过度拒绝原假设、过度接受原假设以及得到错误的协整系数估计值。进而提出，可使用 Hansen 和 Johansen（1999）提出的递归协整检验，分 R-representation 和 Z-representation 两种情况控制短期参数的变动，考察上述基于真实 DGP 的协整关系检验结果的稳健性，并阐述了具体的检验步骤。

该文还利用我国货币市场和股票市场的数据进行了实证分析。DGP 识别的协整检验表明，我国货币市场和股票市场只存在一个协整关系，递归协整检验表明这一结果相当稳健；协整系数的约束检验表明，货币市场和股票市场之间存在稳定的长期均衡关系，而货币市场和股票市场内部均不存在长期均衡关系；对调整系数的约束检验则表明货币市场外生于这种长期均衡关系，它在货币市场和股票市场之间的长期协整关系中处于主导地位。这些研究结果说明，递归协整检验和协整关系的约束识别检验是基于 DGP 识别的协整检验框架中的重要辅助手段，而且只有通过后者，才能真正揭示协整关系的经济含义。

该文提出的基于DGP正确设定的协整检验思路，对协整建模方法的正确应用将起一定的推动作用。（王美今）

《中国政府支出和融资对私人投资挤出效应的经验研究》

陈浪南　杨子晖　著

《世界经济》2007年第1期

13千字

该文旨在分析1980—2003年我国政府支出和政府融资对私人投资的影响，以期正确评价“双稳健”政策的预期效应。研究表明，我国政府的公共投资提高了私人资本的边际产出，挤进了私人投资，社会文教费的支出则对私人投资有负影响。文中指出，当我们分析财政政策、特别是赤字性财政政策对经济增长的影响时，必须对各项经常性支出和资本性支出加以区别对待；如果大规模减少公共投资的支出，长期可能会影响私人投资的健康增长，特别是在内需不足、非理性投资热潮退却（如房地产市场投资泡沫破灭）的情形下，大规模减少公共投资而造成的对私人投资影响可能将进一步凸显。

该文实证结果显示，在1980—2003年总体样本时期内，国债融资在一定程度上减少了民间的资金供给，挤出了私人投资；但是，当经济有效需求不足，社会存在着大量闲置资金时，国债的发行并不对私人投资产生挤出效应，且在一定程度上拓展了政府支出的融资空间，增强了财政宏观调控的能力。进一步的分析表明，即使在国债产生挤出效应情况下，只要我们把国债资金进行以公共投资为主的经济建设，它的净效应依然为正，这就意味着政府不仅仅要在不同的经济条件下把握好国债融资的适当规模，更重要的是要坚持好国债资金的正确使用方向。

该文实证结果还显示，政府的税外融资，较大地抑制了私人投资。因此，政府应加快税费改革，完善税收征收模式，以此促进企业投资，加快国民经济的发展。

该文最后指出，财政支出在刺激总需求、促进投资时，最终都体现为货币购买力的增加，货币的适度增加有利于促进私人投资。因此，结合目前局部投资过热，我们必须保持货币供应量的健康、稳定的增长，在较好地满足了经济增长需求的同时，防止因货币过度扩张、投资过热而导致的通货膨胀，使得私人投资达到预期的效应。（陈浪南）

《中国经济波动的总供给与总需求作用分析》

龚敏　李文溥　著

《经济研究》2007年第11期

15千字

在内部结构调整和外部环境变化的影响下，近年来中国宏观经济表现出与过去截然不同的“高增长、低通胀”特征。费希尔、塞海（Fischer and Sahay，2000）指出，结构调整和稳定政策是决定转型国家经济表现出的两个重要因素。前者涉及经济体的供给能力，后者影响需求。从实践看，结构调整及其伴随的资源配置效率提高，无疑极大改善并提升了中国经济的总供给能力；同时，累积的宏观调控经验，以及随经济转型不断完善的政策传导机制必然也会积极地影响总需求而作用于宏观经济。但是，从宏观经济理论研究及政策分析角度看，一个值得研究的问题是：近年来我国宏观经济运行的“高增长、低通胀”究竟主要来自于结构调整导致的总供给能力改善，还是实施需求管理政策的结果？

基于AD－AS模型，该文估计了一个包含产出和价格水平的结构式向量自回归模型，以此来揭示1996—2005年期间驱动中国经济波动的总供需力量变化。结果发现：近年来的“高增长、低通胀”是在有效供给能力改善的强有力推动下实现的。这预示着一个重要的宏观经济事实正在形成：实现我国经济稳定持续增长的关键因素正在从需求转向供给。这一宏观经济事实根源于，不断发展的经济全球化正在使民族国家宏观经济关系发生根本性的变化：民族经济体的总供需关系正在从（国内）需求创造（国内）供给向（对世界的）供给创造（本国的）需求转化，我国经济的持续增长必须依赖正的总供给冲击来保证。与此同时，经济全球化使实行开放政策的经济体的宏观经济调控环境发生了重大变化。随着经济全球化的发展，不仅宏观需求管理政策实施的空间在逐步缩小，而且政策效应的不确定性也在不断扩大，它导致需求管理政策的局限性不断提高。从理论上分析，浮动汇率制和逐步走向放松的资本流动管制，将使传统意义上适用于封闭经济的凯恩斯主义的扩张性财政和货币政策实施的空间大幅度缩小。因此，现阶段的宏观调控应更加重视供给管理，把提升本国经济竞争力、增加有效供给能力、提高国民收入水平放在宏观经济政策的首位。（龚　敏）

《模块时代的新产业结构：基于SCP范式的思考》

胡晓鹏　著

《中国工业经济》2007年第4期

15千字

SCP范式是产业组织理论的核心内容，它试图在“市场结构—企业行为—市场绩效”之间建构出一种或多种具有因果性的传导关系，以此来解释竞争与垄断的性质。这一范式是在贝恩、梅森、施蒂格勒、谢勒等人的努力下完成的。虽然，依据S－C－P之间的因果联系，学术界可以划分为哈佛学派、芝加哥学派、新制度学派等，但不同学派之间的分歧并未从根本上否定传导关系的存在，充其量只是在传导中增加了传导的作用方向，“三分法”研究模式的主导地位从未发生过动摇。

近几年来，随着信息通信技术和网络技术的大规模使用，人类社会开始从工业时代进入到知识经济时代。以价值链、模块化为核心概念的理论分析工具的出现，更是从根本上撼动了传统经济的微观细胞。一方面，技术融合、产品融合大规模地出现，驱动着产业融合的发生，其结果是模糊了产业间的边界；另一方面，价值链的不断分解使产业链条被不断拉伸和延长，传统的企业也在这一过程中被切割成为非同质的关联性多主体业务单元，结果是：传统企业在产业内的竞争与垄断性质正在不断弱化，代之而来的是更加凸显了不同业务单元的合作以及同一业务单元内的行为主体间的“背对背”竞争。

更为重要的是，在以功能聚合为特征的模块化思路的启发下，价值节点的交互渗透出现了价值模块，而价值模块的兼容性和互换性使得价值结构从平面链状结构演化为立体网状结构；企业模块与市场模块的交互渗透出现了中间型组织，它在拓展传统产业组织概念的基础上，也使得传统理论无法解释它们内在的运行机理和特征；组织模块与地理模块的交互渗透驱动了全球产业整合，并由此出现了全球性的产业集群。所有的这些变化既是对传统微观经济细胞的破坏性变革过程，也是重新缔造新产业结构微观基础的过程。

正是在此背景下，客观上就需要建构出一种与新产业结构相匹配的、不同于传统微观经济基础的产业组织范式。与大多数研究文章不同的是，该文的核心观点是：传统产业组织理论的SCP分析范式并没有出现致命的危机，它所阐释的基本内涵和观点仍然适用于相当多的产业形态；正因如此，SCP范式不应该被抛弃，它应该修正成为适应不同微观经济基础特征的范式。但是，我们现在强调的这种适用性并非是指完全可以套用传统SCP的基本观点，而是要根据产业的微观经济基础——企业特征的变化而予以修正。具体来讲，这种修正包括三个方面的内容：第一，淡化竞争程度，突出竞争的形式和过程。第二，突破单市场分析框架，强化市场间协同效应。第三，超越市场集中度教条，强调竞争位势理念。（胡晓鹏）

《创意产业的价值创造机制与产业组织模式》

厉无畏　顾丽英　著

《学术月刊》2007年第8期

10千字

创意产业是一个新兴的产业，以前的研究主要着眼于“创意产业促进经济增长方式转变”、“创意产业与区域竞争力的提升”、“创意产业的形成与发展”等几个方面。对创意产业的价值创造机制等问题的认识较为模糊。该文针对这一研究的空白点，主要对创意产业的价值创造机制和产业组织模式进行研究，对创意产业发展具有理论和实践意义。

该文从剖析商品价值系统的特征入手，认为功能价值（function value）和观念价值（concept value）是构成商品价值系统的两个层次。其中：功能价值是依附在商品之上由其物理属性和表征形成的价值，功能价值是商品的基本物理属性，它是商品价值系统形成的基础；观念价值突出强调了依附在商品之上的因社会评价所形成的价值，人们对于商品的认知程度将更多地取决于观念价值的高低。功能价值由科技创造而成，是商品的物质基础；观念价值因创意渗透而生，是附加的文化观念。随着经济发展和人们收入水平的不断提高，促进商品价值增值的基本趋势是沿着功能价值到观念价值的路径展开。

该文随后从消费者、生产者和价值实现三个角度深入研究创意产业的价值创造机制。从消费者的角度看，创意产业满足了消费者精神文化等更高层次的需求，为消费者创造了观念价值，契合了消费结构的升级；从生产者的角度看，在知识经济时代创意资本已经代替传统的物质资本、技术资本、人力资本，成为推动生产效率提升的主导生产要素，是提升产业附加值和竞争力的引擎；从价值实现角度看，创意商品的价值需要媒体推介才能充分挖掘出来。

最后，该文对创意产业的组织模式进行了探索和研究，提出随着价值创造的基本思维的不断突破，产业链不断分解整合，创意产业的组织模式也不断演变。与传统的产业发展模式注重有形资源和客体资源的开发和利用不同，创意产业强调无形资源和主体资源的开发和利用，创意产业的核心要素是高级人力资本、文化资本、知识产权资本和技术资本等软性资本。创意产业是为所有产业提供创意服务的产业群，在组织形态上，它打破了传统产业的界限，可以同时与不同的产业产生关联，第一产业、第二产业、第三产业均可与创意产业相互融合，创意产业则通过价值链、价值网和价值星系等组织模式实现价值创造。（厉无畏）

《世界生产体系变革的当代特征及其效应》

金芳　著

《世界经济研究》2007 年第 7 期

12.5 千字

世界生产体系是建立在国际分工基础上的各国商品与服务的生产联系及组织关系。20 世纪 80 年代以来，随着全球化的深入和跨国公司的大发展，垂直专业化分工渗透到各国生产体系内部，构成了各国商品与服务联动生产的全球新格局，使得当代世界生产体系呈现出四大变革特征。

（1）层级制生产组织体系取代公司独立的生产组织体系：生产体系的国际化超越了企业的边界，纵向一体化公司亲自执行的许多活动，正由小规模的、弹性专业化公司和分包商来完成，由此世界范围内出现了不同企业间的层级制关系，特定产业内原本独立的企业之间尽管没有股权联系，却具有“领导”和“从属”的关系，企业间的组织联系表现为分层次的金字塔形结构。

（2）以价值链为纽带的世界生产体系取代以股权为纽带的国际生产体系：分布于不同国别和区域的生产过程之间的高度依存关系，更多来源于共处于某一产业或某一产品的价值链而不是共处于某一股权体系，从而形成了以价值增值链为纽带的当今世界生产体系。

（3）依据功能性布局的全球分散生产取代以世界地理区域布局的集中式生产：价值链分解引发了生产分离和各生产点专业化于价值链上特定环节的功能性布局趋势，取代了以往依照国别或地区投资布局，各国或各地区的投资点相互独立、自成一体的集中生产格局，并带动形成了服务于世界市场的全球加工基地、制造基地、研发基地和采购或营销基地。

（4）高端主导式治理结构取代产权控制式治理结构：随着外包的日益扩展，跨国公司内部基于产权优势的国际化生产治理结构演变为各产业、各产品内占据价值链高端控制地位的企业基于增值优势的高端主导式治理结构。

大量数据和实例证实了世界生产体系变革对全球经济产生的以下四大效应。

（1）国际贸易效应：表现为世界贸易总量规模的扩张、贸易结构的变化，特别是零部件贸易的规模扩张和占比增长成为贸易结构效应的突出标志。

（2）国际投资效应：表现为国际直接投资的增幅远高于出口和生产总值的增长水平，以及由国际需求内化扩散对国内投资的间接拉动作用。

（3）产业结构效应：体现为产业发展的全球联动性和产业结构的国别分化性，在产业和产品价值链上各国既专注于各自环节，但又同时运作，交织成区域或全球一体的世界生产网络。

（4）国别政策效应：一方面，要素密集度相似国家间政策设计的相互作用增强，政策竞争趋向一致；另一方面，国别政策目标随着世界生产体系的变革不断调整，刺激研发、激励创新和促进关联的新政策应运而生。

（金　芳）

《中国上市公司治理评价与指数分析》

南开大学公司治理评价课题组　著

《管理世界》2007 年第 7 期

18 千字

近 20 年来，全球公司治理研究的关注主体由以美国为主逐步扩大到英、美、日、德等主要发达国家，目前，则进一步扩展到转轨和新兴市场国家；研究内容也随之从治理结构与机制的理论研究发展到治理模式与原则的实务研究，现在，治理质量与治理环境备受关注，研究重心转移到了公司治理评价和治理指数。

该文以中国上市公司的公开信息为依据，基于 2006 年的样本，从中国公司治理指数及其所涉及的六个维度：控股股东治理指数、董事会治理指数、监事会治理指数、经理层治理指数、信息披露指数、利益相关者治理指数进行分析，总结了中国上市公司的治理特征。首先，本文统计数据显示，2006 年公司治理整体状况较前两年有一定的改善。其次，决定公司治理质量的各个要素之间的差异较大，信息披露的质量相对较好，监事会治理评价则最低，董事会治理在专门委员会建设、董事激励等方面需要改善。最后，国有控股上市公司的治理在合规性方面好于民营上市公司，近 3 年来上市公司的整体治理水平呈现提高的趋势，公司治理排名前 100 家公司的主要财务指标显著好于其他上市公司。

该文确定的有效样本为 1249 家，2004 年公司治理指数的均值为 55.02；2005 年公司治理指数的均值为 55.33；2006 年样本上市公司治理指数的均值为 56.08。回顾 3 年来中国上市公司的整体治理状况，整体治理水平呈现提高的趋势。以样本均值而论，在 1% 的显著性水平下，2006 年中国上市公司总体治理状况与 2005 年、2004 年存在显著性差异，2006 年上市公司的治理状况有一定程度的提高。

决定公司治理质量的各个要素之间的差异较大，信息披露的质量相对较好。这主要是正式制度约束的结果；政策层面的相关规定和监管对于规范上市公司股东、经理人行为起到了积极的作用。六个要素中监事会治理评价最低，监事会的角色没有引起上市公司足够的关注。而作为公司治理核心的董事会治理在走出“违规”的同时，出现“合规”下的治理行为扭曲，在董事会结构、董事会次级委员会的建设以及董事的激励等方面还有诸多问题要进一步改善。

从公司治理的其他方面看，上市公司控股股东行为指数总体不高，而股权分置改革过程中控股股东行为有所收敛，开始顾及中小股东权益。经理层治理总体状况偏低，上市公司高管激励从以单纯的薪酬为主转为股票期权等长期激励模式；利益相关者治理机制仍然处在薄弱阶段。中国上市公司治理经历着一个从“违规”到“合规”过程，而当前公司治理“合规”阶段呈现从外在的强制治理向内在的自主治理转变的新态势。

（李维安）

《网上交易中的私人秩序——社区、声誉与第三方中介》

吴德胜　著

《经济学季刊》2007 年第 6 卷第 3 期

26 千字

网上交易中最大的障碍是交易过程中的信息不对称。在 20 世纪 90 年代初期，中国已经开始了计算机网络方面的立法尝试，但相对于互联网与电子商务的飞速发展，立法显得非常滞后。除非发生欺诈行为，司法部门一般很少介入网上交易引发的各种争端；即使司法部门可以介入，但由于交易条款很难得到证实，法律的执行成本也相当高。

针对网上交易的上述问题，C2C交易网站以及其他第三方中介建立了信用评价系统（feedback system）和其他交易机制，如第三方托管（escrow）、第三方支付、在线争议解决等。其中信用评价系统在网上交易中发挥着基础性的作用。信用评价中的一些指标就可以用来衡量交易者的声誉，由于因特网加快了信息传播的速度，通过信用评价系统，声誉机制就可以发挥作用。网上C2C交易的迅速发展，出现欺诈的概率非常小，说明声誉机制以及其他交易机制可以很好地保证交易方的合作行为，保障交易的顺利进行。

因此，该文提出以下问题：在法律缺失或法律不完善的情况下，网上交易社区中声誉机制如何发挥作用？其他各种治理机制又起到何种作用？

该文运用随机匹配博弈（random matching game）模型对网上交易中信用评价系统的作用进行分析，假设信用评价存在噪声，即信息传递是不完全的，模型的结论是：只要贴现因子足够大，买家通过观察卖家在最近时间里得到的信用评价，来决定自己是否购买卖家的商品。如果卖家有差评，买家就对其实施集体惩罚策略。这种集体惩罚策略可以激励卖家选择诚实行为，而且买家不会偏离这种集体惩罚策略。因此，该文的结论是：通过信用评价系统，声誉机制可以很好地发挥作用。该文进一步分析在线争议解决、第三方托管以及商盟等机制的作用，认为这些机制可以起到补充声誉机制的作用。这样，该文就说明了在法律和社会信用体系等公共秩序缺失的情况下，网上交易中自发的私人秩序和有组织的私人秩序可以很好地发挥作用，起到了替代公共秩序的作用。

（吴德胜）

《公司治理对财务控制的影响——来自我国制造业上市公司的证据》

程新生　季迎欣　王丽丽　著

《会计研究》2007年第3期

13千字

财务控制是公司内部控制的一个子系统，它是受以股东为首的利益相关者的影响，主要由董事会、经理层和其他员工实施的，为取得资金运行的效果和效率、资产的安全完整、财务信息的可靠及时等提供合理保证的过程，财务控制是公司最基本的管理制度之一。公司治理通过制度安排来合理地配置利益相关者之间的权利与责任、利益关系，实现合理制衡、科学决策，其中涉及财务制度设计、财权安排、财务信息传递等。对公司财务控制效果的判断来自于以下几个方面：公司对财务管理制度的自我评价，公司注册会计师对内部控制制度的评价，课题组对财会部门的独立性、委派分支机构财务主管、制定分支机构财务制度、限额审批制度、会计检查等内容的分析。

研究结论和启示是：改善财务控制不仅需要内部治理，更需要外部治理，监管部门应关注控制股东行为，尽快建立、健全大股东行为的约束机制，防范控股股东滥用权力架空财务控制可能导致的治理风险和财务控制风险，加强投资者保护力度。由于一股独大的局面短期内难以改观，需要运用组合治理机制，提高董事会独立性来制衡大股东。独立董事制度有助于改善财务控制效果，建议继续完善独立董事制度，从而实现对财务控制的再控制。董事会是公司治理的核心，也是财务控制的重要保障，需要加强董事和董事会的问责制度建设及实施力度。在实施独立董事制度的上市公司，可以逐步由独立董事取代监事会，降低治理成本、提高财务控制效果。从事多角化经营或分支机构较多的公司，因控制的复杂程度较高，要重视企业集团的内部治理，重视财务控制系统的更新与变革。（程新生）

《农产品行业协会：现状、问题与发展思路》

潘劲　著

《中国农村经济》2007 年第 4 期

10 千字

该文认为，中国迄今为止还没有关于农产品行业协会的权威性界定，各部门和地方政府在出台相关文件时均是按照自己的理解对农产品行业协会的内涵进行表述，其共性特征是：界定了农产品行业协会的成员，即涉农企事业单位、农民专业合作组织以及专业大户等；明确了农产品行业协会的职能，即增进成员的共同利益；明确了农产品行业协会的属性，即经济类社团组织。

近年来，全国一级农产品行业协会发展较为迟缓，而地方性农产品行业协会发展较为迅速。在地方政府的推动下，农产品行业协会不仅发展速度快，且多以市场化机制组建和运作。

该文将农产品行业协会的功能概括为以下几个方面：（1）行业服务：为会员提供产销信息、质量技术标准，帮助会员单位开拓国内外市场等。（2）行业自律：制定行业规则，约束会员行为。（3）行业代表：代表会员和行业的利益向政府以及有关组织和机构提出诉求。（4）行业协调：协调会员企业的利益关系以及会员与非会员、会员与消费者之间的关系等。

农产品行业协会在发展中存在以下问题：（1）立法缺失。（2）协会的双重管理体制存在弊端：赋予业务主管部门过多的权力，不利于开展行业管理；在涉及多部门的合作与协调方面乏力，企业无所适从。（3）协会发挥作用的空间狭窄：政府的功能太齐全，协会只能起拾遗补缺的作用。（4）基础薄弱：农产品行业协会的会员一般为涉农企业和农户，弱质性明显。

该文提出，推动农产品行业协会的发展需要政府与协会双方共同努力，具体包括：（1）合理定位政府职能，推进政府职能改革；改革双层管理体制，取消业务主管单位；颁布行业协会专门法规。（2）加大政府对农产品行业协会的扶持力度：具体包括资金支持、转移职能以及通过项目招标或重点扶持等形式支持有发展潜质或已发挥重要作用的农产品行业协会。（3）加强协会自身建设，主动寻求发展机遇。（潘　劲）

《农村宅基地制度面临的问题》

杨一介　著

《中国农村观察》2007 年第 5 期

8 千字

农村宅基地问题十分复杂，日益成为土地制度中的一个热点和难点。该文通过论述农村宅基地制度面临的主要问题，为农村宅基地政策和立法的完善提供了有价值的参考。其贡献和创新在于，从物权理论的视角澄清了宅基地使用权的性质，揭示了宅基地制度的内在冲突和矛盾。这体现在以下三个方面：

首先，该文指出，宅基地使用权是农民的一项福利性待遇的观点在逻辑上和法理上都不能成立。农民以无偿方式取得宅基地使用权，是由社会公共政策决定的，而不能以此否定其民事权利的性质。《物权法》明确了宅基地使用权作为物权的法律地位，使得宅基地使用权是农民的一种福利性待遇的说法失去基础。虽然宅基地使用权一般以无偿方式取得，但这种无偿取得与社会福利是有区别的。

其次，该文论述了宅基地管制制度的效力。农村基层治理和“一户一宅”原则不能有效地制约占用耕地和土地的低效利用。房屋继承、买卖、赠予等可能使一户多宅的现象增多。宅基地使用权交易为现实生活所需要时，禁止交易的管制制度的效力降低。宅基地使用权在城乡居民之间以及不同的农民集体成员之间的移转，说明这种交易为现实生活所需要。当宅基地使用权交易成为一种需求时，民间交易规则形成。宅基地交易冲击宅基地管制制度的后果是宅基地交易的无序化和宅基地管制制度失灵，立法的引导功能不能实现，土地政策的目标落空。

再次，该文指出了宅基地管制制度和司法之间的冲突。虽然政策性规范对社会经济生活具有直接影响，但政策性规范不能替代法律和行政法规。当作为司法裁判依据的财产权利规则滞后于实践而司法机关面临着必须对纠纷进行裁决时，司法机关的两难处境使得行政管制和司法裁决发生冲突，这种冲突实际上是行政管理和财产权的冲突。

该文在对农村宅基地制度的内在冲突和矛盾进行法理分析的基础上，提出了宅基地制度建设的基本原则：在完善宅基地使用权取得和移转规则的同时，宅基地管制应当建立在尊重财产权利的基础上，这对保障农民权益具有十分重要的现实意义。

（杨一介）

《农村土地使用权流转的动力、条件及路径选择》

陈永志　黄丽萍　著

《经济学家》2007 年第 1 期

11.3 千字

主要学术观点：农村土地使用权流转是指农户在承包权不变的前提下，将土地的经营权转让给其他农户或经济组织。它是在家庭联产承包制的制度框架内，我国土地产权制度的进一步变迁。对于当前我国“三农”问题的解决和社会主义新农村的建设，具有重要意义。

从内在机理看，我国农地使用权流转的动力在于：首先，相对价格的变动成为农地使用权流转的源泉。由于农业和非农产业劳动力相对价格的差异导致经营收益的变化，从而推动了土地使用权的流转；还由于技术变化带动农业生产力发展和农产品相对价格的变动，内在地要求农村土地制度的进一步变迁。其次，对潜在利润追求成为农地使用权流转的驱动因素。农地使用权流转的过程，实质上就是潜在利润内在化的过程。在这一过程中，对规模化生产和专业化分工带来的利润、农业生产结构调整带来的利润以及农业产业化经营带来的利润的追求，也呼唤农地使用权流转。

从外部条件看，要使农村土地使用权顺利流转，必须依赖相应的外部条件：其一，剩余劳动力的非农就业是农地使用权转出的关键条件。农村土地使用权流转，关键要实现非农就业，解决好农村剩余劳动力的转移。而工业化和城市化正是实现农村剩余劳动力非农就业的必由之路和有效途径。其二，规模化经营的相对优势达到或超过农地使用权的流转价格是农地使用权转入的关键因素。其三，清晰稳定的土地产权制度是农地使用权流转的核心条件。其四，健全的社会保障体系是农村土地使用权流转的制度保证。其五，完善的市场体系是农地使用权流转的前提条件。

从路径选择看，要有效推动农村土地使用权流转，促进我国农地制度变迁和社会主义新农村建设，必须从各地区的具体实际出发，分类指导，选择相应的路径：一是创新农地产权制度，赋予农民稳定而完整的土地承包权。二是促进农民与农地、农村分离，激活土地供给机制——包括加快工业化和城市化进程，加快小城镇建设和乡镇企业发展，剥离农地的社会保障功能，促进农民和农地、农村的双重分离。三是提高农业的比较利益，增加土地使用权市场的需求。包括：鼓励大型农、工、商企业投资农业，加大农村税费改革力度和财政支付的转移力度以及建立农业风险的防范机制等等。四是建立完善的农地使用权流转市场，为农地使用权的流转提供运行载体等等。 （陈永志　黄丽萍）

《农户借贷行为和偏好的计量分析》

李锐　李超　著

《中国农村经济》2007 年第 8 期

16 千字

以往对农村金融问题的研究真正以农户为对象，计量分析其借贷行为和偏好的文献还很少。该文采用 3000 个农户的样本数据，构建泊松模型，运用准最大似然估计方法，对农户的借贷行为和偏好进行了分析。研究发现：农户借款的数额和借款农户的数量与其经营的土地面积之间存在着较强的相关性。

农户借款数额中有 72.8% 来自各种非正式渠道，其中，农户之间的借款占非正式渠道借款的 93.2%；而来自正式渠道的借款只占 27.2%，其中，农村信用社的贷款占农户正式渠道借款的 71.8%。农户借款的渠道非常单一，因此，政府应积极引导和规范农村民间金融组织的发展，以增加农村资金的供给和流动性。

农户从正式渠道获取的借款中，长期借款占 79.7%，而农户从非正式渠道获取的借款 中，长期借款仅占 36.5%，正式渠道的借款更有利于用于生产经营活动。农户借款总额中，用于消费的部分占 41.9%，而用于生产经营活动的部分占 58.1%。农户的借款主要是生产经营性的，但非农化倾向严重。

农户显著地偏好具有年利率低、担保抵押少、决策时间短、满足程度高和期限灵活的贷款，不会因为倾向贷款的其他特征而承受高水平的年利率；在年利率确定的条件下，“担保抵押”是其他特征中最为重要的；进一步研究发现，农户对年利率水平的偏好不是对称的，农户显著偏好年利率低的贷款，但高水平的年利率对农户的借款偏好并不具有统计上显著的影响，表明农户对高水平的年利率具有一定的心理承受能力。与正式金融形式相比，民间金融组织具有决策时间短、担保抵押无或少、手续简单、期限灵活、年利率多样化等特征，与农户贷款需求额度小、要得急、担保抵押缺失等特征相吻合，因此，应该适度发展多样化的农村民间金融组织，逐步形成多种所有制有机混合的农村金融市场体系。

尽管户主的性别和最高受教育年限对农户借款偏好的影响在统计上并不显著，但是，家庭纯收入、所经营的土地面积以及医疗卫生和教育支出对农户借款偏好的影响均至少在10%的统计水平上显著，因此，也应将农户的土地面积、医疗卫生和教育支出等因素纳入农村金融制度的框架中综合考虑。

（陈劲松）

《农民合作组织：偷懒、监督及其保障机制》

罗必良　著

《中国农村观察》2007 年第 2 期

16 千字

在现代经济学文献中，有关合作经济组织及其效率的研究一直是主流经济学家关注的主题之一。研究表明，由于团队组织内部劳动与报酬之间的微弱关系以及这一关系的“搭便车”现象，或者说，由于监督的不完备性和考核成本的高昂所导致的激励不足，团队组织往往难以产生出较高的生产效率。但是，对于激励不足的原因则存在激烈的争论，争论的焦点集中于自由退出、限制退出及其监督机制等方面。

该文认为：（1）当一个成员为其团队工作，而工作的成果同时取决于劳动努力和不由主观意志决定的各种客观因素，且两种因素对组织来说又无法进行识别时，就会产生参与成员的败德行为。不能识别劳动努力进而不能进行有效监督的团队组织生产，必然走向劳动力的“柠檬市场”。（2）在合作组织中，监督与偷懒具有此消彼长的关系。在农民合作组织中，监督收益具有公共性质，监督成本则具有私人性质。依靠外部监督亦难以解决团队合作中的偷懒问题。因此，合作组织内部的监督不力往往成为常态。（3）进入威胁与退出威胁这两类机制是促进合作的重要保障。前者通过报复性偷懒这种进入威胁来保障合作；后者则通过保留退出权这种退出威胁来促进合作。（4）通过对人民公社合作组织的实证考察，可以发现，报复性偷懒与退出威胁均不能有效地发挥作用。其中，因“自留地”因素而形成的“隐性退出”具有重要的解释价值。因为不能显性退出，所以人民公社在长时间内没有解体；因为存在隐性退出，所以社员并没有都“饿死”。因此，对于一个合作组织，即使存在成员身份上的退出约束，但如果不能进行有效监督或者说不能限制其隐性退出，那么，它也依然会走向低效率。

该文在理论和方法上的创新是：（1）阐明了在合作组织效率生成中偷懒和监督的重要性。（2）厘清了进入威胁和退出威胁两类合作机制的作用机制。（3）通过对人民公社低效率根源的分析，指出进入威胁与退出威胁均不能形成可自我执行的协议，并发现其中因“自留地”因素而形成的“隐性退出”具有重要的解释价值。　（陈劲松）

《企业生产经营条件与环境的变化》

吕政　著

《财经问题研究》，2007 年第 2 期

9 千字

企业的生产经营活动总是在一定的社会经济环境中运行的。随着生产力的发展和国内、国际经济关系的变化，我国企业的生产经营条件和环境也在不断变化。这种变化直接影响到企业的生产经营成本、市场地位、竞争格局和发展趋势。认清企

业生产经营条件与环境的变化，对于适时地调整企业的经营决策和加强企业经营管理十分重要。

该文对我国企业当前面临的生产经营条件的变化以及这些变化对企业经营行为的影响进行了深入分析，提出了一系列具有现实针对性的政策建议：(1) 在资源供给紧约束的情况下，资源性产品价格上涨的趋势是不可逆转的。其结果必然导致企业生产经营成本的上升，但是由于下游加工工业产品供大于求，价格上涨的空间小，这就逼迫企业必须改变粗放经营的状况，降低能源原材料消耗，以降低成本。(2) 目前的社会分配不公、收入差距扩大的矛盾，首先表现为国民收入初次分配不合理，这种不合理主要包括两个方面：一是垄断性企业获得的超额利润没有被有效地征收到国家财政，一部分转化为垄断性企业的工资和福利；二是民营企业的雇主与雇员的分配结构不合理。解决社会分配不公的矛盾，必须首先解决国民收入初次分配不合理的问题，提高普通员工的工资水平。(3) 解决工业中部分行业生产能力过剩问题的办法，一是继续加强宏观调控，控制固定资产投资规模；二是依靠市场竞争，淘汰落后生产能力；三是严格市场准入标准，完善市场准入机制，限制不具有规模效应和技术落后企业的进入；四是扩大国内需求，特别是增加以农民为主体的低收入阶层的收入及其购买力。(4) 生产要素集中化与生产外包将深刻影响产业组织结构的变动。要适应这种社会化大生产的趋势，企业必须放弃“大而全”、“小而全”的生产方式，集中力量做好做强核心业务，把没有竞争优势的生产经营环节外包给其他企业。(5) 企业必须承担与现代社会经济发展要求相适应的社会责任，包括强制性的和自愿性的社会责任。

（吕 政）

《人民币汇率与利率之间的价格和波动溢出效应研究》

赵华 著

《金融研究》2007 年第 3 期

12 千字

该论文基于向量自回归多元 GARCH 模型研究了 2000 年以来人民币汇率与利率日数据之间的短期动态变化关系，对比分析了人民币对美元汇率、人民币对日元汇率以及人民币对欧元汇率与货币市场利率之间的信息传导方式，研究了人民币汇率和利率之间的价格和波动溢出效应。该论文的贡献在于：实证分析了利率和汇率的短期动态关系，帮助相关投资管理人员和金融管理部门更好地理解二者之间的关系；考察了两个市场的价格（线性）和波动（非线性）的关系，由于利率和汇率的关系并不一定是线性关系，扩展到利率和汇率波动率的研究，将更大范围地考察它们的关系；由于汇率和利率每天都在发生着变化，该论文研究了汇率和利率日数据之间的关系，通过捕捉汇率和利率的波动聚集效应、时变方差和波动溢出效应，使我们能够理解两个市场的动态变化关系以及它们之间的信息传导机制。

该论文通过实证研究得出：人民币汇率和利率之间不存在价格溢出效应，即没有价格上的信息传导关系；就波动率而言，货币市场具有显著的时变方差特征和波动持久性，人民币对美元、欧元、日元汇率的波动表现不同，其中人民币对美元汇率没有出现 ARCH 效应，而人民币对欧元、日元汇率出现了显著的 ARCH 和 GARCH 效应，它们具有时变方差特征和波动持久性；在货币市场和外汇市场之间，人民币对美元汇率与利率之间不存在波动溢出效应，而人民币对欧元、日元等非美元汇率与利率之间存在双向的波动溢出效应，表明我国非美元汇率和利率之间的波动相互作用、相互影响，它们的二阶矩密切相关，利率和汇率之间具有非线性关系。人民币利率和汇率之间的波动溢出效应与价格溢出效应表现不同，因为我国资本项目的严格管制，导致利率和汇率之间不会出现线性的价格溢出，而经济中的资本流入又会使利率波动和汇率波动产生了相互影响，从而出现了波动溢出效应。因此，人民币对非美元外汇之间的关系并不是线性的价格上的信息传导关系，而是非线性的波动率之间的信息传导，这对于投资者、金融监管部门具有一定的参考意义。最后，该论文建议：我国应加快推进利率市场化改革，完善利率调节机制，实行更加灵活的有弹性的汇率机制，逐步放开资本项目管制，建立汇率和利率之间的双向信息传导关系，提高我国货币政策的传导效率，使汇率和利率真正成为调节我国经济的重要杠杆。（赵　华）

《市场经济与公共产品》

刘诗白　著

《经济学动态》2007年第6期

10千字

人们对公共产品的含义、性质、功能、生产机制以及在社会主义市场经济中如何发展公共产品生产等基本理论问题，存在着许多混乱的认识。一些人单纯搬用西方经济学中的公共产品概念，另一些人则把公共产品当作是“非商品”、“政府品”。这种对公共产品理论认识上的模糊不清和对公共产品概念的随意使用，显然会影响到我国当前搞好新时期公共产品生产与分配的政策制定和实施。

该文以马克思主义经济学为指导，对公共产品这一现代经济学范畴进行梳理、修改和科学阐释，弄清了社会主义条件下发展公共产品生产的规律，这是一项具有重要现实意义的理论工作。本文对公共产品提出一种新的定义，区分出公用品、公益品两类公共产品，并对公共产品生产与提供的一般机制进行了概述。

公用品是公共产品的重要形式。公用品指的是：由于产品的物质技术特点，使其使用价值具有多个人共同享用性，人们可以不付费地获得这种产品和共同享有其使用效果。公用品就其性质，可区分为公用消费资料和公用生产资料；就其规模与功能，可区分为满足小集体需要的“小公用品”和满足社会公共需要的“大公用品”。

公益品是表明产品的社会经济规定性的范畴。公益品是公共产品的另一形式。西方经济学在分析公共产品范畴时，着眼于强调产品集体消费的自然技术性，无视和回避产品的社会功能，从而缺乏对公益品的理论分析。公益品有多样品类，它们分别承担不同的社会功能：1. 为贫困群体提供生活保障。2. 促进经济发展。3. 维护人类生存的自然物质基础。4. 用于保障国家安全。

就事物的本质而言，公共产品的生产是对市场失灵的校正——如像公用品；或是对市场缺陷实行弥补——如像公益品。在充分竞争的私人品生产基础上，培育和推动公共产品生产的发展，不仅能满足当代人的多种需要，而且它还体现了市场经济体制的创新。在我国社会主义条件下，我们不仅应把推动公共产品生产的发展视为是治理民生问题的现实需要，而且应该看到，推动公共产品生产与私人品生产并行发展、有机结合、互相促进，是构建更加完善的社会主义市场体制模式的需要，也是深化改革的需要。

（钟培华）

《计量经济学模型方法论的若干问题》

李子奈　著

《经济学动态》2007年第10期

15千字

计量经济学模型在经济理论研究和经济问题分析中被广泛采用，已经成为一种主流的实证研究方法。但是，错用和滥用计量经济学模型的现象也在不断发生。究其根本，对计量经济学模型的方法论基础缺乏深入研究和正确理解是最主要的原因。要让计量经济学应用研究不陷入“庸俗”的和“自娱自乐”的境地，使计量经济学不被认为是“蹩脚的应用数学”，就必须对它的方法论基础开展批判性研究。

任何科学研究，不管是自然科学还是社会科学，都要遵循以下过程：首先是观察，关于偶然的、个别的、特殊的现象的观察；其次是提出假说，从偶然的、个别的、特殊的现象的观察中，提出假说，这些假说是关于必然、一般、普遍现象而言的；然后需要对假说进行检验，检验方法一般包括实验的方法、预测的方法和回归的方法；最后是发现，关于必然、一般、普遍的规律的发现。

人们在从事经验实证研究的实践中，清楚地感受到，正确地提出可供证实或证伪的假说，即计量经济学理论模型，是十分重要的。对该理论模型进行检验的依据是表征已经发生的经济活动的数据，那么相对于不同类型的数据，应该设定不同类型的理论模型，该理论模型是可以通过经验数据获得证实或证伪的，即模型类型设定对数据存在依赖性。否则，经验数据检验的数学基础、统计学基础和逻辑学基础将被破坏。从学术刊物发表的论文中可以看到，大量的错误皆源于此。

计量经济学模型，就其应用功能来讲，无非是四个方面：结构分析、经济预测、政策评价和理论检验。不同的应用目的对模型及模型方法论基础有不同的要求，不可能建立一个能够适用于所有应用目的的模型。

应用计量经济学模型只能得到随机性结论。试图得到确定性的结论，是计量经济学模型方法论所不能够的，也是不科学的。目前的计量经济学应用研究论文中，充满着对研究结论的确定性陈述，研究者为自己制造了陷阱，带来了被动，也是没有正确理解计量经济学模型方法论基础的表现。

最后必须重申，计量经济学应用模型的总体设定，即经济系统的主体动力学关系分析，不是理论经济学的任务，而是计量经济学的任务。一项计量经济学应用研究课题，或者一篇计量经济学应用研究论文，必须将大部分工作或者大部分篇幅放在模型的总体设定方面，否则研究课题是不可能成功的。

（钟培华）

《中国经济学的历史转型》

黄泰岩　著

《经济学动态》2007年第12期

9.5千字

在新的历史时期，中国经济学的研究主题发生了历史性的转变，并由此产生出亟须回答的新的重点、难点和热点问题。自1978年改革开放以来的30年间，中国经济学在改革与发展问题的研究上，中心主题是研究改革，发展是作为改革的目的放在改革的框架中。进入21世纪，中国经济学的中心主题发生了历史性转变，突出标志是“十五”计划纲要第一次明确把改革与发展两大主题的关系调整为“以发展为主题”，而改革开放与科技进步并列放在发展动力的位置上。这意味着改革与发展的前后位置变化了，改革被纳入到发展的框架中，把发展放在了总揽全局的位置上。可以说，这种主题位置的转换标志着中国经济学从“改革经济学”向“发展经济学”的历史性转变。

以往对经济发展的研究，虽然建立起了一系列的理论框架，但从研究经济发展的总体要求来看，这些理论框架无疑都是某一方面的，缺乏一个总括性的分析。作为“发展经济学”的基本理论框架主要应包括两个方面：即需求拉动型经济发展和供给推动型经济发展。从需求拉动型经济发展来看，主要包括三个方面的拉动力，也就是通常所说的“三驾马车”，即消费、投资、出口。从供给推动型经济发展来看，也包括三个方面的推动力，即要素供给、结构供给、制度供给。

随着短缺经济时代的结束，特别是1998年开始中国进入通货紧缩时期，扩张需求拉动发展就成为这一时期经济发展的主旋律，这时需求拉动就替代供给推动上升为经济发展的主要方面，成为中国经济学研究的中心或者重点。这时的经济发展就可以称为需求拉动型经济发展。在需求拉动的“三驾马车”中，由于消费需求相对不足，投资和出口就成为拉动经济发展的主要力量。

中国经济学的研究需要依据新的环境和中国的具体国情进行理论创新：首先，超越刘易斯的二元经济理论，构建三元经济的发展理论框架。其次，超越开放经济理论，构建经济全球化的发展理论。最后，超越刘易斯的劳动力流动理论，构建中国特色的城市化理论。

中国经济研究对经济学的理论与实践的贡献，也应该用中国经济改革与发展所创造的“奇迹”来计量。同时，还应看到的是：中国经济发展的成功实践，也为中国经济学者运用中国的经验检验、修正、补充已有的经济学理论提供了难得的机遇和条件。因此，中国经济学者在这一领域的勤奋耕耘及其收获，也是对经济学一般理论的世界贡献。

中国经济学是中国特色社会主义理论体系的一个重要组成部分。中国经济学要能够指导中国特色社会主义的实践，就需要依据实践的新要求进行理论创新。（钟培华）

《经济人假设与马克思主义经济学》

孟捷　著

《中国社会科学》2007年第1期

16千字

近年来，有关中国经济学范式的建设和发展方向的讨论在学术界引起了越来越大的关注，任何一种经济学范式都会涉及人的行为模式这个基础性的问题，如何看待新古典经济学的经济人假设，它与马克思主义经济学有什么关系，建设和发展21世纪的经济理论需要如何发展马克思主义关于人的行为和动机模式的理论？这些都是有待于深入讨论的重要理论问题。

马克思的资本主义生产当事人概念和古

典经济学的经济人概念既有联系也有区别：二者间的继承性体现在，资本主义生产当事人概念同样是一种理论抽象，即仅仅将人看作是经济范畴的人格化，是经济利益的承担者。因此，这个概念同样是将人看作资本主义经济整体的运行所必需的构件。它与经济人概念的区别则体现在，后者将人的自性看作超历史的、先验的；而马克思主义经济学则把人性看作由既定的生产关系体系所决定的。

在《资本论》中，马克思透过资本对资本主义生产当事人的动机和行为模式做了基本规定。在此基础上，就需要进一步分析竞争即“许多资本的相互关系”对资本主义经济当事人的动机和行为模式的影响，并探讨这样一个问题——马克思主义经济学应该如何从一个普遍的动机出发解释竞争中的不同行为。实际上，追求剩余价值和追求利润，在意义上是不同的。马克思所说的尽可能地占有剩余价值的一般动机，与新古典经济学的利润最大化不是一回事。此外，演化经济学对新古典利润最大化假设的批评，事实上植根于资本主义经济中的不确定性。追求剩余价值的动机，与上述不确定性的维度是相契合的。这种不确定性意味着资本主义生产当事人不能完全预知其行为的目的和手段之间的一致性。

马克思的资本主义生产当事人概念具有局限性，因为这个概念难以用来解释资本主义经济制度在20世纪所表现出的多样性。资本主义生产当事人是资本主义经济系统的构件，实现着这个系统的正常运转所要求的功能。但在这一抽象的基础上，既难以解释该系统本身的重大制度性变革，也难以解释制度多样性的形成以及相伴随的人的行为模式的多样性。因此，应该把马克思在哲学上对人的本质的思考纳入我们的视野，用来丰富经济分析中的人的行为模式的理论。在分析特殊的资本主义经济制度的重大变革和这一制度的多样性时，有必要超越人只是经济范畴的人格化这样的视角，在对人的行为模式的解释中接纳来自文化、政治等多方面的影响。（钱永中）

《产权理论：马克思和科斯的比较》

吴易风　著

《中国社会科学》2007年第2期

20千字

近十多年来在我国学术界一直流行着一个说法：科斯有产权理论而马克思没有产权理论，甚至还认为，在马克思著作中，连“产权”这一用语也没有。这些断语，没有任何根据。马克思系统地研究了与经济领域的生产关系相对应的法律领域的财产关系，研究了与财产有关的法的权利。事实上，马克思关于财产关系和产权的大量论述，构建了马克思主义产权理论大厦的主体。

马克思的产权理论体系包含下述一系列重要命题：（1）包括产权关系的法权关系是反映经济关系的意志关系。（2）财产关系是生产关系的法律用语。（3）产权是所有制关系的法的观念。（4）财产和产权具有某种历史，采取各种不同的形式。（5）存在两种不同性质的产权规律，即产权的第一规律和第二规律。（6）产权是与财产有关的各种法定权利。（7）产权所包含的权利可以统一，全属于同一主体；也可以分离，分属于不同主体。（8）产权分为公共产权和私有产权，资本原始积累时期出现变公共产权为私有产权的掠夺和盗窃过程。（9）资本主义财产关系和产权制度具有对抗性质，会从生产力的发展形式变成生产力发展的桎梏。资本主义财产关系和产权制度必将被社会主义财产关系和产权制度所代替。社会主义运动的起点是为生产资料公有化创造条件。总之，马克思的产权理论已经形成了科学体系，他提出、论证并阐明了有关产权的一系列原理。

科斯的产权理论通常被称为“科斯定理”。按照自由交换论，科斯定理是：只要能自由交换，财产的法定权利的最初分配就不影响经济效率。按照交易成本论，科斯定理是：只要交易成本为零，财产的法定权利的最初分配就不影响经济效率。按照完全竞争论，科斯定理是：只要能够在完全竞争市场上进行交换，财产的法定权利的最初分配就不影响经济效率。“科斯定理”三种同义反复的解释表明，科斯产权理论试图提出并回答的中心问题是产权界定或产权清晰与经济效率的关系。可见，科斯定理只是提出并试图解决产权理论中的一个问题，而远未提出并解决产权理论的一系列重大问题。

如果仅就产权与经济效率的关系而论，马克思的产权理论与科斯的产权理论则存在一定的可比性。马克思经过严格的科学论证，证明当资本主义财产关系和产权制度适应生产力发展时，资本主义经济比较有效率；当资本主义财产关系和产权制度成为生产力发展的桎梏时，资本主义经济则缺乏效率。科斯关于产权与经济效率关系的命题，即只要私有产权清晰，资本主义市场经济总是有效率的这一命题，没有得到任何证明。马克思和科斯的不同产权理论，对中国社会主义市场经济具有完全不同的政策含义和完全不同的后果。（钱永中）

《西方主流宏观经济分析的微观化——一种马克思主义经济学的解析》

方兴起　著

《中国社会科学》2007 年第 2 期

20 千字

自 20 世纪 70 年代以来，新自由主义经济学家把宏观经济分析微观化，以博弈论为主要分析工具，用个体行为方式及其约束条件直接解释宏观经济与宏观经济政策问题，创立了所谓的“新古典宏观经济学”，完全取代了凯恩斯主义宏观经济学的主流地位。

20 世纪 30 年代以前，新古典学派理论的三个基本假设（货币中性假设、供给创造需求假设和私人利益与社会利益一致性假设）堵塞了对宏观经济的全面分析。面对宏观经济层面严重失衡的 1929—1933 年大萧条，凯恩斯提出，一国的总产量或总就业量主要取决于消费倾向、流动性偏好（或利息率）和资本边际效率。而市场力量本身不可能使后三种变量恰好同时处于实现生产的全部潜力或充分就业所需要的水平之上，这就必须要有国家的经济干预。他特别强调资本边际效率即预期利润率的变化与经济周期波动的相关性。凯恩斯理论最值得肯定的方面，在于它突破了西方主流经济学长期将市场经济视为实物交换经济的货币面纱观，探讨了微观经济得以正常运行的宏观环境。

20 世纪 70 年代世界经济危机中出现的“滞胀”问题，给予凯恩斯主义以致命的打击。新自由主义经济学趁机取而代之。其中，以哈耶克为代表的伦敦学派对凯恩斯理论持完全否定的态度；以弗里德曼为代表的新货币学派还基本肯定凯恩斯的分析方法；而最有影响的，是以卢卡斯、萨金特和巴罗为代表的理性预期学派，他们将宏观经济分析微观化，主张靠“先知先觉”的理性经济人的个人行为来协调宏微观经济。新自由主义经济学编造的市场原教旨主义的神话红极一时，成为世界霸主国为其对外扩张而强行向发展中国家输出的精神鸦片。

马克思对资本主义生产方式的科学分析，揭示了其宏微观经济分裂困境必然存在的根本原因，强调社会条件或宏观经济环境决定着个体所追求的私人利益的内容及其实现的方式。宏观、微观经济的分裂，二者之间的对抗性，不仅使经济活动中的每个个体而且使政府都无力控制宏观环境或宏观经济层面。放任市场自发力量带来的破坏性的经济后果，是个人和社会都难以承受的。马克思研究了不同于个别资本再生产的社会总资本的扩大再生产运动所必需的均衡条件，指出这些均衡条件的满足只能经过周期性的经济震荡和破坏来实现。（许建康）

《改革以来全国总体基尼系数的演变及其城乡分解》

程永宏　著

《中国社会科学》2007 年第 4 期

17 千字

鉴于中国收入差距的现实状况，有必要对其进行实证研究和规范分析。在实证研究方面，利用程永宏（2006）的全国总体基尼系数计算和分解方法，系统计算了 1978—2005 年的全国总体基尼系数，并进行了城乡分解，定量研究了影响全国总体基尼系数变动的主要因素。在规范分析方面，针对理论界的主要争论，进行了理论探讨：（1）提出了“主观差距”和“客观差距”的概念，对“基尼系数国际警戒线”是否适用于中国的争论作了辨析。（2）对利用地区价格指数调整基尼系数的观点进行了评析。

上述实证研究得出以下主要结论。（1）改革以来全国总体基尼系数基本上是持续上升的，1992 年以来全国总体基尼系数持续超过 0.4。（2）改革以来全国总体基尼系数的上升具有明显的阶段性，且与改革进程的阶段性吻合。（3）改革以来，农村基尼系数贡献率持续下降，城镇基尼系数贡献率持续上升；1992 年，城镇基尼系数取代农村基尼系数成为全国总体基尼系数最主要的影响因素。这一实证研究的意义主要是：（1）第一次计算出改革以来长达 24 年的全国总体基尼系数，分析了中国收入差距的演变趋势，这是现有文献没有解决的问题；（2）对全国总体基尼系数进行了城乡分解，定量分析了影响全国收入差距的主要因素，这是目前文献没有涉及的问题。

由于理论和数据方面的缺陷，全国总体基尼系数的水平及其计算方法一直是备受争议且亟待解决的问题。虽有少数文献进行过这方面的尝试，但涉及的年份很短且计算方法没有经过严格论证。因此，部分学者不得不亲自组织全国性收入调查，以获得个别年份的总体基尼系数。本文采用的方法是作者刚刚发表的新方法，具有严密而详细的论证，使用的数据是国家统计局的调查数据，计算结果是可靠、可检验的，这些计算结果可以为其他领域的研究提供重要的数据基础。

上述规范分析有以下主要结论：（1）在中国总体基尼系数长期超过 0.4 警戒线的情况下，中国经济仍然保持稳定发展的局面，是由于主观差距低于客观差距；这种状况会发生根本性的改变。这样就对“基尼系数警戒线”是否适用于中国的争论，给出了一个合理的、可检验的解释。（2）利用地区价格

指数调整总体基尼系数，忽视了跨地区消费的普遍性，也忽视了公民行使消费权利的自由。（钱永中）

《非竞争型投入占用产出模型及其应用——中美贸易顺差透视》

刘遵义等　著

《中国社会科学》2007 年第 5 期

19 千字

现代国际贸易发展的一个重要特点是国家之间的分工与联系日益广泛和深入，在一个国家的出口品生产中经常使用大量其他国家和地区的进口品作为中间投入。就中国而言，这种情况尤为突出，出口品中大部分是加工出口，通常只是对其他国家或地区的产品作最后的加工或装配。因此，计算出口品中的进口投入部分所带来的影响，对于正确反映一个国家的实际出口规模、研究国际贸易平衡具有重要的作用。

就国外的研究而言，赫梅尔斯（Hummels）等提出了垂直专门化（表示出口品的进口投入数额）和垂直专门化率（表示单位出口品中的进口品投入数额）来对出口品中的进口投入部分予以计算，该研究已经引起国际经济界的广泛重视。但是就我国而言，在国家统计部门发布的官方数据中对此没有予以反映，学术界的研究目前也还是空白。

该研究试图构造一种方法，来计算出口品中的进口投入及其给中国经济发展和就业所带来的影响。通过计算，我们可以更加真实地看到中国和发达国家在对外贸易方面的利害得失。此项计算，须有相应年份的投入产出表，而编制一个符合实际的投入产出表工作量极大，目前美国和中国都只有 2002 年的数据，因此，该研究也仅以 2002 年的数据为样本。

计算结果得出以下主要结论。第一，近年来，中国对美国出口货物总值约为美国对中国出口货物总值的 4 倍，但以国内增加值来衡量的话，则中国对美国出口仅为美国对中国出口的 2 倍左右。由此，我们可以看出不能仅仅把进出口总额作为衡量一个国家（或地区）对外贸易的经济指标，而应当同时计算出口中所包含的国内增加值和进口品价值，即不仅从总产值角度来衡量而且还要从增加值角度来衡量。第二，就对国内就业的影响而言，中国对美国出口对中国国内就业的拉动是美国对中国出口对美国国内就业拉动的 17 倍之多。对此，我们绝不能沾沾自喜，因为长期出口劳动密集型产品会阻碍贸易产品的结构升级，造成发达国家始终把我们锁定在生产结构底端的局面。

（梁　华）

《企业信息化投资的绩效及其影响因素：基于浙江企业的经验证据》

汪淼军　张维迎　周黎安　著

《中国社会科学》2007 年第 6 期

18 千字

信息技术在企业的大规模应用，即所谓的企业信息化，可能是 20 世纪 80 年代以来世界范围内最重要、最深刻的一次技术性变革。如何准确评估和认识企业信息化对企业生产绩效的影响，是国外经济学和管理学一直关注的问题。近年来，我国政府和企业也已经认识到信息化在提高企业自主创新能力和企业核心竞争力方面的关键作用，“以自主创新提升产业技术水平”和“以信息化带动工业化”，已经成为我国“十一五”规划中的核心产业政策。企业信息化在国家政策上受到如此重视，在企业投入上又如此之大，那么，企业信息化投资是否能够提高企业绩效；信息化投资与传统的物质资本投资的效果是否存在系统的差异；在美国企业信息化投资的早期遇到过一个所谓的生产力悖论，即信息化投资并不能显著地提高企业的生产率，中国在目前阶段上是否也会遇到类似的悖论；基于中国目前的具体情况，企业信息化的绩效和企业规模、企业所有制性质以及企业信息化的时间之间是否存在密切关系？这都亟待深入研究。

已有的问卷调查似乎显示我国目前企业信息化投资效果不尽如人意，但这些结果并不是建立在非常严谨的计量分析的基础上的，所以其结论是否具有普适性，还需要进一步的检验。

针对以上问题，利用浙江省企业信息化调查数据和浙江省统计局现有的数据，利用计量经济学方法，对以上问题进行检验分析，得出以下基本结论。第一，企业生产绩效随着企业信息化投资增加而增加，企业信息化资本投资的效率远远高于企业物质资本。这个结论在一定意义上说明国外关于企业信息化生产力悖论的解释并不具有普适性。第二，企业信息化绩效和企业规模、所有制和信息化时间长短存在密切关系，这在一定意义上反映企业信息化绩效的决定因素是企业信息化物质基础、人力资本和伴随性组织行为。第三，大企业信息化绩效显著高于中小企业，企业信息化的长期绩效高于短期绩效，国有和集体企业的信息化绩效高于民营和外资企业。第四，在目前我国企业信息化初级阶段，企业信息化物资资本是最重要的信息化资源，它在很大程度上决定了企业信息化的绩效。

（梁　华）

《生产者服务业与制造业互动发展——来自投入产出表的分析》

吕铁　著

《中国经济问题》2007 年第 2 期

19 千字

生产者服务业与制造业互动发展，既是当前阶段我国推动经济增长的现实需要，也是促进我国产业结构升级的可行选择。虽然这个问题已经引起了不少国内学者的关注，但是，利用投入产出表对我国生产者服务业与制造业的产业关联状况进行测算和实证分析，并通过与国外相关数据比较，进而明确推进我国生产者服务业与制造业互动发展的基本路径，这类研究目前尚不多见。吕铁的论文《生产者服务业与制造业互动发展——来自投入产出表的分析》在这方面做了一些工作，具有较高的学术价值和实践意义。该论文的特色主要体现在以下四个方面：

一是从理论上分析了生产者服务业发展与制造业发展的内在联系，分析的视角和结论有一定新意。作者认为，20 世纪 70 年代以来，生产者服务业得以迅速发展的基本原因可以概括为专业化分工和外包带来的中间需求增长。制造业的发展水平越高，其对生产者服务的中间需求就增长越快，对生产者服务业发展的促进作用也就越大。另一方面，生产者服务业的发展状况又直接影响着制造业的分工水平和增长效率。

二是对若干发达国家生产者服务业发展的特点和趋势做了归纳。该论文运用反映发达国家服务业投入产出变动的相关数据，比较详细地考察了美国、英国和日本等发达国家生产者服务业发展的特点和趋势，为进一步分析我国生产者服务业与制造业的互动发展问题提供了比较依据，得出的独特认识和结论值得我们重视。比如，在发达国家的服务业产出中，生产者服务业的产出比重明显低于消费者服务业的产出比重，而且前者的变动在不同国家也呈现出不同的态势。

三是采用7个年份的投入产出表数据测算了我国生产者服务业与制造业的产业关联状况。这种以定量分析为基础的探讨，无疑有助于加深我们对问题的理解，从而更好地把握两者之间的关系。结果表明，我国生产者服务业的发展及其与制造业的产业关联状况具有与发达国家相异的若干特点，这些差异从根本上说是由我国与发达国家处于不同的发展阶段所决定的。总体而言，我国的生产者服务业与制造业的产业关联关系仍然处于较低水平。

四是提出了具有系统性和针对性的对策。该论文的对策思路包括：从制造业角度看，要深化企业分工，优化行业结构，提升发展质量；在生产者服务业发展方面，要完善基础条件，推进体制创新，明确发展重点，扩大对外开放。这些对策建议不但系统全面，而且有较强的针对性，对相关政策的制定颇有参考价值。 （吕　铁）

《试论合作社与股份公司的本质区别与相互联系》

苑鹏　著

《教学与研究》2007年第1期

6千字

作为市场经济产物的合作社和股份公司究竟有哪些本质的区别与内在的相互联系？该文从产生动因、组织目标、成员制度、所有权安排、治理结构、分配制度、经营战略以及社会责任等多个方面进行了简要比较。

该文认为，合作社的出现，是基于经济弱势群体避免大资本、中间商的盘剥，维护自身的生存地位而采取的一种自卫行为；而股份公司的出现，本质上是商业资本最大限度地追逐利润、追求财富增长而实施资本扩张的一种进攻性行为。为成员服务是合作社的组织宗旨，为成员的产品提供一个“家”和围绕成员产品提供服务是合作社的经营战略目标。因此，只有那些需要利用合作社服务的人才能够加入到合作社中来，合作社的所有者与使用者具有同一性。在组织内部，合作社不赚取其交易（服务）对象——成员的钱，合作社的分配制度是基于成员对合作社的使用或利用，即按照成员与合作社的交易额比例返还，股金分红受到严格限制。而股份公司的目的就是为股东的资本增值服务，所有者和使用者是分离的，股东并不需要利用公司的服务，股份公司为了实现利润最大化，获得高额的资本回报，生产经营战略具有广泛的选择性和灵活的弹性。在所有权安排上，合作社的社员股权通常与成员的惠顾（patronage）相联系，成员的股本认购通常受到严格的限定。而股份公司的股权并没有此限定，股东可以视个人投资能力购买股份。在决策方面，合作社实行经济民主制，社员无论股份多少，人人平等，实行一人一票制。同时，合作社强调社会责任，坚持以人为本，强调人的平等和尊严，重视为所在社区的成员群体服务。而股份公司则按股东的持股额决策，实行一股一票制，并且哪里有利润就在哪里投资，不需要将公司业务锁定在某个社区，为社区成员服务。

该文同时指出，尽管股份公司与合作社制度从产生的直接动因到内部制度安排、再到组织的运行规则都有着本质的不同，但是，作为市场经营主体，两者最终的裁决者都是消费者。因此，经过160多年的发展，股份公司制度与合作社制度在组织创新中双方经常相互借鉴，例如，一些股份公司引入职工（股权）参与计划，分配制度向人力资本倾斜，缓和劳资矛盾，提高公司凝聚力；而一些合作社则面向社会募集股本、实施股本不可退还制度等，以减缓合作社社员投资激励不足、合作社发展缺乏后劲等问题。

（刘燕生）

《土地征收的公正补偿与市场开放》

王小映　著

《中国农村观察》2007年第5期

15千字

该文分析了市场经济条件下对农用地按照公平市场价值进行公正补偿的理论含义。在不考虑规划管制的情况下，对于农用地而言，公平市场价值不仅仅指与农用地质量、肥力和农产品价格相关的农业租金价值，还包括与土地区位以及人口等因素相关的预期增值和农用地的选择性价值，距离城市边缘越近，农用地的公平市场价值就越高。而在考虑规划管制的情况下，由于规划会使土地市场价值发生变化，公正补偿还要求在对农用地按照公平市场价值进行完全补偿的同时给予额外补偿，在此基础上与转用后规划用途相关的一部分土地增值才能归公。

该文分析认为，中国对农用地转用实行统一征收的管理办法，虽然有利于对规划许可转用的农用地进行同价补偿，并在此基础上实现土地增值归公，但是，由于对集体建设用地外的所有农用地转用实行统一征收的管制，集体建设用地的流转在法律上仅限于村组集体经济组织内部，土地的公开市场价值得不到显化，形成了城镇国有建设用地参照市场价格、按照公平市场价值进行完全补偿，而农用地在征收中按照“被征地者生活水平不降低”的标准进行相当补偿的不平等待遇现状。法定的农用地征收补偿标准按照农用地的农业租金价值来确定，按照农用地年产值的一定倍数计算，并不考虑土地的预期增值和选择性价值，补偿标准脱离土地的公平市场价值，导致不该归公的土地增值在土地征收中也归公了。

该文提出，改革中国的土地征收制度，一方面需要转变按照农业租金价值确定补偿标准的传统思路，确立按照包括农业租金价值、预期增值、选择性价值在内的公平市场价值标准进行完全补偿的新思路，综合考虑土地的区位、预期增值和产出等因素，制定并不断调整征地统一年产值标准和区片综合地价，稳步提高土地征收补偿标准。另一方面，需要有序地开放集体建设用地流转市场，培育和发展城乡统一的建设用地市场。通过集体建设用地流转市场的开放和市场流转机制的完善，显化土地的市场价值，逐步压缩土地征收的范围，最终建立有客观市场价值作参照、有法定补偿标准保护、有中介机构评估、有司法判决裁决的公正补偿办法。

（刘燕生）

《外资在流通业超速扩张值得高度警觉》

宋则　李蕊　著

《商业经济与管理》2007年第3期

9千字

该文作为宋则研究员主持的中国社会科学院2006年度重点课题“‘十一五’期间中国现代流通服务业影响力研究”阶段成果，

在充分肯定对外开放巨大成就的同时认为，需要特别关注外资在中国流通业“影响力滥用”的新动向。在新动向面前，盲目乐观，甚至不加具体分析地继续高调鼓吹“外资无忧论”、“欢迎并购论”，十分危险，绝不足取，必须放弃。

该文认为，外资在中国流通业“事实上不设防”的奇特状况，在全世界独一无二、绝无仅有；外资在最具成长性的主流业态的超速扩张，正在从量变转化为质变，其产生的不良后果，值得高度警觉。改革开放的基本国策应当毫不动摇，只是需要给出与时俱进的新判断和新对策。

该文首先分析了外资在中国最具成长性的商业主流业态超速扩张的事实及其危害。包括外资无序并购、“影响力滥用”导致自主渠道资源被损毁；自主品牌遭重创、制造业被逐步边缘化；就业遭遇挤出效应，外商投资零售企业大店的发展，在一定程度上直接或者间接地抑制了中小商业企业的发展和就业的增长；现行所得税制构成了对内资企业的逆向歧视，这种歧视使得外资有恃无恐地进行恶性竞争，以低价收购、占压资金等方式欺压国内制造商和供应商，恶化了国内竞争环境；外资进入流通业并没有促使中国结构优化、流程优化和交易成本的降低，各种失衡和差距反而更加恶化，从而给经济安全埋下隐患。

该文认为，应当对外资进入流通业的基本判断做出相应调整，必须认识到：外资进入流通业首先影响的是国内流通业，但最终是制造业；引进外资的正面效应主导时期已经结束，负面效应开始上升到了值得高度警觉的主导方面；应进一步清除“重生产、轻流通”的传统影响，在引进外资时一定要充分考虑首先要给中国本土企业一个公平待遇，一定要创造公平竞争的环境，彻底改变对外资进入流通业“事实上不设防”的世界罕见做法。

该文最后给出了相关政策调整的若干要点，包括：（1）出台反垄断法、实施产业损害调查和反流通业倾销；（2）依法限制、阻止恶意并购，实施反并购；（3）起草《城市商业网点规划条例》，敦促尽快出台；（4）纠正地方政府对外资零售商实施的“超国民待遇”行为，依法查处、追诉相关机构在引进外资过程中推波助澜、内部交易、商业贿赂及其造成的严重后果。（孔繁来）

《中国经济增长方式的选择与转换途径》

卫兴华　侯为民　著

《经济研究》2007 年第 7 期

10 千字

经济增长具有一定的阶段性，并且具有不同的规律。随着经济的发展，技术、人才和教育因素对经济增长的作用越来越大，这同时也要求社会制度不断完善以适应经济增长的新要求。当前，中国经济增长方式的目标选择与定位，必须立足于集约型增长方式，解决效率低下的问题，通过科技进步缓解资源特别是不可再生资源的紧张局面。同时，也要重视社会经济制度的有效性和合理性。要特别重视提高劳动者的知识和技能，通过公平的制度保障来提高其生产积极性，以保持经济增长的稳定性和持续性。

目前转变经济增长方式仍面临着一系列难点。首先是投资结构重数量轻质量、重规模轻效益，而分配和消费结构不合理又加剧了产能和产品过剩，出现投资、分配和消费结构的协调问题；其次是集约型增长要求产业结构的优化，但处理不好会导致结构性失业，需要有效化解就业和产业结构优化的矛盾；三是资源产品因政府管制造成价格偏低，而市场价格形成机制仍不健全也导致价格失真，从而助长了过度投资和资源浪费倾向，需要妥善处理好政府管制与市场机制的关系；四是转换政府职能与科技体制创新需要进行有效的衔接。

实现向集约型经济增长方式的转变，既要通过科技进步提高效率和优化经济结构，也要加快政府职能转变和体制改革，为科技创新提供制度保证。在科技创新上，首先是要建立以企业为主体、市场为导向、产学研相结合的技术创新体系；其次是要加强职业和技术培训，提高技术消化吸收能力；三是深化科研部门和事业单位改革，确立自主创新的意识；四是要提高对科技和教育的公共支出，为科技创新提供保障；五是要促进产业结构优化，增加新兴产业在国民经济中的比重；六是通过科技进步提高资源利用率，降低物耗和能耗，节约和保护资源。

在体制创新上，一是要深化企业改革，使企业成为追求集约化经营的微观经济主体；二是塑造效率主导型的投资机制，提高经济增长的质量和效益；三是建立相应的投资决策和风险约束机制，避免领导政绩、本位主义等因素干扰投资立项和投向，防止重复建设导致设备闲置和资源浪费；四是转变政府职能，加强政府在资源使用、环境保护、社会分配、公共安全等问题上的责任，完善税收、干部考核、市场准入政策；五是积极促进就业，加快发展服务业特别是信息服务、文化、物流、技术研发等新兴服务业，缓解就业矛盾。（卫兴华）

《1999—2005年中国地区工业结构调整和增长活力实证分析》

刘楷　著

《中国工业经济》2007年第9期

16千字

自“西部大开发”实施以来，我国又相继推出了“振兴东北和中部崛起战略”，这些政策的实施，对加快中、西部和东北地区的发展，起到了重要的推动作用，但却始终无法使这些地区的工业竞争力显著提高，发展速度始终无法超过东部，其中的原因是什么，为加快内地的经济发展，今后究竟应该采取哪些措施？

对于我国这样一个地区经济发展水平差异很大的发展中大国而言，地区经济的发展，实质上是由地区工业的发展水平所决定。在关于内地经济应如何发展的问题上，当前，存在着两种不同的观点：一种观点认为，根据我国地区资源禀赋状况及比较优势理论，我国的内地，应大力发展资源产业及其相关的产业链，提升其专业化水平，扩大市场占有率，以此带动经济的发展；另一种观点则认为，我国内地，经过历史上“三线时期”的建设，已奠定了雄厚的工业基础，这些地区有能力也有必要发展先进制造业，这应成为内地经济发展的主流。两种观点的争论，实际上涉及了三个问题：第一，发展资源产业能否使内地的经济发展走出困境；第二，资源产业的专业化，能否缩小沿海和内地间的经济发展差距；第三，内地究竟是否需要发展先进制造业。

借鉴国外学者的研究成果，该论文对我国1999—2005年相关数据进行了科学分析和严谨归纳后认为：

（1）我国沿海地区工业结构调整，同全国结构调整的方向基本一致，是一种主动的调整，因而发展更加顺畅；而其他地区的结构调整，是一种被东部挤压后产生的调整，是一种被动的调整，结构转换速度虽然快，但增长慢，因此，变被动调整为主动调整，才是中西部地区和东北地区赶超东部的关键。

（2）加快技术创新，实现产业结构的高度化，对中、西部地区和东北地区的重要意义在于，可以获得经济增长的主导权，变被动增长为主动增长，否则，产业的发展永远是一种被沿海挤压后的被动增长，不仅质量低，而且速度慢。因此，加快实现内地产业结构的高度化，对区域工业的领先发展十分重要，如果不加快技术创新，大力发展先进制造业，而仅局限于现有产业的专业化，内地的增长将永远落后于东部。

（3）内地资源产业不恰当的专业化反而抑制了内地工业的发展。中、西部地区，由于单纯的追求资源产业及其相关产业低水平的专业化，不能使产业发展获得竞争优势，区域的经济增长也不能取得预期的效果。因此，实现产业结构的高度化，对加快内地经济的增长至关重要。（刘　楷）

《我国煤矿企业安全生产问题：基于劳动力队伍素质的视角》

郭朝先　著

《中国工业经济》2007年第10期

12千字

近年来，我国煤矿企业安全生产形势日益恶化，煤矿企业安全生产工作成为全国安全生产工作的重中之重。那么，是什么原因造成我国煤矿企业安全生产状况的不断滑坡，如何从根本上扭转煤矿企业安全生产滑坡的趋势？迫切需要从理论高度上做出回答。

该文利用安全生产中的劳资谈判模型和工资与安全水平决定模型，从理论上揭示了劳动力队伍及其素质是影响企业安全生产水平的重要因素。劳动力队伍和素质影响企业安全生产水平主要表现在两个方面：一是劳动力队伍素质以及组织化程度的高低，影响劳动者在市场上与雇主谈判能力，进而影响企业安全生产水平的决定；二是劳动力资源禀赋特点决定了市场上劳动力的工资—安全水平组合选择，低素质劳动力不仅选择了低工资水平，而且选择了低安全水平的工作，进而影响企业安全生产水平的决定。

在回顾20世纪80年代以来我国煤矿企业安全生产状况和煤炭行业劳动力队伍素质变化趋势的基础上，通过构建安全生产影响因素经验模型，对两者之间的关系进行了实证计量分析，定量计算劳动力素质对煤矿安全生产的影响程度。时间序列数据计算表明，从1980年到2005年，劳动力队伍素质每提高1个百分点，可以降低百万吨死亡率0.534个百分点；面板模型分析表明，从2000年到2005年劳动力队伍素质每提高1个百分点，可以降低百万吨死亡率0.93个百分点。基本的结论是，从20世纪80年代以来，由于农民工队伍比重越来越高、专业技术人才流失严重和教育培训滑坡等原因，导致我国煤炭行业从业人员整体素质的下降，进而阻碍了煤矿企业安全生产状况的根本好转。

该文认为，采取切实措施提高煤炭行业从业人员素质和劳动者队伍的组织化程度，是扭转我国煤矿企业安全生产滑坡的一条必由之路。今后需要采取的主要政策措施是：

(1) 提高煤矿工人队伍的组织化程度，在国家和企业层面建立三方机制；(2) 设置煤矿企业从业人员的准入标准，将准入标准纳入监管内容；(3) 加大教育和培训力度，提高煤矿企业从业人员素质；(4) 提高煤矿企业从业人员报酬标准，吸引和留住高素质人才。总之，该文对于正确认识我国煤矿企业安全生产问题，促进建立煤矿企业安全生产长效机制具有重要的借鉴意义。 (郭朝先)

《我国上市公司股权分置改革中的锚定效应研究》

许年行　吴世农　著

《经济研究》2007 年第 1 期

12.5 千字

股权分置改革是我国资本市场发展中的一个独特经济问题。本文收集了 526 家实施股改公司的相关资料，运用行为心理学著名的"锚定效应"理论，对于股权分置改革中对价的制定和对价的影响因素两大问题进行分析、检验和解释。研究结果表明：(1) 此次股权分置改革中，股改公司所确定对价并非是一种完全理性的经济决策行为，而是存在明显的"锚定和调整"行为偏差。(2) 股改公司主要以"静态锚——首批 3 家试点公司对价的平均值"和"动态锚——前一批股改公司对价的平均值"作为制定对价的锚定值。(3) 从股改的时间进程来看，不论是基于"静态锚"还是基于"动态锚"，第二批试点公司在确定对价时受"锚定值"的影响较大，受其他因素的影响较少，锚定效应较强；而全面股改公司在确定对价时受"锚定值"的影响较小，受其他因素的影响较多，锚定效应较弱。(4) 从对价的高低对比来看，不论是基于"高低静态锚"还是基于"高低动态锚"，低对价公司在确定对价时受"低锚定值"的影响较大，受其他因素的影响较少，锚定效应较强；而高对价公司在确定对价时受"高锚定值"的影响较小，受其他因素的影响较多，锚定效应较弱。

该文的研究结论具有重要的理论、方法论和现实意义。第一，该文应用锚定效应理论，对我国此次股权分置改革中对价的形成机制进行了新的理论阐述和解释。第二，基于对价的形成机理，设计了可用于检验"锚定效应"的研究方案，并针对股改中对价的形成进行了"锚定和调整"行为偏差的检验，为认识此次我国股权分置改革中公司如何制定对价提供了新的科学证据，也为研究资本市场其他"锚定效应"问题提供了可供借鉴的分析思路和检验方法。第三，发现了高、低对价两组之间锚定效应的差异，以及随着时间推移锚定效应逐步减弱的现象。这些发现表明，尽管我国股权分置改革中对价制定过程中的锚定和调整行为偏差有所减弱，但投资者应增强与公布低对价的公司的谈判能力，校正其锚定和调整行为偏差对所提出的对价方案的影响；证券监管部门应注意加强对公布低对价的公司的监管，积极引导公司更加理性地制定股权分置改革方案。 (吴世农)

《会计事项、准则公共领域与会计信息真实性》

吴水澎　刘启亮　著

《会计研究》2007 年第 6 期

10 千字

举世公认，会计信息的真实性问题，正在对世界经济的发展产生着越来越大的影响，并且成为跨世纪、世界性的难题，引起了社会各方面的高度关注。因此，它也成为会计学界长期进行研究的热点问题之一。但迄今为止，会计学界对会计信息真实性许多问题的认识，既存在着相当的分歧，又有许多的不足。例如，究竟什么是“真实”的会计信息，何以才能提供真实的会计信息，会计事项与会计准则是何种配置关系以及它对会计信息真实性有何结构性影响，会计信息的性质是什么？对于这一系列的问题，现有的国内外文献尚未给出一个基于会计准则结构的具有逻辑性的理论分析框架，并未能在理论上较好地解释会计信息的真实性等问题。

该文首先从解剖会计准则和会计事项入手，较为深入地分析了针对会计事项的会计准则配置格局及其内生性变迁等问题。在此基础上，借助西蒙关于理性的若干重要见解，通过探讨会计准则本身存在的“公共领域”问题，揭示出一个结果：会计信息的真实性是程序理性与结果理性二者的融合。即规定各类会计事项的会计准则，是由规则性规定和原则性规定融合而成，会计信息真实性的实践内涵体现为程序理性与结果理性二者的并行。虽然各国国情不同，但不同国家、不同时期对会计规则的制定或修订，都是在这二者之间做出权衡。这就可以推定，一个高质量的会计准则，可能就是基于各国的政治背景，在结果理性（原则性规定）和程序理性（规则性规定）之间找到一个较为满意的均衡点，从而使会计信息更为真实地反映会计事项的实质。

问题在于，目前很多国家的会计准则，都以规则为基础转向以原则为基础。但这是否有助于提高会计信息的质量呢？这值得我们做进一步思考。（吴水澎）

《跨国公司在中国沿海地区投资区位变化的实证分析》

吴先明　杜丽虹　著

《经济管理》2007 年第 23 期

5.5 千字

自 20 世纪 90 年代后期以来，跨国公司在中国的投资区位发生了明显的变化，其中，最为突出的表现是跨国公司投资的重心由珠江三角洲地区向长江三角洲地区转移。

该论文运用《中国统计年鉴》的数据，将 1992—2004 年跨国公司在珠江三角洲地区（包括广东、广西、海南、福建 4 省）与长江三角洲地区（包括上海、江苏、浙江 3 省）的投资规模进行对比，分析显示，跨国公司的投资重心确实有由珠江三角洲地区向长江三角洲地区转移的趋势。

分析结果表明，2001 年以后，跨国公司在珠江三角洲地区投资的减少与在长江三角洲地区投资的增长，呈现出明显不同的趋势，珠江三角洲地区负增长率由 0.725% 升至 1.675%，而长江三角洲地区增长率却由 1% 升至 2.9%。

通过描述性统计可以得知，以 2001 年为分界点，跨国公司在珠江三角洲地区和长江三角洲地区的投资呈现出明显的此消彼长的特征。那么，究竟是哪些因素导致了这种变化，跨国公司在投资区位选择上是否已经出现了新的倾向？我们进一步采用回归分析的方法来揭示这些问题。回归分析表明，跨国公司在中国沿海地区的投资布局正在发生重大变化。跨国公司在进入中国市场的早期阶段，倾向于选择拥有便利港口资源和低廉劳动力成本的珠江三角洲地区；然而，随着中国经济的快速发展特别是长江三角洲地区的崛起，跨国公司调整了在中国的投资战略，逐渐将投资的重心由珠江三角洲地区转向长江三角洲地区。这种调整并不意味着珠江三角洲地区在跨国公司投资区位决策中完全丧失了吸引力，而是表明跨国公司在中国的投资不再局限于对廉价劳动力的追求，并且不仅仅关注当地经济的发展水平。与廉价的劳动力因素相比，跨国公司更重视劳动者素质；与单纯的当地经济的发展水平相比，跨国公司更看重市场潜力。这表明，跨国公司正在提升中国在其全球版图中的地位，不仅要把中国作为廉价劳动力的制造基地，而且将中国作为最富潜力的未来市场，并从提升全球竞争力和全球创新的角度挖掘和利用中国高素质的人力资源。

（吴先明　杜丽虹）

《**绿色再制造**——建设节约型社会的源头性举措》

薛顺利　徐渝　何正文　著

《经济管理》2007年第13期

8.7千字

在过去的一个世纪里，传统制造模式创造了前所未有的物质财富，但由于低下的资源利用效率，同时也产生了大量的废弃物，加剧了资源的短缺。环境与人类的矛盾开始要求制造业遵循“与环境相容”的原则。我国的情况更为严峻，在过去20多年里，经济的持续高速增长创造了令世界瞩目的奇迹，但也付出了高昂的代价；自然资源的天然储备本身就不高，经过20多年粗放式的发展，自然资源更加紧张，同时对环境造成了较大的压力。

绿色再制造发展最早的国家——美国，在经历了工业高速发展之后，开始意识到了废旧机电产品资源化的问题并积累了较多的经验，再制造业已经成为美国经济的重要力量并在进一步扩大规模、范围和产生巨大的影响潜力。美国在制定2010年国防工业制造技术框架时，特别强调国防部在改进武器制造方面应重视：武器的系统性能升级、延寿技术和再制造技术，该文对美国再制造情况做了全面的介绍。

绿色再制造的本质是废旧产品高科技维修的产业化。再制造产品的质量和性能达到甚至超过新品，成本只为新品的50%，节能60%，节材70%，对环境的不良影响与制造新品相比显著降低。绿色再制造的特征，主要表现为经济效益显著，环保作用突出，节能和节材明显，能够缓解就业压力，可向人民提供物美价廉的产品，同时可以获得比传统制造业更高的产品质量。绿色再制造能创造巨大价值的原因在于，机器各部件的使用寿命不相等，可再制造产品中蕴涵有高附加值和再制造技术优于原始制造技术。绿色再制造与维修和再循环有如下区别：再制造是维修的高技术产业化，比再循环具有更好的节能和环保效果。绿色再制造对实现循环经济具有直接作用，它能使机电产品不断得到技术改造，降低全寿命周期的后半生费用，达到延长产品寿命、节能节材、降低污染、保护自然资源、创造更多的利润与就业机会，是实现循环经济发展模式的最佳技术途径。

基于上述的研究，该文对我国政府提出如下建议：（1）我国已具备实施再制造的基础，政府应该正确引导，规范行为，使其健康发展。（2）我国发展绿色再制造具有广阔的市场前景，我国地域广阔，各地区发展不平衡，为再制造的发展提供了自然条件，特别是广大的农村地区还比较落后，更欢迎再制造产品。(3) 我们可以借助国际合作途径加速国内再制造业的发展，英国 Lister 公司、美国 Caterpillar 公司等已在我国建立了合资或独资企业，对发展绿色再制造很有帮助。(4) 政府要制定扶植政策，鼓励再制造业发展。(5) 要制订相关法规，规范再制造业发展。(6) 要加强对关键技术的投入。

（薛顺利）

《我国对外开放机场的动态生产效率研究》

李兰冰　刘秉镰　著

《中国工业经济》2007 年第 10 期

9.4 千字

该文利用数据包络分析法（DEA）和 Malmquist 生产率指数，对我国对外开放机场从 2001 年到 2005 年的生产效率及其变动情况进行总体评价，并利用 Tobit 回归模型对影响机场生产无效率的因素予以识别。研究发现：(1) 我国对外开放机场总体上生产效率较低，纯技术无效率是造成机场总体无效率的主要来源；(2) 对外开放机场呈现出区域不平衡发展的明显特征，东部地区对外开放机场生产效率最高，依次为中部、西部和东北地区；(3) 大型枢纽机场的生产效率显著高于中型枢纽机场，中型枢纽机场的生产效率显著高于非枢纽机场，这表明枢纽机场的地位对于机场生产效率具有显著影响，这也正是各地纷纷争建枢纽机场的深层次原因；(4) 对外开放机场的全要素生产率从总体上呈现出逐年改善的良好趋势，这主要缘于综合技术效率变动和技术进步的双重作用；(5) 东部、中部、西部和东北地区的机场全要素生产率均具有改善趋势，东部、西部和东北地区的机场全要素生产率提高来自于综合技术效率的提高和技术变动的双重贡献，中部地区机场全要素生产率的提高主要来自于技术进步；(6) 大型枢纽机场、中型枢纽机场及非枢纽机场的全要素生产率均有所提高，这主要是来自于技术进步和综合技术效率提高的共同作用，相对而言，技术进步的贡献更加突出；(7) 跑道长度、候机楼面积、每架次飞机完成的货邮吞吐量、区域经济发达程度、是否具有枢纽机场地位以及是否位于省会及计划单列市均是显著影响对外开放机场生产无效率的重要因素。

基于上述研究，该文提出：我国对外开放机场要从根本上提高总体生产效率，必须采以下措施：其一，必须积极适应市场经济和新的民航管理体制，树立先进的现代企业管理理念，寻求高效的运营管理模式和市场竞争策略；其二，要以集约化的资源利用为核心，积极提高投入资源的利用效率，追加机场投入则需要在合理预测未来需求变化、评价目前生产效率的基础上，进行科学规划、避免资源浪费；其三，从区域平衡发展的角度来看，我国政府相关管理部门应从总体上对机场业进行合理规划，加大东北、中部以及西部地区的机场建设，缩短其与东部地区机场之间的差距，地方政府则要积极将机场建设纳入到地方区域经济发展规划中，使机场建设与区域经济发展形成良好的互动关系，进而促进我国整体的区域经济平衡增长；其四，应该加快枢纽机场的建设，通过枢纽机场带动非枢纽机场的发展，在此过程中应注重机场之间的资源互补与合作分工，注重机场建设的网络化，进而逐步形成布局合理、分工明确的民航机场体系。

（李兰冰）

《中国银行间市场双边传染的风险估测及其系统性特征分析》

马君潞　范小云　曹元涛　著

《经济研究》2007 年第 1 期

12.4 千字

银行业系统性风险的估测、预警和监管问题已经成为各国政府和国际金融组织高度重视的一个前沿问题，尤其对于我国这样的新兴市场经济国家而言，对系统性风险的控制不仅关系到整个金融体系的稳定，更关系到我国能否成功地实现经济转轨和能否稳定地建立社会主义市场经济运行基本秩序。该研究在对我国银行风险的系统性特征做出识别的基础上，首次利用矩阵法估算了我国银行体系的双边传染风险，并分析了不同损失水平下单个银行倒闭及多个银行同时倒闭所引起的传染性，并向我国银行监管机构提出了对于银行系统性风险实施有效监管的策略建议。该研究的主要观点和结论是：（1）由于危机诱导因素的发生往往是随机的，难以进行预测，因此通过诱导因素发生后的传染过程来识别系统性风险是最主要的识别路径；（2）研究通过银行间实际业务传染渠道可能产生的系统性风险时，目前我国适用的估测方法是矩阵法，因为该模型将系统性风险的传染与银行间的实际交易相联系，同时可以考察现有银行系统的系统性风险潜在传染程度，有利于政府等外部力量对系统性危机进行监管；（3）对我国 130 家银行资产负债表中的银行间市场数据的处理及运算结果表明：在不考虑金融安全网的情况下，银行间市场渠道传染的银行危机的波及程度主要取决于诱导因素的种类、损失率的变化及银行间的相互联系。如果纳入金融安全网，传染的危害自然就大大降低了，因为银行的谨慎监管使银行的经营更加谨慎，第一轮传染导致银行破产的数量将减少，如果有银行倒闭，监管者将快速做出反应，确保在损失进一步发生之前银行有充足的流动性，使损失率保持在较低水平，还会减少银行和债权人之间的双边风险暴露，这也会降低传染的可能性；（4）监管机构干预系统性银行危机发生、降低传染的风险主要存在三个时机：诱导因素发生前的预防、传染过程的干预和危机发生后对金融体系的调整。诱导因素发生前的预防主要是对金融机构的日常监管和对金融体系结构的调整，在单个银行倒闭前，纠正银行存在的问题，防止倒闭的发生，也可以通过道义劝告来告诫银行应该谨慎经营，防止传染的发生；在诱导因素发生后，监管者应在损失比率扩大之前确保银行流动性的充足，尽最大可能割断传染的继续进行；同时，监管可以根据传染的轮次对应的损失比重来判断介入干预的时机；在危机发生过程中，监管机构对干预时机的选择不仅仅取决于损失率，危机处理的一些经验性安排会保证干预程序的顺利进行。（范小云）

《分立“企业债券”与“公司债券”推动公司债券市场的发展》

王国刚　董裕平　著

《中国金融》2007 年第 6 期

7 千字

1997 年银行间市场启动以来，债券市场的迅速增长几乎完全依赖于政府性质的债券扩展，经营机构（尤其是工商企业）债券的发展依然缓慢。尽管 1994 年我国《公司法》就列出专门章节对公司债券进行了规范，后来又在 2005 年载入了《证券法》，但真正意义上的公司债券到2007年初也未能问世，这不仅严重制约了我国债券市场的发展与资本市场功能的完善，也严重阻碍了中小企业融资难问题的缓解和利率市场化的进程。

笔者认为，导致这种结构性缺陷状况发生的一个基本原因是把“企业债券”与“公司债券”混为一谈，未能有效地落实《公司法》和《证券法》的有关规定，从而在管理体制上严重束缚了公司债券的发展。实际上，我国现行的企业债券与国际上通行的公司债券有着本质的区别。在我国实践中，从已发行的企业债券来看，与西方国家的政府机构债券和地方政府债券在性质上大体相同，因而可以统称为“政府债券”。正是由于我国企业债券的这种特殊性质，使得政府主管部门对其发行采取了严格的内控标准，在累计发行数额上，与同期的国债、金融债券、央行票据和股票中的任一品种相比都差距甚远。我们看到，作为政府性质的“企业债券”与“公司债券”在发行主体、发债资金用途、信用基础、发债数量、管制程序与市场功能等多个方面存在着显著的差别。如果不加区分地将我国企业债券与公司债券二者相混淆，既不利于公司债券市场的发展，也不利于发挥公司债券在支持企业经营运作、金融体系完善和国民经济可持续发展等方面的积极效应。

尽管企业债券不可代替公司债券，但也并不意味着目前需要改企业债券为公司债券，因为企业债券的发行需求仍然客观存在，需要着手解决的是企业债券与公司债券的体制矛盾。笔者提出了从制度上、体制上和管理部门上对“企业债券”与“公司债券”进行分离，包括：（1）制定统一的公司债券管理办法；（2）建立有效的公司债券监管体系；（3）建立多层次的公司债券市场；（4）积极支持公司债券的创新；（5）强化信用评级工作等。

（董裕平）

《流动性、流动性过剩与货币政策》

彭兴韵　著

《经济研究》2007年第11期

19千字

该文首先对流动性、流动性过剩的内涵进行界定。通过总结《新帕尔格雷夫金融学词典》对流动性概念的三种定义，该文认为，从期限结构来理解流动性概念可能更为准确。因为这既符合流动性本来的含义，又涵盖了金融体系的所有金融资产结构，也可以根据资产的到期日曲线的形状和截距的变化来考察整个经济体流动性的变化。顺此思路，该文认为流动性过剩与否，不仅与短期资产的数量多少有关，而且与资产市场的预期收益、风险以及人们对待风险的态度有着密切的联系。该文指出，流动性过剩意味着在当前的利率和资产价格水平下，人们持有的短期资产超过了意愿持有均衡水平，而中长期资产在资产配置结构中又低于其意愿的水平。

随后，该文引入内部流动性和外部流动性概念，从另一个角度定义了流动性过剩。该文认为流动性过剩也可以是这样一种状态：经济体系中各个经济主体的大部分都出现了过多的内部流动性，而对外部流动性的需求相对不足，从而导致整个经济体系中的中长期金融资产配置比重相对下降、短期金融资产配置大幅上升，最终偏离稳态均衡资产期限结构的状态。

由于流动性的变化会对货币流通速度产生较大的影响，因此，以货币供应量为中介目标的货币政策框架就会受到金融体系流动性变化的较大冲击。各国货币政策框架的演变也似乎都与流动性的变化有着天然的联系。该文指出，流动性过剩造成了收益曲线的平坦化。由于流动性的变化会对资产价格、收益率曲线的斜率产生很大的影响，因而也会对货币政策的传导机制及货币政策的效果带来相应的影响。并且，如果作为货币政策操作目标的短期利率与中长期利率之间的风险溢价与期限升水关系，因金融体系流动性的变化而变化，那么货币政策的效果就会受到很大影响。

随着我国货币政策由直接调控向间接调控转型，中央银行流动性管理也越来越成为货币政策实施的中心内容之一。该文认为：尽管央行采取了多种手段加强流动性管理，但只是在现有外汇储备管理体制与汇率机制下的简单冲销操作，仅涉及银行体系的流动性过剩，因而流动性过剩管理总体效果不太令人满意。因此，该文建议：首先，应该从银行体系的流动性控制转向全社会的流动性控制；其次，应该建立流动性监测指标；再者，还应进一步改革我国的汇率机制与外汇管理体制；最后，要加快发展资本市场。

（彭兴韵）

《全球服务外包发展的影响与我国的对策》

杨丹辉　著

《国际服务贸易评论》2007年第1期

11千字

在信息技术革命、经济全球化以及市场竞争加剧的共同推动下，服务外包在全世界范围内蓬勃发展，逐步成为经济全球化的新标志和国际产业转移的新兴主流方式。目前，全球外包的市场容量迅速扩张，其业务模式、区位分布以及政策环境呈现出一系列新的趋势和特征，并对全球经济增长与产业结构变迁、国际竞争格局、国际贸易结构与规则、地方社会经济发展以及企业生产组织方式生产了日益深远的影响。本文在分析服务外包特征及其发展趋势的基础上，探讨服务外包发展的影响，提出我国发展服务外包的政策建议。

首先，该论文分析了服务外包的特征及其发展的新趋势。指出作为新型的商业模式，外包的实质在于企业整合利用外部专业化资源，把非核心业务环节转包出去，从而降低成本，提高效率，集中培育核心能力，增强环境应变能力。服务外包不仅可以改善企业的运营绩效，而且具有产品无形化、生产与服务同步化、环境友好、资源复用性高等特点，很好地契合了世界范围内技术变革与产业升级的方向以及可持续发展的目标要求。该论文从全球外包市场规模、地区分布、行业结构、业务方式以及竞争态势出发，全面、系统地分析了全球服务外包的发展趋势。

其次，该论文深入探讨了服务外包发展对全球经济增长与国际竞争格局、产业结构变迁、国际贸易结构与规则、地方社会经济发展以及企业生产组织方式的影响。提出了随着服务外包的发展，后起国家和地区有可能突破传统的产业升级模式，实现服务业的超前发展，加快产业转型和升级，进而导致多边贸易体制利益多元化趋势增强的新观点。

再次，提出我国承接服务外包的政策建议。指出中国服务外包起步较晚，在文化兼容性、英语口语和书写、知识产权保护体系等方面存在着一定差距，但我国在外包成本及人才储备等方面具有较大优势，发展服务外包潜力巨大。从长远来看，发展服务外包不仅有助于充分利用我国现有制造和服务能力，而且还将成为改善外资与外贸结构、吸纳大学生就业、提高劳动力整体素质、加快产业升级、拓展与全球经济接点的全新方式和重要手段。（杨丹辉）

《中国的大国发展道路——论分权式改革的得失》

王永钦、张晏、章元、陈钊、陆铭 著

《经济研究》2007 年第 1 期

20 千字

该文从分权式改革的视角提供了一个自洽的逻辑框架，全面地分析了中国的发展道路。这个逻辑框架不仅可以分析中国前期改革的成功，也可以解释目前出现的诸多社会经济问题。政治集权下的经济分权给地方政府提供了发展经济的动力，完成了地方层面的市场化和竞争性领域的民营化以及地方性基础设施的建设。但是，内生于这种激励结构的相对绩效评估又造成了城乡和地区间收入差距的持续扩大、地区之间的市场分割和公共事业的公平缺失等问题。由于中国的渐进式分权改革在很大程度上可以看作是一个中央政府主导和控制下的机制设计问题，所以，在认清中国分权式改革的得失的基础上，正确地设计合理的改革方略，对于下一阶段改革的成功是至关重要的。这样，中国就可能走出一条独特的大国发展道路。虽然迄今分权式改革促进了中国经济的高速增长，但是它造成的负面影响也正在逐步凸显。如果说中国的前期改革正是充分利用了分权式改革的好处的话，那么下一步改革的重点则是如何减少目前的分权体制的弊端。

该文的主要观点是：迄今为止，中国经济转型的成功很大程度上要归功于中国在经济领域的分权式改革。从这种分权式改革中得到的更一般的经验是：对经济转型而言，最重要的可能不是“做对价格”（getting prices right），而可能是“做对激励”（getting incentives right）。

中国的 M 型经济结构（资源按照“块块”来配置）使得经济可以在局部进行制度实验，地区之间的标尺竞争为中央政府提供了反映地方政府绩效的有效信息，并且使得经济体更容易抵抗宏观冲击。中国的分权是在大的政治架构不变、中央和地方政府不断地调整它们的财政关系的过程中实现的。如何合理划分中央和地方的利益关系、调动地方政府的积极性，不仅始终是中国财政体制改革的要点，也是整个经济和政治体制改革的突破口。

中国财政分析加相对绩效评估的体制日益显示出弊端，主要有：（1）相对绩效评估会造成代理人之间相互拆台的恶性竞争；（2）相对绩效是一个噪声很多的指标，基于相对绩效评估的激励方案的效果会大打折扣；（3）各地区先天的差异性或者改革后享受政策的差异性，引起由收益递增效应导致的经济增长差异，相对绩效评估困难；（4）相对绩效评估对落后地区的官员基本上没有作用，可能拉大落后地区与发达地区的差异。

经济分权的代价主要有：（1）经济分权与城乡、地区间收入差距持续扩大；（2）地区间的市场分割、重复建设与效率损失；（3）公共服务市场化改革中的群分效应与动态效率损失。

下一步改革方略应该包括：（1）地方层面的放松管制；（2）限制地方政府的流动性创造功能；（3）改进地方政府的治理和绩效

评估机制。（金成武）

《20世纪30年代大萧条中的中国宏观经济》

管汉晖　著

《经济研究》2007年第2期

17千字

该文对大萧条中的中国经济进行了历史回顾和经济理论分析，并与西方主要金本位国家进行比较。该文的研究发现，有两个因素在大萧条时期的中国经济中起到了重要作用：一是银本位，二是竞争性的银行体系。银本位使中国经济萧条的进程迥然不同于西方金本位国家；不同于西方国家主要通过财政政策度过大萧条，中国由于特殊的银行体系，货币供给始终没有减少，银行危机也没有普遍发生，这是中国经济在整个大萧条中表现较好的一个重要原因。

总的说来，中国经济在整个萧条期间的表现与西方大多数国家截然不同。当世界性的经济危机于1929年开始蔓延时，中国在1929—1931年却由于实行银本位制而有短暂的经济繁荣。但是从1932年开始，大多数西方国家先后放弃金本位，摆脱了固定汇率的束缚，并进而采取扩张性的货币政策，逐渐走出了萧条并开始经济复苏，而中国经济却于1932年开始进入萧条。其原因开始主要是西方国家放弃金本位使得中国的货币升值，此后美国实行白银收购政策使得中国白银外流，造成严重的通货紧缩，恶化了中国的贸易条件，并造成严重的农业危机。1934年对白银征收出口税和1935年实行的货币改革使中国得以采取扩张性的货币政策，并最终走出了经济危机。

然而，一个值得注意的现象是，在整个大萧条期间，无论汇率贬值还是升值，外贸情况如何改变，中国的工业生产基本上处于不断上升之中，并没有受到大萧条的严重冲击，这是与其他西方国家完全不同的经济现象。而且对于经济周期高度敏感的建筑业在整个大萧条期间也处于不断发展之中，资本形成除了1934年有过短暂的下挫，其他时间也是不断上升的。

不同于世界上很多国家通过积极的财政政策走出经济萧条，在整个20世纪30年代，中国的财政政策基本上无所作为。虽然也实行了赤字财政，但是总的说来，中国政府能够调动的财源不多。关税是政府收入的主要来源，大约占到总数的一半，盐税则占到了总数的四分之一左右，财政开支主要用于军事。

在整个大萧条期间，纸币和银行存款基本处于不断上升之中，这使得中国的货币供给不断增长，这才是导致工业生产始终没有下降的原因。而货币供给的增长，其根源又在于中国竞争性的银行体系。这个体系包括政府银行、私营银行和钱庄、外国银行，它类似于美国历史上曾经出现过的自由银行制度，正是这个银行体系在大萧条期间的存款和发放纸币使得总的货币供给不断增长。

该文的研究发现，中国经济在这场世界性的经济危机中的表现比世界上大多数国家都要好，其中原因与其说是政府政策的成功，不如说是市场机制的成功。20世纪30年代的中国经济，体现了一种没有管制的市场体系的良好运转，家庭和企业都可以进行“自由选择”。但是，这样的“自由选择”，是在当时的中央政府还不能够行使全部主权的历史背景下进行的，不得不打上半殖民地的烙印。（金成武）

《从零散事实到典型化事实再到规律发现——兼论经济研究的层次划分》

王诚 著

《经济研究》2007 年第 3 期

24 千字

该文结合对中国经济学发展的思考，对于典型化事实在经济理论中的地位和作用进行了一般化的初步探讨。本文的主要发现和结论是：典型化事实就是一种能够反映经济运行的真实和基本特征的，具有代表性的关键性事实。由于中国经济运行的一些特殊性，中国经济发展道路的确有自己的一些特征和潜在规律。中国经济的“典型化事实”研究和发现仍然是一个尚未完成的任务，需要中国的经济学者为此付出大量的时间和努力。以计量分析指标所显示的典型化事实，及其所赖以产生的基础模型，必须建立在长期经济理论研究的积累之上，这些理论的积累经过多年的事实归纳和逻辑演绎分析，成为人们对于经济问题认识的结晶。而经过众多的可靠和权威统计数据样本的检验和获得经济学界普遍公认而存留下来的典型化事实，又是经济理论发展的方向。在典型化事实的研究中需要排除一些不良的研究方法，注意采用一系列正确方法从零散事实中提炼典型化事实。经济研究的过程，大致上包括从零散事实到典型化事实，再到一般理论模型和真实模型，最后达到经济规律发现的这些环节。

总结中国最近四分之一世纪的相关研究，部分学者认为，转型中国所形成的宏观经济典型事实可以归纳为如下八个方面：（1）从 1978 年起至今，中国保持了西方历史上未有的长时间的高速增长，人均 GDP 提高了近 8 倍；（2）开放以后，中国出口额以每 3 年翻一番的速度增长，贸易增长占世界贸易增长的四分之一；（3）25% 的劳动力从农业转入工业和服务业；（4）4 亿人摆脱了贫困，1981 年以来的 20 年中，贫困线下人口占比从 53% 下降到 8%；（5）收入差别扩大，基尼系数从 1978 年的 0.28 上升到 2000 年的 0.45；（6）从1952 年至今，中国经济波动被划为 9 个（或 10 个）周期，从生产率冲击角度分析，“文化大革命”前外部冲击的产出效应明显，之后的周期都是增长型周期，波动趋于“平缓”；（7）改革后中国经济波动的特征是，投资、财政、货币、价格波动大，产出、就业波动小；（8）经济增长率与通货膨胀率中等相关，在时间上前者先于后者 4 个季度。

（金成武）

《计量经济学的地位、作用和局限》

洪永森 著

《经济研究》2007 年第 5 期

24 千字

目前，计量经济学、微观经济学与宏观经济学一起构成了中国高校经济管理类本科生和研究生必修的三门经济学核心理论课程。计量经济学在中国经济学界受到越来越广泛的关注，其方法与工具也在实证研究中被大量应用。

该文首先从现代经济学的数量分析特征出发，阐述计量经济学在现代经济学中的地位和作用；然后，通过比较计量经济学与数理经济学、数理统计学和经济统计学之间的差别，强调计量经济学作为经济学研究基本方法论的重要性；接着，通过经济学和金融学中具有代表性的重要实例，具体详细地说明了计量经济学方法和工具的应用以及在应用时需要注意的若干问题。这些例子包括消费函数和乘数效应、理性预期和资产定价、规模报酬不变、转型经济改革成效评估、有效市场假说、市场风险和波动聚集以及劳动经济学和金融学的长期分析，等等。这些实例说明了计量经济学是如何用于经济结构分析和重要结构参数估计，如何用于检验经济理论和发展经济理论，如何进行经济行为分析和逻辑分析进而采用正确的计量经济学方法并正确地陈述结论，以及如何针对经济数据的特点和具体问题的本质，选择合适的计量经济学模型和工具。该文同时强调了在使用计量经济学模型进行结构分析时正确设定理论模型的重要性，以及计量经济学在非传统领域也有广泛的应用。最后，该文将阐述由经济数据的非实验性和经济结构的时变性所导致的计量经济学分析的局限性。

计量经济学的主要任务就是：用观测到的经济数据，以经济理论为指导，使用计量经济学方法和工具，构建合适的计量经济模型，揭示经济运行规律，并用以验证经济理论或经济假说以及指导经济实践。经济数据和经济系统的特征，不可避免地造成了计量经济学实证研究的局限性，使之难以达到与一些自然科学学科那样的成熟程度，这是我们应用计量经济学工具与方法时需要时常记住的。同时，必须强调，计量经济学所面临的局限性不是计量经济学本身所特有的，而是整个经济学科所面临的局限性。事实上，正是由于经济系统的非实验性、不可逆性和时变性，以及经济数据的种种缺陷，尽管计量经济学理论本身的发展已经相对成熟和全面，但是这种实证研究方法论的先进，仍无法代替或克服由经济系统和经济数据特点所造成的局限性，使得经济学的分析与预测远没有像很多自然科学学科那样精确。这是经济学和自然科学的一个最大区别。

（金成武）

《中国的劳动力市场发育与就业变化》

蔡昉　著

《经济研究》2007 年第 7 期

18 千字

该文通过梳理有关劳动力市场发育和就业状况的统计数据，并结合微观调查数据，对城乡就业增长和结构变化进行了描述，打破了传统的“就业零增长”、“农村剩余劳动力一成不变”等理论。该文提供了有关劳动力市场的指标，准确地反映了伴随着经济增长和改革开放的深入，劳动力市场发育水平的提高、就业总量增长和结构多元化及其城镇就业压力的缓解和农村剩余劳动力大幅度减少的事实。此外，该文还通过对人口转变过程的阐释，预测了劳动力市场的供求变化趋势，做出了刘易斯转折点即将到来的判断，揭示了这个转折点对中国经济持续增长提出的挑战。

该文发现，在真正剩余的农村劳动力中，有 50% 的人口年龄在 40 岁及以上，也就是说，40 岁以下的农村剩余劳动力，绝对数量只有 5212 万人，剩余比例仅为 10.7%。就城镇劳动力市场状况及其变化而言，首先，从 20 世纪 90 年代中期以来，城镇调查失业率并非呈现不断上升的趋势，在 2000 年达到最高峰 7.6% 之后，在波动的情况下却有所下降。其次，目前的失业因素构成中，摩擦性因素和结构性因素是主要的组成部分。第三，由于在出现严峻化下岗和失业现象的就业制度改革初期，社会保障体系尚不完善，所以政府采取了建立下岗再就业中心的方式，为下岗人员提供保障和再就业服务。自 2001 年以来，随着社会保障水平的提高，下岗与失业两种保障方式实行并轨，因此，随着具有下岗身份职工人数的不断减少，登记失业率有所提高。但是，这种变化并不是就业形势恶化的反映。最后，由于劳动参与率的下降产生于“沮丧的工人效应”，即由于下岗失业人员年龄偏大，人力资本禀赋不高，长期找不到工作对劳动力市场丧失了信心，从而不得已退出劳动力行列。因此，劳动参与率的变化与劳动力市场的状况有很强的相关性。

由于中国劳动年龄人口在很长时间内，都将处于很高的水平，占总人口的比重也较高，并且在2005—2015年期间，仍然将保持正的增长率，因此，劳动力供给趋势的变化仍然只是增量意义上的。劳动力成本与发达国家和许多发展中国家相比，在相当长的时间里仍将是低廉的，因此，中国经济很快丧失劳动密集型产品的比较优势和竞争力的判断和担心仍然过早。即使在将来劳动力出现绝对短缺，资源禀赋结构发生了实质性的变化，只要能够实现经济增长方式的转变，仍然可以获得动态比较优势的收益，寻找到新的经济增长源泉。但是，变化了的经济发展环境，毕竟迫切地提出了经济增长方式从主要依靠资本和劳动的投入，向主要依靠全要素生产率提高的转变要求。可以说，中国经济目前正处在一个十字路口，正确地判断发展阶段变化，并以此作为政策依据进行恰如其分的制度调整，是当前应该做出的合理反应。（金成武）

《中国地方官员的晋升锦标赛模式研究》

周黎安　著

《经济研究》2007年第7期

24千字

政府官员的治理机制是决定经济增长的重要的制度安排。该文研究了改革开放以来中国解决地方官员激励问题的独特治理方式，并将这种方式与中国30年来的经济高速增长以及面临的各种问题联系起来。

以经济增长为基础的晋升锦标赛结合了中国政府体制和经济结构的独特性质，在政府官员手中拥有巨大的行政权力和自由处置权的情况下，它提供了一种具有中国特色的激励地方官员推动地方经济发展的治理方式。从国际比较的角度看，如果说地方政府在中国经济增长奇迹中作用巨大的话，那么这种作用的制度基础就是晋升锦标赛模式。

但是晋升锦标赛也是一把“双刃剑”，它的强激励本身也内生出一系列的负作用，比如行政竞争的零和博弈的特性导致区域间恶性经济竞争；在政府职能呈现多维度和多任务特征时，晋升锦标赛促使地方官员只关心可测度的经济绩效，忽略了许多长期的影响；晋升锦标赛使得地方官员是地区间晋升博弈的运动员，同时政府职能要求他们又必须是辖区内市场经济的裁判员，这两者存在内在的角色冲突，政府职能转换之艰难便缘于此。另外，通过晋升激励支撑的对企业的扶持和产权保护肯定不如通过健全的司法保护更透明和更持久。随着中国经济的日益发展和市场经济的进一步完善，诸如此类的问题显得日趋严重，晋升锦标赛模式到了不得不面临转型的时候。

面对晋升锦标赛存在的这一系列的问题，中国地方官员的治理方式如何转型？改变考核地方官员的指标体系是目前的一种改革思路：即由一种比较单一的增长指标变成更具综合性的指标体系，纳入环境质量及相关要素，如绿色GDP指标，以尽量减少地方官员的努力配置扭曲。这无疑是对过去传统考核方式的一种改进。但另一方面，根据我们前面的分析，这种转变也有其潜在的成本：一是我们不得不将一些不容易量化的指标加以量化，会有测量误差；二是只要有量化的考核指标和不能被量化的维度，官员努力配置的扭曲就不可避免；最后，指标体系越复杂，因素越多，在执行过程中就越主观，标准就越模糊，激励效果将随之降低。所以这只能代表一种局部的改进。如果按照中央的科学发展观以及和谐社会的要求，一种更根本的解决之道是将政府公共服务的对象——公众对政府施政的满意度纳入官员的考核过程，比如进一步发挥人大和政协在监督和问责政府官员方面的作用，引入差额选举的方式，让辖区内的公众意愿能够影响官员的仕途，并适当增加新闻媒体的监督作用。这样就可以大幅度降低上级政府在考察官员所需的信息成本和设计指标的困难，从而从根本上减少对晋升锦标赛模式的依赖。

（金成武）

《城镇居民教育收益率的地区差异及其解释》

王海港　李实　李京军　著

《经济研究》2007 年第 8 期

14 千字

对于城镇居民教育收益率的研究，现有的研究大多采用普通最小二乘法（OLS），从估计明瑟收入函数进而得到居民个人多受一年教育或受高一级教育的收益率。不难想象，每个地区的经济和社会变量，如劳动力市场的发育程度也会对当地居民的教育收益率产生影响，但一般而言 OLS 模型无法估计这种影响。

在社会科学的一些研究领域，数据结构常常是分层的，有一些变量描述了个人特征；同时由于个人组成了某些层次或组织，又有一些变量描述层次或组织。如果把相同的组织数据加到同一组的每个个体身上做 OLS 回归就会违反经典统计技术的一个基本的假定——观测的独立性假定；此外，直接对每一组的数据进行 OLS 回归将丢失大量的信息，且可能遇到观测值太少使得估计值不显著的问题。

解决这个问题的方法是先在简单回归模型中假定每一个组织有各自不同的截距和斜率。因为组织也是抽样的，因此可以再视这些截距和斜率是从所有组织的截距和斜率中抽样的，是所有组织的截距和斜率的一个随机样本。这样就定义了一个随机参数模型，也就是所谓的分层模型，或多水平模型。如果变量之间的关系是线性的，就称为分层线性模型。

利用中国社会科学院经济研究所“中国城乡居民收入分配”课题组 1995 年和 2002 年的家庭抽样调查数据，本文使用分层线性模型重新估计了 1995 年、2002 年我国居民的教育收益率，得到了不同于 OLS 估计的结果：（1）我国城镇居民教育收益率的地区差异很大，差异主要来源于省内各城市之间，来源于省间的差别并不显著；（2）计算了省内城市劳动力市场化程度对当地教育收益率的边际影响，发现劳动力市场的发育确实有利于提高教育收益率，而且劳动力市场化程度的差异在一定程度上为各地教育收益率的差异提供了解释。

在该文的估计结果中，教育收益率并不像 OLS 方法估计的那样低下，这或许解释了 20 世纪 80、90 年代中国城镇家庭旺盛的教育需求和投资教育的热情。2002年我国的教育收益率已处于世界平均水平。同时，各地教育收益率的差异，部分地可以归结为劳动力市场化程度的不同。由更加开放的劳动力市场导致的教育收益率的提高，还为21世纪之初中国居民高涨的教育投资热情提供了很好的注解。（金成武）

《东亚经济增长模式相关争论的再探讨》

林毅夫　任若恩　著

《经济研究》2007年第8期

15千字

由克鲁格曼挑起的东亚经济增长模式的争论，也引起了国内经济学界对我国经济增长模式的热烈讨论。该文力求通过对国内外有关文献的综述，对全要素生产率方法发展和理论基础的深入分析，以及对一些国家经济增长经验的回顾，来论证克鲁格曼当年挑起这场争论的出发点是站不住脚的，他的文章对全要素生产率的意义存在误解，在经济学理论方法方面也存在一些缺陷。因此，我们不应该以克鲁格曼的方法和立论为依据，继续宣传与此有关的一些似是而非的说法。该文在对这场争论的回顾中，总结了几点对中国未来发展有意义的结论：

第一，全要素生产率的计算和经济增长因素的分析具有一个严谨的理论体系和分析框架，如何从概念上正确把握特别重要。克鲁格曼对东亚经济奇迹的批评主要是对全要素生产率的经济意义没有正确把握，以及对不同发展程度的国家或地区在全要素生产率上的不同表现缺乏了解造成的。因此，我们不要简单地根据克鲁格曼对“东亚经济奇迹”的批评来评论我国的经济发展经验，并作为讨论我国未来经济发展模式的依据。

第二，对于一个国家经济的长期可持续发展来说，重要的是技术的不断创新，而不是全要素生产率的高低。从美国和日本等国家在未成为最发达国家之前，全要素生产率低，只有到了发达阶段时全要素生产率才高的事实可以看出：在这些国家还处于发展中阶段时，技术创新主要是依靠从发达国家引进技术设备来实现的，只有到了发达阶段各个产业的技术大多已经处于世界的最前沿时，才转而以不表现为资本的研发来取得技术创新。目前，我国还处于发展中阶段，和发达国家还有很大的技术差距，要善于利用这个差距，在尽可能的范围内引进合适的先进机器设备，这样全要素生产率的水平虽然会较低，但是，技术创新和经济发展的速度反而会较快。

第三，我国虽然应该多利用引进技术来取得技术创新，并不是说就不用进行自主研发。首先，发达国家劳动力昂贵，发达国家通常尽量采用自动化以减少劳动力的使用。我国劳动力相对便宜，从发达国家引进技术时，通常需要进行一些流程的研发创新，在不影响产品质量的前提下，应该尽量以劳动力来替代昂贵的自动化设备，这样可以降低成本，增加效益。其次，有些产业我国具有比较优势，但是没有比我国更发达的国家还留在这个产业里，因而也无法从其他国家引进，或者是，在这个产业里我国和发达国家的差距只是最后一、二个关键的技术且难于从发达国家引进，我国就需要在这样的产业自己进行新产品和新技术的研发。秉持这两个原则，随着我国经济的发展，产业水平的提高，需要自主研发的领域将会越来越多，全要素生产率的水平也就会越来越高。

（金成武）

《中国经济持续高速增长的特点和地区间经济差异的缩小》

刘树成　张晓晶　著

《经济研究》2007 年第 10 期

24 千字

该文对第二次世界大战后世界上“持续高增长”的 11 个发展中经济体进行了比较，指出中国经济增长的两个突出特点：一是增长速度的位势较高，而波幅最小，呈现出“高位—平稳”型增长；二是中国作为一个人口最多、地域辽阔的发展中国家，在持续高增长中，地区（省）间经济增长的速度差异呈现出明显的缩小趋势。该文对这两个特点进行了分析，并将第二个特点进一步引申到对中国地区（省）间人均 GDP 差异缩小的分析上。该文的研究发现：用变异系数、基尼系数、σ 系数三种方法分别测算的 1952 年至 2006 年地区间人均 GDP 的总体差异，均显示出三个先扩大后缩小的倒 U 型。特别是在第三个倒 U 型中，按变异系数和基尼系数看，地区间人均 GDP 的总体差异在 20 世纪 90 年代有所扩大后，从 2000 年开始已呈现出新的缩小趋势；按 σ 系数看，也从 2005 年出现新的缩小趋势。该文还利用绝对 β 收敛模型和条件 β 收敛模型，对这三个倒 U 型进行了统计检验和分析。该文研究表明，中国地区（省）间人均 GDP 总体差异的缩小还刚刚开始，巩固和发展这一趋势尚任重道远。

该文所涉及的政策含义如下：（1）中国经济持续高增长已达 30 年，这一增长趋势尚未结束而将继续延长，这一定程度与中国经济增长具有广阔的地域空间有关；（2）地区间经济增长速度差异的缩小，有利于统一的宏观调控措施的实施；（3）地区间人均 GDP 总体差异的缩小，是从 20 世纪 50、60 年代所实行的西倾政策（即重点发展中西部内陆地区的政策），到 20 世纪 80、90 年代所实行的东倾政策（即重点发展沿海地区的政策），再到 1999 年之后至今所实行的西部大开发、振兴东北地区等老工业基地、促进中部地区崛起、鼓励东部地区率先发展的区域协调发展战略，历时半个多世纪长期努力的结果。（金成武）

《中国的长期煤炭需求：影响与政策选择》

林伯强　魏巍贤　李丕东　著

《经济研究》2007 年第 2 期

15 千字

该论文采用协整技术研究中国煤炭需求的长期均衡关系，估计出中国煤炭需求的长期收入弹性、价格弹性、结构弹性以及运输成本弹性；预测未来长期煤炭需求并分析其对环境、煤炭供给和煤炭价格的影响；模拟解释变量不同增长率下煤炭需求的演变并给出政策选择。该论文的主要观点如下：

第一，考虑到煤炭运输成本的独立性及其在中国煤炭最终价格组成中占有一定比例，实证模型中应该包含运输成本变量。

第二，煤炭需求和 GDP 的 Granger 因果关系检验表明，在 5% 的显著性水平下，GDP 是引导煤炭需求的原因，但煤炭需求不是引导 GDP 增长的原因。

第三，在现有的能源消费结构下，保持高速经济增长和现有重工业结构要严重依赖煤炭。对不同GDP增长率的模拟结果表明，6.5%的GDP增长率使得中国在2015年的煤炭需求预测值为27.75亿吨；7.5%的GDP增长率为30.19亿吨；8.5%的GDP增长率为32.84亿吨。

第四，在现有的环保技术和工艺以及排量标准下，煤炭消费所产生的各种废气都将显著增长，这将对我国的大气环境产生很大的压力。

第五，工业结构的调整，哪怕是微调，也会对煤炭需求产生很大的抑制作用。短期内重工业结构是很难大幅度进行调整的。因此，从中长期看，实现产业结构向能耗少，附加值高的轻工业和第三产业调整，提高能源利用效率是减少中国经济对煤炭过度依赖的有效途径。

第六，煤炭出厂价格的变动对煤炭需求变动的影响不太大，但煤炭需求对运输成本相当敏感。因而煤炭的最终价格对煤炭需求影响很大。在2006年电煤价格放开之后，煤炭价格短期上涨。如果运输成本也增加了，那么对今后煤炭需求会有很大的影响。然而，持续高企的煤炭价格可能引发成本推动型通货膨胀和经济衰退。因此，政府应当运用适当的产业政策引导短期煤炭价格，以避免其过度波动。

第七，抑制煤炭的过度需求可通过产业政策和价格指导政策来引导。短期内，对重工业比例的适当微调和价格变量（包括出厂价格和运输成本）的适度控制，可以抑制煤炭需求过度增长，同时还能防止煤炭价格过高可能引发的成本推动型通货膨胀问题；长期内，要实现产业政策调整，发展替代能源、清洁能源，提高能源利用效率以减少对煤炭的依赖，同时在引入煤炭期货合约等价格规避手段的基础上，放开煤炭价格指导，提高资源配置效率。（魏巍贤）

《正确认识利益相关论者的企业产权和社会责任观》

吴宣恭 著

《经济学家》2007年第6期

10千字

一方面，论文首先指出，“利益相关者”理论直观地描述了企业同其他社会主体的联系，却没有看清各种不同关系的实质。它混淆了一系列不同性质的经济关系和不同的再生产过程；混淆了不同的产权主体和不同的产权客体；颠倒了所有权与契约关系的地位、作用以及企业所有权的本源；将处理企业外部关系的市场原则当成规范企业内部的产权配置的原则；同时，“利益相关”的概念过于空泛，无法科学界定、计量，根本无法严格实施，如果要以这种不确定的概念作为所有权的确立根据，就容易因权利边界模糊造成一系列产权矛盾和纠纷，搞乱财产制度，最终破坏社会经济制度。另一方面，论文认为，“利益相关者”理论提出企业、股东和经营者作为社会的一员，共享了社会发展成果，占用了一定的社会资源，得到社会各界的支持，对维护社会既有的互信互利关系，实现社会共同利益，负有义不容辞的责任和义务，必须处理好他们同其他社会主体的关系，树立企业的社会责任感，构建正常的市场关系，等等这些观点都含有许多有益的启示和积极意义。继之，论文在客观评析了“利益相关者”理论之后，指出不同利益相关者与企业的关系以及对企业的影响各有不同，它们的利益要求也存在很大的差异，企业必须清楚了解自身与他们的关系，根据不同的原则，采取不同的方式，满足各类利益相关者的合理要求，特别是，必须以最大的注意力搞好与雇员的关系。最后，该论文提出，社会主义公有制内部的利益关系已经大大超越了在资本主义土壤中产生的“利益相关者”理论所涉及的内容，它才是构建社会主义和谐社会的可靠基础。公有制企业职工已经不是企业的“利益相关者”，而是企业的共同所有者、共同的主人，分享企业剩余和参加企业管理是理所当然的权利。因此，以社会主义关系及其形成的思维去论证“利益相关者”理论，或者以这种理论去解释和处理社会主义公有制的内部关系，都是不可取的。（吴宣恭）

《中国保险业中长期增长潜力分析》

郑伟 刘永东 著

《北京大学学报（哲学社会科学版）》2007年第5期

12 千字

中国保险业中长期增长潜力究竟有多大？这是一个争议很大的问题。该文基于市场汇率法和购买力平价法，通过对大量历史数据的分析，探寻“世界保险业增长规律曲线”，并以该规律曲线为参照，结合中国国民经济和保险业发展的具体现实，量化分析了从2006年到2020年间中国寿险业、非寿险业和保险业总体的中长期增长潜力。

该文的研究框架是：第一部分是引言，阐明该文研究的动机和目的；第二部分在占有大量历史数据的基础上，探寻“世界保险业增长规律曲线”；第三部分根据中国国民经济和保险业发展的具体现实，对中国GDP、保险基准深度比、价格指数和货币汇率等相关变量做出假设；第四部分在“市场汇率法”的视角下，以世界保险业增长规律曲线为参照，结合中国国民经济和保险业发展的具体现实，测算中国保险业中长期（2006—2020年）增长潜力；第五部分结合“市场汇率法”和“购买力平价法”，对中国保险业中长期增长潜力进行一个修正的测算；第六部分是结论和几点说明。

该文的基本结论是：在2006—2020年期间，在GDP年均增长7%—9%的假设下，中国保险业年均增长率（实际增长率而非名义增长率）较为可能的浮动区间为9.5%—17.6%，其中更为可能的浮动区间为11.8%—14.9%。用更直观的方式表述，与同期GDP相比，在2006—2020年期间，中国保险业保持一个比同期GDP高2—4个百分点的增长速度比较容易，保持高4—6个百分点的增长速度也很有可能，但保持高6—9个百分点的增长速度则比较困难，保持高9个百分点以上的增长速度更为困难。

该文研究的积极意义主要有三点：第一，该文利用“基于世界保险业增长规律曲线”这一思路对中国保险业中长期增长潜力进行测算和分析，此前未见此类研究。第二，该文在世界保险业增长规律曲线基础上，构建“保险基准深度比”这一新指标，该指标衡量一国（或地区）保险业的相对增长水平，包含了该国国民经济和保险业发展的国别特殊性的大量信息，对于测算一国保险业中长期增长潜力具有重要意义。第三，在“十五”期间中国保险业经历了一个大起大落的阶段，人们对未来中国保险业的增长前景普遍感觉迷茫和不确定，该文关于2006—2020年中国保险业增长潜力的研究，将为当前相关产业政策制定提供一个有益的理论参考。

（刘永东）

《制造业的服务化和服务业的知识化》

夏杰长　刘奕　顾乃华　著

《国外社会科学》2007年4期

9千字

制造业的服务化和服务业的知识化，是现代服务业发展的两大趋势。

该论文的第一部分论述了制造业服务化的内涵及其原因。在相当长的时期内，无论学术界还是实业界都认为服务业和制造业有着显著的区别，两者存在泾渭分明的界限。而如今，世界上越来越多的制造业企业不仅仅提供产品，而且提供产品、服务、支持、自我服务和知识的“集合体”。而且，服务在这个集合体中越来越居于主导地位，成为增加值的主要来源，制造业同服务业之间的界限越来越模糊。学术界将服务在制造企业中的比重不断提高的现象用“制造业的服务化”这一专用术语来描述。至于制造业服务化的原因，大体有二：一是将服务作为竞争手段，也就是说，服务被用来区别生产商所提供的有形产品。二是价值链的变化，生产商提供服务是为了占据价值链中的有利位置，即通过空间的扩张和重构找到新的商业机会。

该论文中的“服务业的知识化”部分论述了知识密集型服务业的定义与分类以及知识密集型经济中服务和创新的关系等。随着现代服务业的发展，长期令众多学者尤其是政府担忧的“鲍莫尔弊病”即服务业的“成本病”问题已经不治自愈了。至于其原因，通常认为与知识和创新紧密相关，面对不断提高的服务业生产率，人们很自然地便转向对知识密集型服务业（KISAS）以及创新的研究。关于知识密集型经济中服务和创新的关系：（1）服务是自我革新者，服务中的创新涵盖了许多维度。许多的服务创新都建立在与全球化和规制相关的信息技术和市场变化的基础之上。（2）创新不仅与新产品、技术进步和更高级的制度相关，也与企业产品和服务组合的变化紧密联系。在国际竞争中，成功的企业不仅通过成本、质量和传统技术居于领先地位，而且通过创新为产品提供价值增值服务，从而取得决定性的竞争优势。（3）有效地创新体制完全依赖于服务的媒介作用。通过营销、培训和咨询等服务，技术知识才得以传递。知识密集型服务的媒介作用在于跨产业创新。

该论文最后在“政策启示”部分中指出，中国发展服务业的重点是要解决两个问题：一是推动制造企业将生产性服务环节外包，促进制造业和服务业的融合与互动，把大力发展生产性服务业作为突破口。二是大力发展以知识型服务业为主导的现代服务业，既要发展基于高新技术产业的新兴服务业，也要加强对传统服务业的改造，提高传统服务业的服务水平和科技含量，以提升服务业的竞争力。　　（孔繁来）

《中国大米市场价格共因子分析》

罗万纯　陈永福　著

《中国农村观察》2007年第4期

13千字

该文利用持续—短暂模型（permanent-transitory model，简写为p－t模型），分粳米和籼米对中国大米市场价格共因子进行了分析。研究发现，在中国粳米市场价格长期行为（long run behavior of price）的形成过程中，湖北、天津、黑龙江、吉林、浙江和江苏等省的影响比较大，其中，浙江起主导作用；在中国籼米市场价格长期行为的形成过程中，广西、湖北、湖南、江西、四川和浙江等省的影响比较大，其中，江西起主导作用。该文认为，为提高政策的有效性，国家应对在大米价格长期行为的形成过程中影响较大的地区采取有针对性的政策，这些地区能够迅速地把政策效果传递给其他市场，从而提高政策的有效性。具体来说，如果要调控粳米市场价格，就主要从浙江等销地的价格入手，采取以销地价格调控产地价格的手段比较有效。由于粳米主产区对粳米价格长期行为的影响也很大，对粳米主产区市场也要充分关注。籼米与粳米不同，控制价格应从江西等主产地入手，即应从源头上确保稻谷生产持续稳定发展。

目前关于大米市场的研究主要关注协整向量的估计，很少关注共因子的估计，忽略了共因子里包含的信息，而该文采用的 p－t 模型可以估计出共因子。估计共因子有几个重要意义：首先，当模型包括很多变量而变得比较复杂时，如果只对市场的长期行为感兴趣，用共因子就足够了；其次，估计出共因子可以把数据分解成含有不同信息的因素，可以满足不同对象的需求，比如，政策决策者比较关心持续性因素，而关心商业周期的人对短暂性因素比较感兴趣；最后，估计出共因子可以考察变量之间的相互关系。另外，目前的研究主要采用双变量方法，而该文采用多元方法，市场的多地区特性暗示着采用多元方法可能更好。 （陈劲松）

《工业化初期的固定资产投资与城乡关系——对1950—1980年代工业建设的反思》

董志凯 著

《中国经济史研究》2007 年第 1 期

16 千字

近两百年来，技术革命和工业革命引发了农业的科技变革，化学、机械和电力使传统农业进入一个更大的循环系统。为了通过工业化带动包括农业在内的各业现代化，在20世纪80年代以前，我国投资主要向工业倾斜，相应向城市倾斜。虽然在国家财政收入中，农业所占份额呈现下降趋势，但是与财政对农业的投资相比较，总的走向是农业为工业提供积累。尽管国家对农业的投资逐步扩大，重工业结构向着有利于农业生产和农业技术改造的方向发展，在调整中增加支农投入；但是这些发展与调整，远远达不到农业对工业的需求。由于财政集中资金搞工业化，以及相应的人民公社、统购统销、城乡户籍等制度的确立，加之历史上的城乡差距，导致城乡二元结构形成和凸显走势。工业化初期农业支援工业过程中，国家财政的转移支付手段发挥了重要作用；在新形势下，给予农业相应的补偿仍可借鉴历史举措中的合理因素，在通过体制变革调动多方积极因素的同时，部分通过政府运用财政转移支付的手段来完成。

种种情况表明，尽管在工业化初期，农业支援工业、投资向重工业倾斜有其客观必然性；但是从长远来看，这是不可持续的。

在工业化初期农业支援工业过程中，国家财政的转移支付手段发挥了重要作用，体现了我国社会主义社会集中力量办大事的特点。在新形势下，给予农业相应的补偿仍可借鉴历史举措中的合理因素，在通过体制变革调动多方积极因素的同时，仍可部分通过政府运用财政转移支付的手段来完成。工业和城市对农村的“反哺”不应该仅仅表现在补贴上，还应该从国家财政收入以及新增财政收入中拿出更大的比例来支持农村。通过

新的投资结构实现工农业之间、城乡之间、区域之间的均衡发展。（魏明孔）

《1953—2003年间中国环境保护政策的历史演变》

张连辉　赵凌云　著

《中国经济史研究》2007年第4期

17千字

新中国成立以来，随着环境问题的出现和恶化，中国环境保护政策经历了从无到有和不断完善的历史过程。其间，中国先后制定并实施了重工业优先发展战略、现代化战略和可持续发展战略三种国家发展战略。在可持续发展战略提出之前，发展战略是影响环保政策特征与演变的主要因素；之后，经济体制则成为影响环保政策特征与实施绩效的主要原因。进一步完善市场经济体制，转变政府职能，建立与市场经济体制相适应的环保政策体系，则是提高环保政策绩效的根本途径。

通过历史考察，我们得到如下结论与启示：

（1）在环境保护理念上，中国基本上与世界同步，相对超前于环保政策体系的建设。如何使环保政策体系建设跟上环保理念的发展步伐，这是一个值得研究的课题。

（2）中国环境保护政策的制度特征与实施绩效，明显受到同期制定并实施的发展战略与经济体制的影响。在可持续发展战略出现之前，影响环保的主要原因是发展战略；之后，市场经济体制不完善、政府职能转变滞后，则上升为主要原因。因此，进一步完善社会主义市场经济体制，加快政府职能由经济建设型转向公共服务型，则是提高中国环保绩效的重要途径。

（3）环境保护政策体系建设仍然滞后于市场经济发展进程。加快建设与社会主义市场经济体制相适应的环保政策体系，将是未来提高环保政策绩效的重要着眼点。

（魏明孔）

《中国高储蓄、高投资和高经济增长研究》

李扬　殷剑峰　陈洪波　著

《财贸经济》2007年第1期

10千字

该文首先简要介绍了中国自1978年以来开始出现的高储蓄、高投资和高增长现象，然后通过储蓄投资恒等式说明中国的这一现象是经济内部失衡和外部失衡并存的表现。文章从纵向国内考察和横向世界比较中得出结论：高储蓄、高投资和高增长不仅给中国带来通货紧缩阴影，而且成为全球经济陷入危机的一个重要原因。

接着，该文考察了人口结构变化对高投资率和高储蓄率的影响。通过分析中国的人口参与率与储蓄率和资本形成率的关系，认为，工作人口特别是年轻工作人口的增长所带来的“人口红利”是出现高储蓄、高投资和高增长的长期原因之一。由于适龄劳动人口的高比重将一直维持至2010年，因此高储蓄、高投资和高增长现象仍将延续5—15年。

高储蓄、高投资和高增长现象的存在还需要适龄劳动人口能够就业这一条件作保证。因此，“三高”现象是工业化、城市化和体制改革的综合结果，并且高投资和高储蓄、工业化和城市化互为因果、互相影响。该文具体分别考察了工业化、城市化和市场化改革对高投资和高储蓄的影响：（1）通过考察非农就业率与资本形成率和储蓄率的关系，认为无论是绝对水平还是相对水平，储蓄率和投资率都同工业化进程密切相关。通过进一步分析，该文认为，鉴于工业化进程还会持续较长时间，储蓄率和投资率仍会在相当长时间内保持在较高水平。（2）通过考察城市就业人口占比与资本形成率和储蓄率的关系，该文指出，城市化趋势与储蓄率、投资率的趋势是完全一致的。该文还指出，城市化通过间接升级居民消费结构，从而也引致了投资的增加。（3）通过考察市场化改革对工业化和城市化的基础性作用、对投资主体多元化的影响以及在改变传统计划经济体制方面所产生的效果，市场化改革是储蓄率和投资率上升的主要推动力之一。

高储蓄、高投资和高增长现象是我国人口结构变化、工业化和城市化进程相互契合所产生的必然结果。对于它们的发展变化，短期性的宏观调控是难有较大作为的。并且由于中国的总人口劳动参与率将长期持续处于较高水平、工业化和城市化将长期存在，“三高”现象也将长期存在。文章最后建议，为改变投资率长期低于储蓄率的状况，需要扩大直接融资比重，改革以银行间接融资为主导的金融体系。（王栋贵　张群群）

《中国货币运行的变化及其影响分析》

李健　著

《财贸经济》2007 年第 1 期

9 千字

该文主要考察了中国货币总量不断增加和货币本身结构发生重大变化这两个货币现象，接着重点分析了它们的深远影响。

该文首先介绍了中国货币总量的增长情况。通过对历年广义货币数量的考察，文章指出，自改革开放以来，中国货币总量增长轨迹呈“J”型曲线。接着该文考察了货币本身结构的变化。该文首先将货币职能概括为交易媒介职能和用于保值增值的资产职能，然后分别用现金存款货币（M1）和执行资产职能的准货币（QM）对应以上两种职能货币。通过考察改革开放以来现金存款货币和执行资产职能的准货币分别占广义货币 M2 的比重的变化，文章指出，执行两大职能的货币比重由 M1/M2 与 QM/M2 的六四分成变为四六分成，两种货币比重变化轨迹形成一条“X”型曲线。

该文随后对这两个货币现象的含义与影响进行了分析。认为“J”型曲线下巨额货币存量引发了三个问题：（1）经济运行中货币化过高而证券化过低，表明金融资源的配置效率有待提高；（2）金融风险过于集中，经验不足的存款货币银行承担了过多的风险；（3）通货膨胀压力加大，巨额准货币存量可能在短期内大量转化为货币冲击商品市场，从而引发通货膨胀。该文认为，由于执行媒介职能货币（M1）的主导力量在于货币供给方面，执行资产职能货币（QM）的主导性力量在于货币需求方面，因而“X”型曲线的货币结构变化意味着货币供求及其均衡的主导性力量亦由货币供给方面转向货币需求方面。从主导部门看，这相应表现为银行体系的支配力在下降，而以居民部门为主的各经济主体作用力在增强。该文同时指出，“X”型曲线的货币结构变化意味着判断货币供求及其均衡的依据和衡量指标需要发生相应变化。由于执行媒介职能货币的主要流通领域在商品和劳务市场，这部分货币供求变动影响的主要是商品和劳务价格；而执行资产职能的准货币主要流通范围是资产市场，影响的主要是各种资产的价格。结合货币结构的“X”型变化，可以推出，货币供求及其均衡已不再仅仅体现为CPI、PPI等物价指数的变动，而是综合体现在物价、资产价格和金融指标等变量的变动上。

为使货币政策和宏观调控产生理想效果，不仅要关注货币总量，还需要关注并调整货币结构。同时，这意味着未来的货币政策体系也需要做出相应调整。

（王栋贵　张群群）

《落实科学发展观的公共收入制度与政策研究》

贾康　阎坤　傅志华　著

《财贸经济》2007年第1期

9.8千字

作为政府筹集公共资金的基本制度，政府公共收入制度是国民收入分配的重要工具和调控手段。该文着重从改革政府公共收入制度和改进政策以促进落实科学发展观的角度讨论了相关问题。

（1）建立合理、规范的公共收入制度是有效贯彻落实科学发展观的重要保障。在贯彻落实科学发展观中，政府公共收入制度可以而且应当发挥积极的作用：政府收入的制度创新是为贯彻落实科学发展观构建内生机制；政府收入的稳定、可持续增长体现科学发展观的必然要求；现实生活中政府收入制度不规范、不合理的弊端影响科学发展观的全面贯彻和落实；规范、合理的政府公共收入制度、机制是促进科学发展观贯彻落实的配套条件和保障因素。

（2）调整税制结构，完善税制体系，促进落实科学发展观。在税收收入结构上，应着力提高总税收收入中与财产和所得相关联的直接税的比重，适当降低以产值为税基的流转税税收比重，特别是应把地方税基主要与财产税相连。具体包括：调整流转税税率和结构，适当降低流转税在整个税收收入中的比重；优化税制结构，改进和完善所得税；开征物业税（不动产税），将其培育成为地方政府财政收入的主体财源；改革税收征管体制，逐步改善税权配置。

（3）改革和完善政府非税收入体系，强化预算管理，促进落实科学发展观。①强化政府非税收入的预算管理和征收管理：将政府性收入全部纳入预算管理，透明地接受人大和公众的监督；加强政府非税收入的征收管理，实质性贯彻“收支两条线”原则，完善“单位开票、银行代收、财政统管”的征收模式。②改革地方政府土地出让和土地收入制度：尽快出台将土地出让收入纳入预算管理的具体措施；提高土地出让收入的统筹管理级次，适当增强中央和省级调控力度；按规范方式拍卖土地并征收，建立全国土地收益储备基金。

（4）改革和完善资源、环境税费制度，促进资源节约型、环境友好型社会建设和落实科学发展观。改革和完善探矿权和采矿权（矿业权）的价、税、费制度；扩大资源税开征范围，适当增加资源税中央分享部分；完善生态环境税收体系。

（5）深化政府间财政收入分配体制的改革，促进落实科学发展观。要切实改变以产值为单一激励导向的政绩考评体系，调整税制结构和政府间税收分成体制；应逐步建立省级以营业税为支柱、市县级以财产税（不动产税）为主体的地方税体系；要大力改进完善中央、省两级自上而下的财政转移支付制度，促进地区间基本公共服务能力均

等化；切实增加财力性转移支付，规范专项转移支付，加强转移支付资金使用的审计和监督。（董萍　王迎新）

《中国进出口地区结构及其对称性问题的实证研究》

魏浩　著

《财贸经济》2007年第5期

9千字

该文首先引出研究的背景。随着世界经济一体化程度的不断深化，国家安全越来越多地取决于非军事因素，经济安全逐渐成为国家安全的核心和基础。在我国对外开放、经济发展和转轨过程中，作为经济发展根基的外贸安全是我国经济安全的核心之一。在看到我国对外贸易总量保持高速增长的同时，也应特别重视我国外贸存在的一些问题，特别是国际贸易摩擦等问题。这些问题不仅在一定程度上影响着我国的外贸安全，而且与我国对外贸易的结构特别是进出口的地区结构有着紧密的联系。

基于此，该文借鉴并融合了自然科学中不同学科的经典研究指数，通过构建进出口平衡指数、进出口商品的地区集中度指数、多样性指数和均匀度指数，对1993—2004年期间我国八大进出口地区（美国、欧盟、日本、东盟、韩国、俄罗斯、澳大利亚、加拿大）和我国台湾地区、香港特别行政区的地区结构及其对称性问题进行了实证研究。研究结果表明：

（1）我国不仅在这8个地区和2个中国地区的整体出口地区结构不断优化，而且在这8个地区和2个中国地区中的内部分布也日益趋于分散，内部出口地区结构不断优化。其中，美国、欧盟、日本和中国香港特别行政区在出口中占据重要地位，但是，美国和欧盟在我国出口中的地位上升，日本在我国出口中的地位下降。

（2）我国在这8个地区和2个中国地区的整体进口地区结构不断优化，但内部分布却日益趋于集中，内部进口地区结构不断恶化。近年来，我国进口地区结构主要集中于日本、欧盟、东盟、韩国和美国等5个地区，但是，韩国和东盟在我国进口中的地位上升，美国和日本的地位下降，欧盟和我国台湾地区的地位基本保持不变。

（3）我国与加拿大的进出口对称性问题最为优化；我国与台湾地区、香港特别行政区的进出口对称性问题最为严重；美国与欧盟都是我国重要的进出口地区，但是我国与美国的进出口不对称性问题比较严重；日本、东盟、韩国三个地区在我国进口中占据重要地位且不断上升，俄罗斯、澳大利亚两个地区在我国进口中占据重要地位但呈下降趋势。

在我国遭受国际贸易摩擦日益严重的今天，我国不仅应该继续实施出口市场多元化战略，优化出口地区结构，而且还要注重实施进口市场多元化战略，不断地适度优化进口地区结构。同时，随着国际贸易与国际投资关系的日益紧密，还要特别注重利用对外直接投资调节我国进出口的地区结构，大力实施“走出去”战略。这样既有利于解决进出口不对称问题，又有利于在一定程度上缓解国际贸易摩擦，为我国对外贸易的持续发展营造良好的国际环境。

（董萍　王迎新）

《零售业过度竞争的理论界定及判断标准》

吴小丁　王锐　王晓彦　著

《财贸经济》2007 年第 8 期

6.6 千字

零售业的过度竞争是近年来备受关注的问题。无论是业态市场还是地域市场都充满进入的诱惑，进入后的价格战、促销战又使企业陷入长期低利润或亏损的境地无法自拔。政府也试图通过政策规定来缓解竞争矛盾，但如何判断一个零售市场是否处于过度竞争状态，却成为政策难题。以往国内外大量关于过度竞争的研究很少以零售业为观察对象，而使用针对制造业过度竞争的定义和判断标准来解释零售业的现象时，又会遇到一些理论上的困难。因此，对零售业过度竞争做出明确界定和制订有针对性的判断标准，就显得日益必要和迫切。

该文首先对以往文献关于过度竞争的定义和特征、形成过度竞争的一般市场环境和判断标准等问题进行了回顾和梳理，并分析了零售业和制造业在竞争方式和产品本质方面的差异。在此基础上，针对零售业的竞争特征，给出了零售业过度竞争的定义和判断标准。

（1）零售业过度竞争的定义。零售业的过度竞争是指这样一种状态：零售企业在由过度进入引起行业低利润的情况下，由于退出市场的损失高于继续营业的损失，不得不采取相同或相似的竞争手段来争夺竞争对手的市场份额，使竞争秩序遭到破坏，损害了竞争各方的长期利益，并进一步使行业利润率长期低于社会平均利润率。其主要表现是过度促销、“行业内耗”行为引起的连锁反应、竞争目标由利润最大化转为追求损失最小化。

（2）零售业过度竞争形成的市场环境。从零售业自身来看，其退出壁垒要高于进入壁垒。我国政府吸引投资、鼓励进入的政策行为进一步降低了进入壁垒、抬高了退出壁垒，使我国零售业处于相对的低进入壁垒和高退出壁垒的市场环境中。进入壁垒相对较低主要体现在初始成本较低、产品差别壁垒低导致在位优势不明显、技术性壁垒相对较低、政府规章制度壁垒低；退出壁垒相对较高主要针对大零售企业而言，主要包括沉没成本壁垒、资产和债务的壁垒、政策性壁垒。由此可见，在零售业进入壁垒低、新企业大量进入而退出壁垒却相对较高的情况下，企业不能正常退出，为维持生存，不得不竭尽全力扩大市场份额，采取各种手段让利促销或压价销售，争夺顾客，导致整个行业低利润率的长期持续。

（3）零售业过度竞争的判断标准。①行业内多数企业利润率长期低于社会平均利润率。②零售商主导的促销行为长期化。③零售业的长期能力过剩。④店铺不断打破原有市场定位，采取雷同的营业形态和零售组合。⑤零售业的过度竞争有时会在某一地域内发生，表现为一种局部状态。

（董萍　王迎新）

《中国能源效率的地区差异与节能潜力分析》

史丹　著

《世界经济》2007 年第 2 期

15 千字

该文首先提出能源效率的国别差距比较，可以反映出中国能源效率的水平与理论节能潜力，但是这个节能潜力是不可能在短期内被挖掘出来的。从根本上讲，中国与世界上一些发达国家能源效率的差距在一定程度上也是经济发展水平的差距。因此，能源效率的国际比较，只是为中国能源效率的改进提供了一个目标值，而不是中国现实可能实现的节能潜力。该文认为，以国内最高能源效率为比较标准计算中国的节能潜力更符合实际。

能源效率的计算方法有两种：一种是全要素能源效率，即考虑各种投入要素相互作用的能源效率；二是单要素能源效率，由于计算简单，人们通常采用单要素能源效率。该文在单要素计算能源效率的基础上，提出了全国提高能源效率的最大潜力以及各地区在绝对趋同和条件趋同两种条件下的节能潜力的计算方法，并运用资源配置理论分析了这种计算方法与能源资源优化配置的一致性。根据该文的分析结果：中国有相当多的省（市、区）消耗了较多的能源而产出却相对较少，最终能源消费对效率的偏离的54.4%来源于第二产业。

该文分析比较了各地区能源效率，并充分考虑了各地区之间经济发展水平的差距，分别计算了效率绝对趋同和条件趋同条件下的节能潜力。计算结果表明，交通方便、沿海、沿江的东南地区能源效率较高，在全国处于领先地位。无论从绝对趋同还是从条件趋同的角度来看，在当前技术经济发展水平下，中国其他各省（市、区）均有提高能源效率的潜力和可能性，但是各省（市、区）提高能源效率的潜力各不相同，而且差距很大。这一研究结论对于我国制定全国及各地区节能目标、挖掘节能潜力的政策措施具有较大的参考价值。

通过对比各地区影响能源效率的因素，该文发现影响各地区及各省（市、区）能源效率的因素不是第二产业的规模及第二产业所占的比重，而是第二产业的生产技术水平。对外开放度对能源效率的影响只是充分条件，而不是必要条件。能源消费结构对能源效率的影响是很明显的，中国能源效率较低的地区往往是煤炭消费比重较大的地区。中国能源效率与能源资源丰裕度成反比。该文的上述发现加强了地区之间的技术合作与先进技术在地区之间的扩散，打破了各地区追求能源自我平衡的理念，使能源供应向能源效率高的地区集中等政策建议具有较强的针对性和现实意义。　　　　（史　丹）

《中国农村土地制度变革的回顾和展望》

张晓山　著

《中国经济学人》2007年第7期

13千字

该文回顾和总结了自改革以来中国农村土地制度变迁的进程，并且指出：农村改革后，多元的集体土地所有制在法律上得到规范，但“集体”的边界发生了变化；农民部分地享有其承包土地的使用权、剩余索取权及转让权；传统的农地统征制度和土地用途管制制度相结合，在土地征收和农地转用环节，农民所有的土地产权仍然没有获得公正待遇；最严格的土地管理和耕地保护制度仍然没有建立起来。该文认为，自改革以来中国农村土地制度的变迁，实质上是在保留土地集体所有制的前提下，赋予并不断强化和保障农民土地承包经营权的产权制度改革过程，也是对农地集体所有制实现形式不断探索的过程。农业税取消之后，各个利益相关方更把目光集中在农村土地上。

展望土地制度变革，该文认为，农民对土地的财产权利的实现过程，也就是土地要素逐步市场化的过程。在深化改革的进程中，探索农村集体成员对农村土地的财产权利的不同实现形式，是可行的具有操作性的制度变迁方式。这种探索对农民来说既是至关重要的经济问题，也是政治问题。如果说一个健全的并能保护民众合法权益的法治秩序、一个发育良好的公民社会、一个权力有限的服务型的政府是构筑好的市场经济不可或缺的要素，那么，这些要素同样也是农村土地制度变迁取得成功不可或缺的要素。在缺乏这些要素的坏的市场经济条件下，无论是哪一种具有公平起点的农户小规模均田制（土地私有、国有永佃、土地集体所有、农户有承包经营权），通过较大和较激烈的农村土地制度变迁，都会到达不公平的终点（不是市场竞争的结果）。交易越容易，这种进程就越快，也就意味着对相当一部分农民的剥夺越容易。

该文认为，农民对土地的财产权利的实现必须要以农民政治上的民主权利落实为保障，必须与农民的民主权利的实现相结合。在村一级，需要通过制度创新，在议政和行政之间建起一种民主制衡的机制。为了真正保护好农民的土地权益，如何加强现阶段土地法律上的所有者——村、组集体的民意基础，使其成为真正代表农民利益的权利主体则是更紧迫的任务。农民的民主权利意味着群众对公共事务享有知情权、参与权和决策权，有较完善的法制和可操作的法律执行程序以及低廉的打官司成本等，它与农民对土地的财产权利是一个问题的两个侧面。人们的物质利益要靠民主权利来保障。民主权利随着人们物质利益的实现而越来越受到农民的重视。一旦集体财产（首先是土地）的处置方式能与普通村民的利益直接挂钩，村民就有动力去参政、议政，参与决策，因为他们清楚地知道，没有政治上的民主权利作保障，他们已经得到的经济利益、已经落实或将要落实的对土地的财产权利很容易被剥夺。这种物质利益与民主权利的互动将是一个漫长的过程。（刘燕生）

《中国农户粮食储备行为的决定因素——价格很重要吗?》

万广华　张藕香　著

《中国农村经济》2007 年第 5 期

16 千字

作为世界上最大的粮食生产者和消费者，中国的粮食问题一直受到国内外各界的广泛关注，目前国际食品价格的暴涨和对全球粮食前景的悲观预期必将加深这种关注。储备在任何粮食系统中都是极为重要的组成部分，遗憾的是，现有文献对中国农户粮食储备的研究却极为鲜见。该文的主要目的是弥补现有商品储备理论和实证模型的不足，然后分析中国农户的粮食储备行为，并估算不同因素对农户粮食储备量的具体影响。

该文认为，现有储备理论和模型不能解释发展中国家尤其是中国农户的商品或粮食储备行为。因此，该文在理论上第一次系统地提出和阐述了可能决定中国农户粮食储备的三组动机：价格投机、消费安全和交易成本最小化。该文在理论上的另一个创新是把经典的价格预期理论和经典的数量偏调整理论有机地结合起来，并推导出可以用于实证的应用经济学模型。这些理论上的创新实际上使人们得到了能够用于研究发展中国家商品储备的模型。在方法论上，该文的创新之处包括：（1）构建了完整的中国农户粮食储备模型；（2）设计了清晰可循的建模路径；（3）发展了系统的统计检验方法以用于对不同的粮食储备实证模型进行科学选择。

该文在实证部分将上述理论和模型运用于中国的省际面板数据，最终获得一个具有异方差性和不同省份拥有不同自相关的偏调整模型。实证结果表明：中国人均粮食产量每增加 1 公斤，大约能增加人均粮食储备 0.4 公斤；复种指数对粮食储备影响相当大，其影响明显为负；尽管投机活动存在，但价格并不是决定中国农户粮食储备的主要因素；粮食市场越发达的地区，投机活动越多，与之相对应，那些地区当期价格对粮食储备的边际影响就越小；农户倾向于根据偏调整模型而不是适应性预期模型来决定粮食储备水平；农户的粮食储备行为更多的是基于消费安全考虑，而不是交易成本最小化。

（陈劲松）

《中国农民工城乡双锁定工资决定模型》

郭继强 著

《中国农村经济》2007 年第 10 期

14 千字

该文主要研究农民工城乡工资决定问题。其创新性内容在于：

1. 该文提出并论证了在“农村剩余劳动力与城市失业并存”条件下农民工工资的决定模型。就既有的关于乡—城人口流动（rural-urban migration）的经典理论或模型而言，刘易斯—拉尼斯—费模型（包括刘易斯模型）关注于“农村存在剩余劳动力而城市不存在失业”情形，乔根森模型侧重于“农村不存在剩余劳动力和城市不存在失业”情形，托达罗模型着眼于“农村不存在剩余劳动而城市存在大量失业”情形，但中国现实的经济态势则是数量庞大的“农村剩余劳动力与城市失业并存”。显然，倘若直接套用传统的城乡人口流动模型来分析中国的问题，难免会在某种程度上出现“水土不服”。再者，在农村剩余劳动力的流动方式上，中国的情况也与其他发展中国家的情况不尽相同：发展中国家农村劳动力流动在总体上是从“乡”向“城”单向迁移，在职业变动的同时通常也伴随着身份由农民向工人转换；而在中国现行的制度安排和经济条件下，农村劳动力到城市打工却多半是在“乡”与“城”之间往返流动（“候鸟式”流动或“两栖式”流动），职业变动与身份转换往往是分离的，家庭（“户”）在农民工流动决策和收入分配中的作用比“新劳动力迁移经济学”所论及的更大，这就造成了中国农民工城乡流动问题的特殊性。该文基于中国现阶段农民工涌入城市谋生并在城乡之间流动的实际，构建并实证了一个在“农村剩余劳动力与城市失业并存”背景下“农民工城乡双锁定”的工资决定模型，在某种程度上可视为对主流经济学和发展经济学中有关城乡劳动力流动理论的一种补充性解说。

2. 农民工城乡双锁定工资决定模型可以解释农民工低工资现象和“民工荒”现象。农民工低工资现象是指现阶段中国城市次级劳动力市场中，农民工工资竞相逐底（race to the bottom），也就是农民工工资竞相逐低直至锁定于他们的保留工资的现象，具体地说，就是“为什么 2004 年以前十多年间，农民工在城市打工的工资水平基本不动甚至实际工资水平略有下降”的问题。同时，该模型还能够为 2004 年以来出现的所谓“民工荒”现象提供一个新的理解视角。

3. 农民工城乡双锁定工资决定模型揭示了一种即使在劳动力可流动条件下也会形成的新的城乡二元结构，并且这种二元结构仅靠市场化是无法有效消除的。这从另一侧面凸显了城乡之间的依存关系和统筹要求。随着改革的深入和进一步的发展，市场化、工业化、城市化与农村剩余劳动力转移之间的关联使得城乡社会经济的耦合强度不断提高，城乡之间的协调、统筹、融合和良性互动将越来越成为城乡社会经济共同发展的内在需要。（陈劲松）

《从转轨到转型：现阶段改革的历史定位及其和谐取向的政治经济学分析》

李省龙　著

《新华文摘》2007 年第 4 期（原载《中国人民大学学报》2006 年第 6 期）

8 千字

该文指出：目前，中国的改革与发展已进入一个新的历史阶段。如何全面、深入地理解中国迄今为止的改革，准确地判断其未来的发展趋向、正确地把握其政策导向，是当前中国社会和理论界面临的首要问题。

该文系统地考察和分析了我国改革开放30年来经济与社会的发展、社会结构的演变、现存的社会问题和社会矛盾，阐述了作者对中国改革本质与进程、当前面临的经济与社会难题，以及中国政府的政策选择等问题的理解。

该文认为：（1）中国改革的完整的逻辑过程包括由计划经济向市场经济过渡的社会经济体制转轨和从经济体制到整个社会制度全面变迁的社会结构转型两个历史性的制度变革阶段。改革因此首先表现为一个政治过程，其次才是一个经济过程，最终则是一个社会过程。（2）中国迄今为止的改革，只是基本完成了以建立完整的市场经济体系为内容的经济转轨阶段，随之而来的将是一个以全面的社会发展和进步为内容的社会转型阶段。（3）与转型社会的一般特点相适应，中国当前面临着一系列复杂的经济—社会问题和社会矛盾。这些问题与矛盾既来自于市场经济所固有的缺陷，也来自早前特定的改革策略与路径的影响，以及两者间的历史性扭结和交织。其存在是转型时期所特有的历史现象，不仅标志着中国改革的发展已处在一个新的历史关口，而且在更深的逻辑层次上表明了中国现行经济—社会发展模式在本质上不可持续的历史局限性，意味着中国社会未来向和谐型社会与冲突型社会转化的双重的可能性。（4）在社会主义市场经济体制的制度框架内，上述问题及矛盾的解决只能通过使市场经济体制与现行制度在运行上保持某种均衡发展状态的方式进行。因此，通过政府调节，将两者的均衡点控制和保持在最有利于社会发展和生产力发展所必需的范围内，使社会内部各种要素达到平衡，使各种矛盾和冲突得到化解、各种关系得以协调，进而使社会显现出一种内在的契合与融合的和谐社会，遂成为中国政府和社会所追求的发展目标和历史性的政策选择。

该文得出结论认为，作为一种对中国社会发展的历史进程的政治设计，和谐社会不仅是一种现实的政策取向，也是中国政府努力追求的战略目标，同时也是一种以中国特色社会主义为标志的新型社会主义的发展模式。（王天义）

《当前我国工业的集中度及其变动趋势研究》

盛毅　池瑞瑞　王长宇　著

《郑州航空工业管理学院学报》2007 年第 5 期

8.9 千字

该文根据测度产业集中水平的常用方法，选取行业排名前几位企业所占比重（集中率——CRn）和企业规模分布的离散程度（均衡度——基尼系数和 HHI 指数）作为反映集中度的指标，经计算及比较发现：从工业各行业集中度现状来看，目前我国工业的市场结构与发达国家比较，属于非常分散性的市场结构，几乎所有行业均为完全竞争型行业，各行业之间的集中度差距不大，行业内部大企业之间和少数几个大企业与其他企业之间的规模差距没有拉开，形成了一种比较均衡的企业规模结构，缺乏具有占绝对规模优势的大企业；从工业集中度总体变化趋势分析，由 20 世纪 80 年代乡镇企业蓬勃兴起和 90 年代个体私营企业迅速发展导致的工业集中率下降趋势，到 20 世纪末基本结束，预计自此开始的 20 年左右时间，工业集中度总体上将呈上升趋势，随后再进入下降阶段；从工业各行业集中度变化分析，原来部分行业因垄断而形成的企业规模分布不均衡结构，近年来正在向更均衡的状态变化，相反，原来受市场发育程度不高因素制约的部分比较均衡的行业，却正朝着不均衡方向变化，这些变化表明，在近十年中，市场竞争一方面促进了部分行业的进一步集中和不均衡，另一方面又使部分行业在集中率上升的同时，规模分布更趋于均衡，大企业之间的规模差距明显缩小。

根据我国工业集中度的现状及变动趋势，我国从 1949 年以来到完全实现工业化的全过程中，工业集中度的变化，将不会像多数已经实现工业化国家那样呈倒“U”型变动，而是呈近似的“M”型变动。我国目前的工业集中度与我国工业发展阶段极不相称，大多数行业中排名前几位大企业的销售收入占行业比重偏低，在行业中的带头作用尚不明显。因此，当前产业政策的着力点，应当放在培育和支持大企业发展上，以促进产业进一步集中，反垄断在当前还不是工作重点。尤其是在部分竞争性行业中，要鼓励和引导具有扩张潜力的企业通过兼并收购等方式，迅速扩大经营规模。为促进产业集中，政府要为企业规模扩张创造良好的直接和间接融资环境，创造聚集发展的条件，并通过税收和产业政策给予更多的支持。（盛　毅）

《从科学发展观视角思考合作金融的扶弱功能》

郁方　著

《农业现代化》2007 年第 7 期

10.8 千字

合作金融制度在全球已有约 150 年的历史，作为不同于商业金融的特殊模式，它在各国经济发展中，尤其是在商业金融覆盖困难的农村和边远区域的经济发展中发挥了重要的助动作用。该文以科学发展观和社会主义新农村战略角度，思考合作金融扶弱功能，分析合作金融基本性质在中国的全面异化与背离，讨论这种背离对农村弱势群体金融需求的忽略和影响，并从目前农村金融供给缺失导致农村经济落后角度，论证被称为弱势群体金融组织的合作金融在中国生存与发展的必要性和广阔空间。

目前社会主义新农村建设作为新时期的

重大战略决策正在被贯彻实施。农村经济发展中一个至关重要的保障就是构建合理的农村金融体系，以便形成支持农村建设资金循环的长效机制。纵观全球各国农村社会经济发展的成功经验，均离不开这个核心要素。无论是发达国家还是发展中国家，都十分重视农村金融体系构建。大部分农村经济和金融发展都比较好的国家，普遍构建了包括政策性金融、合作金融、商业金融和保险在内的全方位、多层次的金融体制，形成了对农村、农民和农业发展的有效资金供给。合作金融这种金融组织模式的互助共荣特征具有明显的扶弱性质，它与政策性金融相仿，具有更为典型的公共产品特征，但其资金来源的互助性和利益的捆绑特点又使其比政策性金融具有更为广阔的发展空间和内在动力，更能有效地克服信息不对称的金融难题，完善的“弱势群体银行”是解决三农问题的关键。

处于弱势的广大农户的金融资源使用权普遍缺失是中国农村经济发展滞后的一个主要制约因素，这种格局是对弱势群体公共利益的变相侵害，导致这种格局的根本原因在于宏观政策与制度设计上的偏颇；合作金融的互助共荣特征具有明显的扶弱性质和更为典型的公共产品特征，农村弱势群体迫切需要具有互助扶弱性质的合作金融为其解决金融问题，合作金融在中国有其生存的环境和土壤，关键在于必须有政策、制度、治理与监管的综合效应下形成的平台；多年来我国民间金融包括合作金融出现的众多风险问题，并非这种模式本身的原因，而是因监管不足、制度设计缺陷产生。从国际合作金融或其他模式的发展看，其健康成长的关键是构建有效的监管标准和手段去防范风险并加以引导。合作金融在中国应向多样化模式发展，并要形成中国的特色与创新，而并非是我们传统概念上相对落后和地域性的农村金融模式。

（郁　方）

《广东区域经济发展的深层思考——从被动接受国际分工到主动参与国际分工的战略转换》

梁桂全　著

《广东社会科学》2007 年第 5 期

10.8 千字

当前广东经济社会发展面临重要的历史拐点，科学认识和确定广东区域发展战略定位，对于制定正确的发展战略和发展政策，具有重要意义。

广东区域发展战略定位应包含三个方面的重要含义，一是空间战略定位，从空间上提升广东在国际产业分工大格局和国内区域产业分工大格局中的经济地缘优势和地位；二是时间战略定位，从经济发展进程上推动广东产业体系由工业经济向服务经济、知识经济跃升，使广东成为在全球产业体系中我国国民经济加速向知识经济对接的先行地区；三是功能定位，从区域经济功能上实现广东由生产主导型功能向创新服务主导型功能跃升，通过创新功能和服务功能的构建实现由经济大省到经济强省的转变。

在未来一段时间内，广东应尽快建立高端工业化战略与后工业经济战略并重的二元战略思维，确立全球发展视野和全国发展大局意识，超越“GDP 增长”思维模式，确立国际产业竞争思维新模式，并进一步在国际产业大循环和国内区域产业循环的总链条中，与其他地区形成异构互补、共赢发展的格局，迅速拓展广东经济社会发展新的战略空间。

实施广东新战略定位的主要对策。一是采取产业立体延伸拓展策略，一方面推动广东从国际加工基地优化升级，向加工制造业的中场产业、龙头产业、基础产业聚集；另一方面要大力推动从国际加工制造基地向国际商务基地过渡。二是进一步深化粤港澳合作，粤港携手构建以珠江口港口群为主枢纽的沿海港口物流带和国际商务服务产业带，建设以中场产业为骨干的临海国际加工制造产业带和集约化加工制造业基地；通过粤港澳合作优势互补，奠定新的战略定位的支点。三是大力打造广东软实力，通过强大的软实力优势，支持广东产业结构向产业链上、下两端扩展，打造以信息产业、文化产业为龙头的华南知识产业集聚基地，全面增强广东乃至相关地区由被动接受国际产业分工转向自主参与国际分工的能力，实现广东新一轮产业转轨升级，建设经济强省。

（梁桂全）

《服务业定价机制的改革与创新》

温桂芳　著

何德旭主编：《中国服务业发展报告 No.5：中国服务业体制改革与创新》，社会科学文献出版社2007年版

18千字

服务业是以无形产品向消费者提供服务的产业。服务产品具有无形性、差异性、不可分性和不可储存性的特点。服务产品的特性，决定了服务定价具有隐性、引导性以及定价过程和结果的统一性等特点。

目前，服务产品定价理论研究已经取得以下突破：一是在服务业产品定价基础方面，提出一种包括非实物产品理论、非实物产品使用价值理论和服务价值理论的服务产品理论体系，说明第三产业提供的非实物劳动成果也是一种商品，也具有使用价值和服务价值，服务价值由服务劳动的凝结性、社会性、抽象性和等同性决定。其中，重复型服务产品的价值量由所耗费的社会必要劳动时间决定，创新型服务产品的价值量由所耗费的个别劳动时间和风险系数决定。二是提出服务产品感知价值论或认知价值论。着重从服务产品的本质和特性出发，把服务产品定价建立在以顾客价值（顾客满意）为导向，以满意为核心的基础上。服务定价以顾客满意为目标，以顾客对服务的感知价值为重要依据。

我国的服务业改革主要从以下几方面展开：一是放开竞争性服务价格和收费；二是放松对垄断行业的服务价格的管制；三是改革公用事业和重要服务价格管理体制；四是改革政府对服务价格的管理方式，规范政府价格行为，提高价格决策科学化、民主化程度；五是理顺服务价格关系和价格体系。

我国服务价格改革中存在的问题主要是创新不足，表现在：市场化改革缓慢，服务价格形成的市场化程度不高，价格对服务业发展的促进作用没有很好地得到发挥；价格形成缺乏有效的监督；自然垄断的服务改革没有在体制上突破，为“拆分”而“拆分”，“大垄断”演变成“小垄断”，引进“竞争”演变成缺乏预算约束的国企之间的拼争；在政策上对服务业存在价格歧视；价格不能起到促进降低成本、提高效率和质量的作用。

基于此，该文提出了深化我国服务业价格改革的对策建议：根据不同情况，选择不同的服务价格决定模式；根据不同服务行业、服务业务的具体情况和特点，设计相应的价格改革方案；运用价格机制支持和促进服务业的关键领域、薄弱环节、新兴产业和新型

业态的发展；完善政府制定的服务产品价格形成机制，做到价格形成的科学、民主、合理；切实加强对相差服务价格和收费方面的监管。在配套改革方面，要加快政府职能转变，实现政企分开；构建适应社会主义市场经济的微观主体；实行拆分与改制并行的改革；加快管制制度的改革，建立符合市场化改革要求的现代管制制度。（张　斌）

《中国外贸进出口产品的内涵能源及其政策含义研究》

潘家华　陈迎　谢来辉　郑艳　著

世界野生生物基金会编：《气候变化国际制度：中国热点议题研究》，中国环境科学出版社2007年版

25千字

近年来，伴随着经济快速增长和城市化进程，中国能源需求和温室气体排放呈快速增长的趋势。不仅是因为旺盛的国内需求和固定资产投资加大，外贸出口的迅猛增长也是其中不容忽视的一个重要驱动因素。中国快速增长的巨额外贸顺差和“世界加工厂”的贸易地位必然导致内涵能源流动的不平衡，也就是说大量出口产品的消费在国外却把能源消耗和排放等环境影响留在国内，给我国能源资源和环境带来很大压力。而发达国家，在现有统计体系下，对于进口产品间接消费的大量能源和造成的温室气体排放，几乎没有明确的责任，反而花样翻新地抛出各种版本的“中国威胁论”，向中国施压。

为了全面、客观、深入地揭示中国外贸进出口产品的内涵能源和排放及其政策含义，研究报告基于最新出版的2002年投入产出表，以及历年国民经济各部门的能源数据和联合国国际贸易的统计数据，应用国际权威的投入产出能源分析方法，对中国2002年外贸进出口产品的内涵能源进行了详细的定量研究，并在不考虑部门之间结构性变化的条件下，对2001—2006年间的变化趋势进行了时间序列的分析。

主要研究结论：中国在巨额外贸顺差的同时存在巨大的“生态逆差”。2002年，中国在310亿美元外贸顺差的同时，净出口内涵能源约2.4亿吨标煤，占当年一次能源消费的16%，净增加国内排放约1.5亿吨碳。纺织服装、仪器仪表和电气机械是中国出口内涵能源的重点部门，而能源密集型的化学原料及化工制品制造业，黑色金属冶炼及压延加工业，内涵能源出口所占份额大大高于其贸易份额，对国内能源和环境影响较大。美国和日本是中国“生态逆差”的主要受益国，2002年二者之和约占中国净出口内涵能源的一半。随着中国外贸顺差的增长，“生态逆差”也在不断扩大，2006年内涵能源净出口6.3亿吨标煤，约占当年一次能源消费的四分之一。能源密集型行业出口迅速增长是其重要原因。

中国外贸进出口产品的内涵能源研究具有重要的政策含义。从国际政策层面看，中国应该加强对外宣传，客观揭示中国外贸产品中的内涵能源问题，寻求国际社会的理解和帮助。同时，要警惕发达国家以产品内涵能源为借口设置新的贸易壁垒。从国内政策层面看，应进一步强化限制“两高一资”产品出口的贸易政策，促进国内节能减排。适度扩大最终消费品进口，利用国际资源促进中国可持续发展。此外，内涵能源研究还有利于提高公众意识，促进可持续消费和节约型社会的建设。（陈　迎）

《生态保险——一种污染者支付的生态经济调节手段》

侯京林 著

《生态现代化原理与方法——第五期中国现代化研究论坛论文集》，中国环境科学出版社 2008 年版，第 134—138 页

10 千字

从 20 世纪 80 年代起，各发达国家试图广泛地利用经济调节机制来激励市场经济中的自然保护活动。目前，全世界在这一领域中已有超过 80 多种各种各样的经济工具。由此，在自然生态环境保护工作中，形成了国家行政和市场机制独特的共生现象：寻找最佳的生态经济调节器。生态保险正是在这种状况下，继“绿色税收”调节手段后产生的又一种“污染者支付”的经济调节手段。

在追求经济利益最大化的同时，如果说国有企业还计划实施一些自然保护措施，那么私有企业充其量只能说是遵守了自然保护领域的法律法规，并在执行这些法律法规时往往会再打些折扣，生态要求经常被忽视。因此，为生态安全因素考虑，需要把存在于产权所有人之间的生态风险分散。这需要我们在生态经营框架之中寻找一种新的激励和投资方式来实施自然保护措施。

生态保险是针对生态风险分散机制建立的经济措施。在降低环境污染事故风险的同时，生态保险可以给参保双方创造经济效益。投保人会不断提高自己的生态安全水平，因为事故发生概率加大将引起保险费率升高。除此之外，因为没有事故发生，投保人会在经济上得到一系列的优惠——在续签保险合同时享受优惠条件；从承保人的预防措施基金中划拨更多的基金用于自然保护措施的实施；等等。

生态保险提供的刺激投资的经济学方法，能够使投资者转向从事自然保护设备的生产与环境保护措施的实施。实现这一点完全可以通过市场手段：生态保险承保方的利润是由环境质量直接决定的，而环境质量——是由自然保护预防措施体系决定的。实现这一目标的资金来源是由保险单位筹建的生态预防措施保险基金。

把生态保险费支出列入产品生产成本并不影响国家的预算收入。以保险费的形式实现资金的再分配能够保持列入产品生产成本前的预算收入水平。

生态保险机制可以成为使环境损失大大降低的风险调节器与管理手段。这种直接的经济激励机制的应用可以作为对社会与自然相互关系调节的传统经济与法律手段的有益补充，也是真正能够使“污染者支付”原则得到实施的经济手段。 （侯京林）

《斯特恩报告及其对后京都谈判的可能影响》

陈迎 潘家华 庄贵阳 著

《气候变化研究进展》2007 年第 2 期

10 千字

2006 年是国际气候谈判的关键转折点，为构建 2012 年后国际气候制度的新一轮谈判正式展开。在气候公约第 12 次缔约方会议召开前夕，受英国政府委托，由前世界银行首席经济学家、现任英国首相经济顾问的尼古拉斯·斯特恩爵士领导编写的《斯特恩回顾：气候变化经济学》推出，引起了国际社会的广泛反响。

从斯特恩报告的出台背景看，这是以科学报告的形式、以服务政治谈判需要而写的一份特殊报告，对国际气候谈判的走向有广

泛的导向性影响。斯特恩报告的分析逻辑是以气候科学为基础，采用经济学成本效益分析的框架，分析比较气候变化对自然和人类社会经济系统造成的预期损失与减缓气候变化的成本之间的关系，多角度论证全球减排的必要性和紧迫性，支持欧盟提出的全球升温不超过2℃的长期目标，呼吁各国迅速采取切实可行的措施并建立国际合作机制。与政府间气候变化专门委员会（IPCC）评估报告相比，该报告在方法论上具有综合性强、视野广阔、分析时间尺度长的特点。

斯特恩报告的主要结论包括：如果各国政府不迅速采取有效的减排行动，气候变化造成的损失和风险将相当于每年全球GDP的5%—20%，而且损失将一直延续。如果立即行动，将大气中温室气体浓度稳定在500—550ppm，则成本可控制在每年全球GDP的1%左右，拖延不仅危险而且成本更高。为此，全球排放必须在今后10—20年中封顶，然后以每年1%—3%的速率下降，到2050年至少要比现在低25%。即使发达国家减排60%—80%，发展中国家2050年的排放在1990年的基础上增幅也不能超过25%。斯特恩报告倡导更多地依靠市场手段作为全球减排政策的核心，通过税收、贸易或法规进行碳定价，支持低碳技术的创新和推广应用，同时要消除提高能源效率和其他改变行为方面的障碍。

各国政府、学术界、环境NGO组织和企业界对斯特恩报告有不同的观点和评价，主要批评和质疑来自欧洲的经济学家，认为报告的经济分析采用的极低的贴现率是不切实际的。但无论如何，斯特恩报告的推出，使得人们对气候变化的科学认识，尤其是经济学问题成为国际社会关注的焦点。此外，斯特恩报告对中国给予高度关注：一方面强调发展中国家对气候变化不利影响的脆弱性和加强适应的重要性，另一方面赞扬了中国在气候变化方面做出的巨大努力。但其所倡导的稳定大气温室气体浓度的排放情景与中国处于快速工业化的特定发展阶段和具体国情有明显的偏离，片面强调尽早采取减排行动，忽视了发展中国家的发展需求、资金来源、技术转让以及适应等重要问题，对中国是非常不利的。建议中国的决策者对此要有清晰地认识。（陈　迎）

《亚洲债券的计值货币与人民币的区域化战略》

曹红辉　胡志浩　著

《国际金融研究》2007年第9期

8千字

随着东亚经济高速增长，亚洲各国的经贸关系日趋加强，区域内开展金融合作的需求日渐显现。但亚洲地区广泛持有全球绝大部分美元，在货币品种与期限结构两方面严重错配，使得区域内的汇率制度选择陷入困境。

为减少对银行信贷的依赖性，消除货币错配，发展债券市场成为东亚改善金融结构的主要手段。而选择何种货币来计值货币，不仅是债券计值的技术性因素，而且是消除美元化影响，为过多的外贸盈余增加储备资产的选择，这成为东亚发展债券市场的动因之一。

亚洲债券的计值货币选择不仅关系到亚洲债券市场本身的发展，更关系到整个亚洲地区汇率制度变革的方向。目前区域内仍然没有哪个单一货币能够承担起这一重任，并且以区域内一篮子货币进行计值的方案也存在着诸多障碍。亚洲单一货币“亚元”的诞生更是遥不可及，那发展亚洲债券的本币计值方案则成为了现实可行的选择。发展亚洲本地区货币计值的债券，构建区域性金融市场已成为消除东亚货币错配，扭转国际收支顺差过快增长，消除国际经济失衡负面影响，避免流动性过剩造成宏观经济过热的战略选择。

随着中国经济的快速发展，人民币国际化的趋势不可避免。从区域化入手，发展人民币计值的债券市场就成为了中国推行人民币区域化的现实选择。从而也为人民币成为区域内的关键储备货币创造市场条件。

（胡志浩）

《药品定价扭曲与医疗改革困境》

朱恒鹏　著

《中国社会科学》2007 年第 7 期

30 千字

该文通过对中国药品生产、流通环节以及政府药价管制措施的梳理，厘清了造成国内药价虚高的根本原因。药品生产环节存在的主要问题是：制药企业数量众多，生产集中度低，生产能力严重闲置，抬高了生产成本。批发环节存在的主要问题是：批发环节过多，行业集中度、规模化程度低，物流配送水平低，经营费用高，导致药品流通成本过高。这两个环节的成本偏高对药价高企起到了一些推动作用。

通过对中国医疗体制和药价管制模式的分析，文章认为公立医疗机构在药品零售环节上的双向垄断地位是导致药价虚高的根本原因。目前，我国政府采用直接的价格控制和药品集中招标采购两种方式来管理药品价格，这种药价管制模式体现了政府的管制意图以及政府所希望的药品价格形成机制。但是，实际的药价形成机制却未必合乎政策意图。行政管制失当使得公立医院在原有行业自然垄断地位之外又拥有了政府赋予的行政垄断地位，显然，双重垄断使得公立医院在医疗服务市场上的垄断地位相当强大：面对众多的药厂和医药经销商，医院处于买方垄断地位；而面对患者，医院处于卖方垄断地位，因为它控制着绝大多数处方药的开方权、销售权以及公费医疗与定点医保的资格，这使得公立医院在垄断了医疗服务供给之外又垄断了药品零售业务。这正是国内药价高企的真正原因所在。

此外，医疗服务价格低估导致的“以药补医”机制赋予了公立医疗机构抬高药价的合法权利，进销差价率即收益率管制进一步诱导医院进销高价药，单独定价政策加上宽松的新药审批制度为药厂提高药价、医院购销高价药提供了便利。这些问题的出现根源于政府管制措施的失当。因此，解决药价虚高的根本措施是减少政府管制，放开处方药零售权，改革公费医疗和医疗保险报销制度，打破公立医院垄断。所谓的“医药分离”改革和“医院药品收支两条线”改革均无法实现抑制药价的目标。　（经　科）

《外汇储备持续积累的经济后果》

张曙光　张斌　著

《经济研究》2007 年第 4 期

19 千字

在测估 2010 年中国外汇储备达到和超过 2 万亿美元的基础上，该文考察了其对中央银行资产负债结构以及货币供应和金融市场的影响，对于其影响国内经济结构失衡加剧的可能性和外汇储备持续积累的社会福利损益进行了实证分析。最后揭示了中国经济运行和发展中投资和出口相互推动的流程和机制。

持续的贸易顺差反映了一国贸易品生产持续大于贸易品消费，结合中国的情况可以近似地理解为本国制造业产品生产大于制造业产品消费。从资源配置角度看，这是因为资源更多地流向了制造业部门。造成这种情况的原因主要有：（1）在过去二十多年中，制造业部门经历了相对成功的价格、所有制等市场化改革，激励机制不断完善；（2）对外贸易和国外直接投资的快速发展，使制造业部门更快地获得了市场、技术和管理经验；（3）我国对外向型经济实施了一系列优惠和鼓励政策；（4）很多现代服务业，尤其是医疗、教育、金融、电信等部门市场化改革严重滞后，制造业与服务业改革开放的差异造成了资源配置在两部门之间的扭曲。

投资和出口在中国经济流程和经济循环中起着关键的作用，贸易推动与投资推动实际上是同一个过程的两个方面，是中国经济增长和结构失衡的两架发动机。

该文在经贸政策不做重大调整的前提下，讨论了未来5年中国经济运行可能出现的情况和外汇储备持续积累的经济后果，其目的仍然在于从另一个方面揭示经贸政策的作用机制，论证调整经贸政策的必要性和调整方向。该文的主要结论有：（1）中国的经济循环形成了投资和出口互相推动的格局，已经变成了一个结构性问题，简单的宏观政策已经无法应对，需要进行重大的结构调整；（2）从外汇储备入手进行的分析揭示出，经济生活的各个方面是相互影响和紧密联系在一起的，无论是理论分析，还是政策决策，切忌片面性和孤立性，需要从供给和需求、外部需求和内部需求、货币经济和实体经济、外部真实汇率和内部真实汇率等方面来观察和着手；（3）现在的调整旨在逐渐向均衡靠近，减少和消除已经存在的机制扭曲，使经济运行走上比较协调的发展轨道，以便保持经济的进一步稳定增长。　（金成武）

《中国经济周期波动的经验分析》

梁琪　滕建州　著

《世界经济》2007年第2期

11千字

经济周期是现代经济学研究的重要课题。传统的经典周期理论将经济周期解释为经济体固有的波动周期，而现代周期理论则侧重于研究宏观经济总量对随机冲击的反应以及总量间的各种关系，即退势后总量时序列的易变性和共动性等各阶矩特征。一个退势后的总量时序列可以通过滤波分析从总量原始数据时序列中分离而得，且退势后的总量时序列更适用于分析经历了持续经济增长国家，如中国的宏观经济波动。常用的HP滤波方法在总量具有单位根的情况下倾向于按照周期的频率放大经济周期，同时降低短期和长期的波动，从而导致滤波分离出原始数据中并不存在的虚假的经济周期（Cogley & Nasonb，1995）。考虑到上述研究方法存在的不足，该文采用克里斯蒂安诺和菲茨杰拉德（Christiano & Fitzgerald，2003）提出的随机游走滤波（Random Walk Filter）对我国1952—2003年间包括实际国内生产总值（GDP）等在内的13个宏观经济总量进行了消除趋势的处理，进而采用相关度研究和因果检验对作为宏观经济基准周期的退势后的GDP时序列与退势后的其他12个总量时序列之间的共动性和因果关系进行了经验分析。

具体来说，我们首先采用基于“t-sig”方法的单位根检验对所有总量的平稳性进行了检验；其次，根据单位根检验的结果，我们运用随机游走滤波对服从不同数据产生过程的总量进行了消除趋势的处理，并利用退势后总量时序列的标准差统计量分析了总量的波动特征；再次，根据相关度研究结果分析了总产出与其他总量之间的共动性以及相应的领先、同期或滞后关系；最后，我们基于迭代的 general-to-specific 滞后期选择方法检验了总产出与其他总量之间的格兰杰因果关系。

研究结果发现，一方面，自改革开放之后，尤其是20世纪90年代以来，我国宏观经济的基准周期的周期长度呈现出延长的趋势。而且，大多数总量的波幅明显下降，反映出我国宏观经济运行日趋稳定。然而，也有个别总量，如居民消费和CPI的波幅显著增加，体现出我国转型经济的特色。另一方面，相关度研究和因果关系检验结果显示，总产出的变化主要来源于第二产业和第三产业产出，而第一产业的发展总是滞后于总产出的发展。此外，结果还显示要素投入在我国经济增长中依然发挥着举足轻重的作用，但主要依靠要素投入的经济增长模式在改革开放之后出现了一定程度的改变。总体来说，我国经济周期自改革开放以来呈现出更加明显的一般性周期特征。（梁 琪）

《国外经济援助的有效性》

杨东升 著

《经济研究》2007年第10期

25千字

国外经济援助的主要目的是促进受援助国家的经济增长，并通过经济增长来缓解进而最终根除受援助国家的贫困问题。在这样的思路下，国外援助在促进受援国的经济增长方面是否有效，便成为国外经济援助政策在国际扶贫以及援助实践中能否合理存在的主要依据。然而，在国外经济援助能否有效地促进受援助国家经济增长的问题上，不仅权威经济学家之间存在严重的观点分歧，而且经济学文献尤其是有关的计量经济文献也充斥着不同的结论。

该论文利用一个代表消费者有馈赠动机的交叠世代模型，证明了国外经济援助对于受援助国家经济增长的影响存在一个临界值效果：只有当国外经济援助额超过某一临界值时，才会促进受援助国家的经济增长。利用跨国面板数据集所做的临界值回归分析支持了这一理论模型结论。

在2000年9月联合国总部召开的联合国千年峰会上，有189个缔约国共同签署了《千年宣言》。在该宣言中，富裕的发达国家纷纷保证要进一步增加对不发达国家的经济援助。该论文的研究不仅为联合国的这一政策处方提供了理论和实证依据，而且有助于解释有关的计量经济文献中关于国外经济援助有效性的争议。这是因为，计量经济文献中的模型基本上是线性回归模型，而该论文的研究则表明，国外经济援助对受援国经济增长的影响是非线性的，因此，有关的争议很可能是由计量经济模型的设定错误所造成的。

该论文的这一研究成果对于中国的扶贫援助策略有着重要的政策含义。自1986年以来，中国一直实施基于经济发展的开发式扶贫战略，这一战略与国外经济援助以增长促扶贫的有关思路是一致的。不同的是，国外经济援助的对象是一个国家，而中国开发式扶贫的对象是一个地区（县、乡或村）。而且，中国目前的贫困线与国际上通行的贫困标准（人均1天1美元）相比还有较大的差距，扶贫援助工作更不能停留于浅表。为了巩固扶贫工作已经取得的成果，防止已脱贫人群再次陷入贫困，同时把更多的贫困人口从贫困陷阱中拯救出来，应加大对贫困地区的扶贫资金投入，以期达到促进贫困地区经济增长，实现贫困地区脱贫的目标。

（刘燕生）

《托达罗人口流动模型的反思和改进》

周天勇　胡锋　著

《中国人口科学》2007 年第 1 期

15 千字

托达罗模型认为，城乡劳动力迁移规模取决于劳动力在城乡就业的预期收入差距。预期收入差距等于城市实际工资率与就业概率之积减去农村平均收入之差。该文主要从以下三个方面对该模型进行了改进：（1）城乡人口流动始终保持均衡状态，劳动力既可向城市转移，也可流回农村。（2）农民的迁移决策是一个家庭理性经济决策行为，农民收入是家庭成员的务农收入和进城务工收入的平均数。农民通过家庭分享制分享进城务工农民的收入。托达罗模型认为向农村汇款对迁移行为影响不重要，但在中国由于农民拥有农村土地以及存在获取城市福利的“高门槛”等方面的原因，它对农村迁移行为有重要影响。（3）把二元社会划分农业部门、正规部门和非正规部门，每个部门就业概率和工资收入不相同。

在以上三个假设的基础上，该文建立了新的城乡人口流动模型。根据新模型可推导出以下几个结论：（1）在劳动力自由流动情况下，劳动力在农业部门、非正规部门和正规部门的就业分布，是由农业发展水平、城市部门发展水平（就业岗位）、总人口共同内生决定的。（2）无论是创造城市非正规部门的就业岗位，还是创造城市正规部门的就业岗位，流入城市的劳动力会增加，但在新的均衡点，失业更为严重的情况不会发生。它不同于托达罗模型创造城市就业岗位只会带来更高失业水平的假说；也不同于刘易斯等人的模型认为的初级工人一直保持不变的仅能维持生存的工资水平那样的结论。扩大城市就业不仅可以解决城乡就业，而且还能提高劳动力的生活水平。（3）发展农业可以得出与发展城市产业一样的效果，即工资率上升，城市失业状况不会恶化。但发展农业解决就业具有很大的局限性，由于农村人口增长过快加上农村第二、三产业发展的困难以及社会分工缩小等原因，发展农业对农民增收效果不明显，并且农村会出现更严重的隐蔽性失业。发展城市就业也要选择与失业人员结构相匹配的产业发展战略，大力支持城市第三产业和中小企业的发展。（4）降低劳动力迁移成本，既能实现资源配置，又能按照市场机制把失业人口分布在各个部门。

（朱　犁）

《异质性劳动力流动与区域收入差距：新经济地理学模型的扩展分析》

赵伟　李芬　著

《中国人口科学》2007 年第 1 期

15 千字

该文引入流动劳动力的异质性因素，通过对新经济地理学基本模型的修正性扩展，考察了劳动力流动与中国主要区域间居民收入差距变化之间的联系。以往有关这个问题的研究，大多基于一个或明或暗的假定条件，即流动劳动力的同质性：假定流动劳动力之间没有任何差异；现实世界的情形则不然，现实世界流动劳动力的异质性是个不争的事实：流动劳动力之间不仅存在性别、年龄以及体力与智商等方面的差异，而且存在由教育、观念及技能等因素决定的人力资本禀赋差异。这些差异无疑会引出流动劳动力在流入目的地选择、流入地产业选择以及进入壁垒等方面的系列差异，并通过产业集聚杠杆对地区经济增长和收入差距产生影响。

该文以对流动劳动力异质性的界定和分类为起点，将流动劳动力分为高技能与低技能两个类别，由此建立了一个修正的新经济地理模型。新模型将异质性劳动力流动、产业集聚和地区收入差距三个变量同时作为内生变量纳入一个空间均衡体系。借助这个模型的推论显示：两种类型劳动力流动的产业集聚效应与空间收入效应不同，这种差异与运输成本差异密切关联。具体来说，在考虑规模报酬递增、不完全竞争的市场结构以及人力资本外部性等因素下，较高的运输成本对低技能劳动力的空间集聚和产业集聚效应起着阻止作用，但对高技能劳动力的集聚效应影响微弱，由此给予高技能劳动力以集聚的先发优势，导致核心——外围均衡格局的形成。但随着运输成本的下降，低技能劳动力流动的产业集聚效应也会渐次增强。有关政府政策选择对异质劳动力流动性之地区收入差距效应的模拟分析揭示：如若限制低技能劳动力流动，则高技能劳动力的流动将会促进地区产业集聚，由此将导致地区间收入差距的扩大；如若限制高技能劳动力流动，则低技能劳动力的流动可能促成低水平的产业集聚，虽然对地区间收入差距有缓解效应，但却会引致效率损失。最佳选择是任由两类劳动力自由流动。这样既可从产业集聚效应获得效率利益，又有助于抑制区域收入差距扩大。模拟分析在很大程度上获得了实证检验的支持。（朱　犁）

《人口低生育率阶段的劳动力供求变化与中国经济增长》

王德文　著

《中国人口科学》2007 年第 1 期

15 千字

中国劳动力市场正处在一个急速变化的转折阶段。文章认为，造成这种变化的原因，一方面是由于中国人口进入低生育率阶段，导致了人口和劳动年龄人口低速增长；另一方面是由于经济高速增长不断创造出新的劳动力需求。正是在劳动力供给和劳动力需求的双方作用下，中国实际工资从 20 世纪 90 年代中期也进入了高速增长阶段。如果考虑劳动参与率下降等因素，中国未来劳动力供求缺口将迫使工资率继续上升，进而带来劳动成本的不断上升。

工资上升是一把双刃剑。一方面，工资上升能够改善劳动者的生活水平和生活质量，刺激劳动者增加人力资本投资，提高劳动生产率；另一方面，工资上升也带来了劳动成本上升，削弱中国制造业和劳动密集型产品的出口竞争优势，对出口和经济增长起到制约作用。中国目前的工资快速增长在很大程度上是对过去偏低工资水平的一种补偿。今后，保持工资继续增长需要劳动生产率增长的同步推进。如果做到工资增长建立在劳动生产率提高的基础之上，那么，中国经济将能够继续保持竞争优势。

随着预期寿命不断延长，中国人口老龄化速度加快将会加重养老负担。在劳动成本上升和养老负担加重的情况下，加快物质资本和人力资本的积累、提高劳动力配置效率和转变经济增长方式，将是中国经济增长的重要源泉。加快物质资本积累关键在于提高投资效率和培育与发挥资本市场的作用。消除制约劳动力流动的体制和政策因素，不仅可以继续保持中国劳动力成本的竞争优势，提高劳动配置效率，而且还能收到缩小城乡差距的功效。人力资本的积累和改善包括提高全民教育素质和健康素质两个方面。要改革教育体制，加强教育与劳动力市场的有效连接，扩展教育领域和受教育时间，建立终身学习型社会，提高个人的就业能力。要加大对教育和卫生健康的公共投资，改善目前人力资本的公共投资不足的局面。随着人力资本不断积累和建设形成创新型的国家，中国经济就能够克服资源和环境的制约，实现人口、自然和经济的协调发展。

（朱　犁）

《人力资本对中国区域经济增长的影响分析——基于多重共线性数据的岭估计法的应用研究》

郭志仪　曹建云　著

《中国人口科学》2007年第4期

14千字

该文将经济增长因素分解为资本（投资）、人力资本存量、人力资本水平、制度创新和全要素生产率（狭义技术进步）几个方面，并采用分析多重共线性数据的岭估计法，对人力资本外部性内生生产函数模型进行参数估计，结果表明：（1）1978—2004年，中国人力资本存量的产出弹性明显高于资本的产出弹性，人力资本存量每提高1%，GDP则提高0.632%；而投资每增加1%，GDP相应提高0.368%。虽然人力资本积累比物质资本积累对经济增长的边际影响大，但由于物质资本积累速度远远大于人力资本，从而资本对经济增长的贡献率要比人力资本存量对经济增长的贡献率大。（2）人力资本水平的不断提高对中国经济增长有着较强的正的外部性影响，1978—2004年，人力资本水平每上升1%，经济增长就提高0.3%，人力资本水平对经济增长的贡献率为17.67%。（3）由于区域之间人力资本存量及其水平都存在一定的差异，从而人力资本对经济增长的影响在不同区域之间也不同。（4）投资对三大区域经济增长的不同影响主要来自于不同区域中制度因素引起的投资效率的差异。（5）市场经济体制改革以来，区域之间人力资本及投资对经济增长影响的差距缩小，全要素生产率的差异是造成区域经济差异扩大的主要原因。

该文得出以下结论：（1）中国人力资本积累与经济增长互为因果关系，人力资本积累促进经济增长，反之，经济增长也促进人力资本存量的提高。要加快西部地区经济发展，缩小地区发展差距，必须大力发展教育和培训事业，提高人力资本水平，同时制定各种优惠政策吸引高层次人才流入，增加人力资本存量。（2）相同数量的投资对经济增长的影响之所以在不同地区表现出较大的差异，主要归因于不同地区的制度因素。由此表明，要通过加大对中西部地区的投资力度来缩小区域经济的差距，就必须在中西部地区进一步深化体制改革，调整所有制结构，优化资源的配置，从而提高投资效率。（3）市场经济体制改革以来，东西部经济发展差距呈现加速扩大的趋势，虽然资本投资规模及效率的差异是一个不可忽视的原因，但全要素生产率的差异是造成区域经济差异扩大的主要原因，因此西部地区应进一步加快体制改革和科技进步，提高全要素生产率，实现外延型经济增长方式向内涵型经济增长方式的转变。（朱 梨）

《中国的城市贫困：社会救助及其效应》

都阳 Albert Park 著

《经济研究》2007 年第 12 期

15 千字

该文利用两轮城市微观调查数据，分析了中国城市贫困救助体系的目标及其救助效率问题。通过对城市贫困产生及救助体系变化时期的观察，动态地观察了中国城市贫困救助体系的变迁及其对减贫所产生的效果。该文介绍了中国城市贫困救助体系的特点，介绍了有关的数据并讨论相关的城市贫困线，分析了中国城市贫困群体的特征、贫困群体的识别与贫困瞄准不当的原因，并利用微观数据，分析了城市贫困的社会救助所产生的效应。研究表明，随着经济体制的转轨，社会救助的政策工具发生了显著的变化。尽管目前社会救助体系仍然是多种综合体，但低保在社会救助中已经处于主导性的地位。正如中国政府所指出的，低保已经成为城市社会支持贫困家庭的最后安全线。尽管低保未能实现“应保尽保”，但和其他国家的类似项目相比较，低保的实施还是非常成功的。对于转移支付在贫困群体中的分配情况所进行的分析表明，最贫困的 20% 的人口得到了 80% 的低保转移支付，这也意味着低保项目的实施相当成功。对于低保家庭的行为反应分析表明，和未获得低保的贫困家庭相比较，低保增加了贫困家庭的行为支出，但也减少了劳动供给。因此，如何实现有效的社会支持和避免负面的行为激励之间的平衡，仍然有很多工作要做。（都 阳）

《中国农村家庭的核心化分析》

王跃生 著

《中国人口科学》2007 年第 5 期

20 千字

家庭核心化是核心家庭在所有家庭中不断增长的过程，当核心家庭达到较高水平，成为社会中的主导家庭类型时，就可称之为实现了家庭的核心化。对家庭核心化问题进行研究有助于认识家庭的裂变程度，加深对家庭成员关系、代际关系的理解，更好地把握家庭演变的特征。家庭核心化应满足三个条件：一是核心家庭是所有家庭中最大的家庭类型，二是其在家庭总数中所占比例超过 50%，三是生活在核心家庭中的人口超过家庭总人口的 50%。从理论上讲，结构比例超过 50% 的家庭无疑是最大的家庭类型。但如果一个社会中还有较大比例的直系家庭和一定比例的复合家庭，达到 50% 的核心家庭比例，其人口比例将难以升至 50%；只有该家庭类型比例超过 55%，甚至 60% 以后，才有可能使其所容纳的人口在 50% 以上。总之，只有 50% 以上的家庭类型为核心家庭，50% 以上的人生活在核心家庭，家庭的核心化才算实现。当然，家庭核心化实现之后，核心家庭还会进一步增长。对此，我们将两项指标均超过 50% 者视为初步核心化，两项指标均在 60% 及以上的为中度核心化，两项指标都达到 70% 的为高度核心化。

至 20 世纪 60 年代中期或中后期，中国多数农村的核心化已经实现。中国家庭的核心化是在改革开放前的农业社会完成的，它不是工业化、城市化的产物。集体经济制度对农民家庭代际关系和生存方式产生了重要影响，如多子家庭已婚儿子与父母分灶生活或多兄弟家庭兄弟分家逐渐普遍化，从而推动了家庭核心化局面的形成。

20世纪80年代初期的集体经济组织解体并没有导致农村家庭核心化水平下降，相反多数地区核心化水平得到提升。

2000年，从家庭规模上看，中国家庭的小型化呈继续发展之势。但核心家庭比例并没有由此上升，反而开始下降。它与20世纪70年代之后，农村计划生育工作的推行所造成的家庭少子女状况有密切关系。当然，这种关系只有在单个已婚子女家庭增加并且保持较高比例的不分家状况下才能体现出来。

当代农村家庭中，不仅多子家庭分家已经成为被大众普遍接受的新的民俗，而且独子婚后与父母分灶生活也开始流行，它对直系家庭的维持形成很大冲击。因而，核心家庭仍能保持在较高水平。（王跃生）

《技术的时空扩散研究：以GIS在中国教育科研机构的扩散为例》

王智勇　王劲峰　何建邦　著

《经济地理》2007年第1期

14千字

新技术的扩散总是涉及时间和空间两个尺度，但是相当一部分技术扩散研究只研究时间这一尺度。相比而言，空间的扩散过程及扩散机制的研究困难得多，这不仅因为数据难以获得，而且因为在空间尺度上影响扩散的因素也相当复杂。该文通过利用文献计量方法获得有关GIS技术在中国教育、科研机构扩散的基本数据，为技术的时空扩散研究提供了数据资源。该数据的特点在于同时具有时间和空间两维尺度，有利于从时间和空间两个维度同时对技术扩散加以研究。数据表明，无论是在时间还是在空间尺度上，技术的扩散都表现为经典的“S”型增长路径。在分析数据的基础上，该文分析了影响GIS技术扩散的主要因素，包括地区文化教育和科研状况、地区经济发展以及地区信息与网络状况等，进而利用主体模型对时空扩散过程加以模拟，模拟的结果比较令人满意，表明对于影响因素的分析是可靠的。

GIS技术在中国的扩散经历了从教育、科研机构向商业领域扩展的演进过程，在很长一段时间里，教育科研机构是GIS技术用户的主体，因而将GIS技术扩散限定于教育、科研机构有很坚实的现实基础。利用文献计量学方法获得的GIS技术扩散数据表明，从时间上看，在1993年前后，GIS技术在教育科研机构用户数量的增加进入一个快速增长期；从空间上看，在1987年前后，采纳GIS技术的地区数量呈现快速增长的态势；从增长的态势来看，无论是从时间维度还是从空间维度，GIS技术在中国教育、科研机构的扩散都比较符合经典的逻辑斯蒂曲线（“S”型曲线）。

数据分析表明，在GIS技术刚刚兴起的阶段，技术的采纳与地理学科的区域分布有着密切的关系，北京、陕西、湖北和江苏等地理学基础较好的地区成为最早的GIS技术用户分布区域。此外，GIS技术的应用也显著受到地区经济发展水平和信息与网络状况等因素的影响，这也是造成GIS技术发展呈现地区间不平衡的主要原因。简单来说，GIS技术的兴起与发展可以视为是合适条件下有机体的产生和成长过程，因此这有利于采用以元胞自动机为核心的主体模型来加以深入研究技术扩散的机制和规律。遵循这一思路，该文采用的主体模型很好地拟合了 GIS 技术在中国教育科研机构的时间和空间扩散过程，进一步印证了影响 GIS 技术发展的学科和区域经济等因素的显著作用。

GIS 技术目前在中国得到了迅猛发展，应用领域也已经远超出教育、科研机构，可以预期，未来一段时间，GIS 技术仍将继续处于快速发展的阶段。在中西部落后地区，GIS 技术的发展相对缓慢，要促进其发展态势，有必要从学科建设、区域经济发展以及信息网络建设等方面加以改进，同时政策的引导也能够起到很好的促进作用。

（王智勇）

《城乡分割、区域分割与城市外来人口社会保障缺失：来自上海等 5 城市的证据》

张展新　高文书　侯慧丽　著

《中国人口科学》2007 年第 6 期

13 千字

社会保障缺失是城市外来人口的经济社会地位问题之一。关于没有本地户籍的外来（流动）人口和劳动力在城市中的经济社会地位问题的学术和政策研究，已经开始走出城乡分割模式的局限，区域分割受到越来越大的关注。这一理论动向的背后是越来越明显的趋势——人口与劳动力管理的城乡分割体制的弱化和区域分割体制的强化。20 世纪 90 年代中期至今，城市经济社会体制发生了一系列根本性变化，城乡分割作为一个体制或一组正式制度安排已经终结。当然，长期实行的城乡分割体制的影响因素还将存在一段时间，还会派生出人口和劳动力的城乡差异。另一方面，城市外来人口不再完全是农民工及其家属，大量非农业人口也被卷入人口和劳动力流动的洪流，成为城市外来人口的一部分。在城乡分割体制没落和城市外来人口多样化的同时，以地方政府财政和经济自主权为基础的人口与劳动力的区域分割不断强化，而城市社会保障的“本地——外来”分割正是区域分割的一个基本表现。

该文以解释城市外来人口经济社会地位的城乡、区域二重分割分析框架为基础，提出“城市本地人口、外来市民和外来农民工参加社会保险的概率依次递减”这样一组关于城市人口参加社会保险的研究假设，并利用2005 年上海等5 城市“中国城市就业与社会保障研究”调查数据进行假设检验。Logistic 回归结果表明，这些假设通过了“证伪”检验。这样，在经验层面，获得了城市本地人口、外来市民和外来农民工这三个城市群体的社会保险不平等的发现。

这一研究发现不是一个简单的经验观察结果，而是从城乡区域二重分割解释出发推导研究假设、再检验假设后形成的结论，是经历了一个完整的从理论到观察的演绎式实证研究过程之后的成果。对于城市外来人口社会经济地位研究而言，是对城乡区域二重分割解释的第一次实证检验。研究结果增加了这一理论解释的可信性，为“后城乡分割”时期的城市外来人口经济社会地位研究和城市社会经济结构研究提供了初步的知识积累。

（张展新）

《服务业的内涵及其经济学特征分析》

陶纪明　著

《社会科学》2007 年第 1 期

12 千字

该文对服务业的内涵作了界定，指出个

性化需求的满足是服务业区别于其他商品的主要特征。其后对服务业的经济学特征作了详细刻画，指出服务业所具有的异质性是传统的产业分类标准所致，而服务业比重增加的主要原因并不在于收入水平、劳动生产率和技术进步，而是个性化需求增加的结果。最后对服务业的发展趋势作了分析，认为商品的服务化和生产的服务化是服务业发展的两个主要方向。

1. 服务满足的是消费者的个性化的需求。相比较而言，商品满足的则是消费者的标准化需求。因为是个性化的，所以服务必然要求生产者和消费者的共同参与，与服务相比商品可以由生产方单独提供。

2. 服务同商品的替代关系在技术进步和收入增长的宏观背景下并没有表现出一种确定性。这意味着从传统的恩格尔定律（基础是马斯洛心理需求理论）的角度来研究服务业特别是消费者服务业的发展可能并不是一个好的视角。

3. 服务的效用需要“事后检验”。这是服务业的一个重要特征，其根源来自于服务的个性化和过程化。这种“事后检验”有两方面的含义：其一，同标准化的商品相比，消费者在服务尚未发生前是难以准确地评估出某项服务的价值和效用的；其二，服务的质量难以标准化，消费者很难在事后针对服务的质量进行“讨价还价”（相比较而言，商品的质量事后是较易鉴别的）。正是这一性质使得在事前制定合同以及事后进行诉讼的交易成本非常高，因而服务一经发生，消费者往往只能接受。“事后检验性”导致了服务效用存在着很大的不确定性，并会引发机会主义和道德风险问题，而供求双方的信息不对称又进一步加剧了这种机会主义和道德风险，这在很大程度上会抑制消费者对服务的真实需求。同时这一性质将对服务业的组织结构和空间分布产生重要的影响。

4. 服务范畴的外延或者说服务集合的边界是动态的。技术进步可以使某些个性化服务的生产变得更加标准化和批量化，由此原本属于服务集合的某些元素在技术进步的作用下可能会逐渐演化为一种商品。

（陶纪明）

《反倾销政策对贸易流量和流向影响研究——结合美国对镁反倾销案件的理论和实证研究》

柴非　著

《经济·管理学科卷》，上海人民出版社2007年版

11千字

目前对贸易流量和流向问题的研究大多借助国家层面数据应用贸易引力模型，但是对具体产品和案例的研究并不多。现在针对反倾销对发起国和目标国影响研究很多，但是仅有很少的研究从理论与实证角度涉及反倾销如何影响第三方国家和地区的贸易。该文通过理论与实证的方法具体研究近11年美国对中国、加拿大和俄罗斯金属镁的反倾销案件来揭示反倾销对第三方国家和地区贸易的影响，发现了反倾销案件对第三方贸易的转移、抵消和偏转等效应。

随着我国经济的高速发展，我国被实施的贸易保护措施也呈快速增长趋势，而且反倾销实施的比例远高于我国贸易占世界的比重。这种超常比例的反倾销很可能会是影响我国正常贸易的一种限制性因素。由于目前对贸易流量和流向主要集中在借助贸易引力模型的宏观层面研究，而且从案例实证角度

研究反倾销和出口补贴如何影响第三方国家和地区贸易流量和流向的研究不多。因此有必要借助具体案例和经济理论分析深入研究反倾销对我国和其他国家、地区贸易流向和流量的整体影响。

由于反倾销案件关注的是非常具体的产品和国家，该文选择反倾销典型产品镁及其制品作为研究对象，在研究中采用理论与实证结合的研究方法。在 Bown & Crowley (2005) 的文章启发下建立了三个国家或地区间的贸易流动局部均衡模型，研究发现对某一国家施加反倾销税或出口补贴后，贸易流动的变化不仅局限于与贸易措施直接相关的两国之间，对第三国也会产生间接作用，这就会使三个国家间的双边贸易流动整体格局发生变化。具体来说，当国家 3 对国家 1 征收反倾销税后，国家 1 对国家 3 的出口将减少并且部分转至对国家 2 的出口与国内消费；国家 2 将减少国内消费和对国家 1 的出口，而增加对国家 3 的出口；国家 3 向国家 1、国家 2 的出口将减少，而增加国内消费。当国家 1 增加出口退税后，国家 1 向其余国家的出口都将增加，而减少国内消费；国家 2、国家 3 增加对国家 1 的出口，而减少对其余国家的出口和国内消费。然后，根据理论模型分别建立出口和进口贸易流动计量模型，并且应用面板数据研究美国对中国、加拿大和俄罗斯金属镁的反倾销案件和中国出口退税对不同国家的贸易流动变化以及美国对上述三个国家征收反倾销税对中国出口贸易流动的影响。

最后，实证结论从不同国家的贸易流动情况都部分证明了理论模型的结论——贸易转移和贸易偏转等现象在中国、美国、加拿大和俄罗斯等国家间的双边贸易流动中普遍存在。同时，由于理论模型是局部均衡模型，其中没有加入其他相关行业的影响和反作用等因素。今后可以选用 GMM 以克服一些估计中可能产生的偏误；使用面板协整方法研究变量之间的长期关系或者使用一般均衡分析方法来度量相关行业的影响。

（柴 非）

《龙头企业带动型、中介组织联动型和合作社一体化三种农业产业化模式的比较——基于制度经济学视角的分析》

郭晓鸣 廖祖君 付娆 著

《中国农村经济》2007 年第 4 期

8 千字

中国农业产业化发展中主要出现了龙头企业带动型、中介组织联动型和合作社一体化三种模式。从制度设计的角度来看，合作社一体化模式是最优的农业产业化经营模式。合作社一体化模式在组织内部交易成本得到有效控制的基础上，将市场交易成本最小化，并能有效地保障入社农户的经济利益和激励其积极性。中介组织联动型模式是对龙头企业带动型模式的改进，在一定程度上克服了其内部交易成本过高、组织稳定性差的缺点。从制度运行的角度来看，经营模式的经济绩效与农业产业化所处的发展阶段紧密联系。龙头企业带动型模式与农业产业化成长阶段相适应，中介组织联动型模式与农业产业化成熟阶段相适应，合作社一体化模式与农业产业化完善阶段相适应。跨越或者滞后于农业产业化发展阶段的农业产业化经营模式都难以获得较高的经济绩效。从制度演化的角度来看，农业产业化模式呈现出由龙头企业带动型模式向中介组织联动型模式和合作社一体化模式逐次演化的路径。随着社会经济条件不断发展和进步，中介组织进一步成熟或者退化，农业产业化模式将可能最终演变为合作社一体化和农工商综合体两种模式。

引导农业产业组织演进，给农业企业选择、调整组织形式和农业产业组织自发演进创造条件，促进农业产业化过程中的组织创新，从而促进农业产业化模式合理发展。

1. 坚持自下而上、上下联动策略。农业产业化模式演进中，既要发挥诱致性制度变迁交易成本低、风险小的优势，也要利用强制性制度变迁的规模效益和成本优势。首先，应当坚持自下而上的原则，尊重企业和农户的创造力，充分研究和分析自发形成的各种农业产业化模式的利弊。其次，各级政府要及时识别产业化经营模式变迁的动向，合理引导其演变的路径，并适当推广较为成熟的农业产业化经营模式。

2. 合理选择与农业产业化发展阶段相适应的农业产业化模式。区域经济的非均衡性以及产业之间的差异性，决定了中国农业产业化模式不能一刀切。在东部和沿海地区应积极发展合作社一体化模式，在中西部应大力推广龙头企业带动型模式和中介组织联动型模式。在农户牵涉面较窄较少的产业中可以选择龙头企业带动型模式，在农户牵涉面较广的产业中可以选择中介组织联动型模式，在投资需求较少的产业中可以选择合作社一体化模式。

3. 加快农民专业合作社发展。按照《农民专业合作社法》引导和规范农民专业合作经济组织的发展，使其成为中介组织联动型模式中的重要载体。鼓励农民专业合作社进行公共积累，利用税收减免、财政援助等方式支持农民专业合作社建立工商企业等经济实体。

(廖祖君)

《区域资本配置效率及区域资本形成影响因素的实证分析》

曾五一　赵楠　著

《数量经济技术经济研究》2007 年第 4 期

10 千字

资本配置效率，即资本从低回报率的区域（或行业）流向高回报率区域的程度。资本配置效率提高意味着在高资本回报率的行业（项目）追加投资，在低资本回报率的行业（项目）及时削减资金流入。因此，资本配置效率也可视为在固定资本形成过程中，各主要影响因素的弹性系数。该文对 Wurgler (2000) 的资本配置效率测度模型进行了拓展，构建了包含中国 36 个行业的 5000 个变量、近 11 万个月度数据的 32 组大型面板数据模型，使用月度数据测算了近期内全国（不含港澳台地区）、东部、中部、西部 3 大区域以及 28 个省、市、自治区的资本配置效率，并对区域和省际行业资本形成影响因素进行了系统的比较分析。

该文认为，与全国层面的研究相比，区域视角下的分行业面板数据研究，可以更加深入地揭示资本形成的影响因素，探讨其形成、实现机制。构建模型如下：

$$I_n \frac{I_{i,c,t}}{I_{i,c,t-1}} = \partial_c + \lambda_c I_n \frac{I_{i,c,t-1}}{I_{i,c,t-2}} + \eta I_n \frac{V_{i,c,t}}{V_{i,c,t-1}} + \beta_c I_n \frac{D_{i,c,t}}{D_{i,c,t-1}} + \gamma_c I_n \frac{T_{i,c,t}}{T_{i,c,t-1}} + \delta_c I_n \frac{N_{i,c,t}}{N_{i,c,t-1}} + \varepsilon_{i,c,t}$$

式中，I 为行业的固定资本形成；V 为该行业的利润；D 为金融机构对该行业的贷款数量，T 代表该行业上缴的税金，反映政府对该行业的支持意愿；N 为行业的从业人员平均人数，用来代表企业扣除盈利因素以外的其他自发投资激励程度。结论为：

1. 从短期视角来看，我国各地区的资本形成更加依赖于金融机构贷款，同时除盈利因素以外的行业自发投资冲动因素也对资本形成构成重要影响，而行业盈利性因素、政府支持意愿因素对其影响较低。

2. 绝大多数省份的资本形成存在自我约束、收敛的机制，说明投资的盲目膨胀性不强。但是，还是应该警惕局部地区可能出现的投资过热。

3. 分省视角下的研究发现，金融机构贷款因素对短期内区域资本形成所施加的影响，体现出了由西向东逐次递减的态势。我国中西部地区的固定资本形成，更多地依赖于金融机构的支持，而东部地区的固定资本形成，在更大程度上是依靠正规金融要素以外的因素，投资影响因素体现了更加多元化的特征。

4. 不同省份的金融要素对固定资本形成的影响存在较大差异，说明我国地区之间存在资本流动障碍。我国目前应该大力鼓励地区之间的资本流动，打破地区壁垒，进一步开放区域金融市场，鼓励信贷的跨地区流动，使得各地区的金融配置效率实现趋同，最终实现金融资源的最大效率使用。

（曾五一）

《理解全要素生产率——用TFP分析经济增长质量存在的若干局限》

郑玉歆　著

《数量经济技术经济研究》2007年第9期

9千字

该文认为提高全要素生产率增长对经济增长的贡献率在中国被普遍认为是经济发展的一个重要目标，并被当作衡量经济增长质量的重要指标。该文对这样一个目标在合理性和可行性方面存在的问题以及从流行的全要素生产率测算方法角度对全要素生产率度量经济增长质量存在的局限性进行了探讨，并论述了粗放增长阶段的无法避免性以及经济增长的关键在于资本积累的质量和有效性。该文在介绍了国内外一些机构和学者关于全要素生产率的研究观点并在结合自己已往的研究成果基础上进一步阐述了自己的观点。该文主要内容有：（一）目前的测算方法使TFP难以全面反映生产要素的经济效果，其中，1. TFP反映的只是生产要素即期的经济效果；2. TFP的测算难以避免投入和产出数据不一致的问题。（二）TFP不能全面反映资源配置的状况。（三）TFP研究引发的对资本积累重要性的低估。（四）关键在于投资的质量和资本积累的有效性。结语指出对于用全要素生产率来分析经济增长质量所存在局限性的探讨，并不意味着全要素生产率研究没有意义。希望能够通过这样的讨论使人们对TFP有一个更全面的理解，特别是在分析TFP研究得到的结果时，减少一些盲目性。研究全要素生产率的根本意义在于促进经济持续稳定增长的实现。全要素生产率研究的基本内容是对经济增长来源的核算。由于用余值法测算的全要素生产率的提高是不能由投入增长来解释的那部分增长是个黑箱。因而对全要素生产率增长来源的识别应是全要素生产率研究，也是增长核算的一项重要任务。改进全要素生产率的测算方法，特别是加强对资本投入度量的研究，应是生产率研究的一个重要领域。另外，随着中国经济成分多元化，特别是外国资本的大量进入，分别对不同所有制部门的全要素生产率进行测算十分有必要。由于资源、环境的约束，城乡、地区、贫富之间的差距以及社会发展滞后问题正在成为制约经济增长、危及可持续发展的重要因素，人们对经济增长质量所关注的范围越来越广泛。在中国不但关注经济增长的经济效果，而且越来越关注经济增长的外部效果。即使对于经济效果来讲，人们也不再局限于关注GDP的增长，而是更多地关注全体社会成员福利的提高，而且不仅关注当代人，还开始更多地关注后代人的利益。因而，以新古典经济增长理论为基本框架的研究显得越来越局限，远远不能满足现实对经济增长质量分析所提出的要求。由于众多外部因素并不在经济核算体系之内，也不是单纯靠经济政策能够解决的，因而，保持经济持续稳定增长的研究领域有待于大大拓宽。（郑玉歆）

《中国经济形势分析与预测2007年秋季报告》

中国经济形势分析与预测课题组　著

《2008年中国经济形势分析与预测》（中国经济蓝皮书），社科文献出版社2007年版

15千字

由于通货膨胀压力的存在，中国现在已经进入价格上升阶段。当前要密切关注2008年价格变动趋势，采取有力措施，防止出现严重的通货膨胀。

2007年年初以来，居民消费价格持续走高，已经大大超过年初预期。这其中隐含着不容忽视的通货膨胀压力，主要表现在5个方面。第一，存在成本推动的通胀压力。进入21世纪以来，我国上游产品的价格上涨幅度一直明显高于下游产品的涨幅，加之劳动力成本上升，这些因素形成成本推动型的通胀压力。第二，由于种种原因，流动性过剩问题在我国一直没有得到缓解，相对过多的货币供给可能带来需求拉动型通货膨胀的压力。第三，自2003年以来，我国GDP增速一直高达10%以上，但宏观经济的高增长主要通过工业、投资的高增长实现，我国在投资与消费比例结构、三次产业结构长期存在的问题没有得到改善，在此状态下，过高的经济增长会成为出现通货膨胀的动因。第四，节能减排目标任务的实现会在一定时期内造成成本价格上升。第五，国际市场某些主要商品价格上涨也会对我国国内市场价格产生影响。这五个方面的因素积累起来，将会以某种方式表现出来，并在未来一段时期内，消费价格乃至总体价格水平都可能比20世纪初的前几年高。针对当前的宏观经济形势，2008年我们要及时采取强有力的措施做好以下几点：一是把过快的经济增长速度特别是投资增长速度降下来；二是把缓解通货膨胀压力、稳定物价水平作为宏观调控的首要任务；三是把坚持和提高节能减排标准作为宏观调控的重要闸门。（韩胜军）

《我国对外贸易对能源消费的影响》

沈利生　著

《管理世界》2007年第10期

13千字

外贸商品本身包含有能源消耗：出口产品在国内生产，会增加国内的能源消耗；进口产品在国外生产，可以节省国内的能源消耗。只要有针对性地调整外贸商品的结构，就会有助于实现节能降耗目标。该文根据投入产出模型，给出了出口产品耗能和进口产品省能的计算公式，并利用2002年全国投入产出表，分别测算了2002—2005年我国货物出口、货物进口对能源消费的影响。计算结

果表明，我国对外贸易在能源消耗方面对整体经济是正影响，即进口产品的省能多于出口产品的耗能，这有利于降低国内的能耗。但从近年来的发展趋势看，这种有利影响正在逐渐减小，这反映了外贸产品的结构（无论是出口产品结构还是进口产品结构）在趋坏，对外贸易的质量在下降。

由于我国出口耗能或进口省能占能源消费总量的比例都相当高（与出口、进口占GDP的比例很高相对应），2005年分别高达40.4%和43.1%。更为重要的是，目前我国对外贸易依然保持着强劲的增长趋势，出口耗能和进口省能占能源总消费的比例将继续攀升。可以想象，其中蕴藏着巨大的节能潜力。只要有针对性地改变出口、进口产品的结构，如限制高耗能、高污染、资源性产品的出口，以降低出口耗能强度，提高进口省能强度，把此节能潜力释放出来，就将有助于整体国民经济的节能降耗。（沈利生）

《现代马克思主义经济学的四大理论假设》

程恩富　著

《中国社会科学》2007年第1期

22千字

采用“理论假设”及其逻辑叙述方法更有利于马克思主义经济学同现代西方主流经济学对话或论战。现代马克思主义政治经济学的理论创新也有必要把“新的活劳动创造价值论”、“利己和利他经济人论”、“资源和需要双约束论”、“公平与效率互促同向变动论”等视为理论假设。

新的活劳动创造价值论假设。凡是直接为市场交换而生产物质商品和精神商品以及直接为劳动力商品的生产和再生产服务的劳动，其中包括自然人和法人实体的内部管理劳动和科技劳动，都属于创造价值的劳动或生产劳动。与该假设密切相关的是“全要素财富说”和“按贡献分配形质说”，它们共同构成了关于创造商品和财富的完整理论。按生产要素贡献分配的经济实质则是，按生产要素所有者在要素创造财富和活劳动创造价值过程中所贡献或提供的要素数量及其产权关系来分配。

利己和利他经济人论假设。“完全自私经济人假设”或“完全利己经济人假设”的理念存在一系列的误点，因此必须确立一种新“经济人”假说和理论，即“利己和利他经济人论假设”。其包含三个基本命题：经济活动中的人有利己和利他两种倾向或性质；经济活动中的人具有理性与非理性两种状态；良好的制度会使经济活动中的人在增进集体利益或社会利益最大化的过程中实现合理的个人利益最大化。

资源和需要双约束论假设。现代马克思主义政治经济学所研究的资源配置与现代西方主流经济学有重要区。现代西方主流经济学的重要假设之一是资源有限与需要（欲望）无限，但这一假设存在明显的逻辑缺陷。现代马克思主义政治经济学则假设在一定时期内资源和需要都是有约束的，因而多种资源与多种需要可以形成各种选择或替代组合，进而在一定的双约束条件下实现资源的高效配置和需要的极大满足。在现代马克思主义政治经济学的视域中，资源的有限性与无限性、稀缺性与丰裕性、基于深思熟虑的选择性与任意随机的无选择性，均呈现复杂的辩证关系。

公平与效率互促同向变动论假设。与“公平与效率高低反向变动假设”或“效率优先假设”的含义截然不同，该假设表述的是，经济公平与经济效率具有正反同向变动的交促互补关系，即经济活动的制度、权利、机会和结果等方面越是公平，效率就越高；相反，越不公平，效率就越低。当代公平与效率最优结合的载体之一是市场型按劳分配，以其为主体的分配格局可以实现共同富裕和经济和谐。（张　蒽）

《中国国有集团公司治理的改革——关于国有集团公司治理完善的调研报告》

贾康　文宗瑜　朝晓明　刘微　著

《经济研究参考》2007年第1期。

22千字

中国国有集团治理的改革仍在继续并深化，从改革方向看，是进行多渠道、多模式的探索。

中国国有集团实行的是多级法人运营模式，这与通过行政力量把若干家国有企业合并为国有集团的组建方式密切相关。以行政力量为主导的合并重组模式直接带来了中国国有集团的母子公司组建格局上的特殊性，即先有子公司而后有母公司，这使得多级法人体系成为必然。在多级法人体系下，作为集团总部的母公司存在多级次的子公司，子公司大多数是股权多元化的独立法人，而国有集团是产权一元化的法人。这种“多级法人运营”的特色是：集团公司不从事实际运营而主要是对下属若干子公司实行计划式管理，主营业务主要归集到下属一个或几个上市子公司中；集团公司的非主营业务公司主要为上市公司提供配套服务和支持；收益主要来自于上市公司持股的分红。

在多级法人运营模式下，也催生了具有中国特色的中国国有集团公司“双层治理”模式，即国有集团在母公司层面和子公司层面按不同的规划要求分别建立和完善公司治理机制。母公司层面在产权一元化基础上建立与完善公司治理，子公司层面在产权多元化基础上建立与完善公司治理。从对国有集团的调研情况看，被调研的集团公司在母公司层面均为国有独资公司，既没有股东大会，也没有设置董事会；多数集团公司实行总裁（总经理）负责，总裁为集团公司的法定代表人；国资委对国有集团实行监事会制度；多数集团公司都设纪检和（或）监察部门、党委、工会组织。集团上市子公司实行公司治理，设置董事会、股东大会和经理班子，同时也设置了中国特色的党委会、工会和纪检等机构。

很多国有集团采用“双首长制”的领导制度，由总裁负责公司经营，党委书记负责党委工作，党委会是集团的核心权力机构。权力制衡机制的特点是：(1) 股东权力的几种行使，由国资委或政府行使的对集团总公司的股东权力，在集团内部总公司对各级子公司行使的股东权力。(2) 国资委或政府直接任免领导班子，人事任免存在浓重的计划经济色彩。(3) 对经理班子的权利制衡体现在外部国资委驻派机构的监督和内部党委会、纪检组和监察部的监督，主要来自国资委。(4) 党对企业的政治领导。双层法人治理模式具备有效性，国有集团短期内无法照搬英美的公司治理。中国国有集团公司治理的改革方向是：继续进行集团权力制衡机制的改革与完善；尝试国有集团设立董事会并发挥董事会的作用；通过国有集团的整体上市建立与国际惯例接轨的公司治理。

（张　蒽）

《论国有企业在社会主义建设中的地位与作用》

钱津　著

《福建论坛·人文社会科学版》2007年第1期

10千字

中国国有企业是社会主义性质的公有制企业，不是国家资本主义性质的公营企业。经济基础决定上层建筑，公有制性质的国有企业的存在是决定国家性质的，是决定社会主义国家的基本制度建立的。在社会主义初级阶段，中国的社会主义性质的公有制企业需要与国家资本主义性质的企业和资本主义性质的企业并存，社会主义性质的公有制企业在这种并存中发挥其主导作用。中国的改革的方向是完善社会主义制度和进一步发展国有企业，任何想以各个国家都有的公营企业取代只是社会主义国家才设立的国有企业的做法都是违背社会主义改革宗旨的。

中国社会的进步是由社会主义公有制性质的国有企业的发展导引的。社会主义公有制的国有企业使消灭剥削在更大的经济范围内实现；国有企业的发展要走在社会经济发展的最前列，代表着全社会劳动智力水平的提升，使社会劳动整体智力实现向更高的水平提升；国有企业内部不存在人与人之间以及企业与企业之间的根本利益冲突，国有经济是为全社会利益服务的经济成分，因此国有企业使和谐社会的实现具有更坚实的基础。

在社会主义初级阶段，多种经济成分并存，非社会主义的经济成分仍然呈现资本支配格局。作为社会主义公有制性质的国有企业，要导引整个社会的经济生活朝着打破资本支配格局的方向发展。在人类社会的历史进程中，相比资本主义的股份制企业，更高的经济形式是社会主义公有制企业。只有在国有企业中才能做到以人为本，这是国有企业与其他所有制企业相比的根本不同，国有企业的经营格局不是资本支配的，而是由员工当家做主的。国有企业以人为本，最重要的要求是保障本企业员工的就业，为保障全社会的就业作出贡献。

没有国有企业的建设作用就不会有今天的社会主义经济建设取得的成就和未来社会主义经济建设的宏大目标的实现。改革之前的国有企业受体制约束和技术限制，发展程度有限，但国有企业起到的基础建设作用，已经成为历史的基础的经济建设作用。21世纪及以后，中国的公有制经济将为新型工业化做出巨大的贡献。

在国有企业的改革攻坚阶段，任何企图通过制度演化取消国有企业存在的做法都是有悖于社会主义初级阶段改革宗旨的，任何对国有企业的未来发展壮大不抱有信心的精神状态都是有害的。中国必须始终坚定不移地依靠社会主义公有制性质的国有企业发挥主导作用，尽最大的努力推进国有企业的改革和发展，铸就越来越强大的社会主义国有经济力量。（张　蒽）

《制度经济学中六个基本理论问题的新解》

黄少安　著

《学术月刊》2007年第1期

7千字

纵观所有的制度经济学，可以提炼出以下几个重要的、基本理论问题，而这些问题还没有被很好地解答或解释，制度经济学未来的发展趋势可能取决于这些问题被解决的程度。

这些问题是：

1. 制度分析是基于个人主义还是集体主义？或许可以这样认为，个体的理性总是在不断试错、调整和适应的过程中得到进化。制度变迁既受到个体目的性行为的作用，也受到个体意识之外的系统动力的作用，是在“知”和“无知”的协同演化中展开的。

2. 制度是构建还是演化而成？回答这一问题，需要关注制度的不同层面、制度的长期和短期。短期的和具体的制度往往可以构建，而长期的、基本的制度却往往难以构建。实际上，一些从短期看来具有明显建构特征的制度可能是长期演化的结果。演化可能是更为本质的现象，而建构是演化达到某一阶段的产物，此过程伴随着人类认知的进化。因此，任何建构都是局部和短期的均衡，是长期演化过程中的某一个驻点。

3. 演化论和博弈论作为方法是否可以通约？制度及其变迁，客观上存在着演化与博弈的互动关系，但是，它们是两个层面上的互动，而不是一种演化博弈的运动。可以分别用博弈方法和演化方法分析，但是不能用所谓的演化博弈方法把两个层面的运动当成一种现象分析。用博弈论分析微观，用演化论分析宏观。长期宏观的制度便可看成是由无数个短期、微观个体的主观博弈演进而形成的。

4. 制度与技术谁决定谁？制度和技术是两个相对较大的谱系，其间存在着各种层级的制度类型和技术类型，笼统地说谁决定谁是不科学的。制度和技术的关系在不同的时空场景中可能不同，必须将其置于不同层级类型和不同时空场景下进行研究。

5. 制度的计量和绩效评估。清晰界定计量工具在制度分析中的边界和条件，在一系列约束、假定条件和控制变量下，对某一特定时空下制度绩效的测量或许是可行和必要的，但是，测量一个国家或地区各种交易成本的总量或许是不可能也是不必要的。

6. 制度经济学的内涵发展、外延扩展及其边界分析。制度经济学应该界定其制度分析的边界，这样才能集中精力研究本学科的一些重大主题。制度经济学的解释范围应该集中在直接影响资源配置和财富演变的经济制度领域，适当地关注较为强烈但却是间接地影响资源配置和财富演变的政治制度、习俗和惯例等。

（张　蒽）

《阶段全球经济失衡与中国的作用》

李晓　丁一兵　著

《吉林大学社会科学学报》2007 年第 1 期

10 千字

现阶段全球经济失衡的突出表现，就是美国经常账户逆差的迅速扩大与其他一些国家出现巨额的贸易顺差。现阶段全球经济失衡的根本原因在于，“二战”后美国率先开展并引领的全球性产业结构与经济结构的根本调整，导致其以非贸易品为主的第三产业与创新产业在经济中的地位上升并日益成为比较优势产业。这一结构调整通过贸易自由化及其后的经济全球化进程，使得全球最终产品需求集中于美国等市场，最终产品生产过程则分散至其他国家。

从美国的角度看，经常账户逆差的不断扩大是其经济结构与产业结构长期调整的必然结果。自 1971 年以来美国以贸易品为主的商品制造部门的比较劣势越来越明显，而以非贸易品为主的服务业领域则具有越来越突出的比较优势。美国将制造业产品等贸易品的生产以外包方式分散到世界各地，并通过进口来满足需求。通过建立一个回归模型，可得出美国经常账户失衡的原因，从长期来看是其产业结构调整及其比较优势的变化，短期内汇率水平也有一定的影响。

从全球的角度看，形成了相互关联的4个层次的产业循环和贸易循环的格局：美国自其他发达国家进口资本品，自新兴工业化和发展中国家进口消费品，存在巨额逆差；其他发达国家向美国出口资本品，自新兴工业化和发展中国家进口消费品，最终经常性账户存在或多或少的顺差；新兴工业化和发展中国家自发达国家进口资本品并向后者出口消费品，形成一定顺差。由于全球生产体系的迅速扩散，失衡不再仅仅表现为双边失衡，而是更多地体现出多边性、全球性的特征。

中国的地位高于资源出口国但低于其他新兴工业化国家，目前已经成为美国经常账户逆差的最重要来源地之一。中国在全球贸易循环机制中越来越处在转换枢纽的地位，成为全球经济失衡焦点的一个重要背景。以中国为核心或枢纽所形成的新的东亚区域生产体系也将成为未来全球经济失衡状况的重要影响因素。

美国与东亚地区之间贸易—资金的双重循环是支撑现阶段全球经济失衡得以持续的一个重要因素。从长期来看，全球经济失衡的态势将持续下去；从短期来看，现阶段的全球经济失衡是可以维持的。

面对现阶段的全球经济失衡，政策调整必须采取多边协调的集体行动，国际金融领域的全球多边协调或者说国际货币体系的改革至关重要。中国要解决美国经常账户逆差问题，需要整个东亚地区的协调和美国的合作，而汇率因素并非全球经济失衡问题的长期决定性因素，单纯对人民币汇率进行幅度过大的调整，将破坏中国经济结构调整的稳定环境。 （张 蒽）

《中国企业技术创新报告》

国务院发展研究中心企业研究所企业技术创新课题组 著

《经济》2007 年第 1 期

7 千字

中国企业创新及创新能力已有较大提升，但与世界先进企业相比仍有很大差距。中国企业产品开发供给能力水平已有较大幅度提升，但有竞争力、较高利润的产品仍然较少。企业创新投入有较大幅度提升，但与国外企业差距仍然很大。企业创新的组织能力提升，但仍然不能适应企业开发的需求。中国企业技术创新能力存在产业差异。

从机制与环境来看：（1）中国多数企业已初步形成市场导向的创新机制，但经营者的认识因企业制度和基础条件不同存在差异。国有企业受传统体制影响，至今仍存在授权不足和动力不够并存的问题。私人企业发展动力强，但实力很强的大企业近几年才逐渐增多。20 世纪 90 年代中期以后，中国许多企业已初步具备市场导向的创新机制，开始建立自己的创新体系。（2）市场成长机会激励和竞争激励是影响中国大多数企业的成长和创新最重要的环境因素。（3）企业获取资源的环境条件不断改善，但仍存在不少问题。中国的资金、资本体系还不能适应企业在发展和创新不同阶段的资金需求，是不利于实力相对弱小的中国企业创新的主要阻碍因素之一。（4）对正处于转型期的中国，制度因素对中国企业发展和创新影响重大，不同产业的具体政策对中国企业创新能力的形成有直接影响。(5) 企业内部环境不断改进，仍有较大差距。

从创新战略的演化看：从20世纪80年代到21世纪初，中国各产业的创新战略以模仿创新为主。20世纪90年代后期，产品创新由一般的模仿创新为主变为集成创新、改良创新；企业投入研发和创新的资源有较大幅度的增加；应用研究的投入开始增加；领先企业日益重视参加标准的开发；企业创新管理、组织水平有较大提升。20世纪90年代后期中国企业创新能力的提升，本质上是企业组织能力的提升。

从创新政策的演化看：20世纪80年代，政策重点是鼓励企业技术改造、技术引进。中国政府以鼓励技术开发为重点的创新鼓励政策在90年代中期左右及以后开始陆续出台。中国企业界对国家相关规划、出台的鼓励企业创新的方针政策寄予厚望，同时也存在疑问。如目前的国家规划主要是科技规划，技术产业化的目标和有关安排仍不够清楚；产业结构调整规划和国家产业发展战略关系不太清楚等。而学界疑问的根本问题是两个：一是如何按产业化原则进一步提升企业在国家创新战略中的地位；二是如何提升鼓励企业创新的政策资源的效率。 （张　蒽）

《中国民营经济的三大历史性变化》

中华全国工商业联合会课题组　著

《经济理论与经济管理》2007年第3期

18千字

进入21世纪以来，中国经济快速发展，民营经济获得了空前的发展。民营经济地位和作用的历史性变化主要表现为：(1) 民营经济已经成为国民经济的重要组成部分、经济增长的主要动力。民营经济在GDP中的比重明显提高，已经接近2/3；民营经济投资大幅度增长，已占全社会投资的60%；民营工业高速增长，已占据全国工业的半壁江山。(2) 民营经济已成为增加就业的主要渠道，吸纳了劳动力增量和存量转移的绝大部分，明显改善了就业结构，缓解了就业压力。(3) 成为国家税收的重要来源，从税收总量看，目前民营经济税收比重已经超过国有经济。(4) 越来越多的私营企业开始直接从事对外贸易，成为对外贸易的生力军。

民营企业自身素质得到了根本性提高，主要表现在：(1) 逐步进入重化工业和基础产业，产品技术质量档次大幅度提高。"十五"期间，除烟草、自来水等专营行业外，其他各工业行业中，民营经济在资产总值和销售收入方面均大幅度增长，且明显高于行业平均水平，民营投资在全部20个行业中均有涉足。(2) 企业资本规模明显扩大，产权结构日益多元化。规模以上工业企业中，民营工业企业平均规模不断扩大，产权结构从以个人、家族企业为主，向股权多元化的公司制发展。(3) 管理人员素质提升，治理结构走向规范。许多私营企业进行了股份制改造，建立了股东大会、董事会和监事会，股权结构和管理模式向现代企业制度靠拢。(4) 诚信守法渐成趋势，劳动关系走向和谐。(5) 积极承担社会责任，大力奉献公益事业，在依法纳税、提供就业、保护环境、资助教育、救灾扶贫等社会公益事业及西部大开发等方面发挥着日益重要的作用。

国家关于民营经济的政策和制度改革取得了实质性突破：(1) 非公有制经济发展

的理论认识取得重大突破，它已经并将继续从根本上改变人们对非公有制经济发展的价值判断。（2）非公有制经济发展的基本方针已经形成，给中国深化改革、建立市场经济体制、建设社会主义现代化指明了重要的前进方向。（3）非公有制经济发展的根本制度得以确立。（4）党中央和国务院政策的制定，部门和地方配套措施的相继出台，非公有制经济发展的政策体系框架基本构成。（张 葸）

《土地作为基础财富的积聚效应与产业演进中原始积累的显性向隐性转化分析》

孙国锋 著

《当代经济研究》2007 年第 3 期

7 千字

原始积累是一个与动态过程紧密相关的概念，分工和交换是原始积累发生的必要条件，内生或外加的制度安排是最终促成其发生的有力保障。

积聚效应通常是区域经济学和产业经济学讨论的对象。它指出了由极化效应和规模经济等引致的产业集群所具有的表象特征和有利结果。这种表象隐藏着经济学思想之争，即价值（财富）到底由谁创造的问题。该文从“土地乃财富之母，劳动乃财富之父”这一著名的论断推衍出劳动价值论和货币的本义，从而更好地解释积聚效应的本质以及土地和劳动在这一过程中所起的作用。

当一般等价物和货币被发明以前，价值（财富）则仅仅是与土地和劳动相关的。当一般等价物发展到由金银充当的阶段时，土地作为基本财富的地位开始动摇，而金银这一交换经济时代的新贵成了人们顶礼膜拜的教父。但一般等价物和货币只能是土地和劳动所创造的众多财富的一种，它所代表的也只能是土地纯自然力或这种自然力与劳动相结合的产物。在某种程度上，原始积累和积聚效应只是一个发展的起点和过程而已。在越来越高的产业结构中，土地的地位似乎就是一个场地的角色。然而，更重要的是，土地还一直不间断地提供着工业化和城市化所必需的原材料。如果将土地的自然力看作一个既定的前提，人的劳动就应该是价值（财富）创造的唯一功臣。而货币或资本则更多地由原初的一般等价物异化为一种制度安排。在第一次工业革命的号角声中，人类爆发出的前所未有的生产力，迫使土地加快了它对工业化原始积累的贡献步伐。但是，随着产业结构的不断升级和价值倒金字塔的出现（越往上附加值越大），作为金字塔底部的土地的作用却变得愈来愈小了。土地在产业升级中的原始积累作用由工业化初期阶段的显性走向了产业升级到一定阶段后的隐性。

无论是什么样的所有权形式，也都不过是用不同的效率将由土地和劳动结合而创造的财富进行了重新的配置。在这个配置过程中，劳动的附加值越来越大，随着产业结构的不断升级和积聚效应的逐渐显现，土地作为“财富之母”的基础性越来越隐性化了。但是，土地作为“财富之母”的地位仍然是不可动摇的。

相对于一个足够长的时期，土地和劳动的个体占有终将消失，而合作才是最为可贵的。所以，我们不能够绝对地否定任何一种所有权形式，它们只不过是如何创造价值（财富）的不同的制度安排。重要的是，在

认识到这一点后，我们所需要的是一个能够充分体现正义和公平的完善的二次分配机制。（张 蒽）

《行业间工资差异和垄断租金分享》

史先诚 著

《上海财经大学学报》2007年第2期

9千字

行业就业人员个体能力的平均差异，以及作业环境优劣、工会化程度等因素，在一定程度上解释了行业间工资差异。效率工资假说和租金分享假说为行业间工资差异提供了进一步的解释，而租金分享假说是中国垄断行业高工资高福利的重要理论基础之一。

在企业层面，根据劳动市场供求理论，在产品市场不完全竞争的情形中，劳动的边际收益产品（MRPL）决定了企业能够付给工人报酬的上限。此外，劳、企双方劳动市场势力也影响着工资水平。然而，在行业层面，涵盖的载体不再限于企业，还包括公共机构、非营利组织，因此要拓展分析视角，如引入制度分析。

根据分析统计，1978—1988年间，收入增长中实现了较为适中的收入差距；1988年以来，行业间差异呈现逐步上升趋势。1978—1988年间社会服务业相对报酬大幅度增加，电力、煤气和水的生产供应业的报酬相对下降。1991—1995年间的金融、保险业工资大幅度增加，电力、煤气和水的生产供应业工资持续高涨。2003—2005年间以大型国有企业主体的非竞争性垄断行业和技术或知识型市场垄断行业具有远超过全行业总平均水平的就业报酬，传统行业则只有较低的报酬。

从行业平均劳动报酬的长期趋势来看，农林牧渔、建筑、采掘、批零餐饮、制造业、地质水利等传统类型的产业，工资报酬普遍低于全国平均水平。在相对工资水平较高的产业中，信息计算机软件、金融保险等现代生产服务业，文体娱乐、卫生等现代生活服务业以及房地产业均具有较高的相对工资；国有金融保险企业、电力燃气和水的生产供应、公共管理等具有公共性质或国有垄断性质的产业也普遍具有较高的工资。

计量分析发现，行业内就业人员的基本素质是决定行业报酬水平的重要决定因素，包括性别、年龄、受教育程度，但仍有40%多的报酬变差系数没有得到解释。进一步分析发现，技术型、知识型垄断行业的高工资主要是就业人员自身人力资本的正常所得，并非竞争性垄断行业凭借政府赋予的垄断经营权、政府构造或行业创建的进入壁垒向就业人员支付了超额报酬。针对垄断行业的高工资，在强化垄断行业成本核算的基础上，要重点推进垄断行业占用国家自然资源、经营国有资产不缴纳利润等制度的改革。要科学规范财政对垄断行业承担非营利性公共产品供应或公用事业的转移支付制度。尽早出台并实施反垄断法，设立制止滥用行政权力创设行政垄断的可操作性管理规范。（张 蒽）

《转轨背景下收入差距扩大的政治经济学分析》

林金忠 王莹 著

《江苏社会科学》2007年第2期

9千字

转轨背景下，政府主导型利益分配机制逐步被市场主导型利益分配机制所取代，于是在计划经济体制下不公平但稳而不发的利益分配机制所造成的后果在市场经济条件下就形成了初始的竞争资源禀赋差异。而悬殊的城乡收入差距的深层次原因是计划经济体制下累积的物质资本分配差异在市场条件下的放大效应。

地区之间，东西部之间的区域收入差异与生存环境、人口布局、地理、社会环境有关。行业之间，收入差距很大程度上是基于垄断和行政权力。政府通过法律、行政法规的形式，保护特定行业的利益，由此产生的要素的取得和使用缺乏竞争性和平等性，使处于保护状态的企业能够持续从居民手中攫取高额利润，并且由于制度缺失，这部分巨额利润并非取之于民用之于民，而是用于提高私人利益集团的福利，由此形成的“有组织腐败”使不同行业之间非正常收入差距不断拉大。

在渐进式转轨过程中，信息的不完善以及人类的有限理性，使经济活动中各种规则制度的建立健全成为一个不断试错的过程，不可避免的制度缺陷催生出一批批“暴富群体”。政策调整的每一次漏洞都给予信息优势或权利优势人员以获利的机会，而利益相关的弱势群体则由于表达渠道不畅无奈成为净损失者和改革成本承担者。计划体制下资源分配的掌控者不仅保留了他们的权利，市场化改革又强化了他们的优势地位，提升了权利寻租的空间。

从动态来看，居民收入差距大致呈现出渐离渐远的特征。在经济体制改革过程中，出现了被排斥在主流经济与社会生活之外，无法有效表达自己利益诉求的特殊人群——弱势群体，而同时强势群体通过影响路径演变使制度变迁的收益连续向其集中。又由于社会保障、税收、转移支付手段尚未完善，其结果必然是收入差距越拉越大。

政府要采取积极的政策措施对日益扩大的居民收入差距予以调节。调节收入差距需要循序渐进，联系“三农”问题、改善西部脆弱的生态环境和人口布局、消除垄断利润的内部福利化、整治非法非正常收入。当政府仅仅作为决策者、执行者、监督者，权利和资本不再寻求某种形式的共谋关系的时候，在收入差距的调节上才能做到公平、公正，才不会仅仅维护狭隘的私人利益集团而忽略“政治失语”的弱势群体，收入分配问题才能从根本上得以解决。（张　蒽）

《套利行为、技术溢出介质与我国地方产业集群的升级困境与突破》

张杰　刘志彪　著

《当代经济科学》2007 年第 3 期

12 千字

我国产业集群内的企业普遍呈现出一种“套利行为”特征。即一家企业生产出一种新产品后，在获取先入利润和较为明朗的市场前景条件下，大量后发企业或跟随企业迅速“一哄而上”，模仿性引进设备甚至是更先进的设备，通过挖现成企业的一些关键技术人员，进行低成本市场竞争。这就形成了我国地方产业集群内特有的技术溢出与技术扩散套利模式，并且广泛演变成为一种模仿——套利的内在机制。这种机制得以实现的关键在于集聚效应所内生的特有技术溢出介质：一种是通过人力资本介质技术溢出获取隐性技术诀窍，另一种是通过产品反向工程介质来获取显性技术诀窍。

我国地方产业集群内技术外溢或转移途径可归纳为三种基本形态：无介质的知识溢

出，以产品为介质的知识溢出（反向工程），以人力资本流动为介质的知识或技术诀窍溢出。先入企业为后行企业的“干中学”机制的实现提供了前提条件，后行企业也就相应有了“搭便车”的内在激励动机，由此形成了后行企业的套利机会。这种套利行为机制对于集群的初期发展和竞争优势的形成是有利的。但是，当集群发展到以技术创新作为持续发展和产业升级动力阶段时，套利行为容易形成过度进入与过度竞争，制约了企业技术创新能力的发展。

通过构建一个先入企业和跟随企业两方参与的动态博弈模型，发现：(1) 依附于人力资本介质为转移的技术溢出效应越大，无论是集群内的领先企业还是跟随企业的最优反应策略都是减少技术研发投入，实施不首先创新的等待型模仿——套利行为策略。(2) 在领先企业与跟随企业的初始技术存量距离较大的条件下，动态博弈的结果是领先企业会逐步减少自己的研发投入，跟随企业会逐步增加自己的研发投入，最终双方的技术能力收敛于同质化的低端状态。

我国地方产业集群内模仿——套利机制形成的原因包括：(1) 知识产权保护制度的缺失。(2) 政府的行业进入管制和地方政府的“隐形”补贴双重行为，造就了激励集群内企业进行模仿——套利行为的外在环境。(3) 现阶段收入不平等和我国消费者“价廉物美”的普遍偏好。为推动技术创新和产业升级，必须要实施强知识产权保护政策与弱知识产权保护政策的有机平衡和适时转换；减少政府的行业进入管制和地方政府的“隐形”补贴扭曲行为，改变我国的收入不平等和“价廉物美”乃至“价廉质低”的需求偏好。 （张　蒽）

《关于劳动所得比重下降和资本所得比重上升的研究》

卓勇良　著

《浙江社会科学》2007 年第 3 期

15 千字

多年来，我国劳动所得在国民经济分配中的比重持续下降。劳动和资本的分配关系，是当前消费比重较低、投资比重较高的主要原因。也导致了当前经济增长主要依靠投资和出口，以及促使收入分配差距的日益扩大。

定量分析发现：相对于人均 GDP 增长而言，人均劳动收入增长较慢，形成了人均收入与人均 GDP 之间的较大差距；相对于资本所得而言，劳动所得增长较慢，工薪阶层特别是农民工分享到的快速增长好处相对较少；相对于城市而言，农村人均劳动收入增长较慢，形成了较大的城乡收入差距；相对于宏观经济而言，劳动所得占 GDP 比重偏低，影响经济增长形式和宏观经济长期稳定，并影响社会发展。我国劳动所得占 GDP 比重是在一个较低水平上持续下降的，这是劳动所得比重下降的严重性所在，我国劳动所得占 GDP 比重大大低于 30 年前的日本。劳动所得占 GDP 比重较低，是消费比重较低，消费难以发挥推动经济增长较大作用的根源。如果不从提高劳动所得占 GDP 比重入手，很难解决消费比重较低问题。

资本所得比重上升是一个复杂的经济现象。其中一个重要原因就是国企改革，以及民间企业快速发展，这部分是正常的增长。然而，资本所得比重的上升显然已经超过了正常限度，正是在资本的强势和政府税收高增长的双重挤压下，劳动所得比重被不断地压缩。当前我国投资增长过快，投资比重过高，投资成为国民经济增长的主要动力，主要原因显然是由于资本所得占 GDP 比重较高导致的。

改革开放以来，劳动所得比重与消费比重的变化，呈现为高度的正相关。这显示了消费比重下降的主要原因是劳动所得比重下降。与消费比重下降相应的是资本形成比重大幅上升。从有关国家的国内生产总值结构看，没有一个国家和地区具有如此低的居民消费比重和如此高的资本形成比重。

关于劳动所得比重下降与资本所得比重上升的主客观原因，有三个方面：(1) 投资机会和剩余劳动力较多是基本的客观因素。(2) 长期低汇率锁定了国内企业的高利润率是重要的宏观因素。(3) 各级政府重资轻劳是重要的行政因素。优化劳动与资本分配关系，已成为当前事关科学发展与和谐发展的重大问题，政府应积极创造有利于工资增长，其中主要是有利于农民工工资增长的宏观环境。（张　蒽）

《消费平滑性及其对中国当前消费政策的启示》

贺京同　霍焰　程立超　著

《经济评论》2007 年第 3 期

9 千字

近年来，中国经济持续保持较高的增长速度，但真正推动经济快速增长的是投资，一直以来消费在拉动 GDP 增长方面的表现却是非常不尽如人意。过高的投资率与过低的消费率成为我国经济快速增长过程中一种不和谐的因素。虽然近年来，国家在增加居民收入从而刺激消费增长方面已经采取了诸多宏观调控措施，但居民消费的增长依然十分缓慢，并呈现出不断下降的趋势。

消费平滑性特征说明，居民消费支出并不像持久收入假说所描述的那样完全由收入水平所决定，收入水平的增加也不会使消费支出发生相应的变化。数据分析表明，中国的居民消费相对于收入变化同样具有过度平滑的特征。因此，中央政府采取的通过增加收入刺激消费增长的各项宏观经济政策的失效也就在所难免。

现实中，居民消费作为一种纯粹的个体决策行为，在很大程度上要受到消费者决策心理和行为习惯的制约和影响，甚至在一定情况下，这种内在行为因素的作用会超过甚至掩盖收入对消费的影响。习惯形成理论认为当前的效用水平不仅依赖于当前的消费支出状况，还与消费者此前的支出水平（滞后消费）有关，我们将其称为基于行为经济学的消费行为假说。

消费行为假说通过考虑行为因素对消费支出的影响，与持久收入假说相比能够更好地解释现实消费数据的变化规律。这在一定程度上说明，消费者的决策心理和行为习惯确实是影响消费支出的一个重要因素。行为因素的存在通过降低消费者对外部刺激的感受，从而在一定程度上削弱外在收入冲击对消费的影响，使得消费支出的变动表现得更加平滑。因此我国政府将启动消费政策的重心转移到对消费者决策心理和行为因素的调节上可能会取得更好的政策效果。

对城镇居民人均收入、可支配收入和人均食品消费支出数据的计量分析表明，我国绝大多数家庭的食品消费支出显著地受到习惯因素的影响。检验表明，居民的消费习惯是个体心理和行为习惯因素的体现，具有较强的内在稳定性，不会随居民收入的增长而发生变化。

因此，政府应当创造一种良好的经济和政策环境，使经济体制和环境因素对居民消费的约束和影响降至最低，达到改善居民消费预期，提高居民消费意愿的目的。政府要进一步建立和完善社会保障体系，改善消费基础设施和配套体系建设；要充分发挥税收和转移支付等政府职能对收入分配的调节功能，逐步缩小收入差距；要加快建设社会主义新农村的步伐。（张　蒽）

《经济学两种研究范式的碰撞与演革——再论经济学的“工具理性”与“演化视角”的矛盾统一》

靳涛　著

《经济社会体制比较》2007 年第 3 期

9 千字

在经济学长期发展的演革中，一直存在着两种研究范式的争论：一种是以“经济人”逻辑演绎为基础的主流经济学；另一种是以“演进理性”的历史主义—制度主义—演进主义为基础的非主流经济学。

支持“工具理性”的主流经济学家认为，经济学建立在完全理性的“经济人”之上的演绎理论是建立在人的本能基础上对经济学最一般规律的推理和演绎，简化的抽象模型与事实不符是正常的。对“经济人”假说打击最大的是诺贝尔经济学奖获得者赫伯特·西蒙提出的“有限理性”。进入 20 世纪 80 年代以后，通过对伦理学和人类文化差异的研究，一些经济学家开始对主流经济学以“工具理性”假设为基础的纯经济学分析展开了更猛烈的攻击。历史主义—制度主义—演进主义学者对在“工具理性”基础上的主流经济分析提出了批评，并认为政治、法律、制度、习俗、伦理等要素对经济体系的影响都应在经济分析中体现出来。这种分析框架更多地关注了这些因素对人类经济活动的影响，在很多问题上赋予了新的观点和看法，取得了一定的成绩并被人们接受。但就目前该框架的分析结果来看，其研究也还是很不成熟和缺乏深度的。

在经济学研究中，可以把两种分析方法结合起来，按照对主体假定的完全理性和有限理性的不同，把分析框架分为逻辑分析框架和演化分析框架。逻辑分析框架适合于分析资源配置优化、市场结构、增长模式、最优契约等静态和准静态的人类社会经济活动；而演化分析框架则适合于分析人类社会经济变迁、经济发展中的社会经济模式差异、制度变迁与经济增长的关系等动态和更复杂的问题。前者主要关注资源配置中的物与物和人与物之间的资源配置问题，而后者则主要考察建立在人与物基础上的人与人之间的关系。

试验经济学也说明，市场制度和市场惯例下的结构变量是不容忽视的，制度研究在长期经济活动中，特别是在动态经济演进研究中是重要的。计量检验是主流经济学实证研究的一个主要方法，制度学派和演化学派也非常重视实证研究。

经济学研究的两种视角还都在各自的研究轨道和路径中不断发展和演革，它们的碰撞和争论已有上百年，但是它们谁也不能消灭谁和取代谁，这两种范式在经济学以后的发展中也将会长期共存。我们更应该关注的不是谁对谁错，而是要认清它们针对不同的经济学问题可能会有其不同的适用范围；我们不仅要认识到两者的区别和矛盾，更应该重视和强调两者之间的互补和借鉴。

（张　蒽）

《我国出口商品结构的决定因素和变化趋势》

江小涓 著
《经济研究》2007 年第 5 期
20 千字

对一个国家的对外贸易商品结构的分析，国外理论主要集中于比较优势理论；实证方面，主要围绕证实或证伪与要素禀赋有关的理论和模型。对中国贸易结构问题的研究，依据共识性强的贸易理论，有比较翔实的实证分析，提出了许多有说服力的观点和政策建议。但是，这些分析主要是总量分析。我们对现实状况的观察感受是，影响一国贸易结构的因素是多元的，其中许多并不能还原为要素禀赋的衍生品，因此需要建立一个能容纳主要事实和重要因素的分析框架，更全面贴切地解释贸易结构及其变化。

总的来看，我国对外贸易发展的有利环境没有改变。全球化继续推进和深化，国际贸易增长速度远远超过同期全球经济增长速度；国内产业结构变化有利于出口商品结构继续升级。该文挑选若干代表性出口商品，建立计量分析模型检验影响出口商品结构的主要因素，再依据模型结论提示的各个因素的影响程度，对未来几年我国重要商品出口规模和增长情况以及出口商品结构变化进行预测。

根据贸易理论和对我国出口商品结构变化的观察，出口商品结构主要受国内因素、全球分工格局、出口规模和增长速度三个方面特征的影响。国内因素主要包括要素禀赋、制造能力、市场扩张速度、市场竞争程度；全球分工格局主要包括外资参与度、产品制造加工特性和全球贸易总量；出口规模和增长速度主要包括出口市场份额和出口增长速度两个因素。计量分析显示：劳动力密集程度、国内市场竞争加剧、对出口增长有显著的正向影响、生产能力的增长、市场需求扩张、美国进口增长率、三资企业产值增长对我国出口有正向影响。

以影响因素分析为依据，可以预测出：(1) 未来几年，汽车、载货及专用机动车辆、汽车等的零件及附件等商品出口将会高速增长；金属加工机及工具、工程机械等商品出口也将较快增长；内燃机及零部件、发电机和发动机、航空航天器材及相关工具等商品也具有增长潜力，但增长速度可能慢于前面几类商品。(2) 成为当前出口支柱的自动数据处理机及零件、电信设备及零件、电子机械与设备等商品，都将保持较大出口规模。

对我国出口商品结构升级趋势有以下初步判断：我国出口商品结构将继续升级，出口商品结构升级有规律可循，最重要的因素是国内产业基础、全球分工特点和出口市场地位；要全面理解贸易发展的“一揽子”影响。（张　蒽）

《企业所得税收入归属机制研究》

王道树 著
《财贸经济》2007 年第 4 期
11 千字

在新企业所得税法及其实施细则制定过程中，人们对于内外资企业竞争的公平问题给以高度关注。但是，人们似乎较少关注地区之间税收归属的公平问题。我们对原内外资企业所得税收入归属状况进行了实证分析。从绝对额来看，1994—2005 年，地区间人均企业所得税收入的差距在持续快速地扩大。从相对额来看，1994—2005 年，人均内外资企业所得税收入（合计）的离散系数大大高于人均营业盈余的离散系数；人均企业所得税收入省际离散系数较大幅度地高于人均全部税收收入省际离散系数；2001年以来人均内外资企业所得税收入（合计）省际分布的离散系数呈现升高之势，而同期人均营业盈余的离散系数总体呈现下降之势，两者形成明显反差。

在“两法合并”实行法人所得税制之后，对按原内资企业所得税法规定应视为独立纳税人、按新企业所得税法规定不具有法人资格的企业分支机构而言，其原归属分支机构所在地的企业所得税收入，将改为归属法人总机构所在地。因此，如果不进一步建立科学的税收归属机制，人均企业所得税收入省际分布的离散系数将会进一步提高，区域间税收归属不公平的矛盾将会进一步加剧。

国外企业所得税（称作公司所得税或法人所得税）基本上属于联邦税或中央税，很少属于省或州政府（或地方政府），并且在处理企业所得税收入在国内不同地区之间归属问题的时候内在地秉承了一个基本原则：即税收归属与税收来源相一致的原则。借鉴国际通行做法并结合我国分税制财政管理体制的实际，可以得出，按照税收归属与税收来源一致性原则建立科学的企业所得税收入归属机制是税收收入分配的内在要求。

建立科学的企业所得税收入归属机制，需要结合我国现实情况，考虑政策、管理、技术等各种因素，使之具有可操作性。建议确立企业所得税收入由中央专享作为企业所得税收入归属机制的基本制度框架，选择全国性的大型企业（总分机构之间）实行先统算应税所得再按照比例分配的方案，对于少数行业（如原内资企业所得税制规定的铁路、航空、金融等）可以实行先按照比例预缴再实行汇算清缴的办法。（张　蒽）

《中国农业发展：多重困境与突破路径》

石磊　高帆　著

《经济学家》2007年第3期

14千字

作为新农村建设的经济基础或逻辑起点，农业发展包括两个方面：一是增加农产品，尤其是粮食的供给；二是促使农民收入持续增长。在市场化背景下，农民解决温饱问题之后，其粮食增产努力是基于收入增加目标而形成的，粮食增产更像是实现收入增加的一个手段，这种价值取向包含着农民为增收而调整粮食生产的行为取向。通过构建农户收入模型，可以得出，农业劳动生产率提高会激励农户将更多的劳动力配置到农业生产，农业劳动生产率降低会“逼迫”农户将更多的劳动力配置到非农行业。

农业发展有4重困境：（1）主体形成困境：农户基于最大化收入的考虑，在农业劳动生产率和其他产业工资收入存在差异的背景下，将更多具有较高人力资本含量的劳动力流转出去，这会削弱农业劳动生产率提升和新农村建设主体形成的基础。（2）结构调整困境：由于粮食生产和其他农产品的相对收益差异，将农业资源从粮食生产中流转到其他农业部门，有利于农民增加收入，但却会相对减少粮食供给量。相反，为增加粮食生产而延缓农业产业结构调整则可能不利于农民增收。（3）谈判能力困境：由于粮食生产和粮食价格形成之间的市场性关系并未形成，农户粮食生产是对主要由政府确定、具有外生性质的粮食价格的一种被动反应，结果粮食增产不仅缺乏稳定的基础，农民增收也在生产波动中不能有效实现。（4）生产效率困境：粮食劳动生产率的提高主要依靠土地生产率的持续性增加，而土地—劳动比率对劳动生产率提高的贡献度非常有限，在资本约束和边际报酬递减规律的作用下，粮食劳动生产率以及由此引申的农民增收和粮食增产均会受到影响。

从家庭联产承包责任制向家庭专业承包责任制的组织演化是对中国农业发展多种困境的一个积极回应。以专业化、组织化、集约化为指向的家庭专业承包责任制会提高生产率，增强农业生产者的价格发现动机和谈判能力，促使政府将采用更为宽松的农业产业结构调整措施，同时增加农业留守者的收入，使资源在农业和非农业之间均衡配置。

（张　蒽）

《重构“铁三角”：中国的劳动力市场改革、收入分配和经济增长》

陆铭　蒋化卿　著

《管理世界》2007年第6期

16千字

1996年既是中国城市劳动力市场改革的分水岭，也是中国经济增长方式转变的转折点。在1996年之前，劳动力市场改革的效果主要表现为人们职业和收入结构的调整，而在那之后，结构调整则主要表现为人们在不同的就业状态上的分化。劳动力市场第一个阶段的调整保证了工资的相对较低增长，而第二个阶段的调整加快了经济效率的提高，但也使得收入差距有所扩大，经济的可持续增长面临着新的挑战。

1996年之前的经济增长主要依靠的是“增量扩张”的外延式增长，人均工资和人均产值的增长基本保持一致，这样，经济增长的动力就来自于劳动力和资本数量的扩张。1997年之后，人均产值的增长显著加快，经济增长的方式有所改变，在某种程度上可以说是由数量的扩张转变为经济效率的提高，是一种“存量盘活”的增长。在存量劳动力数量大于企业生产所需的实际劳动力数量时，维持较低水平的工资增长为中国经济发挥劳动力低价优质的比较优势创造了条件。反过来，在经济不断增长的过程中，劳动力工资没有过快地增长，也保证了经济增长所带来的劳动力需要可以吸纳企业里的富余劳动力。中国的劳动力市场制度、国有企业制度和政治治理结构都为劳动力富余背景下的较低工资增长创造了条件，保证了中国的低劳动力成本比较优势得到发挥。

两个阶段的劳动力市场改革对收入差距的影响呈现出不同的特征。第一阶段的劳动力市场改革，主要表现为职业和收入结构的渐进调整。第二阶段劳动力市场改革加速，就业结构的调整剧烈，人们的就业状态迅速分化，劳动参与率不断下降，失业率迅速上升。

当前，有3个方面的潜在趋势可能会加剧收入差距的扩大：（1）全球化进程中资本和知识空前联合，而劳动者处于弱势。（2）市场化进程中价格机制越来越重要，非价格机制不可忽视。（3）劳动力市场分割状态下，经济的空间集聚不足。

中国的经验说明，在一个存在着大量扭曲的劳动力市场上，渐进地进行增量调整对于促进经济效率和维持经济发展的安定环境是非常重要的；在体制转型和经济发展的一定阶段，收入差距的扩大的确可能成为经济增长的代价，而且，当收入差距扩大到一定程度的时候，它就可能对经济的持续增长构成威胁。期待中国能采取新的发展战略，使得劳动力市场改革不仅有利于经济效率的改善，也有利于收入分配更为平等，从而持续地促进经济的增长。（张 蒽）

《马克思主义经济学范式的特征——兼评后现代主义的马克思主义经济学范式》

朱奎 著

《教学与研究》2007年第5期

6千字

经济学问题可以划分为规范性问题和分析性问题，其中规范性问题是“经济学问题系统”的核心，是分析性问题的始发之源。因此，对范式系统的研究应集中在观念范式上，对问题的研究要集中在操作范式上。观念范式由经济学价值观念的基本判断或基础假设所构成，反映特定历史时期的经济学知识体系的价值观；操作范式是一般分析理论，是由观念范式导出，包含要素关系分析和特例的“混合体”。当常规经济学范式走向尽头时，规范性经济学问题从后台走向前台，取代了常规经济学范式时期以分析问题研究为主的局面，在观念范式层上的学术争论成为研究的焦点，进而产生“范式革命”。

马克思主义经济学建立在劳动价值论和历史唯物主义基础上。所谓的后现代主义经济学为了“弥补”马克思主义经济学论证逻辑上的“缺陷”及提高对现实的解释力，放弃了历史唯物主义方法论和弱化了劳动价值论这个逻辑起点，显然是对马克思主义经济学的背弃。

在概念和范畴体系方面，马克思主义经济学的发展主要表现在两个方面：其一，澄清所有制、所有权、劳动、劳动力、剩余价值、剩余劳动、资本等概念，使讨论能在共同的基础上展开。其二，从现实中抽象出新的概念并将其增补进来，以使该范式具有更强的时代特色。在分析方法方面的发展也主要表现在两个方面：其一，进一步确立历史唯物主义在研究中的方法论地位。其二，为了使马克思主义经济学更精确、具有短期分析意义，应借鉴一些其他经济学理论的分析方法。

完整地看来，马克思主义经济学范式包括历史唯物主义、规范分析、整体主义方法论等不同层次的方法论，以及劳动价值论、剩余价值理论、危机理论等，而劳动价值论和历史唯物主义方法论无疑是最为基础和核心的部分，是马克思主义经济学的“硬核”，具有不可替代的地位。马克思主义经济学观念范式可以简单概括为两条：历史唯物主义方法论和劳动价值论，而马克思主义经济学的操作范式都可以进一步完善或做不同程度的变更。首先，马克思主义经济学范式应在历史唯物主义这个总的方法论指导下，不断提高在传统经济学中受忽视的实证分析方法的地位。其次，马克思主义经济学的具体理论，如资本理论、利润率理论、地租理论、危机理论等，虽然都是马克思主义经济学操作范式的重要组成部分，但是这些理论都有进一步完善的余地。（张 蒽）

《信用：一种经济伦理的诠释维度》

郭建新 著

《江苏社会科学》2007年第3期

8千字

制度终归是人为设计的结果，且制度的有效性与实存性体现在人对制度的践行过程中。在信用交易的过程中，如果忽视人为因素的复杂性，只是根据理论罗列交易条件的制度预设是无助于说明或解决现实问题的。其一，从道德功能主义的立场来看，社会伦理道德无疑是信用交易成功有效的价值支撑与基础性资源。没有起码的道德条件，即使是最为简单的信用交易也难以完成。其二，在信用交易过程中，行为人基于道德因素的权衡或是个人美德的体现，能够提高交易效益。在这个意义上，道德是一种可资本化的资源，体现为一种道德资本。其三，信用交易的成功有效以及信用体系的良性运作是制度安排、道德价值精神的支撑以及个人德行的整合结果。这其中，社会伦理资源的充分供应是不可或缺的内在条件与基础。

市场经济扩张了在整个市场范围内的经济关系，它使得信用关系随着市场体制的延伸而在广泛意义上的社会交往关系中影响着其他类型的社会关系。信用关系不仅是一种经济交易关系，同时也是一种具有客观性道德要求的伦理关系。在现代信用问题上，经济信用的交易结果是经济关系及其价值与道德关系和价值相互博弈所共同使然的。因而，从本质上说，经济信用其实就是一种经济伦理特性的关系实体。

信用交易对信用双方的守约要求既是一种外在性的经济要求，同时它也可以内化为行为人的一种自律选择。经济信用及其制度体系能够发展到今天，也是在经济社会的历史变迁中，经济关系及其价值与道德关系及其价值相互作用的博弈结果。无论是在静态的关系实体中，还是在动态的行为人的选择过程中，经济伦理的诠释维度都将是经济信用的一种本质澄明。

现代信用问题研究的一个最为重要的题旨就是对现代性的信用危机的关注。在市场经济领域内，背信弃义是一种潜在性的可能。现代性的信用危机其实是经济关系及其价值与道德关系及其价值的一种失衡，因此现代经济信用体系中必须确立一种经济伦理的关系并植入其价值精神，使道德重新树立与经济相对话与均衡的地位。经济体制转轨过程中的经济变革以及道德资源环境的建设现状构成了中国当代信用危机的两个主要因素。

（张　蒽）

《“先征后返”、公司税负与税收政策的有效性》

吴联生　李辰　著

《中国社会科学》2007 年第 4 期

20 千字

一些地方政府曾为了争夺资本市场上的流动性资金，自行制定并实施了企业所得税“先征后返”优惠政策，该政策不仅扰乱了税收秩序，而且违背了公共财政的要求，削弱了财政调控能力，甚至形成了潜在的财政风险，因此，自 2000 年 1 月 1 日起，各地区自行制定的“先征后返”所得税优惠政策一律停止执行。该文将北京、天津、河北、山东、江苏、浙江、福建、广东、上海、海南等 10 个省市的上市公司作为研究样本，对享受与不享受所得税“先征后返”优惠政策的公司在取消该政策的前后两个年度（2001 年和 2002 年）的所得税负担进行比较。而后在控制所得税负担的年度变化以及其他因素影响的基础上，对地方政府实行“先征后返”所得税优惠政策与中央政府取消该项政策对企业所得税负担的影响进行回归分析，以分析中国税收政策的有效性。

研究结果表明，地方政府的“先征后

返”所得税优惠政策，降低了不享受中央政府认可的所得税优惠政策的公司的所得税负担，从而使它们与享受中央政府所得税优惠政策的公司的所得税负担没有显著差异。这表明地方政府的“先征后返”所得税优惠政策，影响了中央政府税收政策宏观调控作用的发挥，损害了中央政府税收政策的有效性；中央政府取消“先征后返”所得税优惠政策的规定，显著提高了原来享受该优惠政策的公司的所得税负担，并最终使它们的所得税负担显著高于享受中央政府认可的所得税优惠政策的公司。这表明中央政府取消“先征后返”优惠政策的规定，虽然会影响地方政府的利益，但是的确在一定程度上得到地方政府的执行，并最终使中央政府税收政策的有效性得到了恢复。

研究结论给我们如下几方面的启示：(1) 恰当处理中央政府与地方政府之间的关系，已经成为我国经济发展过程中必须予以重视的重大问题。(2) 企业所得税归属安排是中央政府引导地方政府行为的重要途径之一。(3) 中央政府在实行企业所得税优惠政策时，需要着重考虑如何恰当处理地区经济发展与整体经营环境的公平性之间的关系问题。 （张　蒽）

《财政发展与建设社会主义新农村：挑战与策略》

胡鞍钢　魏星　著

《财经问题研究》2007 年第 5 期

12 千字

在新发展观指导下的农业和农村政策中，政府财政渠道的支农资金将是政府促进农业和农村发展的主要政策手段。财政支农支出应定义为国家财政对农业生产和农村全面发展的投入，包括对农业生产的投入，对农村市场经济体系建设的投入、对农村教育、卫生等社会事业的投入和对农村社会保障的投入。

财政支农政策的演变是与中国农村改革的进程直接相联系的，财政政策的作用在农村改革的进程中不断增强。1978 年之前的财政支农政策是建立在农业支援工业这一指导方针和“统收统支”的财政体制之上的，支农投入远远不足。改革开放之后，随着家庭联产承包责任制等农业生产基本制度的理顺，支农投入也相应发生了变化，但仍呈波动趋势。从 2001 年开始，提出要让公共财政的阳光全面覆盖农村，大力利用财政手段减轻农民负担，实现“以城带乡、以工促农”。近年来，中国实行“三减免三补贴”等支农惠农政策，农村收费走入有序化的道路，支农投入增加。

财政在支援农业生产和农村发展方面仍存在一定的问题：第一，地方财政负担了“三农”支出中的大部分份额，客观上加大了地方政府的财政支出压力，使“三农”支出的可持续增长存在一定的风险。第二，县级政府财政收支状况较差，提供公共服务的能力不足。第三，农村教育、卫生领域的财政支出仍处于较低水平，不利于缩小城乡差距。第四，“三农”支出的资金使用效率较低，没有根本扭转城乡公共服务上的巨大差距。第五，“三农”支出中用于农业的支出比重过高，对农村发展和农民生活水平提高的投资不足。第六，农村税费改革在降低农民负担的同时，也减少了县、乡政府，尤其是乡、镇政府的财政收入，使基层政府提供公共服务的能力“雪上加霜”。第七，“三农”支出处于多头领导之下，不同部门间缺乏必要的协调和控制机制，导致资金的投向和利用上存在重复和浪费。第八，目前尚缺乏全面的支农支出统计体系，给支农支出的总体效果进行综合评价带来一定的困难。

构建以公共财政为核心的公共财政、公共服务、公共投资的“三公”体系是缩小城乡差距，促进城乡统筹发展，建设社会主义新农村的必选之路。要继续巩固农村税费改革成果，同时设计出台科学、高效的涉农转移支付体系，为农业和农村发展提供充足的资金；要在农村建立乡镇或社区公共服务体系，促进城乡、地区间的公共服务均等化；要建立规范的农村公共投资体系；进一步推动涉农支出管理体系改革，革新政策研究体系。（张　蒽）

《我国居民收入分配和财产分布问题分析》

赵人伟　著

《当代财经》2007 年第 7 期

10 千字

收入分配差距与财产分布差距逐渐扩大，目前已成为重大社会问题。收入分配的状况影响人们的财产分布，从而影响人们切身利益进而影响社会的协调和稳定；财产分布不仅对整个宏观经济的稳定具有重要影响，而且对今后收入分配的长期变化也有重要影响。

20 多年来我国居民收入分配的变化体现在 5 个方面：总体收入差距明显扩大，城乡居民收入差距扩大尤为显著，区域间居民收入差距仍较明显，垄断部门和竞争部门之间的工资差距仍在扩大，因财产分布的不平等而引起的收入差距正在发生。20 多年来收入分配格局的变化可以分为以下 3 个阶段：20 世纪 70 年代末至 20 世纪 80 年代中的平均主义阶段；20 世纪 80 年代中后期至 20 世纪 90 年代初的计划体制内的平均主义和体制外和体制间的收入差距较大两种现象并存；20 世纪 90 年代中后期以来的差距过大。

该文根据中国社会科学院经济研究所收入分配课题组 2002 年家庭调查的数据为基础，对农村、城市和全国居民个人财产的分配状况进行分析。分析发现，全国居民财产中，最重要的是房产、金融资产和土地三项；在各项财产中，房产的分布是最不均等的，金融资产分布的不均等程度仅次于房产，耐用消费品在全国居民中的分布是比较均等的。通过对全国人均财产分布和人均收入分配的状况的简单比较，可以发现农村居民都集中分布在低收入组和低财产组，而城市居民则集中分布在高收入组和高财产组；低收入—财产组的财产分布的差距小于收入分布的差距，中收入—财产组的财产分布的差距大于收入分布的差距，高收入—财产组的财产分布的差距又小于收入分布的差距，最高收入—财产组的两者分布的差距基本持平。对于收入和财产分布差距的扩大，应该分为三个不同层次来对待。第一层次是属于有利于提高效率的激励部分，第二层次是属于经济改革所必须付出的代价，第三层次是应该防止和避免的部分。

财产分布差距的扩大对国家宏观调控政策中的再分配政策提出了更高的要求，即要使税收政策和转移支付政策更有利于缩小收入差距和财产差距的方向发展，从而有利于社会的稳定。要发挥税收的调节功能，就必须在提高收入和财产透明度的基础上向累进制方向发展。对分配起点、分配过程进行调节的宏观经济政策对收入分配也具有巨大的影响。此外，教育政策、劳动力流动政策、

产业结构转化政策等看起来不像税收和转移支付那么迅速有效，但从根本上来说仍然是一些有利于长治久安的政策。（张　蒽）

《我国收入差距分析及对策》

王小鲁　著

《国家行政学院学报》2007 年第 4 期

6 千字

收入分配差距扩大是市场和非市场两方面的因素造成的。现在看来，非市场因素起了更主要的作用。特别是在市场化转轨过程中因政府管理体制改革和制度建设滞后而形成的制度缺陷，导致了严重的腐败和寻租现象，国民收入通过非正常渠道向少数人手里集中。我国实际的收入分配不平等状况比我们通常所了解的要严重得多，其对社会的危害远远超过正常的市场化带来的收入差距扩大。作者将非法收入、违规违纪收入、按照社会公认的道德观念其合理性值得质疑的收入，以及其他各种来源不明的收入，统称为灰色收入。

由于存在大量常规统计以外的居民收入，我国实际的人均收入水平远远超出常规统计所显示的人均年收入 2 万多元的水平，这将严重影响对国民收入分配实际状况的判断。作者根据恩格尔系数等消费特征参数对按收入等级划分的城镇居民收入统计数据进行了检验和校正。根据这些分析结果可以初步判断：城镇居民住户统计样本的中高收入组都在一定程度上存在隐性收入。其中占城镇居民家庭 10% 的最高收入组，实际收入远远高于常规统计所显示的水平，他们的隐性收入约占全部城镇居民家庭隐性收入的 3/4。这不仅使实际的城镇居民收入差距远远大于原来的估计，也使实际的全国居民收入差距远远大于原来的估计。问卷调查也显示，在最高收入组中，表示不愿意报告真实收入的高达 70%，他们表示愿意报告的收入平均只相当于他们真实收入的 34%。我国基尼系数也应明显高于世界银行计算的 0.45。根据家用汽车、商品住宅拥有量、居民出境旅游情况、银行存款分布状况等数据对以上计算进行了检验。

灰色收入的来源有：（1）公共资金的流失，各级政府和公共服务部门的预算外收费也是公共资金流失的另一个重要渠道。（2）金融腐败。（3）行政审批、行政许可、行政性分配资金和资源、行政监管和税收、司法和执法活动中的寻租行为。（4）出让土地中的资源流失。（5）垄断性行业的额外收入。迫切需要加快政府管理体制改革的步伐，从根本上防止腐败蔓延。从长期来看，只有稳步推进政治体制改革，加快民主化进程，才能形成公众对政府管理的有效监督，形成一系列有利于公开、公平、公正的市场竞争机制的制度环境，从根本上减少腐败、寻租现象和垄断行为赖以存在的根源，从制度上保证政府和公共部门管理的合理化。

（张　蒽）

《高新技术产业模块化的风险结构分析》

张祥建　王东静　郭岚　著

《上海经济研究》2007 年第 6 期

10 千字

模块化是产业集群发展的“秘笈”和演进的主流趋势，对产业集群的形成和升级具有十分重要的推动作用。模块化产品设计的基本内容是模块的分解与整合，在统一界面规则下通过功能模块的生产和创新来实现产品多样化生产的高效率，从而实现复杂系统的变革。由于模块供应商和系统设计师是在两套规则的约束下同步设计的，设计人员之间的反复沟通不仅能加深彼此对规则的理解，而且有助于双方人员显性知识与默晦知识的转换，尤其是能在彼此之间形成较丰富的共同知识，这对提升高科技产品的整体性和精确性非常重要。而在产业集群所处的商业生态系统中，随着价值模块的延伸、分解和网络化，企业的内部网络和外部网络联结起来，形成一个开放的价值模块网络，使高科技企业可以快速地进行跨企业的资源整合，从而建立一个弹性、动态、迅捷的反应体系。

但由于产业集群的发展存在着诸多不确定性和激烈的竞争，模块化过程中也隐藏着不容忽视的风险。（1）兼容性风险。不同价值模块之间对接界面的兼容性是产业集群模块化的重要问题，如果出现严重的兼容障碍，将会给产业集群的发展带来严重障碍。产业集群模块化的兼容性风险最集中体现在技术标准的竞争。价值模块之间的转移成本也是导致兼容性风险的重要原因。（2）网络化风险。网络系统的基本变量（活动、行为主体和资源）是彼此依存的，从而构成复杂的网络关系，网络效应能够促进价值模块的发展和提升，也可能造成网络失灵。价值模块的网络关系中，集中于自我保护和自我增强的“区域禁锢”会产生对产业集群创新不利的僵化风险。模块化网络结构中合作关系的非正式特性也增加了产业集群模块化的风险。（3）生态风险。产业集群相当于智能的、复杂的价值模块生态系统。在产业集群模块化过程中存在着近交衰退风险和传染病风险，前者会阻碍高科技产业模块结构的重组与创新，后者会提高负面现象的传播速度，扩大影响范围，产生严重危害。（4）信息风险。模块供应商与系统集成商之间存在信息不对称，模块供应商对产品质量比模块需求商拥有更多的信息，造成低质量模块驱逐高质量模块。（5）锁定风险。系统集成商与模块供应商之间密切的相互关系会逐渐转变为一个封闭自守的系统结构，制约产业集群升级，导致模块集群衰落。（张　蒽）

《创意产业：由内涵界定到政策设计的演进》

苏启林　陈丹　李凡　著

《中国工业经济》2007 年第 8 期

10 千字

创意产业的兴起和发展，根本上取决于一个国家或地区对其内涵——文化理论的理解，即：一方面取决于对文化能否产业化的理解，另一方面取决于全球化时代对文化保护主义的理解。创造新的思想和新的表达形式的能力正在成为当代全球化背景下的一个国家或地区经济发展的基础（以前是资金、土地），因此，文化可以被看作是信息经济中获得成功的关键。全球化背景下的文化创意产业，一方面，在日常世界层次上文化产品能够形成文化认同并能促进社会融合；另一方面，在系统层次上资讯产品是控制当代政治体制中“公共性”的关键性稀缺资源。

创意产业具有一些重要的特性。（1）创意产业是在工业化和信息化基础上自然演化的结果。美国主导了全球创意产业的发展，其原因在于美国创意产业演化的链条最为健全；意大利现代设计从米兰辐射到全国，并渗透到国外，提升了意大利创意产业的竞争力；日本游戏产业已经成为国家重要的经济支柱之一；韩国网游产业已形成成熟的产业链和稳定的服务、配套体系，开发其海外市场成绩显著。(2)“艺术家—企业家”冲突导致创意产业特性复杂化。艺术家和企业家的对立为创意企业带来很棘手的管理问题，通过商业化规则来管理的本质和创意产业文化性、自主性、不确定性和非一致性形成了一种持久的紧张关系。(3)创意产业子行业特性决定了创意产业政策体系的多元性。一方面，创意产业所包含的不同子行业因为其本身特性的不同，政策设计会存在差别，笼统地谈创意产业政策是不恰当的；另一方面，推进创意产业发展作为竞争性战略的政策与法律应当在不同的领域层次上实行，从自治地区到国家层面，甚至是多边贸易区域。如电影业是风险系数最大的产业，音乐产业的发展充满了全球化和区域化的博弈以及商业和创意的交织，新媒体产业的技术并未使工作和组织架构摆脱空间的限制，重要的创意活动依旧集中在较小的地理区域内。

目前我国对创意产业分类的界定标准较为模糊，各地对创意产业的分类存在较大的分歧，在相当大程度上是由于忽视了创意产业是一个动态变化的产业。在创意产业政策设计方面，狭隘文化观与东亚功利化文化观“冲突”下的政策设计缺乏正确的理念，缺乏全球化时代的政策设计理念、基于产业价值链上的政策考虑、良好的发展环境，以及欠缺创意产业的突破口及品牌建设。

（张　蒽）

《产业丛与知识源——论文化创意产业集聚区的内在规律和发展动力》

花建　著

《上海财经大学学报》2007年第4期

10千字

文化创意产业从来不是独立的产业，而总是聚拢一大批建筑、信息、机电、商贸、金融、时尚、服饰等的产业板块，形成上下游联动、左右侧呼应的“产业丛”。所谓产业丛，就是参与文化创意的产业活动在空间上的高度集中，它往往体现为各种形态的文化创意产业集聚区。文化创意产业在空间上的集中，可以带来级差地租、规模经济，增强企业的竞争力，以及推动创新的投入。国家统计局首次发布的根据经济普查的基础数据重新测算的我国文化产业统计数据显示，上海文化产业的效益优势非常明显。

文化创意产业集聚区的开发模式从一开始就受到了诸多关注，从上海等城市的经验看，发展成熟的文化创意产业集聚区，有一个伴随着从工业经济到知识经济的递进过程。19世纪90年代后期的上海第一代都市工业园主要是生产型的，2003年以后发展起来的上海文化创意产业集聚区，则通过政府规划、政策引导、机构推动等措施，丰富和提升了都市工业园的模式。在发达国家和地区，通过政府、企业和非政府机构的多重拉动，在文化创意产业集聚区的发展方面，已经凸显了其内在的规律。第一，竞争推动创新；第二，利用共生优势；第三，传递文化传统；第四，建立都市产业。

创意产业可持续发展的动力，不但来自产业的集聚，而且来自知识创新的内在结构，知识和知识型的劳动者是最重要的生产要素，而这种新型的生产要素，只有根据特定的结构功能条件——人的创造积极性、发达的科技和商业条件、良好的生活和生态条件、多元文化的包容效果等组合起来，才能形成一个“创新场”。而促进知识的创造、溢出和产业转化，就是提升生产力，是产业园区的重要结构和功能之一。产业集聚区域集聚了大量的编码化和未编码知识，使知识形成“溢出效应”，身处其中的劳动者不断受到这些知识的冲击，也会激发他们去创造更多的知识，并且把它们转化成为产品和商品。

因此，发展文化创意产业集聚区的重要模式是：让知识的生产和创新，为集聚区提供强大的知识源，同时，与区域内的人文环境相结合，传承工业的文脉和人脉，用创意精神启动城市空间，通过政府引导、小区支持、楼宇置换、总体改造的方式，用新型内容和创业精神植入产业园区。有鉴于此，许多文化创意产业集聚区正在成为重要的生产力基地。（张　蒽）

《中国的 GDP 及其若干统计问题》

宋小川　著

《经济研究》2007 年第 8 期

10 千字

关于中国经济及其在全球经济中的地位和影响近年来争议较大，关于中国经济赶超美国的时间也是说法不一。科学地理解中国经济的历史和现状，特别是中国经济在全球经济中的地位和影响以及未来的发展趋势至关重要。

作为最为流行的总体经济测度指标，GDP 也具有严重的局限性。第一，GDP 忽略了非市场经济活动，各种各样发生在家庭内部的经济活动以及自我服务性的活动所创造的最终产品和劳务的价值由于没有通过市场进行而无法统计在 GDP 中。第二，GDP 忽略了“地下经济”，五花八门的非法经济活动创造的商品和劳务价值没有计算在 GDP 中。第三，GDP 无法减去降低人们经济福利的“坏的”副产品。第四，GDP 忽略了闲暇，而闲暇是衡量一个社会净经济福利、社会发达和进步程度的重要标志。第五，GDP 没有反映一个国家的医疗、教育福利和居民的健康状况及平均寿命。

GDP 忽略了企业在技术革新、产品设计、品牌打造和员工培训这些无形资产方面的投资，而这些投资恰恰是企业在当今全球经济中得以生存、具有竞争力和取得成功所必需的。GDP 统计方法对知识经济的忽略会直接导致对经济周期的错误诊断，甚至造成宏观决策的失误。由于现有的 GDP 统计数字没有包括日益增加的无形投资支出，在经济衰退时，它会低估衰退的严重性；在经济过热时，它又会在一定程度上掩盖经济散发的过热信号。

我国的 GDP 统计数字和预测严重地低估了中国经济及其增长潜力。（1）GDP 严重低估了我国的非市场经济活动，家庭内部的经济活动以及自我服务性的活动所创造的巨大的价值没有反映在官方统计数字中。（2）GDP忽略了我国形形色色的非法经济活动所创造的价值，这种忽略由于法律制度和税收制度的不健全是发达国家所无法比拟的。（3）GDP 没有统计闲暇，而中国消费的闲暇总量居全球首位。（4）现有的 GDP 预测没有充分考虑到我国落后但有巨大增长潜力的金融业、律师业和运输业。（5）GDP 忽略了我国经济中迅速增加的知识经济成分，特别是教育投资成分。（6）我国在国际竞争中廉价劳动力的优势也预示着未来经济增长的巨大潜力。因此，我国的实际经济总量及其增长率，特别是增长潜力要远高于官方的统计数字。（张　蒽）

《解读经济市场化的三个维度——兼论中国市场秩序完善的内在机理与基本思路》

许秋起　睢国余　著

《经济学前沿》2007年第9期

16千字

中国以社会主义市场机制为体制目标的改革进程，已进入以强化市场竞争秩序为主的新阶段。完善中国社会主义市场经济体制仍需要进一步探索经济市场化的内在机制、逻辑理路。经济市场化（经济秩序的调整过程）本质上是三种秩序（经济秩序、法律秩序与社会秩序）相互依赖、整体互动、协同演进的过程。

关于“制度”和“秩序”的含义。人的多数行为受个人利益与社会关系的双重影响，制度形成具有明显的“精心建构”特征。制度从形式上来看是一规则集，本质上体现为权力博弈形成的利益格局。而秩序应作为“事物存在的一种可识别的可欲状态”来看待。制度与秩序既相互区别，又相互依存。一定的社会制度形成一定的行为秩序，特定的行为秩序要求特定的制度安排；而制度作为具有约束力的规则、规范，本身不能独自存在，要依托于特定的社会权力秩序。

经济秩序同法律秩序和社会秩序之间有着密切联系。经济调节形式同社会秩序联系密切，经济秩序不同，社会的领导阶层的类型和层次也不同。社会秩序以及建立的方式（由下而上还是由上而下），在很大程度上与经济秩序相互依赖。对三种秩序形式及其相互关系的准确把握是对各种问题（包括体制改革的最佳路径、法律秩序的实施效果）正确理解的前提。就中国经济市场化实践来看，社会权力结构的演变可控因素颇多，它成为影响经济秩序、法律秩序演变的一个关键变量。

就经济实践来看，中国的市场化进程带有明显的非均衡推进特征。这不仅体现在市场化的梯度推进与层次效应上，而且体现在经济秩序、社会秩序、法律秩序转型的差异程度上。中国经济市场化带有明显的梯度推进特征，在各个市场之间产生了强烈的层次效应。要素市场化发育迟缓，基本上也呈小坡度推进态势。市场化的梯级性、层次性成为市场力量进一步扩散的难题，从上层市场主体自身来看，其市场化的改革动力已经不大，如何打破这种僵局正是中国未来经济市场化的关键和努力方向。中国经济市场化进程中不断暴露出的深层矛盾从一定意义上表现为社会矛盾，更集中体现为制度的普适性问题。中国目前多种多样的市场调节形态表明一个普适性、规范化、理性化的制度体系并未建立起来。

因此，要明确经济市场化制度创新的指导原则，反思中国市场化改革中制度效率标准问题。把经济市场化的三种秩序相互依赖、整体互动、协同演进的秩序演进观作为指导中国市场竞争秩序完善的重要理论，并且，要建立稳定的法律系统，推进要素市场化。

（张　蒽）

《发展中国家自立型产业成长与WTO规则》

宋泓　著

《世界经济与政治》2007年第9期

10千字

发展中国家的产业成长一般要经历几个阶段。第一，国内培育阶段。它主要完成两项任务：一是促使该产业的诞生；二是扶持它的发展。通过这种努力，最终使该产业的成长推进到完全替代进口的程度。第二，充分一体化外向型阶段，是发展中国家该产业开始进入世界领先地位的超越阶段。第三，一体化产业的分解和转移阶段。低端生产和经营及其功能被逐步转移到落后国家和地区进行，较发达的发展中国家和地区则集中在研究与开发、市场营销、质量控制等高端产品及功能上。发展中国家的某种产业将达到完全“自立”程度。发展中国家和地区产业成长的模式也不同，可划分为依附型、自给自足型和自立型三种代表形式，在同一个阶段不同模式表现出不同的特点。

自立型产业成长的实施需要以严格的国际环境为保障。在产业培育阶段的建立期，国际社会应该允许当地政府对跨国公司介入的数量、经营范围、规模等进行限制和控制。同时，国际社会也要对发展中国家经济发展所需技术的获取提供必要的便利。在产业培育阶段的国内生产期，国际社会也应该允许当地政府对进口产品，对跨国公司在当地市场上的销售行为进行限制。但自乌拉圭回合以来，发展中国家自立型产业成长模式所要求的政策保障和国际环境已经或正在受到WTO规则越来越多的约束。从国际市场上获取建立一个新产业所需要的技术变得越来越困难，而TRIPS协定对专利的保护使发展中国家和地区很难将知识产权的管理与促进专利知识在当地的传播和使用以及与当地的技术进步、当地企业的吸收、消化能力的提高等联系起来。对于跨国公司在当地的生产经营活动，当地政府也不能提出新的限制。此外，WTO关于关税减让、反倾销、反补贴协议的规定也限制了政府为当地企业提供保护的努力。

在WTO规则的有力约束下，发展中国家和地区产业成长的一般过程开始退化为：从国内培育到比较优势的控制和利用两个阶段，或者退化到单纯的国内培育阶段，或者完全放弃产业成长的努力过程。在新的国际规则下，发展中国家和地区的权利只是提供更好的基础设施，已经有并将会有越来越多的发展中国家的产业由传统的自给自足型或自立型产业成长方式向依附型的产业成长方式转型，越来越多的发展中国家陷入到“病态依附”的深渊之中。（张　蒽）

《产能过剩的概念、判断、指标及其在部分行业测算中的应用》

周劲　著

《宏观经济研究》2007年第9期

9千字

关于产能过剩概念的内涵，存在着微观层面和宏观层面上的不同解释，具有代表性的主要观点有：（1）产能过剩是指实际产出数量小于生产能力达到一定程度时而形成的生产能力的过剩。（2）产能过剩是指供给和需求不平衡的总量上的概念，即生产能力大于需求而形成的生产能力的过剩。这两个观点并不矛盾，从企业生产的角度对产能概念的内涵有了明确的解释，从供给与需求关系的角度对“过剩”的含义及其形成原因则有了更进一步的认识。从研究行业产能过剩的角度，可以这样定义产能过剩：一定时期内，当某行业的实际产出数量（或产值）在一定程度上低于该行业的生产能力时，通过行业的相关经济指标所反映出来的这种程度超过了行业的正常水平范围时，表明该行业在此时期内出现了产能过剩问题，会对整体经济运行产生危害。

产能过剩有一些判断指标：（1）产能利用率，是长期均衡中的实际产量与最佳生产能力之间的差异。目前我国统计部门一般是采用实物量来计算。(2)企业存货水平，这是了解供需状况的一个较为直接的指标。评价存货水平是否过高或过低的最常用的指标是存货—销售额比（I/S)。一些经济效益指标也可以作为考察产能是否过剩的间接的辅助性指标，如产品价格、资金利润率、企业亏损面等。但这些指标都从总量上来考察产能是否过剩，并不能对各行业出现的产能过剩的特征加以区别。判断产能过剩时考虑的其他非市场化因素也是至关重要的，包括体制因素，资源、环保的低成本因素等。我国应高度重视考察产能指标的统计工作，真实反映工业部门的产能利用情况。

产能的可调节幅度与生产要素投入中的固定资本所占比重有较大关系，因此资本密集型产业出现产能过剩比劳动密集型产业出现产能过剩对经济运行的危害性更大。我国目前出现的某些资本密集型的重化工工业（如钢铁、汽车、电解铝、焦炭等）的产能过剩问题正反映了这一特征。钢铁产业和电解铝的产能水平极不平衡，低水平产能仍占相当的比重，产能存在一定程度的结构性过剩。整个汽车行业产能利用率水平偏低，受终端市场需求的影响，汽车价格的不断下降，行业的产能利用水平、盈利水平都会出现下滑趋势，产能存在预期过剩的可能。

（张　蒽）

《跨国公司在华技术控制与我国的战略选择》

樊增强　著

《投资研究》2007年第9期

8千字

利用跨国公司在东道国的“技术溢出”效应获得先进的技术，是大多数发展中国家引进外资尤其是大型跨国公司投资的重要目标之一。然而，对于跨国公司来说，技术优势又是其获得垄断地位或竞争优势的关键。跨国公司在华技术控制策略包括以下几种：(1)采取技术内部转移策略，技术在跨国公司的母公司与子公司之间的流动，阻碍了中国掌握完整的产品生产技术的可能。(2)强化专利与知识产权保护，通过滥用自己在知识产权方面的优势，挤压中国的知识产权保护和产业升级空间。(3)对技术标准进行控制，牢牢掌握产业发展方向。(4)在技术上坚持股权控制。(5)实施研发分工策略，在华跨国公司的研发机构主要是进行适应市场需要的研发活动，仅有很少部分进行基础性和原创性的创新型研究。(6)通过跨国并购形成“技术锁定”和“技术依赖”。

需要认识到，跨国公司技术转移不是中国技术水平的真实反映，而是跨国公司实现其全球战略、实现本公司利益乃至维护代表本国利益的重要手段，不能将跨国公司的技术当成我们自己的技术。中国缺乏自主研发、自主创新能力，在全球产业中只能充当一个加工者的角色。跨国公司在中国研发成果的知识产权并不是掌握在中国自己手中，中国仅仅是世界研发大潮中的一小部分，不是“世界研发中心”。跨国公司通过多种方式加强了对技术的控制，中国学习和吸收跨国公司技术溢出效应的难度加大。许多产业缺乏核心技术使得中国在国际产业链分工中的末端位置固化。同时，跨国公司吞并本土企业的市场份额，挖走本土企业和科研机构的优秀人才，对中国本地技术产生一定的“挤出”效应。

面对跨国公司对中国的技术控制与垄断

趋向，要摆脱在核心技术和关键技术上对跨国公司的依赖，提高中国产业的国际竞争力，必须着眼于自主创新，提升中国企业的技术水平。（1）确立自主创新的发展战略。（2）建立企业自主创新的基础支撑平台，形成以企业为主体的技术创新体系。（3）建立企业战略技术联盟。（4）利用国外技术，打破技术壁垒。（5）调整引资政策，提升技术吸收能力。（6）增加研发投入，提高研发效率。（7）把握好技术引进与自主创新间的辩证关系。（张　蒽）

《关于解决流动性过剩问题的初步思考》

唐双宁　著

《经济研究》2007年第9期

9千字

流动性应有自己质的规定性和量的规定性。质的规定性使流动性表现为货币现象。量的规定性表现为不同质的规定性下的总量和速度，或总量和速度的积，即周转总量。流动性过剩或不足即表现为某种货币或资产量的过剩或不足，以及周转速度的过快或过低。

观察和分析我国的流动性过剩不能脱离全球流动性过剩的大背景。全球流动性过剩的主要原因，一是随着美国20世纪90年代初对金融分业经营管制的消除和金融创新、对冲基金的发展，可流动的资金总量和流动速度大大增加。二是资金在全球融通速度加快了，冲击力更大了。三是美国国内储蓄率过低，国际收支逆差严重，对外输出大量美元。

我国流动性过剩主要表现为：一是银行存款大于贷款的差额日益扩大；二是货币供应量过多。要辩证地分析我国的流动性过剩问题：（1）我国的流动性过剩既与国际流动性过剩密切关联，又有明显的中国特色，这主要表现为：长期的出口导向型经济和结售汇政策，社会保障体系不完善造成储蓄率持续走高，与高储蓄率相联系的是低消费水平。（2）我国的流动性过剩既是当前一种值得关注的经济现象，一定意义上又反映出我国正面临从农业社会向工业社会转型的本质。（3）我国的流动性过剩既在股市和房地产等领域表现为绝对过剩，又在区域发展等结构问题上表现为相对过剩，也可以说钱既多又少。（4）我国的流动性过剩既是一个长期积累的过程，又到了需要高度关注的时候。（5）我国的流动性过剩既给经济带来严重影响，又为我国经济社会发展迈上新台阶带来契机。

对我国总储蓄过大和储蓄投资差额过大，既需要采取一般性的政策刺激居民消费，也需要采取特殊的政策削减过大的企业储蓄和政府储蓄。扩大居民消费，一定要考虑到我国的社会分层情况、收入分配状况和消费特点。具体措施：一是加薪，二是完善社会福利事业，三是国企利润分红。此外，还需应对外汇过高。

解决流动性过剩问题，还要多管齐下解决农村结构性流动性不足问题。一是发行支农特别国债（或政策性金融债券）；二是消化农村合作金融机构的存量包袱；三是引导资金流入农村地区；四是尽快启动农业银行改革；五是加快改革现有农村金融机构，培育发展新型金融组织；六是继续加大农村基础设施建设的财政投入，改善县域和农村地区的公共治理。（张　蒽）

《虚拟企业的战略结构研究》

贾旭东 著

《经济体制改革》2007 年第 9 期

10 千字

虚拟企业虽然是一种动态的企业联合，但具有实体企业的完整功能，因而无论其生命周期长短，都与实体企业一样存在战略管理问题。战略管理的传统范式是以相对静态的、机械的、部分的视角来看待环境和企业的，随着虚拟企业逐渐成为企业组织模式的主体，这样的理论范式已经不能适应和指导其战略管理的实践了，亟须修正。对于虚拟企业，企业战略的主体是构成虚拟企业的整个企业联合，企业内外部环境边界模糊，相关利益主体身份多变，企业与他们的关系动态变化。而且，企业竞争优势的来源不再局限于企业自身拥有或可以控制的资源或能力，企业战略的核心思想是追求企业联合的整体竞争优势，即“多赢”。

传统战略管理理论中将企业战略结构划分为公司战略、业务战略和职能战略三个层次，与虚拟企业这种新型的组织模式存在着本质的矛盾。包括，虚拟企业组织结构的扁平性和网络性与传统战略结构层次性的矛盾；虚拟企业组织构成的动态性与传统战略结构稳定性的矛盾；合作伙伴战略的多元性与虚拟企业战略统一性的矛盾。

虚拟企业的战略构成应当基于各组成部分的功能并以模块化方式构成，以体现虚拟企业基于功能进行模块化组合的组织特征。而且，与虚拟企业动态的组织结构相适应，这种战略结构还应当具有动态性。该文构建了虚拟企业战略结构的“导弹模型”，该模型由三部分构成，分别是导向战略、核心战略和驱动战略。导向战略指出了虚拟企业的战略目标，由使命、愿景和目标三个层次构成并按照使命→愿景→目标这样的顺序展开。核心战略是虚拟企业主导性的经营战略，确定目标市场和目标顾客，构建竞争优势而采取的战略性的措施和手段。核心战略是由盟主企业制定，集中在某一个或两个模块功能的发挥上，通过集中各种资源和能力，获得竞争优势。驱动战略为核心战略的实施提供支持，是虚拟企业战略成功的基础，由构成功能模块的相关企业来共同完成。

“导弹模型”是动态竞争战略思想在虚拟企业中的运用、体现和发展，为企业在动态竞争环境下成功建立竞争优势、实现战略目标提供了有力的工具。从对耐克的实例分析中可以看出，“导弹模型”能够对虚拟企业的战略问题给出充分的解释。

（张　蒽）

《中国发展指数的编制研究》

中国人民大学中国调查评价中心 著

《中国人民大学学报》2007 年第 2 期

21 千字

当前，转变经济增长方式的任务愈益紧迫。该文借鉴人文发展指数（HDI）的编制思想，并结合中国国情来编制中国发展指数，以求全面测量我国各地区社会、经济、环境发展状况及差异的目的。

确定的指标结构为：（1）健康指数：出生预期寿命、婴儿死亡率、每万人平均病床数。（2）教育指数：成人文盲率、大专以上文化程度人口比例。（3）生活水平指数：农村居民年人均纯收入、人均 GDP、城乡居民年人均消费比、城镇居民恩格尔系数。（4）社会环境指数：城镇登记失业率、第三产业增加值占 GDP 比例、人均道路面积、城镇居民人均居住面积、省会城市空气质量达到并好于二级的天数（简称省会城市API）、人均环境污染治理投资额。中国发展指数由4个单项指数，总共15个指标（10个正向指标、5个逆向指标）构成。我们对原有的指数型功效函数法做了改进，提出了指数功效函数的改进模型，对指标进行无量纲化处理。在多指标综合评价中，权数的确定直接影响着综合评价的结果。在中国发展指数的权数结构中，我们认为健康、教育、生活水平和社会环境4个单项指数对总指数计算的重要性应当是相等的，即上述4个单项指数在计算总指数时是等权的，以体现协调发展的观念。我们选用加权几何平均合成模型对指标进行合成。

根据中国发展指数的构建方法，使用《中国统计年鉴》（2006）和国家统计局提供的相关数据，对2005年我国31个省级行政区的发展指数和4个单项指数进行了测算和排序。在31个省级行政区中，2005年总指数排序在前25%的8个省区依次是：北京、上海、天津、浙江、江苏、广东、辽宁和吉林；排序在后25%的8个省区依次是：陕西、四川、安徽、青海、甘肃、云南、贵州和西藏；剩余50%的15个省区排在中间。这个排序和指数得分的情况反映出我国省级地区综合发展水平的状况。

该文还对样本进行了聚类分析，其结果反映了各个地区在中国发展指数的4个单项指数上的相似性和差异性；总指数的排序则反映了各个地区在人文社会发展总水平方面的优劣顺序。我们发现，我国经济发达地区的城乡差距相对较小，落后地区的城乡差距相对较大；我国南北部地区的城乡差距基本相近，东西部地区的城乡差距比较显著。在我国社会经济发展的进程中，城乡差距较大的问题应当引起社会的关注。（张　蒽）

《管理学合法性的反思：基于跨学科研究的视角》

韵江　林忠　著

《经济社会体制比较》2007年第3期

5千字

作为一门学科的合法性，主要指的是该学科的存在基础。以合法性的要求考察管理学，可以看到，首先，众多的管理理论分别是以物、人、组织或以上任意两种因素的结合作为研究起点，对此管理学界至今尚未达成共识。其次，在概念框架上，管理学迟迟未能建成完整的概念构架，从而很难建立起具有稳定性和连续性的主流理论体系和研究规范。再次，管理学始终未能形成自己独特的方法论和分析工具。最后，管理学的众多原则和原理尚存在内在模糊性和自相矛盾的缺陷。种种不完善性，使得管理学的合法性地位不断受到质疑。

多学科交叉移植下的跨学科研究几乎贯穿了整个管理学演进的历史。然而，从概念互借、方法移植到理论融合的跨学科研究，是大量学科发展所共有的现象，并不是管理学区别于其他学科所独有的。因此，不能以跨学科研究作为管理学学科的标志之一，更不能以跨学科研究作为管理学合法性建构的特征。

管理学派的跨学科研究使得从多个视角审视复杂管理问题都成为可能，极大地丰富了管理学的内容。但跨学科研究会招致科学性或有效性的诘难；会使学科之间产生紧张的关系，进而影响其学科独立性；此外，过多的跨学科研究会加深科学功利的风气、削弱科学精神。管理学未曾经历科学的分析构建阶段，加之缺乏完善的研究规范机制，所以，现阶段我们开展跨学科研究的前提条件尚不成熟。过多的跨学科研究反而会在一定程度上弱化管理学的合法性和独立性。

管理学的跨学科研究长期以来一直停滞在低水平的重复移植阶段而难于跃升到改造和互动的高级层次阶段的根本原因，是对管理学本身的元研究不足，而这种元研究是管理学跨学科研究从移植向改造、互动跃升的基础、前提和必由之路。当前，管理学发展的主要任务是对管理学进行深入的元研究，而不宜过分依赖跨学科研究。要着重回答以下问题：（1）管理理论的建构与描述问题。（2）管理学的基本价值是什么？（3）管理学的学科属性及分类分析。（4）管理学历史发展过程的考察。（5）管理学研究具有哪些传统？管理学研究的学术共同体对管理学发展可形成哪些重大影响。（6）管理学与其他学科知识的关系及相互作用。（张　蒽）

《企业战略联盟的期权博弈分析》

陈梅　著

《南开管理评论》2007 年第 2 期

10 千字

有效的投资管理应以灵活的方式积极面对不确定性，而不是尽力避免不确定性，这样既能充分利用有利的投资机会，又能有效减轻负面冲击。战略联盟恰好满足了此要求，它可以看成是企业为技术研发这一高度不确定的战略性投资所构建的实物期权，因而可以用期权博弈理论来解释其内生机制。

联盟投资构造了一个实物期权集合，从而形成了一个风险投资的有效机制。在战略联盟形成和发展的初始阶段，首先是构造了一个等待期权，企业通过最初的少量投资获得了在不确定信息下进一步揭示后相机决策的权力。另一方面，战略联盟的建立还构造了一个增长期权，企业通过一定的投资承诺获得了在未来扩张的权利。在战略联盟形成与发展的高级阶段，确定程度不断下降，合作各方将通过大额的投资，相机执行等待期权或增长期权。战略联盟作为一种期权博弈机制主要在于可通过“内部学习”和“外部学习”对不确定环境信息做进一步的了解和掌握之后再做对联盟期权是否执行及如何执行的决策，确保了联盟的期权灵活性价值和占先博弈战略价值的实现。

战略联盟的期权价值，由联盟的市场价值、联盟期权持有方所持有的联盟的权益份额、联盟期权的执行价格（用来购买联盟企业其他方权益的组织和货币支出）、联盟价值的不确定性、联盟期权的有效期和无风险利率等决定。期权博弈思想在战略联盟中主要体现在两方面：第一，“期权”本身所强调的客观环境的不确定性可能产生的价值，这主要是通过影响标的资产价值或联盟资产价值的不确定性而影响联盟期权的价值。第二，“博弈”所强调的主观不确定性对期权价值的影响，这主要包括两方面：一是合作双方在博弈中对期权价值上下限的影响，双方的讨价还价能力对期权执行价格的影响。二是由于竞争的存在，期权执行权力的非独占性，在与合作方的竞争博弈中（合作者也有可能先入为主），或与第三方的竞争博弈中，抢先行动对期权价值的影响。

期权博弈特性在联盟期权执行决策中主要通过两组矛盾力量的对立与平衡而得以实现：第一组是由各方对联盟资产的估价而决定的联盟期权标的资产的“市场价格”与由

各方讨价能力而决定的期权“执行价格”。第二组是由客观环境的不确定而决定的“等待”，与由竞争者的主观不确定性而引起的“占先”。

根据战略联盟的期权博弈治理机制，可以得出：当进入与本企业的经营业务并不相似的领域时，当企业向更大的技术不确定性领域投资时，当技术竞争领域的竞争对手较少时，涉及较高程度的资产专用性时，企业更愿选择联盟合作而不是直接兼并。

（张　蒽）

《城乡统筹中的人力资本积累视角与留守农民的培养》

黄陵东　著

《东南学术》2007 年第 2 期

12 千字

近年来党和政府出台的一系列政策法规和措施，以及一系列相关的改革和创新，多与人力资本积累，尤其是农村和农民的人力资本积累有关。由此而不断推进，农民的人力资本——知识、技能、体力、福利及观念文化等将不断提升，农村的人力资本积累将不断增进。

从人力资本积累视角看，推进新农村建设存在着一些现实困难。首先，转移出去的劳动力是农村中素质较高、也是新农村建设最紧缺的那一部分劳动力人口，其结果必然是进一步稀释了农村本来就很稀薄的人力资本积累，恶化了农村人力资源结构。其次，农村劳动力转移也对乡村治理造成了不利影响。对福建省 N 市农村多年来的跟踪观察研究显示，条件不成熟的相当长的时期内，以部分农村衰败和部分村落终结为代价的农村泛城镇化路径选择是不合适的。要统筹好城乡人力资本积累，让人力资本积累最薄弱的农村和农民，担当起新农村建设的主力军、主体性的责任。

中国的诸多问题，尤其是城乡统筹发展、一体化发展，都与人力资本积累，尤其是农民、农村人力资本积累有关。不从人力资本积累视角，或者不辅之以人力资本积累视角思考问题，寻找对策，推进实践，是不全面的。比如城市化问题，城市化严重滞后于工业化的重要原因是人力资本积累尤其是转移就业的农民的人力资本积累不适应“以现代化服务业为主体的第三产业”的发展。又如扩大就业和农民转移就业问题，只有不断提高劳动者的人力资本积累，尤其是农民工的人力资本积累，才能进一步扩大就业，才能使已就业的农民工不再失业。此外，人力资本积累不仅仅是教育培训投资，也不仅仅是普通教育、高等教育的投资，而是包括专门的职业教育、医疗保健和转移就业所需的费用。

现阶段，我们在留守农民培养方面，主要存在两个方面的问题。首先，是统筹不够、投入不足、重点不突出。其次，是对农民的组织、教育和引导的工作机制与方法问题。利用制度和机制持续调动和切实维持基层干部的积极性和责任感，使其组织、教育和引导农民，推进新农村建设主体的人力资本积累和综合素质的培养，并且，把有限的“外哺”资源和村集体资源投入到新农村建设最紧迫需求的人力资本积累项目上，真正落实我们所一贯倡导的尊重农民的意愿。

（张　蒽）

《连锁董事与公司绩效：针对中国的研究》

任兵　区玉辉　彭维刚　著

《南开管理评论》2007 年第 1 期

10 千字

有研究表明，在市场失灵的条件下，个人关系和公司网络能够提高组织绩效。转型经济中，公司面临高度不确定的制度环境，企业通过连锁董事或企业间的连锁董事网络可以获取安全可靠的信息，有利于公司做出正确的决策。同时，转型中，由于资源的信息和途径的匮乏，企业间建立的连锁董事网络可以帮助企业寻找潜在资源。在网络中处于中心位置的企业通常能够以最为有效的方式获取信息，在资源的获取上也更有利。处于网络中心位置的公司就能够在制度变迁过程中更好地解决环境的不确定性、资源的稀缺和企业间的协调与控制，提升公司的绩效。由此，提出假设 1：在转型经济条件下，企业处于连锁董事网络的中心位置会对公司绩效产生正面的影响。

在转型过程中，公司治理的有效性是极其有限的，管理者（代理人）会利用非正式组织来寻找和利用体制空白，并最大化自己的利益，产生“治理失灵”。在治理失灵的大背景下，代理人可能会利用连锁董事的边界扫描功能去挖掘隐藏于企业系统内的机会，然后利用这些机会并通过一定的手段和策略实现自身利益最大化。连锁董事可以是管理层用以促进社会凝聚的工具。一方面，紧密的连锁关系为连锁伙伴提供了社会支持，促进了机会和资源的有效流动；另一方面，连锁联系会形成社会经济壁垒，阻碍外部人或其他潜在合作者的进入。据此，我们提出假设 2：在转型经济条件下，企业处于连锁董事网络的中心位置会对公司绩效产生负面的影响。

我们用 1994 年到 2001 年 8 个年度的 200 多个上市公司的数据进行了计量分析，以公司绩效作为因变量，网络核心度为自变量，控制变量包括公司规模、杠杆比率、董事会规模、上市时间、行业、年份。实证分析显示：公司规模、董事会规模、杠杆比率和上市时间 4 个控制变量与公司绩效都呈负相关关系，其中公司绩效与后面两个变量的相关性最强；控制了环境因素和公司差异性的情况下，连锁董事网络核心度会对公司绩效产生负面的影响，即中国的转型经济中，处于连锁董事网络的中心位置会对公司绩效产生负面影响。

因此，网络中的企业尤其要加强防范机制的构建，政府也需要建立起良好的宏观体制环境，以控制管理者剥夺，并建立起与公司间连锁董事相关的法规。　（张　蒽）

《企业激励目标理论的合约逻辑与基本要义》

黄再胜　著

《外国经济与管理》2007 年第 2 期

8 千字

企业的激励目标应该不仅仅局限于鼓励代理人更努力地投入工作和诱导代理人选择委托人所期望的行为，还应该关注代理合约对员工人力资本投资、企业人员构成调整、企业文化培育、企业战略执行等方面的激励与促进作用。

企业激励目标理论主张通过激励合约的设计和企业激励制度的边际调整，来实现代理人个人利益和企业目标的激励兼容。企业合约激励主要包括显性激励和隐性激励。显性激励是建立在反映代理人行为及其努力程度的可证实信息基础上的正式合约型激励。

隐性激励是一种隐含合约型激励，主要包括来自于企业外部的市场竞争性激励以及来自于企业内部劳动市场的隐含契约型激励。有限理性、信息不对称和目标利益不一致是决定企业有必要实施激励合约的充要条件。企业激励合约的设计，主要是给定生产技术结构、支付结构、信息结构和行动次序，考察在满足代理人的参与条件约束和激励相容约束的条件下，如何通过利益分割来实现企业委托人剩余收益的最大化。

企业激励的直接目标有：（1）通过激励工具的合理设计来激发员工投入更多的努力。（2）基于主观业绩评价的关系型激励，矫正激励扭曲、调控企业代理行为；通过贯彻等激励原则实现不同代理任务之间的平衡和协调。（3）解决企业人力资本投资过程中存在的双边道德风险问题，鼓励人力资本投资。（4）调整企业人员构成。（5）培养崇尚团队合作、鼓励信息交流和知识分享、重视创新和公民精神培育的企业文化。（6）企业合约激励可以通过对员工技能、受教育水平、产出、企业利润，或者员工资历、职位等因素的强调，来影响企业员工的代理行为，从而有效配合企业战略的实施。

企业激励目标的确定决定了企业激励合约的不同选择，而企业合约激励的不同结构又会影响企业激励目标的具体实现。因而，企业合约激励的成效取决于激励手段和激励目标之间的有效匹配。

企业激励有一些尚待研究的问题。（1）企业合约激励的基本特点。首先，企业激励合约是一种完全合约；其次，企业激励合约设计体现了“委托人主权”思想；最后激励合约的设计反映了委托人不信任代理人的观念指向。（2）企业激励目标理论尚待研究的问题。首先，代理人对企业合约激励做出的理性反应对企业激励目标理论的合约逻辑造成了冲击；其次，员工专用性人力资本同企业核心资产如何有机结合；最后，不同激励手段之间的相互协调。（张　蒽）

《组织公正和交易型领导对组织承诺的影响方式研究》

李秀娟　魏峰　著

《南开管理评论》2007 年第 5 期

8 千字

研究员工组织承诺的预测因素和提升机制是组织预防人才流失的重要途径，而领导者行为是员工组织承诺的一个重要影响因素。组织公正可分为分配公正、程序公正和互动公正三类，分配公正对具体情景的、与个人相关的结果如薪酬满意度有更大的影响，程序公正对一般性的组织态度和系统性的评价有更大影响。预测与组织整体有关的结果程序公正更加有效，而预测与主管个人有关的结果互动公正更加有效。

组织分配公正表现的是一时的、不稳定的组织决策结果，程序公正表现的则是长期的、稳定的决策结果。而且，中国组织中的个体更加注重人际融洽和团队和谐，所以人际公正好的企业能够带来更多的员工承诺。据此，提出假设 1：组织的互动公正、程序公正和分配公正对下属组织承诺有积极影响，其中互动公正和程序公正的作用相对更强。在高度交易型领导的团队中，平等交换成为一种基本的准则，团队成员在付出努力后会对组织回报有更大的期望，这时候任何形式的组织不公正将扼杀员工对组织的承诺。据此，提出假设 2：团队交易型领导方式将对组织公正与组织承诺之间的关系产生调节作用，即在交易型领导方式高的团队中，组织公正对组织承诺的影响要强于低交易型领导的团队。

问卷调查的实证结果显示：（1）互动公正、程序公正和分配公正都对员工的组织承诺产生积极影响，互动公正的作用力最强，分配公正的作用力最弱。因为，首先，集体主义的中国文化降低了员工对分配公正性的要求，增加了对互动公正的期望。其次，重视人脉“关系”的中国文化使得互动公正再次被强调。最后，人治管理向法治管理方式的转变使得程序公正日益受到重视。（2）在团队中，交易型领导方式越明显，组织互动公正对员工组织承诺发挥的作用越大。但是，研究结果并没有证实团队交易型领导对分配公正、程序公正与员工组织承诺直接关系的调节作用。因为，首先，互动公正主要体现在团队领导者与下属进行交流和沟通过程中，而分配公正和程序公正则更多依赖于企业的管理体系，不会随着团队领导者的个人倾向而发生大的变化。其次，在中国文化中，关系是一种重要的问题解决机制，对关系的相对敏感性使他们对上下级之间一一对应的这种互动公正关系更在意。在中国组织从传统管理向现代管理转型的变革过程中，很有必要加强组织公正性的建设，尤其是体现在人际关系中的互动公正。同时，要强化交易型领导方式的培养，使团队中人际间互动公正的作用更有效地体现。（张　蒽）

《我国城镇化体制机制问题及若干政策建议》

国务院发展研究中心课题组　著

《改革》2007年第11期

11千字

我国的城镇化进程取得了巨大的成就，但也面临一些问题和矛盾。主要存在6个方面的问题：（1）城镇化进程相对滞后。（2）城镇化的结构性矛盾突出。（3）城镇承载力不强、功能不全，生态环境压力较大。（4）城市运行欠佳，城市特色不强。（5）城镇化过程中积累了一些社会矛盾：农民工的基本权益没有得到充分保障，失地农民大多缺乏可持续的生计保障，城镇拆迁的补偿规则不完善。（6）城乡发展不协调。

我国城镇化进程中之所以出现上述问题，究其原因，主要包括以下6个方面：（1）认识不足和存在偏差。表现在相互攀比城镇化率的高低，对城镇化本质和内涵认识不到位、不全面，仍然以城乡二元分割的思维考虑城镇发展。（2）规划体制不完善，存在部门分割、城乡分割等问题，规划执行的刚性不足。（3）人口迁移体制的制约，城乡之间在就业、教育、医疗、福利、保险等各个领域，都存在着制度上和政策上的不公平。（4）土地制度的不完善。在中央政府与地方政府对城市土地产权的界定模糊，现行征地制度的固有缺陷导致地方能以较低代价占用农村土地，以及现有的土地制度约束了农村人口向城市的自由流动。（5）财政体制不完善。城市财政来源的税收结构不合理，现行的土地出让收益使用管理亟待改进。（6）治理和管理考核政策不完善。

为促进我国城镇化健康发展，提出8个方面的政策建议：（1）以科学发展观为指导，明确城镇化的方向和思路。深刻理解城镇化的本质，进一步明确城镇化发展的导向，形成合理的城镇化空间格局，坚持以人为本，兼顾不同群体的利益要求。（2）完善土地制度，促进用地节约，切实保障农民的合法土地权益，提高城市建设用地的利用率，严格管理土地收益。(3)推进户籍制度改革，逐步缩小城乡基本公共服务上的差别。(4)完善公共服务体制，转变城镇政府职能，切实保障农民工的合法权益，把城镇的基本公共服务向与城镇连片的农村（城中村）延伸。(5)推进财税体制改革。加大财政对城乡基本公共服务的支持力度，尽早开征物业税。(6)完善城市治理和管理模式，创造一个公平竞争的环境，推进城市综合管理，增强服务意识，建立规范的城镇化统计制度和质量评价体系。(7)科学引导，发挥规划的调控作用，建立城乡统一的规划体系，加快规划体制和方法的变革与创新，严格规划实施和监督。(8)建立促进城镇化健康发展的协调机制，探索建立改变城乡二元结构、统筹城乡的体制。（张　蒽）

《农民工动态演化研究》

张军　著

《财经论丛》2007 年第 4 期

8 千字

我国是一个具有典型二元经济结构特征的发展中国家，但我国二元经济结构具有自身的特殊性，表现出明显的结构刚性，即农业剩余劳动力非农化转移速度慢，农业劳动力的就业转换速度严重滞后于产值的结构转换速度。通过对我国二元经济结构状况的时序测算结果，可以得出，我国二元经济结构的变化与赛尔奎因和钱纳里模式较为一致，但我国二元经济结构的变化还表现出强化→缓解→再强化的变化轨迹，这与上述三种模式的变化路径明显不同，而是呈现出典型的结构刚性。我国在第一产业产值结构变革的同时，就业结构却长期变化迟缓。

我国二元经济结构具有刚性的根本原因在于农业劳动力转移缓慢，就业转换严重滞后于产值转换。农业劳动力在农村的积淀、拥堵，造成农业生产的低效率，阻碍了农业现代化进程。我国农业劳动力转移不畅，既有体制、制度层面的原因，也有劳动力自身的原因。(1)农业劳动力的低素质形成转移的人力资本障碍。农村人力资源的整体素质不高，长期实行倾向于城市的教育投资体制，也造成城乡人力资本的巨大差距。(2)限制劳动力转移的制度性阻滞，以户籍制度为基础制定的劳动就业制度、社会保障制度等形成了限制劳动力转移的无形壁垒。(3)城市化发展滞后，不利于为农业劳动力转移提供就业空间和生活居住空间。

进入 21 世纪初，农民工的流动出现了回流趋势。“农民工回流”是农民利益比较理性的选择。外企员工的工资始终维持在较低的水平上而长期得不到改变，而国家大幅度增加对农业、农村建设和帮助农民增收的投入，农民工看到了农业经营的收益高于外出务工的收益这一客观现实，因此选择回乡务农。“农民工回流”也是工资内涵的现实要求。生活必需品价格提高，农村的社会医疗保障尚处于起步阶段，以及教育费用高使得农民工回家务农。

农民工的回流使农业技术水平得到提高，为当地的经济建设增添了活力，城镇经济的辐射作用得到了很好的发挥，起到了城乡要素交流的积极作用。另一方面，农民工的回流使本已稀缺的土地再次告急，减负带来的农业增收，很快又会在承载负担逐年加重的情况下归于原有的水平。为了促进农民工合理、有序的流动，应当提升农业劳动力人力资本水平，加快改革户籍制度，加快推进城市化进程。（张　蒽）

《"中国制造"：特征、影响与升级》

王珺　著

《学术研究》2007 年第 12 期

8 千字

要确定"中国制造"的可行方式，必须要先搞清楚"中国制造"模式进入国际市场的路径安排，这决定着"中国制造"在国际分工体系中的地位与发展空间。国内企业进入国际市场有两种路径，一是当企业生产的产品在国内市场出现饱和后，为实现规模收益与预防产业周期的过早衰落，企业必然会扩大国际市场。二是直接和间接地通过跨国公司的全球化资源配置把一些地区中的企业纳入到国际市场与全球生产网络之中，我们称为转包式路径。在我国进入全球化生产网络的过程中，转包式路径占有很大的比重，有一半以上的出口贸易方式是加工出口贸易。

转包式路径下的分包企业具有 4 个基本特征。第一，生产的决策权往往掌握在作为发包方的核心企业，而不是转包商手里。第二，中国制造的转包商是处于产业链中低附加值生产部分。第三，作为产业链条的一个环节不具有生产的系统性。第四，核心企业的跨区域的地理配置资源与基地是基于获取全球化收益角度出发的，而不是基于本地化的产业结构优势考虑的。对转包式路径的依赖一方面可以使许多中小企业尽快地进入国际市场，另一方面，也存在着风险，易受外部市场影响，谈判能力差，收益低。从宏观视角看，基于转包式路径的"中国制造"会引起国内产业结构的重新分布，即强化第二产业占 GDP 的比重，抑制第三产业占 GDP 的比重。

当不断提高的"中国制造"生产成本因影响到的国际竞争力而寻找升级方式时，必须在转包式路径依赖的限定下讨论与选择这种升级方式。到目前为止，对基于转包式路径的"中国制造"升级往往集中在 3 种方式上。一是构建自己的生产与经营以及研发体系，这种方式是路径转换，成本很高，不是许多中小企业所能为的。二是在进行接单和贴牌生产的同时，也利用这种市场网络或铺设自己的市场网络，营销自己的品牌产品，形成这种升级路径的企业可能与自身的规模能力相关，也与国内市场的需求结构相关。三是通过提高技术专业能力，不断地获得较高附加值的订单，这主要取决于本地化劳动力知识与技能的积累。第二种和第三种方式都可看成是不需要路径转换也可升级的方式，且第三种方式比第二种方式更适合于中小企业。总之，在重视自主创新的现阶段，转包企业为强调自主创新而全面退出由核心企业带入的国际生产与市场网络并不是明智之举。与此同时，对转包企业因保持国际化联系优势而难以沿着国际分工阶梯向上攀登的看法也是片面的。　　（张　蒽）

《关于中国管理学科发展的进一步讨论》

谭劲松　著

《管理世界》2007 年第 1 期

19 千字

国内管理学科存在的不足主要体现在研究基础薄弱以及研究结论经不起推敲，缺少科学规范性。分析"学术治理"过程可以考虑从若干重要组成部分入手。

（1）研究层面。我们的论文质量与许多国家还存在相当的差距，特别是研究方法的不规范，导致许多研究成果不能得到国际认可。研究队伍是决定管理学研究水平的内在关键因素，而博士生又发挥着生力军的作用。博士阶段是最富有创造力的时期，但目前的有些制度上的规定从长远角度来看，约束了博士生做出更高水平的研究。管理学研究水平的提高是一个长期积累的过程，需要宽松的研究环境、合理的人员培育机制以及规范的成果发表市场相互支持。这些方面的完善都不是一蹴而就的，而是一个渐进的过程。从更高的角度来看，研究与教学两个层面又存在一定的联系，虽然在短期内可能会有所偏重，但是就长期而言，要使中国管理学科的发展产生质的飞跃就需要这两个层面的均衡发展。

（2）学术环境。考核机制方面，目前中国高校普遍存在的一个问题是博士学位获取、择业等都与论文发表数量直接挂钩，导致越来越多的博士生将大部分时间投入到批量生产没有多大学术贡献的垃圾文章中，导致学术环境日益恶化，学术人才水平无法提高，根本无法谈创新问题。学术期刊方面，中国管理领域学术期刊在学术上的定位模糊，不重视引文和参考文献，收取审稿费、版面费。匿名审稿人社群没有建立起来，审稿人的学术道德和学术水平也是一个重要的制约。学术会议方面，重形式，不重交流；重任务，不重效果；重“大腕”，不重“新秀”，很多学术会议大部分是让一些明星人物作所谓的主题演讲。研究经费方面，国家对管理科学研究的资助与资助体系协调性也有待进一步提高。从资助规模看，我国在基础研究的投入上还远远不是科学强国，与国外相比还有较大差距。从资助渠道来看，在国家对管理研究的资助体系中，不同资助渠道在不同层次的知识创新和应用活动中还没有形成一个有机整体。另外，收取版面费的情况也比较复杂，国家在学术期刊建设方面投入的不够，期刊的管理体制也比较混乱。（张　蒽）

《利益相关者治理理论研究脉络及进展探悉》

李维安　王世权　著

《外国经济与管理》2007 年第 4 期

11 千字

对利益相关者的定义最终可以归结为狭义和广义两种，狭义的概念将利益相关者界定为在企业的活动中占有重要位置的个人或群体；广义的概念从利益相关者与企业的双边视角进行了界定，既包括有益于企业价值实现的利益相关者，也包含不利于企业价值实现的利益相关者。而利益相关者管理又可以分为一般利益相关者管理和战略利益相关者管理，一般利益相关者管理观认为，由于不同的利益相关者拥有各自的价值，因此，企业应该毫无例外地关注所有的利益相关者，而战略利益相关者管理观则主张把利益相关者界定为对企业具有直接贡献的相关者，并且从对股东和企业利益出发来考虑利益相关者。

理论上对于利益相关者参与公司治理问题仍存在很大的分歧，主要表现为 4 种不同的治理观：股东治理观、员工治理观、利益相关者共同治理观以及关键利益相关者治理观。（1）股东治理观的代表 Williamson 认为利益相关者参与公司治理的前提是他们与企业之间的交易存在资产专用性，让他们拥有企业的部分或全部控制权，实质上是向他们提供一种权益保障机制。这种观点其基本出发点是资源稀缺性假设，是市场经济理论在公司治理研究领域的反映。（2）员工治理观源于“劳动管理型企业理论”，主张劳动者作为一个集体应该参与公司治理，享有企业的剩余控制权和剩余索取权。但员工治理观存在多方面问题，首先，其缺乏经济学和法理学依据；其次，劳动和控制权的一体性使得集体的每个成员对于集体财产的占有关系具有极大的不稳定性，极有可能导致企业经营行为的短期化。最后，成员“搭便车”的行为，以及集体决策过程中的成本问题，亦决定了在社会自然选择过程中不会形成以“劳动雇用资本”为主的社会经济体系。(3)利益相关者共同治理观。该观点认为其他利益相关者应该享受与股东相同的参与公司决策的权利，有效率的公司治理结构是利益相关者共同拥有剩余索取权与控制权。但以“利益相关者全体”为基础的治理结构和机制不但会因控制权分散而导致决策拖沓、不同意见僵持的局面，而且还会出现企业公共化的危险，陷入谁也不能真正发挥治理作用的困境。(4)关键利益相关者治理观认为理想的治理模式应该定位于股东中心模式和利益相关者模式所界定的均衡区域之内，因此要对参与公司治理的利益相关者进行筛选，凡提供关键性资源的利益相关者都应该参与企业控制权的配置。

现有文献关于利益相关者参与治理依据的论述缺乏对资源投入与产出之间所经历的组织协调与组织控制过程的关注。公司治理理论研究的重点应该更多关注在外部环境发生动态变化的条件下。必须解决的关键理论问题是：利益相关者参与治理的理论基础，利益相关者参与治理的机制设计，对利益相关者参与治理效果的验证。

（张　蒽）

《中国企业集团概念的演化：背离与回归》

蓝海林　著

《管理学报》2007 年第 3 期

9 千字

在企业与市场之间存在着许多不同类型的中间组织，其中最具有包容性的概念应该就是“战略联盟”。而企业集团具有不同于成熟市场经济国家的大企业或者战略联盟的一些特点，其是多个法人企业之间长期、稳定和密切的关系，内部成员之间的关系纽带是多重和复杂的。

我国企业集团的出现是 1978 年以后经济改革的结果。在学习已经实现经济起飞的日本和韩国经验的基础上，我国引进企业集团的概念，导致了 3 种类型企业集团的出现和发展。(1)企业联合型。在推动国有企业横向和纵向联合的基础上，通过行政手段推动经济联合从松散型向紧密型转变。(2)政府重组型。政府通过建立“企业集团”，将原来的政府经济部门全建制地转化为企业集团，既实现了政企分开，又保持了对国有企业的控制。(3)自然成长型。它们是控股公司的雏形或者说是基于行政关系的紧密型企业法人联合体。

进入 20 世纪 90 年代以后，政府和市场力量推动中国的政府重组型和自然成长型企业集团迅速发展和壮大，同时也带来了重大的危机。集团出现了过分多元化与管理失控的问题。多数行业出现了结构恶化与恶性竞争，企业集团面临收益下降和资本结构恶化。此外，市场的供过于求和银行信贷体制的改革宣告了高度不相关多元化发展时期的结束，也导致了仅仅依靠行政纽带而在战略、投资、财务和资产管理上失控。此后的多年里，政府采取了一系列有力的政策措施推动我国国有企业集团发生了“质”的改变。以明晰产权和建立母子公司管理体制为主要内容的改革措施有效地克服了我国企业集团在公司治理和管理机制上存在的问题，但是，同样的改革措施却使中国企业集团在本质特征上越来越偏离“企业集团”概念的原来的内涵——法人联合体，相反越来越接近西方意义上的一种大企业——控股公司。

在当前环境下，中国企业需要将自己有限的资源高度集中于相对集中的行业，形成规模经济与范围经济上的国际竞争力，而不应该是采用不相关多元化战略和控股公司模式的企业集团。发展具有国际竞争力的大企业，需要我们培育更多专注于相关行业经营的大企业，逐步减少内部的独立运作的法人企业。恢复原“企业集团”概念有利于实现与国外学术界的完全接轨；有利于切断“企业集团”与“大企业”或者“竞争力强的企业”之间的必然联系，提高政策制定的针对性；有利于切断“母子公司管理体制”与“大企业”或“竞争力强的企业”之间的必然联系，从而使企业的组织结构与管理模式更适合“做强”。（张　蒽）

《人力资源管理与企业绩效：国内外实证研究的评论与思考》

苏中兴　曾湘泉　赖特　著

《经济理论与经济管理》2007年第6期

12千字

在西方，人力资源管理系统与企业绩效关系的实证研究取得了很大的进展，研究成果主要体现在3个方面：（1）人力资源管理系统与企业绩效存在正相关关系。（2）人力资源管理系统的普适性与权变性。普适观点认为，有一些人力资源管理最佳实践总是能给企业带来更好的绩效，不管这些企业处在何种行业、采用何种竞争战略。还有一些研究表明，人力资源管理系统与绩效之间是否正相关的关键在于人力资源管理系统与企业战略之间是否匹配。（3）人力资源管理系统与企业绩效的作用机制。对于人力资源管理系统与企业绩效的中介机制，目前还没有被广泛接受的理论框架和实证成果。

与西方国家相比，中国在这方面的实证研究大约晚了10年左右，研究数量相对较少，研究结论也不一致。有研究认为，人力资源管理系统与企业绩效存在正相关关系，也有研究得出，人力资源管理系统与企业绩效不存在正相关关系。一些学者对高绩效人力资源管理系统量表进行了探索，但没有做人力资源管理系统与企业绩效的相关性分析。

中国企业与西方企业在不同层面的差异性可能会导致西方的一些高绩效人力资本管理实践未必是中国企业现阶段迫切需要的，而能给中国企业带来高绩效的人力资本管理实践也未必适用于西方。通过企业人力资源管理的案例研究以及对人力资源经理的大量访谈，发现中国的一些高绩效人力资源管理实践带有比较明显的本土特色。如，中国高绩效的企业往往同时强调要通过物质激励、企业文化等手段让这种由于竞争和严格的管理所带来的工作压力在物质回报以及尊重和信任的气氛中得到平衡和释放。但在西方，企业对人的管理已经从人力资源管理走向了人力资源开发的阶段，更多地通过员工自我实现的内在需求来提高员工和组织的绩效。因此，如果用西方的高绩效人力资源实践量表来测量中国企业人力资源管理对组织绩效的贡献，会降低研究的信度。

国内实证研究方法也存在不足。有必要对研究数据进行更为严格、规范和详细地说明，以便同行能够判断一项实证研究的信度和价值，并尝试使用企业绩效的客观数据。国内的实证研究在控制变量的设置上缺乏深入的分析，这不足以控制其他变量对人力资源管理系统与企业绩效的影响。呼唤更多的实证研究，进一步拓展研究内容，创新研究方法，为探索中国背景下的高绩效人力资源管理系统作出贡献。（张　蒽）

《论作为经济发展阶段之函数的政府功能》

陈剑　陆铭　著

《学术月刊》2007 年第 10 期

9 千字

经济的转型本质上是一个重新划分市场和政府边界的过程。如果我们把这种市场与政府边界的划分放到经济长期发展的历史中去看，那么，传统意义上的从计划到市场的转型只是政府功能随经济发展而作出调整的一个阶段。针对不同经济发展阶段的政府与市场边界的不断调整才是一个永恒的话题。

在经济转型的早期，转型经济学讨论的核心问题就是转型的速度问题，如激进和渐进的转型谁更优、转型的最优路径等。在这些研究中，即使在形式上引入了动态的讨论，但这种动态并没有涉及在时间维度上转型的目标或者说政府与市场的边界是可能发生变化的。

在经济发展的早期，政府可以在推动工业化的过程中起到积极的作用。只要政府通过正确的政策，在政府和企业、银行的关系中“挑选”了有利于经济发展的均衡，那么，快速的工业化和经济增长就可能实现。但是随着经济发展中市场范围的扩大以及微观信息的复杂程度越来越高，政府的职能应该更多地从微观干预转变到宏观管理，让经济发展本身越来越多地由市场去完成。在此过程中，经济增长的成果是否可以被广大民众共同分享是决定经济增长能否持续的关键。

从经济发展的视角来看，从计划到市场的转型只是政府职能转变的一个阶段而已。政府在微观层面上的作用与市场范围有关，随着市场范围的扩大，人们的交易越来越少地依赖于跨时期的和跨市场的关系型合约，政府的直接干预所依赖的微观基础便逐渐消亡。同时，在经济发展过程中，微观信息的复杂程度越来越高，政府的职能应该更多地从微观干预转变到宏观管理，让经济发展本身越来越多地由市场去完成。在经济发展过程中，经济增长的成果是否可以被广大民众共同分享是决定经济增长能否持续的关键。因此，东亚经济发展的成功经验可以概括为两点：第一，政府在经济发展的早期可以通过直接干预实施对私人部门的扶持和对弱势产业的保护，但随着经济发展水平的提高，政府就应该逐步地放松对经济的直接干预，通过建立规则来改变经济发展早期关系横行、规则不明的局面。第二，在经济发展的同时，收入的适度均等化应该成为政府宏观管理的非常重要的目标，从而为经济的可持续发展提供可能性。

从经济发展的视角来看政府职能的转变，意在说明，对于经济转型的思考应该放到经济发展这个更大的背景中去，这就需要建立一个转型的发展经济学理论，拓展传统的转型经济学的研究。同时说明，中国只是阶段性地完成了市场经济体制的建立，随着经济

发展水平的提高，为市场经济建立规则，使政府职能更多地从微观的干预转变到宏观的管理是未来的方向。（张　蒽）

《中国企业盈利能力与竞争力》

金碚　李钢　著

《中国工业经济》2007年第11期

10千字

在产业经济学中，理论及实证的研究结果都倾向于认为某个行业平均利润水平畸高并不表明其企业的竞争力强，而可能正表明企业竞争力弱。因为行业的利润水平畸高往往是该行业企业竞争不充分。

如果是一个充分竞争的产业，或者是一个向更具竞争性的市场结构变化的产业，盈利能力就可以在很大程度上反映企业的竞争力。当我们研究盈利与企业竞争力的关系，或者希望通过盈利状况来分析企业竞争力时，须做出两个基本判断，一是企业盈利状况如何，如果盈利状况很好，那么，是否可持续？二是企业的盈利是否在竞争条件下取得？如果是在充分竞争的条件下，可以判断企业的盈利能力与企业竞争力高度相关；如果是在缺乏竞争的条件下，则可以判断企业的盈利与企业竞争力基本无关。

该文利用中国最新的统计数据对中国企业盈利能力现状及提升的原因进行了分析，结论是：（1）无论使用利润的绝对额还是相对额（比率类指标），都可以判断，我国工业企业的盈利能力有较大幅度的提高；而且，我国工业企业的盈利能力是在财务杠杆不断降低（也就是财务更加安全稳健）的条件下取得的。（2）1998年以后，我国工业企业盈利能力的提升，伴随了工业领域垄断程度的降低及进入壁垒的降低；除少数资源性垄断和行政性垄断产业（企业）外。总体上看，我国工业企业盈利能力的增强，确实是企业竞争力提升的表现，而非由于垄断程度的提高。（3）工业企业竞争能力提升的重要原因之一是企业管理水平的提高。目前，中国工业企业的管理水平已经初步适应了市场经济竞争的要求，工业企业的管理能力已经提高到了与20世纪80—90年代不同的一个新阶段，工业企业竞争力的提升也达到了新阶段。（4）企业资产运营效率的提高也是企业盈利能力提高的一个重要原因。工业企业资产运营效率的提高，可以使工业企业在投入一定的情况下，获得更大的产出，从而在市场竞争加剧的情况下，仍然获得更高的利润（以净资产收益率衡量）。（5）近年来，投资收益增加也是企业利润提升的重要原因之一。（6）工业企业利润增加的另一原因是：职工工资的一部分转化成了企业利润。对于整个社会而言，如果劳动力报酬长期低于劳动力再生产的成本，甚至低于简单再生产的成本，一个国家产业将难以维持其竞争力，更难进行产业升级；随着和谐社会建设的推进，长期压低职工工资的做法必然要改变；因而企业靠压低职工工资获取利润的做法也将难以长期维持。职工工资提高是中国产业升级的动力，也是中国产业升级所要达到的目标之一。可以说，当中国企业职工工资的增长与企业利润的增长形成良性循环之时，也就是中国企业竞争力提升进入新阶段之际。

（张　蒽）

《财产权利、价格体系与货币政策规则》

陆磊　著

《经济学动态》2007 年第 10 期

8 千字

在讨论各种货币金融安排的再分配机制的基础上，我们对当前的低利率和汇率稳定给出一个基本解释框架。一是需要对中国的劳动力和资金要素的丰裕程度进行重新判断，我们可以得出两种要素都处于相对丰裕状态的基本判断，这与中国长期处于资金稀缺状态的认识存在一定分歧，但更符合事实。二是中国的货币政策安排不应该仅仅考虑通货膨胀，而应该综合要素价格、产品和服务价格以及资产价格进行一揽子安排，由此，低利率是一个值得商榷的政策，而汇率稳定更符合当前的一揽子价格稳定需求。

结论性评价：中国货币政策的“规则”，核心观点在于：

第一，对于一个劳动力要素长期处于过剩状态的发展中经济体而言，货币政策对信贷的直接影响决定了货币政策的供给性质在一定程度上强于需求管理性质，由此决定了中央银行在近期到中期具有直接决定社会生产函数的性质。这一性质的实质在于中国不存在真实意义上的劳动力谈判定价机制，劳动力特别是转移到城市地区的剩余劳动力价格往往处于高度灵活状态，因此，放松的货币政策有助于推动资本形成，配合劳动力的充分就业。但是，中央银行有必要放弃低利率政策，以此逐步引导社会资源配置优化。

第二，传统货币政策建立在以充分就业作为基准的基础上，因此存在“潜在经济增长率”和“自然失业率”等概念，而这些概念不适用于中国。如果中国的劳动力和金融资源都处于相对丰裕状态，那么过热就应该在各种价格均衡的高度上考虑。因此，真正有意义的问题在于各种价格的上涨应保持均衡幅度和状态，其中尤其需要关注的是以实际购买力衡量的劳动力收入增长应该高于消费价格、金融资产价格的增长，这才能避免货币政策扭曲社会收入的再分配。从这一角度出发，货币政策规则不应该仅仅盯住单一的通货膨胀目标，而是确保整体价格体系的均衡波动，这才是对宏观经济真正有意义的宏观管理，这不是一种相机抉择，而应是中国货币政策的新规则。

第三，基于利率和汇率两大价格工具对金融市场和实体经济的利益分配构成实质性影响，中央银行货币政策的中间目标应该考虑以利率和汇率作为双重目标。但是，在金融转型的基本背景下，提高利率的灵活性和保持汇率稳定是当前摆在中央银行面前的两大难题，具体而言，如何推动利率市场化，如何进一步推进汇率形成机制改革仍将是未来中央银行需要着力解决的金融改革基本问题。

（张　蒽）

《农村金融发展的范式转变及对新农村建设的启示》

卞志村　毛泽盛　著

《经济社会体制比较》2007 年第 5 期

6 千字

农村金融发展存在新旧两种范式，旧范式以政府干预为精髓，而新范式与现代市场经济相契合。旧范式认为政府干预可降低金融交易成本和风险，能直接带来农村信贷的增加，而信贷是加快农业发展、扩大出口、改善小农生活、减少贫困和保障城市廉价食品供应的重要途径。

新范式认为，利用市场机制提供金融服务旨在推动农村发展，即促进资产的创造和农村贫困人口的减少。不要人为控制或改变金融自身功能与作用的发挥，为追求非金融目标而将金融作为促进特定农村部门发展的政策工具来使用；相反，应通过发展金融去推动市场扩容和一体化，因为一个有效的金融市场不仅可以提高要素生产率，而且有利于改善资源跨期配置和风险管理。

在如何发展农村金融这一问题上，新范式有三大政策主张。第一，限制政府的直接干预。第二，从金融系统观出发优先发展三大战略。第三，多途径扩大金融服务。主要包括：（1）补贴社区基础设施投资，以帮助农村人口增加资产和技能。（2）发展社会中介组织，以促进社团或合作组织的形成和社会资本的积累。（3）培训相关人员，提高其技术技能与经营管理能力。（4）改进服务，支持商业开发等。

新农村建设是一项宏伟工程，我国原有金融体系已构成制约新农村建设的“瓶颈”，产生金融约束的根源在于农村地区长期的金融抑制。金融抑制离不开政府的干预，而政府之所以干预又是基于农村金融体系的残缺、幼稚和孱弱，两者相互印证，互为因果，最终恶性循环。金融抑制以政府干预为基本内容，政府干预是旧范式的精髓，因此破解恶性循环的最好办法就是转变范式，使农村金融发展回到以市场引导为主、政府适当调控的正确轨道上来。

新农村建设必须放在社会主义市场经济的大框架下进行，这意味着农村金融发展必须转变范式。以新范式为指导，我国目前的农村金融发展政策必须做出重大调整，具体包括：第一，解放思想，树立以商品化和市场化来带动农村金融发展的观念。第二，明确政府职能，努力在政策环境营造、基础设施建设和法制环境完善等方面为推动农村金融发展创造条件。第三，放松金融管制，大力培植非正规金融部门，在有序竞争中促进农村金融市场体系、功能和机制的健全和完善。第四，加大存量改革力度，按政策性金融、商业性金融和合作性金融架构理顺正规金融体系，适当确定一个过渡期，并在该时期从政策、资金、技术等方面对其予以扶持，以消除沉疴痼疾，最终实现经营理念和机制转变。第五，鼓励金融创新，因地制宜地在农村地区开展保险、租赁、信托、证券投资、资本运营等业务。（张　蒽）

《转型国家不同制度安排与价值取向》

冒天启　著

《经济研究》2007 年第 11 期

14 千字

中国与俄罗斯，都曾实施过大体相同的计划经济体制，但在上个世纪末向市场经济的转型中，却有着不同的转型策略和基本进程，根本原因是两个国家对转型的最终目标定位上，有着不同的制度安排，也有着不同的价值选择。

中国曾照搬了苏联集权计划经济体制模式，并涂上了更多的中国传统自然经济色彩，这主要是在毛泽东时期。经过“文化革命”浩劫的中国人民，从 20 世纪 70 年代末开始了对中国式的集权计划经济体制的改革。改革的第一阶段，重点是在农村。党的十二届三中全会后，改革的重点转移至城市，主要是国有企业。1992 年 10 月，党的十四大确定了我国经济体制改革的目标是建立社会主义市场经济体制，对什么是社会主义市场经济体制也做出了一般性的描述，大体上勾画出了社会主义市场经济的基本框架。1993年11月，在党的十四届三中全会上，进一步描述了社会主义市场经济体制的基本框架。党的十五大依据改革开放以来的实践经验，加快从战略上调整国有经济的布局，给国有经济改革和所有制结构调整进一步提出了明确的原则。

中国市场化改革是根据实践经验，一步步摸索推进的，俗称"摸着石头过河"。从20世纪70年代末算起，我们用4年多时间摧垮了农村的人民公社制度，逐步建立了家庭联产承包责任制和双层经营的管理体制；用10多年时间消除了计划定价并逐步形成了以市场定价为基础的价格形成机制；用20多年的时间发展多元市场竞争主体，并推动国有资产存量调整，培植市场竞争机制。这就使得国家集权控制全社会经济运行的格局发生了根本性的变化：国家不再对企业经营承担无限责任，企业也不能继续吃国家的"大锅饭"，国有企业已逐步成为法人实体；个人对社会成果的分配，也不再是抽象的劳动支出，而必须是社会必要劳动，不仅个人劳动以社会标准衡量，各种生产要素也有偿参与社会价值的创造、实现和分配。农村不再是城市工业化资金积累的来源，提高农业生产率和农产品商品率，发展城乡商品关系；中央和地方政府，在统一的国家政权组织内，一级政府，一级事务，有独立的财政收支权限。随着市场主体的逐步形成，资本、土地、劳动力、技术和信息市场等生产要素市场逐步建立，利率、汇率、税制也在逐步适应国内外市场的需要而市场化。

中国与俄罗斯的转型理论和实践说明，集权计划经济体制是不成功的，计划的社会主义模式是失败的；在向市场经济的转型中，如果过分迷信市场而政府无所作为，将会给社会带来灾难；如果忽视有效的社会政策，也会给社会造成不稳定。社会主义不单单是一种制度安排，其所内含着的公平、正义、民主与社会生产力的发展相互依存，实际上是对人类共同追求的价值观和共同创造的文明成果的一种体现。实施有效的社会政策，在自由放任与专政集权中保持均衡，让贫穷与富有、城市与乡村、发达地区与后发达地区、人与自然环境之间能够协调、和谐的发展，对我们中国学者研究市场经济是一个非常重要的启示。 （张　蒽）

《企业组织模块化与市场结构演进》

王相林　陈明森　著

《东南学术》2007年第6期

10千字

企业组织模块化后，市场既不再表现为传统的纵向一体化企业之间的寡头竞争，也并未简单地回归为大量小企业进行"斯密式"分散竞争的格局，而是发生了新的分化组合，也就是出现了价值链各环节的分层竞争现象，这使得对市场结构的分析复杂化。在信息经济时代，企业的竞争由工业经济时代的单纯产品竞争变为两阶段的博弈，第一阶段决定设计规则的形成，第二阶段是在规则架构内进行的产品竞争，其中产品竞争又根据价值链各环节在市场上竞争态势表现的差异区分为模块集成环节和子模块生产环节。

该文从三个侧面进行分析，一是在作为事实标准出现的设计规则形成过程中规则制定者形成的垄断效应。事实标准的垄断控制是一个难以避免的现象，这种设计规则的"架构特权"在一定程度上赋予了规则的所有者以垄断地位，他们可以凭借这种垄断地位形成垄断价格，对消费者福利构成损害，另外还会盘剥上下游竞争性产品的利润。因此，在网络经济中，设计规则已经成了一种新的进行技术和市场垄断以及进行市场限制的手段。往往是产品未动，标准先行。谁掌握了标准———设计规则的制定权，谁的技术就成为标准，谁就掌握了市场的主动权。

二是模块集成环节的可竞争市场的形成。在统一的产业标准下，模块集成企业就会进行单纯的产品竞争，而且由于模块的组合相对容易，企业无须依靠大规模的投资就可能取得竞争优势，企业跟随者可以较容易地后来居上，赶上甚至超过先行者。

三是企业组织的纵向分离与模块的横向一体化的共同演进。企业组织模块化使纵向一体化大企业出现了纵向分拆的行为，但这并未使产业组织结构简单地复归为大量小企业之间的自由竞争状态，而是出现了企业组织的纵向分离和子模块横向一体化的协同演进，子模块企业出现广泛的横向一体化行为，尤其是在全球化背景下，子模块往往在全球范围内兼并扩张，形成较强的市场势力。

模块化导致市场结构嬗变的三点因素有促进市场集中的可能性。不管是由于事实标准的存在使设计规则的制定者享有“赢家通吃”的市场地位，还是模块部件生产企业的横行一体化行为都会促进市场集中，即便是形成可竞争市场的模块集成企业，也容易形成大规模的企业。然而，这些因素所形成的“垄断”仅是指垄断地位，而难以实施垄断行为，对于模块集成环节，由于可竞争市场的形成，显然这一点容易理解，而对于子模块企业的市场集中甚至设计规则的“架构特权”，也在事实上难以形成真正的窒息竞争活力的垄断行为，这在根本上取决于信息经济的特点。

最后根据各分层市场表现出来的结构和行为特征抽象出了竞争性垄断市场的概念。

（张　蒽）

《物质代谢、产业代谢和物质经济代谢》

李慧明　王军锋　著

《南开学报》2007 年第 6 期

10 千字

物质流是连接经济系统与自然生态系统的重要纽带，因此对经济系统物质流的分析和调控是循环经济实施管理的重要内容。该文拟借鉴物质代谢、产业代谢的相关研究成果，从代谢角度认识和探讨经济系统的物质流。

从目前的研究现状来看，物质流分析多关注生物物理方面，很少考虑社会经济因素对经济系统物质流的影响。从物质代谢、产业代谢研究过程中可以得到启示：经济系统的组织运行依赖于与周围自然环境之间的交换关系，即依赖于“代谢”过程。因此，可以从代谢的视角来认识经济系统的物质流流动规律，经济系统的“代谢过程”是由生物物理规律和经济规律共同作用的，也即是融合社会经济因素分析的物质经济代谢过程。

首先，代谢观点和方法可以作为循环经济理论研究的一种方法和视角，用于分析和探讨规模局限性条件下经济系统的物质流流动规律。但需要强调的是，经济系统的物质流不但受到生物物理等因素的影响，而且也受到市场机制和微观主体经济行为等社会经济因素的影响，即经济系统的物质流流动受生物物理因素和经济因素的双重制约。与自然生态系统相比，经济系统的物质流流动过程在遵循物质流生物物理规律的基础上，取决于其所属经济系统的结构特征和运行机制或者模式。

其次，我们可以把在生物物理规律和经济规律双重制约下的经济系统的物质流动过程称之为物质经济代谢。物质经济代谢分析是循环经济理论的微观分析基础。与传统经济系统中利用效率较低的线性物质流动模式相比，循环经济中的物质经济代谢是更加突出物质循环及能量的梯级利用的流动路径多样化的模式。从代谢角度看，循环经济理论和实践是改变经济系统物质经济代谢规模和代谢效率的交叉学科研究领域。物质经济代谢过程是循环经济的微观分析层次，而该层次恰恰是影响物质流的社会经济因素和生物物理因素重合作用的交叉点，因此，对该层次的研究是引导循环经济从“循环”走向“经济”的关键。

再次，物质经济代谢分析是产业代谢分析的延伸和拓展。物质经济代谢的提出具有特定的分析特点和层次，它不但区别于自然生态系统中的物质代谢，还区别于传统经济系统中的产业代谢。从关注的研究对象看，物质经济代谢在考虑到物质流的生物物理特性的基础上，还考虑了影响物质流流动的社会经济因素。从研究内容和方法看，物质经济代谢分析不仅有对经济系统物质经济代谢规模的宏观分析，还包括对物质经济代谢过程的微观层次分析，并且更注重动态分析。与产业代谢分析主要关注规模问题相比，无论是所使用的分析方法还是所关注的内容，二者都具有显著的差异。进一步深入研究物质经济代谢理论和方法，对于认识和理解经济系统的规模局限性问题，对于从微观层次深化循环经济理论研究，都具有重要意义。

（张　蒽）

《政治经济学与经济学的六大区别》

杨文进　著

《学术月刊》2007 年第 12 期

12 千字

在中国经济学界，越来越多的人赞同“政治经济学”与“经济学”是同一名称的不同表述这一西方主流观点。然而，这种认识并不客观。政治经济学与经济学之间虽然有密切的历史渊源，但两者在对研究对象的认识角度、范围、主体对象、方法、内容和理论结论等各个方面都存在明显区别甚至对立。(1）对研究对象“制度认识”与“技术分析”的区别。政治经济学与经济学的区别不是要不要研究生产关系，而是怎样研究或从什么角度去研究生产关系。政治经济学是从“生产关系人”的角度看待人们之间的利益关系，而经济学则是从“技术选择人”的角度看待人们之间的利益关系。(2）范围上“非纯经济”与“纯经济”的区别。由于经济学专事于那些能够被视作绝对量值而易被技术选择方法处理的研究，因此政治经济学也就逐渐减少甚至脱离了这方面的研究，转向了更为单纯的生产关系或者说相对量值关系的研究。(3）方法上“平均方法”与“边际方法”的区别。是采用平均方法还是边际方法，往往成为区别政治经济学与经济学最重要的标志。(4）主体对象的“整体选择”与“个体选择”的区别。这种区别，是各自研究方法及相应对象和范围不同选择的结果之一。自然，反过来也可以说，主体对象的不同选择，使它们各自采用了不同的研究方法。(5）制度分析与行为分析的区别。由于以个体对象为主，因此经济学必然会选择以行为分析为主的内容，即分析在既定的制度框架下，人们是如何进行选择。以整体主体为对象的政治经济学，其研究的重点必然是在人与人之间的相对利益关系方面，并且侧重于制约人行为的制度性因素分析，而有关人本身的行为过程则被相对忽视。(6) 资本主义社会“对抗”与“和谐”的区别。一般而论，经济学对此持肯定的态度，而政治经济学则持否定的态度。即使早期对资本主义制度持肯定态度的古典经济学家，也大多认为资本主义并不是个和谐的社会。

从上面的分析看出，各种不同的区别之间是相互关联且逻辑紧密的。所以说，它们是相互关联的一个系统，当某个因素决定后，其他的因素也就同时被决定。当然，经济学与政治经济学之间也存在一些共同的地方，如都采用经济学特有的价值分析方法，分析对象都是资本主义的经济运动，等等。

（张　蒽）

《“双膨胀”的挑战与宏观政策选择》

张平　王宏淼　著

《经济学动态》2007 年第 12 期

16 千字

从早期的“货币迷失”到近期的“迷失货币回归”，中国宏观经济也经历了从资产价格的低位波动、低通胀（甚至通缩）向 2007 年以来资产与通货“双膨胀格局”的转化。中国汇率升值和城市化加速发展触发了资产重估。

从总体上看，中国经济体作为一份资产，依据资产定价模型原理，主要依靠工业品出口的现金流入支撑着国内的资产价格重估。在原有管制条件下，现金流不能参与到资产部门中，而只能积累在银行或海外，当金融管制放松，汇率改革触发这些“迷失的货币”和国际上大量的热钱参与到资产重估中来，在制度性条件支持下，从而引起了这一轮资产价格上涨。由于债券市场分割、开放度低，此轮资产价格的上升主要表现在股票市场和城市化相关的房地产上，这只是第一次的冲击，即国内制造业所赚取的美元和早前“迷失货币”的回归，国际的大型投资银行和对冲基金等还没有完全进入。而由于股票和房产等资产部门对货币的吸纳，2005 年以来尽管货币投放大、流动性过剩，通货膨胀在当时还不是最大的问题，但到了 2007 年资产重估对实体经济的影响逐步开始显现，部门、国际间成本传递的累积效应启动了消费物价上升。因此正如我们分析的，如果资产价格继续上升，通货膨胀就不会立刻消失。而且，如果资产重估越来越推高可贸易工业部门的成本，就会导致国际竞争力下降，现金流入不断下降，则资产重估的支撑就会出现问题。迷失货币与热钱制造的资产泡沫在短期内会掩盖实体经济因成本上升而带来的竞争力下降——由于大量实业部门和银行也介入到资产部门，尽管实体经济竞争力下降，但利润反而会提高，掩盖了经济的真实问题。中国当前的很多宏观政策希望抑制资产膨胀，但成效不大，资产继续膨胀，其政策效果恰恰直接打击了实体部门，这就会加大资产部门和实体部门的裂口。

资产价格和消费价格“双膨胀”不仅使得实体和资产部门发展的裂口不断加剧，而且新型财富分配形式加大了收入和财富分配不均的裂口，进一步加剧了贫富差距，导致经济和社会失衡。宏观经济管理面临着巨大的挑战。在前期政策基础上，面对双膨胀的挑战，必须进一步做出恰当和配套的宏观选择，既要抑制资产部门的泡沫，又要激励实体投资和创新，同时还要顾及分配目标。针对资产重估过程中的投机泡沫，应加大资金成本及交易成本，以降低投机的收益和预期；针对实体部门虚弱趋势，应通过减税以及提高金融对技术创新的服务力度，激励实体部门增强国际竞争力，保持实体部门的持续创新热情，让实体能真正获得长期动力和收益；针对双膨胀带来的贫富扩大，应加大转移支付力度，调节收入和财富的分配。

（张　蒽）

《跨国公司转移价格对我国经济的影响分析》

曹洪军　赵芳　著

《宏观经济研究》2007 年第 12 期

7 千字

转移价格在一定程度上不受市场供求关系法则的影响，它不是独立各方在公开市场上按独立竞争原则确定的价格，而是根据跨国公司的全球战略目标和谋求最大限度利润的目的，由总公司上层决策者人为确定的。

多数跨国公司操纵和利用转移价格对作为投资东道国的我国经济发展产生了一系列影响。转移价格对我国经济主要产生 3 大负面效应：（1）转移利润，侵吞中方利益。外商利用与国外母公司及关联企业之间的转移价格转移利润，造成中方应得的利润外流，经济效益受损。（2）减少我国的税收收入。三资企业通过内部化转移价格运用，降低了工业增加值。（3）干扰我国正常的国际收支。跨国公司往往通过转移价格高价进口中间产品、原材料、机器设备，而低价出口制成品。对于同种商品，我国企业的出口价格往往高于外企的出口价格，即使不考虑国家对出口实施的退税等支持措施，而把劳动生产率差距等因素考虑在内，外企的出口价格也明显偏低。跨国公司内部贸易中大量运用的转移价格，是我国国际收支平衡的干扰因素，不利于我国对外经济贸易的健康发展。

我国控制跨国公司滥用转移价格应采取的对策有：（1）切实制定、完善和执行反转移价格的税收法制。进一步完善我国对跨国公司转移价格的税收法制是十分必要的，尤其是要加快完善《关联企业间业务往来预约定价实施规则》等，对转移价格进行明确具体的管控，并增强其可操作性。同时，有必要扩充对操纵转移价格行为进行处罚的条款及转移定价纠纷中的上诉和仲裁等规定。根据转移金额数量的不同，进行不同程度的处罚。（2）积极开发自主知识产权。专利技术等无形资产由于其独创性难以找到可供参考的市场价格，因此很难监管利用无形资产转移价格来转移利润或避税的行为。因此，要根本改变外资利用转移价格对我国经济造成的不利影响，仅仅靠对转移价格的监管是不够的，还要切实鼓励自主知识产权的开发，以减少外商利用转移价格侵占中方利润的机会。（3）建立境外审计制度，加强海关监督。对重大转移定价的避税行为，可以有计划地派专人到境外的公司进行税务审计，还可以委托境外会计公司或私人会计事务所进行审计查证。（4）提高合资企业中方对经营管理的参与度。（5）加强国际间税收合作，建立官方转移价格信息系统。（张　蒽）

《中国经济的内部平衡与外部平衡问题》

郭树清　著

《经济研究》2007 年第 12 期

10 千字

中国获得持续十几年的国际收支顺差，而且是规模越来越大、一时看不到尽头的经常账户和资本账户双顺差，其内部的原因似乎更为重要。国际收支不平衡很早就开始反映出国内经济的不平衡。事实上在 20 世纪 90 年代一开始，我国就进入了一种经常账户和资本账户双顺差的状态。由于长期存在着外汇迷信和特殊的资本外逃，这种双顺差格局表现得十分温和，亚洲金融危机时期甚至差一点逆转。国际收支顺差无疑有利有弊。然而问题在于，在很长的时间内，人们愿意夸大其利而回避其弊。5 年前，如果有人说国际收支顺差过大也是一种不平衡，那他甚至会遇到非常怀疑与不屑的眼光。对于一个处于工业化发展阶段，经济体制向市场经济转轨时期的国家，在国际上金融危机频发且外部政治环境又不那么稳定的时候，贸易和资本项目顺差及其带来的高额外汇储备受到由衷地欢迎，并不是特别难以理解的事情。贸易摩擦的增加使我们感到困惑，外汇储备收益损失的讨论使我们陷入深思，最后，基础货币无限制的扩张，即所谓流动性过多使我们有所警醒。然而，最严重的问题是，这种国际收支状态妨碍了经济结构的调整，长久地拖延了产业调整升级。事实证明，要改变对外商投资的过度优惠，贯彻执行法律规定的劳动保护条款，制定并实施国家和地方的土地利用规划，使利率和汇率增加一点灵活性，而这些都不那么容易。

中国经济的内部不平衡与外部不平衡虽然有着许许多多的联系，但是它们的性质却相差甚远，两种不平衡不能混为一谈。所谓的世界经济失衡并不会产生国际上许多学者和政治家所担心的灾难性后果，至于“美国经济已经被彻底削弱”的说法更属于牵强附会。美国仍然是第一制造业大国，而且更是知识产业最强大的经济体。中国经济的内部失衡确实是一个很严重的问题，如果中国经济继续拖延升级，它最终会在某个时点上停滞下来，从而对自身和全球带来很显著的非积极影响。经济史学家们至今仍然在争论，究竟为什么中国和欧洲在 18 世纪末到 19 世纪初出现了衰落与兴起的交叉。一种解释说，是因为欧洲从文艺复兴以来思想、科学、文化得到巨大解放；另一种解释说，是因为中国劳动力太丰富，所以不需要采用能够大量替代劳动力的机器。不管哪一种说法更有说服力，我们都应当从中得到有益的教训。无论如何，中国都不应该再一次与现代化失之交臂。

（张　蒽）

《全球经济失衡及其适度调整》

朱邦宁　著

《新视野》2007 年第 12 期

8 千字

当前的全球经济失衡是近年来世界经济运行的一个突出特点，它集中表现在两个方面：一方面，美国国际收支中的经常项目赤字庞大，债务增长过快；另一方面，中国等东亚国家对美国持有大规模的贸易盈余，集聚起大量的外汇储备。其中，中国近年来的外汇储备增长速度尤为迅速。在中国的对外贸易顺差中，对美贸易顺差无疑占有最大的比重。事实上，中美贸易不平衡问题是伴随着中美双边贸易快速发展而出现的，贸易差额有一个逐步变化的过程。在早先的很长时间里是中国对美存在着贸易逆差，后来才逐渐变成了中国对美国的贸易顺差。

世界经济自20世纪70年代以来发生了3次严重的失衡，失衡的最直接原因是世界经济格局的变化。当前，新兴市场国家已经成为世界经济格局中的一支重要力量。当前的全球经济失衡在一定程度上可以说是在经济全球化条件下，世界主要经济体充分发挥各自比较优势的结果，发达国家和发展中国家在全球经济失衡的同时都获得了较快的经济增长，从而各国对这种失衡也有较大的承受力。

对当前全球经济失衡的调整，有两点应作为基本原则：第一，应使调整的总损失最小化；第二，各国公平合理地承担调整的责任和损失。在这个意义上，这种调整可以称之为适度调整。为此需要进行广泛地国际间的合作和协调，以达到最佳的效果。美国作为在经济全球化过程中获益最大的国家对于全球经济失衡的调整显然应当作出最大的贡献。

在短期内，美国高消费低储蓄的格局无疑还将延续下去，而中国高储蓄低消费格局的调整也需要较长时间，因而中美贸易失衡格局仍将持续，换言之，中国对美贸易顺差的局面短期内不会有大的改观。但是，我们仍应继续大力发展中美经贸关系，因为中美经济关系的发展为双方都带来了实实在在的利益。应进一步推动双方开放市场，加大对对方经济的投资。（张　蒽）

《解读中国经济增长：一个新的制度框架》

单豪杰　沈坤荣　著

《南开经济研究》2007年第5期

5千字

在新制度经济学中，大多数经济学者重点强调制度的激励功能，往往忽视了激励结构能够发挥作用的基础前提，即现有的激励机制必须为组织内的行为主体所接受，由此现在很多经济学家开始强调意识形态和文化等因素对组织成长的重要作用。中国无疑就是在这样的初始条件下开始了经济转型的尝试。同时，中国的经济转型是在政治制度相对稳定的情况下进行的，因此政府在转型中发挥了极其重要的作用。作为国家意识形态的重要组成部分，中国政府的政治优势以及所倡导的各种思想在中央和地方各级政府达成了一种强大的发展共识。

在理性人假定的条件下，不同的制度安排会导致经济主体作出不同的激励反应，不同的权衡会导致不同的经济结果。值得指出的是一个好的发展制度应该对经济行为主体（政府、企业和个人）既有激励作用同时还有约束作用，这样才会有一个好的均衡结果。快速变革的制度内生于缓慢演进的制度，但快速变革制度的完善程度又决定了缓慢演进制度有效作用的发挥。也就是说二者之间的互补性必然要求其演进的协同性，否则就会影响整体系统功能的有效发挥。

中国自1978年来处于以经济转型为主导的全面大转型中，从总体来看这一阶段与1978年前传统的计划经济有着很大的区别，所以这段时间总体的宏观制度框架有着一致性也就是我们所定义的缓慢演进的制度。制度与增长的关系问题历来是一个争论的焦点。因此，我们可以认为在一种强大发展共识环境之下，由中央政府主导的政治集中的官员体制、经济分权体制以及与之伴随的不健全的法治形成的缓慢演进的制度构成了转型期中国经济增长的宏观制度框架和决定因素，由此相对地固定了制度因素，进而在很大程度上解决了制度与增长之间的循环问题。

根据中国经济转型的经验，我们把制度具体划分为缓慢演进与快速变迁两个层面，对中国经济增长进行了新的系统思考，提出一个基于从意识形态与经济环境—制度安排下的激励机制—经济行为选择—均衡结果下的增长绩效的依次递进的分析框架，为解决制度与增长关系问题提供了一个基于中国转型期的证据。（张 蒽）

《美国次级房贷危机的原因及启示》

刘克崮 著

《管理世界》2007 年第 12 期

5 千字

2007 年 7 月以来，美国次级贷款危机爆发并产生了一系列连锁反应，导致了投资者对房地产业、金融业、美国经济及全球资本市场的担忧。次贷危机为何爆发，又何以迅速传至全球成为各国各界密切关注的问题，也为处于经济繁盛期的中国敲响了居安思危的警钟。

美国房贷的 3 个层次是以贷款对象的信用状况来划分的。次级贷款的对象为信用分数较低的个人（信用分数低于 620 分），其首付比例较低、月供占收入比例较高，此类贷款占房贷市场的 13%—15%。目前，美国次级贷款市场存在多种供给机构，主要有以下 5 类：分别是商业银行、储蓄机构、独立的房贷公司、银行分支机构和金融控股公司分支机构。总的来说，次级贷款的迅速增长对美国经济的发展提供了积极支持。一方面，以市场化的方式较快较多地解决了中低收入居民购房问题；另一方面通过 MBS 等衍生产品有效连接信贷与资本市场，起到了分散风险的作用。但由于次贷自身的缺陷，及其衍生产品的集中过快增长，潜在风险不断积聚。

次级贷款危机产生的内因是美国次级抵押贷款产品自身和运行机制的缺陷。（1）产品存在缺陷，借贷双方相互作用，风险源头失控。（2）次贷产品过渡衍生，风险跨市场传递。（3）中介机构独立性弱化，监管缺失。（4）监管当局对次贷相关机构的监管存在缺失。次级贷款危机产生的外因是房地产走弱、利率持续上调引发次贷危机。次级贷款危机影响了美国金融与经济，波及全球金融市场，但中国所受影响有限。美国次贷危机给我们的启示有金融衍生产品市场问题。从次贷危机看中国，虽对中国金融市场的直接影响有限，但我国存在发生次贷危机的可能性；我国要推动金融创新，支持中低收入人群解决住房困难问题；应加强风险识别与控制；衍生产品及市场应在控制中发展。

（张 蒽）

《跨国公司对中国大豆产业链的控制及演变趋势》

赵明 著

《改革》2007 年第 12 期

5 千字

尽管跨国公司通常在所属的行业都具有一定的优势或有一定的支配性地位，但大多仅限定在产业链中的一个环节。而对中国的大豆产业链来说，跨国公司已经在种植环节、加工环节、贸易采购环节、销售环节，甚至是下游的养殖环节都具有一定的控制能力，如果任由这种趋势继续发展下去而不采取任何有效措施加以应对，那么遭受打击的将会是整条大豆产业链，其中涉及多个不同产业。必须对跨国公司的这种产业链控制行为进行研究，仔细分析其控制策略的特征和成功推行的条件，从而找到更好的解决办法，摆脱跨国公司的控制，使相关产业能够在开放的环境中健康、自主地发展。

跨国公司对中国大豆产业链采取的控制策略主要有股权控制和非股权控制方式并用、产业链多环节共同控制、不断加强对价值链高端环节的控制能力。能够成功在中国扩张的跨国公司大多都是全球大豆压榨行业的领导者，在北美和南美的大豆主产区已经与大豆的种植者建立了稳固的收购关系，而且遍布大豆种植地区的仓储设备和运输设备的建设为大豆在流通环节创造了垄断性的低成本优势，更主要的是使跨国公司拥有了在大豆销售和贸易中的绝对控制权利。跨国公司还利用期货市场来管理大豆风险价格，甚至通过操纵期货市场来盈利，为农民提供转基因的种子和农药，在全球化的经营中建立了高效的供应链管理系统，在中国的投资中控制了原材料的采购权力，再加上跨国公司本身具有的技术和管理优势以及国外大豆行业协会的支持和服务，众多因素综合作用使中国的大豆产业链在多个环节上处于被动地位，受控性表现明显，继续发展面临困难。

从跨国公司目前对中国大豆产业链的投资及影响来看，跨国公司已经对中国的大豆产业链形成了一定的控制能力，甚至将会完全控制中国的大豆产业链，由此，中国的压榨业、种植业甚至养殖业，都将处于被动发展的境地。目前中国相关企业和部门对此有了一定的认识，如大连商品交易所和中国大豆产业协会等，并采取了一些措施。但这些措施还不够，要在更多的方面寻求改进。

（张　蒽）

《对中国企业技工短缺现象的经济学分析》

张凤林　著

《中国经济问题》2007 年第 2 期

7 千字

技工短缺或员工的技能水平存在缺口，乃是源于职业技术培训的不足，因而技工短缺问题本质上可以归结为职业技术培训的短缺。职业技术培训可以分为两大类：通用型技能培训与专用型技能培训。通用型技能的可转移性极易导致企业之间关于职业技术培训投资的囚徒博弈那时均衡解。由于通用型技能培训并不能为企业带来任何净收益，况且，只要提供培训，企业总要难免发生一些无法补偿的成本，这样一来，企业中通用型技术培训的不足或短缺，自然也不可避免了。但企业又需要以高素质和高技能的员工队伍为条件，唯一可能的解决办法便只有从外部招聘，但技工短缺的状况不仅会由于企业对现有技工存量的争夺而变得更加突出，而且还会因为技工的增量供给从源头上受到了遏制而持续地愈演愈烈。

对于专用型生产技能培训，一旦考虑到雇佣双方之间的“要挟”行为或机会主义倾向，以及这种行为可能产生的负外部性，专用型技能培训的市场失灵也同样不可避免。如果没有适当的风险防范与激励机制，有关员工专用型技能培训的投资必然也是不足的。即，厂商与员工之间的非合作博弈均衡，双方都将因为专用型人力资本投资的不足而蒙受损失。

长期就业安排是解决职业技术培训投资中外部性问题的一种行之有效的制度安排。它通过一种较为刚性的长期企业合约取代了弹性的短期市场合约，使双方形成了一种重复博弈。长期就业安排的相关制度措施主要有三方面。其一，“年功工资”制度，即令员工的报酬随工龄而递增这样一种资历导向的收入分配制度。其二，内部晋升制度。其三，工会组织，主要作用是防止厂商方面的机会主义。这些制度安排会增加企业与员工双方的长期合作预期，从而增加双方对于员工培训或人力资本投资的激励。需要指出，这种长期雇佣关系显然与过去传统体制下的“铁饭碗”式的终身制是根本不同的。

内部劳动力市场的投建属于基础性制度建设，此外，政府方面也可以发挥某种职能。如，强制规定企业进行最低限度的职业技术培训，对某些通用型技能培训提供补贴，提升商业伦理道德水平。（张　蒽）

《跨国公司在华并购动机及其阶段性演进》

宣烨　著

《改革》2007 年第 9 期

6 千字

近年来，并购逐渐成为外商在华直接投资的重要进入方式。由当初主要为获取本地化知识资源、快速进入中国市场，转变为并购目标直指国内大中型企业的特质资源，谋求对国内市场的主导权和控制权。

获取目标企业异质性资源是跨国并购的基本动因。跨国公司并购动机主要是为了获取三种类型的资源：战略资源、本地化知识资源以及企业特定资源。跨国公司在其全球战略的框架下，依托不同区位的资源差异化优势进行进一步的内部资源整合，进入跨国公司自身的价值量体系中。由于发展中国家缺乏构成跨国公司核心优势，或与跨国公司核心优势构成互补效应的技术、生产能力等战略资源，所以跨国公司在发展中国家并购所能获得的资源仅为本地化知识资源和企业特质资源。

跨国并购对资源获取战略的选择可以用两阶段模型进行说明。第一阶段，东道国投资环境给定的前提下，为弥补自身资源、能力的差距，跨国公司更倾向于并购当地知识资源丰富的中小企业，风险小，收益高，也能快速进入东道国某些特定领域。第二阶段，跨国公司以获取企业特质资源为并购目的，不仅能够增强竞争优势，占领、控制东道国市场，而且也有利于实现全球经营战略收益的最大化。

跨国公司在华并购战略大体经历了由主要获取本地化知识资源阶段向企业特质资源获取阶段的演变过程。1992—1996 年是本地化知识资源获取阶段，由于中国政府对外商投资限制较多，外资并购法规不配套、措施缺乏操作性以及市场化程度相对较低，且跨国公司缺乏对中国市场政策的了解，缺少本地知识化资源，因而获取与自身所有权优势构成互补的本地化知识资源就成为该阶段并购的必然选择。1997 年以后，随着跨国公司在华并购投资环境的改善以及国内企业实力的增强，跨国公司通过并购获取国内企业特质资源，并购主要集中在国家政策重点鼓励的产业、市场前景广阔的基础工业或者垄断性较强的行业。对企业的经济效益、市场地位以及所拥有的特质资源等因素极为关注。

鉴于外资进入中国的战略已由分享市场转向控制市场，应重新审视我国一些行业利用 FDI 重组国企的策略，控制跨国公司对国有骨干企业的整体收购或控股合资。此外，要加强行业协调，对外资并购超过行业市场

一定份额的企业进行自动审查，阻止跨国公司的恶意并购，防止国内企业特质资源为跨国公司所窃取。（张　蒽）

《耕地占补平衡、超额保护与制度安排》

林荣茂　史培军　著

《改革》2007年第3期

5千字

为保护我国有限的耕地资源，1998年修订的《土地管理法》规定："国家实行占用耕地补偿制度。"落实土地管理法规的耕地占补平衡的结果应当是建设占用与补充耕地的数量基本持平，然而，我国补充耕地数量远远超出建设占用耕地量，并且补充耕地量与建设占用量之间的比率呈逐年增大的趋势。

我国目前耕地占补平衡是以政府为主导，通过价格调控方式来实现。省级政府由于信息问题将无法计算出由于政府定价与均衡价格发生偏离时所造成的全省经济损失，无法确定价格调整是否朝着最优化的方向趋近。从理性的角度出发，省级政府通过提高异地开垦费实现耕地超额保护的机会成本较小。在我国实行世界上最严格的耕地保护政策的背景下，耕地超额保护相对于耕地占补平衡或补充不足而言，就成为省级政府理性的选择。那么，省级政府为什么不直接采取数量调控的方式呢？因为在我国目前产权没有被清晰界定的情况下，由耕地占补双方自行实现占补平衡将面临庞大的交易成本，为避免不同产权主体就耕地占补平衡问题的讨价还价、减少执行监督成本，由政府部门完成耕地占补平衡任务，是一种交易成本相对较小的制度安排。

在政府主导型耕地占补平衡政策模式下，主要引起了两方面的问题，即地方政府违法占用的耕地数量不断增长，异地开垦费趋于提高。由于建设占用或可用于开垦的土地通常属于集体所有，在土地公有导致产权残缺的情况下，土地经济租值被耗散、土地价值较低，降低了地方政府占用耕地所需补偿的成本，地方政府将尽可能多地占用耕地，从而出现违法占用耕地数量逐年增长的现象。占用耕地数量越大，省级政府面临的耕地保护压力就越大，在价格调控机制下，异地开垦费成为省级政府调节耕地占补量最有效的工具。异地开垦费在完成耕地占补平衡任务后的剩余部门将成为省级政府寻租的租金来源。

政府主导型耕地占补平衡模式缺乏灵活性，扭曲了地方土地资源配置，形成了地方政府违法占用耕地的逆向激励。但由于改变现行耕地占补平衡模式的制度变迁所能获得的总收益的大小具有不确定性，以及利益相关者再分配制度变迁收益方面存在的争议和达成协商一致的补偿方案所存在的一系列困难，最终将导致促进资源利用和配置的制度变迁难以发生，低效的制度安排将长期存在。

（张　蒽）

《传承而非颠覆：从古典、新古典到行为经济学》

贺京同　那艺　著

《南开学报（哲学社会科学版）》2007年第2期

11千字

作为科学的经济理论，必然暗含着不断自我扬弃与创新的动力与机制，从而促进经济理论的传承与发展。从古典到新古典再到行为经济学，是经济学发展史上所经历的两次质变突破，是经济学历史传承的必然趋势，是社会存在对社会意识的决定和推动结果。

古典经济学注重经济总量的研究，这涉及经济增长、国际贸易、货币经济和财政问题等各方面。由于着重经济总量研究，关心的是国家经济问题，虽然那时的学者也强调个人利益必须得到尊重，但他们更强调的是如何使个人利益与社会利益保持协调，没有进一步地深入研究人的行为与动机。新古典经济学通过改进和突破前人对人类行为动机的抽象界定，而改变、深化和发展了经济学的研究对象和范畴，从而形成了一套新的理论体系、方法与范式。从这个意义上说，新古典经济学可视为古典经济学质的突破。

新古典经济学由于把经济分析的出发点锁定为"刚性的"经济理性人，因而其分析过程必然带有机械主义色彩，忽视了人具有自然和社会双重属性的事实。另一方面由于心理学的逐渐成熟和新研究工具与技术的出现，使得经济学家得以开始对新古典经济学的基本假定和逻辑体系进行审视，以突破原有理论在量变扩张下不能解决的问题，从而推动新古典经济学质的突破，于是形成了所谓的行为经济学。当新古典经济学的基本假定从同质经济理性人向行为经济学的异质经济行为人过渡时，必然使得经济学的均衡分析体系更具有开放性、动态性和现实性，这会使原有理论的结果变得更为丰富，并可把原有理论的结果纳为一种特例。新古典经济学下的经济理性假定不是人们先天具有的品质，但却可在后天逐渐内生习得，这个习得的过程，就是行为经济学超出新古典经济学所关注的内容所在，亦即行为经济学中所谓的认知与学习理论行为经济学通过在经济学中纳入对异质经济行为动机的研究，而使得以同质经济理性为基本假定的新古典经济学成为其特例情形，因此它不是区别于主流经济学的边缘学派或颠覆性理论，而是主流经济学的理论前沿。此外，由于理论的相对真理性，我们不能把理论发展中的某一阶段等同于它的唯一和最终形式，或无视理论的相对真理性而对其加以滥用并作为对其他理论妄加批判的依据。故行为经济学也不是经济学的最终形态，它同样是经济学发展长河中的一个阶段，并仍将继续发展下去。科学的经济理论同样需要与时俱进。

（赵国飞）

《当代服务外包的经济学观察：产品内分工的分析视角》

卢锋　著

《世界经济》2007年第8期

18千字

该文从产品内工序流程分工视角对服务外包现象进行了初步考察。首先把服务外包定义为产品生产过程内部投入性服务流程从企业内提供转为企业间购买的过程，从6个方面刻画当代服务外包特征性表现，即：(1) IT服务外包（ITO）引领潮流。(2) 商务流程外包（BPO）推波助澜。(3) 服务外包出现离岸化或国际化趋势。(4) 新型国际化服务外包企业脱颖而出。(5) 服务外包对一国经济发展战略意义已经展现。(6) 服务外包成为经济全球化新趋势和争论新热点。

该文侧重从服务工序流程分工潜在利益与额外成本比较角度对服务外包提供一个分析框架，并结合当代技术革命、体制政策以及市场竞争环境演变背景，采用历史与逻辑相一致方法为当代服务外包兴起提供一个观察和解释思路。该文认为对当代服务外包发生机制问题研究，可从“服务外包的利益”、“服务外包的成本”、“改变利益和成本平衡因素”等3个相互联系的问题分别进行考察。服务外包的利益来源有：比较优势效应、规模经济效应、经验经济效应、结构“瘦身”效应等，而服务外包的成本约束有运输和商务旅行成本、信息交流成本、潜在风险成本、协调生产供应网络运行发生交易费用等。

服务外包研究对于从产品内分工视角把握当代经济全球化本质特征提供了新鲜素材。过去几十年世界经济格局最重要的变动，就是经济全球化浪潮不断推进并展现出与历史上曾经的全球化进程迥然不同的当代特征。从经济分析原理看，分工是经济联系的基础，当代经济全球化特征会在分工类型演变中得到体现。当代国际分工展现出一个引人注目的特征，就是很多产品生产过程包含的不同工序和区段，被拆散后在空间上分布和展开到不同国家去进行，形成以工序、区段、环节为对象的分工体系。

当代服务外包对中国以及其他发展中国家具有实践和政策示范意义。服务外包发展意味着服务分工深化，发展中国家实行鼓励和促进服务外包政策，有助于通过提升服务生产效率以更好实现经济发展和追赶目标。服务外包兴起意味着服务生产方式发生“可贸易性革命”，发展中国家积极承接国际服务外包，有助于获取自身发展需要的技术、知识、人才和市场条件。研究理解服务外包的经济学属性特征，对深化国内服务业分工和承接国际服务外包以实现上述政策目标，也具有认识借鉴意义。（赵国飞）

《当前中国宏观经济的新挑战》

余永定　著

《国际经济评论》2007年第5期

14千字

中国经济的总体形势依然是良好的。2007年很可能将成为自2003年以来高增长、低通胀的第五个年头。但我们也必须看到，当前中国经济通货膨胀形势显著恶化、资产泡沫膨胀变本加厉。通货膨胀与资本泡沫已经形成相互推动、相互加强的形势。“两价（物价和股价）互动”的加强有可能使我们对两者同时失去控制，从而也对实际经济的发展造成严重影响。

严重的通货膨胀将使价格信号失效，使经济秩序陷于混乱。在近期内，控制通货膨胀应该是宏观经济政策的主要目标。面对通货膨胀率上升和资产价格疯狂上涨同时并存的态势，由于通货膨胀同资产泡沫已开始形成相互作用、相互推动，竞相攀升的局面，除了进一步紧缩之外，宏观管理当局没有其他选择。

从宏观经济学的角度看，导致资产价格疯涨的主要原因是“流动性过剩”。自进入新世纪以来，出现了全球性流动性过剩。但是，流动性过剩是可以在一夜之间变成流动性不足的。中国的流动性过剩有两个主要来源。其一来自中国国际收支不平衡和人民币汇率的缺乏灵活性所产生的新流动性。其二来自中国货币需求函数变动所激活的已经冻结的旧流动性。由于长期以来中国货币供应增长速度大大高于经济增长速度，中国居民被动积累的储蓄存款余额数量巨大，如果政府对资产价格的上涨不加干预，如果外部条件没有重要变化，“存款搬家”（加上外部投机资本流入）还会继续下去，股市、房地产价格还会进一步提高。

在过去二十几年中，中国经济一直是在跌跌撞撞中前进的，而且取得了惊人的成绩。对于未来我们没有理由不抱乐观态度。但是，也应该看到，目前中国宏观经济稳定出现恶化趋势。管理当局正面临着比以往任何时候都更为复杂艰巨的挑战。无论是从经济增长速度、通货膨胀率还是资产泡沫的发展状态来看，中国经济已经趋于过热。今后一段时间内的宏观政策目标应该为：不惜一切代价制止通货膨胀率的进一步上升、把资产价格上涨限制在一定的动态区间内。可以考虑公布数量化的宏观经济政策目标。2007 年和 2008 年世界经济的发展还存在极大的不确定性。美国次贷危机及其后果的显露还只是冰山上的一角。国际资本流动方向的突然改变，美国经济的显著滑坡，对中国未来经济的发展将产生重要影响。届时，中国的宏观经济政策组合也可能需要做出重大调整。

（赵国飞）

《短缺与可持续双重视角下资源开发补偿机制研究——兼论我国资源型城市可持续发展的长效机制》

路卓铭　沈桂龙　于蕾　著

《财经研究》2007 年第 9 期

10 千字

资源价格和收益分配关系的长期扭曲，使我国面临的资源能源与生态环境约束日趋严重，并且集中反映在我国越来越多的资源型城市过快地走向“矿竭城衰”的问题上。资源开发补偿机制的建立和完善已经刻不容缓！该文试图从矛盾的聚焦点——资源城市可持续发展的长效机制入手来探讨资源开发补偿机制的概念内涵与框架构建。

首先，将目的与手段相统一，给出了机制的科学内涵，并将其与资源开发历史补偿机制进行了概念厘清：资源开发补偿机制是为实现资源城市可持续发展，并促进资源的合理开发和可持续利用，国家在资源开发的过程中，要在市场定价的基础上，采取法律的、经济的和行政的综合措施，建立起经济、社会、生态效益相统一的政策生成、实施和监控体系。

其次，基于资源价值及其构成的理论探讨，深入剖析了建立该机制的两大要点“资源价值完全实现”与“资源收益合理分配”及其内在逻辑。资源价值定性源于效用价值论；资源价值的量不仅取决于社会生产与再生产，而且取决于自然生产与再生产和资源供求关系；资源主要价值构成取决于社会历史条件。在市场经济条件下，资源价值完全实现是建立资源开发补偿机制的必要条件，资源收益合理分配或者说资源开发相关主体得到应有补偿是充分条件。当前改革实践中，资源价格形成机制改革与资源税费制度改革是建立与完善资源开发补偿机制的两大难题。要实现资源完全价值，必须分两步走：一是资源税费制度改革，借以理顺资源的收益分配关系，使与资源开发相关的各利益主体都能获得合理补偿；二是资源产品价格形成机制改革，将由行政干预为主且明显偏低的价格转变为由市场作用为主能反映资源完全价值和供求变动的价格。当然，这两步不是绝对谁先谁后的关系，而应该互为补充、交叉进行。

最后，就资源价格形成机制改革与资源税费制度重构这两大基本问题提出了政策建议和框架性战略设想。一是加快改革，建立政府适当干预下市场化的资源价格形成机制；

二是推进资源税费制度重构，实现对各方特别是对资源型城市的合理补偿；三是积极试点，抓紧完善，争取“十二五”期间全面推开。（赵国飞）

《服务业外包与中国新经济力量的战略崛起》

刘志彪　著

《南京大学学报（哲学·人文科学·社会科学）》2007年第4期

13千字

中国外向型经济发展正在从以全球价值链低端的制造业外包为主，向现代制造业外包和承接服务业外包并举转变。目前，外包活动正逐步从实体性活动转向非实体性活动，服务业外包由此成为新一轮国际产业转移的重点和热点。

服务业外包：中国进入“平坦化”世界的曙光。外包是世界“平坦化”的显著特征和动力，尤其是跨国公司内部服务业的外包，是目前国际经济贸易领域中发展的最强劲趋势，使以中国和印度等为代表的发展中国家有了深度进入“平坦化世界”的新机遇。此外，“微笑曲线”两端的高级生产者服务业出现了大规模的外包趋势，这意味着高附加值的知识产业在全球的扩散效应正在加强，意味着中国有机会、有条件进入更深层次的全球经济一体化进程。

发展服务业外包：中国外向型经济升级的转折点。从科学发展、协调发展、和谐发展的角度看，及时地从发展低端的制造业外包，向发展服务业外包转换，对中国经济增长新动力的崛起，是中国经济结构调整和增长方式转变的重大机遇，也是中国从更深层次加入全球化经济的一次具有转折点意义的战略抉择。大力发展服务外包产业，应该成为国家层面的战略谋划。

服务业外包：助推中国经济力量崛起的新国家战略。中国服务业外包上升空间极大。在新一轮经济全球化过程中，服务业外包应该成为中国经济增长的助推器。第一，外包，特别是复杂产品、高技术产品和知识密集型的现代服务业外包，溢出效应往往比较大，便于中国承包企业学习和掌握发包者的核心技术、知识、经验和技能。第二，服务业外包的发展，有利于改善中国企业作为劳动密集型产品供应商的市场地位，获取产业发展的主动性。第三，发展服务业外包，是逐步解决中国区域发展不平衡问题的最佳工具。第四，发展服务业外包，有利于中国尤其是以北京、上海、广州为代表的城市群形成以现代服务业为中心的城市功能结构，有利于中国在全球分工体系的转变。

为了在全球化进程中抓住新的发展机遇，中国政府的决策者应该运用逆向思维方式，从发达国家担心外包可能带来风险这个角度进行反向思考，由此决定如何进一步改善发展外包服务业的制度环境和硬件基础。中国应该把制造业乃至改革开放的经验教训，运用到承接服务业外包方面来；通过制度环境的改善，充分利用人力资本的优势，为外国发包企业提供优良的增值服务；充分利用外资在华不断增长的制造规模，通过其关联关系和互动机制，吸引服务业FDI、技术和知识；抓紧制定鼓励服务业外包发展的政策和规制，营造发展服务业外包的政策平台。

（赵国飞）

《构建后 WTO 时代金融稳定的长效机制》

何德旭 著

《当代经济科学》2007 年第 1 期

15 千字

历史经验表明，防范金融风险、保障金融稳定，不仅是一个金融企业稳健经营的首要前提和基础，而且事关一个国家金融和经济的稳健发展，事关一个国家政治、经济和社会的持续稳定。我国金融市场对外开放的步伐明显加快，对外开放程度也显著扩大。这样，造成金融不稳定的因素不断增多并日趋复杂，金融稳定的难度也将大大增加，从而金融稳定的重要性和紧迫性就更加凸显。这在客观上要求构建一种促进金融稳定的长效机制。

该文首先对金融稳定进行了界定，认为金融稳定包括：货币供求均衡从而币值（通货）稳定；资金借贷均衡从而信用关系和秩序稳定；金融企业在无外界援助或干预下能够履行合同义务从而金融机构稳定；金融资产价格稳定并能够反映经济基础因素从而金融市场稳定；国际收支平衡从而汇率基本稳定；金融体系内部不同系统之间协调、并与经济和社会及其发展阶段有良好的适应性从而金融结构稳定。在这样一种金融稳定状态之下，金融市场平稳，金融运行有序，金融监管有效，金融体系能够较好地履行其配置资源、分散风险、便利支付清算等经济职能，而且在受到内外部因素冲击时，金融体系整体上仍然能够平稳运行。近些年来，世界各国和一些国际经济组织都推出了一些方法来对金融部门的稳定状况进行评估。

进入后 WTO 时代，我国的经济、金融环境都会发生新的变化，特别是金融稳定将面临一些新的挑战。目前来看，影响金融稳定的新的因素主要有：外汇储备过高情形下货币政策稳健性难度加大；产能过剩条件下银行不良资产增加；汇率机制弹性增强以后人民币升值的影响；金融全面开放背景下外资金融机构的冲击等。

最后，该文指出后 WTO 时代，实现金融稳定不能仅仅依靠或寄希望于某些短期的、临时的应急措施，而需要建立一种长效机制。这就要求除了平时密切关注金融开放条件下的金融运行状态并采取相应的对策（如预防、救助、危机处置等）以外，更为重要的还是要通过深化金融改革、加快金融创新和健全法制规范来促进金融业自身的稳健发展，增强和提高金融体系整体抵御金融风险的能力和竞争力。 （赵国飞）

《国有控股公司利益相关者合作与财权安排》

张兆国　周继军　罗勇　著

《武汉大学学报（哲学社会科学版）》2007 年第 5 期

8 千字

利益相关者合作逻辑的基本思想就是企业要为各利益相关者服务，而不仅仅是为股东服务；企业的利益是各利益相关者的共同利益，而不仅仅是股东的利益；企业的所有权安排要平等地对待各利益相关者，而不是把企业所有权集中地分配给股东，这与“股东至上”逻辑是决然不同的。按照利益相关者合作逻辑在公司建立共同治理机制，是现代市场经济的内在要求，是公司治理研究的前沿课题。

该文认为：企业财权是企业所有权的核心内容。按照利益相关者合作逻辑，企业财权安排有如下特征：企业财权安排的分散对称性，一是企业财权应由各利益相关者共同分享。二是对每个利益相关者来说，财务收益权和财务控制权都要对称性地加以分配；企业财权安排的状态依存性，即企业处于不同经营状况时，就对应着不同的治理结构；企业财权安排的层次性，可将企业财权安排的对象分为外部利益相关者、经营者、财务部门和一般职工四个层次。企业财权安排就是在这四个层次之间展开的。

公司财权安排是公司治理结构所解决的关键性问题。目前，我国国有控股公司普遍存在的国有股“一股独大”及其主体事实上“缺位”，造成公司治理是“政府干预下的经营者控制”型。其表现主要有：“政企不分”的现象仍较严重；股东大会不能有效地行使职责；董事会制形式化问题仍然存在；监事会难以有效地行使监督职权；经营者的控制权与剩余索取权不匹配；等等。该文认为：“政府干预下经营者控制”型的公司财务治理机制与我国国有企业改革所遵循的“股东至上”逻辑有关。我国国有控股公司的财权安排基本上是遵循“股东至上”逻辑，造成财务决策效率低，内部人控制问题严重。因此，要突破“股东至上”逻辑，就必须按照利益相关者合作逻辑，在国有控股公司的财务方面建立共同治理机制，使各利益相关者都有平等机会参加公司财权的分配，即各利益相关者通过分享公司财务收益权来实现其产权收益；通过分享公司财务控制权来相互制衡，以保护其权益免遭他人侵害，从而达到长期合作的目的。其内容主要包括共同的财务收益分享机制、共同的财务决策机制和共同的财务监督机制等。（赵国飞）

《均衡汇率理论和政策新框架的再探索》

姜波克　著

《复旦学报（社会科学版）》2007 年第 2 期

11 千字

人民币汇率水平问题已成为国内外关注的焦点。人民币汇率水平屡有争议的原因之一是缺乏一个基于国情的汇率政策的理论框架。汇率受一系列宏观及微观经济因素所决定，因此，它的决定具有比价属性。其中，基本的长期因素是购买力平价，但购买力平价不是长期均衡汇率。汇率的变动也会影响一系列宏观及微观经济变量，因此，它的决定又同时具有杠杆属性。

该文从汇率既有比价属性又有杠杆属性出发，先以汇率和物价建立了一个基本模型，然后建立了汇率和以劳动生产率为代表的全要素生产率之间的关系。据此，该文指出：从长期看，若不考虑技术进步，一国经济增长是在名义汇率不断（对世界货币）下浮、物价水平不断上升、货币供应量不断增加的过程中实现的；均衡汇率可以是多重的，由此提出了“均衡汇率区间论”观点；汇率作为一种支出转换的工具，具有把（新增）国民收入的来源在国内市场和国际市场进行分配的功能。人民币汇率政策的目标是：从短期讲，是经济增长前提下的内部均衡和外部均衡的同时实现；从长期讲，是在汇率政策短期目标基础上，实现外延增长和内涵增长相平衡的总量经济增长。

最后通过汇率变动与外延经济增长和内涵经济增长相互关系的分析，初步构建了一个人民币长期均衡汇率的理论框架。该理论认为汇率下浮有利于外延经济增长，外延经济获得相对较快增长的过程中要让汇率上升；

汇率上升有利于内涵经济增长，内涵经济获得相对较快增长的过程中要让汇率下浮。在中国这样一个发展中的人口大国，汇率政策必须充分考虑内涵经济和外延经济的平衡增长。必须认识到名义汇率与实际汇率不可能也没必要始终保持一致。当名义汇率相对于实际汇率的低估或高估能沿着促进外延经济和内涵经济平衡发展的轨迹运行时，我们称这样的名义汇率水平就是长期均衡汇率。名义汇率作反向运动时会产生汇率失调，形成汇率失调的要素规模缺口或技术进步缺口。汇率政策的目标就是要避免这两种缺口的产生。当外延经济持续较快增长时，要适时让名义汇率上升以便促进内涵经济增长；当内涵经济持续较快增长时，要适时让名义汇率下降以便促进外延经济的增长，由此使中国经济的数量增长和质量增长获得平衡。

（赵国飞）

《李约瑟之谜、韦伯疑问和中国的奇迹——自宋以来的长期经济发展》

林毅夫　著

《北京大学学报（社会科学版）》2007 年第 4 期

22 千字

该文认为技术的不断创新是一个国家经济持续增长的基础。工业革命以前，技术发明主要来自于工人或农民在生产过程中的偶然发现，中国人口多，工人和农民的数量多，因此，在这种以经验为基础的技术发明方式上占有优势，这是中国经济在前现代社会长期领先于西方的主要原因。但是，随着技术水平的不断提高，新技术的发明转向了以科学为基础的实验，西方技术发明和经济发展的速度加速，中国和西方国家的技术差距迅速扩大。

在现代社会，作为发展中国家，中国拥有技术创新方面的后发优势，只要在经济发展的每一个阶段遵循比较优势的原则来选择产业和技术，中国将能充分利用与发达国家的技术差距，以引进发达国家的先进技术，消化、吸收再创新的方式来取得技术升级，这样技术创新的成本较低和风险较小，技术升级的速度会较发达国家快。然而，就像二战后的其他社会主义国家和发展中国家一样，为赶超发达国家，新中国选择了违反当时要素禀赋结构所决定的比较优势的发展战略，试图在资本极端稀缺的条件下优先发展资本密集型重工业，导致优先发展部门中的企业在开放竞争的市场中缺乏自生能力，只有靠政府以扭曲各种要素产品价格、利用行政配置资源的方式才能将这些没有自生能力的企业建立起来，这种计划经济的体制固然可以使中国在贫穷落后的基础上建立起现代化的工业体系，但是，也必然导致资源配置效率低下和工人、农民缺乏积极性，经济发展绩效差。

改革开放以来，中国以双轨制的渐进方式进行改革：一方面继续给予传统的赶超部门中不具自生能力的企业以必要的保护补贴，并根据改革的进程和条件的成熟而改革原来计划体制下的各种扭曲，使得经济得以维持稳定；另一方面，提高工人、农民的积极性，增加农户和企业可以自主支配的资源，并放松对原来受到抑制的具有比较优势的产业部门的准入，使得中国经济得到快速发展。然而双轨制的渐进改革使得原有计划体制和市场体制之间出现某些制度的不配套，导致经济的周期波动、金融体系的脆弱以及收入分配的恶化等诸多问题。因此只有完成传统赶超部门内缺乏自生能力企业的改革，消除计划体制中各种制度扭曲存在的原因，中国才能全面完成向市场经济的过渡，并充分利用后发优势使经济在未来较长时期内实现又好又快的发展。（赵国飞）

《两次经济全球化时期主导国家国际收支的根本差异》

王信　著

《国际经济评论》2007年第3期

10千字

目前，国际经济不平衡问题引起世人的普遍关注。1870—1914年第一次世界大战爆发期间，也曾出现国际经济金融一体化现象。但当时最强大的英国经常项目持续顺差，后来居上的美国也多年顺差，对外净输出资本。该文从国内经济状况、金融市场发展和货币制度等角度进行初步的比较分析。

第一次经济全球化时期，英国和后期的美国大量对外输出资本，而不是从国外融资，主要取决于三个因素：国内经济状况尤其是储蓄和投资的变化，金融发达程度，以及实行的货币制度。具体来说，当时英、美经济发展和收入水平较高，储蓄增长较快，有条件大量输出资本。特别是英国实力相对下滑，国内投资机会有限，更要向外寻找投资机会。从金融发展来看，英国有条件凭借发达的金融市场和英镑的国际地位等从国外大量融资；但美国金融体系还很不完善，很难做到这一点。无论如何，从货币制度来看，英、美两国受金本位的制约，不可能长期实行宽松的财政、货币政策，大量从国外融资。尤其是英国如果这样做，就会对国际金本位制造成致命打击。

在经济一体化再次席卷全球的今天，最强大的美国却成为世界最大的债务国。究其原因，一是美国金融市场高度发达，地位和作用前所未有；二是美元在国际货币体系中的地位远超昔日英镑，进一步强化了美国的金融优势；三是美国摆脱了金本位制的约束，美元浮动一定程度上还可自动缓解美国国际收支压力；四是美国的综合国力仍大幅领先，支撑着美元的国际地位；五是不少新兴市场经济体和发展中国家积累了大量储蓄，为美国借债创造外部条件。

该文认为，上述有关美国国内经济、金融发展和货币制度的因素短期内不会轻易改变。这决定了在世界局势不发生重大变化的情况下，美国还会继续从国外大量融资，国际经济不平衡很快出现剧烈调整的可能性较小。但值得关注的是，金本位制下各国实行审慎的经济政策、危机时期相互救助的黄金时代毕竟一去不复返。在经济全球化迅猛发展的同时，美国的软约束仍在继续，国际经济不平衡加剧，始终是较大的隐患。经济全球化进程曾出现大倒退，面对国际形势的风云变幻，我们没有理由过于乐观。

（赵国飞）

《论企业国际化成长的维度和战略——一个关于跨国公司成长的分析框架》

彭迪云　甘筱青　著

《南昌大学学报（人文社会科学版）》2007年第2期

10千字

企业国际化是国内企业参与国际分工，成长为跨国公司的过程。它是一个双向过程，包括内向国际化和外向国际化两个方面。“内向型”国际化是指以国内市场为基地，通过“引进来”的方式参与国际资源转换和国际经济循环，而“外向型”国际化则是指以国际市场为基地，采取“走出去”的方式参与国际竞争和国际经济循环。

该文认为外向国际化是企业重大的战略性措施，对外直接投资是外向国际化的主导和核心。国际化是实现企业持续成长的重要途径。企业国际化成长是一个复杂的动态过程。对企业国际化成长的判定，不能仅仅以某一企业海外业务的多少为标准，而应该结合企业职能和结构等的变化从多维的角度加以考察。

企业的国际化战略被认为是企业的关键战略。企业在国际化过程中的战略决策对其生存和发展起着决定性作用。它为企业成长提供了开放的机会、规模经济、范围经济以及比较优势。因此，该文认为企业的国际化战略定位可以确定为企业国际化成长的又一个分析维度。企业的国际化战略定位在企业国际化成长的不同阶段以及成长的不同水平的企业中均有所不同。国内企业成长为跨国公司的战略模式，有其共同性的演化规律。随后，该文分析了企业国际化的进入战略、决策战略、生产经营战略、扩展战略和成长战略。

在全球经济一体化和国内竞争国际化的背景下，国际化正在成为我国企业发展战略的重要组成部分。我国企业国际化发展的动因和目标主要有：海外上市；获取自然资源；获取技术；获取市场。该文认为我国企业的国际化模式可归纳为基于市场战略、资本战略、技术战略、资源和一体化战略等四大类24种基本模式。

培育一批具有国际竞争力的跨国公司是中国工业化必须实现的重要目标。作为后发展型国家的跨国企业，我国企业国际化面临着市场化与国际化的双重任务，其国际化必然有着与发达国家不同的特征与路径选择。因此，应该在总结发达国家企业成长经验的基础上选择恰当的成长模式，政府也需要制定和实施有利于企业“走出去”并获得成功的政策框架和保障机制，以加快我国企业国际化发展。（赵国飞）

《企业社会资本的功效结构：基于中国上市公司的实证研究》

石军伟　胡立君　付海艳　著

《中国工业经济》2007年第2期

15千字

与政府的联系、组织的社会网络资本和特有的关系资本构成了企业的社会资本。该文根据中国社会科学院公布的《中国企业竞争力报告》选取了2002年具有综合竞争力数据的97家上市公司。该文假设企业拥有的社会资本越多，与政府的关系越好，拥有的组织社会网络资本和特有关系越多，将会获得越来越好的经营绩效。在获得经营绩效过程中，国有企业在利用政府关系和获得社会评价方面更有优势，而非国有企业则在组织特有的关系资本方面更显优势。基于上述假设，文章从企业与政府的关系、组织社会网络资本和组织的特有关系资本等三个方面来测量企业社会资本，将所有制、企业历史、产业差异和地区差异作为控制变量，选择资产报酬率（ROA）和销售收入（SR）来度量企业的绩效，进而对社会资本与企业绩效的关系进行了实证检验。

研究结果表明：企业社会资本对销售收入的提升有着正面的促进作用，但对经营质量（如资产报酬率）的改善却没有明确影响。具体而言，在扩大销售收入过程中，组织的社会网络资本作用最大，特有关系资本次之，与政府的关系是第三位的。作者进一步发现，国有企业比非国有企业在政府关系的利用和获得有利社会地位方面更有优势，但在组织的特有关系网络建设方面却呈现不足。

作为一项探索性研究，该文的政策含义主要体现在：（1）该文引入了组织力量的因素来测量企业社会资本，认为嵌入在企业网络中的地位评价是一种社会资本，这可能会丰富现行的社会资本理论体系，使后者从关注连接、友谊、信任和人际关系等领域中扩展开来。（2）该文发现社会资本会对企业获得销售收入产生显著的正向影响，但对企业经济绩效质量改善却没有这种作用。这表明：企业社会资本有利于企业改善与外部关系行为有关的绩效，但对改善内部经营效率可能会无济于事。所以，作者建议管理者谨慎评价社会资本的功效，虽然不应忽视社会资本对企业绩效获得的贡献，但必须将之与其他要素综合起来运用。（3）企业应当用动态的眼光分辨不同种类社会资本（如企业家等个体层次的社会资本、组织层次的社会资本，等等。）对绩效改善的作用，应当在适当的历史背景下，重视对类型合适的社会资本的运用，或者注意各种类型社会资本之间的有机平衡。（赵国飞）

《区域合作的制度基础：跨界治理理论与欧盟经验》

卓凯　殷存毅　著

《财经研究》2007 年第 1 期

10 千字

区域合作是促进区域协调发展的重要形式。如何克服现有行政区划障碍与解决各合作方经济发展不平衡这“两个难题”是保证合作可持续发展的关键。解决这两个难题不是一个单纯的基于比较优势理论的资源配置或产业分工的问题，而是要建立合作的制度基础。

该文尝试从“跨界治理”的视角，借鉴欧盟的跨界治理经验，研究我国区域经济合作的制度基础，提出建立一个符合市场经济原则的跨界治理体系，为推动中国区域经济合作提供一种新的路径参考。该文所谓的“跨界治理”主要是针对区域经济合作中，政策工具运用及资源配置跨越行政区划边界的问题而提出的，是一种宏观层面的跨界治理。引入这一概念旨在强调：区域经济合作要打破行政区划的约束，突破不同行政区划的政府各自为政的“囚徒困境”；建立一种“软化”行政区划政府的“超政府”合作管理组织体制。在这方面，欧盟的合作就是典型的跨界治理案例。

作者将欧盟经验创造性地引入我国区域合作实践，构建“跨界治理体系”，对于重建区域协调机制是有益的，并以近年来兴起的“泛珠三角合作”为例说明建立“跨界治理体系”对于区域合作的重要性。根据欧盟经验，区域合作“跨界治理体系”应基本包括合作的组织机构及机制、激励机制以及相应的法治基础。这样，“泛珠三角合作”的“跨界治理体系”就包括：建立跨越行政边界的“合作体制”，从而模糊地理上的界限和传统行政边界；建立旨在缩小合作成员之间发展差距的发展基金；法律基础设施建设。这种思路与我国传统的区域经济合作模式不同，它强调的是“跨界治理体系”的建立，而不仅仅是资源的互通有无，它是一个置于法治化轨道的政治经济体制的进一步改革。

最后，该文指出实现区域协调发展是全面落实科学发展观的最大难题之一。区域合作的挑战性来自于它需要我们摒弃传统的合作思维模式，以一种更加宽广的视野去思考结构性的变革和制度创新。该文提出的“跨界治理”内涵下的协调机制和制度安排，有利于解决区域经济合作中面临的体制矛盾和发展不平衡的问题，促进区域经济协调发展。区域合作的目标不仅仅是实现商品及要素在不同区域间的自由流动，更重要的是基于制度安排区域间经济的协调发展。

（赵国飞）

《人民币升值利弊分析——基于企业成本收益变动机制研究》

陆前进　刘德斌　著

《财经研究》2007 年第 6 期

9 千字

该文分别从企业财务报表、出口商品成本构成和出口产品价格弹性等方面分析了人民币升值在当期和后期对企业的影响。研究发现，升值对企业的影响并非想象中那么严重，它只对当期企业财务状况有负面影响，而且这种负面影响会因企业差异而不同，而后期对企业和整个国民经济都有利。反对人民币升值的观点很多集中在升值会造成出口下降、顺差会变成逆差、经济增长放慢和大量失业等，其实我国贸易的特点是加工贸易占主要部分，这种“大进大出，两头在外”的贸易形式决定了这些情况不可能出现。从市场需求的角度来看，我国出口产品的价格弹性都较低，因而我国企业对产品在海外市场上的价格有一定的控制力，在人民币升值后，企业可相对提高产品的价格来增加收入，抵消由于升值引起的本币利润下降。所以，面对升值，企业具备一定应对能力，因而升值不会对其产生严重冲击，人们大可消除对人民币升值的恐惧。

维持汇率稳定在现时水平使我们付出的成本已越来越大，一个显著的成本就是货币政策在逐渐失去独立性，越来越围着贸易部门的需求转，而不惜牺牲非贸易部门的利益，这就抑制了非贸易部门的发展，最终将使整个国民经济受到损害。为了维持货币供应的稳定，国家一方面通过对冲操作来回笼货币；另一方面是紧缩银根，虽然我们保持了货币供应总量的稳定，但是货币持有量在贸易和非贸易部门间的分配发生了变化，贸易部门资金盈余，而非贸易部门资金紧缺，从而提高了非贸易部门的资金成本，抑制了其发展。

基于上述分析，该文认为人民币升值对企业的影响并不像想象得那么严重，从长期来看会对企业有益，因此升值对我国经济的宏观冲击不会太大。人民币主动升值不仅可摆脱把汇率维持在现时水平的成本，还可带来其他的收益，如重新取得货币政策的独立性，缓解非贸易部门的资金紧缺状况，促进非贸易部门的发展等。对于升值的幅度，作者认为升值太小解决不了问题，而且在人们预期的推动下，升值压力反而会越积越大，最后问题可能会更严重。因此一次升值相对较大幅度应当具有一定的可行性。

（赵国飞）

《社保基金违规的制度分析与改革思路》

郑秉文　著

《中国人口科学》2007 年第 4 期

19 千字

该文通过透视社保基金的不同违规情况，

对中国社保制度存在的制度缺陷进行分析。该文认为，社保制度设计的不科学与存在的问题是导致社保资金违规的根本原因，主要表现为社保统筹层次太低，投资制度不合理，立法缺位等。该文认为目前中国社保资金面临的主要是管理风险和制度风险；风险控制的关键在于改革基本社保制度的大框架：

一是要大幅调整和改造统账结合的制度结构，使其能够提高统筹层次。要想防止社保基金违规，就必须深化社保制度架构的改革，这是杜绝社保基金违规现象的制度保证。鉴于统筹层次在相当程度上决定了社保基金安全性的现状，为减少潜在"风险点"和"风险源"的概率，使其能够在可控范围内，作者认为应实施提高统筹层次的"两步走"战略，第一步就是在几年内尽快实现省级统筹。当前征缴体制的"条块双重割据"状况是导致社保违规的有一个重要风险源，逐渐改变目前社保供款征缴双重体制是提高统筹的必然要求。

二是要尽快改革基金投资制度，以提高账户资金投资收益率。改革社保资金投资制度，统筹资金和账户资金分类投资管理，这是统账结合社保制度的一个基本特征，是实现统账结合社保制度财务可持续性的一个基本要求，是提高替代率和反贫困的一个主要措施，是规避社保资金风险的一个重要保证。该文认为在目前统账结合制度下，将账户资金独立出来，实行中央集中统一的市场化投资，既有必要性、紧迫性，又有可行性。账户资金投资制度如不改革，既不能解决账户基金的增值保值问题，又加重了银行系统流动性过剩的压力，间接地起到了为内需不足"火上加油"的作用，成为经济发展需要解决的最突出的挑战，甚至威胁到经济的可持续发展。作者认为应采取中央政府投资管理的账户基金营运模式，由劳动和社会保障部门单独建立一个机构，专门负责全国账户基金的营运。

三是要加快立法进程，加强监管制度建设。任何一个国家的社保制度运行成本都是以立法的形式固定下来的，我国也应逐渐通过立法规范社保制度行政管理成本及其经办机构的经济行为。此外，监管力量薄弱也是导致社保基金违规的主要原因之一，因此要加强监管力度以确保社保资金安全性。（赵国飞）

《试论产业集群租金与产业集群演进》

藏旭恒　何青松　著

《中国工业经济》2007 年第 3 期

12 千字

该文提出了产业集群租金的概念，并将产业集群租金按源泉分为地理租金、产业租金和组织租金。作为一种特有的资源组合方式与特定的生产组织形式，产业集群存在"组织租金"。该文将生产要素只要接近特定空间就能获得的租金称为"地理租金"。在不同集群中单位生产要素所获得的租金数量可能不同，该文将这种租金称为"产业租金"。作者认为广义的产业集群租金就是生产要素在集群内部获得的地理租金、组织租金和产业租金之和。

在上述分析的基础上，该文认为，产业集群的产生是因为该地区产业集群租金的存在，这种租金往往是当地文化习俗、传统工艺、信息技术外溢以及政府推动等因素影响的结果，当生产要素在该地区预期能够获得地理租金与产业租金时，集聚就会发生，产业集群萌芽由此而生。随着产业集群租金主要来源由地理租金、产业租金向组织租金转化，产业集群由非正式集群向有组织的产业集群演变，当创新租金成为产业集群租金的重要来源时，产业集群演变为创新型集群。产业集群租金是产业集群存在的理由，租金的耗散则会导致产业集群的衰败。但是，创新尤其是革命性的技术创新，有可能从根本上改变产业集群生命周期的路径。可持续的产业集群租金是在经济非均衡状态当中通过创新实现的。创新的本质就是产业集群内企业在市场的某种失衡当中发现机会，通过创新获得租金。随着经济失衡程度的下降，产业集群得到的创新租金逐渐耗散，生产要素的边际收入再次趋于递减，直至下一次创新的来临。创新使要素的报酬在这种从均衡到失衡、再从失衡恢复到均衡的循环往复过程中，演绎一轮又一轮的分工与报酬递增的故事，要素报酬表现为波浪式的递增，并基于因果累积循环机制不断集聚，促进产业集群的壮大。所以，创新租金是产业集群租金不竭的源泉，创新才是产业集群生命中的永恒动力。

产业集群不仅可以通过生产要素在空间的自由流动集聚而成，也可能是空间黏滞性要素在追求产业租金的动力下，通过产业之间的转移（由低利润产业向高利润产业转移）形成产业集群。显然，如果产业集群是由区域外流动要素和区域内要素共同集聚的结果，那么无疑其形成过程会加速。所以，降低市场进入壁垒和地区市场分割，减少地方本位主义的行政干预，可以促进集群的成长。作者建议各地发展产业集群必须与当地社会经济条件有机结合，重视地理租金的作用，同时要积极促进组织租金发挥作用，并引导产业集群向创新型集群演进。（赵国飞）

《双赢的中美经贸关系缘何被扭曲》

李若谷 著

《世界经济》2007 年第 9 期

16 千字

中美经贸关系总体上实现了双赢，中美经贸关系的双赢格局具有坚实基础，中美两国也确实从双边经贸关系中分享了巨大的利益，但也不可避免地存在一些问题，其中贸易失衡问题引人注目，受到了多方责难。在对这些指责进行分析的基础上，该文认为美国巨额贸易逆差的原因主要不在中国，而是其内部经济失衡的外部表现；中美贸易失衡也并非是因为中国的不公平贸易行为，而是国际产业转移的结果，反映了双方不同的比较优势；中美贸易关系不仅没有减少美国的就业，还给美国带来了巨大的经济利益和较低的失业率。也就是说，双赢的中美经贸关系实际上是被美国少数人单方面地扭曲了。

该文通过对美国一些官方和非官方报告的研究，结合实际数据和事实进行分析，认为中美贸易失衡只是问题的表象，其背后则是美国作为世界上唯一的超级强国，与不断发展强大的中国之间的矛盾。经济全球化的出现，实际上是以美国为首的西方发达国家，从自身经济发展的需要出发，且不遗余力推动的结果。中国正是因为抓住了经济全球化的机遇，才有了经济的强劲增长。这种发展正在改变着后冷战时期所形成的世界政治、经济、军事和文化格局，从而在一定程度上引起了美国等西方国家的疑虑。这反映了美国和其他西方国家的一些人对中国快速发展和地位迅速上升没有思想准备，其首要的反应就是保护自己，努力防止中国的快速发展对国际格局及其既得利益构成冲击。

在上述分析的基础上，该文对中美贸易关系进行了展望，认为中美贸易失衡格局仍将持续；中美之间的产业分工格局将逐步由垂直分工转向水平分工；中美贸易摩擦趋于常态化；美国更多地从政治和安全角度看待中美经贸关系的做法短期内不会有大的改变；在中美贸易摩擦不断增加的同时，中美经贸关系的共同利益也在上升。最后，作者建议中美双方应努力与对方相融合，继续大力发展中美经贸关系，要让两国人民真正了解双边贸易的好处，积极降低中美贸易顺差，深入了解美国经济、社会，扩大共同利益，使中美经贸关系获得长远的发展动力。

（赵国飞）

《土地禀赋与农村劳动力迁移决策研究》

龙志和　陈芳妹　著

《华中师范大学学报（人文社会科学版）》2007年第3期

9千字

该文从土地对中国经济欠发达地区农户的重要性出发，探讨了农户家庭土地禀赋、相对贫困与迁移决策的关系，并利用调查数据计量实证了其提出的假说。该文首先对有关土地对农村劳动力迁移影响以及土地、相对贫困及农村劳动力迁移决策的相关研究进行了回顾。通过回顾，作者认为关于土地禀赋与农户迁移决策之间关系的研究并未取得一致的结论，且国内已有的有关土地与迁移的研究，都未曾考虑相对贫困带来的影响。文章认为土地数量对农户有绝对意义与相对意义之分，并提出假说：从土地的收入效应及要素替代效应来看，土地禀赋与迁移决策成U型关系。

随后，作者用江西、安徽、河南、湖北、陕西、四川、广西等7个省的调查数据，以家庭迁移人数为被解释变量，采用泊松回归模型来估计土地禀赋与家庭迁移决策之间的关系。土地禀赋是本文的关键解释变量。该文采用劳均土地数量和家庭实际可支配的土地数量来衡量，借鉴了Quinn（2006）对相对贫困的度量来定义相对贫困变量。

通过上述研究分析，作者发现：（1）劳均土地与家庭迁移决策成U型关系；（2）20世纪80年代出生的劳动力具有最强烈的外出愿望，该年龄段的女性劳动力外出倾向甚至大于男性；（3）26—35岁间的女性劳动力外出倾向明显降低；家庭老人替代年轻父母行使了照顾学龄前儿童的责任，这使得孩子对女性迁移的拉力作用得以弱化；（4）人均土地低于2.14亩左右的家庭，土地越多迁移越少；高于2.14亩左右的家庭，随着土地数量增加，家庭迁移人数逐渐上升。

该文的研究没有发现相对贫困与迁移之间联系的证据，作者认为这更可能是数据的局限而不是假说的问题，并进一步指出，检验相对贫困假说的一个可行的实证方案是选取那些目前仍以土地为主要收入来源、外出务工还不甚流行的村庄典型（如西部的很多农村），调查他们在迁移刚兴起时的家庭土地禀赋、收入状况等，这样就能很好地克服打工对家庭财富的内生影响，从而厘清相对贫困对家庭初始决策的影响方向及程度等。

（赵国飞）

《文化基因、信任模式与中国家族企业的管理专业化及国际化》

宋冬林 李政 著

《北方论丛》2007 年第 3 期

13 千字

在中国，家族企业是一种举足轻重的企业组织形式。本文认为，文化基因、信任模式，进一步说是“家文化”传统和血缘化、特殊主义信任格局决定了中国民营企业的家族化现状和管理专业化进程。作为家族企业制度变迁组成部分的管理专业化是文化上理解、环境上适应与学习的过程。从系统演化的观点来看，私营企业成长具有自组织性和路径依赖性，其优化选择应从初始条件的改变入手，当务之急是建立制度化信任。

家族企业组织是中国家文化的一个浓缩反映，在中小规模的家族企业内，家庭结构或家族结构成为企业组织的基本构架，家庭或家族的基本关系成为企业权力结构的来源。反映在企业的用人机制上，大致就是家长制、人情至上和三六九等的情况。受“家文化”基因的影响，中国社会在信任结构乃至用人模式上存在着自家人、自己人与外人的区分，这样的信任结构和用人模式决定了当代中国家族企业的控制权分布与配置。当代中国社会的信任模式是一种“血缘化”的信任。基于血缘化关系的中国家族企业在用人机制上，一般采取在老乡中招聘员工（虽然不是全部，但是占绝大部分）和在自家人里选拔干部（自家人优先）的模式；与此同时，“忠诚”与“才干”也是许多家族企业提拔内部人员的主要标准。

中国家族企业的国际化实质上可以归结为企业成长问题。基于血亲关系和泛家族化的特殊主义信任体系由于受建立长期关系合作的成本制约、价值认同的限制，难以根据企业成长的需要而无限扩展，成为家族企业管理国际化的“瓶颈”。推进家族企业的管理制度化，解决企业信任机制“瓶颈”，要求在家族企业内部的用人与管理实行“法治”，以代替“人治”。中国家族企业的管理专业化，更有赖于外部环境的改善，尤其是社会信任资本的积累和政府职能的转变。当务之急是建立一种与之相对的普遍主义的制度化信任模式。只有进行信任模式的痛苦嬗变，才能克服家族企业国际化的管理“瓶颈”，才能真正满足企业成长的管理需求。

（赵国飞）

《我国内部资本市场交叉有效模式的提出》

张德红 著

《求是学刊》2007 年第 4 期

7 千字

该文在充分讨论国内外内部资本市场的研究现状和实际运行情况基础上，提出我国内部资本市场定义应具有“仿社会主义市场经济”特征，并利用“市场经济”和“计划经济”的功能优势，进一步提出增强内部资本市场效率的交叉有效模式。

作者认为，内部资本市场（Internal Capital Market，ICM）有其产生和发展的客观基础和经验证据，但是，经验总结和理论研究还不成熟，甚至有“有效率”、“低效率”和“无效率”之争，尤其是对“社会主义现象”的理解存有“偏见”，没有深入研究我国企业内部市场交叉补贴现象的必然性和显著性。我国社会再生产资金运动因金融市场运行和公司内部资本管理的缺陷而低效或无效，成为国民经济发展的实质性障碍。因此，需要进一步研究社会主义性质对建立完善的内部资本市场理论体系的积极意义，进而提出我国企业内部资本市场的有效模式。

该文认为我国内部资本市场定义应具有“仿社会主义市场经济”特征。内部资本市场机制应在企业总部的整体宏观调控下对资源配置起基础性作用，通过内部转移价格杠杆和竞争机制，把资本配置到效益较好的部门和环节中去。因此，这种模式的内部资本市场基本上符合“有计划的商品经济”和“社会主义市场经济”的概念。

在上述分析的基础上，作者认为应建立一种内部资本市场“交叉有效模式”：即在一个企业组织内部建立“内部资本市场”，利用“计划机制”将每一生产经营过程的业绩同整个企业的业绩联系起来，评价整个企业的业绩，利用“市场机制”提高每一生产经营过程的业绩，最终实现企业整体价值的提升和社会总资本的周转效率。“交叉有效模式”可以使内部市场体系发挥比外部市场更好的功能。按照“交叉有效模式”设计企业结构和控制程序，能够使庞大的企业组织克服低效率和官僚主义状态，进而提高社会总资本效率。（赵国飞）

《信心、信任与信誉：和谐社会的制度资本》

李瑞娥　张慧芳　著

《西安交通大学学报（社会科学版）》2007年第1期

8千字

将信心、信任、信誉作为制度资本的重要内容，分析在博弈双方力量非对等状态下，利益分割的过程及结果对经济主体信心指数、社会信任度及信誉程度的影响，通过对三者之间的正外部性良性互动关系的分析，认为其发挥作用时产生的正外部性会增加有效制度的供给量，激发经济主体的创新意识与创新行动，由此引发的活力是社会稳定的磁场与社会和谐的潜力，进而提出政府、企业、个人对于制度资本的投资责任问题。

基于信心、信任和信誉的制度资本是构建和谐社会的重要支撑力。首先，信心预示着人们对当前与未来的美好希冀和憧憬，从而不断丰富着制度资本的内容；其次，信任是社会生活良性运行的保证；第三，信誉是现代市场经济有效运行的重要资本要素。从相互联系和影响看，信心、信任与信誉是一种动态的三维立体模型，它们之间的良性互动形成正外部性作用下的循环圈。

信心、信任与信誉之间正外部性的互惠是构建和谐社会重要的制度资本，任何一方的缺损都会降低制度效率。以信心、信任与信誉为内容的制度资本具有“柔性”的特征，是“经济人”在较长的时间内重复博弈的结果。在这一过程中，相互信任是合作博弈或重复博弈得以进行的基础，而信誉又是相互信任的保证，信心则是信任与信誉度的“内存”。如果博弈双方力量悬殊且起点非公平，或双方缺乏信任基础，必然使结果有失公允，进而影响到参与者的信心。力量不对等的博弈挫伤了弱势方的信心，降低了公众对政府的信任，毁坏了企业与政府的信誉。其长期存在的根源在于我们仍缺乏具有协调功能的制度资本。

制度资本的生成需要投资，而且是构建和谐社会不可“节省”的投资。该文认为，对制度资本的投资应该建立在政府、企业、公众的多元投资、风险共担、责任同承、收益共享的机制之上，具体而言，体现在以下几个方面：第一，政府的制度资本投资责任。首先政府应通过非人格化的立法和执法机构对重大的失信事件进行严惩重罚，依靠法律机制促使诚信机制的建立；其次政府必须通过政务透明和公众广泛的政务参与，取信于民、服务于民。第二，企业的制度资本投资责任。企业的制度资本投资应重在树立强烈的社会责任、环境责任与制度责任。第三，公众基于制度资本投资的心智模式培育，就是将公众意愿通过正常的维权途径纳入规则性程序之中，从而达到“下情上达”的结果，同时让公众理解政府、支持政府。

（赵国飞）

《要素集聚与中国在世界经济中的地位》

张幼文　梁军　著

《学术月刊》2007 年第 3 期

13 千字

要素集聚是全球化经济一种特有的资源配置方式，它构成了全球化经济的基础特征，也是生产要素在全球范围实现优化配置的具体体现。该文认为，作为全球化经济的基础特征，要素集聚极大地改变了世界经济的运行方式，推动了要素合作这一新型的国际分工形式的发展。

中国抓住了经济全球化的历史机遇，通过把世界资本、技术与管理等生产要素向中国集聚，实现了经济的高速增长。“要素集聚”是世界经济继中心外围结构、垂直分工和水平分工阶段后的新的历史阶段。中国对外开放的持续推进，消除了要素向境内流入的政策障碍，国内体制的不断改革，创造了要素集聚的市场和体制条件，构成了集聚各国广义生产要素的强大的引力场，从而形成了中国强大的要素集聚能力，使中国成为世界要素集聚最多的国家之一。该文认为，中国对外开放形成的要素集聚机制创造了世界各类生产要素使用和增值的共同机遇，这是中国对世界经济贡献的特殊方式。

要素集聚必然导致资本、生产和出口能力向中国的集中，这种意义上的所谓世界经济失衡很大程度上源于要素集聚，是要素集聚这种全球化经济的特有资源配置方式发生作用的必然结果。同时，要素向中国集聚及其带来的生产与出口的集中导致许多国家的相关产业受到冲击，并在一定程度上加重了全球经济的失衡。在世界经济体系进入全球化的今天，要素集聚能力成为目前中国重要的国家核心能力。在经济全球化的历史进程中，要素集聚能力的形成是中国国际经济地位和国家能力持续提升的基础和关键。但是，要素集聚能力并非现代国家能力的全部，而只是它的一部分。在当代世界经济条件下，要素集聚能力、购买能力和创新能力是三种类型的国家核心能力。总体上讲中国拥有前面的一个半。因此，中国需要扩大需求以增强进口能力；推进改革以形成体制与技术创新能力。此外，对中国经济来说，大量要素集聚使中国承担了“世界工厂”的重任，使世界发展的能源和生态环境问题也集中在中国。因此，要培育自身的高级要素以实现更高水平的要素集聚。（赵国飞）

《健全统筹城乡经济社会发展体制机制的若干政策建议》

李剑阁　韩俊　著

《改革》2007 年第 9 期

13 千字

健全统筹城乡经济社会发展的体制机制

是现阶段新农村建设的突破口，扎实推进新农村建设，必须在完善“少取”的基础上，加大“多予”力度，加快“放活”步伐，建立健全统筹城乡经济社会发展的体制机制。文章认为重点是做好以下六个方面的工作：

一是逐步建立健全适合我国国情的反哺农业的政策体系。该文认为农业生产比较收益总体上处于弱势。因此，增加农民收入，完善和加强各项惠农政策是十分必要的。同时，更要重视发挥市场机制配置生产要素的基础作用和调节供求的积极作用。

二是建立健全覆盖城乡的公共财政体制。该文指出公共品供给长期偏向城市、公共财政在农村缺位，使城乡居民在享受公共服务方面存在过大的差距。因此，应建立健全覆盖城乡的公共财政体制，明确各级政府的职责，建立投入保障机制，集中财力优先安排农民最急需、受益面广、公共性强的农村公共品和服务，增强农村社区组织和农民参与农村基础设施建设的积极性和主动性。

三是建立覆盖城乡的社会保障和救助体系。该文认为，农村社会保障覆盖的人口范围有限，保障水平低，保障项目少，保障具有应急性，缺乏制度化，与构建和谐社会发展的需要相比还有较大的差距。因此，作者认为应建立农村最低生活保障制度，加快普及新型农村合作医疗制度，积极探索农民基本养老保险制度，加快解决失地农民社会保障，解决好农民工的社会保障，完善农村社会救济救助制度，建立覆盖城乡的社会保障和救助体系。

四是健全农民工合法权益的保障机制。文章认为，当前关于农民工的政策和管理制度还没有真正摆脱城乡分隔体制的影响，距离平等就业、形成城乡统一的劳动力市场还有相当的距离。因此，应健全农民工合法权益的保障机制，首先进一步消除对农民进城就业的不合理限制和歧视性规定；其次加强劳动力市场制度建设；再次公平对待农民工，逐步形成惠及农民工的城市基本公共服务制度；最后允许和鼓励长期进城务工农民尽快融入城市，完成身份的转换。

五是建立符合农业特点和农民需求的农村金融服务体系。我国城乡金融发展长期不平衡，金融机构对农村信贷资金投放不足的问题长期存在，农村资金大量外流也很严重。因此，应建立符合农业特点和农民需求的农村金融服务体系，最重要的举措是引入竞争机制。

六是建立保护农民土地权益长效机制。该文认为，土地问题仍然是我国“三农”政策的核心问题，建立保护农民土地权益长效机制是新农村建设的一项重要制度性建设。首先依法保护农民的土地承包权；其次健全对被征地农民的公平合理补偿机制；最后依法维护农民宅基地权益。　　（赵国飞）

《知识型团队动态能力构建、团队体系模型与创新运作模式研究》

孙锐　李海刚　石金涛　著

《南开管理评论》2007 年第 4 期

8.5 千字

知识型团队是现代组织执行复杂创新任务的重要组织形式，也是组织进行知识创造、分享、学习以及整合的重要单元。该文从分析知识型团队与知识工作任务的匹配关系入手，在引入知识链及知识链网络等概念的基础上，探讨了基于知识链的知识型团队的动态能力构建机制，分析了围绕知识链网络的知识型团队结构体系模型及创新运作机理。

该文认为，通过建立高效的团队知识获取、共享和转移建设团队组织的动态创新能力，是适应现代复杂知识创新的有效策略。知识型团队组织是与知识性任务要求、知识工作特征相匹配的工作设计。

从事创新工作的知识员工往往面对不确定的任务情景和复杂的非结构化问题，由于知识具有分散化和专门化特征，知识团队内知识要素结构与特定知识性任务需求间的匹配以及团队知识表征与多样化情境的适应性是完成创新性任务的关键。这要求任务执行主体在知识功能上能够围绕核心能力对知识资源进行动态重构和能力调整，以提高对复杂性问题的解决效率。借鉴 Lin 和 Lin 研究的基本思想，作者提出了一种知识团队的知识链网络交换学习模型。通过知识链上的知识元联结，知识员工可以获得对公共知识交换系统中知识地图的资源引导。作为一种潜在的知识资源库，知识链网络在任务需求产生或改变时，将会帮助知识任务参与者与特定的智力资产相结合，在组织的制度、环境、物质和领导等创新资源支持下，实现关键知识资源转移和动态创新能力的构建。

知识型团队组织作为一种复杂的、具有适应能力的动态系统，其基于知识链的结构体系包括外围知识链网络层、组织支持网络层、团队辅助网络层与核心知识团队层。位于不同团队中的知识工作者的异质性知识联系所带来的智力交换是知识员工群体创新能力配置和升级的源泉。在知识专用性、价值模糊性和创新风险性的条件下，知识工作者在解决创新问题中与知识链网络的过程交互将显著增强团队问题表征、信息处理和知识集成等多方面过程能力。团队成员与知识链网络的交互过程中所形成的渐进式积累，将导致团队能力结构重心的动态转换，它不仅减少了组织创新资源的不对称，同时也提高了智力资本的利用成效。　　（赵国飞）

《中美经贸关系的新格局及其对双边关系的影响》

吴心伯　著

《复旦学报（社会科学版）》2007 年第 1 期

13 千字

该文认为，当前中美经贸关系出现了三大特征，即经贸纷争常态化、美国对华经贸政策安全化、相互依存深化和对称化。

近年来，中美经贸关系纷争不断，已成为中美关系主要的纷争之源。人民币汇率、知识产权保护、贸易不平衡、反倾销和纺织品设限等是经贸纷争的突出问题。作者认为，中美经贸纷争的主要诱因包括美国国内政治因素、美国国内贸易保护主义的抬头以及中国经济继续保持高速增长态势、中国经济实力的迅速攀升已引起美国的警觉。中美经贸关系发展所呈现的另一个特点，就是美国对华经贸政策安全化的倾向。总体上看，美国对华奉行的是“平衡防范性的对外贸易政策”，一方面与中国开展贸易以谋求经济利益，同时又采取防范措施以维护美国的安全利益，正是后者导致了美国对华经贸政策的安全化。作者认为，对中美扩大的经贸交往有可能衍生的安全问题的关注，导致美国国会在2000 年授权成立了“美中经济与安全评估委员会”。另一方面，中国企业在美国的商业活动也一再遭遇“国家安全”瓶颈。美国为了抑制中国力量的上升而试图放慢中国经济增长的步伐。近年来中美经贸关系的迅猛发展不仅加深了两国经济上的相互依赖，也使两国的依存关系变得更加平衡，美国是中国经济发展和现代化进程中的重要伙伴，同时美国在劳动力、市场和金融方面越来越依赖中国，中美依存关系更趋对称。

最后该文分析了中美经贸关系的上述特点对双边关系的影响。文章认为这些影响主要表现为：首先，经贸关系将继续支撑双边关系的发展，在双边政治和安全关系起伏不定的背景下，经贸利益能对双边关系起到稳定作用，发挥“压舱石”的作用。其次，经贸关系将是中美关系的一个主要的纷争之源。经贸问题将在双边关系日程上占有越来越突出的地位，两国政府将不得不投入越来越多的精力来管理经贸关系，包括调整各自经贸政策、强化双边对话以及建立新的磋商和处理机制等。最后，中国在双边关系中的博弈能力得到提升，美国在非经贸问题上对华使用经济杠杆的可能性和有效性都会下降；但是由于中国对美国的总体依赖仍然大于美国对中国的依赖，美国仍会不时地利用经济杠杆来影响中国的经贸政策，以促进美国的经济利益。（赵国飞）

《中国经济增长方式基本特征的方法论视角》

陈璋　著

《中国人民大学学报》2007 年第 3 期

8 千字

从经济学方法论角度看，近 30 年来中国经济持续高速增长有其深刻的、独特的基本特征，不能简单地应用西方经济学的基本分析框架来研究中国经济增长及增长方式问题，因为基本特征的不同取决于基本假设条件的不同。因此，我们可以借鉴西方经济学实证研究方法的原则和规范，但不能简单地接受西方经济学的有关基本假设条件。

该文认为，如何解释近 30 年来中国经济持续高速增长的数量问题是中国经济增长方式研究的基础和逻辑起点。从中国经济增长数量的角度看，中国的政治经济制度、生产力结构、科学进步机制、历史传统和经济基础等，都具有十分鲜明的特征，从而深刻地影响着中国经济增长的方式。

该文采用较为简单、平实描述假设的方法，初步提出影响中国近 30 年经济高速增长，同时又是西方经济学分析框架中没有的重要特征。（1）生产力不平衡结构特征。我国产业间生产力不平衡结构存在并有进一步扩大的趋势。同样的结论在我国发达和欠发达地区间，经济增长结构、工业内部增长结构、投资增长结构、收入增长结构等方面也明显存在。生产力不平衡结构及演变的存在是我国宏观经济最重要的基本特征，也是我国宏观经济许多重要现象产生的最基本原因，因此也应该是研究和描述我国经济增长及增长方式最重要的特征（假设条件）。（2）“引进科学技术机制”特征。我国科学技术进步主要是通过投资增长特别是固定资产的增长实现的，即主要通过投资引进新技术、新设备、新管理方式等实现的。这一特征是生产力不平衡结构特征形成和长期延续的客观因素，也是形成我国经济增长方式特征的基本因素。（3）计划经济的历史基础和传统特征。首先，从政治和经济体制改革的实践来看，虽然我国改革开放以来发生了深刻而巨大的变化，但基本框架在某种程度上仍被保留，某些重要影响和习惯仍然存在。特别是政治体制、国有经济、宏观调控行政手段等，仍与传统计划经济体制有着深刻的联系，这对我国经济增长方式的影响力和控制力是巨大的。其次，计划经济所建立起来的经济基础必然是我国近 30 年来经济增长的历史基础或起点。

该文的研究表明，在市场经济基本背景下，中国经济增长方式的确有着极为深刻的自身特征（基本假设条件）。这些特征表明，按照实证研究方法的要求，只有在正确提出中国经济增长的基本假设条件的基础上，才能形成具有中国经济特征的经济学的分析框架，才能真实地解释和研究中国经济增长方式问题，才能真正创新和发展中国经济学。

（赵国飞）

《资本弱化：理论、现状及其政策选择——基于中国的数据分析》

马海涛　龙军　著

《财贸经济》2007 年第 7 期

9 千字

在企业税改革即将全面实行的大背景下，有效开展反避税工作对于真正实现内外资企业税负统一，促进公平竞争意义重大。在众多的避税手段中，资本弱化手段因其隐蔽性和复杂性，一直没有得到足够的重视。因此，加强资本弱化问题的研究，尽快建立我国的资本弱化税收监管体系，有利于加强税收管理，减少经济运行的风险，促进国民经济的稳定发展。

该文先从理论上阐述了资本弱化背后的经济动因。该文指出资本弱化出现的原因是多方面的，如逃避外汇管制、规避外汇风险、避免双重征税等。但主流学术观点认为，企业通过资本弱化形成最佳资本结构，以规避税收，实现自身价值最大化是其基本的经济动因。

然后，该文分析了我国资本弱化的实际情况。该文认为：（1）资本弱化在我国外资企业是客观存在的，成为其避税的主要工具之一。目前实施资本弱化的主体是外资企业，而且有逐年加大的趋势。（2）我国的资本弱化现象可能愈演愈烈。内外资企业所得税的合并，使资本弱化的税盾效应更加明显，可能刺激外企的资本弱化行为。同时，随着股票市场的进一步规范，以往不规范融资行为必然大量减少，内资企业势必加大债务融资的力度。因此，今后防范以资本弱化避税的斗争可能会愈演愈烈。（3）资本弱化加速对于整个国民经济的影响已现端倪。资本弱化尽管给跨国公司带来多重利益，却造成了我国经济的巨大损失：严重侵害了我国的税收权益；恶化了我国的投资环境，对引进外资造成了负面影响；借贷资本的大规模进入，加大了我国经济运行的风险；资本弱化损害了合资企业的中方利益，便利了跨国公司低价收购内资企业。国际投机资金以债务形式进入经济的热点领域，进行投机套利操作，加大了我国经济运行的风险。尤其在银行业全面对外开放后，防范这一风险更为必要。

最后，基于我国两税合并、银行业全面对外开放的现实情况，作者就如何构建防范资本弱化的税收体系，提出了若干政策建议：一是采用固定债务/股本比率法的模式建立我国的资本弱化税收体系；二是加强金融行业资本弱化防范措施的研究；三是加强各种反避税措施的搭配和协调。　（赵国飞）

《资源约束变动与区域经济动态均衡发展——基于广义资源视域与资源配置力的考察》

傅允生　著

《学术月刊》2007 年第 11 期

10 千字

2003 年以来，在世界经济复苏与经济全球化背景下，以资源高消耗、投资高增长为基础的中国经济高增长，导致了国际市场资源价格大幅上涨与国内资源约束递增。受此影响，东部沿海自然资源相对匮乏的地区生产成本上升，经济增长趋缓；中西部自然资源富集地区投资持续增长，资源产业与地方经济得到快速发展。可见，市场供求关系变化引致资源稀缺的结构性变迁与地域性转移以及地区经济竞争力的变化，使东中西部地区经济出现收敛趋势。这表明，在市场体制下，经济发展与市场供求关系变化会带来资源约束变动，地区经济增长与区域经济关系变动因此受到资源供给的约束与资源配置力的影响。该文认为，市场供求关系变化能够增强稀缺资源富集地区的资源配置力（率），进而扩大产业集聚规模，提高资源配置效率与经济竞争力，带动地区经济发展，同时，引起区域经济关系变动。从这个意义上讲，地区经济增长与区域经济变动是一个动态均衡过程。

目前，政府、企业与学术界对中国经济增长中的资源约束递增已形成共识，建设资源节约型社会与大力发展循环经济已成为今后中国经济发展的路径选择与政策取向。文章认为这一轮由世界经济复苏与中国投资与经济高增长所引发的资源供给紧张与资源约束递增现象仍将持续。基于这种经济发展态势与产业发展背景，作者认为，上述资源约束递增所引致的地区经济发展与区域经济关系变动，是在经济发展过程中由资源稀缺的结构性变迁与地域性转移所引致的经济结构性调整，以及资源配置力（率）与经济竞争力的地域性变化，具有深刻的理论含义：(1) 在市场经济条件下，资源配置是以稀缺性为主导的要素组合与要素分配过程，其效率是由资源稀缺性与资源配置力（率）决定的。因而，稀缺资源尤其是对经济发展具有重大影响且起关键作用的主导性稀缺资源，是地区经济发展的竞争力所在。地区经济发展既要重视存量资源，更要培育增量资源，充分发挥主导性稀缺资源的资源配置力（率）优势。(2) 地区之间所拥有的稀缺资源、资源稀缺程度与资源配置力（率）是不均衡的，由此导致的地区经济离散使区域经济均衡发展难以实现。因此，有必要以财政转移支付来协调区域经济发展不平衡的矛盾。(3) 资源稀缺性由市场供求关系决定。由于市场供求关系难以锁定，地区资源供给与资源配置力处于动态变化之中，区域经济协调发展因而是一个动态均衡过程。

（赵国飞）

《中国农村金融现状调查及其政策建议》

中国农村金融需求与农村信用社改革课题组 著

《改革》2007 年第 1 期

18 千字

国务院发展研究中心农村经济研究部组织专家对农村金融问题进行了多次研讨，并于2005 年展开了覆盖全国29 个省（直辖市、自治区）的大规模实地调查，调查发现了我国农户、农村中小企业借贷、农村信用社的经营状况、金融服务及其治理结构、农村民间信贷等方面的一系列问题，并提出了改善农村金融服务的政策建议。

(1) 农户借贷状况与金融需求。绝大多数农户的金融需求主要是存款、贷款、保险等方面。调查发现，农户借款以小额为主，生活性借款更多地来自非正规渠道，主要用于看病、子女教育、婚丧嫁娶、建房等非生产性活动，而生产性借款则较多地由正规金融渠道满足，分为农业生产借款和非农生产借款；农民贷款难问题依然严峻。

（2）农村中小企业的借贷状况与金融需求。调查发现，大部分农村中小企业有外部借款行为，借款额度集中在1万—5万元，借款渠道主要是农村信用社和亲友，农村企业借款更主要的是用于短期的生产性周转；农村中小企业面临正规信贷约束，资金紧缺是企业发展面临的最主要矛盾。

（3）农村信用社的经营状况、金融服务及治理结构。调查结果显示，农村信用社的支农作用明显提高，经营绩效明显改善，信贷风险管理水平有所提高，农村信用社改革取得了初步成效，但仍存在一些问题，主要表现在对农村资金投入不足、资本充足率严重不足、不良贷款率仍然很高、股权过于分散、风险共担机制难以形成、民主管理流于形式等。

（4）农村民间借贷的现状与作用。农村民间金融分为两大类：亲友借款以及其他非正规借款。调查结果显示，农户融资优先次序依次为亲友借款、正规借款和市场性非正规借款；绝大部分民间金融活动具有微利互助性质；民间金融组织在农村经济中的渗透程度和服务范围还非常有限，金融功能受限。

针对上述问题，该文提出了改善我国农村金融服务的政策建议。一是完善农村信用社的治理结构和经营机制；二是创新农村金融产品和服务方式；三是引入竞争机制，推进农村金融体系整体改革；四是增加农村信贷资金投放，形成农村资金回流机制；五是发挥好农村民间金融组织的作用。

（赵国飞）

《金融开放格局下的外源性金融危机：危机源甄别及其政策含义》

李华民　著

《中国软科学》2007年第3期

14千字

在金融全球化格局下，金融危机特征发生了显著变化：一方面，损失惨重的金融危机几乎全部发生在新兴市场国家或者发展中国家；另一方面，金融危机从可能到现实，越来越表现为与国际短期资本流动方向的突然逆转具有紧密关联的外源性金融危机。文章认为，外源性金融危机的外源性因素有金融虚拟化与脱离经济基础、银行业开放、资本账户自由化、发达国家货币政策周期与国际货币流动性过剩等。

金融虚拟化与脱离经济基础而爆发的金融危机。该文认为，在现代金融品种创新和金融工具衍生推动下，金融市场大大超过了实体经济而迅速增长，金融越来越脱离实质经济而被虚拟化了，正在朝着独立自主的方向发展。这样，国家良好的宏观经济就不能成为金融市场稳健运行的强力支撑，使得金融危机在宏观经济体系外自我运行。

银行业的开放会加大外源性金融危机发生的可能性。该文认为引进外国银行机构与本国银行机构在本国宏观经济承受金融波动的基础上进行不公平竞争，由此会增加银行机构经营行为中的风险偏好，使整个银行体系变得更加脆弱。

资本账户自由化与外源性金融危机。文章认为在资本账户开放状态下，游移不定的国际炒作资本及其他闻风而动的短期逐利资本，对于东道国证券市场和汇率制度的冲击无以复加。

发达国家货币政策周期与国际货币流动

性过剩。该文认为发达国家货币政策的轴心国利益倾向使得全球流动性伴随主要储备货币供应国家的货币供应量或松或紧的周期波动。发达国家采取宽松的货币政策，使得过剩资本在全球无须流动，造成国际金融市场的震荡。采取出口导向战略的新兴市场国家的汇率水平稳定政策与企图，成为发达国家货币政策对新兴市场国家的货币流动性产生影响的扩放机制。

基于上述分析，该文认为外源性金融危机具有长期决定和短期致因：长期决定因素在于采取出口导向战略的新兴国家对外部资本以及外部需求的依赖；短期致因则是国际短期资本的无序流动。因此，作者认为转换经济增长方式，并由此弱化经济增长的过度对外依赖，是摆脱外源性金融危机的根本出路。推动汇率制度变迁的中国政府当局应当设置相应的风险释放机制。同时，要慎重解除对资本跨境交易的控制，提高金融监管的执行力。（赵国飞）

《完善国有经营性资产风险监控体系研究》

丁少敏　冯群力　著

《东岳论丛》2007年2期

10千字

对资产经营活动的监督是所有权和经营权分离后，资产所有者必然采取的维权行为。随着市场经济的发展，这种维权行为也开始被赋予了法律的形式，成为资产所有者法律权利之一。规范有效的监督也因此成为所有权和经营权分离的制度保障，监督缺位导致知名国有企业巨额资产流失的现象屡见不鲜。

国有资产监督机构的设置并未改变国有资产监督缺位现状。多年来，我国围绕资产所有者和经营者权益的划分、分离、制约和规范监督管理等进行了一系列的改革。2003年，国家成立了国有资产监督管理委员会对原分属国务院各部委管理的百多家国有企业，实行统一监管。之后，各省市也成立了国有资产监督管理专门机构，专门监管各地方国有企业资产经营情况。但是，国有资产监督管理机构只是资产所有权的职务功能人而不是利益功能人，它仅拥有代表人民对国有资产经营进行监管，不享有对资产的最终剩余索取权，从而导致利益功能人缺位、产权虚置和所有者缺位。

我国国有资产监督体系存在体制性缺陷，这是导致国有资产监督缺位的根本原因。尽管从形式上看，我国目前国有资产监督体系是由出资人监督、企业内部监督、社会监督三部分构成。但是，实际上，企业内部监督属于微观经营层次的自我监督，监督极其不力；而社会监督大都只对国资委负责。因此，实际上我国对国有资产的监督是以国资委为主，银行为辅的资产监督体系。目前，国资委的运行体系由管理体系（高管和产权管理）、运营体系（资本运营）、监督体系三大体系构成，而监督的有效性很大程度上在于监督职能是否贯穿于管理运营全过程（包括国资委层面上的），这就产生了出资人自己监督自己、监督主体和监督客体共存于一个组织单元中的怪圈。此外，国资委只是代表国家行使权力，并不是真正意义上的资产所有者，在透明度受限的情况下，信息不对称所导致道德风险问题也在所难免。值得注意的是，由于国资委只是政府的一个特设机构，并不是盈利性法人主体，因而不具备承担经济责任的能力和动力，无法对其追究经济责任。在透明度受限的情况下，对国资委的监督不足以及国有资产流失的经济责任无从追究这两大缺陷成为国资委监督体系的体制性缺陷。而银行监督系统又存在主体责任不到位、监督内容不全面、监督手段单一和监督行为不统一四大根本缺陷，使银行监督系统也很难对国有资产流失形成有效的防范。

该文按照所有权的层层代理制和大规模负债经营两大依据，遵循强化政府监督责任、提高资产运营的透明度和多手段干预企业的负债经营三大基本思路，提出要在观念上认识到国有资产安全问题的重要性和紧迫性、构建相对独立的国有资产安全监督体系和构建国有资产安全信息网络平台，引入金融信息和金融政策，强化国资风险监督控制三大建议。 （张唐槟）

《中国经济的双重约束与宏观调控》

姚先国 著

《中国经济问题》2007 年第 2 期

14 千字

改革开放后，我国经济逐步走向平稳，但在经济增长趋于稳定的同时，政府的政策导向却出现了“大起大落”。自 1995 年以来，我国宏观经济政策出现两次较大的调整：1997 年亚洲金融风暴后，为了应付需求不足而实施的宏观调控；2004 年，为了应付资源短缺所采取的政策调整。我国经济这种需求不足与资源短缺交替出现或同时并存的现象，表明我国经济运行同时受制于资源和需求的双重约束。

需求约束是市场经济的典型特征，资源约束则是计划经济的典型特点。两种约束并存或交替出现是转型经济的典型特征。现阶段经济运行出现的双重约束，证明我国经济还不是真正的市场经济，仍是典型的过度经济。

该文认为，针对于我国的经济发展趋势，资源约束是短期的，是一种特殊的现象，而需求约束则具有长期性和根本性。在我国现阶段，资源短缺只是一种表面现象，其本质是我国改革仍在继续，市场机制不完善，不能有效发挥资源配置的功能。造成资源短缺的直接原因是我国粗放型的经济增长方式，粗放型的经济增长方式的微观基础正是我国企业的低价竞争策略，而支撑低价竞争策略的环境基础主要是廉价土地、廉价劳动力和廉价的国有银行资金。正是这一扭曲的要素价格体系阻碍了我国增长方式的转变。而造成这一扭曲的要素价格体系正是政府的管制行为。面对生产要素稀缺性变化，政府采取了数量控制方式而并非采取价格调节方式。价格体系的扭曲必然造成利益关系的扭曲，并最终损害广大工人农民的利益，激化社会矛盾。需求约束是商品经济、市场经济中长期的、永恒和根本的约束。现阶段，我国经济增长主要来源于投资的推动，消费对经济增长的拉动作用极其有限。从根本上看，消费不足正是由于收入分配格局的恶化导致的。改革开放以来，伴随着我国社会财富总量增加的同时，财富分配、收入分配格局却呈现出不断恶化的态势，这主要表现为居民收入份额的下降和个人收入分配差距的不断拉大。这两个方面在很大程度上导致了我国居民消费能力的下降，进而导致消费不足；消费预期不良，导致储蓄率居高不下。

该文认为，推进要素市场改革进程，发挥价格机制的收入分配调节作用；发挥税收调节功能；完善转移支付体系，发挥公共支出的再分配功能；引导企业转变竞争战略，转变经济增长方式这四个方面在现阶段显得

尤为重要。（张唐槟）

《过度反应：中国经济“缩长”之解释》

龚刚　林毅夫　著

《经济研究》2007年第4期
15千字

自1978年改革开放以来，中国经济取得了世界瞩目的高速增长，然而，在经济高速增长的同时，中国经济也表现出明显的周期性特征。伴随着周期性特征，高通货膨胀和通货紧缩现象也交替出现。在最近这一次的商业周期中，最为明显的特征是，即使当经济处于通货紧缩时，相对于世界的其他国家来说，中国的经济增长率仍然高达8%。这种伴随通货紧缩的高增长使得很多经济学家感到困惑。中国的经济学家们称之为“缩长”之谜。

国外的经济学家大都认为，“缩长”有可能来自于一个正向的供给冲击，如劳动生产率的提高。国内一部分经济学家也认为，与负向的供给冲击相反，正向的供给冲击将使总供给曲线向右移，从而在给定的总需求曲线下，价格下跌，产量上升。而林毅夫等一部分经济学家则认为，“缩长”是由于前些年的过度投资所引起的。过度投资不仅在未建成生产能力前创造了过度需求，从而加速了通货膨胀，同时在建成后突然增加了大量的生产能力。所以，当政府通过需求管理采取反通货膨胀的政策时，生产能力就会过剩，从而产生通货紧缩。文章认为这一投资过度的思想与经济周期理论中经常提到的过度反应概念是一致的。众所周知，当一个动态系统的特征根为复数时，一个很小的冲击有可能会产生很大（甚至永无静止）的波动。因此，当存在投资过度的冲击时，通货紧缩是有可能发生的。

我国农村和城市地区的二元结构特征明显。此外，我国缺乏充足的金融资源，很难维持投资的高增长，中国的投资资金主要来源于贷款，而贷款在许多情况下受政府宏观经济政策的影响。尽管在绝大多数情况下信贷计划只是指导性的，然而，政府有时也会运用行政手段来实施信贷计划，因此，中国的贷款供给可以被看作是廉价和容易获得的。这是我国制度环境的两大特征，也为该文所采用的动态模型提供了两大制度背景。

该文通过二元结构特征和贷款供给是廉价和容易获得的这两大制度背景进行分析，并通过对构建宏观动态模型的理论基础进行讨论，构建了一个比较符合我国目前信贷体系的投资模型，并为模型设定了一个微观基础，通过分析测算，得出：当投资冲击过大造成经济过热，政府为了控制通货膨胀而采取宏观调控政策时，过度投资所形成的过剩生产能力也就成了“缩长”的原因。文章认为，未来中国经济要防止像1998—2002年间那样，在高速增长的同时出现通货紧缩的现象，必须防止货币和投资的过度增长给国民经济带来过度的冲击。（张唐槟）

《中国能源强度变化因素的争论与剖析》

吴滨　李为人　著

《中国社会科学院研究生院学报》2007年第2期
14千字

国际经验表明，一个国家经济增长与能源强度的关系一般表现为倒V型，但改革开放30年来，中国能源强度不断下降，国内外学者对此现象的解释并不一致。

对于能源强度变化的解释，国内外学术界存在着结构因素主导和技术因素主导两大明显对立的观点。国外结构因素主导型观点早期研究者采用描述性统计的分析方法对我国的经济数据进行研究，认为我国能源强度下降的主要原因是产业结构的调整，后来国内结构因素主导型观点研究者采用描述性统计和回归分析的研究方法也得出了类似的结论。技术因素主导观点学者普遍都采用因素分解法对数据进行分析，得到技术进步是导致中国能源强度下降的主要原因的研究结论。由于持类似观点的学者众多，因此技术因素主导的观点成为主流，采用因素分解法的研究也比较多。除了以上两个主导观点之外，阶段分析型也具有较为鲜明的特色。这种观点虽然在研究方法上并没有突破因素分解法的框架，但其明确指出，改革开放以来我国能源强度下降的原因分析应该分阶段来分析。比较阶段分析型与技术因素主导型计算结果，两者描述的趋势基本一致。两种观点本质不同在于技术因素主导型主要关注累计效果，而阶段分析型则明确指出应该分阶段考虑。

我国能源强度变化的研究中，最常使用的方法包括因素分解法、描述性统计以及回归分析。描述性统计主要是通过对行业产出及能源消耗数据进行分析，总结经济发展与能源消耗的变化趋势，从而得出影响能源强度变化因素的定性结论，该方法虽然直观、易于理解，但分析相对较为简单且不能得出定量的结论。回归分析方法则是通过建立能源强度与其影响因素之间的回归方程，通过数据回归得出相应的结论。回归分析不仅可以得出定量的结论，而且也能将更多的因素纳入到统一的框架中。但回归分析往往只能得出各种因素对能源强度量的影响程度，而对能源强度变化影响的说服力较弱，同时还存在数据处理和回归方程选择等方面的问题。而因素分解法更为直观和简洁，该方法直接将能源强度变化分解，从而能够对影响能源强度变化的因素进行定量分析，此外该方法数据处理也更为容易。因此，因素分解法成为国内外能源强度变化分析的主要工具。但是，因素分解法也存在着一定的局限。首先，因素分解法中的结构因素和行业能源效率因素在很大程度上是受到行业分类层次的制约。其次，结构因素和效率因素的影响是与初始时期的行业结构和行业效率有直接关系。在变化相同的情况下，初始时期能源强度高的行业结构效应更加明显，初始时期产出比重高的行业效率效应更加突出。另外，结构因素和行业能源效率因素均为累计效果，即其影响程度是由初始时期和目标时期的结构份额和行业能源效率相比较得出的。这种累计效果虽然能够反映整体变化情况，但是忽略了变化的过程，因此可能造成结果的偏差。

该文认为，就能源消耗与经济发展的关系而言，经济发展是目的，能源消耗是手段。降低未来能源强度方式的选择并不完全依赖于过去能源强度是如何降低的，而主要依赖于影响能源强度的因素还有多大潜力。

（张唐槟）

《技术进步对能源消费回报效应的估算》

周勇　林源源　著

《经济学家》2007 年第 2 期

10 千字

回报效应是指技术进步！虽然能够提高能源的使用效率而节约能源，但技术进步同时也促进了经济的快速增长，从而又增加了对能源的需求，最终导致因效率提高所节约的能源被因经济快速增长带来的额外能源消耗（部分地）抵消。该文对“回报效应”的文献进行回顾，得到技术进步未必能减少能源消耗；价格、税收等调控手段是提高能效的必要补充和“回报效应”程度可以作为检验技术进步与其他能效调控手段配合效果的指标三大结果。该文认为现有文献存在理论研究多于实证检验、定性分析多于定量估计的不足，且多数实证停留在生活部门和运输部门。另外，国内迄今尚没有专门研究。

该文选取1978—2004年作为研究阶段，估算在中国宏观经济发展过程中，技术进步带来能源消费的“回报效应”。通过估算，20世纪80年代，我国“回报效应”约为78.81%，而90年代明显下降，仅为55.13%，原因在于中国的“软”技术进步在经济增长中的贡献相对较高，而随着市场秩序等的逐渐规范，“软”技术进步的空间逐渐缩小，导致90年代的“回报效应”低于80年代。

“回报效应”估算结果表明，中国的“回报效应”程度比国外的要高些。但国外研究多数限于生活部门和运输部门，而本研究包括生活部门和生产部门，众所周知，中国的技术进步更多地用于生产部门，因此，“回报效应”估算结果高于国外研究结果可以接受。

该文认为，“回报效应”的未来发展将呈现出越来越低、更多地体现为“硬”技术进步和生活部门三个方面的趋势。由于“回报效应”的存在，节约能源或者降低能源强度，仅靠技术进步只能部分地解决问题。根据国外的经验以及生产要素替代性原理，依靠增加能源税或者相关政策措施，同时在技术进步的基础上保持能源价格，则经济增长和能源消耗之间的矛盾可以得到较好的缓解。

（张唐槟）

《“帕累托”效率原理与构建和谐社会》

石婷婷　著

《经济社会体制比较》2007年第1期

9千字

一些伦理主义色彩经济学家认为，“帕累托”效率原理必须建立在避免人际功利比较的前提下才是合理的，因此，它并不算十分精妙。根据“帕累托”效率原则，我们并不能确定一个人与其他人进行比较的结果。一旦引入人际功利比较，人们则完全可能分别走进“从地狱到天堂”的境况。但是，任何社会经济状况的改进是无法避免人际功利比较的。

当阿马蒂亚·森指出“完全竞争的均衡是帕累托最优的一个组成部分”时，实际上也指明了帕累托改进和最优态原则的三大隐含前置条件：财产私有和财产权的神圣地位；个人天赋差异；市场体系与自由竞争。当帕累托将改进过程放在这三个前置条件下进行时，不可否认的是，其最大的可能后果是精英阶层将会获取改进的效益，而低等阶层或获益甚微或基本无所获益，甚至是今不如昔。帕累托改进过程越是持续不断，则随着时间的推移，资源配置的优势将越连续地向处于自然和社会地位有利的一方集中，如果没有特别的制度性强制干预，必然带来两种后果：一是福利（效率）分配的两极分化，而两极分化带来经济领域之外的外部不经济是不言自明的；二是福利在强势人群中的边际效益递减，造成社会净福利效用的损失，进而产生宏观经济系统层面上的内部不经济。

改革开放以来，我国经济获得了快速发展。“让一部分人先富起来”的发展理念催生了一种典型的“帕累托改进”现象。由于我国的帕累托改进的选择方向的单一性，收入分配差距不断扩大，消费结构产生断层和脱节，致使市场消费热点难以形成，加剧供过于求的买方市场的压力，遏制经济持续快速增长的空间，造成社会总体效率的损耗。总体上看，改革开放以来，我国的经济体制改革是一个帕累托改进过程，由于“改进”的选择方向的单一性，带来了一系列严重的不良后果，已成为当前社会矛盾的症结所在。因此，调整帕累托改进的选择方向已是一个十分紧迫的任务。

我国的改革与帕累托改进的理论模式有着制度上的非耦合性，在帕累托改进理论模式中作为逻辑前提的东西，恰恰是中国改革开放以来所追求的目标。但社会基本结构尤其是权利结构方面仍保留着传统的等级制，如户籍制度；人民公社制度的历史遗产和现行的农地征用制度；政府的垄断保护；劳动权利保护制度和政策的缺失等，这些大大限制了社会低等群体的市场参与机会和改革成果的分享，从而导致了调整帕累托改进方向的单一。

该文认为，政府在制度安排和政策供给层面上，应从构建全体国民权利平等的法权体系、逐步提高劳动所得在国民生产总值中的比重、扩大和提高社会保障水平、缩小政府自身的财政支出、打破国有企业行业垄断和调整财政投入的方向六个角度出发，努力实现和谐社会的宏伟目标。 （张唐槟）

《中国高储蓄率问题探究——1992—2003年中国资金流量表的分析》

李扬　殷剑锋　著

《经济研究》2007年第6期

19千字

近年来，我国的储蓄率明显地高于其他国家，并且还在波动中呈上升趋势。中国的储蓄率之高及其持续时期之长固然令人困惑，它所引发的一系列问题更为棘手。作为宏观经济运行中的供给面，高储蓄率显然构成当前我国经济运行中居高不下的高投资和规模不断扩大的高顺差两大问题的物质基础。

在总量层面上，对于中国高储蓄率问题的研究揭示导致储蓄率和投资率变化的一些体制、机制以及人口等非金融因素的影响，从而指明中国当前的“三高”并不能简单地靠政策措施予以调整，这样的分析并不能告诉我们：在国民经济中，究竟是哪个部门在进行储蓄以及储蓄的动机是什么，因而也就难以提出更有针对性的政策建议。

对于部门储蓄问题的研究事实上也已经有了很多的进展，但是，这些分析针对的是单个经济部门、尤其是中国的居民部门，缺乏对政府部门和企业部门的考察。完整地考察居民、企业和政府部门的储蓄行为具有非常重要的意义。

在资金流量表中，全部经济部门被分为非金融企业、金融机构、政府、居民和国外五个部门。为了便于集中考虑实体经济部门，该文将非金融企业和金融机构合并为企业部门。对于居民部门和政府部门而言，在其可支配收入中扣除了最终消费，便是它们的储蓄。至于企业部门，由于不存在消费问题，可支配收入就是其储蓄。居民、企业和政府共同构成了国内部门。国内三部门储蓄的总和即为国民储蓄。国民储蓄与整个国内部门的可支配收入之比就是国民储蓄率。纵观我国1992年以来的现金流量表，我国居民储蓄倾向具有明显周期特征。1992—1994年间，我国经济高涨，储蓄倾向也相应较高；1997年亚洲金融危机之后，受经济的影响，我国储蓄倾向逐步回落；2001年以后，新经济周期开始展开，居民储蓄倾向再次回升。这一周期特征符合了“持久收入假说”，在周期的上行阶段，当期收入水平超过了居民的持久收入水平，储蓄增加；在周期的下行阶段，当期收入低于持久收入水平，储蓄减少。根据这一周期特征，文章推断出，2004年和2005年，我国居民部门的储蓄倾向将有所提高。居民储蓄倾向的顺周期行为意味着，我国居民部门的储蓄率呈长期下降趋势，其主要原因在于其可支配收入占比的长期下降，而这同国民收入的初次分配和再分配过程有关；同居民部门相反，我国政府部门的储蓄率是不断上升的，其原因既来自其储蓄倾向的提高，也来自其可支配收入占比的上升。

通过分析，该文认为中国国民储蓄率的上升主要归因于政府部门和企业部门储蓄率的上升，而居民储蓄率则是相对下降的。而居民部门储蓄率呈长期稳步下降趋势，既归因于其储蓄倾向下降，也归因于其可支配收入占比的下降，从影响程度来看，后者是其主要原因。此外，政府储蓄率的上升，归因于其在国民收入分配中所占比例的上升以及其储蓄倾向也不断提高两大因素。文章认为，如果说当前及今后我国经济的长期发展战略是降低储蓄率和提高国内消费率，那么，提高居民收入、提高国内消费率和加快企业现代企业制度确立应该成为主要的政策目标。

（张唐槟）

《中国农产品进出口与农业产业安全预警分析》

朱丽萌　著

《财经科学》2007年第6期

6千字

该文采用农业产业安全评价指标体系与预警界限对农业产业安全进行预警分析，根据农业产业国际竞争力指数、粮食自给率、农业产业进口对外依存度和农业产业出口对外依存度四大度量产业安全的常用指标，通过对我国农业这四大因素进行测算估计，从而对我国农业产业安全状况进行衡量。

该文为了建立农业产业安全指标体系，采用线性回归分析方法，综合考虑农产品关税、配额等多因素对农业进出口的影响，对我国农产品进出口贸易额、粮食供需状况等进行了预测。文章所采用的模型显示，我国农产品进口与上一年农产品出口呈正相关，与农业总产值呈负相关，与农产品关税、配额关系不明显。农产品出口与上一年的农产品出口呈正相关，与商品零售价格指数和上一年的农产品进口呈负相关，与农产品关税、配额等因素关系不明显。通过预测和分析，文章认为，尽管中国加入WTO时，在农业方面做出了许多承诺，但这些对农业产业安全的影响并不大；粮食供给状况问题是影响农业产业安全的首要问题。目前，我国农业产业国际竞争力偏弱，未来农产品进口对外依存度将可能偏高。目前农产品深加工能力弱是一个不争的事实，具有优势的劳动密集型农产品有时又难以抵挡突如其来的灾难。鉴于此，该文认为，要严格保护耕地，特别是基本农田不被侵犯，确保粮食播种面积稳定在1亿公顷以上；应大幅度增加农业投入，特别是用于农业的研究与开发投入和用于农业科技成果的转化与推广，以及用于改善农业基本设施等，以提高我国耕地的产出水平，确保粮食单产每年递增 0.15% 以上，最好能达到年均递增 1% 的水平；要继续实行计划生育政策，严格控制人口，到 2010 年将人口控制在 13.177 亿人的范围之内；应通过提高农产品品质、增加科技含量和附加值，调整品种结构，大力发展具有比较优势的农产品，扩大农产品出口市场和份额，提高我国农产品的国际竞争力；要用好 WTO 给予中国农业的符合多边规则的保护，特别是“黄箱”和“绿箱”等支持政策，将农业补贴从农产品流通领域向农业生产领域转移，从保障农业生产型补贴逐步向增加农民收入型补贴转移，以此增强我国农产品的国际竞争力和提高农民种田的积极性，确保农业产业的稳定与持续增长。（张唐槟）

《全球代工体系下发展中国家俘获型网络的形成、突破与对策——基于 GVC 与 NVC 的比较视角》

刘志彪　张杰　著

《中国工业经济》2007 年第 5 期

14 千字

全球价值链治理形式包括市场型治理模式、均衡型治理模式、俘获型治理模式和层级型治理模式四种。在不同的治理模式下，代工配套地的发展中国家本土企业或网络参与全球价值链的升级形式与价值链治理模式的对接方式也有所区别。其中，俘获型网络和层级型价值链治理模式代工配套地的发展中国家本土企业或网络在功能升级和链的攀升上将会受到较大的阻力。

由于发达国家的大购买商在产品终端市场上对销售渠道的控制及质量、品牌、技术研发的累积性优势以及跨国公司在全球价值链核心环节的持续技术垄断能力、自主研发能力与销售终端控制能力的先位优势，迫使俘获型网络治理模式和层级型治理模式成为现实全球价值链条件下发达国家和发展中国家全球价值链对接中的常态，特别对于以代工方式切入全球价值链下的发展中国家本土企业或网络，俘获型网络治理的对接形式就成为其在现有国际贸易格局下不得不接受的客观现实。

在俘获型网络治理模式下，国际大购买商或跨国公司出于成本控制等因素的考虑，通常在工艺升级和产品升级两个阶段给与代工者较大的快速升级空间。但是，当发展中国家代工生产体系进入功能或链的升级高端阶段，国际大购买商或跨国公司就会利用各种手段，迫使发展中国家代工生产体系“锁定”于 GVC 中的低端环节。

一些发展中国家自身国内市场经过一定时间的发育升级，最终进入区域或全球市场的价值链分工生产体系，这种模式通常称为 NVC。在 NVC 模式下，代工配套地的发展中国家本土企业或网络通常具有很强的升级潜力和空间。

该文认为，大量 FDI 和跨国公司进入中国市场，国内市场被深度开发，从而扼制了中国企业以 NVC 模式与全球市场的价值链对接。此外，现阶段我国的 NVC 分工体系多表现为“小企业群生型”形态，即以横向分工（同质产品 + 专业市场）与简单生产链纵向分工为主要形式，呈现出产业结构同质化、企业规模偏小化和分工协作人格化特征，不利于于均衡型网络的培育。这也成为我国代工者由俘获型网络向均衡型网络转化所面临的两大障碍。该文认为，势力抵消策略、反"梯子理论"策略、"市场创造技术"与"市场换技术"策略的平衡、"决胜于国内，决战于国外"策略是我国代工者由俘获型网络向均衡型网络转化的可选择的四种策略。

（张唐槟）

《周期收敛于"强势均衡"的产业政策》

史及伟　杜辉　著

《学习与探索》2007 年第 4 期

11 千字

对于 5 年至 10 年左右的中程周期来说，经济波动的短期影响因素通常是总量失衡，主要表现为其主要的总供给与总需求的不平衡。此外，工业化不同阶段的产业升级或产业替代的速率和稳定性也直接影响着中程周期经济波动。一般来说，产业成长速度加快和产业更替频率加快，经济增长趋势线的势位就比较高，反之就比较低。这种由于产业升级引致的增长趋势线就构成产业成长平台。技术进步的速度和新兴产业的高速投资能力决定着产业升级速度，技术进步和技术替代是产业升级的原始动因。产业成长是经济增长的基础。

通常情况下，经济增长率越高，波动趋势越有可能发散，即振荡区间会扩大；经济增长率越低，振荡空间越小。如果按照传统的经济周期分类来看，发散型经济波动容易导致古典式经济周期，即经济增长率出现绝对下降的局面；而收敛型波动多半表现为增长型周期，只是一种在正增长率情况下的微幅波动。之所以在高位增长趋势线条件下，经济波动呈现收敛趋势，主要是由于产业替代能力较强，新兴产业的成长能力完全可以替代衰退行业，产业替代加剧以及宏观调控的相机平滑作用两个方面的原因。

该文认为，经济周期繁荣期的延长归根到底还是由这个阶段中国产业变迁处于中级工业化的快速成长阶段，新型工业化的产业替代和产业升级成为支撑经济高速成长的内在动力，从而也抬高了经济增长的趋势线。

进入 20 世纪 90 年代中后期以来，中国总量失衡表现为总量过剩与结构性短缺并存。于是，在高位成长平台中的收敛趋势，也暗含着生产过剩型和资源抑制型紧缩这两大衰退因素。这两种衰退因素可能同时存在，有时可能交错出现。过剩型不景气是循环发生的，资源抑制型紧缩也是周期性的。过剩型不景气和资源抑制型的两种不景气导致的经济收缩，最先可能发生在一些行业和部分产业，之后出现全面调整，经济增长受其影响而放缓步伐，从而使经济呈现周期性。文章认为，中国工业化的产业快速升级所引致基础原材料和初级产品始终保持着紧张态势以及高能耗特征是导致我国资源性短缺失衡的根本原因。

中国今后高成长平台中的总量平衡和结构平衡特点，决定了今后中国经济周期调控不能仅仅依靠短期需求管理，还需要依靠中长期综合供给政策来实现。该文认为，实现强势产业均衡，要求中长期产业均衡按照强势产业的需要来均衡，在中级工业化期间是由新型制造业、新兴服务业以及房地产业作为强势产业的；强势均衡，要依靠产业技术政策扶植；要因势利导，依靠发展新型制造业来改变资源消耗比率，减轻资源供应的束缚。

（张唐槟）

《对当前农副产品价格上涨的判断及分析》

姚万华　刘伟良　王树海　刘向丽　著

《现代经济探讨》2007 年第 8 期

7.2 千字

2007 年 4 月份以来，以猪肉、鸡蛋为代表的农副产品价格在全国范围内普遍持续快速上涨，涨幅屡创历史新高；在农副产品及相关产品价格上涨的带动下，5 月份 CPI 均创下 2007 年新高，纷纷突破了 3% 的控制线。价格的上涨主要是源于四个方面的驱动力：从价格形成机制看，成本上升是主要动力；从供求关系看，供给严重不足是价格飙升主因；从市场规律看，价格上涨具有必然性；从国际市场看，农副产品价格上涨是总体趋势。

该文认为，尽管农副产品价格上涨虽然推高了 CPI 涨幅，但是猪肉等产品价格的过快上涨并不会导致通胀水平失控，因此，农副产品价格上涨并不会引起通货膨胀；此外，未来我国农副产品价格将长期缓慢上涨，农副产品的涨价正是城乡协调发展、农副产品价值回归的体现；另外，该文从五个方面对农副产品价格上涨的影响作用进行分析，认为农副产品价格上涨对居民实际影响有限。该文还通过对构成 CPI 的食品类、工业消费品类和服务类三类产品价格的影响因素进行分析，认为政府有能力对物价进行调控。

基于对农副产品价格上涨的认识，文章对农副产品价格上涨所反映出来的四大问题进行了剖析。该文认为，农副产品价格上涨，农民受益并不多；农副产品价格事关人民切身利益，影响容易被放大；农业信息化水平不高，农民对信息敏感性弱；农民组织化程度低，抗风险能力差。

最后，基于对农副产品价格上涨的认识，该文认为，目前我国具有加强农业信息化建设，减小信息不对称引发市场波动的可能性，并据此提出了加强农村信息化基础设施建设，充分利用电话、有线电视等已经建好的网络，扩大影响力和发挥积极作用，在有条件的农村逐步安装网络设施，争取让互联网早日进村入户；突出农业信息内容服务，充分利用现有信息服务网络，在互联网尚未延伸到的地区，要以有线电视的信息传播为重点，增加农业信息分析传递的栏目设置和提高信息传递的及时性，更多普及农业科技知识，及时反映农副产品价格走势，加强对市场走势的分析和预测；提高农民利用信息能力三个方面的政策建议。此外，该文认为，切实提高农民规模化和组织化程度，提高农业抗风险能力；加大政策支农力度，逐步改变农业弱势地位；密切关注市场价格走向，建立良好的调控应急机制以及更多关注民生，逐步建立困难群体价格补贴机制这四个方面也是应对目前农副产品价格上涨的有效措施。

（张唐槟）

《中国结构性存量流动性过剩问题》

唐清泉　著

《求索》2007 年第 8 期

7.7 千字

对流动性过剩的程度存在着多种不同的测量方法，这些方法的出发点有所不同，所反映的结果也十分迥异。因此，对中国的流动性现状，需要通过横向比较和纵向比较才能最终得出比较可信的结论。该文采用历史纵比与国间横比相结合的方法，运用表征流动性状况的指标体系综合判断中国的流动性现状，发现2005年以来，我国确实存在着流动性过剩的现象，而这种过剩是全球性的。

我们所说的流动性过剩通常是从货币存量的角度出发的，是一种资金流量状态。流动性过剩往往会导致大量热钱追逐房地产、基础资源和各种金融资产，引发经济过热从而产生通货膨胀和资产泡沫。泡沫破裂会带来系统性的金融危机，并伴随过度积存的货币资金与大量金融资产被严重高估。从流量的角度出发，流动性过剩主要指代经济体的货币供应长期偏离实际货币需求所带来的持续性超额货币供给在短期内的集中释放。需要强调的是，流动性存量过剩并不必然导致流量的过剩，还必须满足长期累积的超额货币供给必须通过某种特定的形式在短期内集中释放出来的显性要求。正是由于我国并未满足这一显性要求，从而使我国虽然在很长一段时期内都存在着巨大的银行存贷差和国际收支顺差，但并未产生明显通货膨胀等不良后果。然而，存量资金流动化的趋势近期开始显现。

学界普遍认为，当前中国充裕的流动性主要来源于：国内储蓄、投资、消费比例失调；刚性汇率制度下对外依存的经济结构，对外贸易顺差的迅猛增长造成央行因外汇占款而形成的货币投放迅速增加；人民币升值预期下通过各种渠道涌入境内的大量投机资本三个方面。

该文认为，抑制流动性继续扩大目的在于防止流动性过度积累形成泛滥。通过出口政策和利用外资政策的调整，改变中国经济过度依赖对外出口的增长方式，减缓贸易顺差的持续增长以及积极推进外汇制度尤其是结售汇制度的改革，着手构建合理的外汇使用机制，拓展外汇存量利用的渠道，并加强对外资进入的监管，限制境外热钱涌入均为抑制流动性继续扩大的有效措施。

此外，该文认为，我国应应严格控制银行向房地产业信贷的发放，严查银行资金违规进入股市，为冗余资金流入这些领域设置障碍；同时通过采取差别化的上市融资、再融资政策，积极引导资金投入传统产业升级和技术创新型企业以及通过成立产业投资基金等，吸引社会剩余资金支持社会基础设施的建设和国有企业的并购重组，从而实现资源的更有效配置和经济结构的合理优化。

（张唐槟）

《粮食能源化趋势的市场效应及其应对》

方行明　何永芳　著

《改革》2007年第9期

10千字

2007年受油价高启的驱动，燃料乙醇产业在许多国家获得了快速发展。这一趋势不仅改变了世界的能源结构，也给农业生产结构带来了深远的影响。燃料乙醇的生产消耗了大量的粮食类农产品，从而导致了“粮食能源化”问题。

美国是世界头号玉米生产大国和出口大国，美国燃料乙醇产业的快速扩张，将导致美国玉米出口规模的缩小。一旦美国停止玉米出口，国际市场将出现前所未有的震荡，国际玉米市场供给趋紧，玉米价格将进一步上扬，从而吸引更多农民种植玉米，其结果必然导致大豆种植面积锐减。值得注意的是，美国也是世界头号大豆出口国，美国大豆出口额的大幅下降，将导致国际大豆市场的震荡，整个国际大豆市场供给趋紧态势难以改变。而中国是美国最大的大豆进口国，大豆市场供给趋紧将导致大豆价格攀升，进而抬升了我国有关的下游产业生产成本，并最终推升终端消费品价格。

乙醇产业快速扩张正在引导世界步入高物价和粮食短缺时代。在新能源革命导致新旧能源结构转型的过程中，原有的经济结构也将出现较大的震荡，相关的经济结构也将随着能源结构的转型发生剧变。一旦经济结构转型出现滞后，就会出现“无序”状态。在全球人口不断增长，耕地面积不断减少的情况下，能源部门一旦参与对农产品的瓜分，抢占土地资源，将会导致世界农产品短缺，推升终端消费品的价格上涨，最终引导世界步入粮食短缺和高物价时代。

农业革命将为人类化解危机。燃料乙醇产业迅速扩张反映出能源生产领域由工业部门部分转向农业部门。世界现有的农业生产技术和生产模式并不能很好应对能源生产领域由工业部门部分转向农业部门的挑战，因此，农业革命化解粮食生产和能源生产的矛盾和危机成为了时代的要求。而市场机制将成为农业革命的动力之一。从根本上说，要化解粮食生产和能源生产的矛盾和危机，加快技术进步；提高粮食和生物能源的单产能力，保证能源作物种植不挤占粮食作物种植成为必要。

燃料乙醇快速扩张问题实际上是能源短缺问题。新型能源作物的研制和培育需要广泛利用当代先进的生物技术和基因技术，使新型能源作物具有能源含量高、生产速度快、消费资源少、加工成本低的特点，并具有适合当地气候，四季生长的特性。

（张唐槟）

《中国加工贸易“贫困化增长”效应分析》

易雪玲 著

《湖南师范大学社会科学学报》2007 年第 4 期

5.6 千字

改革开放以来，我国外贸出口总额迅速扩大，与此同时，我国外贸增长对加工贸易的依赖程度也越来越高。目前，我国加工贸易仍处于国际产业价值链低端，价值增值能力不足，经济效益极为低下，这是我国频遭国际贸易摩擦、国民福利下降、贸易条件和贸易环境恶化的主要原因之一。目前，我国贸易粗放型增长迹象仍比较明显，仍处于“贫困化增长”状态。

我国加工贸易的发展与我国大规模吸纳国际产业转移和外商投资有着密切的关系，表现了后发展中国家工业化独有的特点，它既是在全球化条件下，我国参与产业内国际分工和贸易的重要形式，也是跨国公司在全球范围内配置资源的结果。因此，我国加工贸易大多仅为跨国公司延长生产链上的一环。我国仅以廉价的劳动力和土地参与加工贸易，而原材料、技术含量高的零部件、技术和品牌等均由跨国公司从国际市场上调配，因此，加工贸易对于国内其他产业缺乏前向和后向的带动作用。

我国加工贸易项目下的主要出口产品多为轻工类产品，跨国公司多采用在我国进行劳动密集型加工，而在其他国家进行产品研发和国际营销的典型做法，从而导致了我国加工贸易增值率较低的局面。这种外资主导型的加工贸易容易受到外国资本的双面夹击：加工贸易大规模发展，导致能源、原材料等价格上涨；加工贸易大多作业深度不足，缺乏自主知识产权的核心技术支撑，谈判能力较低，容易受到顾客的挤压。

加工贸易迅速增长是我国对外贸易环境恶化的主要原因之一。加工贸易的扩大，推进我国出口规模的迅速扩大，加剧了我国与其他国家的贸易摩擦，使中国经常项目顺差不断扩大，国家外汇储备快速增加，增加了人民币升值的压力，引起国外贸易保护主义抬头。

我国加工贸易生产主要依靠土地、劳动力、资金和其他稀缺性资源的高投入和高消耗，在很大程度上降低了我国经济的可持续发展能力。

随着我国国内生产要素价格的上升，我国吸引外资，发展中低端加工贸易的区位优势也将日益削弱，并将最终丧失，外资流入和加工贸易也将不再维系原有的高速增长。现阶段，我国加工贸易正遭遇持续高速发展的瓶颈，处于转型升级的关键时期。

（张唐槟）

《上证综指脱离中国经济吗？——兼论如何改进上证综指》

孙霄翀等　著

《金融研究》2007年第9期

15千字

股票市场合理定价在微观层面上表现为股价反映公司业绩和发展前景，宏观层面上表现为股指反映宏观经济走势和预期。因此，一个有效的股票市场可以成为国民经济的“晴雨表”，股指会反映国民经济发展情况，并在预期指引下提前作出反应。

该文通过相关系数分析和Granger检验得出结论，认为道琼斯指数反映美国工业生产情况，受美国工业生产影响；道琼斯指数具有“晴雨表”功能，预示美国经济走势；日经225指数更多的是发挥经济“晴雨表”功能，提前反映日本经济变动，与当期日本经济关系不密切。而上证综指既不反映中国宏观经济走势，也不具有经济“晴雨表”的预测功能，与我国经济基本面关系不密切，脱离我国经济发展，即使当前股指走势与经济相符合，但更多情况下，是因为股指受到政策、预期、资金等因素的推动，而与经济运行态势契合，并非股指的运行模式发生变化。

股市发挥宏观经济“晴雨表”功能需要具备：上市公司业绩变化能够反映宏观经济情况和股票市场有效率两个基本前提。文章通过检验，发现在从宏观经济到股指的传导链条中，上市公司业绩与宏观经济基本面关系比较密切，而股指表现则完全脱离了上市公司的平均业绩。因此，该文认为，上证指数脱离经济基本面的核心原因并非上市公司不具有代表性，不能反映经济发展，而是由于中国股市存在着一定的制度性缺陷，导致股票市场无效率，从而股价脱离公司业绩，股指抛开宏观经济。

在改进上证综指方面，该文建议，应该完善退市淘汰制度；通过“中国存托凭证”方式，让香港红筹股和H股在上海上市，或红筹股和H股公司通过A+H模式在上海或深圳上市，将有代表性的大型企业进入上证指数采集范围，从而提高上证综指的代表性。此外，该文还认为，应该加强制度建设和积极推进股市改革，提高股票市场效率。因此，完善全流通改革，搭建一个各参与主体有共同利益趋向的制度平台；完善法人治理结构，完善信息披露制度；进一步规范中介机构行为，加强法制建设、监管和执法力度，形成良好的市场信用环境等措施显得尤为重要。

（张唐槟）

《经济增长与能源消费内在依从关系的实证研究》

赵进文　范继涛　著

《经济研究》2007 年第 8 期

15 千字

能源问题一直是我国经济发展中的焦点和热点问题。我国作为世界上经济增长最快的国家之一，同时也是一个能源生产和消费的大国。尽管我国的经济保持了高速、强劲的发展，但经济增长方式仍然十分粗放，资源和能源消耗高、利用率低、环境污染大的现状仍然是不争的事实。

能源的生产和消费对我国经济、社会实现持续、健康、协调、快速发展，起着至关重要的作用，因而，能源消费与经济增长之间的内在依从关系便成为值得研究并应引起足够重视的问题。该文指出，不同国家或地区的能源消费与经济增长之间的内在依从关系不尽相同；即使是同一个国家的不同发展时期，其内在的依从关系也不尽相同。造成这种复杂局面的原因很多，例如，不同国家有不同的经济结构和体制，而相同国家在不同的发展时期也会有不同的能源政策和经济政策，这些应作为分析结论千差万别的主要原因。

该文基于国内外相关问题的前沿性研究成果，就我国当前及历史发展的现实情况，将非线性 STR 模型技术应用于我国能源消费与经济增长之间内在依从关系的研究。通过分析，该文得出三个方面的结论。首先，经济增长与能源消费存在着较强的影响，影响机制较为复杂。在线性假设下，我国的能源消费同经济增长之间存在且仅存在从能源消费到经济增长的单向格兰杰因果关系，然而，通过建立非线性 LSTR 模型，我们看到经济增长对能源消费也存在着较强的影响，影响机制更为复杂。第二，我国经济增长对能源消费的影响具有明显的非对称性。第三，能源消费同经济增长关系的阶段性特征明显。我国能源消费同经济增长关系演变大致可以分为两个阶段：1956 年完成社会主义改造到 1976 年，我国的经济增长对能源消费的影响呈现明显的非线性特征，存在从线性到非线性的频繁转换，主要由国际国内政治经济环境的变化和自然条件的突变引起；1977 年至今，我国经济增长同能源消费的关系呈现出明显的线性特征。

该文认为，我国应继续鼓励引进国外先进技术和自主创新；将“节能减排”作为工业生产和生活用能的调节手段；加强建筑业节能；改革政绩考核制度；大力发展第三产业。

（张唐槟）

《能源效率及其影响因素：基于 DEA 的实证分析》

魏楚　沈满洪　著

《管理世界》2007 年第 8 期

15 千字

目前，我国能源需求量日趋增加，供需矛盾日益凸显，此外，“高能耗、低产出”的发展迹象仍较为明显，我国能源的利用效率同他国相比差距较大，从而导致我国能源形势日趋严峻的局面。该文指出，现有的关于能源效率的研究文献主要从三个角度来分析：通过进行能源效率的国际比较来评估当前中国的能源利用水平；对宏观经济进行时间序列分析，主要考察中国能源效率变动的趋势以及背后的驱动力；关注于中观层面，对行业或区域的能源生产率进行了研究，并尝试对行业（地区）间能源生产率差异的影响因素进行解释和收敛性验证。现有的关于能源效率的研究文献存在着三个方面的问题：对于能源效率的定义不一；大多数研究仅集中于全国或者某一区域的能源效率的变动趋势，对于地区间能源效率差异以及影响能源效率的因素的研究较少；在对能源效率影响因素的分析方法上，定量分析较少。

该文对能源生产率和能源效率给予明确的区分，并给出相应的定义。该文认为，生产率是指生产过程中产出与所需投入之间的比率；而效率是指投入资源最优利用的能力。

该文通过运用DEA方法构建出一个能源效率指标，将能源效率同传统的能源生产率指标进行比较，结合中国省级层面1995—2004年间的数据计算了各省能源效率和4大区域的地区能源效率，并对可能影响能源效率的几个影响因素进行计量检验，论证逻辑较为严谨。

该文认为，传统的能源生产率（能源投入—GDP）指标不能完全刻画出能源效率；黑龙江、上海、云南、海南为全国能源效率最高的4个省市，山西、贵州、宁夏、甘肃能源效率最低，从能源效率的变化趋势上看，大多省份能源效率符合“先上升，再下降”的特征，转折点一般出现在1999—2002年之间，在1999年之后，省份之间的能源效率差距逐渐扩大，不具有趋同性；从区域能源效率比较角度上看，四大区域能源效率从高到低依次为东北老工业基地、东部沿海地区、中部和西部，区域之间的能源效率差异基本上是逐渐减少的，其能源效率存在一定的趋同性；产业结构的调整对于能源效率具有逐渐增加的正面影响；政府对于市场经济的干预对能源效率具有负面影响，但影响程度在逐渐减少；在考察期内，进出口所占比重每增加1%，能源效率将降低0.18%；制度变量对能源效率影响不显著。

该文认为，政府应在优化产业结构的同时，提高重化工业的能源效率；在深化能源价格市场化改革、加强社会性管制的基础上，尽量减少对能源市场的干预；要根据自身的发展基础选择能够从中获取技术或知识的高质量外资。此外，各个地区要根据自身所处的阶段和实际情况来决定产业结构调整的方向、政府进出的领域和对外开放的程度。

（张唐槟）

《基于多阶段动态博弈模型的中国外贸高坏账率形成机理及对策研究》

陈宇峰　李美丹　姚晓明　著

《商业经济与管理》2007年第9期

11千字

2006年中国对外贸易总额已达到1.76万亿美元，稳居世界第三大贸易大国。伴随着我国外贸出口的攀升，高外贸坏账率问题也开始成为影响我国国家经济的可持续发展战略的严峻问题之一。该文认为，企业在利润最大化的理性动机驱动下，有效的国际仲裁制衡的缺乏，必然导致各种失信行为的发生，从而致使我国外贸坏账率居高不下，进而影响我国国家经济的可持续发展战略。

该文通过建立一个多阶段动态博弈模型，力图证明建立一个良好的可置信威胁是解决中国高外贸坏账率的关键所在。该文指出，企业之间的诚信交易是动态多阶段博弈模型得到良好的博弈均衡的关键要素，因此，让出口企业起诉的威信可信，也就成为解决我国外贸坏账率居高不下的关键问题。政府的强制力以及出口企业、境外企业的信用基础都是中国外贸再度发展的强有力的保障。文章认为，防范外贸的高坏账率就应该从构建良好的信用机制开始。良好的信用关系和复杂的交易机制是现代国际贸易活动的一个重要特点。

最新的交易与国家理论研究已列举大量的经验证据证明了，政府对交易契约的第三方实施机制形成，将大大地节约一个国家运转的交易费用，从而促进国家经济的空前繁荣。

该文认为，在国际有效仲裁制衡缺乏的情况下，政府的作用对于构建良好的外贸信用机制也显得至关重要。当然，外贸企业自身的作用也是不容忽视的。只有通过政府和企业的共同努力，才能走出长期以来居高不下的外贸坏账率，从而达至一个和谐、健康、有效的中国国际贸易环境体系。

该文从政府层面和企业层面两个角度提出措施建议。从政府层面上看，文章认为，政府应健全外贸交易的信用机制，加快信用信息的公开化建设；扶持建立一些具有一定规模、运作规范、有广泛影响力的信用评级公司。从企业层面上看，该文认为，企业应对境外企业进行充分的信用状况调查，加强对国外客户的资信调查，建立国外客户的信用档案，并采用安全迅速的收汇方式；积极催收呆坏账，提取坏账准备金；并加强出口信用保险制度的实施。（张唐槟）

《非竞争型投入占用产出模型及其应用——中美贸易顺差透视》

刘遵义（Lawrence J. Lau）等　著
《中国社会科学》2007年第5期
18千字

改革开放以来，中国经济快速增长，进出口总额迅速扩大。目前，中国已成为美国的第三大贸易伙伴，美国则超过日本，成为仅次于欧盟的中国的第二大贸易伙伴。该文指出，就中国对外贸易的研究而言，目前大多局限于使用出口总额来评估其对中国国内经济的影响，并没有考虑出口对中国或双边国家国内增加值贡献的差异。而事实上，准确测度出口对各国国内增加值和就业的影响，具有非常重要的意义。在这方面，投入产出模型是一个很好的工具。

根据对进口商品的处理方法的不同，投入产出模型可以分为两种：竞争（进口）型投入产出模型和非竞争（进口）型投入产出模型。在竞争型投入产出模型中，各生产部门消耗的中间投入部分没有区分哪些是本国生产的，哪些是进口的，假定二者可以完全替代，只在最终需求象限中有一个进口列向量。因而，此类投入产出模型无法反映各生产部门与进口商品之间的联系。非竞争型投入产出模型的中间投入，则分为国内生产的中间投入和进口品中间投入两大部分，反映了二者的不完全替代性。由于竞争型投入产出表存在的不足，许多学者选择使用非竞争型投入产出表作为分析工具。

该文讨论了反映加工贸易的非竞争型投入占用产出模型，提出单位出口对国内增加值和就业的拉动效应的计算方法，并从数学上严格证明出口总值等于出口所带来的完全国内增加值和完全进口额之和以及在此情况下完全需要系数的计算方法，并编制出中美两国2002年的投入产出表，在此基础上，就中美两国的出口对各自国内增加值与就业的影响进行计算和比较。

通过分析计算，该文认为，中国对美国出口货物总值约为美国对中国出口货物总值的4倍，但以国内增加值来衡量的话，则中国对美国出口仅为美国对中国出口的2倍左右；同时，与美国相比，中国出口更多的是劳动密集型产品，这也反映了中国实际工资率较低和劳动力相对充裕的现实。由此可以看出，不能仅仅把对外贸易总额作为衡量一个国家（或地区）对外贸易的唯一经济指标，而应当同时计算出口中所包含的国内增加值和进口品价值，即不仅要从总产值角度来衡量，而且要从增加值角度来衡量。此外，该文认为，中国对美国出口对中国国内就业的拉动是美国对中国出口对美国国内就业拉动的17倍之多。（张唐槟）

《人民币名义汇率与利率的互动关系研究》

王爱俭　林楠　著

《经济研究》2007年第10期

17千字

汇率和利率传导渠道包括金融市场传导、产品市场传导和双市场共同传导三种类型。金融市场传导是汇率与利率传导机制分析中最主要的观点之一，它以利率平价理论为核心。产品市场传导是汇率和利率作为资金价格而成为一个整体与其所在的经济环境之间的联系。双市场共同传导是金融市场传导和产品市场传导共同起作用的情形。

关于名义汇率和利率的关系，一般是采用利率平价公式予以推演，并在利率平价乃至汇率的资产组合决定理论中，汇率与利率实际上是联系在一起，同时决定的。

该文构建了一个基于我国国情的汇率、利率互动关系的理论模型，对国内名义利率水平和名义汇率水平的关系进行研究。当名义汇率变小（本币升值），通过对本国商品的需求向外国商品转移，进而引起产品市场超额需求的下降，带来通缩压力。名义利率的上升同样会引起产品市场超额需求下降并带来通缩压力，在经济内部均衡调整上，名义利率的杠杆作用要强于名义汇率的杠杆作用。

该文认为，近年来，我国名义利率变化主要源于内部失衡，表现为通胀压力和顺差压力并存时，名义利率具有上升动力，通缩压力和顺差压力并存时，名义利率具有下降动力。名义利率变化的动力主要来自于外部失衡，逆差压力产生名义汇率贬值动力，顺差压力产生名义汇率升值动力。此外，外部失衡在一定程度上也会产生名义利率变化的动力。

尽管我国实行了有管理的浮动汇率制度，但人民币汇率缺乏弹性，当国际收支出现顺差并且需要调整时，名义汇率自发调节国际收支的灵活性大大削弱，而随着国内利率市场化程度的提升，名义利率对内部失衡调整的杠杆作用要明显大于名义利率对外部失衡调整的杠杆作用，并且外汇市场调节速度要大于产品市场的调整速度，进而内外均衡的总体调整效果基本对称。

该文认为，人民币名义汇率与名义利率最终表现出的互动关系正是市场因素自发的“向心螺旋线”与制度性调控所产生的“离心螺旋线”共同作用的结果，进而能造成名义汇率与名义利率交替互动循环。

该文认为，建立合理的汇率政策与利率政策协调机制十分必要；此外，短期内我国应顶住现阶段的人民币升值压力，注重对人民币名义利率进行充分调整；最后，在发挥短期内名义变量杠杆作用的同时，应加强中长期实际变量作为核心指标的测算指示作用，在校正调整过程中促进宏观经济不断向内外均衡的理想状态靠近。（张唐槟）

《中国贸易顺差中是否有热钱，有多少?》

唐旭　梁猛　著

《金融研究》2007年第9期

26千字

近几年，我国已经成为国际资本的主要目标国，流入我国货币市场和资本市场的国际资本不断增加，热钱规模不断扩大。

由于我国资本项目管制且货币不能自由兑换，“热钱”要进入中国，就需要借助非资本项目渠道，由此与资本项目开放的发达国家和一些发展中国家相比较，我国的“热钱”问题具有很明显的“中国特色”。“热钱”流入渠道、流入规模和可能产生的后果成为关注的焦点。

该文指出，目前，学界内有关热钱计算主要观点包括三类：在“不正常”的贸易顺差中寻找热钱；利用国际收支平衡表采用直接法计算热线；第三类则认为没有成熟的计算方法，只做定性分析，不进行计算。文章指出，估计流入我国热钱数量有两个关键点，一是热钱流入的渠道，另一个是要找到相应的数据和数据逻辑。

多数文献认为在资本项目管制和本币不能自由兑换条件下，外国投机资本进入中国的最主要通道是经常项目或者称贸易渠道。实际上，投机资金通过贸易渠道进入是有较大成本的。该文认为，出口高报和进口低报的现象并不具有统计意义。

该文认为，以获利为目标，以投机交易为手段，在国际间迅速流动的大额短期资金、热钱具有资金量大、流动性高的特点，主要由对冲基金、投资基金和石油美元等投机性和流动性极强的资金组成，可以造成东道国金融市场出现大幅度波动，热钱的突然冲击是有些金融危机的直接原因。

该文认为，利润留存、外国直接投资折旧和外债是长线投机资金进入国内的三大途径，而收益汇出则是长线投机资金流出我国的主要途径。

通过测算，该文认为，1999—2005年，我国外商投资企业长线投机资金（不含外债）的总和约为2478亿美元；长线投机资金（含外债）的总和约为2939亿美元。通过估算，该文认为，1999—2005年间，长线投机资金（不含外债）中约有1074亿美元是外商投资企业通过国际贸易流入国内的。

国外资金进入国内的过程是缓慢而连续的，对中国经济的影响也是深远的，但外资集体撤离对经济的影响却是迅速的和非连续的。

该文认为，我国应尽快实现两税合一，加强对关联交易和价格转移的监管；加强外债管理，改变“投注差”的管理方式，变短期外债为长期投资；加强对资本外逃的研究，防范金融风险；加强宏观调控研究，防范政策失误。（张唐槟）

《中国能源密集型产品出口贸易的环境代价》

张小蒂 罗堃 著

《学术月刊》2007年第11期

10千字

比较利益是各国参与贸易的根本动因。目前，学界现有的诸多理论几乎很少考虑当代贸易中日益增大的环境代价对贸易方获取之实际比较利益的影响，致使众多模型对我国贸易现实的解释发生偏离。随着经济的增长，污染累积的负面影响对我国环境构成了日趋增大的压力，造成了众多不可忽视的问题，因此，分析出口贸易的环境代价，对于增进我国贸易的比较利益具有重要意义。

一国出口产品，本质上是在出口生产这种产品所密集使用的生产要素。能源密集型产品是我国出口贸易的大宗商品，其生产又是我国工业污染的主要来源之一。中国作为环境资源极为稀缺的国家，大量出口此类产品可能付出巨大的“环境代价”。传统贸易理论认为，各国依据各自的比较优势参与贸易，而比较优势又是由劳动力、资本等要素的禀赋或技术经济状况所决定。然而，环境这类较特殊的资源禀赋和相对稀缺性却通常未被纳入理论研究的框架，致使传统贸易理论易因忽视当代贸易实践中日益凸显的环境代价，而对贸易现实的解释发生偏离。因此，国际贸易的理论研究急需将日趋重要的环境因素纳入到分析框架中去，对与贸易相伴随的环境代价进行深入探讨。目前，学术界在这一问题上主要关注三个领域：对环境代价外生于企业行为决策的原因分析；将环境因素引入比较优势理论，就环境代价对比较利益的影响展开一般分析，但针对产品全体的一般性研究难以定量揭示贸易的环境代价及其所致的比较利益扭曲；就环境代价的内部化及减轻途径进行了有益的探索，论证了以市场手段实现环境代价内部化是经济且可持续的。尽管这些探讨提供了值得借鉴的思路，但从具体定量层面上分析出口贸易的环境代价及化解对策仍属鲜见。

经济活动产生的各类污染物对环境产生消极影响只有在超过一定限度时，才会显现出来。环境的这一特性造就了经济活动的环境影响和代价具有隐蔽性、迂回间接性、渐进累积突变后才显现和难以用货币计量等特性。

该文利用排污权交易市场上已形成的“价格”体系来初步估算我国能源密集型产品生产、出口的环境代价，并将其结果称为环境代价。通过估算，该文发现，2005年我国在许多产品出口贸易中发生的比较利益扭曲已十分严重，实际上已经成为赔本的交易。

该文认为，我国应调整要素比价，改变目前我国资源低价、环境无价的价格体系不合理现象，逐步使我国出口此类产品的价格包含资源与环境的代价。此外，更好地运用清洁发展机制也显得尤为重要。

（张唐槟）

《论自然垄断的自行终结》

刘秀光 著

《财经研究》2007年第10期

9.2千字

在经济学说史上，关于竞争与垄断的关系有所谓“马歇尔困境”，即垄断虽然获得了规模经济，但同时扼杀了自由竞争，从而失去了竞争所带来的效率。主流经济学认为，在市场经济中由于存在着垄断等，导致市场运行缺乏效率，出现市场失灵。而市场失灵会导致不良的经济后果，市场经济秩序将受到破坏。因此，需要政府在某些行业或领域扮演建立规则和实施监管的角色，以矫正市场失灵。主流经济学认为，管制与市场经济是并行不悖的。

王廷惠教授的市场过程理论是在批判主流经济学“一般均衡理论”的基础上建立起来的。其将垄断区分为由市场过程内生的市场权势类型的垄断和自然垄断以及由外生于市场过程的来自政府对市场准入设置的强制性壁垒所引致的垄断，认为市场过程内生的垄断，依靠市场过程内生力量就能够有效制约这些垄断，而无须政府的干预；外生于市场过程的垄断“不可避免地会对动态竞争的市场过程产生干扰和破坏作用”。市场过程理论认为，垄断利润是效率的标志，政府应该保护或允许垄断利润的存在；垄断具有暂时性，不会长期存在，即使长期存在也是“无害”的。然而，文章认为，尽管能够不同程度地消除垄断，但在许多情况下，竞争的结果恰恰是有悖初衷的。此外，该文承认政府管制存在着“政府失败”问题，在实施管制的过程中，避免“政府失败”也是政府需要解决的课题。但切不能因噎废食，以可能或已经出现的“政府失败”来否认管制的正面意义和作用。

主流经济学认为，自然垄断产生的主要原因包括规模经济和范围经济，以及在网络化的产业中，整个系统的有效运行需要的标准化和一致性。市场过程理论更强调自然垄断具有的“自然性”特征，认为，只要不存在政府人为设置的进入壁垒，随着后续厂商的不断进入，竞争不断加剧，原有的自然垄断地位就会被打破。市场过程理论用自然垄断具有的“自然性”特征，反对政府干预自然垄断行业，认为政府只需等待市场过程内生的竞争就可以使自然垄断行业演变为竞争性行业。然而，文章认为，市场过程理论在分析自然垄断暂时性特征时有两方面的疏漏：关注了暂时性自然垄断的演变过程，却无视永久性自然垄断的存在；对自然垄断暂时性特征的分析，忽略了自然垄断在演变过程中存在的市场失灵问题。

该文认为，市场过程理论分析，或许适合于发达的市场经济国家已经走过的路程，对正处在经济体制转型期的我国来说，需要探讨的问题不应该是政府是否应该管制，而应该讨论政府应该怎样管制和管制什么的问题。　　　　　　（张唐槟）

《资本积累与技术进步的动态融合：中国经济增长的一个典型事实》

赵志耘等　著

《经济研究》2007 年第 11 期

15 千字

目前，社会各界对于我国改革开放以来经济的快速增长已经形成了一个先验的判断：我国经济增长主要依赖于要素，特别是资本的高投入，技术进步偏低，因而，我国经济的增长模式是低效的，不可持续的。文章认为，之所以产生“高投入式增长意味着技术进步率太低”这一与我国经济现实明显不符的论断，关键在于人们将“资本投入（积累）”与“技术进步”完全割裂开来，忽视“资本投入（积累）”本来就蕴涵着“技术进步”的因素这一事实。

该文从三个关于“资本积累中的技术进步”的基本命题出发，对中国资本积累中存在技术进步的想象进行描述，通过对设备资本中相对价格与设备资本的编辑收益率的变动进行分析，对“资本投入（积累）”蕴涵着“技术进步”的因素这一事实进行解释。

该文认为，我国各地区体现在设备资本中的技术进步程度主要取决于：与发达地区技术落差和能够推动技术进步的投资需求两大因素。对我国发达地区而言，推动资本体现式技术进步的力量在于工业化进程较快，工业化规模较大，外商投资规模巨大；对于欠发达地区来说，推动资本体现式技术进步的力量在于工业化进程水平低，不少地区还处于工业化前期，不仅与发达国家有着较大的技术落差，同我国东部沿海地区也有着一定的技术差距。而在一个大国内部，技术转移成本相对较低，技术相对发达地区对技术相对落后地区进行投资建厂、设备出卖以及更具宏观意义的产业转移，必然促进落后地区的技术进步。

通过分析，该文指出，就中国这样一个处于工业化进程中的国家而言，技术进步进程往往是与资本积累进程动态有机融合在一起的。中国过去高投入式增长是工业化和城市化进程加快的一个阶段性现象。在这种高投入中的设备资本投资包含着被忽略的技术进步，因此，中国经济高投入式增长未必就完全属于“粗放式”增长，更不一定就是低效增长，否则，中国高速的经济增长现象也很难持续如此长的时间。

该文认为，鉴于我国所处的经济发展阶段和存在资本体现式技术进步的客观事实以及尽快完成工业化的历史使命，我国在积极倡导和大力推进经济增长方式转变的同时，不应忽视租金资本的有效积累、努力优化资本投资结构、鼓励技术含量高的设备投资。

（张唐槟）

《噪音交易能驱逐理性套利吗？——噪音交易与理性套利的博弈分析》

丁志国等　著

《财贸经济》2007 年第 10 期

9 千字

噪音交易理论是与有效市场理论相对立的一种讨论金融市场运行方式和行为的理论。该理论通过对非理性交易者（噪音交易者）行为的分析，强调了金融市场上存在的非理性因素，认为噪音交易者在交易者总量中占有相当大的比例。传统理论强调套利作用和市场选择的观点，认为理性套利者会很快消除噪音交易者引起的偏离，即套利者在买入被低估证券的同时卖出被高估的同质证券，从而阻止了证券价格大幅和长期偏离其基本价值，而非理性投资者最终会从市场中消失，市场的有效性会一直持续下去。但噪音交易理论则认为，套利行为本身是有风险，且作用有限和成本昂贵，因而理性套利者并不是总能够战胜噪音交易者。

该文通过建立一个套利进化博弈模型和多重动态均衡博弈模型，探讨了噪音交易者与理性套利者在金融市场的博弈过程，指出了噪音交易存在的根本原因，解释了噪音交易与理性套利可以同时存在，噪音交易者同理性套利者一样并不会被驱逐出市场的金融市场现象，认为噪音交易不仅可以长期存在，而且在某些时期会占据市场主导的地位，但理性套利并不能完全被噪音交易所驱逐，在投机收益发生逆转的情况下，理性套利必然逐渐增加直到市场出现新的均衡。噪音交易与理性套利都是金融市场运行不可或缺的条件，噪音交易者与理性套利者长期共存并形成了市场的博弈均衡，市场上并不存在完全是理性交易采用者的“无套利均衡市场”，市场的变化只表现为不同时期理性交易策略采用者和噪音交易策略采用者之间比例的变化。对于市场价格与基本价值的关系而言，当噪音交易策略采用者整体认为市场会上升而买进时，市场价格就会偏向高于基本价值，当噪音交易策略采用者整体认为市场会下降而卖出时，市场价格就会偏向低于基本价值。只有在噪音交易策略采用者中表现为认为市场会上升而买进的那部分交易和认为市场会下降而卖出的那部分交易的买进量与卖出量正好相等时，才会有市场价格等于基本价值。而由于有这么多的交易者的存在，这种相等必然发生，但只是瞬间，因而构成了噪音交易者与理性套利者长期共存的市场。

（张唐槟）

《货币政策对房地产价格的动态影响研究——基于VAR模型的实证》

王来福　郭峰　著

《财经问题研究》2007 年第 11 期

8 千字

自 1998 年住房分配体制改革以来，中国城镇居民的住房供给体系从实物分配走向货币化分配，在住房分配体制转变的同时，中国的城市化进程也在加速，大量乡村人口从农村涌向城市，促进了中国房地产市场的飞速发展，而房地产业也逐步演变成为国民经济支柱产业。与房地产市场高速繁荣相伴随的是，中国的房地产价格也在迅速上涨。事实上，为实现经济的持续、健康发展，合理控制房地产投资与房价的增长速度，中国政府多次运用货币政策，但效果并不显著。

目前，学界关于货币政策对房地产价格的影响机制仍缺乏共识，但概括起来大致可以将现有研究所认为的影响路径归为三条：通过货币供应量来影响市场利率，从而传导至房地产市场，影响房价；货币政策影响社会公众的预期，进而影响房市；货币供应量的变动影响市场物价变化，一方面原材料价格变动会影响房地产价格变动，另一方面也直接影响房地产的名义价格。现有的研究主要仍集中于分析货币政策对房地产价格的静态影响，并没有刻画出长期的动态影响趋势，同时政策的影响结果也与现实有偏差。

该文以货币政策为例，通过分析货币政策对房地产市场的作用机制以及采集中国房地产市场的季度数据，运用向量自回归模型，以 1998 年住房分配体制改革以来的季度数据为基础，通过脉冲响应函数与方差分解的方法来观测货币供应量与实际利率对房地产价格的动态影响。

通过分析，该文认为，货币供应量变化对房地产价格有长期的持续正向影响，货币供应量的增加会导致房地产价格上涨；利率变化对房地产价格有负向影响，但在长期其动态影响逐渐减弱，并最终回归到原点；货币供应量变化对房地产价格变化的贡献率大于利率变化对房地产价格变化的贡献率，且前者呈加速上升趋势，而后者则逐渐减小。

该文认为，我国应合理控制货币供应量增长速度及对房地产消费的信贷规模，尤其要严格控制对房地产投机的信贷；适当增加房地产开发信贷规模。此外，我国还应制定更加合理的利率政策，使得名义利率更加真实地反映市场资金的供需状况。

（张唐槟）

《三种 R&D 溢出与本地企业技术创新——基于我国高技术产业的经验分析》

张倩肖　冯根福　著

《中国工业经济》2007 年第 11 期

12 千字

技术创新就是用知识生产新知识。企业技术创新不仅依赖于自身的 R&D 努力，还依赖于整个经济中可获取的知识存量。具体而言，影响企业技术创新的因素大致涉及三个方面：与知识创造和知识积累相关的创新资源投入；与市场机制相关的产业组织变化；制度环境。

现有的研究基本都只分析某一特殊的 R&D 溢出对本地企业技术创新的单一影响，没有全面系统地分析和比较不同类型的 R&D 溢出对本地企业技术创新的影响。文章试图克服已有研究文献的局限性，力争较为全面系统地分析和比较不同类型的 R&D 溢出对本地企业技术创新的影响。

由于 1995—2005 年期间我国高技术企业所面临的制度环境基本相同，因此，该文并未考虑制度因素的影响。该文基于 1995—2005 年我国 16 个四位码高技术产业中大中型企业的面板数据，借助 Pakes&Griliches 提出的专利生产函数，对三种 R&D 溢出与我国本地企业技术创新的关系进行了实证分析。该文在以下两方面对现有研究进行了拓展：基于我国高技术产业的数据，采用泊松、负二项式和固定效应负二项式模型，分析、比较技术引进、购买国内技术和产业内外商投资企业 R&D 活动三种不同类型的 R&D 溢出效应及其与本地企业自身 R&D 活动之间的关系；检验本地企业的消化吸收能力对不同类型 R&D 溢出效应以及对本地企业自身 R&D 能力的影响。

通过分析，该文认为，外商投资企业 R&D 溢出是促进我国本地企业技术创新的主要外部力量，且与我国本地企业自身 R&D 活动之间存在互补关系；技术引进、购买国内技术等 R&D 溢出没有对我国本地企业技术创新能力的提高产生积极的促进作用；在消化吸收能力较强的行业中，我国本地企业技术引进的负溢出效应得到了明显的改善。

该文认为，要加快提升我国本地企业的技术创新能力，除继续强化企业 R&D 投入力度外，还应充分利用技术创新国际化的溢出效应。该文指出，我国应发挥政府资金导向的作用；引入有效的竞争机制，建立更多本土化的研发机构和较为完整的产业链条及生产体系，同时利用产业政策的导向作用，将外商的 R&D 活动引导到我国经济技术发展的优先部门或领域；在继续保持外资政策连续性和稳定性的基础上，积极推进反垄断法的制定和实施，推动本地企业在竞争中进行技术创新。　　（张唐槟）

《FDI 技术外溢的地区差异与门槛效应——基于 DEA 与中国省际面板数据的实证检验》

张宇　蒋殿春　著

《当代经济科学》2007 年第 5 期

15 千字

所谓技术外溢效应，主要是指 FDI 的流入对东道国的经济效率和经济增长以及发展能力会发生无意识的影响，即通过间接作用的方式来改变东道国相关产业技术进步的进程。技术外溢效应被认为是国际直接投资（FDI）影响东道国技术进步的最重要的一种方式。近年来，随着我国对外开放程度的不断扩大，我国的FDI流入量也在逐年增加，并成为世界第二大外资流入国。鉴于我国不同地区在经济发展水平、技术水平、开放程度与政策取向上的差异，FDI流入对我国各地区所带来的影响也不尽相同。因此，研究我国不同地区FDI技术外溢效应的差异，进而探询造成该差异的原因无疑对我国各地区有针对性地利用外资促进当地经济发展和技术进步有着重要的理论和现实意义。

目前，现有的实证研究所采用的方法基本上是将东道国内资部门的全要素生产率视为因变量，将FDI的流入程度视为解释变量，并通过考察FDI项回归系数的变化来确定FDI的技术溢出程度。然而，目前实证研究的检验手段仍然以计量分析和参数估计方法为主，同时工作的焦点基本上仍集中于检验影响技术外溢效应的各种因素及其作用方向，却缺乏对各种经济发展“门槛”的具体水平进行测定，因此，现有的研究大多无法对导致我国不同地区FDI技术外溢效果差异的原因进行有针对性的解释。

该文结合数据包络分析（DEA）与面板数据模型对我国不同地区FDI技术外溢效应的差异进行检验，并对引发正向技术外溢效应的“门槛”水平进行估计与测算，以此来揭示我国不同地区之间FDI技术外溢效果差异的原因和未来的改进方向。

通过检验，该文证实了FDI技术外溢“门槛效应”的存在。FDI的技术外溢效应与当地的经济发展水平、开放程度、基础设施和人口素质以及工业化程度均成正相关关系，只有当这些指标达到或超过一定水平之后，FDI的流入才会在当地产生积极的技术外溢效应。目前我国的经济发展水平在总体上可以引发一定的技术外溢效应，但就全国来看，这种积极的技术外溢效应仍不是一个全国性的现象。

该文认为，经济发展较快，基础较好的地区应当同时注意地区经济发展的平衡性以及产业结构的合理搭配和升级调整，促进地区经济协调健康的发展，而中西部发展相对落后的地区则需要在基础设施建设和教育方面加大投入力度。与此同时，国家也应当对中西部地区加大扶持，给予一定的政策倾斜，鼓励和促进这些地区扩大开放程度，调整产业结构，实现经济发展水平的飞跃，以促进这些地区FDI技术外溢效应的发挥。

（张唐槟）

《生态经济学的方法论》

张谊浩　著

《经济学家》2007年第5期

10千字

现实经济发展与生态环境之间矛盾的加剧催生了生态经济学。生态经济学在研究视角、追求的目标和研究方法路径与新古典经济学有着本质的区别。生态经济学的研究囊括了新古典经济学和各类异端经济学流派，包括行为经济学、实验经济学、演化经济学、制度经济学、心理经济学、激进主义经济学和社会经济学等的思想和方法。它们的区别是：

价值标准不同。新古典经济学遵从价值一元论观点，而生态经济学提出了在整体上替代标准的成本—收益分析方法和价值一元论的多维决策标准。

对人的假设的不同。新古典经济学依赖于理性主体模型，其经济分析的起点是理性人在毫无社会和环境条件约束下的单纯经济决策，而生态经济学的行为主体假定可以被认为是更现实、更一般化的“生态人”假定，即符合有限理性、满足物质利益和精神享受平衡和追求人与环境（经济、社会和自然环境）收益最大化这三个特征，以生态意识、生态良心和生态理性为内涵的一种主体假定。

边际分析法的替代。边际分析法是新古典经济学最一般化的方法，边际概念隐含着新古典经济学中的替代、价值一元论、机会成本和市场均衡等众多基本假定。生态经济学对边际分析方法的两个替代选择分别是复杂适应性系统分析方法和使用扩展的投入产出模型来审视经济结构中大规模变迁的直接及间接影响效应。

不确定性问题处理方式的不同。新古典经济学中的大多数决策理论都直接指向结果的预期效用最大化，而对最优化的具体路径很少顾及，而生态经济学的一个基本假设是积极主动把握不确定性因子，建立一套生态、社会和经济的最低安全标准，其目的是保护生态系统的自组织能力，使人类社会能应对环境条件的各种变化，达到生态与社会经济发展的整体协调。

对个体价值和社会选择两者关系的理解不同。新古典经济政策理论优先强调分配的效率，产出和消费是相分离的，以便于产出效率均衡于社会福利的最大化，厂商减少成本的目标逐步被扩展为宏观经济和人类社会的整体目标。生态经济学严格区分个体价值和社会选择，并确定新的个体价值系统（尊重自然和未来人类，强调基本需求的满足）和社会选择目标（稳定状态），要求平衡效率、配置和规模之间的比重，主张小规模活动和控制副作用；强调长期政策的制定和实施应该以变化的价值观和利他主义为基础。

对生产本质界定不同。新古典经济学的生产理论不是研究生产的理论，而更像是研究固定量的、给定生产投入分布的配置理论。而生态经济学则认为经济的生产必须保持原材料投入和废物输出之间的天然平衡。

（张唐槟）

《基于委托代理理论的医患交易契约设计》

马本江　著

《经济研究》2007 年第 12 期

18 千字

在医患信息不对称条件下，当前国内各类医院普遍采用医师药单收益提成，科室收益提成的激励制度是形成“看病贵”的主要原因之一。医师药单收益提成的激励制度产生了严重的外部性问题，是使医师发生道德风险的根源。这一制度的又一直接后果是社会的弱势群体——穷人看不起病。目前，理论界基本认为，全民免费医疗制度一定是低效率的，这是因为缺乏有效的市场竞争，医院既没有提升自身的专业技术水平的积极性，也没有关注医疗成本和降低管理费用的积极性；此外，患者的道德风险将导致过度消费，从而医疗制度偏离社会最优水平。

实际上，医师道德风险的防范比患者的道德风险的防范更为重要，这主要是因为患者的道德风险主要发生在症状不明显的情况下，通过虚假信息影响诊断，因而，只需医师提高每次就诊的挂号费就可以在一定程度上防止患者的道德风险。此外，在医患关系中，医师的专业知识优势使其具有“处方权”，当过多开药不是其利益所在时，患者的过度消费想象也将被有效防范。

该文在假定患者没有道德风险的情况下，

试图运用信息经济学中的委托代理理论建立一个旨在防止或限制医师道德风险的医患交易契约模型，并对模型所展示的机理进行分析。该文认为，“带有赔偿的医师包治”可以有效防止医师的道德风险，使之能像为自己诊治一样为患者诊断疾病，或者说，使之能像在信息对称情况下一样诊治患者。而医疗保险实际上可以认为是对特定社会群体每一成员的诊治疾病服务进行事前定价。因此，医院企业和医疗保险一体化，即成立“保险互助医疗有限公司”可以在很大程度上解决医师的道德风险问题。这是因为，医院企业和医疗保险一体化等同于医师收取固定的医疗保险费用，负责一定期间内为特定社会群体的每一成员提供诊治疾病服务，在一定的制度约束下，医师的道德风险将得到有效的防范。

该文认为，医院企业和医疗保险一体化的“保险互助医疗有限公司”是对当前“医院”或“保险公司+医院”两种医疗制度的帕累托改进，对我国当前的医疗体制改革具有一定的借鉴意义。（张唐槟）

《人民币实际汇率变动对我国贸易收支的影响——主要市场双边贸易收支的实证研究》

陈学彬　刘明学　董益盈　著

《复旦学报》2007年第6期

15千字

近年来，人民币持续升值，但同期我国贸易收支顺差却持续上升，传统国际收支理论关于本币升值有利于刺激进口、抑制出口，改善贸易收支失衡的效应并未显现。从主要贸易对象国来看，尽管人民币兑美元汇率升值，但中美贸易顺差却在持续扩大；人民币兑日元升值，中日贸易逆差持续扩大；人民币兑欧元汇率贬值，中欧贸易顺差持续扩大。这就形成所谓“中国贸易收支之谜”。当前人民币汇率变动对我国贸易收支的影响问题已成为全球关注的重点之一。从某种意义上讲，研究中国与主要贸易伙伴国汇率与贸易收支的长期均衡关系，对于解开“中国贸易收支之谜”，制定正确的经济政策具有重要的参考意义。

近20年来，国内外学者对于汇率变动对贸易收支的长期、短期影响进行了一些有益的实证研究。研究的结论大多为汇率变动对贸易收支的影响具有不确定性，贸易收支并不一定能够通过汇率贬值得以改善。国内研究选取的样本数据多为年度数据，样本点过少，统计结果缺乏稳健性。此外，这些研究往往采用人民币有效汇率代替双边实际汇率来研究汇率对双边贸易收支的影响，这也有失偏颇。同时，国内关于汇率与贸易收支关系的研究多数都是采用局部均衡的古典弹性分析方法，这种方法只考察了由汇率变动引起的价格变动对进出口的影响，忽略了价格和国民收入等宏观经济变量对贸易收支的影响。

该文在考虑双边贸易国的价格和国民收入的基础上，采用一般均衡模型，利用协整分析方法，就人民币实际汇率变动对我国主要贸易伙伴美国、日本和欧元区12国之间进出口贸易收支的影响进行研究。经分析发现，中国出口的实际收入弹性都远远大于进口的实际收入弹性；人民币实际汇率升值对于缓解中国对主要贸易伙伴国的贸易失衡具有一定的积极意义，但是，在欧美可以自由进口中国劳动密集型产品的同时，发达国家却对其国内企业向中国出口技术密集型产品设置了诸多限制。这种贸易限制抑制了中国经济增长对欧美等国高科技产品需求的满足程度，也降低了人民币实际汇率升值促进中国增加对外进口的作用，因此，要解决中国与美、日、欧之间的贸易失衡，不能仅仅寄希望于人民币大幅度升值，而需要多方共同努力。

（张唐槟）

《存款准备金率政策的传导机制——基于商业银行资产负债管理的微观结构分析》

蒋冠　刘红忠　著

《复旦学报》2007 年第 6 期

15 千字

流动性过剩成为当前宏观经济局势最受关注的问题之一。流动性的内涵非常复杂和丰富，迄今为止并没有较为明确的定义。在中国现行金融体系下，这些过剩的流动性是由银行体系所产生的。

该文认为，银行体系产生过多的流动性有其两个方面的客观原因：首先，银行体系的存贷差一直保持着稳定的增长。在贷款规模难以在短期内有效扩大的情况下，宏观经济和供应量的增长所形成的银行存款来源的稳定增长，事实上导致了银行体系的资金过剩压力。其次，银行体系在结售汇体制下事实上是承接国际收支顺差的唯一渠道，在国际收支持续顺差的局面下，银行体系必须吸纳由国际收支顺差产生的流动性资金。

该文从局部均衡开始分析，通过对单期模型进行拓展，建立一个两期跨时均衡模型，对存款准备金率政策的传导机制进行有效的描述。中央银行的存款准备金率政策，需要通过银行体系中商业银行的资产负债管理行为而产生政策效应。在流动性过剩的宏观格局中，中央银行连续的存款准备金率上调，确实成功地紧缩了银行体系的存款类资金来源，从而从银行体系回收了预期的资金。然而，最终的流动性调控成效，还要取决于银行体系向经济体系中的实际贷款是否随着紧缩性货币政策的推出而减少。其中的内在机制也正是存款准备金率政策的传导机制。

该文认为，金融创新的实质是通过金融产品和交易规则创新，创造出新的金融交易市场，以便在更广泛的空间、时间范围内，通过风险和收益的再匹配和金融市场流动性创造，从而创造出新的价值。金融创新可以有效地减少经济中的金融摩擦，创造出高效的、低成本的金融工具，改变金融体系各个子市场的运行效率和成本，从而削弱货币政策赖以作用的条件。此外，金融创新可以造成金融市场结构性的改变，从而改变了货币政策传导机制的作用环境。而且，金融创新的发展将通过可替代货币的金融资产总量增加，改变投资对利率的弹性、货币需求对利率的弹性、货币需求对收入的弹性、银行负债结构对利差的弹性、企业融资结构对利差的弹性等货币政策传导赖以发挥作用的参数，弱化了货币传导机制的政策传递作用。

在完善的金融体系中，流动性过剩可通过市场丰富的资产组合调整而有效化解。然而，中国的金融市场发育远未成熟，居民的金融资产过于单一而且高度极端，是加剧流动性过剩的原因之一。（张唐槟）

《实施“精细化改革战略”、明确国有企业的组织使命与定位》

黄群慧　著

《新视野》2007 年第 6 期

6 千字

该文认为，经过多年的探索，通过实施

“建立现代企业制度”和“国有经济战略性重组”两方面重大改革战略，我国国有企业改革取得了重大的进展。实际上，如果从国有企业改革初衷——解决国有企业效率低下问题，提高国有企业活力，保证国有资产的保值增值，进而发展壮大国有经济——的角度衡量，现有的国有企业总体规模、绩效和经济控制力等情况表明，我国国有企业改革的基本目标已经初步实现。但是，国有企业经济效益的提高，在表明国有企业改革卓有成效的同时，也引发了国有企业改革与发展的一些新的问题。一方面，从国有企业利润分配角度看，如何分配和使用这些利润、建立怎样的国有资本预算制度成为一个重大的现实问题；另一方面，从国有企业利润来源角度看，国有企业巨额利润是来自于国有企业效率的提高还是来自于国有企业的行政垄断，如何解决国有企业行政垄断问题，这引起了人们的高度关注，甚至有人认为，国有企业改革进入到以解决行政垄断为核心的新的阶段。这些问题的背后，从理论上说是一个关于国有企业使命和定位的深层次问题，也就是为什么要建立国有企业、国有企业存在的目的是什么这些基本问题。

该文认为，要解决上述问题，国有企业改革的当务之急是实施“精细化改革”战略，针对每家国有企业具体明确其具体的使命和定位，根据使命和定位具体监管和考核国有企业经营管理者，而不仅仅是一般意义的国有资产保值增值之类的泛泛的监管目标和考核要求。“精细化改革”战略体现在国有企业使命方面，要求国资委结合国有企业战略性重组，重新梳理每家国有企业的存在对国家的意义、必要性和法律基础，具体明确每家国有企业的使命。这些国有企业一旦明确自己的使命，就要基于国家赋予的使命确定自己的发展战略，在国家法律框架内开展经营活动。而国资委则需要根据国有企业集团不同的使命、战略选择不同的公司治理和管理方式。

“精细化改革”战略体现在国有企业产业定位方面，国资委要对每个产业及产业的具体链条环节的性质（自然垄断性、国家安全和战略的关系度等）进行具体分析，研究这些产业和产业链条环节与国家安全的关系和对国民经济的影响程度，进一步确定国有企业是否进入或者继续处于这些行业和领域以及在这些行业的国有企业发挥怎样的作用，从而给每家国有企业进行产业定位。应该说明的是，“精细化”战略的前提是对国有企业进行战略性重组，减少国资委直接管理的国有企业数量，缩小管理半径，否则面对太多的国有企业，其无法具体来明确各个国有企业的使命和产业定位。（黄群慧）

中国经济学年鉴

2008

第四篇 著作选介

《中国工业化进程报告》

陈佳贵　黄群慧　钟宏武　王延中等　著
社会科学文献出版社 2007 年 9 月版
700 千字

经过 20 多年的快速工业化进程后，我国离实现工业化，或者说经济现代化还有多远？中国的哪些地区会率先实现工业化？落后地区和先进地区的工业化进程差距到底有多大？我国在“九五”和“十五”期间分别是以怎样的速度推进工业化？中国工业化取得了怎样的经验？这些研究内容构成了“工业化蓝皮书”——《中国工业化进程报告》的核心内容。该书是我国第一本工业化蓝皮书。该书研究了中国工业化的成就与经验、工业化水平的评价方法、中国工业化水平和特征、中国工业化的问题和战略等总体方面的问题，然后按照珠三角地区、长三角地区、环渤海地区、中部地区、大西北地区、大西南地区和东北地区分 7 篇、38 章具体分析了这 7 个区域和 31 个省级地区的经济发展情况、工业化水平、特征及进一步推进工业化进程的建议。

该书选择了人均 GDP、一二三产业产值比、制造业增加值占总商品增加值比重、人口城市化率、一二三产业就业比五个指标来衡量我国地区工业化进程，并构造计算反映一国或者地区工业化水平和进程的综合指数。本书对中国的整体及其各个区域的工业化水平进行综合评价结果表明：从全国看，到 2005 年，中国的工业化水平综合指数达到 50，这表明中国刚刚进入工业化中期的后半阶段。如果将整个工业化进程按照工业化初期、中期和后期三个阶段划分，并将每个时期划分为前半阶段和后半阶段，那么中国的工业化进程地区已经过半。1995 年中国工业化水平综合指数为 18，表明中国还处于工业化初期，但已经进入初期的后半阶段，到 2000 年，中国的工业化水平综合指数达到了 26，这表明 1995—2000 年的整个“九五”期间，中国处于工业化初期的阶段。到 2005 年，中国的工业化水平综合指数是 50，这意味工业化进程进入中期后半阶段。

从板块和经济区域看，到 2005 年东部的工业化水平综合指数已经达到了 78，进入工业化后期的前半阶段，东北地区工业化水平综合指数为 45，进入工业化中期前半阶段，而中部和西部的工业化水平指数为 30 和 25，还处于工业化初期的后半阶段。长三角地区和珠三角地区都已经进投入工业化后期的后半阶段，领先于全国水平整整一个时期，环渤海地区也进入工业化的后期阶段。

从省级区域看，到 2005 年，上海和北京已经实现了工业化，进入后工业化社会。天津和广东则进入工业化后期的后半阶段，而浙江、江苏和山东都进入到工业化后期的前半阶段。这 7 个地区都属于工业化水平先进地区，都高于全国的工业化水平。而辽宁和福建两个地区则与全国处于相同的工业化阶段，即工业化中期的后半阶段。山西、吉林、内蒙古、湖北、河北、黑龙江、宁夏、重庆等 8 个地区虽然也处于工业化中期，但只处于工业化中期的前半阶段，低于全国工业化总体水平。陕西、青海、湖南、河南、新疆、安徽、江西、四川、甘肃、云南、广西、海南等 12 地区，还处于工业化初期的后半阶段，比全国水平落后一个时期。贵州还处于工业化初期的前半阶段，刚刚踏上工业化进程，而西藏还处于前工业化阶段，还没有开始其工业化进程。

计算表明，1995—2005 的这 10 年间，全国和绝大部分地区都处于快速工业化时期，相对于“九五”期间，“十五”期间则是大幅度的加速工业化时期。东部地区的工业化速度依然远远大于其他地区，中国地区之间工业化进程的差距继续加大。广东是“九五”以及1995—2005这10年间工业化速度最快的地区，而山东、江苏并列成为“十五”期间工业化速度最快的地区，江苏则是“十五”比“九五”工业化加速趋势最明显的地区。

在整个中国快速工业化进程中，各个地区都在向着工业化高级阶段发展，由于各个地区工业化起点和发展速度不同，使得处于不同工业化时期的地区数量发生不断的变化，1995—2005年这10年间，处于工业化不同阶段的中国各地区的数量分布形状从倒扣的碟型向金字塔型、继而向橄榄型分布不断演进。

1995—2005年，中国工业化进程的推进主要得益于工业结构的优化升级，从具体“九五”时期和“十五”时期来看，在“九五”时期，三次产业结构的升级是推动中国工业化进程的最主要因素，“十五”期间，工业结构升级代替产业结构调整，成为我国及其绝大部分地区工业化推进的主要动力。这在一定程度上反映了“十五”期间中国的经济增长开始从以工业数量扩张为主逐步转向工业质量提高为主。

中国的工业化进程长期、普遍表现出工业化与人均收入水平、城市化、就业结构相背离的结构特点，这与中国的独特的国情和工业化战略有关。

归结起来，改革开放以来我国的工业化战略的核心内涵可以概括为以下四个方面，这也构成了我国工业化的四方面经验：建设和谐稳定的发展环境，保持工业化进程的连续性；遵循产业结构的演进规律，促进工业化进程的高级化；坚持“内外双源”发展，构建全面的工业化动力机制；尊重地方发展经济的创造性，探索正确的区域工业化模式。

科学评价中国的工业化进程，无疑有助于我们总结经验、认清问题，有助于全国和各个地区继续健康、快速地推进工业化进程，这也正是该书的重要意义所在。中国的工业化进程还远没有结束，巨大的国内市场需求，加之生产梯度推移和产业升级效应，将促使中国经济在未来一段时间内还会保持一个较高的增长速度。未来的中国工业化进程，将在科学发展观统领下，走新型工业化，更加重视协调发展，更加重视经济增长的质量和效益，更加重视结构优化。在科学的工业化战略指导下，中国必将建成一个以人为本、全面协调和可持续发展的、和谐的现代化社会。

（黄群慧）

《政府规制：21世纪理论研究潮流》

杨建文　著

学林出版社2007年9月版

210千字

政府规制理论是产业组织理论的重要组成部分。国内外学者近年来对规制问题予以高度关注，本书是在吸收国际学术界最新研究成果的基础上，融合作者多年来对产业经济学理论研究的心得体会，针对我国当前产业发展和我国对政府规制的新要求新特点，展开系统分析。该书由导言和9个章节构成：第一章政府规制的经济学分析，第二章政府规制的政治学分析，第三章政府规制的作用机制及均衡机制设计，第四章政府规制的静态均衡，第五章政府规制动态的均衡分析，

第六章价格规制的静态分析，第七章价格规制的动态分析，第八章经济规制效果的测量与评估，第九章经济规制的实际效果。

书中导言部分主要介绍了规制的定义、政府规制理论的主要流派、全球化背景下的政府规制以及研究政府规制对中国的现实意义。政府规制的主体是社会公共机构和政府行政机关；客体是各种经济主体，主要是企业；政府规制的主要手段则是凭借政府的权威来制定和实施各种规则、制度，迫使或者激励相关的利益主体按照规则、制度行事；政府规制是政府部门通过对某些特定产业或企业的产品定价、产业进入与退出、投资决策、危害社会环境与安全等行为进行的监督与管理。

该书的第一个主题是论证政府规制存在的必要性。主要从经济学和政治学的角度进行论证。研究的重点在于应用概念模型和经济学方法，即假设所有相关行为者（消费者、企业、投票人、政治家和捐助者等）的行为是理性的、目标是明确的，用经济学概念和相关理论对政治行为进行预期，并利用经济学家经常采用的方法对理论假设进行检验。因此，除经济学外还涉及很多其他领域，特别是法律和政治科学。

该书的第二个主题是分析政府规制的作用机制以及均衡机制。规制者必须选择适合于具体规制环境和规制对象特性的制度安排，在选择这一制度安排时，规制者必须考虑到规制对象对这些制度可能采取的相应策略。重点分析了固定成本信息约束下的规制均衡、企业行为不可观察下的规制均衡以及企业绩效可观察情况下的规制均衡，并根据规制者有没有承诺能力这两种情况进行动态分析。还以价格规制为重点，介绍了差别定价法、非线性定价法以及共同成本分摊与交叉补贴问题，并分析了当存在外生技术进步或信息不确定条件下的价格规制策略等。

该书的第三个主题是对规制政策有效性的评价。主要探讨测量和评估经济规制的理论基础和经验方法，为评估和诠释经验性研究提供了逻辑框架。在这一基础上，进一步介绍了学者们对规制的实际效果所作的大量实证研究，包括价格、成本、技术变化、产品质量以及规制和放松规制的分配效应。

该书对政府规制理论有整体的把握、有重点的展开、有系统的论述。从论证规制必要性开始，对政府规制存在的重点领域进行判断，逐步深入到规制在这些领域中形成的作用机制，并对其效果进行评价。该书主要研究在市场经济体制下政府如何依据一定的规则对市场微观经济行为进行制约、干预和管理，该书的三个主题既是这一主干的纵向剖析，也是对这一主干的横向扩展。

由于国内对于政府规制理论的研究尚处于起步阶段，因此，国内可借鉴的资源不多。该书的形成主要源自于对国外研究成果的理解，其理论框架也是作者从众多繁杂的资料中提炼出来的。尤其是对政府规制的经济学和政治学分析以及对几个重要领域内政府规制存在的形式、路径和有效性的判断等，在国内的研究还处于起步阶段。

建立社会主义市场经济体制，既是一个制度变迁的过程，也是一个转轨的过程，“是一个规制的演进过程——从高度的规制（heavy-handed regulation）到轻度规制（light-handed regulation）过程”。因此政府规制理论对于分析我国政府的现行体制改革及效率、探讨公共事业单位的规制改革及其完善措施、建立适应市场经济体制和全球化背景的政府规制模式等都具有十分重要的意义。

政府规制理论有利于指导我们正在进行的公用事业部门和自然垄断行业的体制改革。我国的公用事业部门正处于市场化取向改革的关键阶段，自然垄断行业也正在由行政性垄断向政企分开、引入竞争、提高效率转变。因此，在放松传统的行政性规制的同时，引入适应市场经济和全球化要求的经济规制，尤其是激励性规制是十分必要的。要解决信息不对称和提高被规制企业生产效率问题，就需要借鉴西方发达国家的成熟经验和相关理论，结合微观的具体情况，对激励性规制进行适应性的创造，从而鼓励这些产业部门提高效率、降低运营成本和价格、提高服务质量。

政府规制理论有利于逐步强化和完善我国的社会规制。近年来，随着经济社会发展进程的加快，在放松经济规制、进行激励性规制重塑的同时，为了增进社会福利，应该提高对生活质量、社会福利等问题的关注度，特别是对那些经济活动中存在外部性（尤其是外部经济）、非价值性物品、信息不完全和信息不对称的领域，必须加强或维持社会性规制，如对安全、健康、环境、服务质量以及技术标准的规制等。（杨建文）

《南京国民政府时期的国有企业（1927—1949）》

张忠民　朱婷　著

上海财经大学出版社 2007 年 12 月版

460 千字

近代中国的国有企业和国有资本问题是近代中国经济史和企业制度史研究的重要领域。《南京国民政府时期的国有企业（1927—1949）》一书在前人研究成果的基础上，从历史学和经济学的双重视角出发，对以 20 世纪 30—40 年代为中心的南京国民政府时期国有企业的制度变迁和历史演进作了较为详尽、系统的研究。该书除导论以及余论外，主要由相互具有逻辑递进关系的三大部分构成。

导论部分在简要回顾了前人的研究成果之后，主要对研究对象进行了必要的界定。在我们的研究中，“国有资本”被界定为包括中央政府、地方政府及其机构等，以政府公款投入所形成的全部投资；国有企业亦从广义的角度区分为国有独资、全资企业，国有控股企业以及依照特种股份有限公司等特别法规组织的国有参股企业。但在具体的论述中，为了行文的方便，同时也为了有利于对所有国有资本的论述，则从国有独资、全资企业，国有控股企业以及国有参股企业的不同角度分别进行论述。

第一部分也就是第一章南京国民政府国有经济政策的演变。这部分中主要论述的有三方面的内容：一是抗战之前南京国民政府国有经济政策形成的渊源和背景以及党国体系下国有经济政策的形成路径和基本内容，从中可以看出，国有经济政策从其形成之日起，关于国营、民营的划分问题就成为其最主要的核心内容；二是抗战时期国民政府国有经济政策的演进，其内容不仅包括战前延续的国有经济、民营经济的政策划分，而且还有以前甚少为学者论及的国有企业的经营预算政策和省营经济政策；三是抗战胜利之后国民政府的国有经济政策，基本内容除了较之于战时争论更炽的国有经济、民营经济的政策划分之外，还有甚具战后国有经济政策特色的敌伪产业接收政策以及国有股份的减持政策。

第二部分包括第二章到第四章，主要是分阶段论述和分析了抗战之前、抗战期间以及抗战胜利之后，国民政府国有企业以及国有资本的演进。从中可以看出，战前的国有资本以及国有企业除了在金融系统的国家行局以及电信、邮政、铁路、军工等国家垄断经营的行业之外，在一般的竞争性民用工矿业及商业贸易中，其数量、规模都还十分有限；但在临近抗战全面爆发的1936年时，鉴于战争局势的日益迫近，国民政府已经开始积极筹划以重化工业、军事工业为中心的国有企业建设。抗战时期国有企业的演进，一个最主要的特点可以概括为“全方位扩张”，这种全方位扩张表现在行业上，就是除了重化工业、军事工业之外，凡是对战时经济有关联和重要性的民生工业中，都可以看到国有资本、国有企业的经营；表现在投资主体上，不仅有诸如经济部资源委员会、工矿调整处、金矿局这样重要的中央政府投资，也有为数甚多的以后方各省区省政府为主体的省营企业公司以及省营企业、县市营企业的兴起，至于战时状态下，各军方机构对于除了武器装备的兵工生产之外，在诸如燃料工业、酒精工业等方面的投资也已经习以为常；表现在企业的组织形式上，国有独资、全资企业固然占有一定比重，但是更多的却是国有控股、参股企业的大量出现，它们不仅放大了国有资本的效用和效应，而且对于整合战时条件下的经济资源、政治资源都起到了重要的作用。抗战胜利之后国民政府国有企业的演进可谓是进入了最后的膨胀阶段，最重要的表现是，以接收大量敌伪产业为前提，国民政府建立起了一个从重化工业、基础工业直至轻纺工业极为庞大的国有企业体系，并且在公司组织形式下，组建起了为数众多的国有大公司和大公司系统，将国民政府的国有企业推到了最后的巅峰状态；国民政府在建立战后国有企业和国有企业系统的同时，很大程度上背弃了自孙中山国家资本思想以来，国有经济政策中一贯的国营、民营的政策划分，使得国有资本、国有企业与民营资本、民营企业的矛盾处于一种空前激烈的对峙状态；最后，在日益严重的财政货币形势下，国民政府选择了国有企业的国有股份减持，实际上意味着整个国民政府与它的国有资本和国有企业一起，已经走到了历史的尽头。

第三部分为第五、第六两章，在前述两部分的基础上，对国有企业的资本、资金来源，股权结构，企业的组织形式、治理结构、管理层级、员工薪酬等进行了大致的论述和分析。在已有关于国有企业和国有资本的研究著述中，不论是宏观的总体研究，还是微观的个案研究，这方面的内容都是涉及较少的。这不仅有资料发掘和利用上的问题，也有研究方法和研究视角的问题。而本成果的研究则较好地提供了这方面整体性的论述和分析。

最后的余论部分在前述研究的基础上，分别提出和讨论了国有企业的历史地位、国有企业的制度及规模优势、国有企业的制度性障碍、国有企业与民营企业的关系、国有企业的公司化趋向以及南京政府时期国有企业的历史结局等。

该著作的主要特色在于：一是对于档案资料的开掘、整理以及使用，这特别集中体现在全书经过仔细整理编制的近80个图表中。二是全书的框架设计，并未如一些著述惯常所做的那样，完全按照时间先后编排章节陈述，而是从研究对象的类型和问题出发，结合现代企业理论的基本结构展开全部研究，较好地体现了研究和叙述中历史和逻辑的一致，在现有的同类著述中，应该是甚具特色的。三是整个研究十分严谨。在对研究对象的评价以及所表现出来的观点、看法、结论等都实事求是，对史料绝不妄加意测，对评述和分析也不随意套用理论、无限引申。在最后的余论中，对于一些现在看来仍然难以作出结论性论断的问题，也实事求是地在讨论之余，并不下结论性的论断。

总而言之，该书的研究对于南京国民政府时期国有企业的形成、发展以及总体规模提供了一个较为清晰的整体概貌，对于推进近代中国企业制度研究的纵深的发展具有相应的学术价值，同时也为以后近代中国国有企业和国有资本更深入、更全面的宏观研究和个案研究提供了一种进一步前进的支点。

（张忠民）

《自组织经济理论：和谐理性与循环累积增长》

李桂花　著

上海社会科学院出版社 2007 年 12 月版

170 千字

这是一本探讨经济增长的根本源泉以及如何实现激发这种源泉的著作。该书融合了大量经济学研究的成果，无论古典、新古典还是新制度经济学，吸收了自然科学的最新成果。然而立论的精神来自中华文明的智慧，将东方的内省式理性认识与心性开发的智慧与西方的逻辑推理和经济分析相融合，提出个体理性与整体经济制度互动的新的视角。

该书的核心观点是：经济体的增长由微观个体的理性提升开始，对外演化为新的制度和新的组织的建立、新的技术创新的突破，或政治领袖的诞生，等等。制度与物质两方面的循环累积决定了经济发展的路径。而个体理性既不是完全理性也不是有限理性，而是一个自组织理性系统。理性的实质是心性。对自己心性的认识和控制、提升，使个体能实质上地提升自己的理性层次，从而超越原先对制度和制度赋予机会的认识，或者说看到更深入的规律，从而实现了更高层次的利益。这个过程是向和谐理性的回归的过程。

目前的经济学科对经济增长源泉的研究，从资源（土地、劳动力、资本）到技术、制度，有了很多技术上的突破和认识上的提高。现在已有很多卓越的经济学家认识到个体理性、制度和经济增长之间的联系，诺斯和青木昌彦就是两个代表。诺斯的《制度、制度变迁与经济绩效》已深入到制度的实施与个体的主观认知模型的层面，研究了个体、组织和制度之间的互动。青木昌彦的“共有信念”概念也抓住了制度的精髓，从重复博弈中内部积累和外部刺激的耦合角度探索了共有信念的改变。这些都是经济研究领域了不起的成就。不过，由于他们未能突破新古典经济学中对个体理性的固有框架，也就不能正确理解个体理性的内涵、力量以及个体与整体的互动，只能把制度变迁的责任推到外生变量上去，如相对价格的改变、震撼共有信念的事件的发生，等等。虽然他们也承认个体的主观认知模型在博弈中会根据信息反馈来修正，从而构成内在的渐变的积累，但对个体理性的内涵的认识的局限，使他们不能突破个体理性与整体制度均衡之间的囚徒困境。即个体如果是理性的，那他就没有动力违背现有的均衡；而事实上所有创新都缘于对制度的突破，那如何解释它是理性的？目前的研究只能用重复博弈来解释行为人的动机。但这显然不能真实地解释事实。事实上，真正突破制度的个体决策，当时并不能确定博弈是重复的，如宁可破产来守信用的商人、冒牺牲生命危险的政治改革者、坚持独立学术人格的学者，等等。因此，我们需要一个能清晰解释个体理性与经济社会互动的理论。

该书提出，经济增长是一个循环累积的内因与环境及特定的情境下的预期互动的过程。要实现新的经济增长，或者突破原有的秩序，必然先在微观层次表现出个体经济理性（知觉）的改变，新型经济组织的建立、经济及社会结构的调整，以及最终出现的意识形态的改变和包括所有权在内的具体的制度的建立和改变，并要求相应的政府职能的变化，而不是单一的某种因素调整的结果。每一个政治经济体的增长和转型都是特殊的、没有固定的模式，共性的规律是循环的模式由理性所限定和体现，而循环的突破也往往是从个体理性的提升开始。要探索经济增长的源泉，就必须打开理性“假设”的黑箱，进行科学的探讨。

该书将人看作是自组织系统，探讨了理性的内涵：（1）和谐理性：人都有本性，本性是善良的、智慧的，无差异的，是完全理性。（2）有限理性：而现实中人的本性往往被自我的执着蒙蔽了，在现实中呈现出有限理性的特点，甚至在特定环境下出现非理性行为。一般人往往不认识自己的心性，只以思维和感受当做自己的真实水平，由此，一方面，以思维上认可的道理当做自己的心性而要求自己，实际上做不到，或者做得很累；另一方面，自身的很多潜能发挥不出来。这两种都导致压抑和扭曲。因为不真实，导致不和谐。一旦积累到一定程度，容易出现失衡行为。（3）理性的提升：人有自我认识和修正自己心性的能力。这种力量来自真实的意愿。　　　　　　（李桂花）

《中国转轨经济中的信贷配给与货币政策的信用传导》

高洪明　著

上海世纪出版集团　上海人民出版社 2007 年 8 月版

194 千字

由于货币与实体经济之间的联系存在着广泛的复杂性，一个货币政策行动将会引起一连串几乎没有止境的“波及效应”，因此时至今日，关于货币政策是如何影响经济的，即其传导机制等问题，一直是困扰理论界和各国货币当局最基本、最重要的问题之一，也是货币经济领域中一个存在着普遍争议、又常研常新的热点和难点问题。20 世纪 70 年代以来，阿克洛夫（Akerlof）、罗斯查尔德（Rothschild）和斯蒂格利茨（Stiglitz）等经济学家明确地将不完全信息作为重要特征，开拓了信息经济学一个新的研究领域，逐步形成了以分析市场机制不完备为核心的逆向选择理论。近年来，强调货币政策信用渠道作用的经济学家，如斯蒂格利茨和格林沃尔德（Greenwald）等人，还在上述微观理论取得突破的基础上，力图将货币经济学置于银行信用关系之上，使得这些微观理论与传统上属于宏观领域的货币理论和货币政策连接起来。显然，这些研究增强了理论对现实的解释力，其研究结论特别对欠发达金融市场有着更大的适用性。鉴于其广泛影响，我国学界近年来也逐渐将这些理论介绍到国内，并结合我国实际进行过一些有益的探索。但总起来看，适合国情的研究仍很不够，研究也欠深入。

该书坚实地立足于中国国情，对转轨经济中的信贷配给机制、银行贷款变动所产生的直接资产负债表传染效应以及信用渠道在货币政策传导中的主渠道地位等问题，进行了规范、深入而系统的研究，具有较重要的理论和实践价值。

在探讨信贷配给产生的原因和机理时，现有的中外文献大都沿着新古典主义或新凯恩斯主义的研究路线，要么主要强调制度性因素的作用，要么以理性预期下的最大化行为假设为分析工具，强调信贷市场上的不对称信息对信贷交易行为产生的影响。斯蒂格利茨和韦斯（Weiss）（1981）认为，当价格（利率）影响到交易的性质时，它将不能使市场出清。事实上，新凯恩斯主义均衡信贷配给理论这一经典结论的得出，是以发达经济金融市场中的"多家银行和多个潜在借款者"之间的竞争性均衡为基本推论前提的。而中国信贷市场的基本结构为垄断竞争型；存、贷款利率至今仍非在竞争性的市场中内生地形成的；渐进式的改革取向，使得人们的行为模式（包括贷款决策者的行为模式）在一个较长的时期内都将受到转轨经济制度性因素的影响，并且具有相对稳定性。该书立足于这些基本背景，重视信息在贷款决策中的作用以及各种不确定性对信贷交易性质可能产生的影响，以对制度性因素和不确定性因素的分析为基础，在一个宽泛而统一的框架内构建模型，探讨贷款需求与供给之间的微观作用机理，并将制度性因素对贷款决策的影响内生化，以解释中国转轨经济中的贷款决策行为以及由此导致的信贷配给问题。根据该书模型的推论，即使价格（利率）对信贷交易性质产生的影响处于次要地位，在信息不完全条件下，如果信贷市场中的交易双方对项目成功的概率根据自己所掌握的信息作出主观上的判断，并以此作为决策的依据时，也可能影响该市场交易的性质，使得贷款供求双方的力量经常处于非均衡状态，而均衡则属于特殊情况，该市场中预期作用条件下的数量信号比传统的价格信号起着更重要的作用。模型证明，在该市场中，贷款供求之间可能出现完全信贷配给、贷款供给限制、贷款需求限制和借贷宽松等四个区域，并在制度性等因素的影响下，明显地存在着结构性信贷配给机制，这种机制对中国经济的波动有着重要影响。这一结论与现有文献仅强调银行对中小企业的信贷配给行为有着显著的区别。这一微观分析也有利于辨别货币供给的内、外生性这一货币理论中长期争论不休的问题。

货币政策传导机制总是与一国的金融制度和结构密切相关，而传导效率则更多地与其具体的经济和金融运行特征有关。在中国，银行间接金融处于主导地位，非金融机构的投融资主要依赖于信贷市场，这为货币政策通过贷款渠道这一基础性渠道传导提供了可能的基础。但在各种制度性因素约束下，当银行根据自身的偏好和效应函数进行贷款决策和资产选择时，其相对独立的决策行为可能脱离央行货币政策意图，不仅会导致其传导失效，还将对经济运行和经济增长的质量产生独立性影响。为此，该书提出并论证了银行贷款的变动（如由其资产选择或信贷配给行为所致）所产生的一种直接资产负债表传染效应——信贷冲击乘数效应。中国的各类企业在生产经营中积聚了大量银行信用，当经济系统中相互联系的信用链和信用网络受到来自银行的信用冲击时，通过企业之间以及企业与银行之间的信用链而产生的这种直接传染效应，可能导致强的信用紧缩和债务锁定效应；同时，这一效应还可能与现有文献所强调的银行贷款渠道和金融加速器效应形成相互强化机制，放大贷款变动对经济造成的冲击。该书还利用广义的边际分析，建立模型研究了转轨经济条件下银行的资产选择行为和贷款变动的可能原因。

因此，通过上述相关微观性基础分析，该书认为，重要的是在经济转轨过程中应该利用哪些工具以及如何利用这些工具来更好地控制经济。中国渐进式改革的成功经验具有普世价值，在转轨过程中，原计划经济的遗产和新增市场因素在较长的时期内都会存在着相互作用，各种制度性因素对银行贷款决策的影响是客观存在的，完全依靠市场性的工具未必能使货币政策得以顺利传导，完全依靠市场力量未必能自动实现资源的最优配置。为此，在力图减少经济和信贷市场中的不确定性的同时，转轨时期的货币政策应十分重视制度性因素的作用。同时，在货币政策的中介目标和工具的选择上，应重视本国基础金融结构的特征及其变化情况，只要直接金融还未发展到对银行间接金融可以完全替代的程度，银行贷款量及其增长率在货币政策中介目标的设定上就应占据重要地位。

（高洪明）

《法经济学分析范式研究》

李省龙　著

中国社会科学出版社 2007 年 8 月版

390 千字

法经济学在西方的兴起和发展，使经济学对法学，并通过法学对社会的影响达到了一个空前的高度。其进入我国后，因在客观上适应了法制建国和经济改革的双重需要而得以广泛传播，曾形成多次理论发展浪潮，是目前国内经济学和法学发展中最引人注目的分支之一。

《法经济学分析范式研究》一书认为，法经济学是法经济学理论分析范式具体应用的结果。因此，法经济学分析范式既是理解和把握法经济学的关键，也是分析和研究法经济学的重要途径。该书以广义法经济学概念为基础，系统地梳理、归结和阐述了法经济学分析范式的一般问题。

该书共九章。其中，导论阐述了对法经济学分析范式范畴的基本判定。正论由三部分组成：第一部分为对法经济学范式本体的研究，其内容以法经济学范式的理论内容为对象，系统地阐述其哲学范式、社会学范式、构造学范式三个层次的逻辑结构；第二部分为对法经济学范式的现象形态的研究，其内容以法经济学理论范式的具体应用形态为对象，分别研究法经济学范式的理论图式与分析范例、法经济学范式的发展历史与理论流派以及法经济学的学科与体系等三个层面的现象形态；第三部分为对法经济学范式运行机制的研究，系统地阐释法经济学范式发展、演化的一般机制与规律。结论则对法经济学范式总体进行了归结和概括，并对其未来发展趋向进行了预测性判断。

该书认为：就范式范畴的内涵而言，法经济学分析范式系指对法律制度现象进行经济理论分析的最基本的理论框架。其在形态结构上由对法律制度现象进行理论分析的基本理论框架和应用理论范式对法律制度进行具体应用分析形成的法经济学分析范式的诸现象形态构成。其实质是一种关于法的经济学理解的理论化的意识形态，它从经济学的角度决定着人们分析和认识现行法律制度或问题所采取的思想框架。因此，人们总是在作为一种“看”的方式的意义上来认识、理解和使用法经济学分析范式的。

该书的研究表明：应用经济学理论研究法律制度的法经济学研究活动，自经济学产生之日起就存在，并形成了两种不同类型的法经济学：一是从宏观的、一般的社会—历史层次上研究和说明法律现象的法经济学，包括古典经济学、马克思主义经济学、制度经济学等；一是从微观的、具体的经济—技术层次上研究说明法律现象的法经济学，包括新制度经济学以及作为其独立化形态的西方主流法经济学。前者以马克思主义经济学最具彻底性和代表性，其实质是历史唯物主义在法律分析上的一种具体的现象形态；后者则以西方当代主流法经济学最具完整性和影响力，其实质是分析实证主义法学与法的技术理性化运动的最新发展形态。可将其分别概括为“宏观—历史的法经济学分析范式”和“微观—技术的法经济学分析范式”两个基本类型。在此，范式不仅是理解法经济学的视角所在，也是其实质所在；不仅是分析法经济学发展历史的视角所在，也是其实体所在；不仅是理论本身所在，也是其研究方法所在以及研究中国法经济学发展的途径所在。对整个法经济学的研究和概括都可以在其理论分析范式的意义上展开。

该书的研究具有以下特点：

一是以广义的法经济学范畴为出发点，以法经济学的全部理论和发展为对象，将包括本体结构、各种应用—现象形态和一般发展机制在内的范式各层次视为统一的整体，并对其进行系统的梳理和比较，使其研究在体系上具有前所未有的系统性。

二是全面地归结和阐述了包括马克思主义法经济学分析范式和西方主流法经济学分析范式在内的两大基本范式类型，使其研究具有真正意义上的完整性和较深刻的批判性。

三是在全面、客观地阐述法经济学分析范式各层次技术结构的同时，明确指出了其作为一门交叉学科本身所固有的局限性，使其对法经济学分析范式的理解和定位始终在逻辑上处于一个客观与合理的范围之内。

四是在对法经济学分析范式深入分析的基础上，具体地阐述了法经济学发展的一般机制以及其在中国发展的具体历史过程，使其对法经济学分析范式及理论运动发展的分析和理解具有建立在历史真实性基础之上的真正的合理性。

五是基于经济学本身发展的成熟和严谨的分析方式，使其对法经济学分析范式的研究具有鲜明的重构性、批判性、综合性和总括性等一系列基于法学出发点所难以具备的特色。

该书在以下诸方面有所创新：一是在一般范式层次上梳理和厘清了现有最基本和最主要的理论类型及其理论构架，为迄今为止的法经济学提供了一个完整、统一和尽可能详尽的知识图景；二是提炼和评述了马克思主义法经济学分析范式的基本架构，明确了其在法经济学体系中的历史地位；三是在上述工作的基础上为中国法经济学今后的研究与发展确立了一个明晰的理论起点和相应的技术规则。

基于上述特点和创新，该书具有以往研究所缺乏的逻辑上的系统性和内容上的完整性、理论阐述上的深刻性与批判性、历史解释上的客观性与真实性以及基于马克思主义立场之上对整个法经济学理论和运动的总体认识。其实质是从范式角度对整个法经济学基本理论和发展进行的一个迄今为止在结构上最为完整的总体概括。通过作者在研究中所坚持的明确的马克思主义立场、严谨完整的研究体系以及其研究作为一个整体所具备的总括性与批判性，可以使读者明晰而深刻地认识到理论范式的不同以及这些范式背后的思想方式的差别，使之有可能更为客观地审查在现有各种法经济学分析范式中所表现出的不同的信念、价值观和理论信仰，进而在理解和把握这些不同的观点和原则的同时，鼓励批判性的思考与选择。就尚处于起步阶段的中国法经济学的发展而言，该书的研究显然具有基础性的理论价值。（王天义）

《国际贸易理论与政策》

黄静波　著

清华大学出版社　北京交通大学出版社 2007 年 8 月版

532 千字

当今世界经济是一个相互依赖的体系，各国通过贸易、投资及劳动力流动等途径，经济联系不断加强，任何国家都面临着处理与国内经济不同的对外经济贸易关系的问题。国际贸易是对外经济活动中最基本和最重要的部分。

国际贸易的理论和政策为各国对外贸易发展提供基本的理论、政策和方法的支持。中国正处于对外开放、融入世界经济体系的进程当中，近 20 多年来，国际贸易学科在中国得到迅速的发展，学习国际贸易专业的人越来越多，需要有相关高质量的《国际贸易》教材供选择使用。虽然国内已出版《国际贸易》教材种数不少，但有特色、高质量的为数不多，仍需要推出更多更好的相关教材，教材的质量的确影响人才培养的质量。

近几十年来，世界经济发展变化惊人，出现了许多新特点和新趋势。国际贸易的理论和政策思想也有了很大的发展，传统国际贸易教材的不少内容必须进行补充和更新。本书在这方面作了十分有益的尝试，体现了以下特点：

第一，课程内容全面、系统、新颖。《国际贸易理论与政策》编著者参阅了大量国内外优秀的国际贸易教材和研究文献，在教材编写中强调各部分内容的逻辑联系，将国际贸易的理论及其新近的发展，按其理论地位和逻辑联系放置在教学内容体系当中。本书对国际贸易学科新近发展的理论如技术与贸易的模型、战略性贸易政策模型、产业内贸易的模型、扭曲理论和次优理论、管理贸易理论以及贸易互惠理论等均有较充分的细致的介绍，因而此书基本能够反映当今国际贸易学的全貌。

在具体的教学素材的运用方面，也不难发现编著者始终追踪学科前沿，在教学内容中融入国际贸易理论和政策的最新发展，在教材中凸显理论发展线索和最新研究信息，使之既是基本知识的入门，又成为进一步研究的导引。例如，2007 年开始施行的“国际贸易标准分类”第 4 版（SITC version 4）和“商品名称及编码协调制度国际公约”2007 年版（即协调编码制度，HS07）、联合国贸发会议“贸易分析和信息系统”（Trade Analysis and Information System — TRAINS）对贸易控制措施的分类、非关税措施覆盖率和频率的数据、贸易与经济发展实证研究的进展等大量新的教学素材在本书中得到了及时地体现和恰当的运用。

第二，编写体系独具匠心。该书该书包

括国际贸易理论与学说、国际贸易政策理论与措施以及国际贸易管理的主要问题三大部分，乍一看似乎与其他的国际贸易教材有着相同的结构，但实际上该书作者在具体章节内容的安排上煞费苦心。对国际贸易各种理论内容的安排采取了先按理论专题分类、再按时间顺序予以介绍的做法，这样能较好地突出理论发展的逻辑联系。同时，该书着重说明不同理论之间的联系和区别，并提供一条明晰的理论发展线索，这是以往教材较多忽略的方面。

尤其值得一提的是，该书大幅度增加了贸易政策理论的阐释，这一部分内容在其他国际贸易教材中是较为薄弱的。长久以来，关于贸易政策的研究和探讨一直是作为国际贸易纯理论的附带问题来进行的，就一些具体的贸易政策，不乏理论层次的分析，如对关税及关税同盟的理论分析、对一些最主要的非关税措施的理论分析等，但忽略了贸易政策本身也有其理论阐释，即关于贸易政策的理论。20世纪90年代以来，贸易经济学家们注意到了这一问题，一些学者力图从理论的层面总结关于贸易政策思想的发展。该书介绍了关于国际贸易政策理论的研究发展状况，阐释了贸易政策理论的微观基础，为认识和理解贸易政策提供基本理论框架。

第三，注重理论联系实际。该书十分注意理论阐释与政策分析相结合，体现国际贸易学作为应用经济学科的特点，为接续的国际贸易实务课程奠定理论和政策方面的基础。一方面，该书包含大量研究信息，反映国内外学者运用国际贸易理论研究实际贸易问题的动向，另一方面，该书作者特地选取与中国有关的文献或报道作为专栏插入到相关章节，引发读者联系中国的贸易问题进行思考。

第四，在教学内容的难易程度方面，该书兼顾初、中级国际贸易学的教学需要，既可满足国际贸易基础教学的需要，又便于学有余力者或更高层次的读者了解更深入的内容。在阐释方式上，该书严格按照经济学的规范概念和方法，由浅至深予以完整的表述，是当地引入国际贸易理论模型，满足教学内容深化的要求。

总体上，该书的内容既包括国际贸易理论与政策的基本知识、方法的规范表述和介绍，形成一个了解和分析国际贸易实际问题的完整框架，同时又努力反映国际贸易学的最新学术进展，为教材使用者提供进一步研究的引导。

国际贸易学科的发展非常迅速，近10多年来一批学者开始注重企业层面因素与国际贸易的关系，一批实证研究发现企业的异质性与企业的出口决策存在密切的关系，企业生产率更高的企业将选择进入国际市场，Melitz（2003）在贸易模型中引入企业异质性，建立了一个动态的产业均衡模型，认为企业的出口行为是由企业的生产率和贸易固定成本（沉淀成本）相互作用而内生决定的。这种从微观角度强调企业异质性的贸易理论被称为新新贸易理论（New New Trade Theory）。这一最新的国际贸易理论尚未包括在该书中，作者期望在该书修订再版时，将这些新内容放在该教材中。　（黄静波）

《乡镇企业融资与内生民间金融组织制度创新研究》

冯兴元　杜志雄　何广文等　著

山西经济出版社2006年版

400千字

该书是冯兴元主持的中国社会科学院B类重大课题“乡镇企业融资与内生民间金融组织制度创新研究”的最终研究成果。

该书概述了农村金融理论和实践，分析了乡镇企业（主要是农村中小企业）融资难的问题，总结了现有农村正式、准正式和非正式金融组织和活动的具体运行情况和问题，剖析了中国农村众多内生民间金融组织制度发展与创新的案例，最后就政府如何促进农村中小企业发展、鼓励农村内生民间金融组织制度良性发展与创新提出了总体思路。全书由一份总报告和七份分报告组成，系统反映了农村中小企业金融服务需求和民间金融组织制度创新的现状与问题。

据统计，2005年，乡镇企业对中国GDP的贡献已经达到25.6%。然而，乡镇企业的融资需求却很难从正规的融资渠道得到满足。从课题的调查结果看，随着四大国有商业银行陆续从县域以下的金融市场中撤出，中国乡镇中更形成了农村信用社一家独大的局面。然而，农村信用社对金融服务的供给仍然远远落后于乡镇企业对金融服务的需求。正因如此，乡镇企业的金融服务需求便程度不同地要由农村的民间金融来满足；尤其是那些小型的“草根”企业，离开了农村民间金融的支持，其生存和发展均受到威胁。因此，认真调查中国农村的各类金融组织和金融活动的现状，认真分析它们的生存条件和运行机制，恰当评价它们的作用，进而设计一套可行的制度安排以兴利除弊，便是中国金融研究的一项重要课题。冯兴元主持的这项研究，目的正是要对上述问题做出回答，有着重要的理论价值和实践意义。

1. 理论创新价值。该书提出了农村金融的“局部知识”范式，这是奥地利学派经济学与信息经济学在特定分析领域中的延伸和创新性运用。“局部知识”论确认：金融服务的供给者应该贴近存在局部知识的具体的人和地方去提供金融服务，满足当地的金融服务需求，从中获取回报。这也意味着，正式金融机构如果设计和利用了专门的机制去发现并利用了局部知识，就可以提高机构面向需求的供给效率。如果金融服务的提供者（或潜在提供者）各自利用自己的局部知识来提供金融服务，便产生了多样化的有针对性的金融组织，这种有针对性的金融组织的制度创新相当于金融组织或者活动的多样性，反过来有利于发现和利用局部知识，减少市场的不完全性，大规模克服信息的不完全性，增加面向需求的金融服务供给。

该书对上述“局部知识”论进行了模型化处理，建构了一些农村金融市场模型，在其中引入了局部知识。

2. 政策指导价值。这项研究的一个重要贡献就是为农村民间金融“正名”。在运用翔实的调查资料破除了人们把农村民间金融简单地归结为“高利贷”，从而将其“妖魔化”的认识偏差的基础上，该书重点分析了民间金融存在和发展在经济上的合理性，因而具有很好的政策指导价值。

运用上述理论来观察农村民间金融组织，课题组发现：农村分散的局部知识的最佳利用者，是那些着眼于贴近农村经济主体的合作金融机构、非正式金融、地方中小型商业金融机构和小额信贷机构等。这些金融组织或机构（或活动）之间竞争的存在，对于提高农村金融体系的效率以及优化农村金融资源的配置至关重要。由于自下而上建立的金融机构或组织能够利用其局部知识，就地就近在农户和其他金融服务需求者身边做出经营决策，因而它们是能够实现金融效率的。同样地，由于政府在因地制宜地发现和利用分散的局部知识方面不如市场主体，相对于商业金融、合作金融和非正式金融来说，政府在农村金融市场中直接参与供给的作用也是微弱的。再看看金融监管问题，局部知识范式也意味着金融监管当局在监管方面也存在不完全信息问题，这说明，对农村金融活动的监管，需要社会监管（包括存款人监管）与所有人监管相结合。这并不意味着政府可以对农村金融活动放任自流，也不意味着金融监管应当放松甚至取消。相反，从局部知识分析范式中得到的结论是，政府应当做它应当做而且能够做好的事情。这就是，一方面，政府在农村金融服务的提供上积极发挥辅助性的作用；另一方面，它更应当在建立和维持市场秩序框架上发挥重要作用。

3. 数据、资料和经验研究方法方面的价值。该项研究参照了国内外大量有关企业融资、农村金融、民间金融的文献。数据的取得借重了现有的各类统计年鉴和课题组的典型调查。典型调查涵括了中国东部、中部和西部一些典型地区，采用了问卷与访谈相结合的办法，兼顾了对农村中小企业即需求方的调查与对农村正式金融和非正式金融主体即供给方的调查。这有助于课题组在分析中较好地把点面数据相结合。

总之，该书的出版将有助于我们较为准确、深入地把握乡镇企业融资的特点、问题和解决思路，从而有助于中国金融体系的进一步完善。（李　扬）

《中国经济增长报告（2007）——和谐社会与可持续发展》

北京大学中国国民经济核算与经济增长中心（刘伟　许宪春　蔡志洲等）　著
中国经济出版社2007年3月版
400千字

《中国经济增长报告》是北京大学中国国民经济核算与经济增长中心撰写的有关中国经济增长分析的大型年度报告。从2004年以来，该中心已经出版了4部《中国经济增长报告》，分别为：《中国经济增长报告（2004）——进入新一轮经济增长周期的中国经济》、《中国经济增长报告（2005）——宏观调控下的经济增长》、《中国经济增长报告（2006）——对外开放中的经济增长》和《中国经济增长报告（2007）——和谐社会与可持续发展》。报告的课题组负责人为刘伟（北京大学经济学院院长、教授、中国国民经济核算与经济增长研究中心常务副主任）、许宪春（国家统计局副局长、北京大学兼职教授、中国国民经济核算与经济增长研究中心常务副主任）、蔡志洲（北京大学中国国民经济核算与经济增长研究中心副主任、研究员），参加课题的成员包括来自国家统计局、北京大学经济学院以及有关研究机构和大学的专家学者。由中国经济出版社出版。

《中国经济增长报告（2007）——和谐社会与可持续发展》系统地使用国家统计局在2004年全国经济普查后更新的国民经济核算数据，重点研究了中国在长期的高速经济增长中所面临的可持续发展问题，及如何通过建设和谐社会促进和保持中国的经济和社会发展。报告重点研究了以下 10 个方面的问题：

1. 应该用怎样的价值标准来评价改革与发展。改革开放后，中国的经济发展和社会进步举世瞩目。但是改革和发展的过程中也出现过许多矛盾，如何评价改革与发展，就成了我们在构建和谐社会时首先应该解决的总量。在现阶段，人们对于改革的评价标准，至少可以归纳为三类：一类是制度性标准；一类是发展性标准；一类是利益性标准。报告通过对这些标准以及应用这些标准所得出的结论的评价，指出中国所选择的改革与发展的道路的正确性。

2. 应该怎样认识中国经济增长和发展所处的阶段。改革开放后，中国获得了长期和持续的高速增长。经济增长空前地改善了中国的综合国力、人民生活和国际地位，也使中国进入了以加速工业化、城市化、国际化为特征的新的发展阶段。报告通过国际比较与结构研究，分析了中国在这一发展阶段的特征。

3. 高速增长的社会成本与经济增长方式转变。高速经济增长是需要付出成本的，有经济成本、社会成本和环境成本。经济成本除了表现在对于经济所需要的现实投入外，还表现为宏观和微观上的一系列矛盾；社会成本则表现为法治建设和道德建设之间，教育、医疗、文化、科学的发展、社会保障和经济发展之间，相互关系如何变化；环境成本则关系到人们的现实利益和长远发展、局部利益和全局利益之间相互关系的发展变化。转变经济增长方式，不仅仅要解决在生产过程中投入和产出的关系，还必须改善经济增长和经济发展、社会发展及可持续发展的关系。

4. 和谐的本质在于公平和效率的同一性。长期以来，很多人有一种观点，即认为公平和效率之间，鱼和熊掌不能兼得，要公平就要牺牲效率，要效率就要牺牲公平。报告通过对公平、均等和效率之间关系的研究，论证了能够在公平和效率之间取得均衡的可能性。

5. 市场化进程与深化经济体制改革。中国的市场化进程首先表现为商品市场化，然后是生产要素的市场化，而所有制结构（即产权结构）的变化是中国自 20 世纪 90 年代以来市场化的最重要内容。国有企业的改制和非公经济的发展，是推动了中国经济的重要动力。这种所有制结构变化带来的效率的提高，必然伴随着收入分配格局的改变。

6. 地区差异与梯度推进是中国持续增长的重要资源。地区差异是人们普遍关注的问题，其实，从长远看，地方差异和梯度推进正是中国发展经济所具备的天然优势，这使得中国有可能将较高速度的经济增长保持更加长久的时间。报告对中国发达地区与发展中地区的发展数据进行了比较研究，说明随着投资和发展环境的变化，欠发达地区的经济在未来有可能获得更多的发展。

7. 就业、城市化与社会主义新农村建设。报告的研究表明，中国各个地区的城市化水平（城镇人口占总人口的比重）是和其经济发展水平（人均 GDP）之间表现出高度相关。从 2001 年以来农村居民纯收入的增长变化看，工资性收入的增长是影响其收入的最主要原因。这说明，城市化进程是改变城乡差别的主要途径。

8. 世界科技革命中的中国产业发展。中

国的改革开放，正好发生在世界性的新科技革命的时代。信息技术、生物技术与新材料技术的革命为中国改革开放后的高速经济增长提供了强有力的技术支持。可以说，在这一时期，中国采取的科技发展要为生产力服务的科技政策与所走的以引进、消化、吸收和再创新为主的自主创新道路是正确的。如果说，在近现代历史上，中国多次错失发展良机，这一次我们则抓住了科技革命的历史机遇。随着中国经济发展水平和科技水平的不断提高，自主创新必将在中国的经济增长中发挥越来越大的作用。

9. 工业化进程、资源与环境。这一轮经济增长的一个重要特征，是中国加速工业化进程，表现在产业结构上，是第二产业的增速加快和比重扩大。而第二产业发展的特征，是其对于能源和自然资源的依赖。从长期发展来看，加速工业化是中国这样一个大国在现代化进程中所必须经历的过程，但能源和自然资源消耗的过度增长，对于中国的可持续发展是有影响的。

10. 全球经济一体化与中国的和平崛起。按照世界银行的最新统计，2005 年，中国按 3 年平均汇率法计算的国民总收入已经超过英国和法国位居世界第 4 位，从占全球 GDP 的比重 4.11% 增加到 5.03%。对外贸易占全球的比重增加得更快。中国对于世界经济的影响正在不断扩大，但与之相对应，中国经济的外贸依存度（对外贸易总额与 GDP 或 GNI 之比）也在迅速提高，从 2001 年的 38.47% 提高到 2005 年的 63.86%。这一方面为中国经济增长带来了现实的利益，但在另一方面，也为中国外向型经济和可持续发展带来一定的风险。（蔡志洲）

《国际企业制度创新》

王跃生　王蕴　等著

北京大学出版社 2007 年 1 月版

370 千字

20 世纪 90 年代以后，随着世界经济的大变革特别是全球化和信息化的迅猛发展，以美欧为代表的发达国家的大公司、大企业，也经历了一次重大的制度调整和战略变革，即企业制度的创新。这种变革和创新，既是对世界经济全球化、信息化等宏观变革的反应，也促进和加剧了世界经济的变革，成为宏观经济变革的微观基础。今天，当这种变革进入相对平缓期，其影响和意义已经基本显现以后，我们应该可以对这些制度调整和创新加以理论总结和认识了。本书即是在上述背景下分析论述和考察研究以欧美大企业为代表的国际企业的制度创新。

基于上述背景，本书对 20 世纪 90 年代以来西方发达国家在企业组织和企业制度方面的变革与创新进行了全面、系统、深入的分析、论述。在对企业理论及其在全球化与新经济条件下的发展进行系统检讨的基础上，本书从企业内部组织与制度创新（企业结构扁平化与网络化）、外部组织与制度创新（中间组织形态如战略联盟、说成与服务外包、企业集群）、公司治理结构变革、知识经济、人力资本与企业制度变革、垄断企业的制度创新和战略调整以及跨国企业的生产专业化与制度创新等方面，对发达国家的企业制度变革进行了深入探讨和理论解析，并就其对我国企业制度改革的启示进行了论述。

该书认为，20 世纪 90 年代开始的西方大企业的制度变革与创新，将会改变以大工业时代为背景和现代企业制度结构，并走向与全球化、“新经济”向适应的“后现代企业制度”结构。这种全新的企业制度将在许多方面不同于既有的企业制度。譬如，在企业股权安排方面，代理人（企业家、管理者）占有部分股权，从而成为企业的实际控制者和剩余索取者，出资人的作用逐渐弱化为获取收益（包括剩余收益），将是未来企业股权结构的发展方向。即，未来的企业制度具有某种“两权重新合一”的倾向。在人力资本作用方面，随着人力资本作用的空前提高，人力资本所有者或将成为企业的剩余索取者，从而成为风险承担者。甚至也不排除未来会出现某种形式的“劳动雇佣资本”的企业制度形态。在企业约束和激励机制方面，资本市场所代表的外部治理和大股东监督所代表的内部治理相结合，将成为所有企业的共同结构。在企业控制边界和企业规模方面，信息化和全球化要求企业的规模会更大，但这种规模不是简单地以股权控制为纽带形成的股权控制体系，而是以股权控制、长期合同、战略联盟等多种形式共同构成的网络结构。未来企业会更强调控制而不是所有，企业边界也从清晰的所有权边界向不很清晰的控制权边界转变。企业的控制边权界会远远大于所有权边界。在企业内部组织方面，企业内部关系中市场和科层组织的界限日益模糊，介于市场与科层之间的“准市场”或“准一体化”关系形式会普遍化。

该书认为，企业制度到变革已经并将继续将对现代企业理论提出挑战，进而催生出与现实相适应的新的企业理论。

企业理论最有可能的发展之一是深化对企业本质的认识。近年来实践所体现的市场与科层组织的互相融合，将产生一种介于二者之间的形态。这种居中的形式利用了科层与市场两种制度的优势，比市场和企业更具有效率，更能解决经济活动的组织问题，在全球竞争和知识经济时代显现出其更大的适应性。企业理论未来的发展方向还将集中在对控制权的研究以及由此派生的对企业边界的认识。以往对企业产权的研究主要是研究所有权，对控制权的研究则集中在委托—代理问题上。但是，在今后的新经济中，随着管理者持股、控股的发展，随着人力资本在未来企业治理中作用的不断提高和人力资本所有者地位的形成，两权分离模式或将退居其次，不再是企业制度中的先进形态，所有权和控制权在新的意义上和新的基础上达到某种形式的新的统一。

与此同时，在企业的外部关系上，竞争与合作的关系也是重要问题。在全球市场业已形成，市场规模更大但竞争者更多的情况下，大企业之间的串谋（合作博弈）更容易，因而很可能会更多、更频繁地发生，以共同瓜分全球市场。这将大大改变企业外部关系的形式和性质。“套牢问题”在合作博弈基础上也将获得新的解释和解决。这样，对合作博弈的研究将会更加重要。与此相关的是，合作将大大强化外部控制边界与企业资产边界的分离，而控制边界比法律上的所有权边界更具有意义。

总体上看，该书是一部对国际企业制度变革进行理论分析的论著。与国内外同类著作相比，该书力求在如下方面有自己的特色，并做出学术贡献和理论创新。

其一，该书将企业理论作为整个企业制度分析的理论和方法论基础，对企业制度的分析和研究都是以企业理论的逻辑展开的，从而使本书不是一部就事论事、就制度调整说制度调整的著作。与此同时，对企业制度变革现实过程的分析，又对企业理论本身进行检验，丰富、发展和修正既有企业理论的结论，以现实对理论的挑战为企业理论的进一步发展提供动力。

其二，该书不同于对企业制度某方面变革进行专题研讨的著作，而是全景式地归纳和解析了企业制度各个方面的变革与创新。而这种论述由于具有现代企业理论这一逻辑基础，从而多方面的讨论并不显得零散，而是共同构成了对现代企业制度于组织的总体认识和把握。

其三，该书在所涉及的若干方面内容上，获得了新的学术见解和观点。譬如，全球化与知识经济条件下企业理论的发展，对现代企业理论基本问题的挑战与解释（导论）；用“中间组织形态”解释企业内、外部组织与制度创新的分析（第三章）；人力资本作用提高与企业治理制度安排的讨论与设计（第五章）；知识经济下企业所有权与经营权重新融合的趋势（第五章）；跨国公司生产专业化的实证研究（第七章）等。

（王跃生）

《长三角经济增长的新引擎》

刘志彪　郑江淮等　著

中国人民大学出版社 2007 年版

400 千字

在过去的 20 多年里，长江三角洲地区一直是中国经济增长的明星地区。进入 21 世纪初期以来，长三角地区遇到了增长的极限的限制。科学发展观和建设和谐社会目标的提出，要求长三角地区转变增长方式，并在既定制度和技术约束的增长极限下，迫使我们痛苦地做出没有选择的选择：寻求新的经济发展的新引擎。因为长三角地区作为中国参与当代国际经济竞争的最有潜力的经济区域，正面临着人口、资源、环境、基础设施等诸多方面严重约束的局面，其中以土地资源约束和环境容量约束为最。这种历史性局面的提前降临，对该地区转换传统的发展模式提出了崭新的挑战，也是一次新机遇降临前的历史性考验。

《长三角经济增长的新引擎》作为一项集体研究的研究成果，在科学发展观的理论指导下，从多个角度研究了长三角地区的经济增长如何寻求新动力的问题，对当今区域经济发展中的许多热点、重点和难点问题，如提升外向型经济水平、加速生产要素的高级化、投资模式转换、自主创新、政府转型、区域经济一体化、产权改革和所有制实现形式调整等，都进行了严肃和认真的科学分析，并在此基础上提出了有针对性的政策建议和发展主张。

该书通过大量的实证和案例研究，对影响和决定长三角地区过去、现在的经济增长的诸要素进行了全面而系统的考察，同时也指出了未来长三角地区经济增长方式转型的条件、前提和政策趋向。寻找长三角经济增长的新引擎时，作者们见仁见智，通过对长三角地区经济增长历史过程的全方位考察，有的认为是市场机制的利用程度和对外开放程度，造就了今天的经济发展奇迹；有的认为该地区长期注重对人力资本的投资是问题的关键；有的发现了地理位置和政策要素对长三角地区的发展同样重要；还有许多作者对自然资源和自然条件、劳动力资源、资本、技术条件、政府、文化和制度安排差异等因素作了各自具有鲜明特色的研究。虽然各位作者关注的角度不同，甚至因为角度不同而产生观点分歧和结果不一致，但是都揭示了一个重要的主题：长三角地区经济增长的奇迹是在既定的历史和制度创新的条件下由各种要素综合而形成的。未来这一地区如何持续、高效、稳定地发展，不是简单的取决于某个或某种要素作用地发挥，而是取决于这些要素之间的优化配置和综合功能的发挥。

该书的特色：一是所研究的问题具有实践的基础，所选择的问题都是从实践中提炼出来的；二是把政策分析与理论分析紧密结合在一起，对现实经济问题进行了超前思维；三是注重定性分析与定量分析的有机结合，使理论命题具有事实的依据。（吴福象）

《区域与多边贸易一体化研究——一个博弈论分析框架》

谢建国　著
南京大学出版社2007年版
180千字

20世纪90年代以来，在多边贸易合作屡遭挫折情况下，世界各国纷纷转向区域与次区域的贸易合作，各种形式的区域贸易合作纷纷涌现，这一轮区域合作浪潮对多边贸易体系WTO造成了强烈的影响和冲击，引发了人们对国际贸易制度由多边贸易一体化向区域贸易集团化格局转化的担忧。区域性贸易合作与世界多边贸易体系能否和谐共存对全球经济一体化日趋深化的世界各国来说变得十分重要。《区域与多边贸易一体化研究——一个博弈论分析框架》通过引入贸易政治与博弈论的分析框架，对区域贸易自由化与多边贸易合作理论进一步深入研究，突破了传统国际贸易理论的研究视界，为理解区域与多边贸易一体化提供了一个新颖的视角。

作者基于一个博弈模型研究了多边贸易自由化与区域性贸易一体化的关系，表明多边贸易合作的深化一方面使区域性贸易合作安排更加容易稳定，另一方面也使得一些非区域贸易组织成员国利益更加容易受到区域贸易组织的损害，从而从外部推动非成员国寻求加入某个区域贸易组织以最大化本国福利水平。

关于不同区域贸易合作形式对多边贸易体制的影响以及区域贸易合作与全球自由贸易的关系，研究表明，区域贸易合作的不同形式对全球贸易一体化有不同的影响，一些传统的区域合作形式，如关税同盟，尽管在短期会损害非成员国的利益，但一个开放型的关税同盟将促进全球贸易一体化，而自由贸易区形式的区域贸易合作，尽管在短期对非成员国的利益不会造成不利影响，但在长期不利于全球贸易一体化的发展。一个受WTO多边框架约束关税制度的自由贸易区，如果开放其成员国地位的话，可以最终达到全球自由贸易的结果。

尽管贸易自由化有利于世界整体福利的改善，但每次多边会谈世界各国不得不围绕关税的削减幅度与削减范围进行讨价还价。关税减让的最终结果取决于谈判双方主观贴现率水平的高低，在关税减让双方的主观贴现率水平较低的情况下，在均衡状态，关税同盟成员国将实行较小的关税减让而非成员国实行较多的关税减让。当主观贴现率水平较高的情况下，均衡状态关税同盟将实行较低的关税水平而非成员国实行较高的关税水平。当自由贸易可以实现时，关税谈判转变为对来自自由贸易的净福利的分配问题，尽管关税同盟成员国通过缔结关税同盟可以获得较高的福利水平，但这种优势并没有体现在福利分配的博弈中。　（谢建国）

《2004中国上市公司治理评价研究报告》

南开大学公司治理评价课题组（李维安　程新生　郝臣　张国萍等）　著
商务印书馆2007年版
320千字

公司价值高低取决于公司是否拥有一套科学的决策制定机制与实施机制，而科学的决策制定机制取决于公司治理机制的有效性。从实证研究的角度来看，目前虽然尚未有一个公认的模型揭示公司治理质量与公司价值之间的关系，但国内外已有学者从不同的角度探索了公司治理状况与公司价值的关系。尤其是20世纪90年代后，大量的公司治理研究集中于公司治理质量与公司价值关系的探讨。对董事会治理行为与公司价值关系的研究、独立董事参与治理与公司绩效关系的研究等均显示公司治理质量与公司价值间具有一定的正相关性。

公司治理评价源于人们对公司价值的关注而产生。越来越多的投资者不仅关注公司的业绩评价，而且更加关注公司治理的质量、公司治理的风险以及公司治理的绩效。因为公司治理质量的优劣，是公司是否具有长久竞争优势以及良好公司绩效的重要标志。近年来投资者十分关注公司治理的质量，并将其作为最重要的决策因素。公司董事会质量已经成为机构投资者的一个重要评价因素。有调查报告指出，董事会行为至少与财务绩效同样重要。进入21世纪以来，学者们的研究更加支持了公司治理质量对公司价值的决定性作用的观点，实证研究的结果证实了良好的公司治理质量是公司价值产生的源泉。

在公司治理研究方面的重要任务在于探讨如何建立一套科学完善的公司治理评价系统，通过系统的运行，一方面为投资者提供良好的投资决策信息，另一方面可以掌握我国公司治理的现状，观察与分析中国公司在对利益相关者利益保护、公司治理结构与治理机制建设等方面的现状与问题，促进提高公司治理质量以及公司价值。公司治理环境决定了公司治理的结构与治理机制，公司治理评价的内容与标准因治理环境的不同而有很大的不同，因而在不同的治理模式下公司治理评价系统的差异较大。

中国公司制企业历经十余年的发展，现代公司治理结构与治理机制逐步建立起来。公司治理理论界以及实务界迫切需要了解中国公司治理的质量如何？中国公司的法律、制度环境等对提升公司治理质量的保障状况如何？股东及其他利益相关者的利益是否得到了有效的保护？何种治理模式更适合中国公司治理环境？如何规范股东大会以及怎样才能确保公司的独立性？公司的股权结构如何配置更有利于提高公司绩效？董事会如何运作才能形成完善的决策与监督机制？采用何种激励与约束机制才能有效降低代理成本并促使代理人为公司长期发展而努力？如何建立完善的信息披露制度以及设置怎样的利益相关者参与治理的机制才有利于公司绩效的提高？决定公司治理质量的主要因素有哪些？公司治理存在哪些风险，其程度如何，对投资者以及其他利益相关者的利益有何影响？公司治理活动的成本有多高，公司治理的绩效怎样？公司治理机制的建立与完善对提升公司治理绩效的影响如何等。

解决上述问题的核心是建立一套适应中国公司治理环境的公司治理评价系统，通过系统的运行，掌握我国公司的政策、制度、法律环境等外部环境因素对公司治理质量的保障程度、公司治理结构与治理机制完善状况、公司治理风险的来源、风险的程度与风险的控制、公司治理成本耗费与公司治理绩效，观察与分析中国公司在控股股东行为、董事会运作、经营层激励约束、监事会监督以及信息披露等方面的现状、存在的风险、建立与完善公司治理结构与机制过程中的成本耗费与治理的绩效等，并在此基础上开展一系列的实证性研究。通过本书的研究，力图解决公司治理质量、公司治理成本、公司治理风险以及公司治理绩效计量的科学问题，同时通过该系统还可以探索中国公司治理的模式，以规范公司治理结构以及董事会的治理行为，建立良好的高管层激励与约束机制，完善公司的信息披露制度，保护股东以及其他利益相关者的利益，实现良好的经营业绩。

南开大学公司治理研究中心课题组从公司治理理论研究深入到公司治理原则与应用研究，之后从公司治理原则研究进一步发展到公司治理评价指数的研究。在公司治理应用研究方面，于1999年开始探讨关于公司治理质量的评价研究。于2000年4月份在国内首次推出了公司治理应用与评价的阶段性成果——《中国公司治理原则》，之后经过3年的系统研究，借鉴国外多家机构开展公司治理评价的经验，于2003年3月推出了中国公司治理应用与评价的第二个阶段性成果——“中国上市公司治理评价系统”（中国第一个全面系统的公司治理评价系统），2004年公布“中国公司治理评价报告”，同时发布“中国公司治理评价指数”（CCGINK，南开治理指数）。

在成功推出公司治理评价指标体系的基础上，对中国上市公司治理状况进行了全面的评价，进行了实证研究，取得一批研究成果，在有影响的学术刊物发表了相关研究成果，并自行建设公司治理结构方面的数据库。该专著应用上述评价系统对我国2004年1149家上市公司治理状况进行了评价，结果显示样本公司治理指数呈现正态分布，平均值为55.02。公司之间治理指数差异也呈现缩小趋势，最高值为73.80，最低值为41.89，样本标准差为4.93。在5%的显著性水平下，以样本平均值而论，2004年样本上市公司治理指数及其所涉及的6个维度的表现均显著好于2003年。这说明2004年上市公司治理机制及其所涉及的6个主要方面都出现了明显的改进，特别是上市公司董事会和经理层治理状况在2004年有了较大的改善，这成为促使2004年样本上市公司治理指数显著提高的最为主要原因之一。这对于推动公司治理的理论研究、完善和提高中国上市公司治理水平具有重要的意义。

（李维安）

《人力资源能力区域异质性研究》

周文斌　著

中国经济出版社2007年版

250千字

该书认为，人力资源能力具有区域异质性特征，特别是在比较典型的区域之间。人力资源能力对个体创业、区域经济的影响，不仅与受教育程度等传统的要素相关，更与异质性的思维方式、行为方式高度相关。注重实践的行为习惯、在“干中学”的品质、能够自我挫折管理这三种人力资源能力要素，对于创业成功和企业经营管理有积极的直接的正面影响。该书通过案例从中观的人力资源研究角度，探索了区域经济差异的因素，提出了“因地而异”的管理理念。

一是从理论上合乎逻辑地提出了人力资源能力具有区域整体异质性特征的判断。人具有异质性，资源具有异质性，作为特殊资源的人力资源也存在异质性，而且有和其内涵相近的人力资本异质型理论作为旁证。从国内外相关理论可以初步推断，人力资源能力在区域间存在异质性的判断基本成立。

二是通过案例具体深入研究了上述判断。本书对温州和西安两个典型地区的案例进行了对比研究。这是验证，更是归纳总结。区域性的思维、行为方式是自发的，很少“设置性规则”（instituting rules），多是事后才可观察到的“内部性规则”（internal rules），因此该书侧重“现象学”描述，少有“发生学”解释。温州地区人力资源能力的特征表现为：利至义归是整体认同的价值标杆；从工事商是整体选择的路径特征；风险偏好是整体表现出的行为特色；学而为用、“干中学”是整体上实际奉行的知行观；自我挫折管理是整体显示出的成功关键品质。西安地区人力资源能力的特征则表现为：从政为学是整体认同的价值标杆；强内控而弱风险偏好的思维特征；“学而后行”、“知而后行”的行为习惯；整体尚未形成很强的创业和经营管理能力。需要说明的是，西安地区人力资源能力有许多优长之处，是温州等地方难以企及的，这里主要从创业、经营管理能力的角度论述的。

三是对人力资源能力异质性的成因、类型、特征等进行了分析。论证了人力资源能力异质性的内在性和区域依赖性，对人力资源能力具有区域异质性的理论判断进行了实证应用研究。人力资源能力异质性特征中，有些是可标记、编码、计量的；有些则不能。据此可将人力资源能力的异质性分为外在异质性和内在异质性。前者如学历与受教育情况、健康状况、工作经验等；后者如核心价值观、个性、品德、心理素质、情绪特质等。内在异质性因为不易被观察、统计分析，尚未引起足够的重视，但却是异质性的最重要方面。内在异质性人力资源的能力常常又是高度环境依赖的，黏滞于特定区域，价值实现表现出对区域内相关资源必需的依存性。

该书的创新之处包括：

（1）该书的研究视角此前学者们少有关注。人力资源管理和区域经济学者对此都少有涉及。该书还有理论观点的大胆质疑和探索。比如，受教育水平一直被认为是衡量人力资源能力的一个最重要也是最容易统计的指标，但是现实中这一理论并不具有普遍的解释意义，一个区域内人们受教育的水平与该区域经济发展水平之间并不具有简单的正向关系。该书以国内典型的，如西安和温州为案例进行了研究。从新的角度对人力资源开发与管理进行中观的区域性理论和实践探讨，是本书一个明显的特点。

（2）提出人力资源能力区域异质性有一定的理论意义。其一丰富了人力资源研究的要素。不仅要研究受教育水平、健康状况、经验经历，智商、情商甚至专门性的财商等等，也要研究比较综合的思维方式、行为方式。该书中是通过价值标杆、路径特征、风险偏好、知行观、自我挫折管理几个方面去分解、观察、研究思维行为方式的。其二有助于深化区域经济发展差异的研究。区域经济发展差异的研究中较少有从区域人力资源角度切入的。其三是对人力管理研究中观领域的尝试性拓展。我国的人力管理研究大致在企业管理学科、劳动经济学科、公共管理学科等方面都有不同角度的深入，但这些研究要么注重单个经济组织特别是企业内部人力资源管理的微观角度，要么是从全国性劳动力、人才、社会保障等的宏观角度，而对于相对中观的区域人力资源研究都关注得较少。

（3）提出人力资源能力区域异质性有明显的实践意义。其一是在区域经济发展中要重视“人”的因素，用区域人力资源开发来“内生性”地促进区域经济社会发展。其二是要从人力资源能力的区域异质性特点出发，对人力资源和人才进行管理。其三是对我国人力资源能力建设工作有新启发。人力资源能力建设是全世界性的大课题，我国才刚刚起步。作为一个人口大国也是人力资源大国，但我们还并不是人力资源能力大国。我国的人力资源能力建设也必须“因地而异”。

（周文斌）

《中国工业的国际竞争力》

金碚 著

外文出版社 2007 年版

200 千字

The International Competitiveness of Chinese Industry（《中国工业的国际竞争力》，英文专著），由外文出版社于 2007 出版。全书从国际竞争力的基本理论和分析方法、中国工业竞争力的现实基础、中国工业国际竞争力的变化趋势、中国工业的品牌竞争力、中国工业的对外开放、中国工业的技术创新、发展道路和战略选择以及中国工业的可持续发展等方面，系统地研究和探讨了有关中国工业国际竞争力的一系列理论和现实问题。

首先，作者对产业国际竞争力研究的基本理论进行了讨论，奠定了工业国际竞争力分析的方法论基础。作者认为，在经济学领域内，竞争力的实质就是经济效率或者生产率的差异，对竞争力的经济学研究主要集中于：成本—价格和差异化现象（产品差异、市场结构差异、地区差异等），如果引入不确定性则可以延伸到对“企业家”的创新和承担风险能力的研究。如果将竞争力研究深入到企业内部，进入管理经济学和企业经济学的领域，则形成了经济学同管理学相结合的研究范式。而当进一步深入到对竞争力的一些原生性因素的研究，即探讨企业“核心能力”时，则是将经典经济学所不涉及的因素——理念、价值观、文化等非理性因素引入了竞争力研究的领域。总之，竞争力经济学可以深化经济学的研究内容，拓展经济学的研究领域，并且，可以建立起同管理学以及其他有关学科进行跨学科研究的联系纽带。

在竞争力经济学理论研究的基础上，作者建立了工业竞争力评估的理论模型和统计分析系统。产业竞争力的实质是国际间（或者地区间）生产效率的比较。从理论上说，各种决定和影响产业竞争力的因素大致可以归为两类：一类是比较优势，另一类是竞争优势。对产业竞争力的研究可以从不同假设前提出发，运用经济学不同学科的分析模型和分析工具，来揭示其中的内在因果关系以及外部影响因素。作者以此为思路，通过统计分析，对中国工业国际竞争力的现状和变化趋势进行了全面刻画，并发现了一系列新情况和值得注意的新现象。

作者认为，国际竞争力的研究必须从各国的现实国情出发。任何国家在其经济发展过程中，产业的国际竞争都会表现为不同的形势和特点，因而，产业竞争的过程会经历具有不同特征的发展阶段。在产业竞争的不同阶段，一国不同产业的竞争力及其决定因素会发生显著的变化，整个国家的产业结构也会发生重大变化。产业竞争的阶段演进，不仅会在特定产业的竞争态势中表现出来，也会反映在一国各产业群以至产业总体的竞争态势中。从世界工业化的整个历史看，中国工业化是一个非常独特的过程，仅仅是从人口数量看，中国工业化的实现就将在短短几十年的时间内使全世界的工业社会人口翻一番还要多。所以，中国所面临的产业及企业竞争关系，同其他国家有很大的不同。研究中国的产业及企业竞争力，需要揭示和解释许多特殊的经济关系和经济现象。这种特殊经济关系和经济现象将表现在，企业间、产业间、地区间以至国际间等各个方面。而这些经济关系和经济现象都将对中国工业化过程中的竞争力现象产生很大的影响，展现出丰富多彩的内容，足以使得对中国产业和企业竞争力的研究，成为一项富有挑战性的并且能够取得非常有价值的研究成果的工作。

产业竞争力本质上是一个国际竞争问题。只有从国际视野分析工业竞争力才有意义。中国工业国际竞争力之所以引起全世界的高度关注，其重要原因之一就是，中国经济以非常快的速度实现对外开放并融入世界经济，特别是中国制造业正在越来越深刻、越来越广泛地融入国际分工体系之中，中国市场成为国际市场的组成部分。中国工业高速增长同中国经济的快速对外开放和日益融入国际产业分工体系有着极为密切的关系。

竞争才有竞争力，竞争力是竞争的结果，竞争是竞争力的较量。进入21世纪，随着经济实力和竞争力的不断增强，中国各工业部门的产业链在参与国际竞争中继续延伸，产业融合进程特别是高新技术产业同传统产业的融合进程明显加快，产业创新能力显著增强。同时，由于外国企业的大量进入，在中国市场上形成了中中、中外、外外之间的立体交叉竞争，即中国企业同中国企业的竞争、中国企业同外国企业的竞争、外国企业同外国企业的竞争，构成了中国制造业市场竞争的独特画面。更值得重视的是，世界产业的信息化、全球化、环保化趋势对中国产业发展产生了越来越广泛和深刻的影响，促进中国必须探索新型工业化的道路。

中国作为一个发展中国家，在经济发展的一定时期，其工业化过程必然表现为发达工业化国家的产业转移。可行的产业发展战略必须以科学的发展观为基础，其价值观体现不仅是顺应客观规律，而且要满足于实现一定的社会合意性目标。中国工业的总体技术水平同国际先进水平的差距逐步缩小，以及加入WTO后中国企业面临的国际竞争压力更强，使得技术创新正在成为中国工业发展以至整个工业化过程中的一个关键的战略问题。中国工业以至中国经济未来的发展前途将越来越依赖于技术创新，以技术创新推动工业进步和产业升级，将成为新世纪中国工业发展的基本主题。

当前，中国工业国际竞争力正越来越显著地面临资源约束的挑战。中国工业正进入一个必须实现从主要依靠耗费资源技术来支撑工业竞争力的阶段向主要依靠节约资源技术来支持工业竞争力的阶段转变的关键历史时期。这是一个工业国际竞争力的重要突变期。在这一时期，工业结构的升级，工业技术水平的提高，国家有关资源开发利用和环境保护管制制度的完善和技术标准的提高，直至接近和达到发达国家的水平，将成为中国工业竞争力提升的基本方向。

（金　碚）

《中国经济增长前沿》

张平　刘霞辉　著

社会科学文献出版社 2007 年版

320 千字

该书的研究主要集中在中国经济增长模式分析、经济增长中的干预、经济增长中的开放三个方面。

一、增长路径和模式。以 2002 年刘霞辉发表的《论中国经济的长期增长》为起点，开始探索中国经济长期增长的路径。该文证明了一个国家可能有一个 S 型路径的产出函数的存在，并实证了中国的经济增长经验符合收益递增的 S 型路径的第一段，即我们前面总结的“突破到赶超”的那段轨迹。但没有探索现实的机制。

2003 年，以课题组名义发表的第一篇文章《经济增长、结构调整的累积效应和资本形成》在理论上归纳了“低价工业化”的经济增长模式，认为低价工业化的竞争模式有着突破“发展中国家贫困循环陷阱”的重要意义（所谓贫困循环陷阱是指“你穷是因为你穷”，没有储蓄，也没有需求，所以无法发展）：发展中国家为了突破“贫困循环陷阱”就必然要进行国家干预提高储蓄，同时“扭曲要素”要创造需求和低成本竞争力。文章在归纳“低价工业化”竞争模式导致的“要素价格扭曲”基本特征以及重新讨论政府干预下的储蓄和投资模式的基础上，引入了自 1998 年以来中国持续性经济结构转变的新特征和资金流程变化，即从工业化转向了城市化，城市化和开放成为推动经济持续增长的核心动力，提出了在这一新的增长动力和增长前景下，传统的“低价工业化”模式必然要受到“要素价格重估”的挑战，即在开放和高价城市化的逼迫下，传统的经济发展模式将不得不面临转型。该报告探索了赶超的部分机制，丰富了对增长模式的探索。

二、经济增长中的干预和扭曲。中国经济增长过程中一个最为突出的特征就是通过政府干预达到经济赶超——这可能是欠发达大国的“宿命”选择。政府干预在突破“贫困陷阱”的一段时间内确实对赶超起了至关重要的作用，但这种干预，是对积累、对要素、对中国计划经济下各个方面的干预。干预是中国经济增长模式中最重要的特征，也是转型问题中最难以解决的问题，它导致了经济结构的扭曲。

沿着经济增长中的干预命题该课题组连续推出了两篇重头分析。在《经济研究》2004 年第 9 期发表的《财政政策的供给效应与经济发展》一文中，提出赶超过程中国家干预下的财政政策对发展是“有效”的；依据理论和现实的逻辑，通过建立“带有拥挤”的财政模型和“带有污染”的财政支出模型，刻画了当前地方政府争取中央财政支持中的“免费午餐”现象及其导致的基础设施投资拥挤后果；进一步分析了过度依赖财政导致的“污染”——即财政高成本投资，并提出了财政转型的对策。

沿着这一命题，该课题组在 2005 年第 10 期《经济研究》发表了《高投资、宏观成本和经济增长的持续性》一文。文章从典型事实出发，并在理论模型上说明了中国高投资的政府激励机制及宏观成本边界和高成本增长的临界点，进而指出，在开放经济中，资本流动、外部需求和供给冲击构成高成本投资模式的现实约束，政府必须权衡粗放式高增长的宏观收益和成本，制定相应的政策来约束低效率的投资行为，保持经济增长的持续，实现全社会的福利优化。

三、经济增长中的开放、外部冲击和宏观稳定。课题组沿着“开放下的经济增长和宏观政策选择”命题，进行了开放系列的经济增长反思和探讨。分析了“贸易的双向补贴”、“外资补贴”等一系列开放过程中的扭曲因素，进一步研究了低价工业化增长模式、干预性扭曲以及与开放的关联关系，提出了“附加就业目标的双缺口模型”，探索了外资和外贸空间，分析了现有利用外资方式的不可持续性及其宏观不稳定的后果。

课题组发表的《人民币一定会升值吗?》，认为类似于中国这样的采用购买力平价（PPP）来评价汇率，并没有将国家风险评估加入到汇率评价体系中，因此存在着明显高估性的倾向，这为汇率风险评价提供了一个很好的研究框架。另一篇文章《短期游资易变性及其经济后果》则研究了短期游资的易变性质和对金融、经济稳定的影响，为分析短期游资的冲击机制和对策设计提供了基础。

2005年课题组在《经济研究》发表的《资本流动、制度性扭曲和宏观稳定》一文，深入地探索了开放条件下的资本流动对经济的影响，提出了“带有扭曲条件下的开放宏观模型”。而《为什么中国经济不是过冷就是过热》、《人民币升值预期与地产价格变动》、《“外部冲击”下的经济增长和宏观政策选择》等三篇文章则分别从货币供给量变动、汇率与地产价格、“外部冲击”等不同角度探索了经济增长的稳定性问题，提出了相应的政策建议。 （经　科）

《产业经济学教程》

唐晓华　著

经济管理出版社2007年版

534千字

在众多产业经济学教程中，《产业经济学教程》在如下三个方面进行了有益探索，具有自己的特色。

一是学科体系的创新性。关于中国产业经济学的学科定位和研究内容，国内确实存在着不同的理解。有的主张，将中国产业经济学应该尽快与国外接轨、交流，积极引入、传播和应用国外相对成熟的产业经济学或产业组织理论，对本土化的中国产业经济学进行彻底地、规范化地改造。另一种观点强调的是中国产业经济学所处市场环境和制度架构的特殊性，主张比较宽泛的研究内容。无论哪一种观点，都有一个显著的共同点，就是充分认识到中国产业经济学建设的需要，同时尽可能丰富相关研究内容和完善相关理论。相对宽泛的研究领域必然充斥着众多的理论与方法，难免无法尽快形成一个公认的分析范式或者持续创新的理论框架。之所以产生如此状况，一个重要的原因是，中国多样化的产业经济学实践发展要快于中国的产业经济学理论发展。为了解释中国产业经济实践，许多研究者引入与应用了一些交叉式的复合型理论及其架构。毋庸置疑，这种研究实践和路径选择，对于发展历史较短、理论体系不完善的中国产业经济学而言，尤其合理性和必然性，但是，基于发达国家的一些产业经济学理论的适用性尚值得怀疑。在中国经济持续发展的今天，结合中国多样化的产业经济实践，借鉴国外先进理论，构建符合中国特点的产业经济学，给世界历史空前的工业化过程一个科学、合理的解释，让更多的国家共享中国的产业经济经验，是中国产业经济学责无旁贷的一项历史任务。正是基于此，《产业经济学教程》一方面最大限度地继承本土化的中国产业经济学的研究内容，另一方面也最大限度地增加了产业组织理论的相关内容，试图在寻求一种国内外产业经济学科发展的“平衡”。

二是内容安排的新颖性。目前，关于产业组织理论问题研究呈现出理论与实证研究共同繁荣的新趋势。如前所述，经过近 30 年的发展，中国的产业经济学基本形成了两大流派。一派是本土化的产业经济学，一派是与欧美产业经济学高度吻合的产业组织理论。前者大体上属于宽泛意义上的产业经济学，除了包括产业组织这一欧美研究的热点和焦点领域之外，还包括产业结构、产业关联、产业布局、产业集群、产业竞争力、高新技术产业发展、产业政策等，其研究领域有不断扩大的趋势。相对于前者，后者基本上是秉承发达国家的产业组织理论框架，非常重视标准的经济学训练，特别是大量引入和借鉴博弈论等研究方法。其研究对象比较具体，即集中在了市场结构（structure）、企业行为（conduct）、市场绩效（performance）等所谓的 SCP 层面，以及基于 SCP 基础上的扩展领域，如模块化、标准、网络、放松规制等。此外，中国产业经济学的产生和发展与传统的工业经济学有着密切的联系，也存在着一定的差异。最近的一些国内研究成果越来越多地将焦点放在了产业组织理论上，对包括工业化、产业结构等内容的产业经济学的关注程度显著降低。在结构安排上，《产业经济学教程》包括产业组织、产业结构、产业关联、产业布局和产业政策五大板块，具体包括寡占模型、市场集中度与兼并、产品差异化与策略、价格与价格行为、进入与阻止进入、广告与福利、技术创新与组织、规制与放松规制、反托拉斯政策、网络和标准竞争等产业组织相关内容，还包括产业结构与优化、知识创新与产业演化、产业关联与模块化、产业布局与区位、产业政策及其发展、产业集群与成长等内容。

三是工具方法的科学性。实证方法是产业组织理论最基本的分析方法，尤其是 20 世纪 50 年代的案例分析方法影响了许多研究者。20 世纪“60 年代中后期，随着在经济计量学方法方面受过良好训练的（或匆匆武装起来的）新一代学者的出现，也由于电子计算机和经济计量学软件的迅速普及，利用结构—绩效模式横断面数据进行回归分析，一时间几乎成为产业组织问题研究的时尚”（J. 卡布尔，“导论与概览：产业经济学的发展近况”，载 J. 卡布尔主编：《产业经济学前沿问题》，中国税务出版社 2000 年版，第 3 页）。20 世纪 70 年代以来，由于可竞争市场理论、交易费用理论和博弈论等新理论、新方法的引入，产业组织理论研究的理论基础、分析手段和研究重点等发生了很大变化。20 世纪 80 年代，以泰勒尔、克瑞普斯等人为代表的经济学家将博弈论引入产业组织理论的研究领域，用博弈论的分析方法对整个产业组织学的理论体系进行了改造，逐渐形成了“新产业组织学”的理论体系。博弈论方法的引入，“我们开始找到一个对丰富多彩的行为的某些方面进行处理的理论方法……我们现在有了能从策略性行为和信息方面对种种现象给出解释的理论模型……对这些现象的解释在 5 年前几乎是无法得到的……”［Roberts，D. J.，1987，Battles for Market Share：Incomplete Information Aggressive Pricing and Competitive Dynamics，in Bewley，T.（ed.），*Advances in Economic Theory*，*Fifth World Congress*，Cambridge：Cambridge University Press，p. 157］。但是，也有学者对博弈论方法提出了不同意见。"'新产业经济学'的成绩被大大高估了……现在人们普遍认识到，我们需要基于坚实的实证研究，包括定性的和定量的两个方面……"（Scherer，F. M.，1988，*The Economics of Market Dominance*，Basil Blackwell：Oxford，in International Journal of Industrial Organization，6，pp. 517—518）。20世纪80年代后期以来，从事产业组织理论研究的经济学家们认识到了理论研究与实证分析之间的不平衡，这直接引发了包括计量经济学分析、案例研究和实验经济学在内的新一轮经验研究开始出现，以至于20世纪80年代被人们称为"实证产业组织理论的复兴时代"［Bresnahan，T. F. and R. C. Schmalensee（1987），*The Empirical Renaissance in Industrial Economics*：an Overview，Journal of Industrial Economics，35（4）］。《产业经济学教程》在传播和应用上述研究方法的同时，还非常重视案例的方法，每一章都有相应的案例及其分析，为现代产业经济学的实证分析方法注入了新的活力。

（唐晓华）

《中国企业海外市场进入模式研究》

鲁桐 著

经济管理出版社2007年版

339千字

随着中国改革开放进入新的发展时期，中国对外投资进入了快速发展阶段。在"走出去"政策的促进下，越来越多的中国企业积极参与国际竞争，纷纷制定国际化战略，逐步成长为有国际竞争力的跨国公司。然而，我国在该领域的学术研究明显落后于企业发展的实际需要。主要停留在"走出去"的意义和重要性等方面。而对于"企业如何走出去"、"如何选择适当的海外市场进入方式"以及"如何成功地进行跨国经营"等问题的回答却凤毛麟角，不尽如人意。《中国企业海外市场进入模式研究》对上述问题上做了十分有价值的探讨。

一个企业要将其产品或经营活动向海外市场发展，就必须选择某种进入模式。进入模式对企业跨国经营成功与否的影响是非常巨大的。因此，国际市场进入战略即正确选择国外市场进入模式，是国际商务学和国际市场营销学的前沿课题，也是企业决策者在其国际化发展过程中必须面对的问题。

在借鉴前人研究的基础上，该书创造性地提出了"海外市场进入战略要素模型"。海外市场进入战略是一项综合性的规划，它涉及动机、对象、目标、方式、政策等多个环节，用以指导企业在相当长的时间内的国际经营活动。一般而言，企业的国际市场进入战略是由若干单一产品和市场计划组合而成的。经营者必须制定每种产品进入每个市场的计划，然后再将其综合，构成一个协调的进入国际市场的战略。海外市场进入战略的要素模型描述了企业制定海外市场进入战略决策的关键环节和逻辑顺序。制定海外市场进入战略要经过多次反复，应该是一个开环的、持续的，从而是一个动态的决策过程。企业必须根据变化了的内部和外部经营环境和条件作出积极的反映和调整。

为了深入分析中国企业在选择不同海外

市场进入模式时有哪些影响因素，该书建立了“企业海外市场进入模式的选择模型”。主要是利用离散选择模型描述企业海外市场进入模式的选择行为。中国企业海外市场进入模式的选择取决于两大类因素：一是公司自身的属性（如自身的实力、行业属性、经营战略等）；二是外部环境的属性（如国内和国外的投资政策、国内外的市场环境等）。通过离散选择模型的建立，我们可以获知具有某种特征的公司选择某一种进入方式的概率。

实证研究结论证明，中国企业是否决定在海外进行直接投资，其主要的影响因素是国内政策支持，即如果外汇管制过严，投资审批程序繁琐，相关的法律、法规不健全并缺乏透明度，政府的政策支持力度不够，以及政府的官僚作风严重等因素将共同阻碍企业的直接对外投资行为。海外经营环境是影响企业是否选择对外投资的第二重要因素。如果东道国的投资环境较好，同业竞争程度低，经营成本低，以及当地管理及技术人才丰富程度等因素将会促进中国企业的对外直接投资行为。公司自身的属性是影响企业是否决定在海外进行直接投资的第三个重要影响因素，其中企业自身资本实力是较为重要的决定因素。

虽然不是所有的企业都要成为跨国公司，但在经济全球化的条件下，所有的企业都必须在国际竞争中生存和发展，即任何企业都需要制定一个能提高企业国际竞争力的战略。中国企业国际化所面临的挑战是艰巨的。因为历史上还没有任何国家的企业在如此短的时间内同时面临市场化和国际化的双重压力。这使得我国企业国际战略的制定更加复杂，面临的风险更大。

该书并没有停留在对海外市场进入方式研究的理论探讨上，而对企业国际化的战略选择的操作层面也进行了尝试性地分析。进一步确认了成功地进行跨国经营的几个关键问题。这些问题包括：（1）选择什么样的国际化战略？（2）选择什么样的目标市场？（3）应该采取怎样的市场进入战略？（4）组织结构如何与战略匹配？（5）跨国经营中的人事管理。作者认为企业对这些问题的正确认识和有效解决，将有助于提高中国企业跨国经营的成功率。

企业国际化所面临的第一个问题是选择什么样的国际化战略？每一个产业，无论是制造业还是服务业，都正在面对全球一体化、特定产业以及本土化的三重压力。这些压力促成企业制定国际化战略。不同产业所面对的全球化和本土化压力是不同的，企业在制定国际化战略时，首先要确定哪些产业或产品属于全球产业、地区产业还是多国本地化产业，从而相应地制定全球战略、地区战略和多国本地化战略。

企业跨国经营必然涉及在哪里经营的问题。选择目标市场无非是“跟着机会走”。即根据以往的订单和客户，进一步发展扩大商业机会的途径。这种“跟着机会走”顺其自然的好处是风险小，决策的复杂程度低，管理能力的跨度小。但这种顺其自然的做法也会使企业处于被动状态，决策失误的后果也可能是灾难性的。选择目标市场最常用的方法是通过一系列的筛选过程，最终确定经营目的地。企业在目标市场的选择过程中往往处于两难抉择：一方面，面对众多细分的市场，需要分析的因素无穷尽；另一方面，企业能够掌握的信息有限，学习和分析能力有限，时间有限。这就需要企业在这“有限”和“无限”之间寻找一种合理的平衡，以最大限度地降低决策的误差。

企业一旦确定了国际化发展战略，就面临战略如何执行的问题。在现实经济中，我们看到许多中国企业虽然明确了国际化战略的目标，但国际化发展却层层受阻，不那么顺利。其中，存在的一个共同问题是没有将组织结构和控制调整到与战略相匹配的状态。组织结构是有效战略实施过程中的重要组成部分。当组织结构要素能够和其他要素结合时，这种结构就能推动企业战略的有效实施。国际性战略和组织结构的恰当匹配能推动企业在全球业务的有效合作和控制。公司如何组织其经营活动（研究与开发、生产、营销、服务）通常决定着公司的成败。一个再好的战略也必须得到执行，而正确地处理企业组织问题是有效执行战略的关键。

人力资源管理是公司实施其战略的重要组成部分。它的作用是能帮助公司达到其基本战略目标——降低价值创造成本，更好地满足客户需求，从而创造更多价值。国际人力资源管理应把握好人员配备、培训与管理开发、绩效评估、薪酬管理和国际劳工关系五个关键环节。从跨国公司的经验看，公司外派人员不仅成本高，而且失败率也高。可见，国际人力资源管理的成功与否直接关系到公司国际化战略实施的效果。

总之，《中国企业海外市场进入模式研究》在理论和实践两个层面上把对该领域问题的研究引向深入。但愿她对关注中国企业“走出去”的各界人士有所启迪和帮助。

（鲁　桐）

《走向世界的中国制造业：中国制造业发展与世界制造业中心问题研究》

郭克莎　著

经济管理出版社于2007年版

349千字

该著作是国家社科基金重点项目（项目批准号：03AJY005）的最终研究成果，也是作者在对中国工业发展和产业结构升级进行数十年研究的基础上，在全球产业转移背景下对相关问题进行进一步深入研究的结果。

改革开放以来尤其是20世纪90年代以来，中国制造业持续高速发展，并成为中国经济持续高速发展的主要拉动力量。中国作为一个人口和市场规模巨大的发展中工业大国，是否已成为世界工厂或世界制造业基地，是否具有向世界制造业中心演进的趋势？这些问题引起了国内外经济界和理论界的普遍关注。该著作在系统描述、分析中国制造业发展趋势、特点和存在问题的基础上，对世界工厂、世界制造业基地与世界制造业中心的关系、世界制造业中心形成和转移分散的历史进程、国际产业转移的新趋势和新特点、中国制造业向世界制造业中心发展的条件和制约因素以及相应的战略思路和政策措施等一系列重要问题进行了深入的分析，对于把握中国制造业的发展水平和国际地位、明确中国制造业基地建设的前进方向和发展目标，对宏观上制定推动我国制造业发展的战略和政策、促进产业结构优化升级、引导企业的投资和发展行为，具有重要的意义。通读该书，深感其研究在以下几个方面具有重要的理论价值和实践指导意义：

一、理论创新价值。著作对制造业结构升级趋势、技术密集型产业发展规律性的探讨，对世界工厂、世界制造业基地、世界制造业中心关系的分析，对世界制造业中心转移分散新趋势和特点的研究，具有明显的理论意义，提出了创新性的、同时又具有理论和经验主持的观点和结论。作者认为，世界制造业中心与世界制造业基地是两个不同的概念，前者不仅是生产中心，同时也是研发中心和营销中心，并进一步发展成为品牌中心。发展中国家成为世界制造业中心的关键环节包括：对当地市场的必要保护、对当地市场的培育、后发优势的作用及其利用、市场机制的作用以及对市场机制的引导，在充分参与国际经济发展的前提下，促进国内市场竞争环境建设，从而促进当地企业和产业发展的自立模式是中国成为世界制造业中心的最佳模式选择。从微观企业的层面看，中国由世界制造业基地向世界制造业中心演进的过程也是企业竞争优势由单纯的制造成本优势向技术优势、组织优势等多元化竞争优势发展的过程，是企业规模在不断开放的市场竞争中日益扩张以及产业间和产业内企业分工秩序不断合理化的过程。

二、政策指导价值。著作关于我国制造业发展的趋势特点及存在的问题、我国制造业向世界制造业中心发展的基本模式和条件、战略思路和政策措施等的分析，不仅对宏观和中观决策层具有参考价值，而且对企业界、行业协会也有指导和启发作用。作者提出，为推动中国由全球制造业基地向制造业中心转变，应当全面增强自主创新能力，提高产业技术水平，当务之急，是尽快采取各种有力措施，推动形成鼓励创新的市场环境和政策体系。包括：全面实施支持研发和创新的财税、金融和政府采购等政策；充分发挥企业在研发和创新中的主体作用；加强对引进技术的消化吸收再创新；完善支持创新的有关条件和环境；大力培育和发展国际知名品牌。应当加快产业结构优化升级，大力发展战略性产业。加快发展包括高新技术产业在内的技术密集型产业，大力振兴装备制造业，积极促进能源工业稳定发展。应当积极实施跨越式发展战略，加大人才资源开发力度。技术密集型产业和装备制造业的技术跨越战略，要根据行业的发展水平和技术创新特点，选择可行的跨越式发展路径。此外，要处理好政府与市场的关系。既要注重发挥市场的调节功能，又要适当加强政府的干预作用。特别是实施技术发展和产业发展的跨越式战略，不同于发挥比较优势的战略，不能完全顺应和依靠市场机制的调节，政府必须实施正确的战略导向和有效的支持政策。有选择、有重点地实施一些逆比较优势的发展战略和政策，对于推动技术密集型产业、装备制造业在技术和产业两个层面上实现跨越式发展，加快缩小国际差距和增强国际竞争力。在总结国内外经验教训的基础上，对培育和扶持大企业发展的政策加以调整，对扶持对象、扶持手段、扶持过程等方面进行变革。

三、数据、资料和经验研究方法方面的价值。《制造业》关于历史上世界制造业中心转移和形成的资料和数据、关于中国装备制造业、技术密集型产业、劳动密集型产业、能源工业、制造业产业组织状况、制造业知识产权和外资外贸等方面的大量翔实系统的数据收集、描述和统计处理对于相关研究的进一步推进起到了基础性的作用；此外，著作在统计分析方法方面也有所创新，为同类研究起到了提供新的分析工具或借鉴的作用。

我国工业规模大，出口数量多，工业化还远没有完成，新型工业化还要着力推进，中国制造业发展和在世界制造业中的地位问题仍然是一个值得重视的战略性问题。《中国制造业》一书对于推进学术界和政府管理部门对于该问题的理解做出了重要的贡献。

（鲁 桐）

《经济全球化与当代国际贸易》

裴长洪 赵忠秀 彭磊 著

社会科学文献出版社 2007 年版

408 千字

改革开放以来，以“出口导向”为主导的混合型贸易战略为我国经济增长做出了巨大而卓越的贡献。但是，长期以比较优势产品“出口导向”的对外贸易屡屡导致贸易摩擦，使政府和企业为此疲于奔命、不堪重负，并引发了生产结构、贸易结构高级化与就业的矛盾。同时，“外向型”出口战略导致对资源需求的成倍增长，使进口贸易承担起供给资源的职能，保障经济运行安全的压力越来越大。那么，如何通过合理的、正确的贸易战略来解决这些问题呢？《经济全球化与当代国际贸易》一书给出了一种客观公正的见解，即在马克思辩证唯物主义哲学方法论指导下，把握国际贸易发展内在一般规律性这条主线来解决。

该书二十三章，分为上中下三篇。其中，“上篇”从实证分析角度，探讨了当代国际分工与交换方式的新特点，把握国际贸易发展的内在规律性，以及抓住隐含其中的贸易动力转换，回答了西方发达国家为什么会有如今的贸易结构，它们经历了怎样的变迁过程，这种贸易结构变迁是否具有可复制性和可跳跃性等问题。“中篇”结合当今国际政治、全球化背景，从政治经济学分析角度，对当今国际贸易自由化与贸易保护主义并存现象的内在原因进行了概括，并分别对西方发达国家主导的经济全球一体化和区域经济一体化的本质给予了详尽阐述，为发展中国家参与一体化进程提供了一种思路和途径。“下篇”从实证的角度解读了近年来我国贸易发展中出现的各类现象，对贸易结构、贸易方式、贸易政策等一系列重大问题做出了判断。

这一在马克思主义哲学指导下进行的当代国际贸易研究，有许多值得人们关注的“特色”：

一是以马克思主义的生产力理论为基础，探讨了当代全球贸易的增长机制，认为当代国际贸易的快速增长是其内在增长机制和外在增长动力共同作用的结果。一方面，生产领域由于信息科技革命的变革，各国生产专业化分工程度不断深化，经济联系程度日益加强，贸易商品结构不断从产业间贸易转向产业内贸易，再到跨国公司内部活动分工过渡，构成了国际贸易增长的内在机制；另一方面，由于信息技术在生产以外领域的广泛应用，极大改善了贸易环境与贸易手段，构成了国际贸易增长的外在动力。正是由于国际贸易增长内外机制的共同作用，使得当代国际贸易呈现创新迭出、生机盎然的繁荣局面。

二是以马克思主义生产关系理论为基础，探寻了贸易自由化的趋势及其本质。认为近20 年来资本主义生产方式的继续发展，除了资本主义占有科学技术革命成果所带来的生产力变革这一根本原因之外，伴随生产力变革所发生的资本主义生产关系的调整也是不可忽视的重要因素。正是由于资本主义生产关系的全球性调整，催生了贸易、投资、金融自由化等经济行为，对当今世界产生了深远的影响。根本上说，当代经济全球化，既是生产力不断发展的结果，又是资本主义生产关系不断调整的产物。经济全球化扩大了资本主义生产方式对生产力发展的包容量，在一定程度上缓解了资本主义矛盾，使资本主义发展进入了一个新的历史阶段。但同时，一些“新问题”，如全球化带来发展的不平衡性和两极分化等更加突出。这些“新问题”本质上仍然是国际垄断资本主义基本矛盾的产物，是由于资本主义的全球扩张所导致的生产无限扩大与世界市场容量有限之间的矛盾的集中体现。

三是以辩证唯物主义为指导，分析为当代经济理论研究中的一些片面认识。针对改革开放以来许多一些人奉西方经济学理论为圭臬而不敢逾越，并在不知不觉中背离辩证唯物主义基本认知规律的事实，该著作强调了批判意识形态去功能化的错误倾向及其潜在威胁的重要性和紧迫性。作者认为，我们不是要强化意识形态，搞阶级对抗，但是，在对经济体制和经济制度的分析中，不能脱离整个社会最大的制度约束——生产资料的占有形式，因此对于西方经济学科学的吸收和糟粕的摒弃应泾渭分明。对待西方经济发展过程中顺应科学技术发展而出现的生产组织形式、交换方式等生产力因素，应不遗余力的加以吸收利用，而对于西方资本主义由于生产资料占有形式的变化而产生的各类生产关系因素，我们应保持清晰的头脑，冷静加以应对。

最后，该书在以上分析的基础上，提出了一些有意义的命题：转换贸易增长方式要求我们更多融入西方跨国公司的价值链分工中，并通过对外投资等方式，尽可能获取提升分工层次的要素服务能力；大力发展服务业及贸易基础设施，降低国际货物贸易的信息、运输、违约成本，为货物贸易提供便利化，增强货物贸易外在环境的竞争能力等。同时，在经济全球化下，为了缓和跨国公司生产的有序性和全球生产的无政府状态之间的矛盾，平衡各国际垄断资本集团之间的矛盾，促进贸易、投资及金融领域的可持续发展，WTO 全球贸易机制成为国际垄断资本调和跨国公司经营的有序性与全球生产的无政府状态矛盾的必然产物，而区域经济一体化则成为国际垄断资本发展不平衡条件下调和不同国际垄断资本集团间矛盾的必然形式。发展中国家在参与西方发达国家主导的一体化进程中，应正确认识贸易自由化的渐进性与贸易保护的对立统一关系；应妥善处理投资与金融自由化时机与程序的问题；应注意加强发展中国家之间区域经济一体化形式的经济合作，增强在 WTO 多边贸易体制中的谈判地位等，趋利避害，否则容易陷入全球化和新自由主义的泥沼而不能自拔。

（孔繁来）

《中国服务业发展报告 No. 5：中国服务业体制改革与创新》

何德旭　著

社会科学文献出版社 2007 年版

341 千字

根据国际经验，一个国家的现代化进程，就是逐步走向服务社会的过程。改革开放以来，中国的经济发展水平稳定提高，现代化进程不断加快，但服务业在国民经济中的比重却长期徘徊不前，并没有出现人们预期中的大幅度提高。因此，中国的服务业发展水平一直相对落后，不但落后于其他产业，落后于发达国家，也落后于一些经济水平相当的发展中国家。这一现象，引起了国内许多学者的关注，相关的服务业研究机构和研究人员不断增多。人们一致认为，中国服务业的相对落后，既说明服务业存在着巨大的发展空间，也说明了研究服务经济的极端重要性。对中国而言，促进服务业的进一步发展，不但可以为全社会提供高质量的服务，并以此提高各行业运行效率、增强市场竞争力，也是扩大就业、缓解巨大就业压力的主要渠道。

在这一背景下，中国社会科学院财贸所，从2003年开始推进学科调整，确定将服务经济作为全所的研究重点和特色研究方向之一，并围绕新的科研方向加强学科建设，整合科研力量，设立服务经济理论与政策研究室，推出中国服务业发展系列年度报告，《中国服务业发展报告 No. 5：中国服务业体制改革与创新》便是其中之一。

该《报告》总结分析了“十五”以来中国服务业发展的基本格局，认为：（1）2005年服务业增加值达到73395亿元，占GDP的比重也提高到40.2%，服务业规模不断扩大，但总体发展水平相对滞后。研究表明，我国服务业发展并没有像人们预计或期盼的那样进入高速或跨越式发展时期，服务业发展相对滞后的局面将会继续存在，从“工业经济型”社会向“服务经济型”社会转变还任重而道远。（2）服务业正逐步成为吸纳劳动就业的主力军，但其潜力仍没有发挥出来。在绝大多数国家和地区，第三产业被认为是吸纳劳动力能力最强的领域，但我国第三产业在吸纳劳动力方面并没有表现出明显的优势，所吸纳的全部就业人口还不到三分之一，远低于国际水平。（3）从服务业内部结构看，传统服务业较为发达，现代服务业和新兴服务业明显落后。可以说，总量增长缓慢与结构性缺陷两种矛盾相互交织共同制约着我国服务业增长。（4）服务业发展的地区差异十分显著，东中西三大地区很不平衡。

《报告》分析了制约我国服务业发展的体制环境因素，主要包括：（1）市场机制的作用没有充分发挥；（2）政府职能不规范，越位与缺位并存；（3）事业单位改革滞后和国有企业改革的不彻底；（4）政策不平等导致服务业企业负担重，经营成本高；（5）产业组织结构不合理、企业治理结构不完善；（6）服务业的开放限制较多、开放度较低；（7）服务业人才的培养机制不合理。

《报告》认为，体制改革与创新是促进中国服务业快速有序发展的重要动力。我国服务业发展不足，除了主观认识上的原因和城市化率低、收入水平较低等客观原因之外，一个重要的原因是体制环境不良。与人打交道的服务业较之与物打交道的狭义制造业对制度环境的要求更高。要促进服务业特别是知识含量高的现代服务业快速有序发展，就必须改革与创新既有的服务业体制，培育健康规范的制度环境。根据这一思路，《报告》从以下方面提出了加快服务业体制改革与创新的步伐、促进服务业快速有序发展的对策建议：一是加快服务业市场化取向的改革步伐，充分发挥市场竞争机制的作用；二是优化和完善法规制度与政策措施构成的软环境；三是创新服务业引导资金的使用，充分发挥其弥补服务业领域“市场失灵”的作用；四是逐步消除城市化的制度障碍，加快城市化进程，以此推动服务业的快速发展；五是依据不同服务行业的特征制定合理的市场准入门槛；六是转变政府职能，发挥行业协会在服务业发展中的积极作用；七是完善服务业开放体制与政策，提高服务业的对外开放水平；八是改革与创新职业教育体制，为服务业的快速高质发展提供合格人才。

《报告》包括总报告、11篇行业报告和3篇专题研究报告。总报告《体制改革与创新：促进中国服务业快速有序发展的重要动力》从宏观上研究了中国服务业体制改革与创新这一重要课题，11篇行业报告集中研究了中国金融服务业、公共服务业、流通产业、服务贸易、电信服务业、房地产业、旅游业、科技服务业、教育服务业、医疗卫生服务业、餐饮业等重点服务行业的体制改革与创新问题，研究了这些服务行业发展过程中存在的体制障碍，并提出了深化改革、促进发展的对策建议。另外，《报告》还从“中国服务业与体制变革的定量关系”、“服务业定价机制”和“新农村建设与农村服务业体制改革”等方面进行了深入的专题性研究。

（孔繁来）

《中国金融改革与发展热点》

王国刚　著
社会科学文献出版社2007年版
406千字

该书从五个部分分析了2004年以来的中国金融运行问题。书中深入探讨了在资金相对过剩背景下，随着物价上升、经济增长加快，央行采取了一系列紧缩货币的政策，实际上并无多少效应；与此对应，提高利率的政策既缺乏实际效应也无的放矢。对于当前的货币政策、投资政策和经济发展政策等选择，对负利率与调高利率水平的机理进行了分析。阐述了从各个层面和各个方面深化金融改革。特别是对于中国金融，中资银行的改革依然任重而道远。第二部分主要从我国商品住宅供求状况、中国住宅建设中的银行风险、中国商品住宅市场的未来走势和政策选择等三方面对我国商品住宅市场中存在的诸多理论问题予以厘清。文中指出，中国的商品住宅价格快速上升的主要原因在于严重的供不应求，这一状况在短期内是难以解决的，由此，运用行政机制虽有利于整顿市场秩序，但不可能改变供求格局和价格继续上升的走势。第三篇研究了建立新层次股票市场的内在机理。书中指出，建立多层次资本市场体系是中国金融发展的一项主要内容，为此，需要建立以经纪人为中心的新层次股票市场，大力推进公司债券的发展，逐步改变间接金融为主的格局。第四篇重点阐述了资本市场发展中的改革深化，始于2005年5月的股权分置改革，是中国股市的一次重大制度变迁。随着股权分置改革即将完成，标志着中国证券市场的发展突破了重大的基础性障碍，资本市场的功能也会由此得到改善和加强。然而，股票市场的进一步快速发展，也凸显了中国企业类债券市场的发展已经严重滞后，并且，股票市场的层次性问题仍未得到解决。因此，面对中国资本市场存在各种结构性问题，更需要抓住有利时机，从制度创新上推进资本市场整体的和谐发展。第五篇重点分析了中国证券市场走势，回顾了2004—2006年股票市场的走势。

（王国刚）

《银行保险：国际经验及中国发展研究》

陈文辉　李扬　魏华林　主编
经济管理出版社2007年版
480千字

目前，中国保险业处于重要的转折时期，

在中国以银行业为主体的金融体系下，银行与保险的结合，即银行保险的发展，日益受到重视，取得了不少进展，银行代理保险业务收入已经全面超过团体直销业务，成为人身保险销售的三大支柱之一。但是，中国银行保险的发展还处在较低水平，存在不少问题。如何借鉴国际上银行保险发展经验教训，探索在偿付能力监管条件和保险业全面开放的背景下，通过体制创新和产品创新，促进银行和保险公司通过股权纽带等方式建立更深层次合作关系，推动银行保险的深化，提高保险公司的效益，促进中国保险业健康快速发展，这些问题值得深入研究。这些方面的研究无论对监管当局进行制度创新，还是对保险公司、商业银行和战略投资者开展银行保险业务，以及对中国保险业健康快速发展和金融体系完善等都非常具有重要的理论意义和现实意义。

为此，2006年年初中国社会科学院保险与经济发展研究中心、中国保监会人身保险监管部、汇丰保险集团（亚太）有限公司、武汉大学等专门成立了“银行保险的理论、国际经验及其在中国的应用研究”课题组，对银行保险的有关问题开展研究。在近一年的时间内，通过课题组的共同努力，终于完成了课题研究报告。该书是在“银行保险的理论、国际经验及其在中国的应用研究”课题研究报告基础上形成的。本课题由中国保监会主席助理陈文辉博士、汇丰保险集团（亚太）有限公司行政总裁兼汇丰保险（亚洲）有限公司、汇丰人寿保险（国际）有限公司董事长蔡中虎担任顾问；中国社会科学院学部委员、中国社会科学院保险与经济发展研究中心主任、金融研究所所长李扬教授、中国社会科学院金融研究所副所长王国刚教授、武汉大学魏华林教授担任课题负责人，负责课题研究的全面工作；中国保监会人身保险监管部方力副主任、中国保监会江苏保监局王治超副局长、中国社会科学院金融研究所保险研究室主任郭金龙研究员、汇丰保险（亚洲）有限公司北京代表处首席代表梁婉芬女士担任课题执行负责人，负责课题的结构设计、课题调研、课题报告讨论、修改和统稿及其组织工作。课题组成员包括来自中国保监会、中国社会科学院、武汉大学、部分高校和保险公司的30多位专家学者。在课题研究过程中，湖南省保监局局长罗忠敏、中国工商银行湖南省分行行长吴宏波、中国工商银行总行机构业务部副总经理席德应、中国工商银行湖南省分行副行长李世文、中国工商银行机构业务部保险业务处副处长郭琳、平安人寿副总经理兼银行保险事业部总经理陆敏、泰康人寿助理总裁兼银行保险部总经理贾丽萍、长城人寿总经理助理李静等参与了课题讨论。

该书系统介绍了银行保险的理论，深入研究了银行保险的动因、模式和不同国家和地区的经验，并对我国银行保险发展的历程、现状和问题、法律和政策环境、发展趋势等进行了较为全面的分析。该书分为上中下三篇，共十四章。上篇是“银行保险的理论分析”，包括：“第一章银行保险理论概述”、“第二章银行保险的经济学分析”和“第三章银行保险的经济理论模型”；中篇是“银行保险的国际经验研究”，包括：“第四章国际银行保险发展的历史和动因分析”、“第五章国际银行保险的制度环境”、“第六章国际银行保险的经营模式研究”、“第七章国际银行保险的产品”、“第八章国际银行保险的发展状况和趋势”；下篇是“中国银行保险市场发展研究"，包括："第九章中国银行保险发展历程、现状及问题"、"第十章中国银行保险效益分析"、"第十一章中国银行保险的利益分配与策略优化分析"、"第十二章基于主体的中国银行保险市场经济行为分析"、"第十三章中国银行保险发展的法律和政策环境分析"、"第十四章中国银行保险发展环境、发展趋势和政策建议"。由于银行保险问题的复杂性，国内对银行保险的国际经验研究、理论研究成果不是很多，银行保险在中国的发展时间较短，随着我国金融改革的逐步推进、银行保险的发展，有关问题的研究需要不断深入和加强。　　（李　扬）

《转型期货币政策规则研究》

卞志村　著
人民出版社 2006 年版
260 千字

根据现代宏观经济理论，货币政策的操作规范有两大基本类型："相机抉择（discretion）"和按"规则（rule）"行事。货币政策规则理论的不断发展与演化，以及 20 世纪 90 年代西方国家货币当局在执行货币政策的实践中所遇到的问题，为我国货币政策的制定与执行提供了极有价值的借鉴意义。在此基础上，该书的研究回答了有关转型期中国货币政策操作的三大问题：中国当前的货币政策操作实践究竟是"相机抉择型"操作还是"规则型"操作？对中国来说，哪一种货币政策操作规范更优？如果是"规则型"货币政策更优，我们应选择何种规则？

从理论上来说，规则之所以优于相机抉择，是因为相机抉择不仅具有时间非一致性的特点，而且还会造成通货膨胀偏差。通过对中国转型期的货币政策操作实践进行的简要回顾可以看出，中国当前的货币政策操作是一种"相机抉择"和"规则"混合的操作方式，又是以"相机抉择"型政策为主的（辅之以"规则"型政策）。为了回答中国的货币政策操作是否应该由当前的相机抉择型向规则型转型这一现实问题，作者模拟了规则型货币政策操作的动态效果。结果表明，如果中国的货币政策操作实现了由相机抉择型向规则型的转型，中国的产出增长率和通货膨胀率的波动将分别下降 17.27% 和 15.87%，从损失函数的角度来说，这将明显增强中国的社会福利水平。因此，尽快实现"相机抉择"型货币政策操作向"规则"型货币政策操作的转型，应是我国中央银行的明智选择。

该书第四章对当前最流行的工具规则——泰勒规则进行了实证研究。实证研究的结果显示中国的利率反应函数中对通胀缺口的反应系数大致在 0.4—0.5 左右，明显小于 1，故中国的泰勒规则是一种不稳定规则。因此，泰勒规则并不适合在中国运用。第五章对当今世界最流行的目标规则——通货膨胀目标制进行了理论和实证分析。通过对中国实际数据的分析，作者发现灵活通胀目标制规则在当前中国的货币政策实践中还不是非常适合。

该书第六章将研究视野放宽到了开放经济中，分析了开放经济下的最优货币政策规则以及 MCI 的作用。通过对中国 MCI 的实证研究，作者发现基于传统 MCI 的货币政策操作在中国是行不通的，但可用名义 MCI 来监测通货膨胀率的变动情况。这会有利于我们控制通货膨胀水平，并最终提高货币政策操作的效率。

该书第七章通过对泰勒规则和通货膨胀目标制规则在中国的拟合效果对比，发现通货膨胀目标制是远远优于泰勒规则的。这说明，中央银行要想提高对宏观经济的把握能力，及时准确地获取宏观经济信息，应该选择通货膨胀目标制。所以，中国中央银行应积极创造实行通货膨胀目标制货币政策框架的各种条件，以最终实现向通货膨胀目标制的转型。

该书最后通过一个简单的前瞻性模型分析了中国转型期最优货币政策规则的过渡安排，认为从损失函数的角度来说，混合名义收入目标和严格通胀水平目标是无差异的。因此，我国应考虑采用混合名义收入目标框架，作为向通货膨胀目标制转型的过渡期安排，既重视产出，也重视通货膨胀，以促进我国经济的协调健康稳定发展。

（卞志村）

《通货膨胀目标制：理论与实践》

牛筱颖　著

社会科学文献出版社 2007 年版

256 千字

20 世纪 90 年代货币政策实践中最重要的一个变化就是通货膨胀目标制的出现。这种以目标通货膨胀率为名义锚的制度最早由新西兰采用，随后有 20 多个国家也相继宣布采用这种制度，十多年的实践表明，这些国家都表现出了通货膨胀下降、经济增长稳定等较好的经济运行特征。该制度良好的实施效果引起了很多国家中央银行和经济学家的关注，目前另有 30 多个发展中国家正在积极准备向这种制度转型，而欧洲中央银行、美联储等则已经借鉴了其中一些制度安排，被经济学家们称为“隐含的通货膨胀目标制”。与此同时，货币供应量作为中介目标失效的现实引发了我国货币政策应该何去何从的争论。在这样的国际和国内背景下，本论文旨在通过全面、系统地介绍和分析通货膨胀目标制的理论与实践情况，了解这个货币经济学中的前沿问题，并考察这种制度是否适用于中国，为我国的货币政策实施提供有益的参考和借鉴。

该书内容主要包括四个方面：

首先，对各国通货膨胀目标制实践经验的全面系统考察。

其次是有关通货膨胀目标制的理论研究，包括该制度兴起的理论基础及最优货币政策选择的理论分析。

再次是经验研究，即通过计量方法检验通胀目标制的宏观经济影响；该书采用倍差法（DID）和经过修正后的一般化 DID 模型，以所有 23 个通货膨胀目标制国家为样本，并根据人均 GDP 以及地理位置、国情等相近原则选取另外 23 个非通胀目标制国家作为对照，检验通货膨胀目标制国家与非目标制国家以及目标制国家在采用前后的差别。检验发现，通货膨胀目标制对减缓产出波动有较显著的影响，这反映了通货膨胀目标制带来的稳定的低通货膨胀和稳定预期对宏观经济环境的改善起到了积极作用。另外，研究还发现，通货膨胀目标制对新兴市场国家的影响比对工业化国家的影响更显著，这与很多研究认为通胀目标制不适合新兴市场国家的结论不同。

最后，考察了通货膨胀目标制在中国的适用性。研究认为，通货膨胀目标制是一种比较有效的制度安排，即通过明确的政策目标和对责任的要求使中央银行受到约束，又赋予了其政策操作的独立性和灵活性，同时其操作过程的透明度要求又保证了中央银行行为能得到及时监督和纠正，不至于偏离目标太远，防范了时间不一致性问题的发生，是一种有约束的相机抉择。我国目前虽然还不完全具备采用的条件，但建议中国人民银行的货币政策操作可以采纳其中的一些合理成分，如加强与公众的交流、提高透明度、明确目标并为政策操作结果负责等；并建议政府减少对货币政策的行政干预，加强中央银行的独立性，以保证货币政策稳定性和连贯性。（牛筱颖）

《低碳经济：气候变化背景下中国的发展之路》

庄贵阳 著

气象出版社 2007 年 11 月版

207 千字

气候变化已成为全球压倒一切的首要问题。中国作为一个主要经济力量的出现，对国家、地区和全球的能源利用和环境保护具有重要的含义。国际气候谈判中关于发展中国家是否应该承诺减排义务的争论，促进了对能源消费和经济增长、温室气体排放与经济发展关系的研究。旨在如何实现发展和减排双赢的低碳经济理念正受到国际学术界的推崇。2007 年 11 月，由气象出版社出版的庄贵阳所著的《低碳经济：气候变化背景下中国的发展之路》一书则牢牢抓住低碳经济的主题进行深度开掘，并希望发展低碳经济能够迅速成为中国各级决策者的共识。

中国目前正处于资本密集型工业化和城市化阶段，正在走一条赶超型或压缩型的发展道路。中国通过经济快速增长使广大人民群众不断摆脱贫困走向富裕的同时，也付出了沉重的代价。中国正面临着来自国外包括“中国环境威胁论”在内的多重挤压。中国当前的投资规模在中国乃至世界历史上几乎都是前所未有的。如果只是接受现有的国际分工格局，尤其是接受西方转移的高排放、高能耗技术，那么中国将被锁定在“世界加工厂”的位置上，成为世界的排污工厂和能耗车间。因此，把气候政策与国家发展目标结合起来，走低碳发展道路，是中国应对气候变化挑战的必然选择。很多发展中国家也希望中国能够在新型工业化的发展道路上成功探索并作出表率。

气候变化是环境问题，也是发展问题，归根结底是发展问题。从长期看，一个国家（或地区）向低碳经济转型的过程，就是温室气体排放与经济增长不断脱钩的过程。通过对全球人均收入和温室气体排放数据的研究发现，从全球层面来看，如果没有足够的政策干预，人均收入增长和人均排放之间的正相关关系将长期存在。必须通过适当的政策措施，才能打破这种联系。研究表明，人均温室气体排放与人均收入之间会出现近似倒“U”型的曲线，但中国正处于这一曲线的爬坡阶段。

低碳经济的实质是高能源效率和清洁能源结构，核心是能源技术创新和制度创新，在本质上是与目前国内落实科学发展观、建设资源节约型和环境友好型社会、转变经济增长方式是一致的。发达国家通过实践已经取得了许多发展低碳经济的重要成果和可供借鉴的国际经验。低碳发展可以看作是中国自觉的追赶方式。中国的长期发展战略要考虑借鉴、吸收和消化低碳经济的发展理念。超前认识，超前部署，超前投资，以超常规的措施大规模发展和推广先进能源等低碳技术，为未来国家的发展奠定坚实的技术基础，维护国家长远的战略利益。

中国正处在工业化发展的加速阶段，人口基数庞大，减少贫困、发展经济、满足就业、提高全体人民的生活水平、实现现代化仍然是中国面临的最大任务。一个国家（或地区）二氧化碳排放量的增长，主要取决于四个方面的因素：人口、人均收入、能源强度和能源结构。从人口因素看，虽然出生率、人口自然增长率、婴儿死亡率、总和生育率都远远低于世界平均水平，但中国毕竟有13亿的人口基数；从能源结构因素来看，虽然通过落实《可再生能源法》和CDM项目实施，可再生能源开发呈现快速发展趋势，但中国以煤炭等化石燃料为主的能源结构在今后相当长的一段时期内不会发生根本性改变；从人均收入因素来看，中国为了满足人们日益增长的物质文化生活的需要的决心和努力不会动摇，这是实现社会政治稳定的必要条件，中国不会以降低人均收入或减缓经济增长来实现控制温室气体排放目标。中国控制温室气体排放的唯一可行途径（不意味着其他途径不重要）就是降低能源强度。不过，作者也明确指出，即便顺利实现了“十一五”能源强度目标，中国也只能做到相对的低碳发展。这也在一定程度上印证了全球向低碳经济转型的阶段性特征。虽然在现阶段对发展中国家提出强制性减排要求是不合适的。但是发展中国家也应该在力所能及的范围内，根据自身情况采取措施，为促进全球可持续发展作出积极贡献。

中国向低碳经济转型必须在后京都国际制度框架中统筹考虑。发展中国家能否利用后发优势在工业化进程中实现低碳经济发展，在很大程度上取决于资金和技术能力。虽然《联合国气候变化框架公约》规定发达国家有义务向发展中国家提供技术转让，然而实际进展与预期相去甚远，清洁发展机制（CDM）项目对发展中国家的技术转让也十分有限。因此未来国际气候制度的发展，非常有必要寻求通过制度化的手段，解决好知识产权保护和技术转让的关系问题。中国应该积极利用公约框架内外的各种途径促进发达国家向发展中国家的技术转让。

该书是国内第一本关于低碳经济的著作。《中外对话》、《气候变化研究进展》等杂志对该书做了新书评介。值得称道的是，书中对大量概念和专业术语进行了详尽的解释，而书后精心编排的索引则更方便读者。此外，本书让人印象深刻之处还在于，每章的篇首都绘有一幅卡通插图。它们虽然只有寥寥几笔，却言简意赅地总结和反映了本章的主题，往往成了妙趣横生的点睛之笔。这些独具匠心的安排，言下之意似乎是：虽然本书是学术著作，但作者更愿意让它走出象牙之塔，让更多的读者了解气候变化和低碳经济。（庄贵阳）

《存款保险制度设计：国际经验与中国选择》

苏宁　著

社会科学文献出版社2007年7月版

495千字

在现代金融发展中，一国或地区为了维护金融稳定和保护处于弱势地位的存款人，设立存款保险制度是很好的制度选择。一直以来，我国没有建立公开的、有法律保障的存款保险基金或公司，也没有法律明确规定存款保险的范围和赔付方式，但事实上我国实行的是一种几乎全额赔付的隐性存款保险。

随着我国金融体制改革的深化，隐性存款保险制度的弊端日趋明显，使得建立显性存款保险制度并构建立体的金融安全网尤为迫切。

该书是关于我国存款保险制度设计的首部系统性著作，核心内容是借鉴国际存款保险制度设计的准则，构建适合我国国情的存款保险制度框架。全书共分为导言和七章，以及五个附录。导言介绍了本书的研究对象和研究背景；第一章是存款保险制度发展综述，分析了存款保险的作用机制及其成效，总结了存款保险制度设计的一些决定性因素；第二章是存款保险制度设计的基本框架，总结了包括目标与授权、管理安排、与安全网的关系、保险范围、资金来源、费率制度等制度设计的基本内容；第三章分析了我国建立存款保险制度的运行环境；第四章是本书的核心，设计了符合我国国情的存款保险制度，对存款保险机构的职责、保障范围、监管模式、协调机制、费率制度、资金管理等做了具体安排；第五章设计了我国存款保险机构的组织安排；第六章论述了对问题银行的处置程序和措施；第七章分析评价了存款保险制度的潜在影响，提出了存款保险制度与当前我国法律法规相衔接的政策建议；附录介绍了金融稳定论坛和国际存款保险协会的相关指引和文件。

该书突出的创新与特色：

第一，注重借鉴国际经验，力求做到有章可循。目前，全球已有95个国家和地区建立了显性存款保险制度，在理论基础、运行成效及其具体设计方面已经积累了丰富的经验，为我国存款保险制度设计提供了宝贵的参照对象。国际经验表明，存款保险制度的建立需要一定的内外部条件，主要包括健康有利的宏观经济环境、稳定的银行体系和有效的金融监管。作者运用历史与逻辑、动态与静态等多种研究方法，深入剖析了存款保险制度设计的国际实践及其借鉴意义。在借鉴国际经验的基础上，首次提出了我国存款保险制度的基本框架、环境分析、制度安排、组织机构、问题银行处置、潜在影响评估。这对设计与发展我国的存款保险制度，维护我国的金融安全与经济安全，保护中小投资者的权益，树立我国在国际社会的形象，进而对促进我国经济社会发展，都有重要的理论和实践指导意义。

第二，注重中国国情的把握，力求做到因地制宜。作者采用理论与实践相结合的研究方法，既考虑国际经验和国际惯例，又注重我国国情和我国与其他国家的差异性，在详尽回顾存款保险制度的发展历程，考察影响各国存款保险制度设计的诸多因素基础上，重点就我国存款保险制度的框架、组织结构安排等方面进行了深入的研究。国际经验表明，没有一个固定的存款保险模式适用于所有国家。构建我国存款保险制度不能简单地“依葫芦画瓢”。存款保险制度设计必须立足于中国国情。就宏观经济环境而言，改革开放以来中国GDP增长率在同时期是全世界增长最快的，中国GDP总量占世界GDP的份额达到5%，人均GDP超过1000美元。就银行体系而言，包括国有商业银行、农村信用社在内的银行业改革逐步深化，存款类保险机构的体制问题正在逐步得到解决，建立存款保险制度的微观基础已经具备。但金融体系潜在的风险依然存在，突出表现为“太大而不倒”。就金融监管环境而言，中国的金融监管由两大部分组成。一是从行业管理的角度对整个金融行业实施的监督管理；二是从国有资产管理的角度对国有控股或国家参与投资的金融机构实施的监督管理。20世纪90年代中期以来，数百家中小金融机构退出金融市场，主要依赖于政府处置，特别是依赖于中央银行的再贷款，其实质是一种隐性的存款保险制度。

第三，注重制度与现实的结合，力求使之具有可操作性。作者认为，中国的存款保险机构除具备“提款箱”的基本职能之外，还应具有一定的监管权，因此目前中国存款保险机构宜采取国务院直属的带有事业单位性质的特殊金融机构的形式。在此基础上，设计了中国存款保险机构的组织架构，并明确界定了存款保险机构各部门的具体分工；阐述了对人力资源的管理，并对员工数量进行了大致测算；分析了财务派出制度的可行性和必要性。问题金融机构的救助与市场退出，是一件牵连广泛的系统性工程。作者认为，由存款保险机构主导高风险金融机构的处置进程，是对当前金融安全网的有益补充，需要在《存款保险条例》中对这一职能进行明确。根据中国的实际情况，对高风险金融机构的处置宜采取一揽子处置方案。

第四，注重可能的问题的预估，力求做到未雨绸缪。作者针对存款保险制度推出可能引发的一些问题，如存款大搬家、银行成本转嫁和居民存款转移将推高部分资产的价格等，提出相应的对策，如加快利率市场化改革、推动社区银行和村镇银行等中小银行发展、拓宽居民投资渠道，以及加强对存款保险制度的宣传。针对存款保险制度的道德风险问题及其负面效应，一是将道德风险因素纳入存款保险体系的制度设计；二是在存款保险制度推出后要加强审慎性监管。由于法律具有滞后性，新建立的存款保险制度必然在一定范围与现行法律法规产生一些冲突，作者提出了一些协调《存款保险条例》与《商业银行法》、《中国人民银行紧急贷款管理暂行办法》、《金融机构破产撤销条例》等法规冲突的建议。 （张　征）

《解读中国经济没有现成模式》

林毅夫　著

社会科学文献出版社2007年4月第1版

304千字

改革开放以来，中国经济迅速崛起，对世界经济日益产生重要影响。中国在转型过程中呈现出很多在世界经济发展史上独一无二的现象，发生许多从现有的理论看来不可能发生的事情，充满不少令许多经济学家包括世界顶级经济学家不得其解的新问题。作者认为，用国外现有的经济理论解释中国经济社会特有的现象，必然错误百出。不盲从国外现有的理论，坚持实事求是、具体问题具体分析，是研究当代中国经济的必由之路。中国经济发展为经济理论创新提供了丰厚的土壤，也迫切需要科学的充满活力的经济理论为指导。中国经济学家凭借对中国社会经济的深刻理解、对中国制度安排和现象特性的准确把握，最有可能构建中国本土化的经济学，从而指导中国改革和发展，并为经济学理论创新作出贡献。

该书中，作者以对中国经济结构和发展进程的充分了解和领悟，总结了中国改革开放以来中国经济取得的成就，分析了中国经济快速增长的原因，展望了中国经济发展和文化的未来；并对中国经济发展战略、“三农”问题、宏观经济、国企改革和金融体制改革等问题追根溯源，深入剖析看似相互矛盾的数字和现象之间的逻辑关系，得出中国经济发展没有现成模式的结论。这是对中国经济学的探索，也是对发展经济学的创新。

一、关于经济发展战略

作者对比较优势与竞争优势之间的关系进行了深入探讨，指出比较优势是竞争优势的基础；并揭示了这种关系对发展中国家经济发展路径选择的意义，认为一国或地区只有充分发挥经济的比较优势，才可能创造和维持自己的产业竞争优势。在比较优势动态化过程中，核心因素是资本积累。发展战略的核心就是增加资本积累。经济发展机遇包括两个方面：一是良好的外部环境；二是有效率的内部机制。一个经济体要抓住发展的机遇，必须有一个灵活的机制来应对外部环境的变化，通过产业结构调整，将资源配置到最有效率的产业和企业中去，并实现资源充分利用。

改革开放政策的实行，使中国近30年的经济发展机遇转变为现实的持续快速经济增长。今后一段时间，外部环境相对稳定与和平，国内市场经济不断发展完善，因此可以说中国经济仍存在发展机遇。在战略机遇期，应坚持的基本原则：一是发挥后发优势，即利用我国与发达国家在收入、技术、产业结构等方面的差距，通过引进技术加速技术变迁，防止盲目赶超，慎提跨越式发展；二是改革现有的体制与创新市场制度并举，注重地区的首创能力。以改革带动创新，以创新推动改革，建立现代市场经济体系，是抓住机遇的必备条件。

二、关于中国经济长期增长与和谐发展

一国经济实现长期增长主要取决于三个因素：生产要素的增加、产业结构升级和技术进步。转型中国家还要考虑制度变迁和宏观经济环境的影响。作者认为，制约中国经济长期增长的因素主要包括：中国能源和土地资源占用量少，居民受教育水平低，国内储蓄转化为投资的效率低、外资增长潜力有限、投资产出效率低从而使固定资本形成率较低，技术水平落后，金融体系效率低下，城乡市场、区域市场分割阻碍市场化进程，出口增长压力增大，收入分配差距扩大，就业总量和结构失衡，寻租性腐败和资源流失性腐败较严重，经济波动受信贷和投资政策的影响较大，国有企业缺乏自生能力。衡量一国经济发展是否成功的重要标志是经济增长速度以及经济增长的可持续性。为实现中国经济和谐发展：一要发挥比较优势，以实现竞争优势；二要创新技术，提高竞争力；三要改善金融结构，支持发展具有比较优势的产业中的高效率企业；四要培养和引进人才；五要吸引外来投资；六要建立明智高效的政府。

三、关于“三农”问题

改革开放以来，中国农业生产年均增长率比人口年均增长率高出5.1个百分点，从中外农业生产历史经验来看，这是一个了不起的成绩；农村经济结构调整一直遵循的方向是，农村劳动力向非农产业转移，以及农业生产结构向高附加值产品调整；农民收入的提高，不能仅依靠农业生产的增长，更重要的是依靠农村经济结构调整。非农产业增长，创造非农就业机会，是农业比重下降、农业就业人口减少的前提。“三农”问题的核心是农民收入增长缓慢的问题。解决“三农”问题的关键是，在保持农业持续稳定发展的同时，增加农民收入，缩小城乡之间和地区之间的差距。新农村建设既是解决“三农”问题的手段，也是全面建设小康社会和构建和谐社会的必要内容，因此也是解决

“三农”问题所要达到的目标。新农村建设与城市化的必然趋势并行不悖。

四、关于国企改革和金融改革

作者认为，中国经济中很多问题都源于国有企业和金融体制问题，而在这两者中，金融体系中许多体制性问题实质上都源于国企问题，从而国企问题显得更为根本。因此中国整个经济改革中最为重要也最为核心的部分是国企改革和金融改革。国企问题的根源在于它承担着社会性和战略性政策负担，随之带来了国有企业的预算软约束问题和自生能力问题。只有消除国有企业的政策性负担，让企业具备自生能力，国有企业才能取得真正的成功。金融体系的产生和发展都来自于实体经济发展的需要。一国的金融结构与经济发展阶段具有一定的关系。在一定的经济发展阶段，最优的金融结构应当是：金融体系中各种制度安排及其相互关系与实体经济的产业、技术和企业结构的规模和风险特性相互匹配，从而能最好地实现金融资源的优化配置。中国经济中劳动力相对富余、资本相对稀缺的要素禀赋结构短期内不会发生根本改变，劳动密集型的中小企业是经济中最有活力的部分。而真正满足劳动密集型中小企业发展需要的金融组织形态是中小银行。因此，我国金融体系的发展应以中小银行为主体。（张　征）

《中国高投资率低消费率研究》

乔为国　著

社会科学文献出版社 2007 年 8 月版

188 千字

投资和消费的比例关系是社会再生产能否顺畅的最基本、最综合的比例关系。两者的变动趋势与经济发展水平有关，两者的比例关系是否合理，关系国民经济能否健康运行。如何确定合理的投资率和消费率，一国在一定时期内多高的投资率和消费率才是合理的或者说其合理区域是什么，这是理论界长期探讨的一个问题。中国经济长期存在投资和消费的比例失衡问题，表现为投资率偏高、消费率偏低。这意味着，一方面，社会产出中过小的比例用于了消费，有违生产的终极目的，另一方面，过剩的生产能力苦于寻找出路，从而被视为社会经济的一大隐患。此问题的形成原因是多方面的。正确处理好投资和消费的比例关系，使其由不合理变为合理，有利于经济在快速增长中保持稳定，具有重要的理论和现实意义。

该书共 7 章，可分为四大部分。第一部分介绍有关投资率和消费率的若干经济史实；第二部分探讨多高的投资率和消费率是合理的；第三部分系统分析中国投资率偏高消费率偏低的成因；第四部分讨论降低投资率提高消费率的政策。该书把马克思主义、西方经济学和中国特色的文化观念有机结合起来，突出特点主要表现在：

第一，作者对有关投资率和消费率的若干经济史实的考察，体现了历史观和国际视野。作者总结和展示了改革开放以来中国投资和消费的变化情况，具体包括：中国投资率和消费率的变动情况；中国投资率、国内生产总值增长率和商品零售物价指数的关系及波动情况；在投资构成中固定资本形成比重和存货增加比重的演进；不同经济成分投资占总固定资产投资的比重；固定资产投资的资金来源和构成；最终消费及其内部的总量和比率构成情况。此外，作者还展现了投资和消费领域相关的国际发展情况，主要包括：1950—1970 年世界平均投资率、储蓄率、消费率与人均 GDP 之间的关系；1970—2004 年世界平均消费率、资本形成率、国内储蓄率，以及在消费中政府消费和居民消费比率的变动情况；1970 年以后不同收入水平国家投资率和消费率的变动；1980—2005 年 OECD 24 国投资率和消费率的变化。

第二，在确定合理的投资率和消费率问题上，作者梳理了国内外相关文献，体现了理论的继承性。在具体分析过程中，该书的突出特色在于：一是从资本和劳动的可替代性出发，使其与就业问题联系起来。作者认为，社会生产可通过多种生产技术组合进行，资本和劳动之间可相互替代，投资生产率可在一定幅度内变动，因此为实现既定的产出，在劳动力丰富时，采用劳动密集的生产技术进行生产，可提高投资生产率。二是建立投资率模型，认为合理的投资率是能使经济以自然增长率增长、投资和劳动力得到充分利用、供需相等的投资率；并定量分析了各因素变化对合理投资率的影响。三是对中国合理的投资率的估算，考虑了中国转轨时期所有制结构变化的现实制度背景，在一定程度上解决了理论研究中“上不着天、下不着地”的问题。

第三，针对中国高投资率和低消费率的现实问题，分析其成因，无疑是促使投资和消费比例由不合理向合理转化的基础。对此问题的论述突出的特色是，在分析方法方面，借鉴国际上常用的资金流转分析方法。从国民收入流量循环的角度考察，经济部门可划分为居民部门、企业部门（非金融企业、金融企业）和政府部门。消费率和投资率取决于居民、企业和政府部门的可支配收入占 GDP 的份额，支出结构，以及储蓄向消费或投资的转化机制。将消费和投资放在国民收入流量循环的背景下考察，一方面可从整体上把握高投资率低消费率的成因；另一方面也为单个环节进行细致深入的分析提供了可能。通过分析，作者认为，收入分配关系不当、政府职能错位、金融体系缺陷等是造成中国投资率偏高、消费率偏低的主要原因。以此为基础，对中国产业结构变动和投资结构偏差的关系进行了解释。作者认为，由于消费是生产的目的，消费中以居民消费为主，居民需求层次偏低会制约产业结构升级。

第四，在政策层面，该书的突出特色是解决了原因分析和政策建议的“两张皮”问题。在对投资率偏高消费率偏低的原因分析基础上，作者认为，将投资和消费比例由不合理向合理转化，需要调整收入分配关系，转变政府职能，构建并完善金融体系。而在调整投资和消费关系中，可能遇到的阻力主要缘于认识上的误区和利益集团的反对及抵制。为此，要树立和落实科学发展观，也就是以人为本，促进经济社会和人全面发展；打破垄断和形形色色的利益集团的阻碍，收入分配、再分配明显向工、农、弱势群体倾斜。

该书的不足之处主要在于：一是在投资和消费的关系方面，对中国的人口结构和传统文化影响因素的分析略显不够；二是在对市场和政府关系的认识方面，中外的差异论述略显欠缺，诸如中国是从政府干预到市场调节，而美国正相反，是从市场调节到政府干预；三是关于投资与经济增长的关系的论述和国际比较仍有待深入。比如，与国际水平相比，中国投资率高，GDP 增长率也高，投资一直被认为是 GDP 增长的引擎。降低投资率，GDP 增长的动力是否会减弱？如果对这个问题再进一步深入透彻分析，会使观点

更加具有说服力。（张　征）

《中国经济增长潜力分析》

袁富华　著

社会科学文献出版社2007年7月版

265千字

该书旨在探求中国财富增加的原因。作者从理论和实证检验两个方面分析了中国经济增长的潜力，是在制度经济学和增长经济学融合方面做的比较前沿的尝试。对经济增长的界定，作者倾向于制度经济学所谓制度变迁是经济增长之因、技术进步即经济增长本身的说法。在中国经济系统的动态演进过程中，制度方面，传统体制惯性与市场机制要求之间的矛盾日见突出；经济结构方面，二元结构向一元结构演进的趋势不显著，庞大的农业部门与庞大的工业部门并存；资源方面，表现为“人—地关系”紧张等；经济增长动力方面，投资驱动等等。基于以上典型性事实，作者将影响经济增长的因素纳入一个结构严谨的分析框架。

其突出特点：第一，作者将中国经济增长研究置于制度变迁和结构变化的大背景下。新中国成立以来，中国经济增长经历了两次大的制度变革：一是新中国成立至20世纪70年代末计划经济体制建立和实践；二是改革至今市场经济制度逐渐建立和完善。中国的改革采取渐进式策略，至今传统的经济体制仍然具有惯性作用，因此分析中国经济增长，不能避开制度约束条件。在制度转型过程中，产业结构、地区结构和城乡结构二元化相互交织，经济结构变化呈现复杂性。在发达市场经济国家，制度相对完善，技术创新有较大的动力，资源有序流动，经济呈现较强的同质性。而在我国，市场经济制度不完善，技术创新激励不足，在赶超目标下技术呈现突进性，对经济结构产生扰动，从而使经济结构产生异质性甚至被固化。制度、结构和技术在经济增长中相互联系，技术进步和制度因素是影响中国经济结构异质性的主要方面，同时技术进步和制度变迁也是中国未来经济增长潜力深度开发的关键。

第二，作者直面资源、能源对经济增长的约束，触及当前世界关注的焦点问题。资源、能源问题从科学家的发现，到理论家的论证，再到政治家的博弈，不仅关系一国或地区经济增长的可持续性，而且日益成为国际经济政治关系中的焦点问题，甚至作为衡量一国或地区国际竞争力的重要因素。在工业化进程推进和加速阶段，能源需求规模扩张是一种趋势。土地、水等资源和能源安全问题，正成为关系中国经济能否健康发展的重大问题，并对中国经济增长构成基础性约束。如果资源、能源约束加剧，由制度和技术变革诱致的增长效应会受到削弱。21世纪前半期中国人口总量增长以及工业化和城市化，客观上将使“人—地关系”的矛盾更加突出。如果不采取有效的对策，中国将可能面对“李嘉图食品问题”。中国能源供求结构至今仍呈现“煤重油轻”的态势，这在很大程度上束缚了产业结构的优化升级。中国经济增长中土地、水等资源和能源浪费比较严重，既有技术方面的因素，也有制度方面的因素。

第三，作者试图勾画和谐的经济增长图景：居民消费结构升级拉动产业结构优化；居民消费水平提高引致各产业繁荣。在论述消费和投资对中国经济增长的促进作用时，侧重于分析消费结构、投资结构、消费与投资结构对经济增长的影响。在投资结构方面，通过实证检验发现，投资结构差距与经济增长差距之间存在显著的正相关关系。具体而言，工业部门产值的增加或投资的扩大与二元经济结构存在显著的正相关关系，即工业部门投资的扩大显著加剧了中国经济的二元结构特征；工业部门就业人数与二元结构呈显著的负相关关系，即农业部门剩余劳动力向工业转移，增加工业部门就业人数，会减弱二元化经济结构。由此，工业优先增长的倾向应得以纠正。地区间投资“二元性”与地区间经济增长“二元性”的关系的计量分析显示，从较长时期来看，西部地区投资比重提高会诱致东西部差距的缩小；此外，也可以判定，当前广受关注的区域发展失衡问题，实际上是区域间投资不平衡的结果。农业部门供需的国民收入弹性较之其他部门低，使农业部门具有天然的弱质性。市场机制会引致资源从产出弹性低的农业部门转移出去，因此发展农业不能只靠市场的力量，政府加大农业投资是明智之举。

第四，作者通过理论创新和实证检验，论证“重农固本”和“制造立国”战略。一是作者建立了一个库兹涅茨形式的理论分析框架，描述了经济结构的演进，分析了经济结构同质性和异质性的成因；并在此基础上，从历史和逻辑的角度描述了中国经济增长的轨迹，即计划经济时期乔根森意义上的经济增长、改革开放至20世纪90年代刘易斯意义上的经济增长，分析了20世纪90年代以来保持工农业部门平衡增长的重要性。由此认为“重农固本”理念应受到尊重，中国未来几十年应致力于开发农业部门的增长潜力。二是作者基于卡尔多命题，研究了技术进步、制造业部门增长与服务业部门增长之间的关系，以及制造业增长与整体经济增长的关系。定量分析发现，整体上看，技术进步对中国制造业的推动作用不明显，由此学界倾向于将中国称为“加工大国”，而非“制造强国”；劳动生产率较高的资本和技术密集型行业的扩张正在成为提高制造业增长质量的源泉；制造业部门对中国整体经济增长潜力的开发起着至关重要的作用，从而认为“制造立国”是一种认真和负责的观点。

（张　征）

《中美经贸关系及其影响研究》

庄宗明 等（课题组成员：曾卫锋　马明申　孔瑞　廖晓燕）　著

人民出版社2007年版

255千字

该书是作者主持的国家社会科学基金项目的研究成果。全书共分七个部分，分别为：导论（研究目标、文献综述及研究框架）；中美贸易的最新发展趋势及特征；美国对华投资的最新发展趋势及其特征；80年代以来中国经济增长与产业结构变动的特征；中美贸易对中国经济发展的影响；美国对华直接投资对中国经济发展的影响；研究结论。

该书的研究结果表明：在中国经济增长方面，中国经济持续二十多年的高速增长与美国经济的持续繁荣之间并没有直接对应的关系；美国巨大的经济总量和市场环境提供了有利于中国扩大出口的外部条件，而中国经济本身的发展和国际竞争力的提高才是中国扩大出口的决定性因素；在中国产业结构变动方面，中美贸易和美国对华投资对中国产业结构的变化产生了一定的积极影响，但这种积极影响受到了多种因素的制约，而中国自身经济实力和整体经济的国际竞争力的提高则引导这种积极影响进入了一个良性循环。

该书以中美经济关系为主线，研究在经济全球化条件下发达国家的经济波动对经济开放程度较大的发展中国家经济增长和产业结构变动的双重影响，从新的研究视角探讨最近几年中国经济在融入经济全球化的过程中得到迅速发展的原因及其可持续性，这是一个近年来学术界广泛重视的问题，也是对我国的改革开放实践具有重要意义的问题。

该书的学术价值主要体现在，对于中美经贸关系对中国经济增长和产业结构变动的关系进行了创新性地探索：

在研究方法上，该书将规范分析同实证分析相结合，并将比较分析法贯穿始终。在关于贸易与要素积累、贸易与就业、贸易与利用外商直接投资、贸易与增长、外资与增长等问题的研究中运用了计量经济学方法进行具体的实证分析，并选择中国的整体情况作为中美相应情况的参照标准进行对比，以突出中美经贸关系在中国经济增长和产业结构变动中所起的特殊作用。

该书的突出特色和主要结论正是建立在这一研究方法基础之上的，将中美贸易与美国对华投资作为国际经济传递的双重途径，将经济增长和产业结构变动作为国际经济关系变化的双重结果，通过计量经济模型结果的对比，来把握经济全球化背景之下中国在实现工业化的过程中所受的主要国际经济影响。以中美经贸关系为主线展开的，将贸易与投资分别同经济增长与产业结构变动联系起来进行综合研究，更为全面地反映了对外开放对中国经济影响的实质，从而有别于单方面对贸易、投资、经济增长、产业结构变动分别独立进行的研究。

该书的社会效益和应用价值主要在于课题研究结论对于正确把握中国参与经济全球化的内在机制、为中国政府制定有关政策和经济发展战略提供参考。总体来看，在参与经济全球化的过程中，中国经济发展的内因是主导性因素，中国参与经济全球化所获得的利益相对较少并主要集中在比较优势利益上，因此中国参与经济全球化更应注重开放经济对中国经济发展的长期、动态的影响，一方面把发达国家作为对外经贸关系的重点，另一方面完善国内市场经济体制的建设，并积极参与国际政治经济关系的协调，建立起一个维护中国参与经济全球化的利益保障体系。

（庄宗明）

《中国金融制度供给》

江曙霞　罗杰　张小博　黄君慈　著

中国金融出版社2007年版

348千字

制度是由人制定的一系列规则，它们抑制着人际交往中可能出现的机会主义行为，并总是依靠某种惩罚而得以实施，带惩罚机制的规则创立起一定程度的秩序和激励约束相容度，使个人从事生产性努力的收益率接近社会收益率，从而将人类的行为导入可合理预期的轨道，减少“囚徒困境”和促进人与人之间的可靠合作，这样就能很好地利用劳动分工的优越性和人类的创造性，从而降低交易成本。制度供给取决于政治秩序提供新的制度安排的能力和意愿，以及一个社会的各既得利益集团的权利结构或力量对比，各利益集团力量的对比决定了制度供给的内容和速度等，而制度供给决定了制度变迁的方向和最终的制度绩效，因此制度供给是制度供求分析框架中的重要一环。

金融制度是一个国家通过法律、规章制

度和货币政策的形式所确定的金融体系结构以及组成这一体系的各要素之间的职责分工、相互关系及其各自的行为规则。从制度的基本内涵和要件的角度看，金融制度是指有关金融交易的规则、惯例和组织安排，约束和激励人们的金融行为，降低金融交易费用和竞争中的不确定性所引致的金融风险，进而保护债权债务关系，促进金融交易的顺利进行和提高金融资源的配置效率。金融制度不是简单的金融体系构成，也不是简单的游戏规则的简单叠加，建立一定的金融制度主要是建立一个内在调节的稳定约束功能，提高资金融通功能，节约金融交易费用，提高金融资源配置效率，以适应国民经济和社会发展的需要。因此，作为制度系统的一个子系统，一国金融制度是否具有适应性效率，主要看该金融制度在整个制度结构中是否与其他制度子系统兼容和匹配。金融制度可以成为经济进步的工具，也可以成为经济停滞和衰退的工具。当金融制度阻滞经济发展时，金融制度往往陷入制度不均衡状态，于是金融制度发生变迁，金融制度供给和创新事实上是对金融制度非均衡的常态反应，金融制度非均衡的轨迹也正是金融制度创新的轨迹。

由市场金融制度替代计划金融制度，一直是我国金融改革的目标取向。中国的金融制度变迁是在政府主导下的渐进变迁过程，与整个国家经济制度变革相一致，其最大的特征便是强制性与渐进性。这一特征的形成是与变革的初始条件、变革主体的地位和制度偏好、意识形态刚性以及传统文化价值观念分不开的，并形成了具有中国特色的政府垄断、强制性金融制度供给。

我国金融制度变迁的初始条件是高度集权的政治经济秩序，大一统的金融体制，政府在资源配置和改革过程中居于绝对的主导地位，经济主体和居民的自主经营能力较低，金融意识极为淡薄，这些因素影响了我国金融制度改革的取向、深度、广度、速度和战略选择等。作为第一行动集团的政府由于受到多元目标函数和认知能力函数（产出最大化、租金最大化、制度偏好、意识形态刚性、有限理性等）的制约，中央政府并不是完全依照制度均衡与否来决定金融制度变革，而是在有限理性条件下，追求各种目标偏好统一的政府效用函数最大化。政府作为推动金融制度变迁的“第一行动集团”，在决定金融制度变迁的形式、速度、突破口和时间路径时，既有促进微观经济金融主体效益和整体金融效率最大化的动机，更有维护“公共金融产权”不变，通过金融制度替代部分财政职能，支撑体制内国有企业产出的不断增大，从而实现政府效用函数最大化，稳定地推动经济改革的激励。因此，在中国政府主导型的金融制度变迁中，制度供给比制度需求显得更为重要。只要中央政府意识到某类金融制度创新收益将大于改革成本，那么就会借助于行政命令、法律规范在一个金字塔式的行政科层系统内自上而下地规划、组织、实施和监控制度变革，实施强制性的金融制度供给。

在改革初期，政府扩张国有垄断金融的产权边界，建立支持国有企业资本性融资的股票市场，即通过政府特有的制度偏好——“父爱主义”和金融二元主义来维持国有企业的生存，强有力地支撑了经济产出的不断增加和整体经济改革的顺利进行和社会稳定，同时也内生出国有企业、国有独资银行、地方政府等现有金融制度的既得利益集团，并形成他们对目前金融制度的“稳定需求偏好”和刚性依赖。这种政府主导型的渐进式的强制性制度变迁的必然结果便是金融制度非均衡，并内生出金融垄断现象、金融风险扩展、金融体系脆弱和边际金融效率递减等副产品，制度变迁陷入一种非效率的闭锁状态，具体表现为两个层次：一、中国金融制度变迁严重滞后于经济制度变迁；二、在政府供给主导型金融制度变迁过程中，无效金融制度供给严重过剩，有效金融制度供给严重不足。

由于制度的“公共物品”性和我国金融改革的初始条件，政府主导型强制性金融制度变迁在维持我国经济体制改革的连续性与稳定性方面取得了若干积极效应，同时累积了巨大的制度性风险，这种强制性制度变迁具有明显阶段性特征，其制度边际效率和适应性效率逐步递减，金融制度供给从阶段性兼容走向阶段性相悖。因此政府会根据自身的效用函数和约束条件来动态调整金融改革的广度、深度、时间和路径，随着约束条件和外界制度环境的变迁，政府效用函数的变量结构和变量权重（政府效用偏好序列）会作相应调整。政府基于“国家悖论”，在交易费用的正向约束与逆向约束的综合作用下，根据制度环境的变迁在租金函数和效率函数之间寻求一个均衡点，并逐渐从租金偏好向效率偏好转移，所以政府效用函数结构随着制度变迁具有了动态优化的特征，并内生地决定了中国金融制度渐进性变迁的制度逻辑和金融制度供给的效率。

基于以上认知和分析框架，作者逐一展开“中国金融制度供给与需求非均衡分析”（第三章）、“中国金融制度变迁的成本与制度绩效”分析（第四章）、“国际制度变革下的中国金融制度供给”分析（第五章）、“垄断性金融制度供给、国际金融制度变革与中国金融安全性分析”（第六章），对我国金融制度近30年的变迁过程和特征进行深入探讨和剖析，对中国金融制度如何克服制度性缺陷提出很有见地的意见和建议。

（江曙霞）

《企业集团财务与会计问题研究》

曲晓辉　傅元略　著

中国财政经济出版社2007年版

466千字

随着我国经济体制改革的深入，企业集团获得了长足发展。尤其是国内外竞争的加剧和国家政策的扶持，有力地促进了企业集团数量的增加和规模的扩张。从企业集团的组建方式来看，企业并购作为最为快捷和经济的扩张方式，已逐渐成为我国企业集团发展的主要途径。我国企业的集团化发展，对于扩大我国企业规模，规避行业风险和形成协同效应，提升我国企业的核心能力和竞争力，乃至对于国家经济安全都具有重要意义。可以认为，规模经济、资源优化配置、经营效率、协同效应、竞争优势、风险抗御能力及核心能力的提升是企业集团长足发展的一般动力。

由于我国的市场尚处于发展之中，市场调节功能需要在市场经济发展过程中逐步释放，企业集团在发展中不可避免地面临一系列新的情况和问题，特别是财务与会计方面的问题。因此，无论是从国内企业今后应对外国企业集团更为激烈的竞争，还是从国内经济和市场发展的角度来看，在今后一个较长时期内，加强企业集团财务与会计问题的研究都具有非常重要的意义。

该书以经济全球化、资本市场国际化、

会计准则全球趋同、管理手段网络化、知识经济和信息社会为基本背景条件，以管理学和经济学的相关理论为研究基础，从加强公司治理和维护资本市场的公平与效率的基本立场出发，立足于提高企业集团财务与会计工作的管理水平和效率，站在本研究领域的学术前沿，注重理论上的原创性，力求实现理论与方法的创新，瞄准企业集团财务与会计领域的国际水准，紧密结合我国实际，解决本土问题。

该书主要研究以下专题：企业集团的基本理论、企业集团的财权配置问题、企业并购的财务支付与融资问题、合并财务报表问题、关联方交易转移定价问题、基于内部管理的转移定价问题、企业集团内部控制问题、企业集团风险管理问题、企业集团核心能力与商誉问题、企业集团的会计披露问题、企业资产整体置换的会计与监管问题、企业并购中的资产评估问题、集团企业并购的价值链管理问题、企业集团税负相关财务与会计问题、企业集团网络现金流管理模式问题、企业集团财务资源协同管理效应的度量问题、集团资本营运业绩的评价问题。

该书是厦门大学曲晓辉教授和傅元略教授联合主持的教育部人文社会科学重点研究基地重大项目的最终成果。该书由曲晓辉教授负责学术路线和总体框架的设计、研究工作的分工、组织和协调以及写作大纲的拟定和总纂定稿，傅元略教授协助了本项目的组织实施。该书共 17 章，著者具体贡献如下：前言、第十二章企业并购中的资产评估问题、第十四章企业集团税负相关财务与会计问题由曲晓辉教授撰写；第一章企业集团的基本理论、第五章关联方交易转移定价问题、第七章企业集团内部控制问题由李明辉（博士）副教授撰写；第二章企业集团的财权配置问题由郭葆春（博士）讲师撰写；第三章企业并购的财务支付与融资问题由谢军（博士）副教授撰写；第四章合并财务报表问题由李明辉副教授和杨绮（博士）讲师撰写；第六章基于内部管理的转移定价问题由肖虹（博士）副教授撰写；第八章企业集团风险管理问题由林朝华博士撰写；第九章企业集团核心能力与商誉问题由董必荣（博士）讲师撰写；第十章企业集团的会计披露问题由陈瑜博士撰写；第十一章企业资产整体置换的会计与监管问题由卢海博士撰写；第十三章集团企业并购的价值链管理问题由宫严慧讲师撰写；第十五章企业集团网络现金流管理模式问题、第十六章企业集团财务资源协同管理效应的度量问题和第十七章集团资本营运业绩的评价问题由傅元略教授撰写。李明辉博士为全书的统一体例、排版和补遗做了大量工作。该书资助项目《企业集团财务与会计问题研究》（项目编号 2001ZDXM630002）的研究报告根据教育部的规定由教育部组织匿名送审并通过了专家鉴定。由于项目结题、送审、鉴定和联系出版期间国内外相关领域的发展，杨绮博士对涉及《企业会计准则 2006》的内容根据新准则的规定进行了补充，为第八章补充了 COSO 2004 年 9 月新发布的企业风险管理（ERM）框架的相关内容，并对书稿再次校排。曲晓辉教授对各章初稿进行了审阅和修改，在与作者沟通、经作者确认的基础上对全书进行最终总纂定稿，包括对有关内容的更新。

本研究致力于企业集团财务与会计理论、技术和方法的评介、应用及创新，力求解决实际问题，注重深层次的解析和总体上的协调。但由于企业集团财务与会计问题涉及面广，其在改革与发展中的关键问题难以形成稳定的框架，很多问题在理论和方法上仍处于持续发展状态，尽管我们在理论梳理、实务追踪、实地调研和方法创新等方面做了大量工作，但仍然难免存在这样那样一些问题，囊括的专题未必全面，结构设计未必合理，研究方法未必适宜，个别章节研究的深度有待拓展，一些观点也有待进一步推敲。我们希望有机会获得读者的宝贵意见，以便在后续研究中努力加以解决和改进（厦门大学《企业集团财务与会计问题研究》课题组）。

《经济学百年——从社会主义市场经济出发的选择与评介》

李义平　著

生活·读书·新知三联书店2007年版

236千字

中国历史上没有经历过市场经济，这是中国后来落后的重要原因。为了建设社会主义市场经济体制，我们可以借鉴西方国家的经验，学习对这种经验进行了高度理论概括的经济学理论。然而，西方经济学理论著作卷帙浩繁，即使专业的经济学理论工作者也难以皓首穷经，更何况终日忙于事务的企业家和经济管理者呢！《经济学百年》沙里淘金，把经济学、特别是西方经济学论著中的理论精髓，摘其要者，明白晓畅地集中论述，可以使人们在短时间内把握经济理论发展的大致逻辑和精彩亮点，认识体制演变的内在规律和基本要件，使我们在向社会主义市场经济过渡时更为自觉。

该书具有十分鲜明的特点：

一、强烈的现实感。这部学术著作的最大特点就在于其不是一部简单的经济学说史，而是立足于当代中国经济现实的选择与评介。由此出发，书中介绍和评析了：①亚当·斯密的自由市场经济理论，凯恩斯的有宏观调控的市场经济理论，弗里德曼的货币主义和供给学派理论。这实际上是市场经济国家的体制演变和理论发展的过程。书中还特别介绍了当年相对落后的德国的李斯特的经济理论。②凡勃伦、伯利、加尔布雷斯、钱德勒等从古典企业到现代股份公司，以及超大型公司得以产生和发展的理论。我们从其中可以看出什么是真正的企业，什么是真正的股份制，怎样才能产生超大型企业。③我们是发展中国家，科学发展对我们十分重要。书中大量介绍了熊彼特、刘易斯、阿玛蒂亚·森等人的经济发展理论。④新制度经济学在我国经济学产生了深刻印象，书中以相当篇幅介绍了新制度经济学的代表性理论。⑤社会主义经济理论，主要是计划与市场相互关系的讨论和发展，劳动价值论的讨论和发展。此外，书中还介绍了边际革命以及经济学其他范围广泛的研究。全书涉及人物达32位之多，但却始终充满着浓郁的现代气息，内容十分丰富，而且极其实用。

二、论从史出。所有的市场经济理论，都是市场经济本身发展的理论抽象和概括。市场经济的历史实践是理论的源泉。《经济学百年》在论述评价这些理论精髓的时候，始终把握论从史出的原则。马克思经济学的理论核心是剩余价值理论，所揭示的是资本主义的生产关系。但是，马克思的所有论述都始终把资本主义的生产关系置于市场经济的一般原则之中。该书正是更多地探讨了马克思经济理论中市场经济的一般原则，从而使得马克思的经济学理论更加鲜活和具有现实意义。斯密是市场经济理论的鼻祖，也是自由主义经济的先驱，他主张把“比较优势”的原则推向全世界。李斯特作为德国历史学派的先驱，明显注意到德国的经济落后的现实，强调“国家”的重要和本国历史的特点。作者依据论从史出的原则，认为斯密和李斯特的思想，是处于不同发展阶段的国家经济现状的理论反映。评介理论就要尊重历史，脱离历史状况的空论是毫无意义的。特别是在我们加入 WTO 以后，如何根据本国的实际应对新的挑战，这些理论和思想无疑为我们提供了航标。

三、述而不作。对于已有理论成果的评述，重要的是客观和准确，不妄加发挥。19 世纪末以来，西方市场经济理论经历了边际革命和凯恩斯革命；随着以公司制为典型的现代企业制度在西方国家快速发展并臻于成熟，企业理论的研究和探讨也取得了丰硕成果；直接关注发展中国家的经济增长与发展的理论则使得经济学不再限于发达国家的经济形态，而新制度经济学对于制度效率的关注更是中国的改革所需要的理论。如果再加上货币主义、供给学派、人力资本和公共选择理论，以及基于信息不对称的有限理性理论，可以说 20 世纪是经济学理论成果最丰富的世纪。这些理论研究成果分别从不同的侧面对市场经济的本质、机理和运行特点进行了解析和刻画，对于中国社会主义市场经济体制的建设有着十分重要的借鉴意义。《经济学百年》一书准确地把握了这些理论的核心和精髓，进行了客观的描述，这是不容易的。因为过去我们所看到的关于西方经济理论的介绍，20 世纪 80 年代以前是过多的政治批判，90 年代以后是过多的推崇和不切实际的发挥，均不符合述而不作的评介原则。这本书做到了这一点，可以让读者品到理论的原味，是难能可贵的。

四、可读性与学术性的紧密结合。学术著作给人的印象是晦涩难懂。但这本书却集可读性与学术性于一体。这种可读性首先来源于著作内容强烈的现实感。尽管著作大量论述了各种思想和理论，但由于作者选择的独特视角，使得这些理论不是“晦涩”的，而是充满着生命力的“长青之树”。更由于作者驾驭文字的功力，使得这本书读起来顺畅自然，大有一气呵成之感。（李义平）

《现代企业管理：构建新的竞争优势》

林平凡　著

中国社会科学出版社 2007 年版

400 千字

20 世纪 80 年代以来，企业管理实践迅猛发展，企业管理理论与方法内容丰富、涉及面广。该书侧重于介绍企业管理活动的部分重要理论和前沿观点，运用系统化、科学化方法对企业管理活动的多元性、复杂性、动态性和权变性进行深入分析，引导企业实现资源优化配置与合理利用，从而构建企业竞争优势。该书分 10 章，每章独立阐述一方面内容，有详有略，结构上体现系统性和实用性相结合的特点，突出反映现代企业管理的最新进展和未来发展趋势，注重企业管理新方法的介绍。纵观该书，有如下特色：

一是“探新”。20 世纪是企业管理理论开创性发展的世纪，这些理论对现代社会发展中的企业管理起着巨大的指导作用。然而，时代发展对企业管理提出了许多新挑战，许多问题是史无前例的，如网络营销、信息集成、智能生产、精神管理等。如何解决这些新问题，采取过去的那一套方法、运用已有的企业管理理论已无法正确解决。因此，需要有新的企业管理理论进一步深化和创新研究。该书作者从企业管理创新入手，对企业发展战略创新、营销战略创新、现代制造过程管理方法创新、企业技术创新管理等进行了阐述；根据时代发展趋势、市场经济竞争发展的要求和企业经营管理的现状，运用创造学原理和方法，对企业的要素、组织形态、经营运行形式及其管理的模式、思路和方法进行创新性思维和分析。作者的基本立足点是“创新”，这有别于从企业特定职能要素，或企业运行环节的角度来研究企业经营管理，从而形成探索企业管理研究的新方法。特别要指出的是，作者在该书第七章中对企业技术创新的论述指出，谁掌握了最新的科学技术，谁就掌握了经济增长源。对于企业来说，要想赢得市场份额，其根本途径在于技术创新；而自主技术创新能力在企业持续发展过程中发挥着极其重要的作用。因此，企业要生存发展，必须建立规范完善的自主创新体系，这也是该书所特别强调的企业核心能力培育的基石。在此，作者还更深一层指出，如果一个国家不是规模化的自主创新，仅仅是某些企业单一的、孤立的创新，很难达到推动一国产业和经济发展的目的。只有形成有效的创新集群，才能形成大面积的技术扩散连锁反应，促进经济快速、高质增长，从而在国标技术竞争中拥有较高的竞争地位。

二是“求实”。贯穿该书始终的是立足于现代企业管理实践。从现代企业组织制度、组织形式到公司治理结构、产权安排，从企业战略管理、质量管理到人力资源管理，以及从企业资源计划系统（ERP）到平衡计分卡的应用等，作者紧紧抓住当代企业面临的国际化竞争环境，强调指出企业的管理除需要有更好的计划性、预见性、自主性和战略协调性外，应更加注重人与企业的关系，更加重视社会文化对企业管理的作用，更加注重科学技术手段在管理中的应用。该书以实际研究为主线，为读者提供了可读性较强、实用性较高的现代企业管理理论和方法，既可作为企业管理专业研究生教材或企业高级管理人员培训参考书，又可供企业家和实际管理人员学习之用。

三是“精选”。企业管理理论在经历了整整一个世纪的形成和发展后，产生了战略管理、人力资源管理、生产管理、营销管理、组织管理、质量管理等学科，这些学科仍在不断发展并产生新的学科和分支，因而，各种管理学派林立。作者从现代企业管理实际需要进行精心选择，如对现代企业管理理论的发展仅用一章进行叙述，其中包括了古典企业管理理论的形成、行为科学理论、现代管理理论的形成及其发展趋势；从各个时期中撷取了有代表性的理论学派及其代表人物的思想体系，进行简明扼要的分析比较。当企业进入21世纪以后，由于经济全球化进程加剧，企业管理出现了信息管理、知识管理、计算机集成管理、电子商务、危机管理、项目管理、风险管理等，特别是人本管理思想的出现，使管理理论研究面临更加复杂的系统。该书只精选其决定企业成长的主要方面，如企业战略决策、市场营销、制造过程管理、质量管理、技术创新、人力资源管理等，进行深入、全面地研究，摆脱传统的研究框架，从系统的新视角出发，较好地把握现代企业管理发展的内在规律和发展趋势。

该书内容新颖、体系完整、思路清晰、逻辑性强、理论分析深入、研究方法科学先进及创新性突出，能反映现代企业管理中的新思想、新观念、新视野和新理论，具有一

定的实用价值和学术价值。（林平凡）

《和谐小康社会建设与政府业绩考核》

李剑阁　齐建国　Peter Bartelmus　赵京兴　著

中国环境科学出版社2007年版

290千字

该书是在中国环境与发展国际合作委员会课题：《经济增长与环境：预警机制与政策分析》课题研究成果基础上编纂而成的。课题组成立于2004年末，国务院发展研究中心副主任李剑阁先生和美国纽约哥伦比亚大学的彼得·巴特尔摩斯（Peter Bartelmus）教授分别担任中方和国际方负责人，中国社会科学院数量经济与技术经济研究副所长、中国循环经济与环境评估预测研究中心主任齐建国教授担任课题总协调人和执行负责人。课题组由来自中国、美国、加拿大和匈牙利等国家的20余名专家组成。于2006年10月完成了课题研究并于2007年出版该书。该书共分综合篇、理论篇和方法篇，总计十一章。具体为：综合篇，第一章为中国经济增长与环境研究总报告；理论篇：第二章为小康社会与和谐社会：背景与含义，第三章为古代“小康”的伦理与范式——资本主义与经济学的复兴，第四章为资源节约型社会、环境友好型社会、新型工业化、循环经济与和谐小康社会的关系；第五章为不同社会主体在建设和谐小康社会中的角色——政府、企业、非政府组织与居民；方法篇：第六章为经济—能源—环境模型及其政策模拟；第七章为中国的和谐可持续发展评估——业绩考核和政策分析的信息需求，第八章为国家真实财富的测算；第九章为可持续业绩和发展的绿色核算；第十章为中国地方政府业绩评价指标体系及其案例研究；第十一章为构建和谐小康社会的对策与政策分析。

书中内容主要体现了两方面研究成果：

第一方面研究成果是，对党的十六大以来中央提出的一系列新的发展思路和目标，包括资源节约型社会、环境友好型社会、新型工业化、循环经济、小康社会、和谐社会等概念及其相互关系进行了梳理；对小康社会和和谐社会与可持续发展的中外历史渊源和发展演变的理论与实践进行了分析和探索，并进行了案例研究。在对绿色国民经济核算、可持续发展指标体系和经济与环境预测预警模型的关系进行分析的基础上，设计了一个用于对地方政府进行业绩考核的《政府可持续发展业绩指标体系》，并据此构造了“年度进步指数”，对中国的四个样本城市进行了实验测算和分析。这个指标体系包括了经济、社会、环境三方面内容，对过去政府业绩考核中片面强调GDP的倾向做了纠正，目的是促使各级地方政府转变施政理念、积极贯彻和落实科学发展观，在全面建设小康社会、和谐社会中发挥自己应有的作用。该书认为，小康社会是中国工业化建设和现代化建设过程中的一个阶段性目标，和谐社会是一种社会发展的状态。针对到2020年这一具体的时间段和具体的背景，小康社会与和谐社会相结合，就是要实现一种可持续发展的社会。因此，把小康社会与和谐社会结合起来，成为和谐小康社会。

该书中引入了外籍专家共同研究，国外专家对可持续业绩和发展的绿色核算进行了研究，包括环境退化与中国发展的隐形成本研究，国际上对可持续性的评价方法及其核算的研究，国家账户的绿色化研究，绿色核算指标的政策应用，以及中国进行率核算需要努力的方向等等。对国家真实进步的评估方法进行了研究，并进行了案例分析以及“中国的和谐可持续发展评估——业绩考核和政策分析的信息需求”的研究。

第二方面的研究成果是，研制开发了一个中国的3E（Economy-Energy-Environment）模型体系。这个模型体系由中国经济计量模型、投入产出模型和一些单方成模型共同组成。在对中国经济增长长期趋势进行定性分析的基础上，运用这一模型体系，重点对中国“十一五”期间的经济增长、结构变化、能源消费、主要污染物排放、污染治理投入等重要问题作出了预测预警分析，并提出了相应的政策建议。

该书旨在为中国政府解决经济增长与环境问题提供政策建议，因此，内容上没有追求系统而全面，而是把重点放在经济增长与环境预测预警、政府业绩考核相关问题上，并在一些理论研究成果基础上，努力尝试使本书成为一本对中国经济、环境与和谐小康社会建设比较系统研究的学术著作。

（李剑阁）

《中国产业：结构、增长及效益》

李金华　著
清华大学出版社2007年8月版
370千字

该书是中国社会科学院A类重大课题“中国产业的结构、增长及效益研究”的最终研究成果。

该书以宏观经济学和产业经济学为理论基础，以经济计量学和统计学的相关方法为方法论依据，以课题的研究内容，即产业结构、产业增长和产业效益为主线展开研究。其基本框架是：中国产业结构的演变轨迹—中国产业结构演变中的不均等发展—不均等发展下中国产业的空间集聚—中国产业集聚的非均衡态与成因—集聚中的中国产业的增长—经济增长下的中国产业效益—投入产出视角下的中国产业效益—中国产业的发展潜质—资源环境约束下未来中国的产业发展。该书共九章，可分为三大部分。

第一大部分研究中国的产业结构，含第一、二、三、四章。其切入点是：产业结构的演变规律；研究的视点是：中国产业的产值结构，产业的从业人员结构，三次产业结构，中国行业的地域结构，如产业的不均等发展、产业的绝对集聚和相对集聚等；其研究的重点是：中国产业结构的方差与σ-收敛性分析，份额转移分析法分析中国产业的不均等发展状况，中国产业的空间集聚格局，中国602个4位码行业的区位基尼系数及行业地域集聚情况。

第二大部分研究中国的产业增长状况与增长趋势，含第五章。其切入点是：高增长行业的理论阐释；研究的视点是：中国的高增长行业，中国的主导产业，中国的支柱产业；研究的重点是：中国高增长行业与主导产业的甄别。

第三大部分研究中国的产业效益，含第六、七、八章。其切入点是：经济增长与产业效益的关系；研究的视点是：宏观层面的产业效益，三次产业效益，中国产业的国际竞争力，中国产业的投入产出效益；研究的重点是：中国三次产业的测定与对比分析，中国高技术产业潜质分析。该书的收篇是第九章，研究未来中国产业的发展路径。其切入点是：环境资源与产业发展的关系。

该书的主要贡献有三点：一是定量描述了中国2位码行业的空间绝对集聚格局；二

是计算了中国602个4位码行业的区位基尼系数，分析了中国行业的不均衡发展状况；三是在中观层面，多角度、多侧面地测定了中国行业的经济效益。（李金华）

《电子政务行政生态学》

汪向东　姜奇平　著

清华大学出版社2007年7月版

370千字

该书是我院重大课题“电子政务的行政生态学理论、方法与策略研究”的最终成果。该专著由绪论、正文、6个技术附录和后记组成，正文按“理论—方法— 实测—政策”的逻辑顺序展开，分4篇共14章，全书48万字。

电子政务的发展是一项系统、庞大和长期的工程。它不能脱离国家或地区既有的经济、社会、政治、技术、文化等外部因素构成的政务环境。各项因素的作用方式和配合程度不同，不仅影响着电子政务总的就绪水平，更会决定电子政务实际的应用效果。作者立足于我国国情，把电子政务放在经济全球化的背景和历史的动态演进之中，权衡各种策略组合的利弊优劣，主要在理论研究、策略梳理、电子政务行政生态分析、应用实测和政策评估五个层面展开研究。通过研究国内外电子政务发展的现状与规律，提出适用于测评我国电子政务发展状况的理论，并开发出一套适用于电子政务测评的指标体系和测评方法，经过实证研究，提出对我国电子政务发展的策略建议。

作者对40个国家和23个省级地区政务环境进行比较研究后认为，联合国电子政务测评报告提出的“起步—单向发布—双向交流—即时交易—无缝服务”五阶段模型，是从政府网站用户界面功能的角度划分的，侧重于技术或“电子”方面。作者有针对性地提出侧重于“政务”的反映电子政务引致政务转型、由“技术应用—管理信息化—扁平服务—电子民主—全面响应”组成的“政务变革”五阶段模型，并在此基础上归纳了“电子”、“政务”五阶段递进的不同策略“坐标系”，作为分析和反映不同电子政务发展阶段及模式的认识工具。

作者认为，我国在“农业—工业—信息”三元结构的整体行政生态环境内部，各地行政生态条件千差万别，推进电子政务不宜搞“一刀切”。作者建议，应根据电子政务适应政务环境的行政生态规律，分类指导我国电子政务发展。应加强行政协调，有限地突破条块分割对电子政务形成的制约，由政务主管部门牵头建立协调领导机制，同时建立和完善跨部门、跨地区的组织保障与协调工作机制。在发达地区、窗口部门和试点领域，先行推进政府流程再造，打造服务型政府。在信息资源领域率先梳理信息流程，进行共享平台建设。探索跨部门协调机制创新，鼓励以项目为中心的电子政务推进方式，为整合电子政务创造条件。

该书在电子政务研究中取得多项突破，全面探讨了公共行政不同理论流派的学说与电子政务的关系，第一次从行政生态学的角度对电子政务进行系统研究，拓展了电子政务基础理论的纵深，形成了自己独立的电子政务理论分析框架；开发出一套兼顾科学性和可操作的、定性定量相结合的实证研究方法，即EGAEI法；以此对国内外电子政务的行政生态现状和发展进行了实证研究，形成对我国电子政务发展诸要素及其与环境之间关系的系统性认识；对国内外有关电子政务的概念、发展模式与阶段、策略、测评方法等观点的收集、整理、比较和归纳，提出“政务改革”五阶段模型、电子政务策略“坐标系”、“信息化不等式”、“双棱柱”模式等新观点，应用统计分析软件、对相关数据多角度深入分析；基于上述研究之上的策略分析，对推进我国电子政务建设，提出了既有基础理论根据，又有系统数据支持的政策建议。（汪向东）

《协整向量自回归模型与中国货币政策分析：1979—2004》

张延群　著

德国 Shaker Verkag 出版社 2007 年版

80 千字

该书是作者在德国柏林自由大学经济系攻读博士期间完成的博士论文，原文为英文，由德国 Shaker Verkag 出版社于 2007 年出版发行。《协整向量自回归模型与中国货币政策分析：1979—2004》是一本讨论协整向量自回归模型的理论与应用技术，并对中国货币政策进行实证分析的专著。该书共分五章，主要包含两个方面的内容。首先，该书全面概括和介绍了向量自回归模型（VAR）理论和模型技术的最新进展。

自从 1980 年 Sims 开创性地提出向量自回归模型（VAR）的思想后，VAR 模型已经成为模拟时间序列系统的标准计量经济学分析工具。该书首先指出，VAR 模型的基本思想在于，在一个典型的宏观经济系统，所有的变量都或多或少受到冲击的影响，在一个多变量的系统中，对于一个变量的冲击会通过系统动态传导到系统中其他变量。在进行实证分析时，首先应当从模拟变量系统的数据生成过程开始，然后对描述数据生成过程的统计模型的系数施加可以检验的限制，从而实证检验所感兴趣的经济问题。由于 VAR 模型容易估计，能够恰好地拟合数据生成过程，因此已经成为目前最常用的时间序列的分析工具。

然后，作者对协整向量自回归模型（VEC）的基本理论进行了综述。

由于大多数的宏观经济变量是时间序列，并且时间序列变量通常是非稳定的一阶单整（I（1））变量，如果多个变量的随机趋势能够通过线形组合相互抵消，就说明非稳定变量之间存在协整关系（cointergation），协整关系又可以被解释为经济变量之间存在长期均衡关系。Johansen 和 Granger 等将协整概念与 VAR 模型相结合，发展出协整向量自回归模型（VEC），这一模型形式已经成为目前最常用的宏观经济的分析工具。在多变量协整向量自回归模型的框架下，经济变量之间的长期均衡关系和短期调整速度可以在一个统计模型的框架同时进行分析。

该书在以下几个方面全面介绍了 VAR 模型和 VEC 模型的最新理论和应用技术。首先，该书讨论了 VAR 模型的设定和估计理论、模型结构性变动的检验。然后，作者详细介绍协整概念，协整关系个数的检验，协整关系的识别，系统弱外生变量的检验，完全调整变量的检验和经济学解释等等。除此之外，本书还讨论了结构 VAR 模型的识别问题，在结构 VAR 模型的基础上，讨论了变量的冲击对系统的长期和短期影响，冲击反应函数以及方差分解等理论和应用技术。

在该书的第二部分，作者以 VEC 模型为统计分析框架，实证分析了 1979—2004 年中国货币政策的基本问题，并对货币政策的传导机制、货币政策有效性、货币需求函数以及货币供给过程等有关货币政策的基本问题给出实证分析的答案。

研究 1979—2004 中国货币政策是一个具有挑战性的任务。在此期间，中国经济经历了由中央计划经济向社会主义市场经济的转变，货币政策的目标、中介目标、操作工具以及货币政策的地位都经历了深刻地变化。本书首先描述了 1979—2004 中国经济的发展历程和所经历的经济波动，并对金融和银行体制改革，以及货币政策的变迁进行了综述，给出分析货币政策所需的制度变迁的背景。在该书的第四章，作者建立了 VAR 模型系统，对有关中国货币政策有效性的基本问题做出实证分析，得出以下主要结论：1. 结构变动检验显示，从 1994 年开始，对于变量之间的长期均衡关系而言出现了结构性变动，因此，将实证分析的样本区间分为 1979Q1—1993Q4 和 1994Q1—2004Q4 两个区间。2. 在两个样本区间内，都存在货币总量与总产出、通货膨胀、利率之间的长期均衡关系。在 1979Q1—1993Q4，M1 和 M2 是由货币供给决定的；而在 1994Q1—2004Q4，发现了 M1 的货币需求函数，说明 M1 主要是由货币需求决定的，而 M2 仍然是由货币供给决定的。3. 在两个样本区间，无论是 M1 还是 M2，当出现超额的货币供给时，总产出和通货膨胀率的变动都会正向变动，说明以货币总量为中介目标的中国的货币政策对于促进经济增长、抑制通货膨胀在短期内是有效的。当出现过快的经济增长或过高的通货膨胀时，货币总量的增长速度一般会下降，表明中央银行采取了积极和谨慎的货币政策来抑制通货膨胀，促进经济增长。4. 通过分析冲击的长期和短期影响，发现只有发生在 M2 的冲击对总产出和通货膨胀有正向的长期影响，而发生在 M1 上的冲击对总产出和通货膨胀都不产生长期的影响。5. 由于 M1 主要是由货币需求决定的，并且对 M1 的冲击不会对总产出和通货膨胀产生长期影响，因此，相对于 M1 来说，M2 更适合作为货币政策的中介目标。

在第五章，作者建立了一个以分析货币供给为目标的模型，得到以下的结论：1. 基础货币是中央银行可以控制的政策工具。2. 中央银行没有按照计划的货币供给量来调整基础货币，而是按照实际经济增长和通货膨胀的运行情况来主动调整基础货币，这大概是实际的货币总量频繁偏离计划目标的原因。3. 在本章首先建立一个关于货币乘数的理论模型，实证分析的结果表明，确实存在一个货币乘数与其他经济变量的长期均衡关系，其中各个变量的符号与理论模型一致。虽然货币乘数表现出一定的内生性，但是中央银行还是可以通过调整法定存款准备金率和利率等政策工具来调整和影响货币乘数，从而达到调整货币总量的目的。

协整向量自回归模型是目前时间序列分析以及宏观经济系统分析的流行的计量分析工具。作者追踪 VEC 有关理论和应用技术的最新进展，并对中国货币政策的传导机制、货币政策有效性、货币需求函数以及货币供给过程，等等有关货币政策的基本问题给出实证分析的答案，对于理解中国货币政策的决定和执行以及货币政策对中国经济运行的影响等具有理论指导意义。同时，这本专著也是一本关于 VAR 和 VEC 模型理论和应用技术的参考书。（张延群）

《农民增收问题的理论探索与实证分析》

张晓山　著

经济管理出版社2007年版

399千字

由中国社会科学院农村发展研究所所长张晓山研究员等人所著《农民增收问题的理论探索与实证分析》一书由经济管理出版社于2007年9月出版。该书是中国社会科学院重大课题（A类）《农村发展与增加农民收入》的最终研究成果。该书在理论上将增加农民收入问题放在解决制约农业和农村发展深层次矛盾的大思路中来开展研究，通过翔实的实证分析，指出农民增收不仅是提高经济效率的问题，农民增收长效机制的最终建立取决于深化体制改革。明确了促进农村发展和增加农民收入的基本前提：

把深化农村改革和深化宏观经济体制的改革相结合，解决农村上层建筑与经济基础不相适应的某些深层次问题。尤其是着力于中央和省一级的行政管理机构的改革和县级综合配套改革，转换政府职能，调整国民收入分配结构，调整既得利益格局，协调“条条”与“块块”的关系，中央与地方以及地方的上级层次与基层之间的利益关系，改变国民经济初次分配和再分配的扭曲状况，建立一个更为公平的国民收入分配体系。在此前提下，提出三点主要结论：

一、农产品生产者的增收主要不是生产技术问题，而是制度障碍问题。农产品生产者交易地位的增强，与市场之间交易条件的改善取决于制度创新和组织创新。农民增收的一个重要方面是大力发展市场和政府之外的第三部门（农村的非政府组织、社区自治组织、农民的合作社及协会等），提升农村弱势群体的社会资本和组织资本，改善农民的交易条件和交易地位，这将直接增加农业生产者的家庭经营收入。

二、只有在初次分配大体不产生系统性扭曲的情况下，运用再分配手段改变实际运行中产生的偏差才可能是有效的。在初次分配上，要使农民工的工资报酬能够随着国民经济的增长不断提高，其社会福利也能随着经济的发展而逐步得到保障，则农民收入的另一个重要来源和组成部分就能得到加强。

三、农民增收的治本之策是调整国民收入再分配格局，改善农村义务教育、公共卫生、医疗保健等基础性公共产品的供给状况，扭转“能力”被剥夺的状况，提升农村劳动者的人力资本的质量，以适应城市和农村劳动力市场的需求，使他们有能力获取和利用就业机会，增加收入。

在研究过程中，作者们以马克思主义政治经济学为基础，吸收、借鉴了发展经济学、制度经济学、福利经济学等学说的理论、概念和方法。在研究方法上将规范研究与实证研究相结合，以实证研究为主。在研究中尝试性地将CGE模型应用于农业政策的效果分析。通过搜集有关资料建立计量模型，如建立生产函数测算不同要素资源对家庭经营纯收入的效应，利用1983—2002年农户抽样调查资料进行多元线性回归。采用非结构化的多方程模型，即向量自回归模型来进行实证分析，说明城镇化发展影响农民收入增长的路径。在研究中还大量地应用了案例分析方法。该书在体系上强调系统性、综合性和开放性，为农村发展和农民增收问题的讨论预留了理论争鸣的空间。该书既有深层次的理论思考，又有基于实践的实证分析，是一部理论与实践结合较好的专著。（张晓山）

《经济增长理论模型的内生化历程》

左大培　杨春学　著
中国经济出版社2007年1月版
32.50千字

该书是中国社会科学院重大课题《新经济增长理论的发展和比较研究》的主要成果之一。该书的主题按照经济增长理论、经济增长理论模型发展的历史顺序，依次说明了经济增长理论模型化、经济增长理论模型内生化的历史进程。

目前国际国内都已经有多部著作论述经济增长理论的发展史或系统介绍经济增长的数学模型。该书与这些著作的不同之处，首先在于它的论述围绕着现代经济增长理论模型研究进展的主要路径，说明现代模型化的经济增长理论如何不断以新的模型将已有模型中的外生变量内生化，即如何一步步逐渐地将数学模型中原来视为外生给定的参数内生化，通过扩展数学模型来说明这些原来被视为外生给定的参数是如何由模型内生决定的。通过说明将资本—劳动配比内生化如何使哈罗德—多马模型转变为新古典增长模型，将储蓄率内生化如何进一步扩展了新古典增长模型，将生产率（由技术水平和人力资本决定）提高和人口变动内生化如何导致了“新”增长理论和内生增长理论的诞生，该书突出说明了经济增长理论数学模型化发展进程的主要思想脉络和进程。

该书的另一特点是，与论述内生化进程这一主题相关，还说明了经济增长理论在主流经济学中的地位、主流经济学研究经济增长理论的主要目的。这些论述势必涉及主流经济学的研究对象和目的，使人们对主流经济学有关经济增长的思想有一个总体的把握。该书特有的这种论述有助于人们更系统地把握对经济增长的数学模型分析，更清楚地认识经济增长理论模型的发展历程。

现代增长理论是高度数学化的，而且没有统一的模型，或者说，存在各种类型的增长模型。要对这一领域众多的文献本身作出一种统一的研究，显然是很困难的。但是，该书的著者们却找到了“内生化”这一巧妙的基点来进行这项研究工作，对增长理论的发展思路给出了一个非常清晰的说明。

人们一般把由Romer（1986）和Lucas（1988）所激发出来的新一批增长文献统称为“内生增长理论”，而把之前以“索洛模型”为基准的模型称之为“外生的”增长理论。按照该书的思路，这种观点是不能成立的。即便是索洛模型也应属于内生增长模型，因为索洛模型内生化了资本—劳动比率（或者说人均资本量），而把储蓄率内生化的拉姆斯—卡斯—库普曼斯模型更应看作是内生增长模型。

诚如书中所言，虽然增长理论最起码可以追溯到斯密的《国富论》（1776），但第一个现代意义的增长模型却是哈罗德—多马模型。在这一模型中，可用于解释增长现象的重要因素，例如资本—产出比率、储蓄率、生产率、人口增长率等，都是外生给定的参数。这就使这一模型对经济增长的解释缺乏说服力。之后出现的增长模型都不外乎是对某一因素的内生化。20世纪80年代兴起的一批增长文献主要是把决定生产率的各种重要因素、人口增长率等内生化。

该书还考察了增长模型的内生化所涉及的有趣的某些方法论问题。例如，任何一种理论都不可能一次性地在一个模型中把相关的重要因素内生化。任何新的增长模型所进行的内生化努力，都不过是改变了原有的模型外生给定的前提和变量的边界，一方面将原来的模型 q－外生给定的前提和变量转变为内生变量，另一方面又提出新的外生给定的前提和变量。在这种意义上，增长模型永远包含着尚未内生化的因素。内生化过程只能改变而不能消除外生给定的变量。

此外，该书作者认为，把“索洛模型”视为新古典模型，似乎新增—F—理论不属于新古典模型，是不妥的。因为，比之于“索洛模型”，新一代增长模型更严格地遵守着新古典经济学的基本假设，更具有浓厚的新古典味道。这一比较性质的结论也是切合有关理论发展的实情的。（经　科）

《中国宏观政策与体制分析》

赵志君　著

中国市场出版社2007 年版

120 千字

自 1998 年以来，该书作者一直跟踪研究中国宏观经济形势，探讨中国的体制改革、对外开放政策与宏观经济运行之间的关系。随着研究的逐步深入，对中国宏观经济运行产生了一定的“感觉”。感觉是重要的，但仅仅跟着感觉走又是远远不够的。人的定性思维能力毕竟有自身的局限性，因此对宏观经济学者而言，在强调定性分析的同时，也不应忽视定量分析的重要作用和参考价值。没有定量分析就难免落于跟着感觉走的俗套，会使结论的可信度大为下降。

自 20 世纪 80 年代以来，向量自回归和卡尔曼滤波技术在经济预测和决策中得到了广泛应用。为探讨该类方法在宏观经济分析中的作用，作者于2004 年主持了中国社会科学院重大课题“向量自回归与卡尔曼滤波在经济预测和体制分析中的应用”，并形成最终成果。后来，作者去香港金融研究中心从事中国股票市场 A 股和香港 H 股定价问题的研究，进一步扩展了此类方法的应用。2005年受亚洲开发银行研究所的邀请，作者利用向量自回归方法中的误差修正模型对人民币汇率进行研究，进一步感受到了此类方法的威力。该书就是在总结以上研究成果的基础上完成的。

该书共分七章。第一章“中国宏观政策的演进”对 20 世纪 90 年代以来中国宏观政策背景、政策内容和政策效果进行梳理，便于了解宏观经济现象的政策和体制背景。第二章“消费与宏观政策”对消费函数的不同形式进行了实证考察，获得了具有体制和政策含义的结果。第三章“宏观变量之间的长期与短期均衡”对向量自回归的协整理论和误差修正模型进行了讨论，为后面的计量分析作了理论准备。第四章“向量自回归与货币冲击”建立了狭义货币和广义货币、价格和国内生产总值的向量自回归模型，通过脉冲响应函数的分析，分别对狭义货币 M1 和广义货币 M2 的冲击对价格和国内生产总值的影响进行了分析。第五章“向量自回归与股票基本价值分析”把向量自回归方法运用到股票定价中去，提出了股票基本价值的一般估计方法，对股票投资者有一定的参考价值。第六章“卡尔曼滤波与潜在产出和消费的联合估计”讨论了三个模型：第一个是潜在产出和产出缺口的估计模型，第二个是潜在产出和消费函数的联合估计模型，第三个是含有体制变量的潜在产出估计模型。第七章“人民币汇率重估及其政策含义”构建了一个向量误差修正模型，对人民币均衡汇率和人民币面临的升值压力进行了实证研究。

分析表明，自2000年以来，人民币名义有效汇率处于被低估状态。人民币汇率升值对中国经济有微弱的通货膨胀效应，对美国经济有微弱的通货紧缩效应。考虑到人民币汇率一次性调整产生的即时效应和滞后积累效应，适当的升值不会造成通货紧缩和贸易赤字。为了让中国的企业和居民有更多的时间适应新的汇率机制，渐进式汇率改革策略应该坚持。

《国民经济管理学》

胡乃武　著

中国人民大学出版社2007年版

378千字

自党的十四大提出“建立社会主义市场经济体制”以来，我国的经济体制改革进入了一个崭新的阶段。特别是进入新世纪后，经济建设的成就举世瞩目，社会主义市场经济体制也日臻完善。与此同时，新的经济环境必然要求新的宏观经济管理与之相适应。2007年胡乃武教授主编的《国民经济管理学》一书，站在我国现今发展阶段的高度，系统地阐述了社会主义市场经济条件下的宏观经济管理体系。

改革开放30年来，我国经济的微观基础已发生了根本性的变化，随着国有企业改革的推进，民营经济的迅猛发展，我国经济运行的微观基础已成为自主经营、自负盈亏的市场主体，因此，利用市场供求形成的价格信号来进行资源配置成为最有效的方式。但是，市场本身又具有局限性，表现为微观上的“市场缺陷”和宏观上的“有效需求不足”，仅仅依靠市场，并不总能形成资源配置的优化和宏观层次上的供求平衡，再加上我国作为后发国家，要实现赶超战略，就离不开政府这只“有形”的手。正是基于上述原因，作者将“既要发挥市场在资源配置中的基础性作用，又要加强政府对经济的宏观调控”作为社会主义市场经济条件下宏观经济管理的基调。在此指导下，政府通过经济手段、法律手段和必要的行政手段来引导企业行为，以达到资源优化配置的目的；通过财政政策、货币政策、产业政策、汇率政策对供给和需求双方的总量和结构进行调节，达到供求总量的平衡和结构的优化。

西方经济学曾长期信奉自由放任的市场经济，反对政府对经济的干预。在经历了20世纪30年代的大萧条之后，西方经济学界产生了著名的“凯恩斯革命”。此后，从需求方面对宏观经济进行管理的理论不断涌现，也指导了相应时期西方国家的宏观经济管理实践。其中，财政政策和货币政策是西方市场经济需求管理最主要的两个手段。社会主义市场经济在需求方面与西方市场经济所面临的问题是相似的，因此，需求管理方面需要借鉴西方成熟的手段，并结合自身的特点灵活运用。财政、货币政策的作用原理、作用机制和作用工具在书中得到了简明扼要的论述，建立了需求管理的理论框架。

战后，东亚经济特别是日本经济的成功成为世界关注的焦点。政府制定产业发展战略并推动产业发展，成为日本政府对经济进行宏观管理的一个显著特点，日本经济管理的实践证明了政府可以通过引导市场来加快经济的发展。中国作为后发国家，优势在于可以借鉴先进国家的发展经验，并根据自己的实际情况制定经济发展战略、中长期规划以及国家产业政策，来为市场经济的发展提供远景目标。书中对产业结构、产业布局、产业组织和技术进步等供给结构问题进行了详细论述，涵盖了供给管理和产业政策的主要内容。

当今世界，各国经济之间的联系日益紧密，相互之间的影响也日益加深，单个国家的宏观经济管理必须将外部经济环境的因素考虑进来。我国的外贸依存度较高，外汇储备较多，人民币的升值与大量“热钱”的涌入以及输入性“通货膨胀”等因素，都增加了我国宏观调控的难度。鉴于在开放条件下宏观经济管理的复杂性，该书的编者特地将此作为独立的一篇加以论述，显示出广阔的视野和全局观点。作者在这部分先是分析了国际资本流动和国际贸易影响资本账户和经常项目账户的途径，然后向读者展示了这两个账户所体现的国际收支是如何影响国内的总供给和总需求。汇率作为价格信号，既是国际资本流动和国际贸易的结果，又是影响它们的因素，所以，汇率是开放条件下的宏观经济管理的核心指标之一，该书以大量的篇幅对其进行了阐述。

宏观经济管理说到底是为了实现经济发展的目标。为此，对经济管理来说，不仅要着眼于短期，更主要地应着眼于长期；不仅要保证短期供求平衡，更应追求长期的供求平衡；不仅要保证资源配置短期的优化，更应追求资源配置长期的优化，最终达到减少经济波动、保证经济又好又快的发展。因此，按照科学发展观来阐述经济增长、经济的周期波动以及经济的协调和可持续发展，构成了该书最后一篇论述的重点。

作为普通高等教育“十一五”国家级规划教材，这本《国民经济管理学》的编写队伍可谓精良。作为主编的胡乃武教授从事经济研究和教学工作数十载，是社会主义市场经济体制最早的倡导者、论述者之一。早在1989年，虽然当时还没有把市场经济体制作为中国经济体制改革的目标，但胡乃武教授就已经按照社会主义市场经济体制主编了《中国宏观经济管理》一书，初步形成了社会主义市场经济条件下的宏观管理理论体系。本书的每位撰写者对各自所承担的章节都有着深入的研究，从而保证了这本教材的质量。它不仅可以作为经济学高年级本科生和研究生教材，而且可以指导宏观经济管理的实际工作，表明了该书具有重要的理论与应用价值。

（胡乃武）

《21世纪中国人口发展战略研究》

田雪原　著

社会科学文献出版社2007年版

478千字

由中国社会科学院学部委员、研究员田雪原主持的国家社科基金重大项目“中国人口发展战略研究”最终研究成果《21世纪中国人口发展战略研究》专著（以下简称《战略》），放眼国际信息化、经济全球化和国内经济转轨、社会转型、人口转变大背景，在对“五普”等数据资料进行调整和补正的基础上，做出低、中、高三种方案人口预测，提出并论证了中方案“软着陆”战略思路，人口与经济、社会以及资源、环境协调发展和可持续发展的目标、图像、特征，相应的决策选择。21世纪中国人口发展战略的基本点是：坚持以人为本，以科学发展观为指导；继续控制人口的数量增长，在零增长以后寻求理想适度人口规模；努力提高人口素质，实现由人口大国向人力资源、人力资本强国转变；加大人口结构调整力度，将劳动年龄人口、老年人口、城乡人口保持在合理水平；最终实现人口数量、素质、结构的协调发展，人口与资源、环境、经济、社会的可持续发展。

一、以科学发展观为指导。立足于人口学视角，对科学发展观做出具有新义的诠释：发展的目的为了满足人的全面发展的需要，发展应注重代际公平，发展的驱动力主要来自人力资本，要摆正人与自然、人与人之间的关系，实现人口与资源、环境、经济、社会的可持续发展。

二、继续控制人口数量增长。按照“软着陆”中方案，全国人口可由2000年12.67亿（未含台湾省，下同），增加到2010年的13.60亿，2030年达到峰值时的14.65亿，其后转而下降，2050年可下降到14.02亿，2100年可下降到并基本稳定在10亿左右。该“软着陆”方案较好地吸纳了低方案有效控制人口数量增长高方案年龄结构变动比较合理的优点，避免了低方案老龄化过于严重和高方案人口数量控制不力的缺点。提出稳定低生育水平+适度调整的对策建议：全国不分城乡，双方均为独生子女者结婚一律允许生育两个孩子；农村一方为独生子女者结婚允许生育两个孩子，城镇可在2010年以后组织实施；在有效制止三孩及以上多孩生育条件下，农村可不分性别普遍生育两个孩子。

三、提高人口素质。实现由人口大国向人力资源、人力资本强国转变，根本在人口素质的提高。《战略》提出身体素质是基础、教育素质是关键、文明素质是保证，借鉴国际经验，后进国人均GDP达到先进国40%时，人均所受教育年限应达到先进国的70%左右；后进国人均GDP相当于先进国80%时，人均受教育年限应达到先进国的水平，论证后进国追赶先进国要从教育追赶做起，坚持教育优先原则。

四、调整人口结构。（1）调整劳动年龄人口变动。“软着陆”方案15—64岁劳动年龄人口绝对数量将增加到2017年峰值时的10.00亿，其后转为下降；劳动年龄比例2009年达到峰值时为72.30%，其后转为下降。据此，21世纪上半叶不会发生总体劳动力供给严重不足，可能发生的是劳动力供给的结构性短缺、劳动年龄人口结构的相对高龄化问题。（2）调整老年人口变动。21世纪人口老龄化具有速度比较快、达到的水平比较高和累进增长的特点，提出发达国家26%老龄化率为我国最高“警戒线”。（3）调整出生性别比。指出多年来治理出生性别比升高收效不大主要是“对症下药”不够，应针对二孩出生性别比陡然升高废止“生男即止，独女户生二胎”的生育政策，使生育政策要同性别脱钩。四是调整人口城乡结构。由于目前中国人口城市化处于S曲线中部，应适当加快城市化进程。但要提出防止城市化“拉美陷阱”，坚持走统筹城乡发展的路子。

五、人口与可持续发展。《战略》在对21世纪中国人口与经济、社会、资源、环境可持续发展作出总体分析基础上，重点结合当前热点问题作出创新性研究。人口与经济发展研究，论证了所谓“刘易斯转折点”是由我国劳动力供给从无限转变到有限的规律决定的，实质是劳动力的结构性短缺；人口素质与经济发展，揭示了经济起飞人口素质平均所受教育年限8年“临界值”；提出和阐释了人口压力指数，列出西、中、东部人口压力指数逐级减少现状，单纯以人口密度看待人口分布的不科学性。人口与社会发展研究，突出劳动就业、养老保障、统筹城乡发展、区域协调发展等与人口变动关系，提出统筹解决人口问题、逐步建立起完善的社会补偿机制，人口与社会可持续发展应从"反贫困"为主转变到提高生活质量为主上来。人口与资源变动研究，着重指出我国作为自然资源人均占有量不足世界平均水平一半的国家，人口增长对资源消耗的"加权效应"，必须在节约、开发和提高资源利用率中突出节约资源，建议将节约资源列为基本国策。人口与环境变动研究，侧重随着21世纪人口变动、经济发展对环境压力的增大，因而在人口发展战略实施过程中，要特别注意把握人口数量变动、包括环境意识在内的人口素质的提高、人口迁移和城市化推进的节奏，营造有利于生态保护的人口环境；强调环保运用行政、法律等手段与市场手段相结合，加大市场手段调节的分量，解决环保外部效应内在化污染消费者的补偿和环保设施闲置不用问题。（田雪原）

《中国管理学发展研究报告》

黄速建　黄群慧等　著

经济管理出版社2007年9月版

420千字

伴随着中国经济发展和现代化水平的提高，中国管理学也取得了前所未有的大发展，但是，迄今为止，我国还缺少对中国管理学发展状况的全面、客观的研究和评价。无论是从促进我国管理学学科建设和管理学发展角度看，还是从推进我国企业管理创新、提高我国企业管理科学化和现代化水平角度看，全面、客观分析评价我国管理学发展，都有着十分重要的意义。该书试图采用定量实证的方法来全面分析中国管理学发展的现状。应该说，由于数据和研究方法的原因，这项研究的确十分困难、具有挑战性。该书在研究方法、数据来源与内容体系等方面都进行了一些努力和创新尝试。

从研究方法上，本书为了反映中国管理学的发展现状，采用了文献计量学的方法，对在我国管理学界重要的管理学学术期刊上发表的论文进行了文献计量分析。文献计量学这一术语最早是1969年由英国人A. 普里查德提出的，它是借助文献的各种特征的数量，采用数学和统计学方法来描述、评价和预测科学技术的现状与发展趋势的图书情报学分支学科。运用文献计量学方法研究学术期刊的学术论文和作者群，并在此基础上思考学科建设和发展问题，是文献计量学在学术期刊及学科评价方面的重要应用。本书利用文献计量的方法不仅分析了管理学的主要分支学科的主要进展，包括研究热点问题、引文分析、学术规范性、与国外相比的研究水平等方面内容，而且还利用文献计量对7种重要的学术期刊的影响力、期刊的学术规范性等进行了分析，同时利用对论文作者单位的分析，给出了中国高等院校管理学研究力的排行。除了文献计量以外，本书还对中国国家级企业管理现代化创新成果进行了统计分析，试图反映我国企业管理创新实践的总体状况，这从一个角度说明了管理学发展对我国企业管理实践影响，进而也从实践视角反映了管理学的发展状况。

从数据来源上，本书的实证分析主要基于两个数据库，一个是关于我国管理学术研究论文的数据库，一个是关于我国国家级企业管理现代化创新成果的数据库。第一个库收录的是我们选定的《中国管理科学》、《管理工程学报》、《管理科学学报》、《管理世界》、《中国工业经济》、《经济管理·新管理》、《南开管理评论》这7种期刊2000—

2004年的规范的学术论文，按照论文学术研究的领域、主题、方法、资助来源、发表时间、作者和引文等方面属性进行分类。所谓论文“规范”的含义是符合学术论文的规范，具有关键词、内容提要、参考文献和注释。相关研究领域的界定和划分是按照国家自然科学基金管理科学部的分类标准进行的。第二个数据库是关于国家级企业管理现代化创新成果数据库，其资料来自于全国企业管理现代化创新成果审定委员会和中国企业联合会管理现代化工作委员会自1990年以来每年公布的企业管理现代化创新成果。这是目前可以反映企业管理创新成果和我国企业管理现代化、科学化水平的唯一的连续性（已有连续14届）、权威性（一定政府背景）、大样本（创新成果数量约有1000项）资料，对其进行统计分析，无疑能够反映我国企业管理创新的特征。

从内容体系看，该书围绕管理学发展问题共分5篇内容，分别是综合篇、学科篇、期刊篇、教育篇和实践篇。在综合篇中，主要讨论了管理学发展的方法论问题、近些年管理学发展的内容综述；在学科篇中，应用文献计量方法分别分析战略管理、人力资源管理、市场营销管理、组织管理、管理工程、企业成长管理等管理学分支学科的发展状况；在期刊篇中，对我国7种重要的管理学期刊进行了分析，分析了这些期刊2000—2004年所发表学术论文的总体状况，进一步对这些管理学期刊的发展状况进行了评价；在教育篇中，不仅对我国管理教育的发展历程、现状和问题进行了分析，还从文献计量角度对我国高等院校管理学研究能力进行了分析评价，给出了我国160余所高等学校研究力的排名；在实践篇中，对我国自1990年以来近千项国家级企业管理现代化创新成果进行了统计分析，分析我国企业管理创新的特征和趋势。这5篇的内容，分析了管理学发展的方法论基础和近些年的发展趋势、我国管理学主要分支学科发展情况、我国管理学学术期刊的发展状况、我国管理学教育发展状况和高等学校的管理学研究能力以及我国企业管理创新实践等，从而给我国管理学发展一个全面的描述。

显然要从总体上给出我国管理学发展水平的准确的评价十分困难，但是通过对我国战略管理、人力资源管理、组织管理、市场营销管理、企业成长管理等管理学分支学科研究水平的文献计量分析，本书总体上的一个判断是：无论从学术平台、研究主体影响力来看，还是从理论群、研究领域来分析，我国管理学发展还很难与国际上管理学主流研究同步，总体上还属于引进介绍国外现代化理论的阶段，自己还很难独立提出有影响的管理理论，近些年虽然引进消化吸收国外现代化管理理论、方法和技术的步伐不断加快，但跟随主流研究的步伐还仍要慢10—20年。考虑到我国现代管理学发展真正起步只有不到30年的时间，而国外已经有了上百年的历史，我国管理学的发展现状仍是令人欣慰的。尤其是由于管理学的学科属性决定，国外最新的管理学理论未必是最适合我国企业实践的管理指导理论，从指导我国企业管理实践角度看，我国管理学发展对推进我国企业管理科学化和现代化进程发挥了巨大的作用，这无疑是值得肯定的。

应该说，无论是从管理学期刊选择的代表性、管理学研究文献的数量这些方面看，还是从管理分支学科选择、与国外管理学研究的比较等方面看，本书都有一定的局限性。

但是，该书利用文献计量学方法对管理学各分支学科发展、期刊发展和管理教育发展状况的研究以及对我国国家级企业管理创新成果的统计分析，对于全面了解和评价我国管理学发展的现状，无疑具有十分重要的意义。

（黄群慧）

中国经济学年鉴

2008

第五篇 研究课题

2007年度国家社会科学基金重大招标项目中标课题一览表（按单位）

课题名称	责任单位	首席专家	批准号
贯彻落实科学发展观与深化财税体制改革研究	中国人民大学	安体富	07&ZD012
建设公正高效权威的社会主义司法制度研究	中国人民大学	陈卫东	07&ZD033
区域协调发展的目标选择、实现路径与动态评价研究	中国人民大学	陈秀山	07&ZD011
两岸关系和平发展架构研究	中国人民大学	黄嘉树	07&ZD052
科学发展观在完善宏观调控体系中的体现研究	中国人民大学	刘　瑞	07&ZD005
完善社会管理与维护社会稳定机制研究——农村对抗性冲突及其化解机制研究	中国人民大学	温铁军	07&ZD048
贯彻落实科学发展观与深化垄断行业改革——大型国有垄断企业的治理结构和政府规制结构研究	中国人民大学	于同申	07&ZD015
实施扩大就业的发展战略：岗位创造、能力提升、中介服务及反歧视的机理和政策	中国人民大学	曾湘泉	07&ZD043
党的领导、人民当家作主与依法治国有机统一研究	中国社会科学院法学研究所	王家福	07&ZD031
落实科学发展观，实现我国金融体系现代化研究	中国社会科学院金融研究所	李　扬	07&ZD013
贯彻落实科学发展观与完善宏观调控体系研究	中国社会科学院经济研究所	张晓晶	07&ZD004
用社会主义核心价值体系引领多样化社会思潮研究	中国社会科学院马克思主义研究院	侯惠勤	07&ZD034
中国特色社会主义理论体系若干重大问题研究	中国社会科学院马克思主义研究院	罗文东	07&ZD001
加快转变经济发展方式研究	中国社会科学院数量经济与技术经济研究所	汪同三	07&ZD007
构建两岸关系和平发展框架的理论与政策研究	中国社会科学院台湾研究所	周志怀	07&ZD051
我国生态文明发展战略研究	南开大学	李慧明	07&ZD018
互利共赢的开放战略研究	南开大学	戴金平	07&ZD054
深化收入分配制度改革与增加城乡居民收入研究	南开大学	陈宗胜	07&ZD045
中华民族共有精神家园建设研究	南开大学	陈　洪 李翔海	07&ZD038

续表

课　题　名　称	责任单位	首席专家	批准号
我国文化软实力发展战略研究	北京师范大学	董晓萍 王一川	07&ZD037
用社会主义核心价值体系引领多样化社会思潮研究	北京师范大学	韩　震	07&ZD035
实施扩大就业的发展战略研究	北京师范大学	赖德胜	07&ZD044
中国特色农业现代化道路研究	四川大学	蒋永穆	07&ZD027
贯彻科学发展观、构建社会主义和谐社会的微观基础研究	四川大学	张　衔	07&ZD003
我国生态文明发展战略及其区域实现研究	四川大学	邓　玲	07&ZD019
建设公正、高效、权威的社会主义司法制度研究	中国政法大学	卞建林	07&ZD032
法治视野下的政府权力结构和运行机制研究——决策权、执行权、监督权的制约与协调	中国政法大学	薛刚凌	07&ZD029
从二次创新到开放式全面创新——中国特色自主创新道路研究	浙江大学	许庆瑞	07&ZD022
贯彻落实科学发展观与加快转变经济发展方式——基于经济结构调整视角的研究	浙江大学	史晋川	07&ZD008
干旱区绿洲生态农业现代化模式与路径选择研究	石河子大学	李万明	07&ZD026
基于西北边疆安全的新疆特色城镇化道路研究	石河子大学	龚新蜀	07&ZD028
以人为本的中国金融全面协调与可持续发展研究	西南财经大学	何泽荣	07&ZD014
建立覆盖城乡居民社会保障体系的制度框架及实施难点研究——基于城乡统筹发展的视角	西南财经大学	林　义	07&ZD047
具有中国特色的农业生产组织现代化研究	华中师范大学	曹　阳	07&ZD025
促进社会公平正义的服务型政府建设和公共服务体系完善研究	华中师范大学	张立荣	07&ZD030
新区域协调发展理论与政策研究	北京大学	杨开忠	07&ZD010

续表

课题名称	责任单位	首席专家	批准号
我国主流网站建设的发展战略研究	中共北京市委讲师团	崔耀中 沙 舟	07&ZD039
在新的历史起点上经略南海研究	海军军事学术研究所	吴胜利	07&ZD050
中国特色网络文化建设与管理战略研究	国务院新闻办互联网新闻研究中心	刘正荣	07&ZD041
统筹城乡社会保障体系研究	劳动和社会保障部社会保障研究所	何 平	07&ZD046
科教兴国与建设人力资源强国战略研究	复旦大学	胡君辰	07&ZD042
贯彻落实科学发展观与加快转变经济发展方式研究	南京大学	沈坤荣	07&ZD009
科学发展观的科学内涵、精神实质和根本要求研究	上海财经大学	张 雄	07&ZD002
用社会主义核心价值体系引领多样化社会思潮研究	武汉大学	梅荣政	07&ZD036
中国特色新型工业化道路研究	中南大学	李 健	07&ZD023
贯彻落实科学发展观与完善开放型经济体系研究	湖南大学	赖明勇	07&ZD017
我国生态文明发展战略研究	湖南师范大学	刘湘溶	07&ZD020
互联网管理与中国特色网络文化建设研究	华中科技大学	钟 瑛	07&ZD040
科学发展观统领下的知识产权战略实施研究	中南财经政法大学	吴汉东 朱雪忠	07&ZD006
互利共赢的开放战略研究	对外经济贸易大学	张汉林	07&ZD053
中国特色新型工业化道路研究	四川省工业经济发展研究中心	唐 浩	07&ZD024
贯彻落实科学发展观与深化垄断行业改革研究	首都经济贸易大学	戚聿东	07&ZD016
创新型国家建设中的自主创新能力提升研究	科学时报社	方 新	07&ZD021
从稳定到有序:社会管理机制研究	吉林大学	宋宝安	07&ZD049
以改革创新精神全面推进党的建设新的伟大工程研究	中共山东省委党校	李新泰	07&ZD055

资料来源:http://www. npopss – cn. gov. cn/2008sj/20080116zdzbjxdwmd. htm.

2007年度国家社会科学基金项目资助情况一览表

序号	项目名称	负责人	工作单位	项目类别	预期成果	计划完成时间
1	中国特色社会主义经济学体系	张　宇	中国人民大学	重点项目	专著	2009.12.30
2	国际贸易对中国经济增长的影响	张顺明	厦门大学	重点项目	论文(集),研究报告	2010.6.30
3	金融结构约束与中国经济非平稳增长研究	陆家骝	中山大学	重点项目	论文(集),研究报告	2009.12.30
4	大国崛起的经济学分析范式——19世纪中期到20世纪中期的国际经济秩序重构	高德步	中国人民大学	重点项目	专著,论文(集)	2010.8.30
5	人民币汇率行为描述与汇率政策研究	谢　赤	湖南大学工商管理学院	重点项目	专著,论文(集)	2010.6.30
6	建设现代农业的问题与对策研究	杨万江	浙江大学	重点项目	专著,研究报告	2008.12.31
7	城市经济增长与房地产价格研究	傅十和	西南财经大学	重点项目	论文(集)	2009.6.30
8	现代商业保险规范发展与金融稳定关系综合研究	郭金龙	中国社会科学院金融研究所	重点项目	专著,研究报告	2008.12.31
9	政府会计模式改革及设计研究	荆　新	中国人民大学	重点项目	研究报告	2009.8.31
10	促进中国企业对外投资合作税收问题研究	卢仁法	国家税务总局	重点项目	专著	2008.6.30
11	提升西部地区自主创新能力和高技术产业研究	刘世庆	四川省社会科学院	重点项目	论文(集),研究报告	2008.12.31
12	完善安全生产与遏制重特大安全事故对策研究	孙树菡	中国人民大学	重点项目	专著,研究报告	2009.7.30
13	我国支持中小企业发展的政策和服务体系研究	欧阳峣	湖南商学院	重点项目	专著,研究报告	2008.12.30
14	全球化发展战略中的中国外贸增长方式转变与竞争优势培育研究	熊启泉	华南农业大学经济管理学院	重点项目	专著,论文(集)	2009.6.30

续表

序号	项目名称	负责人	工作单位	项目类别	预期成果	计划完成时间
15	马克思社会分工制度理论研究	钱书法	南京财经大学经济学院	一般项目	专著	2009.12.30
16	马克思企业理论的深化与拓展研究	裴晓鹏	中共安徽省委党校	一般项目	专著	2009.12.30
17	西方经济学视角中的马克思经济学研究	郭广迪	中南民族大学	一般项目	专著	2009.12.3
18	当代国外马克思主义经济学前沿问题研究	胡乐明	中国社会科学院马克思主义研究院	一般项目	专著	2009.12.31
19	和谐社会构建中体制改革绩效评价问题研究	周小亮	福州大学	一般项目	专著	2009.7.31
20	社会主义和谐社会的利益协调机制研究	蒋永穆	四川大学	一般项目	专著	2009.12.30
21	农村土地使用权流转及产权制度创新研究	樊万选	河南省社会科学院	一般项目	研究报告	2008.6.30
22	中国经济协调增长及其宏观政策选择研究	邵宜航	厦门大学	一般项目	论文(集),研究报告	2009.12.31
23	转型实验、中国模式与创新经济学	陈　平	北京大学	一般项目	研究报告,论文(集)	2010.12.1
24	建立覆盖城乡居民的社会保障体系研究	柳清瑞	辽宁大学	一般项目	专著	2009.12.30
25	区域基本公共服务均等化与政府财政平衡机制研究	张启春	华中师范大学	一般项目	专著	2009.7.30
26	城乡资源配置不均衡及其对策研究	马尚平	杭州电子科技大学	一般项目	论文(集)	2009.6.30
27	县域经济社会和谐发展研究	陆立军	中共浙江省委党校	一般项目	专著,研究报告	2008.12.30
28	资源约束下的现代农业建设研究	王学真	山东理工大学	一般项目	研究报告	2009.6.30
29	现代政治经济学若干重要理论问题的数理分析	马　艳	上海财经大学	一般项目	专著	2010.12.31

续表

序号	项目名称	负责人	工作单位	项目类别	预期成果	计划完成时间
30	中国公平分配问题及其理论与制度创新研究	田应奎	中共中央党校经济学部	一般项目	研究报告	2008.6.30
31	公平分配的微观基础研究	刘长庚	湘潭大学	一般项目	专著	2010.11.30
32	居民消费增长缓慢原因分析和对策研究	袁志刚	复旦大学经济学院	一般项目	专著	2009.6.30
33	对外直接投资的互利共赢开发战略研究	项本武	中南财经政法大学	一般项目	专著,研究报告	2008.12.31
34	农村剩余劳动力转移与城市隐性失业冲突研究	孙　立	沈阳大学经济学院	一般项目	专著,研究报告	2009.6.30
35	提高利用外资质量问题研究	龚晓莺	贵州大学	一般项目	专著	2009.6.30
36	软预算约束下宏观经济政策传导机制及政策效应研究	谢作诗	沈阳师范大学	一般项目	专著,论文(集)	2008.12.30
37	经济全球化背景下国家经济安全研究	林治华	大连大学国际经济研究中心	一般项目	专著,论文(集)	2009.12.31
38	月度数据基础上中国经济周期波动分析模型的设计与应用	苏汝劼	中国人民大学	一般项目	专著,论文(集)	2009.12.31
39	促进长三角及其经济腹地协调发展的理论与对策研究	朱　舜	徐州师范大学经济学院	一般项目	专著	2008.12.30
40	促进城乡和区域协调发展研究	陆　铭	复旦大学经济学院	一般项目	论文(集),研究报告	2009.6.30
41	收入水平、收入结构与经济增长关系研究	高保中	河南大学	一般项目	专著	2009.12.31
42	中部地区工业化与城镇化协调发展对策研究	王建国	河南省社会科学院	一般项目	研究报告	2008.12.30
43	统筹区域发展战略背景下的西部区域发展研究	成学真	兰州大学	一般项目	研究报告	2009.6.30
44	金融发展与收入分配研究	陈志刚	中南民族大学	一般项目	研究报告	2009.12.31

续表

序号	项 目 名 称	负责人	工作单位	项目类别	预期成果	计划完成时间
45	反垄断中相关市场界定的理论与国际实践比较研究	李 虹	北京大学	一般项目	专著,论文(集)	2009.7.1
46	农村劳动力流动对流出地的影响及相关政策研究	张永丽	浙江大学	一般项目	论文(集),研究报告	2009.7.1
47	文化、经济增长与经济转型	李燕燕	郑州大学	一般项目	研究报告	2009.12.20
48	提高困难群体收入的制度安排与公共政策研究	卢现祥	中南财经政法大学	一般项目	专著,论文(集)	2008.12.30
49	R&D 国际化与增强自主创新能力的经济学研究	肖 文	浙江大学	一般项目	专著,论文(集)	2009.12.30
50	改革开放以后中国低技术制造业的发展及其创新研究	孙理军	中国地质大学(武汉)	一般项目	专著,论文(集)	2008.12.5
51	技术突变下产业生命周期规律及后发国家自主创新战略研究	张世龙	杭州电子科技大学	一般项目	论文(集)	2009.12.30
52	绿色理念与建设资源节约型和环境友好型社会研究	丁祖荣	浙江理工大学经济管理学院	一般项目	专著	2010.7.30
53	我国中部地区农村聚居模式的演变趋势及调控研究	周国华	湖南师范大学资源与环境科学学院	一般项目	研究报告	2009.12.31
54	后凯恩斯经济理论最新进展追踪与评析	张凤林	东北财经大学	一般项目	专著	2009.7.30
55	科学发展观视角下资源环境产权的效率与公平互动机制研究	董金明	上海海事大学	一般项目	研究报告	2009.11.30
56	1650—1950 年中国地权市场及其制度演化	龙登高	清华大学	一般项目	专著	2009.12.31
57	农村改革 30 年与长江三角洲村域经济转型	王景新	浙江师范大学农村研究中心	一般项目	专著,研究报告	2008.12.31
58	清代广东农业产业经营研究(1640—1911)	陈伟明	暨南大学文学院	一般项目	专著,论文(集)	2010.3.1
59	新中国社会保障制度发展史(1949—2006)	宋士云	聊城大学	一般项目	专著	2010.10.31

续表

序号	项目名称	负责人	工作单位	项目类别	预期成果	计划完成时间
60	推进外贸体制改革研究	黄汉民	中南财经政法大学	一般项目	专著,研究报告	2009.9.30
61	中国外资经济结构变动的内在机制及其政策涵义研究	田素华	复旦大学经济学院	一般项目	论文(集),研究报告	2009.12.30
62	我国外商直接投资地区集中研究	肖光恩	武汉大学	一般项目	专著,论文(集)	2009.12.31
63	亚太地区发展的路径选择	全　毅	福建社会科学院亚太经济研究所	一般项目	专著	2008.12.20
64	中外跨国公司成长环境与模式比较研究	卢进勇	对外经济贸易大学	一般项目	论文(集),研究报告	2008.12.31
65	产业集群的嵌入性与创新机制	赵　蓓	厦门大学	一般项目	专著	2009.12.31
66	区域产业结构调整的投融资问题研究	杨德勇	北京工商大学经济学院	一般项目	专著	2009.12.30
67	区域知识资本与区域经济发展的关系研究	吴慈生	合肥工业大学管理学院	一般项目	专著,研究报告	2009.7.31
68	中国省域经济综合竞争力评价与预测研究	李闽榕	福建师范大学	一般项目	专著,研究报告	2008.12.31
69	南水北调中线工程水源区生态补偿机制构建与经济社会可持续发展模式研究	郭荣朝	河南财经学院	一般项目	专著,论文(集)	2009.6.30
70	西部省级区域经济结构与区域高等教育发展研究	贺祖斌	广西师范大学	一般项目	专著,研究报告	2009.12.30
71	反垄断中的最优宽赦机制研究	陈志俊	浙江大学	一般项目	论文(集),研究报告	2010.12.31
72	建设社会主义新农村面临的问题及对策	周亚越	宁波大学	一般项目	论文(集),研究报告	2008.10.31
73	建设现代农业问题研究	许基南	江西财经大学	一般项目	研究报告	2008.12.31
74	培养新型农民与新农村建设研究	李燕萍	武汉大学	一般项目	研究报告	2009.6.30

续表

序号	项目名称	负责人	工作单位	项目类别	预期成果	计划完成时间
75	新型农民培养的理论建构与模式创新研究	刘纯阳	湖南农业大学经济学院	一般项目	论文(集),研究报告	2009.12.31
76	欠发达地区建设社会主义新农村面临的问题及对策研究	王东京	中共中央党校经济学部	一般项目	研究报告	2008.5.5
77	加强农村基础设施和公共事业发展研究	郑风田	中国人民大学	一般项目	论文(集),研究报告	2008.12.31
78	新型女农民的培养与新农村建设	康芳民	中共陕西省委党校	一般项目	研究报告	2008.12.30
79	加大“三农”投入力度整合财政支农资金问题研究	陈池波	中南财经政法大学	一般项目	研究报告,论文(集)	2009.6.30
80	我国县域经济推进中现代农业建设模式设计	高焕喜	山东行政学院	一般项目	研究报告	2008.12.31
81	健全农业补贴制度及对农民直接补贴政策研究	曾寅初	中国人民大学	一般项目	研究报告	2009.6.30
82	我国农业小部门化时期现代农业战略地位与发展对策研究	刘茂松	湖南师范大学商学院	一般项目	专著,研究报告	2009.12.31
83	全流通格局下上市公司并购重组行为研究	雷　辉	湖南大学工商管理学院	一般项目	论文(集),研究报告	2010.9.6
84	我国农村公共产品供给机制创新研究	孙　钰	天津商学院	一般项目	研究报告	2010.3.31
85	新形势下提高利用外资质量和水平研究	李晓钟	江南大学商学院	一般项目	研究报告,论文(集)	2008.2.26
86	农村贫困人口标准和扶贫政策研究	张剑军	北京理工大学	一般项目	专著	2009.5.30
87	构建和谐社会视角下的失地农民权益保障研究	杜　伟	四川师范大学	一般项目	研究报告	2008.12.31
88	强化民营企业社会责任问题研究	易开刚	浙江工商大学	一般项目	专著,论文(集)	2008.12.31
89	加快征地制度改革研究	贾生华	浙江大学	一般项目	专著,研究报告	2009.7.1

续表

序号	项 目 名 称	负责人	工作单位	项目类别	预期成果	计划完成时间
90	支持中小企业发展的政策和服务体系研究	杨树旺	中国地质大学（武汉）经济学院	一般项目	研究报告	2008. 3. 5
91	我国征地制度改革与农地产权制度创新研究	钱忠好	扬州大学管理学院	一般项目	研究报告	2008. 12. 31
92	农民土地权益流失与保护的实证研究与理论思考	林　卿	福建师范大学	一般项目	论文(集)，研究报告	2009. 8. 28
93	中小企业集群创新的复杂社会网络理论及创新能力提升的方法研究	范如国	武汉大学	一般项目	专著，研究报告	2009. 12. 15
94	农村机构改革与农村经济组织创新研究	叶祥松	广东商学院民营经济研究所	一般项目	专著	2009. 6. 30
95	中小型科技企业成长机制研究	张玉明	山东大学	一般项目	专著	2009. 6. 30
96	农业产业组织合作机制选择的理论与实证研究	罗必良	华南农业大学经济管理学院	一般项目	专著，论文(集)	2009. 5. 31
97	产业集群扩散与区域经济协调发展研究	赵　祥	中共广东省委党校	一般项目	专著	2009. 12. 30
98	促进农民专业合作社健康发展研究	马彦丽	河北经贸大学	一般项目	研究报告	2008. 12. 30
99	以生态经济理论为基础的循环经济园区及其产业集群的技术经济分析	邓　波	华东交通大学经济管理学院	一般项目	专著，论文(集)	2009. 3. 30
100	加快农村社会保障体系建设研究	杨翠迎	浙江大学	一般项目	研究报告，专著	2008. 8. 30
101	休闲产业与城乡产业协调发展研究	原梅生	山西财经大学	一般项目	研究报告	2008. 12. 31
102	乡村债务现状、成因和对策研究	牛竹梅	中共山东省委党校	一般项目	研究报告，专著	2009. 12. 10
103	支持中小企业发展的政策与服务体系研究	谢作渺	中央民族大学	一般项目	研究报告，专著	2009. 7. 1
104	中国垄断产业规制效果的评价研究	肖兴志	东北财经大学	一般项目	论文(集)，研究报告	2008. 6. 30

续表

序号	项目名称	负责人	工作单位	项目类别	预期成果	计划完成时间
105	新农村建设中乡村存量债务重组与增量债务监控问题研究	杜　爽	中共河南省委党校	一般项目	论文(集),研究报告	2008.6.30
106	TRIPS 协定下强化我国知识产权保护研究	沈国兵	复旦大学世界经济研究所	一般项目	论文(集),研究报告	2008.12.18
107	基于财政资金管理的农村基础设施建设与机制创新	于　水	南京农业大学	一般项目	论文(集),研究报告	2009.6.30
108	强化企业社会责任问题研究	黎友焕	广东省社会科学院	一般项目	专著	2008.12.30
109	反知识产权垄断研究	任剑新	中南财经政法大学	一般项目	专著,论文(集)	2009.12.31
110	推进农村新型合作医疗制度研究	张　兵	南京农业大学	一般项目	论文(集)研究报告	2009.7.1
111	推进农村新型合作医疗制度研究	张德元	安徽大学	一般项目	论文(集),研究报告	2008.12.31
112	基于价值管理的国有企业分红制度研究	汪　平	首都经济贸易大学	一般项目	专著	2009.12.31
113	贫困民族边疆地区农村义务教育经费预算与管理体制改革研究	李慧勤	云南省教育厅教育科学研究院	一般项目	研究报告,工具书	2008.4.1
114	企业社会网络对战略选择和绩效影响的实证研究	金占明	清华大学	一般项目	论文(集),研究报告	2009.6.30
115	自由贸易协定(FTA)对中国农业的影响研究	武拉平	中国农业大学	一般项目	论文(集),研究报告	2008.12.31
116	我国上市公司终极股东控制问题研究	高　闯	辽宁大学	一般项目	论文(集),研究报告	2008.12.30
117	小农经济效率分工改进研究	向国成	湖南科技大学商学院	一般项目	论文(集),研究报告	2009.6.30
118	小农经济整合路径与制度创新研究	许锦英	山东社会科学院	一般项目	研究报告	2008.12.30
119	民营企业社会责任履行的路径创新与制度博弈研究	冯巧根	南京大学	一般项目	论文(集),研究报告	2009.8.31

续表

序号	项目名称	负责人	工作单位	项目类别	预期成果	计划完成时间
120	农村中介组织网络构建研究	徐顽强	华中科技大学公共管理学院	一般项目	论文(集),研究报告	2008.12.31
121	港口产业与城市互动发展优化模型研究	王　诺	大连海事大学交通工程与物流学院	一般项目	论文(集),研究报告	2008.12.31
122	经济增长、经济结构与就业的互动机理和互动模式研究	林秀梅	长春税务学院经济模拟研究所	一般项目	研究报告	2009.12.31
123	以资本收益分配改革为引擎的西北公益性铁路多元主体参建研究	廉李章	兰州交通大学	一般项目	研究报告	2008.12.30
124	居民消费增长缓慢原因分析和对策研究	叶阿忠	福州大学	一般项目	研究报告	2009.6.30
125	中国农民收入性质影响消费率的理论实证研究	徐会奇	青岛大学	一般项目	论文(集)	2008.12.30
126	节约型经济增长模式下企业成本管理理论与方法研究	刘运国	中山大学	一般项目	论文(集)	2010.5.31
127	强化企业社会责任问题的会计研究	王爱国	山东经济学院	一般项目	专著	2009.6.30
128	和谐社会的微观经济理论研究	蒲勇健	重庆大学	一般项目	专著	2009.12.31
129	环境、能源约束下的中国工业增长模式研究	涂正革	华中师范大学	一般项目	论文(集),研究报告	2009.7.31
130	中国上市公司履行社会责任与财务绩效相关性实证研究	宋建波	中国人民大学	一般项目	专著	2009.6.30
131	资产结构、资产流动性与企业价值研究	张俊瑞	西安交通大学	一般项目	论文(集),研究报告	2009.6.30
132	我国重点产业自主创新平台研究	胡树华	武汉理工大学	一般项目	专著,研究报告	2008.12.30
133	国有垄断企业财务监督体制中第四类代理成本问题研究	饶晓秋	江西财经大学	一般项目	专著,研究报告	2009.12.31
134	投资者保护、公司治理与我国证券市场资源配置效率研究	陈汉文	厦门大学	一般项目	论文(集),专著	2009.12.31

续表

序号	项目名称	负责人	工作单位	项目类别	预期成果	计划完成时间
135	独立审计的行为经济学研究	彭桃英	湖南大学会计学院	一般项目	专著,研究报告	2009. 12. 31
136	面向生态环境与社会和谐发展的西部典型“棕地”项目综合评价研究	郭　鹏	西北工业大学管理学院	一般项目	论文(集),研究报告	2008. 12. 31
137	西部高新区提高自主创新能力与促进优势高新技术产业发展研究	张克俊	四川省社会科学院	一般项目	专著,研究报告	2009. 7. 31
138	南水北调中线水源区生态补偿机制构建研究	朱桂香	河南省社会科学院	一般项目	研究报告	2008. 7. 30
139	基于 EPR 的循环经济决策问题研究	李　军	西南交通大学	一般项目	论文(集),研究报告	2009. 8. 31
140	加快滨海新区循环经济发展的对策研究	李慧明	南开大学	一般项目	论文(集),研究报告	2009. 12. 31
141	我国循环经济推进机制及其对策研究	傅泽强	中国环境科学研究院	一般项目	论文(集),研究报告	2009. 10. 28
142	基于调水工程的区域可持续发展研究	骆进仁	兰州交通大学	一般项目	专著,研究报告	2010. 6. 30
143	生态产业链与生态价值链整合中的循环农业发展研究	张俊飚	华中农业大学经济管理学院	一般项目	论文(集),研究报告	2008. 12. 31
144	新疆和田地区“生态贫困”问题研究	李万明	石河子大学	一般项目	专著	2009. 6. 30
145	欠发达地区中小企业发展与就业问题研究	李黎青	华东交通大学科研处	一般项目	研究报告	2008. 12. 30
146	人力资本投资的风险与防范	赖德胜	北京师范大学	一般项目	研究报告	2008. 12. 31
147	行业垄断对收入分配影响效应的实证分析与对策研究	崔友平	山东经济学院	一般项目	研究报告	2008. 12. 31
148	工人权利受损问题及其治理的产权经济学研究	于桂兰	吉林大学商学院	一般项目	专著,论文(集)	2009. 12. 31
149	企业和谐劳动关系的微观机制研究	卿　涛	西南财经大学	一般项目	论文(集)	2009. 12. 31

续表

序号	项目名称	负责人	工作单位	项目类别	预期成果	计划完成时间
150	中西部地区提高自主创新能力与发展优势产业研究	赵惠芳	合肥工业大学管理学院	一般项目	专著,论文(集)	2008.12.31
151	强化我国劳动关系层面的企业社会责任问题研究	张兰霞	东北大学	一般项目	专著,研究报告	2009.6.30
152	以房养老模式研究	柴效武	浙江大学	一般项目	专著,论文(集)	2009.6.30
153	中国农村转移劳动力及其抚养人口户籍转移制度研究	许玉明	重庆社会科学院	一般项目	专著,研究报告	2009.5.25
154	中小民营企业家能力短缺及其改善研究	张建琦	中山大学	一般项目	专著	2009.5.30
155	当前城镇化进程中的问题与对策研究	陈鸿彬	河南财经学院	一般项目	论文(集),研究报告	2008.12.30
156	经济发展中的城市化均衡问题研究	王雅莉	东北财经大学	一般项目	论文(集),专著	2008.7.30
157	城市物业管理问题研究	刘圣欢	华中师范大学	一般项目	论文(集),研究报告	2009.5.30
158	房地产泡沫研究	鞠　方	湘潭大学	一般项目	研究报告	2009.9.30
159	农民工住房问题的经济分析与政策体系构建	吕　萍	中国人民大学	一般项目	研究报告	2010.6.30
160	快速城市化时期土地集约利用问题与对策研究	西　宝	哈尔滨工业大学	一般项目	研究报告	2008.7.1
161	长江三角洲城市群城镇体系研究	郁鸿胜	上海社会科学院信息研究所	一般项目	专著,研究报告	2009.3.1
162	基于中部新城市群整合机制的实证分析	童中贤	湖南省社会科学院	一般项目	专著	2008.12.31
163	加快发展我国生物能源的问题研究	仇焕广	中科院地理科学与资源研究所	一般项目	研究报告	2009.6.30
164	我国以油菜籽为原料的生物柴油成本分析	周德翼	华中农业大学经济管理学院	一般项目	研究报告	2008.12.31

续表

序号	项目名称	负责人	工作单位	项目类别	预期成果	计划完成时间
165	中国(云南)—东盟电力走廊建设和电力产业合作研究	聂元飞	云南省人民政府发展研究中心	一般项目	研究报告	2008.7.1
166	国际油价变动趋势及其对我国经济的影响研究	魏巍贤	厦门大学	一般项目	论文(集),研究报告	2009.6.30
167	社会主义新农村建设中的虚拟水战略	孙才志	辽宁师范大学	一般项目	专著,论文(集)	2008.12.31
168	控制和减少污染物排放的机制和政策研究	段显明	杭州电子科技大学	一般项目	专著,研究报告	2009.12.30
169	西部地区特色优势产业自主创新模式研究	牛晓帆	云南大学	一般项目	研究报告	2008.7.30
170	东北老工业基地资源型城市经济转型扶持政策研究	马　克	中共吉林省委党校	一般项目	专著	2009.12.31
171	京津冀区域协调发展研究	李国平	北京大学	一般项目	研究报告,专著	2009.6.30
172	双轨制视角下的西部长效发展机制与政策研究	陈仲常	重庆大学	一般项目	专著	2009.6.30
173	增强西部地区发展能力的长效机制和政策研究	江世银	中共四川省委党校	一般项目	研究报告	2008.12.30
174	中国西部中小企业集群多维度生态模式的构建与优化	揭筱纹	四川大学	一般项目	研究报告	2008.12.31
175	外商直接投资与我国产业技术进步、产业结构优化相关性的实证研究	张倩肖	西安交通大学	一般项目	论文(集)	2009.6.30
176	我国核电产业发展模式及对策研究	邹树梁	南华大学核能经济与管理研究中心	一般项目	论文(集),研究报告	2010.7.1
177	供应链协同的质量竞争理论与实证研究	温德成	山东大学	一般项目	专著	2009.12.31
178	零售商主导的纵向约束的理论与公共政策研究	石　奇	南京财经大学	一般项目	论文(集)	2009.12.20
179	生产安全预报与控制研究	雍岐东	中国人民解放军后勤工程学院	一般项目	研究报告,电脑软件	2008.12.31

续表

序号	项目名称	负责人	工作单位	项目类别	预期成果	计划完成时间
180	推进电力市场改革的体制与政策研究	叶　泽	长沙理工大学管理学院	一般项目	研究报告,论文(集)	2009.6.30
181	完善安全生产和遏止重特大安全事故对策研究	李志祥	北京理工大学	一般项目	研究报告	2008.12.30
182	西部地区承接东部地区投资和产业转移的对策研究	蒋　瑛	四川大学	一般项目	研究报告	2009.6.30
183	中西部地区承接东部投资和产业转移的问题与对策研究	苏华	兰州大学	一般项目	研究报告	2009.7.30
184	资源与环境约束强化条件下重化工产业发展模式研究	于立宏	华东理工大学商学院	一般项目	专著	2009.7.31
185	我国旅游业资源开发和保护问题研究	章尚正	安徽大学	一般项目	研究报告	2009.3.31
186	建筑安全管理机制研究	张仕廉	重庆大学	一般项目	研究报告	2008.1.30
187	中国现代流通服务业影响力研究	宋　则	中国社会科学院财政与贸易经济研究所	一般项目	研究报告	2008.12.31
188	开放条件下基于空间经济理论的商业集群发展研究	彭继增	南昌大学经济与管理学院	一般项目	研究报告,论文(集)	2009.6.30
189	我国治理商业贿赂的体制机制研究	刘戒骄	中国社会科学院工业经济研究所	一般项目	专著	2008.12.30
190	我国主要中央商务区(CBD)现代服务业集聚研究	蒋三庚	首都经济贸易大学	一般项目	研究报告	2008.7.30
191	西部地区第三产业发展促进城乡协调的机制与模式研究	曾国平	重庆大学	一般项目	专著	2008.12.30
192	居民消费增长缓慢原因分析和对策研究	晁钢令	上海财经大学	一般项目	研究报告,论文(集)	2008.12.31
193	西部地区居民消费增长缓慢原因分析与对策研究	石文典	宁夏大学教育科学学院	一般项目	研究报告,论文(集)	2010.12.30
194	我国企业品牌国际化的实证研究	韩中和	复旦大学管理学院	一般项目	研究报告,论文(集)	2008.12.31

续表

序号	项目名称	负责人	工作单位	项目类别	预期成果	计划完成时间
195	信息不对称对我国利用FDI质量的影响及对策研究	傅元海	中共长沙市委党校	一般项目	专著,研究报告	2008.12.20
196	关于加速建立中俄自由贸易区问题研究	赵传君	黑龙江大学东北亚研究中心	一般项目	研究报告	2009.6.30
197	青藏高原旅游开发研究	张忠孝	青海师范大学	一般项目	专著,研究报告	2009.10.30
198	中国旅游产业发展模式及运行方式研究	张　辉	北京第二外国语学院旅游管理学院	一般项目	专著,研究报告	2008.12.31
199	青藏铁路沿线旅游业资源开发和保护问题研究	张爱儒	青海大学经济系	一般项目	专著,研究报告	2009.6.30
200	我国科技旅游资源的开发及对策研究	陶卓民	南京师范大学	一般项目	研究报告,论文(集)	2008.6.30
201	我国旅游业资源开发和保护问题研究	陆均良	浙江大学	一般项目	专著,研究报告	2009.12.31
202	旅游目的地和谐环境构建研究	张　薇	武汉大学	一般项目	研究报告,专著	2008.12.31
203	乡村旅游可持续发展的模式选择及制度构建研究	蒋满元	广西财经学院	一般项目	研究报告,论文(集)	2008.12.31
204	张家界旅游产业转型与结构升级优化研究	麻学锋	吉首大学商学院	一般项目	研究报告,论文(集)	2009.12.31
205	融合背景下信息产业的自主创新与产业成长的协同机制研究	陶长琪	江西财经大学	一般项目	专著,研究报告	2009.6.30
206	从年度到中期财政预算体制的转轨研究	王雍君	中央财经大学	一般项目	专著,研究报告	2009.10.30
207	生态补偿财政政策研究	孔志峰	财政部财政科学研究所	一般项目	研究报告	2009.6.30
208	我国预算的统一和分类管理研究	王金秀	中南财经政法大学	一般项目	研究报告,论文(集)	2008.8.30
209	中央与地方财权、事权关系研究	谭建立	山西财经大学	一般项目	专著,研究报告	2008.2.27

续表

序号	项目名称	负责人	工作单位	项目类别	预期成果	计划完成时间
210	鼓励与规范企业对外投资问题研究	刘　蓉	西南财经大学	一般项目	专著,论文(集)	2008.12.31
211	我国能源产业可持续发展的税制建设问题研究	杨元伟	国家税务总局政策法规司	一般项目	论文(集)	2008.7.31
212	促进基本公共服务均等化的公共财政制度研究	岳　军	山东财政学院	一般项目	研究报告,论文(集)	2008.12.30
213	基本公共服务均等化的理论与实证研究	樊丽明	山东大学	一般项目	专著	2008.12.31
214	主导产业动态能力提升与县域财力增长研究	张国平	浙江财经学院	一般项目	研究报告,论文(集)	2009.9.30
215	现阶段县乡财政面临问题及对策研究	王恩奉	安徽省财政科学研究所	一般项目	研究报告	2008.5.28
216	海洋渔业经济可持续发展的财政投入机制与效应研究	杨　林	中国海洋大学	一般项目	研究报告	2008.12.31
217	加强对国际资本流动尤其是短期资本监管研究	牛晓健	复旦大学金融研究院	一般项目	研究报告	2009.12.31
218	扩大开放条件下的金融安全和金融监管研究	胡援成	江西财经大学	一般项目	研究报告,论文(集)	2009.12.30
219	人民币汇率变化趋势和完善汇率形成机制研究	丁剑平	上海财经大学	一般项目	研究报告,论文(集)	2009.7.1
220	人民币汇率传递效应研究	曲昭光	辽宁大学	一般项目	研究报告,论文(集)	2009.12.31
221	中国外汇储备风险测度及管理研究	朱孟楠	厦门大学	一般项目	专著	2009.6.30
222	开放和制度建设与资本市场配置效率研究	钱彦敏	浙江大学	一般项目	研究报告,论文(集)	2009.12.30
223	我国资本市场流动性溢价的稳定性与效应计量研究	佟孟华	东北财经大学	一般项目	专著,论文(集)	2009.12.31
224	全面开放条件下深化国有商业银行改革	刘澜飚	南开大学	一般项目	专著,研究报告	2010.6.30

续表

序号	项目名称	负责人	工作单位	项目类别	预期成果	计划完成时间
225	中国国有商业银行董事会治理研究	丁忠明	安徽财经大学	一般项目	专著	2009. 12. 30
226	支持中小企业发展的融资效率研究	秦艳梅	北京工商大学经济学院	一般项目	研究报告	2009. 10. 30
227	中国资金流动性过剩与货币政策研究	陆　磊	广东金融学院	一般项目	研究报告,论文(集)	2009. 6. 26
228	期权博弈视角下的企业专利投资研究	唐振鹏	福州大学	一般项目	研究报告,论文(集)	2009. 7. 1
229	我国市政债券市场的开禁与发展研究	刘少波	暨南大学金融研究所	一般项目	研究报告	2009. 6. 30
230	新形势下完善我国宏观调控体系、保持经济平稳较快增长研究	陈浪南	中山大学	一般项目	研究报告,论文(集)	2009. 12. 31
231	前瞻性货币政策规则在我国的适用性研究	张屹山	吉林大学商学院	一般项目	研究报告,论文(集)	2009. 6. 30
232	完善农村金融体系和强化农村金融服务	刘　明	陕西师范大学	一般项目	专著,论文(集)	2008. 12. 31
233	上市公司业绩评价理论与模型研究	侯晓红	中国矿业大学	一般项目	研究报告,论文(集)	2009. 6. 30
234	股权分置改革的会计后果及其监控研究	雷光勇	对外经济贸易大学	一般项目	论文(集)	2009. 6. 30
235	鼓励和支持自主创新的政府采购政策研究	骆建文	上海交通大学	一般项目	研究报告,论文(集)	2009. 6. 30
236	我国流域水污染的合作治理模式研究	张　阳	河海大学战略管理研究所	一般项目	研究报告	2008. 12. 31
237	转型时期农产品价格管制研究	李建琴	浙江大学	一般项目	专著	2008. 7. 30
238	西南地区民族村镇旅游业模式与新农村建设研究	石　坚	贵州大学	一般项目	研究报告	2008. 10. 30
239	统一城乡税制问题研究	朱润喜	内蒙古财经学院	一般项目	专著,研究报告	2009. 12. 31

续表

序号	项目名称	负责人	工作单位	项目类别	预期成果	计划完成时间
240	产品市场竞争对公司治理有效性影响的作用机理研究	牛建波	南开大学	青年项目	研究报告,论文(集)	2009.6.30
241	我国非上市公司的公司治理问题研究	郑志刚	中国人民大学	青年项目	论文(集)	2009.9.30
242	强化企业社会责任与完善公司治理结构研究	姚树荣	四川大学	青年项目	研究报告	2009.6.30
243	治理重复建设与宏观经济过热的新思路	丁永健	大连理工大学经济系	青年项目	研究报告	2008.12.30
244	创业型经济的战略发展模式与政策选择	张茉楠	国家信息中心	青年项目	研究报告	2008.12.31
245	多层次创业团队决策模式绩效机制研究	周劲波	广西师范大学	青年项目	专著,研究报告	2009.12.31
246	支持改进的高校研究机构的科研质量评价研究	周文泳	同济大学	青年项目	研究报告,论文(集)	2010.3.30
247	基于裂变战略的公司创业研究:适用性与有效性	张书军	中山大学	青年项目	论文(集)	2009.12.31
248	会计准则、会计信息质量与会计信息的契约有用性研究	杜兴强	厦门大学	青年项目	专著,研究报告	2008.12.31
249	金融衍生工具的交易策略机理及其会计监管法规研究	周　华	中国人民大学	青年项目	专著,论文(集)	2009.7.1
250	股权结构及其治理绩效研究	白　俊	石河子大学	青年项目	研究报告	2008.3.6
251	管理层代理动机与国有企业收益分配研究	罗　宏	西南财经大学	青年项目	研究报告,论文(集)	2008.12.31
252	技术创新社会化服务网络的生成机理与动态演化研究	李守伟	江苏大学工商管理学院	青年项目	研究报告,论文(集)	2009.6.30
253	西部生态脆弱贫困区优势产业培育和创新系统建设研究	刘颖琦	北京交通大学经济管理学院	青年项目	研究报告,专著	2008.12.20
254	WTO框架下少数民族地区牧业补贴政策研究	张冀民	兰州交通大学	青年项目	研究报告,论文(集)	2008.12.1

续表

序号	项目名称	负责人	工作单位	项目类别	预期成果	计划完成时间
255	产业生命周期与我国创新政策绩效评价研究	谈毅	上海交通大学	青年项目	研究报告,论文(集)	2010.7.1
256	我国重点行业自主创新现状和提高能力对策	刘景江	浙江大学	青年项目	研究报告,论文(集)	2008.12.31
257	促进循环经济发展的废旧家电回收处理体系及管理机制研究	代颖	西南交通大学	青年项目	研究报告,论文(集)	2008.12.31
258	我国私营企业和谐劳动关系调节机制研究	赵琛徽	中南财经政法大学	青年项目	研究报告,论文(集)	2009.3.31
259	竞争与规制下的人力资源弹性管理研究	徐芳	中国人民大学	青年项目	专著,研究报告	2009.9.30
260	垄断企业工资分配改革:制度绩效、治理规制和监管政策研究	朱琪	华南师范大学经济与管理学院	青年项目	专著	2009.12.30
261	多重约束下"低成本、集约型"城镇化模式构建研究	王家庭	南开大学	青年项目	研究报告	2009.6.30
262	中国大都市区域城镇化中的财税竞争问题及其治理策略研究	陆军	北京大学	青年项目	研究报告	2008.12.31
263	资源型城市土地集约利用的对策研究	宋戈	东北农业大学资源与环境学院	青年项目	研究报告	2008.3.2
264	国际油价变动趋势和我国石油安全问题研究	高建	中国石油大学(北京)	青年项目	研究报告	2009.6.30
265	流域水环境预警及容量分配研究	朱杰	西南交通大学	青年项目	研究报告,论文(集)	2008.6.30
266	完善资源型城市经济转型的补偿与援助政策研究	郑文升	东北师范大学中国东北研究院	青年项目	研究报告,论文(集)	2008.12.31
267	资源枯竭地区经济转型扶持政策研究	黄溶冰	南京审计学院	青年项目	研究报告	2009.6.30
268	我国装备制造业的竞争战略与产业升级的对策	陈爱贞	南京大学	青年项目	专著,论文(集)	2009.6.30
269	提高我国装备制造业自主创新能力对策研究	彭中文	湘潭大学	青年项目	专著	2010.11.30

续表

序号	项目名称	负责人	工作单位	项目类别	预期成果	计划完成时间
270	中部地区承接东部地区产业转移的知识溢出效应研究	孙兆刚	武汉理工大学	青年项目	研究报告	2008.11.30
271	环境约束下新疆优势资源开发利用与新型工业化道路问题研究	李　磊	新疆财经学院	青年项目	研究报告,论文(集)	2009.6.30
272	农村贫困人口标准和扶贫政策及措施研究	赵　玉	中共河北省委党校	青年项目	研究报告	2008.7.30
273	新农村建设背景下农村金融体系改革研究	李　敬	重庆大学	青年项目	研究报告	2008.7.30
274	农村"留守儿童"问题研究	檀学文	中国社会科学院农村发展研究所	青年项目	研究报告,论文(集)	2008.12.31
275	微观视角的农村居民消费增长实证研究	高梦滔	云南民族大学	青年项目	研究报告	2008.12.1
276	新型农村合作医疗补偿方案的经验研究	汪德华	清华大学	青年项目	研究报告,论文(集)	2008.12.31
277	我国粮食供求形势及对策研究	陈永福	中国农业大学	青年项目	研究报告,电脑软件	2008.1.1
278	一般均衡框架下的中国油料供求关系及贸易行业研究	沈　琼	郑州大学	青年项目	研究报告	2008.10.31
279	健全农业补贴制度及对农民直接补贴政策研究	马述忠	浙江大学	青年项目	专著,研究报告	2008.12.31
280	中国与潜在自由贸易伙伴国家间农产品贸易关系研究	司　伟	中国农业大学	青年项目	研究报告,专著	2009.12.30
281	海峡两岸农业经贸关系发展战略研究	赵一夫	中国农科院	青年项目	研究报告	2008.12.31
282	我国对美离岸外包政策与措施研究	章　宁	中央财经大学	青年项目	研究报告	2009.7.1
283	中国城市间流通网络结构及其演化研究	张　闯	东北财经大学	青年项目	研究报告,论文(集)	2008.6.30
284	中国零售产业政府规制研究	赵　玻	安徽财经大学	青年项目	专著	2008.12.30

续表

序号	项目名称	负责人	工作单位	项目类别	预期成果	计划完成时间
285	食品公共安全规制与食品贸易:制度与政策研究	廖卫东	江西财经大学	青年项目	研究报告	2009.6.30
286	推进我国与东亚国家自由贸易区建设研究	刘钧霆	辽宁大学	青年项目	研究报告,论文(集)	2008.7.1
287	古村镇旅游开发与利益相关者互动机制研究	宋瑞	中国社会科学院财贸所	青年项目	研究报告	2008.12.31
288	旅游开发与资源保护的利益冲突及其协调政策研究	张朝枝	中山大学	青年项目	研究报告,论文(集)	2008.12.31
289	西部文化遗产类旅游资源的开发与保护研究	梁学成	西北大学经济管理学院	青年项目	专著,论文(集)	2009.12.29
290	中国电子商务发展的障碍研究	郑适	中国人民大学	青年项目	研究报告,论文(集)	2009.9.30
291	中国基本养老保险基金缺口测算与财政保障能力研究	孙静	中南财经政法大学	青年项目	研究报告,论文(集)	2008.10.18
292	公共服务均等化的路径选择与机制重塑	王玮	武汉大学	青年项目	研究报告,论文(集)	2009.6.30
293	二元经济结构下农村金融市场成长机制与制度创新研究	王定祥	西南大学	青年项目	研究报告,专著	2008.12.31
294	我国上市公司资本结构动态调整和优化对策研究	张娟	南京大学	青年项目	研究报告,论文(集)	2010.6.30
295	外资银行进入对中国银行业的影响研究	伍志文	中国银行业监督管理委员会	青年项目	研究报告	2009.2.20
296	银行主导融资下企业债券市场发展的契约期限与治理机制研究	李湛	广东金融学院金融系	青年项目	研究报告,论文(集)	2009.6.30
297	西藏农牧区金融发展问题研究	贡秋扎西	西藏大学	青年项目	研究报告	2008.12.30
298	中国货币政策的区域分配性效应研究	蒋冠	云南大学	青年项目	专著,论文(集)	2009.6.30
299	改革和完善我国农村金融组织体系研究	蔡四平	湖南商学院	青年项目	专著	2008.12.30

续表

序号	项目名称	负责人	工作单位	项目类别	预期成果	计划完成时间
300	完善农村金融服务体系研究	周　立	中国人民大学	青年项目	研究报告,论文(集)	2009.9.20
301	中国农业保险机制设计与发展创新研究	黄英君	西南财经大学	青年项目	专著,研究报告	2009.2.28
302	全球价值链背景下产业国际竞争力的二维评价及演化研究	刘林青	武汉大学	青年项目	专著,论文(集)	2009.7.31
303	国际税收协作机制研究	王　君	长春税务学院税务系	青年项目	研究报告	2009.8.31
304	我国保险公司非寿险IBNR准备金精算评估研究	张　伟	新疆财经学院	青年项目	专著,论文(集)	2009.12.31
305	企业演化机制及其中国实践	尚会永	河南大学	青年项目	专著	2009.6.30
306	民营经济进入垄断行业的壁垒研究	杨永忠	福州大学	青年项目	研究报告,论文(集)	2008.12.30
307	资本主义劳动过程演变研究	谢富胜	中国人民大学	青年项目	研究报告	2009.12.30
308	产业结构与收入分配互动关系研究	冯素杰	南开大学	青年项目	专著,研究报告	2009.12.31
309	城乡人力资本“均化”与居民收入差距的变动研究	李勋来	青岛科技大学经济与管理学院	青年项目	研究报告,论文(集)	2009.7.31
310	资产价格波动对居民消费的影响效应研究	陈　杰	复旦大学管理学院	青年项目	研究报告,论文(集)	2009.6.30
311	创新型国家建设中的人力资本激励制度研究	孔宪香	中共山东省委党校	青年项目	研究报告	2009.9.30
312	信息化条件下的就业问题研究	孙立波	中共杭州市委党校	青年项目	研究报告	2009.3.30
313	国有资本产权市场的政府监管研究	杨松贺	河南大学	青年项目	专著,论文(集)	2009.6.29
314	中国转型期制度变迁与经济增长研究	康继军	重庆大学	青年项目	专著	2008.12.30

续表

序号	项目名称	负责人	工作单位	项目类别	预期成果	计划完成时间
315	我国外汇储备管理模式的转变研究	刘莉亚	上海财经大学	青年项目	研究报告,论文(集)	2008.12.30
316	经济全球化条件下的金融体系风险分担机制变迁与我国经济安全	马　宇	山东工商学院经济学院	青年项目	研究报告	2009.7.1
317	消费风险与资产收益研究	王立平	山东经济学院	青年项目	专著,研究报告	2009.4.30
318	多层次资本市场的效率研究	张　兵	南京大学	青年项目	研究报告,论文(集)	2009.12.31
319	发展现代农业与农民能力建设问题研究	江永红	安徽大学	青年项目	专著,论文(集)	2009.12.30
320	中国城乡经济协调发展的理论阐释及实证研究	高帆	复旦大学经济学院	青年项目	专著,论文(集)	2009.12.31
321	中国农业剩余劳动力的估算	郭金兴	南开大学	青年项目	专著,研究报告	2009.6.30
322	桑塔费(SANTA FE)学派经济思想研究	董志强	华南师范大学经济研究所	青年项目	专著	2010.12.31
323	中国近代化转型中的农村地权关系	王　昉	上海财经大学	青年项目	专著,论文(集)	2010.6.30
324	美国数字经济研究	何枭吟	郑州大学	青年项目	专著	2009.10.31
325	产品内分工、全球生产网络与外贸增长方式转变对策研究	蒲华林	暨南大学国际学院	青年项目	专著	2009.7.31
326	外资的宏观经济传导机制研究	赵蓓文	上海社会科学院世界经济研究所	青年项目	研究报告	2009.2.28
327	两岸经济制度性合作与一体化发展研究	唐永红	厦门大学	青年项目	研究报告	2008.12.31
328	区域产业升级研究	黄永明	华中科技大学管理学院	青年项目	专著,论文(集)	2009.12.31
329	区域协调发展总体战略研究	谢瑞平	厦门大学	青年项目	研究报告,论文(集)	2009.6.30

续表

序号	项目名称	负责人	工作单位	项目类别	预期成果	计划完成时间
330	长三角区域非均衡发展及协调对策研究	杜建国	南京大学	青年项目	专著,研究报告	2009.12.30
331	中国区域城市化模式与生态安全研究	李 辉	吉林大学东北亚研究院	青年项目	专著	2009.12.30
332	中央政府与地方政府在区域经济发展中的博弈关系研究	刘艳梅	中共中央党校经济学部	青年项目	研究报告	2008.12.31
333	资源环境约束下的城市化进程测度理论与实证研究	刘耀彬	南昌大学中国中部经济发展研究中心	青年项目	专著,论文(集)	2009.6.30
334	泛北部湾发展战略问题研究	杨 鹏	广西社会科学院	青年项目	专著	2008.7.1
335	我国中部地区协调发展的金融地理学分析	田 霖	郑州大学	青年项目	研究报告	2009.7.31
336	机构投资者对中国股市波动的作用和机制研究	田存志	云南大学	青年项目	研究报告	2008.10.31
337	产品内分工与全球经济失衡问题研究	方 勇	南京大学	青年项目	专著,论文(集)	2009.12.1

资料来源:全国哲学社会科学规划办公室,http://www.npopss—cn.gov.cn/planning/xm2007/2007sam.htm,2007年7月22日。

2007年度国家社会科学基金项目结项情况一览表

序号	项目名称	成果名称	负责人	工作单位	鉴定等级
1	我国宏观调控新内涵与宏观调控政策协调	景气政策与经济繁荣——宏观调控新内涵与宏观经济政策协调	王 健	国家行政学院科研部	优秀
2	从中美经贸关系的最新发展趋势看中国参与经济全球化的内在机制与经济影响	从中美经贸关系的最新发展趋势看中国参与经济全球化的内在机制与经济影响	庄宗明	厦门大学经济学院	优秀
3	中国工业化与城市化研究	中国新型工业化与城市化研究	万高潮	北京理工大学新经济研究院	优秀
4	边疆少数民族地区经济增长与就业辩证关系及失业保障制度研究	边疆少数民族地区经济增长与就业辩证关系及其失业保障制度研究报告	钱振伟	云南财贸学院	良好

续表

序号	项目名称	成果名称	负责人	工作单位	鉴定等级
5	粤港区域产业结构战略性调整优化的研究	粤港区域产业结构战略性调整优化研究	陈鸿宇	广东省委党校	良好
6	西部大开发中区域间经济合作竞争的理论及实证研究	西部大开发中区域间经济合作竞争的理论及实证研究	孟卫东	重庆大学工商管理学院	合格
7	东北老工业基地国有资本营运跟踪研究	东北老工业基地国有资本营运跟踪研究	马　克	中共吉林省委党校	良好
8	西部地区传统中小企业转型中的资金困难及融资渠道研究	西部传统中小企业转型融资问题研究	揭筱纹	四川大学工商管理学院	良好
9	我国水资源及其价格管理制度改革研究	我国水资源及其价格管理制度改革研究	温桂芳	中国社会科学院财政与贸易经济研究所	良好
10	旅游业对扩大就业、资源节约和环境保护贡献的理论与评价体系研究	旅游业可持续发展的理论与评价体系 旅游业对扩大黑龙江省就业、资源节约和环境保护贡献的影响及对中国发展旅游业的启示	王朗玲	黑龙江大学应用经济研究所	良好
11	扩大城市就业的对策研究	扩大城市就业的对策研究	罗润东	南开大学经济研究所	合格
12	农村土地适度规模经营及其相关问题研究	农村土地适度规模经营及相关问题研究	钱文荣	浙江大学农业现代化与农村发展研究中心	良好
13	农村金融体制改革整体思路及路径选择研究	农村金融体制改革整体思路及路径选择研究	张文棋	福建农林大学	良好
14	循环经济研究:柴达木矿产资源开发的模式转换	循环经济研究:柴达木矿产资源开发的模式转换	冀康平	青海省社会科学院	良好
15	地下水水权制度建设及其运行机制研究	地下水水权制度建设及其运行机制研究	葛颜祥	山东农业大学	良好
16	跨国公司在中国的发展趋势与我国的对策研究	基于共同演化视角的跨国公司战略与产业集群互动研究	王益民	山东大学管理学院	良好
17	长江三角洲城市旅游空间一体化分析及其联合发展战略研究	长江三角洲城市旅游空间一体化分析及其联合发展战略	卞显红	江南大学商学院	良好
18	鞍钢改革跟踪调查与国企发展战略研究	鞍钢改革跟踪调查与国企发展战略研究报告	闫海涛	鞍山师范学院	合格

续表

序号	项目名称	成果名称	负责人	工作单位	鉴定等级
19	资产管理公司运营状况和未来发展方向问题研究	资产管理公司运营状况和未来发展方向问题研究	王柯敬	中央财经大学经济学院	合格
20	农业组织及技术进步与农业剩余劳动力转移之关系研究	农业产业组织及技术进步与农业剩余劳动力转移之关系研究	方齐云	华中科技大学经济学院	良好
21	珠三角率先基本实现现代化研究	珠江三角洲率先基本实现现代化研究 珠江三角洲前沿报告	梁桂全	广东省社会科学院	合格
22	中国特色社会主义经济学体系探析	中国特色社会主义经济学	杨承训	河南财经学院	优秀
23	国家安全与国民经济应变力	中国国民经济应变力研究	朱庆林	中国人民解放军军事经济学院	优秀
24	西方国防经济学最新发展研究	西方国防经济学最新发展研究	杜为公	中国人民解放军军事经济学院	良好
25	经济全球化背景下中国反洗钱立体监管网络研究	开放条件下中国反洗钱监管网络问题研究	杨胜刚	湖南大学	良好
26	转型经济的所有制改革模式研究——以乌克兰所有制改革模式为视角	转型经济的所有制改革模式研究——以乌克兰所有制改革模式为视角	林治华	大连大学	良好
27	中国最优经济转型路径下的所有制结构调整	中国转型中的所有制结构调整:产权改革与放松管制	陈　钊	复旦大学中国社会主义市场经济研究中心	合格
28	电子商务环境下的会计理论、方法与对策研究	网络环境下的会计变革:理论与方法	林　斌	中山大学管理学院	合格
29	知识价值与知识资本化理论研究	知识价值与知识资本化理论研究	张少杰	吉林大学	良好
30	“流通革命”与中国流通产业结构调整及现代化研究	流通革命:历史演进、结构调整、组织创新及其现代化	徐从才	南京经济学院	良好
31	政府主导型人力资源中介组织的改革与发展研究	政府主导型人力资源中介组织的改革与中介市场发展研究	李新建	南开大学国际商学院人力资源管理系	良好
32	网络经济、电子商务与中小企业创新研究	网络经济、电子商务与中小企业创新研究	陈广宇	河南财经学院	良好
33	制度变迁与我国保险公司的风险管理研究	制度变迁中的中国保险业:风险与风险管理对策	孙祁祥	北京大学经济学院	合格

续表

序号	项目名称	成果名称	负责人	工作单位	鉴定等级
34	我国利率机制的结构性特征与金融政策风险研究	我国利率机制的结构性特征与金融政策风险研究	庞晓波	吉林大学商学院	合格
35	第三方物流与供应链管理相互促进的原理与方法	第三方物流与供应链管理相互促进的原理与方法	骆温平	上海海运学院交通运输学院	合格
36	我国保税区向自由贸易区转型的模式研究	中国保税区转型目标模式研究	高海乡	对外经济贸易大学国际工商管理学院	合格
37	中国农业保险发展的机制与模式研究	中国农业保险发展的机制与模式研究	谢家智	西南农业大学经济管理学院	良好
38	中小企业信用管理体系建设研究	中小企业信用管理体系建设研究	钟田丽	东北大学	合格
39	循环经济是实现可持续发展的必然途径	循环经济是实现经济可持续发展的必然途径	吴易明	江西财经大学国际经济贸易学院	合格
40	扩大城市就业的对策研究	扩大城市就业的对策研究	陈建刚	中共贵州省委党校经济管理教研部	合格
41	垄断资本全球化问题理论探讨	垄断资本全球化问题理论探讨	齐　兰	中央财经大学	良好
42	马克思主义论经济全球化	马克思主义论经济全球化	王绍熙	对外经贸大学	合格
43	现代生产理论研究	现代生产论纲	弓　克	通化师范学院	优秀
44	国有资产管理体制改革研究	国有资产管理体制改革研究	陈小悦	清华大学经济管理学院	合格
45	国际产业转移与中国工业化新路	国际产业转移与中国工业化新路	李欣广	广西大学商学院国际经济贸易系	合格
46	区域工业化中的技术扩散效应与制造业结构升级研究	区域工业化中的技术扩散效应与制造业结构升级研究	殷醒民	复旦大学经济学院	良好
47	中国民营企业对外直接投资的理论、模式及机制研究	民营企业对外直接投资——理论、战略及模式	欧阳峣	湖南商学院	优秀
48	西部大开发背景下的企业发展研究——雅安三九药业有限公司发展实证分析	区域发展与企业行为研究 西部大开发背景下的企业发展研究——雅安三九药业有限公司发展实证研究	欧晓明	华南农业大学	良好

续表

序号	项目名称	成果名称	负责人	工作单位	鉴定等级
49	民族地区专业技术人才开发研究	民族地区专业技术人才开发若干问题研究	郜　良	内蒙古自治区党校	合格
50	城市泔脚垃圾回收处置的市场化机制研究	城市泔脚垃圾回收处置的市场化机制研究	杨　凯	华东师范大学资源与环境科学学院	良好
51	东北地区城镇化道路研究	东北地区城镇化道路研究	陈玉梅	吉林省社会科学院	优秀
52	行为金融的整体风险管理理论及其应用研究	行为金融的整体风险管理理论及其应用研究	马超群	湖南大学工商管理学院	良好
53	建立有中国特色的中介组织主导型市场农业体制研究	中国特色的中介组织主导型市场农业体制——我国农业市场化的“制度安排”与政策建议	池泽新	江西农业大学	良好
54	中小企业信用管理体系建设研究	中小企业信用管理体系建设研究	方晓霞	中国社会科学院工业经济研究所	合格
55	农村土地适度规模经营及相关问题研究	农村土地适度规模经营及相关问题研究	林善浪	福建师范大学经济学院	良好
56	新疆棉花产业竞争力研究	新疆棉花产业竞争力研究	樊亚利	新疆财经学院工商管理系	良好
57	农村土地适度规模经营及相关问题研究	农村土地适度规模经营及相关问题研究	陈欣欣	杭州商学院经济学院	良好
58	增强新疆主要产业竞争力研究	提升新疆主要产业竞争力研究	崔光莲	新疆财经学院	良好
59	网络化条件下的企业治理结构创新	企业间网络的经济学分析	杨瑞龙	中国人民大学经济学院	优秀
60	以资金流量分析为依据的中国宏观金融模型研究	以资金流量分析为依据的中国宏观金融模型研究	贝多广	中国人民大学财经学院	合格
61	公有制实现形式与股份制研究:完善国有经济的市场化经营	走进市场的国有企业——公有制实现形式与股份制研究	钱　津	中国社会科学院经济研究所	良好
62	中国制造业分工与地区经济增长研究	分工、集聚与增长	梁　琦	南京大学商学院国际经济贸易系	良好

续表

序号	项目名称	成果名称	负责人	工作单位	鉴定等级
63	网络经济下的企业战略管理创新	网络经济下企业战略管理创新	徐二明	中国人民大学工商管理学院	良好
64	中国光电子信息产业发展战略与对策	中国光电子信息产业发展战略与对策	唐良智	武汉东湖高新区战略发展研究院	合格
65	养老金投资与资本市场发展关系研究	养老金投资与资本市场发展关系研究	伊志宏	中国人民大学工商管理学院	良好
66	西北地区的环境保护、水资源管理与农业可持续发展	西北地区的环境保护、水资源管理与农业可持续发展研究报告	王　刚	兰州大学干旱农业生态国家重点研究室	合格
67	我国中小企业信用评级体系研究	我国中小企业信用评级体系研究	夏敏仁	对外经贸大学中小企业研究所	良好
68	加工贸易转型升级和结构优化研究——我国服装出口拓展化分析	加工贸易转型升级和结构优化研究——我国服装出口拓展化分析	邬关荣	浙江工程学院经贸与管理学院	良好
69	加入WTO过渡期后我国产业安全问题研究	加入WTO过渡期后我国产业安全问题研究	王培志	山东财政学院国际经贸学院	良好
70	新一轮全球产业分工重组与我国产业结构调整研究	新一轮全球化与我国产业结构调整:基于汇率信号的一项研究	谷克鉴	中国人民大学商学院	良好
71	中国家族企业治理研究	中国家族企业治理研究	刘绵勇	中共江西省委党校	良好
72	经济全球化的马克思主义经济学分析	经济全球化的马克思主义经济学分析	赵景峰	广东商学院经贸学院	合格
73	当代西方“新政治经济学”研究	当代西方新政治经济学研究	黄新华	厦门大学公共管理教育中心	优秀
74	区域空间经济关联模式分析理论与实证研究	区域空间经济关联模式分析理论与实证研究	陈　斐	南昌大学经济与管理学院经济学系	良好
75	五个统筹与贵州发展研究	五个统筹与贵州发展研究	黄钧儒	贵州省社会科学院	合格
76	经济全球化下的矿产资源安全问题研究	经济全球化下的矿产资源安全问题研究	汪云甲	中国矿业大学社会经济发展研究院	良好
77	网络经济中税收电子化及其风险研究	网络经济中税收电子化及其风险研究	庞　磊	广东商学院财税系	良好

续表

序号	项目名称	成果名称	负责人	工作单位	鉴定等级
78	中国农业自然灾害的风险管理与防范体系研究	中国农业自然灾害的风险管理与防范体系研究	王国敏	四川大学政治学院	良好
79	固原贫困山区回汉农家生产、生育和教育现状的比较研究	固原南部山区回汉农家生产、生育和教育现状的实地考察	林燕平	宁夏社会科学院	优秀
80	企业危机预警评价系统的创建	企业危机预警评价系统的构建	周永生	桂林工学院	良好
81	不对称国际税收竞争研究——兼论我国税收政策的调整	国际税收竞争:基本形式、不对称性与政策启示	邓力平	厦门大学财政系	优秀
82	新形势下我国利用外资战略与维护国家经济安全研究	新形势下利用外资战略与维护国家经济安全研究	卢晓勇	南昌大学软件学院	合格
83	半干旱区沙地生态系统服务功能及其经济价值测评	半干旱区沙地生态系统服务功能及其经济价值测评	张　华	辽宁师范大学城市与环境学院	良好
84	WTO框架下我国国内农业支持水平与结构优化研究	聚焦三农:中国农业支持政策供需分析、模拟与优化研究	傅泽田	中国农业大学	优秀
85	促进旅游业快速健康发展研究	促进旅游业快速健康发展研究	熊元斌	武汉大学商学院旅游系	良好
86	中国百家著名企业创立名牌战略实践经验与理论研究	名牌战略	刘仲康	中国人民大学工业经济系	
87	面向小康社会的西部农村劳动力转移问题研究	面向小康社会的西部农村劳动力转移问题研究	李友根	重庆交通学院	良好
88	城市化演变与西部城市化未来趋势研究	城市化演变与西部城市化未来趋势研究	徐和平	贵州财经学院	合格
89	地市城乡经济协调发展研究	地市城乡经济协调发展研究	徐同文	临沂师范学院	优秀
90	中国农村专业合作社制度选择和制度设计研究	中国农村专业合作社制度创新和设计研究	蒋玉珉	安徽师范大学经济法政学院	良好
91	黄河——可持续发展的经济学分析	黄河:可持续发展的经济学分析	雷仲敏	青岛化工学院经济与管理学院	优秀
92	合理经济开放度的理论依据与政策选择	合理经济开放度的理论依据与政策选择	许统生	江西财经大学经济学院	良好

续表

序号	项目名称	成果名称	负责人	工作单位	鉴定等级
93	水资源产权与水市场研究	水资源产权与水市场研究	李　磊	哈尔滨理工大学	良好
94	优化税制结构研究	优化税制结构研究	岳树民	中国人民大学财政金融学院	合格
95	入世后提高中国保险业竞争力研究	入世后提高中国保险业竞争力研究	江生忠	南开大学风险管理与保险学系	良好
96	电子时代的中国税制创新	电子商务时代的税制创新	刘　怡	北京大学经济学院	良好
97	广西不同区域城镇化产业经济支撑研究	广西不同区域城镇化产业经济支撑研究	董友涛	中共广西壮族自治区委员会党校	良好
98	重庆市城镇化进程中的农民市民化问题研究	重庆市城镇化进程中的农民市民化问题研究	王渝陵	重庆社会科学院	合格
99	西部大开发的新战略选择	西部大开发新的战略选择:发展特色优势产业研究——以宁夏为例	陈育宁	宁夏大学	良好
100	民国时期经济政策的沿袭与变异	民国时期经济政策的沿袭与变异	徐建生	中国社会科学院经济研究所	良好
101	转型背景下的企业诚信与企业竞争优势关系研究	转型背景下企业诚信与企业竞争优势的关系	宝贡敏	浙江大学管理学院	良好
102	国际资本流动与我国对外经贸发展重要战略机遇期研究	利用好国际资本流动机遇是中国长期稳定增长的必由之路	江小涓	中国社会科学院财政与贸易经济研究所	优秀
103	我国城市化过程中农民的社会保障与农村土地制度改革研究	我国城市化过程中农民的社会保障与农村土地制度改革研究	李燕琼	西南科技大学	优秀
104	统筹区域直辖市发展新举措研究——"泛珠三角"区域合作耗散结构论分析	统筹区域协调发展新举措研究——泛珠三角区域合作耗散结构论分析	汤正仁	中共贵州省委党校	合格
105	农村社会保障理论体系与运作方略研究	农村社会保障理论体系与运作方略研究	刘俊哲	河南省社会科学院	良好
106	推进边疆民族地区的信息化与跨越式发展	推进边疆民族地区的信息化与跨越式发展;信息化——西南边疆民族地区实现跨越式发展的必然抉择	杨　娅	中共云南省委党校哲学教研部	合格

续表

序号	项目名称	成果名称	负责人	工作单位	鉴定等级
107	金融衍生工具风险形成与管理	金融衍生工具风险形成与管理	孙宁华	南京大学商学院经济学系	合格
108	发展对经济增长有突破带动作用的高新技术产业研究	发展对经济增长有突破带动作用的高新技术产业研究——产业集成效应与信息产业集成化	张　贵	河北工业大学	合格
109	中小金融机构发展研究	中小金融机构发展:模式与策略研究	程惠霞	北京师范大学管理学院	合格
110	非经营性国有资产监督管理对策研究	非经营性国有资产监督管理对策研究	吴红卫	中共青海省委党校经济学部	合格
111	四川民族地区经济社会可持续发展的政策选择与制度安排	四川民族地区经济社会可持续发展的政策选择和制度安排	吴德辉	中共四川省委党校	合格
112	开发性金融理论与实践	开发性金融理论与实践	程　伟	辽宁大学	
113	促进旅游业快速健康发展研究——以分时度假研究为切入点	促进旅游业快速健康发展研究——以分时度假研究为切入点	王婉飞	浙江大学管理学院旅游研究所	合格
114	统筹城乡发展问题研究	统筹城乡发展问题研究	刘美平	河南财经学院	良好
115	加快中部地区小城镇建设问题研究	加快中部地区小城镇建设问题研究	阳小华	湖北省社科院农村经济所	合格
116	海南经济特区的工业化、信息化进程及其与台湾的比较研究	海南特区工业化进程及其与台湾的比较研究	黄景贵	海南大学经济管理学院	合格
117	全面建设小康社会的东西部经济合作与联动模式研究	全面建设小康社会的东西部经济合作与联动模式研究	徐建华	华东师范大学	合格
118	晋商信用制度及其变迁研究	晋商信用制度及其变迁研究	刘建生	山西大学经济与管理学院经济系	良好
119	中国进入贸易大国行列后贸易政策及战略的修正研究	中国进入贸易大国行列后贸易政策及战略的修正研究	兰宜生	上海财经大学国际工商管理学院	合格
120	企业迁移的基本趋势、对区域经济结构的影响及其调控政策研究	企业迁移的基本趋势、对区域经济结构的影响及其调控政策研究	刘怀德	长沙理工大学	良好

续表

序号	项目名称	成果名称	负责人	工作单位	鉴定等级
121	我国进行对外直接投资的产业和区位选择问题研究	发展中国家对外直接投资研究——基于中国的理论分析与模式选择	赵春明	北京师范大学经济学院	合格
122	区位竞争优势视角下的“世界工厂”变迁	区位竞争优势视角下的“世界工厂”变迁	张明之	解放军南京政治学院科研部	良好
123	新疆全面建设小康社会进程中的若干现实问题研究	新疆全面建设小康社会进程中的若干现实问题研究	艾里·阿西尔	中共新疆维吾尔自治区委党校	良好
124	中国民营企业生命周期研究	中国民营企业生命周期研究报告	许晓明	复旦大学企业管理研究所	合格
125	中国金融业混业经营问题研究	金融业经营体制的演进与变迁;中国金融业混业经营问题研究	艾洪德	东北财经大学	良好
126	环台湾海峡经济圈竞争力比较研究	环台湾海峡经济圈竞争力比较研究	王秉安	福建行政学院	良好
127	非经典计量经济学理论方法研究	季节时间序列分析;分数积分过程研究	张晓峒	南开大学国际经济研究所	优秀
128	中国食用农产品安全生产长效机制和支撑体系建设研究	中国食用农产品安全生产长效机制和支撑体系建设研究	李铜山	河南省社会科学院农村经济研究所	良好
129	推进城市化进程中失地农民就业安置模式研究	推进城市化进程中失地农民就业安置模式研究	杨盛海	湖南省社会科学院	良好
130	偿还养老金隐性债务研究	偿还养老金隐性债务研究	申曙光	中山大学岭南学院风险管理与保险学系	良好
131	我国数字化运输与物流市场机制理论及运作模式研究	我国数字化运输与物流市场机制理论及运作模式研究	杨华龙	大连海事大学交通工程与物流学院	优秀
132	农地流转的交易成本与价格体系研究——新一轮农村改革中农地使用权流转的问题研究	农地流转的交易成本与价格体系研究	邓大才	湖南省社会科学院	良好
133	中部地区崛起战略与政策研究——区域创新系统的构建与培育	中部区域创新系统发展战略与政策研究	任胜钢	中南大学商学院	良好
134	我国畜产食品质量安全的信用机制研究	我国畜产食品质量安全的信用机制研究	刘华楠	华中农业大学经贸学院	良好

续表

序号	项目名称	成果名称	负责人	工作单位	鉴定等级
135	货币政策透明度理论研究	货币政策透明度理论研究	程均丽	西南财经大学中国金融研究中心	良好
136	西部大开发与中西部发展关系研究	西部大开发与东中西部发展关系研究	叶金生 吴　勇	中共武汉市委宣传部	合格
137	完善社会主义市场经济体制研究——转型经济过程的阶段性与评估指标体系研究	经济转型的阶段性演进与评估	景维民	南开大学经济学院	优秀
138	社会主义市场经济条件下的城市经营理论研究	城市经营论	王振有	中共湖北省黄石市委	良好
139	我国大型国有经济主体股份制与增强控制力研究	我国大型国有经济主体股份制与增强控制力研究	纪尽善	西南财经大学	良好
140	西部地区生态建设利益补偿机制与配套政策研究	南水北调中线工程水资源保护区利益补偿机制研究 西部资源开发中的生态补偿机制和政策研究	杨清玉	中共陕西省委党校科研处	良好
141	油气资源开发与西部区域经济协调发展战略研究	油气资源开发与西部区域经济协调发展战略研究	胡　健	西安石油大学	优秀
142	我国农民收入增长动力机制研究	我国农民收入增长动力机制研究	郭犹焕	华中农业大学经济贸易学院	良好
143	中国海外直接投资理论及战略研究	中国海外直接投资理论研究	吴勤学	北京联合大学商务学院	合格
144	基于顾客感知价值的服务企业竞争力研究	基于心理契约的服务忠诚决定因素整合研究；基于顾客价值的服务企业竞争力	范秀成	南开大学国际商学院	良好
145	制造业的国际竞争优势及其跨国投资战略	中国制造业的国际竞争优势及其跨国投资战略	陈湛匀	上海大学国际工商管理学院	合格
146	网上交易中信用体系问题研究	网上交易中信用体系问题研究	李　琪	西安交通大学	良好
147	贵州能源与经济可持续发展研究	贵州能源与经济可持续发展研究	申振东	贵州大学	良好
148	新疆绿洲生态农业经济可持续发展研究	新疆绿洲生态农业经济可持续发展研究	雍　会	石河子大学	良好

续表

序号	项目名称	成果名称	负责人	工作单位	鉴定等级
149	社会主义政治经济学方法论与现代中国经济矛盾主体范畴分析	社会主义政治经济学方法论与现代中国经济矛盾主体范畴分析	刘永佶	河北大学经济学院	良好
150	长江上游经济带与生态屏障的共建及协调机制研究	长江上游经济带与生态屏障的共建及协调机制研究	邓玲	四川大学经济学院	良好
151	马克思主义流通理论发展研究	马克思流通理论的当代视界与发展	晏维龙	淮海工学院	优秀
152	中国生产力多元结构及市场机制基本特征与“五统筹”经济关系、宏观经济调控体系实证研究	生产力不平衡结构及中国市场机制基本特征与“五统筹”经济关系、宏观经济调控体系的实证研究	陈璋	中国人民大学公共管理学院国民经济管理系	良好
153	对中国藏区国家级贫困县的调查研究及对策建议	对中国藏区国家级贫困县的调查研究及对策建议	翟松天	青海省社会科学院	合格
154	区域经济宏观调控与统筹发展	区域经济宏观调控与统筹发展	刘健	中共安徽省委党校	合格
155	西藏跨越式发展中的产业结构问题研究	西藏经济跨越式发展中的产业结构问题研究	房灵敏	西藏大学	良好
156	黄山旅游经济开发研究	黄山旅游经济开发研究	黄传新	安徽省委宣传部	优秀
157	中国工业增长中的劳动投入与人力资本积累及加入WTO后的竞争力研究	中国工业增长中的劳动投入、人力资本积累和加入WTO后工业竞争力研究	蔡昉	中国社会科学院人口与劳动经济研究所	良好
158	人口、资源、环境、经济、社会、科技可持续发展研究	人口、资源、环境、经济、社会、科技可持续发展研究	周逸	北京理工大学	优秀
159	面向大规模定制的供应链的集成优化方法	面向大规模定制的供应链的集成优化方法	李贵春	天津师范大学经济与管理学院	合格
160	国际资本流动与经济增长的关联性研究	当代国际资本流动对后发国家经济增长效应研究	李玉蓉	吉林大学经济学院	良好
161	结构变革中的中国金融体系系统性风险及其控制——构建有效的中国金融安全网	金融体系系统性风险辨识、测度及其控制——构建有效的中国金融安全网	范小云	南开大学金融学系	良好
162	证券市场监管与会计舞弊甄别及防范研究	证券市场监管与会计舞弊甄别及防范研究	黄世忠	厦门国家会计学院	优秀

续表

序号	项目名称	成果名称	负责人	工作单位	鉴定等级
163	中国上市公司交叉持股的经济后果研究	中国上市公司交叉持股的经济后果研究	储一昀	上海财经大学会计与财务研究院	合格
164	非农化资本形成机制分析及政策涵义	非农化资本形成机制分析及政策涵义	彭建强	河北省社会科学院	良好
165	建立体现科学发展观要求的县域经济社会发展综合评价体系研究	建立体现科学发展观要求的县域经济社会发展综合评价体系研究	张春光	中国共产党山东省委员会党校	优秀
166	粮食安全的体制与政策研究	中国粮食安全:体制及政策研究	朱　泽	中共中央政策研究室	良好
167	按照"五个统筹"要求调整中国财政支出结构问题研究	五个统筹与财政支出结构	张　馨	厦门大学经济学院	优秀
168	中国电力与经济关系及电力发展战略研究	中国电力与经济关系及电力发展战略研究	何永秀	华北电力大学工商管理学院	良好

资料来源:全国哲学社会科学规划办公室,http://www.npopss-cn.gov.cn/chgjddj/chgjddj_more.html,2007年7月22日。

注:"鉴定等级"空白的两项没有查到鉴定等级。

2007年度国家自然科学基金自由申请项目(面上项目)资助情况一览表(362项)

序号	项目名称	负责人	依托单位	起止年月	资助金额(万元)
1	基于复杂数据信息的多级物流系统需求预测与库存决策	赵秋红	北京航空航天大学	2008.01—2010.12	20
2	网格环境下进化计算的动力性行为研究	杨海军	北京航空航天大学	2008.01—2010.12	20
3	不确定性需求与柔性交货期下的生产与物流系统集成优化方法研究	周　泓	北京航空航天大学	2008.01—2010.12	20
4	多元回归模型评价、模型分类以及模型预测理论研究及其应用	王惠文	北京航空航天大学	2008.01—2010.12	25
5	城市交通网络组合出行预测模型及其求解算法设计研究	徐　猛	北京交通大学	2008.01—2010.12	20
6	非Black-Scholes模型环境下的未定权益的定价和套期保值研究	王　军	北京交通大学	2008.01—2010.12	19

续表

序号	项目名称	负责人	依托单位	起止年月	资助金额（万元）
7	高维稀疏数据聚类研究	武　森	北京科技大学	2008.01—2010.12	16
8	基于约束和邻域搜索的炼钢—连铸动态调度方法研究	李铁克	北京科技大学	2008.01—2010.12	21
9	基于自我决定理论的创造性组织情境的动机机制研究	张　剑	北京科技大学	2008.01—2010.12	19
10	基于模糊合作对策的企业联盟收益分配策略研究	张　强	北京理工大学	2008.01—2010.12	19
11	二分网络社团结构分析的理论与应用研究	樊　瑛	北京师范大学	2008.01—2010.12	19
12	基于货币转移模型研究经济系统演化过程中的若干动力学特性	王有贵	北京师范大学	2008.01—2010.12	20
13	短生命周期产品供应链管理的建模与优化	张继红	北京外国语大学	2008.01—2010.12	20
14	复杂系统可靠性参数灵敏度估计的高效率仿真方法研究	肖　刚	北京应用物理与计算数学研究所	2008.01—2010.12	20
15	复杂系统的老化特征及形成机理研究	蒋仁言	长沙理工大学	2008.01—2010.12	21
16	突发事件连锁反应宏观预警研究	荣莉莉	大连理工大学	2008.01—2010.12	20
17	基于情境感知计算的移动工作者信息支持模型研究	卢　涛	大连理工大学	2008.01—2010.12	17
18	提升信贷资产风险管理效率的CDO运作机理研究	秦学志	大连理工大学	2008.01—2010.12	18.5
19	知识管理中知识组织的超网络模型研究	吴江宁	大连理工大学	2008.01—2010.12	19.5
20	基于约束网络的多级协同项目优化调度理论与方法	刘士新	东北大学	2008.01—2010.12	21
21	供应链分销网络中多级库存的基于仿真的优化方法研究	汪定伟	东北大学	2008.01—2010.12	19
22	基于人因工程学的产品感觉特性设计支持技术研究	郭　伏	东北大学	2008.01—2010.12	20.5
23	基于情景生成的多阶段资产负债管理模型研究	金　秀	东北大学	2008.01—2010.12	20

续表

序号	项目名称	负责人	依托单位	起止年月	资助金额（万元）
24	知识工作的结构分析及其对生产率的影响机制研究	戴昌钧	东华大学	2008. 01—2010. 12	20
25	基于序加权平均的参数化信息集成算子理论及其在网络决策中的应用	刘新旺	东南大学	2008. 01—2010. 12	19
26	基于私有信息保护的供应链协调机制研究	张玉林	东南大学	2008. 01—2010. 12	19
27	双前沿面数据包络分析的理论、方法及应用研究	王应明	福州大学	2008. 01—2010. 12	20
28	随机服务网络收益管理问题研究	徐以汎	复旦大学	2008. 01—2010. 12	20
29	随机双线系统的非合作博弈理论研究	张成科	广东工业大学	2008. 01—2010. 12	22
30	模糊广义几何规划决策模型与方法	曹炳元	广州大学	2008. 01—2010. 12	20. 5
31	供应链应急响应决策的结构化途径和方法研究	李向阳	哈尔滨工业大学	2008. 01—2010. 12	22
32	面向电子商务的中文客户评论情感分析研究	叶　强	哈尔滨工业大学	2008. 01—2010. 12	21
33	我国资源卫星社会效益的货币化评价方法及实证研究	敖长林	哈尔滨工业大学	2008. 01—2010. 12	21. 5
34	基于非一体化供应链的库存与配送协调模型与方法研究	周永务	合肥工业大学	2008. 01—2010. 12	22
35	洪水灾害风险管理广义熵智能综合分析理论与应用	金菊良	合肥工业大学	2008. 01—2010. 12	20. 5
36	混合交通环境下行驶工况的仿真及控制策略研究	石　琴	合肥工业大学	2008. 01—2010. 12	20
37	面向隐性目标决策问题的智能决策方法与支持系统研究	梁昌勇	合肥工业大学	2008. 01—2010. 12	21
38	贝叶斯随机波动预测模型构建及其在金融领域中的应用研究	朱慧明	湖南大学	2008. 01—2010. 12	20
39	基于公共物品属性和市场效率的输电项目评价理论与技术研究	董　军	华北电力大学（北京）	2008. 01—2010. 12	20
40	三峡库区水污染公共安全事件耦合机理研究	余　廉	华中科技大学	2008. 01—2010. 12	18

续表

序号	项目名称	负责人	依托单位	起止年月	资助金额（万元）
41	统一价格拍卖与污染物允许排放总量免费分配的有效性评价	赵　勇	华中科技大学	2008.01—2010.12	22
42	智能支持向量回归预测技术研究	鲍玉昆	华中科技大学	2008.01—2010.12	20.5
43	基于链接挖掘的动态金融网络分析技术研究	李玉华	华中科技大学	2008.01—2010.12	18
44	动态演化规则挖掘与主动财务报告模式研究	潘　定	暨南大学	2008.01—2010.12	21
45	基于多主体的自组织团队动态交互社会规则及其演化机制研究	周跃进	南京大学	2008.01—2010.12	19
46	航线网络鲁棒优化设计方法研究	朱金福	南京航空航天大学	2008.01—2010.12	20
47	新员工期望与组织社会化早期的员工适应	乐国安	南开大学	2008.01—2010.12	19
48	基于战略的适应性企业控制系统研究	程新生	南开大学	2008.01—2010.12	22
49	大规模定制环境下产品族综合集成平台评价模型研究	焦媛媛	南开大学	2008.01—2010.12	20
50	高科技企业关键技术员工离职引发的组织知识迁移效应研究	袁庆宏	南开大学	2008.01—2010.12	18
51	面向企业集群的广义产品平台理论与方法研究	余军合	宁波大学	2008.01—2010.12	20
52	多模式主导的产业集群动态演化过程的研究	赵继军	青岛大学	2008.01—2010.12	21
53	基于随机规划模型的供应商供货风险管理策略与应急方案的研究	赵　磊	清华大学	2008.01—2010.12	20
54	班组认知可靠性及决策过程中的理论模型与应用研究	童节娟	清华大学	2008.01—2010.12	20
55	订单生产模式下的订单报价与生产排序协调研究	黄四民	清华大学	2008.01—2010.12	20
56	核电站计算机化应急操作规程的人因学研究	李志忠	清华大学	2008.01—2010.12	22
57	驾驶员险情反应特性测评分析与干预绩效评估	张　伟	清华大学	2008.01—2010.12	20

续表

序号	项目名称	负责人	依托单位	起止年月	资助金额（万元）
58	具有多环特征的芯片生产系统建模和性能分析	郑　力	清华大学	2008.01—2010.12	20
59	使用代数化元语言构建跨领域的工程决策支持系统	顾学雍	清华大学	2008.01—2010.12	20
60	基于格空间信息熵尺度的煤矿企业系统管理复杂性测度理论与方法研究	宋华岭	山东工商学院	2008.01—2010.12	20
61	基于心理契约的企业默会知识转化与共享机理及实证研究	梁启华	山东工商学院	2008.01—2010.12	21
62	遗传元胞自动机模型及其在沪深股市复杂性中的应用研究	应尚军	上海对外贸易学院	2008.01—2010.12	20
63	不确定环境下的基于循环取料与在线喂料的越库调度系统的建模与优化	陈　峰	上海交通大学	2008.01—2010.12	20
64	基于多层次组织创新行为的影响因素研究——从人力资本与社会资本互动视角	顾琴轩	上海交通大学	2008.01—2010.12	19
65	具有集装箱码头作业决策背景的复杂Flow Shop调度问题的建模与优化研究	陆志强	上海交通大学	2008.01—2010.12	21
66	汇率期限结构理论及实证研究	冯　芸	上海交通大学	2008.01—2010.12	19
67	基于自组织数据挖掘的CRM客户分析研究	贺昌政	四川大学	2008.01—2010.12	20
68	多维产能收益管理理论及其应用研究	罗　利	四川大学	2008.01—2010.12	20.5
69	基于知识链的知识网络的形成与演化研究	顾　新	四川大学	2008.01—2010.12	21
70	组织间的非契约控制机制与网络组织运行效率实证研究	徐碧琳	天津财经大学	2008.01—2010.12	20
71	基于任务复杂性的企业网络组织协同行为研究	彭正银	天津财经大学	2008.01—2010.12	21
72	基于Bayesian方法的面板单位根检验和协整检验方法研究	白仲林	天津财经大学	2008.01—2010.12	20
73	VMI模式下力量不对等供应链Pareto改进研究	赵道致	天津大学	2008.01—2010.12	19
74	面向智能电子商务的Web挖掘理论与技术研究	寇纪淞	天津大学	2008.01—2010.12	20
75	基于广义Health-Jarrow-Morton模型的固定收益证券定价方法研究	杨宝臣	天津大学	2008.01—2010.12	20

续表

序号	项目名称	负责人	依托单位	起止年月	资助金额（万元）
76	考虑市场噪音条件下资产均衡价格波动性估计方法与应用研究	王春峰	天津大学	2008. 01—2010. 12	20
77	基于语义的新一代决策支持系统关键问题研究	向　阳	同济大学	2008. 01—2010. 12	21. 5
78	实时优化理论、方法与应急决策管理	高成修	武汉大学	2008. 01—2010. 12	22
79	城市交通实时优化与应急管理理论及应用	黄崇超	武汉大学	2008. 01—2010. 12	20
80	二层规划与报童问题模型及其在电力市场中的应用研究	万仲平	武汉大学	2008. 01—2010. 12	22
81	可持续水资源管理的可拓模糊量化方法研究	胡宝清	武汉大学	2008. 01—2010. 12	19
82	改善神经网络泛化性能的先验知识理论与实验研究	胡铁松	武汉大学	2008. 01—2010. 12	22
83	行为投资组合模型及基于 Agent 金融市场仿真研究	徐绪松	武汉大学	2008. 01—2010. 12	20
84	复杂动态网络控制与同步中的反演和优化问题	陆君安	武汉大学	2008. 01—2010. 12	17
85	商业银行操作风险传导机理及控制研究	邓明然	武汉理工大学	2008. 01—2010. 12	18
86	基于关系演进的客户心理契约与关系意愿辨析及关系保持决策研究	万映红	西安交通大学	2008. 01—2010. 12	20. 5
87	基于数据挖掘的可疑金融交易识别研究	张成虎	西安交通大学	2008. 01—2010. 12	19. 5
88	基于自主创新的知识创造过程中的知识产权风险及其管理策略	黄瑞华	西安交通大学	2008. 01—2010. 12	22. 5
89	再制造产品质量控制及经济评价	梁工谦	西北工业大学	2008. 01—2010. 12	18
90	动态供应链协作信任关键影响因素研究	赵嵩正	西北工业大学	2008. 01—2008. 12	7
91	基于基因工程的产品设计过程重用	同淑荣	西北工业大学	2008. 01—2010. 12	21
92	消费者口碑传播——理论模型构建与实证研究	朱　敏	西南财经大学	2008. 01—2010. 12	19. 5

续表

序号	项目名称	负责人	依托单位	起止年月	资助金额（万元）
93	随机格序决策研究	郭耀煌	西南交通大学	2008.01—2010.12	20
94	自然灾害应急物流系统中的不确定动态定位——运输路线安排问题研究	马祖军	西南交通大学	2008.01—2010.12	20
95	企业与员工报酬激励的多重分形均衡配置研究	黄登仕	西南交通大学	2008.01—2010.12	22
96	投资组合保险与中国股票市场均衡研究	史本山	西南交通大学	2008.01—2010.12	20
97	金融市场的多分形波动率测度、模型及其应用研究	魏　宇	西南交通大学	2008.01—2010.12	20
98	围填海造成的海岸带生态系统服务功能损耗的货币化评估	陈伟琪	厦门大学	2008.01—2010.12	20
99	期权组合非线性 VaR 度量模型及数值方法研究	陈荣达	浙江财经学院	2008.01—2010.12	19.5
100	城市应急物流中不完全扑灭的多商品分配问题研究	刘　南	浙江大学	2008.01—2010.12	20
101	公共资源管理的社会学习理论与动机激发机制	马剑虹	浙江大学	2008.01—2010.12	21
102	过程监测与调整的理论和方法研究	张　黎	郑州航空工业管理学院	2008.01—2010.12	22
103	新中国成立后的中国管理科学	张利华	中国科学院科技政策与管理科学研究所	2008.01—2010.12	17.5
104	基于 SSM 和 DEA 的科研机构投入产出效益研究	孟　溦	中国科学院科技政策与管理科学研究所	2008.01—2010.12	19
105	煤矿安全投人的动力机制及效率评价研究	丁日佳	中国矿业大学（北京）	2008.01—2010.12	20
106	管理科学中连续优化反问题研究	刘国山	中国人民大学	2008.01—2010.12	19
107	基于自组织目标理论的员工目标定向多维结构及效用研究	章　凯	中国人民大学	2008.01—2010.12	21
108	非寿险经验费率模型研究	孟生旺	中国人民大学	2008.01—2010.12	21.5
109	网络化作战组织的探索性建模与优化方法	刘　忠	中国人民解放军国防科学技术大学	2008.01—2010.12	20

续表

序号	项目名称	负责人	依托单位	起止年月	资助金额（万元）
110	模糊、动态多维数据建模理论与方法研究	刘青宝	中国人民解放军国防科学技术大学	2008. 01—2010. 12	20
111	基于不完全信息的复杂网络抗毁性建模与分析	谭跃进	中国人民解放军国防科学技术大学	2008. 01—2010. 12	18
112	基于复杂网络的联合战斗建模研究	沈寿林	中国人民解放军南京陆军指挥学院	2008. 01—2010. 12	20
113	随机投入产出技术及其应用	李景华	中国政法大学	2008. 01—2010. 12	17
114	多产品报童问题风险决策模型研究	周艳菊	中南大学	2008. 01—2010. 12	22. 5
115	信息不完全确定的灰色模糊随机多准则决策方法及应用研究	王坚强	中南大学	2008. 01—2010. 12	21. 5
116	轨道交通旅客列车组织方案优化理论与方法研究	史　峰	中南大学	2008. 01—2010. 12	21
117	基于社会责任的组织印象管理策略及其效应系列研究	张爱卿	中央财经大学	2008. 01—2010. 12	20
118	不确定时域寡头竞争微分对策问题研究	张荣	重庆大学	2008. 01—2010. 12	18
119	顾客满意度及其不确定性对企业财务业绩的影响研究	高充彦	对外经济贸易大学	2008. 01—2010. 12	18
120	中外合资企业管理控制问题的比较案例研究	汤谷良	对外经济贸易大学	2008. 01—2010. 12	21
121	汽车制造企业在华筹供战略及其对零部件供应商绩效的影响	王铁民	北京大学	2008. 01—2010. 12	21
122	外资公司在华专利行为研究	周长辉	北京大学	2008. 01—2010. 12	22
123	基于市场纪律的商业银行激励约束研究	张圣平	北京大学	2008. 01—2010. 12	21
124	ERP 系统实施与企业绩效增长关系研究	王立彦	北京大学	2008. 01—2010. 12	20
125	品牌代言活动中品牌文化的构成要素、意义转换过程及其对品牌价值的影响	张红霞	北京大学	2008. 01—2010. 12	20
126	企业公民、信用治理及其评价体系研究——基于企业社会责任的视角	叶陈毅	石家庄经济学院	2008. 01—2010. 12	19

续表

序号	项目名称	负责人	依托单位	起止年月	资助金额（万元）
127	流通主导型渠道的生成机理及其效率增进机制研究	晏维龙	淮海工学院	2008.01—2010.12	17.5
128	品牌联合:效应、作用机理与模式选择	陆　娟	中国农业大学	2008.01—2010.12	28
129	基于专利质量测度的中国市场中外企业专利权竞争行为及其极化效应实证研究	陈向东	北京航空航天大学	2008.01—2010.12	20.5
130	参考点依赖和损失厌恶对消费者新产品决策的影响	黄劲松	北京航空航天大学	2008.01—2010.12	20
131	基于结构可靠性思想的国际工程安全与健康风险管理理论与应用研究	方东平	清华大学	2008.01—2010.12	18
132	中国企业国际化进程中利用全球创新网络知识资源的战略研究	吴金希	清华大学	2008.01—2010.12	24.5
133	企业文化内部传播渠道有效性实证研究	曲　庆	清华大学	2008.01—2010.12	21
134	基于ERMIF的企业内部控制框架、模式与评价工具研究	陈关亭	清华大学	2008.01—2010.12	22
135	会计稳健性、治理环境和经济后果	夏冬林	清华大学	2008.01—2010.12	19
136	互联网环境下口碑影响力（WOMI）的构成及影响因素研究	于春玲	清华大学	2008.01—2010.12	22
137	接近零不合格过程的质量诊断及其计算机实现	孙　静	清华大学	2008.01—2010.12	18
138	中国研究型大学校友技术创业:历史、动因和联系机制	杨德林	清华大学	2008.01—2010.12	20
139	企业信息化中的信息质量保障机制及其应用研究	苏　颖	清华大学	2008.01—2009.12	13
140	企业电子商务价值驱动力与评价研究	黄京华	清华大学	2008.01—2010.12	24
141	网络整合营销传播中关键词选择和整合规律的研究	姜旭平	清华大学	2008.01—2010.12	18
142	基于渠道关系管理的营运资金管理研究与中国上市公司营运资金管理数据平台建设	王竹泉	中国海洋大学	2008.01—2010.12	22

续表

序号	项目名称	负责人	依托单位	起止年月	资助金额（万元）
143	供应链环境下企业财务困境的形成机制与预测方法研究	徐晓燕	中国科学技术大学	2008.01—2010.12	21
144	基于支持向量机的营销风险识别与预警研究	张云起	山东工商学院	2008.01—2010.12	20
145	产品研发中技术演变过程与机理研究	毛荐其	山东工商学院	2008.01—2010.12	22
146	动态环境中珠三角制造企业组织结构柔性与绩效关系实证研究	谢卫红	广东工业大学	2008.01—2010.12	20
147	供方管理库存中的群体协作模式与集结方法研究	刘心报	合肥工业大学	2008.01—2010.12	20
148	集群环境下物流服务与生产企业互动共生机理与模式研究	陈畴镛	杭州电子科技大学	2008.01—2010.12	20
149	可信性、公平感与企业内部授权机制的有效性——基于行为合约视角的研究	茅　宁	南京大学	2008.01—2010.12	17
150	基于社会文化差异的跨国公司海外子公司组织学习研究	戴万稳	南京大学	2008.01—2010.12	19.5
151	建立中国政府会计概念框架若干基本理论问题研究	陈志斌	南京大学	2008.01—2010.12	19
152	基金管理公司治理结构、内部控制与经营绩效：一项基于中国的实证研究	杨雄胜	南京大学	2008.01—2010.12	20.5
153	基于两阶段购物过程的消费者渠道选择行为实证研究	王全胜	南京大学	2008.01—2010.12	19
154	基于企业社会责任的战略绩效评价模型研究	徐光华	南京理工大学	2008.01—2010.12	20
155	股市操纵行为的成因、手段与经济后果：会计视角的实证研究	鲁桂华	中央财经大学	2008.01—2010.12	17
156	不连续技术创新的风险认知体系与战略模式研究	肖海林	中央财经大学	2008.01—2010.12	22
157	我国企业应对反倾销的会计联动机制研究	刘爱东	中南大学	2008.01—2010.12	18
158	基于关系网络的中国制造企业国际化能力培育与路径选择研究	王国顺	中南大学	2008.01—2010.12	18
159	创业绩效结构研究	沈超红	中南大学	2008.01—2010.12	22.5

续表

序号	项目名称	负责人	依托单位	起止年月	资助金额（万元）
160	基于生态位构建理论的核心员工与企业动态匹配研究	颜爱民	中南大学	2008.01—2010.12	18
161	基于行为分析的个性化需求预测	唐中君	中南大学	2008.01—2010.12	18.5
162	消费者伦理决策模型的建构与应用研究	曾伏娥	武汉大学	2008.01—2010.12	17
163	断裂的消费者—品牌关系再续研究	黄　静	武汉大学	2008.01—2010.12	21
164	全球价值链下“中国制造”国际竞争力的评价及升级策略研究	谭力文	武汉大学	2008.01—2010.12	21
165	基于全球化制造网络的我国企业ODI战略研究	吴晓波	浙江大学	2008.01—2010.12	18
166	基于神经营销学方法的品牌延伸认知与决策研究	马庆国	浙江大学	2008.01—2010.12	20
167	家族企业传承冲突的组织变革研究	欧晓明	华南农业大学	2008.01—2010.12	21
168	基于多元化战略的上市公司治理优化研究	薛有志	南开大学	2008.01—2010.12	21.5
169	中国文化背景下消费者炫耀性消费行为的实证研究：特征、形成机理及管理	郑玉香	南开大学	2008.01—2010.12	20
170	集装箱码头的扰动管理与优化调度	陈秋双	南开大学	2008.01—2010.12	20
171	知识资本跨组织整合模式研究	王开明	中国地质大学（武汉）	2008.01—2010.12	18
172	绩效考核对团队成员知识共享的影响研究	廖建桥	华中科技大学	2008.01—2010.12	18
173	消费者冲动性购买行为选择：理由与自我控制	景奉杰	华中科技大学	2008.01—2010.12	22
174	基于约束管理的多品种小批量协同混流制造运作控制研究	管在林	华中科技大学	2008.01—2010.12	20
175	工程项目交易方式及其效率衡量体系研究	陈勇强	天津大学	2008.01—2010.12	22
176	基于治理结构与机制的公共项目管理绩效改善研究	尹贻林	天津理工大学	2008.01—2010.12	19

续表

序号	项目名称	负责人	依托单位	起止年月	资助金额（万元）
177	再制造逆向供应链契约协调研究	达庆利	东南大学	2008.01—2010.12	20
178	纵向一体化战略价值影响因子的实证研究	黄　丹	上海交通大学	2008.01—2010.12	18
179	机构投资者的持股行为、治理角色与上市公司信息披露	胡奕明	上海交通大学	2008.01—2010.12	20
180	不对称信息、公司结构的流动性约束与投资的关系研究	徐晓东	上海交通大学	2008.01—2010.12	18
181	基于时间导向和死亡突显性的消费者享乐主义/功利主义选择研究	吕　巍	上海交通大学	2008.01—2010.12	17
182	企业社会责任与消费者购买意向关系的理论与实证研究	周祖城	上海交通大学	2008.01—2010.12	20
183	合约市场与现货市场并存下的供应链运作与风险管理	黄培清	上海交通大学	2008.01—2010.12	14
184	基于专利产出结构与效率的企业 R&D 投入结构研究	陈德智	上海交通大学	2008.01—2010.12	15
185	都市圈技术创新协同的阻制与耦合效应研究	曾赛星	上海交通大学	2008.01—2010.12	18
186	多主体参与的服务创新模式及运作管理	鲁若愚	电子科技大学	2008.01—2010.12	22
187	新兴技术“三要素多层次共生演化”机制研究	银　路	电子科技大学	2008.01—2010.12	20
188	链与链竞争的占优控制结构与纵向合同选择	艾兴政	电子科技大学	2008.01—2010.12	21
189	基于 C－PMBOK 的中国组织项目管理成熟度模型研究	白思俊	西北工业大学	2008.01—2010.12	19
190	公司间知识转移与产业链解构互动关系及相应的创新机制研究	董广茂	西安工业大学	2008.01—2010.12	16
191	纺织服装供应链广义快速响应机制、模型及运作策略研究	徐　琪	东华大学	2008.01—2010.12	20
192	企业分布式创新的机理及效应研究	刘国新	武汉理工大学	2008.01—2010.12	17
193	基于大规模定制的服务业顾客保留理论及实证研究	徐宏毅	武汉理工大学	2008.01—2010.12	18

续表

序号	项目名称	负责人	依托单位	起止年月	资助金额（万元）
194	创业团队风险决策机理研究	谢科范	武汉理工大学	2008.01—2010.12	20
195	制造业入厂物流利益分配机制研究	霍佳震	同济大学	2008.01—2010.12	22
196	私营企业家关系运作、组织变迁与家族制度研究	李孔岳	中山大学	2008.01—2010.12	22
197	现金持有量的决定与价值研究	顾乃康	中山大学	2008.01—2010.12	22
198	审计质量决定机制与审计师选择	刘　峰	中山大学	2008.01—2010.12	22
199	公司形象维度及其对市场网络成员长期关系导向的影响机制	王海忠	中山大学	2008.01—2010.12	24
200	中国慈善组织多重参与者市场导向研究与实证分析	周延风	中山大学	2008.01—2010.12	20
201	公仆型领导理论及其在服务性企业的应用	张秀娟	中山大学	2008.01—2010.12	22
202	我国企业R&D创新投入的风险与有效性研究	唐清泉	中山大学	2008.01—2010.12	24
203	基于外部动力和内部资源系统观的绿色供应链管理模型研究	朱庆华	大连理工大学	2008.01—2010.12	22
204	面向APS的能力需求计划和能力平衡并行算法研究	黄学文	大连理工大学	2008.01—2010.12	19.5
205	基于管理者行为特征的上市公司盈余管理约束模型研究	李延喜	大连理工大学	2008.01—2010.12	23
206	相关利益导向和制度嵌入型物流网络结构和绩效研究	宋　华	中国人民大学	2008.01—2010.12	20
207	基于企业社会责任的中外品牌影响力比较研究	刘凤军	中国人民大学	2008.01—2010.12	24
208	企业口碑营销的机理及其测量研究	郭国庆	中国人民大学	2008.01—2010.12	25
209	人力资源管理在个体创造力到组织创新绩效中的作用机制研究	孙健敏	中国人民大学	2008.01—2010.12	20
210	基于产品架构的企业竞争优势理论与实证研究	欧阳桃花	中国人民大学	2008.01—2010.12	24

续表

序号	项目名称	负责人	依托单位	起止年月	资助金额（万元）
211	知识驱动的产品平台创新和演进	侯　亮	厦门大学	2008.01—2010.12	21
212	基于控股股东自利行为的上市公司投资行为研究	沈维涛	厦门大学	2008.01—2010.12	19.5
213	基于市场微观结构理论的三大财务问题的拓展研究	屈文洲	厦门大学	2008.01—2010.12	22
214	服务产品的顾客社会规范属性研究	马钦海	东北大学	2008.01—2010.12	19
215	衰退集群中的企业非合作行为研究	李　凯	东北大学	2008.01—2010.12	20
216	复杂产品系统创新能力的形成机理研究	张　炜	西北大学	2008.01—2010.12	16
217	基于可持续发展的公司社会责任报告模式研究	宋献中	暨南大学	2008.01—2010.12	18
218	大股东控制下的中国上市公司资本配置行为研究	刘　星	重庆大学	2008.01—2010.12	19
219	中国转型经济环境中的公共治理与民营企业公司治理研究	夏立军	上海财经大学	2008.01—2010.12	22
220	全球化条件下中国产业技术追赶的研究	柳卸林	中国科学院研究生院	2008.01—2010.12	20
221	电子商务交易动力机制研究	彭　赓	中国科学院研究生院	2008.01—2010.12	23
222	CoPS 创新的利益相关者管理模式研究	盛　亚	浙江工商大学	2008.01—2010.12	18
223	资源型企业群落脆弱性形成机理与创业机制研究	张　青	复旦大学	2008.01—2010.12	23
224	中国轿车制造企业的产品线竞争策略研究与应用	白让让	复旦大学	2008.01—2010.09	19.5
225	文化价值观影响下的消费者品牌态度:世代差异与代际影响研究	何佳讯	华东师范大学	2008.01—2010.12	21
226	基于高层管理人员个人社会关系资源的企业联盟中的知识获取机制研究	姚小涛	西安交通大学	2008.01—2010.12	18
227	高管团队结构形态对组织性能的影响研究	席酉民	西安交通大学	2008.01—2010.12	23

续表

序号	项目名称	负责人	依托单位	起止年月	资助金额（万元）
228	基于COSO内部控制与风险管理整合框架的上市公司财务危机实时预警系统研究	田高良	西安交通大学	2008.01—2010.12	18
229	自主创新战略选择对企业专利竞赛的影响研究	高山行	西安交通大学	2008.01—2010.12	21.5
230	组织文化、人力资源管理系统与组织绩效关系研究	刘善仕	华南理工大学	2008.01—2010.12	20
231	企业技术扫描模式及其耦合特征对创新的影响研究	龚　毅	郑州轻工业学院	2008.01—2010.12	20
232	产业集群中核心企业成长研究	项后军	浙江财经学院	2007.12—2010.12	19
233	反倾销应诉决策与反倾销会计研究	周友梅	南京财经大学	2008.01—2010.12	10
234	基于隐性知识补缺的企业并购模式及优化研究	胥朝阳	武汉科技学院	2008.01—2010.12	17
235	营销能力对企业自主创新影响研究	于建原	西南财经大学	2007.12—2010.06	21
236	公共经济权力审计控制机制分析及其效果的实证研究	蔡　春	西南财经大学	2008.01—2010.12	17
237	新服务开发绩效影响因素作用机制研究:基于知识密集型服务业的实证分析	刘顺忠	东北师范大学	2008.01—2010.12	21
238	中国南方集体林区林权改革模式和绩效的实证分析	徐晋涛	北京大学	2008.01—2010.12	20
239	中国健康与养老追踪调查试调查	赵耀辉	北京大学	2008.01—2010.12	24
240	互联网信息传播机制与社会影响评价研究	谢新洲	北京大学	2008.01—2010.12	23
241	基于自组织理论的台海两岸经济系统运行机理研究	李京文	北京工业大学	2008.01—2010.12	20
242	我国农村信贷配给问题研究	李　锐	北京航空航天大学	2008.01—2010.12	22
243	复杂创新系统创新绩效的测度研究	官建成	北京航空航天大学	2008.01—2010.12	25
244	流动人口公共产品提供的公共政策研究——以流动儿童义务教育为例	杨东平	北京理工大学	2008.01—2010.12	19

续表

序号	项目名称	负责人	依托单位	起止年月	资助金额（万元）
245	基于延伸生产者责任的电子废弃物回收体系构建、模式与管理研究——以家电和PC为例	王兆华	北京理工大学	2008.01—2010.12	20
246	中国木本油料能源资源潜力分析与开发机制研究	张彩虹	北京林业大学	2008.01—2010.12	20
247	地区间财力不均等与转移支付的均等化效应：基于中国县级数据的研究	尹　恒	北京师范大学	2008.01—2010.12	19
248	2008年北京奥运会场馆赛后开发与利用研究	林显鹏	北京体育大学	2008.01—2010.12	20
249	国际化进程中提升中国电信企业国际竞争力途径研究	曾剑秋	北京邮电大学	2008.01—2010.12	16
250	重大装备制造业中外厂商技术联盟创新及实现机制研究	原毅军	大连理工大学	2008.01—2010.12	22
251	政府R&D投入绩效分析的理论模型及其应用研究	刘凤朝	大连理工大学	2008.01—2010.12	20
252	基于技术科学的前沿技术知识图谱分析与强国战略研究	刘则渊	大连理工大学	2008.01—2010.12	20
253	基于区域承载力的产业集成路径研究	王国红	大连理工大学	2008.01—2010.12	19
254	消费类电子产品产业链波及效应及其应对管理研究	陈宏	电子科技大学	2008.01—2010.12	21
255	国有林经营模式与天然林保护工程后经营政策研究	曹玉昆	东北林业大学	2008.01—2010.12	14
256	属权法国际贸易核算体系下的中美贸易不平衡成因分析	林桂军	对外经济贸易大学	2008.01—2010.12	10
257	私有林经营规模效率研究：福建案例研究	张春霞	福建农林大学	2008.01—2010.12	20
258	服务部门的产业内贸易：理论方法及基于中国的经验研究	程大中	复旦大学	2008.01—2010.12	19
259	学校到职业生涯转换的整合研究：以大学毕业生个人体验为基础的研究	谢晋宇	复旦大学	2008.01—2010.12	19
260	创新型国家建设中的技术扩散、技术能力积累与区域科技创新力提升战略研究	殷醒民	复旦大学	2008.01—2010.12	18

续表

序号	项目名称	负责人	依托单位	起止年月	资助金额（万元）
261	污染产业转移与生态补偿机制的空间协同效应研究	刘　力	广东外语外贸大学	2008.01—2010.12	22
262	新农村建设中支持农村中小企业的政策转型和服务体系建设机理、模式及其区域比较研究	姜长云	国家发展和改革委员会产业经济与技术经济研究所	2008.01—2010.12	20
263	我国主体功能区划中的限制开发区域补偿机制研究	高国力	国家发展和改革委员会国土开发与地区经济研究所	2008.01—2010.12	21
264	产业投资与产业结构的关系及作用机理研究	范德成	哈尔滨工程大学	2008.01—2010.12	20
265	基于非线性相互预测的金融危机传染机制研究	惠晓峰	哈尔滨工业大学	2008.01—2010.12	20
266	基于支持向量机集成新方法的商业银行信用风险评估模型研究	吴　冲	哈尔滨工业大学	2008.01—2010.12	20
267	基于价值理论的住区和谐整合及效率提升研究	武永祥	哈尔滨工业大学	2008.01—2010.12	20
268	基于电子共融理论的电子政务绩效评价研究	米加宁	哈尔滨工业大学	2008.01—2010.12	19
269	东北老工业基地高新技术产业与装备制造业协调发展研究	綦良群	哈尔滨理工大学	2008.01—2010.12	20
270	高新技术企业R&D联盟综合优势及其实现路径与管理方法研究	王宏起	哈尔滨理工大学	2008.01—2010.12	20
271	病人安全评价指标体系研究	毛静馥	哈尔滨医科大学	2008.01—2010.12	24
272	区域创新系统：立体、多创新极共生演化模型研究	胡宝民	河北工业大学	2008.01—2010.12	18
273	粮食主产区农业补贴政策效应机理和机制研究	张冬平	河南农业大学	2008.01—2010.12	20
274	中国牛奶生产全要素生产率及技术投资政策研究	马恒运	河南农业大学	2008.01—2010.12	20
275	基于数据挖掘技术的反洗钱领域大额与可疑资金交易甄别技术与方法研究	杨胜刚	湖南大学	2008.01—2010.12	22
276	电能质量综合评估与多质量等级电能定价方法的研究	李庚银	华北电力大学（北京）	2008.01—2010.12	19
277	不同技术进步水平下产业布局对能源节约影响的经济分析模型	赵晓丽	华北电力大学（北京）	2008.01—2010.12	20

续表

序号	项目名称	负责人	依托单位	起止年月	资助金额（万元）
278	基于复杂网络范式的产业内竞争关系与企业间对抗行动研究	杨建梅	华南理工大学	2008.01—2010.12	19
279	逼仓对大宗商品定价以及套保效率影响研究	王向阳	华中科技大学	2008.01—2010.12	17
280	基于业务重组的城市政府信息资源共享规划方法及模型构建研究	徐晓林	华中科技大学	2008.01—2010.12	20
281	基于利益相关者理论的公立医院组织绩效评价指标体系研究	冯占春	华中科技大学	2008.01—2010.12	20
282	城市化进程中农户的农地投入变化及其管控政策研究	杨钢桥	华中农业大学	2008.01—2010.12	20
283	农产品营销渠道变革与模式选择研究	李崇光	华中农业大学	2008.01—2010.12	22
284	农地城市流转中不同利益集团福利变化测度与福利均衡研究	张安录	华中农业大学	2008.01—2010.12	20
285	水环境污染控制的价值总量管理机制研究	王宪恩	吉林大学	2008.01—2010.12	21
286	玉米产业链组织模式、组织效率和技术效率研究——以东北地区玉米生产—饲料加工—畜产品生产链条为例	张越杰	吉林农业大学	2008.01—2010.12	21
287	基于资源承载力的区域产业生态管理模型——以西江流域为例	邓伟根	暨南大学	2008.01—2010.12	21
288	基于生命价值理论的中小企业安全生产管制研究	梅　强	江苏大学	2008.01—2010.12	20
289	知识挖掘与博弈论在政策评估中的集成应用	王战军	教育部学位与研究生教育发展中心	2008.01—2010.12	21
290	区域核心技术联盟识别、培育与牵引机制研究	赵顺龙	南京工业大学	2008.01—2010.12	18
291	数据库网站用户信息搜索中的学习行为研究	甘利人	南京理工大学	2008.01—2010.12	20
292	外来入侵动物扩散规律及管理对策研究	周曙东	南京农业大学	2008.01—2010.12	22
293	中国蔬菜产地间竞争与主产地形成的实证研究	周应恒	南京农业大学	2008.01—2010.12	24
294	非农就业对农户家庭能源消费和农村生态环境的影响研究——基于江西省村庄和农户水平的分析	石晓平	南京农业大学	2008.01—2010.12	20

续表

序号	项目名称	负责人	依托单位	起止年月	资助金额（万元）
295	基于环境价值基础上的耕地非农化配置与管理研究:以江苏省为例	诸培新	南京农业大学	2008.01—2010.12	20
296	中国微观消费行为特征与宏观消费需求管理研究	张建勋	南开大学	2008.01—2010.12	20
297	银行业跨国并购与我国金融安全的理论与对策研究	邱立成	南开大学	2008.01—2010.12	22
298	基于信息熵方法的中国宏观金融风险管理研究	范小云	南开大学	2008.01—2010.12	14
299	新型农村合作医疗筹资机制的研究	沈其君	宁波大学	2008.01—2010.12	24
300	生活消费对水环境的影响及其治理的经济手段研究	俞海山	宁波大学	2008.01—2010.12	20
301	基于区域一体化整合的现代物流产业集群模式与实证研究	马　林	宁波大学	2008.01—2010.12	22
302	政府行政支出成本问题实证研究	何翔舟	宁波大学	2008.01—2010.12	20
303	艾滋冲击、家庭金融与公共政策——艾滋病传播对中国家庭经济和社会行为影响的实证研究	俞　樵	清华大学	2008.01—2010.12	20
304	模仿和技术学习	谢　伟	清华大学	2008.01—2010.12	22
305	中国金融机构建立环境可持续发展支持体系研究	常　杪	清华大学	2008.01—2010.12	20
306	面向公共安全的网络舆情预警方法研究	疏学明	清华大学	2008.01—2010.12	19
307	基于共生理论的金融企业集群发展研究	张志元	山东经济学院	2008.01—2010.12	23
308	植物品种权有效实施的运作模式及其管理制度	陈会英	山东农业大学	2008.01—2010.12	20
309	基于一流青年科学家的高校基础研究创新系统管理研究——以生物医学为例	段志光	山西医科大学	2008.01—2010.12	20
310	和谐社会、科学发展观与幸福——收入之谜:主观福利的攀比理论及实证研究	田国强	上海财经大学	2008.01—2010.12	19
311	中国大城市旅游房地产空间整合与管治研究	胡　浩	上海大学	2008.01—2010.12	20

续表

序号	项目名称	负责人	依托单位	起止年月	资助金额（万元）
312	证券市场流动性价值理论与实证分析技术	杨朝军	上海交通大学	2008.01—2010.12	18
313	部分积累制社会保障基金的动态资产配置研究	刘海龙	上海交通大学	2008.01—2010.12	21
314	城市化进程中农民工迁移模式的决策及转换机制研究	张广胜	沈阳农业大学	2008.01—2010.12	19
315	地区专业化与产业集聚的动因及其对生产率变动的影响	邓　翔	四川大学	2008.01—2010.12	23
316	FDI主导的地方产业集群中当地企业的进入障碍、升级困境及其突破：基于长三角的研究	赵增耀	苏州大学	2008.01—2010.12	23
317	高校隐性知识转移的创新机制与价值增值模型研究	施琴芬	苏州大学	2008.01—2010.12	23
318	中国国有企业股份制改造的决策科学性分析	龙　斧	武汉大学	2008.01—2010.12	22
319	知识溢出对我国外商直接投资地区非均衡增长的影响途径与数量测度	陈继勇	武汉大学	2008.01—2010.12	20
320	基于激励绩效的银行保险制度研究	魏华林	武汉大学	2008.01—2010.12	19
321	传统产业集群向创新集群演化路径研究	王学军	武汉大学	2008.01—2010.12	21
322	第三配置与信用公共品的有效提供及管理研究	严清华	武汉大学	2008.01—2010.12	18
323	基于Web2.0的信息自组织与有序化研究	马费成	武汉大学	2008.01—2010.12	23
324	基于数字图书馆的本体演化与知识管理研究	董　慧	武汉大学	2008.01—2010.12	22
325	我国电子公文文档一体化协同与管理策略研究	刘家真	武汉大学	2008.01—2010.12	22
326	基于人工免疫系统的城市空间网络分析研究	梁勤欧	武汉大学	2008.01—2010.12	21
327	主导性高技术产业成长机制研究	赵玉林	武汉理工大学	2008.01—2010.12	20
328	基于投入占用产出技术的西部节能降耗实现途径研究	郭菊娥	西安交通大学	2008.01—2010.12	20
329	中国机场业的所有制结构、管理战略和市场效率研究	杨秀云	西安交通大学	2008.01—2010.12	18

续表

序号	项目名称	负责人	依托单位	起止年月	资助金额（万元）
330	以中学生为核心贫困农村艾滋病、结核病及 HIV/TB 双重感染联合预防健康教育模式研究	张少茹	西安交通大学	2008. 01—2010. 12	23
331	脆弱性视角下西部农户生计模式及公共政策的理论与实证研究	黎　洁	西安交通大学	2008. 01—2010. 12	20
332	集群企业的跨区域发展与产业集群间分工研究	陈建军	浙江大学	2008. 01—2010. 12	20
333	农业企业汇率风险反应行为与应对策略研究	黄祖辉	浙江大学	2008. 01—2010. 12	21
334	中国农民专业合作社成长机理与发展对策研究	郭红东	浙江大学	2008. 01—2010. 12	23
335	非营利组织市场导向及其组织绩效的研究	蔡　宁	浙江大学	2008. 01—2010. 12	20
336	文化根植性与产业集群演变轨迹的关联机理研究	魏　江	浙江大学	2008. 01—2010. 12	20
337	中国制造业产业自主创新能力动态演化的影响机制研究	郭　斌	浙江大学	2008. 01—2010. 12	20
338	h－指数和类h－指数的机理分析与实证研究	叶　鹰	浙江大学	2008. 01—2010. 12	20
339	基于可转让配额的新增建设用地控制指标区际配置模式研究	靳相木	浙江大学	2008. 01—2010. 12	19
340	区域金融结构与产业集聚互动机制研究——以长三角地区为例	钱水土	浙江工商大学	2008. 01—2010. 12	20
341	人民币区域货币锚效应和升值空间研究	陈志昂	浙江工商大学	2008. 01—2010. 12	16
342	基于产业集群导向的跨区域群体投资机制研究	徐维祥	浙江工业大学	2008. 01—2010. 12	21
343	我国居民住宅租购选择行为及其弹性研究	虞晓芬	浙江工业大学	2008. 01—2010. 12	22
344	农村环境治理中的政策工具研究：基于均衡模型的分析	胡剑锋	浙江理工大学	2008. 01—2010. 12	22
345	残疾人群自身疏散能力及其对健康人群疏散能力的影响研究	姜传胜	中国安全生产科学研究院	2008. 01—2008. 12	6

续表

序号	项目名称	负责人	依托单位	起止年月	资助金额（万元）
346	工业生态系统资源生态管理的理论与方法研究	施晓清	中国科学院生态环境研究中心	2008.01—2010.12	20
347	我国企业建立“大服务—R&D”联动机制的创新战略研究	周寄中	中国科学院研究生院	2008.01—2010.12	22
348	西部煤炭资源有效供给能力及其开发模式研究	刘海滨	中国矿业大学（北京）	2008.01—2010.12	18
349	农民合作社的农业一体化研究	冯开文	中国农业大学	2008.01—2010.12	20
350	水资源生命周期条件下水资源增值理论、模式及其机制研究	姜文来	中国农业科学院农业资源与农业区划研究所	2008.01—2010.12	20
351	全球化背景下中国对外经济统计计量与分析	高敏雪	中国人民大学	2008.01—2010.12	21
352	“肯定列表制度”下蔬菜出口产地农户使用农药的结构、行为、绩效及其转换机制研究	王志刚	中国人民大学	2008.01—2010.12	20
353	社会保障与农村计划生育保险机制研究——从生命历程视角分析	杜本峰	中国人民大学	2008.01—2010.12	19
354	我国经济快速发展地区城乡结合部土地规范集约利用研究——以广东和山东两省为例	叶剑平	中国人民大学	2008.01—2010.12	20
355	我国生物恐怖防御生物剂清单研究	郑　涛	中国人民解放军军事医学科学院	2008.01—2010.12	24
356	突发公共事件对中国宏观经济的影响及其优化管理研究	唐文进	中南财经政法大学	2008.01—2010.12	20
357	贫困与脆弱性：测度及其决定因素	丁士军	中南财经政法大学	2008.01—2010.12	20
358	中国出口商品构成的演变对中国经济增长的影响	许　斌	中欧国际工商学院	2008.01—2010.12	20
359	银行贷款与公司价值——基于中国资本市场的理论与实证研究	张　春	中欧国际工商学院	2008.01—2010.12	20
360	新型农村合作医疗的筹资机制、保障水平与可持续发展——基于保险精算的研究	申曙光	中山大学	2008.01—2010.12	23
361	中小企业信用风险识别与度量研究	史建平	中央财经大学	2008.01—2010.12	20
362	政府部门战略管理中的群体决策组织方式及其效果研究	赵景华	中央财经大学	2008.01—2010.12	19

资料来源：国家自然科学基金委员会，http://www.nsfc.gov.cn/nsfc/cen/00/kxb/gl/manage.html，2008 年 7 月 22 日。

2007年度国家自然科学基金青年科学基金项目资助情况一览表(120项)

序号	项目名称	负责人	依托单位	起止年月	资助金额(万元)
1	ABM有效性检验的关键技术研究	杨　敏	北京航空航天大学	2008.01—2010.12	18
2	多车道混合交通行为及其拥堵机制研究	唐铁桥	北京航空航天大学	2008.01—2010.12	17
3	基于非参数仿射期限结构模型的利率衍生产品定价集成研究	周荣喜	北京化工大学	2008.01—2010.12	17
4	城市交通系统中混合交通流的稳定性分析及控制策略研究	赵小梅	北京交通大学	2008.01—2010.12	17
5	客户终生价值动态管理基础理论及电信业实证研究	齐佳音	北京邮电大学	2008.01—2010.12	15
6	基于有限理性和前景理论的动态交通分配与信号控制集成理论研究	卢守峰	长沙理工大学	2008.01—2010.12	18
7	面向动态不确定性的计划产能预测与风险决策研究	李　波	电子科技大学	2008.01—2010.12	18
8	基于随机占优思想的随机多属性决策方法与应用研究	张　尧	东北大学	2008.01—2010.12	17
9	NP难问题中的相变与基于自组织临界理论的智能算法研究	齐　洁	东华大学	2008.01—2008.12	6.5
10	停车换乘系统的优化、设计理论与方法	李志纯	复旦大学	2008.01—2008.12	6.5
11	市场参与者的风险厌恶程度对期货价格的影响及其应用研究	宋　军	复旦大学	2008.01—2010.12	17
12	智能预诊关键技术及其应用研究	闫纪红	哈尔滨工业大学	2008.01—2010.12	18
13	基于蚁群免疫算法的Web文档查询优化研究	王自强	河南工业大学	2008.01—2010.12	18
14	基于复杂网络理论的软件新产品扩散多智能体建模与仿真	龚晓光	华中科技大学	2008.01—2010.12	17.5
15	非可加信息贝叶斯更新条件下的期权定价方法研究	郑承利	华中师范大学	2008.01—2010.12	17
16	机构投资者投资策略的市场演化及其动力学机制研究	朱洪亮	南京大学	2008.01—2010.12	17
17	基于复杂网络的决策群体多元不确定性偏好集结研究	朱建军	南京航空航天大学	2008.01—2010.12	17

续表

序号	项目名称	负责人	依托单位	起止年月	资助金额（万元）
18	联网审计环境下的审计证据获取技术研究	陈　伟	南京审计学院	2008. 01—2008. 12	6. 5
19	重大危险源的多因素区域风险评价方法研究	孙占辉	清华大学	2008. 01—2010. 12	17
20	社交网络与近邻效应:来自空间自回归模型的新视角	林　徐	清华大学	2008. 01—2010. 12	17
21	面向产品开发过程的知识获取方法和理论研究	杨春立	清华大学	2008. 01—2008. 12	6. 5
22	基于顾客选择行为的班轮运力分配与定价策略研究	卜祥智	汕头大学	2008. 01—2010. 12	17
23	金融市场有限理性对经济波动和经济增长影响的微观机理研究	张利兵	上海交通大学	2008. 01—2008. 12	6. 5
24	转型期中国民营企业家领导行为影响机制的多层次分析	吴　敏	四川大学	2008. 01—2010. 12	18
25	无线传感器网络信息系统中多任务查询关键技术研究	南国芳	天津大学	2008. 01—2010. 12	17
26	非均匀区间与分布式符号数据的多元分析方法	郭均鹏	天津大学	2008. 01—2010. 12	17
27	交通网络脆弱性分析理论及应用研究	杨　超	同济大学	2008. 01—2010. 12	17
28	网上拍卖中的最优策略研究	杜　黎	西安电子科技大学	2008. 01—2010. 12	18
29	横向竞争供应链的协调机制研究	李　刚	西安交通大学	2008. 01—2010. 12	17
30	权重国际贸易网络的经验和建模研究	段文奇	浙江师范大学	2008. 01—2010. 12	17
31	基于对象知识网的信息系统形式化表达与优化研究	薛朝改	郑州大学	2008. 01—2008. 12	6. 5
32	石油战略储备最优策略的决策模型与方法研究	吴　刚	中国科学院科技政策与管理科学研究所	2008. 01—2010. 12	18
33	银行操作风险度量模型与风险资本测定研究	李建平	中国科学院科技政策与管理科学研究所	2008. 01—2010. 12	17

续表

序号	项目名称	负责人	依托单位	起止年月	资助金额（万元）
34	可持续发展水资源管理的投入占用产出模型研究和应用	刘秀丽	中国科学院数学与系统科学研究院	2008.01—2010.12	18
35	信息在有限理性投资者之间的扩散过程及其动力学特征研究	文凤华	中国科学院数学与系统科学研究院	2008.01—2008.12	6.5
36	决策回避与决策冲动及其机制	梁竹苑	中国科学院心理研究所	2008.01—2008.12	6.5
37	供应链中横向企业间信息共享的博弈模型研究	吴江华	中国人民大学	2008.01—2010.12	17.5
38	基于粒度计算的指控组织设计方法研究	修保新	中国人民解放军国防科学技术大学	2008.01—2010.12	17
39	多产品按订单装配系统的高效管理	傅　科	中山大学	2008.01—2010.12	18
40	多因素采购组合拍卖机制设计研究	黄　河	重庆大学	2008.01—2010.12	18
41	零售专业技能跨国转移及对零售企业海外市场绩效的影响研究	汪旭晖	东北财经大学	2008.01—2010.12	18
42	中国证券分析师行为研究	岳　衡	北京大学	2008.01—2010.12	17
43	基于时间地理学的城市物流配送时空优化分析研究	戚铭尧	清华大学	2008.01—2010.12	15
44	基于社会资本的高参与工作系统对企业绩效作用机制研究	程德俊	南京大学	2008.01—2010.12	19
45	基于相对能力分析的人力资本投资策略研究	刘　苹	四川大学	2008.01—2010.12	11
46	基于中国实践的创业网络理论研究与管理模式构建	林　嵩	中央财经大学	2008.01—2010.12	17
47	工件可中途下线的并行流水车间调度方法及其应用研究	李建祥	北京理工大学	2008.01—2010.12	18
48	企业平台化发展机理及其竞争战略研究	胥　莉	上海交通大学	2008.01—2010.12	9
49	内幕交易的经济后果及其监管效应研究：来自中国股票市场的经验证据	曾庆生	上海交通大学	2008.01—2010.12	11

续表

序号	项目名称	负责人	依托单位	起止年月	资助金额（万元）
50	服务导向的组织公民行为对顾客公民行为的影响：本地化量表开发与影响机理研究	周明建	哈尔滨工业大学	2008.01—2010.12	16
51	转型经济中企业高管团队社会资本对企业战略选择过程的影响机制研究	贺远琼	华中科技大学	2008.01—2010.12	17
52	大规模定制服务系统基于情景智能的感知行为建模与评价研究	杜　军	天津大学	2008.01—2010.12	19
53	供应链环境下基于资源整合的柔性项目进度管理研究	柴国荣	兰州大学	2008.01—2010.12	12
54	服务情境下顾客—企业认同机理及其过程管理研究	李惠璠	南开大学	2008.01—2010.12	12
55	员工流动途径下技术知识跨组织转移的机理分析与实证研究	汤建影	南京航空航天大学	2008.01—2010.12	17
56	基于利益相关者关系的中小企业业绩转向成功影响因素研究	关　健	中南大学	2008.01—2010.12	17
57	我国上市公司纵向并购的战略动因与经营绩效分析	李青原	武汉大学	2008.01—2010.12	13
58	基于DEA方法的相对审计效率测度与审计竞争战略选择研究	刘颖斐	武汉大学	2008.01—2010.12	15
59	消费者参与企业创造的心理机制研究	徐　岚	武汉大学	2008.01—2010.12	16
60	机会识别与公司创业决策的影响机制及实验模拟	苗　青	浙江大学	2008.01—2010.12	18
61	虚拟企业协同设计成本控制研究	郑　毅	辽宁工程技术大学	2008.01—2010.12	11
62	不确定环境下产品市场与资本市场互动的微观机制研究	杨广青	福州大学	2008.01—2010.12	18
63	组织社会化作用机制与综合策略纵向实证研究	王雁飞	华南理工大学	2008.01—2010.12	12
64	基于社会交换理论的中国企业变革型领导对员工工作结果的影响路径研究	宋继文	中国人民大学	2008.01—2010.12	17
65	基于决策的柔性战略过程模型研究	倪得兵	电子科技大学	2008.01—2010.12	17
66	多模式资源约束型多目标项目调度优化研究	张静文	西北工业大学	2008.01—2010.12	17

续表

序号	项目名称	负责人	依托单位	起止年月	资助金额（万元）
67	高科技企业创新生态系统风险识别与控制研究	张运生	湖南大学	2008.01—2010.12	15
68	基于消费者行为分析的网上支付风险管理及监管研究	杨　青	复旦大学	2008.01—2010.12	19
69	培训对信息技术的接受和有效使用的影响机制及过程：基于多维度视角的实验动态分析	梁晓雅	复旦大学	2008.01—2010.12	10
70	生产订单管理优化中的占线策略研究	郑斐峰	西安交通大学	2008.01—2010.12	16
71	政府控制、资本支出与公司价值	徐莉萍	中山大学	2008.01—2010.12	14
72	随机环境下的动态车辆调配问题研究	宋海清	中山大学	2008.01—2010.12	13
73	不确定条件下的BOT项目特许期决策模型及应用研究	宋金波	大连理工大学	2008.01—2010.12	18
74	认知闭合需要对组织中冲突和绩效的影响	刘雪峰	上海财经大学	2008.01—2010.12	17
75	基于大股东利益的中国上市公司投资行为与效率研究	张祥建	上海财经大学	2008.01—2010.12	11
76	闭环供应链中差别定价问题研究	卢　震	东北大学	2008.01—2010.12	16
77	供应链系统的鲁棒性及实现方法研究	邱若臻	东北大学	2008.01—2010.12	13
78	面向干扰事件的可靠性物流系统设计研究	秦绪伟	东北大学	2008.01—2010.12	18
79	转型经济中战略企业家能力对高成长型中小企业成长的作用模式及机理研究	项国鹏	浙江工商大学	2008.01—2010.12	14
80	管理者过度自信与企业融资决策研究	江　伟	暨南大学	2008.01—2010.12	10
81	中国上市公司信息披露机制发挥投资者保护功能的机理及其优化研究	马永强	西南财经大学	2008.01—2010.12	16
82	密云水库流域环境服务价值评估和生态补偿机制研究	郑海霞	北京联合大学	2008.01—2010.12	16
83	可撤销订单及随机时间结束模式下的开放式集合竞价机制研究	李　平	电子科技大学	2008.01—2010.12	16
84	基于PAR模型的农村脆弱性贫困问题的解释、测度与行动：架构设计与实证研究	郭劲光	东北财经大学	2008.01—2010.12	15

续表

序号	项目名称	负责人	依托单位	起止年月	资助金额（万元）
85	基于国际贸易技术溢出的我国双边 FTA 动态优化研究	汤　碧	对外经济贸易大学	2008.01—2010.12	16
86	我国农村地区公共卫生项目成本核算研究	王　颖	复旦大学	2008.01—2010.12	17
87	中国城镇居民的持久性收入风险：数量方法、测度结果及其政策含义	樊潇彦	复旦大学	2008.01—2010.12	16
88	跨学科研究的网络治理研究	刘凡丰	复旦大学	2008.01—2010.12	16
89	中国对外贸易中的生态效益核算及评价体系研究	马　涛	复旦大学	2008.01—2008.12	6
90	中国农民合作经济组织的形成机理与治理机制：一个农户层面的探讨	黄　珺	湖南大学	2008.01—2010.12	16
91	快速城镇化地区生态安全测度和预警实证研究	王　军	华东师范大学	2008.01—2010.12	16
92	农业龙头企业与农户间的关系治理与履约行为研究	陈　灿	华南农业大学	2008.01—2010.12	15
93	海滨旅游度假区形态及治理结构优化研究	刘　俊	华南师范大学	2008.01—2010.12	15
94	基层医疗机构合同式监管研究	吴奇飞	华中科技大学	2008.01—2010.12	17
95	城镇非建设用地分类、评价方法及管控策略研究	周均清	华中科技大学	2008.01—2010.12	18
96	环境规制、要素禀赋与产业国际竞争力的理论与实证研究	傅京燕	暨南大学	2008.01—2010.12	16
97	基于网络外部性的企业兼容性策略研究	孙武军	南京大学	2008.01—2010.12	15
98	基于所有制视角的我国产业地理集中和集群分析	路江涌	清华大学	2008.01—2010.12	16
99	中国生产者服务与制造业互动发展的理论与政策研究	高传胜	清华大学	2008.01—2008.12	6
100	转型期中国政府应急管理体系中风险管理机制框架研究	周　玲	清华大学	2008.01—2008.12	6
101	农村公共投资影响因素与绩效评价指标体系构建研究	赵　伟	山东农业大学	2008.01—2010.12	15

续表

序号	项目名称	负责人	依托单位	起止年月	资助金额(万元)
102	技术性贸易壁垒及其自由化的贸易和福利效应测度	鲍晓华	上海财经大学	2008. 01—2010. 12	16
103	关于内生性市场透明度市场有效性的政策研究	龚冰琳	上海交通大学	2008. 01—2010. 12	16
104	农户投资行为与农村金融抑制问题的研究	朱　喜	上海交通大学	2008. 01—2010. 12	17
105	股权类衍生产品市场操纵行为与监管制度研究	邢精平	深圳证券交易所	2008. 01—2010. 12	16
106	构建我国新药循证评价的方法学体系和综合评价指标体系	孙　鑫	四川大学	2008. 01—2010. 12	17
107	外生技术对中国技术效率的影响:理论模型与数量测度	代　谦	武汉大学	2008. 01—2010. 12	17
108	农村社区生活垃圾管理问题研究	叶春辉	浙江大学	2008. 01—2010. 12	18
109	农村公共产品投资效率及其实现机制研究:基于东西部的数据、案例比较	苏振华	浙江大学	2008. 01—2010. 12	16
110	多层次组织间网络与产业集群创新及其协同演化研究	吴结兵	浙江大学	2008. 01—2008. 12	6
111	中国对接跨国公司 R&D 资源转移的理论与实证研究	杜群阳	浙江工业大学	2008. 01—2010. 12	16
112	税收对跨国公司国际直接投资决策与市场行为的影响机理研究	乐　为	中国计量学院	2008. 01—2010. 12	16
113	农村税费改革后的基层政府转型和乡村治理研究	徐志刚	中国科学院地理科学与资源研究所	2008. 01—2010. 12	16
114	产业集聚的水污染效应与空间优化研究——以苏南地区为例	赵海霞	中国科学院南京地理与湖泊研究所	2008. 01—2010. 12	16
115	流域水源地生态补偿标准计算模型及政策机制研究——以南水北调中线工程为例	严　岩	中国科学院生态环境研究中心	2008. 01—2010. 12	18
116	贸易对城市劳动力市场的影响:来自企业劳动需求的实证分析	毛学峰	中国人民大学	2007. 01—2010. 12	15

续表

序号	项目名称	负责人	依托单位	起止年月	资助金额（万元）
117	电子政务服务质量公众满意度评价理论方法研究	刘　燕	中国人民解放军国防科学技术大学	2008. 01—2010. 12	15
118	基于社会互动的投资者参与理论	李　涛	中山大学	2008. 01—2010. 12	16
119	我国教育不平等与收入分配、经济增长的互动机制及实证研究	杨　俊	重庆大学	2008. 01—2010. 12	16
120	城市拆迁中的多方博弈机制及政策设计研究	彭小兵	重庆大学	2008. 01—2010. 12	15

资料来源：国家自然科学基金委员会，http://www.nsfc.gov.cn/nsfc/cen/00/kxb/gl/manage.html，2008 年 7 月 22 日。

2007 年度国家自然科学基金地区科学基金项目资助情况一览表（19 项）

序号	项目名称	负责人	依托单位	起止年月	资助金额（万元）
1	资源保护型旅游供应链协调机制研究	郭　强	海南大学	2008. 01—2010. 12	15
2	旅游信息网格即时服务及其负载均衡问题的应用研究	胡　涛	海南大学	2008. 01—2010. 12	18. 5
3	基于提高企业自主创新能力的校企知识转移理论与实证研究	徐升华	江西财经大学	2008. 01—2010. 12	18
4	江西农村规模养殖能源生态系统管理对策反馈仿真研究	贾仁安	南昌大学	2008. 01—2010. 12	18. 5
5	基于知识链与核心企业的供应链知识流管理模型研究	张悟移	昆明理工大学	2008. 01—2010. 12	17
6	能源生物质供应物流与狭义型涉农供应链价值重构的策略方向——聚焦新疆国家级农业产业化重点龙头企业	张晟义	新疆财经学院	2008. 01—2010. 12	18
7	嵌入式企业管理诊断评价形式研究	梁戈夫	广西大学	2008. 01—2010. 12	18
8	边境区位价值形成演化机理及其开发利用模式研究——以中国与东盟国家接壤的边境地带为例	黎　鹏	广西大学	2008. 01—2010. 12	16

续表

序号	项目名称	负责人	依托单位	起止年月	资助金额（万元）
9	粮食主产区种稻大户稻作经营行为与政府扶持机制研究——以江西为例	翁贞林	江西农业大学	2008.01—2010.12	15
10	可持续发展问题群体认知的涌现规律研究——以滇池流域可持续发展问题为例	李林红	昆明理工大学	2008.01—2010.12	15
11	县、乡两级宫内节育器放置技术服务质量评价及管理模式改进研究	张开宁	昆明医学院	2008.01—2010.12	16
12	内蒙古经济非均衡增长模式评估及其可持续性政策研究	杜凤莲	内蒙古大学	2008.01—2010.12	15
13	奶业科技进步作用的分解	姚凤桐	内蒙古农业大学	2008.01—2010.12	15
14	新型农村合作医疗公平性研究	袁兆康	南昌大学	2008.01—2010.12	15
15	北方农牧交错带生态移民扶贫绩效及评价指标体系综合研究——以宁夏回族自治区为例	东　梅	宁夏大学	2008.01—2010.12	16
16	新疆牧业医院配置、能力建设及国际比较研究	秦江梅	石河子大学	2008.01—2010.12	16
17	基于乡村社区和谐的拉萨周边地区乡村旅游产业组织研究	周玲强	西藏大学	2008.01—2010.12	16
18	基于经济结构与环境互动视角下的新疆天山北坡区可持续发展研究	吴一丁	新疆大学	2008.01—2010.12	16
19	西部民族贫困地区农户创新行为研究——以云南省为例	李学术	云南财经大学	2008.01—2010.12	15

资料来源：国家自然科学基金委员会，http://www.nsfc.gov.cn/nsfc/cen/00/kxb/gl/manage.html，2008年7月22日。

2007年度国家自然科学基金重点基金项目资助情况一览表(14项)

序号	项目名称	负责人	依托单位	起止年月	资助金额(万元)
1	移动商务的基础理论与技术方法研究	张金隆	华中科技大学	2008.01—2011.12	110
2	供应链管理:协调、优化及其计算实现	盛昭瀚	南京大学	2008.01—2011.12	110
3	供应链风险管理、协调与优化研究	汪寿阳	中国科学院数学与系统科学研究院	2008.01—2011.12	100
4	群体性事件的预警与化解对策	王二平	中国科学院心理研究所	2008.01—2011.12	110
5	基于人与组织匹配的组织变革行为与战略决策机制研究	王重鸣	浙江大学	2008.01—2011.12	100
6	转型经济下我国企业人力资源管理若干问题研究	赵曙明	南京大学	2008.01—2011.12	100
7	应急运作管理和鲁棒计划	季建华	上海交通大学	2008.01—2011.12	99
8	新企业创业机理与成长模式研究	张玉利	南开大学	2008.01—2011.12	99
9	基于资源观的新企业创建与早期成长机理研究	蔡　莉	吉林大学	2008.01—2011.12	97
10	我国地方政府规模与结构优化的基础理论研究	杨冠琼	北京师范大学	2008.01—2011.12	90
11	医疗改革中的社会均衡与政策研究	郝　模	复旦大学	2008.01—2011.12	105
12	基于"善治"取向的我国地方政府规模与结构优化研究	李和中	武汉大学	2008.01—2011.12	90
13	资源节约型社会建设中的水资源管理问题研究	王金霞	中国科学院地理科学与资源研究所	2008.01—2011.12	90
14	能源供应安全与能源政策的基础研究	魏一鸣	中国科学院科技政策与管理科学研究所	2008.01—2011.12	100

资料来源:国家自然科学基金委员会,http://www.nsfc.gov.cn/nsfc/cen/00/kxb/gl/manage.html,2008年7月22日。

2007年度教育部哲学社会科学研究重大课题攻关项目立项一览表

招标题号	课 题 名 称	中标单位	首席专家
1	马克思主义与以人为本的科学发展观研究	北京师范大学	韩 震
2	改革开放以来马克思主义在中国的发展	复旦大学	顾钰民
3	中国软实力建设与发展战略研究	武汉大学	骆郁廷
4	跨界民族与中国地缘安全研究	中央民族大学	吴楚克
5	当代认知科学重大理论及应用研究	清华大学	蔡曙山
6	20世纪中国社会思潮研究	华东师范大学	高瑞泉
7	现代农业发展战略研究	南京农业大学	周应恒
8	节能减排与环境保护宏观政策研究	复旦大学	戴星翼
9	我国农村金融体系建设与机制创新研究	中国人民大学	温铁军
10	金融市场全球化下的中国金融监管体系研究	北京大学	曹凤岐
11	规范收入分配秩序研究	中南财经政法大学	杨灿明
12	中国综合交通运输体系研究	北京交通大学	荣朝和
13	社会转型与法律变革研究	中国政法大学	朱 勇
14	新能源与可再生能源开发利用政策与立法研究	中国人民大学	李艳芳
15	奥运会与国际体育争端解决机制研究	武汉大学	肖永平
16	和谐社会构建中的基层民主政治建设研究	华中师范大学	徐 勇
17	完善新型农村合作医疗制度研究	复旦大学	郝 模
18	经济责任审计与审计理论创新研究	西南财经大学	蔡 春
19	面向公共服务的电子政务管理体系研究	中央财经大学	孙宝文
20	高校财务管理创新与财务风险防范机制研究	东华大学	徐明稚
21	我国公共文化服务体系构建	中国政法大学	张桂琳
22	我国户籍制度改革研究	复旦大学	彭希哲
23	城乡统筹就业问题研究	复旦大学	袁志刚

续表

招标题号	课 题 名 称	中标单位	首席专家
24	新农村建设中的社区建设研究	华中师范大学	项继权
25	城市新移民问题及其对策研究	中山大学	周大鸣
26	加强和改进社会管理研究	南京大学	严　强
27	中国流动人口问题研究	中国人民大学	杜　鹏
28	农民工子女教育问题研究	教育部	姜沛民
29	毒品戒断及防复吸的心理机制研究	浙江大学	沈模卫
30	中国高教资源的区域分布特点和协调发展对策研究	清华大学	谢维和
31	新农村建设与城镇化推进中农村教育布局调整研究	东北师范大学	史宁中
32	中国艺术学学科体系建设研究	北京师范大学	黄会林
33	大众传媒与化解社会风险研究	复旦大学	黄芝晓
35	基于文化创意理念的当代中国城市建设研究	北京交通大学	皇甫晓涛
36	20 世纪中国古代文化经典在域外的传播与影响研究	北京外国语大学	张西平
37	互联网等新媒体对社会舆论影响与利用研究	北京大学	谢新洲
38	百年敦煌学史研究	兰州大学	宁　强
39	长江三峡地区历史地图再现研究	西南大学	蓝　勇
40	近代术语的生成、演变与中西文化互动研究	武汉大学	冯天瑜

资料来源：教育部，http://www. sinoss. net/webgate/CmdEduFileDetail? ef_id = 395，2007 年 11 月 30 日。

2007年度中国社会科学院重大课题(经济学部)一览表

序号	申报单位	课题名称	主持人		成果形式	立项时间	拟完成时间	资助经费(万元)
			姓名	职称				
1	经济学部	中国经济改革开放30年历史经验问题研究(9个子课题)	陈佳贵	研究员	专著	2007.4	2008.12	135
2	经济研究所	对自由市场制度的两种理解的比较研究	左大培	研究员	研究报告	2007.4	2009.6	30
3	工业经济研究所	资源环境管制改革与工业竞争力提升研究	金碚	研究员	专著	2007.4	2008.12	29.598
4	农村发展研究所	政府、市场和社会组织在减缓贫困中的作用研究	吴国宝	研究员	专著	2007.4	2009.06	33.67
5	数量经济与技术经济研究所	实现降耗减排目标的经济影响分析与政策选择——降耗减排目标实现与经济增长速度关系研究	郑玉歆	研究员	研究报告	2007.4	2010.12	40
6	人口与劳动经济研究所	我国人口流动、未来空间分布与区域协调发展	张车伟	研究员	专著	2007.4	2009.8	32.7

资料来源:中国社会科学院学部工作局经济学部工作室。

中国经济学年鉴

2008

第六篇 研究生教育

我国的高等教育以1977年恢复"高考"为标志进入一个新的历史时期,1978年首批新招研究生入学,这是我国研究生教育发展的重要转折,掀开了学位与研究生教育历史的新篇章。1980年2月第五届全国人大常委会第十三次会议通过了《中华人民共和国学位条例》,并决定于1981年1月开始实行;这是新中国成立以来颁布的第一个学位条例,是我国学位制度产生的标志,也是我国研究生教育走向制度化、正规化和现代化的开端;自此,我国研究生教育步入了健康快速的发展轨道。从1982年到2006年,全国累计招收研究生261.4万人(不包括研究生课程班),其中博士研究生42.3万人,硕士研究生219.1万人;全国共授予博士学位19.8万人,授予硕士学位128.8万人(不包括专业学位)①。

2007年,全国共招收研究生41.86万人,其中博士研究生5.8万人、硕士研究生36.06万人;全国共毕业研究生31.18万人,其中博士研究生4.14万人、硕士研究生27.04万人②。2007年度,全国研究生培养单位经济学学科各专业(含工商管理、公共管理)博士、硕士研究生的招生及毕业人数具体分布情况如下表。

2007年度全国研究生培养单位经济学学科各专业研究生招生及毕业人数情况

学校名称	所在省市	专业名称	毕业生数			招生数		
			合计	博士	硕士	合计	博士	硕士
北京大学	北 京	理论经济学	0	0	0	7	1	6
北京大学	北 京	政治经济学	21	2	19	24	6	18
北京大学	北 京	经济思想史	7	1	6	7	1	6
北京大学	北 京	经济史	3	2	1	4	1	3
北京大学	北 京	西方经济学	43	4	39	121	8	113
北京大学	北 京	世界经济	14	0	14	17	3	14
北京大学	北 京	人口、资源与环境经济学	5	0	5	7	0	7
北京大学	北 京	国民经济学	20	10	10	21	6	15

① 中国学位与研究生教育发展报告课题组:《中国学位与研究生教育发展报告(1978—2003)》,高等教育出版社2006年版,第24—26页。

② 教育部:《2007年全国教育事业发展统计公报》,http://www.moe.gov.cn/edoas/website18/54/info1209972965475254.htm.

续表

学校名称	所在省市	专业名称	毕业生数			招生数		
			合计	博士	硕士	合计	博士	硕士
北京大学	北 京	区域经济学	11	1	10	13	3	10
北京大学	北 京	财政学	7	0	7	14	3	11
北京大学	北 京	金融学	156	13	143	172	18	154
北京大学	北 京	产业经济学	7	3	4	4	2	2
北京大学	北 京	统计学	13	0	13	7	1	6
北京大学	北 京	管理科学与工程	16	0	16	17	0	17
北京大学	北 京	工商管理	295	0	295	322	0	322
北京大学	北 京	会计学	15	4	11	16	5	11
北京大学	北 京	企业管理	43	15	28	70	15	55
北京大学	北 京	公共管理	6	0	6	13	0	13
北京大学	北 京	行政管理	30	1	29	67	18	49
北京大学	北 京	社会医学与卫生事业管理	8	3	5	10	3	7
北京大学	北 京	教育经济与管理	15	7	8	48	32	16
北京大学	北 京	社会保障	7	0	7	8	0	8
北京大学	北 京	图书馆、情报与档案管理	1	1	0	7	2	5
北京大学	北 京	图书馆学	14	0	14	14	4	10
北京大学	北 京	情报学	28	3	25	32	7	25
中国人民大学	北 京	政治经济学	67	36	31	48	19	29
中国人民大学	北 京	经济思想史	7	2	5	12	5	7
中国人民大学	北 京	经济史	10	7	3	10	6	4
中国人民大学	北 京	西方经济学	33	10	23	58	9	49
中国人民大学	北 京	世界经济	32	7	25	33	8	25
中国人民大学	北 京	人口、资源与环境经济学	44	15	29	42	14	28
中国人民大学	北 京	企业经济学	7	2	5	29	13	16
中国人民大学	北 京	国民经济学	99	34	65	70	30	40
中国人民大学	北 京	区域经济学	36	7	29	29	6	23
中国人民大学	北 京	财政学	73	27	46	36	20	16
中国人民大学	北 京	金融学	133	28	105	161	24	137
中国人民大学	北 京	产业经济学	13	6	7	23	14	9

续表

学校名称	所在省市	专业名称	毕业生数			招生数		
			合计	博士	硕士	合计	博士	硕士
中国人民大学	北 京	国际贸易学	40	7	33	48	8	40
中国人民大学	北 京	劳动经济学	49	5	44	45	8	37
中国人民大学	北 京	统计学	36	12	24	63	19	44
中国人民大学	北 京	数量经济学	19	4	15	11	5	6
中国人民大学	北 京	国防经济	12	0	12	6	0	6
中国人民大学	北 京	保险学	76	12	64	131	30	101
中国人民大学	北 京	管理科学与工程	21	0	21	22	0	22
中国人民大学	北 京	会计学	72	17	55	66	16	50
中国人民大学	北 京	企业管理	129	35	94	83	29	54
中国人民大学	北 京	旅游管理	4	2	2	0	0	0
中国人民大学	北 京	技术经济及管理	17	9	8	39	14	25
中国人民大学	北 京	财务管理	605	15	590	591	26	565
中国人民大学	北 京	农业经济管理	45	17	28	50	11	39
中国人民大学	北 京	林业经济管理	3	0	3	2	0	2
中国人民大学	北 京	农村发展	3	0	3	23	7	16
中国人民大学	北 京	行政管理	95	18	77	91	12	79
中国人民大学	北 京	社会医学与卫生事业管理	0	0	0	3	0	3
中国人民大学	北 京	教育经济与管理	5	0	5	10	5	5
中国人民大学	北 京	社会保障	75	3	72	100	18	82
中国人民大学	北 京	土地资源管理	30	12	18	23	11	12
中国人民大学	北 京	公共财政管理	5	0	5	78	8	70
中国人民大学	北 京	情报学	17	0	17	25	8	17
中国人民大学	北 京	档案学	26	8	18	39	10	29
清华大学	北 京	理论经济学	0	0	0	19	4	15
清华大学	北 京	政治经济学	10	0	10	0	0	0
清华大学	北 京	经济史	2	0	2	0	0	0
清华大学	北 京	西方经济学	8	0	8	0	0	0
清华大学	北 京	应用经济学	0	0	0	48	15	33
清华大学	北 京	区域经济学	4	0	4	0	0	0

续表

学校名称	所在省市	专业名称	毕业生数			招生数		
			合计	博士	硕士	合计	博士	硕士
清华大学	北京	金融学	15	0	15	0	0	0
清华大学	北京	国际贸易学	6	0	6	0	0	0
清华大学	北京	数量经济学	19	13	6	0	0	0
清华大学	北京	管理科学与工程	148	24	124	101	23	78
清华大学	北京	工商管理	84	23	61	76	23	53
清华大学	北京	工商管理新专业	370	0	370	368	0	368
清华大学	北京	公共管理	38	3	35	61	30	31
北京交通大学	北京	区域经济学	14	0	14	11	0	11
北京交通大学	北京	金融学	0	0	0	11	0	11
北京交通大学	北京	产业经济学	63	19	44	52	32	20
北京交通大学	北京	劳动经济学	29	0	29	14	0	14
北京交通大学	北京	统计学	16	0	16	5	0	5
北京交通大学	北京	管理科学与工程	51	13	38	0	0	0
北京交通大学	北京	管理科学与工程新专业	70	0	70	138	36	102
北京交通大学	北京	会计学	83	0	83	47	8	39
北京交通大学	北京	企业管理	85	8	77	43	10	33
北京交通大学	北京	旅游管理	0	0	0	6	0	6
北京交通大学	北京	技术经济及管理	42	0	42	13	0	13
北京交通大学	北京	工商管理新专业	218	0	218	288	0	288
北京交通大学	北京	社会保障	12	0	12	16	0	16
北京交通大学	北京	土地资源管理	0	0	0	5	0	5
北京工业大学	北京	人口、资源与环境经济学	0	0	0	7	0	7
北京工业大学	北京	应用经济学	0	0	0	54	0	54
北京工业大学	北京	国际贸易学	45	0	45	1	0	1
北京工业大学	北京	数量经济学	10	0	10	0	0	0
北京工业大学	北京	管理科学与工程	68	11	57	73	23	50
北京工业大学	北京	企业管理	30	0	30	34	0	34
北京航空航天大学	北京	国民经济学	18	0	18	9	1	8
北京航空航天大学	北京	金融学	49	0	49	17	0	17

续表

学校名称	所在省市	专业名称	毕业生数			招生数		
			合计	博士	硕士	合计	博士	硕士
北京航空航天大学	北 京	国际贸易学	34	0	34	23	0	23
北京航空航天大学	北 京	统计学	0	0	0	2	0	2
北京航空航天大学	北 京	数量经济学	0	0	0	2	0	2
北京航空航天大学	北 京	管理科学与工程	175	34	141	124	62	62
北京航空航天大学	北 京	管理科学与工程新专业	17	1	16	25	17	8
北京航空航天大学	北 京	会计学	0	0	0	7	0	7
北京航空航天大学	北 京	企业管理	61	0	61	37	0	37
北京航空航天大学	北 京	技术经济及管理	8	0	8	6	0	6
北京航空航天大学	北 京	工商管理新专业	185	0	185	63	0	63
北京航空航天大学	北 京	行政管理	76	0	76	40	0	40
北京航空航天大学	北 京	教育经济与管理	12	2	10	12	8	4
北京航空航天大学	北 京	情报学	0	0	0	4	0	4
北京理工大学	北 京	政治经济学	16	0	16	11	0	11
北京理工大学	北 京	国民经济学	0	0	0	5	0	5
北京理工大学	北 京	产业经济学	0	0	0	6	0	6
北京理工大学	北 京	国际贸易学	25	0	25	25	0	25
北京理工大学	北 京	国防经济	0	0	0	7	0	7
北京理工大学	北 京	管理科学与工程	104	51	53	111	32	79
北京理工大学	北 京	管理科学与工程新专业	5	0	5	7	0	7
北京理工大学	北 京	会计学	14	0	14	17	0	17
北京理工大学	北 京	企业管理	48	4	44	50	14	36
北京理工大学	北 京	技术经济及管理	26	0	26	21	0	21
北京理工大学	北 京	工商管理新专业	186	0	186	109	0	109
北京理工大学	北 京	行政管理	7	0	7	8	0	8
北京理工大学	北 京	教育经济与管理	6	0	6	5	0	5
北京理工大学	北 京	情报学	0	0	0	4	0	4
北京科技大学	北 京	产业经济学	0	0	0	8	0	8
北京科技大学	北 京	国际贸易学	26	0	26	24	0	24
北京科技大学	北 京	管理科学与工程	65	27	38	56	19	37

续表

学校名称	所在省市	专业名称	毕业生数			招生数		
			合计	博士	硕士	合计	博士	硕士
北京科技大学	北 京	管理科学与工程新专业	45	0	45	40	1	39
北京科技大学	北 京	会计学	38	0	38	24	0	24
北京科技大学	北 京	企业管理	67	0	67	54	26	28
北京科技大学	北 京	技术经济及管理	17	0	17	17	7	10
北京科技大学	北 京	工商管理新专业	86	0	86	149	0	149
北京科技大学	北 京	行政管理	75	0	75	50	0	50
北京科技大学	北 京	教育经济与管理	42	0	42	31	0	31
北方工业大学	北 京	数量经济学	15	0	15	14	0	14
北方工业大学	北 京	会计学	0	0	0	15	0	15
北方工业大学	北 京	企业管理	4	0	4	18	0	18
北京化工大学	北 京	管理科学与工程	16	0	16	20	0	20
北京化工大学	北 京	企业管理	69	0	69	47	0	47
北京化工大学	北 京	技术经济及管理	22	0	22	15	0	15
北京工商大学	北 京	政治经济学	0	0	0	1	0	1
北京工商大学	北 京	西方经济学	0	0	0	3	0	3
北京工商大学	北 京	国民经济学	0	0	0	1	0	1
北京工商大学	北 京	区域经济学	0	0	0	2	0	2
北京工商大学	北 京	财政学	5	0	5	10	0	10
北京工商大学	北 京	金融学	20	0	20	24	0	24
北京工商大学	北 京	产业经济学	51	0	51	57	0	57
北京工商大学	北 京	国际贸易学	11	0	11	10	0	10
北京工商大学	北 京	劳动经济学	0	0	0	2	0	2
北京工商大学	北 京	统计学	1	0	1	2	0	2
北京工商大学	北 京	数量经济学	0	0	0	3	0	3
北京工商大学	北 京	管理科学与工程	3	0	3	18	0	18
北京工商大学	北 京	会计学	47	0	47	49	0	49
北京工商大学	北 京	企业管理	27	0	27	44	0	44
北京工商大学	北 京	旅游管理	9	0	9	6	0	6
北京工商大学	北 京	技术经济及管理	0	0	0	4	0	4

续表

学校名称	所在省市	专业名称	毕业生数			招生数		
			合计	博士	硕士	合计	博士	硕士
北京邮电大学	北 京	产业经济学	24	0	24	29	0	29
北京邮电大学	北 京	国际贸易学	6	0	6	11	0	11
北京邮电大学	北 京	管理科学与工程	68	32	36	93	50	43
北京邮电大学	北 京	管理科学与工程新专业	9	0	9	26	0	26
北京邮电大学	北 京	企业管理	21	0	21	35	0	35
北京邮电大学	北 京	技术经济及管理	2	0	2	6	0	6
北京邮电大学	北 京	工商管理新专业	159	0	159	138	0	138
北京邮电大学	北 京	行政管理	14	0	14	34	0	34
北京建筑工程学院	北 京	管理科学与工程	11	0	11	6	0	6
北京建筑工程学院	北 京	技术经济及管理	0	0	0	1	0	1
中国农业大学	北 京	区域经济学	11	0	11	12	0	12
中国农业大学	北 京	金融学	28	0	28	23	0	23
中国农业大学	北 京	产业经济学	7	0	7	5	0	5
中国农业大学	北 京	国际贸易学	18	0	18	19	0	19
中国农业大学	北 京	数量经济学	8	0	8	0	0	0
中国农业大学	北 京	管理科学与工程	24	9	15	22	10	12
中国农业大学	北 京	管理科学与工程新专业	35	24	11	38	26	12
中国农业大学	北 京	工商管理	84	0	84	79	0	79
中国农业大学	北 京	企业管理	9	0	9	12	0	12
中国农业大学	北 京	农业经济管理	35	21	14	68	43	25
中国农业大学	北 京	农林经济管理新专业	0	0	0	3	3	0
中国农业大学	北 京	教育经济与管理	1	0	1	1	0	1
中国农业大学	北 京	社会保障	3	0	3	2	0	2
中国农业大学	北 京	土地资源管理	17	0	17	26	10	16
中国农业大学	北 京	情报学	2	0	2	4	0	4
北京农学院	北 京	农业经济管理	0	0	0	2	0	2
北京林业大学	北 京	人口、资源与环境经济学	0	0	0	4	0	4
北京林业大学	北 京	金融学	0	0	0	4	0	4
北京林业大学	北 京	金融学	8	0	8	16	0	16

续表

学校名称	所在省市	专业名称	毕业生数			招生数		
			合计	博士	硕士	合计	博士	硕士
北京林业大学	北京	统计学	8	0	8	8	0	8
北京林业大学	北京	管理科学与工程	18	0	18	25	0	25
北京林业大学	北京	会计学	12	0	12	14	0	14
北京林业大学	北京	企业管理	2	0	2	3	0	3
北京林业大学	北京	旅游管理	6	0	6	8	0	8
北京林业大学	北京	林业经济管理	22	9	13	49	33	16
北京林业大学	北京	行政管理	0	0	0	18	0	18
北京协和医学院	北京	社会医学与卫生事业管理	22	0	22	7	0	7
北京协和医学院	北京	情报学	4	0	4	6	0	6
首都医科大学	北京	社会医学与卫生事业管理	5	0	5	8	0	8
北京中医药大学	北京	管理学	9	0	9	58	0	58
北京师范大学	北京	政治经济学	34	13	21	26	8	18
北京师范大学	北京	经济思想史	4	0	4	4	0	4
北京师范大学	北京	西方经济学	6	0	6	16	8	8
北京师范大学	北京	世界经济	17	14	3	14	10	4
北京师范大学	北京	人口、资源与环境经济学	0	0	0	6	4	2
北京师范大学	北京	区域经济学	6	0	6	12	0	12
北京师范大学	北京	金融学	26	0	26	19	0	19
北京师范大学	北京	国际贸易学	9	0	9	6	0	6
北京师范大学	北京	劳动经济学	5	0	5	6	0	6
北京师范大学	北京	管理科学与工程	2	0	2	5	0	5
北京师范大学	北京	会计学	8	0	8	9	0	9
北京师范大学	北京	企业管理	18	0	18	44	0	44
北京师范大学	北京	行政管理	44	3	41	48	15	33
北京师范大学	北京	社会医学与卫生事业管理	0	0	0	8	3	5
北京师范大学	北京	教育经济与管理	112	21	91	69	16	53
北京师范大学	北京	社会保障	5	0	5	31	14	17
北京师范大学	北京	土地资源管理	6	0	6	27	8	19
北京师范大学	北京	公共管理新专业	0	0	0	11	4	7

续表

学校名称	所在省市	专业名称	毕业生数			招生数		
			合计	博士	硕士	合计	博士	硕士
北京师范大学	北京	图书馆学	8	0	8	4	0	4
北京师范大学	北京	情报学	20	0	20	14	0	14
首都师范大学	北京	旅游管理	0	0	0	9	0	9
首都师范大学	北京	教育经济与管理	14	0	14	18	0	18
北京第二外国语学院	北京	国际贸易学	7	0	7	35	0	35
北京第二外国语学院	北京	企业管理	3	0	3	11	0	11
北京第二外国语学院	北京	旅游管理	46	0	46	67	0	67
中国传媒大学	北京	产业经济学	0	0	0	5	0	5
中国传媒大学	北京	管理科学与工程	5	0	5	9	0	9
中国传媒大学	北京	企业管理	13	0	13	11	0	11
中国传媒大学	北京	行政管理	0	0	0	6	0	6
中央财经大学	北京	政治经济学	21	2	19	21	8	13
中央财经大学	北京	经济史	3	0	3	9	0	9
中央财经大学	北京	西方经济学	10	0	10	10	0	10
中央财经大学	北京	世界经济	0	0	0	6	0	6
中央财经大学	北京	国民经济学	28	17	11	25	12	13
中央财经大学	北京	区域经济学	5	0	5	19	1	18
中央财经大学	北京	财政学	101	16	85	110	22	88
中央财经大学	北京	金融学	173	7	166	126	23	103
中央财经大学	北京	产业经济学	45	2	43	45	1	44
中央财经大学	北京	国际贸易学	23	1	22	22	4	18
中央财经大学	北京	劳动经济学	6	0	6	6	3	3
中央财经大学	北京	统计学	17	0	17	17	3	14
中央财经大学	北京	数量经济学	6	1	5	6	2	4
中央财经大学	北京	国防经济	5	0	5	7	2	5
中央财经大学	北京	应用经济学新专业	89	0	89	138	13	125
中央财经大学	北京	工商管理	84	0	84	134	0	134
中央财经大学	北京	会计学	135	12	123	115	21	94
中央财经大学	北京	企业管理	34	0	34	23	0	23

续表

学校名称	所在省市	专业名称	毕业生数			招生数		
			合计	博士	硕士	合计	博士	硕士
中央财经大学	北 京	旅游管理	0	0	0	5	0	5
中央财经大学	北 京	技术经济及管理	0	0	0	15	0	15
中央财经大学	北 京	行政管理	16	0	16	12	0	12
中央财经大学	北 京	社会保障	9	0	9	4	0	4
对外经济贸易大学	北 京	世界经济	18	3	15	18	4	14
对外经济贸易大学	北 京	国民经济学	1	0	1	7	0	7
对外经济贸易大学	北 京	财政学	0	0	0	3	1	2
对外经济贸易大学	北 京	金融学	194	6	188	279	20	259
对外经济贸易大学	北 京	产业经济学	46	0	46	33	2	31
对外经济贸易大学	北 京	国际贸易学	188	18	170	186	13	173
对外经济贸易大学	北 京	数量经济学	0	0	0	9	2	7
对外经济贸易大学	北 京	工商管理	131	0	131	171	0	171
对外经济贸易大学	北 京	会计学	60	0	60	84	0	84
对外经济贸易大学	北 京	企业管理	58	0	58	49	11	38
对外经济贸易大学	北 京	技术经济及管理	5	0	5	3	0	3
对外经济贸易大学	北 京	行政管理	19	0	19	41	0	41
北京物资学院	北 京	产业经济学	24	0	24	37	0	37
北京物资学院	北 京	劳动经济学	6	0	6	17	0	17
北京物资学院	北 京	管理科学与工程	12	0	12	32	0	32
北京物资学院	北 京	企业管理	22	0	22	53	0	53
首都经济贸易大学	北 京	政治经济学	6	0	6	6	0	6
首都经济贸易大学	北 京	西方经济学	13	0	13	9	0	9
首都经济贸易大学	北 京	人口、资源与环境经济学	5	0	5	2	0	2
首都经济贸易大学	北 京	国民经济学	0	0	0	7	3	4
首都经济贸易大学	北 京	区域经济学	22	0	22	16	0	16
首都经济贸易大学	北 京	财政学	8	0	8	21	1	20
首都经济贸易大学	北 京	金融学	35	0	35	54	2	52
首都经济贸易大学	北 京	产业经济学	34	0	34	29	2	27
首都经济贸易大学	北 京	国际贸易学	26	0	26	26	0	26

续表

学校名称	所在省市	专业名称	毕业生数			招生数		
			合计	博士	硕士	合计	博士	硕士
首都经济贸易大学	北 京	劳动经济学	33	6	27	43	10	33
首都经济贸易大学	北 京	统计学	12	0	12	23	3	20
首都经济贸易大学	北 京	数量经济学	22	8	14	20	7	13
首都经济贸易大学	北 京	管理科学与工程	3	0	3	14	0	14
首都经济贸易大学	北 京	工商管理	87	0	87	137	0	137
首都经济贸易大学	北 京	会计学	58	0	58	70	0	70
首都经济贸易大学	北 京	企业管理	38	5	33	48	12	36
首都经济贸易大学	北 京	旅游管理	0	0	0	5	0	5
首都经济贸易大学	北 京	技术经济及管理	0	0	0	6	0	6
首都经济贸易大学	北 京	行政管理	14	0	14	20	0	20
首都经济贸易大学	北 京	社会保障	11	0	11	18	0	18
外交学院	北 京	世界经济	13	0	13	20	0	20
中国人民公安大学	北 京	行政管理	94	0	94	81	0	81
国际关系学院	北 京	世界经济	15	0	15	17	0	17
北京体育大学	北 京	行政管理	0	0	0	2	0	2
中央民族大学	北 京	政治经济学	17	0	17	27	0	27
中央民族大学	北 京	人口、资源与环境经济学	0	0	0	13	0	13
中央民族大学	北 京	区域经济学	15	0	15	19	0	19
中央民族大学	北 京	企业管理	6	0	6	16	0	16
中央民族大学	北 京	技术经济及管理	0	0	0	6	0	6
中央民族大学	北 京	行政管理	13	0	13	28	0	28
中国政法大学	北 京	政治经济学	6	0	6	16	0	16
中国政法大学	北 京	经济史	0	0	0	3	0	3
中国政法大学	北 京	世界经济	0	0	0	5	2	3
中国政法大学	北 京	产业经济学	0	0	0	4	0	4
中国政法大学	北 京	会计学	0	0	0	3	0	3
中国政法大学	北 京	企业管理	2	0	2	11	0	11
中国政法大学	北 京	行政管理	9	0	9	32	0	32
华北电力大学	北 京	产业经济学	0	0	0	11	0	11

续表

学校名称	所在省市	专业名称	毕业生数			招生数		
			合计	博士	硕士	合计	博士	硕士
华北电力大学	北 京	数量经济学	10	0	10	10	0	10
华北电力大学	北 京	管理科学与工程	15	0	15	44	17	27
华北电力大学	北 京	工商管理	0	0	0	2	0	2
华北电力大学	北 京	会计学	20	0	20	36	0	36
华北电力大学	北 京	企业管理	23	0	23	32	0	32
华北电力大学	北 京	技术经济及管理	90	15	75	81	14	67
华北电力大学	北 京	工商管理新专业	84	0	84	97	0	97
华北电力大学	北 京	行政管理	0	0	0	8	0	8
南开大学	天 津	政治经济学	38	16	22	55	28	27
南开大学	天 津	经济思想史	6	5	1	5	3	2
南开大学	天 津	经济史	17	7	10	11	7	4
南开大学	天 津	西方经济学	55	17	38	46	13	33
南开大学	天 津	世界经济	108	21	87	126	33	93
南开大学	天 津	人口、资源与环境经济学	13	8	5	5	2	3
南开大学	天 津	区域经济学	31	10	21	68	18	50
南开大学	天 津	财政学	25	16	9	14	2	12
南开大学	天 津	金融学	121	17	104	139	33	106
南开大学	天 津	产业经济学	30	12	18	33	10	23
南开大学	天 津	国际贸易学	42	8	34	62	21	41
南开大学	天 津	劳动经济学	11	5	6	4	2	2
南开大学	天 津	数量经济学	8	5	3	8	2	6
南开大学	天 津	应用经济学新专业	112	13	99	98	14	84
南开大学	天 津	管理科学与工程	12	7	5	21	2	19
南开大学	天 津	工商管理	243	0	243	345	0	345
南开大学	天 津	会计学	25	9	16	45	11	34
南开大学	天 津	企业管理	80	15	65	111	29	82
南开大学	天 津	旅游管理	67	7	60	23	3	20
南开大学	天 津	技术经济及管理	22	8	14	12	4	8
南开大学	天 津	工商管理新专业	123	18	105	42	18	24

续表

学校名称	所在省市	专业名称	毕业生数			招生数		
			合计	博士	硕士	合计	博士	硕士
南开大学	天 津	行政管理	33	11	22	47	16	31
南开大学	天 津	教育经济与管理	9	0	9	11	0	11
南开大学	天 津	社会保障	5	0	5	11	0	11
南开大学	天 津	图书馆学	18	11	7	8	2	6
南开大学	天 津	情报学	17	8	9	19	5	14
南开大学	天 津	档案学	2	0	2	4	0	4
天津大学	天 津	金融学	18	0	18	8	0	8
天津大学	天 津	统计学	3	0	3	0	0	0
天津大学	天 津	数量经济学	19	0	19	4	0	4
天津大学	天 津	管理科学与工程	335	159	176	165	54	111
天津大学	天 津	管理科学与工程新专业	111	29	82	97	37	60
天津大学	天 津	会计学	26	0	26	18	4	14
天津大学	天 津	企业管理	57	0	57	88	9	79
天津大学	天 津	旅游管理	2	0	2	5	0	5
天津大学	天 津	技术经济及管理	94	51	43	57	23	34
天津大学	天 津	工商管理新专业	172	0	172	133	0	133
天津大学	天 津	行政管理	11	0	11	14	0	14
天津大学	天 津	教育经济与管理	17	0	17	13	0	13
天津大学	天 津	社会保障	0	0	0	3	0	3
天津大学	天 津	土地资源管理	4	0	4	6	0	6
天津大学	天 津	情报学	1	0	1	3	0	3
天津科技大学	天 津	管理科学与工程	1	0	1	5	0	5
天津科技大学	天 津	企业管理	15	0	15	21	0	21
天津工业大学	天 津	产业经济学	16	0	16	16	0	16
天津工业大学	天 津	国际贸易学	0	0	0	3	0	3
天津工业大学	天 津	管理科学与工程	11	0	11	15	0	15
天津工业大学	天 津	会计学	0	0	0	9	0	9
天津工业大学	天 津	企业管理	13	0	13	15	0	15
天津工业大学	天 津	技术经济及管理	0	0	0	2	0	2

续表

学校名称	所在省市	专业名称	毕业生数			招生数		
			合计	博士	硕士	合计	博士	硕士
天津工业大学	天 津	教育经济与管理	0	0	0	17	0	17
天津工业大学	天 津	图书馆学	3	0	3	8	0	8
中国民航大学	天 津	产业经济学	0	0	0	3	0	3
中国民航大学	天 津	管理科学与工程	5	0	5	6	0	6
中国民航大学	天 津	企业管理	17	0	17	21	0	21
天津理工大学	天 津	产业经济学	0	0	0	3	0	3
天津理工大学	天 津	管理科学与工程	6	0	6	19	0	19
天津理工大学	天 津	企业管理	6	0	6	21	0	21
天津理工大学	天 津	技术经济及管理	15	0	15	17	0	17
天津医科大学	天 津	社会医学与卫生事业管理	0	0	0	5	0	5
天津师范大学	天 津	政治经济学	5	0	5	1	0	1
天津师范大学	天 津	世界经济	0	0	0	2	0	2
天津师范大学	天 津	国民经济学	3	0	3	4	0	4
天津师范大学	天 津	区域经济学	0	0	0	3	0	3
天津师范大学	天 津	管理科学与工程	7	0	7	7	0	7
天津师范大学	天 津	企业管理	4	0	4	8	0	8
天津师范大学	天 津	技术经济及管理	0	0	0	3	0	3
天津师范大学	天 津	行政管理	12	0	12	15	0	15
天津师范大学	天 津	图书馆学	0	0	0	3	0	3
天津师范大学	天 津	情报学	9	0	9	10	0	10
天津外国语学院	天 津	世界经济	0	0	0	5	0	5
天津商业大学	天 津	政治经济学	4	0	4	4	0	4
天津商业大学	天 津	人口、资源与环境经济学	0	0	0	4	0	4
天津商业大学	天 津	区域经济学	0	0	0	4	0	4
天津商业大学	天 津	金融学	0	0	0	7	0	7
天津商业大学	天 津	产业经济学	6	0	6	14	0	14
天津商业大学	天 津	国际贸易学	8	0	8	14	0	14
天津商业大学	天 津	会计学	17	0	17	20	0	20
天津商业大学	天 津	企业管理	22	0	22	26	0	26

续表

学校名称	所在省市	专业名称	毕业生数			招生数		
			合计	博士	硕士	合计	博士	硕士
天津商业大学	天 津	旅游管理	8	0	8	6	0	6
天津商业大学	天 津	技术经济及管理	6	0	6	7	0	7
天津商业大学	天 津	行政管理	0	0	0	11	0	11
天津财经大学	天 津	政治经济学	0	0	0	3	0	3
天津财经大学	天 津	西方经济学	0	0	0	7	0	7
天津财经大学	天 津	世界经济	4	0	4	9	0	9
天津财经大学	天 津	国民经济学	3	0	3	4	0	4
天津财经大学	天 津	区域经济学	3	0	3	6	0	6
天津财经大学	天 津	财政学	7	0	7	17	4	13
天津财经大学	天 津	金融学	51	6	45	108	9	99
天津财经大学	天 津	产业经济学	7	0	7	8	2	6
天津财经大学	天 津	国际贸易学	21	0	21	47	2	45
天津财经大学	天 津	劳动经济学	3	0	3	9	0	9
天津财经大学	天 津	统计学	14	5	9	26	4	22
天津财经大学	天 津	数量经济学	6	0	6	8	2	6
天津财经大学	天 津	管理科学与工程	11	0	11	17	0	17
天津财经大学	天 津	会计学	57	13	44	106	9	97
天津财经大学	天 津	企业管理	21	1	20	26	6	20
天津财经大学	天 津	旅游管理	0	0	0	6	0	6
天津财经大学	天 津	技术经济及管理	2	0	2	3	0	3
天津财经大学	天 津	工商管理新专业	83	0	83	56	0	56
天津财经大学	天 津	社会保障	3	0	3	18	0	18
河北大学	河 北	政治经济学	17	0	17	10	0	10
河北大学	河 北	经济思想史	5	0	5	5	0	5
河北大学	河 北	西方经济学	0	0	0	4	0	4
河北大学	河 北	世界经济	9	9	0	15	7	8
河北大学	河 北	人口、资源与环境经济学	5	0	5	5	0	5
河北大学	河 北	国民经济学	0	0	0	6	0	6
河北大学	河 北	区域经济学	0	0	0	8	0	8

续表

学校名称	所在省市	专业名称	毕业生数			招生数		
			合计	博士	硕士	合计	博士	硕士
河北大学	河 北	财政学	0	0	0	7	0	7
河北大学	河 北	金融学	33	0	33	24	0	24
河北大学	河 北	国际贸易学	0	0	0	9	0	9
河北大学	河 北	统计学	11	0	11	17	0	17
河北大学	河 北	数量经济学	4	0	4	6	0	6
河北大学	河 北	管理科学与工程	0	0	0	6	0	6
河北大学	河 北	会计学	20	0	20	30	0	30
河北大学	河 北	企业管理	3	0	3	24	0	24
河北大学	河 北	行政管理	0	0	0	13	0	13
河北大学	河 北	社会保障	13	0	13	43	0	43
河北大学	河 北	图书馆学	15	0	15	13	0	13
河北大学	河 北	情报学	0	0	0	5	0	5
河北大学	河 北	档案学	0	0	0	6	0	6
河北工程大学	河 北	管理科学与工程	5	0	5	27	0	27
河北工程大学	河 北	企业管理	8	0	8	8	0	8
河北工程大学	河 北	技术经济及管理	0	0	0	4	0	4
石家庄经济学院	河 北	人口、资源与环境经济学	10	0	10	10	0	10
石家庄经济学院	河 北	会计学	0	0	0	5	0	5
石家庄经济学院	河 北	企业管理	8	0	8	10	0	10
华北水利水电学院	河 南	人口、资源与环境经济学	0	0	0	1	0	1
华北水利水电学院	河 南	管理科学与工程	10	0	10	19	0	19
华北水利水电学院	河 南	技术经济及管理	0	0	0	4	0	4
河北工业大学	河 北	产业经济学	0	0	0	10	0	10
河北工业大学	河 北	国际贸易学	18	0	18	30	0	30
河北工业大学	河 北	数量经济学	15	0	15	26	0	26
河北工业大学	河 北	管理科学与工程	21	7	14	62	26	36
河北工业大学	河 北	企业管理	38	0	38	41	0	41
河北工业大学	河 北	技术经济及管理	16	0	16	38	10	28
河北工业大学	河 北	工商管理新专业	22	0	22	55	0	55

续表

学校名称	所在省市	专业名称	毕业生数			招生数		
			合计	博士	硕士	合计	博士	硕士
河北理工大学	河 北	产业经济学	18	0	18	21	0	21
河北理工大学	河 北	企业管理	0	0	0	6	0	6
河北科技大学	河 北	管理科学与工程	14	0	14	14	0	14
河北科技大学	河 北	企业管理	0	0	0	1	0	1
河北农业大学	河 北	人口、资源与环境经济学	0	0	0	2	0	2
河北农业大学	河 北	区域经济学	0	0	0	2	0	2
河北农业大学	河 北	产业经济学	8	0	8	13	0	13
河北农业大学	河 北	会计学	0	0	0	8	0	8
河北农业大学	河 北	技术经济及管理	0	0	0	3	0	3
河北农业大学	河 北	农业经济管理	22	8	14	15	6	9
河北农业大学	河 北	林业经济管理	5	0	5	4	1	3
河北农业大学	河 北	土地资源管理	7	0	7	8	0	8
河北医科大学	河 北	社会医学与卫生事业管理	1	0	1	4	0	4
华北煤炭医学院	河 北	社会医学与卫生事业管理	6	0	6	16	0	16
河北师范大学	河 北	政治经济学	0	0	0	3	0	3
河北师范大学	河 北	世界经济	2	0	2	8	0	8
河北师范大学	河 北	人口、资源与环境经济学	2	0	2	0	0	0
河北师范大学	河 北	教育经济与管理	4	0	4	18	0	18
石家庄铁道学院	河 北	管理科学与工程	3	0	3	12	0	12
石家庄铁道学院	河 北	会计学	0	0	0	5	0	5
石家庄铁道学院	河 北	企业管理	0	0	0	5	0	5
山西大学	山 西	政治经济学	0	0	0	4	0	4
山西大学	山 西	经济史	6	0	6	7	2	5
山西大学	山 西	产业经济学	0	0	0	7	0	7
山西大学	山 西	数量经济学	2	0	2	5	0	5
山西大学	山 西	管理科学与工程	7	2	5	20	5	15
山西大学	山 西	会计学	0	0	0	8	0	8
山西大学	山 西	企业管理	5	0	5	12	0	12
山西大学	山 西	旅游管理	4	0	4	6	0	6

续表

学校名称	所在省市	专业名称	毕业生数			招生数		
			合计	博士	硕士	合计	博士	硕士
山西大学	山 西	工商管理新专业	0	0	0	36	0	36
山西大学	山 西	行政管理	46	0	46	86	0	86
山西大学	山 西	图书馆学	9	0	9	7	0	7
山西大学	山 西	情报学	3	0	3	21	0	21
山西大学	山 西	档案学	0	0	0	2	0	2
太原科技大学	山 西	产业经济学	0	0	0	4	0	4
太原科技大学	山 西	管理科学与工程	6	0	6	7	0	7
太原科技大学	山 西	企业管理	0	0	0	2	0	2
中北大学	山 西	管理科学与工程	0	0	0	7	0	7
中北大学	山 西	技术经济及管理	9	0	9	10	0	10
太原理工大学	山 西	管理科学与工程	13	0	13	19	0	19
太原理工大学	山 西	会计学	0	0	0	7	0	7
太原理工大学	山 西	企业管理	6	0	6	9	0	9
太原理工大学	山 西	技术经济及管理	0	0	0	4	0	4
山西农业大学	山 西	农业经济管理	2	0	2	2	0	2
山西农业大学	山 西	土地资源管理	4	0	4	11	0	11
山西医科大学	山 西	社会医学与卫生事业管理	3	0	3	13	0	13
山西师范大学	山 西	政治经济学	0	0	0	4	0	4
山西师范大学	山 西	国民经济学	0	0	0	3	0	3
山西师范大学	山 西	区域经济学	1	0	1	2	0	2
山西师范大学	山 西	管理科学与工程	0	0	0	1	0	1
山西师范大学	山 西	行政管理	0	0	0	17	0	17
山西师范大学	山 西	教育经济与管理	8	0	8	3	0	3
山西财经大学	山 西	政治经济学	3	0	3	10	3	7
山西财经大学	山 西	经济思想史	3	0	3	2	0	2
山西财经大学	山 西	西方经济学	7	0	7	11	0	11
山西财经大学	山 西	世界经济	0	0	0	4	0	4
山西财经大学	山 西	人口、资源与环境经济学	0	0	0	2	0	2
山西财经大学	山 西	国民经济学	3	0	3	5	0	5

续表

学校名称	所在省市	专业名称	毕业生数			招生数		
			合计	博士	硕士	合计	博士	硕士
山西财经大学	山 西	区域经济学	0	0	0	4	0	4
山西财经大学	山 西	财政学	11	0	11	17	0	17
山西财经大学	山 西	金融学	27	0	27	53	3	50
山西财经大学	山 西	产业经济学	9	0	9	17	0	17
山西财经大学	山 西	国际贸易学	20	0	20	21	0	21
山西财经大学	山 西	劳动经济学	11	0	11	6	0	6
山西财经大学	山 西	统计学	12	0	12	15	4	11
山西财经大学	山 西	数量经济学	2	0	2	6	0	6
山西财经大学	山 西	管理科学与工程	8	0	8	10	0	10
山西财经大学	山 西	工商管理	29	0	29	92	0	92
山西财经大学	山 西	会计学	35	0	35	50	0	50
山西财经大学	山 西	企业管理	20	0	20	23	0	23
山西财经大学	山 西	旅游管理	6	0	6	5	0	5
山西财经大学	山 西	技术经济及管理	5	0	5	5	0	5
山西财经大学	山 西	农业经济管理	4	0	4	2	0	2
山西财经大学	山 西	教育经济与管理	0	0	0	25	0	25
山西财经大学	山 西	社会保障	43	0	43	63	0	63
山西财经大学	山 西	情报学	0	0	0	12	0	12
内蒙古大学	内蒙古	政治经济学	6	0	6	16	0	16
内蒙古大学	内蒙古	区域经济学	5	0	5	6	0	6
内蒙古大学	内蒙古	金融学	6	0	6	10	0	10
内蒙古大学	内蒙古	管理科学与工程	8	0	8	5	0	5
内蒙古大学	内蒙古	工商管理	158	0	158	150	0	150
内蒙古大学	内蒙古	会计学	7	0	7	10	0	10
内蒙古大学	内蒙古	企业管理	9	0	9	11	0	11
内蒙古大学	内蒙古	行政管理	31	0	31	46	0	46
内蒙古科技大学	内蒙古	区域经济学	0	0	0	4	0	4
内蒙古科技大学	内蒙古	企业管理	0	0	0	16	0	16
内蒙古工业大学	内蒙古	金融学	0	0	0	5	0	5

续表

学校名称	所在省市	专业名称	毕业生数			招生数		
			合计	博士	硕士	合计	博士	硕士
内蒙古工业大学	内蒙古	产业经济学	6	0	6	8	0	8
内蒙古工业大学	内蒙古	数量经济学	2	0	2	5	0	5
内蒙古工业大学	内蒙古	管理科学与工程	6	0	6	12	0	12
内蒙古工业大学	内蒙古	工商管理	36	0	36	60	0	60
内蒙古工业大学	内蒙古	会计学	0	0	0	6	0	6
内蒙古工业大学	内蒙古	企业管理	7	0	7	19	0	19
内蒙古工业大学	内蒙古	旅游管理	0	0	0	3	0	3
内蒙古工业大学	内蒙古	技术经济及管理	1	0	1	5	0	5
内蒙古工业大学	内蒙古	教育经济与管理	0	0	0	13	0	13
内蒙古农业大学	内蒙古	区域经济学	0	0	0	5	0	5
内蒙古农业大学	内蒙古	产业经济学	12	0	12	10	0	10
内蒙古农业大学	内蒙古	管理科学与工程	0	0	0	3	0	3
内蒙古农业大学	内蒙古	技术经济及管理	0	0	0	9	0	9
内蒙古农业大学	内蒙古	农业经济管理	15	0	15	21	8	13
内蒙古农业大学	内蒙古	林业经济管理	0	0	0	4	0	4
内蒙古农业大学	内蒙古	教育经济与管理	4	0	4	2	0	2
内蒙古农业大学	内蒙古	土地资源管理	0	0	0	6	0	6
内蒙古师范大学	内蒙古	政治经济学	4	0	4	3	0	3
内蒙古师范大学	内蒙古	人口、资源与环境经济学	0	0	0	1	0	1
内蒙古师范大学	内蒙古	区域经济学	2	0	2	5	0	5
内蒙古师范大学	内蒙古	教育经济与管理	0	0	0	6	0	6
内蒙古师范大学	内蒙古	土地资源管理	4	0	4	9	0	9
内蒙古财经学院	内蒙古	政治经济学	0	0	0	5	0	5
内蒙古财经学院	内蒙古	财政学	0	0	0	5	0	5
内蒙古财经学院	内蒙古	统计学	0	0	0	4	0	4
内蒙古财经学院	内蒙古	会计学	0	0	0	7	0	7
内蒙古财经学院	内蒙古	企业管理	0	0	0	9	0	9
辽宁大学	辽　宁	政治经济学	18	7	11	14	5	9
辽宁大学	辽　宁	经济思想史	7	4	3	3	1	2

续表

学校名称	所在省市	专业名称	毕业生数			招生数		
			合计	博士	硕士	合计	博士	硕士
辽宁大学	辽 宁	经济史	7	3	4	6	3	3
辽宁大学	辽 宁	西方经济学	22	7	15	24	4	20
辽宁大学	辽 宁	世界经济	17	6	11	26	9	17
辽宁大学	辽 宁	人口、资源与环境经济学	4	3	1	6	3	3
辽宁大学	辽 宁	理论经济学新专业	14	7	7	22	7	15
辽宁大学	辽 宁	国民经济学	21	6	15	28	7	21
辽宁大学	辽 宁	区域经济学	4	0	4	8	0	8
辽宁大学	辽 宁	财政学	12	3	9	20	3	17
辽宁大学	辽 宁	金融学	34	12	22	35	8	27
辽宁大学	辽 宁	产业经济学	9	5	4	20	5	15
辽宁大学	辽 宁	国际贸易学	23	3	20	45	5	40
辽宁大学	辽 宁	劳动经济学	3	0	3	5	1	4
辽宁大学	辽 宁	统计学	3	0	3	9	3	6
辽宁大学	辽 宁	数量经济学	7	2	5	7	2	5
辽宁大学	辽 宁	应用经济学新专业	0	0	0	33	5	28
辽宁大学	辽 宁	会计学	15	0	15	35	3	32
辽宁大学	辽 宁	企业管理	30	12	18	49	15	34
辽宁大学	辽 宁	旅游管理	0	0	0	2	0	2
辽宁大学	辽 宁	技术经济及管理	0	0	0	2	0	2
辽宁大学	辽 宁	工商管理新专业	117	0	117	152	0	152
辽宁大学	辽 宁	行政管理	51	0	51	82	0	82
辽宁大学	辽 宁	社会保障	16	0	16	40	0	40
辽宁大学	辽 宁	档案学	19	0	19	31	0	31
大连理工大学	辽 宁	人口、资源与环境经济学	0	0	0	9	0	9
大连理工大学	辽 宁	区域经济学	5	0	5	7	0	7
大连理工大学	辽 宁	金融学	0	0	0	9	0	9
大连理工大学	辽 宁	产业经济学	2	0	2	14	0	14
大连理工大学	辽 宁	国际贸易学	0	0	0	10	0	10
大连理工大学	辽 宁	管理科学与工程	48	23	25	20	9	11

续表

学校名称	所在省市	专业名称	毕业生数			招生数		
			合计	博士	硕士	合计	博士	硕士
大连理工大学	辽 宁	管理科学与工程新专业	32	4	28	132	28	104
大连理工大学	辽 宁	工商管理	144	0	144	221	0	221
大连理工大学	辽 宁	会计学	18	0	18	31	4	27
大连理工大学	辽 宁	企业管理	34	0	34	71	15	56
大连理工大学	辽 宁	旅游管理	0	0	0	15	0	15
大连理工大学	辽 宁	技术经济及管理	27	13	14	33	10	23
大连理工大学	辽 宁	工商管理新专业	1	0	1	1	0	1
大连理工大学	辽 宁	行政管理	43	0	43	28	0	28
大连理工大学	辽 宁	教育经济与管理	0	0	0	21	0	21
大连理工大学	辽 宁	社会保障	9	0	9	20	0	20
沈阳工业大学	辽 宁	国际贸易学	27	0	27	19	0	19
沈阳工业大学	辽 宁	管理科学与工程	11	0	11	8	0	8
沈阳工业大学	辽 宁	会计学	28	0	28	33	0	33
沈阳工业大学	辽 宁	企业管理	19	0	19	10	0	10
沈阳工业大学	辽 宁	旅游管理	0	0	0	1	0	1
沈阳工业大学	辽 宁	技术经济及管理	0	0	0	1	0	1
沈阳航空工业学院	辽 宁	企业管理	0	0	0	10	0	10
沈阳理工大学	辽 宁	国际贸易学	0	0	0	6	0	6
沈阳理工大学	辽 宁	会计学	0	0	0	8	0	8
沈阳理工大学	辽 宁	企业管理	28	0	28	8	0	8
东北大学	辽 宁	政治经济学	4	0	4	9	0	9
东北大学	辽 宁	金融学	33	0	33	17	0	17
东北大学	辽 宁	产业经济学	3	0	3	5	0	5
东北大学	辽 宁	国际贸易学	19	0	19	9	0	9
东北大学	辽 宁	数量经济学	10	0	10	5	0	5
东北大学	辽 宁	管理科学与工程	90	28	62	75	30	45
东北大学	辽 宁	会计学	88	0	88	37	0	37
东北大学	辽 宁	企业管理	66	0	66	74	28	46
东北大学	辽 宁	技术经济及管理	11	0	11	4	0	4

续表

学校名称	所在省市	专业名称	毕业生数			招生数		
			合计	博士	硕士	合计	博士	硕士
东北大学	辽 宁	工商管理新专业	146	0	146	142	0	142
东北大学	辽 宁	行政管理	39	3	36	53	3	50
东北大学	辽 宁	教育经济与管理	46	0	46	29	0	29
东北大学	辽 宁	社会保障	0	0	0	7	0	7
辽宁科技大学	辽 宁	企业管理	10	0	10	25	0	25
辽宁科技大学	辽 宁	技术经济及管理	0	0	0	3	0	3
辽宁工程技术大学	辽 宁	产业经济学	0	0	0	8	0	8
辽宁工程技术大学	辽 宁	管理科学与工程	25	4	21	37	13	24
辽宁工程技术大学	辽 宁	企业管理	30	0	30	38	0	38
辽宁工程技术大学	辽 宁	技术经济及管理	22	0	22	7	0	7
辽宁石油化工大学	辽 宁	企业管理	8	0	8	8	0	8
辽宁石油化工大学	辽 宁	技术经济及管理	15	0	15	1	0	1
沈阳化工学院	辽 宁	产业经济学	5	0	5	3	0	3
大连交通大学	辽 宁	企业管理	10	0	10	22	0	22
大连海事大学	辽 宁	产业经济学	0	0	0	6	0	6
大连海事大学	辽 宁	国际贸易学	0	0	0	8	0	8
大连海事大学	辽 宁	管理科学与工程	35	0	35	37	1	36
大连海事大学	辽 宁	企业管理	43	0	43	36	0	36
大连海事大学	辽 宁	技术经济及管理	0	0	0	7	0	7
大连海事大学	辽 宁	工商管理新专业	0	0	0	128	0	128
大连海事大学	辽 宁	行政管理	0	0	0	14	0	14
大连工业大学	辽 宁	企业管理	0	0	0	5	0	5
沈阳建筑大学	辽 宁	管理科学与工程	0	0	0	12	0	12
辽宁工业大学	辽 宁	企业管理	6	0	6	10	0	10
沈阳农业大学	辽 宁	会计学	7	0	7	5	0	5
沈阳农业大学	辽 宁	农业经济管理	20	9	11	19	12	7
沈阳农业大学	辽 宁	林业经济管理	1	0	1	5	3	2
沈阳农业大学	辽 宁	教育经济与管理	0	0	0	8	0	8
沈阳农业大学	辽 宁	土地资源管理	9	0	9	9	0	9

续表

学校名称	所在省市	专业名称	毕业生数			招生数		
			合计	博士	硕士	合计	博士	硕士
大连水产学院	辽 宁	企业管理	0	0	0	1	0	1
中国医科大学	辽 宁	社会医学与卫生事业管理	6	0	6	5	0	5
中国医科大学	辽 宁	公共管理新专业	0	0	0	12	0	12
中国医科大学	辽 宁	情报学	0	0	0	10	0	10
大连医科大学	辽 宁	社会医学与卫生事业管理	16	0	16	4	0	4
沈阳药科大学	辽 宁	企业管理	7	0	7	5	0	5
辽宁师范大学	辽 宁	政治经济学	1	0	1	14	0	14
辽宁师范大学	辽 宁	区域经济学	7	0	7	19	0	19
辽宁师范大学	辽 宁	旅游管理	1	0	1	5	0	5
辽宁师范大学	辽 宁	教育经济与管理	4	0	4	10	0	10
辽宁师范大学	辽 宁	图书馆学	6	0	6	14	0	14
沈阳师范大学	辽 宁	政治经济学	3	0	3	2	0	2
沈阳师范大学	辽 宁	西方经济学	0	0	0	5	0	5
沈阳师范大学	辽 宁	管理科学与工程	12	0	12	2	0	2
沈阳师范大学	辽 宁	企业管理	0	0	0	1	0	1
沈阳师范大学	辽 宁	旅游管理	8	0	8	2	0	2
沈阳师范大学	辽 宁	行政管理	0	0	0	16	0	16
沈阳师范大学	辽 宁	教育经济与管理	16	0	16	20	0	20
沈阳师范大学	辽 宁	社会保障	8	0	8	8	0	8
渤海大学	辽 宁	企业管理	0	0	0	3	0	3
渤海大学	辽 宁	旅游管理	0	0	0	1	0	1
东北财经大学	辽 宁	政治经济学	6	0	6	10	4	6
东北财经大学	辽 宁	经济思想史	3	0	3	6	3	3
东北财经大学	辽 宁	经济史	2	0	2	1	1	0
东北财经大学	辽 宁	西方经济学	11	1	10	26	6	20
东北财经大学	辽 宁	世界经济	17	0	17	22	7	15
东北财经大学	辽 宁	人口、资源与环境经济学	4	0	4	2	0	2
东北财经大学	辽 宁	国民经济学	44	3	41	48	9	39
东北财经大学	辽 宁	区域经济学	16	5	11	9	3	6

续表

学校名称	所在省市	专业名称	毕业生数			招生数		
			合计	博士	硕士	合计	博士	硕士
东北财经大学	辽宁	财政学	79	18	61	73	15	58
东北财经大学	辽宁	金融学	84	10	74	106	21	85
东北财经大学	辽宁	产业经济学	38	7	31	36	5	31
东北财经大学	辽宁	国际贸易学	99	11	88	107	2	105
东北财经大学	辽宁	劳动经济学	14	4	10	18	2	16
东北财经大学	辽宁	统计学	56	5	51	71	3	68
东北财经大学	辽宁	数量经济学	36	6	30	49	10	39
东北财经大学	辽宁	应用经济学新专业	26	2	24	71	12	59
东北财经大学	辽宁	管理科学与工程	8	0	8	10	4	6
东北财经大学	辽宁	会计学	137	11	126	157	12	145
东北财经大学	辽宁	企业管理	113	3	110	282	11	271
东北财经大学	辽宁	旅游管理	21	0	21	27	1	26
东北财经大学	辽宁	技术经济及管理	19	6	13	23	3	20
东北财经大学	辽宁	工商管理新专业	17	0	17	159	14	145
东北财经大学	辽宁	行政管理	24	0	24	54	0	54
东北财经大学	辽宁	教育经济与管理	0	0	0	8	0	8
东北财经大学	辽宁	社会保障	10	0	10	8	0	8
吉林大学	吉林	政治经济学	46	21	25	19	8	11
吉林大学	吉林	经济思想史	0	0	0	3	3	0
吉林大学	吉林	经济史	4	0	4	1	0	1
吉林大学	吉林	西方经济学	27	6	21	17	3	14
吉林大学	吉林	世界经济	107	16	91	102	29	73
吉林大学	吉林	人口、资源与环境经济学	12	5	7	34	8	26
吉林大学	吉林	理论经济学新专业	47	10	37	33	9	24
吉林大学	吉林	国民经济学	15	0	15	19	0	19
吉林大学	吉林	区域经济学	16	0	16	27	13	14
吉林大学	吉林	财政学	8	0	8	5	0	5
吉林大学	吉林	金融学	79	0	79	66	9	57
吉林大学	吉林	产业经济学	31	0	31	27	10	17

续表

学校名称	所在省市	专业名称	毕业生数			招生数		
			合计	博士	硕士	合计	博士	硕士
吉林大学	吉 林	国际贸易学	86	0	86	56	0	56
吉林大学	吉 林	数量经济学	174	34	140	86	34	52
吉林大学	吉 林	国防经济	3	0	3	1	0	1
吉林大学	吉 林	管理科学与工程	51	1	50	54	17	37
吉林大学	吉 林	管理科学与工程新专业	0	0	0	7	0	7
吉林大学	吉 林	会计学	70	0	70	36	0	36
吉林大学	吉 林	企业管理	216	8	208	110	19	91
吉林大学	吉 林	技术经济及管理	138	38	100	52	20	32
吉林大学	吉 林	工商管理新专业	162	0	162	205	0	205
吉林大学	吉 林	农业经济管理	19	0	19	11	0	11
吉林大学	吉 林	行政管理	129	6	123	91	21	70
吉林大学	吉 林	社会医学与卫生事业管理	7	0	7	11	3	8
吉林大学	吉 林	社会保障	18	0	18	17	0	17
吉林大学	吉 林	土地资源管理	20	0	20	12	0	12
吉林大学	吉 林	图书馆学	25	0	25	11	5	6
吉林大学	吉 林	情报学	55	8	47	34	6	28
吉林大学	吉 林	档案学	9	0	9	3	0	3
延边大学	吉 林	世界经济	7	0	7	15	0	15
延边大学	吉 林	企业管理	0	0	0	6	0	6
长春理工大学	吉 林	产业经济学	11	0	11	14	0	14
长春理工大学	吉 林	管理科学与工程	0	0	0	6	0	6
长春理工大学	吉 林	企业管理	31	0	31	46	0	46
东北电力大学	吉 林	企业管理	0	0	0	12	0	12
东北电力大学	吉 林	技术经济及管理	20	0	20	9	0	9
长春工业大学	吉 林	国际贸易学	0	0	0	7	0	7
长春工业大学	吉 林	管理科学与工程	21	0	21	21	0	21
长春工业大学	吉 林	行政管理	0	0	0	43	0	43
长春工业大学	吉 林	社会保障	0	0	0	13	0	13
吉林建筑工程学院	吉 林	企业管理	0	0	0	2	0	2

续表

学校名称	所在省市	专业名称	毕业生数			招生数		
			合计	博士	硕士	合计	博士	硕士
吉林农业大学	吉 林	技术经济及管理	0	0	0	2	0	2
吉林农业大学	吉 林	农业经济管理	10	1	9	11	6	5
吉林农业大学	吉 林	林业经济管理	0	0	0	1	1	0
东北师范大学	吉 林	政治经济学	19	0	19	2	0	2
东北师范大学	吉 林	西方经济学	0	0	0	2	0	2
东北师范大学	吉 林	世界经济	13	0	13	21	12	9
东北师范大学	吉 林	人口、资源与环境经济学	2	0	2	1	0	1
东北师范大学	吉 林	区域经济学	37	21	16	37	14	23
东北师范大学	吉 林	财政学	10	0	10	14	0	14
东北师范大学	吉 林	金融学	15	0	15	19	0	19
东北师范大学	吉 林	国际贸易学	0	0	0	13	0	13
东北师范大学	吉 林	劳动经济学	12	0	12	9	0	9
东北师范大学	吉 林	会计学	11	0	11	15	0	15
东北师范大学	吉 林	企业管理	9	0	9	36	0	36
东北师范大学	吉 林	旅游管理	0	0	0	7	0	7
东北师范大学	吉 林	行政管理	12	0	12	34	0	34
东北师范大学	吉 林	教育经济与管理	26	0	26	36	6	30
东北师范大学	吉 林	社会保障	0	0	0	8	0	8
东北师范大学	吉 林	土地资源管理	1	0	1	8	0	8
东北师范大学	吉 林	图书馆学	9	0	9	13	0	13
东北师范大学	吉 林	情报学	17	0	17	12	0	12
北华大学	吉 林	企业管理	1	0	1	9	0	9
长春税务学院	吉 林	政治经济学	7	0	7	2	0	2
长春税务学院	吉 林	西方经济学	0	0	0	3	0	3
长春税务学院	吉 林	世界经济	0	0	0	2	0	2
长春税务学院	吉 林	财政学	27	0	27	17	0	17
长春税务学院	吉 林	金融学	0	0	0	22	0	22
长春税务学院	吉 林	国际贸易学	19	0	19	16	0	16
长春税务学院	吉 林	统计学	7	0	7	6	0	6

续表

学校名称	所在省市	专业名称	毕业生数			招生数		
			合计	博士	硕士	合计	博士	硕士
长春税务学院	吉 林	数量经济学	5	0	5	5	0	5
长春税务学院	吉 林	国防经济	0	0	0	2	0	2
长春税务学院	吉 林	会计学	49	0	49	45	0	45
长春税务学院	吉 林	企业管理	14	0	14	9	0	9
长春税务学院	吉 林	农业经济管理	0	0	0	2	0	2
长春税务学院	吉 林	行政管理	0	0	0	33	0	33
黑龙江大学	黑龙江	政治经济学	9	0	9	5	0	5
黑龙江大学	黑龙江	世界经济	0	0	0	4	0	4
黑龙江大学	黑龙江	人口、资源与环境经济学	0	0	0	2	0	2
黑龙江大学	黑龙江	国民经济学	0	0	0	3	0	3
黑龙江大学	黑龙江	区域经济学	3	0	3	3	0	3
黑龙江大学	黑龙江	产业经济学	0	0	0	2	0	2
黑龙江大学	黑龙江	国际贸易学	10	0	10	8	0	8
黑龙江大学	黑龙江	会计学	0	0	0	2	0	2
黑龙江大学	黑龙江	企业管理	9	0	9	7	0	7
黑龙江大学	黑龙江	旅游管理	0	0	0	1	0	1
黑龙江大学	黑龙江	行政管理	17	0	17	29	0	29
黑龙江大学	黑龙江	社会保障	0	0	0	4	0	4
黑龙江大学	黑龙江	图书馆学	3	0	3	8	0	8
黑龙江大学	黑龙江	情报学	14	0	14	16	0	16
黑龙江大学	黑龙江	档案学	5	0	5	9	0	9
哈尔滨工业大学	黑龙江	政治经济学	6	0	6	6	0	6
哈尔滨工业大学	黑龙江	世界经济	4	0	4	5	0	5
哈尔滨工业大学	黑龙江	区域经济学	0	0	0	4	0	4
哈尔滨工业大学	黑龙江	金融学	29	0	29	20	0	20
哈尔滨工业大学	黑龙江	国际贸易学	56	0	56	39	0	39
哈尔滨工业大学	黑龙江	管理科学与工程	147	38	109	125	27	98
哈尔滨工业大学	黑龙江	管理科学与工程新专业	0	0	0	2	2	0
哈尔滨工业大学	黑龙江	会计学	31	0	31	28	0	28

续表

学校名称	所在省市	专业名称	毕业生数			招生数		
			合计	博士	硕士	合计	博士	硕士
哈尔滨工业大学	黑龙江	企业管理	66	0	66	105	14	91
哈尔滨工业大学	黑龙江	技术经济及管理	56	23	33	40	17	23
哈尔滨工业大学	黑龙江	工商管理新专业	109	0	109	177	0	177
哈尔滨工业大学	黑龙江	行政管理	13	0	13	16	5	11
哈尔滨工业大学	黑龙江	教育经济与管理	8	0	8	15	0	15
哈尔滨工业大学	黑龙江	土地资源管理	6	0	6	5	0	5
哈尔滨理工大学	黑龙江	产业经济学	7	0	7	13	0	13
哈尔滨理工大学	黑龙江	管理科学与工程	22	0	22	36	13	23
哈尔滨理工大学	黑龙江	会计学	0	0	0	8	0	8
哈尔滨理工大学	黑龙江	企业管理	13	0	13	19	0	19
哈尔滨理工大学	黑龙江	旅游管理	0	0	0	3	0	3
哈尔滨理工大学	黑龙江	技术经济及管理	13	0	13	15	7	8
燕山大学	河 北	区域经济学	23	0	23	12	0	12
燕山大学	河 北	管理科学与工程	20	3	17	32	6	26
燕山大学	河 北	工商管理	2	0	2	49	0	49
燕山大学	河 北	会计学	0	0	0	12	0	12
燕山大学	河 北	企业管理	15	0	15	27	0	27
燕山大学	河 北	旅游管理	19	0	19	15	0	15
燕山大学	河 北	技术经济及管理	0	0	0	4	0	4
燕山大学	河 北	行政管理	66	0	66	85	0	85
哈尔滨工程大学	黑龙江	政治经济学	3	0	3	0	0	0
哈尔滨工程大学	黑龙江	金融学	32	0	32	17	0	17
哈尔滨工程大学	黑龙江	产业经济学	57	0	57	10	0	10
哈尔滨工程大学	黑龙江	国际贸易学	0	0	0	7	0	7
哈尔滨工程大学	黑龙江	管理科学与工程	65	23	42	61	35	26
哈尔滨工程大学	黑龙江	工商管理	39	0	39	51	0	51
哈尔滨工程大学	黑龙江	企业管理	16	0	16	25	0	25
哈尔滨工程大学	黑龙江	技术经济及管理	6	0	6	5	0	5
哈尔滨工程大学	黑龙江	教育经济与管理	0	0	0	16	0	16

续表

学校名称	所在省市	专业名称	毕业生数			招生数		
			合计	博士	硕士	合计	博士	硕士
黑龙江科技学院	黑龙江	区域经济学	0	0	0	7	0	7
黑龙江科技学院	黑龙江	管理科学与工程	0	0	0	1	0	1
黑龙江科技学院	黑龙江	企业管理	16	0	16	4	0	4
黑龙江科技学院	黑龙江	教育经济与管理	0	0	0	12	0	12
大庆石油学院	黑龙江	企业管理	13	0	13	17	0	17
大庆石油学院	黑龙江	技术经济及管理	10	0	10	5	0	5
黑龙江八一农垦大学	黑龙江	会计学	4	0	4	1	0	1
黑龙江八一农垦大学	黑龙江	企业管理	0	0	0	2	0	2
黑龙江八一农垦大学	黑龙江	农业经济管理	4	0	4	3	0	3
东北农业大学	黑龙江	金融学	0	0	0	18	0	18
东北农业大学	黑龙江	产业经济学	0	0	0	7	0	7
东北农业大学	黑龙江	管理科学与工程	3	0	3	4	0	4
东北农业大学	黑龙江	会计学	0	0	0	16	0	16
东北农业大学	黑龙江	农业经济管理	56	25	31	55	23	32
东北农业大学	黑龙江	林业经济管理	0	0	0	3	3	0
东北农业大学	黑龙江	土地资源管理	11	0	11	24	0	24
东北林业大学	黑龙江	人口、资源与环境经济学	4	0	4	6	0	6
东北林业大学	黑龙江	国际贸易学	0	0	0	7	0	7
东北林业大学	黑龙江	统计学	7	0	7	4	0	4
东北林业大学	黑龙江	管理科学与工程	7	0	7	18	0	18
东北林业大学	黑龙江	会计学	15	0	15	16	0	16
东北林业大学	黑龙江	企业管理	12	0	12	8	0	8
东北林业大学	黑龙江	旅游管理	9	0	9	4	0	4
东北林业大学	黑龙江	农业经济管理	0	0	0	12	10	2
东北林业大学	黑龙江	林业经济管理	52	45	7	22	17	5
东北林业大学	黑龙江	行政管理	0	0	0	19	0	19
哈尔滨医科大学	黑龙江	社会医学与卫生事业管理	18	6	12	57	10	47
黑龙江中医药大学	黑龙江	社会医学与卫生事业管理	0	0	0	2	0	2
哈尔滨师范大学	黑龙江	政治经济学	10	0	10	4	0	4

续表

学校名称	所在省市	专业名称	毕业生数			招生数		
			合计	博士	硕士	合计	博士	硕士
哈尔滨师范大学	黑龙江	区域经济学	0	0	0	1	0	1
哈尔滨师范大学	黑龙江	教育经济与管理	25	0	25	32	0	32
齐齐哈尔大学	黑龙江	企业管理	0	0	0	3	0	3
哈尔滨商业大学	黑龙江	经济思想史	0	0	0	1	0	1
哈尔滨商业大学	黑龙江	国民经济学	10	0	10	2	0	2
哈尔滨商业大学	黑龙江	财政学	7	0	7	5	0	5
哈尔滨商业大学	黑龙江	金融学	0	0	0	14	0	14
哈尔滨商业大学	黑龙江	产业经济学	25	0	25	25	4	21
哈尔滨商业大学	黑龙江	国际贸易学	21	0	21	8	0	8
哈尔滨商业大学	黑龙江	统计学	0	0	0	2	0	2
哈尔滨商业大学	黑龙江	数量经济学	0	0	0	3	0	3
哈尔滨商业大学	黑龙江	管理科学与工程	0	0	0	11	0	11
哈尔滨商业大学	黑龙江	会计学	28	0	28	21	0	21
哈尔滨商业大学	黑龙江	企业管理	14	0	14	21	0	21
哈尔滨商业大学	黑龙江	旅游管理	6	0	6	6	0	6
哈尔滨商业大学	黑龙江	技术经济及管理	2	0	2	2	0	2
哈尔滨商业大学	黑龙江	工商管理新专业	10	0	10	46	0	46
哈尔滨商业大学	黑龙江	行政管理	38	0	38	39	0	39
复旦大学	上海	政治经济学	38	20	18	17	6	11
复旦大学	上海	经济思想史	16	10	6	2	0	2
复旦大学	上海	经济史	3	0	3	1	0	1
复旦大学	上海	西方经济学	19	4	15	20	7	13
复旦大学	上海	世界经济	59	13	46	36	8	28
复旦大学	上海	人口、资源与环境经济学	15	6	9	11	4	7
复旦大学	上海	理论经济学新专业	0	0	0	4	0	4
复旦大学	上海	国民经济学	8	0	8	8	3	5
复旦大学	上海	区域经济学	39	0	39	5	0	5
复旦大学	上海	财政学	8	0	8	12	0	12
复旦大学	上海	金融学	157	22	135	148	15	133

续表

学校名称	所在省市	专业名称	毕业生数			招生数		
			合计	博士	硕士	合计	博士	硕士
复旦大学	上 海	产业经济学	31	17	14	17	8	9
复旦大学	上 海	国际贸易学	27	1	26	16	2	14
复旦大学	上 海	劳动经济学	8	0	8	5	0	5
复旦大学	上 海	统计学	4	0	4	6	1	5
复旦大学	上 海	数量经济学	13	2	11	7	2	5
复旦大学	上 海	应用经济学新专业	1	1	0	11	4	7
复旦大学	上 海	管理科学与工程	44	12	32	6	6	0
复旦大学	上 海	管理科学与工程新专业	1	0	1	22	2	20
复旦大学	上 海	会计学	21	3	18	15	5	10
复旦大学	上 海	企业管理	60	20	40	62	17	45
复旦大学	上 海	旅游管理	11	0	11	9	2	7
复旦大学	上 海	技术经济及管理	4	0	4	2	0	2
复旦大学	上 海	工商管理新专业	348	0	348	391	7	384
复旦大学	上 海	行政管理	13	5	8	16	2	14
复旦大学	上 海	社会医学与卫生事业管理	26	7	19	24	7	17
复旦大学	上 海	教育经济与管理	4	0	4	3	0	3
复旦大学	上 海	社会保障	4	0	4	6	0	6
复旦大学	上 海	公共管理新专业	0	0	0	17	10	7
复旦大学	上 海	图书馆学	3	0	3	3	0	3
同济大学	上 海	政治经济学	6	0	6	4	0	4
同济大学	上 海	区域经济学	0	0	0	3	0	3
同济大学	上 海	金融学	21	0	21	16	0	16
同济大学	上 海	产业经济学	19	0	19	13	0	13
同济大学	上 海	国际贸易学	23	0	23	10	0	10
同济大学	上 海	劳动经济学	40	0	40	4	0	4
同济大学	上 海	管理科学与工程	131	65	66	110	23	87
同济大学	上 海	管理科学与工程新专业	0	0	0	44	44	0
同济大学	上 海	会计学	20	0	20	18	1	17
同济大学	上 海	企业管理	90	9	81	93	20	73

续表

学校名称	所在省市	专业名称	毕业生数			招生数		
			合计	博士	硕士	合计	博士	硕士
同济大学	上海	旅游管理	11	0	11	0	0	0
同济大学	上海	技术经济及管理	72	48	24	43	12	31
同济大学	上海	工商管理新专业	199	0	199	435	0	435
同济大学	上海	行政管理	5	0	5	16	0	16
同济大学	上海	教育经济与管理	7	0	7	4	0	4
同济大学	上海	社会保障	7	0	7	4	0	4
同济大学	上海	土地资源管理	22	0	22	8	0	8
同济大学	上海	情报学	2	0	2	4	0	4
上海交通大学	上海	西方经济学	7	0	7	10	0	10
上海交通大学	上海	金融学	34	9	25	42	10	32
上海交通大学	上海	产业经济学	9	1	8	19	11	8
上海交通大学	上海	国际贸易学	13	0	13	8	0	8
上海交通大学	上海	管理科学与工程	76	26	50	91	16	75
上海交通大学	上海	管理科学与工程新专业	6	6	0	8	8	0
上海交通大学	上海	会计学	12	3	9	21	5	16
上海交通大学	上海	企业管理	93	54	39	72	25	47
上海交通大学	上海	旅游管理	5	0	5	7	0	7
上海交通大学	上海	技术经济及管理	12	0	12	10	0	10
上海交通大学	上海	农业经济管理	4	0	4	12	4	8
上海交通大学	上海	行政管理	11	0	11	18	0	18
上海交通大学	上海	社会医学与卫生事业管理	9	0	9	6	0	6
上海交通大学	上海	社会保障	2	0	2	2	0	2
上海交通大学	上海	情报学	5	0	5	4	0	4
上海交通大学	上海	档案学	0	0	0	1	0	1
华东理工大学	上海	应用经济学	0	0	0	34	0	34
华东理工大学	上海	国民经济学	14	0	14	0	0	0
华东理工大学	上海	国际贸易学	12	0	12	1	0	1
华东理工大学	上海	管理科学与工程	19	0	19	42	0	42
华东理工大学	上海	工商管理	0	0	0	34	0	34

续表

学校名称	所在省市	专业名称	毕业生数			招生数		
			合计	博士	硕士	合计	博士	硕士
华东理工大学	上 海	会计学	10	0	10	0	0	0
华东理工大学	上 海	企业管理	17	0	17	1	0	1
华东理工大学	上 海	旅游管理	0	0	0	3	0	3
华东理工大学	上 海	工商管理新专业	165	0	165	238	0	238
华东理工大学	上 海	行政管理	27	0	27	34	0	34
华东理工大学	上 海	教育经济与管理	0	0	0	3	0	3
华东理工大学	上 海	社会保障	10	0	10	18	0	18
华东理工大学	上 海	情报学	8	0	8	8	0	8
上海理工大学	上 海	国民经济学	38	0	38	50	0	50
上海理工大学	上 海	区域经济学	19	0	19	24	0	24
上海理工大学	上 海	财政学	10	0	10	13	0	13
上海理工大学	上 海	金融学	0	0	0	27	0	27
上海理工大学	上 海	产业经济学	9	0	9	16	0	16
上海理工大学	上 海	国际贸易学	20	0	20	40	0	40
上海理工大学	上 海	劳动经济学	0	0	0	7	0	7
上海理工大学	上 海	统计学	0	0	0	10	0	10
上海理工大学	上 海	管理科学与工程	29	15	14	58	24	34
上海理工大学	上 海	企业管理	18	0	18	29	0	29
上海理工大学	上 海	技术经济及管理	0	0	0	6	0	6
上海理工大学	上 海	工商管理新专业	58	0	58	109	0	109
上海理工大学	上 海	行政管理	16	0	16	13	0	13
上海理工大学	上 海	教育经济与管理	15	0	15	16	0	16
上海理工大学	上 海	公共管理新专业	1	0	1	37	0	37
上海海事大学	上 海	产业经济学	37	0	37	38	0	38
上海海事大学	上 海	国际贸易学	34	0	34	34	0	34
上海海事大学	上 海	管理科学与工程	9	0	9	15	0	15
上海海事大学	上 海	工商管理	49	0	49	47	0	47
上海海事大学	上 海	会计学	31	0	31	28	0	28
上海海事大学	上 海	企业管理	18	0	18	20	0	20

续表

学校名称	所在省市	专业名称	毕业生数			招生数		
			合计	博士	硕士	合计	博士	硕士
上海海事大学	上 海	技术经济及管理	16	0	16	11	0	11
东华大学	上 海	世界经济	0	0	0	6	0	6
东华大学	上 海	金融学	0	0	0	16	0	16
东华大学	上 海	产业经济学	27	0	27	15	0	15
东华大学	上 海	国际贸易学	22	0	22	15	0	15
东华大学	上 海	管理科学与工程	24	10	14	38	17	21
东华大学	上 海	工商管理	107	0	107	248	0	248
东华大学	上 海	会计学	0	0	0	16	0	16
东华大学	上 海	企业管理	81	0	81	52	18	34
东华大学	上 海	技术经济及管理	0	0	0	8	0	8
东华大学	上 海	行政管理	0	0	0	11	0	11
上海水产大学	上 海	产业经济学	11	0	11	8	0	8
上海水产大学	上 海	农业经济管理	4	0	4	3	0	3
华东师范大学	上 海	政治经济学	0	0	0	3	0	3
华东师范大学	上 海	世界经济	46	14	32	37	7	30
华东师范大学	上 海	人口、资源与环境经济学	0	0	0	2	0	2
华东师范大学	上 海	区域经济学	6	0	6	12	0	12
华东师范大学	上 海	金融学	48	0	48	78	7	71
华东师范大学	上 海	产业经济学	3	0	3	14	0	14
华东师范大学	上 海	国际贸易学	4	0	4	10	0	10
华东师范大学	上 海	企业管理	34	0	34	32	0	32
华东师范大学	上 海	旅游管理	27	0	27	30	0	30
华东师范大学	上 海	行政管理	22	0	22	36	0	36
华东师范大学	上 海	教育经济与管理	41	10	31	44	9	35
华东师范大学	上 海	社会保障	0	0	0	10	0	10
华东师范大学	上 海	情报学	20	0	20	23	0	23
上海师范大学	上 海	政治经济学	7	0	7	19	0	19
上海师范大学	上 海	国民经济学	0	0	0	28	0	28
上海师范大学	上 海	产业经济学	9	0	9	34	0	34

续表

学校名称	所在省市	专业名称	毕业生数			招生数		
			合计	博士	硕士	合计	博士	硕士
上海师范大学	上 海	旅游管理	0	0	0	10	0	10
上海师范大学	上 海	行政管理	15	0	15	13	0	13
上海师范大学	上 海	教育经济与管理	22	0	22	19	0	19
上海外国语大学	上 海	国际贸易学	14	0	14	24	0	24
上海外国语大学	上 海	企业管理	14	0	14	13	0	13
上海财经大学	上 海	政治经济学	29	8	21	19	8	11
上海财经大学	上 海	经济思想史	13	2	11	9	4	5
上海财经大学	上 海	经济史	10	2	8	5	2	3
上海财经大学	上 海	西方经济学	35	7	28	30	7	23
上海财经大学	上 海	世界经济	31	5	26	22	6	16
上海财经大学	上 海	人口、资源与环境经济学	6	0	6	3	0	3
上海财经大学	上 海	理论经济学新专业	15	4	11	14	6	8
上海财经大学	上 海	应用经济学	0	0	0	7	7	0
上海财经大学	上 海	国民经济学	37	3	34	15	2	13
上海财经大学	上 海	区域经济学	34	4	30	19	2	17
上海财经大学	上 海	财政学	87	11	76	43	11	32
上海财经大学	上 海	金融学	245	20	225	144	44	100
上海财经大学	上 海	产业经济学	56	10	46	32	9	23
上海财经大学	上 海	国际贸易学	72	3	69	35	6	29
上海财经大学	上 海	劳动经济学	7	0	7	4	0	4
上海财经大学	上 海	统计学	47	5	42	57	4	53
上海财经大学	上 海	数量经济学	53	4	49	29	2	27
上海财经大学	上 海	国防经济	2	0	2	9	4	5
上海财经大学	上 海	应用经济学新专业	175	11	164	134	37	97
上海财经大学	上 海	管理科学与工程	49	0	49	32	4	28
上海财经大学	上 海	会计学	252	18	234	74	11	63
上海财经大学	上 海	企业管理	103	16	87	64	26	38
上海财经大学	上 海	旅游管理	15	2	13	7	2	5
上海财经大学	上 海	技术经济及管理	26	2	24	10	1	9

续表

学校名称	所在省市	专业名称	毕业生数			招生数		
			合计	博士	硕士	合计	博士	硕士
上海财经大学	上 海	工商管理新专业	446	13	433	584	8	576
上海财经大学	上 海	农业经济管理	7	0	7	8	2	6
上海财经大学	上 海	行政管理	0	0	0	8	0	8
上海财经大学	上 海	社会医学与卫生事业管理	0	0	0	6	0	6
上海财经大学	上 海	教育经济与管理	12	0	12	5	0	5
上海财经大学	上 海	社会保障	11	0	11	6	0	6
上海财经大学	上 海	土地资源管理	12	0	12	6	0	6
上海对外贸易学院	上 海	金融学	31	0	31	44	0	44
上海对外贸易学院	上 海	国际贸易学	45	0	45	62	0	62
上海对外贸易学院	上 海	企业管理	8	0	8	10	0	10
华东政法大学	上 海	产业经济学	0	0	0	8	0	8
华东政法大学	上 海	行政管理	0	0	0	7	0	7
华东政法大学	上 海	社会保障	0	0	0	8	0	8
上海大学	上 海	政治经济学	3	0	3	10	0	10
上海大学	上 海	世界经济	5	0	5	15	0	15
上海大学	上 海	金融学	37	0	37	39	0	39
上海大学	上 海	产业经济学	19	0	19	20	0	20
上海大学	上 海	国际贸易学	36	0	36	29	0	29
上海大学	上 海	管理科学与工程	27	0	27	47	10	37
上海大学	上 海	会计学	19	0	19	18	0	18
上海大学	上 海	企业管理	12	0	12	26	0	26
上海大学	上 海	旅游管理	5	0	5	13	0	13
上海大学	上 海	工商管理新专业	52	0	52	117	0	117
上海大学	上 海	行政管理	6	0	6	17	0	17
上海大学	上 海	图书馆学	0	0	0	5	0	5
上海大学	上 海	情报学	6	0	6	7	0	7
上海大学	上 海	档案学	11	0	11	15	0	15
南京大学	江 苏	理论经济学	0	0	0	15	15	0
南京大学	江 苏	政治经济学	18	7	11	17	0	17

续表

学校名称	所在省市	专业名称	毕业生数			招生数		
			合计	博士	硕士	合计	博士	硕士
南京大学	江 苏	西方经济学	7	0	7	10	0	10
南京大学	江 苏	世界经济	10	5	5	14	6	8
南京大学	江 苏	人口、资源与环境经济学	6	0	6	6	0	6
南京大学	江 苏	国民经济学	35	12	23	31	0	31
南京大学	江 苏	金融学	25	3	22	34	7	27
南京大学	江 苏	产业经济学	6	0	6	19	12	7
南京大学	江 苏	国际贸易学	32	0	32	42	5	37
南京大学	江 苏	数量经济学	7	0	7	10	0	10
南京大学	江 苏	管理科学与工程	46	7	39	58	15	43
南京大学	江 苏	管理科学与工程新专业	0	0	0	5	1	4
南京大学	江 苏	工商管理	209	0	209	210	0	210
南京大学	江 苏	会计学	39	0	39	50	0	50
南京大学	江 苏	企业管理	74	40	34	89	34	55
南京大学	江 苏	行政管理	51	8	43	57	15	42
南京大学	江 苏	教育经济与管理	3	0	3	6	0	6
南京大学	江 苏	社会保障	15	0	15	22	0	22
南京大学	江 苏	图书馆学	22	0	22	16	7	9
南京大学	江 苏	情报学	35	9	26	46	13	33
南京大学	江 苏	档案学	3	0	3	4	0	4
苏州大学	江 苏	政治经济学	2	0	2	3	0	3
苏州大学	江 苏	世界经济	22	0	22	6	0	6
苏州大学	江 苏	区域经济学	6	0	6	8	0	8
苏州大学	江 苏	财政学	9	0	9	15	2	13
苏州大学	江 苏	金融学	48	12	36	39	10	29
苏州大学	江 苏	产业经济学	0	0	0	5	0	5
苏州大学	江 苏	国际贸易学	0	0	0	10	0	10
苏州大学	江 苏	管理科学与工程	0	0	0	5	0	5
苏州大学	江 苏	会计学	31	0	31	27	0	27
苏州大学	江 苏	企业管理	31	0	31	33	3	30

续表

学校名称	所在省市	专业名称	毕业生数			招生数		
			合计	博士	硕士	合计	博士	硕士
苏州大学	江 苏	旅游管理	0	0	0	4	0	4
苏州大学	江 苏	工商管理新专业	23	0	23	54	0	54
苏州大学	江 苏	农业经济管理	2	0	2	7	0	7
苏州大学	江 苏	行政管理	44	0	44	28	0	28
苏州大学	江 苏	社会医学与卫生事业管理	0	0	0	4	0	4
苏州大学	江 苏	教育经济与管理	16	0	16	17	0	17
苏州大学	江 苏	社会保障	9	0	9	9	0	9
苏州大学	江 苏	情报学	0	0	0	6	0	6
苏州大学	江 苏	档案学	15	0	15	11	0	11
东南大学	江 苏	应用经济学	71	0	71	84	0	84
东南大学	江 苏	管理科学与工程	90	30	60	113	47	66
东南大学	江 苏	工商管理	166	0	166	210	0	210
东南大学	江 苏	公共管理	19	0	19	50	0	50
东南大学	江 苏	图书馆、情报与档案管理	3	0	3	7	0	7
南京航空航天大学	江 苏	区域经济学	24	0	24	5	0	5
南京航空航天大学	江 苏	金融学	13	0	13	20	0	20
南京航空航天大学	江 苏	产业经济学	25	0	25	11	0	11
南京航空航天大学	江 苏	国际贸易学	0	0	0	4	0	4
南京航空航天大学	江 苏	统计学	0	0	0	2	0	2
南京航空航天大学	江 苏	数量经济学	6	0	6	5	0	5
南京航空航天大学	江 苏	国防经济	10	0	10	4	0	4
南京航空航天大学	江 苏	管理科学与工程	61	26	35	66	37	29
南京航空航天大学	江 苏	管理科学与工程新专业	1	0	1	51	16	35
南京航空航天大学	江 苏	会计学	8	0	8	17	0	17
南京航空航天大学	江 苏	企业管理	41	0	41	26	0	26
南京航空航天大学	江 苏	技术经济及管理	20	0	20	9	0	9
南京航空航天大学	江 苏	工商管理新专业	0	0	0	38	0	38
南京航空航天大学	江 苏	行政管理	16	0	16	41	0	41
南京航空航天大学	江 苏	情报学	3	0	3	7	0	7

续表

学校名称	所在省市	专业名称	毕业生数			招生数		
			合计	博士	硕士	合计	博士	硕士
南京理工大学	江 苏	金融学	21	0	21	22	0	22
南京理工大学	江 苏	产业经济学	11	0	11	9	0	9
南京理工大学	江 苏	国际贸易学	22	0	22	14	0	14
南京理工大学	江 苏	劳动经济学	5	0	5	3	0	3
南京理工大学	江 苏	管理科学与工程	45	27	18	48	21	27
南京理工大学	江 苏	工商管理	80	0	80	35	0	35
南京理工大学	江 苏	会计学	13	0	13	12	0	12
南京理工大学	江 苏	企业管理	26	0	26	30	0	30
南京理工大学	江 苏	工商管理新专业	0	0	0	31	0	31
南京理工大学	江 苏	行政管理	16	0	16	24	0	24
南京理工大学	江 苏	情报学	13	0	13	12	0	12
江苏科技大学	江 苏	管理科学与工程	19	0	19	31	0	31
江苏科技大学	江 苏	会计学	6	0	6	19	0	19
江苏科技大学	江 苏	企业管理	4	0	4	12	0	12
江苏科技大学	江 苏	技术经济及管理	0	0	0	8	0	8
中国矿业大学	江 苏	产业经济学	9	0	9	9	0	9
中国矿业大学	江 苏	数量经济学	9	0	9	11	0	11
中国矿业大学	江 苏	管理科学与工程	41	12	29	53	19	34
中国矿业大学	江 苏	工商管理	41	0	41	50	0	50
中国矿业大学	江 苏	会计学	9	0	9	22	0	22
中国矿业大学	江 苏	企业管理	12	0	12	16	0	16
中国矿业大学	江 苏	技术经济及管理	5	0	5	13	0	13
中国矿业大学	江 苏	土地资源管理	8	0	8	23	0	23
南京工业大学	江 苏	管理科学与工程	17	0	17	25	0	25
南京工业大学	江 苏	企业管理	18	0	18	53	0	53
南京工业大学	江 苏	技术经济及管理	2	0	2	11	0	11
南京工业大学	江 苏	行政管理	0	0	0	82	0	82
南京邮电大学	江 苏	管理科学与工程	14	0	14	18	0	18
南京邮电大学	江 苏	企业管理	19	0	19	29	0	29

续表

学校名称	所在省市	专业名称	毕业生数			招生数		
			合计	博士	硕士	合计	博士	硕士
河海大学	江 苏	人口、资源与环境经济学	0	0	0	3	0	3
河海大学	江 苏	应用经济学	0	0	0	40	0	40
河海大学	江 苏	国民经济学	21	0	21	0	0	0
河海大学	江 苏	区域经济学	9	0	9	0	0	0
河海大学	江 苏	金融学	15	0	15	0	0	0
河海大学	江 苏	产业经济学	28	0	28	0	0	0
河海大学	江 苏	国际贸易学	8	0	8	0	0	0
河海大学	江 苏	数量经济学	6	0	6	0	0	0
河海大学	江 苏	管理科学与工程	25	10	15	90	43	47
河海大学	江 苏	工商管理	56	0	56	190	0	190
河海大学	江 苏	会计学	11	0	11	0	0	0
河海大学	江 苏	企业管理	44	0	44	0	0	0
河海大学	江 苏	技术经济及管理	93	65	28	50	50	0
河海大学	江 苏	公共管理	0	0	0	53	0	53
河海大学	江 苏	行政管理	45	0	45	0	0	0
河海大学	江 苏	情报学	0	0	0	3	0	3
江南大学	江 苏	国际贸易学	8	0	8	28	0	28
江南大学	江 苏	管理科学与工程	0	0	0	9	0	9
江南大学	江 苏	企业管理	14	0	14	27	0	27
南京林业大学	江 苏	人口、资源与环境经济学	5	0	5	9	0	9
南京林业大学	江 苏	管理科学与工程	0	0	0	9	0	9
南京林业大学	江 苏	企业管理	10	0	10	11	0	11
南京林业大学	江 苏	林业经济管理	16	3	13	23	13	10
江苏大学	江 苏	国际贸易学	23	0	23	36	0	36
江苏大学	江 苏	统计学	20	0	20	20	0	20
江苏大学	江 苏	管理科学与工程	34	2	32	56	12	44
江苏大学	江 苏	管理科学与工程新专业	0	0	0	6	6	0
江苏大学	江 苏	会计学	36	0	36	55	0	55
江苏大学	江 苏	企业管理	34	0	34	30	0	30

续表

学校名称	所在省市	专业名称	毕业生数			招生数		
			合计	博士	硕士	合计	博士	硕士
江苏大学	江 苏	技术经济及管理	9	0	9	3	0	3
江苏大学	江 苏	工商管理新专业	6	0	6	49	0	49
江苏大学	江 苏	社会医学与卫生事业管理	0	0	0	33	0	33
江苏大学	江 苏	情报学	0	0	0	11	0	11
南京农业大学	江 苏	人口、资源与环境经济学	8	0	8	7	0	7
南京农业大学	江 苏	财政学	0	0	0	5	0	5
南京农业大学	江 苏	金融学	34	0	34	36	0	36
南京农业大学	江 苏	产业经济学	14	0	14	14	0	14
南京农业大学	江 苏	国际贸易学	13	0	13	16	0	16
南京农业大学	江 苏	会计学	6	0	6	8	0	8
南京农业大学	江 苏	企业管理	11	0	11	23	0	23
南京农业大学	江 苏	技术经济及管理	8	0	8	12	0	12
南京农业大学	江 苏	农业经济管理	61	47	14	71	50	21
南京农业大学	江 苏	农林经济管理新专业	22	22	0	9	9	0
南京农业大学	江 苏	行政管理	25	0	25	33	9	24
南京农业大学	江 苏	教育经济与管理	5	0	5	13	4	9
南京农业大学	江 苏	土地资源管理	71	34	37	76	24	52
南京农业大学	江 苏	图书馆学	8	0	8	10	0	10
南京农业大学	江 苏	情报学	9	0	9	7	0	7
南京医科大学	江 苏	社会医学与卫生事业管理	6	0	6	12	0	12
中国药科大学	江 苏	企业管理	4	0	4	5	0	5
南京师范大学	江 苏	政治经济学	12	0	12	11	0	11
南京师范大学	江 苏	西方经济学	0	0	0	5	0	5
南京师范大学	江 苏	金融学	23	0	23	31	0	31
南京师范大学	江 苏	管理科学与工程	4	0	4	4	0	4
南京师范大学	江 苏	企业管理	16	0	16	27	0	27
南京师范大学	江 苏	旅游管理	3	0	3	3	0	3
南京师范大学	江 苏	行政管理	43	0	43	41	0	41
南京师范大学	江 苏	教育经济与管理	17	0	17	18	0	18

续表

学校名称	所在省市	专业名称	毕业生数			招生数		
			合计	博士	硕士	合计	博士	硕士
南京师范大学	江 苏	社会保障	0	0	0	10	0	10
南京师范大学	江 苏	土地资源管理	0	0	0	5	0	5
徐州师范大学	江 苏	政治经济学	0	0	0	3	0	3
徐州师范大学	江 苏	人口、资源与环境经济学	0	0	0	1	0	1
徐州师范大学	江 苏	区域经济学	4	0	4	4	0	4
徐州师范大学	江 苏	教育经济与管理	0	0	0	8	0	8
南京财经大学	江 苏	政治经济学	6	0	6	7	0	7
南京财经大学	江 苏	西方经济学	0	0	0	6	0	6
南京财经大学	江 苏	国民经济学	0	0	0	6	0	6
南京财经大学	江 苏	区域经济学	0	0	0	7	0	7
南京财经大学	江 苏	财政学	0	0	0	9	0	9
南京财经大学	江 苏	金融学	25	0	25	49	0	49
南京财经大学	江 苏	产业经济学	18	0	18	21	0	21
南京财经大学	江 苏	国际贸易学	0	0	0	18	0	18
南京财经大学	江 苏	劳动经济学	0	0	0	6	0	6
南京财经大学	江 苏	统计学	10	0	10	12	0	12
南京财经大学	江 苏	数量经济学	0	0	0	6	0	6
南京财经大学	江 苏	会计学	19	0	19	34	0	34
南京财经大学	江 苏	企业管理	22	0	22	25	0	25
浙江大学	浙 江	政治经济学	50	29	21	21	9	12
浙江大学	浙 江	经济思想史	1	0	1	3	2	1
浙江大学	浙 江	经济史	0	0	0	1	0	1
浙江大学	浙 江	西方经济学	9	0	9	24	12	12
浙江大学	浙 江	世界经济	3	0	3	6	4	2
浙江大学	浙 江	人口、资源与环境经济学	0	0	0	2	0	2
浙江大学	浙 江	国民经济学	4	0	4	1	0	1
浙江大学	浙 江	区域经济学	0	0	0	4	0	4
浙江大学	浙 江	财政学	6	0	6	4	0	4
浙江大学	浙 江	金融学	51	0	51	45	0	45

续表

学校名称	所在省市	专业名称	毕业生数			招生数		
			合计	博士	硕士	合计	博士	硕士
浙江大学	浙 江	产业经济学	14	0	14	11	2	9
浙江大学	浙 江	国际贸易学	41	4	37	43	7	36
浙江大学	浙 江	劳动经济学	3	0	3	14	4	10
浙江大学	浙 江	统计学	0	0	0	1	0	1
浙江大学	浙 江	数量经济学	0	0	0	1	0	1
浙江大学	浙 江	管理科学与工程	44	18	26	84	14	70
浙江大学	浙 江	管理科学与工程新专业	46	0	46	10	0	10
浙江大学	浙 江	会计学	20	0	20	10	0	10
浙江大学	浙 江	企业管理	88	22	66	88	25	63
浙江大学	浙 江	旅游管理	20	0	20	18	1	17
浙江大学	浙 江	技术经济及管理	25	2	23	12	4	8
浙江大学	浙 江	工商管理新专业	114	0	114	172	0	172
浙江大学	浙 江	农业经济管理	15	4	11	31	16	15
浙江大学	浙 江	林业经济管理	1	1	0	0	0	0
浙江大学	浙 江	行政管理	42	0	42	74	12	62
浙江大学	浙 江	社会医学与卫生事业管理	6	0	6	9	2	7
浙江大学	浙 江	教育经济与管理	7	0	7	19	10	9
浙江大学	浙 江	社会保障	2	0	2	7	0	7
浙江大学	浙 江	土地资源管理	9	2	7	25	11	14
浙江大学	浙 江	情报学	2	0	2	5	0	5
浙江大学	浙 江	档案学	3	0	3	2	0	2
杭州电子科技大学	浙 江	国际贸易学	0	0	0	6	0	6
杭州电子科技大学	浙 江	统计学	0	0	0	5	0	5
杭州电子科技大学	浙 江	管理科学与工程	12	0	12	13	0	13
杭州电子科技大学	浙 江	会计学	20	0	20	33	0	33
杭州电子科技大学	浙 江	企业管理	11	0	11	23	0	23
杭州电子科技大学	浙 江	技术经济及管理	0	0	0	2	0	2
浙江工业大学	浙 江	产业经济学	0	0	0	5	0	5
浙江工业大学	浙 江	国际贸易学	18	0	18	32	5	27

续表

学校名称	所在省市	专业名称	毕业生数			招生数		
			合计	博士	硕士	合计	博士	硕士
浙江工业大学	浙 江	管理科学与工程	14	0	14	17	0	17
浙江工业大学	浙 江	会计学	0	0	0	4	0	4
浙江工业大学	浙 江	企业管理	12	0	12	19	0	19
浙江工业大学	浙 江	旅游管理	0	0	0	6	0	6
浙江工业大学	浙 江	技术经济及管理	21	0	21	35	6	29
浙江工业大学	浙 江	工商管理新专业	21	0	21	42	0	42
浙江工业大学	浙 江	教育经济与管理	0	0	0	6	0	6
浙江理工大学	浙 江	区域经济学	18	0	18	20	0	20
浙江理工大学	浙 江	产业经济学	0	0	0	11	0	11
浙江理工大学	浙 江	管理科学与工程	11	0	11	9	0	9
浙江理工大学	浙 江	企业管理	0	0	0	21	0	21
浙江林学院	浙 江	林业经济管理	3	0	3	7	0	7
浙江师范大学	浙 江	区域经济学	8	0	8	11	0	11
浙江师范大学	浙 江	企业管理	3	0	3	10	0	10
浙江师范大学	浙 江	行政管理	0	0	0	8	0	8
浙江师范大学	浙 江	教育经济与管理	9	0	9	16	0	16
杭州师范大学	浙 江	社会医学与卫生事业管理	0	0	0	8	0	8
杭州师范大学	浙 江	教育经济与管理	0	0	0	6	0	6
浙江工商大学	浙 江	西方经济学	0	0	0	4	0	4
浙江工商大学	浙 江	国民经济学	0	0	0	5	0	5
浙江工商大学	浙 江	区域经济学	0	0	0	4	0	4
浙江工商大学	浙 江	金融学	17	0	17	32	0	32
浙江工商大学	浙 江	产业经济学	23	0	23	33	0	33
浙江工商大学	浙 江	国际贸易学	10	0	10	19	0	19
浙江工商大学	浙 江	统计学	15	2	13	32	5	27
浙江工商大学	浙 江	数量经济学	11	0	11	14	0	14
浙江工商大学	浙 江	管理科学与工程	10	0	10	11	0	11
浙江工商大学	浙 江	会计学	10	0	10	20	0	20
浙江工商大学	浙 江	企业管理	24	3	21	55	15	40

续表

学校名称	所在省市	专业名称	毕业生数			招生数		
			合计	博士	硕士	合计	博士	硕士
浙江工商大学	浙江	旅游管理	11	0	11	18	0	18
浙江工商大学	浙江	技术经济及管理	5	0	5	9	0	9
浙江工商大学	浙江	工商管理新专业	34	0	34	81	0	81
浙江工商大学	浙江	行政管理	0	0	0	8	0	8
安徽大学	安徽	政治经济学	12	0	12	11	6	5
安徽大学	安徽	经济史	5	0	5	0	0	0
安徽大学	安徽	西方经济学	0	0	0	10	0	10
安徽大学	安徽	世界经济	0	0	0	6	0	6
安徽大学	安徽	人口、资源与环境经济学	0	0	0	4	0	4
安徽大学	安徽	区域经济学	0	0	0	10	0	10
安徽大学	安徽	财政学	0	0	0	12	0	12
安徽大学	安徽	金融学	10	0	10	30	0	30
安徽大学	安徽	产业经济学	7	0	7	21	0	21
安徽大学	安徽	国际贸易学	18	0	18	25	0	25
安徽大学	安徽	数量经济学	0	0	0	9	0	9
安徽大学	安徽	工商管理	0	0	0	7	0	7
安徽大学	安徽	会计学	10	0	10	16	0	16
安徽大学	安徽	企业管理	14	0	14	26	0	26
安徽大学	安徽	旅游管理	3	0	3	12	0	12
安徽大学	安徽	技术经济及管理	0	0	0	13	0	13
安徽大学	安徽	行政管理	17	0	17	46	0	46
安徽大学	安徽	图书馆学	0	0	0	11	0	11
安徽大学	安徽	情报学	9	0	9	30	0	30
安徽大学	安徽	档案学	20	0	20	15	0	15
中国科学技术大学	安徽	金融学	8	0	8	11	0	11
中国科学技术大学	安徽	管理科学与工程	96	35	61	99	28	71
中国科学技术大学	安徽	管理科学与工程新专业	23	12	11	39	13	26
中国科学技术大学	安徽	企业管理	21	0	21	29	0	29
中国科学技术大学	安徽	工商管理新专业	199	0	199	337	0	337

续表

学校名称	所在省市	专业名称	毕业生数			招生数		
			合计	博士	硕士	合计	博士	硕士
中国科学技术大学	安 徽	行政管理	0	0	0	42	0	42
合肥工业大学	安 徽	区域经济学	0	0	0	5	0	5
合肥工业大学	安 徽	产业经济学	42	0	42	30	0	30
合肥工业大学	安 徽	数量经济学	0	0	0	5	0	5
合肥工业大学	安 徽	管理科学与工程	108	9	99	151	29	122
合肥工业大学	安 徽	管理科学与工程新专业	8	5	3	40	8	32
合肥工业大学	安 徽	会计学	17	0	17	20	0	20
合肥工业大学	安 徽	企业管理	70	0	70	49	10	39
合肥工业大学	安 徽	旅游管理	0	0	0	2	0	2
合肥工业大学	安 徽	技术经济及管理	0	0	0	11	0	11
合肥工业大学	安 徽	工商管理新专业	52	0	52	84	0	84
安徽工业大学	安 徽	产业经济学	0	0	0	7	0	7
安徽工业大学	安 徽	数量经济学	9	0	9	9	0	9
安徽工业大学	安 徽	管理科学与工程	0	0	0	12	0	12
安徽工业大学	安 徽	会计学	25	0	25	10	0	10
安徽工业大学	安 徽	企业管理	0	0	0	4	0	4
安徽工业大学	安 徽	技术经济及管理	8	0	8	0	0	0
安徽理工大学	安 徽	管理科学与工程	3	0	3	22	0	22
安徽工程科技学院	安 徽	管理科学与工程	0	0	0	9	0	9
安徽农业大学	安 徽	产业经济学	8	0	8	6	0	6
安徽农业大学	安 徽	技术经济及管理	11	0	11	5	0	5
安徽农业大学	安 徽	农业经济管理	16	0	16	12	0	12
安徽农业大学	安 徽	土地资源管理	0	0	0	1	0	1
安徽医科大学	安 徽	社会医学与卫生事业管理	11	0	11	21	0	21
安徽师范大学	安 徽	经济史	0	0	0	1	0	1
安徽师范大学	安 徽	人口、资源与环境经济学	0	0	0	2	0	2
安徽师范大学	安 徽	区域经济学	2	0	2	2	0	2
安徽师范大学	安 徽	旅游管理	4	0	4	8	0	8
安徽师范大学	安 徽	社会保障	0	0	0	11	0	11

续表

学校名称	所在省市	专业名称	毕业生数			招生数		
			合计	博士	硕士	合计	博士	硕士
安徽师范大学	安 徽	土地资源管理	0	0	0	4	0	4
淮北煤炭师范学院	安 徽	教育经济与管理	0	0	0	5	0	5
安徽财经大学	安 徽	政治经济学	15	0	15	1	0	1
安徽财经大学	安 徽	世界经济	0	0	0	6	0	6
安徽财经大学	安 徽	人口、资源与环境经济学	0	0	0	2	0	2
安徽财经大学	安 徽	国民经济学	0	0	0	2	0	2
安徽财经大学	安 徽	区域经济学	0	0	0	3	0	3
安徽财经大学	安 徽	财政学	14	0	14	10	0	10
安徽财经大学	安 徽	金融学	18	0	18	36	0	36
安徽财经大学	安 徽	产业经济学	13	0	13	9	0	9
安徽财经大学	安 徽	国际贸易学	14	0	14	23	0	23
安徽财经大学	安 徽	劳动经济学	6	0	6	2	0	2
安徽财经大学	安 徽	统计学	12	0	12	12	0	12
安徽财经大学	安 徽	数量经济学	6	0	6	9	0	9
安徽财经大学	安 徽	会计学	20	0	20	42	0	42
安徽财经大学	安 徽	企业管理	12	0	12	28	0	28
安徽财经大学	安 徽	旅游管理	5	0	5	1	0	1
安徽财经大学	安 徽	技术经济及管理	0	0	0	2	0	2
安徽财经大学	安 徽	农业经济管理	5	0	5	2	0	2
安徽财经大学	安 徽	社会保障	0	0	0	23	0	23
安徽财经大学	安 徽	情报学	0	0	0	10	0	10
厦门大学	福 建	政治经济学	17	4	13	30	10	20
厦门大学	福 建	经济思想史	8	3	5	5	2	3
厦门大学	福 建	经济史	3	0	3	1	0	1
厦门大学	福 建	西方经济学	13	0	13	33	12	21
厦门大学	福 建	世界经济	52	4	48	36	8	28
厦门大学	福 建	人口、资源与环境经济学	10	3	7	3	1	2
厦门大学	福 建	理论经济学新专业	2	0	2	33	1	32
厦门大学	福 建	国民经济学	20	10	10	19	2	17

续表

学校名称	所在省市	专业名称	毕业生数			招生数		
			合计	博士	硕士	合计	博士	硕士
厦门大学	福 建	区域经济学	12	1	11	16	3	13
厦门大学	福 建	财政学	58	25	33	75	9	66
厦门大学	福 建	金融学	79	11	68	85	14	71
厦门大学	福 建	产业经济学	41	5	36	16	1	15
厦门大学	福 建	国际贸易学	32	0	32	36	2	34
厦门大学	福 建	劳动经济学	8	2	6	4	0	4
厦门大学	福 建	统计学	33	16	17	44	13	31
厦门大学	福 建	数量经济学	13	0	13	23	6	17
厦门大学	福 建	应用经济学新专业	82	18	64	139	26	113
厦门大学	福 建	管理科学与工程	10	0	10	20	4	16
厦门大学	福 建	会计学	132	29	103	128	22	106
厦门大学	福 建	企业管理	57	14	43	63	7	56
厦门大学	福 建	旅游管理	12	2	10	14	1	13
厦门大学	福 建	技术经济及管理	11	2	9	13	3	10
厦门大学	福 建	工商管理新专业	177	0	177	262	8	254
厦门大学	福 建	行政管理	40	1	39	57	6	51
厦门大学	福 建	社会医学与卫生事业管理	0	0	0	1	0	1
厦门大学	福 建	社会保障	6	0	6	9	2	7
华侨大学	福 建	区域经济学	3	0	3	12	0	12
华侨大学	福 建	金融学	7	0	7	21	0	21
华侨大学	福 建	国际贸易学	0	0	0	5	0	5
华侨大学	福 建	数量经济学	13	2	11	18	4	14
华侨大学	福 建	管理科学与工程	1	0	1	7	0	7
华侨大学	福 建	会计学	0	0	0	10	0	10
华侨大学	福 建	企业管理	17	1	16	61	24	37
华侨大学	福 建	旅游管理	15	0	15	23	2	21
华侨大学	福 建	技术经济及管理	10	0	10	12	0	12
华侨大学	福 建	行政管理	0	0	0	16	0	16
福州大学	福 建	西方经济学	8	0	8	10	0	10

续表

学校名称	所在省市	专业名称	毕业生数			招生数		
			合计	博士	硕士	合计	博士	硕士
福州大学	福建	国民经济学	0	0	0	4	0	4
福州大学	福建	区域经济学	0	0	0	6	0	6
福州大学	福建	财政学	0	0	0	6	0	6
福州大学	福建	金融学	11	0	11	19	0	19
福州大学	福建	产业经济学	8	0	8	9	0	9
福州大学	福建	国际贸易学	19	0	19	17	0	17
福州大学	福建	统计学	8	0	8	10	0	10
福州大学	福建	数量经济学	5	0	5	6	0	6
福州大学	福建	管理科学与工程	35	0	35	49	7	42
福州大学	福建	工商管理	53	0	53	161	0	161
福州大学	福建	会计学	23	0	23	28	0	28
福州大学	福建	企业管理	20	0	20	23	0	23
福州大学	福建	技术经济及管理	8	0	8	12	2	10
福州大学	福建	行政管理	0	0	0	34	0	34
福州大学	福建	情报学	5	0	5	8	0	8
福建农林大学	福建	人口、资源与环境经济学	5	0	5	5	0	5
福建农林大学	福建	区域经济学	0	0	0	4	0	4
福建农林大学	福建	统计学	0	0	0	2	0	2
福建农林大学	福建	企业管理	6	0	6	17	0	17
福建农林大学	福建	旅游管理	0	0	0	4	0	4
福建农林大学	福建	农业经济管理	16	6	10	28	23	5
福建农林大学	福建	林业经济管理	8	4	4	12	5	7
福建农林大学	福建	土地资源管理	1	0	1	2	0	2
集美大学	福建	国民经济学	8	0	8	6	0	6
集美大学	福建	财政学	0	0	0	4	0	4
集美大学	福建	会计学	0	0	0	4	0	4
福建医科大学	福建	社会医学与卫生事业管理	2	0	2	11	0	11
福建师范大学	福建	政治经济学	25	11	14	17	6	11
福建师范大学	福建	经济思想史	7	3	4	6	3	3

续表

学校名称	所在省市	专业名称	毕业生数			招生数		
			合计	博士	硕士	合计	博士	硕士
福建师范大学	福 建	经济史	4	0	4	3	1	2
福建师范大学	福 建	西方经济学	0	0	0	11	2	9
福建师范大学	福 建	世界经济	0	0	0	8	2	6
福建师范大学	福 建	人口、资源与环境经济学	0	0	0	6	2	4
福建师范大学	福 建	区域经济学	0	0	0	6	0	6
福建师范大学	福 建	产业经济学	7	0	7	10	0	10
福建师范大学	福 建	旅游管理	1	0	1	1	0	1
福建师范大学	福 建	行政管理	21	0	21	38	0	38
福建师范大学	福 建	教育经济与管理	16	0	16	19	0	19
福建师范大学	福 建	社会保障	0	0	0	3	0	3
福建师范大学	福 建	土地资源管理	0	0	0	6	0	6
福建师范大学	福 建	图书馆学	6	0	6	10	0	10
福建师范大学	福 建	档案学	0	0	0	3	0	3
南昌大学	江 西	政治经济学	15	0	15	6	0	6
南昌大学	江 西	世界经济	0	0	0	5	0	5
南昌大学	江 西	人口、资源与环境经济学	0	0	0	3	0	3
南昌大学	江 西	区域经济学	16	0	16	4	0	4
南昌大学	江 西	产业经济学	41	0	41	9	0	9
南昌大学	江 西	数量经济学	27	0	27	10	0	10
南昌大学	江 西	管理科学与工程	23	14	9	20	11	9
南昌大学	江 西	会计学	8	0	8	4	0	4
南昌大学	江 西	企业管理	24	0	24	8	0	8
南昌大学	江 西	旅游管理	18	0	18	5	0	5
南昌大学	江 西	技术经济及管理	0	0	0	4	0	4
南昌大学	江 西	工商管理新专业	9	0	9	56	0	56
南昌大学	江 西	行政管理	21	0	21	33	0	33
南昌大学	江 西	社会医学与卫生事业管理	4	0	4	3	0	3
南昌大学	江 西	教育经济与管理	13	0	13	15	0	15
南昌大学	江 西	社会保障	0	0	0	6	0	6

续表

学校名称	所在省市	专业名称	毕业生数			招生数		
			合计	博士	硕士	合计	博士	硕士
南昌大学	江 西	土地资源管理	0	0	0	4	0	4
南昌大学	江 西	情报学	0	0	0	3	0	3
南昌大学	江 西	档案学	0	0	0	6	0	6
华东交通大学	江 西	产业经济学	0	0	0	4	0	4
华东交通大学	江 西	劳动经济学	11	0	11	8	0	8
华东交通大学	江 西	统计学	0	0	0	2	0	2
华东交通大学	江 西	管理科学与工程	0	0	0	11	0	11
华东交通大学	江 西	会计学	20	0	20	10	0	10
华东交通大学	江 西	企业管理	9	0	9	7	0	7
东华理工大学	江 西	企业管理	0	0	0	5	0	5
东华理工大学	江 西	旅游管理	0	0	0	1	0	1
东华理工大学	江 西	土地资源管理	0	0	0	13	0	13
江西理工大学	江 西	管理科学与工程	10	0	10	13	0	13
江西理工大学	江 西	企业管理	13	0	13	8	0	8
江西理工大学	江 西	技术经济及管理	0	0	0	2	0	2
景德镇陶瓷学院	江 西	企业管理	0	0	0	1	0	1
江西农业大学	江 西	政治经济学	0	0	0	2	0	2
江西农业大学	江 西	企业管理	0	0	0	2	0	2
江西农业大学	江 西	农业经济管理	10	0	10	2	0	2
江西农业大学	江 西	林业经济管理	1	0	1	1	0	1
江西农业大学	江 西	教育经济与管理	0	0	0	13	0	13
江西农业大学	江 西	土地资源管理	9	0	9	19	0	19
江西中医学院	江 西	社会医学与卫生事业管理	0	0	0	2	0	2
江西师范大学	江 西	政治经济学	7	0	7	1	0	1
江西师范大学	江 西	经济史	0	0	0	1	0	1
江西师范大学	江 西	区域经济学	6	0	6	3	0	3
江西师范大学	江 西	产业经济学	0	0	0	4	0	4
江西师范大学	江 西	管理科学与工程	0	0	0	2	0	2
江西师范大学	江 西	企业管理	3	0	3	5	0	5

续表

学校名称	所在省市	专业名称	毕业生数			招生数		
			合计	博士	硕士	合计	博士	硕士
江西师范大学	江 西	旅游管理	0	0	0	1	0	1
江西师范大学	江 西	教育经济与管理	14	0	14	18	0	18
江西师范大学	江 西	土地资源管理	0	0	0	7	0	7
江西财经大学	江 西	政治经济学	11	4	7	7	4	3
江西财经大学	江 西	经济思想史	0	0	0	2	0	2
江西财经大学	江 西	经济史	3	0	3	1	0	1
江西财经大学	江 西	西方经济学	10	0	10	13	4	9
江西财经大学	江 西	世界经济	3	0	3	5	0	5
江西财经大学	江 西	人口、资源与环境经济学	0	0	0	1	0	1
江西财经大学	江 西	国民经济学	3	0	3	8	0	8
江西财经大学	江 西	区域经济学	2	0	2	4	0	4
江西财经大学	江 西	财政学	25	10	15	23	7	16
江西财经大学	江 西	金融学	26	0	26	57	0	57
江西财经大学	江 西	产业经济学	55	37	18	21	7	14
江西财经大学	江 西	国际贸易学	27	0	27	27	0	27
江西财经大学	江 西	劳动经济学	6	0	6	4	0	4
江西财经大学	江 西	统计学	13	0	13	14	0	14
江西财经大学	江 西	数量经济学	2	0	2	6	0	6
江西财经大学	江 西	管理学	91	0	91	151	0	151
江西财经大学	江 西	管理科学与工程	10	3	7	22	18	4
江西财经大学	江 西	会计学	34	0	34	95	3	92
江西财经大学	江 西	企业管理	19	0	19	29	0	29
江西财经大学	江 西	旅游管理	2	0	2	4	0	4
江西财经大学	江 西	技术经济及管理	7	0	7	3	0	3
江西财经大学	江 西	农业经济管理	0	0	0	1	0	1
江西财经大学	江 西	行政管理	0	0	0	10	0	10
江西财经大学	江 西	教育经济与管理	0	0	0	7	0	7
江西财经大学	江 西	社会保障	18	0	18	18	0	18
江西财经大学	江 西	土地资源管理	0	0	0	4	0	4

续表

学校名称	所在省市	专业名称	毕业生数			招生数		
			合计	博士	硕士	合计	博士	硕士
山东大学	山 东	政治经济学	26	8	18	17	7	10
山东大学	山 东	西方经济学	9	0	9	25	3	22
山东大学	山 东	世界经济	8	0	8	15	1	14
山东大学	山 东	人口、资源与环境经济学	0	0	0	1	1	0
山东大学	山 东	国民经济学	11	8	3	12	5	7
山东大学	山 东	区域经济学	2	0	2	8	0	8
山东大学	山 东	财政学	26	9	17	23	5	18
山东大学	山 东	金融学	47	0	47	73	9	64
山东大学	山 东	产业经济学	19	8	11	21	4	17
山东大学	山 东	国际贸易学	21	0	21	27	4	23
山东大学	山 东	劳动经济学	5	0	5	6	0	6
山东大学	山 东	数量经济学	4	0	4	12	1	11
山东大学	山 东	管理科学与工程	16	0	16	31	5	26
山东大学	山 东	会计学	19	0	19	29	0	29
山东大学	山 东	企业管理	78	23	55	89	14	75
山东大学	山 东	旅游管理	10	0	10	10	0	10
山东大学	山 东	技术经济及管理	9	0	9	10	0	10
山东大学	山 东	工商管理新专业	101	0	101	124	0	124
山东大学	山 东	行政管理	55	0	55	78	0	78
山东大学	山 东	社会医学与卫生事业管理	22	9	13	38	13	25
山东大学	山 东	社会保障	4	0	4	6	0	6
山东大学	山 东	图书馆学	5	0	5	4	0	4
山东大学	山 东	档案学	6	0	6	16	0	16
中国海洋大学	山 东	国民经济学	0	0	0	10	0	10
中国海洋大学	山 东	区域经济学	4	0	4	13	0	13
中国海洋大学	山 东	财政学	0	0	0	4	0	4
中国海洋大学	山 东	金融学	39	0	39	30	0	30
中国海洋大学	山 东	产业经济学	0	0	0	5	0	5
中国海洋大学	山 东	国际贸易学	39	0	39	30	0	30

续表

学校名称	所在省市	专业名称	毕业生数			招生数		
			合计	博士	硕士	合计	博士	硕士
中国海洋大学	山 东	劳动经济学	8	0	8	4	0	4
中国海洋大学	山 东	数量经济学	7	0	7	7	0	7
中国海洋大学	山 东	管理科学与工程	4	0	4	30	0	30
中国海洋大学	山 东	会计学	21	0	21	54	10	44
中国海洋大学	山 东	企业管理	30	0	30	42	0	42
中国海洋大学	山 东	旅游管理	9	0	9	27	0	27
中国海洋大学	山 东	技术经济及管理	1	0	1	9	0	9
中国海洋大学	山 东	工商管理新专业	41	0	41	80	0	80
中国海洋大学	山 东	农业经济管理	3	0	3	35	23	12
中国海洋大学	山 东	行政管理	20	0	20	45	0	45
山东科技大学	山 东	管理科学与工程	10	0	10	15	0	15
山东科技大学	山 东	会计学	0	0	0	9	0	9
山东科技大学	山 东	企业管理	0	0	0	8	0	8
山东科技大学	山 东	技术经济及管理	14	0	14	8	0	8
山东科技大学	山 东	情报学	0	0	0	11	0	11
中国石油大学(华东)	山 东	产业经济学	44	0	44	16	0	16
中国石油大学(华东)	山 东	管理科学与工程	33	0	33	28	0	28
中国石油大学(华东)	山 东	工商管理	0	0	0	39	0	39
中国石油大学(华东)	山 东	会计学	36	0	36	0	0	0
中国石油大学(华东)	山 东	企业管理	62	0	62	0	0	0
中国石油大学(华东)	山 东	技术经济及管理	17	0	17	0	0	0
中国石油大学(华东)	山 东	行政管理	0	0	0	11	0	11
青岛科技大学	山 东	区域经济学	0	0	0	6	0	6
青岛科技大学	山 东	国际贸易学	0	0	0	7	0	7
青岛科技大学	山 东	数量经济学	0	0	0	3	0	3
青岛科技大学	山 东	企业管理	4	0	4	7	0	7
青岛科技大学	山 东	技术经济及管理	4	0	4	3	0	3
青岛科技大学	山 东	情报学	0	0	0	3	0	3
济南大学	山 东	国民经济学	0	0	0	5	0	5

续表

学校名称	所在省市	专业名称	毕业生数			招生数		
			合计	博士	硕士	合计	博士	硕士
济南大学	山 东	管理科学与工程	0	0	0	5	0	5
济南大学	山 东	技术经济及管理	3	0	3	4	0	4
青岛理工大学	山 东	数量经济学	0	0	0	4	0	4
青岛理工大学	山 东	管理科学与工程	0	0	0	3	0	3
青岛理工大学	山 东	会计学	3	0	3	13	0	13
青岛理工大学	山 东	企业管理	0	0	0	2	0	2
山东建筑大学	山 东	管理科学与工程	8	0	8	10	0	10
山东建筑大学	山 东	技术经济及管理	4	0	4	10	0	10
山东理工大学	山 东	世界经济	0	0	0	6	0	6
山东理工大学	山 东	产业经济学	12	0	12	8	0	8
山东理工大学	山 东	管理科学与工程	5	0	5	8	0	8
山东理工大学	山 东	企业管理	0	0	0	4	0	4
山东理工大学	山 东	农业经济管理	0	0	0	1	0	1
山东理工大学	山 东	情报学	4	0	4	7	0	7
山东农业大学	山 东	产业经济学	3	0	3	8	0	8
山东农业大学	山 东	会计学	10	0	10	10	0	10
山东农业大学	山 东	农业经济管理	24	12	12	14	10	4
山东农业大学	山 东	土地资源管理	7	0	7	12	0	12
青岛农业大学	山 东	农业经济管理	4	0	4	2	0	2
潍坊医学院	山 东	社会医学与卫生事业管理	9	0	9	14	0	14
山东师范大学	山 东	世界经济	2	0	2	5	0	5
山东师范大学	山 东	人口、资源与环境经济学	3	0	3	8	2	6
山东师范大学	山 东	区域经济学	3	0	3	6	0	6
山东师范大学	山 东	管理科学与工程	14	1	13	38	10	28
山东师范大学	山 东	旅游管理	6	0	6	5	0	5
山东师范大学	山 东	行政管理	0	0	0	3	0	3
山东师范大学	山 东	教育经济与管理	8	0	8	6	0	6
山东师范大学	山 东	土地资源管理	0	0	0	3	0	3
曲阜师范大学	山 东	教育经济与管理	8	0	8	16	0	16

续表

学校名称	所在省市	专业名称	毕业生数			招生数		
			合计	博士	硕士	合计	博士	硕士
曲阜师范大学	山东	图书馆学	0	0	0	4	0	4
聊城大学	山东	国民经济学	0	0	0	1	0	1
聊城大学	山东	产业经济学	4	0	4	1	0	1
聊城大学	山东	劳动经济学	3	0	3	2	0	2
山东经济学院	山东	政治经济学	4	0	4	1	0	1
山东经济学院	山东	西方经济学	0	0	0	2	0	2
山东经济学院	山东	国民经济学	0	0	0	2	0	2
山东经济学院	山东	区域经济学	0	0	0	2	0	2
山东经济学院	山东	财政学	4	0	4	11	0	11
山东经济学院	山东	金融学	26	0	26	28	0	28
山东经济学院	山东	产业经济学	0	0	0	3	0	3
山东经济学院	山东	国际贸易学	13	0	13	8	0	8
山东经济学院	山东	劳动经济学	0	0	0	2	0	2
山东经济学院	山东	统计学	3	0	3	7	0	7
山东经济学院	山东	数量经济学	3	0	3	1	0	1
山东经济学院	山东	国防经济	0	0	0	1	0	1
山东经济学院	山东	管理科学与工程	2	0	2	13	0	13
山东经济学院	山东	工商管理	21	0	21	90	0	90
山东经济学院	山东	会计学	30	0	30	43	0	43
山东经济学院	山东	企业管理	24	0	24	25	0	25
山东经济学院	山东	旅游管理	0	0	0	1	0	1
山东经济学院	山东	技术经济及管理	2	0	2	2	0	2
山东经济学院	山东	教育经济与管理	0	0	0	11	0	11
山东经济学院	山东	社会保障	0	0	0	23	0	23
郑州大学	河南	经济史	0	0	0	2	0	2
郑州大学	河南	西方经济学	7	0	7	4	0	4
郑州大学	河南	国民经济学	22	0	22	9	0	9
郑州大学	河南	区域经济学	6	0	6	6	0	6
郑州大学	河南	财政学	0	0	0	4	0	4

续表

学校名称	所在省市	专业名称	毕业生数			招生数		
			合计	博士	硕士	合计	博士	硕士
郑州大学	河 南	金融学	19	0	19	21	0	21
郑州大学	河 南	产业经济学	5	0	5	5	0	5
郑州大学	河 南	国际贸易学	0	0	0	4	0	4
郑州大学	河 南	劳动经济学	0	0	0	3	0	3
郑州大学	河 南	统计学	0	0	0	2	0	2
郑州大学	河 南	数量经济学	9	0	9	3	0	3
郑州大学	河 南	管理科学与工程	0	0	0	18	0	18
郑州大学	河 南	工商管理	13	0	13	119	0	119
郑州大学	河 南	企业管理	16	0	16	12	0	12
郑州大学	河 南	旅游管理	0	0	0	6	0	6
郑州大学	河 南	技术经济及管理	0	0	0	7	0	7
郑州大学	河 南	行政管理	27	0	27	74	0	74
郑州大学	河 南	社会医学与卫生事业管理	2	0	2	6	0	6
郑州大学	河 南	教育经济与管理	0	0	0	11	0	11
郑州大学	河 南	社会保障	0	0	0	6	0	6
郑州大学	河 南	图书馆学	13	0	13	16	0	16
郑州大学	河 南	情报学	7	0	7	21	0	21
郑州大学	河 南	档案学	0	0	0	6	0	6
河南理工大学	河 南	管理科学与工程	0	0	0	4	0	4
河南理工大学	河 南	会计学	0	0	0	10	0	10
河南理工大学	河 南	企业管理	15	0	15	11	0	11
河南理工大学	河 南	土地资源管理	0	0	0	10	0	10
郑州轻工业学院	河 南	管理科学与工程	0	0	0	3	0	3
郑州轻工业学院	河 南	企业管理	6	0	6	8	0	8
河南工业大学	河 南	产业经济学	3	0	3	7	0	7
河南工业大学	河 南	国际贸易学	0	0	0	5	0	5
河南工业大学	河 南	管理科学与工程	0	0	0	2	0	2
河南工业大学	河 南	企业管理	4	0	4	12	0	12
河南工业大学	河 南	技术经济及管理	0	0	0	3	0	3

续表

学校名称	所在省市	专业名称	毕业生数			招生数		
			合计	博士	硕士	合计	博士	硕士
河南工业大学	河 南	农业经济管理	0	0	0	1	0	1
河南科技大学	河 南	区域经济学	0	0	0	3	0	3
河南科技大学	河 南	管理科学与工程	4	0	4	6	0	6
河南科技大学	河 南	企业管理	6	0	6	2	0	2
河南科技大学	河 南	旅游管理	0	0	0	1	0	1
河南科技大学	河 南	技术经济及管理	0	0	0	1	0	1
河南科技大学	河 南	图书馆学	0	0	0	2	0	2
中原工学院	河 南	会计学	0	0	0	2	0	2
中原工学院	河 南	企业管理	10	0	10	6	0	6
河南农业大学	河 南	管理科学与工程	6	0	6	4	0	4
河南农业大学	河 南	企业管理	0	0	0	2	0	2
河南农业大学	河 南	技术经济及管理	0	0	0	2	0	2
河南农业大学	河 南	农业经济管理	8	0	8	12	3	9
河南农业大学	河 南	土地资源管理	3	0	3	7	0	7
新乡医学院	河 南	情报学	0	0	0	2	0	2
河南大学	河 南	政治经济学	1	0	1	4	2	2
河南大学	河 南	经济思想史	1	0	1	2	0	2
河南大学	河 南	世界经济	0	0	0	3	0	3
河南大学	河 南	人口、资源与环境经济学	3	0	3	1	0	1
河南大学	河 南	国民经济学	6	0	6	12	2	10
河南大学	河 南	区域经济学	13	5	8	7	3	4
河南大学	河 南	财政学	0	0	0	4	0	4
河南大学	河 南	金融学	15	0	15	21	0	21
河南大学	河 南	产业经济学	5	0	5	2	0	2
河南大学	河 南	国际贸易学	0	0	0	2	0	2
河南大学	河 南	劳动经济学	0	0	0	1	0	1
河南大学	河 南	统计学	0	0	0	2	0	2
河南大学	河 南	数量经济学	1	0	1	3	0	3
河南大学	河 南	管理科学与工程	0	0	0	1	0	1

续表

学校名称	所在省市	专业名称	毕业生数			招生数		
			合计	博士	硕士	合计	博士	硕士
河南大学	河 南	会计学	17	0	17	14	0	14
河南大学	河 南	企业管理	11	0	11	11	0	11
河南大学	河 南	旅游管理	4	0	4	6	0	6
河南大学	河 南	技术经济及管理	0	0	0	1	0	1
河南大学	河 南	行政管理	42	0	42	43	0	43
河南大学	河 南	社会医学与卫生事业管理	0	0	0	2	0	2
河南大学	河 南	教育经济与管理	0	0	0	7	0	7
河南大学	河 南	社会保障	0	0	0	21	0	21
河南大学	河 南	土地资源管理	5	0	5	22	0	22
河南师范大学	河 南	政治经济学	3	0	3	1	0	1
河南师范大学	河 南	国民经济学	0	0	0	1	0	1
河南师范大学	河 南	产业经济学	7	0	7	10	0	10
河南师范大学	河 南	企业管理	0	0	0	5	0	5
信阳师范学院	河 南	政治经济学	4	0	4	3	0	3
河南财经学院	河 南	政治经济学	4	0	4	3	0	3
河南财经学院	河 南	世界经济	8	0	8	3	0	3
河南财经学院	河 南	国民经济学	4	0	4	4	0	4
河南财经学院	河 南	金融学	5	0	5	5	0	5
河南财经学院	河 南	产业经济学	12	0	12	10	0	10
河南财经学院	河 南	劳动经济学	4	0	4	2	0	2
河南财经学院	河 南	统计学	8	0	8	4	0	4
河南财经学院	河 南	管理科学与工程	10	0	10	7	0	7
河南财经学院	河 南	工商管理	28	0	28	35	0	35
河南财经学院	河 南	会计学	20	0	20	21	0	21
河南财经学院	河 南	企业管理	8	0	8	5	0	5
河南财经学院	河 南	技术经济及管理	4	0	4	4	0	4
河南财经学院	河 南	农业经济管理	7	0	7	3	0	3
武汉大学	湖 北	政治经济学	32	19	13	30	23	7
武汉大学	湖 北	经济思想史	10	7	3	14	10	4

续表

学校名称	所在省市	专业名称	毕业生数			招生数		
			合计	博士	硕士	合计	博士	硕士
武汉大学	湖 北	经济史	3	2	1	3	0	3
武汉大学	湖 北	西方经济学	33	13	20	36	13	23
武汉大学	湖 北	世界经济	36	13	23	36	10	26
武汉大学	湖 北	人口、资源与环境经济学	13	5	8	12	8	4
武汉大学	湖 北	国民经济学	4	0	4	4	0	4
武汉大学	湖 北	区域经济学	7	0	7	4	0	4
武汉大学	湖 北	财政学	23	2	21	16	8	8
武汉大学	湖 北	金融学	156	17	139	153	34	119
武汉大学	湖 北	产业经济学	15	0	15	14	0	14
武汉大学	湖 北	国际贸易学	29	2	27	37	14	23
武汉大学	湖 北	数量经济学	15	0	15	4	0	4
武汉大学	湖 北	应用经济学新专业	44	0	44	38	0	38
武汉大学	湖 北	管理科学与工程	44	3	41	62	22	40
武汉大学	湖 北	管理科学与工程新专业	0	0	0	31	15	16
武汉大学	湖 北	会计学	51	1	50	48	12	36
武汉大学	湖 北	企业管理	109	19	90	84	24	60
武汉大学	湖 北	旅游管理	23	0	23	7	0	7
武汉大学	湖 北	技术经济及管理	17	7	10	10	4	6
武汉大学	湖 北	工商管理新专业	166	0	166	333	10	323
武汉大学	湖 北	行政管理	62	4	58	71	13	58
武汉大学	湖 北	社会医学与卫生事业管理	20	0	20	16	0	16
武汉大学	湖 北	教育经济与管理	11	0	11	17	8	9
武汉大学	湖 北	社会保障	35	5	30	30	8	22
武汉大学	湖 北	土地资源管理	42	0	42	36	9	27
武汉大学	湖 北	公共管理新专业	0	0	0	13	4	9
武汉大学	湖 北	图书馆学	30	14	16	23	5	18
武汉大学	湖 北	情报学	50	15	35	64	18	46
武汉大学	湖 北	档案学	10	0	10	18	4	14

续表

学校名称	所在省市	专业名称	毕业生数			招生数		
			合计	博士	硕士	合计	博士	硕士
武汉大学	湖北	图书馆、情报与档案管理新专业	82	13	69	59	15	44
华中科技大学	湖北	政治经济学	7	0	7	9	0	9
华中科技大学	湖北	西方经济学	72	37	35	71	41	30
华中科技大学	湖北	世界经济	12	0	12	14	0	14
华中科技大学	湖北	国民经济学	8	0	8	0	0	0
华中科技大学	湖北	区域经济学	0	0	0	1	0	1
华中科技大学	湖北	财政学	0	0	0	1	0	1
华中科技大学	湖北	金融学	30	0	30	35	0	35
华中科技大学	湖北	产业经济学	0	0	0	8	0	8
华中科技大学	湖北	国际贸易学	29	0	29	20	0	20
华中科技大学	湖北	数量经济学	23	7	16	30	18	12
华中科技大学	湖北	管理科学与工程	149	32	117	117	33	84
华中科技大学	湖北	工商管理	1	1	0	43	43	0
华中科技大学	湖北	会计学	25	0	25	20	0	20
华中科技大学	湖北	企业管理	124	14	110	88	1	87
华中科技大学	湖北	技术经济及管理	27	5	22	14	1	13
华中科技大学	湖北	工商管理新专业	277	0	277	280	0	280
华中科技大学	湖北	行政管理	95	1	94	108	26	82
华中科技大学	湖北	社会医学与卫生事业管理	27	10	17	73	32	41
华中科技大学	湖北	教育经济与管理	19	5	14	28	16	12
华中科技大学	湖北	社会保障	31	0	31	21	8	13
华中科技大学	湖北	土地资源管理	28	0	28	11	2	9
华中科技大学	湖北	情报学	4	0	4	7	0	7
武汉科技大学	湖北	政治经济学	0	0	0	6	0	6
武汉科技大学	湖北	管理科学与工程	10	0	10	31	0	31
武汉科技大学	湖北	会计学	0	0	0	10	0	10
武汉科技大学	湖北	企业管理	44	0	44	15	0	15
武汉科技大学	湖北	旅游管理	0	0	0	2	0	2

续表

学校名称	所在省市	专业名称	毕业生数			招生数		
			合计	博士	硕士	合计	博士	硕士
武汉科技大学	湖 北	技术经济及管理	33	0	33	1	0	1
武汉科技大学	湖 北	行政管理	0	0	0	27	0	27
武汉科技大学	湖 北	社会保障	13	0	13	23	0	23
长江大学	湖 北	产业经济学	0	0	0	2	0	2
长江大学	湖 北	会计学	0	0	0	4	0	4
长江大学	湖 北	企业管理	15	0	15	4	0	4
长江大学	湖 北	农业经济管理	4	0	4	2	0	2
武汉工程大学	湖 北	企业管理	5	0	5	11	0	11
武汉工程大学	湖 北	技术经济及管理	0	0	0	2	0	2
中国地质大学	湖 北	理论经济学	0	0	0	8	0	8
中国地质大学	湖 北	人口、资源与环境经济学	24	0	24	0	0	0
中国地质大学	湖 北	应用经济学	0	0	0	9	0	9
中国地质大学	湖 北	产业经济学	20	0	20	0	0	0
中国地质大学	湖 北	管理科学与工程	16	0	16	22	12	10
中国地质大学	湖 北	工商管理	0	0	0	4	0	4
中国地质大学	湖 北	会计学	23	0	23	20	0	20
中国地质大学	湖 北	企业管理	23	0	23	23	0	23
中国地质大学	湖 北	旅游管理	8	0	8	4	0	4
中国地质大学	湖 北	公共管理	0	0	0	64	0	64
中国地质大学	湖 北	行政管理	56	0	56	0	0	0
中国地质大学	湖 北	教育经济与管理	0	0	0	21	0	21
中国地质大学	湖 北	土地资源管理	33	0	33	33	4	29
武汉科技学院	湖 北	管理科学与工程	8	0	8	4	0	4
武汉科技学院	湖 北	企业管理	0	0	0	3	0	3
武汉工业学院	湖 北	企业管理	0	0	0	11	0	11
武汉理工大学	湖 北	西方经济学	0	0	0	3	0	3
武汉理工大学	湖 北	区域经济学	0	0	0	4	0	4
武汉理工大学	湖 北	金融学	14	0	14	30	0	30
武汉理工大学	湖 北	产业经济学	37	4	33	38	14	24

续表

学校名称	所在省市	专业名称	毕业生数			招生数		
			合计	博士	硕士	合计	博士	硕士
武汉理工大学	湖 北	国际贸易学	47	0	47	36	0	36
武汉理工大学	湖 北	劳动经济学	0	0	0	2	0	2
武汉理工大学	湖 北	统计学	0	0	0	2	0	2
武汉理工大学	湖 北	数量经济学	3	0	3	4	0	4
武汉理工大学	湖 北	管理科学与工程	91	44	47	64	24	40
武汉理工大学	湖 北	管理科学与工程新专业	14	4	10	26	6	20
武汉理工大学	湖 北	工商管理	0	0	0	21	0	21
武汉理工大学	湖 北	会计学	40	0	40	21	0	21
武汉理工大学	湖 北	企业管理	62	0	62	56	0	56
武汉理工大学	湖 北	技术经济及管理	19	1	18	29	11	18
武汉理工大学	湖 北	工商管理新专业	100	0	100	233	0	233
武汉理工大学	湖 北	教育经济与管理	18	0	18	0	0	0
湖北工业大学	湖 北	产业经济学	0	0	0	1	0	1
湖北工业大学	湖 北	会计学	0	0	0	1	0	1
湖北工业大学	湖 北	企业管理	17	0	17	1	0	1
华中农业大学	湖 北	农业经济管理	3	0	3	4	2	2
华中农业大学	湖 北	农业经济管理	14	0	14	5	1	4
华中农业大学	湖 北	国际贸易学	0	0	0	12	0	12
华中农业大学	湖 北	企业管理	14	0	14	23	0	23
华中农业大学	湖 北	农业经济管理	36	24	12	44	25	19
华中农业大学	湖 北	农林经济管理新专业	2	2	0	14	14	0
华中农业大学	湖 北	行政管理	0	0	0	12	0	12
华中农业大学	湖 北	教育经济与管理	19	0	19	17	0	17
华中农业大学	湖 北	社会保障	0	0	0	4	0	4
华中农业大学	湖 北	土地资源管理	32	6	26	47	5	42
华中师范大学	湖 北	政治经济学	43	0	43	10	0	10
华中师范大学	湖 北	经济思想史	0	0	0	1	0	1
华中师范大学	湖 北	西方经济学	17	0	17	7	0	7
华中师范大学	湖 北	世界经济	0	0	0	4	0	4

续表

学校名称	所在省市	专业名称	毕业生数			招生数		
			合计	博士	硕士	合计	博士	硕士
华中师范大学	湖 北	理论经济学新专业	14	4	10	0	0	0
华中师范大学	湖 北	区域经济学	63	0	63	15	0	15
华中师范大学	湖 北	产业经济学	0	0	0	12	0	12
华中师范大学	湖 北	数量经济学	0	0	0	4	0	4
华中师范大学	湖 北	应用经济学新专业	9	9	0	0	0	0
华中师范大学	湖 北	管理科学与工程	12	0	12	17	0	17
华中师范大学	湖 北	企业管理	0	0	0	17	0	17
华中师范大学	湖 北	旅游管理	0	0	0	15	0	15
华中师范大学	湖 北	行政管理	58	0	58	109	7	102
华中师范大学	湖 北	社会医学与卫生事业管理	0	0	0	2	0	2
华中师范大学	湖 北	教育经济与管理	25	0	25	17	0	17
华中师范大学	湖 北	社会保障	0	0	0	4	0	4
华中师范大学	湖 北	土地资源管理	0	0	0	27	0	27
华中师范大学	湖 北	公共管理新专业	4	4	0	1	0	1
华中师范大学	湖 北	图书馆学	0	0	0	1	0	1
华中师范大学	湖 北	情报学	27	0	27	38	4	34
湖北大学	湖 北	政治经济学	0	0	0	3	0	3
湖北大学	湖 北	西方经济学	0	0	0	3	0	3
湖北大学	湖 北	世界经济	9	0	9	10	3	7
湖北大学	湖 北	金融学	10	0	10	7	0	7
湖北大学	湖 北	国际贸易学	9	0	9	5	0	5
湖北大学	湖 北	会计学	0	0	0	3	0	3
湖北大学	湖 北	企业管理	5	0	5	6	0	6
湖北大学	湖 北	旅游管理	7	0	7	3	0	3
湖北大学	湖 北	行政管理	19	0	19	38	0	38
湖北大学	湖 北	教育经济与管理	0	0	0	2	0	2
湖北大学	湖 北	土地资源管理	4	0	4	6	0	6
湖北大学	湖 北	档案学	0	0	0	6	0	6
中南财经政法大学	湖 北	政治经济学	20	8	12	13	7	6

续表

学校名称	所在省市	专业名称	毕业生数			招生数		
			合计	博士	硕士	合计	博士	硕士
中南财经政法大学	湖 北	经济思想史	5	2	3	7	4	3
中南财经政法大学	湖 北	经济史	11	8	3	8	5	3
中南财经政法大学	湖 北	西方经济学	33	1	32	45	5	40
中南财经政法大学	湖 北	世界经济	17	1	16	26	6	20
中南财经政法大学	湖 北	人口、资源与环境经济学	10	3	7	9	5	4
中南财经政法大学	湖 北	理论经济学新专业	0	0	0	5	1	4
中南财经政法大学	湖 北	国民经济学	24	7	17	31	8	23
中南财经政法大学	湖 北	区域经济学	9	2	7	13	3	10
中南财经政法大学	湖 北	财政学	58	9	49	76	19	57
中南财经政法大学	湖 北	金融学	110	10	100	99	10	89
中南财经政法大学	湖 北	产业经济学	39	15	24	35	13	22
中南财经政法大学	湖 北	国际贸易学	78	0	78	55	7	48
中南财经政法大学	湖 北	劳动经济学	11	1	10	14	3	11
中南财经政法大学	湖 北	统计学	24	1	23	41	5	36
中南财经政法大学	湖 北	数量经济学	16	0	16	25	2	23
中南财经政法大学	湖 北	应用经济学新专业	64	0	64	99	6	93
中南财经政法大学	湖 北	会计学	139	12	127	100	8	92
中南财经政法大学	湖 北	企业管理	142	11	131	47	4	43
中南财经政法大学	湖 北	旅游管理	6	0	6	14	2	12
中南财经政法大学	湖 北	技术经济及管理	3	0	3	3	0	3
中南财经政法大学	湖 北	工商管理新专业	111	0	111	354	17	337
中南财经政法大学	湖 北	农业经济管理	4	0	4	10	0	10
中南财经政法大学	湖 北	行政管理	55	0	55	44	0	44
中南财经政法大学	湖 北	社会保障	63	0	63	46	1	45
中南民族大学	湖 北	西方经济学	6	0	6	6	0	6
中南民族大学	湖 北	区域经济学	8	0	8	9	0	9
中南民族大学	湖 北	企业管理	12	0	12	13	0	13
中南民族大学	湖 北	旅游管理	0	0	0	2	0	2
中南民族大学	湖 北	行政管理	0	0	0	16	0	16

续表

学校名称	所在省市	专业名称	毕业生数			招生数		
			合计	博士	硕士	合计	博士	硕士
中南民族大学	湖北	教育经济与管理	29	0	29	33	0	33
湘潭大学	湖南	政治经济学	19	2	17	9	3	6
湘潭大学	湖南	西方经济学	0	0	0	4	0	4
湘潭大学	湖南	世界经济	11	0	11	5	0	5
湘潭大学	湖南	人口、资源与环境经济学	0	0	0	2	0	2
湘潭大学	湖南	区域经济学	12	0	12	10	0	10
湘潭大学	湖南	金融学	0	0	0	27	0	27
湘潭大学	湖南	产业经济学	13	0	13	10	0	10
湘潭大学	湖南	国际贸易学	0	0	0	6	0	6
湘潭大学	湖南	数量经济学	8	0	8	7	0	7
湘潭大学	湖南	管理科学与工程	8	0	8	8	0	8
湘潭大学	湖南	会计学	6	0	6	17	0	17
湘潭大学	湖南	企业管理	17	0	17	21	0	21
湘潭大学	湖南	旅游管理	14	0	14	20	0	20
湘潭大学	湖南	工商管理新专业	0	0	0	25	0	25
湘潭大学	湖南	行政管理	45	0	45	83	8	75
湘潭大学	湖南	教育经济与管理	0	0	0	27	0	27
湘潭大学	湖南	社会保障	0	0	0	5	0	5
湘潭大学	湖南	图书馆学	12	0	12	12	0	12
湘潭大学	湖南	情报学	0	0	0	11	0	11
湘潭大学	湖南	档案学	0	0	0	4	0	4
吉首大学	湖南	产业经济学	0	0	0	4	0	4
吉首大学	湖南	企业管理	0	0	0	6	0	6
湖南大学	湖南	理论经济学	0	0	0	44	0	44
湖南大学	湖南	政治经济学	9	1	8	7	7	0
湖南大学	湖南	西方经济学	12	0	12	0	0	0
湖南大学	湖南	世界经济	6	0	6	0	0	0
湖南大学	湖南	人口、资源与环境经济学	6	0	6	0	0	0
湖南大学	湖南	应用经济学	0	0	0	317	45	272

续表

学校名称	所在省市	专业名称	毕业生数			招生数		
			合计	博士	硕士	合计	博士	硕士
湖南大学	湖 南	国民经济学	10	0	10	0	0	0
湖南大学	湖 南	区域经济学	9	0	9	0	0	0
湖南大学	湖 南	财政学	17	0	17	0	0	0
湖南大学	湖 南	金融学	119	11	108	0	0	0
湖南大学	湖 南	产业经济学	7	0	7	0	0	0
湖南大学	湖 南	国际贸易学	77	13	64	0	0	0
湖南大学	湖 南	统计学	16	0	16	0	0	0
湖南大学	湖 南	数量经济学	21	0	21	0	0	0
湖南大学	湖 南	管理科学与工程	28	11	17	52	16	36
湖南大学	湖 南	工商管理	84	0	84	328	10	318
湖南大学	湖 南	会计学	70	2	68	0	0	0
湖南大学	湖 南	企业管理	47	3	44	0	0	0
湖南大学	湖 南	旅游管理	7	0	7	0	0	0
湖南大学	湖 南	技术经济及管理	10	0	10	0	0	0
湖南大学	湖 南	工商管理新专业	0	0	0	1	0	1
湖南大学	湖 南	公共管理	0	0	0	109	0	109
湖南大学	湖 南	行政管理	36	0	36	0	0	0
湖南大学	湖 南	教育经济与管理	7	0	7	0	0	0
中南大学	湖 南	西方经济学	3	0	3	4	0	4
中南大学	湖 南	人口、资源与环境经济学	2	0	2	1	0	1
中南大学	湖 南	区域经济学	14	0	14	1	0	1
中南大学	湖 南	金融学	39	0	39	32	0	32
中南大学	湖 南	产业经济学	5	0	5	12	0	12
中南大学	湖 南	国际贸易学	21	0	21	18	0	18
中南大学	湖 南	劳动经济学	4	0	4	2	0	2
中南大学	湖 南	统计学	4	0	4	3	0	3
中南大学	湖 南	数量经济学	9	0	9	8	0	8
中南大学	湖 南	管理科学与工程	98	51	47	150	90	60
中南大学	湖 南	管理科学与工程新专业	14	2	12	0	0	0

续表

学校名称	所在省市	专业名称	毕业生数			招生数		
			合计	博士	硕士	合计	博士	硕士
中南大学	湖 南	工商管理	0	0	0	39	39	0
中南大学	湖 南	会计学	28	0	28	24	0	24
中南大学	湖 南	企业管理	31	0	31	33	0	33
中南大学	湖 南	旅游管理	0	0	0	2	0	2
中南大学	湖 南	技术经济及管理	19	0	19	12	2	10
中南大学	湖 南	工商管理新专业	116	0	116	184	0	184
中南大学	湖 南	公共管理	0	0	0	76	0	76
中南大学	湖 南	行政管理	59	0	59	0	0	0
中南大学	湖 南	社会医学与卫生事业管理	10	0	10	17	10	7
中南大学	湖 南	图书馆学	0	0	0	1	0	1
中南大学	湖 南	情报学	3	0	3	11	0	11
湖南科技大学	湖 南	国民经济学	0	0	0	3	0	3
湖南科技大学	湖 南	产业经济学	6	0	6	14	0	14
湖南科技大学	湖 南	技术经济及管理	0	0	0	3	0	3
湖南科技大学	湖 南	农业经济管理	0	0	0	4	0	4
长沙理工大学	湖 南	国民经济学	0	0	0	4	0	4
长沙理工大学	湖 南	金融学	0	0	0	21	0	21
长沙理工大学	湖 南	产业经济学	9	0	9	15	0	15
长沙理工大学	湖 南	统计学	8	0	8	6	0	6
长沙理工大学	湖 南	管理科学与工程	5	0	5	20	0	20
长沙理工大学	湖 南	会计学	18	0	18	41	0	41
长沙理工大学	湖 南	企业管理	9	0	9	21	0	21
长沙理工大学	湖 南	技术经济及管理	5	0	5	3	0	3
长沙理工大学	湖 南	教育经济与管理	0	0	0	12	0	12
湖南农业大学	湖 南	企业管理	10	0	10	12	0	12
湖南农业大学	湖 南	农业经济管理	12	5	7	32	25	7
湖南农业大学	湖 南	土地资源管理	6	0	6	24	0	24
中南林业科技大学	湖 南	企业管理	0	0	0	14	0	14
中南林业科技大学	湖 南	旅游管理	16	0	16	10	0	10

续表

学校名称	所在省市	专业名称	毕业生数			招生数		
			合计	博士	硕士	合计	博士	硕士
中南林业科技大学	湖 南	林业经济管理	11	0	11	1	0	1
湖南师范大学	湖 南	政治经济学	10	0	10	3	0	3
湖南师范大学	湖 南	西方经济学	0	0	0	1	0	1
湖南师范大学	湖 南	人口、资源与环境经济学	5	0	5	1	0	1
湖南师范大学	湖 南	区域经济学	3	0	3	2	0	2
湖南师范大学	湖 南	产业经济学	8	0	8	6	0	6
湖南师范大学	湖 南	企业管理	0	0	0	5	0	5
湖南师范大学	湖 南	旅游管理	10	0	10	19	0	19
湖南师范大学	湖 南	行政管理	16	0	16	49	0	49
湖南师范大学	湖 南	教育经济与管理	23	0	23	47	0	47
湖南师范大学	湖 南	社会保障	0	0	0	8	0	8
湖南师范大学	湖 南	土地资源管理	7	0	7	19	0	19
南华大学	湖 南	产业经济学	0	0	0	9	0	9
南华大学	湖 南	管理科学与工程	2	0	2	7	0	7
南华大学	湖 南	会计学	0	0	0	4	0	4
南华大学	湖 南	企业管理	7	0	7	6	0	6
南华大学	湖 南	社会医学与卫生事业管理	0	0	0	5	0	5
中山大学	广 东	政治经济学	16	0	16	16	0	16
中山大学	广 东	西方经济学	32	9	23	34	8	26
中山大学	广 东	世界经济	45	12	33	46	10	36
中山大学	广 东	人口、资源与环境经济学	10	0	10	8	0	8
中山大学	广 东	区域经济学	22	0	22	19	0	19
中山大学	广 东	财政学	35	0	35	18	4	14
中山大学	广 东	金融学	68	10	58	84	18	66
中山大学	广 东	国际贸易学	18	0	18	20	0	20
中山大学	广 东	数量经济学	6	0	6	10	0	10
中山大学	广 东	管理科学与工程新专业	37	0	37	64	15	49
中山大学	广 东	会计学	44	6	38	74	6	68
中山大学	广 东	企业管理	78	25	53	79	29	50

续表

学校名称	所在省市	专业名称	毕业生数			招生数		
			合计	博士	硕士	合计	博士	硕士
中山大学	广 东	旅游管理	9	2	7	21	3	18
中山大学	广 东	技术经济及管理	11	2	9	9	2	7
中山大学	广 东	工商管理新专业	336	3	333	577	5	572
中山大学	广 东	行政管理	66	9	57	79	18	61
中山大学	广 东	社会医学与卫生事业管理	6	0	6	0	0	0
中山大学	广 东	教育经济与管理	8	0	8	20	8	12
中山大学	广 东	土地资源管理	5	0	5	6	0	6
中山大学	广 东	公共管理新专业	22	0	22	34	0	34
中山大学	广 东	图书馆学	15	0	15	23	5	18
中山大学	广 东	情报学	20	0	20	19	0	19
中山大学	广 东	档案学	15	0	15	11	0	11
暨南大学	广 东	政治经济学	6	0	6	8	1	7
暨南大学	广 东	经济思想史	0	0	0	2	0	2
暨南大学	广 东	西方经济学	3	0	3	6	0	6
暨南大学	广 东	西方经济学	0	0	0	11	0	11
暨南大学	广 东	人口、资源与环境经济学	0	0	0	5	0	5
暨南大学	广 东	国民经济学	39	2	37	34	9	25
暨南大学	广 东	区域经济学	19	0	19	32	4	28
暨南大学	广 东	财政学	20	0	20	53	6	47
暨南大学	广 东	金融学	75	13	62	85	15	70
暨南大学	广 东	产业经济学	44	18	26	40	11	29
暨南大学	广 东	国际贸易学	29	3	26	23	4	19
暨南大学	广 东	劳动经济学	1	1	0	1	1	0
暨南大学	广 东	统计学	17	2	15	18	4	14
暨南大学	广 东	数量经济学	19	0	19	15	1	14
暨南大学	广 东	应用经济学新专业	0	0	0	3	3	0
暨南大学	广 东	管理科学与工程	12	0	12	22	6	16
暨南大学	广 东	工商管理	77	0	77	88	0	88
暨南大学	广 东	会计学	90	3	87	80	8	72

续表

学校名称	所在省市	专业名称	毕业生数			招生数		
			合计	博士	硕士	合计	博士	硕士
暨南大学	广 东	企业管理	96	24	72	106	18	88
暨南大学	广 东	旅游管理	15	2	13	23	6	17
暨南大学	广 东	技术经济及管理	1	1	0	0	0	0
暨南大学	广 东	工商管理新专业	0	0	0	59	9	50
暨南大学	广 东	行政管理	26	0	26	25	0	25
暨南大学	广 东	教育经济与管理	6	0	6	8	0	8
暨南大学	广 东	社会保障	0	0	0	9	0	9
汕头大学	广 东	产业经济学	9	0	9	13	0	13
汕头大学	广 东	会计学	0	0	0	4	0	4
汕头大学	广 东	企业管理	9	0	9	9	0	9
汕头大学	广 东	行政管理	17	0	17	29	0	29
华南理工大学	广 东	国民经济学	5	0	5	10	0	10
华南理工大学	广 东	区域经济学	0	0	0	3	0	3
华南理工大学	广 东	金融学	14	0	14	17	0	17
华南理工大学	广 东	产业经济学	11	0	11	14	0	14
华南理工大学	广 东	数量经济学	4	0	4	9	0	9
华南理工大学	广 东	管理科学与工程	50	15	35	0	0	0
华南理工大学	广 东	管理科学与工程新专业	0	0	0	109	25	84
华南理工大学	广 东	会计学	13	0	13	18	0	18
华南理工大学	广 东	企业管理	78	6	72	96	17	79
华南理工大学	广 东	旅游管理	0	0	0	11	0	11
华南理工大学	广 东	技术经济及管理	13	0	13	13	0	13
华南理工大学	广 东	工商管理新专业	145	0	145	145	0	145
华南理工大学	广 东	行政管理	5	0	5	52	0	52
华南理工大学	广 东	教育经济与管理	5	0	5	4	0	4
华南农业大学	广 东	产业经济学	19	0	19	34	0	34
华南农业大学	广 东	国际贸易学	16	0	16	12	0	12
华南农业大学	广 东	管理科学与工程	4	0	4	10	0	10
华南农业大学	广 东	企业管理	11	0	11	29	0	29

续表

学校名称	所在省市	专业名称	毕业生数			招生数		
			合计	博士	硕士	合计	博士	硕士
华南农业大学	广 东	农业经济管理	34	14	20	27	6	21
华南农业大学	广 东	林业经济管理	0	0	0	2	1	1
华南农业大学	广 东	农林经济管理新专业	0	0	0	12	12	0
华南农业大学	广 东	土地资源管理	7	0	7	9	0	9
广东海洋大学	广 东	农业经济管理	5	0	5	1	0	1
广东海洋大学	广 东	行政管理	0	0	0	17	0	17
广州医学院	广 东	社会医学与卫生事业管理	0	0	0	5	0	5
广州中医药大学	广 东	社会医学与卫生事业管理	1	0	1	8	0	8
华南师范大学	广 东	政治经济学	25	9	16	25	9	16
华南师范大学	广 东	经济思想史	0	0	0	4	0	4
华南师范大学	广 东	经济史	0	0	0	5	0	5
华南师范大学	广 东	西方经济学	17	0	17	21	0	21
华南师范大学	广 东	世界经济	0	0	0	6	0	6
华南师范大学	广 东	人口、资源与环境经济学	0	0	0	6	0	6
华南师范大学	广 东	国民经济学	12	0	12	16	0	16
华南师范大学	广 东	金融学	0	0	0	11	0	11
华南师范大学	广 东	产业经济学	17	0	17	15	0	15
华南师范大学	广 东	劳动经济学	16	0	16	22	0	22
华南师范大学	广 东	企业管理	0	0	0	15	0	15
华南师范大学	广 东	行政管理	0	0	0	16	0	16
华南师范大学	广 东	教育经济与管理	30	1	29	31	2	29
华南师范大学	广 东	图书馆学	8	0	8	11	0	11
华南师范大学	广 东	情报学	0	0	0	6	0	6
海南大学	海 南	政治经济学	0	0	0	2	0	2
海南大学	海 南	世界经济	4	0	4	10	0	10
海南大学	海 南	金融学	0	0	0	4	0	4
海南大学	海 南	工商管理	18	0	18	52	0	52
海南大学	海 南	企业管理	0	0	0	9	0	9
海南大学	海 南	旅游管理	0	0	0	5	0	5

续表

学校名称	所在省市	专业名称	毕业生数			招生数		
			合计	博士	硕士	合计	博士	硕士
海南大学	海 南	农业经济管理	16	0	16	13	0	13
深圳大学	广 东	政治经济学	12	0	12	11	4	7
深圳大学	广 东	区域经济学	11	0	11	12	0	12
深圳大学	广 东	金融学	20	0	20	27	0	27
深圳大学	广 东	国际贸易学	6	0	6	20	0	20
深圳大学	广 东	统计学	5	0	5	6	0	6
深圳大学	广 东	管理科学与工程	6	0	6	10	0	10
深圳大学	广 东	管理科学与工程新专业	0	0	0	12	0	12
深圳大学	广 东	会计学	4	0	4	10	0	10
深圳大学	广 东	企业管理	16	0	16	23	0	23
深圳大学	广 东	技术经济及管理	0	0	0	5	0	5
深圳大学	广 东	行政管理	27	0	27	12	0	12
广东商学院	广 东	国民经济学	13	0	13	12	0	12
广东商学院	广 东	财政学	0	0	0	8	0	8
广东商学院	广 东	金融学	19	0	19	15	0	15
广东商学院	广 东	产业经济学	0	0	0	4	0	4
广东商学院	广 东	国际贸易学	0	0	0	6	0	6
广东商学院	广 东	统计学	0	0	0	10	0	10
广东商学院	广 东	会计学	0	0	0	17	0	17
广东商学院	广 东	企业管理	22	0	22	12	0	12
广东商学院	广 东	旅游管理	0	0	0	2	0	2
广西大学	广 西	政治经济学	7	0	7	10	0	10
广西大学	广 西	国民经济学	5	0	5	12	0	12
广西大学	广 西	区域经济学	18	0	18	16	0	16
广西大学	广 西	财政学	0	0	0	7	0	7
广西大学	广 西	金融学	19	0	19	31	0	31
广西大学	广 西	产业经济学	6	0	6	11	0	11
广西大学	广 西	国际贸易学	14	0	14	13	0	13
广西大学	广 西	管理科学与工程	13	0	13	10	0	10

续表

学校名称	所在省市	专业名称	毕业生数			招生数		
			合计	博士	硕士	合计	博士	硕士
广西大学	广 西	工商管理	90	0	90	139	0	139
广西大学	广 西	会计学	0	0	0	11	0	11
广西大学	广 西	企业管理	24	0	24	31	0	31
广西大学	广 西	旅游管理	8	0	8	10	0	10
广西大学	广 西	农业经济管理	10	0	10	9	0	9
广西大学	广 西	行政管理	14	0	14	39	0	39
广西大学	广 西	教育经济与管理	9	0	9	18	0	18
广西工学院	广 西	企业管理	0	0	0	26	0	26
桂林电子科技大学	广 西	产业经济学	0	0	0	8	0	8
桂林电子科技大学	广 西	管理科学与工程	15	0	15	23	0	23
桂林电子科技大学	广 西	企业管理	21	0	21	24	0	24
桂林工学院	广 西	产业经济学	0	0	0	14	0	14
桂林工学院	广 西	统计学	0	0	0	10	0	10
桂林工学院	广 西	企业管理	32	0	32	38	0	38
桂林工学院	广 西	旅游管理	17	0	17	23	0	23
广西医科大学	广 西	社会医学与卫生事业管理	2	0	2	5	0	5
广西师范大学	广 西	政治经济学	0	0	0	9	0	9
广西师范大学	广 西	经济史	5	0	5	6	0	6
广西师范大学	广 西	人口、资源与环境经济学	0	0	0	6	0	6
广西师范大学	广 西	国民经济学	11	0	11	17	0	17
广西师范大学	广 西	区域经济学	4	0	4	12	0	12
广西师范大学	广 西	企业管理	8	0	8	15	0	15
广西师范大学	广 西	旅游管理	18	0	18	17	0	17
广西师范大学	广 西	行政管理	0	0	0	18	0	18
广西师范大学	广 西	教育经济与管理	26	0	26	34	0	34
广西师范大学	广 西	社会保障	0	0	0	5	0	5
广西师范学院	广 西	区域经济学	0	0	0	6	0	6
广西师范学院	广 西	旅游管理	0	0	0	6	0	6
广西师范学院	广 西	行政管理	0	0	0	11	0	11

续表

学校名称	所在省市	专业名称	毕业生数			招生数		
			合计	博士	硕士	合计	博士	硕士
广西师范学院	广 西	教育经济与管理	0	0	0	10	0	10
广西师范学院	广 西	土地资源管理	9	0	9	7	0	7
广西民族大学	广 西	行政管理	27	0	27	20	0	20
广西民族大学	广 西	社会保障	0	0	0	4	0	4
广西民族大学	广 西	图书馆学	0	0	0	8	0	8
广西民族大学	广 西	档案学	11	0	11	13	0	13
四川大学	四 川	政治经济学	62	41	21	68	53	15
四川大学	四 川	经济思想史	0	0	0	7	5	2
四川大学	四 川	经济史	0	0	0	5	3	2
四川大学	四 川	西方经济学	4	0	4	10	6	4
四川大学	四 川	世界经济	41	9	32	47	13	34
四川大学	四 川	人口、资源与环境经济学	0	0	0	8	5	3
四川大学	四 川	国民经济学	27	0	27	13	0	13
四川大学	四 川	区域经济学	28	0	28	12	0	12
四川大学	四 川	财政学	12	0	12	9	0	9
四川大学	四 川	金融学	42	0	42	46	0	46
四川大学	四 川	产业经济学	4	0	4	7	0	7
四川大学	四 川	国际贸易学	9	0	9	20	0	20
四川大学	四 川	劳动经济学	0	0	0	2	0	2
四川大学	四 川	统计学	0	0	0	1	0	1
四川大学	四 川	数量经济学	0	0	0	2	0	2
四川大学	四 川	管理科学与工程	29	2	27	50	13	37
四川大学	四 川	医院管理与卫生政策	0	0	0	4	1	3
四川大学	四 川	会计学	36	0	36	34	7	27
四川大学	四 川	企业管理	81	19	62	77	28	49
四川大学	四 川	旅游管理	47	0	47	68	12	56
四川大学	四 川	技术经济及管理	13	0	13	16	6	10
四川大学	四 川	工商管理	102	0	102	398	0	398
四川大学	四 川	行政管理	75	0	75	93	0	93

续表

学校名称	所在省市	专业名称	毕业生数			招生数		
			合计	博士	硕士	合计	博士	硕士
四川大学	四 川	社会医学与卫生事业管理	18	3	15	18	4	14
四川大学	四 川	教育经济与管理	15	0	15	32	0	32
四川大学	四 川	社会保障	10	0	10	56	0	56
四川大学	四 川	土地资源管理	11	0	11	20	0	20
四川大学	四 川	图书馆学	6	0	6	13	0	13
四川大学	四 川	情报学	13	0	13	26	0	26
四川大学	四 川	档案学	14	0	14	10	0	10
重庆大学	重 庆	人口、资源与环境经济学	6	0	6	3	0	3
重庆大学	重 庆	应用经济学	0	0	0	1	0	1
重庆大学	重 庆	区域经济学	9	0	9	11	0	11
重庆大学	重 庆	金融学	35	0	35	47	0	47
重庆大学	重 庆	产业经济学	57	0	57	55	0	55
重庆大学	重 庆	国际贸易学	12	0	12	12	0	12
重庆大学	重 庆	数量经济学	1	0	1	17	11	6
重庆大学	重 庆	管理科学与工程	128	6	122	162	39	123
重庆大学	重 庆	工商管理	0	0	0	6	0	6
重庆大学	重 庆	会计学	27	0	27	40	5	35
重庆大学	重 庆	企业管理	54	0	54	69	10	59
重庆大学	重 庆	技术经济及管理	97	14	83	67	26	41
重庆大学	重 庆	工商管理新专业	183	0	183	215	0	215
重庆大学	重 庆	行政管理	105	0	105	110	0	110
重庆大学	重 庆	教育经济与管理	17	0	17	7	0	7
重庆大学	重 庆	社会保障	4	0	4	12	0	12
重庆大学	重 庆	土地资源管理	4	0	4	2	0	2
重庆大学	重 庆	图书馆、情报与档案管理	0	0	0	16	0	16
西南交通大学	四 川	世界经济	0	0	0	6	0	6
西南交通大学	四 川	区域经济学	18	0	18	9	0	9
西南交通大学	四 川	金融学	0	0	0	9	0	9
西南交通大学	四 川	产业经济学	3	0	3	19	0	19

续表

学校名称	所在省市	专业名称	毕业生数			招生数		
			合计	博士	硕士	合计	博士	硕士
西南交通大学	四川	数量经济学	3	0	3	2	0	2
西南交通大学	四川	管理科学与工程	108	75	33	65	17	48
西南交通大学	四川	管理科学与工程新专业	1	0	1	30	17	13
西南交通大学	四川	会计学	7	0	7	28	0	28
西南交通大学	四川	企业管理	41	4	37	60	22	38
西南交通大学	四川	旅游管理	3	0	3	12	0	12
西南交通大学	四川	技术经济及管理	24	0	24	5	0	5
西南交通大学	四川	工商管理新专业	182	0	182	210	0	210
西南交通大学	四川	行政管理	43	0	43	69	0	69
西南交通大学	四川	教育经济与管理	0	0	0	16	0	16
西南交通大学	四川	社会保障	0	0	0	17	0	17
电子科技大学	四川	金融学	0	0	0	11	0	11
电子科技大学	四川	数量经济学	21	0	21	1	0	1
电子科技大学	四川	管理科学与工程	37	16	21	29	4	25
电子科技大学	四川	管理科学与工程新专业	0	0	0	15	14	1
电子科技大学	四川	工商管理	131	0	131	241	0	241
电子科技大学	四川	企业管理	18	0	18	32	22	10
电子科技大学	四川	技术经济及管理	0	0	0	3	0	3
电子科技大学	四川	行政管理	53	0	53	53	0	53
西南石油大学	四川	理论经济学新专业	0	0	0	13	0	13
西南石油大学	四川	产业经济学	7	0	7	14	0	14
西南石油大学	四川	管理科学与工程	25	0	25	39	0	39
西南石油大学	四川	技术经济及管理	5	0	5	6	0	6
成都理工大学	四川	管理科学与工程	13	0	13	12	0	12
成都理工大学	四川	企业管理	9	0	9	11	0	11
成都理工大学	四川	旅游管理	0	0	0	8	0	8
重庆邮电大学	重庆	管理科学与工程	13	0	13	36	0	36
重庆交通大学	重庆	管理科学与工程	32	0	32	45	0	45
重庆交通大学	重庆	技术经济及管理	0	0	0	8	0	8

续表

学校名称	所在省市	专业名称	毕业生数			招生数		
			合计	博士	硕士	合计	博士	硕士
西南科技大学	四 川	企业管理	10	0	10	23	0	23
西南科技大学	四 川	情报学	0	0	0	12	0	12
成都信息工程学院	四 川	统计学	0	0	0	5	0	5
西华大学	四 川	企业管理	26	0	26	45	0	45
四川农业大学	四 川	产业经济学	0	0	0	5	0	5
四川农业大学	四 川	技术经济及管理	2	0	2	13	0	13
四川农业大学	四 川	农业经济管理	9	0	9	44	10	34
四川农业大学	四 川	林业经济管理	0	0	0	2	0	2
四川农业大学	四 川	土地资源管理	13	0	13	19	0	19
重庆医科大学	重 庆	社会医学与卫生事业管理	24	0	24	46	0	46
成都中医药大学	四 川	社会医学与卫生事业管理	1	0	1	4	0	4
西南大学	重 庆	政治经济学	22	0	22	17	0	17
西南大学	重 庆	区域经济学	8	0	8	20	0	20
西南大学	重 庆	金融学	15	0	15	22	0	22
西南大学	重 庆	会计学	8	0	8	20	0	20
西南大学	重 庆	企业管理	6	0	6	19	0	19
西南大学	重 庆	旅游管理	6	0	6	7	0	7
西南大学	重 庆	农业经济管理	16	7	9	13	8	5
西南大学	重 庆	林业经济管理	0	0	0	1	1	0
西南大学	重 庆	农林经济管理新专业	0	0	0	2	2	0
西南大学	重 庆	教育经济与管理	22	0	22	43	0	43
西南大学	重 庆	土地资源管理	16	0	16	31	0	31
西南大学	重 庆	情报学	6	0	6	16	0	16
四川师范大学	四 川	政治经济学	0	0	0	13	0	13
四川师范大学	四 川	企业管理	13	0	13	19	0	19
四川师范大学	四 川	旅游管理	0	0	0	12	0	12
重庆师范大学	重 庆	政治经济学	2	0	2	4	0	4
重庆师范大学	重 庆	区域经济学	10	0	10	6	0	6
重庆师范大学	重 庆	数量经济学	0	0	0	6	0	6

续表

学校名称	所在省市	专业名称	毕业生数			招生数		
			合计	博士	硕士	合计	博士	硕士
重庆师范大学	重 庆	管理科学与工程	1	0	1	10	0	10
重庆师范大学	重 庆	旅游管理	8	0	8	9	0	9
西华师范大学	四 川	人口、资源与环境经济学	0	0	0	4	0	4
西华师范大学	四 川	区域经济学	10	0	10	12	0	12
西华师范大学	四 川	教育经济与管理	21	0	21	36	0	36
西南财经大学	四 川	政治经济学	24	7	17	57	15	42
西南财经大学	四 川	经济思想史	2	0	2	3	0	3
西南财经大学	四 川	西方经济学	23	6	17	29	4	25
西南财经大学	四 川	世界经济	11	2	9	19	2	17
西南财经大学	四 川	人口、资源与环境经济学	2	0	2	8	3	5
西南财经大学	四 川	国民经济学	11	0	11	9	2	7
西南财经大学	四 川	区域经济学	10	1	9	15	3	12
西南财经大学	四 川	财政学	23	4	19	38	6	32
西南财经大学	四 川	金融学	277	34	243	387	47	340
西南财经大学	四 川	产业经济学	31	14	17	41	13	28
西南财经大学	四 川	国际贸易学	57	9	48	40	4	36
西南财经大学	四 川	劳动经济学	12	3	9	10	6	4
西南财经大学	四 川	统计学	16	4	12	25	1	24
西南财经大学	四 川	数量经济学	16	0	16	32	6	26
西南财经大学	四 川	国防经济	2	2	0	0	0	0
西南财经大学	四 川	应用经济学新专业	100	13	87	181	26	155
西南财经大学	四 川	管理科学与工程	0	0	0	4	0	4
西南财经大学	四 川	会计学	184	30	154	107	12	95
西南财经大学	四 川	企业管理	49	2	47	58	8	50
西南财经大学	四 川	旅游管理	13	0	13	12	0	12
西南财经大学	四 川	技术经济及管理	15	0	15	12	5	7
西南财经大学	四 川	工商管理新专业	216	0	216	415	24	391
西南财经大学	四 川	农业经济管理	6	0	6	8	0	8
西南财经大学	四 川	行政管理	20	0	20	52	0	52

续表

学校名称	所在省市	专业名称	毕业生数			招生数		
			合计	博士	硕士	合计	博士	硕士
西南财经大学	四川	社会保障	7	0	7	11	0	11
西南政法大学	重庆	国民经济学	5	0	5	19	0	19
西南政法大学	重庆	企业管理	0	0	0	12	0	12
西南政法大学	重庆	行政管理	8	0	8	15	0	15
西南民族大学	四川	政治经济学	0	0	0	3	0	3
西南民族大学	四川	区域经济学	0	0	0	3	0	3
西南民族大学	四川	金融学	2	0	2	8	0	8
西南民族大学	四川	管理科学与工程	3	0	3	7	0	7
西南民族大学	四川	企业管理	2	0	2	7	0	7
西南民族大学	四川	行政管理	32	0	32	41	0	41
西南民族大学	四川	教育经济与管理	0	0	0	12	0	12
贵州大学	贵州	理论经济学	15	0	15	40	0	40
贵州大学	贵州	区域经济学	0	0	0	7	0	7
贵州大学	贵州	国际贸易学	0	0	0	12	0	12
贵州大学	贵州	管理科学与工程	0	0	0	23	0	23
贵州大学	贵州	企业管理	23	0	23	36	0	36
贵州大学	贵州	旅游管理	0	0	0	13	0	13
贵州大学	贵州	工商管理新专业	121	0	121	128	0	128
贵州大学	贵州	农林经济管理	13	0	13	14	0	14
贵州大学	贵州	行政管理	18	0	18	27	0	27
贵州大学	贵州	社会保障	4	0	4	19	0	19
贵州大学	贵州	土地资源管理	0	0	0	6	0	6
贵州财经学院	贵州	政治经济学	0	0	0	1	0	1
贵州财经学院	贵州	经济史	0	0	0	1	0	1
贵州财经学院	贵州	人口、资源与环境经济学	0	0	0	5	0	5
贵州财经学院	贵州	区域经济学	0	0	0	1	0	1
贵州财经学院	贵州	财政学	0	0	0	4	0	4
贵州财经学院	贵州	金融学	15	0	15	12	0	12
贵州财经学院	贵州	产业经济学	8	0	8	11	0	11

续表

学校名称	所在省市	专业名称	毕业生数			招生数		
			合计	博士	硕士	合计	博士	硕士
贵州财经学院	贵州	国际贸易学	9	0	9	12	0	12
贵州财经学院	贵州	统计学	7	0	7	8	0	8
贵州财经学院	贵州	数量经济学	0	0	0	4	0	4
贵州财经学院	贵州	会计学	0	0	0	10	0	10
贵州财经学院	贵州	企业管理	13	0	13	12	0	12
贵州财经学院	贵州	旅游管理	0	0	0	2	0	2
贵州财经学院	贵州	行政管理	0	0	0	8	0	8
云南大学	云南	政治经济学	33	6	27	28	14	14
云南大学	云南	经济思想史	7	0	7	7	0	7
云南大学	云南	经济史	6	0	6	5	0	5
云南大学	云南	西方经济学	3	0	3	7	0	7
云南大学	云南	世界经济	4	0	4	12	0	12
云南大学	云南	人口、资源与环境经济学	4	0	4	8	5	3
云南大学	云南	国民经济学	0	0	0	2	0	2
云南大学	云南	区域经济学	0	0	0	7	0	7
云南大学	云南	财政学	0	0	0	7	0	7
云南大学	云南	金融学	0	0	0	11	0	11
云南大学	云南	产业经济学	3	0	3	10	0	10
云南大学	云南	国际贸易学	18	0	18	17	0	17
云南大学	云南	劳动经济学	0	0	0	3	0	3
云南大学	云南	统计学	4	0	4	1	0	1
云南大学	云南	数量经济学	0	0	0	4	0	4
云南大学	云南	国防经济	0	0	0	3	0	3
云南大学	云南	管理科学与工程	7	0	7	8	0	8
云南大学	云南	工商管理	68	0	68	150	0	150
云南大学	云南	会计学	6	0	6	21	0	21
云南大学	云南	企业管理	13	0	13	14	0	14
云南大学	云南	旅游管理	20	0	20	27	4	23
云南大学	云南	技术经济及管理	0	0	0	6	0	6

续表

学校名称	所在省市	专业名称	毕业生数			招生数		
			合计	博士	硕士	合计	博士	硕士
云南大学	云 南	农业经济管理	0	0	0	2	0	2
云南大学	云 南	行政管理	28	0	28	30	2	28
云南大学	云 南	社会医学与卫生事业管理	0	0	0	3	0	3
云南大学	云 南	教育经济与管理	11	0	11	14	0	14
云南大学	云 南	社会保障	0	0	0	6	0	6
云南大学	云 南	土地资源管理	0	0	0	3	0	3
云南大学	云 南	图书馆学	2	0	2	4	0	4
云南大学	云 南	情报学	0	0	0	6	0	6
云南大学	云 南	档案学	6	0	6	14	3	11
昆明理工大学	云 南	国民经济学	11	0	11	13	0	13
昆明理工大学	云 南	管理科学与工程	10	1	9	25	9	16
昆明理工大学	云 南	工商管理	98	0	98	116	0	116
昆明理工大学	云 南	会计学	0	0	0	8	0	8
昆明理工大学	云 南	企业管理	31	0	31	29	0	29
昆明理工大学	云 南	旅游管理	0	0	0	4	0	4
昆明理工大学	云 南	技术经济及管理	3	0	3	10	0	10
昆明理工大学	云 南	教育经济与管理	0	0	0	6	0	6
昆明理工大学	云 南	土地资源管理	0	0	0	6	0	6
云南农业大学	云 南	农业经济管理	23	0	23	17	0	17
西南林学院	云 南	企业管理	0	0	0	10	0	10
西南林学院	云 南	旅游管理	0	0	0	8	0	8
西南林学院	云 南	农业经济管理	0	0	0	6	0	6
西南林学院	云 南	林业经济管理	4	0	4	7	0	7
昆明医学院	云 南	社会医学与卫生事业管理	5	0	5	14	0	14
云南师范大学	云 南	政治经济学	5	0	5	4	0	4
云南师范大学	云 南	区域经济学	0	0	0	7	0	7
云南师范大学	云 南	金融学	0	0	0	6	0	6
云南师范大学	云 南	旅游管理	4	0	4	5	0	5
云南师范大学	云 南	行政管理	0	0	0	14	0	14

续表

学校名称	所在省市	专业名称	毕业生数			招生数		
			合计	博士	硕士	合计	博士	硕士
云南财经大学	云 南	政治经济学	0	0	0	1	0	1
云南财经大学	云 南	经济思想史	0	0	0	2	0	2
云南财经大学	云 南	经济史	0	0	0	1	0	1
云南财经大学	云 南	西方经济学	0	0	0	5	0	5
云南财经大学	云 南	世界经济	14	0	14	17	0	17
云南财经大学	云 南	人口、资源与环境经济学	0	0	0	4	0	4
云南财经大学	云 南	理论经济学新专业	0	0	0	10	0	10
云南财经大学	云 南	国民经济学	0	0	0	2	0	2
云南财经大学	云 南	区域经济学	8	0	8	11	0	11
云南财经大学	云 南	财政学	11	0	11	8	0	8
云南财经大学	云 南	金融学	43	0	43	26	0	26
云南财经大学	云 南	产业经济学	8	0	8	11	0	11
云南财经大学	云 南	国际贸易学	13	0	13	11	0	11
云南财经大学	云 南	劳动经济学	0	0	0	1	0	1
云南财经大学	云 南	统计学	7	0	7	8	0	8
云南财经大学	云 南	数量经济学	0	0	0	2	0	2
云南财经大学	云 南	应用经济学新专业	0	0	0	37	0	37
云南财经大学	云 南	管理科学与工程	0	0	0	14	0	14
云南财经大学	云 南	会计学	30	0	30	23	0	23
云南财经大学	云 南	企业管理	20	0	20	16	0	16
云南财经大学	云 南	旅游管理	0	0	0	3	0	3
云南财经大学	云 南	技术经济及管理	0	0	0	1	0	1
云南财经大学	云 南	工商管理新专业	0	0	0	28	0	28
云南财经大学	云 南	农业经济管理	0	0	0	3	0	3
云南财经大学	云 南	行政管理	0	0	0	12	0	12
云南财经大学	云 南	社会保障	0	0	0	13	0	13
云南财经大学	云 南	土地资源管理	0	0	0	10	0	10
云南民族大学	云 南	理论经济学新专业	0	0	0	4	0	4
云南民族大学	云 南	国民经济学	26	0	26	20	0	20

续表

学校名称	所在省市	专业名称	毕业生数			招生数		
			合计	博士	硕士	合计	博士	硕士
云南民族大学	云 南	区域经济学	14	0	14	12	0	12
云南民族大学	云 南	金融学	0	0	0	16	0	16
云南民族大学	云 南	劳动经济学	6	0	6	12	0	12
云南民族大学	云 南	会计学	8	0	8	19	0	19
云南民族大学	云 南	企业管理	4	0	4	10	0	10
云南民族大学	云 南	旅游管理	0	0	0	4	0	4
云南民族大学	云 南	行政管理	27	0	27	34	0	34
西藏大学	西 藏	行政管理	7	0	7	18	0	18
西北大学	陕 西	政治经济学	24	14	10	15	3	12
西北大学	陕 西	经济思想史	3	1	2	3	1	2
西北大学	陕 西	经济史	3	1	2	2	1	1
西北大学	陕 西	西方经济学	8	2	6	14	2	12
西北大学	陕 西	世界经济	9	5	4	6	2	4
西北大学	陕 西	人口、资源与环境经济学	10	5	5	6	5	1
西北大学	陕 西	理论经济学新专业	6	0	6	17	10	7
西北大学	陕 西	国民经济学	11	7	4	15	5	10
西北大学	陕 西	区域经济学	7	0	7	14	0	14
西北大学	陕 西	财政学	0	0	0	3	0	3
西北大学	陕 西	金融学	7	0	7	19	0	19
西北大学	陕 西	产业经济学	7	0	7	10	0	10
西北大学	陕 西	国际贸易学	0	0	0	5	0	5
西北大学	陕 西	劳动经济学	0	0	0	1	0	1
西北大学	陕 西	数量经济学	0	0	0	2	0	2
西北大学	陕 西	管理科学与工程	0	0	0	3	0	3
西北大学	陕 西	管理科学与工程新专业	150	0	150	201	0	201
西北大学	陕 西	会计学	9	0	9	18	0	18
西北大学	陕 西	企业管理	12	0	12	36	13	23
西北大学	陕 西	旅游管理	9	0	9	9	3	6
西北大学	陕 西	技术经济及管理	4	0	4	5	0	5

续表

学校名称	所在省市	专业名称	毕业生数			招生数		
			合计	博士	硕士	合计	博士	硕士
西北大学	陕 西	行政管理	56	0	56	75	0	75
西北大学	陕 西	社会医学与卫生事业管理	0	0	0	3	0	3
西北大学	陕 西	教育经济与管理	0	0	0	1	0	1
西北大学	陕 西	社会保障	28	0	28	24	0	24
西北大学	陕 西	图书馆学	2	0	2	5	0	5
西安交通大学	陕 西	政治经济学	3	0	3	3	0	3
西安交通大学	陕 西	西方经济学	12	0	12	10	0	10
西安交通大学	陕 西	人口、资源与环境经济学	8	0	8	12	0	12
西安交通大学	陕 西	区域经济学	18	9	9	19	7	12
西安交通大学	陕 西	财政学	23	0	23	14	2	12
西安交通大学	陕 西	金融学	142	21	121	120	26	94
西安交通大学	陕 西	产业经济学	86	42	44	71	24	47
西安交通大学	陕 西	国际贸易学	44	7	37	19	3	16
西安交通大学	陕 西	统计学	21	0	21	13	0	13
西安交通大学	陕 西	数量经济学	15	10	5	9	4	5
西安交通大学	陕 西	管理科学与工程	142	80	62	93	28	65
西安交通大学	陕 西	工商管理	1	1	0	0	0	0
西安交通大学	陕 西	会计学	100	20	80	26	6	20
西安交通大学	陕 西	企业管理	79	27	52	74	19	55
西安交通大学	陕 西	技术经济及管理	8	0	8	8	0	8
西安交通大学	陕 西	工商管理新专业	112	0	112	284	0	284
西安交通大学	陕 西	行政管理	37	0	37	26	0	26
西安交通大学	陕 西	社会医学与卫生事业管理	2	0	2	1	0	1
西安交通大学	陕 西	社会保障	14	0	14	11	0	11
西安交通大学	陕 西	土地资源管理	0	0	0	3	0	3
西安交通大学	陕 西	图书馆学	0	0	0	3	0	3
西北工业大学	陕 西	西方经济学	14	0	14	13	0	13
西北工业大学	陕 西	产业经济学	0	0	0	3	0	3
西北工业大学	陕 西	统计学	8	0	8	3	0	3

续表

学校名称	所在省市	专业名称	毕业生数			招生数		
			合计	博士	硕士	合计	博士	硕士
西北工业大学	陕 西	管理科学与工程	40	16	24	41	19	22
西北工业大学	陕 西	工商管理	59	0	59	117	0	117
西北工业大学	陕 西	会计学	0	0	0	2	0	2
西北工业大学	陕 西	企业管理	28	0	28	16	0	16
西北工业大学	陕 西	技术经济及管理	8	0	8	9	0	9
西北工业大学	陕 西	行政管理	0	0	0	5	0	5
西安理工大学	陕 西	人口、资源与环境经济学	0	0	0	3	0	3
西安理工大学	陕 西	区域经济学	15	0	15	10	0	10
西安理工大学	陕 西	金融学	0	0	0	7	0	7
西安理工大学	陕 西	国际贸易学	0	0	0	6	0	6
西安理工大学	陕 西	管理科学与工程	26	0	26	49	14	35
西安理工大学	陕 西	会计学	12	0	12	11	0	11
西安理工大学	陕 西	企业管理	33	0	33	30	7	23
西安理工大学	陕 西	技术经济及管理	17	0	17	12	0	12
西安理工大学	陕 西	工商管理新专业	148	0	148	158	0	158
西安电子科技大学	陕 西	国民经济学	5	0	5	3	0	3
西安电子科技大学	陕 西	金融学	5	0	5	8	0	8
西安电子科技大学	陕 西	管理科学与工程	19	0	19	25	0	25
西安电子科技大学	陕 西	工商管理	0	0	0	70	0	70
西安电子科技大学	陕 西	会计学	0	0	0	5	0	5
西安电子科技大学	陕 西	企业管理	24	0	24	28	0	28
西安电子科技大学	陕 西	技术经济及管理	11	0	11	13	0	13
西安电子科技大学	陕 西	图书馆学	0	0	0	5	0	5
西安电子科技大学	陕 西	情报学	20	0	20	20	0	20
西安工业大学	陕 西	区域经济学	14	0	14	11	0	11
西安工业大学	陕 西	管理科学与工程	0	0	0	7	0	7
西安工业大学	陕 西	企业管理	19	0	19	14	0	14
西安建筑科技大学	陕 西	管理科学与工程	47	0	47	95	22	73
西安建筑科技大学	陕 西	会计学	17	0	17	16	0	16

续表

学校名称	所在省市	专业名称	毕业生数			招生数		
			合计	博士	硕士	合计	博士	硕士
西安建筑科技大学	陕 西	企业管理	14	0	14	11	0	11
西安建筑科技大学	陕 西	旅游管理	0	0	0	3	0	3
西安建筑科技大学	陕 西	技术经济及管理	4	0	4	44	0	44
西安建筑科技大学	陕 西	行政管理	0	0	0	19	0	19
西安科技大学	陕 西	产业经济学	0	0	0	12	0	12
西安科技大学	陕 西	管理科学与工程	8	0	8	14	0	14
西安科技大学	陕 西	企业管理	25	0	25	19	0	19
西安科技大学	陕 西	技术经济及管理	0	0	0	6	0	6
西安石油大学	陕 西	产业经济学	14	0	14	10	0	10
西安石油大学	陕 西	管理科学与工程	0	0	0	3	0	3
西安石油大学	陕 西	会计学	7	0	7	10	0	10
西安石油大学	陕 西	企业管理	13	0	13	10	0	10
西安石油大学	陕 西	技术经济及管理	4	0	4	7	0	7
陕西科技大学	陕 西	会计学	5	0	5	13	0	13
陕西科技大学	陕 西	企业管理	14	0	14	18	0	18
西安工程大学	陕 西	管理科学与工程	9	0	9	10	0	10
西安工程大学	陕 西	会计学	0	0	0	7	0	7
西安工程大学	陕 西	企业管理	15	0	15	14	0	14
长安大学	陕 西	产业经济学	34	0	34	24	0	24
长安大学	陕 西	会计学	10	0	10	28	0	28
长安大学	陕 西	企业管理	18	0	18	31	0	31
长安大学	陕 西	旅游管理	16	0	16	5	0	5
长安大学	陕 西	技术经济及管理	4	0	4	19	0	19
长安大学	陕 西	行政管理	0	0	0	38	0	38
长安大学	陕 西	土地资源管理	37	0	37	9	0	9
西北农林科技大学	陕 西	区域经济学	6	0	6	29	0	29
西北农林科技大学	陕 西	金融学	11	0	11	21	0	21
西北农林科技大学	陕 西	管理科学与工程	0	0	0	8	0	8
西北农林科技大学	陕 西	会计学	0	0	0	18	0	18

续表

学校名称	所在省市	专业名称	毕业生数			招生数		
			合计	博士	硕士	合计	博士	硕士
西北农林科技大学	陕西	企业管理	0	0	0	18	0	18
西北农林科技大学	陕西	农业经济管理	65	42	23	28	24	4
西北农林科技大学	陕西	林业经济管理	2	0	2	5	1	4
西北农林科技大学	陕西	农林经济管理新专业	23	9	14	54	31	23
西北农林科技大学	陕西	土地资源管理	5	0	5	13	0	13
陕西师范大学	陕西	政治经济学	16	0	16	3	0	3
陕西师范大学	陕西	经济思想史	0	0	0	1	0	1
陕西师范大学	陕西	经济史	0	0	0	1	0	1
陕西师范大学	陕西	西方经济学	0	0	0	1	0	1
陕西师范大学	陕西	世界经济	0	0	0	1	0	1
陕西师范大学	陕西	人口、资源与环境经济学	5	0	5	6	3	3
陕西师范大学	陕西	国民经济学	13	0	13	8	3	5
陕西师范大学	陕西	区域经济学	5	0	5	2	0	2
陕西师范大学	陕西	金融学	0	0	0	7	0	7
陕西师范大学	陕西	产业经济学	0	0	0	1	0	1
陕西师范大学	陕西	国际贸易学	0	0	0	3	0	3
陕西师范大学	陕西	劳动经济学	0	0	0	2	0	2
陕西师范大学	陕西	数量经济学	0	0	0	3	0	3
陕西师范大学	陕西	国防经济	0	0	0	1	0	1
陕西师范大学	陕西	企业管理	8	0	8	22	0	22
陕西师范大学	陕西	旅游管理	12	7	5	16	5	11
陕西师范大学	陕西	行政管理	7	0	7	26	0	26
陕西师范大学	陕西	社会医学与卫生事业管理	0	0	0	4	0	4
陕西师范大学	陕西	教育经济与管理	20	0	20	18	0	18
陕西师范大学	陕西	社会保障	9	0	9	8	0	8
陕西师范大学	陕西	土地资源管理	0	0	0	6	0	6
延安大学	陕西	政治经济学	3	0	3	2	0	2
延安大学	陕西	行政管理	2	0	2	15	0	15
西安外国语大学	陕西	区域经济学	0	0	0	5	0	5

续表

学校名称	所在省市	专业名称	毕业生数			招生数		
			合计	博士	硕士	合计	博士	硕士
西安外国语大学	陕 西	旅游管理	11	0	11	8	0	8
西北政法大学	陕 西	政治经济学	11	0	11	8	0	8
西北政法大学	陕 西	行政管理	15	0	15	16	0	16
兰州大学	甘 肃	政治经济学	6	0	6	5	0	5
兰州大学	甘 肃	经济史	5	0	5	1	0	1
兰州大学	甘 肃	人口、资源与环境经济学	2	0	2	3	0	3
兰州大学	甘 肃	区域经济学	26	15	11	73	15	58
兰州大学	甘 肃	金融学	6	0	6	32	0	32
兰州大学	甘 肃	数量经济学	2	0	2	5	0	5
兰州大学	甘 肃	会计学	11	0	11	15	0	15
兰州大学	甘 肃	企业管理	43	0	43	40	0	40
兰州大学	甘 肃	旅游管理	4	0	4	3	0	3
兰州大学	甘 肃	工商管理新专业	117	0	117	340	0	340
兰州大学	甘 肃	农业经济管理	0	0	0	4	0	4
兰州大学	甘 肃	行政管理	27	0	27	76	10	66
兰州大学	甘 肃	情报学	1	0	1	2	0	2
兰州理工大学	甘 肃	管理科学与工程	0	0	0	6	0	6
兰州理工大学	甘 肃	会计学	7	0	7	15	0	15
兰州理工大学	甘 肃	企业管理	19	0	19	26	0	26
兰州交通大学	甘 肃	产业经济学	19	0	19	3	0	3
兰州交通大学	甘 肃	管理科学与工程	11	0	11	10	0	10
兰州交通大学	甘 肃	企业管理	0	0	0	4	0	4
甘肃农业大学	甘 肃	人口、资源与环境经济学	0	0	0	6	0	6
甘肃农业大学	甘 肃	区域经济学	5	0	5	13	0	13
甘肃农业大学	甘 肃	农业经济管理	6	0	6	8	0	8
甘肃农业大学	甘 肃	土地资源管理	0	0	0	14	0	14
西北师范大学	甘 肃	人口、资源与环境经济学	0	0	0	4	0	4
西北师范大学	甘 肃	国民经济学	0	0	0	3	0	3
西北师范大学	甘 肃	区域经济学	14	0	14	15	0	15

续表

学校名称	所在省市	专业名称	毕业生数			招生数		
			合计	博士	硕士	合计	博士	硕士
西北师范大学	甘 肃	财政学	0	0	0	9	0	9
西北师范大学	甘 肃	产业经济学	0	0	0	8	0	8
西北师范大学	甘 肃	统计学	0	0	0	5	0	5
西北师范大学	甘 肃	数量经济学	7	0	7	8	0	8
西北师范大学	甘 肃	旅游管理	3	0	3	8	0	8
西北师范大学	甘 肃	教育经济与管理	6	0	6	15	0	15
兰州商学院	甘 肃	世界经济	0	0	0	1	0	1
兰州商学院	甘 肃	国民经济学	0	0	0	5	0	5
兰州商学院	甘 肃	区域经济学	0	0	0	8	0	8
兰州商学院	甘 肃	财政学	0	0	0	3	0	3
兰州商学院	甘 肃	金融学	12	0	12	17	0	17
兰州商学院	甘 肃	产业经济学	0	0	0	5	0	5
兰州商学院	甘 肃	国际贸易学	14	0	14	14	0	14
兰州商学院	甘 肃	统计学	10	0	10	15	0	15
兰州商学院	甘 肃	数量经济学	0	0	0	4	0	4
兰州商学院	甘 肃	会计学	18	0	18	21	0	21
兰州商学院	甘 肃	企业管理	11	0	11	10	0	10
青海师范大学	青 海	区域经济学	0	0	0	1	0	1
青海民族学院	青 海	企业管理	0	0	0	2	0	2
青海民族学院	青 海	行政管理	11	0	11	17	0	17
宁夏大学	宁 夏	政治经济学	8	0	8	10	0	10
宁夏大学	宁 夏	工商管理新专业	39	0	39	30	0	30
宁夏大学	宁 夏	农业经济管理	9	0	9	10	0	10
新疆大学	新 疆	政治经济学	6	0	6	21	0	21
新疆大学	新 疆	人口、资源与环境经济学	16	8	8	23	7	16
新疆大学	新 疆	劳动经济学	6	0	6	6	0	6
新疆大学	新 疆	企业管理	10	0	10	18	0	18
新疆大学	新 疆	旅游管理	2	0	2	10	0	10
新疆大学	新 疆	技术经济及管理	3	0	3	9	0	9

续表

学校名称	所在省市	专业名称	毕业生数			招生数		
			合计	博士	硕士	合计	博士	硕士
新疆大学	新 疆	行政管理	23	0	23	35	0	35
新疆农业大学	新 疆	产业经济学	0	0	0	9	0	9
新疆农业大学	新 疆	农业经济管理	18	7	11	15	8	7
新疆农业大学	新 疆	土地资源管理	11	0	11	15	0	15
石河子大学	新 疆	区域经济学	0	0	0	16	0	16
石河子大学	新 疆	产业经济学	9	0	9	22	0	22
石河子大学	新 疆	统计学	0	0	0	10	0	10
石河子大学	新 疆	会计学	8	0	8	23	0	23
石河子大学	新 疆	企业管理	0	0	0	12	0	12
石河子大学	新 疆	农业经济管理	15	6	9	23	7	16
石河子大学	新 疆	社会医学与卫生事业管理	0	0	0	4	0	4
新疆医科大学	新 疆	社会医学与卫生事业管理	1	0	1	21	0	21
新疆师范大学	新 疆	区域经济学	5	0	5	4	0	4
新疆师范大学	新 疆	旅游管理	0	0	0	4	0	4
新疆财经大学	新 疆	政治经济学	4	0	4	2	0	2
新疆财经大学	新 疆	国民经济学	0	0	0	3	0	3
新疆财经大学	新 疆	区域经济学	5	0	5	8	0	8
新疆财经大学	新 疆	财政学	11	0	11	10	0	10
新疆财经大学	新 疆	金融学	33	0	33	50	0	50
新疆财经大学	新 疆	产业经济学	5	0	5	7	0	7
新疆财经大学	新 疆	国际贸易学	7	0	7	7	0	7
新疆财经大学	新 疆	劳动经济学	0	0	0	2	0	2
新疆财经大学	新 疆	统计学	5	0	5	2	0	2
新疆财经大学	新 疆	数量经济学	6	0	6	3	0	3
新疆财经大学	新 疆	工商管理	50	0	50	105	0	105
新疆财经大学	新 疆	会计学	23	0	23	46	0	46
新疆财经大学	新 疆	企业管理	11	0	11	21	0	21
天津城市建设学院	天 津	管理科学与工程	0	0	0	4	0	4
上海工程技术大学	上 海	社会保障	0	0	0	36	0	36

续表

学校名称	所在省市	专业名称	毕业生数			招生数		
			合计	博士	硕士	合计	博士	硕士
沈阳大学	辽 宁	应用经济学	0	0	0	4	0	4
沈阳大学	辽 宁	财政学	0	0	0	2	0	2
沈阳大学	辽 宁	产业经济学	8	0	8	7	0	7
沈阳大学	辽 宁	管理科学与工程	16	0	16	3	0	3
沈阳大学	辽 宁	管理科学与工程新专业	0	0	0	5	0	5
沈阳大学	辽 宁	会计学	0	0	0	8	0	8
青岛大学	山 东	政治经济学	0	0	0	2	0	2
青岛大学	山 东	西方经济学	2	0	2	4	0	4
青岛大学	山 东	世界经济	0	0	0	5	0	5
青岛大学	山 东	人口、资源与环境经济学	15	2	13	14	5	9
青岛大学	山 东	金融学	34	0	34	20	0	20
青岛大学	山 东	国际贸易学	0	0	0	5	0	5
青岛大学	山 东	管理科学与工程	10	0	10	29	0	29
青岛大学	山 东	会计学	0	0	0	3	0	3
青岛大学	山 东	企业管理	8	0	8	11	0	11
青岛大学	山 东	旅游管理	12	0	12	9	0	9
青岛大学	山 东	技术经济及管理	0	0	0	4	0	4
青岛大学	山 东	行政管理	0	0	0	12	0	12
青岛大学	山 东	社会医学与卫生事业管理	1	0	1	6	0	6
青岛大学	山 东	教育经济与管理	11	0	11	19	0	19
烟台大学	山 东	国民经济学	0	0	0	2	0	2
烟台大学	山 东	企业管理	0	0	0	2	0	2
三峡大学	湖 北	管理科学与工程	11	0	11	15	0	15
三峡大学	湖 北	技术经济及管理	12	0	12	12	0	12
广州大学	广 东	旅游管理	0	0	0	5	0	5
广州大学	广 东	技术经济及管理	0	0	0	5	0	5
广州大学	广 东	行政管理	0	0	0	21	0	21
广州大学	广 东	土地资源管理	0	0	0	4	0	4
扬州大学	江 苏	区域经济学	0	0	0	5	0	5

续表

学校名称	所在省市	专业名称	毕业生数			招生数		
			合计	博士	硕士	合计	博士	硕士
扬州大学	江 苏	产业经济学	9	0	9	12	0	12
扬州大学	江 苏	劳动经济学	4	0	4	7	0	7
扬州大学	江 苏	管理科学与工程新专业	0	0	0	8	0	8
扬州大学	江 苏	企业管理	5	0	5	9	0	9
扬州大学	江 苏	旅游管理	3	0	3	6	0	6
扬州大学	江 苏	技术经济及管理	0	0	0	6	0	6
扬州大学	江 苏	农业经济管理	3	0	3	3	0	3
扬州大学	江 苏	教育经济与管理	8	0	8	8	0	8
北京机械工业学院	北 京	国民经济学	11	0	11	10	0	10
北京机械工业学院	北 京	数量经济学	0	0	0	4	0	4
北京机械工业学院	北 京	管理科学与工程	3	0	3	12	0	12
北京机械工业学院	北 京	企业管理	10	0	10	7	0	7
北京机械工业学院	北 京	技术经济及管理	9	0	9	5	0	5
大连大学	辽 宁	世界经济	0	0	0	1	0	1
大连大学	辽 宁	管理科学与工程新专业	0	0	0	2	0	2
大连大学	辽 宁	企业管理	6	0	6	7	0	7
江西科技师范学院	江 西	旅游管理	0	0	0	3	0	3
五邑大学	广 东	管理科学与工程	8	0	8	3	0	3
五邑大学	广 东	企业管理	13	0	13	4	0	4
中国矿业大学(北京)	北 京	产业经济学	1	0	1	4	0	4
中国矿业大学(北京)	北 京	数量经济学	4	0	4	1	0	1
中国矿业大学(北京)	北 京	管理科学与工程	33	24	9	54	34	20
中国矿业大学(北京)	北 京	管理科学与工程新专业	12	7	5	53	24	29
中国矿业大学(北京)	北 京	工商管理	51	0	51	46	0	46
中国矿业大学(北京)	北 京	会计学	15	0	15	21	0	21
中国矿业大学(北京)	北 京	企业管理	37	0	37	52	0	52
中国矿业大学(北京)	北 京	技术经济及管理	9	0	9	9	0	9
中国矿业大学(北京)	北 京	行政管理	0	0	0	8	0	8
中国矿业大学(北京)	北 京	土地资源管理	10	0	10	14	4	10

续表

学校名称	所在省市	专业名称	毕业生数			招生数		
			合计	博士	硕士	合计	博士	硕士
中国石油大学	北 京	金融学	0	0	0	9	0	9
中国石油大学	北 京	产业经济学	13	0	13	17	0	17
中国石油大学	北 京	管理科学与工程	28	0	28	29	0	29
中国石油大学	北 京	会计学	20	0	20	37	0	37
中国石油大学	北 京	企业管理	129	0	129	42	0	42
中国石油大学	北 京	技术经济及管理	21	0	21	11	0	11
中国地质大学(北京)	北 京	理论经济学	0	0	0	4	0	4
中国地质大学(北京)	北 京	人口、资源与环境经济学	8	0	8	0	0	0
中国地质大学(北京)	北 京	应用经济学	0	0	0	8	0	8
中国地质大学(北京)	北 京	产业经济学	16	0	16	0	0	0
中国地质大学(北京)	北 京	管理科学与工程	20	0	20	34	24	10
中国地质大学(北京)	北 京	工商管理	0	0	0	38	0	38
中国地质大学(北京)	北 京	会计学	14	0	14	0	0	0
中国地质大学(北京)	北 京	企业管理	8	0	8	0	0	0
中国地质大学(北京)	北 京	旅游管理	2	0	2	0	0	0
中国地质大学(北京)	北 京	公共管理	0	0	0	39	0	39
中国地质大学(北京)	北 京	行政管理	34	0	34	0	0	0
中国地质大学(北京)	北 京	土地资源管理	0	0	0	7	7	0
浙江财经学院	浙 江	经济史	5	0	5	4	0	4
浙江财经学院	浙 江	西方经济学	0	0	0	7	0	7
浙江财经学院	浙 江	区域经济学	0	0	0	6	0	6
浙江财经学院	浙 江	财政学	10	0	10	17	0	17
浙江财经学院	浙 江	金融学	9	0	9	21	0	21
浙江财经学院	浙 江	产业经济学	9	0	9	15	0	15
浙江财经学院	浙 江	会计学	11	0	11	22	0	22
浙江财经学院	浙 江	企业管理	10	0	10	22	0	22
浙江财经学院	浙 江	行政管理	0	0	0	6	0	6
浙江财经学院	浙 江	社会保障	0	0	0	7	0	7
湖南工业大学	湖 南	管理科学与工程	0	0	0	4	0	4

续表

学校名称	所在省市	专业名称	毕业生数			招生数		
			合计	博士	硕士	合计	博士	硕士
湖南工业大学	湖 南	企业管理	9	0	9	5	0	5
西安财经学院	陕 西	财政学	0	0	0	4	0	4
西安财经学院	陕 西	产业经济学	0	0	0	7	0	7
西安财经学院	陕 西	统计学	0	0	0	7	0	7
西安财经学院	陕 西	企业管理	0	0	0	15	0	15
中国青年政治学院	北 京	世界经济	0	0	0	2	0	2
宁波大学	浙 江	区域经济学	6	0	6	11	0	11
宁波大学	浙 江	金融学	0	0	0	9	0	9
宁波大学	浙 江	产业经济学	0	0	0	8	0	8
宁波大学	浙 江	国际贸易学	16	0	16	24	0	24
宁波大学	浙 江	数量经济学	6	0	6	11	0	11
宁波大学	浙 江	企业管理	6	0	6	20	0	20
宁波大学	浙 江	教育经济与管理	0	0	0	10	0	10
重庆工学院	重 庆	劳动经济学	0	0	0	12	0	12
重庆工学院	重 庆	会计学	9	0	9	24	0	24
重庆工学院	重 庆	企业管理	0	0	0	13	0	13
西安邮电学院	陕 西	产业经济学	2	0	2	5	0	5
西安邮电学院	陕 西	管理科学与工程	0	0	0	2	0	2
西安邮电学院	陕 西	企业管理	3	0	3	5	0	5
重庆工商大学	重 庆	区域经济学	11	0	11	35	0	35
重庆工商大学	重 庆	产业经济学	0	0	0	9	0	9
重庆工商大学	重 庆	统计学	0	0	0	10	0	10
重庆工商大学	重 庆	会计学	0	0	0	13	0	13
重庆工商大学	重 庆	企业管理	12	0	12	45	0	45
山东财政学院	山 东	政治经济学	9	0	9	2	0	2
山东财政学院	山 东	西方经济学	0	0	0	3	0	3
山东财政学院	山 东	世界经济	0	0	0	1	0	1
山东财政学院	山 东	国民经济学	0	0	0	1	0	1
山东财政学院	山 东	区域经济学	0	0	0	3	0	3

续表

学校名称	所在省市	专业名称	毕业生数			招生数		
			合计	博士	硕士	合计	博士	硕士
山东财政学院	山 东	财政学	19	0	19	22	0	22
山东财政学院	山 东	金融学	20	0	20	29	0	29
山东财政学院	山 东	产业经济学	0	0	0	3	0	3
山东财政学院	山 东	国际贸易学	6	0	6	11	0	11
山东财政学院	山 东	劳动经济学	0	0	0	1	0	1
山东财政学院	山 东	统计学	5	0	5	8	0	8
山东财政学院	山 东	数量经济学	0	0	0	5	0	5
山东财政学院	山 东	管理科学与工程	5	0	5	6	0	6
山东财政学院	山 东	会计学	24	0	24	28	0	28
山东财政学院	山 东	企业管理	7	0	7	7	0	7
山东财政学院	山 东	技术经济及管理	3	0	3	3	0	3
山东财政学院	山 东	工商管理新专业	0	0	0	40	0	40
山东财政学院	山 东	社会保障	0	0	0	13	0	13
河北经贸大学	河 北	政治经济学	7	0	7	2	0	2
河北经贸大学	河 北	经济史	0	0	0	1	0	1
河北经贸大学	河 北	西方经济学	0	0	0	8	0	8
河北经贸大学	河 北	国民经济学	0	0	0	2	0	2
河北经贸大学	河 北	区域经济学	0	0	0	3	0	3
河北经贸大学	河 北	财政学	8	0	8	7	0	7
河北经贸大学	河 北	金融学	7	0	7	11	0	11
河北经贸大学	河 北	产业经济学	8	0	8	8	0	8
河北经贸大学	河 北	国际贸易学	6	0	6	10	0	10
河北经贸大学	河 北	劳动经济学	0	0	0	3	0	3
河北经贸大学	河 北	统计学	3	0	3	6	0	6
河北经贸大学	河 北	数量经济学	0	0	0	2	0	2
河北经贸大学	河 北	会计学	11	0	11	21	0	21
河北经贸大学	河 北	企业管理	12	0	12	8	0	8
河北经贸大学	河 北	技术经济及管理	4	0	4	6	0	6
河北经贸大学	河 北	行政管理	10	0	10	20	0	20

续表

学校名称	所在省市	专业名称	毕业生数			招生数		
			合计	博士	硕士	合计	博士	硕士
河北经贸大学	河 北	社会保障	0	0	0	17	0	17
广东工业大学	广 东	管理科学与工程	12	0	12	22	5	17
广东工业大学	广 东	会计学	0	0	0	11	0	11
广东工业大学	广 东	企业管理	25	0	25	24	0	24
广东工业大学	广 东	技术经济及管理	5	0	5	5	0	5
广东工业大学	广 东	工商管理新专业	33	0	33	17	0	17
广东工业大学	广 东	土地资源管理	0	0	0	4	0	4
广东外语外贸大学	广 东	世界经济	0	0	0	17	0	17
广东外语外贸大学	广 东	区域经济学	0	0	0	17	0	17
广东外语外贸大学	广 东	国际贸易学	51	0	51	32	0	32
广东外语外贸大学	广 东	会计学	0	0	0	15	0	15
广东外语外贸大学	广 东	企业管理	43	0	43	26	0	26
南方医科大学	广 东	社会医学与卫生事业管理	11	0	11	17	0	17
中共中央党校	北 京	政治经济学	34	23	11	31	22	9
中共中央党校	北 京	世界经济	5	0	5	5	0	5
中共中央党校	北 京	国民经济学	0	0	0	2	0	2
中共中央党校	北 京	区域经济学	0	0	0	2	0	2
中共中央党校	北 京	行政管理	0	0	0	2	0	2
中科院数学与系统科学研究院	北 京	管理科学与工程	11	7	4	22	11	11
中科院生态环境中心	北 京	人口、资源与环境经济学	0	0	0	1	0	1
中国科学院地理科学与资源研究所	北 京	农业经济管理	5	0	5	8	3	5
中科院文献情报中心	北 京	图书馆学	13	3	10	19	6	13
中科院文献情报中心	北 京	情报学	25	7	18	29	10	19
科技政策与管理科学研究所	北 京	管理科学与工程	22	6	16	28	17	11
科技政策与管理科学研究所	北 京	技术经济及管理	0	0	0	9	0	9
中科院研究生院	北 京	管理科学与工程	25	12	13	78	24	54
中科院研究生院	北 京	工商管理	72	0	72	120	0	120
中科院研究生院	北 京	企业管理	0	0	0	15	0	15

续表

学校名称	所在省市	专业名称	毕业生数			招生数		
			合计	博士	硕士	合计	博士	硕士
中国社会科学院研究生院	北 京	政治经济学	12	8	4	5	3	2
中国社会科学院研究生院	北 京	经济思想史	3	3	0	3	3	0
中国社会科学院研究生院	北 京	经济史	1	1	0	1	0	1
中国社会科学院研究生院	北 京	西方经济学	3	2	1	5	5	0
中国社会科学院研究生院	北 京	世界经济	20	14	6	21	16	5
中国社会科学院研究生院	北 京	人口、资源与环境经济学	5	3	2	5	3	2
中国社会科学院研究生院	北 京	国民经济学	37	25	12	41	25	16
中国社会科学院研究生院	北 京	区域经济学	3	0	3	9	3	6
中国社会科学院研究生院	北 京	财政学	6	4	2	6	3	3
中国社会科学院研究生院	北 京	金融学	23	9	14	25	17	8
中国社会科学院研究生院	北 京	产业经济学	14	10	4	15	8	7
中国社会科学院研究生院	北 京	国际贸易学	10	4	6	10	6	4
中国社会科学院研究生院	北 京	劳动经济学	2	1	1	3	1	2
中国社会科学院研究生院	北 京	数量经济学	11	8	3	10	6	4
中国社会科学院研究生院	北 京	会计学	2	1	1	4	2	2
中国社会科学院研究生院	北 京	企业管理	10	6	4	6	6	0
中国社会科学院研究生院	北 京	旅游管理	1	0	1	1	0	1
中国社会科学院研究生院	北 京	技术经济及管理	8	3	5	4	3	1
中国社会科学院研究生院	北 京	农业经济管理	15	6	9	17	9	8
中国社会科学院研究生院	北 京	林业经济管理	0	0	0	1	1	0
中国社会科学院研究生院	北 京	行政管理	0	0	0	1	0	1
中国社会科学院研究生院	北 京	社会保障	3	0	3	0	0	0
中国科学技术信息研究所	北 京	图书馆学	1	0	1	0	0	0
中国科学技术信息研究所	北 京	情报学	33	0	33	34	0	34
财政部财政科学研究所	北 京	财政学	64	32	32	80	40	40
财政部财政科学研究所	北 京	会计学	28	6	22	42	14	28
人民银行研究生部	北 京	金融学	80	6	74	86	16	70
中国农业科学院研究生院	北 京	管理科学与工程	9	0	9	5	0	5
中国农业科学院研究生院	北 京	农业经济管理	46	24	22	27	11	16

续表

学校名称	所在省市	专业名称	毕业生数			招生数		
			合计	博士	硕士	合计	博士	硕士
中国农业科学院研究生院	北 京	农林经济管理新专业	0	0	0	13	11	2
中国农业科学院研究生院	北 京	情报学	5	0	5	3	0	3
中国林业科学研究院	北 京	林业经济管理	3	0	3	4	0	4
航空航天工业部014中心	河 南	管理科学与工程	0	0	0	2	0	2
中国航空工业总公司六二八研究所	北 京	情报学	2	0	2	1	0	1
中国中医科学院	北 京	情报学	1	0	1	1	0	1
中共广东省委党校	广 东	政治经济学	6	0	6	3	0	3
中共重庆市委党校	重 庆	政治经济学	3	0	3	3	0	3
中共重庆市委党校	重 庆	行政管理	0	0	0	3	0	3
黑龙江省社会科学院	黑龙江	世界经济	2	0	2	1	0	1
黑龙江省社会科学院	黑龙江	产业经济学	1	0	1	0	0	0
上海社会科学院研究生部	上 海	政治经济学	20	15	5	12	9	3
上海社会科学院研究生部	上 海	经济思想史	1	0	1	1	1	0
上海社会科学院研究生部	上 海	经济史	1	0	1	3	1	2
上海社会科学院研究生部	上 海	西方经济学	0	0	0	7	4	3
上海社会科学院研究生部	上 海	世界经济	13	12	1	10	7	3
上海社会科学院研究生部	上 海	人口、资源与环境经济学	8	0	8	3	2	1
上海社会科学院研究生部	上 海	国民经济学	0	0	0	1	0	1
上海社会科学院研究生部	上 海	区域经济学	2	0	2	1	0	1
上海社会科学院研究生部	上 海	财政学	4	0	4	3	0	3
上海社会科学院研究生部	上 海	金融学	0	0	0	7	0	7
上海社会科学院研究生部	上 海	产业经济学	45	14	31	30	11	19
上海社会科学院研究生部	上 海	国际贸易学	0	0	0	2	0	2
上海社会科学院研究生部	上 海	统计学	0	0	0	1	0	1
上海社会科学院研究生部	上 海	数量经济学	2	0	2	4	0	4
上海社会科学院研究生部	上 海	企业管理	4	0	4	1	0	1
上海社会科学院研究生部	上 海	旅游管理	5	0	5	1	0	1
上海社会科学院研究生部	上 海	情报学	0	0	0	4	0	4

续表

学校名称	所在省市	专业名称	毕业生数			招生数		
			合计	博士	硕士	合计	博士	硕士
山东省医学科学院	山 东	情报学	0	0	0	3	0	3
湖北省社会科学院	湖 北	区域经济学	7	0	7	4	0	4
湖北省社会科学院	湖 北	产业经济学	4	0	4	5	0	5
湖北省社会科学院	湖 北	企业管理	7	0	7	5	0	5
广东省社会科学院	广 东	政治经济学	2	0	2	6	0	6
广东省社会科学院	广 东	产业经济学	4	0	4	9	0	9
广东省社会科学院	广 东	劳动经济学	2	0	2	0	0	0
广东省社会科学院	广 东	企业管理	4	0	4	0	0	0
四川省社会科学院	四 川	区域经济学	5	0	5	5	0	5
四川省社会科学院	四 川	产业经济学	6	0	6	6	0	6
四川省社会科学院	四 川	农业经济管理	3	0	3	2	0	2
中共黑龙江省委党校	黑龙江	政治经济学	0	0	0	1	0	1
中共黑龙江省委党校	黑龙江	区域经济学	0	0	0	2	0	2
中共黑龙江省委党校	黑龙江	行政管理	13	0	13	5	0	5
中共上海市委党校	上 海	国民经济学	0	0	0	4	0	4
中共江苏省委党校	江 苏	政治经济学	1	0	1	2	0	2
中共江苏省委党校	江 苏	世界经济	3	0	3	3	0	3
中共江苏省委党校	江 苏	国民经济学	2	0	2	2	0	2
中共江苏省委党校	江 苏	区域经济学	3	0	3	2	0	2
中共江苏省委党校	江 苏	劳动经济学	0	0	0	2	0	2
中共江苏省委党校	江 苏	企业管理	2	0	2	3	0	3
中共江苏省委党校	江 苏	行政管理	5	0	5	4	0	4
中共浙江省委党校	浙 江	政治经济学	4	0	4	3	0	3
中共浙江省委党校	浙 江	区域经济学	4	0	4	2	0	2
中共浙江省委党校	浙 江	行政管理	3	0	3	3	0	3
中共湖北省委党校	湖 北	政治经济学	0	0	0	2	0	2
中共陕西省委党校	陕 西	政治经济学	1	0	1	2	0	2
中共陕西省委党校	陕 西	国民经济学	2	0	2	2	0	2

中国经济学年鉴
2008
第七篇
学界动态

学术会议综述

科学发展观与新苏南模式研讨会

由南京大学、中共无锡市委共同主办的“科学发展观与新苏南模式”研讨会（第22次“江苏发展高层论坛”）于2007年1月14日在南京大学举行。参加本次研讨会的有江苏省委书记李源潮等领导，以及来自复旦大学、南京大学、南京师范大学、上海浦东改革与发展研究院、浙江工商大学的专家学者40余人。

江苏省委书记李源潮分析了苏南地区在改革开放以来所取得的显著成就，并强调要坚持科学发展，创建新苏南模式。他认为新苏南模式最本质的内涵是科学发展、和谐发展下的率先发展，突出特点是富民优先、科教优先、环保优先、节约优先。

南大党委书记洪银兴教授认为，苏南模式是对计划经济体制的突破，而新苏南模式是对传统增长方式和传统发展观的突破。苏南地区的社会经济全面发展基于三方面的创新：一是体制创新，率先建立起市场经济的基本框架；二是增长方式创新，率先转向又好又快的发展道路；三是地方政府作用的创新，率先建立起市场机制促进经济发展，政府负责社会发展的结构调节。

江苏省委常委、无锡市委书记杨卫泽以无锡对新苏南模式的探索为例，阐述了无锡以富民优先、科教优先、环保优先、节约优先的“四优先”和坚持市场导向、创新导向、规划导向、法治导向的“四导向”为主要方针，在优化产业结构、科技创新创业等方面所取得的主要发展经验。

上海浦东改革与发展研究院院长姚锡堂提出，新苏南模式为中国的现代化找到了一条可行的道路，其最显著的特征是继承和创新，是以现代技术为基础引进工业化和自主创新相结合，继续利用政府和市场两种力量，快速实现现代化的道路。

浙江工商大学副校长张仁寿就新苏南模式可为其他地区借鉴的发展经验谈了几点看法。一是要积极引进利用外资，推进经济国际化；二是要不断提升技术创新能力，加快产业结构升级；三是要积极发挥政府在城市规划等方面的作用。

南京大学环境科学院毕军教授认为，人均国内生产总值从5000美元向10000美元攀升的时期，将是苏南破解环境资源瓶颈制约的关键期。江苏落实科学发展观，关键要将环境资源看作社会经济发展的重要内生要素，要从“环境换取增长”到“环境优化增长”。

南京大学经济学院范从来教授认为，苏南模式的所有制结构尽管总体上促进了江苏社会经济的全面发展，但也存在着两方面不利因素：一是私营经济的发展短期会导致收入差距拉大；二是外资经济在带动苏南模式发展的同时，不利于苏南的财富分配。这是新苏南模式进一步完善的一个重要趋向。

（付文林）

发展中国家可持续的就业创造：当前的局限性与可选择战略国际学术研讨会

2007年1月25—27日，由国际发展经济学联合会、行动援助基金会、内罗毕大学发展研究中心主办的“发展中国家可持续的就业创造：当前的局限性与可选择战略”国际学术研讨会在肯尼亚共和国首都内罗毕召开。来自中国、印度、墨西哥、智利、土耳其、伊朗、美国、澳大利亚、瑞士、芬兰、肯尼亚、南非等国家的专家学者就“发展中国家可持续的就业创造”问题进行了广泛深入的探讨。会议主要内容如下。

一 发展中国家的经济增长模式与就业率

美国巴德大学利维经济研究中心高级研究员克雷格尔（Kregel）教授认为，从经济增长率看，近年来发展中国家经济增长表现良好，但是就业没有随着GDP的增长而增长，即大多数国家的就业弹性下降，甚至出现负增长。劳动力吸收问题是当今发展中的核心问题。发展中国家必须采取更积极的就业政策，如就业保证类项目或家庭自我雇用项目，提供适当的就业机会、充分的基础教育、提高生产技能和生产力的职业训练等。

印度新德里Jawaharlal Nehru大学经济研究与规划中心的Jayati Ghosh教授指出，从经济结构考察印度经济，可以发现农业与非农产业比例失调、农业危机与生计脆弱、营养指标与相关指标的恶化、劳动收入贫困率削减速度的降低等一系列结构性问题，主要根源于生产性就业机会的不充足。管理层薪水和利润增长造成的收入不平等直接或间接地导致了生产停滞或危机。对策包括：增加就业保证类项目的公共支出和具有高度直接或间接就业影响的社会开支；扩大基础设施投资和银行信用以帮助更多小生产者从事经济活动等。

清华大学人文社会学院朱安东博士指出，尽管中国的GDP增长率逐年攀升，但就业弹性低。大量劳动者失业或在非正式劳动市场就业，加剧了劳动者分享的社会财富份额低和社会财富在少数私人手中的集中，加剧社会不公平和广大劳动者的贫困，消费率偏低、内需不振的问题多年来难以根治。

二 全球化与就业机会

来自日内瓦国际劳工组织国际政策研究小组的高级研究顾问罗尔夫·凡·德·霍尔（Rolph van der Hoeven）博士呼吁构建一个促进全球增长、满足企业融资、满足劳动人民获得体面工作等要求的稳定的金融体系。美国马萨诸塞州立大学经济系埃瑞·耶尔坦（Erin Yeldan）教授主张，以发展政策取代金融政策对世界经济的制约，中央银行行为必须超越通货膨胀目标；抑制汇率投机；降低国际金融流动性，形成新的国际经济秩序；

财政政策必须转向社会目标，而不是债务管理；要求国际债务特赦；以“战略性贸易政策”、“分享性民主”和“战略部门规划”等原则替代“自由贸易”、“管制”、“市场最优”等新自由主义教条；慎重估计对跨国公司带来的外商直接投资的迷信，任何国际金融都不能成为国内储蓄的替代。

2001 年联合国开发计划署关于智利的研究报告称，只有 7% 的智利人将主流经济模式视作唯一起作用的模式。

三 为所有人创造体面工作的机会

芬兰外交部全球政策高级顾问蒂莫·沃伊彼欧（Timo Voipio）博士指出，为所有人创造体面工作的机会需要两个方面的努力。一方面是运用经济政策充分调动企业家才能，创造就业岗位，获取经济增长；另一方面是运用社会政策构建社会安全保障网，争取更广泛的社会容纳和平等的社会对话，所有人的权力平等，包括性别平等。

（沈优佳）

现代马克思主义政治经济学与应用经济学创新国际学术研讨会

“现代马克思主义政治经济学与应用经济学创新”国际学术研讨会于 2007 年 3 月 9—11 日在贵州大学隆重召开。来自中国、日本、法国、奥地利、塞尔维亚等国家的大学和研究机构的近百名经济学专家学者出席，会议共收到论文 90 余篇。会议主要内容如下。

一 用现代政治经济学观点引领应用经济学创新

中国社会科学院马克思主义研究院院长程恩富教授指出，中外现代马克思主义政治经济学已有重大创新，完全可以用现代政治经济学观点来引领应用经济学创新。自 20 世纪 80 年代以来，中外马克思主义政治经济学逐步从主要研究社会主义计划经济转型为研究社会主义市场经济，已基本构建了揭示现代市场经济运行机制和发展规律的现代政治经济学体系。这个新体系是以“新的活劳动价值论”、“利己和利他经济人论”、“资源和需要双约束论”、“公平与效率互促同向变动论”、“市场经济与公有制高效结合论”等为理论假设和基础的，并以“五过程法”、“四层次法”等新编现代政治经济学著作出现。正当中外现代政治经济学不断地大量创新时，我国应用经济学的一些学科自觉或不自觉地予以脱离，直接照搬照抄现代西方应用经济学的论著，最多加上某些中国统计资料和案例，从而缺乏学术原创，处于学术“被殖民”和“学术搬运工”状态。这有悖于中央倡导构建具有中国特色、中国风格和中国气派的哲学社会科学体系的精神，也不利于中国学术“走出去”。因此，当前有必要强调用现代政治经济学观点引领应用经济学的理论创新。为此，需要培养和自我塑造成政治经济学和应用经济学“两栖”教研创新型人才，不断完善精通政治经济学和一两门应用经济学的“两栖”知识结构。

法国马恩河谷大学著名政治经济学家迪劳内教授指出，由于资本主义体系还在发展，因此马克思主义理论总是有效的，它也是应用经济学发展的理论基础，其完善途径在于以马克思主义经济学为指导的应用经济学的发展。

河南大学经济研究所李保民副教授认为，马克思主义经济学整个学科体系，既包括作为学科基础的马克思主义经济学，也包括以前者为指导的马克思主义应用经济学学科群。长期以来，马克思主义经济学被认为指的仅仅是马克思主义政治经济学，即是一门为其他部门经济学或应用经济学提供理论基础的经济学基础课程。近些年来，在不少地方各部门经济学或应用经济学事实上已经基本是引进的国外原版教材及其翻版。马克思主义政治经济学，事实上也几乎失去了对各门专门经济学或应用经济学提供理论基础的地位和作用。如果这种势头得不到及时和有效的遏制，那么，在不久的将来，中国经济学的教学、研究乃至政策服务，将由现代西方经济理论或西方主流经济学所垄断。

二　怎样用现代政治经济学观点指导应用经济学创新

程恩富强调，第一，要建立和健全政治经济学与应用经济学的互动互促关系，发表更多的学科交叉成果。第二，要运用现代政治经济学的方法和理论，在有扬有弃地借鉴现代西方应用经济学的基础上，真正实现学术原创和应用高效。

广西大学马克思主义经济学研究中心主任李欣广教授指出，在马克思主义应用经济学学科体系中，需要构建现代马克思主义国民经济学。结合中外马克思主义经济学的社会再生产和周期理论来分析国民经济活动体系，用现代马克思主义经济学的社会分工理论来分析国民经济结构。构建合理的国民经济学体系的核心，在于处理好市场调节系统与计划调节系统的相互关系问题，这要有现代马克思主义的方法和智慧。

江西财经大学经济学院副院长康静萍教授认为，我国劳动力流动中存在许多制度性障碍，劳动者在劳动力市场中处于不利地位的现象长期得不到有效解决，这与我国劳动经济理论的研究滞后有必然的联系。建立社会主义市场经济体制，迫切需要以现代马克思主义政治经济学为理论基础，来构建适应社会主义基本经济制度要求的劳动经济学理论框架，而我国目前的劳动经济学主要还是运用西方劳动经济学的理论，对劳动经济问题做一些专题性研究，对策性研究多于理论研究，研究的成果显得没有深度。有关工资决定理论的建设、劳动力市场理论的建设、工会和集体谈判、就业和失业、个人收入分配等，都须用现代马克思主义政治经济学理论作为基础来探讨和创新。

广东茂名学院经济管理系梅春国教授认为，在税收学方面，马克思主义的经典原理——物质基础与利益关系原理得到了广泛的运用和创新。

贵州大学经济学院刘涛副教授提出，与传统的完全竞争市场相比，修正的完全竞争基准模型在马克思主义政治经济学基本观点指导下，从消费者外部性视角出发，考虑了厂商和消费者的行为对市场的影响，给单纯的理性人赋予了社会人的色彩，不仅弥补了西方经济学研究体系之不足，更拓展出一片新的研究领域，使得这一新理论可以应用于更加复杂的市场环境。

中南财经政法大学可持续发展研究中心主任刘思华教授和方时姣教授强调，可持续发展经济学与马克思主义政治经济学有密切关系，特别是马恩关于自然、人、社会有机整体发展理论具有重要的现实学科建设性意义。

四川大学经济学院副院长张衔教授认为，马克思为说明剩余价值的实现问题而构建的5部门联系平衡表及其交换过程分析，不仅是马克思社会资本再生产理论的最初表达，而且是一个投入—产出模型。借助于马克思5部门联系平衡表可以实现马克思抽象再生产理论的具体化、应用化并使之取得现代形式。

中共厦门市委党校陈大柴副教授论述现代马克思主义经济学必须研究企业社会责任运动产生和实施的历史必然性、规律性问题，研究劳动者合法权益的维护机制和实现机制问题。

南京财经大学经济学院王云中教授认为，马克思有关货币、信用和经济周期理论对于预防、缓解经济非常态周期的增长经济学有积极作用。由于我国实行的仍然是以货币和信用为基础的市场经济，货币和信用等因素对于我国的经济运行仍有重大影响，因而马克思有关货币、信用和经济周期理论对于预防、缓解经济增长周期带来的不利影响，具有重要的政策启示。应该采用货币政策和财政政策克服非常态的经济周期，以保持经济的健康运行，并有必要引入经常性的收入分配政策。

广西大学商学院王选庆教授根据对马克思整个产权理论的定性分析，得出产权风险理论是马克思产权思想的精髓的结论。这一理论对风险理论和实务有启迪意义。

此外，代表们还分析了政治经济学与农业经济学、土地经济学、技术创新经济学、金融学、国际贸易学等之间的密切关系。

（金　泓）

摘自《经济学动态》2007 年第 6 期

人的发展经济学国际学术研讨会

由南京师范大学商学院、南京师范大学经济研究中心、日本国基础经济科学研究所、《经济学动态》编辑部和江苏省市场经济学会联合主办的“人的发展经济学”国际学术研讨会，于 2007 年 3 月 21—22 日在南京师范大学举行。中外专家学者，就构建“人的发展经济学”和现阶段促进人的全面发展的路径，进行了深入的探讨。

一　“人的发展经济学”的研究对象与主要内容

南京师范大学许崇正教授认为，人的发展经济学的研究对象简言之即是研究社会经济生活、经济活动、经济行为、经济运行与人的发展的关系。人的发展经济学，以马克思关于人的全面发展理论为指导思想，研究人的发展与生产力发展、经济发展、经济社会形态演变之间的关系；研究人的发展与所有制形式、产权、收入分配之间的关系；研究人的欲望、观念、经济伦理、职业交换、人口流动与人的生活质量之间的关系。构建人的发展经济学，就是要将经济学的研究对象，由“物”转向“人”，由“经济人”转向“全面发展的人”。

代表们还从马克思“自由人联合体”、人的发展悖论、人的行为科学的进展、人的解放，人本思想等方面进行了讨论，认为马克思在古典经济学的人的基础上，丰富了人和人的发展内涵。日本京都大学大西广教授介绍了日本学术界关于人的发展经济学的五个流派。

二　和谐社会与人的全面发展

中国社会科学院刘树成教授作了题为“从以物为主向以人为本转变”的主题发言，详细分析了实施“又好又快”战略的现实基础与必要性，指出解决能耗、环保、食品安全、教育、医疗等领域的问题，是促进人的全面发展的现实紧迫课题。

与会代表认为，现阶段人的全面发展的主要任务是实现人的主体意识现代化；以人为本不仅是全体人民，也包括个体；自主联合劳动是实现人的全面发展的必要条件；与物质生产，科技进步，社会生产力发展之间是相辅相成的；人与自然的和谐共存不是简单的人与物之间的平衡。

三　收入分配与人的全面发展

与会代表分析了居民消费不足的原因，指出收入和财产是人的全面发展的保障，缩小收入分配差距，扩大中等收入者比重在促进消费中的重要性。强调将现实中实际“生存工资”为指导思想转变为以“分享工资”理论为指导思想。

四　教育与人的全面发展

与会代表认为，教育是人全面发展的基础和重要的组成部分，获得受教育的权利是现代社会公民的基本权利。基础教育是公共产品，应该由中央财政全额负担费用。高等教育产业化是解决贫困学生上大学问题的一个有效途径。大力发展职业教育，是缓解升学压力导致的人的发展扭曲，实现青年人充分发挥其个性和潜力的有效途径。

五　管理创新与人的全面发展

与会代表认为，人的全面发展，要求管理者以系统论的观点认识员工，运用快乐管理理念让员工在工作中获得幸福，超强的与不完备的激励机制会扭曲人、疏远人际关系，慎用强激励，给人的发展留下一定的空间。

日本学者还就如何振兴区域经济、确保人民和全社会共同发展的问题，市民社会的复兴、对知识产权的过度保护、民众的文化参与权与创造权等问题进行了探讨。

（金　泓）

摘自《经济学动态》2007 年第 6 期

产业集群、家族企业与中小企业创业国际研讨会

中山大学管理学院、中山大学二期“985”工程产业经济与区域发展社科创新基金、中山大学广东发展研究院、联合国教科文组织科技与政策教席、中国管理学会创业与中小企业委员会、《经济研究》杂志社、《管理世界》杂志社于2007 年4 月6—7 日在中山大学联合主办了“产业集群、家族企业与中小企业创业国际研讨会”。来自中国、美国、德国、瑞士、新西兰等国家和地区的130 多名专家学者和企业界人士，围绕会议

主题和相关理论及实践问题，从经济学、管理学、社会学多个视角进行了深入探讨，取得了诸多有意义的成果。会议共收到论文80多篇，其中经验性研究占了很大比重，研讨的主题主要围绕以下几个方面：（1）产业集群：产业集群的经济性质、产业集群的演进与创新、产业集群的竞争优势。（2）家族企业：家族企业的独特性、家族企业的治理与绩效、家族企业的继任与成长。（3）中小企业创业：创业的研究范畴与焦点、创业企业中的行为与决策。

产业集群、家族企业与创业虽然在分析对象上有所侧重，但它们在组织行为与绩效来源上存在高度的关联性。新创企业往往是从家族化管理行为入手的，这体现在公司组织结构、股权结构等多个方面，在从创新期向成长期过渡阶段，那些具有浓重家族化色彩的企业面临着与成熟家族企业相类似的问题，如资源引进、继任、治理模式优化等。企业在成长过程中部分地展现出区域集聚现象，这与企业的不断分家、裂变有关，是自下而上地形成的企业家族，也与有意识的行动有关，企业通过贴近同业企业与配套企业，可以获得分散化企业所不能享有的集体效率与集群异质性资源，而集群的拓展与成长也为新创企业孕育了丰富土壤，集群内本地联系的强化也促进了非正式制度的运用，为家族企业拓展新的天地。从这个意义上讲，3个研究议题是紧密相关的。本次研讨会为上述3个议题提供了一个宏微观的连接，为中国的经济与管理研究提供成果创新的基础。

（张书军　王珺　李新春　丘海雄）

中国新农村建设路径、模式与典型经验交流会暨第三届社科系统农经研究协作网络会议

中国社会科学院农村发展研究所、江苏省社会科学院、南京市委农工部和江宁区委区政府于2007年4月9—11日在江苏省南京市江宁区共同举办了“中国新农村建设路径、模式与典型经验交流会暨第三届社科系统农经研究协作网络会议”。全国社科系统23个省（区、市）社科院专门从事农业经济和农村改革及发展研究的学者以及部分省市党校和高校从事相关研究的学者共约80人出席了会议，与会者就1年多社会主义新农村建设的成就、经验和暴露出的问题展开了热烈和深入的研讨。中央书记处政策研究室副主任郑新立、中国社科院副院长武寅等出席会议并做报告。

代表们一致认为，一年多以来，全国农村经济全面发展，产业支撑能力不断增强。农民收入持续增长，多元增收的格局进一步形成。国家用于农村的财政转移支付大幅度增加，农村基础设施建设步伐加快，落后的村容村貌有所改观。农村社会事业较快发展，城乡居民在享受基本公共产品和社会服务上的差距开始缩小。农村综合改革继续深化，体制机制创新工作有所突破。新农村建设开局良好、总体发展健康。

会议代表也普遍认为，要更充分、更清醒地认识新农村建设这一伟大历史任务的长期性、艰巨性和复杂性，做好打持久战的准备。在欠发达地区，自然、气候条件差，农业基础薄弱，农业投入严重不足，农村贫困面较大，农民收入水平较低、综合素质较差，

农村公共事业发展滞后，基础设施落后，新农村建设面临诸多问题和困难。

会议代表对各地干部群众因地制宜发展和创新出来的各种新农村建设模式以及积累的经验进行了概括和总结。事实有力地说明社会主义新农村建设是一个生生不已的、动态的、非均衡的长期发展过程，具有时间的延续性和空间的并存性相统一的特点，没有固定的模式和统一的标准，应有多种发展路径。

会议代表还以社会科学工作者冷静、客观、实事求是的学风，指出了各地新农村建设中暴露出的问题，例如搞“形象工程”、以新农村建设为名乱收费、对农民意愿重视不够等。与会代表深入分析了造成上述问题的深层次原因，包括增加转移支付与用好转移支付的关系没有理顺、发展现代农业与开展村庄建设的关系尚未理顺、政府主导与农民主体的关系没有理顺、效率优先与公平优先的关系没有理顺等。

（杜志雄）

民生保障与和谐社会：保险、社会保障与经济改革的视角

——北大赛瑟（CCISSR）论坛·2007

由北京大学中国保险与社会保障研究中心（CCISSR）主办的“北大赛瑟（CCISSR）论坛·2007”于4月12日在北京大学英杰交流中心举行。本届论坛的主题是“民生保障与和谐社会：保险、社会保障与经济改革的视角”。

中国保监会主席吴定富、卫生部副部长王陇德、劳动和社会保障部副部长刘永富、中国人民健康保险股份有限公司总裁刘健、北大CCISSR主任孙祁祥教授出席了论坛并发表主题演讲。北大中国保险与社会保障研究中心顾问、常务理事、研究员和理事会员单位代表、保险与社会保障及相关领域的学界专家、政界和业界高层人士、北大师生以及数十家新闻媒体的记者共300余人出席了论坛。

中国保监会主席吴定富在主题演讲时指出，保险业作为现代金融服务业，在解决民生问题方面发挥着重要作用，在新形势下，保险业要更好地为民生和社会主义和谐社会建设服务，就必须不断扩大覆盖面。卫生部副部长王陇德认为，深化医疗服务行业改革，必须坚持医患之间应以患者为本、卫生系统内部管理中应以医务人员为本、政府部门应为医务人员提供好服务、促进基本医疗服务的公平享有等原则。劳动和社会保障部副部长刘永富指出了我国社会保障发展的方向，以及建立覆盖城乡居民社会保障体系的主要任务就是要以科学发展观为指导，建立与和谐社会相适应的社会保障体系。中国人民健康保险股份有限公司总裁刘健认为，构建综合医疗保障体系对于完善医疗保障、增进民生福利、服务和谐社会具有重要意义，而政府应该在构建综合医疗保障体系的过程中发挥主导作用。北大CCISSR主任孙祁祥教授认为，目前的中国医疗保障体系存在保障覆盖不足等五大问题，要实现我国医疗保障制度改革的目标，我们可以考虑采取以公共医疗保险、社会医疗救助和商业健康保险为内

容的“三支柱”医疗保障制度框架。

论坛还安排了“社会保障”、“农业保险与巨灾保险”、“保险精算与风险管理”、“保险业宏观问题”、“医疗保险与寿险市场”、“保险法律与责任保险”等多场专题学术研讨会。来自高等院校、科研院所和业界的30多位入选论文作者在研讨会上宣读了自己的论文，并就相关问题与各位与会者进行了交流和讨论。

（北大经济学院）

金融创新、金融发展与风险防范国际学术研讨会

由江西财经大学和《金融研究》编辑部联合举办，江西财经大学金融学院和“金融发展和风险防范研究中心”承办的“金融创新、金融发展与风险防范”国际学术研讨会，于2007年4月13日在江西财经大学举行。来自国内外50余位专家学者参加了研讨会。

江西财经大学博士生导师赵智勇先生到会致辞，并发表演讲。他指出：进入新世纪以来，我国越来越强烈地感受到国际经济、金融全球一体化和国际金融风云变幻对中国经济乃至区域经济所产生的重大影响；新的历史条件呼唤着我们既要积极推进金融创新、金融发展，又要十分谨慎地防范金融风险。

澳大利亚国立大学金融学系教授汤姆·史密斯（Tom Smith）认为，公平信息披露的规定阻碍了信息从公司到公众投资者的传递，因而使得非公开的秘密消息长久存在。因此逆向选择的结果是做市商会扩大买卖差价。NASDAQ市场样本的实证研究结果表明，公平信息披露的规定导致了逆向选择成本的增加。

西南财经大学中国金融研究中心刘锡良教授认为，股份制改革后，国有商业银行面临的首要问题是如何提高金融绩效。其次是国有商业银行的定位问题以及国有商业银行退出县域经济造成农村金融服务的真空问题。江西财经大学金融学院杨荣教授指出，要疏通支农资金投放渠道，吸引资金向农村流动，需要微观金融主体和宏观管理部门以及全社会多层次的共同努力。

上海财经大学现代金融研究中心丁剑平教授指出，经济处于高速增长时期的制造业大国，贸易摩擦也随之增加。为减少贸易冲突，必须依靠扩大内需拉动经济增长。中国应该将金融资源重点注入产业升级中去。

中山大学陆军教授发表了对中国金融发展与金融安全若干问题看法的演讲。他指出我国的M2/GDP、不良资产以及房地产泡沫等现象与10年前的亚洲金融危机非常类似，政府应当充分吸取当年金融危机的教训。

复旦大学金融研究院陈学彬教授揭示了人民币实际汇率变动对贸易收支影响的J曲线效应的存在，时滞约为5个月，人民币实际汇率变动对我国进口和出口贸易影响的同向性明显。当前形势下，仅仅依靠人民币汇率调整很难改变我国的贸易收支顺差状况。流动性过剩表面上是资金过剩，但背后是资金使用成本降低，应该是想办法怎样把这部分资金利用起来。

浙江工商大学金融学院院长陈志昂教授运用多变量因子分析法综合度量了我国金融脆弱性程度。结果显示：整体上，我国金融体系脆弱性状况呈现下降趋势。

江西财经大学周渭兵教授探讨了我国记账利率制度使得社会养老保险参加者承受了太多的金融市场和管理风险的原因，对我国的记账利率制度进行了再设计，包括最低记账利率的确定和个人账户风险储备基金的建立。

（汪洋　祝献忠　王磊）

全国首届马克思主义经济学发展与创新论坛

由中国社会科学院经济研究所、《经济研究》编辑部与河南大学经济学院、经济研究所联合主办，河南大学马克思主义研究院协办的“全国首届马克思主义经济学发展与创新论坛”于2007年4月14—15日在河南大学举行。本次论坛是新时期全国首届马克思主义经济学发展与创新论坛，得到全国各重点高校和科研机构专家学者的广泛支持、积极参与。来自中国社会科学院马克思主义研究院、中国人民大学、清华大学、南开大学、福建师范大学、复旦大学、武汉大学、吉林大学、西南财经大学、中南财经政法大学、上海财经大学和河南大学等国内重要研究机构和重点大学的50余位专家学者参会。与会专家学者紧紧围绕如何推进马克思主义经济学的发展与创新这一重要问题进行深入而热烈的研讨，提出了许多颇有价值的见解。会议主要讨论以下问题：（1）坚持以科学的态度对待马克思主义经济学的发展与创新；（2）运用科学的方法推进马克思主义经济学的发展与创新；（3）提出新的理论命题推进马克思主义经济学的创新；（4）借鉴和吸收西方经济学的科学成分发展马克思主义经济学。

与会专家学者一致认为，在当前经济全球化和我国全力推进社会主义现代化建设的新的历史条件下，马克思主义经济学应当而且必须实现创新与发展。为此，马克思主义经济学工作者不仅要保持坚定的立场和信念，而且必须以科学的态度和方法进行马克思主义经济学方法与基本原理的系统研究，提出符合我国实际国情和当今时代特征的新观点、新见解，科学地吸收与借鉴当代西方经济学的新方法与新成果。当代马克思主义经济学者的历史使命，一是要在深入系统研究的基础上实现马克思主义经济学科学方法与基本原理的历史继承，二是在科学继承的基础上实现马克思主义经济学理论的与时俱进和发展创新。

与会专家学者一致认为，要推进马克思主义经济学的发展与创新：（1）必须端正学风，克服那种不懂马克思主义经济学而滥批、“发展”马克思主义经济学的错误倾向，坚持以科学的态度对待马克思主义经济学的发展与创新问题；（2）应当在对马克思主义经济学这门科学进行深入、系统的学理研究与文本研究的基础上，努力解决好马克思主义经济学科学方法与基本原理的历史继承问题；（3）应当依据新的历史条件，与时俱进，积极探索，努力实现马克思主义经济学的理论创新；（4）必须解决好批判地吸收西方经济学理论的问题，既要反对全盘照搬西方经济学的倾向，坚持历史地、科学地对待资本主义制度特别是要科学地对待现代资本主义生产方式的新变化与新特征，又要反对全盘否定西方经济学的倾向，坚持在马克思主义思想指导下系统地研究西方经济学，科学地借鉴西方经济学理论中的合理成分与科学因素。

（于金富　徐详军）

循环经济的经济学基础理论研讨会

2007 年 4 月 23—24 日，循环经济的经济学基础理论研讨会在中国人民大学召开。会议的主要内容如下。

关于中国发展循环经济的经济学难题

中国人民大学杨志教授认为，西方世界的崛起是建立在以 20% 的人口消耗了 80% 的资源为代价的。现在中国的崛起一定涉及资源及其带来的生态和环境问题。我国的经济发展不能走西方发达国家的老路，一定要在提倡和谐世界的前提下大力发展循环经济。在现代市场经济的框架下合理解释资源、环境和生态的经济价值是必须加强研究的经济学问题。

内蒙古大学王岩教授指出，现代企业的产权制度不能直接移植到自然资源领域，在发展循环经济时，一定要根据自然资源的特性建立合理的产权制度。中央财经大学于革非教授认为，循环经济从提出到研究时间不长，从理论研究到建立一种“学”，还要有一个很大的跨越。

关于循环经济的经济学理论基础

中国人民大学孟捷教授指出资本主义有两重矛盾：传统马克思主义经济学者研究的是第一重矛盾，即资本积累内部的矛盾。第二重矛盾是资本积累外部的，主要体现在资源、环境和生态问题上。在资本积累，即第一重矛盾的狭隘范围内提出的解决方案与全人类共同的利益是不对称的，会引起更深远的后果。因此要以马克思主义经济学为循环经济学的理论基础，要对马克思主义经济学进行发展与创新，以一个合适的理论框架，解释资本主义的第二重矛盾。

关于循环经济的实证分析

于革非教授指出发展循环经济要尊重规律，就是我们在进行循环经济规划时，不能只走小区域模式。小区域作为一个封闭的经济体，可以实施封闭的循环。封闭的循环经济模式不可行。

王岩教授重点介绍了包头铝业集团和包头钢铁集团开展循环经济的实践。包铝的水循环实践比较成功，基本做到了水资源在集团内部的完全循环再利用。而包钢作为老企业，只能做到资源的有限循环和排放物的有限利用。在乌海和鄂尔多斯，只有一些大企业开展了循环经济，小企业以及小企业与大企业之间未能实施循环经济。主要症结不在于循环经济技术，而在于缺失物质循环利用的市场联系。要建立一个良好的市场环境，使各个企业都参与其中。

新疆财经大学的史金哲教授以乌鲁木齐、克拉玛依和石河子为例，指出，发展区域循环经济，不仅要建立循环型的生产技术体系，还要为确立循环型的生产组织体系和循环型的社会经济体制奠定基础、创造条件。

杨志教授指出，把经济活动的特殊性和一般性统一起来，给循环经济以内生化和自运行的动力，是摆在经济学界面前的重要使命。经济学家必须以强烈的社会责任感和人文关怀，担负起这个重要的使命。经济科学出版社编审金梅女士强调，把循环经济理论研究付诸实践离不开媒体的宣传。

（杨志　郭兆晖　陈硕颖）

第九届全国政治经济学理论研讨会

第九届全国政治经济学理论研讨会于2007年4月26—27日在首都师范大学召开，会议的主题是“中国经济的长期发展”。来自中国社会科学院、清华大学、中国人民大学、南开大学、南京大学等全国40多所高等院校、科研机构的90余名代表参加了会议。会议收到论文40余篇，会议主要观点如下。

一　关于制度创新与中国经济的长期发展

与会代表认为，国家创新体系是由经济组织、科研机构、中介机构及政府部门等组成的，制度安排是建立我国国家创新体系的关键所在，当务之急应重点解决国家创新体系在激励机制、企业制度、金融财政制度领域的制度安排。

中国改革开放以来之所以能够实现经济的持续快速增长，一个重要原因就是把自组织和他组织进行了较好地结合。我国的经济体制已转型为具有自组织形式的市场经济体制，我国的政治体制也应相应进行改革，以便与市场经济体制较好地适应，使中国经济长期稳定地发展。代表们还分析了资本市场与经济增长的相关性，建立与统一劳动力市场相适应的公共品供给制度的重要性和强化改革制度总体设计的必要性。

二　关于产业发展与区域经济

与会代表讨论了第三产业与生活服务业的界定和关系；转型期中国经济长期发展的产业约束效应，以及欠发达地区的资源型产业转换问题。

三　关于农村经济的长期发展

与会代表指出，我国发展现代农业需要完成10大转变以及由于大量年轻、高素质的劳动力向城市转移，带来了农村劳动力素质整体下降，难以承担农业的国民经济基础作用之重任的隐忧。

四　关于经济增长

与会代表认为，影响我国经济增长方式有效转变的主导因素来自于4个方面：经济管理体制不完善，积极财政政策实施的负面影响，科技水平整体落后而自主创新能力不足，以及工业重型化发展趋势与资源、环境约束的矛盾。因此应当深化经济管理体制改革，应该全面实现四个创新：社会主义生产的技术创新、组织创新、体制创新和产权制度创新。推动产业结构升级，增强企业自主创新能力，以及大力发展现代服务业和循环经济。

（金　泓）

摘自《经济学动态》2007年第6期

第三届中国经济论坛

——中国经济持续增长展望

由中国社会科学院经济学部主办，数量经济与技术经济研究所承办的“第三届中国经济论坛”于2007年5月14—15日在北京召开，来自全国20多个省、市、自治区的高等院校、科研机构、政府机关和企事业单位的60名代表出席了论坛。本次论坛的主题是：中国经济持续增长展望——机遇与挑战。

全国政协副主席、中国社会科学院院长陈奎元出席了开幕式，中国社会科学院常务副院长冷溶致开幕词，中国社会科学院副院长陈佳贵出席开幕式并作了题为《从高速增长走向和谐发展》的主题发言；国家统计局局长谢伏瞻作了《中国的经济增长及其可持续性》的演讲；诺贝尔经济学奖获得者克莱夫·格兰杰教授作了《中印经济发展的比较》的演讲。

一 关于经济增长与科学发展

许多学者都对中国未来十几年的经济增长持乐观态度。关于中国经济持续高速增长的原因，有学者提出主要得益于改革开放，改革和开放是中国和平崛起的两大基本因素。有的学者提出中国经济持续高速增长背后的根本原因是后发优势的充分发挥。关于如何使我国经济在今后若干年继续保持这种良好的发展态势，有学者提出中国须从模仿创新快速过渡到自主创新，围绕超级产业推进产业集群，创造产业国际竞争优势。有学者提出有选择地、适度地提高部分产品和劳务的价格，是保持我国经济快速稳定增长的必经之路。有些学者提出随着中国经济的持续发展和环境资源问题的日益紧张，应将环境指标纳入经济增长的重要指标。

二 关于产业发展、技术进步和生产率

中国产业发展、技术进步和生产率是本次论坛学者们讨论的一个重点。总的说来，中国一方面要从速度和比重两方面合理设置优先发展第三产业的目标；要创造经济稳定高速增长的宏观环境；要增加对第三产业的要素投入，并提高其劳动生产率；要优化第三产业的内部结构和布局；要提高城镇化率。另一方面，中国应加强改善目前的科技活动机制，为企业自主创新营造良好的外部环境，如加强知识产权保护、增加科研资助、大力发展风险投资和孵化器等，从而激励企业从事更多的研发活动。

三 关于金融发展、收入分配和居民消费

在国际化的背景下，金融风险已成为中国经济能否可持续增长的关键问题。关于解决流动性过剩问题，仅仅依靠货币当局并继续沿用现有的政策手段已难走出困境，要在制度层面上寻求解决问题的方略。关于城镇居民金融资产和不动产财富效应，有学者提出城镇居民两种资产的财富效应呈现3个特点：一是住房资产的财富效应大于金融资产的财富效应；二是两种资产的财富效应差别不大；三是两种资产的财富效应较微弱。关于中国城镇居民收入差距对消费的影响，有学者根据实证分析结果提出：我国消费的持久收入弹性远高于暂时收入弹性，收入差距对消费具有显著的负向效应，城镇居民基尼系数的绝对值每增加0.01，消费平均减少约0.35%。

四 环境、资源与可持续发展

关于节能降耗问题，一是通过调整产业结构和产业内部产品结构实现结构节能；二是通过技术进步、技术改造，提高能源使用效率达到技术节能。关于未来中国的能源战略应更加明确能源发展与经济发展的整体系统关系，关注如何在增加能源供应、实现能

源多元化和优质化的同时，减少能源需求的增量，保护环境。关于环境与可持续发展之间的关系，在考虑环境污染后，物质资本和人力资本的产出弹性减小了，而人力资本存量积累对清洁技术与要素生产效率的促进，使经济在扣除环境成本后仍有可能保持持续增长。

（娄　峰）

联合国世界联接模型（LINK）国际会议2007年春季会议

由中国社会科学院、联合国经济社会事务部和世界联接模型LINK项目联合主办，中国社会科学院数量经济与技术经济研究所承办的“联合国世界联接模型（LINK）国际会议2007年春季会议”于2007年5月14—16日在北京举行。这次会议得到了国家统计局、国家信息中心等单位的支持。开幕式由中国社会科学院数量经济与技术经济研究所所长汪同三主持。该会议还专门与中国社科院经济学部举办的“中国经济论坛”合作召开了关于中国经济发展的联合主题会议。

100多位来自世界60多个国家和地区的经济学家和60多位国内学者参加了会议。这是在中国第二次召开“联合国世界联接模型国际会议”，也是在中国大陆举办的规模较大、水平较高的经济学国际学术会议之一。诺贝尔经济学奖获得者劳伦斯·克莱茵教授作了《中国经济增长及其稳定性》和《国家介绍》视频报告；诺贝尔经济学奖获得者克莱夫·格兰杰教授作了《中印经济发展比较》和《全球计量经济模型的评估》学术报告；联合国LINK项目负责人波利教授作了《联合国LINK项目全球经济展望》报告。

本次联合国世界联接模型国际会议共进行了12场专题研讨。会议就全球经济形势展望与区域发展、全球经济不平衡和中国在国际金融体系中的作用、全球贸易体系、用于政策分析的宏观经济模型、全球经济与环境问题、全球新兴市场、世界商品市场的前景和风险等问题进行了广泛的交流和讨论。

会议论文主要分为以下几类：1. 全球经济：IMF全球展望、全球经济展望评述、从高速增长到协和发展：中国经济回顾和展望、中国经济形势、全球经济不平衡的再检验、对于全球经济不平衡的国际政策协调和调整、进口增长与全球冲击、全球国际贸易的动态和协调、全球工业国家概述、世界商品市场前景和风险；2. 中国经济：中国银行改革——这对世界意味着什么、应对中国流动性过剩的两个战略对策、中印经济比较、中国经济增长及其稳定性、WTO的历史使命和中国责任；3. 世界模型类：全球石油市场结构模型、基于OECD和IMF项目的实时数据研究、用于衡量欧洲成员国之间的商业周期的理论及其应用、土耳其季度模型；4. 金融类：新视角看待金融危机和民族政策的影响、信用市场的缺陷、通货后的欧洲汇率变化、世界新兴银行市场概述、资本流动波动与汇率变化：以印度为例；5. 其他：新兴市场展望、信息时代下的趋同与分化、生物燃料市场展望。

（娄峰　韩胜军）

2007年中国数量经济学学会年会

2007年中国数量经济学学会年会2007年5月19—20日在武汉理工大学举行，年会的主题是“数量经济学的理论、方法和应用”。近400名专家学者参加了本次年会，会议共收到论文近300篇，湖北省副省长李春明，中国社会科学院数量经济与技术经济研究所所长、中国数量经济学会理事长汪同三教授，武汉理工大学校长周祖德，湖北省科协主席樊明武，联合国经济社会事务部发展政策与分析司罗布·沃斯（Rob Vos）等参加会议。

诺贝尔经济学奖获得者、加州大学圣迭戈分校教授格兰杰到会并就“分位点回归的理论与方法”作了主题发言；联合国经济模型联接会议主席彼得·波利（Peter Pauly）和武汉理工大学童恒庆教授就各自研究的领域作了主题发言。

会议论文内容不但涉及数量经济学理论与方法的发展，而且涉及实证方法在经济学各个领域的应用。与会代表按照“数量经济理论与方法”、“产业发展、产业效率、人力资本”、“区域经济、城市化、新农村建设”、“金融、保险、汇率、资本市场”、“宏观经济、经济增长”、“财税、居民生活、对外贸易”以及“政府、技术创新及其他”等专题，分小组举行论文报告会。浙江工商大学许冰、台湾政治大学吴柏林、北京大学苏良军、长城软件公司吴杰等专家学者在专场报告会上做学术报告。

论文大多紧扣年会主题，在注重基础理论及方法研究的同时密切关注现实经济生活中的各项实证问题，如《经验、计量与实验：经济实证分析的基本形式与有效前提》、《中国城镇居民收入差距对消费影响的动态效应分析》、《FDI与中国经济增长：基于VAR模型的动态效应分析》、《三大增长极对中国内陆地区经济的外溢性影响研究》等论文都引起了与会代表们的极大兴趣。

汪同三理事长在总结发言中对学会今后的发展提出进一步要求。中国数量经济学学会应当不断吸收年轻学者加入学会、积极参加年会等各项学术活动，使年轻学者获得更多的交流机会，也促进中国数量经济学的健康发展。学会提高自身水平的关键是要提高学术交流能力；目前学会保持着“既注重引进国外先进方法，又促进国内学者发布最新研究成果”的良好学术风气；将会员紧密地联系在一起，使年会成为会员间学术交流的优秀平台是学会组织今后努力的方向。

（彭　战）

我国暨西南地区—东南亚合作高层研讨会

由四川省社会科学院与中国国际贸易促进委员会四川省分会合作主办的“我国暨西南地区—东南亚合作高层研讨会”于2007年5月25—26日在成都召开。来自中国社会科学院、国务院发展研究中心、中国国际友好联络会、四川、云南、贵州、广西、重庆等省（区、市）有关政府部门、社会科学院以及全国部分高校的60余名专家和领导参加了研讨会，提交了论文50余篇。

会议通过研究我国暨西南地区与东南亚经贸合作的现状，总结合作的经验，探讨拓展我国与东南亚国家经贸合作领域，为各级政府的政策制定和企业的经营决策，提供了许多科学的、有深度的、具有可操作性的思路和对策措施。

一 中国—东盟自由贸易区经贸合作

会议指出，东南亚是当今世界上经济增长最快、最具经济活力的地区之一，东盟是重要的区域性国际组织。中国改革开放特别是启动中国—东盟自由贸易区建设进程以来，与东盟的经济交往及合作逐步增长，东盟成为我国的重要经济伙伴。中国—东盟博览会、泛北部湾区域经济合作、大湄公河次区域经济合作等重要合作平台已经形成，出海大通道初步贯通，合作领域不断拓展和深化，合作水平提升。会议认为，中国—东盟经贸合作虽取得了一些成绩，但随着合作的不断深化，一些问题也逐渐暴露出来。为此提出未来中国—东盟经贸合作的对策措施：1. 发挥比较优势，增强中国和东盟国家在技术、产业结构、人才、市场等方面的互补性，提升双方的经济能力。2. 进一步拓展和深化中国—东盟在农业、机械电子、装备制造、信息与通信技术、人力资源开发、交通、能源、化工、建筑、文化、旅游、金融等重点领域的合作。3. 中国和东盟国家应充分利用自然禀赋的差异，整合优势资源，深化分工，调整产业结构，实现规模经济，营造有差异的引资优势。4. 东盟各国经济发展水平和所处的经济发展阶段大不相同，在减税商品的幅度、速度和过渡期、农业政策方面，应区别对待，实行差别化的政策和措施。

二 中国西南地区与东南亚国家经贸合作

会议认为，中国—东盟自由贸易区的建设，把与东南亚地缘接近、经济关系密切的中国西南地区推到了东盟合作的战略前沿，为西南地区的进一步对外开放和拓展对东南亚的全面经贸合作带来了巨大的机遇，对西南地区新发展必将产生越来越大的影响。发展西南地区与东南亚经贸合作，推进西南地区的经济重构，重点在于：

战略思路方面。抓住中国继续实施西部大开发战略、中国—东盟自由贸易区建设、泛北部湾区域合作和大湄公河次区域合作的机遇，在更高的层次上开展与东盟国家的合作，更好地发挥各省（区、市）的积极性和作用，开创西南地区与东南亚经济技术合作的新局面。

战略性措施方面。由西南各省（区、市）向中央建议，在时机成熟时提出并争取亚行和东南亚有关国家的支持，将四川、贵州和重庆也作为中国参与泛北部湾区域合作、大湄公河次区域合作的重要省（市），形成更大范围的合作。

跨区域合作机制方面。建立强有力的区域合作机制，统筹规划，协调发展，错位竞争，实现资源共享、优势互补，是区域经济发展得以全面推进、不断提升的需要。提倡建立和完善研讨会制度，使各个研究单位和政府有关部门的交流合作进入制度化阶段，成为我国与东南亚经贸合作的重要推动力量。

（会议秘书组）

构建和谐社会与经济系统分析学科建设研讨会

由中国社会科学院数量经济与技术经济研究所主办的“构建和谐社会与经济系统分析学科建设研讨会”2007年5月26日在北京召开。来自中国社会科学院、新疆大学、华中科技大学等国内10多家高等院校、研究机构的学者与专家30多人参加了会议。会议围绕和谐社会建设的重大问题以及经济系统分析学科建设等问题进行了讨论，并就构建和谐社会与经济系统分析学科建设问题从不同角度作了发言。

一 关于和谐社会建设

科学发展观和构建和谐社会的关系。构建和谐社会是当今中国社会主义建设的首要目标，社会主义经济建设、政治建设、文化建设、社会建设是构建社会主义和谐社会的4个主要子系统。构建和谐社会全面落实科学发展观必须坚持经济社会系统综合协调发展的思路。

多民族地区构建和谐社会的若干重大问题。对多民族地区和谐社会建立的重要性以及其自身具有的特点和表现形态，经济发展、社会稳定、文化形态诸多方面出现的新趋势、新特点，构建多民族地区和谐社会的基本架构，多民族地区和谐社会构建中的地区差距与资源配置等问题进行了讨论。

构建社会主义和谐社会与中国经济社会可持续发展问题。可持续发展的理论与战略是构建和谐社会的重要组成部分，对中国经济社会的可持续发展的未来进行探讨和分析，阐述中国实现可持续发展战略的可能性及特点。

和谐社会的系统分析问题。论述了从经济层面因素研究和谐社会问题的必要性，阐述了在科学发展观的指导下经济系统分析需要由数量主导型变革为质量主导型，以及经济系统分析理论在和谐社会问题分析中的应用问题。会议还讨论了食品安全与和谐社会，自组织与和谐社会，节能降耗、中国经济增长和谐性测评等议题。

二 经济系统分析学科建设

关于文件现状，目前经济系统分析学科内容不成熟、学科特点不突出，研究框架与经济框架雷同、缺乏具有自身特色的方法理论，需要规范化研究方法。关于经济系统分析内涵，会议认为应该是经济系统的系统分析，任何经济问题和经济现象都不是孤立的，而是一个系统，因此就应该是经济系统的分析。关于经济系统分析学科方法论，目前尚没有一个固定的模式，能够揭示经济系统规律的适合的方法就应该是系统方法。经济系统分析方法应该结合其他学科内容。关于经济系统分析学科建设的措施，以现实问题为导向，以“和谐社会”为契机加强学科建设。编写经济系统分析学术著作、论文集，在理论上有所创新，吸引年轻学者和成员加入，建立研究团队，加快创新步伐。

（贾知青）

首届中华发展经济学年会
暨庆祝张培刚教授95华诞学术研讨会

“首届中华发展经济学年会暨庆祝张培刚教授95华诞学术研讨会”于2007年6月8—10日在武汉大学和华中科技大学召开。这次研讨会是由中华外国经济学说研究会发展经济学分会主办，由武汉大学经济发展研究中心、华中科技大学经济发展研究中心、张培刚发展经济学研究基金会共同承办。来自中央党校、国务院发展研究中心、中国社会科学院、中国人民大学、复旦大学等国内知名高校、研究机构的60余位专家学者围绕会议主题展开了广泛深入的研讨。

一 发展经济学基本理论

武汉大学谭崇台先生非常赞同陈岱孙老先生对西方经济学研究工作的意见，认为发展经济学研究必须坚持以马克思主义为指导、坚持“是其是，非其非，我为主，为我所用”的原则。

西北大学何炼成教授从5个方面诠释了什么是社会主义，并提出建设好社会主义必须处理好10大问题：三农、农业工业化、实现工业化中的城市化、信息化与现代化、三次产业结构、国际贸易与经营发展关系、区域经济发展、可持续发展、政府职能转变、发展社会主义文化。

二 二元经济结构与区域经济发展

南京大学洪银兴教授探讨了工业反哺农业的进程。指出第一阶段是工业化初中期农业哺乳工业阶段，第二阶段是工业化中后期工业全面反哺农业阶段，从农业哺乳工业到工业反哺农业要经历很长时间。

浙江大学史晋川教授根据农村工业化和市场化程度，将城乡经济发展互动关系分为3类：第一类，温州、绍兴、金华等二元结构不明显的地区，发展很快。第二类，沈阳、西安等二元结构非常明显、城乡差距非常大的地区，发展非常缓慢。第三类，杭州等二元结构明显、城乡差距较大的地区，其周边有很强大的市场经济主体力量，能产生较好的工农业互动，转型顺利。

三 经济体制转轨与发展

武汉大学颜鹏飞教授认为中国社会经济转型与可持续改革正处于新的拐点，表现为以下4个方面的调整：（1）由泛市场化改革向中国特色市场导向改革调整，并根据行业的特点确定市场和政府的边界；（2）从西方的制度、技术的简单模仿性移植向自主创新为主的调整；（3）经济发展模式由出口导向型向内需型经济增长转变；（4）社会发展模式由单一经济建设和市场化改革向政治、文化、社会、制度、生态五位一体的多元化综合性改革调整。

山东大学黄少安教授从制度的角度讨论了中国经济体制转轨与政治体制转轨不同步情况下的经济增长，并表达了在政治体制改革严重滞后、缺乏制度约束及地方政府主导经济的情况下，对中国经济增长前景的担忧。

四 收入分配、发展模式与经济增长

中国人民大学方福前教授从政府与居民

之间收入分配不公的角度解释了我国消费需求不足的原因，认为居民人均消费需求高度依赖于人均收入，比较符合凯恩斯绝对收入假说，并进一步探究了经济体制转型后收入分配的变化，认为政府和居民在国民收入初次分配和再次分配中占有的相对份额之间的此消彼长是消费需求不足的重要原因。

华中科技大学徐长生教授认为中国收入分配格局导致了过度储蓄并使得经济长期增长不可持续。国民收入中工资份额大幅度下降、利润份额相应上升的分配格局揭示了中国经济高速增长的秘密。这种分配格局造成了我国国际收支顺差持续增长、储蓄过度而消费不足，特别是企业的储蓄过度，长期生产性过剩和流动性过剩，导致了金融风险和经济泡沫不断上升、金融危机的因素不断累积、长期高速增长不可持续。

中央党校周天勇教授认为中国改革开放后期基尼系数不断扩大的原因可以从“要素所有者结构形成不同收入分配人群结构”的新视角来解释。要实现经济可持续的发展，必须调整发展模式，纠正偏重发展大企业的战略，鼓励民间创业，增加个体、微型和中小企业，扩大就业，减少剩余和失业劳动力。

（金　泓）

摘自《经济学动态》2007 年第 8 期

海峡两岸暨东亚地区财经与商学研讨会

由苏州大学商学院、中国台湾东吴大学商学院、中国台湾经济企业研究所、日本金沢星棱大学共同发起的“海峡两岸暨东亚地区财经与商学研讨会”于 2007 年 6 月 11—14 日在苏州大学召开，60 多位专家学者参加了会议。

一　关于经济形势发展与政府宏观调控问题的讨论

台湾中国企业经济研究所于宗先院士提出我国宏观经济已经出现过热倾向，投资率的持续上升和消费增长的作用，引发了实际支出的强劲上升。在市场的需求扩张过程中，适度的宏观调控是十分必要的。

江苏省社科院沈立人研究员认为除经济增长、就业、物价和国际收支外，产业结构和区域结构、社会发展和社会公平以及人与自然，都应在广义的宏观调控之内。相应的宏观调控措施除了货币和财政政策外，也要有其他经济、行政和法律等手段。

江苏省社科院吴先满研究员借鉴国外增强消费拉动力的成功经验，提出未来一段时间要加大货币政策在调控消费中的作用；完善促进消费增长的税收政策；努力增加居民收入，强化收入分配调节；加快建立覆盖城乡居民的最低生活保障制度，增强居民对消费的信心等政策建议。

日本同志社大学筱原综一教授认为中国目前的平均储蓄率要高出日本 20 个百分点，加上大规模的外资进入，是市场持续扩张和增长加速的根本因素，而合理的外资和国内货币政策调节是实现稳定增长和避免经济泡沫的关键。

苏州大学商学院夏永祥教授认为在新农村建设中，各级财政应该承担主要的投入责任。

二　关于利用外资与我国国际贸易形势的讨论

中国台湾东吴大学助理教授黄健杰指出FDI的技术外溢对跨国企业而言存在负面效果。FDI对本国福利的影响因其同时使生产者与消费者受惠，使得无论FDI产生技术外溢与否，社会福利均提高，只是在有技术外溢下提升幅度更高。

苏州大学商学院赵增耀教授指出FDI可在东道国产生溢出效应。政府对外资的行业准入及对内资企业自主创新的政策支持，影响内资企业对外资溢出效应的利用。

苏州大学商学院王光伟教授指出美国和中国台湾地区均为大陆的重要贸易伙伴，大陆对美国有巨额贸易顺差，对中国台湾有巨额贸易逆差。这样的贸易格局、再加上政府对双边贸易的限制，将使得大陆对美国的贸易顺差和对中国台湾的贸易逆差在相当一段时间里继续存在。

苏州大学商学院王志明教授认为我国缺少自立品牌，与我国的经济地位不相称。

三　关于中小企业发展与国有企业改革问题的讨论

苏州大学商学院孙永正教授认为政府和金融机构必须从根本上扭转“爱大嫌小”的习惯思路，有效解决中小企业融资困难问题。

苏州大学商学院薛誉华副教授系统地总结和分析了大陆中小企业融资面临的障碍，指出大陆中小企业融资行为中存在的“信用性歧视”、“结构性歧视”、“规模性歧视”、“服务性歧视”和“内生性歧视”是造成中小企业融资难的主要原因，强调建立政府主导的政策性融资体系。

四　关于金融控股公司与金融计算问题的讨论

近年来，全球金融业的并购发展如火如荼。金融并购以及在此基础上的混业经营能否提高金融机构的绩效，关键在于金融并购之后的业务整合。与会代表据此展开了讨论。

（金　泓）

摘自《经济学动态》2007年第9期

中国经济增长与周期高峰论坛（2007）

由中国社会科学院经济研究所、首都经济贸易大学经济学院、香港经济导报社主办，北京市经济学总会、《经济与管理研究》杂志社协办，中国经济增长与周期高峰论坛（2007）于2007年6月23日在北京召开。

会议以“金融发展、宏观稳定与经济增长”为主题，分4个专题：金融发展、宏观形势、趋势变动以及政策取向。与会的经济学家对中国经济的长期发展动力具有广泛的共识，并在目前宏观形势和趋势变化的敏感问题上展开了热烈的讨论。

2000年以来，中国经济总体上保持了“高增长、低通胀”的良好态势，从增长轨迹看，具有速度快、运行平稳、持续时间长3个特点。

有些学者强调经济良好态势背后也隐藏了一些不同以往的周期特征。有的学者认为，自实行市场化经济体制改革以来，我国的经济周期波动具有了新的特点，伴随着市场化改革的深入，经济周期将表现为扩张期长收缩期短的“增长型周期”的特点。本轮周期的出现符合上述周期规律的变化。有些学者还分析了本轮扩张的内在动力。

不少学者也对中国经济目前的态势表示出忧虑，尤其对粗放发展模式带来的深层矛盾进行了分析，认为目前宏观经济中问题和矛盾也是前所未有的，强调了本轮扩张是地方政府恶性竞争的结果，政府主导的增长特征没有改变，政府挤掉了民间机构的生存空间。有学者认为，从一个中长期来讲，中国的发展可能是东亚模式的例外，可能达不到东亚国家的成就。

对于最近几年的经济增长趋势，主要意见有3种：第一种观点，中国经济目前高增长的趋势不变，短期内很难出现拐点；第二种观点，从周期规律看，2007 和 2008 两年将出现一个平缓的拐点，但经过短期调整后，增长型周期的特征不变；第三种观点，对目前中国经济状况不抱乐观态度，认为存在爆发金融危机的可能，只不过与东南亚金融危机表现的方式会有所不同。

有的专家注意到，当前我国经济运行存在全面泡沫化趋势：流动性过剩，投资过热，楼市、股市表现出双重泡沫化发展趋势，收藏品价格上涨，这些现象的出现与经济运行的周期性波动密不可分。有学者建议，针对不断失衡的经济运行，中央政府必须实行更为严厉的紧缩政策，“一刀切”式的行政手段就难以避免。下一步以公共服务为中心的政府转型是改革攻坚的重点，以公共服务为主要目标，加快行政体制改革，强化社会责任、公共利益与公共治理。

有的专家分析了目前保持宏观稳定的有利因素，认为只要政策得当，宏观经济将重新步入增长型周期的轨道。

针对目前流动性过剩等金融风险，专家建议：（1）货币政策目标的重点应转向稳定币值和抑制资产泡沫；（2）调整金融结构，发展多渠道资本市场；（3）提高利率水平，稳定汇率预期。

（论坛秘书处）

第七届会计与财务问题国际研讨会

——估值：前沿与挑战

厦门大学会计发展研究中心、国家重点学科厦门大学会计系、国家“985 工程”二期哲学社会科学创新基地、厦门大学财务管理与会计研究院，于 2007 年 7 月 17—18 日在厦门大学联合举办了“第七届会计与财务问题国际研讨会——估值：前沿与挑战”。本次研讨会共收到论文 84 篇，来自美国、英国、加拿大、新西兰、韩国、墨西哥、中国等国家以及中国香港、台湾等地区的 47 所高校的 200 多位学者出席了本次会议。研讨会采用主题学术报告、学术论坛以及分组自由讨论相结合的方式，围绕企业估值、股票估值、金融创新产品估价、企业财务报告相关价值评估等议题进行了广泛深入的讨论，对于推动我国估值领域的研究将产生较大的影响。

一 适合中国国情的资产估值理论模型的构建

美国会计学会前会长、美国财务会计准

则委员会（FASB）上届委员、杜克大学凯瑟琳·希柏（Katherine Schipper）教授在名为《中国会计研究的未来研究方向》主题报告中指出，中国目前的会计研究大多集中在实证研究方面，未来应构建适合中国国情的资产估值理论模型，这将更有利于推动中国估值的理论和实践的发展。

清华大学陈小悦、孙力强采用无差异分析的方法，首先构建了价值无差异分析的平台，进而在无差异分析的基础上，构建了收益—风险的无差异曲线。同时，他们采用了股票市场的数据对该模型进行了实证检验。采用该模型可以准确地描述股票市场组合收益率与风险的关系，并可对股权溢价之谜做出一定的解释。

厦门大学傅元略教授在前人研究的基础上建立了绩效评价与股权激励相挂钩的契约机制，改进了传统依赖股票期权授予数量和行权价的计量模型，从而防止经理人利用企业的股票期权谋取个人利益和损害其他股东利益。福州大学俞淑平在追溯我国股权激励制度的历史渊源以及现阶段发展的基础上，结合我国国情，建议我国企业在选择股权激励模式时应区分不同的行业，加强激励力度。

二 新会计准则下的估值问题

吉林农业大学张丽琨等分析了新会计准则采用公允价值计量属性的原因、新准则对公允价值的具体应用及其限制条件，认为不能完全地照搬国际会计准则或美国等国家的会计准则，要充分考虑到我国目前的经济发展以及法律、文化等会计环境。

三 股票估值方法的讨论

究竟采用何种股票估值方法对股票进行正确估值是代表们关注的一个热点。与会代表也就如何进行股票价值投资表达了自己的观点。中南大学陈晓红和王琦在价值投资策略中加入企业成长性的考虑因素。华北电力大学孙薇和李珊则从分析上市公司内在价值入手，设计了电力上市公司投资价值的评价指标体系。同时，与会代表从不同角度对可能影响股价的因素进行深入的分析讨论。

四 企业价值的影响因素

研讨会上许多国内外专家学者围绕企业估值问题进行了广泛的讨论。香港中文大学管理学院副院长、会计系主任 T. J. Wong 教授在题为《中国和亚洲的产权与公司治理》的主题报告中分析了中国特殊的制度环境，及其与企业估值之间的关系。

与会代表认为，对不同类型的企业应采用不同的估值方法。中国科学技术大学许立新、刘文妍借鉴国外定价经验，结合中国国情，提出了一种市场化定价机制——收购前，依据定价模型，评估出收购价格；收购中，引入竞价，用市场博弈来调节收购价格，达到定价的公平、公正和公开。

（曲晓辉）

新农村建设中的现代农业发展2007高层论坛

由浙江大学中国农村发展研究院（CARD）、《中国农村经济》杂志社、河南农业大学联合主办的“新农村建设中的现代农业发展2007高层论坛”于2007年7月21—23

日在郑州举行，来自高等院校、农业科研单位、政府农业管理部门共38家单位的近140位专家、学者以及政府官员参加了此次研讨会。论坛共收到论文130余篇。此次论坛以“新农村建设中的现代农业发展”为主题，对现代农业的内涵和衡量、现代农业与农民现代化、新时期现代农业发展中的资金投入问题、各地区现代农业发展模式和经验、现代农业产业体系建设、现代农业发展的国际经验借鉴、农业技术和农作制度创新等现代农业相关议题进行了热烈的交流和讨论，提出了很多具有重要参考价值的观点和政策建议。

一些专家认为：从发展经济学的理论看，现代农业与农业现代化一样，体现的是发展的过程，因此，应该用发展的观念来界定现代农业，同时，发展的过程本身决定了现代农业内涵的模糊性。尤其当代工业化、城市化、市场化、国际化的快速推进，世界对农业多功能性的进一步认同，对食品安全问题的日益关注等产业背景的变化使得现代农业具有了新的内涵，需要进一步拓展对现代农业的理解，而不能单纯从生产这一层次去把握。

现代农业一般都会经历从“农业的机械化、电气化、化学化和水利化”为主要特征的发展过程，到以“农业的信息化、生物化、设施化和管理现代化”为主要特征的发展过程。两次农业现代化的过程在不同国家或地区的不同时期有可能表现出不同的技术特征，对于那些人多地少的国家或地区，在一次农业现代化未完成的情况下，二次农业现代化的技术特征的出现，不仅有可能，而且具有必然性。

一些专家对农业现代化的指标设计和衡量提出了一些疑问，认为在中国这样一个农业生产背景复杂的国家，地区的差异性非常明显，现代化衡量以及评价指标一定要因地制宜。

农业的现代化离不开要素的现代化，更离不开农业的经营主体尤其是农民的现代化。中国发展现代农业始终面临着人多耕地少的基本国情。不应该不加区别地讨论现代化中的小农问题，小农经济的特征是自给自足的状态，需要把它同小规模生产区别开来，不能认为小规模经济就是小农，市场取向的小规模经济同样可以承载着现代农业。在全球化和现代化背景下小农参与现代农业规模化和专业化分工的关键是实现农民和市场的对接。合作社在现阶段依然是小农对接市场的重要方式。

在中国由传统农业向现代农业转型的农业发展阶段，并存着传统农户、商品农户和现代农户这样3类农户，传统农户向商品农户转变的约束因素是土地，商品农户向现代农户发展的制约因素是资金，现代农户发展的瓶颈是企业家能力。因此，只有深化农村土地制度改革，加速农村金融制度创新和注重农民企业家培养，才能全面促进现代农业发展。

（潘伟光　郭善民）

“中国农村医疗保障与农民经济行为”国际研讨会

为交流和总结推行新型农村合作医疗制度的经验，深入了解农民对新型合作医疗制度的实际需求，研究农村医疗保障对农户经济行为和农村发展的相互关系，探讨合作医疗制度运行的有效模式等问题，中国社会科学院人口与劳动经济研究所于2007年7月

25—26日在北京大观园酒店举办“中国农村医疗保障与农民经济行为”国际研讨会。来自卫生部等政府部门，美国、英国、澳大利亚、加拿大以及中国社会科学院、北京大学、复旦大学、中国农业大学、中国科学院农业政策研究中心等国内外大学和研究机构，上海、昆明等地的医疗卫生机构和国际组织的代表80余人参加了会议。

研讨会共分为“中国医疗卫生制度的改革”、“新型农村合作医疗制度的评估”、“医疗卫生与经济行为”、“农村医疗服务的供给”、“流动人口的医疗卫生”和“新型农村合作医疗制度在各地的实践”六个专题。

与会者认为：在建设社会主义新农村、构建社会主义和谐社会的大背景下，结合实际探讨和分析农村医疗制度改革与农村发展问题，对进一步完善我国新型农村合作医疗制度，改善我国农民的医疗保障，具有重要的理论和现实意义。

与会专家和学者认为：新型农村合作医疗在一定程度上减轻农民医疗经济负担，实施新型农村合作医疗提高了农村地区居民的福利水平，弱化了农村居民的迁移动机。新型农村合作医疗对参合农民门诊和住院服务利用有一定的促进作用，但不同模式合作医疗的作用略有不同。新型农村合作医疗在降低因病未住院方面的作用不明显。

与会专家和学者认为：纯粹市场化的医疗保健体系是危险的。中国的医疗成本较高，面临的风险大。在医疗服务筹资方面，公共财政严重缺位。在服务供给上存在价格虚高与公立垄断。

新型农村合作医疗制度面临的问题，例如，人们对制度的理解不够清晰、稳定的筹资机制尚未形成、管理能力薄弱、制度不覆盖迁移者、报销率低和贫困人口医疗问题还没有得到有效解决等。

需要加快完善新型农村合作医疗制度的运行机制，健全管理体系，规范医疗服务行为，控制医药费用，加强配套建设。

进一步加大对农村合作医疗的投入、加强农村的基础教育和成人职业教育及增加农民收入。尽可能改善流动人口及流动儿童保健服务，为其提供基本的卫生服务。

对经济落后的地区，通过转移支付、对贫困地区予以财政倾斜、对贫困户提供补贴、实行合作医疗与医疗救助相结合等措施将更多农民纳入到新型农村合作医疗之中。

（徐　进）

全国高等财经院校《资本论》研究会第24届学术年会

全国高等财经院校《资本论》研究会第24届学术年会于2007年7月26—31日在湖南吉首大学举行。会议期间，代表们围绕本次年会主题：“《资本论》教学研究要紧密结合党的十六大以来理论创新方面的最新成果”展开了热烈的讨论。

一　把握“6·25”重要讲话灵魂，结合党创新理论的最新成果研究《资本论》

（一）中国特色社会主义是当代中国发展进步的旗帜

王福成教授在主题报告中指出：胡锦涛

总书记的“6·25”重要讲话，为党的十七大奠定了政治、思想、理论基础。讲话突出强调了“中国特色社会主义，是当代中国发展进步的旗帜，是全党全国各族人民团结奋斗的旗帜。”对今后坚持和发展中国特色社会主义起着重要的理论指导作用。南京财经大学何干强教授认为，中国特色社会主义经济制度的核心是公有制。面对公有制主体地位逐渐削弱的状况，他提出振兴与市场经济有效结合的新型公有制经济，是前无古人的体制创新实践。

（二）科学发展观在党的最新理论成果中处于核心地位

中南财经政法大学戴武堂教授强调，循环经济思想是马克思第一次提出并论证的。马克思在《资本论》法文版中采用了人和自然之间物质循环的表述。当前发展循环经济必须以此为指导。南京财经大学张圣兵教授指出，我国劳动者就业正受到市场化、城市化和国际化发展的挑战，为此，要加强产业发展的人文化引导，通过增加个性化的服务和沟通，拓展就业空间；还要加强就业市场培育，塑造新型的就业主体，并合理配置个人、企业与政府“三重主体”的就业职能。

（三）构建和谐社会是党最新理论成果的重要组成部分

首都经济贸易大学李启英教授指出，和谐社会应是3个统一的科学体系。一是多元与公正的统一。(1) 经济上多元；(2) 政治上多元；(3) 思想上多元。二是必须协调好各种社会关系，最为重要的是协调好政府与公民的关系。三是合作和宽容的统一。要容忍各种不同利益关系的存在，特别要保护少数困难群体的合法权益；要倡导宽容、谦让、奉献的社会公共道德，营造团结友爱、互助合作的社会氛围以及和睦相处的人际环境。安徽财经大学王永年教授认为，和谐是在差异性和多样性基础上达到平衡、协调与统一的概念。它强调的是多元统一的整体性，其本质是一种关系与秩序。它包括：一要“各明其位”；二要“各得其所”；三要“各尽所能”，在统一的整体中各行其道，发挥各自的作用，才能使整体呈现和谐、稳定和有序的状态。

二　与时俱进，根据新的实践，推进《资本论》研究理论创新

（一）劳动价值论的生命力在于创新

西南财经大学蒋南平教授指出，21世纪马克思“劳动价值论”的最新研究，形成了“广义劳动价值论”、“物化劳动价值论”、“多元价值论”等8大理论，可分为拓展派、综合派、质疑派和否定派。判断其正确与否，要看是否遵循了马克思劳动价值论规定的范畴和原则，是否遵循了马克思的研究方法，是否对中国市场经济有积极的推动作用。

（二）马克思主义理论与西方经济理论的借鉴

南京财经大学王云中教授把马克思货币流通规律理论与西方经济学货币需求理论进行了比较研究，指出：马克思的货币流通规律理论建立在劳动价值论的基础上，西方货币需求理论认为商品或货币自身的价值由流通中的供求关系决定。这些本质区别形成了马克思货币流通规律公式的某些优势和西方货币需求理论交易方程式存在的不足。应把两者结合起来全面理解。

（三）建设社会主义新农村的新视角

江西财经大学康静萍教授指出，土地股

份合作制，能保证农民以土地参与收入分配，使土地承包权在经济上得以实现。既使农民手里的承包地有了收益，又促进了土地的流转，从而实现了土地的规模经营。江西财经大学肖文海主任认为，由于地方政府利用自身的自然资源与政策资源吸引外资，使劳动力的所有者与公共资源的所有者的利益受到忽视。因此，要把利益分化与利益冲突中的经济增长转变为利益兼容的经济增长，实现经济增长方式转变与和谐社会建设的统一。

（四）以马克思主义为指导，构建中国经济学的理论体系

西南财经大学王朝明教授指出：中国经济学的发展方向就是："马学"为魂，"中学"为体，"西学"为用。"马学"就是马克思主义经济学，"中学"就是中国化的发展着的马克思主义经济学，"西学"就是西方经济学。兰州商学院张存刚教授认为，现已形成的政治经济学的理论体系有3种模式：一是政治经济学的经典模式；二是政治经济学的传统模式；三是我国社会主义政治经济学理论体系的现代模式。

（金　泓）

摘自《经济学动态》2007年第11期

全国综合大学《资本论》研究会第11次会议

由内蒙古大学经济管理学院承办的全国综合大学《资本论》研究会第11次会议于2007年7月27—31日在内蒙古大学举行。来自中国人民大学、南开大学、复旦大学、南京大学、辽宁大学、吉林大学、四川大学、厦门大学、西北大学、暨南大学、郑州大学等全国30多所大学的40余位代表参加了会议，并向大会提交论文30余篇。

一 《资本论》与科学发展观研究

复旦大学洪远朋教授指出，在马克思主义中国化问题方面和为科学发展观提供理论基础方面取得突破性研究成果，是保持马克思主义经济学的基础性和指导性地位的根本保证。

南京大学党委书记洪银兴教授指出，科学发展观是马克思主义中国化的重大成果，也是中国特色社会主义的重要组成部分。追根寻源，它根源于马克思主义理论基础本身。研究《资本论》中所包含的马克思主义发展观，不仅可以帮助我们正确认识和理解科学发展观，而且还可以以我们的研究成果为科学发展观提供理论支持，从而为中国化的马克思主义寻找到内在于马克思主义经济理论本身的理论源泉。

二 《资本论》的教学与研究

卫兴华教授指出马克思主义经济学的指导地位，是靠自己的逻辑力量和理论吸引力，靠解释和解决现实问题的能力，水到渠成地形成的。学习和系统掌握马克思主义经济学，有助于认识社会经济发展规律，有助于辨别多元化思潮中的理论是非，有助于认识和鉴别经济社会发展和改革开放中的是非得失。中国人民大学胡钧教授指出，那种认为《资本论》是"革命的经济学"，现在需要的是"建设的经济学"的片面看法源于对《资本论》的误解。在现在新的形势下应提倡重新学习《资本论》，掌握它的精神实质，消除对它的错误阐释，把《资本论》的教学与研

究，从主要着眼革命性的视角转向全面地阐述《资本论》的科学性方面。中国人民大学谢富胜博士在发言中强调要发展、创新马克思主义经济学。马克思主义理论的核心，在于力图解释和改造现实世界，其主要理念也就势必随现实世界的变化而变化。应继承和发展马克思主义的理论传统，解答面对的现实问题。

三　以创新精神开展《资本论》的研究

洪银兴教授倡议：（1）要坚定信念，坚守阵地，扩大队伍。同时，要加强同其他理论研究者之间的“对话”。（2）与时俱进。在创新中坚持和发展《资本论》研究的各种途径：一种是考证、文本性质的研究；另一种是对《资本论》基本原理的阐发，阐发要关注运行和发展；再一种是运用《资本论》原理研究和分析新现象、新问题。（3）发挥作用，当好中国化马克思主义经济学的建设者。（4）改善学术生态环境，扩大生存空间，加强学术交流。

（赵海东　王岩）

第七届中国金融论坛：市场化进程中的农村金融改革与发展研究

由西南财经大学中国金融研究中心和广东省信用社联合社联合主办的第七届中国金融论坛于2007年8月4日在广州举行。会议主要内容如下。

一　农村金融研究的新视野

西南财经大学何泽荣教授认为现有农村金融一般涵盖3个层次的内容，第一为农村服务的金融；第二服务于农村经济、农业经济、农民经济的金融体系；第三金融产品体系。中国人民大学原校长黄达教授指出，发展农村金融，必须创新理念、深化改革，尊重基层群众的创造，充分调动农民参与这个过程的积极性和主动性，充分发挥他们在这个过程中的探索精神和创造精神。

二　市场化进程中农村经济发展的变化及金融需求特征分析

秦池江教授认为，中国农村有以下几方面的显著变化：1. 中国农村人口的大分流；2. 中国农村土地制度的嬗变；3. 农业科技的发展和普及；4. 农民专业合作经济组织的兴起；5. 农村产业结构的加速转型；6. 农村经济循环方式的调整；7. 农业风险因素日益复杂；8. 市场导向与政府导向的交替与摩擦；9. 农民的主体地位和自主决策意识的觉醒；10. 农村二元化的社会结构只能淡化不能消失。西南财经大学金融中心主任刘锡良教授指出：社会主义新农村建设的本质在于3个方面：1. 农民如何摆脱小农经济的范畴，实现资本的集约化经营；2. 乡村如何实现工业化，发展县域经济，逐步扩大农民收入的非农业化；3. 如何提高农民的组织性，摆脱小农业的松散生产状态。张红宇司长指出农业的发展需要农村金融的6个方面支持：1. 加强对现代农村建设的支持；2. 加强对现代农业产业体系的支持；3. 加强对龙头企业，特别是成长型农业企业的支持；4. 加大对农村市场建设的支持；5. 扶持农业组织化程度的提高；6. 加大对新农村建设的支持力度。

三　当前农村金融发展与改革的评价

中国人民大学赵锡军教授认为目前我国农村金融的问题主要包括6个方面：1. 资金的问题；2. 服务方面的问题，包括服务的品种比较单一、服务的功能不完善等；3. 体制和机制的问题；4. 包袱和风险过大；5. 农村金融在全国范围内发展不均衡；6. 农村组织结构的散乱。

四　农村金融改革与发展的蓝图与路径安排

龚明华认为农村金融体制改革必须坚持市场主导、政府支持的原则，坚持按市场原则推进改革，强调政策激励和引导。政策银行应加强商业银行与金融机构特别是农村金融机构的代理合作。1996年诺贝尔经济学奖得主詹姆斯·莫里斯教授运用孟加拉小额信贷的案例分析了小额信贷的价值及其运营的理论难点，提供了一个非理性借贷的模型。人民银行广州分行徐诺金副行长认为我们必须以政策性、开发性金融为供给，撬动农村金融的发展：1. 充实和调整政策性金融和开发银行的职能，充分发挥其在农村现代化建设中的先期投入作用；2. 建立健全农业的风险分担和担保体系，为“三农”提供切实的、稳定可持续的保障；3. 建立竞争性的农村金融市场，提高农村金融的效率；4. 扩大金融的服务领域，解决农民进城以后的医疗保险问题；5. 完善市场配置机制，促进金融生态体系的良性循环。加拿大西安大略大学徐滇庆教授提出设立与乡镇银行配套的民营金融担保公司，职责就是提供信息，功能是查清农村金融机构的不良贷款。同时，担保公司必须要承担连带的赔偿责任。湖南大学张强副校长以湖南农村的86个县为实例进行分析，得出结论：农村信贷资产质量的高低是农村生态环境好坏的直接体现。武汉大学江春教授与西南财经大学金融中心副主任倪克勤教授认为农村金融改革的核心问题是土地的产权制度。

（金　泓）

摘自《经济学动态》2007年第11期

全国高校社会主义经济理论与实践高层论坛

由黑龙江大学经济与工商管理学院承办的全国高校社会主义经济理论与实践高层论坛暨社会主义经济理论与实践研讨会第21次年会于2007年8月8日在黑龙江省牡丹江市镜泊湖召开，与会的专家学者就政治经济学理论发展与学科建设问题进行了研讨。

中国人民大学卫兴华教授首先就政治经济学学科怎样搞好教学和教材，提高学科自身的凝聚力发表了自己的看法。他指出，坚持马克思主义和宣讲马克思主义要有内涵、有内容、有主张。马克思主义政治经济学的研究要与现实问题相联系，与时俱进。

南京大学党委书记洪银兴教授指出，政治经济学研究要在马克思主义中国化这一方面有所突破，将马克思主义政治经济学与中国经济结合起来；马克思主义政治经济学要更多地为科学发展观提供理论支撑。

武汉大学经济与管理学院简新华教授就政治经济学的理论发展问题提出两条建议，一是建设重于批判；二是科学地进行政治经济学研究。政治经济学要发展，最主要的是面对中国经济发展和改革问题提出自己的看法和正确的建议，而且政治经济学的理论和内容要经得起实践的检验和推敲。华南师范大学经济与管理学院赵学增教授指出，学科的建设和发展需要历史的传承，要体现出学科的特色和区域的特点。政治经济学学科的发展要解决好 4 个问题：1. 学风问题；2. 马克思主义政治经济学的研究队伍亟须整合和兼容；3. 必须把政治与经济有机地融合起来；4. 中国经济的发展需要先进的理论来指导，对于经济理论的评判要看其对现实的解释力，只要能解决中国的实际问题就应该是先进的理论。

南开大学经济研究所所长柳欣教授认为中国和西方国家经济状况和基本国情不同，我们在进行经济分析的时候可以采用西方经济学中的很多计量方法，它的一些理论内容和政策主张对于我们也有一定的借鉴作用，但是与西方经济学相比还是政治经济学对于解释中国的经济问题，制定相关的经济政策更有说服力。

黑龙江大学经管学院乔榛教授指出，政治经济学发展跟不上时代的变化，原因是政治经济学理论研究中缺乏一种科学的、探索的、能够自我批评的精神。必须认真吸取现代西方经济学发展的成果，充分地了解现代资本主义和社会主义国家的改革实践，进一步发现马克思主义经济学的一般原理，并以此为基点来对新的现实做出科学的解释。

南京大学经济学院张二震教授指出，中国经济学家应该、也需要创建中国特色的社会主义经济学。复旦大学经济学院李慧中教授指出，政治经济学理论发展与学科建设问题的研究非常必要。各自的学科要突出特色，共同努力为政治经济学学科的发展作出创造性的贡献。

（焦方义　杨其滨）

气候变化与中国企业:风险与机遇国际研讨会

2007 年 9 月 8—9 日，中国社会科学院可持续发展研究中心与联合国环境规划署 GRID/Arendal 机构合作，在北京成功举办了“气候变化与中国企业：风险与机遇”国际研讨会，70 余位各界代表出席。中国社会科学院副院长陈佳贵出席开幕式并致辞。

气候变化是当前国际社会最关注的热点问题之一。中国是气候公约和《京都议定书》的缔约方，作为发展中大国，在全球应对气候变化行动中具有独特而重要的地位。应对气候变化，促进可持续发展，需要政府、企业和公众等全社会的共同努力，企业必将在其中扮演重要的角色。将应对气候变化纳入企业经营战略和日常管理活动，关系到企业能否保持和增强竞争力，并在激烈的国际市场竞争中生存和发展的大计。

联合国环境规划署（UNEP）高级官员 Svein Tveitdal 先生作了主题报告，他从科学的角度介绍了气候变化的事实、影响和减缓气候变化的紧迫性。强调企业从遵守日益严格的减排政策、增强自身竞争力和承担道德伦理义务 3 个方面都有必要认真考虑减排问题。

中国气候谈判代表团成员、科技部全球环境管理办公室副主任吕学都认为，对于中国，气候变化意味着机遇和挑战，但挑战大于机会，企业应该建立应对低碳发展的长期目标，更加注重研究、开发和应用减少排放的先进技术，并培育促进低碳发展的企业文化。

中国社会科学院可持续发展中心潘家华研究员认为，温室气体减排和国家节能减排目标之间既有协同也有冲突，建议加强经济分析，转变消费方式，强化市场手段，积极寻求国际合作，以创造双赢的机会。

中国人民大学环境经济与管理学院邹骥教授，针对气候友好型技术的开发、应用和转移，强调建立国际技术转让机制的重要性。

国家环保总局对外合作中心清洁发展机制（CDM）工作组肖学智主任强调，未来CDM市场将进一步扩张，企业在利用巨大市场机会的同时也要注意防范相关的技术和市场风险。

NGO代表气候组织大中华地区总裁吴昌华女士，强烈呼吁企业必须正视未来全球经济向低碳经济方向发展的大趋势，从不同行业的一些成功案例分析指出，中国企业必须积极行动起来，积极应对气候变化。

国电动力经济研究中心胡兆光教授，从分析企业的生产成本与节能减排目标之间存在的矛盾入手，强调通过需求促管理节能，相对扩大煤电生产是潜力最大、最清洁、最快速的资源。

碳交易公司代表益可环境国际金融集团中国公司董事长何晓松先生和跨国公司代表西门子中国有限公司副总裁白安先生，分别介绍了本公司的做法和经验，强调企业界和政府合作的重要性。

（陈迎　徐千伟）

中国民营经济创新国际论坛

由中国社会科学院经济研究所、台州学院和台州市经济学会等联合举办的“中国民营经济创新国际论坛”于2007年8月11—12日在浙江临海隆重召开，中外专家、学者120余人，企业家代表50余人参加本次论坛。

一　民营经济与中国经济

中国社会科学院学部委员、经济研究所所长刘树成致辞，他指出，改革开放近30年来，民营经济已经成为中国经济持续、健康发展的重要力量。温台经济的崛起得益于民营经济的发展，温台经济现象值得深入研究。日本鹿儿岛大学唐国兴教授基于浙江省民营经济实证研究以及中日经济发展的对比分析，认为中国经济还存在着巨大的发展潜力，民营经济将成为中国国际竞争力提高的关键力量。

二　民营企业创新的机制和动力

1. 创新及其特点。美国佐治亚州州立大学理查德·韦尔克（Richard Welke）指出，顾客以及他们“需要解决的问题”是必不可少的出发点，创新的关键在于愿意承担风险、接受失败的企业文化。

浙江财经学院陈晓阳认为，不同生命周期的技术创新具有不同特点，创业期以提高融资能力和特定的创新能力为主；成长期以持续提高创新能力、强化市场竞争能力为主；成熟期以加强创新意识、引导市场需求为主；

衰退期以保持创新意识为主。

2. 创新的障碍和动力。重庆大学周庆行等指出，影响民营企业创新的外部因素有：融资难、创新人才缺乏、自主知识产权开发保护不够、欠合理的税收政策和欠完善的社会化服务体系等。上海理工大学李好好等则认为，创新的外部障碍在于制度安排上不能“保证实施创新活动的行为主体应该得到的最低限度的报偿或好处”。中央财经大学田建玺等认为，影响民营企业创新的内部障碍主要在于：研发组织的官僚科层化、激励方式的单一性、投入回报规则的不合理、研发活动过分内向性，需要通过研发回归民企、组织网络化、激励多元化、内部分工合理化等措施加以解决。浙江财经学院陈晓阳认为，创新的外部动力要素包括市场竞争的推力、市场需求的拉动力和国家政策的引导力。

3. 产业集群与自主创新。浙江大学柴志贤等指出，较高的产业集聚水平、完善的产业分工与联结能促进知识溢出，提高知识利用效率，从而提高区域创新能力；应加强区域内产业间的分工、协作与联合，同时发挥城市推动知识溢出的纽带功能，提高产业间外部性与知识溢出对区域创新的推动作用。

湖南科技大学刘友金等认为：核心企业作为技术扩散的源头、产业发展的向导、行业规范的主导等特殊角色作用在产业集群演进过程中是不可替代的。

4. 治理结构与创新。浙江万里学院姜明伦对浙江省民营企业治理结构进行了问卷调查，结果表明，企业组织形态随着企业产权结构和企业规模的扩大而发生变化，现代分权状态正在形成，健全的治理结构、完善的治理机制为科学决策提供了强有力的组织保障。华中师范大学蔡靖方等指出不同产权制度的安排对银企双方的融资行为有着不同的影响，随着产权制度和治理结构的逐渐完善，企业的融资难题会随之得到有效缓解。

三 民营经济创新的制度环境

1. 政策环境与民营经济。国家发改委中小企业局顾强指出，国家已经通过制定一系列方针政策，有力地促进了非公有制经济发展，2005年国务院下发了《关于鼓励支持和引导个体私营等非公有制经济发展的若干意见》，全面清理限制非公有制经济发展的法规规章文件，拓展了非公有制经济发展空间。但还需要从完善配套法规、完善行业准入配套政策、改革财税和金融体制等途径，进一步消除发展非公有制经济的体制性障碍。西安交通大学刘儒认为，《物权法》的实施，建立健全私人财产权利保护的各种法律法规制度，取消民营经济的市场准入限制，中国民营经济发展的潜力巨大。

2. 金融环境与民营经济。山东工商学院辛波指出，地方政府应该通过改良金融生态，促进民营经济发展。成都理工大学黄寰认为，民间金融具备多种适宜于自主创新的功能特性，有必要放手发展民间金融，发挥其对区域自主创新的积极作用。苏州大学罗正英等指出，企业的经营状况和企业规模是影响企业信贷可获性的重要评判标准。中国银监会姚勇等指出，需要从金融服务与社会责任的认识、服务体系的构建、客户细化等方面进一步提高商业银行对民营企业的服务能力。

（金　泓）

摘自《经济学动态》2007年第10期

人口及相关学科前沿问题研讨会

在中国社会科学院人口与劳动经济研究所所庆暨《中国人口科学》创刊二十周年之际，人口与劳动经济研究所于2007年9月15日在北京举行“人口及相关学科前沿问题研讨会”。来自国家机关、军队系统和全国近50所院校研究机构的领导和专家150多人参加了会议。中国社会科学院副院长陈佳贵、国家人口和计划生育委员会副主任王培安、全国工商联副主席辜胜阻出席会议。开幕式上，中国社会科学院陈佳贵副院长、国家人口和计划生育委员会王培安副主任分别致辞，陈佳贵副院长在致辞中充分肯定了过去二十年来，人口与劳动经济研究所立足于人口学、劳动经济学及其相关领域的重大理论和现实问题的研究，在推动学科创新和发展，服务于政府决策和社会大众方面所取得的成就与所作出的贡献。

与会的专家学者主要围绕人口科学发展、社会保障、人口与和谐社会和劳动就业四个专题进行了研讨。

专家们指出：人口研究的相应成果在政府决策、社会发展战略以及相关公共政策的调整等方面其作用日益显著。在出生率、死亡率双低时期的中国人口科学研究，需充分认识生育率、老龄化、迁移与城市化，科学地揭示生育水平的转变及其人口经济社会后果。

我国现行的社会保障制度在覆盖人数、待遇水平、公共财政支持、管理服务能力等方面存在巨大差距。有关专家提出了实施包括社会救助、社会保险、社会福利、优抚安置、住房保障、军人保障以及社会互助等保障项目的新型城乡社会保障体系的基本框架，并提出遵循以缴费性社会保险为主体、其他福利性项目安排为辅助，优先加大城乡贫困群体的社会救助力度等实施原则。社会保障城乡统筹发展，循序渐进。

改革开放以来，我国的国民经济高速增长，与此同时，个人收入、城乡收入、区域收入以及垄断部门与竞争部门之间的收入差距不断扩大。与会专家们认为收入差距是公平性的集中体现，但过大的收入差距，特别是不公平的收入差距的扩大将不利于和谐社会的建设。教育因素在收入分配中的作用日趋显著，在一定程度上是社会公平的一种体现，为了建设更为稳定的社会，需要发展中产阶层，需要扩大中等收入群体，以缩小社会收入的整体差距。有专家指出，综合收入、教育程度和职业可作为界定中国中产阶层的三个主要指标。

就业是民生之本。与会专家认为随着农村剩余劳动力减少，剩余劳动力的年龄呈上升趋势；劳动力二元供给的逐步消失，城乡统筹就业已势在必行。对此首先需要建立城乡统一的劳动力市场，解决好农村劳动力转移后的土地及其流转问题，在调整产业结构的同时，实现区域协调发展，并在法律制度与政策上予以支持。

通过挖掘劳动力供给的制度潜力，如户籍制度改革，以及利用正确时机调整劳动关系、解决收入分配问题等措施，延长人口红利期，获取更大的人口红利效应。

专家还指出城乡均在不同程度上存在着中年失业状况，应关注城乡中年人口的就业与失业问题。

（徐　进）

第一届中国政治经济学年会

由中国政治经济学学会、中国人民大学经济学院、清华大学中国公有资产研究中心主办的“第一届中国政治经济学年会”于2007年9月15—16日在中国人民大学隆重举行。来自中国人民大学、清华大学、中国社会科学院、南开大学、北京大学、厦门大学、武汉大学等56所高校、党校、研究机构的160多位学者参加了这次盛会。讨论中发表的主要观点如下。

一 政治经济学基本理论问题与中国经济学建设

中国人民大学卫兴华提出，对于政治经济学的研究，首先应当把握其理论的精髓，在精读原著的基础上再进行理论的创新与升华。中国社科院程恩富提出，科学地设定政治经济学假设有利于理论创新，有利于有扬有弃地对待西方经济学；创新的现代马克思主义政治经济学具有4大理论假设，即“新的活劳动创造价值假设”、“利己和利他经济人假设”、“资源和需要双约束假设”、“公平与效率互促同向变动假设”。北京大学余斌提出，数学只是经济学研究的工具，要谨慎对待经济学数学化的问题。日本岛根县立大学张忠任认为，数理分析的方法，使复杂的事物会变得清晰可辨，以至于用不着任何多余的文字说明；但是把政治经济学的基本原理用数学公式准确地表现出来，必须忠实、准确地反映政治经济学的原貌。上海财经大学冯金华在完全竞争假定条件下，建立了一个以劳动价值论为基础的劳动市场模型，并在劳动市场模型中，讨论了均衡劳动力价值的决定及变化规律。浙江师范大学刘坤在马克思的再生产理论基础上，在动态条件下，推导出一个资本增长存在着某个上限的逻辑模型。南京大学梁东黎认为应建立包括（作为经济史的）计划经济的政治经济学、（反映当前现实的）转轨经济的政治经济学、（作为展望的）成熟市场经济的政治经济学等3个部分。

二 中国经济改革中的重大问题

南京财经大学何干强提出，要充分认识公有制占主体地位在改革中的关键性作用，理直气壮地振兴公有制经济。中国社会科学院王中保认为，市场化的改革为我们提供了一种相对有效的实现公有制的间接方法，即通过市场中企业间的有效竞争和劳动力的充分自由流动，来促使劳动者的收入逐渐向其创造的价值量收敛。北京师范大学白暴力提出，收入分配差距偏大的问题需要通过实施“面对市场”的改革、进行产权制度的改革、实行政府指导下的工资市场定价和充分发挥工会作用，建立有效的制衡机制4种途径解决。武汉大学赵伟提出，社会主义新农村建设必须高度重视3个政策：财政支出持续向农村倾斜；利用制度重构资源分配和利益分享格局；推进城市化进程和现代农业、非农产业的发展，解决新农村建设的产业支撑问题和农民就业机会问题。

三　经济全球化与新自由主义批判

清华大学王生升认为，新自由主义经济学，其合理性仅仅在于它向人们传达了“个人自由”的重要性，它所描绘的“海市蜃楼”只是主观构建的蓝图，如果迷信其教条亦步亦趋，那么结局可能是一场灾难。

四　多元的范式：演化经济学与其他

中国人民大学贾根良提出，在马克思主义科学哲学或批判实在论的指导下，经济学多元主义应该成为中国经济学自主创新的重要学术环境。

（谢富胜　高宏宇）

中韩制造业发展的互补与竞争关系研讨会

由中国社会科学院与韩国产业研究院联合举办的“中韩制造业发展的互补与竞争关系研讨会”于2007年9月18日在北京好苑建国举行。约60位中韩学者、专家、政府官员出席了研讨会。开幕式由中国社会科学院工业经济研究所副所长金碚主持。陈佳贵副院长代表中国社会科学院发表了热情洋溢的致词。吕政所长、韩国产业研究院副院长尹宇镇分别代表这次研讨会的承办单位作了致词。

研讨会的主题围绕“中韩制造业发展的互补与竞争关系”进行，共分为5个专题：产业竞争力、技术创新、钢铁工业、船舶工业和中韩经贸关系。关于“中韩两国制造业的国际竞争力比较”专题方面，韩国产业研究院副院长尹宇镇从韩中制造业的产业结构以及交易结构的变化比较分析韩中制造业的竞争力，他认为韩国定位于先进国模式，其制造业出口结构高度化持续，高技术产业具有优势；而中国正在从发展中国家向先进国结构转换，在低技术行业具有比较优势，高技术产业比重呈上升趋势。在“中韩制造业的技术创新”讨论中，中国社科院工业经济研究所吕铁研究员分析了中国工业技术创新的基本特征，并提出，纵向地看，我国工业技术创新能力有了明显提高，但横向来看与工业发达国家还存在较大差距。在“中韩两国钢铁行业的发展及相关研究”单元讨论中，中国社会科学院工业经济研究所所长吕政研究员首先介绍了中国钢铁工业的发展态势，然后比较分析了中韩钢铁工业。在“中韩两国造船业发展”的专题讨论中，韩国产业研究院研究委员洪性仁首先用大量翔实的数据介绍了韩国造船业的特点及对内外环境变化，并对中韩两国造船产业进行比较，她认为韩国和日本分别在设计能力和生产管理技术方面有优势，中国在很多方面还有不足之处。在“中韩经贸关系”的专题讨论中，中国社会科学院亚太研究所金英姬副研究员认为中韩经贸关系是互补、竞争与合作的，当前中韩经贸关系的本质就是优势互补的垂直分工。

参加会议的大多数专家都认为，目前中国制造业中高附加值产业的国际竞争力和竞争优势要低于韩国制造业，但中国制造业整体发展非常迅速，在不久的将来，中国制造业的国际竞争力有望超过韩国制造业。但就资本密集型，技术密集型制造业行业而言，韩国制造业企业有很多值得中国制造业企业借鉴的地方，双方有很大的合作空间。作为成功的工业新兴国，韩国的发展道路对中国有很大的借鉴意义。未来中韩两国可以在互补、竞争、合作的基础上，达到共同发展的双赢格局，专家们对此达成了一致的共识。

（贺　俊）

全国经济地理研究会第11届学术年会暨中国区域协调发展学术研讨会

由全国经济地理研究会主办、南昌大学中国中部经济发展研究中心和南昌大学经济与管理学院承办的“全国经济地理研究会第11届学术年会暨我国区域协调发展研讨会”于2007年9月19—21日在南昌隆重召开。来自中国人民大学、北京大学、南开大学等近50所高校和人大复印报刊资料等杂志的从事经济地理、区域经济研究的专家学者近百人与会。

一　关于中国东、中、西区域互动与区域协调发展问题

1. 区域协调关系评价和协调机制研究。南昌大学陈斐教授提出了促进中国区域协调发展的两大途径：一要明确不同区域的功能定位，二要健全区域协调互动机制。

2. 区域经济发展差异和产业结构分析。新疆财经大学高志刚教授对20世纪90年代以来中国地区产业结构转换水平、速度和效益进行比较研究，指出各地区产业结构转换水平都在提高且地区差距在缩小而产业结构转换速度在地域上呈西、中、东递减之势。

3. 区域开发和城市群建设研究。有学者对城市群基本理论进行梳理，指明城市群与区域开发的方向。

二　区域经济合作与中部崛起的理论、战略与政策

1. 中部地区产业结构转型研究。南开大学吴浙博士基于我国第二次重工业化进程的背景、能源需求和市场供给，提出了中部地区所面临的形势甚至比西部地区还要严峻、“中部塌陷”现象可能会持续30—50年的观点。

2. 中部地区内部合作机制构建研究。井冈山大学张泰城教授认为以城市化和城镇体系建设来推进中部地区内部合作是一个有效政策解释途径。江西财经大学刘镇教授认为要正确处理中部地区的“原生”优势与“次生”优势的关系，通过制度创新来促进中部崛起。

3. 中部与外部合作关系研究。南昌大学尹继东教授认为，由于发达地区产业集聚的报酬递增，不足以弥补要素价格的上升等原因，产业具有向低要素价格区域转移的趋向。同时，在发达地区，由于产业的集聚形成了内部及外部的分工协作体系，完善的供应链系统使企业投资报酬递增。因此，中部与外部形成良好的合作关系是有基础的。有学者对此提出了质疑，认为全球经济发展中的中部与外部合作，特别是与发达地区的合作，中部一部分地区在政绩工程的促动下，接受了发达地区的资源消耗大、技术相对落后的

产业和投资项目，这既不利于中部地区可持续发展，也不利于区域和谐健康发展。

三　新时期经济地理学的研究热点和发展趋势

1. 国外经济地理学经验借鉴。北京大学李国平教授在对日本经济地理学发展历史脉络进行梳理和对其主要研究领域、研究内容进行概括的基础上，指出日本经济地理学最新研究有着方法论向欧美接轨、研究内容同现实经济与社会问题相对应的趋向，建议我国经济地理学发展水平的提高必须尽快地和国际潮流接轨，尤其是在方法论和研究内容上。

2. 关于经济空间和空间经济学研究。南开大学安虎森教授在介绍国内空间经济学研究进展的前提下，构建了市场潜能和阴影区，着力研究了相邻城市竞争、合作与双赢机制。中国人民大学侯景新教授基于城市非均质区域概念，从边际效益出发，提出了测度城市最优规模的方法，并以中国各级各类典型城市的实际数据为例，得出了城市优化规模区间的结论。

3. 关于资源空间和主体功能区研究。东北师范大学王荣成教授着力于东北亚地区的资源环境承载力和可持续发展问题，提出主体功能区划与其他区划、规划的关系、资源环境承载力与生态服务功能测度、区位论、中心地理论和核心—边缘理论在东北亚地区应用问题等。吉林大学赵儒煌教授提出了产业技术体系变革是实现可持续发展的途径的看法。

4. 关于区际联系和区域物流体系研究。中国人民大学陈秀山教授指出中部6省的贸易伙伴排序是东部、中部、西部和东北地区的贸易份额依次递减；中部各省的区际贸易均呈现出显著的沿海指向，中部各省与东部地区的经贸联系不断强化、与东部次区域的主要贸易伙伴关系不断强化；中部各省之间相对松散的贸易联系状态以及区域经济的关联性和整体性较差的主要原因在于中部各省产业结构的趋同、历史与体制上造成的各省省际间的产业关联度较低以及贸易成本偏高等。

（金　泓）

摘自《经济学动态》2007年第3期

第七届中国青年经济学者论坛

——经济学研究的现代方法和现实问题

第七届中国青年经济学者论坛于2007年9月21—23日在杭州举行。论坛由《经济研究》编辑部、北京大学光华管理学院、武汉大学高级研究中心和浙江大学经济学院联合主办，浙江大学民营经济研究中心承办。论坛共收到论文350余篇，经组委会评审，确定论坛交流论文120余篇。来自全国各地高等院校、科研院所和其他经济部门的经济学家、青年经济学者200余人参加了会议。

本次论坛安排了主题报告、闭幕式和六场精彩的学术报告。开幕式后的主题报告由《经济研究》副主编、编辑部主任王诚教授主持，中国银行总行副行长朱民博士、北京大学光华管理学院院长张维迎教授、复旦大学中国经济研究中心主任张军教授、山东大学经济研究中心主任黄少安教授、浙江大学民营经济研究中心主任史晋川教授分别进行了精辟的学术演讲；中国社会科学院经济研究所所长、《经济研究》主编刘树成研究员则在闭幕式上以其长期从事的中国宏观经济周期研究为主题做了精彩的学术报告。

与会青年学者们围绕宏观经济学、微观经济学、金融经济学、区域经济学和中国经济问题 5 大当前经济学研究的前沿和热点领域，开展了热烈而深入的探讨和交流。具体地，宏观经济学单元细分为经济增长理论与实践、货币政策、收入分配与公共财政理论、对外经济关系几个领域；微观经济学单元细分为一般均衡等微观经济学基础理论，以及博弈论、软预算约束、管制理论、产权经济学和（新）政治经济学；金融经济学单元细分为资本市场、货币市场、外汇市场、金融发展和创新等前沿理论和现实热点问题；区域经济学单元细分为区域自主创新、区域经济增长、FDI 区位选择、空间集聚以及区域经济政策等问题；中国经济问题单元细分为中国农村经济、中国经济政策、外商直接投资、资源配置效率以及收入分配等涉及当前我国经济发展现实的重要理论问题进行了广泛研讨。

（汪炜　宋华盛　马述忠）

中国企业管理研究会 2007 年学术年会暨“中国企业持续成长问题”研讨会

由中国企业管理研究会、山西财经大学工商管理学院、中国社会科学院管理科学研究中心联合举办的“中国企业管理研究会 2007 年学术年会”于 2007 年 9 月 21—24 日在山西省太原市山西财经大学学术交流中心举行。中国社会科学院副院长陈佳贵，中国企业管理研究会副会长、理事长黄速建等出席了会议。来自全国高等院校、研究机构、企业的 120 余名代表参加了会议。

会议的主题是“中国企业持续成长问题”。在大会开幕式上，陈佳贵副院长作了重要讲话，他指出，在改革开放 30 年即将到来这一特定历史时期，变革的企业外部环境，快速推进的工业化进程，中国企业国际化进程的加速，资源和环境约束日益加强等一系列因素，都构成了中国企业持续成长问题研究的特殊性和“中国特色”。与会代表围绕大会的主题，从中国企业持续成长理论、实践和案例研究 3 个方面，进行了深入讨论。

中国社会科学院黄群慧研究员围绕“企业持续竞争优势的源泉”分析了不同理论对解释持续竞争优势源泉的内在一致性。北京大学副校长张国有教授作了题为“持续成长与阶段性的优势能力”的主题演讲，提出，任何企业没有永远的绝对的核心能力，但有阶段性的相对优势能力，祈求和寻找永久的核心能力是徒劳无益的，比较现实的是建设阶段性的优势能力，通过一个个阶段性的优势来获得长久的优势。

关于“中国企业持续成长面临的主要问题”，首都经贸大学郑海航教授认为，中国国有企业的形成具有特殊背景，并围绕中央企业的公司治理问题，提出了“创建中国特色新国企公司治理模式”的命题。

关于“中国企业成长案例研究”，中国社会科学院工业经济研究所黄速建教授对浙江尖峰集团股份有限公司近50年的成长历程，从战略、能力和文化3个维度进行了深入分析，总结出尖峰集团可持续成长的3个重要特征：战略演进、能力提升和文化协同，认为尖峰集团可持续成长的核心是其长期发展所积淀的“变革环境下的和谐之道”。西安理工大学工商管理学院党兴华教授运用典型相关分析方法对风险企业控制权结构和风险企业成长能力进行了实证分析，研究结论为：风险企业控制权结构与风险企业成长能力之间呈高度相关性；风险投资公司在董事会中所占比例和风险投资公司拥有特殊控制权是影响企业成长能力的主要因素。

（王　钦）

《中国西部经济发展报告2007》新闻发布暨中国西部经济论坛

由教育部人文社会科学重点研究基地——西北大学中国西部经济发展研究中心、中国社会科学院社会科学文献出版社、西北大学经济管理学院、公共管理学院联合举办的《中国西部经济发展报告2007》新闻发布会暨中国西部经济论坛于2007年9月23日在西安举行。来自全国40余所高校、中国社会科学院等科研单位、国家发改委等政府部门以及《光明日报》、新华社等全国10余家主流媒体的80余位专家学者参加了会议。

一　西部大开发的成效、问题与对策

中国社会科学院工业经济研究所周民良研究员认为西部大开发的主要成就表现在4个方面：（1）西部地区的经济增长比较快，基本上保持与全国同步增长；（2）西部各省区都形成了一批优势产业和产业链；（3）促进西部地区经济增长的产业基础已经逐步形成；（4）西部地区的基础设施和生态环境有了改善，奠定了经济发展的基础。西北大学白永秀教授认为，西部地区在基础设施建设、生态环境改善、市场化发展、人民生活水平提高等方面取得了重大成绩。

西北大学何炼成教授认为当前西部经济运行中有8个方面主要问题：（1）离全面建设小康社会的目标还有很大距离，国家公布的绝对贫困人口大部分在西部；（2）“三农”问题的解决只开了个头；（3）工业化、信息化仍然比较落后；（4）二元经济结构比较突出，城乡、区域、社会各阶层的收入差距有所扩大，分配领域的矛盾比较尖锐；（5）金融业太落后，资金获取能力差；（6）生态环境虽有改善但远未解决；（7）社会保障体系建设在城镇处于低水平状态，在农村则未建立；（8）文化教育和科技发展还很落后。

中国社会科学院西部经济发展研究中心主任魏后凯教授提出了当前西部发展面临5大挑战：第一，近年来国家执行东部率先发展、东北振兴、中部崛起等战略，政府对西部发展的关注度在下降；第二，西部开发将面临更加严格的资源与环境保护标准；第三，目前较高的税收负担造成西部地区工业成本偏高；第四，西部地区产业配套能力比较差，难以适应西部大开发的需要；第五，西部地区资源环境的压力很大，节能减排降耗的任务很重。提出西部经济发展的6大对策：第一，要将西部老工业基地纳入国家政策范围；第二，国家应把新农村建设资金投放的重点放在西部地区；第三，要采取有力的措施尽可能减小主体功能区建设对西部地区的负面

效应；第四，要研究解决西部大开发的法律地位和法律保障问题；第五，要研究引导沿海企业向西推进的国家政策体系；第六，要研究西部节能降耗减排的标准，其标准应该跟沿海地区不一样。

二 西部县域经济发展和新农村建设问题

西北大学徐璋勇教授认为，西部地区农户对新农村建设有着良好的期望，但对4个方面的问题表示特别关注：一是农民收入水平低、增收门路狭窄；二是西部农村基础设施建设与公共服务滞后、且严重不足；三是惠农政策落实不够；四是基层组织建设不强、凝聚力差。针对这些问题，西部地区新农村建设必须做好5个方面的工作：（1）牢固树立新农村建设的核心是增加农民收入的思想；（2）新农村建设必须按计划，分主次地推进建设；（3）正确界定新农村建设中中央政府与地方政府的权责关系；（4）加快西部地区农村公共服务的综合改革，尽快建立完善的农村公共服务体系；（5）加强农村基层民主建设，强化基层领导班子。西安邮电学院张鸿教授强调发展农村信息化对经济发展的重要意义。

三 关于东西部互动发展问题

西北大学窦玲副教授认为造成东西部差异的原因可以分成制度因素和自然因素，其中制度因素是人的行为可以选择或改变的，因此就显得尤为重要。西部地区要赶超东部地区，必须进行制度创新。国家发改委国土开发与区域经济研究所副所长肖金成教授鉴于西部地方政府财政资金很有限，提出国家要帮助有发展潜力的地方发展基础设施。东部地区要促使资本和人才向西部转移，劳动力和人口向东部流动。西部地区一要使适合人类生存的地区集中发展；二要发展特色经济，以提高市场竞争力；三要优化投资环境；四要打造合作平台。厦门大学李文溥教授认为西部发展要善于借鉴东部地区发展的经验。

（金 泓）

摘自《经济学动态》2007年第2期

中国经济形势分析与预测2007年秋季座谈会

2007年10月10日，中国社会科学院经济学部“中国经济形势分析与预测”课题组召开了“中国经济形势分析与预测2007年秋季座谈会”。这是该课题组自1990年成立以来召开的第35次此类座谈会。来自国务院各部委、有关科研机构、大专院校及部分省市的数十名专家学者出席了座谈会，香港特别行政区的专家也出席了会议并作了发言。首都各大媒体的新闻工作者到会进行了采访、报道。

与会专家运用定量与定性相结合的方法围绕经济形势及发展问题进行了深入的分析，提出了不同的意见，特别对目前我国价格问题的成因、走势与对策展开了讨论。

一 对当前经济形势及2008年经济走势的基本判断

宏观经济从总体上或基调上看是好的。预计2007年GDP增长率为11.5%左右，2008年GDP增长幅度会略有降低，预计为10.9%左右。

二　如何认识当前的物价问题

2007年经济运行中，物价涨幅明显提高是一个新出现的问题，打破了多年来我国宏观经济“高增长、低通胀”的增长格局，因而也成为人们关注的热点问题。物价上涨与经济持续较快增长结合起来，是否预示着宏观经济正在从“偏快”走向“过热”？如何认识其成因、性质及后果？应该采取怎样的对策？成为此次会议中专家讨论最多也是分歧最为明显的一个问题。有专家提出，如何认识这一问题已成为正确认识2007年经济形势的关键。比较有代表性的意见有两种。一种意见认为，从性质上看，目前“CPI的较高上涨已经成为宏观经济趋向过热的明显信号。”另一种意见认为当前的“物价上涨是部分食品涨价导致的物价结构性上涨”，“是否因为经济的持续较快增长拉大了供求缺口，引起了物价涨幅提高，分析结论是否定的”。

三　资产价格问题

不少专家对资产价格问题的关注超过了对物价上涨的关注，认为资产价格快速上涨对宏观经济的潜在威胁要大于物价上涨，股市和房地产的泡沫已成为中国经济健康发展的最大隐忧。也有专家认为，还很难得出中国股市已经出现泡沫的结论。

四　对当前经济形势及总供求关系的分析

有的专家认为宏观经济总体由偏快转向过热的趋势进一步加剧，过热问题表现得更加明显。有的专家认为2000年以来我国经济周期波动出现了良性大变形，即经济周期波动的上升阶段大大延长，使得经济能够在上升通道内持续平稳地高位运行。总的来说，在需求增长趋于稳定和供给能力不断增强的背景下，我国社会总供求关系正在向平衡以至局部产能过剩的方向发展。

五　对2008年经济走势的分析

2008年经济发展面临国内外环境的不确定因素。国内环境总体来看有利于经济保持较快增长。2008年三大需求仍将保持较高增长。2008年我国消费增长将保持高位。促使我国投资保持较高增速的基本因素依然存在。出口减速，贸易顺差增速将明显下降。2008年经济增速呈现高位趋稳、小幅回落的态势，价格上涨幅度前高后低。

六　2007年及2008年主要国民经济指标预测

结合对当前经济形势及2008年经济走势的分析，专家们运用定性与定量相结合的方法对2007年及2008年的各项经济指标进行了预测。

七　关于2008年宏观调控的政策建议

下决心把过快的经济增长速度特别是投资增长速度降下来；继续促进居民消费；深化改革，提高宏观调控的有效性。

（赵京兴）

中国工业经济学会2007年年会暨产业政策:反思与评价研讨会

中国工业经济学会2007年年会暨产业政策：反思与评价研讨会于2007年10月

12—13 日在湖南湘潭举行，由湖南科技大学承办。大会共收到论文 150 余篇，来自全国各高等院校和研究院所的专家学者 200 余人参加了会议。大会通过主题报告、专题研讨、集中评论和自由发言相结合的方式，就产业政策涉及的一系列问题进行了 1 场主题报告、4 个单元的专题讨论与集中评论、1 个单元的自由研讨。

中国社会科学院工业经济研究所副所长金碚研究员作了题为“产业政策的理论逻辑和实施条件”的主题报告。就产业政策的内涵界定、逻辑基础和实施条件以及政府在制定和实施产业政策过程中需要注意的问题进行了深入分析。金碚研究员强调，我们不能因为产业政策的制定和实施所需要的苛刻条件在现实中很难满足而否定产业政策的作用。无论是现在还是将来，中国的经济发展都离不开一定的产业政策。但是考虑到产业政策的理论逻辑和实施条件在现实中很难得到全面满足，所以在实施产业政策时要把握以下 4 个原则：局部性原则、间接弹性原则、审慎性原则、竞争优先原则。

产业结构趋同是中国经济发展过程中的一个值得关注的问题。首都经贸大学王文举教授和范合君博士认为我国无论是传统产业还是新兴产业都存在结构趋同现象。但是传统产业与新兴产业结构趋同的原因不同。

产业政策的作用在理论界有不同的理解，暨南大学张耀辉教授和陈秉贤博士认为产业政策的作用是信息披露。他们将企业学习曲线扩展到一般性社会学习曲线，以此来建立产业政策的理论基础。

关于区域产业政策与不同国家产业政策的比较，湖南科技大学的刘友金教授等人从种群互相回报式合作行为的角度切入，通过构建一个进化博弈模型对集群内企业信任机制进行了探讨。复旦大学李想博士和芮明杰教授通过分析印度市场低成本电脑竞争，尤其是 XO 与 NetPC 竞争的案例，探讨了模块化分工与破坏性创新的内在关联。唐晓华教授认为，正是因为集群中企业间的合作和信任，才使得产业集群具有竞争力，应该进一步研究如何维系集群企业间的信任。

与会学者还就我国汽车、钢铁等行业的具体产业政策和规制改革进行了讨论。合肥工业大学刘志迎教授建议，政府应该明确产业政策在本质上是公共政策，是为解决市场失灵问题，通过协调竞争和规模经济之间的矛盾，维持正常的市场秩序，最终促进有效竞争态势的形成。浙江大学汪斌教授和廖园园博士通过一个模型对产业标准国际竞争与政府行为进行了分析，他们的结论是：与其他产品相比，政府对产业标准的国际竞争具有采取力度更大的支持措施的内在动力；标准的成长路径遵循先国内后国外的发展模式。

（曹休宁）

中国技术经济论坛 2007 · 徐州

由中国社会科学院数量经济与技术经济研究所、清华大学经济管理学院、重庆大学经济与工商管理学院和中国矿业大学管理学院共同主办的中国技术经济论坛 2007 · 徐州，于 2007 年 10 月 20—21 日在江苏徐州中国矿业大学召开。来自全国 57 所高等院校和科研单位的 130 名专家学者参加了这次论坛。论坛共收到论文 155 篇。

中国社会科学院经济学部委员、数量经济与技术经济研究所所长汪同三教授在开幕式致辞中，提出技术经济学要紧跟经济社会发展的实践，服务于经济发展的实践，对实践中提出的新问题进行针对性的研究。国家自然科学基金委员会管理科学部常务副主任陈晓田教授、中国社会科学院数量经济与技术经济研究所副所长李平教授、中国矿业大学管理学院应用经济研究所所长魏晓平教授、重庆大学副校长张宗益教授、清华大学经济管理学院雷家骕教授分别在大会上作了主题演讲。中国社会科学院数量经济与技术经济研究所齐建国副所长在闭幕式上作了总结发言。

论坛的宗旨是推进技术经济学科理论与应用的发展。论坛以“自主创新与科学发展观，技术经济学的机遇与挑战”为主题，分4个小组围绕技术经济学学科建设，产业发展与社会和谐，技术经济在经济管理中的应用，能源、环境与可持续发展等议题进行了热烈深入的讨论。会议认为中国的技术经济学明显区别于国外类似的学科，具有强烈的中国特色。应该继续发挥中国技术经济学的特点，同时也应该学习和借鉴其他经济学和管理学的长处，建立具有中国特色的技术经济学的理论和方法。中国的技术经济学具有两个显著的特点：第一是从实际的需要、实际应用出发，密切结合实际；第二是对新生事物的敏感性和积极介入新生事物的灵活性。发挥技术经济学的这两个特点，有利于技术经济学为全面建设小康社会服务。十七大报告提出的中国未来5年面临的8大任务，其中提高自主创新能力，建设创新型国家；加快转变经济发展方式，推动产业结构优化升级；加强能源资源节约和生态环境保护，增强可持续发展能力；推动区域协调发展，优化国土开发格局等4项任务直接和技术经济学有关，应该成为中国技术经济学发展的主要方向。对这些领域的研究是技术经济学的责任，也是技术经济学发挥能力的广阔天地。

（刘满强　陈平）

中国区域发展理论创新论坛

由中国社会科学院经济研究所、《经济学动态》杂志社、山西师范大学经济管理学院主办，山西师范大学经济管理学院承办的“中国区域发展理论创新论坛”于2007年10月26—28日在山西师范大学隆重召开。来自中国社会科学院经济研究所、国家发改委国土开发与地区经济研究所、中国人民大学、安徽省社会科学界联合会、河南省社会科学院等研究机构和高校的50余位专家学者出席了会议。与会专家学者就区域协调发展、促进中部地区崛起与山西经济发展、区域发展理论与区域经济学发展趋势等问题进行了深入的讨论和交流。

一　区域协调发展

中国社会科学院荣誉学部委员于祖尧研究员认为，任何时候世界经济发展都不可能是均衡的，世界经济失衡的实质是经济的不公平和不公正，原因主要是发达国家大量的产业转移。目前我国也存在生产不断扩大的趋势与人民消费需求相对缩小的矛盾。

国家发改委国土开发与地区经济研究所

副所长肖金成研究员指出，促进区域协调发展，要健全区域协调的互动机制；大力实施城市群战略，最终形成10大城市群；加快实施增长极战略，带动区域经济发展；完善主体功能区战略，形成合理的空间开发结构。

中国社会科学院经济研究所徐逢贤研究员认为，促进中国10大经济区发展要有协调机构和科学的发展战略，准确的经济区发展定位，明确的区域主导产业、重点产业、特色产业和骨干产业，通过城市群带动区域发展，重视生态、人居、工作、人才成长、吸引外资、社会、交通环境等的建设，要有高素质的干部队伍。

河南省社会科学院赵保佑研究员指出，我国城乡经济协调发展水平地域差异显著，城乡经济发展联系呈现出明显的东、东北、中、西逐渐变差的区域分布规律，这与区域经济差异规律是一致的。

二　促进中部地区崛起与山西经济发展

中国区域经济学会副会长程必定研究员认为，工业化道路决定着城市化道路。我国已开始由传统的工业化道路向新型工业化道路转变，这也要求城市化道路的转型。中部地区经济发展落后，主要是工业化、城市化水平落后，中部地区的城市化更滞后于工业化，因此中部地区应突出推进城市化。城市化不能局限在人口转移型的城市化道路上，要推进结构转换型的城市化。

中国人民大学陈秀山教授指出，中部各省的国内贸易依存度呈现出逐步提高的趋势，贸易结构也发生了明显变化，中部各省的区际贸易均呈现出显著的沿海指向，中部各省与东部地区的经贸联系不断强化。但中部地区各省之间的贸易联系处于一种相对松散的状态，区域经济的关联性和整体性较差。

山西省社会科学院董继斌研究员认为，国家为了实现“翻两番”的目标，把山西建成全国强大的煤炭能源基地，使山西经济由机械、煤炭、电力、纺织等多元结构逐渐转变为以煤炭为主的单一结构。二是煤炭产业本身的原因。煤炭的产业链很短，几乎世界所有的煤炭基地在生产的鼎盛时期均是本国相对贫困地区。山西煤炭开采产生的外部成本从来没有得到应有的补偿。要改变山西落后状况，一是国家直接援助；二是大力发展现代物流业和现代金融业等第三产业。

山西财经大学景普秋教授认为，煤炭资源是山西经济增长的动力，但煤炭的高增长并未带来高收入。山西省工业化进程对矿产资源的严重依赖，造成工业化结构单一，地区生产总值增长受矿产资源，尤其是煤炭价格和需求的影响很大；由于煤炭产业开采本身的特点，对城市化的需求相对较弱，工业化难以起到对城市化的推动作用。煤炭资源开发对山西贫富差距扩大、资源破坏和生态环境均产生了重要影响。

三　区域发展理论与区域经济学发展趋势

山西师范大学安树伟教授指出，目前区域经济学研究中存在的主要问题是学科理论严重滞后于实践，微观理论基础尚未融入区域经济理论体系，没有融入主流经济学，对区域经济现象解释不够。未来区域经济学的研究方向应该包括学科基础理论建设和当前我国区域经济学理论的前沿问题两方面。

（金　泓）

摘自《经济学动态》2008年第1期

"《资本论》与现时代"学术研讨会

——纪念《资本论》出版140周年

为纪念《资本论》出版140周年，2007年10月27日，中国《资本论》研究会、中国人民大学马克思主义研究院和中国人民大学经济学院联合召开了"《资本论》与现时代"学术研讨会，会议围绕如何在当代坚持和发展《资本论》的理论进行了深入讨论。林岗、卫兴华、吴易风、王成稼、王辅民、李其庆、智效和、裴小革、刘大椿、蔡继明、杨瑞龙、张宇、杨志、邱海平、孟捷等30多名研究《资本论》和马克思主义经济学的专家参加了研讨会。

与会专家一致认为，《资本论》出版140年以来人类历史发展的现实一次又一次地证明，马克思的《资本论》是科学的真理，是人类进步的旗帜，《资本论》的科学价值和历史意义不会因为时代的前进而有丝毫的褪色。

有的专家认为，《资本论》对于研究当代社会主义经济具有重要的理论与现实意义，主要体现在以下几方面：

（1）《资本论》充分体现和证明了历史唯物主义的基本原理，这些原理为我们认识当代资本主义和社会主义经济的运动规律提供了世界观和方法论。

（2）《资本论》揭示了有关社会生产与再生产以及经济发展的一般原理和一般规律。

（3）《资本论》揭示了商品生产和市场经济的一般规律，这些规律同样适用于社会主义市场经济。

（4）《资本论》系统和全面地揭示了资本主义经济的运动规律，对于我们科学认识和正确对待当代资本主义经济具有重要指导意义。

（5）《资本论》对人类社会发展的历史趋势所做的预见和对未来社会的设想，对社会主义经济建设具有直接的指导意义。

有的专家提出，当前特别需要澄清和纠正对马克思主义经济学的以下一些误解、曲解与错解：

（1）否定马克思主义的科学价值和指导意义，否定马克思主义可以指导我们现实经济发展和社会发展，认为马克思主义经济学是一种过时的理论，只能反映100多年前的现实，不能用来解释当代经济社会发展的新情况。

（2）曲解马克思主义基本原理，比如把马克思在《资本论》第一卷中提出的重建个人所有制的理论曲解为建立个体私有制，人为割裂马克思经济学的内在的有机联系，用《资本论》第3卷的理论否定第1卷的理论。

（3）否定马克思经济学的现代性，认为《资本论》的理论是一种古典理论，而西方经济学则是现代经济学理论；认为《资本论》的理论是本土化理论，而西方经济学的理论则是国际化的理论，其实所谓的国际化指的是西方化。

（4）把作为意识形态的马克思主义和作为科学体系的马克思主义割裂开来，认为西方经济学是纯粹的科学的经济学，而马克思主义经济学则只是一种意识形态而不是一种科学体系，否定马克思主义经济学是科学性和意识形态的有机统一。

专家们一致认为，坚持和发展《资本论》的理论还要继续反对教条主义和本本主义的观点，当前要着重研究以下一些课题：

（1）对当代资本主义经济的新特点新趋势的研究。

（2）对当代中国特色社会主义经济的研究。

（3）对西方经济学理论的研究。

（4）对马克思主义经济学的数学化问题的研究。

（5）对经济发展中生态问题的研究。

专家们还认为，新中国成立以来特别是改革开放以来，形成了有中国特色的社会主义经济理论的完整体系，是马克思主义与当代中国实际和时代特征相结合的产物，它与包括《资本论》在内的马克思主义经典作家的思想是一脉相承而又与时俱进的，是中国化的马克思主义。

（金 泓）

摘自《经济学动态》2008 年第 3 期

“八十年探索与新农村建设”学术研讨会

中国社会科学院农村发展研究所、中国经济史学会、江西财经大学传统生态与现代中国研究中心、江西省现代史学会于 2007 年 10 月 30 日联合在江西省贵溪市樟坪畲族乡召开“八十年探索与新农村建设”学术研讨会。会议的主题是政府与农民关系的互动。参加本次研讨会的专家学者，从中国现代乡村建设八十年探索的视角，分别就社会转型与新农村建设、乡村建设中国家与农民的关系、历史视野中的乡村建设等议题展开了讨论。

一、农民能否发挥主体作用。通过对 80 年来中国现代乡村建设历程的梳理发现，80 年乡村建设之所以坎坷曲折，重要原因是主流意识形态长期片面、静止地看待农民群体，以至于无视农民的意愿，漠视农民的利益，使农民建设家园的主体地位不同程度地丧失了，在很长的时间里，农民是被动的，并没有真正成为乡村的主人。

二、政府在乡村建设中的责任。政府能否正确履行其职责，在乡村建设中具有至关重要的作用，也是政府能否与农民形成良性互动的关键之所在。农民积极性能否发挥在很大程度上也取决于政府职能是否准确定位。乡村建设的主要推动力量，尤以政府的推动极为关键。这既是政府的职责所在，也是因为政府有更多的推动乡村建设的资源和能力，这是欠发达国家乡村建设的必然选择和要求。在乡村建设中，政府最基本的职责是为农村提供最优公共产品。

三、农民自我组织问题。这是农村合作经济发展、乡村建设与农村社区治理、农村民主政治、农村宗族等诸多研究领域中的一个基础性问题。面对村民自治组织成为一级“准政府”的现实，农村能否生长出真正的农民自我组织就成了一个备受瞩目的问题。有学者指出要实现农民的主体地位，就要让农民自我组织发育起来。保证农民拥有完整的民主权利，确立能代表农民说话并能有效维护农民主体利益的组织。以新农村建设理事会为代表的农民自我组织的建立，是新农村建设的一个前提或要求。

四、农民土地产权历经了由产权明晰到产权模糊再到产权逐步明晰的曲折反复过程。实现农民的土地财产权都是政府与农民关系的焦点问题。中国发展现代农业面临着诸多约束，但最基础的约束还是农户土地经营规模过小。有学者认为，仅仅是实行农地承包期“延长30年”是不够的，并提出了解决办法：实行“永耕制”——由工业化完成之后留在农村从事现代化农业的“最后的农民”，也即专业农户，永远耕耘那一片土地。也有学者提出，要积极探索土地流转新机制，目前有两个办法可资选择：一是组建土地银行，二是建立农民土地合作社。

（邱贵明　蒋国河）

中国区域经济学会2007年年会

中国区域经济学会2007年年会于2007年10月30日—11月1日在西南民族大学召开。会议的主题是“统筹区域协调发展”。会议收到论文100余篇，来自全国60多个科研机构和高等院校的100多位专家学者参加了此次区域经济学界的盛会。

一　统筹区域协调发展

兰州商学院张贡生教授提出了“丰”字型战略是中国经济发展的核心。黄河、长江、珠江三条河流和京广铁路构成一个“丰收”的“丰”字，经济发展的重心在“丰”字的下端，而三条河流的中上游发展较落后。因此，将三条河流的中上游和下游形成共同的经济发展带，这样可以促进中部崛起，实现城乡统筹发展和可持续发展，同时促进生态环境的保护。

中国社会科学院工业经济研究所陈耀教授发现，近30年来，中国各地区工业都有不同程度的增长，而增长较快的是两类地区，即东南沿海新兴工业省区和少数中西部资源省区；增长相对慢的是中西部不发达省区和进入以服务业为主体的后工业化阶段的直辖市。中国各地区的工业发展水平，在很大程度上取决于地区市场化改革和对外开放的推动。

西南财经大学徐承红博士认为：中国经济发展的区域差异包括自然差异、人文差异、经济差异、组织体制差异等。应该允许适度的区际差异存在，这是经济发展不平衡的客观反映；也是区域间竞争与合作的基础。但是，区际间差异过分悬殊则会影响国民经济的可持续发展。西南民族大学安果教授认为，西部的产业结构低度化特征严重影响着西部地区技术创新能力和技术创新激励。因此，西部地区要加快技术创新的步伐，必须加快产业结构的调整与升级。

东北师范大学李秀敏教授提出：我国确实存在一定程度的市场分割，特别是农业、纺织业、金属制品业和非金属矿物制品业等关系到地方就业与税收的部门市场分割比较严重。山西财经大学王再文教授指出，技术差异是造成收入差距的重要原因之一。安徽农业大学江激宇教授认为，中国区域经济增长绩效差异的内在空间机制在于各省的制造业集聚程度不同和各地区的初始条件的不同。安徽省社会科学院孙自铎研究员认为，只有资本的自由流动和集聚以及劳动力的大量异地就业，但却没有劳动者与人口的自由迁徙和相对集中，由此形成了独特的中国区域发展和差距问题。

二　主体功能区协调发展研究

四川大学邓玲教授认为，主体功能区具有多方面的区域协调功能，但并不能完全解决所有的区域不协调问题，推进过程中也有可能导致新的不协调。杜黎明博士认为，设计分类指导的区域政策是主体功能区建设中最关键、最重要的任务。

三　城乡协调发展

中国区域经济学会副会长、安徽省社科联党委书记程必定教授认为，从统筹城乡协调发展的角度看，我国的城市化必须转变发展模式，走新型城市化道路。

浙江师范大学张明龙教授提出，要促进我国城乡经济协调发展，必须进行制度创新：1. 改革户籍制度。2. 改革财政体制，建立城乡统一的财政运行模式，加大财政对促进农业发展的支持。3. 改革税收制度，实行城乡统一的税收运作方式。4. 改革社会保障制度，建立城乡有机衔接的社会保障体系。

兰州商学院张贡生教授认为，统筹城乡发展亟待深化3个问题：1. 近年来农村物价一直高于城市；2. 中央财政用于农业的绝对支出虽然在增长，但农业支出占财政支出的比重却在下降；3. 城乡居民之间的收入与消费之间的差距不是在缩小，而是在拉大。因此，稳步提高中央财政用于三农方面的支出，并尽快建立与健全农民社会保障体制，乃当务之急。

四　区域经济发展研究

深圳大学罗清和教授对中部地区利用外资进行了深入研究，认为目前中部地区存在人才匮乏、市场化程度低、产业结构不合理、科技实力、创新能力不强、投资环境有待改善等问题。

郑长德教授研究了西部民族地区的区际贸易与经济增长的关系，认为经济发展水平的相对落后决定了贸易逆差格局的必然性，基础设施落后引起的交易成本过高阻碍了区际贸易应有的发展，国家宏观经济管理政策中的“一刀切”对西部民族地区的发展也有不利影响，地方保护主义也限制了西部民族地区区际贸易的发展。

西南民族大学刘晓鹰教授提出，西部地区应实施空间集中化和重点推进战略，大力促进乡村人口与社会生产要素向区位条件优越、空间可达性强、产业集聚程度与城镇聚合程度较高的重点区域集中。

四川大学周婷博士认为，长江上游地区担负着建设长江上游经济带与长江上游生态屏障的双重任务。青海民族学院赤旦多杰等提出青藏高原要通过发挥比较优势，“以特制胜”，实行跨区域合作和实施生态补偿机制等来实现生态经济可持续发展。刘彤博士剖析了目前青藏高原地区贫困治理模式的主要误区。

辽宁师范大学李靖宇教授论述了东北老工业基地质变为新型产业基地的功能价值取向问题。

五　区域金融与区域协调发展

西南民族大学郑长德教授认为，在我国经济转轨时期，政府对区域金融发展差异的形成具有关键性影响，中央政府金融制度安排的区域差异和地方政府不同的经济发展政策所造成的区域经济环境差异是区域金融差异形成的根本性原因。中国区域金融差异并非来自于微观经济主体的推动，而是依照政府偏好通过国家行政力量构建形成的。

广东金融学院刘芬华教授认为，西部开发依然需要金融支持，但金融支持模式需要转变。民间金融自组织系统将成为衔接民间资本供给与民营经济资金需求之间的光明大道。

四川大学任卫峰博士等认为，在国际上已经应用的一种金融创新即补充货币，是对传统货币和金融工具的很好补充，是我国新农村建设的可行工具之一。

西南民族大学伍艳教授认为，不同区域应根据经济发展水平构建相应的金融体系，并采取差别化的区域金融政策。

六　区域经济学科建设

南开大学安虎森教授认为，必须以规模收益递增和不完全竞争理论为基础重构区域经济理论。西北大学安树伟教授把改革开放以来中国区域经济学发展划分为三个阶段：起步阶段（1978—1988）、发展阶段（1989—1996）和壮大阶段（1997—），并详细阐述了每个阶段的特点和标志性事件；认为我国区域经济学的学科范式应包括区域经济学的研究对象、研究内容、学科特点、微观基础、研究目标和研究方法。今后区域经济学的研究方向，他认为首先要加强学科基础理论建设，构建中国特色的区域经济学理论体系。其次在应用领域，要针对国家若干重大现实区域经济问题进行研究，提出相应的政策建议，为政府决策和经济建设服务。

（金　泓）

摘自《经济学动态》2008 年第 3 期

"全球化时代的分配差距和正义问题的中日比较"学术交流研讨会

"全球化时代的分配差距和正义问题的中日比较"学术交流研讨会于 2007 年 11 月 2 日在中国社会科学院经济研究所召开，中日两国 50 多位学者、专家出席了讨论会。经济研究所副所长王振中教授致辞，肯定了中日双方共同研究收入分配问题的重要意义。与会学者们围绕收入分配政策的变化，国民收入分配的现状，收入分配差距成因，减缓、缩小收入分配差距的措施与前瞻，以及收入分配与社会公正的关系等问题，作了深入的交流与探讨。

一　关于收入分配政策的变化

中国社会科学院经济研究所董志凯研究员指出，改革开放前，中国在收入分配方面长期实行平均主义。收入分配政策变化的突破点是邓小平在 1978 年 12 月中共中央工作会议上提出的"让一部分人先富起来"。

农业部农村经济研究中心郑有贵研究员指出，建国以来国家在农民收入政策方面作过 3 次大的调整。一是建国初期到 1978 年的工业化初期，国家的政策目标是取与管。二是 1978 年到 2000 年这 20 余年，国家政策发生了由管到放的变化，放权让农民增收。三是 21 世纪初到现在，国家政策由取到给，取消农业四税，增加农业投入，给予农民补贴。

日本东京都大学宫川彰教授介绍说，20 世纪 90 年代日本推行新自由主义经济政策后，贫富差距扩大了。近来，日本国内正在推行最低工资制度改革。

二　关于中、日两国国民收入分配的现状

魏众研究员认为，改革前平均主义盛行是收入分配的基本特征，基尼系数总体上一直维持在较低的水平上。改革开放以来，收入分配的基本特征是收入差距的不断扩大。其一，城乡居民之间的收入差距一直处于较高的水平。其二，无论是城镇还是农村，其内部收入差距一直处在不断上升的状态中。其三，行业间收入差距的持续扩张已经成为当前收入分配的一个突出问题。

郑有贵研究员认为，1978 年之前农民收入主要来源于农业生产经营性收入，改革开放后，工资性收入逐渐成为其收入的重要组成部分，财产性收入和政府转移性收入也逐渐增加。

日本国立鹤冈工业高等专门学校山内清教授也关注中国收入分配的差距问题，他认为中国收入分配差距源于“让一部分人先富起来”的政策，虽然现在收入分配差距较大，但并不十分严重。

宫川彰教授认为中日在居民收入分配差距方面有许多相似之处，日本出现了现代的“新型贫困”。日本过去是储蓄大国，而现在有 1/4 的家庭储蓄为零。贫富差距扩大的倾向十分严重。

三　关于收入分配差距扩大的成因

魏众研究员认为，从我国所处的特殊时期来看，经济转型、经济发展以及所采取的经济政策对于收入差距的扩大都可能有重要的影响，在国际经济交往不断增强的条件下，经济全球化也将成为收入差距扩大的重要因素。在市场化转型过程中，转型方式以及体制转换摩擦也将导致收入分配模式的复杂化。

山内清教授关注中国理论界对于收入分配差距问题的争论。他认为中国新“左”派与新自由主义学者在论述收入分配差距的原因时有共同之处，但新“左”派认为私有经济和自由市场经济是形成收入分配差距的最大源头。而新自由主义则认为市场经济体制不彻底以及现行的行政体制是收入差距扩大的最主要原因。他还评价了樊纲的收入差距理论。宫川教授认为新自由主义学者的理论是方法论的个人主义，应该用马克思主义剩余价值理论分析资本主义社会。首先要区分价值与使用价值，各生产要素是否创造价值，然后才能讨论收入差距问题。根据马克思主义理论，资本主义生产关系不仅生产商品，也生产资本雇佣劳动的生产关系，形成资本家阶级与劳动者阶级。一方面是资本家积累财富，另一方面是劳动者积累贫困。

四　缓解、缩小收入分配差距的措施与前瞻

董志凯研究员认为，解决中国收入差距进一步扩大问题的根本途径在于促进经济增长，特别是劳动就业的增长。要实施以下措施：首先，要把收入分配的转型纳入国家对宏观经济调控的目标。其次，对于实施企业创新、创业活动或其他正当经济活动而得到的高收入，在进行了依法监管和依法征税以后，应该大力鼓励和依法保护，以防止企业创新力和国际竞争力减弱。第三，对于贫困线以下的人口和低收入人口，通过积极扶持政策，扩大他们的创收能力。第四，继续在社会公平方针的指引下，加大财政支农力度。第五，建立以创业促进就业的新型教育和社会机制。第六，建立适度的社会保障体系。

魏众研究员认为，解决收入分配问题应当从初次分配开始，建立公平收入分配机制

要符合如下基本原则：对于随机和先天的决定因素，需要阻断其传递性和扩大趋势；对于制度性因素，需要做出制度调整；对于纯粹的市场因素，在初次分配阶段不应施加过多的干预。在收入再分配阶段，采取健全财政转移支付制度及收入所得税征收制度，完善社会保险体制，建立社会救助体系等措施。

五　关于收入分配对社会公正的意义

董志凯研究员认为，收入分配对于社会公正极为重要。贫富差距扩大还产生了社会公平问题。魏众研究员认为，我国传统的社会公正标准大体上可以以“义”、“均”和“仁”来概括。我国当前的社会公正观念是复杂的、也是多元的。这种公正观念标准的多元性并没有能够增强我国居民对当前收入分配格局公正性的认同，相反，社会公众对我国当前收入分配公正性的认同感却不容乐观。

（金　泓）

摘自《经济学动态》2007年第12期

“中小企业集群·产学研一体化”国际学术研讨

上海社会科学院经济研究所于2007年11月2—3日在院101会议室召开“中小企业集群·产学研一体化”国际学术研讨会，来自日本、韩国以及上海、浙江、安徽、台湾等国家和地区的60余名学者参加了大会。与会者就中小企业集群发展与产学研一体化的理论、实践与启示作了深入的探讨，对于进一步深化对中小企业集群与产学研一体化的研究以及促进上海发展中小企业与推进产学研一体化进程具有积极意义。

11月2日上午举行开幕式，经济研究所副所长沈开艳研究员主持开幕式，院常务副院长、经济研究所所长左学金研究员致开幕词。左学金研究员代表上海社会科学院与经济研究所向参加会议的学者表示欢迎，并作了题为《创新与中小企业发展》的主旨报告，在简要介绍上海当前发展所处的国内外环境以及面临的重大任务的基础上，对上海中小企业发展的状况作了深入分析，深入强调了中小企业发展对于提升自主创新能力的重要性。

研讨的内容主要集中于以下几个方面：第一，中小企业发展的商务环境：基础设施等硬件环境，融资、服务、政策等软件环境；第二，中小企业创新和产学研转化中的政府作用：即产业集群是需要政府推动，还是由企业在市场化环境下自发形成，政府在产学研过程中扮演什么角色，如何协调好政府、企业、园区、高校在区域转型和创新中的协同关系及各方的积极性，第三，中小企业集群发展过程中面临的生态环境问题；第四，特色各异的区域、产业创新的实证研究和案例研究。

产业集群问题。围绕产业集群学习机制、产业集群培育与就业、产业集群与中小企业发展及合作、企业网络与产业集群、产业集群升级、上海金融机构变迁、韩国工业发展与产业集群、东京产业集聚等论题进行了讨论，从全方位、多角度探讨了产业集群发展的作用、瓶颈与对策。产业集群的发展对于经济发展具有重要意义，产业集群研究有必要进一步加强对策性，重视大小企业的关系对产业集群的影响。

产学研一体化问题。重点针对上海科技成果转化中的产学研特征以及产学研的具体案例、政府在产学研知识转移过程中角度与作用、中小企业在产学研合作中的角色与地位、研发外包契约的类型选择、台湾电子业网络、中国电动车行业的发展等方面入手深入探讨了产学研的有关理论与实践问题。产学研一体化作为促进自主创新与提升科技水平的重要渠道，在促进转变经济发展方式与促进经济社会事业全面发展具有重要作用，相关研究对于深化产学研一体化认识以及提升产学研水平具有积极意义。

（刘社建）

第四届公司治理国际研讨会

以“公司治理新阶段：合规、创新与发展”为主题的第四届公司治理国际研讨会，于2007年11月3—4日在天津召开。来自美、英、德、日和中国台湾、中国香港等国家和地区著名大学和国际机构的公司治理知名专家，国内学界专家、企业家、知名商学院院长共300余人出席研讨会。会议收到来自海内外专家学者的论文400多篇。大会得到了国家自然科学基金委员会、国资委、中国证监会、中国保监会、中国银监会及中国旅游饭店业协会、中国名酒店组织等部门和组织的支持，设立了相关专业论坛，共议公司治理的理论前沿与改革大计。

近年来，公司治理改革已经成为全球性的焦点问题，尽管各国进行公司治理改革的原因不尽相同，但对公司治理问题的全球关注却反映了这样一个不断增强的共识，即作为在全球市场上的一种竞争优势，作为可持续增长和发展的一个重要组成部分，完善的公司治理机制对于保证市场秩序的完整性具有十分重要的作用。中国企业改革从股份制改造到建立现代企业制度，一直致力于完善公司治理机制。中国的经济改革已经进入由“强制守规”到“主动合规”的公司治理新阶段，此时，合理的公司治理结构必须要有利于企业的创新、有利于企业的发展。实践呼唤理论的创新，如何通过组织、管理和制度方面的革新来进一步提升公司治理效率，促进中国企业的创新和发展，越来越成为政府、企业界、学术界共同关注的焦点问题。基于此，第四届公司治理国际研讨会的主题定为“公司治理新阶段：合规、创新与发展”。

大会围绕“公司治理新阶段：合规、创新与发展”这一主题，共设置董事会治理、网络治理、公司治理改革与创新、盈余管理与审计治理、经理层治理、公司治理评价与利益相关者、民营企业发展与公司治理、公司治理法律制度、投资者关系管理、银行业与金融机构治理、保险业与投融资治理、集团治理与跨国治理等多个专题论坛。

李维安教授率领的公司治理评价课题组，深入剖析中国上市公司治理中存在的问题，探察根源、提出完善公司治理的改革方略，推出最新中国公司治理评价报告。2004年2月22日在人民大会堂正式推出的“中国公司治理评价报告”，标志着中国公司治理评价工作进入了实质性实施阶段。这次的评价报告作为持续发布的公司治理指数，将为推进我国公司治理机制的不断完善发挥重要的作用。

（李维安）

"妇女在合作社治理中的作用"国际研讨会

由中国社会科学院农村发展研究所组织召开的"妇女在合作社治理中的作用"国际研讨会于2007年11月9—10日在北京梅地亚中心举行。参加会议的代表来自农业部、财政部、全国妇联等政府部门和民间组织，中国人民大学、中华女子学院、青岛农业大学等大专院校，各基层合作社，《农民日报》、《农家女》等新闻媒体，以及中加农业发展项目和中澳治理项目等国际组织。会议主要讨论了妇女在合作社治理中的参与现状、影响妇女参与的主要障碍以及推进妇女参与合作社治理的对策建议等。

对于妇女参与合作社的治理，与会代表普遍给予了肯定，并且认为，妇女参与合作社治理，无论对于妇女自身还是对于合作社，都具有重要的意义。对于妇女自身而言，其意义可以概括为以下几个方面：首先，妇女通过直接参与合作社的选举，发表意见，提高了参与意识和竞争意识，自信心得以增强，社会地位也得到提升；其次，通过加入合作社，妇女在家庭中有了独立的经济收入，改变了过去在家庭中的依附地位，有了独立的人格地位；第三，通过参与合作社的活动，妇女的观念、技能和文化素质都得到提升，精神面貌也得到改善。对于合作社而言，妇女参与还具有特殊的意义。按照合作社原则，合作社向那些能够利用合作社服务并愿意承担社员义务的人开放，无性别限制。在合作社中，社员平等参与合作社的决策，每个人无论拥有多少财富、无论社会地位高低，都是一人一票，人人平等，无论是女性社员还是男性社员。因而，广大女性社员的积极参与是保证合作事业健康发展的重要条件。

合作社在不同地区的发展程度不同，从而妇女的参与水平也各异。来自合作社发达地区的代表认为，中国妇女目前已经打破了过去在家庭和社会中没有地位、男人包办一切的传统状态，从家庭中走了出来。特别是在市场经济条件下，随着工业化和城市化的迅猛推进，越来越多的农村男性劳动力到城市务工就业，妇女逐渐变成农业生产经营活动的主体，农业生产呈现女性化的趋势。农业女性化进一步加剧了农户联合起来、互助合作、共同抵御生产和市场风险的需求，从而妇女参与合作社的积极性和主动性都在提高。

而更多的代表则认为，目前妇女在参与合作社治理过程上还存在许多不尽如人意之处，概括起来可以表现为如下几个方面：第一，妇女参与合作社的比例总体偏低；第二，妇女参与合作社时的身份很多都依附于男性户主；第三，妇女参与合作社的积极性和主动性仍然不高；第四，妇女在合作社中从事经济效益低、负担重的劳动。

妇女在参与合作社治理过程中所存在的问题是诸多因素共同作用的结果。第一，现行制度环境造成妇女缺乏参与的机会；第二，传统文化观念和父权制结构造成妇女的参与能力相对偏弱；第三，传统的社会性别角色定型影响了妇女的主动参与；第四，缺乏外部机构和组织的支持也影响了妇女的参与；第五，合作社自身民主管理机制不健全也是影响妇女参与的重要因素。

（潘　劲）

第八届中国宏观经济运行与政策论坛

由中国社会科学院财政与贸易经济研究所和意大利佛罗伦萨大学共同主办的“第八届中国宏观经济运行与政策论坛”于2007年11月10日在北京举行。来自中国社会科学院、意大利佛罗伦萨大学、国务院发展研究中心、财政部财政科学研究所、中国人民大学、国家发改委、国家统计局、建设部、中国银行、中国建设银行、上海公积金管理中心以及美国马里兰大学、意大利佛罗伦萨市政府、意大利托斯卡纳经济发展区域研究所等机构的中外专家学者与政府官员共100余人出席论坛，围绕“住房与公共政策”这一主题进行了深入探讨与交流。

住房作为一种私人产品，被纳入公共政策的视野，是有其深刻的时代背景的。自从20世纪末停止福利性分房，实行货币化改革之后，政府部门在解决城市居民住房问题上，更多地依赖于市场化改革，而弱化了自身应有的保障性责任，从而带来了一系列严重的后果。因此，与会代表认为，住房作为商品，是一种特殊的复杂商品，而且人人都有居住的需要，是保障人的基本生存权的一种需要，因此，住房政策本质上是一个公共政策。同时，住房市场作为一个支柱产业，涉及方方面面的关系，关乎整个经济能否健康发展的大问题，因此需要将住房政策纳入公共政策体系之中。可以说，适应社会主义市场经济的城镇住房制度，就是公共住房保障体制的建立。

与会代表认为，我国的公共住房保障问题很复杂，所以需要政府和市场的有机结合。根据国际上多数国家的经验，保障低收入家庭的住房问题是政府的基本责任。无论我们的市场化程度如何，无论我们的经济发展速度如何高，都不可能依靠市场来解决所有家庭的住房问题，政府必须在提供中低收入家庭住房保障方面负起应有的责任。

与会代表认为，中国应当制定《住房法》，以相应的法律来保障住房的公共性。对于现代化的国家来说，有两个法最重要：一个是住房，一个是就业。我们已经有了《就业促进法》，还需要有一个住房法，并通过住房法明确规定：满足全体居民的住房需求是国家的责任。中国的住房法应当至少包括这样一些内容：住房发展的国家目标、国家政府的责任、土地与住房发展、商业性住房发展、低收入阶层住房保障和廉租房制度、土地财产制度、城市规划、房地产金融体系、住房财税体系等。

与会代表认为，政府应当建立住房市场的信息体系，收集、整理、分析当地的房地产市场情况和居民住房情况，并定期向社会发布。准确地统计住房信息对于市场研究和政策制定非常重要。我们的许多政策之所以效果不理想，或朝令夕改，都是因为缺乏全面准确的住房信息。

与会代表还从财政政策、金融政策、税收政策、土地政策等方面提出了完善住房公共政策的建议，认为政府应当运用相应的配套政策来解决居民“住有其居”的问题。

来自国外的专家学者还介绍了欧美及亚洲国家的住房政策及经验，其中有很多值得我国借鉴之处。

（孔繁来）

长三角区域经济发展中日学术研讨会

由中国南京大学长江三角洲经济社会发展研究中心、日本名古屋大学和日本爱知县政府共同举办的“长三角区域经济发展中日学术研讨会”于2007年11月21—25日在日本名古屋大学举行。中方以南京大学刘志彪教授为团长，日方以名古屋大学多和田真为团长。会议就中日双方共同感兴趣的有关长三角区域经济发展的话题进行了研讨。

中国长江三角洲地区和日本东海地区，都是两国具有明显发展优势的地区，都是制造业高度集聚式发展的地区，都是代表两国国家竞争力的“明星”地区。在两国经济高速增长时期，两个地区的产业发生了显著的变化和升级。不仅如此，中国长江三角洲地区在近年来的经济国际化中，还吸收了来自日本东海地区的大量制造业资本，两地制造业呈现出相互融合的垂直一体化趋势。另外，在区域经济发展中，都市圈模式是日本主要的经济区划方式和区域政策实施的空间框架。

都市圈模式是迄今为止世界城市区域化发展的最高形式，也是最为集约和有效的模式。日本长期以来一直致力于都市圈区划动态管理机制理论和实践的探索，形成了独具特色的都市圈区划体系。中国长三角地区的城市化也在不断推进，以都市圈为基础的区域发展已成为长三角区域经济发展的基本趋势。日本都市圈经济区划过程完整、易于观察，开放的国际环境也与中国长三角地区目前所处国际环境类似，因此可以成为长三角地区进行都市圈区划和治理工作的借鉴。

在这个背景下，南京大学长江三角洲经济社会发展研究中心与日本名古屋大学经济学部联合召开的“中日区域经济发展研讨会”，对这两个地区经济发展和产业变迁进行学术讨论，尤其是对产业集聚这一区域经济发展新现象的发生、发展的原因和规律进行深入研究，具有非常重要的理论意义和实践意义。

40位专家参加了会议，日本通产省次官、中国驻名古屋领事也参加了会议，受到了日本学术界和政府的高度关注。学者们就中日双方学者共同感兴趣的学术话题展开了充分的交流和论坛，也取得了非常丰硕的成果。会议相关论文将陆续刊登在日本著名的区域研究杂志 *Studies in Regional Science* 上，一篇关于长三角地区环境与发展的文章，已发表在美国的 *Journal of International Business and Economy* 上。

（吴福象）

首届全国省域经济综合竞争力高层论坛

首届全国省域经济综合竞争力高层论坛于2007年11月24—25日在福州召开。本次论坛由全国经济综合竞争力研究中心主办，国务院发展研究中心《管理世界》杂志社、中国社会科学院社会科学文献出版社、全国经济综合竞争力研究中心福建师范大学分中心、全国经济综合竞争力研究中心福建行政学院分中心、福建省丰泉环保集团有限公司

（中国首家德国主板上市公司）联合举办，全国经济综合竞争力研究中心福建师范大学分中心具体负责承办。来自国务院发展研究中心、中国社会科学院等60多个单位的领导、专家、新闻记者共200多人参加了会议。

与会代表围绕经济综合竞争力理论与实践的发展创新，全国各省域、区域之间以及海峡西岸经济区、长三角地区、珠三角地区、天津滨海新区、环渤海经济区等主体区域之间的协调发展进行了深入的探讨。

一　开展省域经济综合竞争力研究具有重要的理论和现实意义

国务院发展研究中心副主任李剑阁指出，在经济全球化趋势加剧的形势下，一个省域的经济发展要同时面对国内和国外两个方面的激烈竞争，在应对方面最根本的是要具有很强的经济综合竞争力。中国社会科学院副院长李慎明指出，提升省域经济综合竞争力是提升中国国际竞争力的重要基础。加强省域经济综合竞争力的研究是我们国家当前和今后很长一段时间需要关注的重大课题，对区域经济战略决策者们和宏观经济部门在未来的经济发展中把握市场竞争和区域经济竞争的主动权，具有重要的理论和实践意义。中国社会科学院经济研究所副所长王振中把省域经济综合竞争力研究的重要意义概括为3个方面：第一，省域经济综合竞争力研究，开辟了竞争力研究新的领域；第二，省域经济综合竞争力研究符合时代潮流；第三，省域经济综合竞争力研究有利于优化资源配置。

二　多角度、多层次地研究区域经济竞争力

中国社科院财贸研究所倪鹏飞博士认为，区域经济综合竞争力的研究具有正面的积极作用：第一是为政府的宏观决策和制定区域战略布局提供重要的参考，第二是激励作用，第三是具有很好的导向作用。

三　竞争力的科学界定与分析维度

对于究竟什么才是竞争力，中国社会科学院工业经济研究所副所长金碚提出，第一，必须要正确理解竞争力的内涵，要给竞争力下一个统一且确定的定义；第二，如何研究竞争力，要很好地解决研究对象、概念体系和研究方法；第三，竞争力的研究有很多问题需要解决。

国务院发展研究中心产业经济研究部部长冯飞认为，不能仅仅从静态角度研究竞争力，还必须从动态的角度来分析，适应国家整体政策的转变和经济形势发展的趋势。

四　与时俱进，根据新的实践，丰富和发展中国省域经济综合竞争力研究

开展中国省域经济综合竞争力研究很重要的一个环节就是建立客观、科学的指标评价体系。指标评价体系的建立，不仅要正确反映比较对象的竞争力水平，而且要从多层面、多侧面对其发展进行客观与全面地反映，从中发现影响竞争力差异的原因。冯飞指出，在今后的研究中，指标体系要更加关注生态问题和民生问题。

（金　泓）

摘自《经济学动态》2008年第1期

全国高校社会主义经济理论与实践研讨会第21次年会

全国高校社会主义经济理论与实践研讨会第21次年会于2007年11月29—30日在广州召开，由华南师范大学承办。来自全国40余所大学的180多位代表参加了会议。

一　马克思主义经济学中国化

中国人民大学胡钧教授认为，应当注重从《资本论》中探索马克思深刻阐明的生产关系是社会生产力快速发展的主要推进者的理论。

厦门大学庄宗明教授认为，长期以来，马克思主义政治经济学被分为政治经济学的资本主义部分和社会主义部分，其实资本主义部分和社会主义部分都只是马克思主义政治经济学的国民经济学部分，马克思主义政治经济学的世界经济学部分，则有待于我们去继承、研究和发展。

辽宁大学黄泰岩教授认为，中国经济学的研究需要对刘易斯等结构主义的分析逻辑进行扬弃：第一，构建超越刘易斯二元理论的三元经济理论框架；第二，构建超越开放经济理论的全球化发展理论；第三，构建超越刘易斯劳动力流动理论的中国特色城市化理论。

南京大学张二震教授指出，国际价值理论是马克思政治经济学理论的重要组成部分，国际价值理论的创新发展需要将国际分工的发展作为基本假设前提加以扩充，使之对当代国际分工和国际交换格局、国际贸易利益的分配作出更科学合理的解释。

二　公平效率组合、城乡统筹与构建和谐社会

中国人民大学卫兴华教授指出，十七大报告中关于效率与公平关系的新提法，是对“效率优先，兼顾公平”提法的重要调整，这种调整既是从我国现实生活中收入分配差距过分扩大的经济实际出发，又是依据以人为本、科学发展观和构建社会主义和谐社会的理论做出的，这种调整在理论上是科学的，在实践上是符合实际的。

清华大学蔡继明教授认为：平等是客观描述收入分配状况的实证概念，平等与效率之间存在着替换关系；公平是主观评价收入分配状况的规范概念，是对不同的平等—效率组合的价值判断。20年来中国经济学界有关公平与效率的争论，存在着一个重大误区：混淆了公平与平等两个不同的概念。

北京工商大学冯梅教授指出，公平与效率之间不是互相排斥、非此即彼的关系，也不应有先后顺序的排列。内蒙古大学王岩教授认为，公平和效率是统一在公平分配劳动、公平支出和交换劳动基础之上的，二者之间并不存在矛盾和此消彼长的关系。

西南财经大学刘灿教授认为，体现正义与公平的财产权制度是现代文明社会的一个标志，也应该成为社会主义市场经济的价值取向。

武汉大学郭熙保教授提出，一个和谐社会的发展之路绝不是线性的，而是遵从一个倒U型的发展路径。

南京大学洪银兴教授指出，当前我国的

城乡差距不限于收入差距，最为突出地表现为居住和生活条件的差距。因此，城乡统筹的重点是从改善农村生活条件入手，实现基本公共服务的城乡均等化。

三 发展现代农业与社会主义新农村建设

西北大学白永秀教授指出，社会主义新农村建设必须依据各地资源禀赋、经济发展基础等有重点地展开，不是把所有村庄都建设成新农村，而是把那些有人口集聚和产业集聚潜力的村庄建设成为新农村。

山东大学张东辉教授从农村金融发展的视角研究了中国农村居民收入差距问题，实证结果表明，农业存款和农业贷款的增长是中国农村居民收入差距的重要影响因素，并且二者与农村基尼系数之间呈正向因果关系。

辽宁大学林木西教授认为，社会主义新农村建设不仅仅是对“村”的建设，要使农村的落后面貌发生质的变化，必须通过县域经济的发展来使农村经济、区域经济乃至国民经济跃上一个新台阶。

吉林大学谢地教授认为，我国应当把平衡工业化、城市化需要与农民权益作为农村土地产权制度进一步改革的原则目标。

西南财经大学丁任重教授则认为，农村土地制度改革中期目标可以推行农村土地股份合作制的改革；长期来看，现行的土地承包制度不可能作为一种基础性的制度，政府的政策要明确由农民对土地的使用权转向农民对土地的所有权。

四 中国经济体制改革

南京大学沈坤荣教授认为，推进经济增长模式由快速增长到和谐增长的蜕变，在政策供给上需要着重考虑构建科学的政绩评价体系、推动金融体制深化改革、完善政府间财政体系和推进新农村建设等4个方面。

南京大学范从来教授认为，我国人民币汇率制度的选择应以价格稳定作为基本标准或目标，适时进行政策目标的重新定位。

华南师范大学吴超林教授认为，商业银行的存贷差及高的不良资产是导致中国M2/GDP升高的最主要因素，而存贷差实际上是由于外汇储备的不断增加所引起的。

（金 泓）

摘自《经济学动态》2008年第2期

中国经济规律研究会第十七届年会

由中国经济规律研究会和南京财经大学联合主办，南京财经大学经济学院、科研处承办的中国经济规律研究会第十七届年会于2007年12月1日在南京财经大学召开。专家学者围绕“创新、发展、和谐”的主题，从多方面、多视角对中国特色社会主义道路和中国特色社会主义理论体系，对如何实现科学发展和构建社会主义和谐社会，对我国当前经济中的热点问题，对马克思主义经济学创新和中国化等问题进行了广泛、深入、具体的研究和探讨。

一 关于中国特色社会主义道路和中国特色社会主义理论体系

1. 中国必须坚持走中国特色社会主义道路。刘国光教授从目前贫富差距扩大的形势，强调了坚持中国特色社会主义道路的重要性。他指出，经过近30年的改革实践，社会阶层分化，收入差距大大拉开，但还没有来得及进行先富带后富，实现共同富裕的目标，由此带来了深刻的社会矛盾，引起公众的焦虑和学者的争论。我国贫富差距扩大最根本的原因在所有制结构的变化，目前已对公有制的主体地位发生了深刻的影响。因此，还需要从基本生产关系、基本经济制度来解决这一问题，才能最终阻止向两极分化推进的趋势。所以，坚持公有制为主体，多种所有制经济共同发展这一社会主义初级阶段的基本经济制度，对缩小我国贫富差距，解决社会公平问题非常重要。求是杂志社郑宗汉指出，中国必须坚持以生产资料社会主义公有制为主体的中国特色社会主义道路。

2. 坚持中国特色社会主义道路，必须对民主社会主义等错误思潮进行抵制。

中国社会科学院学部委员、马克思主义研究院院长程恩富教授指出，一个时期以来，在我们思想理论界出现了一些诸如新自由主义、民主社会主义、历史虚无主义等错误思潮，这些错误思潮，否定唯物史观的历史观点，否定社会主义基本制度，否定改革发展的正确方向，必须对这些错误思潮进行批判。

二　关于实现科学发展和构建社会主义和谐社会

中国社会科学院荣誉学部委员于祖尧教授指出，现在世界经济的主要特点是失公，而不是失衡。利用外资虽然增长了中国的GDP，但大量的利润被外资带走，我们没有得到实惠，造成了中国经济的不稳定、不公平、不可持续，10多年来，内需一直没有拉上来，大中城市的商品房价格越调越高。这些都值得我们深思，要很好地解决这些问题，贯彻落实科学发展观。中国社会科学院经济研究所副所长王振中教授指出，党的十七大提出要全面认识工业化、信息化、城镇化、市场化、国际化深入发展的新形势新任务，说明我们党对我国社会主义建设和发展的时代特征的认识方面在不断深化，为我们实现科学发展确定了时代标准。“五化”不是孤立存在的，而是一个有机整体，既相互促进又相互制约。中国社科院马克思主义研究院毛立言研究员提出，我国这场历史性变革要处理的主要问题是现代化、市场经济与社会主义的关系问题。要特别关注基本经济关系、基本利益关系、基本利益格局的状况，这是决定能否实现科学发展和社会和谐最深层次的制约因素。

3. 对于和谐社会的基础和构建问题的深入研究和认识。

首都经贸大学校长文魁教授提出，实现科学发展、构建和谐社会，必须把民生问题放在特别重要的位置，应该树立民生第一的理念和原则。

南京财经大学经济学院院长钱书法教授提出，应当积极推进私营企业劳资分配关系的制度改革与创新，建立分享型劳资分配关系，包括建立“纯收入分享制”和“纯利润分享制”，以增加劳动者的收入份额，协调劳资关系。

三　我国当前经济运行中的热点问题

西南财经大学副校长丁任重教授认为，当前经济运行中出现的经济过热，是局部过热，而不是全局过热。造成过热的原因，是投资过热，但不是企业投资过热，而是政府投资过热，特别是地方政府投资过热。以致出现了经济增长和就业、收入不相协调，国内经济和国际经济不协调等现象。所有这些问题归根到底在于体制，在于地方政府的过度经济职能。以前调控的主要矛盾是政府与企业的矛盾，现在是中央政府和地方政府的矛盾。财富增量大部分集中在政府手上，不利于经济正常运行。政府应该遵循市场经济规律，退出竞争性行业，侧重于公共事业。

（金　泓）

摘自《经济学动态》2008年第5期

市场和谐与和谐营销论坛

2007年12月22—24日，中国市场学会、湖南商学院、湖南省市场学会、《中国流通经济》杂志社在湖南长沙联合举办了“市场和谐与和谐营销论坛”。来自国务院政策研究室、中国社会科学院、中国人民大学的百余名专家学者参加了会议。

一　改革开放30年的市场变化与发展

国务院政策研究室综合司司长、博士生导师陈文玲就中国市场近年来的发展情况作了阐释：第一，改革开放以来，中国市场取得了显著进展，出现了重要变化：（1）计划经济转向市场经济；（2）封闭型经济转向开放型经济；（3）资源、产品型经济转向发达商品经济；（4）供给约束型经济转向需求约束型经济；（5）世界投资性生产制造业大规模地转向中国，同时中国国内的民族产业中市场微观主体再造已基本完成，形成经济发展的主要动力；（6）传统市场转向现代市场。

第二，中国市场培育和发展中出现了某些失衡现象：（1）投资消费比率失衡；（2）城乡市场发展失衡；（3）区域市场发展失衡；（4）国内外市场失衡；（5）有形市场与无形市场发展失衡；（6）工商关系失衡，流通发展滞后；（7）零供关系失衡；（8）商业企业与利益相关者关系失衡；（9）业态结构失衡；（10）市场秩序失衡。

第三，构建和谐市场的政策思路：（1）调整投资和消费关系；（2）加快转变商业发展模式；（3）加快区域协调发展；（4）扩大国内需求；（5）推进现代流通方式；（6）加快实现市场的两个延伸，从城市延伸到农村，从市场硬件建设延伸到市场软件建设。

二　市场变异与市场和谐

中国社科院财贸经济研究所流通产业研究室主任、博士生导师宋则认为构建和谐社会的关键是要打造和谐市场：（1）团结、推动全社会共同参与，达成共识与合力，加快建立市场体系；（2）产业结构调整从政府主导型转变为市场主导型，形成真正意义上的宏观调控；（3）在新时期建立竞争性、高效率的财富涌流机制，为共同创造、共同富裕、共享成果的和谐社会提供最可靠的制度保证和最雄厚的物质基础；（4）针对中国根深蒂固的官本位情结和机构改革严重滞后的状况，在所有具体举措中最要紧的是规范公权力。

三　企业行为与和谐营销

湖南师范大学刘茂松教授认为，偏离完全竞争不一定就不和谐、非效率，市场营销的本质就在于促进这种非均衡的和谐。

四　从不和谐到和谐：一个总结

湖南商学院经济与贸易发展研究院院长、中南大学博士生导师柳思维教授提出了坚持科学发展观、促进中国商品市场和谐发展的主要政策思路：（1）深化改革，健全现代市场体系；（2）努力实现城乡商品市场的协调发展，加大对农村市场基础设施投入；（3）转变贸易发展方式，使贸易发展方式由粗放型发展向集约型贸易发展方式转变；（4）提高消费率，努力拉动内需，改善初次分配结构，提高居民收入特别是低收入居民的收入水平，加强收入再分配调节；（5）努力实现商品市场硬、软件建设协调发展；（6）构建多层次和谐的交换关系，建设良好的工商关系、农商关系、商商关系以及商家与消费者之间的关系。

（金　泓）

摘自《经济学动态》2008年第4期

获奖动态

孙冶方经济科学奖简介及历届获奖情况

孙冶方经济科学奖简介

孙冶方经济科学基金会是为了纪念中国卓越的经济学家孙冶方对经济科学的重大贡献，由薄一波、姚依林、谷牧、张劲夫、荣毅仁、薛暮桥、汪道涵、徐涤新、于光远、李人俊、梅益、徐雪寒、孙晓邨、马洪、刘国光、孙尚清等55人发起，于1983年6月成立的。基金会由中国社会科学院主管，办事机构设在中国社会科学院经济研究所。

孙冶方经济科学奖由孙冶方经济科学基金会设立，旨在表彰和奖励对经济科学作出突出贡献的集体和个人，推动中国经济科学的繁荣和发展，是我国经济学界公认的最高荣誉，是经济学界最具权威地位、最受关注的一个经济学奖项。孙冶方经济科学奖每两年评选、颁发一次，自1985年设立以来，已颁发了12届，在社会上产生了广泛和深远的影响。孙冶方经济科学基金评奖委员均为我国资深经济学家，如薛暮桥、于光远、马洪、厉以宁、刘国光、吴敬琏、张卓元、周叔莲、黄达、董辅礽、陈佳贵等。20多年来，孙冶方经济科学基金会本着孙冶方生前追求真理，严谨治学的精神，公平、公正地评选，推出了一批又一批经济学界的新人，为繁荣我国经济科学事业作出了积极的贡献。

历届获奖情况

第一届（1984）

（按发表先后顺序排列）

著作奖（4部）

1. 罗季荣：《马克思社会再生产理论》
2. 梁文森、田江海：《社会主义固定资产再生产》
3. 尹世杰（主编）：《社会主义消费经济学》
4. 孙尚清（主编）：《论经济结构对策》

论文奖（47篇）

1. 周叔莲：《科学、技术、生产力》
2. 苏绍智、冯兰瑞：《驳姚文元按劳分配产生资产阶级的谬论》
3. 蒋学模：《再谈无产阶级绝对贫困化问题》
4. 张朝尊、项启源、黄振奇：《社会主义全民所有制和商品生产》
5. 何建章：《我国全民所有制经济计划管理体制存在的问题和改革方向》
6. 邝日安、晓亮：《试论价值规律同企业独立自主权的关系》
7. 谢佑权、胡培兆：《从实际出发正确认识和有计划地利用价值规律》

8. 晓鲁：《“先进的社会主义制度与落后的社会生产力之间的矛盾”的提法是科学的吗?》

9. 袁文祺、戴伦彰、王林生：《国际分工与我国对外经济关系》

10. 蒋一苇：《企业本位论》

11. 苏星：《怎样使住宅问题解决得快些》

12. 杨勋：《认真总结历史经验，改变农业落后面貌》

13. 王贵宸、魏道南：《联系产量的生产责任制是一种好办法》

14. 乌家培：《探索社会主义再生产模式的若干问题》

15. 陈敏之：《住房还是商品》

16. 杨坚白、李学曾：《论我国农轻重关系的历史经验》

17. 廖季立：《从横向联系和纵向联系谈体制改革》

18. 吴象：《阳关道与独木桥——试谈包产到户的由来、利弊、性质和前景》

19. 王梦奎：《企业领导制度中的一个问题——对于一长制的考察》

20. 李成瑞：《财政、信贷平衡与国民经济的综合平衡》

21. 顾宗枨、孙广林：《试论我国工业企业的级差收益及其调节》

22. 万欣：《应当从分析商品开始研究社会主义生产的目的》

23. 林文益、贾履让：《关于供求规律及其在社会主义经济中的作用》

24. 薛永应：《生产力系统论——关于生产力经济学的对象和任务的探索》

25. 肖灼基：《关于改革经济管理体制的若干设想》

26. 赵人伟：《社会主义计划经济和市场机制》

27. 董辅礽：《经济利益、经济杠杆和经济组织》

28. 滕维藻、郑伟民：《资本国际化与现代国际垄断组织》

29. 马家驹：《〈资本论〉的方法和政治经济学社会主义部分的研究》

30. 吴敬琏：《关于我国现阶段生产关系基本结构的若干理论问题》

31. 方民生：《论劳务在社会再生产过程中的作用》

32. 刘景林：《论基础结构》

33. 北京大学经济系《资本论》教学小组：《劳动价值论是揭露现代资本主义剥削的强大思想武器》

34. 张寄涛：《马克思的剩余劳动理论和社会主义剩余劳动的性质及其表现形式》

35. 高峰：《马克思的资本有机构成理论与现实》

36. 孙尚清、吴敬琏、张卓元、林青松、冒天启、霍俊超：《试论孙冶方的社会主义经济理论体系》

37. 宋则行：《实现经济发展战略目标合理调整经济结构》

38. 中国农村发展问题研究组：《“重新组合”的历史性要求及其在联产承包制中的实现》

39. 卫兴华：《马克思的生产劳动理论》

40. 曾启贤：《孙冶方经济理论体系试评——突破理论困境的贡献和新体系中存在的主要问题》

41. 何炼成：《社会主义制度下生产劳动与非生产劳动的特殊含义》

42. 余广华：《国民收入生产结构的若干

分析》

43. 杨圣明：《消费基金的性质、形成、动态及其内部的比例关系》

44. 王向明：《人口与国民收入的生产和分配》

45. 林凌：《关于中心城市改革的几个问题》

46. 张曙光：《中国经济发展的主要途径问题》

47. 黄达：《中国财政信贷综合平衡和通货物价控制问题》

第八届（1998）

著作奖（3部）

1. 陈锡文：《中国农村改革：回顾与展望》

2. 杨承训：《市场经济理论典鉴——列宁商品经济理论系统研究》

3. 刘骏民：《从虚拟资本到虚拟经济》

论文奖（12篇）

1. 朱善利：《论经济总量均衡的条件》

2. 赵汇：《怎样理解马克思的无产阶级贫困化理论》

3. 杨瑞龙：《国有企业股份制改造的理论思考》

4. 中国社会科学院“严重亏损国有企业研究”课题组（郑海航、江小涓、张承耀负责）：《严重亏损国有企业的亏损原因剖析》

5. 中国社会科学院财贸经济研究所“中国住房制度改革研究”课题组（杨圣明、温桂芳、边勇壮执笔）：《关于深化城镇住房制度改革的总体设想》

6. 唐宗琨、韩朝华：《国有企业产权交易行为分析》

7. 中国社会科学院工业经济研究所课题组（金碚、胥和平、谢晓霞执笔）：《中国工业国际竞争力报告》

8. 刘树成：《论中国的菲利普斯曲线》

9. 银温泉、臧跃茹：《目前企业集团发展值得注意的几个问题》

10. 张军扩、吕薇、熊贤良（执笔）：《国有经济的职能错位与战略性改组的基本方向》

11. 江小涓：《市场化进程中的低效率竞争——以棉纺织行业为例》

12. 叶坦：《“中国经济学”寻根》

第九届（2000）

著作奖（1部）

汪敬虞主编：《中国近代经济史（1895—1927）》

论文奖（10篇）

1. 宋晓梧、张小建、陈宇等：《中国人力资源开发与就业》（本书总论）

2. 阎滔：《论从抑制通胀到扩大内需转型期的宏观调控政策》

3. 胡鞍钢：《就业与发展——中国失业问题与就业战略》（序）

4. 韩俊：《农村经济结构的变更与国民经济发展》

5. 宋文兵：《中国的资本外逃问题研究》

6. 许宪春：《世界银行关于中国GDP数据的调整及其存在问题》

7. 陈清泰等主编：《国企改革攻坚15题》

8. 林毅夫：《价格双轨制与供给反应：理论与来自中国农业的经验证据》

9. 谢平：《新世纪中国货币政策的挑战》

10. 杨惠馨：《以汽车制造业和耐用消费品制造业为例的结论和政策含义》

第十届（2002）

著作奖（3部）

1. 李维安等：《公司治理》

2. 臧旭恒等：《居民资产与消费选择行为分析》

3. 王俊豪：《政府管制经济学导论——基本理论及其在政府管制实践中的应用》

论文奖（8篇）

1. 陈宗胜等：《中国经济体制市场化进程》

2. 范从来：《通货紧缩时期货币政策研究》

3. 王燕、徐滇庆、王直、瞿凡：《中国养老金隐性债务、转轨成本、改革方式及其影响——可计算一般均衡分析》

4. 夏斌、廖强：《货币供应量已不宜作为当前我国的货币政策中介目标》

5. 杨瑞龙主编：《国有企业的"效率悖论"及其深层次的解释》

6. 张晓山等：《对中国农民中介组织的理论研究》

7. 工业化与城市化协调发展研究课题组（郭克莎执笔）：《工业化与城市化关系的经济学分析》

8. 贾康、白景明：《县乡财政解困与财政体制创新》

第十一届（2004）

著作奖（3部）

1. 北京师范大学经济与资源管理研究所：《2003年中国市场经济发展报告》

2. 倪鹏飞（主编）：《中国城市竞争力报告》

3. 纪宝成（主编）：《转型经济条件下的市场秩序研究》

论文奖（10篇）

1. 黄少安：《关于制度变迁的三个假设及其验证》

2. 张晓朴：《入世后应对国际资本流动的政策选择（上、下篇）》

3. 余永定：《通过加总推出的总供给曲线》

4. 张新、蒋殿春：《中国经济的增长——GDP数据的可信度以及增长的微观基础》

5. 张车伟：《营养、健康与效率——来自中国贫困农村的证据》

6. 樊纲、王小鲁、张立文、朱恒鹏：《中国各地区市场化相对进程报告》

7. 中国社科院经济研究所经济增长前沿课题组：《经济增长、结构调整的累积效应与资本形成》

8. 刘小玄：《国有企业民营化的均衡模型》

9. 谢平、陆磊：《中国金融腐败研究：从定性到定量》

10. 中国（海南）改革发展研究院：《加快建设公共服务型政府》

第十二届（2006）

著作奖（3部）

1. 王元龙：《中国金融安全论》

2. 李文治、江太新：《中国地主制经济论》

3. 左大培：《内生稳态增长模型的生产结构》

论文奖（10篇）

1. 林汉川、夏敏仁、何杰、管鸿禧：《中小企业发展中所面临的问题——北京、辽宁、江苏、浙江、湖北、广东、云南问卷调查报告》

2. 李雪松、詹姆斯·赫克曼：《选择偏差、比较优势与教育的异质性回报：基于中国微观数据的实证研究》

3. 胡必亮：《村庄信任与标会》

4. 荆林波：《质疑外包服务降低成本及引起失业的假说——以信息技术外包服务为例》

5. 李扬、殷剑锋：《劳动力转移过程中的高储蓄、高投资和中国经济增长》

6. 赵志君、金森俊树：《一个中国私营部门发展模型》

7. 陈佳贵、黄群慧：《工业发展、国情变化与经济现代化战略——中国成为工业大国的国情分析》

8. 刘树成、张晓晶、张平：《实现经济周期波动在适度高位的平滑化》

9. 平新乔、郝朝艳、毛亮、李化松、张璐、胡向婷：《垂直专门化、产业内贸易与中美贸易关系》

10. 中国农民工问题研究总报告起草组：《中国农民工问题研究总报告》

资料来源：http://www.ndcnc.gov.cn/datalib/2004/Award/DL/DL－470065

第十二届孙冶方经济科学奖获奖作品介绍

《中国地主制经济论——封建土地关系发展与变化》

李文治　江太新　著

中国社会科学出版社 2005 年版

495 千字

该书主要内容是通过对中国封建土地关系发展和变化的研究，探讨中国地主制经济发展变化规律及特点。整体构架除绪论外，该书共分七章，分上下两编。上编为封建领主制经济向地主制经济过渡，包括西周领主制经济的发展和东周时期封建领主制经济向地主制经济过渡两章；下编为地主制经济发展与变化，断代论述，包括地主制经济初步发展及逆转倒退（秦汉—南北朝）、地主制经济摆脱畸形状态恢复正常运转（隋唐时期）、地主制经济进一步发展（两宋时期）、权贵地主膨胀与农民社会地位下降，地主制经济的逆转（元朝）、土地关系的松懈及资本主义萌生，地主制经济高度发展（明清时期）等五章。本书主要论述如下 4 个问题：

（1）西周领主制经济发展概况及东周时期向地主制经济过渡历程。作者认为西周已是封建社会，社会经济发展受领主制经济所制约。到东周时期，原有的土地关系逐渐发生变化，土地分封制逐渐被土地私有制所代替，到秦汉时期地主制经济体制已初步确立。

（2）中国地主制经济的特点。本书认为中国地主制经济相对西周领主制经济来说，具有如下几个方面的特点：第一，地权体现形式不同。在地主制经济下，土地可以买卖，地权分配状况变动无常。地主制经济不是严格等级所有制，从而反映土地制度的灵活性。第二，封建依附关系的差异。中国由于土地产权经常变动，尊卑贵贱等级关系不是同土地产权连生的，租佃农虽由于佃种土地对地主发生人身依附关系，但对封建地权来说它是外加的，土地主权可以脱离人身依附关系而独立存在。佃农依附关系的强弱可因地主权势的大小和有无而不同。总的发展趋势是在整个封建时代，人身依附关系总是由强化到削弱，最后趋向松懈，这时租佃农对地主只有单纯的纳租义务关系。但人身依附关系无论发生什么样的变化，地主占有租佃农大部剩余劳动并没有改变，而封建社会性质也就不会改变。第三，地租形态不断发生变化。秦汉以后实物分成租已占主导地位，宋以后，国有土地率先实行实物定额租。而后实物定额租逐渐向民田发展，至清代前期，实物定额租代替实物分成租而居主导地位。同时，押租、预租在发展，货币地租在成长，超经济强制逐渐为经济强制所取代，地主对农民生产过程的监督逐渐向收取押租或预租方向转化。第四，市场经济发展又不发展。由于个体农民和地主都无法实现产品自足自给，只有通过市场交换，才能实现使用价值自足，因而存在广泛的市场，但每当国家对农民、地主对佃农的压迫和剥削加重时，农民负担繁重，对市场需要就会受到抑制，从而又影响到市场的发展。这点与西周领主制下自给自足的自然经济是有差别的。

（3）地主制经济发展与变化。这是本书论述的中心问题。从秦汉至清末，中国封建经济发生一系列变化，如秦至西汉是地主制经济初步发展期，由东汉至南北朝是地主制经济逆转倒退阶段。至隋唐时期，地主制经济又逐渐摆脱畸形状态进入正常发展轨道。社会经济遂也进入正常发展时期，宋代社会经济继续保持发展势头，是地主制经济获得高度发展期。元代由于权贵实力嚣张，社会经济出现短暂逆转。明清时代地主制经济进入第二个高度发展期，其间虽然出现短暂逆转，但很快又转入正常发展轨道。中国地主制经济这种高低、曲折的发展变化过程受地主所有制制约。地主所有制有两个主要组成部分，一个是土地产权，一个是封建依附关系。两者的发展变化，尤其封建依附关系（贵贱等级及依附关系）的发展变化，最能突出封建时代的特征和社会经济发展的阶段性及其趋势。

（4）资本主义萌芽产生标志及其停滞原因。该书认为自由劳动的产生才是资本主义萌芽的标志。造成萌芽早出现而又迟滞的原因是因为市场经济既发展又不发展的结果。在地主制经济体制下，无论是地主或是农民、手工业者、商人，他们只有通过市场交换价值形态才能实现自给，所以市场有广泛的发展前景。当社会经济处于发展时期，农民、手工业者经济状况得到改善，人们需求旺盛，市场繁荣发达，这时持有货币的人就会纷纷设厂、建农场、开商店，以实现资本增值，这时萌芽显得生机勃勃。每当王朝进入后期以后，农民在官府、地主双重压迫和剥削下纷纷破产，家庭经济收入严重恶化，这时人民的消费被压缩到最小值，市场因社会需求减少而萎缩，资本主义萌芽又呈现出迟滞状态。这时地主制经济就成了社会发展的桎梏。

该书写作自始至终贯彻历史唯物史观，以实事求是精神为指导，在尊重历史事实前提下，吸收前人研究成果基础上求创新、求发展。在整个研究过程中，既注意纵向联系，同时也注意横向联系，既看到事物发展前后过程，也看到事物发展变化左右关系。在论述过程中综合运用多种研究方法，既运用演绎法，也使用归纳法、比较法、计量法等，使该书论证更严谨，更透彻，更具说服力。

（赵国飞）

《中国金融安全论》

王元龙　著

中国金融出版社2003年版

515千字

该书是国家社科基金项目“金融全球化与我国金融安全问题研究”的一项成果。随着经济全球化的深入，金融全球化作为经济全球化的内在要求，已经越来越成为一种时代的趋势。认识金融全球化、把握金融全球化带来的机遇、应对金融全球化包含的新挑战，已经越来越成为一项我们无法回避的重要而紧迫的任务。近年来，中国关于经济安全特别是金融安全问题的研究取得了一定的进展，但已发表和出版的著作仍然有限。至于将金融全球化和金融安全两者结合起来研究的，更不多见。该书的研究目的是力求为中国应对金融全球化的浪潮以及维护金融安全的目标和举措提供理论基础。本书中关于维护中国金融安全的战略和政策选择方面的研究，可直接为中国政府部门、金融机构、公司企业提供决策依据和参考。

除导言外，全书共13章，分为上下两篇。上篇为“金融全球化与中国金融安全”(第一章至第四章)，包括金融全球化：国际金融发展的时代特征、金融全球化下的金融安全理论、中国金融安全的国际金融环境和中国金融安全状况总体分析与评价等内容。本篇前两章主要对一些重要概念进行了讨论分析，作者认为，(1)金融全球化是经济全球化的重要组成部分，是金融跨国境发展而趋于全球一体化的趋势，是全球金融活动和风险发生机制日益紧密关联的一个客观历史过程；金融全球化的实质就是金融资本的全球化，其核心依然是垄断。(2)金融安全是在金融全球化条件下，一国在其金融发展过程中具备抵御国内外各种威胁、侵袭的能力，确保金融体系、金融主权不受侵害，使金融体系保持正常运行的一种态势。本部分还对国外关于金融安全问题的研究进行了评析，着重对金融危机理论的最新发展，特别是对亚洲金融危机爆发之后的金融危机理论进行了研究。本篇后两章主要分析了中国金融安全的国际金融环境，并对中国金融安全状况进行了研究。作者认为，金融监管的发展趋势是：以风险为主的监管状况，已经越来越成为衡量监管当局的监管能力和监管效果的最重要标志；国际银行业发展将全面进入银行并购时代、全能银行时代、跨国银行时代、互联网银行时代和银行再造时代。在这种国际环境下，作者指出，综合债务风险、市场风险和银行体系尚未彻底化解的风险是中国金融稳定的重大威胁。本部分作者也提出了中国参与金融全球化的总体思路，即积极、稳妥、高效。

下篇为“维护中国金融安全的战略和政策选择”(第五章至第十三章)，包括：第五章中国国际资本流动态势，第六章国际资本流动的风险控制，第七章银行业的改革与发展，第八章金融监管体系的完善与强化，第九章汇率制度与人民币汇率制度评析，第十章人民币汇率制度改革与汇率政策取向，第十一章中国的货币政策及其协调，第十二章中国的资本项目开放，第十三章国际收支政策调整。本篇侧重从多个角度对资本流动、银行业改革与发展、金融监管、汇率制度、资本项目开放和国际收支等关系中国金融安全的战略问题进行分析和研究，并提出了一系列维护中国金融安全的政策建议。对于资本流动，本部分通过分析中国资本外逃现状与动因认为，由于资本外逃对金融安全威胁极大，如不能得到有效遏制，严重时将会危机国家经济、金融安全。作者认为，为抑制资本外逃，应保持良好的宏观经济环境，加强和完善监管机制，深化改革、调整政策；为控制外债风险，应将安全性放在首位，控制外债规模，控制外债使用环节的风险，加强外债偿还的风险控制。对于银行业的改革与发展，作者认为，银行业的状况不仅事关一国的金融稳定和安全，更关乎一个国家的生死存亡，加入世界贸易组织之后，中国银行业面临着更为严峻的挑战。因此必须加快银行业的改革与发展，建立健全符合市场经济要求、与国际惯例接轨的具有科学决策、监督制约、内部激励、自我发展和自我约束能力的现代商业银行运行机制。其中，最突出的问题是建立和完善公司治理结构。金融监管体系方面，作者认为，中国金融监管中的缺陷和存在的问题十分突出，并已成为威胁中国金融安全基础的重要因素。因此，加强金融监管，特别是加强银行业的监管已成为金融工作的重中之重。因此，应确立审慎的金融监管体制，加强对外资银行的监管。对于汇率制度，作者结合对中国汇率机制的利弊分析，认为：随着资本的流动性的提高，稳定汇率的难度将越来越大，外汇管制的成本也将越来越高，这就要求人民币汇率加快市场化的改革。作者认为，有管理的浮动汇率制度是中国的必然选择。本书还对资本项目和国际收支进行了探讨，认为：资本项目开放是对中国融入金融全球化最具深刻意义的步骤，但开放资本项目应持认真而慎重的态度，必须将金融安全作为开放资本项目的政策基本点，实施有条件的、逐步的开放；对于在国际收支有重要地位的外汇储备，作者认为应该稳定外汇储备规模与加强外汇储备管理双举并重。 （赵国飞）

《内生稳态增长模型的生产结构》

左大培　著

中国社会科学出版社2005年版

200千字

该书是中国社会科学院重大课题《新经济增长理论的发展和比较研究》的主要成果，意在说明内生经济增长理论中稳态增长条件的生产结构。该书关注的核心是一个经济的总量生产函数应当具有什么样的结构，才能使整个经济的增长进入“卡尔多稳态”。该书研究的对象是内生经济增长理论中稳态增长条件的生产结构。对1986年之后西方主流经济学中兴起的所谓“新增长理论”，该书主要从它的内生经济增长特性方面进行研究，而且将这种研究集中在它的稳态增长条件上。该书以严格的数学推导证明了，在将最终产品生产函数各个自变量的增长率都内生化滞后，要使稳态增长率具备某些合意的特点，各种物品的生产函数应当具有哪些性质。

除导论外，该书共分七章。第一章论述了内生稳态增长的条件。本章从阐述具体的经济增长模型开始，以抽象的数学形式论述了内生的稳态增长在数量上所必需满足的条件。第二章讨论了所有物品的总生产函数都全自变量报酬不变的情况。本章首先分析了一种基准情况：在一个严格正则生产函数经济中，每一物品的生产都是全自变量规模报酬不变的。其次分析了经济可持续增长的根源。最后分析了某些物品的增长率外生给定的情况。第三章讨论了没有任何物品的生产全自变量规模报酬递增的情况。本章首先分析了报酬不递增物品稳态增长的前提，接着分析了只有报酬递减物品的情况，最后分析了不同物品稳态增长率解的相互关系。第四章讨论了所有增长率非外生给定的自变量“物品”的“生产”都全自变量规模报酬递增的情况。本章证明了当所有自变量“物品”都具有全自变量规模报酬递增的生产函数时，各种不同物品的稳态增长率不可能全都大于零，一个严格的正则生产函数经济将不会有稳态增长。本章还证明，当一种物品有外生给定的增长率，而其他物品的生产都全自变量规模报酬递增时，如果所有物品都有大于零的稳态增长率，则外生给定的增长率将低于任何其他物品的稳态增长率。第五章讨论了不同物品的稳态增长率解有相反正负号的各种情况。本章证明，只要有一种自变量物品对其自身生产的贡献率大于1，不同物品的稳态增长率解就必然有相反的正负号。本章接着讨论了不同物品的稳态增长率解有相反正负号的其他几种情况，并给出判断不同物品的增长率解可能有相反正负号的标准。本章还证明，在任何情况下，一种物品与另一种物品的稳态增长率解有相反正负号会导致第三种物品也与另一种物品有相反的稳态增长率解正负号。本章还证明了在一个严格正则生产函数经济中，不同物品的稳态增长率解有相反正负号只不过标志着该经济最终将陷入爆炸性增长。第六章论述了稳态增长率解有不同正负号。本章重点证明：如果有一种外生给定的增长率，其他物品的生产既有报酬递增的，也有报酬递减的，则不同物品的稳态增长率可以都大于零而又互不相等；而如果没有外生给定的增长率，则一般说来只有在某些物品的生产全自变量规模报酬递增、某些物品的生产全自变量规模报酬递减时，才会有不同物品的稳态增长率都大于零而又互不相等。本章还讨论了上述规律的一个例外：在一种特殊的生产函数结构下，即使没有外生给定的增长率，一个只有报酬不变和报酬递减物品的经济，或者一个只有报酬不变和报酬递增物品的经济，也可能使不同物品的稳态增长率都大于零而又互不相等。第七章为结论，并附加有一个重要补论，讨论了自变量物品的非竞争性对经济增长的作用。

该书的主要论点可以概括如下：

(1) 如果所有自变量“物品”都具有严格正则的生产函数，则任何物品的稳态增长率都不可能小于零；

(2) 如果最终产品和所有自变量物品的总量生产函数都是严格正则且全自变量规模报酬不变，则只要外生给定的增长率不多于一个，所有物品的稳态增长率都会彼此相等；

(3) 如果任何自变量物品都没有外生给定的增长率，则只要不是任何“物品”的生产函数都严格正则且全自变量规模报酬递减，某些物品的稳态增长率就可以大于零；如果所有自变量“物品”的“生产”都是全自变量规模报酬递增的，一个严格正则生产函数经济将不会有稳态增长；

(4) 如果将最终产品总量生产函数各个自变量的增长率都内生化，而这些自变量的存量又没有折旧，则要达到“卡尔多稳态”，即使所有自变量物品的稳态增长率都大于零且不完全彼此相等，就必须至少满足下列3个条件中的一个：或者是至少有一种自变量物品（如劳动力）的增长率是外生给定的；或者是某几种自变量物品的生产全自变量规模报酬不变，并且在生产中不使用生产上不是全自变量规模报酬不变的物品；或者是各种不同自变量物品的生产既有全自变量规模报酬递增的，也有全自变量规模报酬递减的。

该书还论证了在一个严格正则生产函数经济中，在哪些情况下，各种不同物品的稳态增长率解可能有相反的正负号；并且证明，在一些很平常的条件下，出现正负号相反的稳态增长率解只不过标志着一个经济最终将陷入增长率不断上升的爆炸性增长。作者认为这些论述将为研究内生经济增长模型确立判定和设立生产函数的准则。（赵国飞）

《中小企业发展中所面临的问题——北京、辽宁、江苏、浙江、湖北、广东、云南问卷调查报告》

林汉川　夏敏仁　何杰　管鸿禧　著

《中国社会科学》2003 年第 2 期

12 千字

了解中小企业的发展现状与面临的问题，是实施各种扶持和促进中小企业发展政策的重要依据。该文根据对北京、辽宁、江苏、浙江、湖北、广东、云南 7 省市 14000 多家中小企业的问卷调查，分析了中小企业的所有制与产销竞争力等诸多问题，并为解决这些问题提出了对策建议。

调查统计显示：在体制转型与产销竞争力方面，中小企业体制转型已初见成效，地方性中小企业已居主导地位；中小企业产销竞争力不容乐观。在信息来源与外部协作方面，中小企业认为市场信息最重要，人才信息次之，再次是技术信息，金融信息最不重要；企业从政府渠道获得的信息量较小，尤其是来自政府方面的市场信息和技术信息则更少，政府对企业的信息服务的空间相当大。在企业财务与融资方面，中小企业固定资产投资很少可以从银行获得，主要靠自有资金运作。企业所获贷款的期限普遍过短，贷款渠道比较单一，贷款额度偏小，贷款利率偏高。企业人才、技术与研发能力方面，企业人才缺乏，技术水平和研发能力不高，自主开发能力比较薄弱，对外技术依赖比较强，产品缺乏市场竞争力。企业竞争措施与经营战略方面，运用新技术和降价两项措施是中小企业强化竞争手段的最主要举措；有近半数(47.1%)的中小企业把“降低经营成本”作为企业发展的第一战略，而环境保护这一关乎企业长远发展的战略问题，没有得到中小企业的足够重视。企业经营环境与政府服务方面，企业对于目前的经营环境只是认为尚可，还谈不上满意。政府服务的针对性不强，缺乏实效。调查的结果表明，尽管不利于企业发展的因素很多，但是资金不足、人才短缺、市场需求不足、竞争无序、过度竞争，是目前我国中小企业面临的最大问题。

基于以上的分析，该文认为：我国中小企业的主要特点是量大面广、起点不高。中小企业大都面临结构调整和转型升级的挑战，而结构调整的重点是发展科技型、都市吸劳型和社区服务型 3 种类型的中小企业。为此应充分认识我国中小企业转型升级的内涵，认清我国中小企业在“十五”期间转型升级的内容与重点；建立中小企业创新人才的激励机制，拓宽融资渠道，突破中小企业发展的瓶颈；政府要加快经济体制转轨的进程，建立健全我国中小企业发展的支持体系；同时，要发展、环保与就业兼顾。这样，中小企业必将快速发展，并将成为我国“十五”和 2010 年期间国民经济持续增长的重要力量。

（赵国飞）

《村庄信任与标会》

胡必亮 著

《经济研究》2004 年第 10 期

13 千字

该文在对温州一个村庄的标会情况进行了比较详尽调查的基础上，将村庄共同体理论和信任理论与该村的非正式金融发展现实相结合，初步地建立了“村庄信任”这样一个全新的理论概念与分析框架。借助这一分析框架，该文认为：第一，作为典型的非正式金融制度，各式各样的钱会在温州的出现与发展不仅仅是一个经济现象，更多的是一个综合性的文化、社会、历史现象。作为一种习俗，它的根基已经深深扎到这一地区的整个社会系统之中。国家正式金融制度在农村的低效运行乃至缺失只不过在一定程度上更加坚定了农民在金融制度方面根据自己的实际情况作出自己的选择的决心与信念。因此，民间金融的发展至少在中国农村地区可以说是大势所趋，不可阻挡。第二，标会是一种既从金融制度设计上讲很科学，又从操作层面上讲很简洁、比较合理的非正式金融制度安排。它既体现了经济效率，也融入了文化因素。因此，这是一种很有竞争力的金融制度。第三，在中国乡村社会，由于宗族、村庄共同体的存在，乡村的市场化程度不高，村民的社会流动性较小，加上标会的参与者多为本村村民及其亲戚朋友，标会的目的也主要以生活消费为主，规模不大。因此，它的风险是非常有限的。

相应的，这项研究所体现的政策含义主要地表现在两个方面：首先，像项东村这样的标会，应该说是真正的农村和农民的合作金融组织。因此，政府应该承认其合法的法律地位，不仅要允许其存在，而且还要以积极支持和鼓励的态度促其发展。其次，政府在允许标会这样的非正式金融制度合法存在与发展的同时，应该加大推进农村金融改革的力度。改革的关键在于 3 个方面：一是要在农村逐步地建立金融市场；二是要在培育农村金融市场的同时，鼓励多种市场主体公平竞争，坚决反对任何形式的垄断经营；三是由于非正式的农村民间金融市场的利率在许多地区实际上早已放开，所以，政府可以考虑在农村率先放开正式金融市场的利率水平。再次，作为一种基本上可以自我实施的非正式制度，尽管像项东村的标会的风险已经很低了，但从理论上讲，我们还是不能仅靠信任的力量（Gambetta，1988），政府对农村民间金融的监管仍然是重要的。政府监管就可以从这样几个方面入手展开，即分析钱会的成员构成与他们入会的目的、控制钱会的扩张范围、限制钱会的得会规模与得会周期等。这样，金融风险也就会随之得以控制。最后、政府的金融管理当局及法律部门应尽快开始制定中国的民间金融法，使之做到有法可依。（赵国飞）

《工业发展、国情变化与经济现代化战略——中国成为工业大国的国情分析》

陈佳贵 黄群慧 著

《中国社会科学》2005 年第 4 期

15 千字

迄今为止的中国现代化进程和实践表明，对国情的科学认识与把握是中国成功的基础与前提，这是“中国经验”的思想精髓所在。基于对国情重要性的认识，本文在现有文献基础上构造了一个新的基于产业结构演进的经济国情分类框架。按照这个框架，判断一个国家的基本经济国情的基本程序是，首先根据其人口、土地和国内生产总值等基本经济总量指标来进行大国和小国的分类，进一步根据三次产业的比例（产值和劳动力）指标来分析该国的主导产业，从而确定是农业经济国、工业经济国还是服务业经济国，最后分析这个主导产业的结构的高级化水平，这可以借鉴产业国际竞争力或者现代化水平的评价指标，从而确定是否是经济强国。

该文应用这个框架分析了经过20余年的快速工业化进程后中国经济发展状况的变化。分析表明，我国基本经济国情已经从一个农业大国发展成为工业大国，但还没有成为工业强国。从我国现代化进程看，我国经济现代化进程进入了一个新的阶段，进入了从工业经济大国向工业经济强国转变的阶段。归结起来，这个新阶段至少会呈现出以下几方面特征：第一，实现由工业大国向工业强国的转变、推进工业现代化进程是这个阶段的核心任务；第二，该阶段经济要继续保持原有的高速增长难度加大，经济增长的主要方式是内涵式、集约式的；第三，国家开始利用工业发展来“反哺”农业，体现出“以工促农”的新特点；第四，在对外经济关系上，工业制成品出口技术密集化程度将逐步提高，实施“走出去”战略的中国企业逐步增加。

现代化进程的新阶段要求选择新的战略，在技术进步战略方面，应重视战略技术的自主创新和加大基础科学研究领域的投入，保证持续的国际竞争力；在经济增长战略方面，要切实促进经济增长方式的转变，发展重化工业也要坚持走新型工业化道路，使其也能够以最小的资源和环境代价实现自身的快速发展；在产业发展战略方面，三次产业要有新的战略使命和发展定位。新阶段经济现代化的产业战略重点是推进工业结构的高级化进程，实现工业发展由数量扩张向质量提升转移，农业的战略使命主要体现在对工业发展的市场贡献方面，而第三产业的战略使命和发展定位是使其成为吸收剩余劳动力的主要渠道和推进我国产业间结构的高级化，为由工业强国到服务业大国奠定基础；在经济体制改革战略方面，要坚定不移地继续深化市场化改革，这是我国推进现代化进程的必然要求。（赵国飞）

《劳动力转移过程中的高储蓄、高投资和中国经济增长》

李扬　般剑峰　著

《经济研究》2005年第2期

17千字

中国的转轨经济具有独特的增长模式，其典型特征就是持续的高储蓄率和高投资率。该文从劳动力转移的角度，解释了这种模式赖以产生的基础。该文认为，剩余劳动力由农业向工业（工业化）、由农村向城市（城市化）、由国有向非国有（市场化）的持续转移是我国经济能够长期、高速增长的关键，而高储蓄率和高投资率既是这种增长模式的必然结果，也是劳动力得以持续转移乃至这种增长模式得以维持的关键原因。为了防止效率低下的金融部门阻碍劳动力的转移，在开放经济条件下，引入纯粹金融意义的国际直接投资也就成为了必然。与此同时，本国金融部门也将持有一个规模逐步扩大的外汇储备。该文的另一个重要结论是，中国经济的增长和波动是统一的。尽管其中的机制有别于真实经济周期理论，但是，“中性”依然应该作为宏观经济政策的基本出发点。

基于上述分析，环绕劳动力转移以及相应的高储蓄、高投资问题，本文提出如下政策建议：

第一，在劳动力转移的过程中，投资高速增长是不可避免的必然现象，问题的关键在于管理好与高投资相伴的金融风险。因此，改革国内金融体系，提高其风险管理能力，应当成为我国的体制改革最重要的任务。就金融改革而言，尽快改变以银行间接融资为主的金融结构，大力发展直接融资，创造风险分担的社会化机制，防止风险过度集中于少数金融机构，显然最为关键。

第二，尽管高额的外汇储备以及（在经常项目顺差条件下）并不带来实物资本转移的外国直接投资（造成资本项目顺差的主要原因）常常为人们所诟病，但是，在国内金融部门的效率无法得到有效改善之前，它们所隐含的风险重新配置效应依然为国内劳动力持续转移过程所必需。因此，任何影响这种资金和实物流动的风险都将影响到劳动力转移。

第三，劳动力转移涉及不同的产业发展格局，而不同的产业具有不同的风险。一般而言，高增长和高技术型的产业具有较高的风险，但这样的产业能够显著地提高转移劳动力的边际产出。所以，改革金融体系以适应这些产业的发展，也将极大地提高劳动力转移带来的内生增长绩效。 （赵国飞）

《实现经济周期波动在适度高位的平滑化》

刘树成　张晓晶　张平　著

《经济研究》2005 年第 11 期

17 千字

所谓“经济周期波动在适度高位的平滑化”，是指经济在适度增长区间内保持较长时间的平稳增长和轻微波动，使经济周期由过去那种起伏剧烈、峰谷落差极大的波动轨迹，转变为起伏平缓、峰谷落差较小的波动轨迹。该文主要探讨未来 5—8 年的中期内，中国经济周期波动有可能出现的两个新特点：一是在波动的位势上，有可能实现持续多年的适度高位运行，潜在经济增长率将在 9%左右；二是在波动的幅度上，有可能实现进一步的平滑化，使经济波动保持在 8%—10%的适度增长区间内。这两个特点之所以说是“有可能”，一方面因为其中包含着一定的客观因素，另一方面因为未来还面临着许多新挑战。

该文从中国国情出发，根据马克思的有关论述，并综合借鉴熊彼特周期理论和现代经济周期理论的有关分析思路，着重阐明中国本轮经济周期冲击因素的特点，包括其类型特点、形成特点和作用特点。其类型特点是正向技术冲击，即以房地产和汽车为代表的产业结构升级；其形成特点是由消费结构升级所推动，而消费结构和产业结构的升级，又是中国人均收入水平提高和工业化、城镇化、市场化进程加快的结果；其作用特点是同时产生经济的长期增长趋势与短期周期波动，具体表现为高位增长与强幅波动的双重特点。这样，将经济的长期增长趋势与短期周期波动统一起来进行分析，既可说明未来推动中国经济高位增长的一个重要客观因素（以房地产和汽车为代表的产业结构升级），又可说明为应对强幅波动的新挑战，防止经济的大起大落，仍需不断加强和改善宏观调控。具体来说，一是要全面贯彻落实科学发展观，大力促进粗放型经济增长方式向集约型经济增长方式的转变，大力促进以增强自主创新能力为中心环节的产业和产品的结构调整，提高经济增长质量，切实把经济社会发展转入全面协调可持续发展的轨道；二是把握好潜在经济增长率与适度经济增长区间，在未来5—8年的中期内，潜在经济增长率可把握在9%，适度增长区间可把握在8%—10%；三是谨防新一轮经济过热和防范（国际）外部冲击，要注意防止外贸冲击对经济增长和波动所可能产生的负面影响，加紧完善针对非FDI的监控体系，防止非FDI的大进大出对宏观经济和金融稳定的冲击；四是不断深化经济体制改革，要继续深化国有企业改革和使民营企业健康发展，不断推进政府自身改革，推进政府职能转变，使宏观调控规范化、制度化、法制化，从而产生较好的调控效果。

（赵国飞）

《一个中国私营部门发展模型》

赵志君　金森俊树　著

《经济研究》2005年第4期

14千字

为讨论民营化、市场化对中国私营部门发展的影响，该文根据中国企业行为模式建立了一个简单经济数学模型。该文认为，中国的私营企业和改革中的国有和集体企业并非是以利润最大化为唯一目标的经济实体，而是追求多目标的经济实体。通过构造一个综合目标函数，该文发现追求多目标的企业，其对投资和劳动的需求以及对产出的供给要大于以利润最大化为唯一目标的企业。结果，企业的行为迎合了政府部门追求高增长、高就业的目标。但是，由于追求多目标的企业比只追求利润最大化的企业获得的利润低，甚至可能发生亏损，因而企业生存的基础遭到削弱，直至无法偿还银行贷款，成为银行系统大量不良贷款成因。

模型分析还说明，所有生产要素的成本，包括资本、劳动和准入成本对于经济发展至关重要，中国相对低廉的劳动成本和资金成本是私营部门快速发展的重要因素。企业数量的增加与民营化及市场化、劳动和资本成本、准入成本和税率有关。随着民营化和市场化的加快，降低劳动及资本成本、准入成本都对私营企业数量的增加有积极作用。从动态的角度来讲，管理者的经营才能在市场化和民营化进程中通过“干中学”得以提高。在其他条件不变的情况下，企业平均规模与边际经营才能正相关，与民营化和市场化负相关。民营化及市场化有助于降低边际经营才能，从而降低企业规模。

另外，模型分析表明，企业的管理能力和企业规模之间存在匹配问题，是中国的渐进式改革成功与俄罗斯大爆炸式改革失败的部分原因。如果其他条件不变，大企业比小企业需要更高的经营才能。只有具备相当经营才能的企业才能在市场经济中生存。如果一个大企业由一个才能差的经营者掌管，企业的利润将下降甚至亏损。在改革初期，俄罗斯大部分私营企业是由原来的国有企业通过激进式的私有化形成的，而这些从前的国有企业一般都规模庞大，因此需要很高的管理才能。但是，大部分经营者脱胎于计划经济体制，缺乏市场经济条件下管理企业的经验和知识。也就是说，没有经营大型私营企业的才能，可能是他们失败的主要原因。中国的情况恰好相反。由于采取了一系列市场取向的渐进式改革，中国的企业经营者的经营能力在市场中不断提高，在私营经济发展的同时，一些人逐渐获得了管理大型企业的才能。当中国开始对国有企业进行比较激进的改制（抓大放小）时，它已经拥有了一批具有经营能力、技术和市场意识的企业家。这种管理能力的积累为购并国有企业提供了知识准备。另一方面，私营企业的自身发展还积累了大量财富，又为收购国有企业创造了物质条件。 （赵国飞）

《质疑外包服务降低成本及引起失业的假说——以信息技术外包服务为例》

荆林波　著

《经济研究》2005 年第 1 期

8 千字

从 20 世纪 80 年代开始，外包服务成为企业经营的一种战略选择，特别是 2002 年以来，外包服务市场发展更为活跃。与此同时，在外包服务需求方所在国和外包服务提供商所在国之间也发生了激烈的争论。本文以信息技术外包服务为例，从外包服务的一个基本假说——“降低成本假说”入手，从外包服务存在的原因、获得的收益和是否导致核心竞争力丧失等 3 个方面，进行了深入分析，澄清了对外包服务的一些误解。

为什么会出现如此大规模的信息技术外包服务市场呢？一个直接的解释是为了降低成本。据此，有人认为，发展中国家的低工资优势必然吸引像美国这样的高工资国家的企业将其业务外包转移，进而导致美国失业人数增加。的确，信息技术外包服务的存在会在一定程度上造成美国的某些岗位丧失。但是，外包服务不是“新生事物”，美国信息技术外包也非“嫩芽新枝”。20 世纪 80 年代，美国信息技术产业就已经开始向境外转移，只是当时美国信息产业与美国经济并行高速发展，人们对此并不在意。如今，美国经济增长速度放慢，失业率增高，促使人们开始对信息技术外包服务持怀疑态度。实际上，信息技术对就业市场具有双重作用。一方面，它对工人具有挤出效应。另一方面，信息技术带动了新产业的发展，增加了全社会的就业需求。

从外包成因来看，外包要解决的绝不仅仅是降低成本这个问题，而根本问题还在于强化企业的核心业务。从外包的实际收益来看，降低成本也让位于强化核心业务能力。实际上，外包并不会导致外包服务需求方核心技术优势的丧失。技术外包的好处包括：(1) 可以接触到更大的技术资源，从而生产出更多的创新产品；(2) 缩短循环周期；(3) 可以开发出内部资源不能实现的产品；(4) 降低开发成本等。那些利用外部技术获得经验的企业正将企业技术外包转向企业战略方法外包，他们的核心竞争力的定义正在发生转变。简短来说，技术外包向战略外包方向的转移是为了获得竞争优势，当该优势从世界范围的资源进入生产平面的资源，并使其比竞争对手做得更好时，那么该优势则来源于企业通过发现、实验、获取、整合技术，生产出创造性产品的能力。对外包服务的“担忧”实际上是 20 世纪 90 年代整体外包与选择性外包争论的延续。目前对这次整体外包的效果下结论，似乎为时尚早，有必要对此问题继续做跟踪研究。

该文最后提出了一系列值得思考的问题，以期引起理论界对外包服务（尤其是信息技术外包服务）问题的理论讨论。

（赵国飞）

《选择偏差、比较优势与教育的异质性回报：基于中国微观数据的实证研究》

李雪松　詹姆斯·赫克曼　著

《经济研究》2004年第4期

10千字

过去，解决选择和数据缺失问题的方法大多没有考虑异质性，他们一般都假设不同的个人具有同质性。本文使用微观数据来估计中国的高等教育回报，揭示了考虑异质性和选择偏差的重要性。忽略这两点将导致有偏差、不一致的估计值（比如在使用OLS、IV参数法时就出现了此种情况）。本文还揭示出在收入方程中使用个人能力代理来识别教育回报的重要性。忽略这一点将导致不真实的对教育回报的过高估计。

该文的研究充分考虑了个人之间显著的异质性。当存在异质性和选择问题时，普通最小二乘法OLS和工具变量法IV都难以对教育回报率给出一致的估计。可是，在一定的假设条件下，仍可能采用局部工具变量（LIV）法，根据边际政策效应（MTE）来确定教育的异质性回报。边际政策效应是指，处于接受或不接受教育临界状态的人最终选择接受教育时的平均回报。这些人根据未被观测到的自身特征选择接受教育的不同水平。

该文运用现代微观计量经济学的分析方法，在考虑异质性和选择偏差的基础上，根据中国城镇居民家庭收入与支出调查（CUHIES2000）所公布的横截面微观数据，估计了中国高等教育的异质性回报。研究结果表明：对于2000年中国6省区（广东、辽宁、四川、陕西、浙江和北京）的城镇居民来说，大学4年教育的平均政策效应（ATE）——随机挑选任何一个人接受大学教育后其一生收入将增长43%（即每年大学教育带来近11%的回报率）。而用另外两种方法——普通最小二乘法（OLS）和工具变量法（IV）——对ATE做出的估计结果分别为29%和56%（即每年大学教育分别带来约7%和14%的回报率）。总体中存在着显著的回报异质性，估算出的选择偏差达到了-22%；在当今中国的劳动力市场上存在一种重要的实证现象，即人们根据比较优势原理对教育水平进行选择。研究结果还表明，中国在经历20多年的市场经济改革后，较之20世纪80年代及90年代初期，教育的平均回报有了显著提高，中国的教育和劳动力市场已经开始发挥重要作用。

（赵国飞）

《垂直专门化、产业内贸易与中美贸易关系》

平新乔　郝朝艳　毛亮　李化松　张璐　胡向婷　著

《中美贸易顺差结构分析与对策》，中国财政经济出版社2006年版

25千字

在过去半个多世纪里，国际贸易量占产出比率急剧上升，已经成为我们这个时代经济全球化最显著的特征之一。国际贸易在过去50年的迅速增长，对标准的国际贸易理论提出了严峻的挑战。因为，按照标准的国际贸易理论，国际贸易的增长仅仅是关税降低的结果。然而，过去全世界的平均关税水平降低了11%，国际贸易却增长了3.4倍！若主要以关税率的下降来解释国际贸易的发展，则我国显然只能接受贸易对关税的弹性要超过20这个结论；另外，从20世纪60年代—1999年的40年里，全世界关税税率的下调

主要发生在1962—1985年间，这24年中世界平均关税下降了9%。而全世界的国际贸易增长并不快，国际贸易对关税下调的弹性只有7。通过分析，该文认为这种超乎寻常的贸易增长只能通过垂直专门化生产方式和一体化的市场营销来解释。这种垂直专门化的生产与交易，实质是经济全球化的“市场一体化”与“生产过程分散化”这两个过程的统一。

该文首先详细地阐述了赫梅尔（Hummels）等人估算的垂直专门化（VS）比率模型。在此基础上，运用中国1992年、1997年、2000年的投入—产出表，根据联合国进出口贸易数据，对中国1992—2003年的总出口贸易与对美国出口贸易中的“来料加工”程度做了分年度、产业的计算。通过计算分析，作者认为：第一，过去的12年中，在中国的总出口当中，垂直专门化程度从1992年的14%增加到2003年的21.8%。这一水平在当今世界贸易中是最高的。中国对美国的出口品的垂直专门化程度比中国总出口的垂直专门化程度还要高。第二，在中国对美国出口的垂直专门化程度中，来自于日本的进口对垂直专门化的贡献影响最大。第三，按行业进行分析，中国对美国出口贸易中，垂直专门化程度最高的行业是机械制造业。在纺织业和服装业，美国对中国的中间出口在中国对美国出口中的相对比重在过去12年间有所下降。第四，产业内贸易的发展，出口品中垂直专门化程度的提高，是过去12年中美贸易发展的重要牵引机制，也是中国整个出口贸易得以发展的重要原因。第五，美国的商业和企业单位之所以愿意从中国进口垂直专门化程度如此高的产品，从根本上说还是想利用生产全球化所带来的比较优势，使美国的企业家和消费者得到效益上的好处。 （赵国飞）

《中国农民工问题研究总报告》

中国农民工问题研究总报告起草组 著

《改革》2006年第5期

48千字

农民工是推进中国经济和社会发展的重要力量。现阶段农民工面临的问题已引起党中央、国务院的高度关注。在建设社会主义新农村的重大政策安排下，中国农民工问题研究总报告起草组在全国11个省（区、市）调研的基础上，形成了本报告。报告分析了中国农民工的现状、作用和发展趋势，深入剖析了农民工面临的问题及深层次的原因，提出了解决农民工问题的总体思路和目标，针对农民工存在的十大方面的问题提出了若干政策建议，并在促进农村富余劳动力转移、加强和改善城市政府对农民工的管理和服务等维护农民工的切身利益方面阐明了应对之策。

报告指出，伴随着中国工业化、城镇化和改革开放的进程，大量农村富裕劳动力进城务工，农民工数量增长迅速。农民工对中国经济社会发展作出了突出贡献。目前中国正在进入工业化的中期阶段和城市化的加速阶段，报告对这一阶段农民工的三大发展趋势进行了分析。作者认为，农民工规模仍会继续扩大，但增速将趋向平稳；农民工流向仍以东部地区和大中城市为主，但将逐步向中西部地区和中小城市扩散；农民工转移仍以在城乡之间流动就业为主，但在城镇定居的将逐渐增多。

报告还指出了当前农民工面临的突出问题，即农民工工资待遇和劳动环境存在的问题严重；社会保障待遇普遍缺失；基本享受不到城市政府提供的公共服务；维权工作困难重重；农民工身份转换难等。文章认为，农民工问题的体制根源是城乡分割的二元结构；制度缺陷是现行相关法律不健全、法制不完善；机制障碍是政府管理和职能转变不到位。农民工自身素质和组织文化程度低，也是产生农民工问题的重要因素。

在上述分析的基础上，报告提出了解决农民工问题的总体思路及目标。指出必须立足改革发展稳定的全局，充分认识在全面建设小康社会和实现现代化进程中解决好农民工问题的重大意义，进一步明确解决农民工问题的指导思想和战略思路。据此，报告指出了解决农民工问题的七大思路以及目标要求和指导方针。

随后，报告分析了农民工存在的培训和就业服务、工资和用工管理、职业安全卫生、社会保障制度建设、子女义务教育、公共卫生和计划生育管理服务、农民工住房、农民工土地承包权益、维护农民工合法权益、户籍管理等10大问题，并提出了相应的政策建议。

报告认为，从长远和各地实际来看，在促进农民工跨地区转移的同时，还必须大力发展乡镇企业和县域经济，扩大农村富裕劳动力就地转移。基本思路是大力发展乡镇企业，发展农村二、三产业，发展县域经济，从多方面为农民就地转移创造机会。报告还提出了相应的具体措施。

最后，报告提出了加强和改善城市政府对农民工管理和服务的政策措施：一是切实转变城市政府的管理理念；二是不断创新农民工管理体制；三是进一步提高公共服务能力；四是充分发挥社区在农民工管理和服务方面的重要作用；五是建立各方面关联、共享的农民工信息统计调查系统。

（赵国飞）

蒋一苇企业改革与发展学术基金奖简介及历届获奖情况

蒋一苇企业改革与发展学术基金奖简介

蒋一苇曾任中国社会科学院工业经济研究所所长、研究员、博士生导师，是我国著名的经济学家，是推动我国经济体制改革特别是企业体制改革的先驱者之一。为了继承和发扬蒋一苇的学术思想和治学精神，使其在我国社会主义现代化建设和改革开放中发挥更大的作用，由马洪、袁宝华、高尚全、周叔莲、张卓元、林凌、陈佳贵、郝延忠等著名学者和企业家倡议，经中国社会科学院批准，于1995年5月25日成立了蒋一苇企业改革与发展学术基金。办事机构设在中国社科院工业经济研究所。

“蒋一苇企业改革与发展学术基金奖”是国家企业管理最高学术成果奖。该奖主要用于奖励对我国企业改革和企业管理作出突出贡献的理论工作者和企业家，以繁荣管理科学，推动我国企业改革的深入发展和企业管理水平的提高。到2007年，该奖项共颁发了两届，共有8部著作荣获优秀著作奖；15篇论文（含研究报告）荣获优秀论文奖；10位企业家荣获企业家创新奖。

历届获奖情况

第一届（1998）

优秀著作奖（3 部）

1. 黄速建：《国有企业产权制度变革》

2. 伍柏麟主编：《中国企业集团论》

3. 郝寿义、曹在堂、段文斌：《多元混合经济论——华光陶瓷集团案例分析》

优秀论文奖（8 篇）

1. 中国社会科学院“建立现代企业制度”课题组：《加快建立现代企业制度的步伐——“九五”及 2010 年国有企业改革规划研究报告》

2. 邵宁、藏跃茹、银温泉：《关于组建国有控股公司若干重大问题的探讨》

3. 中国社科院工经所课题组郑海航等：《严重亏损国有企业亏损问题原因分析》

4. 刘茂才、周殿昆：《对“国有独资、授权经营”现象的反思及改进建议》

5. 李义平：《论现代企业制度的自然组成和人为安排》

6. 廖元和：《公有产权制度与市场经济的相互关系》

7. 张冀湘：《控股公司与国有资产管理》

8. 迟福林：《市场竞争环境下国有经济的发展》

企业家创新奖（5 人）

1. 刘汉章：邯郸钢铁集团有限责任公司董事长兼总经理

2. 张瑞敏：青岛海尔集团总裁

3. 鲁冠球：浙江省万向集团董事局主席兼党委书记

4. 赵经彻：兖州矿业集团有限责任公司董事长兼总经理

5. 陈荣珍：合肥荣事达集团有限公司董事长、总裁

第二届（2001）

优秀著作奖（5 部）

1. 黄群慧：《企业家激励约束与国有企业改革》

2. 裴中阳：《集团公司运作机制》

3. 李维安：《股份制的安定性研究》

4. 刘伟、李凤圣：《产权通论》

5. 周春生：《跨世纪管理——四优管理法的创立与实践》

优秀论文奖（7 篇）

1. 高良谋：《试行企业经营者年薪制存在的主要问题》

2. 林凌、刘世庆：《中国国有经济的布局现状与调整方向》

3. 李骥、李麟：《中国企业跨国投资的前提：治理机制改造》

4. 金碚：《市场经济条件下国有企业的使命》

5. 戚聿东、张天文：《我国国有企业战略性改组目标刍议》

6. 罗仲伟、郑江淮：《国有企业所有权控制结构的选择与调整》

7. 任佩瑜：《论管理效率中再造组织的战略决策》

企业家创新奖（5 人）

1. 王纪年：河南许继集团有限公司董事长

2. 陈建成：浙江卧龙集团公司董事长

3. 劳德容：深圳能源集团公司董事长

4. 刘晓明：胜利油田东胜精攻石油开发公司总经理

5. 杜自弘：浙江尖峰集团股份有限公司董事长

资料来源：http：//www. ndcnc. gov. cn/datalib/2004/Award/DL－470719.

薛暮桥价格研究奖简介

“薛暮桥价格研究奖”是我国价格学术研究的最高奖项。中国价格协会为促进和繁荣价格理论与价格政策研究、更好地为我国价格改革和经济建设服务，以其名誉会长、著名经济学家、薛暮桥的名义设立此奖，定期奖励那些对我国价格理论和价格政策研究有重要贡献的论著。已故经济学家薛暮桥是新中国成立以后全国物价工作最早的领导人之一，既有丰富的经济管理经验，又有精深的理论造诣，对中国经济学、价格学的研究，作出了巨大贡献。该奖已于1998年、2001年、2004年、2007年举行了四届评选颁奖活动，共评出获奖著作31部，获奖论文126篇。

资料来源：《第四届“薛暮桥价格研究”评奖公告》，《价格理论与实践》2006年第12期。

胡绳青年学术奖简介及历届获奖情况

胡绳青年学术奖简介

胡绳青年学术奖励基金由中国社会科学院主管，是1997年，全国政协原副主席、中国社会科学院前院长胡绳倡议并带头捐款设立的。同年，中国社会科学院在此基础上创办“胡绳青年学术奖”，旨在鼓励青年社会科学工作者出好成果、多出人才，支持我国社会科学事业发展。

“胡绳青年学术奖”是我国社会科学最高层次的青年学术成就奖。奖项分为文学语言学类、历史学类、哲学类、经济学类、政治学法学类、社会学类等6类学科，每届评选3类学科，交替进行。迄今为止，胡绳青年学术奖已举办四届，在学术界尤其是对青年学者产生了积极影响。

第一届（2001）

1. 石硕：《西藏文明东向发展史》
2. 王震中：《中国文明起源的比较研究》
3. 吴国盛：《科学的历程》
4. 韩庆祥：《社会主义市场经济与人的塑造》
5. 张志铭：《当代中国的律师业——以民权为基本尺度》
6. 杜金鹏：《商周铜爵研究》
7. 夏勇：《关于我国参加世界人权大会的理论对策与建议》

第二届（2000）

1. 卢国龙：《道教哲学》
2. 斯钦巴图：《江格尔与蒙古族宗教文化》
3. 严立贤：《中国和日本的早期工业化与国内市场》
4. 徐良高：《中国民族文化源新探》
5. 张涌泉：《敦煌俗字研究》

第三届（2003）

1. 都阳：《中国贫困地区农户劳动供给研究》
2. 朱恒鹏：《前沿思索：中国经济非均衡分析》
3. 周光权：《法治视野中的刑法客观主义》

4. 方长平：《国家利益的建构主义分析》

5. 渠敬东：《缺席与断裂：有关失范的社会学研究》

6. 色音：《东北亚的萨满教——韩中日俄蒙萨满教比较研究》

第四届（2006）

1. 郑开：《道家形而上学研究》

2. 纳钦：《口头叙事与村落传统：公主传说与珠腊沁村信仰民俗社会研究》

3. 谢留文：《客家方言语音研究》

4. 王奇生：《党员、党权与党争：1924—1949 年中国国民党的组织形态》

5. 刘源：《商周祭祖礼研究》

资料来源：http：//www.cass.net.cn/zhuanti/husheng/QNXSJ/husheng_ 010.htm.

吴玉章人文社会科学奖简介及历届获奖情况

为纪念无产阶级革命家、教育家、历史学家、语言文字学家、中国人民大学第一任校长吴玉章，中国人民大学于 1983 年设立吴玉章奖金基金，2002 年更名为吴玉章基金。现任吴玉章基金委员会名誉主任为李鹏、宋平，袁宝华任主任。

吴玉章人文社会科学奖由吴玉章基金设立，该奖面向全国，主要奖励国内有重大影响的优秀哲学社会科学论著，旨在促进我国哲学社会科学的发展和繁荣。吴玉章人文社会科学奖每 5 年评选一次。现评奖学科为马克思主义理论、哲学、教育学、历史学、中国传统文化与语言文字学、新闻学、经济学和法学等 8 个学科，每个学科设特等奖、一等奖各 1 项，优秀奖 2—3 项。自 1987 年至今，该奖已颁发了 5 届，产生了巨大的社会影响，已成为全国性哲学社会科学研究较高规格的奖励。

吴玉章人文社会科学奖历届获奖情况

第一届（1987）吴玉章人文社会科学奖获奖成果

序号	获奖等级	著作名称	作者
1	特等奖	甲骨文合集	郭沫若主编
2	特等奖	汉语语法论文集（增订本）	吕叔湘
3	特等奖	世界经济概论	钱俊瑞主编
4	一等奖	中国近代报刊史（上下）	方汉奇
5	一等奖	现代垄断资本主义经济	仇启华主编
6	一等奖	教育学	南京师大《教育学》编写组
7	一等奖	中共党史人物传	胡　华主编

续表

序号	获奖等级	著作名称	作 者
8	一等奖	藏汉大辞典（三卷本）	张怡荪主编
9	优秀奖	高等教育学	潘懋元
10	优秀奖	章太炎思想研究	姜义华
11	优秀奖	诗词曲语词例释（增订本）	王 锳
12	优秀奖	新闻采访方法论	艾 丰

第二届（1992）吴玉章人文社会科学奖获奖成果

序号	获奖等级	获奖成果名称	作 者
1	一等奖	被肢解的马克思	陈先达等
2	一等奖	评当代西方学者对马克思〈资本论的研究〉	胡代光、魏 埙、宋承先、刘诗白主编
3	一等奖	中国教育通史	毛礼锐、沈灌群主编
4	一等奖	马克思教育思想研究	王焕勋
5	一等奖	中国近代经济史（1840—1894）	严中平主编
6	一等奖	周恩来传	金冲及主编
7	一等奖	敦煌变文字义通释	蒋礼鹏
8	一等奖	语法论稿	方光焘
9	一等奖	报纸编辑学	郑兴东
10	一等奖	美国经济与政府政策	陈宝森
11	一等奖	经济长波论	赵 涛
12	优秀奖	辩证法科学体系的“列宁构想”	王 东
13	优秀奖	教育学	王道俊、王汉澜主编
14	优秀奖	东晋门阀政治	田余庆
15	优秀奖	倪海曙语文论集	倪海曙著作编辑小组
16	优秀奖	中国编辑史	姚福申
17	优秀奖	亚太地区经济环境与中国东部地区经济开发	程极明

第三届（1997）吴玉章人文社会科学奖获奖成果

序号	获奖等级	获奖成果名称	作者
1	特等奖	中国共产党的七十年	胡绳等
2	特等奖	王力文集	王　力
3	一等奖	马克思主义哲学史	黄枬森等
4	一等奖	中国革命根据地教育史	董纯才等
5	一等奖	清代漕运	李文治、江太新
6	一等奖	中国民族史	王鍾翰等
7	一等奖	廖秋忠文集	廖秋忠
8	优秀奖	论《三个时间差》——与两代人谈社会主义	喻权域
9	优秀奖	毛泽东思想史	杨　超、华剑横
10	优秀奖	资本积累理论与现代资本主义——理论的和实证的分析	高　峰
11	优秀奖	西方混合经济体制研究	华　民
12	优秀奖	四川教育史稿	熊明安等
13	优秀奖	为中国教育寻觅曙光——陶行知教育思想研究	郭　笙
14	优秀奖	中国西藏教育改革与发展的理论研究	吴德刚
15	优秀奖	中国教育思想史	孙培青、李国钧
16	优秀奖	中国少数民族语言文字使用情况调查研究著述三种	道布等
17	优秀奖	新记大公报史稿	吴廷俊
18	优秀奖	中国应用电视学	北京广播学院电视系
19	优秀奖	市场·国家·国际协调——资本主义市场经济是怎样运行的	陈秀山、雷　达
20	优秀奖	欧洲共同体与世界	沈骥如

第四届（2002）吴玉章人文社会科学奖获奖成果

序号	奖励等级	成果名称	作者姓名
1	特等奖	中国通史（多卷本）	白寿彝
2	一等奖	有中国特色社会主义文化研究	黄枏森等
3	一等奖	教育大辞典增订合编本（上、下）	顾明远主编
4	一等奖	中国教育制度通史（1—8卷）	李国钧、王　炳等主编
5	一等奖	18世纪的中国与世界	戴　逸等
6	一等奖	朱德熙文集	朱德熙
7	一等奖	现代汉语词典（修订本）	中国社会科学院语言研究所词典编辑室编
8	一等奖	中国新闻事业通史	方汉奇主编
9	一等奖	中国近代经济史（1895—1927）	汪敬虞
10	一等奖	国际法引论	王铁崖
11	一等奖	海峡两岸刑法总论比较研究	赵秉志
12	优秀奖	现代化进程的矛盾与探求	丰子义
13	优秀奖	新时期中国发展观——兼与当代国外发展观的比较研究	范燕宁
14	优秀奖	时代风云变幻中的马克思主义	许征帆
15	优秀奖	现代教育论	黄　济、王策三主编
16	优秀奖	教育发展不平衡研究	杜育红
17	优秀奖	寰球透视：现代化的迷途	钱秉旦、刘金源
18	优秀奖	环境与技术选择——清代中国西部地区农业技术地理研究	萧正洪
19	优秀奖	中国近代海关史	陈诗启
20	优秀奖	现代汉语方言音库	侯精一
21	优秀奖	夏汉字典	李范文
22	优秀奖	同研究生谈新闻评论	邵华泽
23	优秀奖	新闻采访学（第二版）	蓝鸿文
24	优秀奖	“蜜蜂华报”研究	程曼丽
25	优秀奖	报业经济与报业经营	唐绪军
26	优秀奖	世界经济学新编	李　琮

续表

序号	奖励等级	成果名称	作者姓名
27	优秀奖	企业的利益相关者理论及其应用	杨瑞龙
28	优秀奖	发达资本主义经济中的垄断与竞争——垄断资本理论研究	高　峰
29	优秀奖	相对合理主义	龙宗智
30	优秀奖	公司法人格否认法理研究	朱慈蕴
31	优秀奖	司法改革研究	王利明

第五届（2007）吴玉章人文社会科学奖获奖成果

序号	获奖等级	获奖成果名称	作 者
1	特等奖	周有光语文论集（四卷本）	周有光
2	特等奖	中华人民共和国宪法史	许崇德
3	一等奖	马克思劳动价值论的历史与现实	顾海良、张雷声
4	一等奖	萧乾文集	萧　乾
5	一等奖	发展与繁荣人文社会科学	纪宝成
6	一等奖	变革社会中的教育权与受教育权：教育法学基本问题研究	劳凯声
7	一等奖	西夏通史	李范文
8	一等奖	中国宗教与中国文化（四卷本）	余敦康等
9	一等奖	古训汇纂	宗福邦等
10	一等奖	中国网络媒体的第一个十年	彭　兰
11	一等奖	中国广播电视通史	赵玉明
12	一等奖	西方经济学	高鸿业
13	一等奖	从百年屈辱到民族复兴（四卷本）	许　毅
14	一等奖	国际经济法学刍言（上、下）	陈　安
15	优秀奖	马克思主义哲学的当代论域	陶德麟、汪信砚
16	优秀奖	邓小平理论史（四卷本）	侯水平
17	优秀奖	中国：探究一个辩证的社会存在	阮纪正
18	优秀奖	人学原理	陈志尚
19	优秀奖	当代法国哲学导论（上、下）	高宣扬

续表

序号	获奖等级	获奖成果名称	作 者
20	优秀奖	中国苗族哲学社会思想史	石朝江、石莉
21	优秀奖	当代西方道义论与功利主义研究	龚 群
22	优秀奖	大学理念的传统与变革	刘宝存
23	优秀奖	现代课程论（新版）	钟启泉
24	优秀奖	钦定八旗通志（十二卷）	李 洵
25	优秀奖	民国时期社会调查丛编（十卷）	李文海
26	优秀奖	美国人权政策的历史考察	李世安
27	优秀奖	现代化本质——对中世纪以来人类社会变化的新认识	毕道村
28	优秀奖	心智的误区——巫术与中国巫术文化	詹鄞鑫
29	优秀奖	曹雪芹风筝艺术	孔祥泽等供稿、黄道京整理
30	优秀奖	疑难字考释与研究	杨宝忠
31	优秀奖	中国共产党新闻思想史	郑保卫
32	优秀奖	中国古代商业广告史	杨海军
33	优秀奖	跨文化传播的后殖民语境	姜 飞
34	优秀奖	自生能力、经济发展与转型理论与实证	林毅夫
35	优秀奖	中国的外资经济——对增长、结构升级和竞争力的贡献	江小娟
36	优秀奖	开放宏观经济分析与中国案例研究	刘元春
37	优秀奖	论私力救济	徐 昕
38	优秀奖	中国婚姻立法史	张希坡
39	优秀奖	西夏法律制度研究——西夏《天盛改旧新定律令》初探	姜 歆

资料来源：//research. ruc. edu. cn/Article/Announce/200711/7. html.

安子介国际贸易研究奖简介

"安子介国际贸易研究奖"由已故全国政协副主席、香港著名实业家、社会活动家、杰出学者、对外经济贸易大学名誉教授安子介先生于1991年出资设立，并经安郑惠荣女士慷慨增资，是中国国际经贸领域中的最高学术奖。奖励成果种类为专著和论文，评选范围包括国际贸易理论与政策、国际贸易实务、国际投资、国际工商管理、国际经济贸易法规、世界市场分析与预测、服务贸易等与国际贸易相关的领域。"安奖"现设奖项有："安子介国际贸易优秀著作奖"、"安子介国际贸易优秀论文奖"和"安子介国际贸易学术鼓励奖"。

自设立以来，"安子介国际贸易研究奖"在推动我国国际经贸理论与政策研究，发现和鼓励学术人才等方面起到积极而重要的作用。许多"安奖"获得者活跃在我国外经贸研究领域，他们在开创我国对外经济贸易理论，规划对外经济贸易政策，探究国际商务运作等领域均作出了贡献。"安奖"获奖作品已转化成现实成果，为我国在中国对外经济贸易体制改革、中国入世、中国服务贸易发展等重大问题上提供了有力的研究支持和决策依据。到2007年，"安子介国际贸易研究奖"已经进行了14届评奖活动，共评选出优秀著作80部，优秀论文160篇，学术鼓励奖237名。

资料来源：http：//www. uibe. edu. cn/upload/up－yjsb/yanhui/uibegsnews.

中国经济学奖简介及评奖情况

中国经济学奖是由中国宏观经济学会和中国经济体制改革研究会共同发起设立。其宗旨在于通过奖励在经济理论、政策及研究方法等领域作出杰出贡献的中国学者，促进中国经济理论研究的繁荣和政策制定水平的提高，普及经济领域基础知识，为我国经济的健康发展作出应有贡献。中国经济学奖是目前国内第一个也是唯一一个授予经济学家个人、对个人长期治学成就进行奖励的经济学奖项，奖励对象是自1978年以来，将经济学理论与中国实际相结合，对发展和改革重大政策制定作出杰出贡献的经济学家。

2005年，101岁的薛暮桥、85岁的马洪、82岁的刘国光和75岁的吴敬琏4位经济学家，获得了首届中国经济学奖"杰出贡献奖"这一终身荣誉。

授予薛暮桥中国经济学杰出贡献奖的授奖理由

薛暮桥是我国老一辈马克思主义经济学家的杰出代表，也是我国改革开放进程中经济决策咨询工作的一位卓越的开拓者和组织领导者。他是坚定地倡导和积极推动市场取向改革、提倡和坚持国民经济稳定协调发展的著名经济学家。

薛暮桥从事经济研究的最大特点是理论联系实际，善于在实践中形成、发展和坚持正确的观点，并勇于在实践中修正错误的、

过时的观点。

摆脱“左”倾思想的束缚。1978年4月，薛暮桥就致函中央，指出发展农业，提高农民增产的积极性，比提高物质生产条件更重要；要尊重客观规律，不能片面追求高速度；只管主观需要，不管客观可能，将会被迫采取调整措施；要总结历史经验，就要冲破“禁区”。1978年6月，他领导的调查组写出调查报告，较早地提出计划管理中的根本问题，不仅是解决条条块块之间的矛盾，扩大地方的权力，更要扩大企业的权力，发挥企业的积极性。1979年，他发表了系统总结新中国历史经验的著作《中国社会主义经济问题研究》，对中国的发展和改革历程进行了深刻的反思。此书发行一千万册，成为我国经济体制改革和坚持正确发展方针的启蒙教材。

关于市场取向的改革。1980年6月，薛暮桥在提交国务院的一份书面报告中指出：一年来我们从两个方面进行了改革。一是从分配方面兼顾中央、地方、企业、个人的物质利益，以调动大家发展生产、增加盈利的积极性；另一个是从流通方面，在统购统销、计划分配上打开一个缺口，逐步发挥市场调节作用。他率先提出，从改革流通制度着手，比从改革分配制度着手更为重要。他说的流通制度改革，实际就是扩大市场机制的改革。他多次呼吁，要加快价格和流通体制改革，更好地发挥市场的协调作用。

1980年9月，薛暮桥代表国务院体制改革办公室在中央召开的会议上作了《对〈关于经济体制改革的初步意见〉的几点说明》的报告，提出：“我国现阶段的社会主义经济是在生产资料公有制占绝对优势，多种经济成分同时并存的商品经济。”这是他在改革进程中开创性地提出了市场取向改革的主张。

1990年在治理整顿期间，他撰写了《关于社会主义经济的若干理论问题》和《致中共中央常委的信》，建议抓住时机，在改革上迈出决定性的步伐，通过深化改革来解决结构和效率问题，把市场取向改革推向前进。

关于生产资料所有制。从80年代初起，薛暮桥系统地提出要在社会主义公有制为主体的基础上，建设多种经济成分并存的社会主义经济，把我国的社会主义所有制形式变得丰富多样。他呼吁，积极探讨社会主义公有制的有效实现形式。对那些可以由私人经营的行业，公有制可以退出；可以将现有的国有小型企业进行公开拍卖；有些企业可以试行租赁经营；对竞争性行业可以试行股份制。他主张放开农贸市场，在农村积极发展家庭副业，准许农民在城乡之间长途贩运，还为推动个体私营经济的快速发展提出很多政策主张。

关于劳动工资和收入分配制度。1979年，针对当时城乡存在大量失业和半失业人员的问题，薛暮桥提出社会主义劳动力仍归劳动者自己所有的观点，并主张城市劳动者除劳动部门统一安排外，待业人员可以自找就业门路或者组织起来就业。他多次指出，不合理的物价和不合理的工资是我国社会主义经济肌体上的两个病灶，要彻底打破“大锅饭”和“铁饭碗”制度。

关于宏观经济管理。1980年4月，薛暮桥在国务院长期规划座谈会上发言，主张把积累率降到25%，采取轻型结构，从所有制入手，提高农民的劳动生产率，发展社队工业和社队商业。

1986年6月，针对当时经济过热的情

况，他向中央建议，各地急于求成的劲头很大，不要再去鼓气加油。他说，如果说改革不合理的价格体制是整个经济体制改革成败的关键，那么严格控制社会总需求，保证社会总供求平衡，则是价格改革成败的关键。

1991年，针对当时为遏制经济超高速增长和建设规模急剧膨胀而过多采取行政措施的问题，薛暮桥指出，目前增减货币发行量，主要依靠行政命令（贷款基数），今后应当逐步改用利率政策。他还认为投资规模的膨胀往往伴随着通货膨胀，通货膨胀是改革的大敌。他认为只要保持社会总需求和社会总供应的大体平衡，保持一定的经济增长速度，又不片面追求无效益的高速度，通货膨胀是可以避免的。

薛暮桥强调，在体制转轨时期，越是放活微观，越要重视宏观调控。要尽快学会用经济方法，运用财政、税收、银行信贷等经济杠杆加强宏观调控，加快建立和完善间接调控体系。

关于地区发展战略。80年代末期，针对当时全国各地脱离全国战略规划，纷纷要求提前翻番的形势，薛暮桥认为，各地区的发展战略应以全国的战略规划作为基础。战略发展规划必须是全国统一的，地区规划必须服从全国的战略规划。沿海外向型地区的发展战略，应当与腹地的发展战略配合研究。

薛暮桥指出，要使全国共同发展，一个重要的前提是要建立全国统一市场。要打破商品流通的地区障碍，还要打破资金和人力流通的地区障碍。鼓励沿海地区向中部、西部地区投资，提供机器设备和技术人员，反过来内地以原材料支持沿海地区。建立全国统一市场是经济体制改革的重点和目标。

授予马洪中国经济学杰出贡献奖的授奖理由

马洪是当代中国最有影响的经济学家之一。在老一辈经济学家中，他是为数不多的进行跨学科研究并取得全面成就的学者。他是经济学、管理学理论研究的先行者，也是我国改革开放进程中经济决策咨询工作的一位卓越的开拓者和组织领导者。

马洪积极倡导和推动中国市场取向改革，也是较早提出和支持“社会主义商品经济”和“社会主义市场经济”论点的学者。1984年9月在党的十二届三中全会召开前夕，他给中央领导同志写信，建议把“社会主义经济是有计划的商品经济”这一提法写进全会决议中，说“这个问题太重要了，如果不承认这一点，我们经济体制改革的基本方针和现行的一系列重要的经济政策都难以从理论上说清楚”。1988年3月，他在《加强社会主义制度下市场经济的研究》一文中又明确提出要“进一步解放思想，为市场经济正名”。他说“长期以来，‘左’的思想影响给我国理论工作者和实际工作者吸收现代经济学的有用成果造成了严重障碍。过去许多同志曾经把商品经济混同于资本主义经济。现在许多同志虽然承认了社会主义经济是一种商品经济，即有计划的商品经济，却不愿意承认它还是一种市场经济，即有宏观管理的市场经济，从而有意无意地降低了市场机制在社会主义社会资源配置中的巨大作用。”1993年10月马洪出版的《什么是社会主义市场经济》一书，是一部关于我国改革开放理论与实践的综述和总结的优秀理论文献，该书从理论和实践两个方面对10余年来的改革作了系统的回顾、总结和升华，对传播社会主义市场经济理论和理念起了积极的作用。

马洪是主张稳健地推动中国经济发展的学者。1980年他在国务院长期规划座谈会上发言，提出应当注意两种倾向，一种是怀疑论，一种是速成论。1987年4月，他在国务院的会议上，针对当时经济中存在的问题，指出国民收入连续几年超分配是造成财政经济困难的根本原因。1989年9月他组织国务院发展研究中心向国务院提交了3年治理整顿的意见。

马洪在剖析中国经济结构的弊端，建立合理经济结构的理论研究与对策研究中做出了重要的贡献。改革开放之初的1977年，他在筹建中国社会科学院工业经济研究所的过程中，通过“双周座谈会”的形式分别邀请中央各部委业务主管部门负责人座谈，用了几个月的时间，把“文化大革命”期间搞乱了的整个工业经济部门的情况摸清楚，并及时将问题和对策建议通过工经所的内刊《经济管理通讯》向中央报告。1979年中央决定用几年的时间对国民经济进行调整，马洪受命领导经济结构调查组，集中了100多人组成经济结构综合调查直属队，做了深入调研，形成了许多成果提交党中央、国务院参考。他认为，“我们研究经济结构问题，基本的目的就是要改变我们这种20多年来形成的以钢为纲的、重工轻农的、闭关锁国的不合理的经济结构以及同它相关的产业政策。”由他主编的结构调查组的综合成果《中国经济结构问题研究》一书，对当时更好地贯彻中央的方针起了重要作用。

马洪对中国社会主义现代化、新技术革命与对策、经济发展战略、企业管理等的理论研究与实践活动，起了重要的推动作用。他认为当今世界存在着结构变革、体制变革、发展战略思想变革3大趋势，在这种变革的趋势中，必须辩证地看待我国的国情，积极利用后发优势，吸取先进国家的经验和教训，少走弯路，抓住机会，加快我国实现现代化的步伐。他认为，在现阶段，中国经济发展的战略，是要有步骤地改变片面追求产值、产量的增长速度，转变为以注重效益、提高质量、协调发展、稳定增长。面对世界范围的新技术革命的浪潮，1983年10月国务院领导责成马洪组织有关专家进行对策研究，他组织上百位专家参与这项研究，并向国务院提出了对策报告。为迎接新的技术革命，他提出了“把开发高新技术产业放在经济发展战略全局的主导地位”、“中国高新技术产业化政策的重点应由区域倾斜转向产业倾斜和技术倾斜”的主张和具体政策建议。

马洪在理论研究中强调事实和数据的运用，是社会科学研究与自然科学研究相结合的积极倡导者。他在《关于加强社会科学和自然科学的结合，解决社会主义现代化问题的建议》中指出，“我国社会科学工作者和自然科学工作者，常常是从各自的角度出发提出解决问题的方案，很少在一起共同研究解决社会主义现代化建设的重大课题。因而，自然科学工作者、工程技术人员提出的方案，往往只注意技术上是否先进而忽视经济上是否合理；社会科学工作者提出的方案，往往只是定性的结论，而缺乏定量的分析。”他认为，只有社会科学家和自然科学家结合起来才能解决现代化建设中的实际问题，为此，他积极倡导社会科学工作者学习自然科学知识。

授予刘国光中国经济学杰出贡献奖的授奖理由

刘国光是当代中国最有影响的经济学家之一。他的开创性贡献主要集中于社会主义再生产理论、宏观经济管理、中国经济发展、中国经济体制改革等方面。

一　社会主义经济中计划与市场的关系

早在1979年，刘国光在《社会主义经济中计划与市场的关系》一文中就深入地论证了社会主义经济中计划与市场的关系：既不互相排斥，也不是由外在的原因所产生的一种形式上的凑合，而是由社会主义经济的本质所决定的一种内在的有机的结合。

为了确保国民经济各部门、各地区的协调发展，为了维护整个社会的公共利益和正确处理各方面的物质利益关系，都必须在利用市场机制的同时，加强国家计划的调节。这篇文章的理论观点对厘清当时对社会主义经济中计划与市场的混乱认识起了十分重要的作用。

1982年在《坚持经济体制改革的具体方向》一文中，他提出，随着改革的不断深入，“买方市场”将逐步形成。价格趋向合理化，要逐步缩小指令性计划的范围，扩大指导性计划的范围的观点。他还进一步指出，我们必须着力研究指导性计划的机制问题，认为这是社会主义经济的计划与市场关系中难度最大的一个问题，也是我们坚持改革方向必须解决的一个问题。

二　对社会主义市场经济理论的深刻认识

1992年刘国光在十四大前夕《关于社会主义市场经济理论的几个问题》一文中提出，市场经济是商品经济的一种高度发展了的现象形态，在资源配置的问题上，必须明确用市场配置为主的方式来取代行政计划配置为主的方式，这是我国当时经济改革的实质所在。在配置资源的过程中，凡是市场能解决好的，就让市场去解决，市场管不了，或者管不好的就由政府用政策和计划来管。现代市场经济不仅不排斥政府干预和计划指导，而且必须借助和依靠它们来弥补市场自身的缺陷。

社会主义市场经济与资本主义市场经济的共性主要有价值规律、供求关系、价格信号、竞争机制在资源配置中的作用等，其差异主要是由于市场经济不能脱离它存在于其中的社会制度的制约。

我国社会主义制度的基本特征，从政治制度上说，最重要的是共产党和人民政权的领导。在基本经济制度上，所有制结构是以公有制为主体，包括个体、私营、外资经济在内的不同所有制可用不同形式组合经营，各种经济成分和经营形式的企业都进入市场，平等竞争，共同发展。与所有制结构相适应，社会主义的分配制度以按劳分配为主体，按其他生产要素分配为补充，兼顾效率与公平，运用市场机制合理拉开差距，刺激效率，同时运用多种调节手段，缓解分配不公，逐步实现共同富裕。

社会主义制度的这些基本特征，不能不通过注入较多的自觉性和公益性，对市场经济的运转产生重要的影响，从而将社会主义市场经济与资本主义市场经济区别开来，廓清两者的界限。

三　“双向协同，稳中求进”

1984年以后，我国经济发展出现了“过热”现象和政策性通货膨胀势头，他和一些经济学家敏锐地洞察到这将妨碍经济建设和改革的健康发展，提出了“为改革创造相对宽松环境”的理论和政策主张，认为经济体制改革的顺利进行，需要一个比较宽松的经济环境，即总供给略大于总需求的有限的买方市场的条件。与单纯以价格改革为中心或以所有制改革为关键的改革思路不同，他主张按“企业——所有制改革与市场——价格改革”的双向协同配套原则，稳步地、渐进地推进改革。

在1987年我国理论界和宏观决策界就1988—1995年中期改革思路的讨论中，针对当时部分同志主张改革和发展都要快速推进、用“适度通货膨胀，支持高经济增长”的论点，在他主持和倡导下，以他为主的中国社会科学院课题组提出了以整顿经济秩序、治理通货膨胀、有选择地深化改革的著名“稳中求进”的改革思路。接着在1988年初在十三届二中全会上发言，后来发表《正视通货膨胀问题》一文，强调“稳定物价”的方针的口号不能放弃，分析通胀机理，力陈治理对策，引起广泛反响。他的这一思路和观点的正确性已被1988年后的经济过热和宏观调控成效，从反、正两方面予以证实。

四　从“两重模式转换”到“两个根本性转变”

在1985年《略论两种模式转换》等文章中，刘国光指出，1978年底以来，我国经济生活的深刻变化概括起来可以归结为两种模式的转换，即发展模式的转换和体制模式的转换。经济发展模式的转换就是从过去片面追求高速增长为最高目标，外延发展为主要发展方式，不平衡发展为主要发展策略，逐渐转变为以提高人民生活水平为最高目标，以内涵发展为主要发展方式，以相对平衡的发展为主要发展策略。实现发展模式转换的要旨，就是要使速度、比例、效益有一个较优的结合，保证国民经济持续、稳定、协调、高效地增长。

经济体制模式的转换，就是从过去过度集中的决策权力结构，直接控制的调节结构，平均主义的利益结构，政企不分的组织结构，逐步改变为以增强企业活力为核心的多层次决策结构，以经济手段间接调控为主的调节体系，把物质利益原则和社会公正原则结合起来的利益结构，以及政企分开的组织结构。实现体制模式转换的要旨，是围绕增强企业的动力与压力。把微观经济搞活，宏观经济控住，充分调动企业和劳动者的积极性，根治投资饥饿、数量扩张等旧模式的痼疾，为发挥企业活力提供一个良好的宏观环境。

他当时就提出，我国经济大变动中同时进行的两种模式转换，必然是密切相关，相互影响，相互制约的，不可能指望两种模式转换是短时间里可以很快完成的行动，它们是一个非常曲折复杂的、需要一个历史时期才能完成的过程。传统模式和传统观念的惯性，能上难下的利益刚性，以及转换过程中的预期不确定性，都会影响人们的经济行为，从而影响模式转换的过程。

从双重模式转换引申出两个根本性转变的主张。针对经济体制和经济增长中出现的新问题、新矛盾，他率先提出，国民经济要持续快速健康发展，我国经济必须实现两个根本性转变，即经济体制从传统的计划经济体制向社会主义市场经济体制转变和经济增长方式从粗放型向集约型转变：“经济体制的选择和经济增长方式的选择和更新，应成为经济工作始终关注和决策的重要内容”。

双重模式转换理论符合当代中国经济演变的实际，为两个根本性转变决策作出了先行的论证。

五　论“软着陆”和“治理通货紧缩”

1993年下半年—1996年，我国经济运行成功地实现了“软着陆”。在1997年《论“软着陆”》一文中，刘国光深入总结了“软着陆”和治理通货膨胀的成功经验。他认为，在整个体制转轨完成之前，都要坚持中央政府的宏观调控，坚持以抑制通货膨胀为首要任务，与此同时保持经济的适度快速增长：既要坚持“总量平衡、适度从紧、适时微调”的方针，也要抓住稳定、宽松的经济环境，积极推进“两个根本转变”。而抓紧实现“两个根本转变”，是医治我国经济增长大起大落、抑制通货膨胀、搞好总量平衡和结构调整的治本之路。

1998—2002年中国经济出现了通货紧缩。这一期间，刘国光在《略论通货紧缩趋势》等一系列文章中，分析了此轮通货紧缩过程中中国经济运行的机理，阐明：（1）供大于求的矛盾来自初步形成的买方市场，前期过渡投资引发的生产过剩，再加上当期需求不足；（2）内需不足的主要原因，在于投资与消费比率失调，收入差距扩大，福利保障教育等预期支出的出现；（3）治理通缩主要依赖扩张性（积极）财政政策，辅以从谨慎从松（稳健）货币政策，不同于治理通货膨胀主要依赖从紧的货币政策，辅以从紧的财政政策；（4）扩大内需是我国经济发展的长期方针；而积极的财政政策只能是短期的政策；（5）积极财政政策的强化和淡化，主要取决于企业自主发展动力的消长等论点，这些论点反映了我国此轮通缩经济过程的实际，论证了治理政策的取向。

授予吴敬琏中国经济学杰出贡献奖的授奖理由

吴敬琏是当代中国最有影响的经济学家之一，他对中国经济学的理论发展和经济与社会政策制定作出了多方面的贡献：

一　发展基础理论，推动市场取向改革

吴敬琏始终鲜明地坚持市场取向的改革主张。他和刘国光、董辅礽、赵人伟等经济学家共同工作，在80年代初期创建了中国的比较制度分析学科。

运用这一学科的研究成果，吴敬琏通过分析和比较计划经济和市场经济两种资源配置方式的交易成本，论证了我国建立社会主义市场经济的合理性与必然性。他在《论作为资源配置方式的计划与市场》（1991）一文中表明，现代市场经济无例外地是有宏观经济管理的市场经济，或称“混合经济”。这种经济以市场资源配置方式为基础，政府等公共机构通过自己的调节和引导，修正市场失灵，优化资源配置。

1984年7月，吴敬琏参加由马洪牵头的《关于社会主义制度下我国商品经济的再探索》的意见书的写作，它肯定了商品经济对社会主义经济发展的积极作用，并为其正名，得到了中央领导同志的肯定，对十二届三中全会确立社会主义商品经济的改革目标作出了贡献。

1992年4月，吴敬琏向中共中央提出将社会主义市场经济确立为我国经济改革目标的建议。

1997年5月，吴敬琏撰写的“把社会主义理论创新提高到一个新水平”的研究报告，由他领导的国务院发展研究中心课题组向党中央提交的“实现国有经济的战略性改组”研究报告，对确立我国的基本经济制度和国有经济布局有进有退的战略调整作出了贡献。

1999年，吴敬琏负责国务院发展中心国有企业改革与发展课题研究，向中央提出了现代公司必须建立有效的公司治理结构等一系列重要的政策建议。

2000年，吴敬琏提出要建立“好的市场经济”，也就是建立在法治基础上的市场经济，警惕滑入“权贵资本主义”的泥坑。

二　在20世纪80年代中期提出适时转变到整体改革战略

1985年，吴敬琏提出企业、竞争性市场体系和宏观调节体系“三环节配套改革”的主张。这套政策包括：企业从计划的消极执行者转变为自主的市场主体；形成能够灵敏地反映资源稀缺程度的相对价格体系的商品市场和要素市场；改变行政当局通过下达指令性计划直接在地区之间、部门之间和企业之间配置资源的体系，而以市场机制作为社会资源的基本配置者，政府只是运用财政政策、货币政策和收入分配政策进行需求总量的调节，以保持宏观经济的稳定。

以吴敬琏为首提出的这种“整体改革”的主张，是我国理论界最具代表性的学派之一。

三　规划国有经济布局调整和国有企业改革的基本路径

在80年代中期吴敬琏提出，国企改革的正确方向并不是放权让利，而是实现企业制度的创新；国有大中型企业的改革方向，则应当是改组为所有权与经营权相分离的现代公司。80年代末90年代初，吴敬琏和他“整体改革学派”的同事阐明了现代公司及其治理结构，走到了企业和企业管理研究的前沿。沿着企业制度创新的方向，我国在90年代后期确立了公司治理结构（法人治理结构）的观念。吴敬琏关于确保所有者“在位”，防止“内部人控制”，确保董事会履行受托责任，确保董事会对高层经理人员的监督，对经理人员给予足够的激励，发挥证券市场在增强公司治理结构中的作用等论述，对于深化企业改革、完善公司治理起了重要的推动作用。

四　论证发展民营经济、实现多种所有制经济共同发展的必要性

90年代中期以后，吴敬琏对发展民营经济的问题给予了特别的关注。1998年，吴敬琏向国务院领导提出应当以民营中小企业作为分流国企下岗职工、解决我国就业问题的主渠道；同时提出支持民营中小企业发展的具体措施。1993—2004年他对浙江民营经济发展进行过多次考察。他对温州、台州地区发展民营中小企业作出的总结对全国产生了重要影响。

五　倡导建立以法治为基础的现代市场经济

1988年，他运用现代政治经济学中的“寻租”理论对转轨过程中的腐败现象进行分析，揭示了“官倒”等腐败现象的实质，也为反腐倡廉指出了正确的途径。

吴敬琏指出，建立一个什么样的市场经济，是转型时期一个尖锐的社会问题。它的核心就是如何在大变革中力求保持社会公正。由此，政府在经济转型中的作用就显得格外重要。因此必须加快政治改革，提升政治文明，建立民主政治，建设法治国家。

六　在缜密分析的基础上提出宏观经济政策建议

1984年12月，针对当时出现的经济增

长过热、货币投放过多的情况，以吴敬琏为负责人的课题组向中央领导报送了《当前货币流通形势和对策》的专题报告，提出必须对此制定总体对策，进行综合治理。这份报告对1985年宏观经济调控起了重要的推动作用。

1988年4月，针对在高通货膨胀情况下实行物价闯关的决策，他提出《控制需求，疏导货币，改革价格》的研究报告，指出：在需求膨胀和待实现购买力大量积累的情况下，对价格作较大的调整和放开部分商品的价格，“是一种成功的可能性很小的选择”，“有可能引发严重的通货膨胀”。

除理论活动外，吴敬琏在经济学和企业管理教育以及经济学信息和知识传播方面的卓著成绩也为各方面人士所称道。为了表彰他的贡献，他曾在1984年、1986年、1988年、1990年和1992年五次获得中国经济学孙冶方奖；他的学术著作获得了国家图书奖、全国图书奖等多种奖励；2001年香港浸会大学授予他名誉博士学位；2003年国际管理学会（International Academy of Management）授予他“杰出成就奖”。

（赵国飞）

复旦管理学奖简介及历年获奖情况

复旦管理学奖简介

复旦管理学奖励基金会由复旦校友、原中共中央政治局常委、国务院副总理李岚清发起成立，2005年9月16日经上海市民政局批准设立，是中国管理学界第一个奖励基金，被称为中国管理学“诺贝尔奖”。李岚清任基金会会长，成思危任副会长。其宗旨是奖励我国在管理学领域做出杰出贡献的工作者，倡导管理学理论符合中国国情，并密切与实践相结合，推动我国管理学长远发展，促进我国管理学人才的成长，提高我国管理学在国际上的学术地位和影响力。基金会住所设在复旦大学。

复旦管理学奖由复旦管理学奖励基金会设立。评选活动在“管理科学、企业管理、公共管理”三个子领域，每年相对集中一个领域依次举行。每年设“管理学杰出贡献奖一等奖”1名；“管理学杰出贡献奖二等奖”1名；“管理学杰出贡献奖三等奖”1—3名。2006年10月，首届“管理学杰出贡献奖”颁奖典礼在复旦大学隆重举行，迄今共举办两届，共有6人荣获该奖项。

历年获奖情况

2006年

并列一等奖获得者

陈锡康：中国科学院数学与系统科学研究院研究员，中国投入产出学会名誉理事长。

朱道立：复旦大学管理学院管理科学系主任、国务院学位委员会管理科学与工程学科评议组成员、国家自然科学基金委员会专家评审组成员。

三等奖获得者

陈剑：清华大学经济管理学院教授、博士生导师、管理科学与工程系主任、清华大学现代管理研究中心主任。

2007年

一等奖获奖者

王重鸣：浙江大学管理学院常务副院长、

博士生导师。国务院学位委员会工商管理学科评议组成员、国家自然科学基金会管理科学部工商管理评审专家组成员、全国工商管理（MBA）教育指导委员会成员、国际应用心理学会常务理事、中国心理学会常务理事、工业心理学专业委员会主任、浙江省行为科学会理事长、浙江大学人力资源与战略发展研究中心主任、浙江大学全球创业研究中心主任。

二等奖获奖者

陈国青：清华大学经济管理学院常务副院长、学术委员会主任、博士生导师。1999年度国家杰出青年科学基金获得者、国际信息系统学会中国分会（CNAIS）主席、中国信息经济学会副理事长。

三等奖获奖者

李维安：南开大学商学院院长、博士生导师。教育部人文社科重点研究基地公司治理研究中心主任、国务院学位委员会工商管理学科评议组成员、教育部高等学校工商管理类教学指导委员会副主任委员、中国企业管理研究会常务副理事长、天津市管理学会会长。

资料来源：http：//www. fpfm. org/gb/news.

2007年诺贝尔经济学奖获得者简介

莱昂尼德·赫维茨（Leonid Hurwicz）：赫维茨为犹太人，1917年出生于俄罗斯，后加入美国国籍，目前为美国明尼苏达大学经济学荣誉教授。他早年学习法律，毕业于华沙大学，然后进入伦敦经济学院，并师从卡尔多和哈耶克学习经济学。1939年来到日内瓦国际研究生院学习，然后，转学于哈佛大学和芝加哥大学。1941年，他先后担任过麻省理工学院经济学家萨缪尔森以及芝加哥大学兰格的研究助理。1942—1944年，他任教于芝加哥大学经济学系。1946年为衣阿华州大学经济学助理教授，1942—1961年，为考尔斯（Cowles）委员会的研究成员。1951年来到明尼苏达大学，成为经济学和数学教授。他曾为美国国家科学院和计量经济学会成员和学会主席，有6个名誉博士头衔，并在多家国际著名学术期刊担任编委职务。近年虽然年事已高，但仍从事学术研究，并发表学术论文。

赫维茨在经济学理论方面进行了先锋性的探索，作出了许多开创性的贡献。其主要研究领域包括机制和机构设计以及数理经济学。在动态计量模型的识别、宏观经济学中的理性预期等方面，他都做了很多重要的工作。在计量经济学领域，赫维茨对动态计量模型的识别问题作出了奠基性的贡献。在宏观经济学领域，赫维茨于1947年首先提出并定义了理性预期的概念，理性预期学派现已成为当今宏观经济学的主流。在一般均衡领域，赫维兹对如何从需求函数的存在来证明效用函数存在的问题还与阿罗等人对竞争市场一般均衡的稳定性研究开展了卓有成效的研究。赫维茨最有国际影响力的研究工作是20世纪六七十年代开创了机制设计理论，并因此被称为“机制设计理论之父”。1960年赫维茨发表论文《资源配置最优化与信息效率》，拉开了机制设计理论研究的序幕。1972年发表著名论文《论信息分散系统》，提出了激励相容的概念。1973年，赫维茨总结了前述有关机制设计理论的研究，在最负盛名的《美国经济评论》上发表了《资源分配的机制设计理论》一文，提出了一个分析和比较各种经济机制的统一框架，正式奠定了机制设计理论的基础，并且指出机制设计理论最关键的问题是如何将私人信息和激励问题有机地整合在一起，从而为机制设计理论日后的发展指明了方向。

赫维茨在经济学方面的贡献使他获得了很多荣誉。1990 年，他因对现代分散分配机制的开创性研究而获得由乔治·布什总统颁发的美国国家科学勋章（National Medal of Sciences），并获得美国国家科学奖。赫维茨的兴趣非常广泛，对语言学颇有研究。他对中国的经济改革非常有兴趣，曾多次到中国访问。赫维茨治学严谨，对学生要求十分严格，可谓“严师出高徒”，他的学生麦克法登就提前老师 7 年，于 2000 年获得了诺贝尔经济学奖。

埃里克·S. 马斯金（Eric S. Maskin）：马斯金 1950 年 12 月生于纽约犹太人家庭，现担任普林斯顿大学社会科学院高等研究院主任，也是普林斯顿大学客座教授。1972 年马斯金获得哈佛大学数学学士学位后，又选择在哈佛大学继续深造。1974 年，马斯金获得应用数学硕士学位。1976 年，他获得了哈佛大学博士学位。随后，马斯金开始在剑桥大学进行为期 2 年的研究，1977 年开始，马斯金回到美国并在麻省理工学院担任教职。1981 年开始，马斯金成为了麻省理工的经济学教授。4 年以后，马斯金重返哈佛大学，并在这里任教 16 年，2003 年出任世界计量经济学会会长。2004 年马斯金应邀成为我国武汉大学名誉教授，2006 年担任中央财经大学中国经济与管理研究院学术委员会联合主任。

马斯金在现代经济学最为基础的领域里做出了卓越的贡献，其中包括公共选择理论、博弈论、激励与信息理论以及机制设计。目前他主要的研究课题包括拍卖设计理论、调查联盟的形成、比较不同的选举制度，例如多数投票制、了解货币政策的作用、研究保护知识产权的利弊以及探究政府官员归责制度等。马斯金的经济学理论在经济、政治和法律等领域产生了深远的影响，其最突出的贡献是将博弈论引入机制设计。此前，机制设计只是从中央设计者（central planner）的角度考虑问题。马斯金在 1977 年撰写的论文《纳什均衡和福利最优化》（1999 年才正式发表于《经济研究评论》）中提出了执行理论（implementation theory）。这篇论文被认为是机制设计理论的一大里程碑。在这篇文章中，马斯金提出并证明了纳什均衡实施的充分条件和必要条件，他在证明充分条件时构造的对策被称为“马斯金对策”。马斯金的一个突出贡献是将博弈论引入了机制设计和执行理论的单调性条件。他认为，机制设计并不需要一个中央计划者，在非合作博弈中，每个参与者在考虑自身利益时会按照机制设计者的意图行动，从而实现机制目标。马斯金还对垄断和寡头理论进行了广泛而又深入的分析，不断开拓产业经济学的理论分析框架。他的学术贡献也体现在将机制设计理论应用于当今的政治和经济制度，如税收、债券和选举过程等。

马斯金作为对策论领域的大师级经济学家，代表了经济学理论一种价值取向。他以其深邃的理论贡献、严谨的治学态度以及对经济学高级研究人才培养的突出贡献，被誉为当今国际经济学最受尊敬的大师。

罗杰·B. 迈尔森（Rojer B. Myerson）：迈尔森 1951 年出生在美国波士顿，现任美国芝加哥大学经济学教授。1973 年获得哈佛大学应用数学理科硕士学位，1976年又在哈佛大学获得应用数学博士学位，1978—1979年在比勒费尔德大学进行访问研究，1982—2001年先后任西北大学副教授、教授，2001年以来任芝加哥大学经济学教授。1983年，迈尔森当选为世界计量经济学会会员，2007年任学会副会长；1993年成为美国艺术与科学研究院院士，1999—2002年担任中西部中心主任。迈尔森曾在《博弈论国际杂志》（1982—1992年）和《博弈与经济行为》（1989—1997年）编辑部任职，并于1983—1993年担任《经济理论期刊》助理编辑。此外，迈尔森还曾是斯隆基金会成员（Sloan Foundation Fellow）（1984—1986年）。

迈尔森的研究兴趣包括经济学领域里的机制设计、博弈论和政治学领域的投票体制等。他对机制设计理论的重要贡献体现在对显示原理的一般化，以及将其应用到规制和拍卖等重要领域上。其最近的研究领域集中在公共选择和制度、选举规则、腐败和政治制度等方面。迈尔森在经济学理论和经济现实研究方面作出了重大的贡献，他发表了近百篇学术论文，出版了两本专著，即《博弈论：矛盾冲突分析》（*Game Theory: Analysis of Conflict*）及《经济决策概率模型》（*Probability Models for Economic Decisions*），对经济理论研究产生了广泛的影响。迈尔森长期研究博弈论，其博士论文题为《合作博弈论》（*A Theory of Cooperative Games*）。迈尔森最重要的贡献是其在一系列的论文中，把机制设计理论的一个重要基础——显示原理（revelation principle）发展到最一般的情况，并将其运用于管制和拍卖等重要的经济领域。迈尔森还是一名能让抽象的经济学理论变成很实用的经济学家。20世纪80年代，美国加州的电力改革要打破电力垄断的弊端，可是电力行业实行完全竞争又不可能，最好的办法是寡头垄断。迈尔森用“机制设计”理论，运用博弈论很好地为加州电力改革设计了方案，这个方案运行至今，效果良好。美国政府把迈尔森的“机制设计”理论引入相关法律，从而限制了医学院招生的数量，解决了美国医学院的招生难题。此外，迈尔森还利用显示原理，分析了实现卖者期望收益最大的最优拍卖机制，以及竞价者意愿报价的激励相容的直接机制，并确保了这个激励相容的机制能够说实话。迈尔森对现实经济的贡献让经济学家感叹不已：因为他的贡献可以创立一门“经济工程学”，把经济学变得与工程学一样实用，一样能够设计经济现象，迈尔森也被誉为“经济工程学”的创始人。

（赵国飞）

著名经济学家介绍

马 洪

马洪（1920—2007），原名牛仁权，曾用名牛黄、牛中黄，后改名马洪，山西定襄人。国务院发展研究中心名誉主任。中国政策科学研究会会长。经济学家。

曾参加牺盟会和同蒲铁路总工会，1937年加入中国共产党。1938 年入延安中央党校、马列学院（后改名为中央研究院）学习和工作。1940 年任延安《共产党人》杂志编辑，1946 年任平泉县县长，1947 年任宁城县委书记，1948 年任中共中央东北局秘书处处长。新中国成立后，历任中共中央东北局政策研究室主任，东北局委员、副秘书长，国家计委委员、秘书长，国家经委政策研究室负责人，化学工业部第一设计院副院长，北京石油化工区建设指挥部副指挥，中国社会科学院工业经济研究所所长，中国社会科学院副院长、院长，国家机械委员会副主任，国务院副秘书长，国家经济体制改革委员会顾问。1985 年起任国务院经济技术社会发展研究中心总干事、国务院发展研究中心主任。1993 年 4 月起任国务院发展研究中心名誉主任。1994 年 5 月起任中国政策科学研究会会长。是中国综合开发研究院理事长，中共第十二届中央候补委员，中共第十三、十四大代表，第七届全国人大常委、财经委员会副主任委员。是中国社会科学院研究生院博士生导师，兼北京大学、清华大学、中国人民大学、复旦大学、上海交通大学等多所大学的客座教授。

马洪同志在我国改革开放、经济发展以及经济理论与决策咨询研究等方面有卓越贡献，是中国改革开放和社会主义市场经济体制的倡导者、推动者。马洪治学严谨，重视对世情、国情、社情的调查，在经济管理、经济改革、经济结构、经济发展战略以及工业经济、企业管理等多种学科领域进行了开创性的研究。他积极倡导和推动中国市场取向改革，建议把“社会主义经济是有计划的商品经济”这一提法写进十二届三中全会决议中；他明确提出要“进一步解放思想，为市场经济正名”；他主张稳健地推动中国经济的发展；他在剖析中国经济结构弊端、建立合理经济结构的理论与对策研究中作出了重要的贡献；他对中国社会主义现代化、新技术革命与对策、经济发展战略、企业管理等理论研究与实践活动起了重要的推动作用。他为社会的可持续发展进行了前瞻性探索，对国家中长期发展战略和政策进行了研究，对改革的进程起到了积极的推动作用。

马洪一生著述等身，著有《经济结构与经济管理》、《中国经济调整改革与发展》、《试论我国社会主义经济发展的新战略》、《社会主义制度下的商品经济》等。参与主编《当代中国》丛书。2005 年 3 月，马洪荣获中国规格最高的经济学奖项——首届中国经济学奖。他是进行跨学科研究的开创者，是经济学、管理学理论研究的先行者，也是我国改革开放进程中政策咨询事业的奠基人之一。马洪被公认为中国经济学理论研究的带头人，中国经济决策咨询研究的开拓者和领导者，当代中国最有影响的经济学家之一，是享誉国内外的经济学大师。

（赵国飞）

中国社会科学院经济学部2007年学术活动

2007年，经济学部在学部主席团和学部主任领导下，各位学部委员、各经济学研究所、院学部工作局及各职能部门大力支持下，坚持正确的政治方向、理论方向和科研方向，本着学术指导、学术咨询和科研协调的学部职能定位，开展了一系列卓有成效的学术活动。归结起来，2007年经济学部的学术活动可以概括为相关的三个方面：举办学术会议、组织重大课题研究和编辑出版学术刊物与著作。

一 举办学术会议

2007年中国社会科学院经济学部举办了一系列的学术研讨会，一方面为我国经济学学术交流提供了很好的平台，另一方面扩大了中国社会科学院经济学部的影响。

2007年2月10日至11日，中国社会科学院经济学部举办了2007年度经济学动态与学术前沿座谈会在北京召开。中国社会科学院常务副院长冷溶、副院长武寅、纪检书记李秋芳出席会议。会议由副院长、经济学部主任陈佳贵主持。经济学部的学部委员、荣誉学部委员、经济学部各研究所的所长、书记、副所长，以及世界经济政治研究所、办公厅、科研局、国际合作局、社科院研究生院、中国社会科学出版社、社会科学文献出版社、网络中心的领导和同志参加会议。会议围绕经济学动态与学术前沿以及中国经济中的一些热点问题进行研讨。

2007年4月20日，中国社会科学院经济学部“经济形势分析与预测”课题组召集了“经济形势分析与预测2007年春季座谈会”。这是该课题组自1990年成立以来召开的第33次此类座谈会。来自国务院各部委、有关科研机构、大专院校及部分省市的数十名专家学者出席了座谈会，首都各大媒体的新闻工作者也到会进行了采访、报道。香港特别行政区的专家出席会议并作了会议发言。与会专家运用定量分析与定性分析相结合的方法对我国本轮经济周期的特点及未来的走势进行了分析与预测，并就2007年宏观经济调控的取向和一些需要注意的问题提出了意见和建议。

2007年5月14日—5月17日，中国社会科学院经济学部主办的第三届“中国经济论坛”在北京举行，该论坛与中国社会科学院、联合国经济社会事务部和世界联接模型（LINK）项目主办的“联合国世界联接模型国际会议2007年春季会议”联合召开。这次会议具体由数量经济与技术经济研究所承办，得到了国家统计局、国家信息中心等单位的支持。100多位来自世界60多个国家和地区的经济学家和60多位国内学者参加了会议。全国政协副主席、中国社会科学院院长陈奎元，社科院常务副院长冷溶，社科院副院长陈佳贵出席了“中国经济论坛”开幕式，并于会前在人民大会堂接见了诺贝尔经济学奖得主克莱夫·格兰杰教授、联合国官员和LINK组织负责人等一行。在开幕式上，常务副院长冷溶致开幕词，副院长陈佳贵作了题为“从高速增长走向和谐发展”的主题发言。国家统计局局长谢伏瞻、诺贝尔经济学奖获得者劳伦斯·克莱茵教授、诺贝尔经济学奖获得者克莱夫·格兰杰教授、联合国LINK项目负责人波利教授以及联合国经济社会事务部的罗伯特·沃斯先生发表了演讲。第三届中国经济论坛共有69篇论文经程序委员会评审录用，会议举办6场专题研讨会。会议就经济增长与科学发展、宏观经济调控与政府职能转变、产业发展与技术进步、三农问题与区域发展、收入分配与居民收入、环境资源与可持续发展等问题进行了广泛的交流和深入的讨论，为研究中国经济的发展趋势、问题和经验，探讨如何确保我国经济快速、平稳发展提供了一个很好的学术交流平台。

2007年8月9日，中国社会科学院经济学部、工业经济研究所和社会科学文献出版社，在中国社会科学院第一报告厅举办《工业化蓝皮书》发布暨中国工业化进程学术研讨会。来自北京的十几位专家就中国工业化进程、问题与战略进行了研讨，全国20多家媒体进行了现场报道。

另外，2007年中国社会科学院经济学部举办的会议还包括：2007年10月10日中国社会科学院经济学部课题组举办了“2007年中国经济形势分析与预测秋季座谈会”；2007年11月16—17日中国社会科学院经济学部主办了“2007年中国能源可持续发展论坛”；2007年11月18日中国社会科学院经济学部与中国博士后科学基金会、中国社会科学院金融研究所等单位共同举办了第三届中国博士后经济学论坛；2007年11月23—25日，中国社会科学院经济学部举办的“贯彻落实科学发展观、推进经济发展方式转变”研讨会暨经济学部工作会议。除此之外，中国社会科学院经济学部还举办了“中国重大经济问题跟踪分析”课题研讨会、“中国经济形势季度分析”研讨会、“中国经济改革开放30年历史经验研究”课题研讨会，组织了建院30周年4场学术报告会，等等。

二　组织重大课题研究

2007年经济学部在组织完成“中国重大经济问题跟踪分析”课题并结项，同时又组织推进了两个重大课题研究项目。

第一个是院重大课题“中国经济改革开放30年历史经验研究”。中国经济改革开放即将迎来30周年，我国的经济社会发展取得了举世瞩目的成就，积累了丰富的经济体制改革经验，成功地走出了一条独特的经济发展道路。对改革开放以来中国经济体制改革进行系统、客观、深入的总结和研究，无疑具有重大的理论和实践意义。该课题共分9个子课题，分别是刘树成主持的“经济体制改革30年研究”，汪同三主持的“回顾与思考：中国计划投资体制改革30年”，吕政、黄速建主持的“国有企业改革”，张晓山、李周主持的“农村改革”，李扬主持的“金融体制改革”，裴长洪主持的“对外开放与中国商务体制改革”，高培勇主持的“迈向公共化的中国财税体制改革”，蔡昉主持的“劳动和社会保障体制改革”，刘迎秋主持的“非国有企业发展”，共有我院上百位研究人员参加了这个重大课题的研究。该课题的最终成功是9本专著，每本40万字左右，计划在2008年上半年出版第一批，2008年下半年9本专著全部出版完毕。

第二个重大课题是国情调研课题，2007年是国情调研课题的第二年，经济学部组织了包括企业调研、乡镇调研、农村调研三个项目的课题。所有这些项目组织基本上都是以一个研究所为主，其他研究所可以申报相应的子课题，企业调研项目是以工业经济所为主，乡镇调研是以经济研究所为主，村庄调研是以农村发展研究所为主，所有国情调查都制定了统一的调查表。这些项目都是一个连续三年的项目，2007年，一方面组织了第一批调研项目的结项、出版工作，另一方面又布置了新的调研项目。

三 出版学术刊物和著作

2007年中国社会科学院经济学部继续做好两个学术刊物的出版工作，一是*China Economist*（《中国经济学人》），是由中国社会科学院主管、中国社会科学院经济学部与中国社会科学院工业经济研究所主办的公开发行的全英文双月刊。这是中国首份专门向海外介绍中国经济形势并进行深度分析的英文期刊。该刊于2006年7月15日正式创刊。*China Economist* 的宗旨是向世界介绍中国经济学和管理学的最新学术进展，发表关于中国经济的原创性学术论文和研究报告，传播关于中国经济发展和企业管理实践的经验研究和实证分析的科研成果。随着中国经济不断融入全球经济，向世界介绍一个真实的中国，是中国媒体和经济学家面临的迫切课题。*China Economist* 杂志旨在成为中国经济界和企业界与国际同行对话交流的平台。2007年该刊已经出版发行了5期，第6期也正在编辑之中。该刊正式发行1年多来，已经产生很好的社会影响，在对外交流中发挥了很好的作用。二是内部刊物《中国经济研究报告》，该刊主要刊登围绕党中央和国务院关心的重大理论和现实问题、理论界和实际工作部门关心的经济热点和难点问题进行分析的研究报告，每期一篇，研究报告来源主要以中国社会科学院经济学部及各个经济学相关研究所组织完成的各类课题研究成果，作者主要是中国社会科学院经济学部及各个经济学相关研究所的研究人员，属于不定期的内部刊物。主要刊登我院学者完成的有关我国经济发展中的重大理论和现实问题的研究报告，不定期发行。2007年该报告已经编辑出版了20期。

关于中国社会科学院经济学部组织编写的著作，已经出版的著作包括社会科学文献出版社出版的《2007年：中国经济形势分析与预测》（2007年经济蓝皮书），经济管理出版社2007年4月出版了《中国经济研究报告》（2006—2007年度），已经交付出版社、即将出版的《第三届中国经济论坛论文集》，现在正在组织还包括《中国社会科学院经济学部学部委员与荣誉学部委员文集》（2006年度）。另外我们还印制了《中国社会科学院经济学部简介》。值得提及的是，2007年中国社会科学院经济学部组织策划了《中国国情调研丛书》，收录该丛书的是反映中国社会科学院经济学部组织的国情调研项目最终成果，该丛书共分3卷，分别是《中国国情调研丛书·企业卷》、《中国国情调研丛书·乡镇卷》和《中国国情调研丛书·村庄卷》。今后经济学部组织的国情调研项目的调研成果，也会陆续收录到这3卷书中。

（中国社会科学院经济学部工作室）

中国经济学年鉴
2008
学术机构介绍
第八篇

中国社会科学院经济学部

学 部 主 任　陈佳贵
学 部 副 主 任　刘树成
学 部 委 员　田雪原　刘国光　吕　政
张卓元　张晓山　李　扬
李京文　杨圣明　汪同三
周叔莲
荣誉学部委员　于光远　于祖尧　王贵宸
王耕今　朱绍文　何迺维
何振一　吴承明　吴家骏
张守一　汪海波　汪敬虞
陈栋生　赵人伟　骆耕漠
高涤陈　戴园晨

研究机构

中国社会科学院经济研究所
中国社会科学院工业经济研究所
中国社会科学院农村发展研究所
中国社会科学院财政与贸易经济研究所
中国社会科学院金融研究所
中国社会科学院数量经济与技术经济研究所
中国社会科学院人口与劳动经济研究所
中国社会科学院城市发展与环境研究中心

工作机构

中国社会科学院学部工作局经济学部工作室

定期出版

《中国经济蓝皮书》
China Economist（中国经济学人）
《中国经济研究报告》

学术会议

“中国经济论坛”

中国社会科学院经济研究所

简　况

中国社会科学院经济研究所的前身是1929 年成立的中华教育文化基金会社会调查所。1934 年社会调查所与中央研究院社会科学研究所合并，沿用社会科学研究所名称。1945 年更名为中央研究院社会研究所。1949 年新中国成立后，改称中国科学院社会研究所。1953 年更名为中国科学院经济研究所，1977 年始沿用现名。现在经济研究所已发展成为一个理论经济学、应用经济学和经济史学（包括经济史和经济思想史）三方面兼有，而以基本理论研究为主的综合性经济研究机构。经济研究所现有工作人员 135 名，其中正高级研究人员 38 人，副高级研究人员 32 人，中级研究人员 31 人，初级研究人员 19 人，其他 15 人。

经济研究所既研究理论经济学又研究应

用经济学，现阶段的重点是以邓小平理论为指导，坚持和实践“三个代表”重要思想，全面贯彻落实科学发展观，建设社会主义和谐社会，研究有中国特色的社会主义经济问题。一方面，联系我国经济和社会发展的实际，研究所有制调整和企业制度改革、城乡居民收入分配、可持续发展、社会和谐与社会稳定、宏观调控和政策实施等重大理论问题和实际问题；另一方面，发挥研究所人才优势，研究中国近代、现代经济史和中外经济思想史。特别是要紧追世界经济学思潮发展的新动向，广泛借鉴和吸收现代西方经济学的新方法、新理论，在综合性的专题研究中不断取得新成果。经济研究所当前主要进行宏观经济学、政治经济学、中国经济史、中国现代经济史、发展经济学五大基础学科的建设和数十项国家、院、所重点课题的研究。

现任领导

所　长：刘树成
党委书记兼副所长：吴太昌
副所长：王振中　朱　玲

研究室

政治经济学研究室
当代西方经济理论研究室
宏观经济学研究室
经济增长理论研究室
微观经济学研究室
中国经济史研究室
中国现代经济史研究室
中国经济思想史研究室（发展经济学研究室）

研究中心

中国社会科学院现代经济史研究中心
中国社会科学院欠发达经济研究中心
中国社会科学院全球契约研究中心
中国社会科学院日本市场经济研究中心
中国社会科学院民营经济研究中心
中国社会科学院上市公司研究中心

学会与基金会

中国《资本论》研究会
中国社会主义经济规律系统研究会
中国比较经济学研究会
中国经济思想史学会
中国经济史学会
孙冶方经济科学基金会

研究生培养

中国社会科学院研究生院经济系设在经济研究所，现有博士生导师27人，硕士生导师18人。设有博士后流动站，授权理论经济学学科博士点4个，专业为政治经济学、经济思想史、经济史和西方经济学。设有授权理论经济学学科硕士点5个和应用经济学学科硕士点1个，专业为政治经济学、经济思想史、经济史、西方经济学、发展经济学和国民经济学。已授予博士学位的研究生156人，硕士学位的研究生162人。

刊　物

《经济研究》（月刊）
《经济学动态》（月刊）
《中国经济史研究》（季刊）

科研服务机构

办公室
科研处
人事处
图书馆
网络中心

联系方式

地址：北京市西城区阜外月坛北小街2号中国社会科学院经济研究所
邮编：100836
电话：68030264

中国社会科学院工业经济研究所

简　况

中国社会科学院工业经济研究所于1978年4月5日正式成立，是中国社会科学院经济学科的主要研究机构之一。截至2006年底，工业经济研究所共有在职人员86人，其中，正高级职称18人，副高级职称26人，高中级专业人员占全所专业人员总数的89.5%，博士24人，硕士27人。包括所属机构在内的全体员工共600多人。著名经济学家马洪为该所第一任所长，著名经济学家蒋一苇、周叔莲、张卓元、陈佳贵等先后任工业经济研究所所长。

工业经济研究所的主要研究领域为应用经济学和工商管理学中的三个分支学科：产业经济学（工业经济）、区域经济、企业管理。主要研究方向包括：产业组织、产业结构、产业政策、工业发展与改革、工业投资与市场、国内外工业经济理论；工业布局、城市与区域经济；管理经济学、企业组织与制度、企业改革与发展、中小企业、企业理财、中外企业管理理论与方法。工业经济研究所主要研究工业经济、区域经济、企业管理发展和运行的基础理论、方法以及重大现实问题；跟踪和掌握国内外产业经济（工业经济）、区域经济、企业管理的现状、发展趋势以及理论动态。工业经济研究所的主要任务包括：承担党中央和国务院交办的研究课题，为中央制定和实施的经济政策提供理论支持；承担国家重点科研项目、国家社会科学基金项目、国家自然科学基金项目和中国社会科学院重点研究课题，开展国际国内学术交流和合作研究，繁荣和发展我国的经济科学和管理科学；承担政府有关部门、地区和企业委托的研究课题，为我国社会经济发展服务。

现任领导

所　　长：吕　政
党委书记兼副所长：金　碚
副所长：黄速建　李维民

研究室

工业发展研究室
能源经济研究室
工业投资与市场研究室
产业组织研究室
区域经济与工业布局研究室
企业制度研究室
企业管理研究室

财务会计研究室

研究中心

中国社会科学院管理科学研究中心
中国社会科学院中小企业研究中心
中国社会科学院西部发展研究中心
中国社会科学院产业与企业竞争力研究中心
中国社会科学院工业经济研究所国家经济发展与经济风险研究中心
中国社会科学院食品药品产业发展与监督研究中心

学　会

中国区域经济学会
中国工业经济学会
中国企业管理研究会

研究生培养

中国社会科学院研究生院工业经济系设在工业经济研究所，现有博士生导师16人，硕士生导师21人。设有博士后流动站，授予博士学位的两个学科点分别为应用经济学和工商管理，专业为区域经济学、产业经济学、会计学、企业管理。已授予博士学位的研究生157人，硕士学位的研究生130人。

刊　物

《中国工业经济》
《经济管理》
China Economist（《中国经济学人》）

科研服务机构

办公室
科研组织处
学术资料室

出版机构

经济管理出版社
《中国经营报》报社
《精品购物指南》报社

联系方式

地址：北京市西城区阜外月坛北小街2号中国社会科学院工业经济研究所
邮编：100836
电话：68030205（办公室）
68033728（科研处）

中国社会科学院农村发展研究所

简　况

中国社会科学院农村发展研究所成立于1978年5月，原名为农业经济研究所，1985年更名为农村发展研究所。现有职工90人，其中研究员18人，副研究员27人，助理研究员27人。

中国社会科学院农村发展研究所，是专门从事中国农村问题研究的国家级学术机构。

其主要任务是以马克思主义的理论方法为基础，同时吸收和借鉴国内外其他各种科学的理论方法，探索农村经济和社会发展的规律。

其主要研究方向包括：农村经济形势分析与预测；农村公共政策问题；农村经济组织与制度；农村产业结构与区域经济；农村

生态、环境和资源问题；农村贫困问题和发展策略等。

农村发展研究所的主要科研任务是承担国家、社科院、中央各部委、地方政府、企业和一些国际机构委托的各种调查、研究课题，同时也承担着农村发展方面的研究生培养任务。

现任领导

所　　长：张晓山
党委书记兼副所长：杜晓山
副所长：李　周　权兆能

研究室

农村宏观经济研究室
农村产业与区域经济研究室
农村经济组织与制度问题研究室
生态与环境经济研究室
农村贫困问题与发展金融研究室
农村政策研究室
小额信贷研究室

研究中心

中国社会科学院生态与环境经济研究中心
中国社会科学院贫困问题研究中心

学　　会

中国林牧渔业经济学会
中国生态经济学会
中国县镇经济交流促进会
国外农业经济研究会

研究生培养

中国社会科学院研究生院农业经济系设在农村发展研究所，现有博士生导师 10 人，硕士生导师 26 人。副所长李周兼任研究生系主任。截至 2007 年 7 月，已培养博士研究生 90 余人，硕士研究生 100 余人。目前还有在读博士研究生 35 人，在读硕士研究生 23 人。农业发展研究所设有博士后流动站。

刊　　物

《中国农村经济》（月刊）
《中国农村观察》（双月刊）

科研服务机构

办公室
科研处
信息网络室

联系方式

地址：北京建国门内大街 5 号科研大楼 13 层
　　　中国社会科学院农村发展研究所
邮编：100732
电话：65275463　85195646

中国社会科学院财政与贸易经济研究所

简　　况

中国社会科学院财政与贸易经济研究所组建于 1978 年 6 月。其前身为中国社会科学院经济研究所财政金融研究组和商业研究组。原名“中国社会科学院财贸物资经济研究所”。1994 年更名为“中国社会科学院财贸经济研究所”。自 2003 年起使用现名，简称

"财贸所"。主要工作任务包括：从事财政与贸易经济领域相关学科、专业的研究，开展国内外学术交流与专业咨询服务，培养硕士、博士研究生，编辑出版《财贸经济》等。全所职工66人，其中：正高级研究人员13人，副高级研究人员16人。

建所以来，几代财贸所人坚持和发扬理论联系实际的优良传统和学风，以基础理论研究为依托，以宏观性、战略性的应用研究为重点，在财政与税收、金融、流通产业、国际贸易与投资、旅游、价格、城市与房地产经济、信息服务以及服务经济理论等领域，提出了许多具有前瞻性的理论观点，推出了一系列对国家重大决策和学科建设具有重要价值的科研成果，培养了一批享誉海内外的知名学者和学术带头人。财贸所研究领域覆盖了财政政策、税收制度、公共管理、金融制度、金融服务、国际贸易、国际投资、流通产业、旅游休闲、成本与价格、城市经济、房地产业、信息服务、电子商务、供应链管理、服务经济等多种应用经济学科，是集研究、咨询、教学为一体的综合性经济研究机构，已经成为中国财经领域的学术重镇。

现任领导

党委书记兼所长：裴长洪

副所长：何德旭、高培勇

研究室

财政与税收研究室

国际贸易与投资研究室

流通产业研究室

旅游与休闲研究室

价格研究室

城市与房地产经济研究室

信息服务与电子商务研究室

服务经济理论与政策研究室

研究中心

对外经贸国际金融研究中心

财税研究中心

旅游研究中心

服务经济与餐饮产业研究中心

信用研究中心

学　会

中国市场学会

中国成本研究会

研究生培养

中国社会科学院研究生院财贸经济系设在财贸经济研究所，财贸经济系博士生导师15人，现招收金融学、财政学、产业经济学、国际贸易、旅游管理等5个专业方向的博士研究生；硕士生导师11人，现招收金融学、财政学、产业经济学、国际贸易、旅游管理5个专业方向的硕士研究生。财贸经济研究所设有博士后流动站。

刊　物

《财贸经济》

科研服务机构

办公室

科研组织处

学术信息室

学术交流办公室

联系方式

地址：北京市西城区阜外月坛北小街2号中国社会科学院财政与贸易经济研究所
邮编：100836
电话：68032445　68047507

中国社会科学院金融研究所

简　况

中国社会科学院金融研究所，成立于2002年。作为中国社会科学院的专业金融研究机构，金融研究所致力于全面、系统研究国内外的金融理论、金融政策、金融法规、金融监管、金融市场、金融机构、金融产品和金融服务等内容。金融所现有研究人员36人，金融所的主要工作任务包括：为国家制定宏观经济政策和货币金融政策服务；推动国内外金融学术交流；培养高级金融研究和金融实务人才；为各级政府发展本地区金融业提供咨询服务；为国内外金融机构和工商企业提供应用性研究成果和咨询服务，等等。

现任领导

党委书记兼所长：李　扬
副所长：王国刚　王松奇

研究室

货币理论与货币政策研究室
金融市场研究室
国际经济与国际金融研究室
金融制度与金融发展研究室
结构金融研究室
保险与社会保障研究室
法与金融研究室
银行研究室

研究中心

中国社会科学院金融研究中心
中国社会科学院保险与经济发展研究中心
中国社会科学院开发性金融研究中心
中国社会科学院金融研究所外商投资研究中心
中国社会科学院金融研究所支付清算中心

研究生培养

中国社会科学院研究生金融系设在金融研究所，每年面向国内外招收金融学博士和金融学硕士，中国社会科学院金融研究所设有博士后流动站。

出版物

年度出版物
《中国金融发展报告》
《中国金融法治报告》
《中国金融生态报告》
《中国金融理论前沿》
《中国金融论坛》
《中国金融博士文库》
《中国保险与经济发展丛书》
《中国金融产品与服务报告》
杂志
《中国金融评论》（审批中）
金融辞书
《中华金融辞库》
《金融学大辞典》

《保险小词典》

《银行小词典》

《金融和投资小词典》

科研服务机构

综合办公室

信息网络室

联系方式

地址：北京建国门内大街5号1号楼2层中国社会科学院金融研究所

邮编：100732

传真：65138307

电话：85195347

中国社会科学院数量经济与技术经济研究所

简　况

中国社会科学院数量经济与技术经济研究所成立于1980年1月18日，是中国国内唯一一家集数量经济与技术经济理论方法和应用研究为一体的综合性国家级研究机构。到2006年，编制为85人。行政建制下设办公室和科研组织处，业务建制下设9个研究室、7个研究中心和信息网络中心，出版国家一级学术杂志《数量经济技术经济研究》。该所研究方向包括数量经济学的经济系统分析、经济计量与经济模型分析、数量经济理论研究、投入产出分析、数量金融分析、规制理论与政策研究、技术经济学的工程项目评价与可行性研究、产业技术经济与技术政策研究、生产率经济学、环境技术经济与可持续发展、技术进步与技术创新理论、网络经济与信息化、资源技术经济与区域战略规划。

建所27年以来，该所共承担并完成国家级重要研究项目50余项，省部级重要研究课题100余项。其中包括对中国经济社会发展具有重大影响的“中国到2000年经济社会发展规划目标的分析与预测”（1982）、“山西能源重化工基地规划”（1983）、“三峡工程项目评价”（1984—1996）、“南水北调项目评价”（1990—2005）、“京沪高速铁路项目评价”（1995—2000）、“中国第六至第十一个五年经济社会发展规划的经济增长速度指标分析与预测”（1982—2006）等等，为党中央国务院重大经济决策提供了大量科学决策信息。在学科建设方面，该所对中国数量经济学和技术经济学发展起到了重要的历史作用。在可行性研究与技术经济论证、技术进步（全要素生产率）与经济增长研究、经济模型开发及其应用、可持续发展、循环经济与环境研究、能源规划与战略研究、经济预测与政策分析、技术创新与知识经济研究等方面都作出了巨大贡献。

现任领导

所　长：汪同三

党委书记兼副所长：郑玉歆

副所长：齐建国　李　平

研 究 室

经济系统分析研究室

经济模型研究室

环境技术经济研究研究室

资源技术经济研究室

技术经济理论与方法研究室
数量经济理论与方法研究室
信息化与网络经济研究室
数量金融研究室
综合研究室

研究中心

中国社会科学院中国经济分析与预测中心
中国社会科学院环境与发展研究中心
中国社会科学院产业规制与竞争研究中心
中国社会科学院技术创新与战略管理研究中心
中国社会科学院项目评估与咨询战略规划研究中心
中国社会科学院信息化研究中心
中国社会科学院中国循环经济与环境评估预测研究中心

学 会

中国数量经济学会
中国系统工程学会社会经济系统工程委员会

研究生培养

中国社会科学院研究生院数量经济与技术经济系设在数量经济与技术经济研究所。现有博士生导师12人，招收博士研究生专业有：数量经济学、技术经济学、会计学；硕士生导师21人，现招收硕士研究生专业有：数量经济学、技术经济及管理、旅游管理。同时设有应用经济学及管理学两个博士后流动站。

刊 物

《数量经济技术经济研究》

科研服务机构

办公室
科研处
编辑部
信息网络中心

联系方式

地址：北京建国门内大街5号科研大楼14层
中国社会科学院数量经济与技术经济研究所
邮编：100732
电话：65125895 65137561

中国社会科学院人口与劳动经济研究所

简 况

中国社会科学院人口与劳动经济研究所是从事人口学、劳动经济学以及其他相关学科领域的科学研究、政策咨询和学术交流等活动的科研机构。中国社会科学院人口与劳动经济研究所的前身是中国社会科学院人口研究中心。1987年6月经国家批准正式定名为“中国社会科学院人口研究所”。2002年12月更名为“中国社会科学院人口与劳动经济研究所”。研究所现有在职职员46人，其中研究员7人，副研究员12人，副编审2人。

研究所的宗旨是：立足于重大理论和现实问题的研究，推动人口学、劳动经济学及其相关学科的创新和发展，服务于政府决策，服务于社会大众。研究所主要研究领域：一是人口与经济社会资源环境重大关系问题研究；二是劳动就业、人力资本与社会保障问题研究；三是针对相关学科领域内出现的关系到广大人民群众切身利益和社会稳定的现实问题，开展重大政策的效果评价、政策选择模拟分析、安全形势预警分析等。研究内容涉及就业与劳动力市场、农村劳动力转移、制度变迁与人口变动、人口结构与人口老龄化、婚姻家庭、城乡社会保障体制改革与完善、收入差距与贫困、人口统计与人口分析技术基础研究以及人口与相关经济社会问题的定量分析。

近几年承担的重要课题项目有：国家社科基金重大项目“未来5—10年我国就业形势和就业政策”；中国社科院重大项目“我国人口流动、未来空间分布与区域协调发展”、“老年化与中国经济增长潜力研究”、“失业严重地区再就业和社会保障问题研究”、“人口老龄化对经济、社会发展影响与对策研究”。承担国家人口发展战略课题“人口发展对经济增长持续性的影响”、“劳动年龄人口与就业”、“人口素质与人力资本”、“人口自然结构及人口社会结构状况”、“人口健康素质与相关政策研究”、“面对五大人口方案，合理选择发展战略”等子课题。

现任领导

所　长：蔡　昉
党委书记兼副所长：张世生
副所长：张车伟

研 究 室

劳动与人力资本研究室
人口与社会发展研究室
社会保障研究室
人口统计分析研究室

研究中心

中国社会科学院人力资源研究中心
中国社会科学院劳动与社会保障研究中心

研究生培养

中国社会科学院研究生院人口与劳动经济系设在人口与劳动经济研究所，现有博士生导师5人，招收培养劳动经济学、人口资源环境经济学和人口学专业的博士研究生，还招收劳动经济学和人口学专业的硕士研究生。同时招收上述专业的海外及港澳台地区的博士研究生和硕士研究生。

定期出版物

《中国人口科学》（双月刊）
《中国劳动经济学》（季刊）
《中国人口年鉴》
《中国人口与劳动发展报告》

科研服务机构

人口信息室
办公室

联系方式

地址：北京建国门内大街5号科研大楼10层
中国社会科学院人口与劳动经济研究所
邮编：100732
电话：65125889　85195417

中国社会科学院城市发展与环境研究中心

简 况

中国社会科学院城市发展与环境研究中心（简称“城市中心”）组建于1994年10月，1997年经中编委批复同意成为院属具有独立法人地位的科研机构。主要任务是，创新城市发展与环境理论；承担国家关于城市发展与环境规划及对策研究；承担地方政府、企事业单位委托的城市区域、环境战略规划与对策研究；接受国外组织委托的城市社会调查和市场调查等咨询业务；开展国内外学术交流；培养城市发展与环境经济学科的硕士生、博士生。城市中心现有专职研究人员33人，其中研究员8人，副研究员11人；具有博士学位的21人。研究领域与专业涉及：城市与区域经济社会发展战略和规划、房地产与土地开发、城市环境生态建设与管理、城市社会学、可持续发展经济学、全球气候变化与国际关系。

城市中心自成立以来承担了国家社科基金、国家自然科学基金、院重大、院重点、国家交办和地方政府委托等各类课题100余项。已出版著作多部，发表论文和调研报告等研究成果600余篇。在国内外有一定影响力。城市中心广泛开展国内外学术交流工作，选派多名青年科研骨干赴德国、荷兰、英国、日本、法国等国进行学术交流与合作研究。在国内先后接待了德国、日本、澳大利亚、加拿大等国家和中国台湾、澳门、香港等地区的专家、学者来访。多次成功地组织全国性学术研讨会和专业培训会议以及大型国际学术研讨会。根据城市发展的需要和城市学科发展的方向，城市中心将逐步建设成为全国城市和环境经济学术研究与交流中心、城市和环境决策咨询中心，城市和环境建设与管理人才的培养基地（“两个中心、一个基地”）。

现任领导

主　任：牛凤瑞

副主任：张新平、潘家华

研 究 室

城市经济研究室

城市规划研究室

城市环境研究室

可持续发展研究室

住宅与土地研究室（待批准）

研究中心

中国社会科学院可持续发展研究中心

研究生培养

中国社会科学院研究生院城市发展系设在本中心，面向国内外招收研究生，主要招生方向有：区域经济学、人口资源与环境经济学、可持续发展经济学。现有博士在读生4人，硕士在读生11人。城市中心设有博士后流动站，现有在站博士后18人。

科研服务机构

办公室

资料室

计算机室

联系方式

地址：北京建国门内大街5号科研大楼9层中国社会科学院城市发展与环境研究中心

邮编：100732

电话：85195353　85195358

中国经济蓝皮书简介

中国经济蓝皮书是1990年开始的国务院总理基金项目："中国经济形势分析与预测"的年度成果之一。该项目已经转为国家专项资助项目每年滚动研究。自2007年该项目由中国社会科学院经济学部组织，目前每年出版两部中国经济蓝皮书。即每年11月出版《中国经济形势分析与预测》（系列中国经济蓝皮书1990—2007）及每年4月出版《中国经济展望——中国经济蓝皮书春季号》。

秋季蓝皮书主要内容包括，中国社会科学院与国家统计局合作的"年度中国经济形势分析与预测"主报告以及其他权威单位和学者撰写的综合性或行业部门本年度及下一年度的分析与预测，现已成为国内外著名的经济参考读物，曾获得国家科技进步二等奖（1996）。该书，1991—1996年由中国社会科学出版社出版，1997年以后由社会科学文献出版社出版。1991—1994年，主编：刘国光，副主编：李京文、刘树成。1995年，主编：刘国光、李京文，副主编：刘树成、汪同三。1996—2006年，主编：刘国光、王洛林、李京文，副主编：刘树成、汪同三。2007年，主编：陈佳贵，副主编：刘树成、汪同三。

从2000年起出版经济蓝皮书春季号《中国经济展望》，主要内容为中国社会科学院"中国经济形势分析与预测春季报告"以及中国社会科学院经济学部各研究所主要领导和知名学者的专业分析文章。主编副主编与秋季蓝皮书相同。

秋季蓝皮书侧重中国宏观经济定量分析与预测，春季蓝皮书则相对侧重理论分析。

China Economist（《中国经济学人》）简介

China Economist（《中国经济学人》）是由中国社会科学院主管、中国社会科学院经济学部与中国社会科学院工业经济研究所主办的公开发行的全英文双月刊。这是中国首份专门向海外介绍中国经济形势并进行深度分析的英文期刊。该刊于2006年7月15日正式创刊。*China Economist*（《中国经济学人》）的宗旨是向世界介绍中国经济学和管理学的最新学术进展，发表关于中国经济的原创性学术论文和研究报告，传播关于中国经济发展和企业管理实践的经验研究和实证分析的科研成果。随着中国经济不断融入全球经济，向世界介绍一个真实的中国，是中国媒体和经济学家面临的迫切课题。*China Economist*（《中国经济学人》）杂志将成为中国经济界和企业界与国际同行对话交流的平台。该杂志确定了学术性、实证性、贴近性和可读性的办刊风格，将向世界展示：以理性、科学、严谨的态度和方法观察、研究和认识中国的丰富多彩的经济画卷。*China*

Economist（《中国经济学人》）贡献给世界的，就是中国经济的一个学术投影。

《中国经济研究报告》简介

《中国经济研究报告》于 2005 年上半年问世，主要刊登围绕党中央和国务院关心的重大理论和现实问题、理论界和实际工作部门关心的经济热点和难点问题进行分析的研究报告，研究报告来源主要以中国社会科学院经济学部及各个经济学相关研究所组织完成的各类课题研究成果，作者主要是中国社会科学院经济学部及各个经济学相关研究所的研究人员，属于不定期的内部刊物。自 2007 年初开始，《中国经济研究报告》由中国社会科学院经济学部主办。迄今为止，已经出版 50 多期，在社会上产生了一定的影响。

"中国经济论坛"简介

为加强我国经济学者之间以及我国经济学者与国外学者的学术交流，促进经济学界的繁荣与发展，更好地为我国的经济建设服务，中国社会科学院决定从 2005 年开始举办"中国经济论坛"，为经济学者们提供一个相互交流的高水平平台。自 2006 年开始，"中国经济论坛"就由中国社会科学院经济学部举办。"中国经济论坛"自 2005 年 9 月 17—18 日召开首届以来，迄今为止，每年一届，中国社会科学院经济学部已经连续三年举办了"中国经济论坛"，首届的主题是"十五计划的回顾与十一五规划的展望"，第二届的主题是"全球经济失衡与中国经济发展"，第三届主题是"中国经济持续增长展望——机遇与挑战"。该论坛现在已经成为一个有特色、有影响、有权威的学术交流平台，成为中国社会科学院经济学部的品牌论坛。

中国社会科学院学部工作局经济学部工作室

主　　任：黄群慧
工作人员：郭建宏　刘红敏

联系方式

地址：北京建国门内大街 5 号中国社会科学院科研大楼 323 室、354 室
邮编：100732
电话：85195065　85195077
传真：85196124

（资料由中国社会科学院经济学部工作室提供）

浙江大学经济学院

浙江大学经济学院现有经济学系、金融学系、国际经济学系、财政学系；经济研究所、产业经济研究所、金融研究所、证券期货研究所、国际经济研究所、国际商务研究所、财政研究所、法与经济研究所及教育部人文社会科学重点研究基地和国家哲学社会科学创新研究基地——浙江大学民营经济研究中心等机构。

学院现有1个国家重点（培育）学科——政治经济学，理论经济学和应用经济学2个博士后流动站，理论经济学1个一级学科博士学位授予点、10个二级学科博士点；拥有理论经济学和应用经济学2个一级学科硕士学位授予权、16个二级学科硕士点；经济学、金融学、国际经济与贸易学、财政学、电子商务5个本科专业。学院现有本科生1300余人，硕士研究生276人，博士生203人。

经济学院现有在编教职工126人，其中专任教师98人。全院的师资队伍整体素质高，结构合理，具有较高的学术水平和较强的研究能力。学院现有教授33人，副教授43人，他们中既有在学术界有较大影响力的专家、学者，又有成绩显著的中青年学术带头人。1人入选国家“百千万人才工程”，1人被聘为国家教育部哲学社会科学委员会委员，1人入选教育部经济学类学科教学指导委员会委员，1人获教育部“高校青年教师奖”，1人入选“教育部跨世纪优秀人才计划”，4人获教育部“新世纪优秀人才培养计划”；教育部长江讲座教授1人，浙江大学求是特聘教授1人，省级突出贡献专家3人，入选浙江省151人才工程第一层次4人，享受政府特殊津贴专家5人。

近8年来，经济学院承担国家和省部级以上科研课题250余项，年均科研经费1000余万元，学院教师在全国核心学术期刊上发表论文4500余篇，出版各类著作、教材250余部，共有73项科研成果获得省部级优秀科研成果奖励。

经济学院十分重视国际交流，积极开拓合作伙伴，与美国、德国、日本等国著名大学的学者进行经常性的学术交流、师生互访。2000年以来聘请了包括诺贝尔奖获得者罗伯特·福格尔等20余位著名教授为经济学院名誉（客座）教授，举办了42次国际学术会议，接待了近300批次国外著名大学的学者；同时近150批次教师出访。

学院教学辅助设施齐全。目前拥有近1万平方米实用面积的办公教学科研用房。院资料室有藏书共10万余册，中外期刊300余种。拥有电子商务、金融、经贸等5个实验室，总资产约1000万元以上。

现主要领导：院长王洛林教授，常务副院长史晋川教授，党委书记金祥荣教授。